AF731869

Handelsgesetzbuch

mit Kommentar

herausgegeben von

H. Makower.

Zweiter Band: Buch IV (Seehandel),

unter Zugrundelegung der Fassung des Handelsgesetzbuchs

vom 10. Mai 1897

und unter Berücksichtigung der seerechtlichen Nebengesetze,

herausgegeben von

E. Loewe,
Landgerichtsrath.

Zwölfte Auflage.

Berlin.
J. Guttentag, Verlagsbuchhandlung
G. m. b. H.
1900.

Vorwort zur zwölften Auflage.

Das vierte Buch des Handelsgesetzbuchs weicht nur in einigen Punkten von Buch V des Allgemeinen Deutschen Handelsgesetzbuchs ab. Nach der Beurteilung, welche die früheren Auflagen des Kommentars von H. Makower gefunden haben, durfte daher der Versuch gemacht werden, hinsichtlich der Vorschriften über den Seehandel eine zwölfte Auflage jenes Kommentars zu veranstalten. In dieser Auflage sind außer den Änderungen des Handelsgesetzbuchs die neu erlassenen seerechtlichen Nebengesetze und Verordnungen sowie die am 1. Januar 1900 in Kraft tretenden Reichsgesetze berücksichtigt und die Reichsgerichtsurteile in Seehandelssachen wiedergegeben, soweit sie in den Entscheidungen des Reichsgerichts in Civilsachen und bei Bolze, Praxis des Reichsgerichts, veröffentlicht sind. Bei der Bedeutung, welche die „Allgemeinen Seeversicherungs-Bedingungen von 1867" für die Praxis haben, erschien es auch angezeigt, diese Bedingungen nebst deren nachträglichen Zusätzen und Abänderungen hier einzufügen. Sonst ist der Inhalt der elften Auflage im wesentlichen unverändert geblieben.

Hinsichtlich der äußeren Anordnung war eine Abweichung von den früheren Auflagen und eine Anlehnung an den Kommentar von F. Makower zu Buch I—III des Handelsgesetzbuchs geboten, weil hier eine Fortsetzung zu jenem Kommentar gegeben werden soll. Indessen ist durch die Einfügung der seerechtlichen Nebengesetze und der einschlägigen Bestimmungen des Einführungsgesetzes sowie eines besonderen Sachregisters dafür Sorge getragen, daß das vorliegende Buch gesondert benutzt werden kann.

Berlin im September 1899.

E. Loewe.

Inhaltsverzeichnis.

Abkürzungen.

A.D.H. = Allgemeines Deutsches Handelsgesetzbuch von 1861.

Allg.S.B. = Allgemeine Seeversicherungs-Bedingungen von 1867. Von der Handelskammer in Hamburg veranstaltete Ausgabe. V. Auflage. Hamburg W. Gentes Druckerei 1891.

B.G. = Bürgerliches Gesetzbuch vom 18. August 1896.

B.G.Bl. = Bundesgesetzblatt des Norddeutschen Bundes.

Begr. = Begründung.

Bolze = A. Bolze, Die Praxis des Reichsgerichts in Civilsachen.

C.P.O. = Civilprozeßordnung in der Fassung der Bekanntmachung vom 20. Mai 1898.

Cosack = Cosack, Lehrbuch des Handelsrechts. IV. Auflage.

Ctbl. = Centralblatt für das Deutsche Reich. Berlin bei Karl Heymann.

D.Jur.Z. = Deutsche Juristen-Zeitung. Berlin.

Denkschr. = Denkschrift zum Entwurf eines Handelsgesetzbuchs und eines Einführungsgesetzes. Reichstags-Drucksachen, 9. Legislatur-Periode. IV. Session 1895/97.

Denkschr. z.E.B.G. = Denkschrift zum Entwurf eines Bürgerlichen Gesetzbuchs. Reichstagsvorlage. Berlin 1896 bei Karl Heymann.

Dernburg = Dernburg, Das Sachenrecht des Deutschen Reichs und Preußens. Halle 1898.

Einf.Ges. = Einführungsgesetz zum Handelsgesetzbuche vom 10. Mai 1897.

Endemann = Endemann, Handbuch des deutschen Handels-, See- und Wechselrechts, Band IV.

Entw. H. = Der zu Hamburg in den Beratungen über das Seerecht in den Jahren 1858 bis 1860 fertiggestellte Entwurf des V. Buches des Allg. Deutschen Handelsgesetzbuchs.

Flg.Ges. = Gesetz, betreffend das Flaggenrecht der Kauffahrteischiffe vom 22. Juni 1899 (R.G.Bl. S. 319).

Gareis-Fuchsberger = Gareis und Fuchsberger, Das Allgemeine Deutsche Handelsgesetzbuch. Berlin 1891.

G.fr.G. = Gesetz über die Angelegenheiten der freiwilligen Gerichtsbarkeit vom 17./20. Mai 1898 (R.G.Bl. 1898. S. 771 ff.).

Ges.S. = Gesetz-Sammlung für die Preußischen Staaten.

G.V.G. = Gerichtsverfassungsgesetz in der Fassung der Bekanntmachung vom 20. Mai 1898.

Gew.O. = Gewerbe-Ordnung für das Deutsche Reich.

Gruchot = Beiträge zur Erläuterung des Deutschen Rechts, herausgegeben von Rassow und Küntzel.

H.G.B. = Handelsgesetzbuch vom 10. Mai 1897.

J.M.Bl. = Justiz-Ministerial-Blatt für die Preußische Gesetzgebung und Rechtspflege. Berlin.

J.W. = Juristische Wochenschrift. Berlin.

v. König = von König, Handbuch des Deutschen Konsularwesens. V. Auflage.

Konk.O. = Konkursordnung in der Fassung der Bekanntmachung vom 20. Mai 1898.

Lewis = Lewis „Das Seerecht" in Endemanns Handbuch des Deutschen Handels-, See- und Wechselrechts. Band IV.

Lewis-Boyens = Das Deutsche Seerecht. Auf Grund des Kommentars von Dr. William Lewis neu bearbeitet von Emil Boyens. Band I. Leipzig 1897.

M. = Entwurf eines Handelsgesetzbuchs für die Preußischen Staaten. II. Teil, Motive. Berlin 1859. Verlag der Kgl. Ober-Hofbuchdruckerei.

Mugdan = B. Mugdan, Die gesamten Materialien zu den Reichs-Justizgesetzen. VI. Band. Materialien zum Handelsgesetzbuch. Berlin 1897.

P. = Protokolle der Kommission zur Beratung eines Allg. Deutsch. Handelsgesetzbuchs. Herausgegeben von J. Lutz, Würzburg 1858.

Pr.Entw. = Entwurf eines Handelsgesetzbuchs für die Preußischen Staaten. Erster Teil, Entwurf. Berlin 1859.

Prot. = Protokolle der Kommission zur Beratung eines Allgemeinen Deutschen Handelsgesetzbuchs. Herausgegeben von J. Lutz. Würzburg 1858.

R.G. = Entscheidungen des Reichsgerichts in Civilsachen.

R.G.Bl. = Reichsgesetzblatt.

R.O.H. = Entscheidungen des Reichsoberhandelsgerichts, herausgegeben von den Räten des Gerichtshofs.

S.O. = Seemannsordnung vom 27. Dezember 1872 (R.G.Bl. S. 409ff.).

Schaps = Georg Schaps, Das Deutsche Seerecht. Berlin 1897.

Steg. = Stegemann, Die Rechtsprechung des deutschen Oberhandelsgerichts zu Leipzig.

Str. = Striethorst, Archiv für Rechtsfälle. Berlin, Verlag von J. Guttentag.

Ullr. = Ullrich, Sammlung von seerechtlichen Erkenntnissen. Hamburg 1861.

W.O. = Allgemeine Deutsche Wechselordnung.

Wagner = Wagner, Handbuch des Seerechts. Band I. Leipzig 1884.

Z.f.H. = Zeitschrift für das gesamte Handelsrecht, herausgegeben von Prof. Goldschmidt und anderen.

Zwangsverst.Ges. = Gesetz über die Zwangsversteigerung und Zwangsverwaltung vom 24. März 1897 in der Fassung der Bekanntmachung vom 20. Mai 1898 (R.G.Bl. 1898 S. 713ff.).

Berichtigungen und Zusätze.

1. In Anm. 2 zu §. 478 H.G.B. lies „Schiffsinventar“ statt „Schiffsregister“.

2. In Anm. 1B zu §. 481 H.G.B. lies „Ges. v. 13. Juli 1899 (R.G.Bl. S. 393)“ statt „Ges. v. 22. Juni 1889 (R.G.Bl. S. 97).“

3. Zu Anm. 2b zu §. 623 H.G.B. ist auf Seite 106 nach Zeile 15 hinzuzufügen: Pfandschuldner (§. 1248 B.G.) und Gläubiger können — unter Zustimmung von Interessenten, deren Recht durch den Verkauf erlischt, — eine von §§. 1234—1240 abweichende Verkaufsart vereinbaren, jedoch kann auf die Beobachtung der §§. 1235, 1237 Satz 1 u. 1240 nicht vor dem Eintritte der Verkaufsberechtigung verzichtet werden. §. 1245. Das Amtsgericht des Ortes, an welchem das Pfand aufbewahrt wird, kann auf Verlangen eines Beteiligten eine von §§. 1235—1240 abweichende Art des Pfandverkaufs anordnen. §. 1246 B.G., §. 166 G.fr.G.

Viertes Buch.

Seehandel.[1)]

1) Das vierte Buch des Handelsgesetzbuchs enthält Regeln über die Privatrechtsverhältnisse, welche sich aus dem Erwerb durch die Seefahrt (vgl. §§. 474, 484) ergeben. Nur einzelne dieser Vorschriften (Ersetzung der Übergabe bei Veräußerung von Schiffen und Schiffsparten [§. 474], Beurkundung der Veräußerung [§. 475], Haftung des Rheders für Dienstverschulden der Schiffsbesatzung [§§. 485, 486 Ziff. 3], Haftung im Falle des Zusammenstoßes von Schiffen [§§. 734—739]) sind durch Artikel 6 und 7 Einf.Ges. für anwendbar erklärt auf Rechtsverhältnisse, die sich aus einer nicht zu Erwerbszwecken erfolgenden Seefahrt ergeben. — Andere seerechtliche Bestimmungen, insbesondere solche öffentlichen Rechts sind in Spezialgesetzen enthalten, welche unten im Anhange wiedergegeben sind.

Der Erwerb durch die Seefahrt erfolgt vermittels der Schiffe. Für das Verständnis des vierten Buchs ist daher eine Bestimmung der dort häufig wiederkehrenden Begriffe: Seefahrt, Erwerb durch die Seefahrt, Schiff erforderlich.

A. Seefahrt.

a. Der Begriff der Seefahrt ist im H.G.B. nicht definiert. Maßgebend für den Begriff sind der Sprachgebrauch und die Anschauungen des Verkehrs, speziell der seemännischen Kreise, insbesondere die aus der Isoliertheit des Schiffes sich ergebenden Gefahren und die für den Eigentümer bestehende Schwierigkeit der Beaufsichtigung. (Motive zu Art. 383 des Pr. Entw.) Zur Ermittelung des Begriffs können auch anderweite Akte der Gesetzgebung z. B. §. 1 der V. v. 13./XI. 1873 (Anhang 1, Anm. 1 zu §. 25) herangezogen werden (R.G. XIII, 72). Danach ist als Seefahrt im Sinne des vierten Buches des H.G.B. anzusehen:

Die Fahrt auf der offenen See und den Küstengewässern, dagegen nicht die Fahrt ausschließlich auf Binnengewässern (vgl. §. 425 und unten c), auch wenn sie mit der See in Verbindung stehen (Haffen, Strommündungen, Föhrden, Watten). Vgl. Gareis-Fuchsberger Anm. 7 zu Art. 433.

Indessen finden die Bestimmungen des vierten Buchs des H.G.B. nicht erst dann Anwendung, wenn das Schiff die offene See erreicht, vielmehr beginnt „die Verwendung zur Seefahrt, sobald die Absicht der Überschreitung der Grenzen der Seefahrt äußerlich hervorgetreten ist." Wagner S. 150. Vgl. R.G. V, 91, Lewis-Boyens S. 98. In anderer Beziehung ist der Begriff der Seefahrt ein ausgedehnterer. Vgl. z. B. Einl. d. V. zur Verhütung des Zusammenstoßens der Schiffe auf See vom 9. Mai 1897:

„Die Bestimmungen gelten für alle Fahrzeuge auf See und auf den mit der See in Zusammenhang stehenden von Seeschiffen befahrenen Gewässern." (Anhang 9.)

§. 3 Verordnung über das Verhalten der Schiffer nach einem Zusammenstoß von Schiffen auf See (Anhang 11), Strand.O. §. 22 (Anhang 18), §. 2 Abs. 2 Ges. betr. Unfallversicherung der Seeleute vom 13. Juli 1887 (R.G.Bl. 1887 S. 330).

b. Einen Teil der Seefahrt bildet die Küstenschiffahrt (vgl. Wagner S. 150). Für sie sind allerdings, abgesehen von der dem öffentlichen Recht unterfallenden Bestimmung des Reichsgesetzes vom 22. Mai 1881 (Anhang 4),

daß die Küstenfrachtfahrt zwischen deutschen Seehäfen ausschließlich deutschen Schiffen zustehen soll und ausländischen Schiffen nur durch Staatsvertrag oder durch Kaiserliche Verordnung mit Zustimmung des Bundesrats eingeräumt werden kann,

im H.G.B. einzelne besondere Regeln gegeben (vgl. §§. 521, 566 Abs. 2, 708 Ziff. 1).

c. Die Verhältnisse der Binnenschiffahrt sind geregelt durch Gesetz vom $\frac{\text{15. Juni 1895}}{\text{20. Mai 1898}}$ (R.G.Bl. 1898, S. 868ff.).

B. Erwerb durch die Seefahrt.

Auch der Begriff: „Erwerb durch die Seefahrt“ ist im H.G.B. nicht definiert. Der Pr. Entw. enthielt an der Spitze dieses Buches in Art. 385 den Satz: Als Seeschiffe im Sinne dieses Gesetzbuchs sind nur solche Schiffe anzusehen, welche zur Beförderung von Personen oder Gütern über See dienen. In erster Lesung (P. 1483, 1485) wurde die Fortlassung des Wortes „nur“ aus dieser Definition beschlossen, weil sie zu eng sei, indem sie z. B. die für den Walfischfang bestimmten Schiffe, Grönlandsfahrer u. s. w. ausschließe. In zweiter Lesung (P. 3694—3696) wurde der ganze Satz gestrichen, weil bei Aufrechthaltung der in erster Lesung beschlossenen Definition die für den Fischfang bestimmten Schiffe, als nicht zum Transport von Gütern und Personen bestimmt, nicht in das Schiffsregister hätten eingetragen werden müssen. Danach war bei Abfassung des jetzigen vierten Buches des H.G.B. die überwiegende Meinung, daß der Erwerb durch die Seefahrt nicht bloß durch den Transport von Gütern und Personen über See (Abschn. 4 u. 5), sondern auch durch Okkupation von Naturprodukten vermittelst der Seefahrt erfolgen kann. R.G. XXXII, 104ff. A. M. Schröder bei Endemann §. 47 Anm. 27, Gareis-Fuchsberger Anm. 9g zu Art. 434. Erwerb durch die Seefahrt im Sinne des H.G.B. sucht demnach, wer Güter und Reisende über See befördert (§. 1 Ziff. 5), Rettungs- und Schleppdampfer (J.W. 1894 S. 460), Leichterschiffe, Lootsenschiffe (auch staatliche, wenn sie gegen Entgelt arbeiten [Bolze XIX, 277, Hans.Ger. Zeit. XV, Nr. 88]) hält, Hochseefischerei betreibt. Vgl. auch §. 1 Ges. betr. das Flaggenrecht der Kauffahrteischiffe (Anhang 1).

C. Schiff.

Schiffe im Sinne des vierten Buches des H.G.B. sind die zum Erwerbe durch die Seefahrt bestimmten (Seeerwerbsschiffe, Kauffahrteischiffe). Nach Maßgabe der Erörterungen unter A. und B. sind zu den Schiffen in diesem Sinne nicht zu rechnen und unterstehen daher — abgesehen von den in Art. 6 und 7 Einf.Ges. bestimmten Ausnahmen — nicht den Vorschriften des H.G.B. die Kriegsschiffe, Zollkreuzer (R.G. XXXII, 146), Feuerschiffe (R.G. XXXVIII, 86) und andere Staatsschiffe, Privatfahrzeuge der Souveräne, Vergnügungsyachten, schwimmende Restaurationen, weil sie sämtlich nicht zum Erwerbe durch die Seefahrt bestimmt sind. Es sind hierher ferner nicht zu rechnen Schiffe, die ursprünglich zwar als Seeschiffe erbaut, zur kritischen Zeit aber zum Erwerb durch die Flußschiffahrt bestimmt sind. Dagegen ist nicht erheblich, ob ein Schiff ausschließlich zur Seefahrt bestimmt ist, es untersteht den Vorschriften des H.G.B., wenn es nur regelmäßig von Zeit zu Zeit zum Erwerb durch die Seefahrt verwendet wird (Bolze XIX, Nr. 31). Ebenso sind als Seeerwerbsschiffe zu behandeln die ursprünglich als Flußschiffe oder zu anderen Zwecken erbauten, zur Zeit aber zum Erwerb durch die Seefahrt bestimmten Schiffe, gleichviel ob sie hierzu geeignet sind oder nicht. Vgl. Gareis-Fuchsberger Anm. 8a[1]) zu Art. 434. Ein Seeschiff verliert diese Eigenschaft auch nicht durch vorübergehendes Ruhen des Seeerwerbs, auch nicht, wenn die Bewegungsmittel (z. B. Segel und Raen eines Segelschiffs während der Winterruhe) von ihm entfernt sind, weil es dann immer noch zum Erwerb durch die Seefahrt bestimmt ist

(J.W. 1896, S. 705). Das Reichsgericht rechnet in der eben citierten Entscheidung zu den notwendigen Merkmalen eines Schiffes überhaupt nicht die Fähigkeit zur eigenen Fortbewegung. Hiergegen vgl. Lewis-Boyens S. 97.

D. Nach §. 101, Ziff. 3 G.V.G. gehören vor die Kammern für Handelssachen diejenigen den Landgerichten in erster Instanz zugewiesenen bürgerlichen Rechtsstreitigkeiten, in welchen durch die Klage ein Anspruch geltend gemacht wird

> aus den Rechtsverhältnissen des Seerechts, insbesondere aus denjenigen, welche sich auf die Rhederei, auf die Rechte und Pflichten des Rheders, des Korrespondentrheders und der Schiffsbesatzung, auf die Bodmerei und die Haverei, auf den Schadensersatz im Falle des Zusammenstoßes von Schiffen, auf die Bergung und Hülfeleistung und auf die Ansprüche der Schiffsgläubiger beziehen.

Nach §. 109, Abs. 3 a. a. O. kann

> in Streitigkeiten, welche sich auf das Rechtsverhältniß zwischen Rheder oder Schiffer und Schiffsmannschaft beziehen, die Entscheidung durch den Vorsitzenden allein erfolgen.

Nach §. 114 a. a. O. können an Seeplätzen Handelsrichter auch aus dem Kreise der Schiffahrtskundigen ernannt werden.

Erster Abschnitt.

Allgemeine Vorschriften.

Veräußerung von Schiffen oder Schiffsanteilen. (§§. 474—477).

§. 474.[1])

Ersetzung der Übergabe bei Veräußerung von Schiff oder Schiffspart.

Wird ein zum Erwerbe durch die Seefahrt bestimmtes Schiff oder ein Antheil an einem solchen Schiffe (Schiffspart)[2]) veräußert,[3]) so kann die nach den Vorschriften des bürgerlichen Rechtes zum Eigenthumsübergang erforderliche Uebergabe durch die zwischen dem Veräußerer und dem Erwerber getroffene Vereinbarung ersetzt werden, daß das Eigenthum sofort auf den Erwerber übergehen soll.[4])

Pr. Entw. Art. 389 Abs. 1. **Entw. H** Art. 401. **Prot.** S. 1692—1711, 1772—1773, 3702, 3703, 3712. **A.D.H.** Art. 439.

Zu §. 474.

1) §. 474 bezieht sich nur auf die regelmäßig, wenn auch nicht ausschließlich (Bolze XIX, Nr. 31), zum Erwerbe durch die Seefahrt bestimmten Schiffe (Kauffahrteischiffe). Vgl. Anm. 1 zur Überschrift. Durch Art. 6 Einf.Ges. ist jedoch die Anwendbarkeit der §§. 474, 475 auch für solche Seeschiffe festgesetzt, die nicht zum Erwerbe durch die Seefahrt bestimmt sind. Vgl. Anm. zu Art. 6 Einf.Ges.

2) Schiffspart im Sinne des §. 474 ist eine Eigentumsquote (ideeller Miteigentumsanteil) an dem Schiffe. Im Sinne der §. 489 ff. ist unter Schiffspart ein Komplex von Rechten und Verbindlichkeiten zu verstehen, welcher außer der Eigentumsquote an dem Schiffe auch die Rechte aus dem Gesellschaftsverhältnisse den Mitrhedern und dem etwaigen Korrespondentrheder gegenüber umfaßt, doch ist die Eigentumsquote das Prävalierende (R.G. XIV, 5).

Hinsichtlich der Verpfändung und Versteigerung von Schiffsparten s. Anhang 2, §. 1272 B.G., Anh. 3, §. 858 C.P.O.

3) Die Form der Veräußerungsverträge untersteht, sofern sie nicht Handelsgeschäfte sind, den Vorschriften des Bürgerlichen Rechtes. In der Regel werden daher die Veräußerungsverträge auch ohne Beobachtung einer besonderen Form gültig sein. Vgl. Anm. 1a zu §. 475. Von einer Eintragung des Erwerbers in das Schiffsregister (s. Anhang 1, Anm. 2 zu §. 4) ist die Wirksamkeit der Veräußerung nicht abhängig. Dernburg S. 747[d].

4) a. Nach §. 929 Satz 1 B.G. ist zum Eigentumsübergange an einem Seeschiffe, da dieses zu den beweglichen Sachen gehört (vgl. aber §. 755 Abs. 2 H.G.B.), die Übergabe erforderlich. Nach §. 474 H.G.B. kann jedoch die Übergabe, d. h. sowohl die reale als die durch constitutum possessorium oder Abtretungsvertrag (§§. 930, 931 B.G.) vermittelte, ersetzt werden durch die Vereinbarung zwischen dem Veräußerer und dem Erwerber, daß das Eigentum sofort auf den Erwerber übergehen soll. Dadurch ist selbstverständlich eine Eigentumsübertragung durch reale Übergabe nicht ausgeschlossen (P. 1704), die reale Übergabe hat vielmehr eine besondere Bedeutung, weil nur durch sie bei gutem Glauben des Erwerbers der Eigentumsübergang dann vermittelt wird, wenn der Veräußerer nicht Eigentümer des Schiffes ist. §§. 932, 933, 934 B.G. (vgl. dagegen Z. f. H. Bd. 8 S. 255, Goldschmidt Handbuch I. Aufl. §. 60 Anm. 8, Lewis S. 22). — Es macht keinen Unterschied (P. 1705), ob die in §. 474 erwahnte Vereinbarung gleichzeitig mit dem Veräußerungsvertrage oder erst später erfolgt. Die Fassung des §. 474 steht auch der Annahme nicht entgegen, daß auch bedingte Vereinbarungen (P. 1772) mit der gedachten Wirkung zulässig sind. Würde z. B. bedungen (P. 1704), daß das Eigentum auf den Käufer nach Bezahlung des Kaufpreises, aber dann sofort d. h. ohne besondere Tradition übergehen solle, so würde nach Bezahlung des Kaufgeldes das Eigentum infolge jener Willenserklärung auf den Käufer übergehen. Der Antrag, statt des Wortes „sofort" zu setzen: „durch die Vereinbarung", damit die Frage, ob bedingte Traditionen zulässig sein sollten, in bejahendem Sinne entschieden werde, ist zwar abgelehnt worden (P. 3703), aus dieser Ablehnung kann jedoch nicht geschlossen werden, daß eine Entscheidung in verneinendem Sinne beabsichtigt worden ist. Das Wort „sofort" bedeutet demnach: „ohne besondere Übergabe." Die Bestimmung bezieht sich auch auf das Zubehör der Schiffe. Dernburg a. a. O.

b. Über die Form der hier erwähnten Vereinbarung ist im H.G.B. nichts bestimmt. Nach den Vorschriften des B.G. genügt daher mündliche Form. Die Vereinbarung braucht auch nicht ausdrücklich getroffen zu sein, „es ist nur notwendig, daß der Wille des Eigentumsübergangs deutlich erkennbar sei." Dernburg S. 282 Note 9, vgl. R.O.H. Bd. 4, S. 309ff.

§. 475.

Beurkundung der Veräußerung.

In allen Fällen der Veräußerung eines Schiffes oder einer Schiffspart kann jeder Theil verlangen, daß ihm auf seine Kosten eine öffentlich beglaubigte Urkunde über die Veräußerung ertheilt wird.[1])

Pr. Entw. Art. 389 Abs. 1. **Entw. II** Art. 402. **Prot.** S. 1701—1705, 1771, 3703. **A.D.H.** Art. 440.

Zu §. 475.

1) a. §. 475 verleiht in allen Fällen der Veräußerung eines Schiffes oder einer Schiffspart jedem Teile das Recht, eine beglaubigte Urkunde über die Veräußerung auf seine Kosten zu verlangen. Gedacht ist hierbei nur an Fälle freiwilliger Veräußerung (P. 3703). Übrigens ist aus der Vorschrift des §. 475 nicht zu folgern, daß das Gesetz eine schriftliche Form des Veräußerungsvertrags voraussetze (vgl. Anm. 3 zu §. 474). Denn §. 475 spricht gerade davon, daß über „die Veräußerung", die also als geschehen vorausgesetzt ist (vgl. R.O.H.

Bd. 24 S. 47), eine Urkunde erteilt wird. Die Urkunde hat demnach lediglich die Bedeutung einer Beweisurkunde. Lewis S. 38.

b. Unter öffentlich beglaubigten Urkunden sind nicht bloß die gerichtlich oder notariell, sondern auch die von Verwaltungsbehörden beglaubigten Urkunden zu verstehen (P. 1771), wenn solche nach den Landesgesetzen statthaft sind (B.G. §. 129).

c. Nach Art. 6 Einf.Ges. bezieht sich §. 475 auch auf andere Seeschiffe als Kauffahrteischiffe.

§. 476.

Gewinn und Verlust der laufenden Reise.

Wird ein Schiff oder eine Schiffspart veräußert, während sich das Schiff auf der Reise befindet, so ist im Verhältnisse zwischen dem Veräußerer und dem Erwerber in Ermangelung einer anderen Vereinbarung anzunehmen, daß dem Erwerber der Gewinn der laufenden Reise gebühre oder der Verlust der laufenden Reise zur Last falle.[1])

Pr. Entw. Art. 391 Abs. 2. **Entw. H** Art. 404 Abs. 3, 430. **Prot** S. 1490—1492, 1636—1638, 1652, 3705, 3738. **A.D.H.** Art. 441

Zu §. 476.

1) a. Die Bestimmung des §. 476 beruht auf der Vermutung, daß im Verhältnis zwischen Veräußerer und Erwerber nach der Absicht der Kontrahenten der Erwerber in das Unternehmen, auf welches das Schiff ausgegangen ist, hat eintreten wollen; der Erwerber trägt deshalb Gewinn und Verlust der laufenden Reise. Es findet aber nicht etwa ein Übergang der einzelnen aus der laufenden Reise entstandenen Forderungen und Schulden auf den Erwerber statt, da nach §. 477 durch die Veräußerung nichts in den Verhältnissen des Veräußerers zu Dritten geändert wird, vielmehr können Erwerber und Veräußerer gegen einander nur den Saldo fordern. Schaps Anm. 4 zu §. 476.

b. Von dem Verhältnis des Erwerbers und Veräußerers zu Dritten handelt §. 477.

§. 477.

Persönliche Verpflichtungen des Veräußerers gegen Dritte.

Durch die Veräußerung eines Schiffes oder einer Schiffspart wird in den persönlichen Verpflichtungen des Veräußerers gegen Dritte nichts geändert.[1])

Pr. Entw. — **Entw. H** Art. 429. **Prot.** S. 1616, 1636, 2933, 3738, 3774. **A.D.H.** Art. 442.

Zu §. 477.

1) §. 477 spricht nur von den persönlichen Verpflichtungen des Veräußerers. Die Verpflichtung, mit dem Schiffe zu haften (§. 486), hört naturgemäß mit der Veräußerung des Schiffes auf.

§. 478.

Zubehör eines Schiffes.

Zubehör eines Schiffes[1]) sind auch die Schiffsboote.

Im Zweifel werden Gegenstände, die in das Schiffsinventar eingetragen sind, als Zubehör des Schiffes angesehen.[2])

Pr. Entw. Art. 391 Abs. 1. **Entw. H** Art. 404. **Prot.** S. 1485—1490, 3704, 3712. **A.D.H.** Art. 443.

Zu §. 478.

1) a. **Begriff.** Zubehör sind nach §. 97 B.G.

bewegliche Sachen, die, ohne Bestandtheile der Hauptsache zu sein, dem wirthschaftlichen Zwecke der Hauptsache zu dienen bestimmt sind und zu ihr in einem dieser Bestimmung entsprechenden räumlichen Verhältnisse stehen. Eine Sache ist nicht Zubehor, wenn sie im Verkehre nicht als Zubehör angesehen wird.

Die vorübergehende Benutzung einer Sache für den wirthschaftlichen Zweck einer anderen begründet nicht die Zubehöreigenschaft. Die vorübergehende Trennung eines Zubehörstücks von der Hauptsache hebt die Zubehöreigenschaft nicht auf.

Danach ist die in §. 91 I, 2 A.L.R. gegebene Spezialisierung, wonach als Zubehör eines Schiffes

„alle dabei befindlichen und zu dessen Gebrauche bestimmten Anker, Masten, Taue und andere Schiffsgeratschaften ingleichen Kanonen, nicht aber anderes Gewehr und noch weniger Munition oder Kriegsbedürfnisse anzusehen sind,"

für das jetzige Recht nicht mehr bindend, wohl aber als Auslegungsregel zu verwenden. Auch die Bestimmung des früheren Art. 443 Abs. 1 A.D.H., wonach als Zubehör eines Schiffs alle Sachen begriffen werden, welche zu dem bleibenden Gebrauche des Schiffes bei der Seefahrt bestimmt sind, ist infolge obiger Bestimmung des B.G. weggefallen, aber als Auslegungsregel von Wert. Danach werden außer den im Allg.Landr. erwähnten Gegenständen als Zubehör zu behandeln sein: Kompaß, Lot, Seekarten, Signalapparate.

Nach B.G. ist es für den Begriff des Zubehörs nicht, wie nach §. 108 I. 2. A.L.R. erforderlich, daß das Zubehörstück dem Eigentümer der Hauptsache gehört, indessen werden doch dem Schiffer gehörige Chronometer, Seekarten, Fernrohre von der Zubehöreigenschaft auszuschließen sein, weil sie nicht zur Ausrüstung des Schiffes, sondern zur Ausrüstung des Kapitäns behufs besserer Führung des Schiffes gehören (P. 1486).

b) Das Pfandrecht an einem Schiffe erstreckt sich auf das Zubehör des Schiffes nur soweit, wie die Zubehörstücke dem Eigentümer des Schiffes gehören. (Anhang 2, §. 1265 B.G.) Im übrigen bewirkt die Zubehöreigenschaft, daß die Verpflichtung zur Veräußerung oder Verpfändung der Sache sich im Zweifel auf das Zubehör miterstreckt. §§. 314, 498, 2164 B.G., vgl. auch Anhang 3, Anm. 1 zu §. 162 Zwangsverst.Ges. §. 865 C.P.O.

2) Nach Absatz 2 soll eine Sache, welche in das Schiffsregister eingetragen ist, im Zweifel als Zubehör des Schiffes angesehen werden.

§. 479.

Reparaturunfähigkeit. Reparaturunwürdigkeit.

Im Sinne dieses vierten Buches gilt ein seeuntüchtig gewordenes Schiff:

1. als reparaturunfähig, wenn die Reparatur des Schiffes überhaupt nicht möglich ist oder an dem Orte, wo sich das Schiff befindet, nicht bewerkstelligt, das Schiff auch nicht nach dem Hafen, wo die Reparatur auszuführen wäre, gebracht werden kann;
2. als reparaturunwürdig, wenn die Kosten der Reparatur ohne Abzug für den Unterschied zwischen alt und neu mehr betragen würden als drei Viertheile seines früheren Werthes.

Ist die Seeuntüchtigkeit während einer Reise eingetreten, so gilt als der frühere Werth derjenige, welchen das Schiff bei dem Antritte der Reise gehabt hat, in den übrigen Fällen derjenige, welchen das Schiff, bevor es seeuntüchtig geworden ist, gehabt hat oder bei gehöriger Ausrüstung gehabt haben würde.[1])

Pr. Entw. — **Entw. II** Art. 760, Abs. 3. **Prot.** S. 3994—3997, 4069, 4141, 4416, 4488. **A.D.H.** Art. 444.

Zu §. 479.

1) a. Auf die hier gegebenen Definitionen der Reparaturunfähigkeit und der Reparaturunwürdigkeit wird in den §§. 506, 628, 630, 668, 873 Bezug genommen. Reparaturunfähig ist ein Schiff, wenn seine Reparatur objektiv oder relativ (nach dem Orte, wo es sich befindet) unmöglich ist. (Näher erläutert ist die absolute und die relative Reparaturunfähigkeit R.O.H. Bd. 16, S. 106 und R.G. XXI, 86.) Reparaturunwürdig ist ein Schiff, wenn seine Reparatur eine unvernünftige Maßregel wäre. Die Verständigkeit oder Unverständigkeit der Maßregel müßte eigentlich nach dem Erfolge, d. h. nach dem Werte nach beendigter Reparatur beurteilt werden; aus praktischen Erwägungen ist aber der Wert einer früheren Zeit vor dem Unfalle als maßgebend erklärt. Welcher Ort bei der Ermittelung des früheren Werts maßgebend sein soll, ist nicht für alle Fälle entschieden worden. In der Regel wird dies der Abgangshafen, bezw. der Ort sein, wo sich das Schiff befindet; dies ist jedoch nicht ausdrücklich ausgesprochen worden, um die Berücksichtigung der Preisverhältnisse eines in der Nähe befindlichen größeren Hafens nicht auszuschließen (P. 4142). — Den Reparaturkosten sind andere Kosten, insbesondere die der Geldanschaffung nicht hinzuzurechnen (R.O.H. Bd. 12, S. 404).

b. Ist das Schiff als reparaturunfähig kondemniert, so ist es im Schiffsregister zu löschen. Flg.Ges. §. 13. (Anhang 1.)

§. 480.

Heimatshafen.

Als Heimathshafen des Schiffes gilt der Hafen, von welchem aus die Seefahrt mit dem Schiffe betrieben wird.[1])

Die Vorschriften dieses Gesetzbuchs, welche sich auf den Aufenthalt des Schiffes im Heimathshafen beziehen, können durch die Landesgesetze auf alle oder einige Häfen des Reviers des Heimathshafens ausgedehnt werden.[2])

Entw. II Art. 448. **Prot.** S. 1584, 1882, 3765–3767.

Zu §. 480.

1) a. **Begriff.** Als Heimatshafen im Sinne des H.G.B. gilt nach §. 480 Abs. 1 derjenige Hafen, von welchem aus die Seefahrt mit dem Schiffe betrieben wird. Dies ist jedoch nicht etwa der regelmäßige Ausgangs- bezw. Endpunkt der Seefahrt des Schiffes, sondern derjenige Hafen, von dem aus die Seefahrt des Schiffes geleitet wird, in der Regel also der geschäftliche Wohnsitz des Rheders. Demnach hat ein Schiff, das dauernd im Auslande fährt, seinen Heimatshafen in Deutschland, wenn der Betrieb der Seefahrt von einem deutschen Hafen aus geleitet wird, andererseits können Schiffe inländischer Rheder ihren Heimatshafen im Auslande haben. Vgl. Goldschmidt, Handbuch I. Aufl. §. 60 Anm. 8. Lewis S. 26. Schaps zu §. 480. Begr. zu §. 6 Flg.Ges.

b. Der Begriff des Heimatshafens ist ein im H.G.B. häufig wiederkehrender. Er ist von Bedeutung für die mannigfachsten Rechtsbeziehungen, z. B. für die Bestimmung des Gerichtsstandes (§§. 488, 508, 761), für den Zeitpunkt der Verteilung von Gewinn und Verlust unter den Mitrhedern (§. 502 Abs. 2), für den Verkauf des Schiffes bei Auflösung der Rhederei (§. 506), für die Vertretungsbefugnis des Schiffers (§§. 526, 527), für Ansprüche, Kündigungsbefugnis und Pflicht des Schiffers zur Rechnungslegung (§§. 550, 551, 553 Abs. 1, 534 Abs. 5), für die Befugnis des Schiffers zur Verbodmung (§. 680) und für die Entstehung von Schiffsgläubigerrechten (§. 754 Ziff. 6). Überhaupt ist davon auszugehen, daß die rechtlichen Beziehungen des Schiffes im allgemeinen sich nach dem im Heimatshafen geltenden Rechte regeln (vgl. Anm. 5 zu §. 486, Lewis-Boyens S. 117, R.O.H. Bd. 6, S. 81), insbesondere richten sich Inhalt und Umfang der Vollmacht des Schiffers und die entsprechende Haftung des Rheders auch Dritten gegenüber nach dem im Heimatshafen geltenden Rechte. (R.O.H. Bd. 8, S. 51; 22, S. 98.)

c. Der Heimatshafen im Sinne des H.G.B. kommt auch für nicht registrierte Schiffe in Betracht. Über das Verhältnis des §. 480 zu §. 6 Ges. betreffend das Flaggenrecht der Kauffahrteischiffe vgl. Anm. zu §. 6 a. a. O. (Anhang 1). Nach §. 17 a. a. O. ist der Name des Heimatshafens am Heck des Schiffes anzubringen.

2) Wie oben unter 1 b ausgeführt, ist es in mancherlei Beziehungen von Bedeutung, ob das Schiff im Heimatshafen oder außerhalb desselben sich befindet. Es giebt aber Häfen, deren ausgedehnte Reviere man rücksichtlich der Bedeutung des Aufenthalts im Heimatshafen dergestalt als zu ihnen gehörig und wie Teile von ihnen zu betrachten gewohnt ist, daß nicht unterschieden wird, ob das Schiff in einem solchen Hafen selbst oder ob es in einem Hafen des Reviers desselben liegt. Diese Gewohnheit ruht auf festwurzelnden Einrichtungen und Verhältnissen, welche ohne große Nachteile sich nicht abändern lassen, und muß vom Gesetzgeber berücksichtigt werden, um der Praxis einen sichern Leitfaden zu geben. Die nähere Bestimmung dieser Häfen ist aus Zweckmäßigkeitsrücksichten den Landesgesetzgebungen überlassen worden. (M. z. Einf.Ges. 69.) Für Preußen bestimmte das Einführungsgesetz zum A.D.H. vom 24. Juni 1861 in Art. 54:

> Es bleibt Königlicher Verordnung vorbehalten, in Betreff einzelner Häfen zu verordnen, dass denselben für die Anwendbarkeit der Bestimmungen, welche sich auf den Aufenthalt des Schiffs in dem Heimathshafen beziehen, alle oder einzelne Häfen ihres Reviers gleichzuachten seien.

Eine solche Verordnung ist für die altpreußischen Provinzen nicht ergangen. Vgl. dagegen für Schleswig-Holstein §. 67 Einf.V. v. 5. Juli 1867, für Hannover §. 32 Ges. v. 5. Oktober 1864, für das Jadegebiet §. 2, Ges. v. 9. März 1870 (Ges.S. S. 248). Vgl. ferner für Bremen §. 40 Einf.V. v. 6. Juni 1864, für Hamburg §. 46 Ges. v. 22. Dezember 1865, für Lübeck Art. 17 Einf.Ges. v. 2. November 1863, für Oldenburg Art. 27 Einf.Ges. v. 18. Juni 1864. Wagner S. 161.

§. 481.

Schiffsbesatzung.

Zur Schiffsbesatzung werden gerechnet der Schiffer, die Schiffsmannschaft sowie alle übrigen auf dem Schiffe angestellten Personen.[1])

Pr. Entw. — Entw. H. — Prot. S. 3712. **A.D.H.** Art. 445.

Zu §. 481.

1) **A. Begriff.** Der Begriff der Schiffsbesatzung ist ein in Buch IV häufig wiederkehrender (vgl. §§. 485, 486 Ziff. 3, 487, 512, 520, 522, 524, 525, 702 Abs. 3, 706 Ziff. 5, 734, 754 Ziff. 3, 820 Ziff. 6) und nach der im ersten Abschnitt dieses Buches allgemein gegebenen Bestimmung überall gleichmäßig aufzufassen. Er umfaßt nach §. 481 den Schiffer, die Schiffsmannschaft und alle übrigen auf dem Schiffe angestellten Personen.

a. Schiffer ist der Führer des Schiffes (§. 511), auch wenn er zugleich der Rheder oder der Eigentümer einer Schiffspart ist.

b. Schiffsmannschaft ist das zu seemännischen Diensten für das Schiff bestimmte Personal, mit Ausschluß des Schiffers jedoch einschließlich der Schiffsoffiziere (vgl. A.D.H. Art. 528). Auch der Begriff der Schiffsmannschaft kehrt im H.G.B. öfter wieder. (Vgl. §§. 502 Abs. 2, 517 Abs. 1, 519, 526 Abs. 2, 780.)

Schiffsoffizier ist derjenige, der außer dem Schiffer ein Kommando auf dem Schiffe hat, z. B. der Steuermann; hierzu sind auch die auf den Passagierdampfern vorkommenden

Zahlmeister, Proviantmeister, Ärzte zu rechnen. Lewis § 22. Vgl. §§. 517, 522 Abs. 3, 685 H.G.B.

c. Die Schiffsbesatzung umfaßt außer dem Schiffer und der Schiffsmannschaft noch die übrigen auf dem Schiffe angestellten Personen. Als

„auf dem Schiffe angestellt“

können nach der gewöhnlichen Bedeutung dieses Werkes nur diejenigen verstanden werden, die in einem dauernden, nicht bloß vorübergehenden Dienstverhältnisse zu dem Rheder stehen. [Nach Pappenheim (Gruchot Bd. 43 S. 363) ist die Schiffsbesatzung „der Verband der der Herrschaft des Rheders als eines solchen unterstehenden Personen“.] Indessen rechnet das Reichsgericht in feststehender Praxis — wenigstens hinsichtlich der Rhederhaftung §§. 485, 734 — außer dem Schiffer und der Schiffsmannschaft im engeren Sinne auch die nur vorübergehend zu Schiffsdiensten auf dem Schiffe verwendeten Personen zur Schiffsbesatzung, speziell auch die freiwillig angenommenen Lootsen, die Besatzung des angenommenen Schlepp-Dampfers und die bei der Entlöschung des Schiffes mit der Bedienung der Dampfwinde betrauten Arbeiter. (R.G. XIII, 117. XX, 186.)

B. Betreffs der Arrestfreiheit der Schiffsbesatzung auf segelfertigen Schiffen vgl. §§. 904 Ziff. 3, 933 C.P.O., betreffs der Unfall-, Alters- und Invaliditätsversicherung §. 1 Ziff. 1, Ges. v. 13. Juli 1887 (R.G.Bl. S. 329), § 1 Ziff. 3, Ges. v. 22. Juni 1889 (R.G.Bl. S. 97).

§. 482.

Zwangsversteigerung und Arrestierung segelfertiger Schiffe.

Die Zwangsversteigerung eines Schiffes im Wege der Zwangsvollstreckung darf nicht angeordnet werden, wenn das Schiff zum Abgehen fertig (segelfertig) ist. Auch darf ein segelfertiges Schiff nicht mit Arrest belegt werden.[1])

Diese Vorschriften finden keine Anwendung, wenn die Schuld, wegen deren die Zwangsversteigerung oder der Arrest stattfinden soll, zum Behufe der bevorstehenden Reise eingegangen ist.[2])

Pr. Entw. Art. 392. **Entw. II** Art. 405. **Prot.** S. 1492—1496, 3706—3712, 3774—3778. **A.D.H.** Art. 446.

Zu §. 482.

1) §. 482 erklärt für unzulässig die Zwangsversteigerung und Arrestierung der, wenn auch nur vorübergehend (P. 3712), zum Erwerbe durch die Seefahrt dienenden Schiffe, Segelschiffe oder Dampfschiffe (P. 3708), sobald sie zum Abgehen fertig (segelfertig) sind, es sei denn, daß die Schuld, wegen deren die Vollstreckungsmaßregel stattfinden soll, zum Behufe der anzutretenden Reise eingegangen ist. Zwischen inländischen und ausländischen Schiffen ist kein Unterschied gemacht.

a. Das Gesetz enthält, abweichend von Art. 215 code de commerce, keine Bestimmung darüber, wann ein Schiff als zum Abgehen fertig anzusehen ist, weil die Voraussetzungen für die Segelfertigkeit je nach dem Zwecke der bevorstehenden Reise und je nach den örtlichen Verhältnissen der verschiedenen Häfen verschieden sind (P. 1496). Auf die im Laden begriffenen Schiffe ist das Privilegium nicht ausgedehnt (P. 1492, 3708).

b. Das Privilegium bezieht sich, abgesehen von der in Abs. 2 des §. bestimmten Ausnahme, auf alle obligatorischen Ansprüche gegen den Rheder und auf alle Schiffsschulden §. 754, vgl. R.G. XXXII, 58. Der Antrag, die Beschlagnahme segelfertiger Schiffe nicht allein wegen Schulden sondern wegen aller Civilansprüche (Vindikationsansprüche u. dgl.) auszuschließen, wurde bei der Beratung des A.D.H. abgelehnt (P. 3709). Der Wortlaut des jetzigen §. 482 weicht nun zwar von derjenigen des Art. 446:

ein zum Abgehen fertiges (segelfertiges) Schiff kann wegen Schulden nicht mit Beschlag belegt werden ab, indessen ist eine Abweichung von dem bisherigen Rechte nicht beabsichtigt (vgl. Denkschr. 277), die Fassung des neuen Gesetzes ist nur gewählt, damit sie sich den Vorschriften der C.P.O. und des Zwangsversteigerungsgesetzes anschließe. Daß das Privilegium sich nur gegen Schulden richtet, ergiebt sich auch daraus, daß in Abs. 2 des §. diejenigen Schulden aufgeführt sind, gegen welche das Privilegium nicht wirksam ist. Einstweilige Verfügungen zur Sicherung dinglicher Ansprüche sind demnach auch gegen segelfertige Schiffe zulässig. — In betreff des Verfahrens rücksichtlich der Vollziehung des Arrestes in ein Schiff vgl. jetzt §. 931 C.P.O.

2) a. Die Ausnahme des Abs. 2 ist aus Billigkeitsgründen eingeführt, um diejenigen Personen (Bäcker, Fleischer u. s. w.) zu schützen, welche ihre Lieferungen im letzten Augenblick vor dem Abgang des Schiffes machen müssen (P. 1492). Der Wortlaut des Gesetzes verbietet jedoch, eine Unterscheidung dahin zu machen, ob der Anspruch schon vor der Segelfertigkeit des Schiffes hätte geltend gemacht werden können oder nicht. Auch gehört zu den Schulden, welche zum Behufe der anzutretenden Reise eingegangen sind, die Verpflichtung des Schiffers, dem Ablader ein Konnossement auszustellen. §. 642 ff. R.G. XXX, 59.

b. In Abs. 2 des korrespondierenden Art. 446 war noch bestimmt, daß

> durch eine Beschlagnahme, von bereits an Bord des Schiffs befindlichen Gütern wegen Schulden die Wiederausladung nur in denjenigen Fällen erwirkt werden kann, in welchen der Ablader selbst die Wiederausladung noch zu fordern befugt wäre und nur gegen Leistung desjenigen, was dieser alsdann zu leisten haben würde.

Diese Bestimmung ist in das H.G.B. nicht übernommen, weil nach den Vorschriften der C.P.O. (§§. 808, 809, 846) nur die Pfändung solcher Gegenstände zulässig ist, die sich im Gewahrsam des Schuldners oder des Gläubigers oder eines zur Herausgabe bereiten Dritten befinden, im übrigen aber der Gläubiger nur den Anspruch seines Schuldners auf Herausgabe pfänden und sich überweisen lassen kann. In dem letzteren Falle kann der Gläubiger dann natürlich die Herausgabe der Ladung von dem Schiffer oder Verfrachter nur unter denselben Bedingungen verlangen, unter denen der Ladungseigentümer selbst sie würde fordern können.

c. Die Verhaftung des Schiffers, der Schiffsmannschaft und aller übrigen auf einem Seeschiffe angestellten Personen wegen Schulden ist nach §§. 904 Nr. 3, 933 C.P.O. unstatthaft.

Europäische Häfen. §. 483.

Wenn in diesem vierten Buche die europäischen Häfen den außereuropäischen Häfen entgegengesetzt werden, so sind unter den ersteren sämmtliche Häfen des Mittelländischen, Schwarzen und Azowschen Meeres als mitbegriffen anzusehen.

Pr. Entw. — Entw. H — Prot. S. 3712. **A.D.H.** Art. 447.

Zweiter Abschnitt.

Rheder und Rhederei.

I. Rheder (§§. 484—488).

Begriff. §. 484.

Rheder ist der Eigenthümer eines ihm zum Erwerbe durch die Seefahrt dienenden Schiffes.[1])

Pr. Entw. — Entw. H Art. 406. **Prot.** S. 1496—1500, 3713, 3714, 3739. **A.D.H.** Art. 450.

Zu §. 484.

1) a. Das H.G.B. versteht unter der Bezeichnung: „Rheder“ nur den Schiffseigner, nicht aber auch denjenigen, welcher ein Schiff gemietet hat und sodann für seine Rechnung fahren laßt oder weiter verfrachtet (Ausrüster §. 510). Das bloße Eigentum an einem zur Seefahrt bestimmten Schiffe macht den Eigentümer jedoch nicht zum Rheder; er erlangt diese Eigenschaft erst dadurch, daß er sich des Schiffes zum Erwerbe durch die Seefahrt wirklich, wenn auch nicht ununterbrochen, bedient (P. 1500). Darüber, was unter Erwerb durch die Seefahrt zu verstehen ist vgl. Anm. 1 B zur Überschrift, IV. Buch, Seehandel, u. R.G. XXXII, 109. J.W. 1894 S. 460.

b. Kaufmann ist der Rheder, wenn er eines der Grundhandelsgeschäfte (§. 1 Abs. 2) gewerbemäßig betreibt oder in Gemäßheit des §. 2 die Eintragung seiner Firma erlangt hat.

§. 485.

Haftung für Verschulden der Schiffsbesatzung.

Der Rheder ist für den Schaden verantwortlich, den eine Person der Schiffsbesatzung einem Dritten durch ihr Verschulden in Ausführung ihrer Dienstverrichtungen zufügt.[1])

Pr. Entw. Art. 407. **Entw. H** Art. 323. **Prot.** S. 1749, 2027—2033, 2921, 3729—3731. **A.D.H.** Art. 451.

Zu §. 485.

1) a. §. 485 erklärt den Rheder für den Schaden verantwortlich, welchen eine Person der Schiffsbesatzung (d. h. eine im Dienste des Rheders zu Schiffszwecken thätige Person, also auch die Besatzung eines etwa angenommenen Schleppdampfers, s. §. 481 u. R.G. XX, 86) einem Dritten (der selbst zur Schiffsbesatzung gehören kann, R.G. XIII, 119) durch ihr Verschulden in Ausführung ihrer Dienstverrichtungen (faciendo oder [unter Umständen R.O.H. Bd. 13, S. 116] omittendo, vgl. P. 3731) zufügt. Die Fassung „durch ihr Verschulden in Ausführung ihrer Dienstverrichtungen“ soll erkennbar machen (P. 2029), daß der Rheder nur für diejenigen schuldhaften Handlungen der zur Schiffsbesatzung gehörenden Personen zu haften hat, welche mit der Ausführung ihrer Dienstverrichtungen in einem inneren Zusammenhange stehen, also für einen Schaden, der durch die Art und Weise, in welcher sie ihren Dienst verrichten, veranlaßt wird (vgl. z. B. §. 734), daß die Haftung des Rheders sich aber nicht auf solche Delikte der gedachten Personen erstreckt, welche bloß gelegentlich der Dienstverrichtungen verübt werden. Beispielsweise wurde bemerkt: Der Rheder hafte für den Schaden, welcher dadurch entstehe, daß die Mannschaft eines Schiffes in einem Hafen beim Befestigen des Schiffes das Tau so ungeschickt spanne, daß es andere Boote umstürze und infolge hiervon die darin befindlichen Güter untergingen; der Rheder habe aber nicht für die Wittwe und die Waisen desjenigen zu sorgen, den sein Schiffsmann, nachdem er mit jenem bei Ausführung seines Dienstes in Streit geraten, weil vielleicht keiner dem anderen im Hafen ausweichen wollte, getötet habe u. dgl., vgl. jetzt §§. 278, 831 B.G. — Die Haftung des Rheders in dem Falle des §. 485 ist nicht, wie nach §. 1528, II, 8 A.L.R, eine bloß subsidiäre, sondern eine prinzipale (P. 2028); sie wird auch dadurch nicht ausgeschlossen, daß der Rheder die schädigende Handlung verboten hat. (Cosack § 36.) Die Haftbarkeit reicht jedoch nur soweit, wie der Schuldige selbst haftet (R.G. IX, 162, XXXVII, 182, vgl. jedoch X, 19), und erstreckt sich nur auf das Seevermögen (§. 486 Ziff. 3), gegen welches dem Beschädigten die Rechte eines Schiffsgläubigers (§. 754 Ziff. 9) zustehen. Durch das letztere Recht wird bewirkt, daß eine Veräußerung des haftenden Schiffes durch dessen Eigentümer dem Beschädigten unnachteilig ist. §§. 486 Ziff. 3, 734, 755 Abs. 2. Bolze XVI, Nr. 211.

b. Über die Frage, ob und inwieweit der Rheder für den Schaden haftet, welchen ein von dem Schiffer angenommener Lootse bei der Führung des Schiffes Dritten zufügt, ist keine allgemeine Bestimmung in das Gesetzbuch aufgenommen worden (P. 1782—1786, 2031—2033). Nur für einen besonderen Fall findet sich eine Vorschrift in §. 738. Da jedoch im Gesetze (§§. 445, 451) zwischen den dauernd und den nur vorübergehend Dienst verrichtenden Personen nicht unterschieden ist, so wird man den Rheder für das Verschulden des freiwillig angenommenen Lotsen haftbar erachten müssen. R.G. XIII, 117, Bolze V, Nr. 375, VI, 304.

c. Für ein Verschulden der Mannschaft des geschleppten Schiffes haftet der Rheder des Schleppers nicht, weil der Schlepper lediglich das dem geschleppten dienende Schiff ist. Bolze XXII, Nr. 222.

d. Nach Art. 7 Einf.Ges. finden die Vorschriften des §. 485 und des §. 486 Abs. 1, Nr. 3 über die Haftung des Rheders für das Verschulden einer Person der Schiffsbesatzung auch Anwendung, wenn die Verwendung des Schiffes zur Seefahrt nicht des Erwerbes wegen erfolgt.

§. 486.[1])

Haftung mit Schiff und Fracht.

Der Rheder haftet für den Anspruch eines Dritten nicht persönlich, sondern nur mit Schiff und Fracht:[2])

1. wenn der Anspruch auf ein Rechtsgeschäft gegründet wird, welches der Schiffer als solcher kraft seiner gesetzlichen Befugnisse und nicht mit Bezug auf eine besondere Vollmacht geschlossen hat;[3])
2. wenn der Anspruch auf die Nichterfüllung oder auf die unvollständige oder mangelhafte Erfüllung eines von dem Rheder abgeschlossenen Vertrags gegründet wird, sofern die Ausführung des Vertrags zu den Dienstobliegenheiten des Schiffers gehört hat, ohne Unterschied, ob die Nichterfüllung oder die unvollständige oder mangelhafte Erfüllung von einer Person der Schiffsbesatzung verschuldet ist oder nicht;[4])
3. wenn der Anspruch auf das Verschulden einer Person der Schiffsbesatzung gegründet wird.[5])

Diese Vorschrift findet in den Fällen der Nr. 1, 2 keine Anwendung, wenn den Rheder selbst in Ansehung der Vertragserfüllung ein Verschulden trifft oder wenn er die Vertragserfüllung besonders gewährleistet hat.[6])

Pr. Entw. Art. 406, 407. **Entw. H** Art. 424. **Prot.** S. 1572—1578, 1585—1595, 1606—1610, 1613—1615, 2921, 3731, 3732, 3904—3906, 3909—3913, 4153—4159, 4168—4172, 4283—4286, 4468—4470. **A.D.H.** Art. 452.

Zu §. 486.

1) Der §. bezeichnet die Fälle, in welchen der Rheder nicht persönlich, sondern nur mit Schiff und Fracht (fortune de mer) haftet. Insoweit daher aus den Bestimmungen dieses vierten Buches sich nicht ergiebt, daß der Rheder nur beschränkt haftet, tritt die persönliche Haftbarkeit des Rheders mit seinem ganzen Vermögen ein (P. 2933, 3736).

2) a. Die nicht persönliche Haftung des Rheders kann verschieden aufgefaßt werden; entweder geht man von der Voraussetzung aus, daß an und für sich der Rheder mit seinem ganzen Vermögen haftet, aber das Recht hat, sich von dieser Haftung durch Aufgabe des Seevermögens zu befreien (Abandonsystem), oder man geht von der Anschauung aus, daß die Verpflichtung des Rheders von Anfang an nicht über den Betrag des Seevermögens hinausgeht (System der beschränkten Haftung). Nach dem letzteren Systeme ist das der See anvertraute Vermögen der einzige Gegenstand der Exekution. Fast alle neueren Gesetzgebungen, welchen sich der Pr. Entw. angeschlossen hatte, haben das Abandonsystem angenommen; das

H.G.B. hingegen hat das System der beschränkten, rein dinglichen Haftung bei allen wichtigeren Materien durchgeführt.

b. Welche Wirkung es hat, wenn der Rheder nur mit Schiff und Fracht haftet, ergiebt der neunte Abschnitt dieses Buches, insbesondere ergeben die §§. 756ff., 677, welche Frachtbeträge von dem Gläubiger in Anspruch genommen werden können. Wiederholte Anträge, daß im Falle eines Verlustes des Schiffes die Versicherungsgelder an Stelle des Schiffes den Schiffsgläubigern haften sollten, wurden abgelehnt (P. 1606—1610, 4168—4172). Vgl. Ullr. S. 36. Dagegen tritt im Falle eines notwendigen Verkaufs des Schiffes das Kaufgeld, so lange es bei dem Käufer aussteht, oder noch in den Händen des Schiffers ist (§. 764) und, im Falle des Verlustes oder der Beschädigung des Schiffes bei der großen Haverei die etwaige Entschädigungssumme (§. 775) an die Stelle des Schiffes.

3) Die Ziffer 1 umfaßt die Fälle, in denen gesetzlich von vornherein mit beschränkter Haftung für den Rheder kontrahiert wird (§§. 527—529). — Um ausnahmsweise eine persönliche Haftung des Rheders über die fortune de mer hinaus zu begründen, genügt es noch nicht, wenn er den Schiffer einfach beauftragt hat, eine Handlung vorzunehmen; er muß den Schiffer vielmehr ermächtigt haben, in seinem Namen, als sein Bevollmächtigter eine Handlung vorzunehmen, und der Schiffer muß auch wirklich und erkennbar als Bevollmächtigter gehandelt haben. Vgl. §. 529 (P. 1614). Unberührt bleibt die Befugnis des Schiffers, den Rheder durch den Abschluß von Heuerverträgen persönlich zu verpflichten. §§. 487, 526, 527.

4) Die Ziffer 2 umfaßt hinsichtlich der vom Rheder abgeschlossenen Geschäfte denjenigen Teil der Erfüllung, welcher zu den Dienstobliegenheiten des Schiffers gehört, z. B. bei Fracht-, Passagier-, Schlepp-, Berge- und Hülfsleistungsverträgen (Schaps Anm. 15 zu §. 486). Der Dritte weiß bei Eingehung des Vertrages, daß der Rheder die Erfüllung nicht selbst besorgen vielmehr durch den Schiffer handeln wird. Der Rheder haftet in solchen Fällen beschränkt, ohne Unterschied, ob die Nichterfüllung u. s. w. von einer Person der Schiffsbesatzung verschuldet ist oder nicht, weil er kein ausreichendes Mittel zu einer genügenden Kontrolle derselben hat.

5) Die Ziff. 3 umfaßt die Fälle, in welchen der Rheder durch das Verschulden seiner Leute verpflichtet wird (§. 485), sie findet nach Art. 7 Einf.Ges. auch Anwendung, wenn die Verwendung des Schiffes zur Seefahrt nicht des Erwerbes wegen erfolgt. — Die Haftung des Rheders aus den, sei es auch im Auslande vom Schiffer abgeschlossenen Rechtsgeschäften, sowie aus dem Verschulden einer Person der Schiffsbesatzung ist stets nach dem Rechte des Heimatshafens zu beurteilen. Präsumtionen, welche das ausländische Recht in Kollisionsfällen für das Verschulden der Schiffsbesatzung aufstellt, sind gegenüber dem Rheder daher unwirksam. (R.O.H. Bd. 24, S. 87, vgl. Anm. 1b zu §. 480.)

6) Trifft den Rheder selbst in Ansehung der Vertragserfüllung ein Verschulden, oder hat er die Vertragserfüllung besonders gewährleistet, so haftet er unbeschränkt, weil im ersteren Falle der in Anm. 4 angegebene Grund für die beschränkte Haftung nicht zutrifft und im letzteren Falle die Absicht gerade dahin geht, die beschränkte Haftung auszuschließen.

§. 487.

Persönliche Haftung des Rheders.

Der Rheder haftet für die Forderungen der zur Schiffsbesatzung gehörenden Personen aus den Dienst- und Heuerverträgen nicht nur mit Schiff und Fracht, sondern persönlich.[1])

Zu §. 487.

1) a. Der §. 487 giebt die Bestimmung wieder, welche gemäß §. 68 der Seemannsordnung vom 27./XII. 1872 an die Stelle des Art. 453 A.D.H. getreten ist. Der Wortlaut des §. 487 ist insofern von §. 68 S.O. abweichend, als hier von den Forderungen der zur Schiffsbesatzung gehörenden Personen die Rede ist, während in der S.O. nur von

Forderungen des Schiffers und der zur Schiffsmannschaft gehörigen Personen gesprochen wird. Indessen ist die Abweichung nur eine scheinbare, weil auch nach der S.O. §. 3 Abs. 2 diejenigen Personen, welche, ohne zur Schiffsmannschaft zu gehören, auf einem Schiffe als Maschinisten, Aufwärter oder in anderer Weise angestellt sind, dieselben Rechte und Pflichten haben, die für die Schiffsmannschaft festgesetzt sind. Denkschr. S. 278.

b. Nur der Rheder, nicht aber der Schiffer kann aus den Heuerverträgen persönlich in Anspruch genommen werden (R.O.H. Bd. 23, S. 200). Im übrigen vgl. §. 754, Ziff. 3.

c. In Streitigkeiten, welche sich auf das Rechtsverhältnis zwischen Rheder (oder Schiffer) und Schiffsmannschaft beziehen, kann die Entscheidung durch den Vorsitzenden der Kammer für Handelssachen allein erfolgen. §. 109 Abs. 3, G.V.G

§. 488.

Gerichtsstand des Heimatshafens.

Der Rheder als solcher kann wegen eines jeden Anspruchs, ohne Unterschied, ob er persönlich oder nur mit Schiff und Fracht haftet, vor dem Gerichte des Heimathshafens (§. 480) belangt werden.[1])

Pr. Entw. — Entw. H — Prot. S. 3742. **A.D.H.** Art. 455.

Zu §. 488.

Auch Landgläubiger können den Rheder vor dem Gerichte des Heimatshafens belangen, vgl. auch §§. 508, 527, Abs. 2 u. R.O.H. Bd. 22, S. 90.

II. Rhederei (§§. 489—491).

Begriff.

§. 489.

Wird von mehreren Personen ein ihnen gemeinschaftlich zustehendes Schiff zum Erwerbe durch die Seefahrt für gemeinschaftliche Rechnung verwendet, so besteht eine Rhederei. [1])

Der Fall, wenn das Schiff einer Handelsgesellschaft gehört, wird durch die Vorschriften über die Rhederei nicht berührt. [2])

Pr. Entw. Art. 393 Abs. 1. **Entw. H** Art. 406, Abs. 2. **Prot.** S. 1496—1500, 3714. **A.D.H.** Art. 456.

Zu §. 489.

1) a. Die Rhederei ist eine Erwerbsgesellschaft, bei der die Mitgliedschaft bedingt ist durch das Miteigentum an einem Seeschiffe. Die Rechtsbeziehungen dieser Gesellschaft regeln sich nach den Vorschriften der §§. 490—508 H G.B. und, soweit hier Bestimmungen fehlen, nach den Vorschriften §§. 705 ff. B.G. Mit der Veräußerung des im Miteigentum der Mitrheder stehenden Schiffes hört die Rhederei zu bestehen auf (R.G. XI, 194).

b. Für den Vertrag über Errichtung einer Rhederei ist eine besondere Form nicht vorgeschrieben.

c. Von der Vereinigung mehrerer Personen, ein Schiff für gemeinschaftliche Rechnung zu erbauen und zur Seefahrt zu verwenden, handelt §. 509.

2) Der zweite Abs. will dem Mißverständnisse vorbeugen (P. 3714), als sollten die Vorschriften dieses Abschnitts über die Rhederei auch dann zur Anwendung kommen, wenn die Beteiligten zu einer Handelsgesellschaft zusammengetreten sind, sei es, daß die Verwendung eines oder mehrerer Schiffe zur Seefahrt nur als Nebengewerbe neben einem andern Handelszweige, sei es, daß sie als Hauptgeschäft unter einer Gesellschaftsfirma betrieben wird. In Fällen letzterer Art sind die Betheiligten sowohl in Betreff des inneren als des äußeren Verhältnisses

nach den Grundsätzen von den Handelsgesellschaften zu beurteilen, und werden namentlich unter Umständen (§. 128) für die Gesellschaftsschulden als Gesamtschuldner und mit ihrem ganzen Vermögen haften.

§. 490.

Verhältnis des Rhedereivertrages zum Gesetze.

Das Rechtsverhältniß der Mitrheder unter einander bestimmt sich zunächst nach dem zwischen ihnen geschlossenen Vertrage. Soweit eine Vereinbarung nicht getroffen ist, finden die nachstehenden Vorschriften Anwendung.

Pr. Entw. — **Entw. H** Art. 407. **Prot.** S. 1551, 1560, 3714. **A.D.H.** Art. 457.

§. 491.

Beschlußfassung der Mitrheder.

Für die Angelegenheiten der Rhederei sind die Beschlüsse der Mitrheder maßgebend. Bei der Beschlußfassung entscheidet die Mehrheit der Stimmen. Die Stimmen werden nach der Größe der Schiffsparten berechnet;[1]) die Stimmenmehrheit für einen Beschluß ist vorhanden, wenn der Person oder den Personen, welche für den Beschluß gestimmt haben, zusammen mehr als die Hälfte des ganzen Schiffes gehört.

Einstimmigkeit sämmtlicher Mitrheder ist erforderlich zu Beschlüssen, die eine Abänderung des Rhedereivertrags bezwecken oder die den Bestimmungen des Rhedereivertrags entgegen oder dem Zwecke der Rhederei fremd sind.[2])

Pr. Entw. Art. 394. **Entw. H** Art. 408. **Prot.** S. 1500—1502, 1563, 1564, 3715. **A.D.H.** Art. 458.

Zu §. 491.

1) a. Das Prinzip, daß (abweichend von offenen Handelsgesellschaften, §§. 114 Abs. 1, 115 Abs. 1) die Mehrheit der Stimmen für die gemeinsamen Angelegenheiten maßgebend, und diese nach Schiffsparten zu berechnen ist, wird in allen Seerechten anerkannt (A.L.R. II, 8, §. 1428). Nur über den Umfang, in welchem diese Regel gilt, weichen die Seerechte von einander ab. Nach §. 506 kann auch die Auflösung der Rhederei und der Schiffsverkauf durch Stimmenmehrheit beschlossen werden. — Eine bestimmte Form der Beschlußfassung (Konvokation oder vorgängige Anhörung aller Mitrheder, Schriftlichkeit ꝛc.) ist nicht vorgeschrieben (ebenso R.G. IX, 140); es kommt daher nur darauf an, daß die Mehrheit der Parten sich für den Gegenstand der Beschlußfassung erklärt; sobald dies konstatiert ist, bedarf es einer weiteren Befragung der übrigen Partenbesitzer nicht (R.O.H. Bd. 16, S. 383, Bd. 22, S. 292, R.G. XL, 3).

b. Über das Setzungsrecht in Mecklenburg-Schwerin vgl. Art. 19 Ziff. 1, Einf.Ges. und die dort Anm. 1 citierten Verordnungen sowie Anm. 3c zu §. 501.

2) a. Es ist hier der regelmäßige Fall vorausgesetzt, daß alle Mitrheder Stimmberechtigung haben. Haben einzelne sich vertraglich ihres Stimmrechts begeben, so entscheidet über die Frage, ob sie bei den in Rede stehenden Beschlüssen stimmberechtigt sind, der Inhalt des Vertrages und die aus demselben etwa erkennbare Absicht der Kontrahenten. Wie es zu halten sei, wenn der Vertrag keinen Anhalt für die Beurteilung dieser Frage biete, war in der Konferenz streitig. Die einen meinten, der Verzicht auf die Stimmberechtigung beziehe sich im Zweifel auf alle von der Rhederei zu fassenden Beschlüsse, die anderen waren der Ansicht, daß die Verzichtenden bei Abgabe einer derartigen Erklärung gewiß nur an einen regelmäßigen, den Rhedereistatuten entsprechenden Verlauf der Geschäftsführung dächten. (P. 1563, 1564.)

b. Einstimmigkeit sämtlicher Mitrheder ist nach Abs. 2 auch erforderlich zu Beschlüssen, welche dem Zwecke der Rhederei, d. h. dieser Rhederei fremd sind. So würde z. B. (P. 1520) die Verwendung der Schiffe, welche für Fahrten zwischen England und den Hansestädten bestimmt sind, zu Grönlandsfahrten einen einstimmigen Beschluß aller Mitrheder erfordern. — Über die Interpretation des Abs. 2 d. §. s. R.O.H. Bd. 15, S. 160, R.G. IX, 141 (außerhalb des Zweckes der Rhederei liegende Liberalitäten).

III. Korrespondentrheder (§§. 492—499).

§. 492.

Bestellung und Widerruf.

Durch Beschluß der Mehrheit kann[1]) für den Rhedereibetrieb ein Korrespondentrheder (Schiffsdirektor, Schiffsdisponent) bestellt werden. Zur Bestellung eines Korrespondentrheders, der nicht zu den Mitrhedern gehört, ist ein einstimmiger Beschluß erforderlich.

Die Bestellung des Korrespondentrheders kann zu jeder Zeit durch Stimmenmehrheit widerrufen werden, unbeschadet des Anspruchs auf die vertragsmäßige Vergütung.[2])

Pr. Entw. Art. 398. **Entw. II** Art. 409. **Prot.** S. 1520—1522, 3715—3717. **A.D.H.** Art. 459.

Zu §. 492.

1) a. Nach dem Pr. Entw. (Art. 398) sollte die Rhederei immer verpflichtet sein, einen Korrespondentrheder zu bestellen. Die Aufnahme dieser Bestimmung wurde jedoch abgelehnt, weil das Institut nicht so ausgebildet und herkömmlich sei, um einen Zwang zu rechtfertigen, und weil diese Anordnung unter Umständen eine große Belästigung für die Rhederei enthalten, zuweilen sogar etwas Unausführbares von ihr verlangen würde. Auch der fernere Vorschlag, daß auf Antrag der Minorität zur Wahl eines Korrespondentrheders geschritten werden müsse, wurde namentlich mit Rücksicht auf die umfassenden gesetzlichen Befugnisse desselben, von der Konferenz abgelehnt. (P. 1520, 1521.)

b. Der §. 51 des mecklenburg-schwerinschen Einf.Ges. zum A.D.H. hat die Verpflichtung zur Bestellung eines Korrespondentrheders eingeführt und diese Abweichung ist durch Artikel 19 Nr. 1 Einf.Ges. aufrecht erhalten worden.

2) Die Bestimmung des Abs. 2 hat zur Folge, daß ein Korrespondentrheder, welchem die Hälfte oder mehr als die Hälfte des Schiffs gehört, wider seinen Willen dieser seiner Stellung nicht enthoben werden kann. Dies hielt man nicht für gefährlich (P. 1522), weil in der Regel nicht durch die mit großen Anteilen interessierten Mitrheder, sondern durch die gering beteiligten, welche bei gewagten Geschäften nur einen kleinen Verlustantheil zu tragen haben, der Rhederei Gefahr droht. — Die freie Widerruflichkeit des in der Bestellung liegenden Mandats, vorbehaltlich der Entschädigung aus bestehenden Verträgen, entspricht der Bestimmung des §. 52 Abs. 1. Aus der Natur der Vollmacht ergiebt sich, daß auch vertraglich auf den Widerruf nicht wirksam verzichtet werden kann (R.O.H. Bd. 23, S. 327), vgl. auch R.O.H. Bd. 15, S. 161.

§. 493.

Umfang der Vertretungsmacht.

Im Verhältnisse zu Dritten ist der Korrespondentrheder kraft seiner Bestellung befugt, alle Geschäfte und Rechtshandlungen vorzunehmen, die der Geschäftsbetrieb einer Rhederei gewöhnlich mit sich bringt.[1])

Diese Befugniß erstreckt sich insbesondere auf die Ausrüstung, die Erhaltung und die Verfrachtung des Schiffes, auf die Versicherung der Fracht, der Ausrüstungskosten und der Havereigelder sowie auf die mit dem gewöhnlichen Geschäftsbetriebe verbundene Empfangnahme von Geld.

Der Korrespondentrheder ist in demselben Umfange befugt, die Rhederei vor Gericht zu vertreten.[2])

Er ist befugt, den Schiffer anzustellen und zu entlassen; der Schiffer hat sich nur an dessen Anweisungen und nicht auch an die etwaigen Anweisungen der einzelnen Mitrheder zu halten.[3])

Im Namen der Rhederei oder einzelner Mithreder Wechselverbindlichkeiten einzugehen oder Darlehen aufzunehmen, das Schiff oder Schiffsparten zu verkaufen oder zu verpfänden sowie für das Schiff oder für Schiffsparten Versicherung zu nehmen, ist der Korrespondentrheder nicht befugt, es sei denn, daß ihm eine Vollmacht hierzu besonders ertheilt ist.[4]) [5])

Pr. Entw. Art. 399. **Entw. II** Art. 410. **Prot.** S. 1523–1533, 2621, 3715, 3743, 3794. **A.D.H.** Art. 460.

Zu §. 493.

1) Der Abs. 1 d. §. (vgl. §. 49 Abs. 1) erklärt den Korrespondentrheder im Verhältnis zu Dritten für befugt, alle Geschäfte und Rechtshandlungen vorzunehmen, welche der Betrieb einer Rhederei, d. h. irgend einer Rhederei, gewöhnlich mit sich bringt (P. 1526). Er ist daher befugt, alles zu thun, was im Geschäftsbetrieb einer Rhederei, bei der Lage, in der sie sich thatsächlich befindet, normalerweise geschieht. Hierzu gehört also auch die Einklagung von Ersatzforderungen bei Schiffskollision oder Schiffsuntergang. (R.G. XI, 194, XXXXII, 69, vgl. Anm. 2 zu §. 506). Es wurde anerkannt (P. 3794), daß der Dritte, welcher sich mit dem Korrespondentrheder in einen Kontrakt für Rechnung der Rhederei einlassen will, nicht verpflichtet ist, sich zu erkundigen, ob der Korrespondentrheder die (nach §. 496) etwa erforderliche Beschlußfassung von seiten der Rhederei veranlaßt hat oder nicht, sondern daß das betreffende Rechtsgeschäft giltig bleibt, auch wenn der dritte Kontrahent wußte, daß der Korrespondentrheder einen Beschluß der Rhederei einzuholen unterlassen hat, wenn nur die Gültigkeit desselben nach §. 493 außer Zweifel ist.

2) Die Worte „in demselben Umfange" beziehen sich auf den Abs. 1 d. §. und wollen also sagen (P. 3743): Sowie der Korrespondentrheder Dritten gegenüber kraft seiner Bestellung befugt ist, alle Geschäfte und Rechtshandlungen vorzunehmen, welche der Geschäftsbetrieb einer Rhederei gewöhnlich mit sich bringt, ebenso erstreckt sich seine Befugnis, für die Rhederei Prozesse zu führen, auf alle diese Geschäfte und Rechtshandlungen, auch wenn er das einzelne Geschäft, aus welchem der Prozeß entsprungen ist, infolge der ihm von den Rhedern auferlegten Beschränkung nicht hätte vornehmen dürfen. — Vgl. R.O.H. Bd. 7, S. 147; Bd. 8, S. 342. — Der Korrespondentrheder ist, da er nach §. 493 H.G.B. als Generalbevollmächtigter der Rheder für die Zwecke der Rhederei zu erachten ist, gemäß §. 173 C.P.O. befugt und verpflichtet, insoweit auch Zustellungen für die Rheder in Empfang zu nehmen. Die abweichende Entscheidung R.G. I, 297 bezog sich auf älteres Prozeßrecht. Vgl. Cosack §. 113, VII, 1a.

3) Es ist unmöglich, den Schiffer wegen Abschlusses des Anstellungsvertrages an alle einzelnen Mitrheder zu verweisen, und notwendig, für den Fall Vorsorge zu treffen, daß die schnelle Besetzung der Stelle des Schiffers wünschenswert oder erforderlich wird; der Korrespondentrheder ist deshalb für befugt erklärt worden, sowohl den Schiffer anzustellen, als auch ihn, vorbehaltlich seiner Entschädigungsansprüche, sofort vom Schiffe zu verweisen (P. 1528). Vgl. §. 49 Abs. 1.

4) a. Für die zwar in eigenem Namen, aber im Interesse der Rhederei eingegangenen Wechselverbindlichkeiten kann der Korrespondentrheder Schadloshaltung verlangen, soweit er nach allgemeinen Rechtsgrundsätzen über negotiorum gestio u. dgl. hierzu befugt ist (P. 3716, R.O.H. Bd. 25, S. 50).

b. Der Korrespondentrheder ist Vertreter der Rhederei und nicht der einzelnen Mitrheder; diesen bleibt es überlassen, ihre Schiffspart zu versichern oder das Risiko zu übernehmen; ohne diese Beschränkung der Befugnisse des Korrespondentrheders könnte es leicht kommen, daß die Parten doppelt versichert würden §. 788 ff. War der Korrespondentrheder nach der ihm erteilten Vollmacht den Mitrhedern gegenüber verpflichtet, die Versicherung des Kasko zu besorgen, so hat er den vollen Wert (§. 786) zu versichern. Bolze III Nr. 776. Hat der Korrespondentrheder ohne Vollmacht das Schiff oder einzelne Schiffsparten versichert, so ist die Gültigkeit dieser Versicherung nach §. 781 ff. zu beurteilen. (P. 1530, 1531.)

5) Nicht übernommen in das H.G.B. ist der Abs. 6 des korrespondierenden Art. 460 H.G.B., nach welchem der Korrespondentrheder der in den Landesgesetzen etwa vorgeschriebenen Spezialvollmacht zu solchen Rechtshandlungen nicht bedurfte, die er kraft seiner Vollmacht vorzunehmen befugt ist. Einer solchen Bestimmung bedurfte es hier nicht, weil dem B.G. das Erfordernis einer Spezialvollmacht unbekannt ist. Vgl. §. 49 Abs. 1, H.G.B. und Art. 42 A.D.H.

§. 494.

Unmittelbare Vertretung.

Durch ein Rechtsgeschäft, welches der Korrespondentrheder als solcher innerhalb der Grenzen seiner Befugnisse schließt, wird die Rhederei dem Dritten gegenüber auch dann berechtigt und verpflichtet, wenn das Geschäft ohne Nennung der einzelnen Mitrheder geschlossen wird.

Ist die Rhederei durch ein von dem Korrespondentrheder abgeschlossenes Geschäft verpflichtet, so haften die Mithreder in gleichem Umfange (§. 486), als wenn das Geschäft von ihnen selbst geschlossen wäre.[1])

Pr. Entw. — **Entw. H** Art. — **Prot.** S. 1578—1581, 3732—3735, 4464—4466, 4478—4480 **A.D.H.** Art. 461.

Zu §. 494.

1) a. Der 1. Abs. enthält die beiden Sätze, daß:

1. die Rhederei durch Rechtsgeschäfte, welche der Korrespondentrheder als solcher, d. h. dem Dritten erkennbar als ihr Vertreter geschlossen hat, direkt berechtigt und verpflicht wird, und
2. daß, wenn nur ausdrücklich erklärt ist oder aus den Umständen erhellt, es sei für die Rhederei kontrahiert worden, nichts darauf ankommt, ob die Namen der einzelnen Mitrheder genannt worden sind.

Der Abs. 2 spricht den ferneren Rechtssatz aus, daß, wenn die Rhederei aus einem von dem Korrespondentrheder abgeschlossenen Geschäfte verpflichtet wird, die einzelnen Mitglieder in gleichem Umfange haften, als wenn sie selbst kontrahiert hätten. Die Verweisung auf den §. 486 ergiebt, daß sie im Falle der Ziff. 2 desselben nur mit Schiff und Fracht, dagegen im Falle der Schlußbestimmung desselben persönlich haften müßten.

b. Der §. 494 handelt nur von der Frage, wann und wie weit die Rheder aus Rechtsgeschäften (insbesondere also auch aus Vertragsverletzungen) des Korrespondentrheders verpflichtet werden; dagegen bestimmt er nicht auch über die Frage, inwiefern sie für reine Delikte des Letzteren haften.

§. 495.

Beschränkung der Vertretungsmacht.

Eine Beschränkung der im §. 493 bezeichneten Befugnisse des Korrespondentrheders kann die Rhederei einem Dritten nur entgegensetzen, wenn die Beschränkung dem Dritten zur Zeit des Abschlusses des Geschäfts bekannt war.[1])

Pr. Entw. Art. 400. **Entw. H** Art. 410 Abs. 5. **Prot.** S. 1532, 3717, 3795. **A.D.H.** Art. 462.

Zu §. 495.

1) Es wurde wiederholt anerkannt (P. 1532, 3795), daß der vorstehende §. sich nicht bloß auf den Fall bezieht, wenn die Vollmacht des Korrespondentrheders von Anfang an Dritten gegenüber eine beschränkte war, sondern auch auf später eintretende, oder für einzelne Fälle aufgestellte Beschränkungen, so daß er also z. B. auch in dem Falle Anwendung leidet, wenn die Vollmacht des Korrespondentrheders zwar eine unbeschränkte gewesen, aber wegen eines Punktes ein besonderer Beschluß der Rhederei gefaßt und diesem gemäß der Korrespondentrheder instruiert, gleichwohl aber gegen den gefaßten, dem Dritten bekannten Beschluß vom Korrespondentrheder gehandelt worden ist.

§. 496.

Verhältnis des Korrespondentrheders zur Rhederei.

Der Rhederei gegenüber ist der Korrespondentrheder verpflichtet, die Beschränkungen einzuhalten, welche von ihr für den Umfang seiner Befugnisse festgesetzt sind; er hat sich ferner nach den gefaßten Beschlüssen zu richten und die Beschlüsse zur Ausführung zu bringen.

Im Uebrigen ist der Umfang seiner Befugnisse auch der Rhederei gegenüber nach den Vorschriften des §. 493 mit der Maßgabe zu beurtheilen, daß er zu neuen Reisen[1]) und Unternehmungen, zu außergewöhnlichen Reparaturen sowie zur Anstellung oder zur Entlassung des Schiffers vorher die Beschlüsse der Rhederei einzuholen hat.[2])

Pr. Entw. Art. 399. **Entw. H** Art. 411. **Prot.** S. 1532, 3717, 3718. **A.D.H.** Art. 463.

Zu §. 496.

1) Neu ist im Sinne dieses §. und des §. 501 jede Reise, die nicht schon früher beschlossen worden, die sich nicht als Ausführung oder Vollendung einer schon begonnenen darstellt und die eine neue Ausrüstung zum Beginn der Fahrt erfordert (R.O.H. Bd. 22, S. 290).

2) Das R.G. IX, 139 erachtet den Korrespondentrheder auch hinsichtlich der Anerkennung und Bezahlung solcher Forderungen von Gläubigern, deren Höhe über das im laufenden Geschäftsbetriebe gewöhnlich Vorkommende hinausgehen, als an die Beschlüsse der Rhederei gebunden; derselbe Gerichtshof erkennt an (Bd. XI, 194), daß das Ermessen des Korrespondentrheders als Beweisgrund für die Zweckmäßigkeit einer von ihm für Rechnung der Rhederei gemachten Aufwendung zu erachten sei.

§. 497.

Pflichten des Korrespondentrheders.

Der Korrespondentrheder ist verpflichtet, in den Angelegenheiten der Rhederei die Sorgfalt eines ordentlichen Rheders anzuwenden.[1])

Pr. Entw. — **Entw. H** Art. 412. **Prot.** S. 1535, 3719. **A.D.H.** Art. 464.

Zu §. 497.

1) Der §. 497 legt dem Korrespondentrheder die Verpflichtung auf, in den Angelegenheiten der Rhederei die Sorgfalt eines ordentlichen Rheders anzuwenden, ohne Unterschied (P. 1536), ob er zugleich Mitrheder ist oder besonders für seine Bemühungen honoriert wird, oder nicht. — Zu diesen Verpflichtungen wird unter Umständen auch die Versicherung der Vorschüsse gehören (R.O.H. Bd. 15, S. 119).

§. 498.

Buchführung. Auskunftserteilung.

Der Korrespondentrheder hat über seine die Rhederei betreffende Geschäftsführung abgesondert Buch zu führen und die dazu gehörigen Belege aufzubewahren. Er hat auch jedem Mitrheder auf dessen Verlangen Kenntniß von allen Verhältnissen zu geben, die sich auf die Rhederei, insbesondere auf das Schiff, die Reise und die Ausrüstung, beziehen; er hat ihm jederzeit die Einsicht der die Rhederei betreffenden Bücher, Briefe und Papiere zu gestatten.

Pr. Entw. Art. 401, 402. **Entw. H** Art. 413. **Prot.** S. 1534—1536, 3719. **A.D.H.** Art. 465.

Zu §. 498.

1) Über die Pflicht des Korrespondentrheders zur Rechnungslegung gegenüber der Rhederei vgl. §. 499 H.G.B. und Anmerkung. Zur Führung einer besonderen Kasse für die erhobenen Schiffsgelder erachtet das Reichsgericht den Korrespondentrheder nicht für verpflichtet. Bolze VI, Nr. 625.

§. 499.

Rechnungslegung. Rechte der Minderheit.

Der Korrespondentrheder ist verpflichtet, jederzeit auf Beschluß der Rhederei dieser Rechnung zu legen.[1]) Die Genehmigung der Rechnung sowie die Billigung der Verwaltung des Korrespondentrheders durch die Mehrheit hindert die Minderheit nicht, ihr Recht geltend zu machen.[2])

Pr. Entw. Art. 403, 404. **Entw. H** Art. 414. **Prot.** S. 1537—1542, 3719, 3720. **A.D.H.** Art. 466.

Zu §. 499.

1) a. Über den Inhalt der Rechnungslegung bestimmt jetzt §. 259 B.G.

„Wer verpflichtet ist, über eine mit Einnahmen oder Ausgaben verbundene Verwaltung Rechenschaft abzulegen, hat dem Berechtigten eine die geordnete Zusammenstellung der Einnahmen oder der Ausgaben enthaltende Rechnung mitzutheilen und, soweit Belege ertheilt zu werden pflegen, Belege vorzulegen.

Besteht Grund zu der Annahme, dass die in der Rechnung enthaltenen Angaben über die Einnahmen nicht mit der erforderlichen Sorgfalt gemacht worden sind, so hat der Verpflichtete auf Verlangen den Offenbarungseid dahin zu leisten:

dass er nach bestem Wissen die Einnahmen so vollständig angegeben habe, als er dazu im Stande sei.

In Angelegenheiten von geringer Bedeutung besteht eine Verpflichtung zur Leistung des Offenbarungseides nicht.“

b. Vgl. §. 254, 889 C.P.O.

2) Der zweite Satz des §. wurde dahin erläutert (P. 3720): Er sei nicht dahin zu verstehen, daß die Minderheit das Recht haben solle, für ihren Teil die Gültigkeit eines vom Korrespondentrheder eingegangenen und von der Mehrheit genehmigten Geschäfts als eines Geschäfts der Rhederei anzufechten. Wenn also z. B. mit Zustimmung der Majorität die Aufzimmerung des Schiffs beschlossen worden, so könne die Minorität ihrerseits nicht die Rechnung bezw. die Verwaltung des Korrespondentrheders um deshalb beanstanden, weil nicht hätte aufgezimmert werden sollen. Daraus aber, daß für die Frage, ob ein Geschäft vorgenommen oder unterlassen werden solle, Majoritätsbeschlüsse für maßgebend erklärt worden, folge noch nicht, daß dasselbe auch bezüglich anderer Fragen gelte, und insbesondere auch bei

der Frage, ob der Korrespondentrheder für einen Rechnungsposten Ersatz zu leisten habe oder von einem Ersatzanspruche freigelassen werden solle. Ohne dies der Minderheit beigelegte Recht könnte der Korrespondentrheder, wenn ihm mehr als die Hälfte der Parten zusteht, seine Rechnung selbst endgiltig genehmigen und sich selbst aller Verantwortlichkeit entschlagen. Ebensowenig könne die nachträgliche Billigung einer von dem Korrespondentrheder auftragswidrig vorgenommenen Handlung seitens der Majorität der Minorität ihre bereits begründeten Entschädigungsansprüche entziehen; so werde z. B., wenn der Korrespondent das Schiff auf eine andere als die von der Rhederei beschlossene Reise aussende, derselbe dem einzelnen Mitrheder die dadurch veranlaßte Erhöhung der Prämie für die Versicherung seiner Part ersetzen müssen, auch wenn alle anderen Mitrheder hinterher die Abweichung vom früheren Beschlusse genehmigen sollten.

IV. Rechtsverhältnisse der Mitrheder (§§. 500—508).

§. 500. Beitrag des Mitrheders.

Jeder Mitrheder hat nach dem Verhältnisse seiner Schiffspart zu den Ausgaben der Rhederei, insbesondere zu den Kosten der Ausrüstung und der Reparatur des Schiffes, beizutragen.

Ist ein Mitrheder mit der Leistung seines Beitrags im Verzug und wird das Geld von Mitrhedern für ihn vorgeschossen,[1]) so ist er diesen zur Entrichtung von Zinsen [2]) von dem Zeitpunkte der Vorschüsse an verpflichtet. Durch den Vorschuß wird ein versicherbares Interesse[3]) hinsichtlich der Schiffspart für die Mitrheder begründet. Im Falle der Versicherung dieses Interesses hat der säumige Mitrheder die Kosten der Versicherung zu ersetzen.[4]) [5])

Pr. Entw. Art. 395 Abs. 1, 396. **Entw. H** Art. 415. **Prot.** S. 1504—1511, 2622—2624, 3721, 4234—4236. **A.D.H.** Art. 467.

Zu §. 500.

1) Dies ist das gewöhnlichste Mittel, die Ausrüstung des Schiffs rechtzeitig zu bewirken; es genügt mit Rücksicht auf die Bestimmung des §. 504 Abs. 3 dem praktischen Bedürfnisse. Um jedoch die Beschaffung der nicht eingezahlten Beiträge zu erleichtern, war beantragt worden, den Mitrhedern das Recht einzuräumen, die Schiffspart des Säumigen zu verpfänden und zu veräußern. Man hielt indessen dafür, daß das Recht der Verpfändung von wenig praktischem Werte sein würde, weil sich voraussichtlich niemand darauf einlassen werde, diesem Mitrheder ohne seine Dazwischenkunft bloß auf Grund der Verhandlung der übrigen Mitrheder und obschon diese selbst zu Vorschüssen nicht geneigt seien, zu kreditieren, und daß das Recht des Verkaufs der Schiffspart des Säumigen wider seinen Willen leicht zu Mißbräuchen führen könnte. (P. 1510, 2622—2624.)

2) Vgl. §. 111.

3) Vgl. §. 778, 779. — Für die Zulassung der Versicherung spricht die Erwägung, daß derjenige, welcher sich zu einem Vorschuß versteht, gewöhnlich ganz besonders auf die Sicherheit rechnet, welche ihm die Schiffspart zu bieten imstande ist. Mit dem Untergange des Schiffs würde ihm die im Schiff liegende Sicherheit, möge dieselbe auch keine vollkommene sein, verloren gehen. (P. 1510, 3089, 3720.)

4) Die Stellung dieses §. setzt es außer Zweifel, daß hier nur von Seeversicherungen die Rede ist. Wenn die Vorschüsse wider Willen des Mitrheders gemacht oder bereits anderweitig durch Auslieferung einer Versicherungspolice gedeckt sind, so bieten die allgemeinen Grundsätze des Rechts (exceptio doli u. dgl.) dem Schuldner hinreichenden Schutz gegen Aufbürdung unnötiger Assekuranzkosten. (P. 4235.) Diese Kosten hat er nur zu zahlen, wenn er sich im Verzuge befindet (R.O.H. Bd. 15, S. 162). Aber die Versicherbarkeit des Interesses ist

durch einen Verzug nicht bedingt (R.O.H. Bd. 15, S. 116, wo ob paritatem rationis ein solches Interesse auch für den in Vorschuß gegangenen Korrespondentrheder, auch wenn er nicht Mitrheder ist, angenommen wurde).

5) Nach Abs. 2 Satz 2 des korrespondierenden Art. 467 war den Landesgesetzen die Bestimmung vorbehalten, ob durch den von den Mithredern geleisteten Vorschuß ein Pfandrecht an der Schiffspart des säumigen Mitrheders erworben wird. Von diesem Vorbehalte hatte Mecklenburg=Schwerin durch §. 54 Einf.=Verordnung v. 28. Dez. 1863 Gebrauch gemacht. Nach dem jetzigen Rechte ist dies weggefallen, vgl. Art. 19 Ziff. 1 Einf.Ges., wonach auch für Mecklenburg=Schwerin der §. 54 jener Verordnung nicht aufrecht erhalten ist. — Das B.G. räumt den Teilhabern einer Gesellschaft oder Gemeinschaft ein Pfandrecht für derartige Leistungen nicht ein. Nach §. 756 bezw. §. 733 Satz 2 B.G. hat der Teilhaber, dem wegen einer auf das Gesellschafts= oder Gemeinschaftsverhältnis sich gründenden Forderung gegen einen anderen Teilhaber eine Forderung zusteht, nur das Recht, bei der Aufhebung des Verhältnisses zu verlangen, daß seine Forderung aus dem auf den Schuldner oder dessen Rechtsnachfolger entfallenden Teile des gemeinschaftlichen Gegenstandes berichtigt werde. Vgl. auch §. 51 Konk.O., wonach im Falle des Konkurses abgesonderte Befriedigung aus dem Anteile des Gemeinschuldners wegen solcher Forderungen verlangt werden kann, die sich auf das Miteigentums= bezw. Gesellschafts= oder Gemeinschaftsverhältnis gründen. Denkschr. S. 279.

Abandonrecht des Mitrheders. §. 501.

Wenn eine neue Reise [1]) oder wenn nach der Beendigung einer Reise [2]) die Reparatur des Schiffes oder wenn die Befriedigung eines Gläubigers beschlossen worden ist, dem die Rhederei nur mit Schiff und Fracht haftet, so kann jeder Mitrheder, welcher dem Beschlusse nicht zugestimmt hat, sich von der Leistung der zur Ausführung des Beschlusses erforderlichen Einzahlungen dadurch befreien, daß er seine Schiffspart ohne Anspruch auf Entgelt aufgiebt. [3])

Der Mitrheder, welcher von dieser Befugniß Gebrauch machen will, muß dies den Mitrhedern oder dem Korrespondentrheder binnen drei Tagen nach dem Tage des Beschlusses oder, wenn er bei der Beschlußfassung nicht anwesend und nicht vertreten war, binnen drei Tagen nach der Mittheilung des Beschlusses gerichtlich oder notariell kundgeben. [4])

Die aufgegebene Schiffspart fällt den übrigen Mitrhedern nach dem Verhältnisse der Größe ihrer Schiffsparten zu.

Pr. Entw. Art. 397, 407. **Entw. II** Art. 416, 427. **Prot.** S. 1511—1519, 1564, 1630, 2933, 3721—3724, 3736. **A.D.H.** Art. 468.

Zu §. 501.

1) d. h. eine solche, deren Ausführung nicht schon früher beschlossen worden ist (P. 3723).

2) Der Rücktritt aus der Gesellschaft durch Abandon des Anteils kann ohne Gefährdung der Interessen der Mitrheder nur zu einer Zeit geschehen, in welcher die früher beschlossenen Unternehmungen bereits abgewickelt sind, mag sich auch das Schiff in einem anderen, als dem Heimatshafen befinden. Muß das Schiff infolge von Unglücksfällen im Nothafen repariert werden, so ist der Austritt aus der Gemeinschaft unstatthaft, weil solche Unfälle zu dem Risiko gehören, das die Rheder mit der Zustimmung zur Reise bereits übernommen haben. (P. 1511—1519.) Ebenso R.O.H. Bd. 22, S. 295.

3) a. Nach §. 707 B.G. ist kein Gesellschafter verpflichtet, die Einlage über den vertragsmäßigen Betrag zu erhöhen; im §. 501 H.G.B. ist dem Mitrheder durch die Abandonerklärung

ein Mittel geboten, nicht immer zu neuen Einzahlungen gezwungen zu werden; ein solches Schutzmittel ist um so nötiger, als die Verbindung vom Einzelnen nicht aufkündbar ist.

b. Die Mitrheder haften aus ihrem Rhedereiverhältnisse einander bezw. dem Korrespondentrheder persönlich, können sich aber durch den alsbaldigen Verzicht auf ihre Part befreien. (R.G. IX, 143, XL, 3.) Die bereits früher begründeten persönlichen Verpflichtungen und Berechtigungen der Mitrheder werden durch das Aufgeben ihres Anteils jedoch nicht geändert (P. 1513). Im Falle einer neuen Reise (s. Anm. 1) wirkt die rechtzeitige Abandonerklärung rechtlich so, als ob der abandonierende Mitrheder bei Beginn der neuen Reise nicht mehr Mitrheder war. (R.G. XL, 4.)

c. Mehrere Seerechte enthalten noch einen anderen Schutz der Minderheit gegen die Beschlüsse der Mehrheit in dem sog. Setzungs- oder Kiesungsrecht, d. i. die Befugnis der Minderheit, das Schiff der Mehrheit zu einem bestimmten Preise zu setzen, wofür letztere nach ihrer Wahl zu nehmen oder zu geben hat. In das H.G.B. ist keine derartige Bestimmung aufgenommen worden, weil es nur noch in einzelnen Staaten in Gebrauch ist und die Gefahr nahe liegt, daß das Setzungsrecht zu einer Tyrannei der Minderheit zum Nachteile der Mehrheit führt, wenn nämlich die Minderheit sich im Besitze anderweiter Mittel befindet, während die Mehrheit ihr ganzes Vermögen im Schiffe stecken hat. Es ist jedoch den Mitrhedern unbenommen, im Rhedereivertrag auszumachen, daß ihnen gegenseitig das Setzungsrecht zustehen solle. Eine solche Vertragsbestimmung bindet und berechtigt auch den später eintretenden Mitrheder (§. 504 Abs. 3).

In Gültigkeit ist das Setzungsrecht in Mecklenburg-Schwerin. Vgl. Art. 19, Ziff. 1 Einf.Ges. (s. Anm. 1 dort) und die dort erwähnten Verordnungen vom 28./XII. 1863 und 22./X. 1869 (letztere abgedruckt Z.f.H. Bd. 16, S. 461). Infolge dieser Bestimmungen ist §. 501 H.G.B. in Mecklenburg-Schwerin nicht in Wirksamkeit.

4) a. Für den bei der Beschlußfassung nicht anwesenden und nicht vertretenen Mitrheder läuft die dreitägige Frist erst von der Mitteilung des Beschlusses ab, selbst wenn er zufällig früher von demselben Kenntnis erhalten haben sollte; hat er einen Vertreter abgeordnet, so wird ihm, da er den Vertreter im Voraus instruieren konnte, die Kenntnis seines Vertreters so angerechnet, als habe er in Person diese Kenntnis erlangt (P. 3722). Vgl. den Rechtsfall R.O.H. Bd. 22, S. 293.

b. Die Kundgebung braucht nicht binnen drei Tagen zugestellt oder abgesandt zu sein, es genügt, wenn die Erklärung in solcher Art, z. B. zu gerichtlichem oder notariellem Protokoll, erfolgt ist, daß sie für den Erklärenden unwiderruflich ist. Lewis-Boyens Not. 4 zu §. 501.

§. 502. **Gewinn- und Verlustanteil.**

Die Vertheilung des Gewinns und Verlustes geschieht nach der Größe der Schiffsparten.

Die Berechnung des Gewinns und Verlustes und die Auszahlung des etwaigen Gewinns erfolgt jedesmal, nachdem das Schiff in den Heimathshafen zurückgekehrt ist oder nachdem es in einem anderen Hafen seine Reise beendigt hat und die Schiffsmannschaft entlassen ist.[1])

Außerdem muß auch vor dem erwähnten Zeitpunkte das eingehende Geld, soweit es nicht zu späteren Ausgaben oder zur Deckung von Ansprüchen einzelner Mitrheder an die Rhederei erforderlich ist, unter die einzelnen Mitrheder nach dem Verhältnisse der Größe ihrer Schiffsparten vorläufig vertheilt und ausgezahlt werden.[2])

Pr. Entw. Art. 395 Abs. 2. **Entw. II** Art. 417. **Prot.** S. 1505, 1537—1542, 2764—2766, 3724. **A.D.H.** Art. 469.

Zu §. 502.

1) Ein reiner Abschluß ist vor der Abrechnung mit dem Schiffer und dem Schiffsvolke nicht thunlich. — Jeder Mitrheder hat das Recht, die Gewinnverteilung zu verlangen, sobald die Voraussetzungen des Abs. 2 d. §. vorhanden sind; auch durch Majoritätsbeschluß kann ihm dieses Recht nicht genommen werden. (P. 1540.)

2) a. Jeder Rheder ist befugt, provisorische Verteilung von Baarvorräten zu verlangen; ohne eine solche Bestimmung würden vorläufige Verteilungen meistens vom Belieben des Korrespondentrheders abhängig sein, denn gegen seinen Willen läßt sich nur nach vielen Widerwärtigkeiten und Zeitverlust eine ordnungsmäßige Abstimmung der Rhederei herbeiführen. Dieses Recht jedes einzelnen schließt die Befugnis der Mehrheit, die Einleitung neuer Unternehmungen und die Zurückbehaltung der Gelder zu diesem Zwecke zu beschließen, nicht aus. (P. 1541, 2764.)

b. Der Korrespondentrheder kann die Auszahlung verweigern, wenn er nachweisen kann, daß das Geld für die Rhederei notwendig ist; ingleichen kann die Minderheit auf Zurückbehaltung der Gelder dringen, wenn die Majorität ungeachtet bevorstehender Ausgaben deren Verteilung beschließt. (P. 1540, 2766.)

Veräußerung der Schiffspart. §. 503.

Jeder Mitrheder kann seine Schiffspart jederzeit und ohne Einwilligung der übrigen Mitrheder ganz oder theilweise veräußern.[1])

Die Veräußerung einer Schiffspart, in Folge deren das Schiff das Recht, die Reichsflagge zu führen, verlieren würde, kann nur mit Zustimmung aller Mitrheder erfolgen.[2])

Pr. Entw. Art. 408. **Entw. H** Art. 418. **Prot.** S. 1543—1548, 3724, 3725. **A.D.H.** Art. 470.

Zu §. 503.

1) Die Rhederei ist weniger eine Personen- als eine Kapitalvereinigung; deshalb muß auch jedem einzelnen Rheder der Verkauf seines Anteils zu jeder Zeit freistehen; es steht nicht zu befürchten, daß durch die unbeschränkte Veräußerung der Anteile der Fortbestand der Rhederei gefährdet werde; durch den Handel erhöht sich gerade der Wert der Schiffe (P. 1543—1546). Die Bestimmung des Art. 470, Abs. 2, Satz 1, A.D.H., daß den Mitrhedern ein gesetzliches Vorkaufsrecht nicht zustehe, ist in das H.G.B. nicht übernommen, weil das B.G. keine Bestimmung enthält, aus welcher ein Vorkaufsrecht der fraglichen Art herzuleiten wäre. Denkschr. S. 279.

2) Nach §. 2 des Flaggengesetzes vom 22. Juni 1899 (R.G.Bl. 319) sind die Kauffahrteischiffe nur dann zur Führung der Reichsflagge berechtigt, wenn sie in dem ausschließlichen Eigenthum von Reichsangehörigen stehen. Durch den Verkauf einer Schiffspart an einen Ausländer würde das Schiff demnach das Recht verlieren, die Reichsflagge zu führen. Deshalb ist nach Abs. 2 des §. 503 die Gültigkeit einer derartigen Veräußerung von der Zustimmung aller Mitrheder abhängig gemacht; die ohne Zustimmung aller Mitrheder erfolgte Veräußerung ist nichtig, also nicht bloß in dem Verhältnisse des neuen Erwerbers zu den Mitrhedern, sondern auch im Verhältnisse zu seinem Veräußerer unwirksam. R.O.H. Bd. 24, S. 46. In betreff des Falles, wenn der Eigentümer einer Schiffspart die Reichsangehörigkeit verliert, oder eine Schiffspart in anderer Weise als durch Veräußerung auf einen Ausländer übergeht, vgl. §. 3. Flaggengesetz vom 22. Juni 1899 (Anhang 1).

§. 504.[1])

Wirkung der Veräußerung bis zu erfolgter Anzeige.

Der Mitrheder, welcher seine Schiffspart veräußert hat, wird, solange die Veräußerung von ihm und dem Erwerber,[2]) den Mitrhedern oder dem Korrespondentrheder nicht angezeigt worden ist,[3]) im Verhältnisse zu den Mitrhedern noch als Mitrheder betrachtet und bleibt wegen aller vor dieser Anzeige begründeten Verbindlichkeiten als Mitrheder den übrigen Mitrhedern verhaftet.

Der Erwerber der Schiffspart ist jedoch im Verhältnisse zu den übrigen Mitrhedern schon seit dem Zeitpunkte der Erwerbung als Mitrheder verpflichtet.[4])

Er muß die Bestimmungen des Rhedereivertrags, die gefaßten Beschlüsse und eingegangenen Geschäfte gleichwie der Veräußerer gegen sich gelten lassen; die übrigen Mitrheder können außerdem alle gegen den Veräußerer als Mitrheder begründeten Verbindlichkeiten in Bezug auf die veräußerte Schiffspart gegen den Erwerber zur Aufrechnung bringen,[5]) unbeschadet des Rechtes des Erwerbers auf Gewährleistung gegen den Veräußerer.

Pr. Entw. Art. 409. **Entw. II** Art. 419. **Prot.** S. 1549—1557, 3726—3728, 3724, 3795—3799. **A.D.H.** Art. 471.

Zu §. 504.

1) Der Abs. 1 d. §. handelt von dem Verhältnisse des austretenden, die Abs. 2 u. 3 von dem Verhältnis des eintretenden Mitrheders zu den übrigen Mitrhedern; von dem Verhältnisse des austretenden und eintretenden Mitrheders zu Dritten handeln die §§. 477 u. 507. Alle diese Bestimmungen betreffen ersichtlich nur obligatorische Verhältnisse (P. 3797), und lassen die Frage über die Zeit des Eigenthumsüberganges an veräußerten Schiffsparten unberührt. Vgl. auch §. 474.

2) Die Anzeige muß von dem Veräußerer und dem Erwerber erstattet werden; sie braucht indeß nicht notwendig von beiden Kontrahenten in Person gemacht zu werden, es kann sie vielmehr auch einer im Namen und Auftrag des Andern erstatten. Wann ein solcher Auftrag als vorhanden anzunehmen ist, unterliegt der Beurteilung nach allgemeinen Rechtsgrundsätzen. (P. 3727.)

3) Die Natur der Sache ergiebt, daß bei Veräußerungen einer Schiffspart bei der formellen Behandlung der Geschäfte bis nach erfolgter Anzeige der Veräußerung der Veräußerer als Mitrheder anzusehen ist und als solcher Stimmrecht hat. Hieraus folgt, daß er alle aus den unter seiner Zuziehung gefaßten Beschlüssen sich ergebenden Verbindlichkeiten gegen sich gelten lassen muß. (P. 1551 ff.)

4) Der Erwerber wird mit dem Zeitpunkt der Erwerbung thatsächlich Mitrheder. Es folgt aus der Natur des Miteigentums, welches die wesentliche Grundlage der Rhederei bildet, daß er von dieser Zeit und nicht erst von der Anzeige des Erwerbs ab die auf seinen Part fallenden Lasten tragen muß. Eine Befreiung von denselben würde auch nur eine scheinbare sein, weil er regelmäßig dem Veräußerer Ersatz leisten müßte. Der Veräußerer haftet den Mitrhedern gegenüber auch nach der Veräußerung bis zur Anzeige derselben, weil er formell noch als Mitrheder gilt. (P. 3797.)

5) Dieses Recht hat die Bedeutung einer Retentionsbefugnis zur Sicherstellung der Rhederei. (P. 1556.)

§. 505.

Ausscheiden einzelner Mitrheder. Unzulässigkeit der Kündigung.

Eine Aenderung in den Personen der Mitrheder ist ohne Einfluß auf den Fortbestand der Rhederei.

Stirbt ein Mitrheder oder wird der Konkurs über das Vermögen eines Mitrheders eröffnet,[1]) so hat dies die Auflösung der Rhederei nicht zur Folge.

Eine Aufkündigung von Seiten eines Mitrheders oder eine Ausschließung eines Mitrheders findet nicht statt.

Pr. Entw. Art. — **Entw. II** Art. 420. **Prot.** S. 1548—1557, 3728. **A.D.H.** Art. 472.

Zu §. 505.

1) a. Im Falle der Eröffnung des Konkurses über das Vermögen des Mitrheders tritt die Gläubigerschaft an die Stelle des letzteren und ist wie dieser befugt, die Schiffspart zu veräußern. (Vgl. §§. 6 u. 51, Konk.O.)

b. Auch durch die etwa eintretende Unfähigkeit des Mitrheders zur Verwaltung seines Vermögens wird die Auflösung der Rhederei nicht herbeigeführt (Denkschr. S. 279, vgl. Art. 472, Abs. 2, A.D.H.), vielmehr werden die Rechte eines solchen Mitrheders durch seinen Vormund oder Pfleger ausgeübt.

§. 506.

Auflösungsbeschluß und Ausführung.

Die Auflösung der Rhederei kann durch Stimmenmehrheit beschlossen werden.[1]) Der Beschluß, das Schiff zu veräußern, steht dem Beschlusse der Auflösung gleich.[2])

Ist die Auflösung der Rhederei oder die Veräußerung des Schiffes beschlossen, so muß das Schiff öffentlich verkauft werden.[3]) Der Verkauf kann nur geschehen, wenn das Schiff zu einer Reise nicht verfrachtet ist[4]) und sich in dem Heimathshafen oder in einem inländischen Hafen befindet.[5]) Ist jedoch das Schiff als reparaturunfähig oder reparaturunwürdig kondemnirt (§. 479), so kann der Verkauf, auch wenn das Schiff verfrachtet ist, und selbst im Ausland erfolgen.[6]) Soll von diesen Vorschriften abgewichen werden, so ist die Zustimmung aller Mitrheder erforderlich.

Pr. Entw. Art. 410. **Entw. II** Art. 421. **Prot.** S. 1557—1559, 1583—1584, 3728, 3729, 3997. **A.D.H.** Art. 473.

Zu §. 506.

1) In einem faktischen Fortbetriebe der Seefahrt, welcher dem auf Auflösung der Rhederei gerichteten Beschlusse nachfolgt, liegt ein neuer entgegengesetzter Beschluß. (P. 1558.) Ist der Beschluß einmal rechtsgültig per majora gefaßt, so hat jeder Mitrheder ein Sonderrecht, daß es bei demselben verbleibe; dieses Recht kann ihm daher durch einen anderen Majoritätsbeschluß nicht entzogen werden (R.O.H. Bd. 14, S. 421). — Über das Setzungsrecht in Mecklenburg-Schwerin vgl. Art. 19, Ziff. 1, Einf Ges. und §. 53 V. v. 28. XII. 1863. Anm. 3c zu §. 501.

2) Selbstverständlich hört die Rhederei auf, wenn das gemeinschaftliche Schiff für alle Mitrheder verloren geht oder das gesamte Eigentum sich in einer einzigen Person konsolidiert. (P. 3728.) Der Verkaufsbeschluß involviert den Auflösungsbeschluß, sagt das R.O.H. Bd. 14, S. 420. Das R.G. XI, 197 erachtet die für eine bestehende Rhederei gegebenen Bestimmungen für das Stadium der Liquidation so weit als möglich ebenso für anwendbar, wie dies im §. 509 für das Stadium der Vorbereitung vorgeschrieben ist und folgert hieraus, daß der einmal eingesetzte Korrespondentrheder für die nothwendigen Liquidationsgeschäfte so lange in Funktion bleibt, bis etwa die Majorität abruft. Vgl. Anm. 1 zu §. 493.

3) Der öffentliche Verkauf ist der geeignetste Weg der Auseinandersetzung. Jetzt ist derselbe nach Maßgabe der Vorschriften §§. 180, 181, Abs. 1 u. 3, §. 182 Abs. 3, Zwangsverst.Ges. herbeizuführen.

4) Wie jede freiwillige Auflösung einer Gesellschaft kann auch der Verkauf des Schiffs nur rechtzeitig geschehen; ist das Schiff zu einer neuen Reise verfrachtet, so muß vor dem Verkauf die eingegangene Verbindlichkeit erst erfüllt werden. (M. 228.)

5) Die Bestimmung, daß der Verkauf nur geschehen kann, wenn das Schiff im Heimatshafen oder in einem inländischen Hafen sich befindet, hat darin ihren Grund, daß Auktionen in auswärtigen Häfen höchst gefährlich sind; in kleineren Häfen finden sich selten mehrere Bieter ein, und oftmals würde das Schiff weit unter seinem Werte zugeschlagen werden müssen. Dergleichen Verhältnisse könnten doloser Weise von treulosen Schiffern benutzt werden; außerdem sind die Kosten öffentlicher Auktionen in mehreren ausländischen Häfen sehr hoch. (P. 1559.) Der Verkaufsbeschluß kann schon erfolgen, wenn das Schiff sich noch in einem ausländischen Hafen befindet, aber die Ausführung des Beschlusses ist, abgesehen von den im §. 506 selbst zugelassenen Ausnahmen, so lange auszusetzen, bis sich das Schiff im Heimatshafen oder in einem inländischen Hafen befindet (R.O.H. Bd. 14, S. 420).

6) Im Falle dringender Notwendigkeit steht sogar dem Schiffer die Befugnis zum Verkauf des Schiffes zu (§. 530); die Mehrheit der Mitrheder kann daher selbstverständlich in dieser Beziehung nicht weniger Rechte haben als der Schiffer. (P. 3729.)

§. 507.

Haftung der Mitrheder Dritten gegenüber.

Die Mitrheder als solche[1]) haften Dritten, wenn ihre persönliche Haftung eintritt,[2]) nur nach dem Verhältnisse der Größe ihrer Schiffsparten.[3])

Ist eine Schiffspart veräußert, so haften für die in der Zeit zwischen der Veräußerung und der im §. 504 erwähnten Anzeige etwa begründeten persönlichen Verbindlichkeiten rücksichtlich dieser Schiffspart sowohl der Veräußerer als der Erwerber.[4])

Pr. Entw. Art. 406. **Entw. H** Art. 421. **Prot.** S. 1612, 1613, 3729, 3795—3799. **A.D.H.** Art. 474.

Zu §. 507.

1) Die Worte: „als solche" sollen andeuten, daß es sich hier ausschließlich um die Regelung derjenigen Verbindlichkeiten handelt, welche aus dem gewöhnlichen und regelmäßigen Geschäftsbetriebe der Rhederei hervorgehen, vgl. R.G. XXXIII, 87; es wird hiermit denjenigen Fällen nicht präjudiziert, in welchen wegen besonderer Thatsachen, z. B. wegen ausdrücklicher Vertragsbestimmungen oder wegen Vergehen oder nach den §§. 771, 773, 774 (R.G. a. a. O.) eine solidarische Haftbarkeit der Mitrheder angenommen werden muß.

2) Vgl. z. B. §. 486 Abs. 2, §. 487.

3) a. Der Grundsatz der ratenweisen Haftung hat, abweichend vom römischen Recht, in der seerechtlichen Praxis und Jurisprudenz allgemeine Anerkennung gefunden. Der Gläubiger kann aber jeden einzelnen Mitrheder unmittelbar in Anspruch nehmen, einer vorherigen Ausklagung gegen die Rhederei bedarf es nicht.

b. Abs. 1 gilt nur im Verhältnisse zwischen Mitrhedern und Dritten, untereinander haften die Mitrheder unbeschränkt. Schaps Einleitung zu §. 507.

4) Vgl. Anm. 1 zu §. 504. — Daß der Veräußerer Dritten gegenüber bis zur Anzeige der Veräußerung haftet, ist schon deshalb notwendig, weil sich sonst leicht der Fall ereignen könnte, daß der Dritte, um seine Befriedigung zu suchen, erst eine Irrfahrt nach Rhedern unternehmen müßte, namentlich wenn eine Schiffspart in kurzer Frist mehrmals veräußert wird; rücksichtlich der Haftbarkeit des Erwerbers ist der Grundsatz, daß das Miteigentum als die wesentliche Grundlage der Rhederei anzusehen ist, beibehalten. (P. 3799.) Hält man die §§. 504 und 507 zusammen, so ergiebt sich der einfache Grundsatz, daß rücksichtlich der zwischen der Veräußerung und ihrer Anzeige begründeten Verbindlichkeiten Veräußerer und Erwerber haften, und zwar sowohl im Verhältnis zu den Mitrhedern als zu Dritten.

§. 508.

Gerichtsstand des Heimatshafens.

Die Mitrheder als solche können wegen eines jeden Anspruchs, ohne Unterschied, ob dieser von einem Mitrheder oder von einem Dritten erhoben wird, vor dem Gerichte des Heimathshafens (§. 480) belangt werden.[1])

Diese Vorschrift kommt auch dann zur Anwendung, wenn die Klage nur gegen einen Mitrheder oder gegen einige Mitrheder gerichtet wird.

Pr. Entw. — **Entw. II** — **Prot.** — **A.D.H.** Art. 475.

Zu §. 508.

1) Vgl. Anm. zu § 480.

Baurhederei.

§. 509.

Auf die Vereinigung zweier oder mehrerer Personen, ein Schiff für gemeinschaftliche Rechnung zu erbauen und zur Seefahrt zu verwenden,[1]) finden die Vorschriften der §§. 490, 491, 500, 505 sowie des §. 507 Abs. 1 [2]) und, sobald das Schiff vollendet, und von dem Erbauer abgeliefert ist,[3]) außerdem die Vorschriften der §§. 503, 504, 506 sowie des §. 507 Abs. 2 Anwendung;[4]) die Vorschrift des §. 500 gilt auch für die Baukosten.

Ein Korrespondentrheder (§. 492) kann schon vor der Vollendung des Schiffes bestellt werden; er hat in diesem Falle sogleich nach seiner Bestellung in Bezug auf den künftigen Rhedereibetrieb die Rechte [5]) und Pflichten eines Korrespondentrheders.

Pr. Entw. Art. 393 Abs. 1. **Entw. II** Art. 431. **Prot.** S. 1498, 1499, 1638—1648, 1653, 3740. **A.D.H.** Art. 476.

Zu §. 509.

1) a. Nicht auch, um es nachher zu verkaufen. (P. 1638).

b. Die Haftung der Mitglieder einer Gesellschaft zum Bau eines Schiffs Dritten gegenüber ist im wesentlichen dieselbe wie die der Mitrheder. Die den Bau und den Schiffahrtsbetrieb betreffenden Geschäfte greifen häufig so in einander, und der Zeitpunkt, wann der Bau des Schiffes als vollendet anzusehen ist, ist oft so schwer zu ermitteln, daß eine anderweitige Regelung der Haftbarkeit zu vielen Streitigkeiten führen würde. Der Bau des Schiffes ist nur als eine präparatorische Maßregel anzusehen. Es entspricht dem System des H.G.B., das Nebengeschäft (hier den Bau) nach denselben Grundsätzen wie das Hauptgeschäft zu beurteilen. Wer mit einer derartigen Gesellschaft kontrahiert, glaubt kaum anders, als daß ihm die Mitglieder der künftigen Rhederei auch nur wie die Mitglieder einer wirklichen Rhederei haften. (P. 1638, 1643—1645.)

2) Die Frage, ob die Minderheit durch die Majorität gezwungen werden könne, größere als die versprochenen Beiträge einzuzahlen, damit das Schiff größer, als Anfangs beschlossen war, erbaut werden könne, wurde bei Beratung des Art. 476 (jetzt §. 509) mehrfach verneint, da ein derartiger Beschluß auf eine Änderung des Rhedereivertrags hinauslaufen würde. Die Ausdehnung der Ausnahmebestimmung des §. 501 auf eine Gesellschaft zum Bau eines Schiffs erschien bedenklich. (P. 1645.)

3) — auch wenn der Betrieb der Rhederei noch nicht begonnen haben sollte. (P. 1647.)

4) a. Die Veräußerung eines Anteils eines Gesellschaftsmitgliedes während des Baues ist unzulässig, weil bei der Rhederei das Eigentumsverhältnis der Mitrheder, bei dem Bau dagegen das Sozietätsverhältnis das vorwiegende ist. Während dieser Zeit liegt das Haupt-

gewicht in der Obligation des Beteiligten, zum Zustandekommen einer Rhederei mitzuwirken. Die Substituierung eines Zahlungsunfähigen würde die Erreichung dieses Zwecks hindern. (P. 1645.)

b. Während der Bauzeit kann auch die Auflösung der Gesellschaft durch Majoritätsbeschluß nicht erfolgen. Anderenfalls würde die Majorität ein Mittel erhalten, das Schiff zum Verkauf und die Parten der Minderheit um einen verhältnismäßig geringen Entgelt von sich zu bringen, da in der Regel für halbfertige Schiffe nur ein kleiner Erlös zu erzielen ist. (P. 1648.)

5) Nicht auch in Bezug auf die Leitung des Baues und die Abschließung der erforderlichen Bauverträge. (P. 1642—1644.)

§. 510. **Ausrüster.**

Wer ein ihm nicht gehöriges Schiff zum Erwerbe durch die Seefahrt für seine Rechnung verwendet und es entweder selbst führt oder die Führung einem Schiffer anvertraut, wird im Verhältnisse zu Dritten als der Rheder angesehen.[1])

Der Eigenthümer kann denjenigen, welcher aus der Verwendung einen Anspruch als Schiffsgläubiger herleitet, an der Durchführung des Anspruchs nicht hindern, es sei denn,[2]) daß die Verwendung ihm gegenüber eine widerrechtliche und der Gläubiger nicht in gutem Glauben war.

Pr. Entw. Art. — **Entw. II** Art. 432. **Prot.** S. 1655—1663, 3740, 3741. **A.D.H.** Art. 477.

Zu § 510.

1) a. Der Fall, wenn der Eigentümer sein Schiff im ganzen an jemand für eine gewisse Reise verchartert, der dasselbe wieder an andere auf Stückgüter verfrachtet, oder wenn er es an jemand für eine gewisse Zeit vermietet, bedarf keiner besonderen gesetzlichen Regelung; in beiden Fällen ist der Schiffer in Wirklichkeit der Vertreter des Eigentümers, und führt in dessen Namen die Reisen des Schiffes aus; im erstern Falle ist der Hauptfrachtkontrakt zwischen Mieter und Eigentümer vor allem maßgebend, im zweiten bleiben Kapitän und Mannschaft auf dem Schiffe und sind der Disposition und den Befehlen des Eigners unterworfen. Dieser §. behandelt daher nur die Fälle, wenn der Schiffer, gleichviel ob ein neuer angenommen, oder der vom Eigentümer eingesetzte beibehalten wird, nicht als Vertreter des Eigners, sondern des Ausrüsters anzusehen ist, z. B. wenn der bloße Körper des Schiffes an jemand vermietet wird, der die Ausrüstung des Schiffes auf seine Kosten zu besorgen und den Betrieb der Schiffahrt allein zu leiten hat, oder wenn dem einen das Eigentum, dem andern die Nutznießung des Schiffes zusteht, oder wenn jemand auf rechtswidrige Weise ein Schiff in Besitz hat und dasselbe in See sendet. (P. 1655, Z.f.H. 40 S. 552, 553.)

b. Der Ausrüster wird jedoch nur als Rheder angesehen wegen solcher Ansprüche, die aus der Verwendung des Schiffes zum Erwerb durch die Seefahrt herrühren. Die willkürliche Veräußerung des Schiffes schließt daher den Vindikationsanspruch des Eigentümers nicht aus; wohl aber ist der Ausrüster für befugt anzusehen, das Schiff im Auslande wegen absoluter Irreparabilität zu verkaufen; seine persönliche Haftung Dritten gegenüber ist keine andere, als die des Rheders, und das Schiff wird verpflichtet, obschon es dem Ausrüster nicht gehört. (P. 3740.) Diese, den Eigentümer (insbesondere in dem Falle, wenn der Ausrüster sich widerrechtlich in den Besitz des Schiffes gesetzt hat) sehr gefährdende Bestimmung ist zum Schutze der Schiffahrt getroffen worden. Es wurde zur Rechtfertigung dieser Vorschrift geltend gemacht, daß die Erforschung der Eigentumsverhältnisse für den Dritten oft schwierig, bisweilen unmöglich sei und eine außerordentliche Belästigung der Seefahrt und Gefährdung der Sicherheit derselben nach sich ziehen würde, und daß, wenn z. B. Jemand in der irrigen Meinung, er sei Eigentümer, ein Schiff ausgerüstet habe, die Billigkeit zu Gunsten der Schiffsgläubiger spreche; gründe die Forderung sich auf einen Kontrakt, z. B. Bodmerei im Nothafen, so werde dadurch das Schiff dem rechtmäßigen Eigentümer erhalten; gründe sie sich auf ein Delikt, z. B. Übersegelung, so liege kein Grund vor, weshalb ein gestohlenes Schiff weniger haften solle, als eines, das sich im rechtmäßigen Besitze des Ausrüsters befinde. Endlich wurde darauf hingewiesen, daß die Fälle, in denen ein geraubtes oder gestohlenes Schiff von einem Dritten benutzt werde und vom Eigentümer verfolgt werden könne, in der Praxis äußerst selten vorkämen. (P. 1660—1662.)

2) Dem Eigentümer ist der Beweis, daß der Gläubiger Kenntniß von der Unbefugtheit der Verwendung des Schiffes gehabt habe, auferlegt worden, weil man annahm, daß der Gläubiger seine bona fides fast niemals werde beweisen können. (P. 1662.) Der Gläubiger ist aber auch dann nicht in „gutem Glauben", wenn er nur infolge grober Fahrlässigkeit, d. h. Außerachtlassung der im Verkehr erforderlichen Sorgfalt, die Widerrechtlichkeit der Verwendung nicht kannte. Vgl. B.G. § 932 Abs. 2.

Dritter Abschnitt.

Schiffer.[1])

Zur Überschrift: Schiffer.

1) a. Der dritte Abschnitt handelt zunächst nur von dem durch den Rheder angestellten Schiffer. Wiederholte Anträge (P. 3810, 3830), welche darauf abzielten, auch die Stellung desjenigen Schiffsmannes zu regeln, welche kraft der Rangordnung in einem Notfalle an die Stelle des Schiffers tritt, wurden abgelehnt, weil man die allgemeinen Rechtsgrundsätze, insbesondere über die negotiorum gestio, für ausreichend hielt. Ebenso hielt man es nicht für erforderlich (P. 3834—3836), Bestimmungen darüber aufzunehmen, ob und inwieweit die Vorschriften dieses Titels auch dann zur Anwendung kommen, wenn der Schiffer zugleich Mit- oder Alleineigentümer des Schiffes ist. Vgl. Anm. 1a zu § 516 u. Anm. zu § 517.

b. Über den von dem Schiffer zu erbringenden Befähigungsnachweis bestimmt § 31 Gew.O.

> Seeschiffer, Seesteuerleute, Maschinisten der Seedampfschiffe und Lootsen müssen sich über den Besitz der erforderlichen Kenntnisse durch ein Befähigungszeugniss der zuständigen Verwaltungsbehörde ausweisen.
>
> Der Bundesrath erlässt die Vorschriften über den Nachweis der Befähigung. Die auf Grund dieses Nachweises ertheilten Zeugnisse gelten für das ganze Reich, bei Lootsen für das im Zeugniss angeführte Fahrwasser.

Hierzu sind ergangen:

Die Bekanntmachung betreffend die Prüfung der Seefischer und Seesteuerleute auf deutschen Kauffahrteischiffen vom 25./IX. 1869 (B.G.Bl. S. 660), vom 30./V. 1870 (B.G.Bl. S. 314) u. 2./XII. 1885 (R.G.Bl. S. 319). Diese Bestimmungen sind ersetzt durch

Die Bekanntmachung betreffend den Nachweis der Befähigung als Seeschiffer und Seesteuermann auf deutschen Kauffahrteischiffen und über das Verfahren bei den betreffenden Prüfungen vom 6./VIII. 1887 (R.G.Bl. S. 395), ergänzt durch Bekanntmachung vom 15./VI. 1888 (R.G.Bl. S. 185), 11./VI. 1891 (R.G.Bl. S. 348), vom 4./III. 1895 (R.G.Bl. S. 179), vom 10./II. 1899 (R.G.Bl. S. 129) und vom 4./III. 1899 (R.G.Bl. S. 134).

Für Maschinisten gilt die Bekanntmachung betreffend die Vorschriften über den Befähigungsnachweis und die Prüfung der Maschinisten auf Seedampfschiffen der deutschen Handelsflotte vom 26./VII. 1891 (R.G.Bl. S. 359) u. vom 22./VIII. 1891 (Centralbl. S. 266).

Durch Spruch des Seeamts kann dem Schiffer die Befugnis zur Ausübung des Gewerbes entzogen, auch nach Jahresfrist durch das Reichskanzleramt zurückgegeben werden. §§ 26, 34 R.Ges. v. 27./VII. 1877, s. unten hinter § 555.

c. Für die Rechtsgültigkeit der von dem Schiffer mit dritten Personen abgeschlossenen Verträge, Befrachtungsgeschäfte und dgl. ist es ohne Einfluß, ob der Schiffer das Befähigungszeugnis erlangt hat oder nicht (P. 1754, 3744), es kommt nur darauf an, ob er als Schiffer angestellt ist. Dennoch ist die Qualifikation des Schiffers keineswegs ohne Einfluß auf seine Rechtsverhältnisse und die Folgen seiner Geschäftsführung. Die Haftbarkeit des Rheders ist z. B. eine andere, wenn er wissentlich einen nicht qualifizierten Schiffer angestellt hat, als wenn dieser das Befähigungszeugnis erlangt hat. (Vgl. P. 3744.)

I. Pflichten des Schiffers als Führer des Schiffes (§§. 511—518).

§. 511.

Pflichten und Haftung des Schiffers bei seinen Dienstverrichtungen.

Der Führer des Schiffes (Schiffskapitän, Schiffer) ist verpflichtet, bei allen Dienstverrichtungen, namentlich bei der Erfüllung der von ihm auszuführenden Verträge, die Sorgfalt eines ordentlichen Schiffers anzuwenden. Er haftet für jeden durch sein Verschulden entstehenden Schaden, insbesondere für den Schaden, welcher aus der Verletzung der in diesem und den folgenden Abschnitten ihm auferlegten Pflichten entsteht.[1])

Pr. Entw. Art. 433. **Entw. H** Art. 457, Abs. 1. **Prot.** S. 1928—1930, 3748, 3810, 3830, 3834—3836, 4159, 4160. **A.D.H.** Art. 478.

Zu §. 511.

1) a. Der Schiffer hat bei allen seinen Dienstverrichtungen die Sorgfalt eines ordentlichen Schiffers anzuwenden, d. h. so zu handeln, wie es in den beteiligten Kreisen nach der Lage des Falles von einem ordentlichen Schiffer erwartet wird. Vgl. §§. 347 Abs. 1, 384, 408, 429 Abs. 1, §. 464 H.G.B.

b. Durch den zweiten Satz d. §. soll klar gemacht werden (P. 1930), daß die in Betreff der Stauung der Ladung, der Beobachtung der Zollgesetze, der Führung des Tagebuchs, Verklarung u. dgl. aufgestellten Vorschriften eine civilrechtliche Bedeutung haben, und eine Verantwortlichkeit des Schiffers für jeden aus der Vernachlässigung dieser Bestimmungen entstehenden Schaden begründen. — Daher kann z. B. falsche Datierung des Konnossements oder unrichtige Angabe des Abladeplatzes ihn verantwortlich machen, wenn hierdurch Schaden entsteht (R.O.H. Bd. 25, S. 196).

§. 512.

Haftung des Schiffers gegenüber Dritten.

Diese Haftung des Schiffers besteht nicht nur gegenüber dem Rheder, sondern auch gegenüber dem Befrachter, Ablader und Ladungsempfänger, dem Reisenden, der Schiffsbesatzung und demjenigen Schiffsgläubiger, dessen Forderung aus einem Kreditgeschäfte (§. 528) entstanden ist, insbesondere dem Bodmereigläubiger.[1])

Der Schiffer wird dadurch, daß er auf Anweisung des Rheders gehandelt hat, den übrigen vorgenannten Personen gegenüber von der Haftung nicht befreit.[2])

Durch eine solche Anweisung wird auch der Rheder persönlich verpflichtet, wenn er bei der Ertheilung der Anweisung von dem Sachverhältniß unterrichtet war.[3])

Pr. Entw. Art. 433. **Ent. H** Art. 457, Abs. 2. **Prot.** S. 1928—1980, 2615, 2617, 2860, 3748, 3749, 3787—3789, 3812—3815. **A.D.H.** Art. 479.

Zu §. 512.

1) a. Da der Schiffer als der gesetzliche Mandatar des Rheders angesehen wurde, der für seine Pflichtverletzungen zunächst nur dem Rheder als seinem Mandanten verantwortlich sei und, abgesehen von einigen besonders geregelten Verhältnissen, mit dritten Personen in keinem direkten Verhältnisse stehe, gegen den also auch der Dritte aus den mit ihm geschlossenen Verträgen nicht unmittelbar klagbar auftreten könne, so wurde es für erforderlich gehalten (P. 2615), ausdrücklich zu bestimmen, daß der Schiffer für Pflichtverletzungen nicht nur dem Rheder als seinem Mandanten, sondern auch dem Befrachter, Ablader rc. verantwortlich sei. Die spezielle Aufführung der Personen, denen der Schiffer unmittelbar Rede und Antwort zu stehen hat, wurde einer allgemeinen Fassung vorgezogen, damit nicht die Frage, inwiefern der Assekuradeur den Schiffer zu belangen befugt sei, zugleich mitentschieden werde.

b. Der Abs. 1 d. §. bestimmt, daß der Schiffer nicht nur gegenüber dem Rheder, sondern auch gegenüber den anderen daselbst benannten Personen (aber auch nur diesen gegenüber, abgesehen von einer aquilischen Verschuldung R.G. X, 20) unmittelbar für jeden Verstoß gegen die Vorschrift des §. 512 haftet. Die Ausdehnung seiner Haftbarkeit gegen Befrachter, Ablader rc. auf alle Schiffsgläubiger ohne Ausnahme wurde in erster Lesung (P. 2860) abgelehnt. In zweiter Lesung (P. 3789) hat man jedoch die direkte Haftbarkeit des Schiffers auch gegenüber denjenigen Schiffsgläubigern, deren Forderungen aus einem Kreditgeschäft (§. 528) entstanden ist, ausgesprochen, weil man annahm, daß der Schiffer diesen Gläubigern gegenüber seine Haftbarkeit zu übersehen noch recht wohl im Stande sei.

c. In Streitigkeiten, welche sich auf das Rechtsverhältnis zwischen Schiffer und Schiffsmannschaft beziehen, kann die Entscheidung durch den Vorsitzenden der Kammer für Handelssachen allein erfolgen (§. 109 Abs. 3 G.V.G.).

2) Der 2. Abs. d. §. ist eine Konsequenz des im 1. Abs. ausgesprochenen Grundsatzes, daß der Schiffer nicht nur dem Rheder gegenüber, sondern auch den übrigen genannten Personen direkt für Diligenz einzustehen hat; denn wenn der Schiffer infolge von Unfällen durch das Gesetz berufen wird, das Interesse aller Beteiligten wahrzunehmen und als deren gemeinschaftlicher Stellvertreter zu handeln, so folgt schon aus allgemeinen Rechtsgrundsätzen, daß er in dieser Stellung den Befehlen und Anweisungen des Rheders, als eines der Beteiligten, nicht unterworfen ist. (P. 3814.) — Vgl. §§. 695, 731.

3) Hat der Rheder mit Kenntnis des Sachverhalts dem Schiffer ein Verfahren vorgeschrieben, durch dessen Befolgung die Interessen der Ladungsbeteiligten u. s. w. verletzt sind, so ist neben dem Verschulden des Schiffers auch ein eigenes Verschulden des Rheders vorhanden, für welches er als der eigentliche Kontrahent persönlich haften muß. Weder die Anweisung an sich, z. B. wenn sie erst nach Ausführung der Handlung des Schiffers eingetroffen ist, noch die nachfolgende Genehmigung einer vom Schiffer vorgenommenen Handlung begründen die persönliche Haftbarkeit des Rheders. Dieselbe tritt vielmehr nur dann ein, wenn die Anweisung die Ursache der beschädigenden Handlung ist (P. 3815). — Vgl. §§. 695, 731.

§. 513.

Sorge für Seetüchtigkeit, Bemannung, Proviant, Papiere.

Der Schiffer hat vor dem Antritte der Reise dafür zu sorgen, daß das Schiff in seetüchtigem Stande, gehörig eingerichtet und ausgerüstet, gehörig bemannt und verproviantirt ist und daß die zum Ausweise für Schiff, Besatzung und Ladung erforderlichen Papiere an Bord sind.[1])

Pr. Entw. Art. 412. **Entw. H** Art. 434. **Prot.** S. 1755, 1756, 3748, 3749, 4161. **A.D.H.** Art. 480.

Zu §. 513.

1) a. Im Heimatshafen darf der Schiffer ohne Genehmigung des Rheders keine zum Betriebe der Rhederei gehörigen Rechtsgeschäfte vornehmen, also auch keine Schiffsgerätschaften kaufen oder sonstige Ausgaben machen (§. 526); dem Rheder gegenüber wird er daher von Verantwortlichkeit frei, wenn er ihm einen etwa vorhandenen Mangel an der Ausrüstung des Schiffes rechtzeitig anzeigt und auch ohne Abhülfe des Mangels auf Geheiß des Rheders in See geht; Dritten, z. B. dem Ablader gegenüber, schützt ihn eine solche Anzeige jedoch nicht. §. 512. (P. 1755.)

b. Der Beweis der Seeuntüchtigkeit des Schiffes liegt dem Befrachter ob, der daraus Ansprüche herleitet. Z.f.H. 40. S. 555, R.O.H. Bd. 23, S. 21 ff.

c. Über die Frist, innerhalb welcher der Schiffer die erforderlichen Papiere zu beschaffen hat, insbesondere darüber, ob er das Recht hat, noch eine Zeit lang nach Ablauf der Ladefrist der Expedition wegen liegen zu bleiben (P. 2085—2087), ist mit Rücksicht auf die Mannigfaltigkeit der Verhältnisse keine allgemeine Vorschrift getroffen werden.

d. Als Schiffspapiere kommen namentlich in Betracht: Das Certifikat oder ein begl. Auszug §§. 11, 25 Ziff. 3 Flg.Ges., die Musterrolle (§. 12 S.O.), Chartepartie (§. 557), das Konnossement (§. 642 ff.); vgl. auch §. 821 Ziff. 1 H.G.B.

§. 514.

Sorge für Lade- und Löschgerätschaften, Stauung, Ballast, Garnierung.

Der Schiffer hat zu sorgen für die Tüchtigkeit der Geräthschaften zum Laden und Löschen sowie für die gehörige Stauung nach Seemannsbrauch, auch wenn die Stauung durch besondere Stauer bewirkt wird.[1])

Er hat dafür zu sorgen, daß das Schiff nicht überladen und daß es mit dem nöthigen Ballast und der erforderlichen Garnirung versehen wird.

Pr. Entw. Art. 413. **Entw. H** Art. 435. **Prot.** S. 1756—1760, 1774—1776, 3749—3751, **A.D.H.** Art. 481.

Zu §. 514.

1) Der Schiffer hat für die gehörige Stauung der Güter nach Seemannsbrauch, d. h. für das ordnungsmäßige Packen der Güter, so daß insbesondere die schweren untengelegt und leckende Güter nicht auf trockene gepackt werden, zu sorgen. Auch hier gilt der Grundsatz des §. 511, wonach er deligentiam prästieren muß, aber darüber hinaus nicht haftet. (Näheres R.O.H. Bd. 19, S. 265.) Seiner Verpflichtung, Sorgfalt anzuwenden, ist er auch dann nicht enthoben, wenn die Stauung durch besondere (Zwangs-) Stauer bewirkt wird (P. 1756, 3750), oder unter Aufsicht von Inspektoren erfolgt, welche von den Befrachtern gestellt werden, aber der Inhalt seiner Verpflichtung wird dadurch gemindert. (R.O.H. l. c., R.G. X, 20.)

§. 515.

Beobachtung ausländischer Polizei-, Zoll- und Steuergesetze. Kriegskontrebande.

Wenn der Schiffer im Auslande die dort geltenden Vorschriften, insbesondere die Polizei-, Steuer- und Zollgesetze, nicht beobachtet, so hat er den daraus entstehenden Schaden zu ersetzen.

Desgleichen hat er den Schaden zu ersetzen, welcher daraus entsteht, daß er Güter ladet, von denen er wußte oder wissen mußte, daß sie Kriegskontrebande seien.

Pr. Entw. Art. 414. **Entw. II** Art. 437. **Prot.** S. 1760—1766, 3752. **A.D.H.** Art. 482.

§. 516.

Antritt der Reise. Bestellung eines Stellvertreters.

Sobald das Schiff zum Abgehen fertig ist, hat der Schiffer die Reise bei der ersten günstigen Gelegenheit anzutreten.

Auch wenn er durch Krankheit oder andere Ursachen verhindert ist, das Schiff zu führen, darf er den Abgang des Schiffes oder die Weiterfahrt nicht ungebührlich aufhalten; er muß vielmehr, wenn Zeit und Umstände gestatten, die Anordnung des Rheders einzuholen, diesem ungesäumt die Verhinderung anzeigen und für die Zwischenzeit die geeigneten Vorkehrungen treffen, im entgegengesetzten Falle einen anderen Schiffer einsetzen. Für diesen Stellvertreter ist er nur insofern verantwortlich, als ihm bei dessen Wahl ein Verschulden zur Last fällt.[1])

Pr. Entw. Art. 415. **Entw. II** Art. 438. **Prot.** S. 1766—1770, 3752. **A.D.H.** Art. 483.

Zu §. 516.

1) a. Handelt der Schiffer den Vorschriften d. §. zuwider, so wird er nicht nur dem Rheder, sondern auch dem Ablader ꝛc. gegenüber verantwortlich (§. 512). Die Unmöglichkeit, die erforderlichen Vorkehrungen zu treffen (z. B. wenn er so krank gewesen, daß er seiner Sinne nicht mächtig war), entbindet ihn aber selbstverständlich von der Verantwortlichkeit. (P. 1767.) Nach §. 35, Ges. betr. die Organisation der Bundeskonsulate (B.G.Bl. 1867 S. 140) sind die Konsuln befugt, an Stelle eines gestorbenen, erkrankten oder sonst zur Führung des Schiffes untauglich gewordenen Schiffers auf den Antrag der Beteiligten einen neuen Schiffer einzusetzen. Es kann zweifelhaft sein, ob ein solchergestalt vom Konsul eingesetzter Schiffer den Bestimmungen des dritten Abschnitts Buch IV H.G.B. untersteht, vgl. Anm. 1 zu diesem Abschnitt. R.O.H. Bd. 22, S. 45 ff.

b. Über die Fragen, ob und in welchen Fällen der Schiffer berechtigt und verpflichtet ist sich eines Lootsen zu bedienen, und inwieweit er für die Führung des unter Leitung des Lootsen stehenden Schiffes verantwortlich ist, waren die Meinungen in der Konferenz sehr geteilt. Einige meinten, der Schiffer sei verpflichtet, dort, wo Gesetz, Gewohnheit oder Vorsicht es gebieten, einen Lootsen anzunehmen; in diesem Falle sei er von der Verantwortung für dessen Schiffsführung frei, sofern er nicht verabsäumt habe, wegen etwaiger Unfähigkeit des Lootsen einzuschreiten oder die nötige Auskunft zu erteilen, oder den Anordnungen desselben den entsprechenden Vollzug zu verschaffen. Andere meinten, daß, wenn der Schiffer, ohne zur Aufnahme eines Lootsen gesetzlich gezwungen zu sein, einen solchen an Bord nehme, der Kapitän die Leitung des Schiffes als verantwortlicher Führer behalte und der Lootse nichts als ein frei gewählter Ratgeber sei, auf den der Schiffer seine Verantwortlichkeit nicht ohne Weiteres übertragen könne. Eine dritte Meinung ging dahin, daß es, um dem Schiffer die Verantwortlichkeit abzunehmen, genügen müsse, wenn der Lootse, dessen er sich bediente, nur ein obrigkeitlich bestellter gewesen, gleichviel ob der Schiffer in dem konkreten Falle einen Lootsen anzunehmen gezwungen sei oder nicht. Noch andere endlich waren der Ansicht, daß sich weder in betreff der Verpflichtung, einen Lootsen anzunehmen, noch rücksichtlich der Haftbarkeit des Schiffers für das Verfahren des Lootsen eine allgemeine Regel aufstellen lasse, und deshalb jeder einzelne Fall nach allgemeinen Rechtsgrundsätzen zu entscheiden sei; die allgemeine Verpflichtung des Schiffers, vorsichtig zu sein, genüge dem Bedürfnisse. Von der Aufnahme einer Bestimmung über die erwähnten Fragen ist schließlich Abstand genommen worden, nachdem vorher beschlossen worden war, daß der Schiffer für die Versehen eines Lootsen, den er anzunehmen gesetzlich verpflichtet war, nicht verantwortlich sei (P. 1781—1786, 2027—2033). Vgl. §. 738 und Anm. 1b zu §. 485.

§. 517. **Anwesenheit an Bord.**

Vom Beginne des Ladens an bis zur Beendigung der Löschung darf der Schiffer das Schiff gleichzeitig mit dem Steuermanne nur in dringenden Fällen verlassen; er hat in solchen Fällen zuvor aus den Schiffsoffizieren oder der übrigen Mannschaft einen geeigneten Vertreter zu bestellen.

Dasselbe gilt auch vor dem Beginne des Ladens und nach der Beendigung der Löschung, wenn das Schiff in einem nicht sicheren Hafen oder auf einer nicht sicheren Rhede liegt.

Bei drohender Gefahr oder wenn das Schiff sich in See befindet, muß der Schiffer an Bord sein, sofern nicht eine dringende Nothwendigkeit seine Abwesenheit rechtfertigt.[1])

Pr. Entw. Art. 416. **Entw. II** Art. 439. **Prot.** S. 1776—1781, 3752—3753, 3892. **A.D.H.** Art. 484.

Zu §. 517.

1) Das A.L.R. (Th. II, Tit. 8, §. 1490) schrieb vor: „Schiffer und Steuermann dürfen sich . . . niemals zu gleicher Zeit vom Schiffe entfernen.“ Es giebt jedoch Umstände, unter welchen Schiffer und Steuermann das Schiff verlassen müssen; namentlich ist nach einigen Zollgesetzen eine gemeinschaftliche Deklaration beider am Lande erforderlich; das Gesetz hat solchen Umständen Rechnung getragen. (P. 1776 ff.) Durch die Fassung des §. 517 soll deutlich gemacht werden (P. 3892), daß der Schiffer nicht befugt ist, das Schiff unter allen Verhältnissen einem Steuermann zu übergeben und sich davon zu entfernen, sondern daß er verpflichtet ist, auch in dieser Beziehung wie ein ordentlicher Schiffer zu verfahren. Hat der Schiffer über seine Vertretung nichts bestimmt, so ist der Steuermann gesetzlicher Vertreter des Schiffers in Behinderungsfällen und allgemein zur Empfangnahme und Auslieferung der abgeladenen Güter ermächtigt. Goldschmidt, System des Handelsrechts, 3. Aufl. §. 146, R.O.H.G. Bd. 20, S. 121.

§. 518. **Schiffsrat.**

Wenn der Schiffer in Fällen der Gefahr mit den Schiffsoffizieren einen Schiffsrath zu halten für angemessen findet, so ist er gleichwohl an die gefaßten Beschlüsse nicht gebunden; er bleibt stets für die von ihm getroffenen Maßregeln verantwortlich.[1])

Pr. Entw. Art. 419. **Entw. II** Art. 440. **Prot.** S. 1786—1790, 3754. **A.D.H.** Art. 485.

Zu §. 518.

1) Der § 518 stellt es in das Ermessen des Schiffers, wann er einen Schiffsrat halten will, und erklärt ihn auch dann als nicht gebunden an die gefaßten Beschlüsse, wenn die Berufung des Schiffsrats in Fallen der Gefahr erfolgt ist (P. 3754). Der Schiffer bleibt stets (er handle im Einverständnisse mit dem Schiffsrat oder gegen dessen Meinung) für die von ihm getroffenen Maßregeln verantwortlich.

II. Tagebuch (§§. 519—521).

Führung des Tagebuchs. §. 519.

Auf jedem Schiffe muß ein Tagebuch geführt werden, in welches für jede Reise alle erheblichen Begebenheiten, seit mit dem Einnehmen der Ladung oder des Ballastes begonnen ist, einzutragen sind.[1])

Das Tagebuch wird unter der Aufsicht des Schiffers von dem Steuermann und im Falle der Verhinderung des letzteren von dem Schiffer selbst oder unter seiner Aufsicht von einem durch ihn zu bestimmenden geeigneten Schiffsmanne geführt.[2])

Pr. Entw. Art. 420. **Entw. H** Art. 441 Abs. 1. **Prot.** S. 1790—1793, 3754, 3755. **A.D.H.** Art. 486.

Zu §. 519.

1) a. Das Tagebuch dient in Verbindung mit der Verklarung nicht allein zur Entlastung des Schiffers, sondern auch als Beweismittel in den Rechtsbeziehungen aller Interessenten von Schiff und Ladung; der Schiffer, welcher es zu führen unterläßt, macht sich allen Interessenten gegenüber verantwortlich. (P. 1791.)

b. Die Bestimmung des Endpunkts, bis zu welchem das Tagebuch zu führen ist, bietet wegen der Verschiedenheit der Verhältnisse und Interessen, hinsichtlich deren die Journalführung notwendig ist, große Schwierigkeiten; es ist deshalb über diese Frage, welche in jedem einzelnen Falle nach den Umstanden zu beurteilen ist, im Gesetze nichts bestimmt worden. (P. 1792.) Das richtigste dürfte sein, daß das Tagebuch so lange geführt wird, bis das Schiff wieder im Ausgangshafen angelangt bezw. dort entlöscht ist.

c. Betreffs der Führung und Behandlung des Tagebuchs ist von den deutschen Seestaaten auf Grund gemeinsamen Beschlusses eine Verordnung erlassen und zwar von Preußen am 1./X. 1889 (publiziert in den Amtsblättern der einzelnen Regierungen), von Mecklenburg-Schwerin am 28./XII. 1889 (Reg.Bl. 1889 S. 167 ff.), von Oldenburg am 16./I. 1890 (G.Bl. 1890 S. 169 ff.), von Hamburg am 22./XI. 1889 (G.S. S. 150 ff.), von Bremen am 27./XI. 1889 (G.Bl. S. 189 ff.), von Lübeck am 24./III. (Sammlung S. 11 ff.) Der Schiffer ist verpflichtet, einen Abdruck der in der Anlage III zu jener Verordnung enthaltenen „Zusammenstellung der Vorschriften über die Führung und Behandlung des Schiffsjournals" an Bord zu führen, s. Schaps S. 165.

2) Das Tagebuch dient auch zur Kontrole des Schiffers; es ist deshalb zweckmäßig und stimmt mit der Praxis überein, daß nicht der Schiffer, sondern der Steuermann das Tagebuch führt; andererseits muß man dem Schiffer, der die privatrechtliche Verantwortung für die ordnungsmäßige Führung des Tagebuchs trägt, wenigstens die Aufsicht darüber einräumen. Ist der Steuermann verhindert, so geht die Journalführung auf den Schiffer oder einen von diesem zu bestimmenden Schiffsmann über. (P. 3755.)

Eintragungen im Tagebuch. §. 520.

Von Tag zu Tag sind in das Tagebuch einzutragen:

die Beschaffenheit von Wind und Wetter;

die von dem Schiffe gehaltenen Kurse[1]) und zurückgelegten Entfernungen;

die ermittelte Breite und Länge;

der Wasserstand bei den Pumpen.[2])

Ferner sind in das Tagebuch einzutragen:

die durch das Loth ermittelte Wassertiefe;

jedes Annehmen eines Lootsen und die Zeit seiner Ankunft und seines Abganges;

die Veränderungen im Personal der Schiffsbesatzung;

die im Schiffsrathe gefaßten Beschlüsse;[3])

alle Unfälle, die dem Schiffe oder der Ladung zustoßen, und eine Beschreibung dieser Unfälle.[4])

Auch die auf dem Schiffe begangenen strafbaren Handlungen und die verhängten Disziplinarstrafen sowie die vorgekommenen Geburts- und Sterbefälle sind in das Tagebuch einzutragen.[5])

Die Eintragungen müssen, soweit nicht die Umstände es hindern, täglich geschehen.[6])

Das Tagebuch ist von dem Schiffer und dem Steuermanne zu unterschreiben.[7])[8])

Pr. Entw. Art. 420. **Entw. H** Art. 441 Abs. 2—6. **Prot.** S. 1794–1802, 3756, 3757, 3763. **A.D.H.** Art. 487.

Zu §. 520.

1) Die Kurse des Schiffes sind einzutragen, d. h. die Richtungen des Schiffes, die es je nach den Strömungen des Meeres oder des Windes nimmt und ändert, um einen gewissen Weg fahren und einhalten zu können; die Gründe der freiwilligen oder gezwungenen Abweichung brauchen nicht angegeben zu werden. (P. 1794.)

2) In dieser Vorschrift liegt eine Hinweisung darauf, daß der Schiffer, um sich von der Seetüchtigkeit des Schiffes zu überzeugen, täglich mindestens einmal die zur Abwendung von Unglück in der Regel unentbehrliche Untersuchung der Pumpen vornehmen muß, und zugleich eine Kontrole, ob dies auch wirklich geschehen ist. (P. 1797.)

3) Die Gründe, weshalb der Schiffer von den gefaßten Beschlüssen abgewichen ist, brauchen nicht angegeben zu werden; solche Eintragungen würden zu weit führen und am Ende mehr Nachteil als Nutzen im Gefolge haben. (P 1795.)

4) Nicht bloß eine allgemeine Bezeichnung ist einzutragen, sondern eine möglichst genaue Beschreibung der Unfälle; hierzu gehört auch die Angabe der Ursachen, soweit diese bekannt sind. (P. 1796.) — Betreffs der Unfälle, durch welche eine auf dem Fahrzeuge beschäftigte Person auf der Reise getötet wird oder eine Körperverletzung erleidet, die eine Arbeitsunfähigkeit von mehr als drei Tagen oder den Tod zur Folge hat (§. 57 Seeunfall-Versicherungsgesetz v. 13/VII. 1887 R.G.Bl. S. 329), vgl. die zu §. 519 Anm. 1c erwähnte Verordnung und deren Anlage III Ziff. 17. Schaps S. 169.

5) Betreffs der Beurkundung des Personenstandes der auf See befindlichen Personen vgl. die zu §. 52 (Anhang 13) abgedruckten Bestimmungen des Personenstandsgesetzes.

6) Nicht das Notizbuch (Kladde), worin der Regel nach von Stunde zu Stunde Notizen von dem wachthabenden Offizier gemacht werden, sondern das Tagebuch ist das beweisfähige Dokument, das nicht bloß eine Reinschrift der Aufzeichnungen enthält, sondern häufig aus dem Gedächtnis ergänzt wird. Die möglichst täglichen Eintragungen in das Tagebuch sind notwendig, um Ungenauigkeiten und Unrichtigkeiten zu verhindern, die aus nachträglichen Eintragungen und dadurch entstehen können, daß der Schiffer oder Steuermann vor der Eintragung stirbt. (P. 1800.) — Die Eintragungen sind täglich und zwar nach Tagen ausgeschieden zu machen, sie brauchen jedoch nicht datiert zu werden. (P. 1801.)

7) Das Tagebuch braucht erst am Ende der Reise von dem Schiffer und dem Steuermann unterschrieben zu werden. Die Anträge, zu bestimmen, daß es täglich zu unterschreiben (P. 1800—1802), und nach Ankunft des Schiffes im Bestimmungshafen zur Visierung vorzulegen sei (P. 1803—1805, 3756), wurden abgelehnt. — Das Unterschreiben des Tagebuchs durch den Schiffer und den Steuermann hat nur die Bedeutung, daß keiner von ihnen etwas erfahren hat, was mit dem Inhalt des Tagebuchs in Widerspruch steht. (P. 1801.)

8) Die Bestimmung des früheren Art. 488 A.D.H. über die Beweiskraft des Tagebuchs ist durch §. 13 Nr. 2, Einf.Ges. z. C.P.O. aufgehoben und ersetzt durch die Vorschrift des §. 286 C.P.O. betreffs der freien Beweiswürdigung des Richters.

Tagebuch auf kleineren Fahrzeugen. §. 521.

Die Landesgesetze können bestimmen, daß auf kleineren Fahrzeugen (Küstenfahrern und dergleichen) die Führung eines Tagebuchs nicht erforderlich ist.[1])

Pr. Entw. Art. — **Entw. H** Art. — **Prot.** S. 3828, 3829. **A.D.H.** Art. 489.

Zu §. 521.

1) Da nach Art. 15 Einf.Ges. z. H.G.B. die privatrechtlichen Vorschriften der Landesgesetze insoweit unberührt bleiben, als es im Einf.Ges. bestimmt, oder als im Handelsgesetzbuch auf die Landesgesetze verwiesen ist, so bleibt wegen der in §. 521 H.G.B. ausgesprochenen Verweisung auf die Landesgesetze gültig u. a.: Art. 55 Pr. Einf.Ges. z. A.D.H., welcher bestimmt:

> Es bleibt Königlicher Verordnung vorbehalten, zu bestimmen, auf welchen kleineren Fahrzeugen (Küstenfahrern u. dgl.) die Führung eines Journals nicht erforderlich sein soll.

Eine solche Königliche Verordnung ist bisher nicht erlassen worden, vgl. Schaps zu §. 521.

III. Verklarung (§§. 522—525).

Pflicht zur Ablegung, Ort. §. 522.

Der Schiffer hat über alle Unfälle, die sich während der Reise ereignen, sie mögen den Verlust oder die Beschädigung des Schiffes oder der Ladung, das Einlaufen in einen Nothhafen oder einen sonstigen Nachtheil zur Folge haben, mit Zuziehung aller Personen der Schiffsbesatzung oder einer genügenden Anzahl von ihnen eine Verklarung abzulegen.[1])

Die Verklarung ist ohne Verzug zu bewirken[2]) und zwar:

im Bestimmungshafen[3]) oder bei mehreren Bestimmungshäfen in demjenigen, welchen das Schiff nach dem Unfalle zuerst erreicht;

im Nothhafen, sofern in diesem reparirt[4]) oder gelöscht wird;

am ersten geeigneten Orte, wenn die Reise endet, ohne daß der Bestimmungshafen erreicht wird.

Ist der Schiffer gestorben oder außer Stande, die Aufnahme der Verklarung zu bewirken, so ist hierzu[5]) der im Range nächste Schiffsoffizier berechtigt und verpflichtet.

Pr. Entw. Art. 422 Abs. 1. **Entw. H** Art. 443. **Prot.** S. 1806—1817, 1875, 1876, 3757—3759, 3760. **A.D.H.** Art. 490.

Zu §. 522.

1) a. Verklarung ist die vor einer Behörde abgelegte Aussage des Schiffers und der Mannschaft über die Umstände, welche den Verlust oder die Beschädigung von Schiff oder Ladung herbeigeführt oder begleitet haben, sie ist eine Verstärkung des Tagebuchs; bei Unglücksfällen soll den Betroffenen noch eine höhere Sicherheit gegeben werden. Dieselbe liegt darin, daß auch die Schiffsleute Zeugnis ablegen, und daß das Zeugnis nicht ein privatim niedergeschriebenes, sondern ein von einem Beamten aufgenommenes ist. (M. 232.) Der Schiffer hat die Verklarung auch ohne Aufforderung eines Beteiligten abzulegen. Sofern diese darauf verzichten,

oder wenn der Schiffer die Verklarung unterläßt und kein Beteiligter sie verlangt, so haben die Behörden nicht von Amtswegen auf dieselbe zu bestehen; es steht auch nichts im Wege, daß der Schiffer eine an sich erforderliche Verklarung unterläßt, wenn er die Folgen zu tragen vorzieht. (P. 1810, 3758.)

b. Die gesamte Mannschaft zu verhören, wird nicht immer zulässig und erforderlich sein, insbesondere wenn ein oder der andere Schiffsmann nicht mehr an Bord ist, oder ein Teil der Mannschaft nicht Augenzeuge des Ereignisses war, oder die Mannschaft eines Schiffes zu stark ist, um die Zuziehung aller Mitglieder erforderlich oder nur möglich zu machen. (P. 1816, 3757.) — Die Zuziehung der Passagiere hat man nicht für erforderlich erklärt, weil dies gegenüber der herrschenden Praxis eine bedenkliche Neuerung wäre. (P. 3764.)

c. Bei der bloßen Vermutung eines Verlustes oder einer Beschädigung ist der Schiffer zwar berechtigt, aber nicht verpflichtet, Verklarung abzulegen; es würden sonst häufig unnützerweise bedeutende Kosten und große Verzögerungen entstehen. (P. 1807, 1809, 1843.)

2) Die Verklarung hat nur den gewünschten Wert, wenn sie möglichst schnell abgelegt wird; der Schiffer muß deshalb alles thun, was in seinen Kräften steht, um möglichst schnell zum Akte der Verklarung zu gelangen. Es genügt nicht, daß er die Verklarung rechtzeitig anmeldet, und sich dann entfernt, um erst nach Monaten zur wirklichen Ablegung der Verklarung zurückzukommen. (P. 1815.)

3) Unter dem Bestreben, die Verklarung möglichst zweckmäßig einzurichten, darf der Betrieb der Schiffahrt im allgemeinen nicht leiden. Von diesem Gesichtspunkte aus ist über den Ort der Verklarung statt der im Preuß Entw. (Art. 422) enthaltenen Bestimmung, daß der Schiffer in dem ersten Ort, wo dies geschehen kann, Verklarung ablegen muß, die hier getroffene gewählt. Die Berechtigung, zu verklaren, hat der Schiffer in jedem Zwischenhafen, in den er nach Eintritt eines Unfalles einläuft. (P. 1811—1814.)

4) Der Ankauf verloren gegangener Kleinigkeiten für die Ausrüstung ist nicht als Reparatur anzusehen. (P. 1813.)

5) — nämlich zur Verklarung auch derjenigen Begebenheiten, die vorgefallen sind, bevor dem Schiffsoffizier die Verantwortlichkeit wegen der Führung des Schiffs oblag. (P. 1875.)

§. 523. **Inhalt.**

Die Verklarung muß einen Bericht über die erheblichen Begebenheiten der Reise, namentlich eine vollständige und deutliche Erzählung der erlittenen Unfälle unter Angabe der zur Abwendung oder Verringerung der Nachtheile angewendeten Mittel, enthalten.[1])

Pr. Entw. Art. 422 Abs. 3. **Entw. II** Art. 444. **Prot.** S. 1824, 3759—3761. **A.D.H.** Art. 491.

Zu §. 523.

1) Die Behörde, welche die Verklarung aufnimmt, hat diejenigen Umstände, welche die Beweiskraft derselben bedenklich erscheinen lassen, in dem Protokolle zu erwähnen. Ueber die Gültigkeit und Beweiskraft der Urkunde hat das erkennende Gericht endgültig zu entscheiden. (P. 3759—3761.)

§. 524.

Anmeldung der Verklarung. Termin. Teilnahmerecht.

Im Gebiete dieses Gesetzbuchs[1]) muß die Verklarung, unter Vorlegung des Tagebuchs und eines Verzeichnisses aller Personen der Schiffsbesatzung,[2]) bei dem zuständigen Gericht[3]) angemeldet werden.

Das Gericht hat nach Eingang der Anmeldung sobald als thunlich die Verklarung aufzunehmen.[4])

Der dazu anberaumte Termin wird in geeigneter Weise öffentlich bekannt gemacht, sofern die Umstände einen solchen Aufenthalt gestatten.

Die Interessenten von Schiff und Ladung sowie die etwa sonst bei dem Unfalle Betheiligten[5]) sind berechtigt, selbst oder durch Vertreter der Ablegung der Verklarung beizuwohnen.

Die Verklarung geschieht auf der Grundlage des Tagebuchs.[6]) Kann das geführte Tagebuch nicht beigebracht werden oder ist ein Tagebuch nicht geführt (§. 521), so ist der Grund hiervon anzugeben.

Pr. Entw. Art. 422 Abs. 2, 423. **Entw. II** Art. 445. **Prot.** S. 1817—1824, 1826—1838, 1878, 3761, 3762. **A.D.H.** Art. 492.

Zu §. 524.

1) Das H.G.B. enthält keine Bestimmung, in welchen Formen und vor wem die Verklarung im Auslande abzulegen sei. (Vgl. §. 36 Konsulatsgesetz v. 8. November 1867, B.G.Bl. S. 143.) Rücksichtlich der Kompetenz der Konsuln ist es zwar unbedenklich, daß, sofern von Verklarungen ausschließlich im Inlande und im gegenseitigen Verhältnisse der Inländer Gebrauch gemacht werden soll, ihre Aufnahme den deutschen Konsuln zu überlassen ist; zweifelhaft dagegen erscheint es, ob der ausländische Richter die Gültigkeit und die volle Beweiskraft derartiger Urkunden anerkennen würde; nicht minder bedenklich ist es, in Ermangelung einer Gerichtsbehörde die Notare als die kompetente Behörde zur Aufnahme von Verklarungen zu bezeichnen, weil je nach der Verschiedenheit der Organisation des Notariatswesens derartige Verklarungen bald von größerem, bald von geringerem Werte sind. — Ob für die im Auslande abzulegenden Verklarungen die Regel: locus regit actum zur Anwendung komme, ist bestritten, weil die Verklarungen wesentlich als Beweismittel in Frage kommen, und von manchen Gerichten bei Beurteilung der Frage, ob die betreffende Verklarung ein taugliches Beweismittel sei, die Prozeßgesetze des erkennenden Gerichts für maßgebend gehalten werden. Die Frage über die Beweiskraft ausländischer Verklarungen ist deshalb der Praxis und der Wissenschaft anheimgegeben. (P. 1819, 1863, 1865.) Vgl. §. 438 C.P.O. Ueber die Beweiskraft englischer Seeproteste in deutschen Rechtssachen s. R.O.H. Bd. 19, S. 100.

2) Das Verzeichnis soll zu dem Zwecke eingereicht werden, damit der Richter bestimmen könne, ob außer den gestellten Personen noch andere zu hören sind. (§. 525.) (P. 3757, 3762.)

3) Zuständig ist das Amtsgericht des Bestimmungshafens bezw. des Nothafens oder desjenigen Ortes, wo die Reise endet (§. 522 Abs. 2). Es hat einen etwaigen Gegner des Antragstellers, wenn thunlich zu hören. Eine Anfechtung der Verfügung, durch welche dem Antrage auf Verklarung stattgegeben wird, ist ausgeschlossen, gegen die ablehnende Verfügung findet sofortige Beschwerde statt. §§. 145, 146 freiw. Ger.

4) Die wirkliche Ablegung der Verklarung ist auch seitens des Gerichts möglichst zu beschleunigen: Verzögerungen, welche durch die Natur der Sache geboten sind, also selbst nach Befinden das Zuwarten bis nach Vollendung der Löschung sollen nicht abgeschnitten werden. (P. 1831.)

5) Unter den „etwa sonst bei dem Unfalle Beteiligten" sind: Hülfsleute, Berger, Lootsen, Angesegelte rc. verstanden. (P. 3762.) — Durch die Zuziehung der Interessenten wird manche außerdem unterbleibende Aufklärung erteilt, und Mißbräuchen, sowie Prozessen vorgebeugt. Die Parteien haben die Befugnis, durch den Richter Fragen an den Schiffer und dessen Leute stellen zu lassen. Ein Vorschlag, ihnen das Recht zuzugestehen, schriftlich die von ihnen zu stellenden Fragen einzureichen, fand keinen Anklang, weil ohne Kenntnis der Sachlage geeignete Fragen sich nicht stellen lassen. (P. 1827, 3764).

6) Die Verklarung braucht nicht so genau mit dem Tagebuche übereinzustimmen, daß sie nicht mehr und nicht weniger, als dieses, enthalten darf; es genügt vielmehr die Uebereinstimmung in den wesentlichen Punkten; Ergänzungen und Berichtigungen in Nebenpunkten sind nicht ausgeschlossen. (P. 1823, 1879.)

§. 525. **Verfahren.**

Der Richter ist befugt, außer den gestellten noch andere Personen der Schiffsbesatzung, deren Abhörung er angemessen findet, zu vernehmen. Er kann zum Zwecke besserer Aufklärung dem Schiffer sowie jeder anderen Person der Schiffsbesatzung geeignete Fragen zur Beantwortung vorlegen.[1])

Der Schiffer und die zugezogenen übrigen Personen der Schiffsbesatzung haben ihre Aussagen zu beschwören.[2])

Die über die Verklarung aufgenommene Verhandlung ist in Urschrift aufzubewahren und jedem Betheiligten auf Verlangen eine beglaubigte Abschrift zu ertheilen.[3])

Pr. Entw. Art. 422 Abs. 3. **Entw. H** Art. 446. **Prot** S. 1824—1826, 1838, 1879, 3763, 3764. **A.D.H.** Art. 493.

Zu §. 525.

1) a. Die Auswahl der zur Verklarung zuzuziehenden Schiffsmannschaften, Maschinisten, Ingenieure u. s. w. ist zunächst dem Schiffer überlassen, weil der die Verklarung aufnehmende Richter ohne eine häufig schwierige und langwierige Vernehmung der Parteien keine ausreichende Kenntnis von der Sache hat, und es angemessener ist, prinzipaliter dem Schiffer, welcher am besten weiß, wer von seinen Leuten Auskunft zu geben im Stande ist, die Verantwortlichkeit für die Auswahl zu überlassen. (P. 1838). Man hat es jedoch dem Ermessen des Richters überlassen, auch noch andere Personen der Schiffsbesatzung als die gestellten zu vernehmen.

b. Die Vernehmung des Schiffers und der Schiffsmannschaft ist eine Gesamtvernehmung; durch die Zuziehung der Mannschaft soll hauptsächlich festgestellt werden, daß sie Nichts erfahren hat, was von den Aussagen des Schiffers abweicht. Dem Richter steht jedoch auch die Befugnis zu, in einzelnen Fällen alle oder einzelne Erschienene abgesondert zu vernehmen. (P. 1834.)

c. Das seerechtliche Institut der Verklarung ist seinem wahren Wesen nach nicht ein Komplex von Zeugenaussagen, sondern eine gemeinschaftliche, wesentlich übereinstimmende, freiwillige und eidliche Erklärung des Schiffers und seiner Mannschaft. Aus diesem Charakter der Verklarung hat man gefolgert, daß kein imperium des Richters denkbar sei, welchem, wie bei Zeugenvernehmungen, die Pflicht, auf die Fragen des Richters zu antworten, entspreche; gerade deshalb war es erforderlich, ausdrücklich die Befugnis des Richters, Fragen an Schiffer und Mannschaft zu richten, in das Gesetz aufzunehmen. (P. 1835—1837.) Vgl. jedoch R.G. in Strafsachen Bd. XIX. S. 218 ff.

2) Vgl. §. 484 C.P.O. Der Eid der Schiffsmannschaft ist ein Zeugeneid. R.G. in Strafsachen Bd. XIX. S. 218 ff.

3) Den früheren Art. 494 A.D.H. über die Beweiskraft der Verklarung ist durch §. 13 Nr. 2 Einf.Ges. z. C.P.O. aufgehoben und ersetzt durch die Bestimmung des §. 286 C.P.O. betreffs der freien Beweiswürdigung.

IV. Der Schiffer als Vertreter des Rheders (§§. 526—534).

§. 526. **Im Heimatshafen.**

Rechtsgeschäfte, die der Schiffer eingeht, während sich das Schiff im Heimathshafen[1]) befindet, sind für den Rheder nur dann verbindlich, wenn der Schiffer auf Grund einer Vollmacht gehandelt hat oder wenn ein anderer besonderer Verpflichtungsgrund[2]) vorhanden ist.

Zur Annahme der Schiffsmannschaft ist der Schiffer auch im Heimathshafen befugt.[3])

Pr. Entw. Art. 428—431. **Entw. H** Art. 448. **Prot.** S. 1800—1885, 3765—3767. **A.D.H.** Art. 495.

Zu §. 526.

1) Wenn der Zweck der Schiffahrt erreicht werden soll, so muß der Schiffer auf seinen Reisen mit ausgedehnten Befugnissen versehen sein; andererseits muß der Rheder durch das Gesetz gegen die Möglichkeit des Mißbrauchs der dem Schiffer anvertrauten Gewalt, so weit als thunlich geschützt werden. Nach Römischem Recht ist der Schiffer gleich dem Faktor einer Handlung beurteilt worden. Im Mittelalter nahm man an, daß die Befugnis des Schiffers ruhe, so lange er seiner Rheder „mächtig" sei, daß die Haftung des Rheders durch die Notwendigkeit der Abschließung eines außergewöhnlichen Rechtsgeschafts bedingt sei, und daß der Schiffer kraft seiner Anstellung nur das der See anvertraute Vermögen des Rheders verpflichten könne; diese Rechtssätze sind im Wesentlichen fast von allen neueren Seerechten festgehalten. — Der Satz, daß die Vollmacht des Schiffers ruht, so lange er seiner Rheder mächtig ist, paßt jedoch auf die heutigen Verkehrsverhältnisse nicht mehr; eine Beschränkung der Befugnisse des Schiffers ist Dritten gegenüber nur dann gerechtfertigt, wenn es für diese erkennbar ist, daß der Rheder selbst die erforderlichen Verfügungen treffen konnte; dies ist regelmaßig im Heimatshafen (§. 480) der Fall; ist der Rheder dort nicht persönlich anwesend, so ist es seine Sache, für geeignete Vertretung zu sorgen. (P. 1880—1883.)

2) z. B. ungerechtfertigte Bereicherung, die dann aber bewirkt, daß der Rheder nicht bloß mit Schiff und Fracht (§. 486 Nr. 1) haftet.

3) Dem Rheder wird das Recht, selbst die Schiffsmannschaft anzunehmen, nicht versagt werden können, indessen ist der Schiffer auch in solchem Falle dafür verantwortlich, daß das Schiff „gehörig bemannt" ist (§. 513), er wird daher für berechtigt erachtet werden müssen, die Führung des Schiffes niederzulegen, wenn ihm eine ungenügende Schiffsmannschaft aufgedrängt wird. Lewis-Boyens Note 4 zu §. 526. (P. 1964.)

§. 527.

Außerhalb des Heimatshafens.

Befindet sich das Schiff außerhalb des Heimathshafens,[1]) so ist der Schiffer Dritten gegenüber kraft seiner Anstellung befugt, für den Rheder alle[2]) Geschäfte und Rechtshandlungen vorzunehmen, welche die Ausrüstung, die Bemannung, die Verproviantirung und die Erhaltung des Schiffes sowie überhaupt die Ausführung der Reise[3]) mit sich bringen.[4])

Diese Befugniß erstreckt sich auch auf die Eingehung von Frachtverträgen; sie erstreckt sich ferner auf die Anstellung von Klagen, die sich auf den Wirkungskreis des Schiffers beziehen.[5])

Pr. Entw. Art. 428—431. **Entw. H** Art. 449. **Prot.** S. 1885—1887, 1895, 1896, 3767, 3768, 3784, 3785, 3789, 3893, 4474. **A.D.H.** Art. 496.

Zu §. 527.

1) Der Schiffer ist der thatsächliche und sichtbare Disponent über das Schiff, der Kurator des ihm anvertrauten Vermögens; wer mit ihm das Schiff angehende Verträge schließt, muß hiernach auf deren Gültigkeit rechnen können. Diese Gültigkeit ist nicht davon abhängig, ob an dem Orte, wo er sie schließt, ein Bevollmächtigter der Rhederei sich befindet oder nicht. Ein Dritter kann dies aus den Schiffspapieren nicht ersehen; es kann ihm auch nicht zugemutet werden, deshalb besondere Nachforschungen anzustellen. Der Schiffer, welcher in solchem Falle

gegen erhaltene Instruktion einen Vertrag abschließt, macht sich dem Rheder verantwortlich; das Recht des Dritten ist aber hiervon unabhängig. (P. 3767.)

2) Der Schiffer kann außerhalb des Heimatshafens alle zu den im Abs. 1 gedachten Zwecken gehörigen Geschäfte und Rechtshandlungen vornehmen, und zwar nicht bloß die alltäglich wiederkehrenden, sondern auch die bei einem regelmäßigen Schiffahrtsbetriebe bald öfter, bald weniger oft vorkommenden. Dagegen ist er, abgesehen von besonderer Instruktion und Vollmacht, weder berechtigt noch verpflichtet, Fracht und Havariegelder zu versichern. Die Befugnis zur Geldempfangnahme ist dem Schiffer schon durch die Ermächtigung zur Zeichnung der Konnossemente und in den Chartepartieen erteilt, indem diese in der Weise gezeichnet zu werden pflegen, daß der Schiffer nur gegen Bezahlung von so und so viel Fracht die Ware abzuliefern hat. (P. 1896, 1886.) — Für die Fahigkeit des Schiffers, seine Rheder persönlich zu obligieren, ist das Recht der Flagge des Schiffs maßgebend. (R.O.H. Bd. 22, S. 98.)

3) Dieser Paragraph greift nicht nur dann Platz, wenn der Schiffer in der Ausführung einer bestimmten Frachtreise begriffen ist, sondern auch dann, wenn er erst ausgefahren ist, um Fracht zu suchen. Zur Vornahme solcher Geschäfte aber, welche nicht sowohl die Schiffahrt, als andere Unternehmungen betreffen, z. B. von Ein- und Verkauf von Waren, um damit zu spekulieren, ist er nicht befugt. (P. 4474, 4475.)

4) a. Der Ausdruck „mit sich bringen" soll keineswegs so viel bedeuten, als „notwendig machen", sondern nur, daß das Geschäft nach dem gewöhnlichen Gange der Dinge mit der Ausrüstung u. s. w. in Zusammenhang steht und nicht offenkundig anderen Zwecken dient; es würde den Schiffer zu sehr beengen und mit der Auffassung des Verkehrs in Widerspruch stehen, wenn der Schiffer auch in Bezug auf die im §. 527 bezeichneten Geschäfte nur bei nachgewiesener Notwendigkeit derselben den Rheder verpflichten könnte. (P. 3767.) Er ist daher nicht allgemein sondern nur unter besonderen Umständen, wenn jener Zusammenhang erkennbar vorliegt, zu Abänderungen eines von dem Rheder selbst abgeschlossenen Frachtvertrages befugt. (R.G. XXXVI, 3.)

b. Das R.G. (XIII, 81) erachtet den Schiffer außerhalb des Heimatshafens für befugt, umfassende Reparaturen des Schiffes nicht nur zur Wiederherstellung der Seetüchtigkeit anzuordnen, sondern auch zu dem Zwecke, um dem Schiffe seine bisherige Klasse in den Listen der Assekuranzgesellschaften zu erhalten, und, insoweit seine Vollmacht zur Vornahme von Rechtshandlungen reicht, die Kosten zu bezahlen und deren Betrag durch Vergleich oder Anerkenntnis festzustellen.

5) Nach §. 761 Abs. 2 kann der Schiffer wegen Ansprüche der ihr Pfandrecht verfolgenden Schiffsgläubiger außerhalb des Heimatshafens und selbst in demselben belangt werden. Betreffs der aktiven Prozeßführung steht dem Schiffer außerhalb des Heimatshafens das Recht zu, Namens des Rheders Klagen anzustellen und durchzuführen. (Vgl. den Rechtsfall Steg, Bd. 3, S. 249.) Dieses Recht beschränkt sich nicht auf die von ihm selbst abgeschlossenen Geschäfte, sondern ist auf alle Klagen, welche sich auf seinen Wirkungskreis beziehen (z. B. wegen Ansegelungen und dgl.) ausgedehnt, erstreckt sich also namentlich auch auf die vom Rheder etwa im Heimatshafen abgeschlossenen Geschäfte (P. 3785).

§. 528. **Abschluß von Kreditgeschäften.**

Zur Aufnahme von Darlehen, zur Eingehung von Käufen auf Borg sowie zum Abschluß ähnlicher Kreditgeschäfte ist der Schiffer nur dann befugt,[1]) wenn es zur Erhaltung des Schiffes[2]) oder zur Ausführung der Reise nothwendig,[3]) und nur insoweit, als es zur Befriedigung des Bedürfnisses erforderlich ist. Ein Bodmereigeschäft einzugehen, ist er nur dann befugt, wenn es zur Ausführung der Reise nothwendig, und nur insoweit, als es zur Befriedigung des Bedürfnisses erforderlich ist.[4])

Die Gültigkeit des Geschäfts ist weder von der wirklichen Verwendung[5]) noch von der Zweckmäßigkeit der unter mehreren Kreditgeschäften getroffenen Wahl noch von dem Umstand abhängig, ob dem Schiffer das erforderliche Geld zur Verfügung gestanden hat,[6]) es sei denn, daß der Dritte in bösem Glauben war.

Pr. Entw. Art. 428—431. **Entw. H** Art. 451. **Prot.** S. 1889—1893, 1896—1901. 1905—1907, 1909, 3769—3772, 4475. **A.D.H.** Art. 497.

Zu §. 528.

1) Der §. 528 bezieht sich, wie seine Stellung hinter §. 527 ergiebt, nur auf den Fall, wenn der Schiffer sich außerhalb des Heimatshafens befindet. (P. 3769.)

2) — z. B. wenn das Schiff zwar die Reise noch vollenden kann, aber im Heimatshafen voraussichtlich nur als Wrack ankommen würde, oder wenn das Schiff an dem Bestimmungsorte, den es bereits erreicht hat, verkauft werden soll und sich dort in einer Lage befindet, welche Maßregeln zu seiner Erhaltung notwendig macht. (P. 3769.)

3) Der Darlehnsgeber, welcher die Rhederei aus einem solchen Geschäfte mit Schiff und Fracht in Anspruch nimmt, hat den Nachweis des vorhandenen Schiffs**bedürfnisses** zu führen (R.O.H. Bd. 25, S. 49); Zweckmäßigkeitsrücksichten genügen nicht. (P. 4475, 4480.) Der Aufnahme eines Seeprotestes (vgl. A.L.R. T. II, Tit. 8, §. 1502) oder einer Verklarung zur Feststellung der Notwendigkeit der Aufnahme eines Darlehns bedarf es nicht. Vgl. P. 1899—1906.

4) Vgl. §. 679 ff. Bodmerei zur Erhaltung des Schiffs ist ohne Rücksicht auf eine weitere Reise im Sinne dieses Gesetzbuchs (§. 680) nicht denkbar. (P. 3770.)

5) Dies, weil man dem **Dritten** nicht zumuten kann, die Verwendung des Geldes zu kontrollieren. Wenn man dies gleichwohl verlangen wollte, so würde Jedermann Bedenken tragen, dem Schiffer Geld zu leihen, wodurch das Interesse des Rheders erheblich leiden würde. (P. 1905.)

6) Nach A.L.R. (T. II, Tit. 8, §. 1499) war die Befugnis des Schiffers, Gelder zur Fortsetzung der Reise aufzunehmen, von dem Umstande abhängig, ob sich Bevollmächtigte der Rheder an dem Orte, wo sich das Bedürfnis zeigte, befanden oder nicht.

§. 529.

Persönliche Verpflichtung des Rheders.

Auf den persönlichen Kredit des Rheders Geschäfte abzuschließen, insbesondere Wechselverbindlichkeiten für den Rheder einzugehen, ist der Schiffer nur auf Grund einer ihn hierzu ermächtigenden Vollmacht (§. 486 Abs. 1 Nr. 1) befugt. Verhaltungsmaßregeln und dienstliche Anweisungen, die der Schiffer vom Rheder erhält, genügen nicht, die persönliche Haftung des Rheders dem Dritten gegenüber zu begründen.[1])

Pr. Entw. Art. 428—431. **Entw. H** Art. 450. **Prot.** S. 1887—1889, 3768—3770, 3779. **A.D.H.** Art. 498.

Zu §. 529.

1) a. Hat der Schiffer Geschäfte auf den **persönlichen** Kredit des Rheders abgeschlossen, d. h. erklärt, daß er den Rheder nicht bloß mit Schiff und Fracht, sondern mit seinem ganzen Vermögen verpflichten wolle, und hat er nicht eine ihm **hierzu** ermächtigende Vollmacht gehabt, so wird **er** durch diese Überschreitung seiner Befugnisse dem Dritten gemäß §. 533 Abs. 2 persönlich verpflichtet. Der **Rheder** wird dadurch jedenfalls nicht persönlich dem Dritten verpflichtet; ob aber nicht wenigstens dinglich mit Schiff und Fracht, wird davon abhängen, ob, abgesehen von dem nicht vorhandenen Auftrage, ein Verpflichtungsgrund (z. B. in rem versio, P. 3769) für ihn vorhanden ist.

b. Der Satz 2 d §. soll dem Mißverständnisse vorbeugen (P. 3779), als sei eine Vollmacht zur persönlichen Verpflichtung des Rheders schon dann anzunehmen, wenn dieser dem Schiffer, seines im voraus für eventuelle Fälle, sei es auf stattgehabte Anfrage für den einzelnen Fall, Instruktionen und Verhaltungsvorschriften erteilt hat.

c. Die persönliche Haftung des Rheders durch die vom Schiffer abgeschlossenen Heuerverträge bleibt unberührt. §§. 487, 526, 527.

§. 530.

Verkauf des Schiffes durch den Schiffer.

Die Befugniß zum Verkaufe des Schiffes hat der Schiffer nur im Falle dringender Nothwendigkeit und nur, nachdem diese durch das Ortsgericht nach Anhörung von Sachverständigen und mit Zuziehung des deutschen Konsuls, wo ein solcher vorhanden, festgestellt ist.[1])

Ist keine Gerichtsbehörde und auch keine andere Behörde, welche die Untersuchung übernimmt, am Orte vorhanden, so hat der Schiffer zur Rechtfertigung seines Verfahrens das Gutachten von Sachverständigen einholen und, wenn dies nicht möglich ist, sich mit anderen Beweisen zu versehen.

Der Verkauf muß öffentlich geschehen.[2])

Pr. Entw. Art. 428—431. **Entw. H** Art. 454. **Prot.** S. 1911—1915, 1919, 3783, 4475. **A.D.H.** Art. 499.

Zu §. 530.

[1]) a. In älteren und neueren Gesetzgebungen ist dem Schiffer das Recht eingeräumt, das Schiff unter Umständen ohne vorgängige Vollmacht des Rheders zu verkaufen. Da wo dem Schiffer diese Befugnis zugestanden ist, hat die Gewohnheit sie für den Notfall eingeführt. Dieses Recht ist aber ein höchst bedenkliches, weil der Verkauf des Schiffes kein zum Betriebe der Rhederei gehöriges Geschäft, sondern die Einstellung dieses Betriebes ist; es ist deshalb zur Verhütung von Mißbräuchen die Befugnis zum Verkauf ohne besondere Vollmacht nicht nur von dem Vorhandensein der Notwendigkeit, sondern auch von der Beobachtung bestimmter Formalitäten abhängig gemacht (P. 1911), deren Nichtbeobachtung das Geschäft für die Rhederei unverbindlich macht. Die Seeuntüchtigkeit des Schiffes allein ist als eine dringende Notwendigkeit noch nicht anzusehen; es muß vielmehr noch der Umstand hinzukommen, daß durch eine Zögerung, durch das Abwarten der Anweisung des Rheders ein noch größerer Schade, z. B. Zertrümmerung des Schiffes, Wegspülen u. dgl voraussichtlich eintreten würde. (P. 1912.) Auch andere Umstände als die bloße Seeuntüchtigkeit des Schiffes können den Verkauf desselben als eine gebieterische Notwendigkeit erscheinen lassen. (P. 1912, 3783.) Jedoch darf der Verkauf nur stattfinden, wenn er das einzige Mittel zur Abwendung größeren Schadens von dem Rheder ist.

b. Zuständiges Ortsgericht ist das Amtsgericht; eine Anfechtung seiner Verfügung, durch welche dem Antrage des Schiffers stattgegeben ist, ist ausgeschlossen, gegen die ablehnende Verfügung findet die sofortige Beschwerde statt. §§. 145, 146. G.fr.G.

c. Welche Wirkung eine derartige Feststellung (Kondemnation) hat, ob namentlich der Verkauf des Schiffes nach Beobachtung der betreffenden Vorschriften sowohl bezüglich des Verhältnisses des Schiffers zum Rheder, als des Rheders zum Käufer unanfechtbar ist oder nicht, ist streitig geblieben. Für die Anfechtbarkeit wurde geltend gemacht, daß man Bedenken tragen müsse, den Verhandlungen und Urkunden der Behörden des Auslandes, namentlich in minder civilisirten Ländern, die Kraft unanfechtbarer Feststellungen beizulegen. (P. 1914.) Nach französischem Rechte bleibt, falls die Seeuntüchtigkeit durch die Ortsbehörde oder den französischen Konsul festgestellt ist, selbst wenn diese durch den Kapitän hintergangen sind, der Verkauf gültig

(Pardessus, cours de droit c. III. n. 606). Dasselbe wird man dem redlichen Dritten gegenüber im Interesse des Verkehrs auch für das deutsche Handelsrecht annehmen müssen, zumal der Ausdruck „festgestellt" auf eine endgiltige Entscheidung hinweist. Immerhin erteilt weder das Ortsgericht noch der Konsul eine Ermächtigung zu dem Verkaufe. — Wenn die in Absatz 1 vorgesehene Feststellung durch das Ortsgericht oder durch eine andere Behörde nicht zu erlangen ist, so ist der Konsul auf Antrag des Schiffers verpflichtet, sich selbst der Untersuchung zu unterziehen und, wenn er nach Anhörung von Sachverständigen die Überzeugung gewinnt, daß ein Fall dringender Notwendigkeit vorliegt, darüber dem Schiffer ein schriftliches Zeugnis auszustellen. v. König S. 354.

d) Die Fragen, ob der Verkauf des Schiffes notwendig oder doch im Interesse des Rheders ratsam gewesen sei, und ob eine Feststellung solcher Ursachen der Schiffsbeschädigung stattgehabt hat, welche den Verkauf desselben für die Versicherer verbindlich macht, unterliegen besonderer Beurteilung (R.O.H. Bd. 12, S. 399; Bd. 14, S. 382: Bd. 18, S. 284).

2) Der öffentliche Verkauf (d. h. die öffentliche Versteigerung, R.O.H. Bd. 14, S. 331) soll Garantie dafür bieten, daß das Schiff zum höchstmöglichen Preise verkauft werde (M. 238), vgl. §. 764. Die Vorschriften über die Zwangsvollstreckung brauchen bei diesem Verkaufe nicht beachtet zu werden.

§. 531.

Beschränkung der Befugnisse des Schiffers.

Der Rheder, welcher die gesetzlichen Befugnisse des Schiffers beschränkt hat,[1]) kann dem Dritten die Nichteinhaltung dieser Beschränkungen nur entgegensetzen, wenn sie dem Dritten bekannt waren.

Pr. Entw. Art. 428—431. **Entw. H** Art. 453. **Prot.** S. 1911, 3783. **A.D.H.** Art 500.

Zu §. 531.

1) An den nautischen Befugnissen und Obliegenheiten des Schiffers kann der Rheder zum Nachteil Dritter nichts ändern. Die Vollmachtsbeschrankung darf auch dem Schiffer nicht die Erfüllung solcher Pflichten unmöglich machen, die ihm das Gesetz im Interesse der Ladungsbeteiligten oder im öffentlichen Interesse auferlegt hat. Cosack §. 36, II b.

§. 532.

Vorschußleistung, Übernahme eigener Verbindlichkeiten seitens des Schiffers.

Hat der Schiffer ohne besonderen Auftrag für Rechnung des Rheders aus eigenen Mitteln Vorschüsse geleistet oder sich persönlich verpflichtet, so stehen ihm gegen den Rheder wegen des Ersatzes keine größeren Rechte als einem Dritten zu.[1])

Pr. Entw. Art. 428—431. **Entw. H** Art. 252, Abs. 2. **Prot.** S. 1907—1909, 3783. **A D.H.** Art. 501.

Zu §. 532.

1) Obgleich der Schiffer in diesem Falle zugleich die Eigenschaft des Darleihers und des Mandatars hat, so haftet ihm dennoch der Rheder nur mit der fortune de mer; anderenfalls würde der Schiffer in der Lage sein, die Bestimmungen über die beschränkte Haftung des Rheders ganz illusorisch zu machen. Die Ersatzansprüche können geringere sein als die eines Dritten, denn dieser braucht den Nachweis der wirklichen Verwendung des Darlehns nicht zu führen, wohl aber der Schiffer. Letzterer darf das Geld bei Bodmereien nicht selbst hergeben. (P. 1907 bis 1909.)

§. 533. **Unmittelbare Vertretung.**

Durch ein Rechtsgeschäft, welches der Schiffer in seiner Eigenschaft als Führer des Schiffes, sei es mit, sei es ohne Bezeichnung des Rheders, innerhalb seiner gesetzlichen Befugnisse schließt, wird der Rheder dem Dritten gegenüber berechtigt und die Haftung des Rheders mit Schiff und Fracht begründet.[1])

Der Schiffer selbst wird dem Dritten durch das Rechtsgeschäft nicht verpflichtet, es sei denn, daß er eine Gewährleistung für die Erfüllung übernimmt oder seine Befugnisse überschreitet.[2]) Die Haftung des Schiffers nach Maßgabe der §§. 511, 512 wird hierdurch nicht ausgeschlossen.

Pr. Entw. Art. 428—431. **Entw. H** Art. 452 Abs. 1. **Prot.** S. 1901—1903, 1905, 3778—3783. **A.D.H.** Art. 502.

Zu §. 533.

1) Vgl. §. 164, B.G.
2) Vgl. §. 179, B.G.

§. 534.[1])

Pflichten des Schiffers gegenüber dem Rheder.

Auch dem Rheder gegenüber sind für den Umfang der Befugnisse des Schiffers die Vorschriften der §§. 526 bis 530 maßgebend, soweit nicht der Rheder diese Befugnisse beschränkt hat.

Der Schiffer ist verpflichtet, von dem Zustande des Schiffes, den Begebnissen der Reisen, den von ihm geschlossenen Verträgen und den anhängig gewordenen Prozessen den Rheder in fortlaufender Kenntniß zu erhalten und in allen erheblichen Fällen, namentlich in den Fällen der §§. 528, 530 oder wenn er eine Reise zu ändern oder einzustellen sich genöthigt findet, oder bei außergewöhnlichen Reparaturen und Anschaffungen, die Ertheilung von Verhaltungsmaßregeln nachzusuchen, sofern die Umstände es gestatten.

Zu außergewöhnlichen Reparaturen und Anschaffungen, selbst wenn er sie mit den ihm zur Verfügung stehenden Mitteln des Rheders bestreiten kann, darf er nur im Falle der Nothwendigkeit schreiten.[2])

Wenn er sich das zur Bestreitung eines Bedürfnisses nöthige Geld nicht anders verschaffen kann als durch Bodmerei oder durch den Verkauf von entbehrlichem Schiffszubehör oder von entbehrlichen Schiffsvorräthen, so hat er diejenige Maßregel zu ergreifen, welche für den Rheder mit dem geringsten Nachtheile verbunden ist.[3])

Er muß dem Rheder nach der Rückkehr in den Heimathshafen und außerdem, so oft es verlangt wird, Rechnung legen.

Pr. Entw. Art. 431. **Entw. H** Art. 455. **Prot.** S. 1889, 1890, 1897, 1916—1918, 1920, 3785, 3786, 3893. **A.D.H.** Art. 503.

Zu §. 534.

1) §. 534 handelt von den Verpflichtungen des Schiffers gegenüber dem Rheder, §. 535 von den Verpflichtungen des Schiffers gegenüber den Ladungsbeteiligten.

2) Der Schiffer darf die in seinen Händen befindlichen Geldmittel des Rheders nur insoweit zu außergewöhnlichen Reparaturen und Anschaffungen verwenden, als er zu solchen Zwecken Geld auf Kredit zu entnehmen berechtigt ist. (§. 528.) Wenn und soweit ihm das letztere untersagt worden, ist nicht abzusehen, weshalb er gleichwohl die Barvorräte des Rheders zu verwenden Macht haben sollte. (P. 1889.)

3) Bestimmungen, wie der Schiffer sich zu verhalten habe, wenn es ihm an Geld gebricht, sind nicht aufgenommen worden, um seinem Ermessen, welcher Weg im einzelnen Falle der zweckmäßigste sei, nicht vorzugreifen. (P. 1917, 1490.) — Ob der Schiffer aus Zweckmaßigkeitsrücksichten Schiffszubehör und Schiffsvorrate verkaufen darf, ist zweifelhaft. In der Regel wird man ihm dieses Recht nicht zugestehen können, weil ihm diese Gegenstände nur zur Verwendung für die Zwecke der Schiffahrt an Bord des Schiffes anvertraut sind. (P. 1890.)

V. Verhältnis des Schiffers zu den Ladungsbeteiligten (§§. 535—542).

§. 535.

Pflichten des Schiffers gegenüber den Ladungsbeteiligten.

Im Interesse der Ladungsbetheiligten hat der Schiffer während der Reise zugleich für das Beste der Ladung nach Möglichkeit Sorge zu tragen.

Werden zur Abwendung oder Verringerung eines Verlustes besondere Maßregeln erforderlich, so liegt ihm ob, das Interesse der Ladungsbetheiligten als deren Vertreter wahrzunehmen, wenn thunlich ihre Anweisungen einzuholen und, soweit es den Verhältnissen entspricht, zu befolgen, sonst aber nach eigenem Ermessen zu verfahren und überhaupt thunlichst dafür zu sorgen, daß die Ladungsbetheiligten von solchen Vorfällen und den dadurch veranlaßten Maßregeln schleunigst in Kenntniß gesetzt werden.[1])

Er ist in solchen Fällen namentlich auch berechtigt, die Ladung ganz oder zu einem Theile zu löschen, äußerstenfalls, wenn ein erheblicher Verlust wegen drohenden Verderbs oder aus sonstigen Gründen anders nicht abzuwenden ist, zu verkaufen oder behufs der Beschaffung der Mittel zu ihrer Erhaltung und Weiterbeförderung zu verbodmen,[2]) sowie im Falle der Anhaltung oder Aufbringung zu reklamiren oder, wenn sie auf andere Weise seiner Verfügung entzogen ist, ihre Wiedererlangung außergerichtlich und gerichtlich zu betreiben.[3])

Pr. Entw. Art. — **Entw. II** Art. 527 Abs. 1—3. **Prot.** S. 1891, 1892, 1897, 2408, 2461—2465, 3786, 3832, 3833, 4162. **A.D.H.** Art. 504.

Zu §. 535.

1) a. §. 535 spricht das Prinzip aus, daß der Schiffer während der Reise der gesetzliche Vertreter der Ladung ist und als solcher für das Beste derselben zu sorgen hat. Es ist deshalb hervorgehoben worden, daß er in denjenigen Fällen, welche besondere Maßregeln im Interesse der Ladung erforderlich machen und die im Seeverkehr häufig vorkommen, ohne daß von den Interessenten Anordnungen getroffen werden können, nicht bloß als negotiorum gestor der Ladungsinteressenten (Absender und Empfänger des Frachtguts), sondern als deren gesetzlicher Mandatar anzusehen und für dieselben aufzutreten befugt ist. (P. 2461.) Im Falle der Behinderung des Schiffers ist nicht etwa der Rheder befugt, die Rechte der Ladungsinteressenten wahrzunehmen. Denn der Schiffer vertritt in Ausübung der Befugnisse der

§§. 535, 632 nicht den Rheder. Bolze VI, Nr. 305. Hat der Ladungsbeteiligte nach eingetretener Gefährdung der Ladung selbst Sicherungsmaßregeln angeordnet, so ist der Schiffer hierfür nicht verantwortlich. Vgl. R.O.H. Bd. 12, S. 109.

b) Die vorgängige Befragung oder nachträgliche Benachrichtigung aller Ladungsinteressenten ist oft unmöglich. Dies hat eine Beschränkung der Verpflichtung zur Befragung und Anzeige auf die thunlichen Fälle notwendig gemacht. Auch wenn das Schiff im Ganzen verchartert und vom Befrachter nachher auf Stück angelegt ist, ist der Schiffer zur Anzeige den Stückgüterbefrachtern gegenüber verpflichtet, weil er rücksichtlich der Ladung auch als deren gesetzlicher Mandatar anzusehen ist. (P. 2464.) — Die Konsuln im Nothafen sind angewiesen, den Schiffern bei der Benachrichtigung der Ladungsbeteiligten Beistand zu leisten, die Konsuln im Bestimmungshafen sollen die ihnen von den Schiffern oder von den Konsuln im Nothafen übermittelten Nachrichten den Beteiligten mitteilen bezw. für deren öffentliche Bekanntmachung Sorge tragen. König, S. 276, 277.

2) a. Analog dem Verkauf des Schiffes ist der Verkauf der Ladung; auch letzterer ist dem Zwecke, zu welchem die Reise unternommen wird, widersprechend; auch er kann deshalb nur durch die Gewalt der Umstände gerechtfertigt werden. Außer dem Falle, wenn die Ladung verkauft wird, um ein Geldbedürfnis des Schiffes zu decken, sind solche Umstände vorhanden, wenn die Ladung beschädigt oder nicht zu erhalten ist, oder wenn sie infolge eines Schiffsbruchs nicht an ihren Bestimmungsort geschafft werden kann. (M. 238.) — Verkauft der Schiffer im Nothafen einen Teil der Ladung wegen Seebeschädigung, so ist trotzdem von derselben die volle Fracht zu zahlen, weil der Schiffer in jenem Falle als Vertreter der Ladungsbeteiligten handelt. (R.O.H. Bd. 25, S. 10.)

b. Die Befugnis zur Verbodmung der Ladung konnte dem Schiffer nicht abgesprochen werden, da sie ein Minus darstellt gegenüber dem Rechte zum Verkaufe derselben. (P. 2465.) — Der Antrag, auch des Rechts der Verpfändung der Ladung Erwähnung zu thun, fand mehrfachen Widerspruch; von einigen Seiten deshalb, weil die Verpfändung wegen der bei Realisierung des Pfandes obwaltenden Umstände präjudizierlicher sein könne, als ein Verkauf, den der Schiffer selbst zu besorgen habe; von anderen Seiten deshalb, weil die ausdrückliche Erwähnung des Rechts der Verpfändung zu der irrigen Ansicht verleiten könne, daß der Schiffer in solchen Fällen den Eigentümer persönlich zu verpflichten berechtigt sei, und weil, wenn der Schiffer die persönliche Verbindlichkeit für das Geschäft übernehmen wolle, das Recht der Verpfändung aus dem des Verkaufs folge. (P. l. c.) Der erwähnte Antrag wurde deshalb auch nicht weiter verfolgt.

3) Wenn die Ladung angehalten oder aufgebracht, oder in anderer Weise der Verfügung des Schiffers entzogen ist (z. B. wenn beim Löschen ein Teil der Ladung gestohlen wird), so hat der Schiffer diejenigen Maßregeln zu ergreifen, welche ihm nach den Umständen die zweckmäßigsten zu sein scheinen; er ist namentlich nicht verpflichtet, ein Reklameverfahren einzuleiten, wenn die Fruchtlosigkeit desselben mit Gewißheit vorherzusehen ist. (P. 1867, 3832.)

§. 536.

Verhinderung der Reise in der ursprünglichen Richtung.

Wird die Fortsetzung der Reise in der ursprünglichen Richtung durch einen Zufall verhindert, so ist der Schiffer befugt, die Reise in einer anderen Richtung fortzusetzen oder sie auf kürzere oder längere Zeit einzustellen oder nach dem Abgangshafen zurückzukehren, je nachdem es den Verhältnissen und den möglichst[1]) zu berücksichtigenden Anweisungen entspricht.

Im Falle der Auflösung des Frachtvertrags hat er nach den Vorschriften des §. 632 zu verfahren.

Pr. Entw. Art. — **Entw. II** Art. 527 Abs. 4. **Prot.** S. 2464, 3833. **A.D.H.** Art. 505.

Zu §. 536.

1) Der Schiffer ist nicht in allen Fällen den erhaltenen Anweisungen nachzukommen imstande, da die verschiedenen Ladungsinteressenten möglicher Weise widersprechende Anweisungen erteilen. Es ist ihm deshalb nur zur Pflicht gemacht, sie möglichst zu berücksichtigen. (P. 2464.) Falls das Hindernis zu einer Auflösung des Frachtvertrages führt, muß der Schiffer gemäß §. 632 für das Beste der Ladung sorgen.

§. 537.

Geschäfte auf den persönlichen Kredit der Ladungsbeteiligten.

Auf den persönlichen Kredit der Ladungsbetheiligten Geschäfte abzuschließen, ist der Schiffer auch in den Fällen des §. 535 nur auf Grund einer ihn hierzu ermächtigenden Vollmacht befugt.[1])

Pr. Entw. Art. — **Entw. II** Art. 528. **Prot.** S. 2629—2631, 3832, 3833. **A.D.H.** Art. 506.

Zu §. 537.

1) Der §. 537 stellt das Prinzip der beschränkten Haftung mit dem der See anvertrauten Vermögen auch für die Ladungsinteressenten auf; persönlich kann der Schiffer sie nur auf Grund einer ihn hierzu ermächtigenden Vollmacht verpflichten.

§. 538.

Verfügung über die Ladung behufs Fortsetzung der Reise.

Außer den Fällen des §. 535 ist der Schiffer zur Verbodmung der Ladung oder zur Verfügung über Ladungstheile durch Verkauf oder Verwendung nur befugt, soweit es zum Zwecke der Fortsetzung der Reise nothwendig ist.[1])

Pr. Entw. Art. — **Entw. II** Art. — **Prot.** S. 2461—2466, 3815—3817. **A.D.H.** Art. 507.

Zu §. 538.

1) Es wurde die Frage aufgeworfen (P. 2462), ob der Schiffer zum Zwecke der Fortsetzung der Reise unter Umständen auch die ganze Ladung eines Befrachters zu verkaufen befugt sei, und hierzu bemerkt: allerdings habe er dieses Recht nicht, wenn die ganze Ladung des Schiffes einem einzigen Befrachter gehöre; denn wenn diese Ladung infolge des Verkaufs fortgefallen sei, könne von einer Fortsetzung der bedungenen Reise nicht mehr die Rede sein. Wenn aber die Ladung mehreren Befrachtern gehöre, so falle diese Rücksicht hinweg und es sei nicht abzusehen, warum, wenn einmal überhaupt der Verkauf der Ladung für zulässig gehalten werde, nicht auch die gesamte Ladung eines einzelnen Befrachters verkauft werden dürfe, sofern nur die Ladung anderer Befrachter übrig bleibe und in ihrem Interesse die Reise fortzusetzen sei.

§. 539.

Maßregeln im Falle großer Haverei.

Gründet sich das Bedürfniß auf eine große Haverei und kann der Schiffer ihm durch verschiedene Maßregeln abhelfen, so hat er diejenige Maßregel zu ergreifen, welche für die Betheiligten mit dem geringsten Nachtheile verbunden ist.[1])

Pr. Entw. Art. — **Entw. II** Art. — **Prot.** S. 3817. **A.D.H.** Art. 508.

Zu §. 539.

1) Über den Begriff der großen Haverei vgl. §. 700. Maßregeln der im §. 539 gedachten Art, unter welchen der Schiffer die am wenigsten nachteilige auszusuchen hat, sind: die Ver-

bodmung des Schiffes, die Verbodmung der Fracht, der Verkauf von Schiffszubehör, der Verkauf von Schiffsvorraten, die Verbodmung von Schiff, Fracht und Ladung, der Verkauf von Ladungsteilen und dgl. (P. 3822.) Die Gültigkeit der von dem Schiffer getroffenen Maßregel hängt jedoch gutglaubigen Dritten gegenüber nicht davon ab, daß sie die den Beteiligten am mindesten nachteilige ist. Vgl. §. 497 Abs. 2, §. 542.

§. 540.

Außerhalb des Falles großer Haverei.

Liegt der Fall einer großen Haverei nicht vor, so ist der Schiffer zur Verbodmung der Ladung oder zur Verfügung über Ladungstheile durch Verkauf oder Verwendung nur befugt, wenn er dem Bedürfniß auf anderem Wege nicht abhelfen kann[1]) oder wenn die Wahl eines anderen Mittels einen unverhältnißmäßigen Schaden für den Rheder zur Folge haben würde.[2])

Auch in diesen Fällen kann er die Ladung nur zusammen mit dem Schiffe und der Fracht verbodmen (§ 680 Abs. 2).

Er hat die Verbodmung vor dem Verkaufe zu wählen, es sei denn, daß die Verbodmung einen unverhältnißmäßigen Schaden für den Rheder zur Folge haben würde.

Pr. Entw. Art. — **Entw. H** Art. 451 Abs. 3. **Prot.** S 2463, 3824, 3825. **A.D.H.** Art. 509.

Zu §. 540.

1) In den Fällen der großen Haverei hat der Schiffer den Weg einzuschlagen, welcher, auf das Interesse aller bei der großen Haverei Beteiligten gesehen, den geringsten Nachteil mit sich bringt. Anders in den Fällen der besonderen Haverei, in welchen es zunächst die Pflicht des Rheders ist, die zur Ausführung des übernommenen Transports nötigen Gelder herbeizuschaffen; hier kann dem Schiffer nur ausnahmsweise eine Verfügung über die Ladung gestattet werden; sie ist deshalb nur zugelassen, wenn der Schiffer dem Bedürfnisse auf anderem Wege nicht abhelfen kann, oder wenn die Wahl eines anderen Mittels einen unverhältnismäßigen Schaden für den Rheder zur Folge haben würde.

2) Es liegt sowohl im Interesse des Rheders als der Ladungsbeteiligten, daß die Herbeischaffung der zur Reparatur rc. erforderlichen Gelder nicht zu sehr erschwert werde und mit keinen zu großen Kosten verknüpft sei; in der Regel wird den letzteren aus der Verfügung über Ladungstheile auch kein erheblicher Nachteil erwachsen, da der Rheder verpflichtet ist, ihnen den durch Veräußerung der Ladung entstehenden Schaden zu ersetzen. Durch den nachträglichen Untergang des Schiffes können sie allerdings einen Ausfall erleiden; in den meisten Fällen würde aber wohl mit dem Verluste des Schiffes auch die Ladung verloren sein. (P. 3823, 3895.)

§. 541.

Wirkung der Maßregel des Schiffers aus §. 540 gegenüber dem Rheder.

Die Verbodmung der Ladung oder die Verfügung über Ladungstheile durch Verkauf oder Verwendung wird in den Fällen des §. 540 als ein für Rechnung des Rheders abgeschlossenes Kreditgeschäft (§. 528, § 754 Nr. 6) angesehen.[1])

Pr. Entw. Art. — **Entw. H** Art. 451 Abs. 3. **Prot.** S. 2463, 3824, 3825. **A.D.H.** Art. 510.

Zu §. 541.

1) Ein Kreditgeschäft in der hier in Betracht kommenden Bedeutung, d. i. ein zu Lasten des Rheders und für seine Rechnung abgeschlossenes Kreditgeschäft liegt nur in dem Falle (des §. 540) vor, wenn über die Ladung zum Zwecke der Deckung einer besonderen Haverei verfügt wird. Nur in diesem Falle ist hinreichender Grund vorhanden, den betreffenden Ladungsinteressenten die Prioritätsrechte der Gläubiger aus den vom Schiffer abgeschlossenen Kreditgeschäften einzuräumen. Erfolgt der Verkauf von Ladungstheilen wegen vorhandener großer Haverei, so gebühren den betreffenden Interessenten die Prioritätsrechte der Havereibeiträge, weil der Verkauf alsdann nicht für Rechnung des Rheders, sondern für Rechnung der Havereiinteressenten, welche direkt als die Verpflichteten zu betrachten sind, stattfindet, vgl. §. 706, Ziff. 7. (P. 3824.) — Durch die Verweisung auf §. 528 wird ausgesprochen, daß der Rheder für den Ersatz der Güter zu haften hat; über den zu ersetzenden Wert vgl. §§. 611 u. 612.

§. 542.

Gültigkeit der Rechtsgeschäfte gegenüber Dritten.

In Bezug auf die Gültigkeit der in den Fällen der §§. 535, 538 bis 540 von dem Schiffer abgeschlossenen Rechtsgeschäfte finden die Vorschriften des §. 528 Abs. 2 Anwendung.

Pr. Entw. Art. — **Entw. H** Art. — **Prot.** S. 3817, 3826, 3827. **A.D.H.** Art. 511.

VI. Verhältnis des Schiffers zum Rheder (§§. 543—555).

§. 543.

Sondereinnahmen des Schiffers.

Was der Schiffer vom Befrachter, Ablader oder Ladungsempfänger außer der Fracht als Kaplaken, Primage oder sonst als Belohnung oder Entschädigung, gleichviel unter welchem Namen, erhält, hat er dem Rheder als Einnahme in Rechnung zu bringen.[1])

Pr. Entw. Art 432 Abs. H. **Entw. I** Art. 456 Abs. 1. **Prot.** S. 1921—1924, 3789. **A.D.H.** Art. 513.

Zu §. 543.

1) a. Kaplaken (Kappe, Winterkleid) gebührten in alter Zeit dem Schiffer auf Winterreisen, bilden aber jetzt nur einen Teil der Fracht. Prämie (Primage) ist die Belohnung, welche sonst der Schiffer für glückliche Ankunft von den Abladern erhielt.

b. Die Überlassung derartiger Belohnungen an den Schiffer würde leicht eine Benachteiligung der Rheder dadurch herbeiführen, daß ersterer, wo er den Frachtvertrag schließt, die Fracht selbst sehr niedrig stellen würde unter Bedingung oder Hoffnung einer desto höheren Belohnung für sich; er würde außerdem in manchen Fällen, z. B. wenn ihm unter der Bedingung, daß er innerhalb einer bestimmten Frist die Reise zurücklegt, eine besondere Vergütung zugesagt ist, um diese zu erlangen, Schiff, Mannschaft und Ladung in Gefahr bringen. Bei Geschenken, die nach Vollendung der Reise freiwillig gegeben werden, treffen diese Befürchtungen zwar nicht zu; einerseits kommen solche Vergütungen aber selten vor, andererseits ist allgemein bei öffentlichen Verwaltungen die Annahme von Gratifikationen untersagt, so daß keine Veranlassung vorlag, für diesen Fall besondere Bestimmungen zu treffen. — Daß der Rheder dem Schiffer gültig einen Anspruch auf Kaplaken u. dgl. einräumen kann, ist außer Zweifel; aus dem Umstande allein aber, daß der Rheder bei Abschluß des Frachtvertrags eine Vergütung für den Schiffer stipuliert, ist noch nicht zu folgern, daß letzterer einen Anspruch darauf haben solle. (P. 1923, 3789.) Es kommt auch nicht darauf an, ob der Schiffer den Frachtvertrag geschlossen hat, alles, was der Schiffer mit dem Schiffe durch Ausübung seiner Pflicht erwirbt, gebührt dem Rheder. Vgl. R.O.H. Bd. 6, S. 64.

§. 544.

Verladung für eigene Rechnung des Schiffers.

Der Schiffer darf ohne Einwilligung des Rheders für eigene Rechnung keine Güter verladen.[1]) Handelt er dieser Vorschrift zuwider, so hat er dem Rheder die höchste am Abladungsorte zur Abladungszeit für solche Reisen und Güter bedungene Fracht zu erstatten, unbeschadet des Anspruchs des Rheders auf den Ersatz eines ihm verursachten höheren Schadens.[2])

Pr. Entw. Art. 432 Abs. 2. **Entw. H** Art. 456 Abs. 2. **Prot.** S. 1924—1928, 3789. **A.D.H.** Art. 514.

Zu §. 544.

1) a. Durch diese Vorschrift sollen Kollisionen der Spekulationsgeschäfte des Schiffers und des Rheders, unpassende Konkurrenz und Zollverwickelungen vermieden werden. Vgl. §§. 558, 564. — Von Aufnahme der im Pr. Entw. (Art. 432) enthaltenen Bestimmung, daß der Schiffer für die heimlich auf eigene oder fremde Rechnung im Schiffe beförderten Waren den Rheder entschädigen müsse, ist Abstand genommen, weil wegen der allgemeinen Rechtsgrundsätze über Untreue und die dem Schiffer obliegenden Verpflichtungen ein besonderes Verbot der Pflichtverletzung nicht für erforderlich gehalten wurde. (P. 1925, 3789.)

2) §. 297 des Reichs-Strafgesetzbuches bestimmt: Ein .... Schiffer, welcher ohne Vorwissen des .... Rheders Gegenstände an Bord nimmt, welche das Schiff oder die Ladung gefährden, indem sie die Beschlagnahme oder Einziehung des Schiffes oder der Ladung veranlassen können, wird mit Geldstrafe bis zu eintausendfünfhundert Mark oder mit Gefängnis bis zu zwei Jahren bestraft.

§. 545. Jederzeitige Entlassung.

Der Schiffer kann, selbst wenn das Gegentheil vereinbart ist, jederzeit von dem Rheder entlassen werden, jedoch unbeschadet seines Anspruchs auf Entschädigung.[1])

Pr. Entw. Art. 435 Abs. 1. **Entw. H** Art. 458. **Prot.** S. 1930, 1944, 3790. **A.D.H.** Art. 515.

Zu §. 545.

1) Die Befugnis des Rheders, den Schiffer jederzeit zu entlassen, folgt aus dem zwischen ihnen obwaltenden Auftragsverhaltnisse, vgl. §. 671 B.G. Überdies sind die dem letzteren anvertrauten Vermögensinteressen so bedeutend, daß man den Rheder, welcher kein Vertrauen zum Schiffer mehr hat, ohne große Härte nicht zur Fortsetzung des Dienstverhältnisses zwingen kann. Vgl. §. 52 (P. 1930).

Ansprüche des Schiffers bei Entlassung (§§. 546—550).

§. 546.

Wegen Untüchtigkeit oder Pflichtverletzung.

Erfolgt die Entlassung, weil der Schiffer untüchtig befunden ist oder weil er seiner Pflicht nicht genügt, so erhält er nur dasjenige, was er von der Heuer einschließlich aller sonst bedungenen Vortheile bis dahin verdient hat.[1])

Pr. Entw. Art. 436 Abs. 1. **Entw. H** Art. 459. **Prot.** S. 1931—1935, 3790. **A.D.H.** Art. 516.

Zu §. 546.

1) a. Für den Fall einer durch Krankheit oder Verwundung herbeigeführten physischen Unfähigkeit des Schiffers sind im §. 553 besondere Vorschriften getroffen. (P. 1934.) Der §. 546 bezieht sich daher auf anderweitige Falle der Untüchtigkeit.

b. Es war beantragt worden (P. 1934), statt die Worte „weil er seiner Pflicht nicht genügt" zu setzen: „wenn er seinen wesentlichen Pflichten nicht genügt", um zu verhindern, daß sich der Rheder für berechtigt halte, den Schiffer wegen jeder, wenn auch noch so geringfügigen Pflichtverletzung ohne Entschadigung zu entlassen. Der Antrag wurde jedoch abgelehnt, nachdem bemerkt worden war: Der Richter habe unter allen Umständen nach billigem Ermessen zu entscheiden, ob der betreffende Satz in Anwendung zu kommen habe oder nicht, gleichviel ob die jetzige Fassung beibehalten oder nach dem Antrage abgeändert werde; wegen einer geringfügigen Vernachlässigung werde aber voraussichtlich kein Richter aussprechen, daß der Schiffer seiner Pflicht nicht genügt habe.

c. §. 546 findet auf jeden Schiffer Anwendung, gleichviel in welcher Weise derselbe angestellt ist, ob auf bestimmte Zeit, für eine bestimmte Reise oder nicht. (P. 1935.)

§. 547.

Wegen zufälliger Hinderung einer bestimmten Reise.

Wird ein Schiffer, der für eine bestimmte Reise angestellt ist, entlassen, weil die Reise wegen Krieg, Embargo oder Blokade oder wegen eines Einfuhr- oder Ausfuhrverbots oder wegen eines anderen Schiff oder Ladung betreffenden Zufalls nicht angetreten oder fortgesetzt werden kann, so erhält er gleichfalls nur dasjenige, was er von der Heuer einschließlich aller sonst bedungenen Vortheile bis dahin verdient hat. Dasselbe gilt, wenn ein auf unbestimmte Zeit angestellter Schiffer aus einem der angeführten Gründe entlassen wird, nachdem er die Ausführung einer bestimmten Reise übernommen hat.[1])

Erfolgt in diesen Fällen die Entlassung während der Reise, so kann der Schiffer außerdem nach seiner Wahl entweder freie Rückbeförderung nach dem Hafen, wo er geheuert worden ist, oder eine entsprechende Vergütung beanspruchen.

Ein nach den Vorschriften dieses Gesetzbuchs begründeter Anspruch auf freie Rückbeförderung umfaßt auch den Unterhalt während der Reise.[2])

Pr. Entw. Art. 436 Abs. 1. **Entw. II** Art. 460. **Prot.** S. 1935—1937, 3800, 3896. **A.D.H.** Art. 517.

Zu §. 547.

1) a. Wenn ein Schiffer entlassen wird, weil die Reise wegen Krieg, Embargo oder Blokade oder wegen eines Einfuhr- oder Ausfuhrverbots nicht angetreten oder fortgesetzt werden kann, so erhält er nur die etwa bereits verdiente Heuer und sonst bedungenen Vorteile, event. (Abs. 2 d. §.) auch freie Zurückbeförderung Dergleichen Hinderungen werden seerechtlich der vis major gleichgestellt. (P. 1932, 1936) Der Pr. Entw. (Art. 436 Abs. 1) wollte dasselbe statuieren, wenn die Entlassung erfolgt, weil die Reise „wegen eines andern ohne Verschulden des Rheders eingetretenen Grundes" unterbleiben muß. In der Konferenz wurde die Streichung dieses Satzes beantragt, um es, gemäß den Regeln von der Dienstmiethe, dabei zu belassen, daß der Schiffer keinen Schaden tragt, wenn den Rheder ein Zufall trifft, der ihn zwingt oder es ihm rätlich erscheinen läßt, die Reise aufzugeben. (P. 1935.) Es drang jedoch die mittlere Meinung durch, daß außer den gedachten Fällen der vis major die Entlassung ohne Entschädigung für die Zukunft auch dann zulässig sein solle, wenn die Reise wegen eines Schiff oder Ladung (oder beide P. 3800) betreffenden Zufalls unterbleiben muß. Zur Rechtfertigung

wurde bemerkt (P. 1936): Der Pr. Entw. gehe zu weit, wenn er die Vorschrift auch auf die lediglich in der Person des Rheders sich ereignenden Zufälle ausdehne, andererseits könnten die Vorschriften von der Dienstmiete nicht unbedingt maßgebend sein. Das Dienstverhältnis des für eine bestimmte Reise bestellten Schiffers sei keine bloße locatio conductio operarum, sondern weit mehr noch eine locatio conductio operis, der Schiffer werde zu einem Unternehmen bestellt. Für sein Rechtsverhältnis zum Rheder sei demnach dies Unternehmen, die betreffende Reise nichts Zufälliges, sondern im höchsten Grade wesentlich. Wenn diese durch äußere Gründe, also durch einen Schiff oder Ladung betreffenden Zufall unmöglich werde, und nicht bloß durch eine, wenn auch noch so wohl motivierte Entschließung des Rheders hinwegfalle, so müsse dies ebenso den Schiffer wie den Rheder treffen.

b. In zweiter Lesung (P. 3800) wurde in den Satz: „oder wegen eines Schiff oder Ladung betreffenden Zufalls" das Wort „anderen" eingeschoben, weil auch die speziell aufgeführten Zufälle Schiff oder Ladung treffen könnten, ja sogar wenigstens indirekt immer treffen würden. Gegen diese Einschaltung war eingewendet worden: sie könne zu dem Mißverständnisse führen, als sollten die vorher speziell genannten Zufälle die hier festgesetzte Wirkung nur dann haben, wenn sie unmittelbar Schiff und Ladung betroffen, und dann nicht, wenn sie, z. B. bei der Unfreiheit der Ladung, die keine Kiegskontrebande sei, infolge eines Krieges zunächst nur in der Person eines der Interessenten sich zugetragen hätten.

c. Dem Schiffer, welcher für eine bestimmte Reise angestellt ist, wird im Abs. 1 d. §, derjenige, welcher auf unbestimmte Zeit angenommen ist, von dann ab gleichgestellt, sobald er die Ausführung einer bestimmten Reise übernommen hat. Die Reise gilt für übernommen, wenn der Schiffer zur Ausführung derselben Anweisung erhalten und diese ausdrücklich oder stillschweigend durch Beginn von Vorbereitungen ꝛc. acceptiert hat. (P. 1945.) Grund dieser Gleichstellung ist, daß der auf unbestimmte Zeit angestellte Schiffer, sobald er eine bestimmte Reise unternommen hat, sich auf dieselbe einrichten muß, und daß er daher auf ein dauerndes Verbleiben im Dienste muß rechnen können. (P. 1933.)

2) Dem Schiffer, welcher während der Reise entlassen wird, steht in den Fällen des Abs. 1 d. §. außer dem Anspruch auf die verdiente Heuer und die sonst bedungenen Vorteile das Wahlrecht zu, ob er freie Zurückbeförderung nach dem Hafen, wo er geheuert worden ist, oder entsprechende Vergütung beanspruchen will. Die letztere wird er auch dann fordern können (M. 241), wenn er an dem Orte, wo er sich bei der Entlassung befindet, in anderweite Dienste tritt. — Zum Unterhalt gehört nur die Beköstigung und nicht auch die Bekleidung (Str. Bd. 62, S. 245). Vgl. §. 65 der Seemannsordnung.

§. 548.

Aus anderen Gründen.

Wird ein Schiffer, der auf unbestimmte Zeit angestellt ist, aus anderen als den in den §§. 546, 547 angeführten Gründen entlassen,[1]) nachdem er die Ausführung einer bestimmten Reise übernommen hat, so erhält er außer demjenigen, was ihm nach den Vorschriften des §. 547 gebührt, als Entschädigung noch die Heuer für zwei oder vier Monate, je nachdem die Entlassung in einem europäischen oder in einem außereuropäischen Hafen erfolgt ist. Jedoch erhält er in keinem Falle mehr, als er erhalten haben würde, wenn er die Reise zu Ende geführt hätte.[2])

Pr. Entw. Art. 436 Abs. 2. **Entw. H** Art. 461. **Prot.** S. 1938—1946, 3800—3803. **A.D.H.** Art. 518.

Zu §. 548.

1) Vgl. §. 545.

2) a. §. 548 entscheidet nur die Frage, welche Entschädigung dem Schiffer gebührt, wenn er auf unbestimmte Zeit angestellt ist, die Ausführung einer bestimmten Reise übernommen hat und aus andern als den in den §§. 546 und 547 angeführten Gründen entlassen wird. Dagegen bleiben nach allgemeinen Rechtsgrundsätzen die Fragen zu entscheiden, welche Entschädigung dem Schiffer gebührt, wenn er auf Lebensdauer oder auf seine fest bestimmte Zeit oder für eine bestimmte Reise angestellt ist und aus den bezeichneten anderen Gründen entlassen wird (P. 1938—1945), ingleichen ob er überhaupt eine Entschädigung verlangen kann, wenn er auf unbestimmte Zeit angestellt ist, und entlassen wird, bevor er eine bestimmte Reise übernommen hat. (P. 1938, 3800—3803.) — Die Worte „nachdem er die Ausführung einer bestimmten Reise übernommen hat," umfassen auch den Zeitraum, während dessen das Schiff in einem auswärtigen Hafen auf neue Ordre wartet. Die „Reise" in diesem Sinne endigt nur im Inland. §. 551, Z.f.H. Bd. 40, S. 557.

b. Obwohl im §. 547 der Fall der Anstellung für eine bestimmte Reise mit dem der Anstellung auf unbestimmte Zeit, sofern der Schiffer die Ausführung einer bestimmten Reise übernommen hat, wegen der faktischen Ähnlichkeit der Verhältnisse und aus Billigkeitsrücksichten gleichartig behandelt ist, so stehen beide Fälle rechtlich noch keineswegs gleich. In der Abordnung des auf unbestimmte Zeit angenommenen Schiffers zu einer bestimmten Reise liegt nicht ein ganz neuer, auf diese Reise gerichteter Kontrakt, sondern nur die Ausführung des auf Ruf und Widerruf geschlossenen Dienstvertrags, eine Disposition des Rheders über die im Dienstvertrage ihm zur Verfügung gestellte Thätigkeit des Schiffers. Der letztere erhält deshalb auch kein Recht, die ihm aufgetragene Reise auszuführen, sondern muß sich rechtlich vor und während derselben die Entlassung gefallen lassen, ohne sich wegen Kontraktbruchs beklagen zu können; es schien deshalb notwendig, die ihm für den Fall der ungerechtfertigten Entlassung zustehende Entschädigungsforderung positiv festzusetzen. Der für eine bestimmte Reise angestellte Schiffer dagegen hat Anspruch auf Ausführung der Reise und sein Entschädigungsanspruch ist nach allgemeinen Rechtsgrundsätzen zu beurteilen. (P. 1945.)

c. Die Entlassungsbefugnis des Rheders würde illusorisch sein, wenn man dem Schiffer für den Fall, daß er gemäß §. 548 entlassen wird, den Anspruch auf volle Entschädigung geben würde; den Schiffer ganz ohne Entschädigung zu lassen, würde dagegen wieder eine Härte gegen ihn in sich schließen. Wie diese Entschädigung zu bestimmen, ist mehr oder minder willkürlich. Das im Gesetz vorgeschriebene Verfahren hat den Vorzug der Einfachheit. — Welche Häfen zu den europäischen im Gegensatz zu den nichteuropäischen gerechnet werden, darüber vgl. §. 483.

§. 549.

Bei einer Heuer in Bausch und Bogen.

War die Heuer nicht zeitweise, sondern in Bausch und Bogen für die ganze Reise bedungen, so wird in den Fällen der §§. 546 bis 548 die verdiente Heuer mit Rücksicht auf den vollen Heuerbetrag nach dem Verhältnisse der geleisteten Dienste sowie des etwa zurückgelegten Theiles der Reise bestimmt. Zur Ermittelung der im §. 548 erwähnten Heuer für zwei oder vier Monate wird die durchschnittliche Dauer der Reise einschließlich der Ladungs- und Löschungszeit unter Berücksichtigung der Beschaffenheit des Schiffes in Ansatz gebracht und danach die Heuer für die zwei oder vier Monate berechnet.[1])

Pr. Entw. Art. 436 Abs. 3. **Entw. II** Art. 462. **Prot.** S. 1946, 1947, 1953, 1954, 3803. **A.D.H.** Art. 519.

Zu §. 549.

1) §. 549 bestimmt im Satz 1: wie die verdiente Heuer in den Fällen der §§. 546—548, und im Satz 2: wie die Entschädigungsheuer von zwei oder vier Monaten

im Falle des §. 548 berechnet wird, wenn die Heuer nicht zeitweise, sondern in Bausch und Bogen für die ganze Reise bedungen war. Die erstere soll mit Rücksicht auf den vollen Heuerbetrag nach Verhältnis der geleisteten Dienste, sowie des etwa zurückgelegten Teils der Reise von der zustandigen Behörde (dem Richter bezw. Schiedsgericht oder Hafenbehörde. P 1954) bestimmt werden. Hinsichtlich der letzteren soll zunächst aus der Aversionalheuer nach der durchschnittlichen Dauer der Reise einschl der Ladungs- und Löschungszeit unter Berücksichtigung der Beschaffenheit des Schiffs eine Zeitheuer konstruiert und sodann hiernach berechnet werden, wieviel der Schiffer an Entschädigung für zwei oder vier Monate (was sich gemäß § 548 bestimmt) zu fordern hat.

§. 550.

Bei Endigung der Rückreise außerhalb des Heimatshafens.

Endet die Rückreise des Schiffes nicht in dem Heimathshafen und war der Schiffer für die Ausreise und die Rückreise oder auf unbestimmte Zeit angestellt, so hat der Schiffer Anspruch auf freie Rückbeförderung nach dem Hafen, wo er geheuert worden ist, und auf Fortbezug der Heuer während der Reise oder nach seiner Wahl auf eine entsprechende Vergütung.[1])

Pr. Entw. Art. — **Entw. H** Art. 464. **Prot.** S. 2018, 2019, 3804, 3833, 3834. **A.D.H.** Art. 520.

Zu §. 550.

1) §. 550 bezieht sich nicht auf die in §. 547 behandelten Fälle. (P. 2018, 3833.)

§. 551.[1])

Kündigung seitens des Schiffers.

Der Schiffer, welcher auf unbestimmte Zeit angestellt ist, muß, sobald er eine Reise angetreten hat, im Dienste verbleiben, bis das Schiff in den Heimathshafen oder in einen inländischen Hafen zurückgekehrt und die Entlöschung erfolgt ist.[2])

Er kann jedoch seine Entlassung fordern, wenn seit der ersten Abreise zwei oder drei Jahre verflossen sind, je nachdem sich das Schiff zur Zeit der Kündigung in einem europäischen oder in einem außereuropäischen Hafen befindet. Er hat in einem solchen Falle dem Rheder die zu seiner Ersetzung erforderliche Zeit zu gewähren und den Dienst inzwischen fortzusetzen, jedenfalls die laufende Reise zu beendigen.

Ordnet der Rheder sofort nach der Kündigung die Rückreise an, so ist der Schiffer verpflichtet, das Schiff zurückzuführen.

Pr. Entw. Art. 437 Abs. 1. **Entw. H** Art. 464. **Prot.** S. 1948—1952, 1954—1960, 2016—2018, 3804. **A.D.H.** Art. 521.

Zu §. 551.

1) §. 551 behandelt nur die Frage, wie lange ein auf unbestimmte Zeit angestellter Schiffer, wenn er eine Reise bereits angetreten hat, in dem Dienste verbleiben muß, und wann er in diesem Falle seine Entlassung fordern kann. Dagegen hielt man es nicht für erforderlich, Bestimmungen darüber zu treffen, wann der Schiffer seine Entlassung fordern könne, wenn er nur für eine bestimmte Reise (P. 1951) oder auf eine bestimmte Zeit (P. 1958) angestellt sei, weil für diese Fälle die allgemeinen Rechtsgrundsätze ausreichen würden. (P. 1948 bis 1951, 1954—1958.)

2) a. Bei einer Anstellung auf unbestimmte Zeit nimmt der Schiffer, sobald er eine bestimmte Reise antritt, auch die Verbindlichkeit auf sich, sie zu vollenden (P. 1949). Er muß deshalb in dem Dienste verbleiben, bis das Schiff auf Anordnung des Rheders oder in ordnungsmäßiger Ausführung des dem Schiffer erteilten Auftrags (P. 3804) in den Heimatshafen oder in einen inländischen Hafen zurückgekehrt und die Entlöschung erfolgt ist. Da jene Verpflichtung jedoch zu einer ungebührlichen Beschwerung des Schiffers führen könnte, wenn der Rheder das Recht hätte, dem auf der Reise befindlichen Schiffer Ordre zu neuen Zwischenreisen zu erteilen und dadurch die Rückkehr des Schiffes und die Entlassung des Schiffers willkürlich zu verzögern, so sind im Abs. 2 d. §. Zeitfristen von 2 bezw. 3 Jahren bestimmt, nach deren Ablauf der Schiffer auch auswärts seine Entlassung fordern kann. (P 1949, 1950, 1954—1958.)

b. Macht der Schiffer von seinem Rechte Gebrauch, die Entlassung zu begehren, so muß er dem Rheder Zeit lassen, für seine Stellvertretung zu sorgen, bis dahin auf dem Schiffe bleiben, die Anordnungen des Rheders ausführen, und wenn dieser es verlangt, das Schiff zurückführen (P. 1958). Die Verpflichtung, „den Dienst inzwischen fortzusetzen", erstreckt sich nicht bloß darauf, das Schiff unter seiner Obhut zu halten und einstweilen mit demselben stille zu liegen, sondern auch darauf, den etwa bereits erhaltenen Ordres zur Antretung einer neuen Reise Folge zu leisten. Mit Rücksicht darauf, daß der Schiffer, wenn er eine Zwischenreise antritt, dadurch auch Dritten gegenüber Verbindlichkeiten übernimmt, für welche nicht in entsprechender Weise gesorgt wäre, wenn er vor Beendigung der Reise von dem Schiffe gehen dürfte, sobald die entsprechende Verfügung des Rheders hätte eintreffen müssen, ist der Schiffer für verpflichtet erklärt worden, jedenfalls die laufende Reise zu beendigen. (P. 2017.) Es wurde für selbstverständlich angesehen (P. 3804), daß unter der Beendigung der „laufenden Reise" hier nicht die Vollendung der Heuerreise (aus und zu Haus), sondern die der laufenden Frachtreise, welche allerdings im Verhältnis zu der ersteren nur eine Zwischenreise sein könne, habe bezeichnet werden sollen.

c. Der Abs. 3 des §. 551 verpflichtet den Schiffer, das Schiff zurückzuführen, wenn der Rheder sofort nach der Kündigung die Rückreise angeordnet hat. Der Ausdruck „Rückreise" ist hier nicht in dem engen Sinn einer Reise nach dem Heimatshafen, sondern etwas allgemeiner dahin zu verstehen (P. 2018, 3804), daß eine Reise gemeint ist, welche in einem Heimatshafen oder in dessen Nähe endet.

d. Der Pr. Entw. (Art. 437 Abs. 2) stellte drei Ausnahmen von der im Abs. 1 d. §. gegebenen Regel auf:

1) wenn vor dem Beginn der Reise der Staat in einen Seekrieg verwickelt wird und nach der Richtung der Reise Kriegsgefahr für das Schiff wahrscheinlich wird;
2) wenn das Schiff an eine andere Rhederei übergeht;
3) wenn das Schiff aufhört, ein Preußisches zu sein.

Alle drei Ausnahmen wurden bei der Beratung gestrichen. (P. 1959, 1960.) Jedoch nimmt Cosack (§. 36 Ziff. 6b) an, daß der Schiffer aus wichtigen Gründen, z. B. wegen drohenden Krieges seine Entlassung fordern kann. Vgl. R.O.H. Bd. 8, Nr. 81.

§. 552.

Schiffspart des Schiffers bei unfreiwilliger Entlassung.

Die Schiffspart, mit welcher der Schiffer auf Grund einer mit den übrigen Rhedern getroffenen Vereinbarung als Mitrheder an dem Schiffe betheiligt ist, ist im Falle seiner unfreiwilligen Entlassung auf sein Verlangen von den Mitrhedern gegen Auszahlung des durch Sachverständige zu bestimmenden Schätzungswerths zu übernehmen. Dieses Recht des Schiffers erlischt, wenn er die Erklärung, davon Gebrauch zu machen, ohne Grund verzögert.[1])

Pr. Entw. Art. — **Entw. II** Art. 463. **Prot.** S. 1947, 1948, 3803, 3804, 3828. A.D.H. Art. 522.

Zu §. 552.

1) a. An manchen Seeplätzen ist der Schiffer gewöhnlich Miteigentümer des Schiffes und es wird von der Rhederei häufig niemand als Schiffer angenommen, wenn er sich nicht durch Ankauf einer Part am Schiffe beteiligt. Ohne die Bestimmung des §. 552 würde der unfreiwillig entlassene Schiffer sehr oft nicht mehr in der Lage sein, eine andere Schiffspart zu erwerben und wieder eine Stelle zu finden. Um aber auf der anderen Seite auch die Rhederei dem Schiffer nicht ungebührlich Preis zu geben, um dem Letzteren nicht das Recht einzuräumen, daß er zu jeder beliebigen, wenn auch noch so ungünstigen Zeit und vielleicht erst lange nach seiner Entlassung die Bezahlung seiner Part fordere, wurde bestimmt, daß das erwähnte Recht des Schiffers erlischt, wenn er sich bei seiner Entlassung auf Befragen der Mitrheder über die Geltendmachung seines Rechtes nicht erklärt oder sonst in einer billigen Frist sich zu dessen Ausübung nicht meldet. (P. 1948, 3803.)

b. Die Bestimmung des §. 552 ist mit Absicht (P. 3828) auf diejenige Schiffspart beschränkt, mit welcher der Schiffer auf Grund einer mit den übrigen Rhedern getroffenen Vereinbarung als Mitrheder an dem Schiffe beteiligt ist; sie bezieht sich daher nicht auf Parten, welche der Schiffer ohne Wissen der Mitrheder oder ohne Vereinbarung mit ihnen erworben hat.

§. 553.

Erkrankung oder Verwundung des Schiffers.

Falls der Schiffer nach dem Antritte der Reise erkrankt oder verwundet wird, so trägt der Rheder die Kosten der Verpflegung und Heilung:

1. wenn der Schiffer mit dem Schiffe zurückkehrt und die Rückreise in dem Heimathshafen oder in dem Hafen endet, wo er geheuert worden ist, bis zur Beendigung der Rückreise;
2. wenn er mit dem Schiffe zurückkehrt und die Reise nicht in einem der genannten Häfen endet, bis zum Ablaufe von sechs Monaten seit der Beendigung der Rückreise;
3. wenn er während der Reise am Lande zurückgelassen werden mußte, bis zum Ablaufe von sechs Monaten seit der Weiterreise des Schiffes.

Auch kann der Schiffer in den beiden letzteren Fällen freie Rückbeförderung (§. 547) oder nach seiner Wahl eine entsprechende Vergütung beanspruchen.

Die Heuer einschließlich aller sonst bedungenen Vortheile bezieht der nach dem Antritte der Reise erkrankte oder verwundete Schiffer, wenn er mit dem Schiffe zurückkehrt, bis zur Beendigung der Rückreise, wenn er am Lande zurückgelassen werden mußte, bis zu dem Tage, an welchem er das Schiff verläßt.

Ist der Schiffer bei Vertheidigung des Schiffes beschädigt, so hat er überdies auf eine angemessene Belohnung Anspruch.[1])

Pr. Entw. Art. — **Entw. II** Art. 465. **Prot.** S. 2015, 2034—2036, 3805—3807. A.D.H. Art. 523.

Zu §. 553.

1) a. §. 553 ist den Artikeln 548, 549 A.D.H. (jetzt §. 48 der Seemannsordnung) nachgebildet, jedoch sind mit Rücksicht auf die verschiedene Stellung des Schiffers und der

Schiffsmannschaft einige Modifikationen vorgenommen worden. Zunachst ist der Fall, wenn der Schiffer nach Antritt des Dienstes, aber vor Antritt der Reise erkrankt oder verwundet wird (vgl. §. 48 Ziff 1 S.O.), nicht gedeckt, sodann ist (abweichend §. 48 Ziff. 2) dem Schiffer, sobald er krank oder verwundet mit dem Schiffe zurückkehrt und die Rückreise in dem Heimatshafen oder in dem Hafen endet, wo er geheuert worden ist, kein Anspruch auf spätere Kosten der Verpflegung und Heilung gewährt, weil eine Verpflegung des Schiffers auf Kosten des Rheders, so lange der erstere sich in der Heimat befindet, weder als üblich noch als notwendig erachtet wurde (P 2035.) Dagegen ist dem Schiffer und nicht dem Rheder (abweichend § 48 Abs. 2) in den Fallen, in welchen freie Zurückbeförderung oder entsprechende Vergütung stattfindet, das Wahlrecht eingeräumt, weil der Rheder in der Regel nicht anwesend ist, und ferner ist die Ausnahme, welche §. 50 S.O. für den Schiffsmann ausdrücklich ausspricht, hinsichtlich des Schiffers nicht ausdrücklich erwähnt worden, teils mit Rücksicht auf seine Stellung, teils weil bei den ihm obliegenden Verrichtungen nicht leicht von einer durch Unvorsichtigkeit im Dienst rc. verschuldeten Erkrankung oder Verwundung die Rede sein könne, teils endlich, weil schon nach allgemeinen Rechtsgrundsätzen dem Rheder in allen, durch grobes Verschulden des Schiffers veranlaßten Erkrankungsfallen rc eine Einrede gegen den Anspruch auf die Kosten der Verpflegung und Heilung zustehen werde. (P. 2035.)

b. Es war beantragt worden, im letzten Absatz statt des Ausdrucks „beschadigt", da er bei Menschen ungebräuchlich sei, zu sagen: „Wenn der Schiffer infolge der Verteidigung des Schiffs erkrankt oder verwundet wird rc" Der Antrag wurde jedoch abgelehnt, nachdem gegen denselben eingewendet war (P. 3807): Es würde zu weit führen und eine unbillige Beschwerung des Rheders nach sich ziehen, auch viele Streitigkeiten veranlassen, wenn man dem Schiffer eine besondere Belohnung auch in den infolge großer Anstrengung bei der Verteidigung des Schiffes eingetretenen Erkrankungsfällen zuerkennen wollte. Der Ausdruck „Verwundung" allein würde dagegen zu eng sein, da er nur die durch Einwirkung anderer entstandenen Körperverletzungen, dagegen z B. nicht den Fall treffen würde, wenn der Schiffer bei Verteidigung des Schiffes stürzte und sich dabei beschädigte.

Tod des Schiffers.

§. 554.

Stirbt der Schiffer nach dem Antritte des Dienstes, so hat der Rheder die bis zum Todestage verdiente Heuer einschließlich aller sonst bedungenen Vortheile zu entrichten; ist der Tod nach dem Antritte der Reise erfolgt, so hat der Rheder auch die Beerdigungskosten zu tragen.

Wird der Schiffer bei Vertheidigung des Schiffes getödtet, so hat der Rheder überdies eine angemessene Belohnung zu zahlen.[1])

Pr. Entw. Art. — **Entw. II** Art 466. **Prot.** S. 2034—2036, 3807, 3896. **A.D.H.** Art. 524.

Zu §. 554.

1) a. Vgl. den analogen §. 51.

b. Für die in den §§. 553 und 554 bezeichneten Ansprüche haftet der Rheder nach §. 487 nicht nur mit Schiff und Fracht, sondern persönlich.

§. 555.

Rechte und Pflichten des Schiffers nach Verlust des Schiffes.

Auch nach dem Verluste des Schiffes ist der Schiffer verpflichtet, noch für die Verklarung zu sorgen und überhaupt das Interesse des Rheders so lange wahrzunehmen, als es erforderlich ist. Er hat für diese Zeit Anspruch auf Fortbezug der Heuer und auf Erstattung der Kosten des Unterhalts. Außerdem kann er freie Rückbeförderung (§. 547) oder nach seiner Wahl eine entsprechende Vergütung beanspruchen.[1])

Pr. Entw. Art. 438. **Entw. II** Art. — **Prot.** S. 1960, 1961, 3808, 3809. **A.D.H.** Art. 526.

Zu §. 555.

1) a. Ein Antrag, dem ersten Absatze des Art. 542 A.D.H. entsprechend, den Satz aufzunehmen, daß auch für den Schiffer der Heuervertrag endet, wenn das Schiff dem Rheder verloren geht, wurde abgelehnt (P. 3809), weil er zu weit reiche, denn dem Schiffer könne unmöglich das Recht beigelegt werden, sofort nach dem Verluste des Schiffes seine Thätigkeit einzustellen; er bleibe vielmehr verpflichtet, das Interesse des Rheders, soweit erforderlich, noch nachher wahrzunehmen, und diese Verpflichtung könne nur als ein Ausfluß des Dienstvertrages betrachtet werden, welcher somit fortwirke.

b. Über die Haftung des Rheders für die Ansprüche des Schiffers aus § 555 vgl. §. 487.

2) Über

die Meldungen der Schiffer bei den deutschen Konsulaten,
die Untersuchung von Seeunfällen,
die Verhütung des Zusammenstoßens der Schiffe auf See,
das Verhalten der Schiffer nach einem Zusammenstoß von Schiffen auf See,

sind die im Anhang Nr. 6—12 enthaltenen Bestimmungen ergangen.

Vierter Abschnitt.

Frachtgeschäft zur Beförderung von Gütern.

§. 556.[1])

Arten des Frachtvertrags.

Der Frachtvertrag zur Beförderung von Gütern bezieht sich entweder

1. auf das Schiff im Ganzen oder einen verhältnißmäßigen Theil oder einen bestimmt bezeichneten Raum des Schiffes oder
2. auf einzelne Güter (Stückgüter).

Pr. Entw. Art. 466. **Entw. II** Art. 401. **Prot.** S 2039—2045, 2281, 2466, 3847. **A.D.H.** Art. 557.

Zu §. 556.

1) Die Mot. S. 253 bemerken: Der Frachtvertrag ist eine Art des Mietsvertrages. Er gestaltet sich verschieden, je nachdem der Verfrachter nur den Transport eines bestimmten Gutes auf seinem Schiffe übernimmt, oder dem Befrachter die Benutzung des Schiffes selbst zum Transport von Gütern oder Personen überläßt. Im ersten Falle liegt ein Vertrag über Handlungen oder ein opus locatum vor, mit der Eigentümlichkeit, daß nicht schlechtweg die Beförderung des Gutes nach einem bestimmten Orte, sondern die Beförderung auf diesem Schiffe übernommen ist. Im letzteren Falle steht der Vertrag der Sachmiete nahe. Er unterscheidet sich aber von der reinen Sachmiete, auch abgesehen davon, daß die Benutzung des Schiffes nur zu einem bestimmten Zweck, zu einer oder mehreren bestimmten Reisen gewährt wird, dadurch, daß hier die Sachmiete stets noch mit einer Dienstmiete verbunden ist. Denn der Verfrachter hat auch dann, wenn das Schiff im ganzen verfrachtet ist, mit dem Schiffe den Schiffer und

die Schiffsmannschaft zu stellen und deren Dienste zu gewähren. — Auch bei den Beratungen in der Konferenz drang die Meinung durch, daß der Frachtvertrag über ein ganzes Schiff nicht als eine bloße locatio rei anzusehen sei (vgl. P. 2466). An die Unterscheidung zwischen diesen beiden Arten des Frachtvertrages knüpfen sich nicht unwesentliche praktische Folgen. Die Lehre von der Chartepartie, von der Fautfracht, von der Lade- und Überliegezeit und andere wichtige Teile des die Schiffsverfrachtung betreffenden Abschnitts des Seerechts sind auf eine der beiden Arten von Verfrachtungsverträgen entweder überhaupt nicht, oder nur unter Modifikationen anwendbar.

§ 557.

Beurkundung des Frachtvertrags. (Chartepartie.)

Wird das Schiff im Ganzen oder zu einem verhältnißmäßigen Theile oder wird ein bestimmt bezeichneter Raum des Schiffes verfrachtet, so kann jede Partei verlangen, daß über den Vertrag eine schriftliche Urkunde (Chartepartie) errichtet wird.[1])

Pr. Entw. Art. 467. **Entw. H** Art. 492. **Prot.** S. 2045—2046, 3847. **A.D.H.** Art. 558.

Zu §. 557.

1) a. Entsprechend dem im Handelsgesetzbuche durchgeführten Prinzip ist die Gültigkeit des Vertrages nicht von der Errichtung desselben in schriftlicher Form abhangig gemacht worden; aus Nützlichkeitsgründen hat man jedoch jeder Partei das Recht eingeräumt, eine schriftliche Urkunde über alle Punkte des Vertrages zu verlangen. (P. 2045.) — Der Ausdruck „Chartepartie" (engl. charter) soll von charta partita, d. h. geteiltes Papier, herkommen, indem man in alten Zeiten den Kontrakt nicht in zwei Exemplaren ausfertigte, sondern zur größeren Sicherheit gegen Fälschungen das eine Exemplar der Kontraktsurkunde in zwei Hälften schnitt, von denen jeder Kontrahent eine erhielt. (Kaltenborn, Seerecht, Th. I, S. 250.)

b. Das Recht jedes Kontrahenten, die Errichtung einer schriftlichen Urkunde verlangen zu können, beschrankt sich auf die Verträge, welche unter die Ziffer 1 des §. 556 fallen.

§. 558.

Verladung von Gütern in die Kajüte.

In der Verfrachtung eines ganzen Schiffes ist die Kajüte nicht einbegriffen; es dürfen jedoch ohne Einwilligung des Befrachters in die Kajüte keine Güter verladen werden.[1])

Pr. Entw. Art. — **Entw. H** Art. 493. **Prot.** S. 2059, 3847. **A.D.H.** Art. 559.

Zu §. 558.

1) Zur Rechtfertigung des §. 558 wurde bemerkt (P. 2059): Durch die Chartepartie erhalte der Befrachter des ganzen Schiffes die Verfügung über alle Räumlichkeiten desselben, selbstverständlich seien jedoch hiervon diejenigen Räumlichkeiten ausgenommen, welche wegen der Ausführung des Transports für andere Zwecke unentbehrlich seien. Dahin gehörten unzweifelhaft: das Volkslogis und der Raum für Aufbewahrung des Proviants und des Tauwerks. Zweifelhaft könne es aber sein, ob dahin auch die Kajüte gehöre, da sie nicht immer ganz für den Kapitän nötig sei und nicht selten noch Raum für Unterbringung von Gütern darbiete. Deswegen sei eine ausdrückliche Bestimmung hierüber aufzunehmen. — Durch die Vorschrift, daß ohne Einwilligung des Befrachters keine Güter in die Kajüte geladen werden dürfen, soll vermieden werden, daß der Schiffer dem Befrachter Konkurrenz mache.

I. Pflichten des Verfrachters (§§. 559—562, 565, 566).

§. 559.

Haftung für den Zustand des Schiffes.

Bei jeder Art von Frachtvertrag (§. 556) hat der Verfrachter das Schiff in seetüchtigem Stande zu liefern.

Er haftet dem Befrachter für jeden Schaden, der aus dem mangelhaften Zustande des Schiffes entsteht, es sei denn, daß der Mangel bei Anwendung der Sorgfalt eines ordentlichen Verfrachters nicht zu entdecken war.[1])

Pr. Entw. Art. 470. **Entw H** Art. 494. **Prot.** S. 2060—2066, 3847—3849. **A.H.D.** Art. 560.

Zu §. 559.

1) **a.** §. 559 enthält eine Bestimmung über eine der hauptsächlichsten Obliegenheiten des Verfrachters aus dem Frachtvertrage; er spricht dagegen nicht von seinen Verpflichtungen **ex recepto**, welche selbstverständlich nicht eher entstehen können, als bis er die Ladung übernommen hat, während die Verpflichtungen aus dem Frachtvertrage schon früher eintreten können; dahin gehört z. B. der Fall (P. 2061, 2064), wenn eine Verladung wegen Seeuntüchtigkeit des Schiffes gar nicht eintreten kann. Vgl. R.O.H. Bd. 25, S. 144.

b. Der Verfrachter hat nach Abs. 1 d. §. bei jeder Art von Frachtvertrag (§ 556 Ziff. 1 und 2), also nicht bloß bei Totalverfrachtungen (P. 3849), das Schiff nebst Zubehör (P. 2066. Instrumenten R G. XXV, 106) so zu liefern, daß es die mit der kontrahierten Reise nach der Erfahrung und dem gewöhnlichen Lauf der Dinge verbundenen Gefahren und Beschwerden zu ertragen vermag, mit anderen Worten, daß es für die konkrete Reise seetüchtig ist (P. 3848). Die Garnierung gehört nicht hierher, da sie nicht das Schiff sondern die Ladung gegen eindringendes Seewasser und den Schmutz des Schiffsbodens sichern soll. Der Verfrachter kann aber nach §. 485 für ein Verschulden des Schiffers, welcher zunächst für die gehörige Stauung nach Seemannsbrauch zu sorgen hat (§. 514), dennoch haftbar werden (R.G. XXV, 106).

c. Der Absatz 2 des §. 559 enthält eine Bestimmung über die Haftung des Verfrachters, wenn er seiner Verbindlichkeit aus Absatz 1 nicht genügt (z. B. auch wenn infolge der Seeuntüchtigkeit des Schiffes die Befrachtung verzögert wird), und bezieht sich daher nur auf die Haftbarkeit für solche Mangel, welche schon vor Antritt der Reise vorhanden waren. (P. 2060, 2062.)

Die Haftung des Verfrachters wird jedoch ausgeschlossen, wenn er beweist (vgl. R.O.H. Bd. 23, S. 22), daß der Mangel bei Anwendung der Sorgfalt eines ordentlichen Verfrachters nicht zu entdecken war. Hiermit ist — entsprechend §. 429 H.G.B. — (vgl. auch §. 606) eine Milderung der Haftung des Verfrachters gegenüber derjenigen aus dem bisherigen Art. 560 Abs. 2 A.D.H. eingeführt. Nach der letzteren Bestimmung mußte nämlich der Verfrachter beweisen,

„daß der Mangel aller Sorgfalt ungeachtet nicht zu entdecken war",

er wurde also von der Haftung nur frei, wenn es unter den gewöhnlichen Umständen außerhalb der Möglichkeit lag, den Mangel zu entdecken; nach dem neuen Rechte trifft ihn schon dann keine Schadensersatzpflicht,

> wenn der mangelhafte Zustand des Schiffes bei Anwendung der Sorgfalt eines ordentlichen Verfrachters nicht zu entdecken war.

Hat er das Schiff durch Sachverständige herstellen oder ausbessern lassen, so haftet er nur für culpa in eligendo.

§. 560.[1])

Ladeplatz.

Der Schiffer hat zur Einnahme der Ladung das Schiff an den vom Befrachter oder, wenn das Schiff an Mehrere verfrachtet ist, von sämmtlichen Befrachtern ihm angewiesenen Platz hinzulegen.

Erfolgt die Anweisung nicht rechtzeitig oder wird nicht von sämmtlichen Befrachtern derselbe Platz angewiesen oder gestatten die Wassertiefe, die Sicherheit des Schiffes oder die örtlichen Verordnungen oder Einrichtungen die Befolgung der Anweisung nicht, so hat der Schiffer an dem ortsüblichen Ladungsplatz anzulegen.

Pr. Entw. Art. 475. **Entw. H** Art. 500. **Prot.** S. 2075, 3852. **A.D.H.** Art. 561.

Zu §. 560.

1) Vgl. §. 592.

§. 561.[1])

Kosten der Anlieferung und der Einladung.

Sofern nicht durch Vertrag oder durch die örtlichen Verordnungen des Abladungshafens und in deren Ermangelung durch einen daselbst bestehenden Ortsgebrauch ein Anderes bestimmt ist, sind die Güter von dem Befrachter kostenfrei bis an das Schiff zu liefern, dagegen die Kosten der Einladung in das Schiff von dem Verfrachter zu tragen.[2])

Pr. Entw. Art. 471. **Entw. H** Art. 495. **Prot.** S. 2067, 3849, 3948. **A.D.H.** Art. 562.

Zu §. 561.

1) Vgl. §. 593.

2) a. § 561 bestimmt nur über die Kosten der Anlieferung und des Einladens der Güter, nicht aber über den Begriff der Abladung und den Zeitpunkt ihrer Vollendung (R.O.H. Bd. 18, S. 132).

b. Der Ausdruck: „Ortsgebrauch" wurde (P. 3849) dahin erläutert: Es sei darunter nicht bloß das örtliche eigentliche Gewohnheitsrecht zu verstehen, sondern der Ausdruck „Ortsgebrauch" umfasse auch diejenige Übung eines Platzes (mos regionis), welche gewöhnlich befolgt werde, ohne daß zugleich die Meinung herrsche, es müsse dies geschehen.

§. 562.

Substitution von Gütern.

Der Verfrachter ist verpflichtet, statt der vertragsmäßigen Güter andere, von dem Befrachter zur Verschiffung nach demselben Bestimmungshafen ihm angebotene Güter anzunehmen, wenn dadurch seine Lage nicht erschwert wird.

Diese Vorschrift findet keine Anwendung, wenn die Güter im Vertrage nicht blos nach Art oder Gattung, sondern speziell bezeichnet sind.[1])

Pr. Entw. Art. 482 Abs. 4. **Entw. H** Art. 530. **Prot.** S. 2151—2159, 2231, 3854, 3980, 3981. **A.D.H.** Art. 563.

Zu §. 562.

1) a § 562 bezieht sich auf alle Arten von Frachtverträgen, insbesondere auch auf Stückladungen. (P. 2231.)

b. Um dem Befrachter unter allen Umständen die Möglichkeit zu bieten, ohne wesentliche Gefährdung des Verfrachters Schaden von sich abzuwenden, ist ihm das Recht der Substitution einer anderen Ladung eingeräumt. Diese Befugnis steht ihm aber nur zu, falls nicht aus dem Frachtvertrage die Absicht der Kontrahenten, daß gerade diese Ware und keine andere geladen werde, deutlich erhellt. Geht weder aus dem Vertrage, noch aus den Umständen eine solche Absicht klar hervor, so ist die Bezeichnung einer bestimmten Ware als nur demonstrationis causa beigefügt anzusehen. Die Substitution einer anderen Ladung braucht sich der Verfrachter auch dann nicht gefallen zu lassen, wenn seine Lage hierdurch erschwert werden würde. Eine solche Erschwerung wäre z. B. vorhanden, wenn statt Getreide, Eisen oder Kohlen, die beide zu den beschwerlichsten Abladungen gehören, oder wenn statt einer Ware, die weniger Fracht zahlt, eine andere, für die mehr zu zahlen ist, verladen werden sollte. (P. 2152.) Andererseits hat auch der Befrachter, falls die Güter im Vertrage nicht speziell bezeichnet sind, nicht um deswillen ein Rücktrittsrecht, weil ihm die Lieferung der von ihm für den Transport in Aussicht genommenen Güter unmöglich geworden ist. Z.f.H. 40. S. 557.

§. 563.

Verschulden des Befrachters.

Der Befrachter oder Ablader, welcher die verladenen Güter unrichtig bezeichnet oder Kriegskontrebande oder Güter verladet, deren Ausfuhr oder deren Einfuhr in den Bestimmungshafen verboten ist, oder welcher bei der Abladung die gesetzlichen Vorschriften, insbesondere die Polizei-, Steuer- und Zollgesetze, übertritt, wird, sofern ihm dabei ein Verschulden zur Last fällt, nicht blos dem Verfrachter, sondern auch allen übrigen im §. 512 Abs. 1 bezeichneten Personen für den durch sein Verfahren veranlaßten Aufenthalt und jeden anderen Schaden verantwortlich.

Dadurch, daß er mit Zustimmung des Schiffers gehandelt hat, wird seine Verantwortlichkeit den übrigen Personen gegenüber nicht ausgeschlossen.[1])

Er kann aus der Konfiskation der Güter keinen Grund herleiten, die Zahlung der Fracht zu verweigern.[2])

Gefährden die Güter das Schiff oder die übrige Ladung, so ist der Schiffer befugt, die Güter ans Land zu setzen oder in dringenden Fällen über Bord zu werfen.[3])

Pr. Entw. Art. 472. **Entw. II** Art. 496. **Prot.** S. 2067—2070, 2072, 2081—2083, 3849—3851. **A.D.H.** Art. 564.

Zu §. 563.

1) a. Zwischen den verschiedenen Befrachtern eines Schiffes bestehen zwar keine kontraktlichen Beziehungen, nichtsdestoweniger ist derjenige Befrachter, welcher den übrigen durch Übertretung der gesetzlichen Vorschriften ꝛc. schuldbar einen Schaden zufügt, sowohl wegen der zwischen ihnen bestehenden rechtlichen Gemeinschaft, als wegen des begangenen Delikts zur Schadloshaltung verpflichtet. Die Genehmigung des Schiffers enthebt den Befrachter seiner Verbindlichkeit nicht, weil ein Interessent nicht die Gerechtsame des anderen vergeben kann. (P. 2067, 3850.)

b. Die Haftung des Befrachters oder des Abladers tritt in Gemäßheit des Abs. 1 d. §. nur ein, „insofern ihm dabei ein Verschulden zur Last fällt." (R.G. XX, 78.) Durch diesen Satz sollte nach der Absicht der Konferenz (P. 2082) der Frage, wem der Beweis obliegt, daß dem Befrachter oder Ablader ein Verschulden zur Last fällt, in keiner Weise präjudiziert werden, und es vielmehr von den näheren Umständen des Falles abhängen, ob der Beschädigte außer der Beschädigung das Verschulden des Beschädigers noch besonders nachzuweisen habe.

2) Der Abs. 3 d. §. besagt nur, daß der Befrachter aus der Konfiskation der Güter keinen Grund herleiten kann, die Zahlung der Fracht zu verweigern. Dadurch ist der Frage nicht präjudiziert, inwieweit der Befrachter aus anderweitigen Umständen, z. B. (P. 3850) weil die Reise eingestellt worden ist oder der Verfrachter sich in gleicher culpa befindet ꝛc., eine Einrede gegen die Frachtforderung trotz der eingetretenen Konfiskation der Güter herleiten kann. Man ging von der Ansicht aus (P. 2083), daß der Einfluß, den die Mit-

wissenschaft des Verfrachters oder seine Genehmigung der im Abs. 1 gedachten Handlungen habe, nach allgemeinen Rechtsgrundsätzen zu beurteilen sei, und hielt es für bedenklich (P. 2070), in der hier in Rede stehenden Beziehung den Schiffer unter allen Umständen als rechtlichen Vertreter des Verfrachters zu betrachten.

3) Vgl. §. 75 Abs. 2 der Seemannsordnung.

§. 564.

Heimliche Einbringung von Gütern.

Auch derjenige, welcher ohne Wissen des Schiffers Güter an Bord bringt, ist nach Maßgabe des §. 563 zum Ersatze des daraus entstehenden Schadens verpflichtet. Der Schiffer ist befugt, solche Güter wieder ans Land zu setzen oder, wenn sie das Schiff oder die übrige Ladung gefährden, nöthigenfalls über Bord zu werfen. Hat der Schiffer die Güter an Bord behalten, so ist dafür die höchste am Abladungsorte zur Abladungszeit für solche Reisen und Güter bedungene Fracht zu bezahlen.[1])

Pr. Entw. Art. 473. **Entw. II** Art. 497, 498. **Prot.** S. 2072—2075, 3951. **A.D.H.** Art. 565.

Zu §. 564.

1) Der Anspruch auf die höchste Fracht ist dem Verfrachter zugestanden worden, weil im Falle des §. 564 eine besonders strenge Beurteilung der Verbindlichkeit des Einladers geboten ist, und dem Schiffer, welchem die Gelegenheit, eine Abrede über die Fracht zu treffen, entzogen war, die unterlassene Abrede nicht zum Nachteil gereichen kann. Präsumtiv würden die Parteien bei getroffener Abrede wohl eher die zur Zeit und am Orte des Abschlusses des Frachtvertrages übliche Fracht, als den noch ganz unbekannten Betrag, wie er zu einer späteren Zeit und an einem anderen Orte sein würde, zu Grunde gelegt haben. (M. 256.)

§. 565.

Substitution eines anderen Schiffes.

Der Verfrachter ist nicht befugt, ohne Erlaubniß des Befrachters die Güter in ein anderes Schiff zu verladen. Handelt er dieser Vorschrift zuwider, so ist er für jeden daraus entstehenden Schaden verantwortlich, es sei denn, daß der Schaden auch dann entstanden und dem Befrachter zur Last gefallen sein würde, wenn die Güter nicht in ein anderes Schiff verladen worden wären.

Auf Umladungen in ein anderes Schiff, die in Fällen der Noth nach dem Antritte der Reise erfolgen, finden die Vorschriften des Abs. 1 keine Anwendung.[1])

Pr. Entw. Art. 474. **Entw. II** Art. 499. **Prot.** S. 2072—2075, 3851. **A.D.H.** Art. 566.

Zu §. 565.

1) a. Nach römischem Rechte haftet der Verfrachter nur dann für den aus der Substitution eines anderen Schiffes entstandenen Schaden, wenn dieses Schiff schlechter als das gemietete war; die Haftung tritt jedoch nicht ein, wenn das vertragsmäßige Schiff auf der betreffenden Reise untergegangen ist. Der §. 565 enthält zwei Abweichungen von diesem Rechte; zunächst ist im allgemeinen die Haftbarkeit des Verfrachters nicht davon abhängig gemacht, daß ein schlechteres Schiff substituiert worden ist, und sodann ist der Untergang des vertragsmäßigen Schiffes auf der betreffenden Reise nur in dem Falle für geeignet erklärt, die Haftung des Verfrachters auszuschließen, wenn der Schade dem Befrachter auch dann zur Last

gefallen wäre, wenn die Güter nicht in ein anderes Schiff verladen worden wären. Die erstere Abweichung findet sich schon im § 1657, T. II, Tit. 8 A.L.R., die letztere ist mit Rücksicht darauf getroffen worden (P. 2073), daß, wenn die Ladung versichert war, die Assekuradeure in der Regel für den Schaden nicht aufzukommen haben, welchen dieselbe auf einem anderen Schiffe als dem, für welches die Versicherung genommen war, erlitten hat. Nach der im H.G.B. und im B.G. gewählten Ausdrucksweise hat der Verfrachter zu beweisen, daß der Schaden auch dann entstanden und dem Befrachter zur Last gefallen sein würde, wenn die Güter nicht in ein anderes Schiff verladen worden wären

b. Auf die Frage, ob nur die Erlaubnis des Befrachters, d. h. desjenigen, der den Frachtvertrag geschlossen, und nicht vielmehr die des Abladers, d. h. dessen, der die Ladung geliefert hat, den Verfrachter zur Substitution eines anderen Schiffes berechtigen solle, wurde bemerkt (P. 2075): Der Verfrachter sei nur dem ersteren kontraktlich verpflichtet und zunächst nur dieser gegen ihn berechtigt; es könne somit auch nur die Erlaubnis des Befrachters als maßgebend angesehen werden, zumal der Ablader oft gar keine Disposition über die Ladungsgüter habe, sondern oftmals nur im Auftrage des Befrachters liefere, und überdies dem Bedürfnisse dadurch Genüge geschehe, daß selbstverständlich die im Auftrage oder mit Genehmigung des Befrachters erteilte Erlaubnis des Abladers auch als eine vom Befrachter ausgehende Ermächtigung gelten müsse.

c. Der erste Abs. des §. 565 findet nach der ausdrücklichen Bestimmung des Abs. 2 d. §. auf Umladungen in ein anderes Schiff, welche nach Antritt der Reise in Fällen der Not erfolgen (vgl. z. B. §. 632), keine Anwendung.

§. 566. **Art der Verladung.**

Ohne Zustimmung des Abladers dürfen dessen Güter weder auf das Verdeck verladen noch an die Seiten des Schiffes gehängt werden.[1])

Die Landesgesetze können bestimmen, daß diese Vorschrift, soweit sie die Beladung des Verdecks betrifft, auf die Küstenschiffahrt keine Anwendung findet.[2])

Pr. Entw. Art. 413 Abs. 3. **Entw. II** Art. 436. **Prot.** S. 1757—1760, 1868—1875, 3751. **A.D.H.** Art. 567.

Zu §. 566.

1) a. §. 566 handelt nur von dem Verhältnis des Verfrachters zu dem einzelnen Ablader, dessen Güter auf das Verdeck verladen oder an die Seiten des Schiffs gehangt werden, und bestimmt, daß der Schiffer sich verantwortlich macht, wenn er ohne Genehmigung desselben mit dessen Gütern in der angegebenen Weise verfahrt. Die Genehmigung des Abladers präjudiziert aber selbstverständlich den Ansprüchen der übrigen Beteiligten nicht (P. 3751), wenn die gedachte Verladungsart dem ganzen Schiffe gefährlich wird.

b. Darüber, ob die über die ganze Länge der Schiffe sich ausdehnenden Hütten (dunettes) als „Verdeck" angesehen werden könnten oder nicht, herrschte in der Konferenz große Meinungsverschiedenheit (P. 1759, 1868—1875). Schließlich entschied man sich dafür, es der Beurteilung im einzelnen Falle nach den vorliegenden Umständen zu überlassen ob eine solche Verladung als Deckladung zu gelten habe oder nicht

2) Die Preuß. Gesetzgebung hat von diesem Vorbehalte keinen Gebrauch gemacht. (Vgl. §. 708 Nr. 1.)

II. Abladung der Güter (§§. 567—579).

§. 567.[1])

Ladebereitschaft. Ladezeit. Überliegezeit. Liegegeld.

Bei der Verfrachtung eines Schiffes im Ganzen hat der Schiffer, sobald er zur Einnahme der Ladung fertig und bereit ist, dies dem Befrachter anzuzeigen.[2])

Mit dem auf die Anzeige folgenden Tage beginnt die Ladezeit.

Ueber die Ladezeit hinaus hat der Verfrachter auf die Abladung noch länger zu warten, wenn es vereinbart ist (Ueberliegezeit).[3])

Für die Ladezeit kann, sofern nicht das Gegentheil bedungen ist, keine besondere Vergütung verlangt werden.[4]) Dagegen hat der Befrachter dem Verfrachter für die Ueberliegezeit eine Vergütung (Liegegeld) zu gewähren.[5])

Pr. Entw. Art. 478 Abs. 2. **Entw. H** Art. 504 Abs. 1 u. 2, 501, 511 Abs. 1. **Prot.** S. 2079, 2087, 3853, 3861. **A.D.H.** Art. 568.

Zu §. 567.

1) Vgl. den analogen §. 594.

2) Es wurde als selbstverständlich angesehen (P. 2080), daß der Befrachter gegenüber dem Schiffer eine wirksame Einrede hat, wenn letzterer die Ladungsbereitschaft angemeldet hat, ohne daß das Schiff wirklich ladungsbereit gewesen ist. Als ladungsbereit ist das Schiff anzusehen, wenn es sich in dem Stande befindet, sich unverzüglich an den angewiesenen Ladeplatz begeben zu können. Bolze XV, 337.

3) Ist eine Überliegezeit nicht vereinbart und die Ladezeit abgelaufen, so kommt §. 570 zur Anwendung.

4) Unter „Ladezeit" wird diejenige Zeit verstanden, während welcher der Schiffer nach Vertrag, Ortsgebrauch ꝛc. auf die Ladung ohne besondere Vergütung zu warten schuldig ist. Mit Rücksicht hierauf wurde beantragt, den Satz: „Für die Ladezeit kann, sofern nicht das Gegenteil bedungen ist, keine besondere Vergütung verlangt werden," zu streichen, weil er sich von selbst verstehe. Dieser Antrag wurde jedoch abgelehnt, nachdem bemerkt worden war (P. 2087): Die Abrede einer Ladungsfrist könne so verstanden werden, daß der Schiffer unter allen Umständen auf Verlangen des Befrachters während der ganzen Frist auf die Ladung zu warten schuldig sei, und daß es demnach in der Willkür des Befrachters stehe, wann er innerhalb der Frist die Ladung liefern wolle. Bei dieser Auffassung sei der gedachte Satz allerdings selbstverständlich. Die Abrede einer Ladungsfrist könne aber auch dahin verstanden werden, daß die Parteien sich zwar gegenseitig zur Einhaltung der Frist, aber auch zur Beobachtung der höchsten Diligenz, um womöglich noch früher mit der Ladung zu Ende zu kommen, verpflichteten und daß dann der Schiffer berechtigt wäre, dem Befrachter zu sagen, er habe an diesem oder jenem Tage, an welchem hätte geladen werden können, nicht laden lassen, somit die nötige Diligenz nicht prästiert und sei darum zur Zahlung einer Vergütung für diesen Tag verpflichtet. Um diese Auffassung auszuschließen, sei die Beibehaltung des angefochtenen Satzes erforderlich.

5) a. Das im Frachtvertrage festgesetzte Liegegeld umfaßt die sämtlichen Ansprüche des Verfrachters wegen Benutzung der Überliegezeit. Eine Herabsetzung dieses Betrages wegen geringeren Schadens des Verfrachters findet nicht statt. (P. 2491.) Das Liegegeld muß auch bezahlt werden, wenn der Verfrachter wegen seines Vertragsverhaltnisses zu einem Dritten durch die Überschreitung der Ladezeit keinen Schaden erlitten hat. Bolze XV, 339.

b. Dem Antrage eines Mitgliedes (P. 3885), zu Protokoll auszusprechen, daß das Liegegeld als Miete und nicht als Konventionalstrafe aufzufassen sei, da jede dieser Auffassungen zu verschiedenen Konsequenzen führe (vgl. P. 2248 und neues Archiv für Handelsrecht Bd. II, Heft 2 in der Abhandlung: „Zur Lehre von den Überliegegeldern"), wurde nicht stattgegeben, obschon sich keine Stimme dafür aussprach, daß das Liegegeld als Konventionalstrafe aufzufassen sei. Vgl. auch R.O.H. Bd. 19, S. 93, 94.

Dauer der Lade- und Überliegezeit. §. 568.[1])

Ist die Dauer der Ladezeit durch Vertrag nicht festgesetzt, so wird sie durch die örtlichen Verordnungen des Abladungshafens und in deren Ermangelung durch den daselbst bestehenden Ortsgebrauch bestimmt.[2]) Besteht auch ein solcher Ortsgebrauch nicht, so gilt als Ladezeit eine den Umständen des Falles angemessene Frist.[3])

Ist eine Ueberliegezeit, nicht aber deren Dauer, durch Vertrag bestimmt, so beträgt die Ueberliegezeit vierzehn Tage.[4])

Enthält der Vertrag nur die Festsetzung eines Liegegeldes, so ist anzunehmen, daß eine Ueberliegezeit ohne Bestimmung der Dauer[5]) vereinbart sei.

Pr. Entw. Art. 476. **Entw. II** Art. 504 Abs. 3, 507 Abs. 1. **Prot.** S. 2076—2080, 2091, 2115, 2116, 2473—2475, 3855, 3856, 3864. **A.D.H.** Art. 569.

Zu §. 568.

1) Vgl. den analogen §. 595.

2) Es wurde als selbstverständlich angesehen (P. 3856), daß hier nicht bloß die bestehenden Verordnungen und der bestehende Ortsgebrauch gemeint seien, sondern auch die künftig zu erlassenden Verordnungen und die sich künftig bildenden Gewohnheiten.

3) a. Für die Dauer der Ladezeit stellte das A L R. (T. II, Tit. 8, §§. 1635 ff.) bei mangelnder anderweitiger Verabredung je nach der Größe des Schiffes eine Skala auf. Weder eine solche, wenn sie nicht eine große Zahl von Klassen enthält, noch ein Maximalsatz kann die faktischen Verhältnisse jedes einzelnen Ortes genügend berücksichtigen. Es ist deshalb sowohl von der Fixierung der Ladezeit in dem Handelsgesetzbuche (P 2575), als auch von einem desfallsigen Vorbehalte für die Landesgesetzgebungen (P 3856) abgesehen worden. Bei Bemessung der Ladezeit leitet in den meisten Fällen der für analoge Verhaltnisse bestehende Ortsgebrauch ziemlich sicher; es kommen dabei nur die rein objektiven Verhältnisse in Betracht, weil es sich zunächst nur darum handelt, zu ermessen, wie lange Zeit im Allgemeinen dazu erforderlich ist, um eine Ladung der Art und Größe, wie die bedungene, bei sofortigem Beginnen und ununterbrochener Fortsetzung der Arbeit in das Schiff zu bringen. (P. 2078, 2167.)

b. Für die Feststellung der angemessenen Frist besteht an manchen Orten ein summarisches (Ordonnanz-) Verfahren. Der Richter entscheidet nach Anhörung beider Teile in einem schleunigst angesetzten Termine über die Dauer der Ladezeit. Wo ein solches Verfahren hergebracht ist, wird es schon durch die Verweisung auf den Ortsgebrauch gewahrt. (P. 2077, 2116, 3855.)

4) a. Ist eine Überliegezeit weder ausdrücklich, noch stillschweigend (durch Festsetzung eines Liegegeldes) vereinbart, so braucht der Verfrachter nach Ablauf der Ladezeit auf die Abladung nicht länger zu warten. — Ist neben einer fixen Ladungsfrist oder einem fixen Ladungstermine eine festbestimmte Überliegezeit bedungen, so endet mit dem Ablauf derselben die Wartepflicht; ist die Ladungsfrist oder der Ladungstermin fixiert, nicht aber die Dauer der Überliegezeit, so dauert die letztere vom Ablauf der Ladungsfrist ab noch 14 Tage; dasselbe gilt, wenn eine Überliegezeit stillschweigend (durch Festsetzung eines Liegegeldes) verabredet ist. Ist keine fixe Ladungsfrist und kein fixer Ladungstermin vereinbart, so beginnt die Überliegezeit erst, nachdem der Verfrachter dem Befrachter erklärt hat, daß die Ladezeit abgelaufen sei. (§. 569.) In allen Fällen muß der Abreise des Schiffes dreitägige Kündigung vorangehen. (§. 570.)

b. Nach dem A.L.R. (T. II, Tit. 8, §. 1645) mußte der Schiffer, wenn bei Schließung der Fracht bedungen war, daß er gegen Entrichtung eines gewissen Warte- oder Liegegeldes nach der Ladungszeit liegen bleiben sollte, so lange warten, bis entweder der Verfrachter die fehlende Ladung angewiesen hatte oder die dazu vom Richter zu bestimmende Frist abgelaufen war. In der Konferenz machte sich jedoch die Meinung geltend, daß aus der mangelnden Vereinbarung über die Dauer der Überliegezeit nicht folge, daß der Verfrachter so lange zur Verfügung des Befrachters bleiben müsse, als es diesem beliebe; daß eine richterliche Festsetzung wegen der

Dauer der Prozesse nicht zweckentsprechend sei, und daß eine 14tägige Frist in der Mehrzahl der Fälle als die angemessenste erscheine. (P. 2090 ff., 2174, 3863, 3867.)

5) — d. h eine vierzehntägige, s. Abs. 3 d. §.

Beginn der Überliegezeit.

§. 569.[1])

Ist die Dauer der Ladezeit oder der Tag, mit welchem die Ladezeit enden soll, durch Vertrag bestimmt, so beginnt die Ueberliegezeit ohne Weiteres mit dem Ablaufe der Ladezeit.

In Ermangelung einer solchen vertragsmäßigen Bestimmung beginnt die Ueberliegezeit erst, nachdem der Verfrachter dem Befrachter erklärt hat, daß die Ladezeit abgelaufen sei.[2]) Der Verfrachter kann schon innerhalb der Ladezeit dem Befrachter erklären, an welchem Tage er die Ladezeit für abgelaufen halte. In diesem Falle ist zum Ablaufe der Ladezeit und zum Beginne der Ueberliegezeit eine neue Erklärung des Verfrachters nicht erforderlich.[3])

Pr. Entw. Art. 497 Abs. 1. **Entw. II** Art. 507 Abs. 2. **Prot.** S. 2197, 2198, 3857, 3865, 3871—3874. **A D.H.** Art. 570.

Zu §. 569.

1) Vgl. den analogen §. 596.

2) Der Pr. Entw. (Art. 479) schrieb, um über den Anfang der Überliegezeit keinen Zweifel zu lassen, für alle Fälle die Aufnahme eines Protestes vor. Es wurde bei der Beratung dieser Bestimmung zwar allgemein bei nicht vertragsmäßig bestimmter Ladezeit die Notwendigkeit und Zweckmäßigkeit der Erklärung des Verfrachters, daß er von einem gewissen Termine ab nicht mehr unentgeltlich liegen wolle, anerkannt; für den Fall aber, daß eine feste Ladungszeit oder ein fixer Ladungstermin verabredet worden (auf diese Fälle allein bezieht sich der Abs. 1; R.O.H. Bd. 25, S. 157), war man der Ansicht, daß es einer derartigen Erklärung nicht bedürfe, weil nach der im Geschäftsverkehr geltenden Auffassung und nach dem Inhalte des Vertrages mit dem ersten Tage nach Ablauf der Ladezeit die Verpflichtung des Befrachters, Liegegeld zu zahlen, eintrete. (P. 2088, 2103 ff.)

3) Die Erklärung des Verfrachters, daß die Ladezeit abgelaufen sei, ist zu dem Zwecke verlangt worden, um den Befrachter davor zu sichern, daß er nicht unerwarteter Weise mit dem Anspruch auf Bezahlung von Liegegeld für eine Reihe bereits abgelaufener Liegetage überrascht werde. Dieser Zweck wird auch durch eine innerhalb der Ladezeit abgegebene Erklärung, in welcher der Tag des Ablaufs der Ladezeit bestimmt bezeichnet ist, erreicht. (P. 3872) Die Überliegezeit beginnt mit dem auf die Erklärung folgenden Tage, wenn letztere nach Ablauf der Ladezeit abgegeben ist (R.G. III, 152). — In den Fällen, in welchen nach dem Abs. 2 des §. 569 eine Protesterklärung erforderlich ist, kann dieselbe nicht durch Berufung auf einen entgegenstehenden Ortsgebrauch für unnöthig erachtet werden (R.O.H. Bd. 18, S. 366).

Wartezeit.

§. 570.[1])

Nach dem Ablaufe der Ladezeit oder, wenn eine Ueberliegezeit vereinbart ist, nach dem Ablaufe der Ueberliegezeit ist der Verfrachter nicht verpflichtet,[2]) auf die Abladung noch länger zu warten. Er muß jedoch seinen Willen, nicht länger zu warten, spätestens drei Tage vor dem Ablaufe der Ladezeit oder der Ueberliegezeit dem Befrachter erklären.

Ist dies nicht geschehen, so läuft die Ladezeit oder Ueberliegezeit nicht eher ab, als bis die Erklärung nachgeholt ist und seit dem Tage der Abgabe der Erklärung drei Tage verstrichen sind.

Die in den Abs. 1, 2 erwähnten drei Tage werden in allen Fällen als ununterbrochen fortlaufende Tage nach dem Kalender gezählt.[3])

Pr. Entw. Art. — **Entw. II** Art. 505. **Prot.** S. 2091—2093, 2469—2473, 2486—2492, 3856, 3864. **A.D.H.** Art. 571.

Zu §. 570.

1) Nach dem Pr. Entw. (Art. 479) sollte der Schiffer nach Ablauf der bedungenen oder gesetzlichen Ladezeit und nach erfolgter Protestaufnahme bei mangelnder oder unvollständiger Ladung noch 14 laufende Tage warten, weil bei der Befrachtung des Schiffes im ganzen oder zu einem bestimmten Teile ein Interesse Dritter an der pünktlichen Einhaltung der Abladungsfrist entweder nicht vorhanden oder doch nur sehr untergeordnet sei, und weil eine große Härte darin liegen würde, dem Befrachter, welchem das Schiff zur Benutzung gewährt werden solle, bei versaumter Abladungsfrist sogleich sein ganzes Recht zu entziehen. — Gegen diese Auffassung wurde geltend gemacht (P. 2471), daß, wenn dem Gebrauche entgegen, in dem Frachtvertrage weder eine Überliegezeit (§. 568, Abs. 2), noch ein Überliegegeld (§. 568 Abs. 3) bedungen worden, die Annahme sich rechtfertige, daß die Kontrahenten eine Überliegezeit nicht beabsichtigt hatten. Es ist deshalb im §. 567 Abs. 3 und §. 570 davon ausgegangen worden, daß in einem solchen Falle der Verfrachter nicht verpflichtet ist, über die Ladezeit hinaus auf die Abladung noch länger zu warten. Um indes zu verhindern, daß der Schiffer nach Ablauf der Ladezeit — oder wenn eine Überliegezeit verabredet worden, nach Ablauf dieser — nicht unversehens davon gehe (P. 2472), ist ihm eine Mahnung des Befrachters mit dreitägiger Frist auferlegt worden. Betreffs des Falles nicht vollständiger Abladung innerhalb der Wartezeit vgl. §. 579.

2) Der Befrachter hat, falls keine Überliegezeit verabredet ist, für die dreitägige Frist und für die zwischen der Ladezeit und dieser Frist etwa verstrichene Zeit Liegegeld nicht zu zahlen, weil die rechtliche Natur dieser Frist und der etwa freiwillig zugegebenen Zeit gänzlich verändert würde, wollte man dem Verfrachter einen solchen Anspruch zugestehen. Dagegen ist das Liegegeld ungeachtet des Ablaufs der bedungenen Lade- und Überliegezeit ohne Unterbrechung sowohl für die Kündigungsfrist, als auch für die freiwillig vor Beginn der drei Tage zugegebene Zeit fortzuentrichten, da in diesem Falle eine Verlangerung der Überliegezeit eintritt. Nach Ablauf der Kündigungsfrist kann der Verfrachter nur auf Grund eines ausdrücklichen oder stillschweigenden Übereinkommens mit dem Befrachter Liegegeld fordern, weil es zu weit gehen würde, ihm ein solches Recht einzuräumen, nachdem er den Befrachter in die Meinung versetzt hat, er werde abreisen. In der Fortsetzung der Abladung ist eine solche stillschweigende Übereinkunft zu finden. (P. 2108, 2120 ff., 2489—2492, 2849, 3864.)

3) Die dreitägige Frist wird als tempus continuum und nicht als tempus utile angesehen; anderenfalls könnte der Schiffer nie mit Sicherheit wissen, wann er zum Absegeln berechtig sei. In der Statuierung der dreitägigen Frist liegt an sich schon eine gegen die allgemeine Natur des Vertragsrechts dem Befrachter zugestandene Vergünstigung, welche nicht ohne Nachteil zu weit ausgedehnt werden kann. Ereignet sich während der drei Tage ein Zufall, welcher die Lieferung oder Übernahme der Ladung hindert, so ist es deshalb billig, daß den Befrachter und nicht den Verfrachter der Zufall trifft. (P. 2487, 2488.)

§. 571. **Protest.**

Die in den §§. 569, 570 bezeichneten Erklärungen des Verfrachters sind an keine besondere Form gebunden. Weigert sich der Befrachter, den Empfang einer solchen Erklärung in genügender Weise zu bescheinigen, so ist der Verfrachter befugt, eine öffentliche Urkunde darüber auf Kosten des Befrachters errichten zu lassen.[1])

Pr. Entw. Art. 479 Abs. 2 u. 3. **Entw. H** Art. 508. **Prot.** S. 2088—2090, 2102—2104, 2109—2113, 3857. **A.D.H.** Art. 572.

Zu §. 571.

1) Nach §. 571 können die in den beiden vorhergehenden §§. erwähnten Erklärungen (Proteste) des Schiffers mit rechtlicher Wirkung formlos erfolgen. Dies hat man, um Belästigungen zu vermeiden und nicht unnütze Kosten zu verursachen, zugelassen. Dem Schiffer ist jedoch die Befugnis erteilt, wenn der Befrachter sich weigert, den Empfang einer solchen Erklärung in genügender Weise (z B. auf dem Konnossemente, der Chartepartie oder einer anderen Urkunde [P. 3857]) zu bescheinigen, eine öffentliche Urkunde (förmlichen Protest) darüber auf Kosten des Befrachters errichten zu lassen. Vgl. R.G. III, 152.

§. 572.

Betrag des Liegegeldes.

Das Liegegeld ist, wenn es nicht durch Vertrag bestimmt ist, nach billigem Ermessen zu bestimmen.

Hierbei ist auf die näheren Umstände des Falles,[1]) insbesondere auf die Heuerbeträge und die Unterhaltskosten der Schiffsbesatzung sowie auf den dem Verfrachter entgehenden Frachtverdienst, Rücksicht zu nehmen.

Pr. Entw. Art. 480. **Entw. H** Art. 513. **Prot.** S. 2113—2115. **A.D.H.** Art. 573.

Zu §. 572.

1) a. Eine erschöpfende Aufzählung der in Betracht kommenden Momente ist nicht beabsichtigt; diese Momente sind nicht Gegenstand des richterlichen Erkenntnisses, sondern nur einzelne der richterlichen Erwägung zu unterstellende Faktoren, aus deren Untersuchung und Beurteilung sich der nach billigem Ermessen festzusetzende, und insofern ganz arbiträre Betrag des Liegegeldes, der eigentliche Gegenstand des Erkenntnisses, ergeben muß. (P. 2114.)

b. Der Richter kann, er muß aber nicht Sachverständige hören. R.O.H. Bd. 5, S. 141.

§. 573.[1])

Berechnung der Lade- und Überliegezeit.

Bei der Berechnung der Lade- und Ueberliegezeit werden die Tage in ununterbrochen fortlaufender Reihenfolge gezählt; insbesondere kommen in Ansatz die Sonntage und die Feiertage sowie diejenigen Tage, an welchen der Befrachter durch Zufall die Ladung zu liefern verhindert ist.

Nicht in Ansatz kommen jedoch die Tage, an denen durch Wind und Wetter oder durch irgend einen anderen Zufall entweder

1. die Lieferung nicht nur der bedungenen, sondern jeder Art von Ladung an das Schiff oder
2. die Uebernahme der Ladung

verhindert ist.[2])

Pr. Entw. Art. — **Entw. H** Art. 510, 512. **Prot.** S. 2079, 2080, 2083—2085, 2093—2101, 3859—3861, 3874, 3945. **A.D.H.** Art. 574.

Zu §. 573.

1) Vgl. den analogen §. 597 u. R.O.H. Bd. 6, S. 94.

2) Im §. 573 wird die Frage entschieden, ob die Tage, an welchen durch einen Zufall die Lieferung oder Übernahme der Ladung verhindert ist, zur Lade- und Überliegezeit gezählt werden, folglich ob in solchem Falle der Verfrachter zum Warten verpflichtet ist oder ob ihm ein Rücktrittsrecht vom Vertrage zusteht; im §. 574 wird dagegen die Frage behandelt, welche Entschädigung der Verfrachter für das Warten bei derartigen Zufällen beanspruchen kann — Als Prinzip ist festgehalten, daß derjenige den Zufall zu tragen hat, in dessen Person er sich ereignet. (Ebenso R.O.H. Bd. 17, S. 94.) Ist deshalb der Verfrachter durch einen Zufall an der Übernahme der Ladung gehindert, so kann hierdurch die Lade- und Überliegezeit (welche ihrer Natur nach sich nur dadurch unterscheiden, daß die Ladezeit die Zeit des Zuwartens ohne Entgelt, die Überliegezeit dagegen die Zeit des Zuwartens gegen Entgelt ist) nicht zum Nachteil des Befrachters verkürzt werden (§. 573 Abs. 2, Ziff. 2); konsequent kann auch der Verfrachter für den hierdurch herbeigeführten längeren Aufenthalt keine besondere Vergütung beanspruchen (§. 574 Satz 2). — Ereignet sich der Zufall, welcher die Lieferung der Ladung verhindert, in der Person des Befrachters, so trifft diesen der casus, und der Verfrachter ist zu einer Verlängerung der Lade- und Uberliegezeit in diesem Fall nicht verpflichtet (§. 573 Abs. 1). — Eine Ausnahme von der angegebenen Regel ist im Gesetze nur für den Fall zugelassen, daß ein Aufenthalt durch Zufälle herbeigeführt wird, welche jeden Befrachter, wer es auch sein möge, an der Lieferung der Ladung hindern würden. In diesem Falle sollen zwar die Tage der Verzögerung nicht auf die Lade- und Überliegezeit angerechnet werden (§. 573 Abs. 2, Ziff. 1), der Befrachter soll aber zur Entschädigung des Verfrachters für das längere Zuwarten verpflichtet sein.

§. 574.[1])

Liegegeld bei Verhinderung der Lieferung oder der Übernahme der Ladung.

Für die Tage, die der Verfrachter wegen Verhinderung der Lieferung jeder Art von Ladung länger warten muß, gebührt ihm Liegegeld,[2]) selbst wenn die Verhinderung während der Ladezeit eintritt. Dagegen ist für die Tage, die er wegen Verhinderung der Uebernahme der Ladung länger warten muß, Liegegeld nicht zu entrichten, selbst wenn die Verhinderung während der Ueberliegezeit eintritt.

Pr. Entw. Art. — **Entw. II** Art. 510, 512. **Prot.** S. 2168—2170, 2247—2250, 2257—2259, 3945. **A.D.H.** Art. 575.

Zu §. 574.

1) Vgl. den analogen §. 598 und Anm. 2 zu §. 573.

2) Zur Begründung des Anspruchs auf Liegegeld (demurrage) ist in diesem Falle die in §. 569 vorgeschriebene Erklärung selbst dann nicht erforderlich, wenn bei unbestimmter Ladezeit eine vertragsmäßige Überliegezeit eintritt, die Verhinderung aber während der Ladezeit sich zugetragen hat. (P. 3946.)

§. 575.

Örtliche Verordnungen oder Ortsgebrauch betreffs der Dauer der Ladezeit.

Sind für die Dauer der Ladezeit nach §. 568 die örtlichen Verordnungen oder der Ortsgebrauch maßgebend, so kommen bei der Berechnung der Ladezeit die Vorschriften der §§. 573, 574 nur insoweit zur Anwendung, als die örtlichen Verordnungen oder der Ortsgebrauch nichts Abweichendes bestimmen.[1])

Pr. Entw. Art. — **Entw. II** Art. 510, 512. **Prot.** S. 2080, 3945. **A.D.H.** Art. 576.

Zu §. 575.

1) Vgl. den analogen §. 599.

§. 576.[1])

Vereinbarung des Endtermins der Abladung.

Hat sich der Verfrachter ausbedungen, daß die Abladung bis zu einem bestimmten Tage beendigt sein muß, so wird er durch die Verhinderung der Lieferung jeder Art von Ladung (§. 573 Abs. 2 Nr. 1) zum längeren Warten nicht verpflichtet.

Pr. Entw. Art. — **Entw. II** Art. 510, 512. **Prot.** S. 3945. **A.D.H.** Art. 577.

Zu §. 576.

1) Vgl. §. 600.

§. 577.

Nichtermittelung oder Weigerung des Abladers.

Soll der Verfrachter die Ladung von einem Dritten erhalten und ist dieser Dritte ungeachtet der von dem Verfrachter in ortsüblicher Weise kundgemachten Bereitschaft zum Laden nicht zu ermitteln oder verweigert er die Lieferung der Ladung, so hat der Verfrachter den Befrachter schleunigst hiervon zu benachrichtigen und nur bis zum Ablaufe der Ladezeit, nicht auch während der etwa vereinbarten Ueberliegezeit auf die Abladung zu warten, es sei denn, daß er von dem Befrachter oder einem Bevollmächtigten des Befrachters noch innerhalb der Ladezeit eine entgegengesetzte Anweisung erhält.[1])

Ist für die Ladezeit und die Löschzeit zusammen eine ungetheilte Frist bestimmt, so wird für den im Abs. 1 erwähnten Fall die Hälfte dieser Frist als Ladezeit angesehen.[2])

Pr. Entw. Art. — **Entw. II** Art. 509. **Prot.** S. 2493, 2497, 3857—3859. **A.D.H.** Art. 578.

Zu §. 577.

1) Die Aufnahme der Bestimmung des §. 577 wurde für notwendig angesehen (P. 2493, 2497), um dem Schiffer einen Leitfaden zu geben, wie er sich zu verhalten habe, wenn die im §. bezeichneten Falle eintreten. Es ist ihm zur Pflicht gemacht, die Ladezeit, nicht etwa auch die vereinbarte Überliegezeit, abzuwarten und die auf seine, ungesaumt zu bewirkende, Benachrichtigung von dem Befrachter noch innerhalb der Ladezeit eingehenden Anweisungen (z. B. die Überliegezeit noch abzuwarten), zu befolgen. Nach Ablauf der Ladezeit ist der Verfrachter die Annahme der Ladung zu verweigern berechtigt, und ist nicht verpflichtet, die später eingehenden Instruktionen des Befrachters zu befolgen; er ist auch nicht verbunden, bevor er sich vom Vertrage definitiv lossagt, Protest zu erheben. (P. 3857.) — Vgl. den Rechtsfall R.O.H. Bd. 7, S. 152.

2) Die Bestimmung des Abs. 2 ist ganz singulärer Natur, die darin ausdrücklich nur für den in Abs. 1 erwähnten Fall gegebene Auslegungsregel läßt keine Verallgemeinerung zu. R.O.H. Bd. 15, S. 220.

§. 578.

Verpflichtung des Verfrachters zur Reise ohne die volle bedungene Ladung.

Der Verfrachter hat auf Verlangen des Befrachters die Reise auch ohne die volle bedungene Ladung anzutreten. Es gebührt ihm aber alsdann nicht nur die volle Fracht und das etwaige Liegegeld, sondern er ist auch berechtigt, soweit ihm durch die Unvollständigkeit der Ladung die Sicherheit für die volle Fracht entgeht, die Bestellung einer anderweitigen Sicherheit zu fordern. Außerdem sind ihm die Mehrkosten, die ihm in Folge der Unvollständigkeit der Ladung etwa erwachsen, durch den Befrachter zu erstatten.[1])

Pr. Entw. Art. 481. **Entw. H** Art. 515. **Prot.** S. 2135, 2136, 3877, 3878. **A.D.H.** Art. 579.

Zu §. 578.

1) In den gewöhnlichen Fallen muß man es lediglich als ein Recht des Befrachters, auf welches er verzichten kann, ansehen, die ganze bedungene Ladung zu liefern und die Ausführung des Transports ganz oder teilweise zu verlangen. Diese Verzichtsbefugnis darf aber das Interesse des anderen Kontrahenten nicht gefährden. Dem Schiffer, welcher nicht die volle Ladung an Bord hat, fehlt ein Teil der vertragsmäßigen Deckung für die volle Fracht; der Verfrachter ist im Falle der großen Haverei wesentlich gefahrdet, weil nur die auf dem Schiffe wirklich befindliche Ladung an den Havariekosten mitzutragen hat, und demgemäß das Schiff mehr in Anspruch genommen werden kann, als wenn die volle Ladung konkurriert. Endlich können dem Schiffer durch etwa erforderliche Einnahme von Ballast große Kosten entstehen. Demzufolge muß der Befrachter in dem Falle des §. 578 Kaution wegen der durch die Unvollständigkeit der Ladung verminderten Sicherheit der Fracht bestellen und die dem Befrachter entstehenden Mehrkosten (für Ballastrierung 2c.) ersetzen. (P. 3878.)

§. 579.

Befugnisse des Befrachters im Falle unvollständiger Abladung.

Hat der Befrachter bis zum Ablaufe der Zeit, während welcher der Verfrachter auf die Abladung zu warten verpflichtet ist (Wartezeit),[1]) die Abladung nicht vollständig bewirkt, so ist der Verfrachter befugt, sofern der Befrachter nicht von dem Vertrage zurücktritt, die Reise anzutreten und die im §. 578 bezeichneten Forderungen geltend zu machen.

Pr. Entw. Art. — **Entw. H** Art. 518. **Prot.** S. 3880. **A.D.H.** Art. 580.

Zu §. 579.

1) Vgl. §. 570.

III. Rücktritt des Befrachters (§§. 580—584).

§. 580.

Vor Antritt der Reise. Fautfracht.

Der Befrachter kann vor dem Antritte der Reise, sei diese eine einfache oder eine zusammengesetzte, von dem Vertrag unter der Verpflichtung zurücktreten, die Hälfte der bedungenen Fracht als Fautfracht zu zahlen.

Im Sinne dieser Vorschrift wird die Reise schon dann als angetreten erachtet:

1. wenn der Befrachter den Schiffer bereits abgefertigt hat;
2. wenn er die Ladung bereits ganz oder zu einem Theile geliefert hat und die Wartezeit verstrichen ist.[1])

Pr. Entw. Art. 482 Abs. 1. **Entw. H** Art. 514. **Prot.** S. 2117—2123, 2198—2200, 3875. **A.D.H.** Art. 581.

Zu §. 580.

1) a. Das Institut der Fautfracht (faute du fret, Mangel an Fracht, ein Ausdruck, der sich bald auf die fehlende Ladung selbst, bald, wie in diesem Gesetze, auf die Fracht bezieht, welche der Befrachter zu zahlen hat, falls er die bedungene Ladung gar nicht oder nur unvollständig liefert) ermächtigt den Befrachter, einseitig vom Vertrage zurückzutreten, ohne dasjenige vollständig leisten zu müssen, was er zu leisten sich verpflichtet hat. Das Rücktrittsrecht ist unabhängig von der Angabe von Gründen; ein Mißbrauch desselben steht wegen der Höhe der Entschädigung nicht zu befürchten. — Das einseitige Kündigungsrecht ist eine exzeptionelle Befugnis, die nicht zur Unzeit (intempestive) ausgeübt werden darf. Sie endet mit dem Ablauf der Wartezeit, oder falls der Schiffer früher abgefertigt ist (d. h. sobald der Befrachter ausdrücklich oder stillschweigend anerkannt hat, daß die Abladung beendigt sei), mit der Abfertigung. Während der Wartezeit kann der Befrachter selbst dann noch vom Vertrage zurücktreten, wenn bereits die vollständige Ladung geliefert, die Abfertigung aber noch nicht erfolgt ist. Es sei nicht abzusehen, — meinte man (P. 3875), — weshalb ein Recht, welches dem Befrachter zugestanden wird, so lange eine Kleinigkeit an der Ladung fehlt, ihm abgesprochen werden soll, sobald der noch fehlende Rest geliefert ist.

b. Der Umfang des vom Befrachter zu leistenden Ersatzes ist, für den Fall, daß der Rücktritt vor Antritt der Reise erklärt wird, um weitläufige Streitigkeiten über den vom Schiffer erlittenen Schaden zu vermeiden, in mehreren Seerechten (vgl. A.L.R. T. II, Tit. 8, §. 1643) wie in d. §. auf die Hälfte der bedungenen Frachtgelder festgesetzt. Es braucht jedoch die Zahlung der halben Fracht nicht unter allen Umständen sogleich mit der Kündigung des Frachtvertrages zu erfolgen. Der Befrachter kann nach Abs. 1 d. §. von dem Vertrage unter der Verpflichtung zu zahlen (nicht gleichbedeutend mit „gegen Zahlung") zurücktreten. Hat sich demnach der Verfrachter im Frachtvertrage zu längerem Kreditieren der Fracht herbeigelassen, um sie nicht vom Empfänger, sondern in der Folge erst vom Befrachter zu bekommen, so ist kein Grund vorhanden, dem Verfrachter ein Recht auf bare Zahlung oder auf Sicherstellung, somit größere Rechte zu geben, als er nach dem Frachtvertrage hat. Vgl. §. 623. (P. 2117—2122, 2199, 3875.)

§. 581.

Nach Lieferung der Ladung.

Macht der Befrachter von dem im §. 580 bezeichneten Rechte Gebrauch, nachdem Ladung geliefert ist, so hat er auch die Kosten der Einladung und Wiederausladung zu tragen und für die Zeit der Wiederausladung, soweit sie nicht in die Ladezeit fällt, Liegegeld (§. 572) zu zahlen. Die Wiederausladung ist mit möglichster Beschleunigung zu bewirken.

Der Verfrachter ist verpflichtet, den Aufenthalt, den die Wiederausladung verursacht, selbst dann sich gefallen zu lassen, wenn dadurch die Wartezeit überschritten wird. Für die Zeit nach dem Ablaufe der Wartezeit hat er Anspruch auf Liegegeld und auf Ersatz des durch die Ueberschreitung der Wartezeit entstandenen Schadens, soweit der letztere den Betrag dieses Liegegeldes übersteigt.[1])

Pr. Entw. Art. 482 Abs. 2. **Entw. H** Art. 514. **Prot.** S. 2123—2126, 3876, 3877. **A.D.H.** Art. 582.

Zu §. 581.

1) Die Befugnis, vom Vertrage zurückzutreten, steht dem Befrachter auch dann zu, wenn die Wiederausladung nicht innerhalb der Wartezeit begonnen oder beendet werden kann. Durch eine Beschränkung dieses Rechtes auf die Wartezeit würde das Rücktrittsrecht in vielen Fällen

illusorisch werden. Die Befugnisse des Befrachters sind in diesem Falle um so weniger eng zu begrenzen, als der Verfrachter reichliche Entschädigung dadurch erhält, daß er die Reise nicht zu machen braucht und dennoch die halbe Fracht erhält. Wird die Wiederausladung erst nach Ablauf der Wartezeit vollendet, so erhält der Verfrachter außer der halben Fracht als Minimum das Liegegeld, und sofern der durch Überschreiten der Wartezeit entstandene Schaden größer ist, Erstattung desselben z. B. in dem Falle, wenn zwischen dem Ablauf der Überliegezeit und der Beendigung der Wiederausladung Frost eingetreten ist, der den Schiffer nötigt, Monate lang liegen zu bleiben, und wenn er hierdurch an der Erfüllung anderweitiger Verträge gehindert wird. (P. 2126, 3876.)

§. 582.

Rücktritt des Befrachters nach Antritt der Reise.

Nachdem die Reise im Sinne des §. 580 angetreten ist, kann der Befrachter nur gegen Berichtigung der vollen Fracht sowie aller sonstigen Forderungen des Verfrachters (§. 614) und gegen Berichtigung oder Sicherstellung der im §. 615 bezeichneten Forderungen von dem Vertrage zurücktreten und die Wiederausladung der Güter fordern.[1])

Im Falle der Wiederausladung hat der Befrachter nicht nur die hierdurch entstehenden Mehrkosten,[2]) sondern auch den Schaden zu ersetzen, welcher aus dem durch die Wiederausladung verursachten Aufenthalte dem Verfrachter entsteht.

Zum Zwecke der Wiederausladung der Güter die Reise zu ändern oder einen Hafen anzulaufen, ist der Verfrachter nicht verpflichtet.[3])

Pr. Entw. Art. 517. **Entw. II** Art. 574 Abs. 1 u. 3. **Prot.** S. 2150, 2449—2453, 3885—3887, 3946. **A.D.H.** Art. 583.

Zu §. 582.

1) Zur Begründung der Bestimmung des jetzigen §. 582 wurde bemerkt (P. 2449—2453): Es handle sich darum, den Grundsatz auszudrücken, daß der Verfrachter kein Recht habe, wider den Willen des Befrachters auf der Ausführung des bedungenen Transports zu bestehen, der Befrachter vielmehr berechtigt sei, gegen die Leistung alles dessen, was der Verfrachter im Bestimmungshafen zu fordern haben würde, vor und während der Ausführung des Transportes die Rückgabe der verladenen Waren zu begehren. Dieser Grundsatz beruhe auf der Erwägung, daß die Interessen des Handels denen der Schiffahrt als seines Hülfsmittels in Kollisionsfällen vorgingen. Mit Rücksicht hierauf könne dem Befrachter nicht auferlegt werden, außer der Fracht und den Accidenzen dem Verfrachter in dem gedachten Falle noch dessen hierüber etwa hinausgehendes Interesse an der Erreichung des Bestimmungshafens, oder gar den etwa entgangenen Gewinn zu ersetzen.

2) Die Kosten der Ausladung können dem Befrachter nicht unbedingt zur Last gelegt werden, denn es ist kein Grund vorhanden, dem Verfrachter diejenigen Kosten abzunehmen, die er für die Entlöschung im Bestimmungshafen hätte tragen müssen. Derselbe darf andererseits aber auch unter einer Veränderung des Löschungsorts durch die Willkür des Befrachters nicht leiden, was z. B. eintreten würde, wenn der Schiffer in dem Bestimmungshafen berechtigt wäre, sich zum Herausnehmen der Ladung aus dem Schiffe seiner eigenen Leute zu bedienen, in dem Hafen aber, wo die Löschung erfolgt, besondere Arbeiter annehmen muß. Aus diesem Grunde sind dem Befrachter nur die durch die Wiederausladung entstandenen Mehrkosten auferlegt worden. (P. 2452.) Außerdem ist dem Befrachter hier wie im §. 581 der Ersatz des Schadens auferlegt (P. 3887), welcher dem Verfrachter aus dem durch die Wiederausladung verursachten Aufenthalte entsteht.

3) Diese Verpflichtung liegt ihm auch dann nicht ob, wenn eine Beschädigung der Güter eingetreten ist, welche eine der in Abs. 3 gedachten Maßregeln als im Interesse des Befrachters wünschenswert erscheinen lassen (R.G. XIV, 41)

§. 583.

Betrag der Fautfracht, falls Rückladung oder Reise aus einem Abladungshafen bedungen.

Der Befrachter ist statt der vollen Fracht[1]) nur zwei Drittheile als Fautfracht zu zahlen verpflichtet, wenn das Schiff zugleich auf Rückladung verfrachtet ist oder in Ausführung des Vertrags zur Einnahme der Ladung eine Fahrt aus einem anderen Hafen zu machen hat und in diesen beiden Fällen der Rücktritt früher erklärt wird, als die Rückreise oder die Reise aus dem Abladungshafen im Sinne des §. 580 angetreten ist.[2])

Pr. Entw. Art. 482. **Entw. II** Art. 516 Abs. 1. **Prot.** S. 2137—2151, 2200—2201, 2498, 3878. **A.D.H.** Art. 584.

Zu §. 583.

1) Unter voller Fracht wird die Summe aller einzelnen Frachtbeträge verstanden. — Ob ein Vertrag, in welchem für jede Abteilung des Unternehmens die Fracht besonders taxiert ist, als Vertrag über eine kombinierte Reise aufgefaßt werden kann oder als ein Kontrakt über mehrere unabhängige Reisen anzusehen ist, wird nach den Umständen des einzelnen Falls zu entscheiden sein. (P. 3890.)

2) Bei Festsetzung dieser Entschädigung sind folgende Erwägungen maßgebend gewesen: Der Verfrachter erhalte nach §. 580 die halbe Fracht, wenn er gar keine Reise mache; für die im §. 583 behandelten Fälle gebühre ihm daher mehr als die halbe Fracht; auf der anderen Seite müsse man ihm aber doch weniger als die ganze Fracht zuerkennen, da er auf deren Bezahlung nach allgemeinen Rechtsgrundsätzen keinen Anspruch machen könne; denn bei einem opus conductum, wenn dasselbe nicht ausgeführt werde, sei der zur Ausführung Verpflichtete nicht die ganze bedungene Summe, sondern nur sein Interesse zu fordern berechtigt. Durch das Abbrechen der Reise würden die Kosten und Gefahren vermindert, und es werde dem Schiffer Gelegenheit gegeben, anderweitigen Verdienst zu machen. Der Verfrachter habe demnach eine zwischen der halben und ganzen Fracht liegende Quote zu fordern. Die Feststellung derselben hänge von den Umständen des einzelnen Falls ab, von der Größe und Gefährlichkeit des bereits zurückgelegten und des noch zurückzulegenden Teils der Reise. In Anbetracht, daß solche Bestimmung zu vielen Prozessen und den verwickeltsten Liquidationen führen würde, sei es jedoch zweckmäßig, eine Durchschnittsbestimmung anzunehmen. Die hier angenommene beseitige den größten Übelstand, entspreche in der Regel den Verhältnissen, wenigstens annähernd, und entferne die Besorgnis, daß der Verfrachter auf Kosten des Befrachters einen ungerechtfertigten Vorteil erlange. (P. 2131—2150, 2498.) Durch die Vorschrift dieses §. wird indes dem Rechte des Befrachters, eine andere als die bedungene Ladung zu substituieren, soweit dieses Recht überhaupt reicht, nicht präjudiziert. (P. 2499.) — Bei der einfach kombinierten Reise (Hin- und Rückreise) stellt sich die Rücktrittsbefugnis des Befrachters folgendermaßen: Gegen Bezahlung der Hälfte der ganzen bedungenen Fracht kann er vom Vertrage so lange zurücktreten, als ihm dies gestattet sein würde, wenn nur der erste Teil der Reise bedungen worden wäre, gegen Bezahlung von zwei Drittel der Fracht, so lange bis auch die zweite Reise angetreten ist, beziehungsweise bis er das Recht nicht mehr haben würde, von dieser zweiten Reise, falls sie das alleinige Objekt des Vertrages wäre, mit Bezahlung der halben Fracht zurückzutreten; nachher kann er nur gegen Bezahlung der ganzen Fracht zurücktreten. (P. 3889.)

§. 584.

Betrag der Fautfracht bei anderen zusammengesetzten Reisen.

Bei anderen zusammengesetzten Reisen erhält der Verfrachter, wenn der Befrachter den Rücktritt erklärt, bevor in Bezug auf den letzten Reiseabschnitt die Reise im Sinne des §. 580 angetreten ist, als Fautfracht zwar die volle Fracht, es kommt von dieser jedoch ein angemessener Bruchtheil in Abzug, sofern die Umstände die Annahme begründen, daß der Verfrachter in Folge der Aufhebung des Vertrags Kosten erspart und Gelegenheit zn anderweitigem Frachtverdienste gehabt habe.

Der Abzug darf in keinem Falle die Hälfte der Fracht übersteigen.[1])

Pr. Entw. Art. 482. **Entw. H** Art. 516 Abs. 2—5. **Prot.** S. 2137—2151, 2200, 2201, 2499, 3878. **A.D.H.** Art. 585.

Zu §. 584.

1) Ob der Schiffer ermachtigt ist, von dem Vertrage abzugehen, wenn er bei einer kombinierten Reise in einem Hafen die bedungene Ladung nicht erhält, obschon er nach dem Vertrage in anderen Häfen wieder andere Ladung in Empfang zu nehmen und weiter zu transportieren haben würde, hängt von den näheren Umständen ab, in welcher Beziehung auch die Verpflichtung des Schiffers, die Interessen des Befrachters bei unvorhergesehenen Umständen während der Reise gebührend zu wahren, von Einfluß sein kann. (P. 2499.)

IV. Rücktritt des Verfrachters wegen Nichtlieferung der Ladung (§§. 585, 586).

§. 585.

Rechte des Verfrachters.

Liefert der Befrachter bis zum Ablaufe der Wartezeit keine Ladung, so ist der Verfrachter an seine Verpflichtungen aus dem Vertrage nicht länger gebunden[1]) und befugt, gegen den Befrachter dieselben Ansprüche geltend zu machen, welche ihm zugestanden haben würden, wenn der Befrachter von dem Vertrage zurückgetreten wäre (§§. 580, 583, 584).

Pr. Entw. Art. — **Entw. H** Art. 517. **Prot.** S. 3878. **A.D.H.** Art. 586.

Zu §. 585.

1) Wenn der Verfrachter sich nachträglich zur Annahme der Ladung herbeiläßt, so ist der alte Frachtvertrag als erneuert, beziehungsweise als fortgesetzt anzusehen und der Verfrachter kann Fracht und Fautfracht nicht zugleich beanspruchen. (P. 2170—2172, 3878, 3879.)

§. 586.

Anspruch auf Fautfracht, Liegegeld und Nebenkosten.

Auf die Fautfracht wird die Fracht, welche der Verfrachter für andere Ladungsgüter erhält, nicht angerechnet.[1]) Die Vorschrift des §. 584 Abs. 1 bleibt unberührt.

Der Anspruch des Verfrachters auf Fautfracht ist nicht davon abhängig, daß er die im Vertrage bezeichnete Reise ausführt.[2])

Durch die Fautfracht werden die Ansprüche des Verfrachters auf Liegegeld und die übrigen ihm etwa zustehenden Forderungen (§. 614) nicht ausgeschlossen.[3])

Pr. Entw. Art. — **Entw. II** Art. 514 Abs. 3. **Prot.** S. 2127. **A.D.H.** Art. 587.

Zu §. 586.

1) — weil die Fautfracht nur eine Abfindung für die Aufhebung des Vertrages ist. (M. 263.)

2) Bei völlig mangelnder Ladung wäre es widersinnig, wenn der Schiffer gleichwohl, um die volle Fracht zu verdienen, die Reise zurücklegen wollte. (M. 261.)

3) Die Entschädigung für die Überliegetage ist verfallen, mag der Befrachter von den Überliegetagen Gebrauch gemacht haben oder nicht. (M. 263.)

V. Teilverfrachtung (§. 587).

§. 587.

Ist ein verhältnißmäßiger Theil oder ein bestimmt bezeichneter Raum des Schiffes verfrachtet,[1]) so gelten die Vorschriften der §§. 567 bis 586 mit folgenden Abweichungen:[2])

1. Der Verfrachter erhält in den Fällen, in denen er sich nach diesen Vorschriften mit einem Theile der Fracht begnügen müßte, als Fautfracht die volle Fracht, es sei denn, daß sämmtliche Befrachter zurücktreten oder keine Ladung liefern.

   Von der vollen Fracht kommt jedoch die Fracht für diejenigen Güter in Abzug, welche der Verfrachter an Stelle der nicht gelieferten annimmt.

2. In den Fällen der §§. 581, 582 kann der Befrachter die Wiederausladung nicht verlangen, wenn sie eine Verzögerung der Reise zur Folge haben oder eine Umladung nöthig machen würde, es sei denn, daß alle übrigen Befrachter zustimmen. Außerdem ist der Befrachter verpflichtet, sowohl die Kosten als auch den Schaden zu ersetzen, welche durch die Wiederausladung entstehen.

   Machen sämmtliche Befrachter von dem Rechte des Rücktritts Gebrauch, so hat es bei den Vorschriften der §§. 581, 582 sein Bewenden.

Pr. Entw. Art. 517. **Entw. II** Art. 519, 574 Abs. 1 u. 3. **Prot.** S. 2184, 2185, 2457, 3881—3884, 3885. **A.D.H.** Art. 588.

Zu §. 587.

1) Ob die Kontrahenten die Verfrachtung eines räumlich bestimmten Teils gewollt oder eine Stückbefrachtung mit der Nebenbedingung beabsichtigt haben, daß die Ladung in einem bestimmten Raume untergebracht werden soll, ist eine Frage rein thatsächlicher Natur. Mitunter kommt auch der Fall vor, daß eine Chartepartie abgeschlossen wird, obwohl eigentlich nur Stückbeladungen beabsichtigt sind, z. B. in der Weise, daß der Schiffer einen Mäkler beauftragt, ihm eine Ladung zu besorgen, daß dieser mit einer Reihe von Befrachtern Frachtverträge vorbereitet, und sodann im Namen aller dieser Befrachter mit dem Schiffer eine gemeinsame Chartepartie schließt. Dieser Fall ist nach den Grundsätzen über Totalvercharterung des Schiffs zu beurteilen

mit der Modifikation, daß nicht jedem einzelnen Befrachter, sondern dem Konsortium derselben die Befugnisse des Befrachters zustehen. (P. 2184—2186.)

2) Die Verfrachtung eines verhältnismäßigen Teils (Quote) oder eines bestimmten bezeichneten Raumes des Schiffs ist grundsätzlich der Verfrachtung eines ganzen Schiffs gleichgestellt; die Bestimmungen der §§. 567—586 (welche hauptsächlich von der Lade- und Überliegezeit, sowie von der Fautfracht handeln), sind deshalb als auch für Verfrachtungen ersterer Art maßgebend erklärt. Dies Prinzip ist rein durchgeführt, so lange die sämtlichen Befrachter in ihren Dispositionen übereinstimmen. Sobald dies jedoch nicht der Fall ist, vielmehr Kollisionen entstehen, treten die Abweichungen ein, welche in den Ziffern 1 u. 2 d. §. enthalten sind. Die erstere hat darin ihren Grund, daß, während bei der Befrachtung eines ganzen Schiffes der Rücktritt des einzigen Befrachters zur Folge hat, daß der Verfrachter die Reise ganz oder teilweise nicht auszuführen brauchte, dieselbe Folge nicht zutrifft, wenn bei Teilverfrachtungen nur der eine oder andere Befrachter zurücktritt. Es ist deshalb (P. 3883) für Fälle letzterer Art bestimmt, daß der zurücktretende Befrachter die volle Fracht (nicht Fautfracht) zu zahlen hat, von welcher jedoch die Fracht in Abzug zu bringen ist, welche der Verfrachter für Güter erhält, die er an Stelle der nicht gelieferten angenommen hat. Die Abweichung der Ziff. 2 hat ihren Grund in dem Interesse der Mitbefrachter, welchen nicht zugemutet werden kann, sich eine Verzögerung der Reise oder eine Umladung der Güter wider ihren Willen gefallen zu lassen.

VI. Frachtvertrag über Stückgüter (§§. 588—590).

§. 588. Verzug des Befrachters.

Hat der Frachtvertrag Stückgüter zum Gegenstande,[1]) so muß der Befrachter auf die Aufforderung des Schiffers ohne Verzug die Abladung bewirken.

Ist der Befrachter säumig,[2]) so ist der Verfrachter nicht verpflichtet, auf die Lieferung der Güter zu warten; der Befrachter muß, wenn die Reise ohne die Güter angetreten wird, gleichwohl die volle Fracht entrichten.[3]) Es kommt von der letzteren jedoch die Fracht für diejenigen Güter in Abzug, welche der Verfrachter an Stelle der nicht gelieferten annimmt.

Der Verfrachter, der den Anspruch auf die Fracht gegen den säumigen Befrachter geltend machen will, ist bei Verlust des Anspruchs verpflichtet, dies dem Befrachter vor der Abreise kund zu geben. Auf diese Erklärung finden die Vorschriften des §. 571 Anwendung.

Pr. Entw. Art. 477. **Entw. II** Art. 520. **Prot.** S. 2176—2181, 2231, 3884, 3885. **A.D.H.** Art. 589.

Zu §. 588.

1) Die Bestimmung dieses §. bezieht sich nicht nur auf den Fall, wenn der Schiffer auf Stückladung angelegt, sondern auch auf den, wenn er ohne eine solche Anlegung einen Frachtvertrag über den Transport von Stückgütern abgeschlossen hat. (P. 2176.)

2) Die Verpflichtung des Verfrachters gegen die mehreren Befrachter eines Schiffes erheischt es, daß er die Zeit des Antritts der Reise und die Reihenfolge, in welcher er die einzelnen Ladungen einnehmen will, bestimmt; die Befrachter müssen sich deshalb bereit halten, ihre Güter, sobald sie eingefordert werden, abzuliefern; die Zeit, in welcher sodann die einzelne Abladung beendet sein muß, läßt sich nicht allgemein bestimmen, vgl. R.O.H. Bd. 12, S. 130; sie richtet sich nach der Menge und der Natur der Güter; der Befrachter muß nur ohne Unterbrechung mit Ablieferung der Güter bis zur Beendigung fortfahren. Daß es ihm nicht zum Nachteil gereichen kann, wenn Wind, Wetter oder Eis die Ablieferung der Güter hindern, ergiebt sich hieraus von selbst; denn gerade, weil ihm keine bestimmte Zeit zur Abladung zusteht, kann ihm nur

eine verschuldete Zögerung zugerechnet werden. Sind einzelne Befrachter säumig, so ist der Verfrachter nicht verpflichtet, auf die Lieferung zu warten, kann die volle Fracht verlangen, wenn er abreist, muß jedoch diesen seinen Anspruch noch vor der Abreise, bei Verlust des Rechtes, den betr. Befrachtern kund geben. (P. 2177—2179, 3884.) Andererseits kann er Liegegeld nicht verlangen, wenn er auf die Lieferung gewartet hat.

3) Tritt der Befrachter die Reise nicht an, so kann er für die nicht abgeladenen Stückgüter nichts fordern.

§. 589.

Rücktritt des Befrachters nach der Abladung von Stückgütern.

Nach der Abladung kann der Befrachter auch gegen Berichtigung der vollen Fracht sowie aller sonstigen Forderungen des Verfrachters (§. 614) und gegen Berichtigung oder Sicherstellung der im §. 615 bezeichneten Forderungen nur nach Maßgabe des §. 587 Nr. 2 Abs. 1 von dem Vertrage zurücktreten und die Wiederausladung der Güter fordern.

Die Vorschrift des §. 582 Abs. 3 findet Anwendung.

Pr. Entw. Art. 517. **Entw. H** Art. 574 Abs. 2 u. 3. **Prot.** S. 2453—2456. **A.D.H.** Art. 590.

§. 590.

Richterliche Festsetzung der Abreise bei Stückgüterfracht.

Ist ein Schiff auf Stückgüter angelegt und die Zeit der Abreise nicht festgesetzt, so hat auf Antrag des Befrachters der Richter nach den Umständen des Falles den Zeitpunkt zu bestimmen, über welchen hinaus der Antritt der Reise nicht verschoben werden darf.[1])

Pr. Entw. Art. 477 Ziff. 3. **Entw. H** Art. 521. **Prot.** 2181—2193. **A.D.H.** Art. 591.

Zu §. 590.

1) a. Man ging in der Konferenz davon aus (P. 2192), daß, wenn ein Schiff auf Stückgüter angelegt und die Zeit der Abreise nicht festgesetzt sei, die Absicht der Kontrahenten dahin gehe: der Schiffer wolle zwar nicht eher fahren, als bis er genügende Ladung habe, aber die Fracht wolle er jedenfalls machen, und auch der Befrachter beabsichtige nicht, eine unverhältnismäßige Zeit zu warten. Man hat deshalb den Befrachter für befugt erklärt, von dem Richter die Bestimmung einer den Umständen angemessenen Frist für den Antritt der Reise zu verlangen. Dabei wurde jedoch anerkannt, daß der Schiffer zum Antritt der Reise nicht gezwungen werden könne, wenn er den Frachtvertrag ausdrücklich oder stillschweigend unter der Bedingung eingegangen ist, daß er nicht anders als mit genügender Ladung zu fahren verpflichtet sein wolle, und diese Voraussetzung nicht erfüllt ist.

b. Zuständig für die Bestimmung des Zeitpunkts der Abreise ist das Amtsgericht. §. 145 G.fr.G.

§. 591.

Begleitpapiere.

Bei jeder Art von Frachtvertrag hat der Befrachter innerhalb der Zeit, binnen welcher die Güter zu liefern sind, dem Schiffer zugleich alle zur Verschiffung der Güter erforderlichen Papiere zuzustellen.[1])

Pr. Entw. Art. 478 Abs. 1. **Entw. H** Art. 502. **Prot.** S. 2085—2087, 2231, 3853, 3854. **A.D.H.** Art. 592.

Zu §. 591.

1) a. §. 591 enthält eine Bestimmung, welche bei jeder Art von Frachtverträgen gilt; er bezieht sich daher namentlich auch auf Stückladungen. (P. 2231.)

b. Die Zustellung der die Ladung betreffenden Papiere gehört mit zur Bereitmachung der Ladung zur Reise, und der Schiffer kann den Transport der Güter so wenig ohne diese Papiere als ohne die Ladung selbst vornehmen. Eine besondere Frist für Beibringung der Papiere ist dem Befrachter nicht gewährt. Wenn die Ladung während der Ladezeit geliefert ist, die Papiere dagegen erst während der Überliegezeit beigebracht werden, so muß der Befrachter Liegegeld zahlen. — Die Frage, innerhalb welcher Frist der Schiffer die von ihm zu beschaffenden Papiere beizubringen hat, ist im Gesetze offen gelassen. (P. 2087, 3854.)

VII. Löschung der Ladung. Abnahmepflicht des Empfängers. (§§. 592—605.)

§. 592. Löschplatz.

Der Schiffer hat zur Löschung[1]) der Ladung das Schiff an den Platz hinzulegen, der ihm von demjenigen, an welchen die Ladung abzuliefern ist[2]) (Empfänger) oder, wenn die Ladung an mehrere Empfänger abzuliefern ist, von sämmtlichen Empfängern[3]) angewiesen wird.

Erfolgt die Anweisung nicht rechtzeitig oder wird nicht von sämmtlichen Empfängern derselbe Platz angewiesen oder gestatten die Wassertiefe, die Sicherheit des Schiffes oder die örtlichen Verordnungen oder Einrichtungen die Befolgung der Anweisung nicht, so hat der Schiffer an dem ortsüblichen Löschungsplatz anzulegen.[4])

Pr. Entw. Art. 492. **Entw. II** Art. 533. **Prot.** S. 3896. **A.D.H.** Art. 593.

Zu §. 592.

1) In betreff der Zeit und des Orts der Löschung sind, der Natur der Sache entsprechend, im wesentlichen und soweit thunlich dieselben Grundsätze wie bezüglich der Ladung angenommen worden. (P. 2240.) — Vgl. den analogen §. 560.

2) Empfänger im Rechtssinne ist nicht jeder, dem die Güter thatsächlich ausgehändigt werden, sondern derjenige, welcher als der aus der Konnossementsobligation Berechtigte und Verpflichtete erscheint. R.G. XXXXI, 117.

3) Die Anweisung eines von mehreren Empfängern hat der Schiffer nicht zu beachten R.O.H. Bd. 19, S. 291.

4) Unter rechtzeitiger Anweisung im Sinne des Abs. 2 ist nur eine solche zu verstehen, welche entweder schon im voraus oder doch auf die Meldung der Löschbereitschaft so frühzeitig erfolgt, daß der Beginn der Löschzeit dadurch nicht verzögert wird (R.O.H. Bd. 19, S. 290). — Wegen befürchteter Gefährdung der Sicherheit des Schiffes kann der Schiffer die Befolgung der Anweisung ablehnen, wenn er in Anwendung der ihm obliegenden Sorgfalt nach gehöriger Erkundigung die Sicherheit für gefährdet erachtet (R.G. XV, 160). — Stellt sich nachträglich heraus, daß der angewiesene Löschplatz ein nicht geeigneter ist, und das Schiff ohne Gefährdung dort nicht belassen werden kann, so muß der Empfänger dem Schiffer einen anderen geeigneten Löschplatz anweisen, widrigenfalls dieser berechtigt ist, an dem ortsüblichen Löschplatz anzulegen. Z.f.H. 40, S. 559.

§. 593. Kosten der Ausladung und Löschung.

Sofern nicht durch Vertrag oder durch die örtlichen Verordnungen des Löschungshafens und in deren Ermangelung durch einen daselbst bestehenden

Ortsgebrauch ein Anderes bestimmt ist, werden die Kosten der Ausladung aus dem Schiffe von dem Verfrachter, alle übrigen Kosten der Löschung von dem Ladungsempfänger getragen.[1])

Pr. Entw. Art. 494. **Entw. H** Art. 532. **Prot.** S. 2254, 3896, 4007. **A.D.H.** Art. 594.

Zu §. 593.

1) Dieser Paragraph bezieht sich ebensowohl auf die Verfrachtung eines ganzen Schiffes als auf Stückgüterladungen. (P. 2254.) Vgl. §. 561.

§. 594.[1])

Löschbereitschaft. Löschzeit. Überliegezeit. Liegegeld.

Bei der Verfrachtung eines Schiffes im Ganzen hat der Schiffer, sobald er zum Löschen fertig und bereit ist, dies dem Empfänger anzuzeigen.

Ist der Empfänger dem Schiffer unbekannt, so ist die Anzeige durch öffentliche Bekanntmachung in ortsüblicher Weise zu bewirken.

Mit dem auf die Anzeige folgenden Tage beginnt die Löschzeit.[2])

Ueber die Löschzeit hinaus hat der Verfrachter nur dann auf die Abnahme der Ladung noch länger zu warten, wenn es vereinbart ist (Ueberliegezeit).

Für die Löschzeit kann, sofern nicht das Gegentheil bedungen ist, keine besondere Vergütung verlangt werden. Dagegen ist dem Verfrachter für die Ueberliegezeit eine Vergütung (Liegegeld) zu gewähren.

In Ansehung der Höhe des Liegegeldes finden die Vorschriften des §. 572 Anwendung.[3])

Pr. Entw. Art. 492. **Entw. H** Art. 534, 535. **Prot.** S. 2239—2241, 2242, 3897—3900, 3902. **A.D.H.** Art. 595.

Zu §. 594.

1) Vgl. den analogen §. 567. — Der Schiffer muß seine Löschbereitschaft (nach der Ankunft im Bestimmungshafen, R.O.H. Bd. 23, S. 416) irgendwie anzeigen, der Empfänger braucht sich nicht danach zu erkundigen. (R.O.H. Bd. 15, S. 229; Bd. 23, S. 416.)

2) a. Der Pr. Entw. (Art. 492 Abs. 3) enthielt die Bestimmung: „Der Empfänger muß die Verzögerungen vertreten, welche ihm in Beziehung auf die Leistung von Handlungen zur Last fallen, welche nach den Gesetzen des Ortes notwendig der Löschung vorhergehen müssen." Diese Bestimmung war wegen der Zollverhältnisse aufgenommen, um einerseits festzusetzen, daß der Empfänger die Verzögerung der Löschung zu vertreten habe, wenn er sie dadurch veranlasse, daß er die ihm obliegenden Handlungen (z. B. die sog. Spezial-Deklaration) nicht rechtzeitig vornehme, andererseits aber indirekt auszusprechen, daß die durch die Zollverhältnisse bedingten, von einem der Interessenten verschuldeten Verzögerungen der Löschung als ein die Leistung des Schiffers treffender Zufall von diesem zu tragen seien. (M. 270, 271.) Man hat von der Aufnahme einer solchen Bestimmung Abstand genommen (P. 2240), weil es sich von selbst verstehe, daß die Vertretung der von dem Empfänger herbeigeführten Verzögerungen diesem obliege und weil es rücksichtlich der von keiner Seite verschuldeten Verzögerungen nicht als allgemein zutreffend anerkannt werden könne, daß den Schiffer der Zufall treffe, sondern sehr viel auf die besonderen Verhältnisse des Falls, die Zolleinrichtungen des Löschungshafens u. dgl. ankomme, weshalb es vorzuziehen sei, die letztere Frage im Gesetze offen zu lassen.

b. Mit dem auf die Anzeige folgenden Tage beginnt die Löschzeit — die wirkliche Bereitschaft des Schiffers hierzu vorausgesetzt. Das Schiff muß am Bestimmungsorte angekommen sein und von seiten des Schiffers nichts entgegenstehen, den ihm anzuweisenden oder den ortsüblichen Löschungsplatz ohne Verzug einzunehmen (R.O.H. Bd. 17, S. 95; Bd. 19, S. 283). Dagegen ist für den Beginn der Löschzeit bei Schiffen, die im Bestimmungshafen angelangt sind, nicht maßgebend, ob der Empfänger seine Anweisung des Löschplatzes (§. 592 Abs. 1) erteilt (R.O.H. Bd. 15, S. 233) oder sie schuldbar verzögert hat (R.O.H. Bd. 19, S. 288).

3) a. Die Benutzung der Löschzeit wird durch die Fracht, die der Überliegezeit besonders durch das Liegegeld vergütet; ist Überliegezeit bedungen, so kann deren Benutzung nicht als Versieren im Annahmeverzuge behandelt werden; dem Empfänger steht daher die Einrede frei, daß die Überschreitung der Löschzeit durch den Schiffer verschuldet, der Anspruch auf Vergütung durch das Liegegeld daher unbegründet sei (R.O.H. Bd. 19, S. 94).

b. Darüber, ob das Liegegeld als Konventionalstrafe anzusehen ist, vgl. Anm. 5b zu §. 567. R.O.H. Bd. 19, S. 94.

§. 595.[1])

Dauer der Lösch- und Überliegezeit.

Ist die Dauer der Löschzeit durch Vertrag nicht festgesetzt, so wird sie durch die örtlichen Verordnungen des Löschungshafens und in deren Ermangelung durch den daselbst bestehenden Ortsgebrauch bestimmt. Besteht auch ein solcher Ortsgebrauch nicht, so gilt als Löschzeit eine den Umständen des Falles angemessene Frist.

Ist eine Ueberliegezeit, nicht aber deren Dauer, durch Vertrag bestimmt, so beträgt die Ueberliegezeit vierzehn Tage.[2])

Enthält der Vertrag nur die Festsetzung eines Liegegeldes, so ist anzunehmen, daß eine Ueberliegezeit ohne Bestimmung der Dauer vereinbart sei.

Pr. Entw. Art. 492. **Entw. II** Art. 535. **Prot.** S. 3897—3900. **A.D.H.** Art. 596.

Zu §. 595

1) a. Vgl. den analogen §. 568. — Unter „Ortsgebrauch" ist hier ein Gewohnheitsrecht verstanden, da er die Rechtsquelle einer Bestimmung sein soll, nicht eine bloße thatsächliche Übung (R.G. III, 150).

b. Für Hamburg besteht keine usancemäßige Löschzeit (R.O.H. Bd. 5, S. 137—139); für Bremen vgl. Art. 19, Ziff. 2 Einf.Ges. und die dort erwähnten Verordnungen und Gesetze.

2) Eine Fixierung der Überliegezeit ist ein dringendes Bedürfnis, damit Sicherheit darüber bestehe, von welchem Augenblicke an der Empfänger sich wirklich im Verzuge befindet und die schweren Folgen der mora eintreten. (P. 3897.)

§. 596.[1])

Beginn der Überliegezeit bei der Löschung.

Ist die Dauer der Löschzeit oder der Tag, mit welchem die Löschzeit enden soll, durch Vertrag bestimmt, so beginnt die Ueberliegezeit ohne Weiteres mit dem Ablaufe der Löschzeit.

In Ermangelung einer solchen vertragsmäßigen Bestimmung beginnt die Ueberliegezeit erst, nachdem der Verfrachter dem Empfänger erklärt hat, daß die

Löschzeit abgelaufen sei. Der Verfrachter kann schon innerhalb der Löschzeit dem Empfänger erklären, an welchem Tage er die Löschzeit für abgelaufen halte. In diesem Falle ist zum Ablaufe der Löschzeit und zum Beginne der Ueberliegezeit eine neue Erklärung des Verfrachters nicht erforderlich.

Auf die im Abs. 2 erwähnten Erklärungen des Verfrachters finden die Vorschriften des §. 571 Anwendung.

Pr. Entw. Art. — **Entw. H** Art. 536. **Prot.** S. 3897—3900. **A.D.H.** Art. 597.

Zu §. 596.

1) Vgl. den analogen §. 569 und R.G. III, 152.

§. 597.[1])

Berechnung der Lösch- und Überliegezeit.

Bei der Berechnung der Lösch- und Ueberliegezeit werden die Tage in ununterbrochen fortlaufender Reihenfolge gezählt; insbesondere kommen in Ansatz die Sonntage und die Feiertage sowie diejenigen Tage, an welchen der Empfänger durch Zufall die Ladung abzunehmen verhindert ist.

Nicht in Ansatz kommen jedoch die Tage, an denen durch Wind und Wetter oder durch irgend einen anderen Zufall entweder

1. die Beförderung nicht nur der im Schiffe befindlichen, sondern jeder Art von Ladung von dem Schiffe an das Land oder
2. die Ausladung aus dem Schiffe

verhindert ist.

Pr. Entw. Art. — **Entw. H** Art. — **Prot.** S. 2241, 3900. **A.D.H.** Art. 598.

Zu §. 597.

1) Vgl. den analogen §. 573 und R.O.H. Bd. 6, S. 94. Es ist eine unrichtige Annahme, sagt das R.O.H. Bd. 20, S. 417, daß die Schiffsmannschaft an Sonn- und Feiertagen Löscharbeit thun müsse, damit jene bei Berechnung der Lösch- und Liegezeit in Ansatz kommen dürften.

§. 598.[1])

Liegegeld bei Verhinderung der Löschung.

Für die Tage, die der Verfrachter wegen der Verhinderung der Beförderung jeder Art von Ladung von dem Schiffe an das Land länger warten muß, gebührt ihm Liegegeld, selbst wenn die Verhinderung während der Löschzeit eintritt. Dagegen ist für die Tage, die er wegen Verhinderung der Ausladung aus dem Schiffe länger warten muß, Liegegeld nicht zu entrichten, selbst wenn die Verhinderung während der Ueberliegezeit eintritt.

Pr. Entw. Art. — **Entw. H** Art. — **Prot.** S. 2242, 2247—2250, 2257—2259, 3900, **A.D.H.** Art. 599.

Zu §. 598.

1) Vgl. §. 574 und Note 2 zu §. 573.

§. 599.[1])

Örtliche Verordnungen oder Ortsgebrauch betreffs Dauer der Löschzeit.

Sind für die Dauer der Löschzeit nach §. 595 die örtlichen Verordnungen oder der Ortsgebrauch maßgebend, so kommen bei der Berechnung der Löschzeit die Vorschriften der §§. 597, 598 nur insoweit zur Anwendung, als die örtlichen Verordnungen oder der Ortsgebrauch nichts Abweichendes bestimmen.

Pr. Entw. Art. — **Entw. H** Art. — **Prot.** S. 3900. **A.D.H.** Art. 600.

Zu §. 599.

1) Vgl. §. 575.

§. 600.[1])

Vertragsmäßige Festsetzung des Endtermins der Löschung.

Hat sich der Verfrachter ausbedungen, daß die Löschung bis zu einem bestimmten Tage beendigt sein muß, so wird er durch die Verhinderung der Beförderung jeder Art von Ladung von dem Schiffe an das Land (§. 597 Abs. 2 Nr. 1) zum längeren Warten nicht verpflichtet.

Pr. Entw. Art. — **Entw. H** Art. — **Prot.** S. 3900. **A.D.H.** Art. 601.

Zu §. 600.

1) Vgl. §. 576.

§. 601.

Abnahmeverzug, Annahmeverweigerung, Nichtermittelung des Empfängers.

Wenn sich der Empfänger zur Abnahme der Güter bereit erklärt, die Abnahme aber über die von ihm einzuhaltenden Fristen verzögert, so ist der Schiffer befugt, die Güter unter Benachrichtigung des Empfängers in einem öffentlichen Lagerhaus oder sonst in sicherer Weise zu hinterlegen.

Der Schiffer ist verpflichtet, in dieser Weise zu verfahren und zugleich den Befrachter davon in Kenntniß zu setzen, wenn der Empfänger die Annahme der Güter verweigert oder sich über die Annahme auf die im §. 594 vorgeschriebene Anzeige nicht erklärt oder wenn der Empfänger nicht zu ermitteln ist.[1])

Pr. Entw. Art. 495 Abs. 1. **Entw. H** Art. 541 Abs. 1. **Prot.** S. 2242, 2250, 2251, 3900, 3901. **A.D.H.** Art. 602.

Zu §. 601.

1) Die Vorschriften des §. 601 können vertragsmäßig abgeändert werden. Die im Abs. 2 angeordnete Hinterlegung der Güter ist keine formelle Voraussetzung für die Forderung auf Liegegeld, sondern gewährt dem Empfänger resp. Befrachter nur eine von ihm vorzuschützende und zu begründende Einrede (R.O.H. Bd. 15, S. 232). Die Verpflichtung zur Hinterlegung und Benachrichtigung besteht auch, wenn der Empfänger nicht überhaupt die Annahme verweigert, sondern wenn die Annahme nur wegen Differenzen über Modalitäten der Ablieferung unterbleibt (R.G. XIV, 9). An die unbedingte Befolgung dieser Vorschrift ist der Schiffer jedoch dann nicht gebunden, wenn dadurch sein eigenes Interesse gefährdet würde, z. B. durch drohenden Schmelzverlust des niederzulegenden Eises die Deckung seiner Frachtforderung gefährdet wäre

(R.G. XV, 27). — Die Frage, ob der Schiffer den Ladungsinteressenten gegenüber verantwortlich ist, wenn er mit der Hinterlegung der Güter des säumigen Empfängers zögert und dadurch die Herausnahme der anderen Güter aufhält, ist nach allgemeinen Rechtsgrundsätzen zu entscheiden. (P. 2254.) — Vgl. auch §§. 437, 646 H.G.B., §§. 372 ff., 293 ff. B.G., Art. 146 Einf.Ges. z. B.G., Preußische Hinterlegungsordnung vom 14./III. 1879.

§. 602.

Ansprüche des Verfrachters bei Annahmeverzug des Empfängers.

Soweit durch die Säumniß des Empfängers oder durch das Hinterlegungsverfahren die Löschzeit ohne Verschulden des Schiffers überschritten wird, hat der Verfrachter Anspruch auf Liegegeld (§. 594), unbeschadet des Rechtes, für diese Zeit, soweit sie keine vertragsmäßige Ueberliegezeit ist, einen höheren Schaden geltend zu machen.[1])

Pr. Entw. Art. 495 Abs. 2. **Entw. H** Art. 541 Abs. 2. **Prot.** S. 2242, 2251—2254. **A.D.H.** Art. 603.

Zu §. 602.

1) Zur Vermeidung des haufig schwierigen Nachweises des Interesses ist als Minimum der Entschädigung das Liegegeld angenommen. In der Regel wird das Interesse des Verfrachters mindestens diese Höhe erreichen. — Auch den Ladungsinteressenten gegenüber ist der säumige Empfänger zur Schadloshaltung verpflichtet. (P. 2244, 2251—2254.)

§. 603.

Löschung bei Teilverfrachtung.

Die Vorschriften der §§. 594 bis 602 kommen auch zur Anwendung, wenn ein verhältnißmäßiger Theil oder ein bestimmt bezeichneter Raum des Schiffes verfrachtet ist.

Pr. Entw. Art. — **Entw. H** Art. 542. **Prot.** S. 3901. **A.D.H.** Art. 604.

§. 604.

Abnahme der Stückgüter.

Stückgüter hat der Empfänger auf die Aufforderung des Schiffers ohne Verzug abzunehmen. Ist der Empfänger dem Schiffer unbekannt, so ist die Aufforderung durch öffentliche Bekanntmachung in ortsüblicher Weise zu bewirken.

In Ansehung des Rechtes und der Verpflichtung des Schiffers, die Güter zu hinterlegen, gelten die Vorschriften des §. 601. Die im §. 601 vorgeschriebene Benachrichtigung des Befrachters kann durch öffentliche, in ortsüblicher Weise zu bewirkende Bekanntmachung erfolgen.[1])

Für die Tage, um welche durch die Säumniß des Empfängers oder durch das Hinterlegungsverfahren die Frist, binnen welcher das Schiff würde entlöscht worden sein, überschritten ist, hat der Verfrachter Anspruch auf Liegegeld (§. 594), unbeschadet des Rechtes, einen höheren Schaden geltend zu machen.[2])

Pr. Entw. Art. 493. **Entw. H** Art. 543. **Prot.** S. 2242—2244, 2251—2254, 3901—3903. **A.D.H.** Art. 605.

Zu §. 604.

[1]) Die für Totalbefrachtungen gegebene Vorschrift, daß der Schiffer den Befrachter in den Fällen des §. 601 speziell benachrichtigen müsse, hielt man bei Stückgütern nicht immer für ausführbar (P. 2242), weil der Schiffer sehr oft nicht wissen werde, wer der Ablader und wo er zu finden sei, und weil ihm auch, selbst wenn er es wisse, nicht zuzumuten sei, wegen einzelner Ladungsteile, die vielleicht noch dazu ziemlich unbedeutend seien, mit Personen in den entferntesten Weltgegenden sich in Beziehung zu setzen. Da es jedoch nicht minder für unzulässig angesehen wurde, daß der Schiffer diejenigen Güter, bei welchen die Voraussetzungen des §. 601 einträfen, bei irgend jemandem deponiere und sodann abreise, um vielleicht nie wieder an den Löschungsort zurückzukehren, wenn nicht der Ablader die Möglichkeit habe, zu erfahren, bei wem das Gut deponiert worden, so wurde beschlossen (P. 2243), daß die Benachrichtigung des Befrachters auch durch öffentliche Bekanntmachung in ortsüblicher Weise (durch Zeitungsblätter, Börsenanschlag und dgl.) am Löschungsorte erfolgen könne.

[2]) Der Abs. 3 d. §. weicht darin von dem §. 602 ab, daß dort unter der Löschzeit eine von Anfang an festgesetzte bestimmte Anzahl von Tagen zu verstehen ist, innerhalb welcher die Löschung zu bewirken wäre, während hier lediglich von der Zeit gesprochen wird, welche zur Löschung der Ladung erforderlich ist, wenn jeder Empfänger seinen Obliegenheiten genügt (P. 2244). Dort wie hier ist aber zur Vereinfachung der Sache das Minimum des Interesses auf das Liegegeld fixiert. Hinsichtlich der Zeitberechnung s. R.O.H. Bd. 12, S. 127.

§. 605.

Hat bei der Verfrachtung des Schiffes im Ganzen oder eines verhältnißmäßigen Theiles oder eines bestimmt bezeichneten Raumes des Schiffes der Befrachter Unterfrachtverträge über Stückgüter geschlossen, so bleiben für die Rechte und Pflichten des ursprünglichen Verfrachters die Vorschriften der §§. 594 bis 602 maßgebend.[1])

Pr. Entw. Art. — **Entw. II** Art. — **Prot.** S. 3902, 3903, 3991. **A.D.H.** Art. 606.

Zu §. 605.

[1]) Der Zweck d. §. wurde dahin angegeben (P. 3991): Habe der Befrachter bei einer Verfrachtung des ganzen oder eines Teils des Schiffes verschiedene Destinatäre bestimmt, so werde selbstverständlich hierdurch in Ansehung der Löschung die Anwendung der für den Fall der Verfrachtung des ganzen Schiffs geltenden Vorschriften noch nicht ausgeschlossen. Habe der Befrachter nicht unmittelbar mehrere Destinatäre bestimmt, sondern mehrere Unterfrachtverträge über Stückgüter geschlossen, so sei dieser Fall von dem vorigen in betreff des zwischen dem ersten Befrachter und Verfrachter bestehenden Rechtsverhältnisses nicht verschieden. Anders verhalte es sich aber in Ansehung der Rechte und Pflichten der Empfänger, die von den Unterbefrachtern bestimmt seien, falls letztere mit dem ersten Befrachter mehrere Verträge über Stückgüter abschlössen und die Empfänger in der That als Empfänger von Stückgütern erschienen. Diese Eigentümlichkeit des Verhältnisses könnte zu der Ansicht verleiten, als wenn auch die Rechte und Pflichten des ursprünglichen Verfrachters durch die Unterfrachtverträge modifiziert würden. Dieser Ansicht solle durch die ausdrückliche Bestimmung d. §. entgegengetreten werden, welcher alle sonstigen Einzelheiten ohne positive Entscheidung lasse.

VIII. Haftung des Verfrachters (§§. 606—613).

§. 606.[1])

Für Verlust oder Beschädigung der Güter.

Der Verfrachter haftet für den Schaden, der durch Verlust oder Beschädigung der Güter in der Zeit von der Annahme bis zur Ablieferung[2]) entsteht, es sei denn, daß der Verlust oder die Beschädigung auf Umständen beruht, die durch die Sorgfalt eines ordentlichen Verfrachters nicht abgewendet werden konnten.

Pr. Entw. Art. 496. **Entw. II** Art. 544 Abs. 2. **Prot.** S. 2255, 2256, 3903—3909, 4161, 4289. **A.D.H.** Art. 607.

Zu §. 606.

1) a Durch §. 606 ist die Haftung des Verfrachters im Falle des Verlustes oder der Beschädigung von Frachtgütern gegenüber dem bisherigen Rechte gemildert. Während nämlich nach Art. 607 A.D.H. der Verfrachter für den durch Verlust oder Beschädigung der Güter von der Empfangnahme bis zur Ablieferung entstandenen Schaden verantwortlich war, wenn er nicht bewies, daß der Schaden durch höhere Gewalt (vis major) oder durch die natürliche Beschaffenheit der Güter (inneren Verderb, Schwinden, gewöhnliche Leckage u. dgl.) oder durch äußerlich nicht erkennbare Mängel der Verpackung entstanden war, ist der Verfrachter jetzt von der Verpflichtung zum Schadensersatze schon dann befreit, wenn er beweist, daß der Verlust oder die Beschädigung auf Umständen beruht, die durch die Sorgfalt eines ordentlichen Verfrachters nicht abgewendet werden konnten. Vgl. §. 429 H.G.B. Der Verfrachter kann sich aber nicht schon durch eine allgemeine Berufung auf sein sorgsames Verhalten von seiner Verantwortlichkeit entlasten, er muß vielmehr die Umstände darthun, welche den Verlust oder die Beschädigung der Güter verursacht haben und mit Bezug auf diese Umstände den Nachweis führen, daß sie bei Anwendung der Sorgfalt eines ordentlichen Verfrachters nicht abgewendet werden konnten. Denkschr. S. 257 u. S. 280. Hinsichtlich der Haftung für Schaden, welcher aus dem mangelhaften Zustande des Schiffes entstanden ist, vgl. §. 559 Abs. 2.

b. Ist der Verfrachter zugleich der Rheder, so bestimmt sich der Umfang seiner Haftung nach §. 486, Ziff. 2 und Abs. 2. — Im Falle der Unterverfrachtung ist für die Verbindlichkeit des Rheders und des Unterverfrachters der §. 662 maßgebend.

2) a. Es handelt sich in diesem §. nur darum, die aus dem receptum, d. i. aus der Übernahme der Ware entstehenden Verbindlichkeiten des Schiffers festzustellen. Wesentlich verschieden hiervon sind die Verbindlichkeiten, welche der Verfrachter durch die Ausstellung des Konnossements übernimmt. (§§. 652 ff.) Erstere können auch ohne Ausstellung von Konnossementen vorkommen, wenn der Verfrachter die Waren lediglich auf Grund des Frachtvertrages übernimmt. (P. 2255.)

b. Die Interessenten haben das Manko zu beweisen, und zwar das vom Verfrachter eingenommene Quantum in jeder prozessualisch statthaften Weise (wobei es gleichgiltig ist, ob dem Verfrachter bei der Einlieferung das Quantum angezeigt worden oder ihm unbekannt geblieben ist) und das vom Verfrachter abgelieferte Quantum gemäß §§. 608, 609; ist die Besichtigung nicht geschehen, so muß das geringere abgelieferte Quantum und außerdem nachgewiesen werden, daß der Verlust oder die Beschädigung durch Vorsatz oder grobe Fahrlässigkeit einer Person der Schiffsbesatzung entstanden ist (R.O.H. Bd. 15, S. 380). Vgl. §. 609 Abs. 2.

§. 607.

Haftung für Kostbarkeiten, Geld, Wertpapiere.

Für Kostbarkeiten, Kunstgegenstände, Geld und Werthpapiere haftet der Verfrachter nur, wenn diese Beschaffenheit oder der Werth der Güter bei der Abladung dem Schiffer angegeben worden ist.[1])

Pr. Entw. Art. — **Entw. II** Art. 547. **Prot.** S. 2255, 2256, 3903—3909, 4161, 4289. **A.D.H.** Art. 608.

Zu §. 607.

1) a. Die Aufnahme dieser Bestimmung (vgl. §. 429 Abs. 2) wurde mit der Bemerkung empfohlen: Es sei billig und angemessen, daß, wenn einem Manne, der in der Regel mit Kaufmannsgütern von gewöhnlichem Werte zu thun habe, Güter von ganz besonderem und

außerordentlich hohem Werte übergeben würden, dies demselben zuvor mitgeteilt werde, damit er eine um so größere Sorgfalt auf dieselben verwenden und nicht wegen eines ganz außergewöhnlich großen Betrages in Anspruch genommen werden könne, ohne daß er eine Ahnung von der Höhe seiner Verantwortlichkeit gehabt habe.

b. Der ausdrücklichen Angabe des Abladers über den kostbaren Inhalt oder über den hohen Wert des Frachtstücks steht die anderweitig erlangte Wissenschaft des Schiffers von diesen Thatsachen nicht gleich. P. 2299.

c. Die Angabe der Beschaffenheit oder des Werts der Güter genügt im Falle des §. 607, um die Haftbarkeit des Verfrachters zu begründen. Unentschieden blieb jedoch, wofür der Verfrachter zu haften hat, wenn die im §. 607 vorgeschriebene Angabe nicht erfolgt ist. Die Einen meinten, der Verfrachter hafte dann noch immer für dolus und culpa lata, die Anderen aber, die Haftbarkeit des Schiffers aus dem Frachtvertrage und dem receptum sei damit ganz beseitigt (vgl. Cosack §. 93[60]), und er könne nur noch für diejenigen Thatsachen haftbar gemacht werden, für welche er auch dann zu haften hätte, wenn er ohne Frachtvertrag zufällig in den Besitz des Frachtstücks gelangt wäre, also für dolose Beschädigungen und Verminderungen des Frachtguts und dasjenige Verschulden, für das auch jeder Dritte einzustehen hätte, wenn durch ihn eine Beschädigung oder Verlust am Frachtgute herbeigeführt würde. (P. 2300.)

d. Vgl. auch §. 708 Ziff. 3, §. 723 Abs. 3.

§. 608.

Besichtigung der Güter vor Übernahme seitens des Empfängers.

Bevor der Empfänger die Güter übernimmt,[1]) kann sowohl der Empfänger als der Schiffer, um den Zustand oder die Menge der Güter festzustellen,[2]) ihre Besichtigung durch die zuständige Behörde oder durch die zu dem Zwecke amtlich bestellten Sachverständigen bewirken lassen.[3])

Bei diesem Verfahren ist die am Orte anwesende Gegenpartei zuzuziehen, sofern die Umstände es gestatten.[4])

Pr. Entw. Art. 498 Abs. 1. **Entw. II** Art. 548. **Prot.** S. 2301—2303, 3913—3916. **A.D.H.** Art. 609.

Zu §. 608.

1) Unter Übernahme der Güter ist hier nicht jede faktische Entgegennahme von Gütern durch einen Beauftragten des Empfängers, sondern nur die Entgegennahme durch einen solchen Beauftragten zu verstehen, welcher befugt erscheint, über den Zustand der Güter sich zu vergewissern und darüber eine entsprechende Erklärung abzugeben; ob eine Übernahme in diesem Sinne vorhanden, ist in jedem einzelnen Falle je nach der Verschiedenheit der örtlichen und sonstigen faktischen Verhältnisse zu entscheiden; so kann z. B. eine Übernahme der Güter durch einen der in Hamburg bestehenden Ewerführer als Empfangnahme in dem hier in Frage kommenden Sinne angesehen werden, während sie vielleicht in der Übernahme durch einen vom Empfänger abgesendeten Leichterschiffer nicht zu finden ist. (P. 3916.)

2) Nicht die Größe des Schadens (der Minderwert der beschädigten Güter) ist festzustellen, sondern es sind nur die faktischen Grundlagen, auf welchen in der Folge der Schaden zu berechnen ist, zu ermitteln und zu bezeichnen. (P. 2302, 3915.)

3) a. **Voraussetzung der Besichtigung.** Die obrigkeitliche Besichtigung der Ladung vor der Löschung ist hier [abweichend von dem früheren Art. 407 A.D.H.] nicht davon abhängig gemacht, daß über die Beschädigung des Frachtguts bereits ein Streit unter den Parteien obwaltet; sie kann vielmehr schon dann erfolgen (P. 2301), wenn eine Beschädigung derselben auch nur vermutet wird. Es brauchen auch nicht die Erfordernisse für die Sicherung des Beweises [Besorgniß des Verlustes oder Erschwerung der Benutzung eines Beweismittels] vorzuliegen (§§. 485, 488 C.P.O.)

b. **Die zur Besichtigung Berufenen.** Zu diesem §. wurde bemerkt (P. 2302): „An sehr vielen Seeplätzen seien zur Vornahme solcher Besichtigungen nicht nur andere technische Behörden als die Gerichte berufen, sondern häufig auch eine hinreichende Anzahl Sachverständiger ein für allemal angestellt und verpflichtet, welche die Besichtigung ohne gerichtliche oder obrigkeitliche Leitung vorzunehmen haben. Es sei kein Grund zur Abschaffung dieser Einrichtung vorhanden. Wenn aber keine Behörde und keine verpflichteten Sachverständigen für die Besichtigungen bestellt seien, so könnten die Gerichte die Vornahme der Besichtigungen nicht ablehnen."

c. **Wirkung der Besichtigung.** Die Beteiligten können davon ausgehen, daß die amtlich bestellten Sachverständigen mit gehöriger Sorgfalt verfahren werden; es kann den Ladungsempfängern daher nicht schaden, wenn die Besichtigung dennoch nicht in ausreichender Weise geschehen ist (R.O.H. Bd. 3, S. 22; Steg. Bd. 3, S. 143), aber immerhin muß sie durch die Behörde oder durch die bestellten Sachverständigen selbst oder mindestens unter deren Oberaufsicht erfolgen (R.O.H. Bd. 12, S. 248). Der §. 608 schließt überhaupt nicht jede andere Beweisführung des Schiffers über Quantität und Qualität der Ladung aus (R.O.H. Bd. 6, S. 345), wohl aber §. 609 für den Empfänger.

4) Ist die Zuziehung der Gegenpartei, welche am Orte anwesend ist, möglich, dann ist sie ein wesentliches Erforderniß und muß erfolgen (R.O.H. Bd. 11, S. 245). Der Empfänger geht durch Verabsäumung gehöriger Besichtigung seiner Ersatzansprüche verlustig, auch wenn der Schiffer nachträglich im Prozesse die Beschädigung, den Umfang des Schadens und die Ursache zugesteht (R.O.H. Bd. 21, S. 200). — Der Abs. 2 d. §. schließt auch die vorgängige Anhörung der nicht am Orte anwesenden Parteien nicht unbedingt aus; dieselbe ist vielmehr nach dem Ermessen des Gerichts mit Rücksicht auf die konkreten Umstande auch in einem solchen Falle zulassig (R.O.H. Bd. 17, S. 181).

§. 609.

Erlöschen der Ansprüche wegen Beschädigung oder Verlust.

Ist die Besichtigung vor der Uebernahme nicht geschehen, so muß der Empfänger spätestens am zweiten Werktage nach dem Tage der Uebernahme die nachträgliche Besichtigung der Güter nach Maßgabe des §. 608 erwirken, widrigenfalls alle Ansprüche wegen Beschädigung oder theilweisen Verlustes erlöschen. Es macht keinen Unterschied, ob der Verlust oder die Beschädigung äußerlich erkennbar war oder nicht.[1])

Diese Vorschrift findet keine Anwendung auf solche Verluste und Beschädigungen, die durch Vorsatz oder grobe Fahrlässigkeit einer Person der Schiffsbesatzung entstanden sind.[2])

Pr. Entw. Art. 499. **Entw. II** Art. 549. **Prot.** S. 2304—2312, 2500—2503, 2507, 3916—3919. **A.D.H.** Art. 610.

Zu §. 609.

1) a. Im Handelsverkehr gilt die unbeanstandete Übernahme von Waren als Genehmigung derselben, und es kann ein in solcher Weise thatsächlich vollzogenes Geschäft nicht mehr wegen Beschädigung oder Verminderung angefochten werden. Auf diese Anschauung gestützt und um die Verantwortlichkeit, welche der Schiffer für das Frachtgut aus dem Frachtvertrage und dem receptum hat, zu erleichtern, schrieb der Pr. Entw. (Art. 499) vor, daß der Ladungsempfänger, welcher Güter ohne vorgängige gerichtliche oder obrigkeitliche Besichtigung übernehme, aller Ansprüche auf Ersatz etwaiger Beschädigung oder Verminderung verlustig gehen sollte. — In einer derartigen Bestimmung würde aber — wie (P. 2305—2307) geltend gemacht wurde — namentlich bei nicht äußerlich erkennbaren Mängeln eine um so größere Härte für den Empfänger liegen, als er nicht immer in der Lage ist, die Waren selbst in Empfang zu nehmen,

und sich oft nicht hinreichend geschäftskundiger Leichterschiffer bedienen muß. Man konnte deshalb nicht umhin, den Empfänger zur Beanstandung der Waren resp. zur nachträglichen Besichtigung auch noch nach deren Empfang eine Frist einzuraumen, die zur Fernhaltung von Chikanen möglichst kurz festgesetzt und aus praktischen Rücksichten (P. 3919) sowohl zur Geltendmachung von Ersatzansprüchen wegen äußerlich erkennbarer als wegen äußerlich nicht erkennbarer Beschädigungen gleich bemessen ist. Dabei wurde bemerkt, es handle sich lediglich um Festsetzung einer sehr kurzen Verjährungsfrist und es verstehe sich also von selbst, daß dem Schiffer vom Empfänger der Beweis geliefert werden müsse, daß die Beschädigung, um die es sich handle, bereits bei der Löschung vorhanden gewesen sei. — Das R.O.H. (Bd. 14, S. 150) fand im Art. 610 (jetzt §. 609) eine strikt zu interpretierende Ausnahmebestimmung; die Besichtigung müsse binnen der gesetzlich bestimmten Zeit erwirkt sein; es genüge nicht, daß binnen dieser Frist nur der Gerichtsbeschluß zur Besichtigung erlangt sei. — Die Frage, was Rechtens sei, wenn die Besichtigung innerhalb dieser Frist begonnen, jedoch wegen konkreter Hindernisse nicht beendet worden, blieb in jenem Erkenntnisse dahingestellt.

b. In dem früheren Art. 610 war die Frist auf 48 Stunden nach dem Tage der Übernahme bemessen, so daß dem Empfänger, wenn der erste Tag der Frist ein Feiertag war, nur ein einziger Werktag zur Besichtigung blieb. Das ist jetzt dahin geändert, daß dem Empfänger zwei volle Werktage zur Besichtigung gegeben sind.

c. §. 609 bezieht sich nur auf die Ansprüche wegen Beschädigung oder teilweisen Verlustes des Gutes, er ist daher dann nicht anwendbar (R.O.H. Bd. 11, S. 35, Bd. 15, S. 143), wenn ein Kollo einer aus Stückgütern bestehenden Ladung fehlt, falls im Konnossemente die einzelnen Stücke getrennt aufgeführt sind. Denn alsdann ist jedes Stück als selbständige Einheit anzusehen, und es liegt dann an einem Stücke Totalverlust, nicht Teilverlust (Manko) vor. Vgl. Bolze IX, Nr. 367.

d. Nach Lewis S. 159[43] (vgl. Cosack § 93[62]) gelten in Bremen und Hamburg Besonderheiten. In Bremen muß jeder äußerlich erkennbare Mangel schon bei der Empfangnahme dem Schiffer angezeigt und kann anderen Falles später nicht mehr gerügt werden. In Hamburg wird der Verfrachter frei, sobald die Güter in Leichterschiffe umgeladen sind und darüber vom Leichterschiffer quittiert ist; die bisherige Haftung des Verfrachters geht dann auf den Leichterschiffer über. Vgl. Einf.Ges. Art. 19, Nr. 2. und 3.

2) Nach dem früheren Art. 610, Abs. 2 behielt der Empfänger bei Versäumung der Besichtigung aus Abs. 1 seinen Anspruch wegen Verlustes oder Beschädigung des Gutes nur, wenn bösliche Handlungsweise (dolus oder Pflichtwidrigkeit im Bewußtsein der damit verbundenen Gefahr [dolus eventualis]) einer Person der Schiffsbesatzung vorlag. Nach dem jetzigen Abs. 2 des §. 609 behält der Empfänger den Ersatzanspruch — trotz Versäumung der in Abs. 1 vorgeschriebenen Besichtigung, — wenn der Verlust oder die Beschädigung durch Vorsatz oder auch nur durch grobe Fahrlässigkeit einer Person der Schiffsbesatzung verursacht ist. Vgl. §. 438 Abs. 4 H.G.B. Der Empfänger ist hierfür beweispflichtig und kann Ersatz nur insoweit fordern, als er den Kausalzusammenhang zwischen jener Handlungsweise der Schiffsbesatzung und dem Verlust oder der Beschädigung darthut. (R.O.H. Bd. 14, S. 298, R.G. I, 37.)

§. 610. **Kosten der Besichtigung.**

Die Kosten der Besichtigung hat derjenige zu tragen, welcher sie beantragt hat. Ist jedoch die Besichtigung von dem Empfänger beantragt und wird ein Verlust oder eine Beschädigung ermittelt, wofür der Verfrachter Ersatz zu leisten hat, so fallen diesem die Kosten zur Last.[1])

Pr. Entw. Art. 498 Abs. 2. **Entw. H** Art. — **Prot.** S. 2303, 3987—3989. **A.D.H.** Art. 611.

Zu §. 610.

1) Nach §. 610 Abs. 1 trägt der Extrahent die Kosten der Besichtigung; Abs. 2 statuiert jedoch eine durch die Billigkeit gerechtfertigte Ausnahme, zu deren ausdrücklicher Erwähnung die Anfangsworte der früheren Artikel 612 u. 614 A.D.H. (vgl. jetzt §§. 611 u. 613 H.G.B.) eine besondere Veranlassung gaben, weil in denselben gesagt war, daß der Verfrachter nur den Wert bezw. den Minderwert der Güter zu vergüten hat, und daraus gefolgert werden konnte, daß er auch im Falle des Absatz 2 des §. die Kosten nicht zu tragen hätte.

§. 611.[1])

Höhe des Ersatzanspruchs für Verlust.

Muß auf Grund des Frachtvertrags für gänzlichen oder theilweisen Verlust von Gütern Ersatz geleistet werden, so ist der gemeine Handelswerth[2]) und in dessen Ermangelung der gemeine Werth zu ersetzen, welchen Güter derselben Art und Beschaffenheit am Bestimmungsorte der Güter bei Beginn der Löschung des Schiffes oder, wenn eine Entlöschung des Schiffes an diesem Orte nicht erfolgt, bei seiner Ankunft daselbst haben; hiervon kommt in Abzug, was in Folge des Verlustes an Zöllen und sonstigen Kosten sowie an Fracht[3]) erspart ist.

Wird der Bestimmungsort der Güter nicht erreicht, so tritt an dessen Stelle der Ort, wo die Reise endet, oder, wenn die Reise durch Verlust des Schiffes endet, der Ort, wohin die Ladung in Sicherheit gebracht ist.

Pr. Entw. Art. 500. **Entw. H** Art. 550 Abs. 1—3. **Prot.** S. 2313—2322, 3920—3923, 3983, 4106, 4107, 4126, 4224. **A.D.H.** Art. 612.

Zu §. 611.

1) Die §§. 611 und 613 beziehen sich nur auf diejenigen Fälle, in welchen die Übergabe der Güter (das receptum) das Klagefundament bildet. Die nach §. 606 bestehende strenge Haftung des Verfrachters erheischt es, seine Ersatzverbindlichkeit auf den Wert der verlorenen (§. 611) oder beschädigten (§. 613) Güter zu beschränken und nicht auf das ganze Interesse auszudehnen. (R.G. XV, 90.) Gründet dagegen der Beschädigte seinen Anspruch auf Vorsatz oder grobe Fahrlässigkeit des Verfrachters oder seiner Leute, so kann er (P. 2314, 3922) auch sein weitergehendes Interesse geltend machen. (Vgl. §. 430, Abs. 3.) Die Frage, inwieweit der Verfrachter für geringes Versehen der Schiffsbesatzung haftet, ist im Gesetze offengelassen. Die Haftung über den Wert der verlorenen oder beschädigten Güter hinaus ist auch in diesem Falle nicht unbedingt ausgeschlossen (P. 2319).

2) a. Die Ersatzpflicht des Verfrachters auf Grund des §. 611 ist ohne Rücksicht auf das individuelle Interesse des Befrachters oder Empfängers auf ein ganz bestimmtes Maß fixiert, nämlich auf den gemeinen Handelswert bezw. den gemeinen Wert, welchen Güter derselben Art und Beschaffenheit am Bestimmungsorte zu der in Abs. 1 angegebenen Zeit haben. Dabei kann es vorkommen, daß der Ersatzberechtigte mehr erhält, als er ohne den Verlust des Gutes erhalten haben würde, z. B. wenn der gemeine Handelswert der Waren am Bestimmungsorte zur Zeit des Beginnes der Löschung höher ist, als der Kaufpreis, welcher dem Befrachter bewilligt worden war. Andererseits aber erhält der Befrachter auch nicht den entgangenen Gewinn ersetzt. (Vgl. R.G. XV, 90.) — Hierdurch wird selbstverständlich nicht ausgeschlossen, daß ein höherer Schadensersatz als der gemeine Handelswert bezw. der gemeine Wert der Güter ausbedungen werden kann. — Der gemeine Handelswert besteht in dem Marktpreise und nötigenfalls in dem durch Sachverständige zu ermittelnden Preise der Güter am Bestimmungsorte. Diese Berechnungsart ist der Berechnung nach dem Fakturenpreise

vorgezogen worden, weil in der Regel der Beschädigte imstande sein wird, sich die fehlende Ware für den Marktpreis sofort zu beschaffen; die im Gesetze angenommene Berechnungsweise ist die allgemein verbreitete, sie schließt große und schädliche Weiterungen über die Feststellung der Entschädigung aus. Bei Anwendung dieser Bestimmung sind nicht allein die öffentlichen autorisierten Preisnotierungen, sondern auch anderweitige Nachweise über Existenz und Höhe des Marktpreises in Betracht zu ziehen, und erst wenn ein solcher Marktpreis, der ja auch ohne alle öffentlichen Preisnotierungen existieren kann, nicht vorhanden ist oder über denselben oder über dessen Anwendung Zweifel bestehen, kommt es auf das Gutachten von Sachverständigen an. Werden die Preise nach einem Minimum und Maximum notiert, so hat entweder die Ware keinen sicheren Marktpreis, oder die Qualität der Ware muß zuvor dargethan werden, ehe man den Marktpreis derselben erkennen kann. (P. 2315—2318.) — Unter dem gemeinen Werte wird man entsprechend §. 111 I. 2. A.L.R. „den Nutzen" verstehen können, „welchen die Sache einem jeden Besitzer gewähren kann."

b. Maßgebend ist ferner der Wert der Güter an dem Bestimmungsorte bezw. an dem in Abs. 2 festgesetzten Orte, nicht am Orte der Verladung.

c. Auf den von dem Verfrachter nach §. 611 zu leistenden Ersatz braucht sich der Ablader denjenigen Betrag nicht anrechnen zu lassen, welchen er von dem Versicherer auf imaginären Gewinn erhalten hat (R.G. XV, 91).

3) Von dem zu ersetzenden Betrage kommt in Abzug, was infolge des Verlustes des Gutes an Zöllen und sonstigen Kosten sowie an Fracht erspart ist. (Vgl. §. 430 Abs. 1.) Der Verfrachter hat jedoch wegen der hier gedachten Kosten kein selbständiges Forderungsrecht, sondern nur ein Abzugsrecht, so daß, wenn etwa der Wert verlorener Frachtgüter infolge der Änderung der Konjunktur am Löschungsorte geringer gewesen sein würde als die Fracht, dem Verfrachter keine Differenzforderung zusteht. (P. 2321.)

§. 612.

Höhe des Ersatzanspruchs wegen Verfügung des Schiffers über die Ladung.

Die Vorschriften des §. 611 finden auch auf diejenigen Güter Anwendung, für welche der Rheder nach §. 541 Ersatz leisten muß.

Uebersteigt im Falle der Verfügung über die Güter durch Verkauf der Reinerlös den im §. 611 bezeichneten Preis, so tritt an die Stelle des letzteren der Reinerlös.

Pr. Entw. Art. — **Entw. H** Art. — **Prot.** S. 3923. **A.D.H.** Art. 613.

§. 613[1]).

Höhe des Ersatzanspruchs für Beschädigung.

Muß auf Grund des Frachtvertrags für Beschädigung von Gütern Ersatz geleistet werden, so ist der Unterschied zwischen dem Verkaufswerthe der Güter im beschädigten Zustande und dem gemeinen Handelswerth oder dem gemeinen Werthe zu ersetzen, welchen die Güter ohne die Beschädigung am Bestimmungsorte zur Zeit der Löschung des Schiffes gehabt haben würden; hiervon kommt in Abzug, was in Folge der Beschädigung an Zöllen und sonstigen Kosten erspart ist.

Pr. Entw. Art. 500. **Entw. H** Art. 550 Abs. 4. **Prot.** S. 2313—2322, 3923. **A.D.H.** Art. 614.

Zu §. 613.

2) Vgl. die Anmerkungen zu §. 611. §. 613 regelt nur den Ersatz für Beschädigung der Güter auf Grund des §. 606 (ex recepto), nicht aber auch die Haftung des Verfrachters aus seinem oder seiner Leute Verschulden, bei welchem die allgemeinen Grundsätze gelten und daher auch Ersatz des entgangenen Gewinns beansprucht werden kann. (R.G. I, 40.)

IX. Pflichten des Empfängers (§§. 614—622).

§. 614.

Haftung für Fracht, Nebengebühren, Zölle und Auslagen.

Durch die Annahme der Güter[1]) wird der Empfänger verpflichtet, nach Maßgabe des Frachtvertrags oder des Konnossements,[2]) auf deren Grund die Empfangnahme geschieht, die Fracht nebst allen Nebengebühren sowie das etwaige Liegegeld zu bezahlen, die ausgelegten Zölle und die übrigen Auslagen[3]) zu erstatten und die ihm sonst obliegenden Verpflichtungen zu erfüllen.

Der Verfrachter hat die Güter gegen Zahlung der Fracht und gegen Erfüllung der übrigen Verpflichtungen des Empfängers auszuliefern.[4])

Pr. Entw. Art. 582 Abs. 1. **Entw. H** Art. 550. **Prot.** S. 2323—2326, 2359, 3924—3926, 4014, 4459, 4460. **A.D.H.** Art. 615.

Zu §. 614.

1) Der Empfänger ist nicht vor der Ablieferung zu zahlen verbunden; die Ablieferung genügt aber auch, um die Frachtforderung gegen ihn zu begründen. In der Annahme der Güter auf Grund des Frachtvertrages oder des Konnossements liegt zugleich die Acceptation der auf Zahlung der Fracht nach Maßgabe des Vertrages oder des Konnossements gerichteten Anweisung. (P. 4460.) — Die Frage, ob, wenn der Empfänger die Annahme verweigert, eine Klage des Schiffers auf Annahme der Ladung und Bezahlung der Fracht statthaft sei, kann — wie (P. 2324) geltend gemacht wurde — nicht allgemein entschieden werden, sondern wird anders zu behandeln sein, je nachdem ausdrücklich oder durch konkludente Handlungen, namentlich durch Auslieferung des Konnossements von seiten des Empfangers schon ein Vertragsverhältnis zwischen dem Schiffer und Empfänger begründet worden ist oder nicht, oder je nachdem der Schiffer als Mandatar oder Geschäftsführer des Abladers die Rechte des letzteren mit Erfolg wahrzunehmen vermag.

2) a. Erfolgt die Ablieferung auf Grund eines Konnossements, so ist dessen Inhalt für das Rechtsverhältnis zwischen dem Verfrachter und dem Empfänger entscheidend, und die in das Konnossement nicht aufgenommenen Bestimmungen des Frachtvertrages haben gegenüber dem Empfanger keine rechtliche Wirkung, sofern nicht auf dieselben Bezug genommen ist (§. 651 Abs. 2, Anm. 2a zu §. 651, R.O.H. Bd. 15, S. 222—224). Wenn aber — so bemerkte man (P. 3926) — ein Konnossement nicht vorhanden und der Empfanger gleichwohl bereit, oder nach Gestalt der besonderen Verhältnisse des Falles verpflichtet ist, die Güter zu empfangen und Fracht dafür zu zahlen, so erübrige beim Mangel anderer Verabredungen nichts, als anzunehmen, daß er die nach Maßgabe des Frachtvertrages dem Verfrachter gebührende Fracht zu entrichten habe; denn es sei nicht abzusehen, unter welchen anderen Bedingungen hin die Güter als offeriert anzusehen wären. — Das R.O.H. (Bd. 17, S. 74) nimmt gleichfalls an, daß die Worte „nach Maßgabe des Frachtvertrages oder des Konnossements" sich auf die verschiedenen Fälle beziehen, wenn kein Konnossement vorhanden resp. wenn ein solches bezeichnet ist.

b. Man war darüber einverstanden (P. 2357), daß der Schiffer, wenn er ein reines Konnossement gezeichnet habe, gegen die Leistung dessen, was im Konnossement erwähnt sei, die Ladung abliefern müsse, somit auch das Pfandrecht (§. 623) nur wegen der im Konnossement genannten Fracht und selbstverständlich auch wegen des durch den Empfänger bei Löschung verschuldeten Liegegeldes, dagegen nicht wegen des von der Beladung des Schiffes herrührenden Liegegeldes und der Fautfracht geltend machen könne; ferner: daß sich das Pfandrecht auch auf das von der Einnahme der Ladung her rückständige Liegegeld und die Fautfracht erstrecke, wenn und insoweit das Recht, diese Beträge vom Empfänger zu fordern im Konnossement ausdrücklich vorbehalten sei. Dagegen lehnte man eine besondere Entscheidung des Falles, wenn die Ladung ohne Ausstellung eines Konnossements transportiert sei, ab (P. 2359), weil die Frage, was in einem solchen Falle hinsichtlich des von der Einnahme der Ladung herrührenden Liegegeldes und der Fautfracht Rechtens sein solle, sich nicht allgemein entscheiden lasse, vielmehr es auf die Übereinkunft zwischen dem Schiffer und dem Empfänger wegen Ablieferung der Ladung ankomme. Dabei wurde jedoch bemerkt, daß auch ohne besondere Instruktion der Schiffer, wenn er nicht dem Vorwurf der Sorglosigkeit sich aussetzen wolle, in solchen Fällen sich nicht zur Auslieferung der Ladung ohne einen Vorbehalt wegen des Liegegeldes und der Fautfracht verpflichten dürfe.

3) Unter den „übrigen Auslagen" sind namentlich auch die auf den Gütern lastenden Vorschüsse und Nachnahmen verstanden. (P. 3925.)

4) Der Verfrachter ist nicht schuldig, mit der Ablieferung voranzugehen, sondern Verfrachter und Befrachter müssen Zug um Zug erfüllen. Selbstverständlich muß jedoch der Verfrachter mit seiner Leistung insofern vorangehen, daß er die Lage zu brechen und den Empfänger in den Stand zu setzen hat, zu prüfen, ob er die Ladung ohne Vorbehalt und ohne vorgängige Untersuchung annehmen kann. (P. 2323, 3925.) Für den Fall eines Streites gewährt der §. 624 ein Auskunftsmittel. — Durch Verzögerungen in der Abnahme können sich die Verpflichtungen des Empfangers erweitern (R.O.H. Bd. 20, S. 411).

§. 615.

Haftung für Havereibeiträge, Bergungs- und Hülfskosten und Bodmereigelder.

Der Verfrachter ist nicht verpflichtet, die Güter früher auszuliefern, als bis die darauf haftenden Beiträge zur großen Haverei, Bergungs- und Hülfskosten und Bodmereigelder bezahlt oder sichergestellt sind.[1])

Ist die Verbodmung für Rechnung des Rheders geschehen, so gilt diese Vorschrift unbeschadet der Verpflichtung des Verfrachters, für die Befreiung der Güter von der Bodmereischuld noch vor der Auslieferung zu sorgen.

Pr. Entw. I Art. 502 Abs. 2. **Entw. II** Art. — **Prot.** S. 3937. **A.D.H.** Art. 616.

Zu §. 615.

1) Die Gegenleistung für Ablieferung der Güter ist nicht nur die Zahlung der Fracht, der etwaigen Liegegelder und der Auslagen, welche der Schiffer für die Ladung gemacht hat, sondern auch die Erfüllung der Verbindlichkeiten, welche aus der zwischen Schiff und Ladung bestandenen Gemeinschaft auf der Ladung haften. Zu den letzteren gehört insbesondere die Verbindlichkeit, zu der großen Haverei, welche Schiff und Ladung betroffen hat, den auf die Ladung repartierten Beitrag zu leisten. Ist dieser bei Löschung des Schiffs noch nicht festgestellt, so muß der Ladungsempfänger für die spätere Zahlung des Beitrags Sicherheit bestellen. (M. 274.)

§. 616.

Hingabe verdorbener oder beschädigter Güter an Zahlungsstatt für die Fracht.

Der Verfrachter ist nicht verpflichtet, die Güter, mögen sie verdorben oder beschädigt sein oder nicht, für die Fracht an Zahlungsstatt anzunehmen.

Sind jedoch Behältnisse, die mit flüssigen Waaren angefüllt waren, während der Reise ganz oder zum größeren Theile ausgelaufen, so können sie dem Verfrachter für die Fracht und seine übrigen Forderungen (§. 614) an Zahlungsstatt überlassen werden.[1])

Durch die Vereinbarung, daß der Verfrachter nicht für Leckage haftet, oder durch die Klausel: „frei von Leckage" wird dieses Recht nicht ausgeschlossen.[2]) Das Recht erlischt, sobald die Behältnisse in den Gewahrsam des Abnehmers gelangt sind.[3])

Ist die Fracht in Bausch und Bogen bedungen und sind nur einige Behältnisse ganz oder zum größeren Theile ausgelaufen, so können diese für einen verhältnißmäßigen Theil der Fracht und der übrigen Forderungen des Verfrachters an Zahlungsstatt überlassen werden.[4])

Pr. Entw. Art. 503. **Entw. H** Art. 552. **Prot.** S. 2326—2332, 3926, 3927. **A.D.H.** Art. 617.

Zu §. 616.

1) a. Zu diesem §. wurde erläuternd bemerkt (P 2327 ff.): Die Ansicht, daß dem Schiffer wider seinen Willen beschädigte Güter an Zahlungsstatt für die Fracht überlassen werden dürfen, habe lange rechtliche Geltung gehabt, sei aber jetzt im Allgemeinen aus dem Rechtsbewußtsein entschwunden. Nur bezüglich derjenigen Güter, welche der Leckage unterworfen seien, habe sie sich noch allgemein erhalten, und zwar wohl hauptsächlich aus dem Grunde, weil diese Güter leichter als andere einer Veruntreuung durch die Mannschaft ꝛc. unterworfen seien, und es in der Regel dem Schiffer auch leichter gelinge, sich gegenüber einer bedeutenden Leckage durch die Verklarung und die Behauptung, daß das Schiff auf der Reise schwer gearbeitet habe u. dgl., zu rechtfertigen. Nicht jede Leckage genüge zur Ausübung dieses Rechts, da irgend ein Verlust durch Leckage in einer großen Zahl von Fällen eintrete und unbeachtet bleiben müsse, so lange er nur unbedeutend sei. Das zur Ausübung des Rechtes erforderliche Maß der Leckage lasse sich nicht ein für allemal feststellen, sondern müsse der richterlichen Beurteilung anheimgegeben werden, doch könne der Verfrachter, wenn die Leckage nicht einmal die Hälfte betrage, nicht gezwungen werden, die bezeichneten Behältnisse (Fässer oder andere Gefäße) für die Fracht an Zahlungsstatt anzunehmen.

b. Der Antrag, folgenden Zusatz aufzunehmen: „Dieses Recht findet nicht statt, wenn Flaschen, welche in andere Behältnisse verpackt sind, ganz oder zum Teil ausgelaufen sind", wurde abgelehnt (P. 3927), — obschon zugegeben wurde, daß sein Inhalt der Übung des Verkehrs entspreche, — teils weil er zu eng sei, da er nicht auf Flaschen beschränkt werden dürfe, teils weil er entbehrlich scheine, indem man eine Kiste, die mit vollen Weinflaschen angefüllt sei, nicht ein Behältnis nennen werde, das mit Wein gefüllt sei.

c. Der Abs. 2 des §. entscheidet die Frage, ob das darin gedachte Recht nur bezüglich der ganzen Ladung oder auch bezüglich der einzelnen Behältnisse ausgeübt werden könne, im Sinne der letzteren Alternative (P. 2327), weil sonst das Recht selbst nahezu illusorisch würde.

d. Wem das Recht zusteht, die Behältnisse an Zahlungsstatt zu überlassen, ob nur dem Empfänger oder auch dem Ablader, ist mit Absicht (P. 2328) im Gesetze nicht bestimmt worden.

2) Wiewohl die Absicht des Schiffers bei Anwendung der Klausel „frei von Leckage" dahin geht, alle und jede Haftbarkeit für Leckage abzulehnen, so hat man dennoch das Recht der Überlassung an Zahlungsstatt zugelassen, weil sonst Abs. 2 jede Bedeutung verlieren würde, denn es werde selten ein Konnossement über leckende Ware ohne die Klausel „frei von Leckage" gezeichnet. Diese Klausel behält trotzdem noch die wichtige Bedeutung, daß der Verfrachter außer dem Falle eines Verschuldens jedenfalls nicht den Wert der durch Leckage verloren ge-

gangenen Ware zu ersetzen hat, und somit keine größere Summe als die **Fracht** verlieren kann. (P. 2330.) Vgl. §. 657.

3) Das Recht der Überlassung erlischt, sobald die Behältnisse in den **Gewahrsam** des Abnehmers gelangt sind, d. h. (P. 2332) sobald die faktische Thatsache des Übergangs der Ware in die Detention des Empfängers eingetreten ist, und ohne Rücksicht darauf, ob auch eine **Empfangnahme** (**Annahme**) der Ware im juristischen Sinne vorliegt.

4) Der Grund dieser Bestimmung ist derselbe wie bei Abs. 2. Die Repartition der Fracht auf die einzelnen Frachtstücke könne — so meinte man (P. 2331) — eben sowohl und in derselben Weise wie in Havereifällen durch den Dispacheur geschehen.

§. 617.

Fracht für Güter, die durch Unfall verloren sind.

Für Güter, die durch irgend einen Unfall verloren gegangen sind, ist keine Fracht zu bezahlen und die etwa vorausbezahlte zu erstatten, sofern nicht das Gegentheil bedungen ist.[1])

Diese Vorschrift kommt auch zur Anwendung, wenn das Schiff im Ganzen oder ein verhältnißmäßiger oder ein bestimmt bezeichneter Raum des Schiffes verfrachtet ist. Sofern in einem solchen Falle das Frachtgeld in Bausch und Bogen bedungen ist, berechtigt der Verlust eines Theiles der Güter zu einem verhältnißmäßigen Abzuge von der Fracht.[2])

Pr. Entw. Art. 504. **Entw. II** Art. 553. **Prot.** S. 2333—2335, 3928—3930. **A.D.H.** Art. 618.

Zu §. 617.

1) a. Alle Gesetzgebungen (vgl. A.L.R. Th. II, Tit. 8, §. 1727) enthalten die Bestimmung, daß für Güter, welche durch irgend einen Unfall (Schiffbruch, Feinde, Seeräuber 2c.) verloren gegangen sind, keine Fracht zu zahlen ist. Diese Vorschrift hat ihren Grund in der Auffassung, daß der Schiffer nicht eher einen Anspruch auf Bezahlung der Fracht hat (freight is earned), als bis der bedungene Transport der Ware ausgeführt und diese an den Bestimmungsort geliefert ist. (P. 2333.) Aus der angegebenen Auffassung folgt konsequent, daß beim Verlust der Waren (bei dem Aufhören ihrer **physischen** Existenz, R.O.H. Bd. 25, S. 13, R.G. XIII, 123) der Verfrachter **Mangels anderer** (ausdrücklicher oder stillschweigender) **Stipulationen** (R.G. XI, 111) zur Erstattung des Vorausbezahlten verpflichtet ist. — Das R.O.H. (Bd. 15, S. 60) erachtet die Klausel: „der Befrachter hat die Vorschußgelder auf Kosten des Verfrachters versichern zu lassen" und gleichbedeutende Klauseln als eine den Rheder von der Zurückzahlungspflicht befreiende Vereinbarung. Vgl. R.G. XL, 51.

b. Es kommt nicht darauf an, durch welche Art von **Zufall** der Verlust der Güter veranlaßt ist. Ist der Verlust der Güter dagegen durch ein **Verschulden** des Verfrachters oder seiner Leute herbeigeführt, so findet dieser Artikel keine Anwendung; denn wenn der Verfrachter das volle Interesse zu erstatten hat, so kann man ihm das Recht, die Fracht abzuziehen, füglich nicht absprechen. Inzwischen gehören diejenigen Fälle nicht hierher, in welchen der Untergang der Güter in einem Verschulden oder in Verfügungen des **Befrachters** seinen Grund hat (P. 3928).

2) a. Der in Abs. 1 d. §. enthaltene Grundsatz ist auch als bei der Vercharterung eines ganzen Schiffes maßgebend angesehen worden, weil (P. 2333) diese wenigstens nicht ausschließlich als locatio navis betrachtet werden könne, denn auch bei einem solchen Vertrage übernehme der Schiffer die Ausführung eines Werkes.

b. Ob die Fracht in den Fällen des Abs. 2 d. §. nach der Anzahl von Kubikfuß und dgl., oder ob dieselbe von vorn herein, natürlich unter Berücksichtigung der Größe des Schiffes, in einer runden Summe stipuliert wird, ändert an der rechtlichen Natur des Vertrages nichts. In beiden Fällen wird die Fracht nur für die Ausführung des Transports bezahlt. Soweit derselbe nicht ausgeführt ist, besteht eine Forderung auf Frachtzahlung nicht. Oft gehen die beiden Arten der Frachtstipulation bei der Befrachtung eines ganzen Schiffes so in einander über, daß gar nicht mehr zu unterscheiden ist, ob das Frachtgeld in Bausch und Bogen stipuliert worden ist oder nicht. Das Gesetz hat aus diesen Gründen keine prinzipielle Unterscheidung zwischen beiden Arten der Frachtverabredung aufgestellt. (P. 3928—3930.)

§. 618.

Fracht für Güter, die durch natürliche Beschaffenheit verloren und für Tiere die unterwegs gestorben sind.

Ungeachtet der nicht erfolgten Ablieferung ist die Fracht zu zahlen für Güter, deren Verlust in Folge ihrer natürlichen Beschaffenheit, namentlich durch inneren Verderb, Schwinden, gewöhnliche Leckage, eingetreten ist, sowie für Thiere, die unterwegs gestorben sind.

Inwiefern die Fracht für Güter zu ersetzen ist, die in Fällen der großen Haverei aufgeopfert worden sind, wird durch die Vorschriften über die große Haverei bestimmt.[1])

Pr. Entw. Art. 505. **Entw. H** Art. 554. **Prot.** S. 2335—2337, 3930. **A.D.H.** Art. 619.

Zu §. 618.

1) Vgl. §. 715. Die obige Verweisung wurde als notwendig angesehen (P. 2336), um Mißdeutungen des §. 617 vorzubeugen.

§. 619.

Höhe der Fracht mangels Abrede.

Für Güter, die ohne Abrede über die Höhe der Fracht zur Beförderung übernommen sind, ist die am Abladungsorte zur Abladungszeit übliche Fracht zu zahlen.

Für Güter die über das mit dem Befrachter vereinbarte Maß hinaus zur Beförderung übernommen sind, ist die Fracht nach dem Verhältnisse der bedungenen Fracht zu zahlen.

Pr. Entw. Art. 473. **Entw. H** Art. 498. **Prot.** S. 2071, 2072, 3851. **A D.H.** Art. 620.

§. 620.

Fracht nach Maß, Gewicht oder Menge der Güter.

Ist die Fracht nach Maß, Gewicht oder Menge der Güter bedungen, so ist im Zweifel anzunehmen, daß Maß, Gewicht oder Menge der abgelieferten und nicht der eingelieferten Güter für die Höhe der Fracht entscheiden soll.[1])

Pr. Entw. Art. 506. **Entw. H** Art. 555 Satz 1. **Prot.** S. 2338—2341, 3930. **A.D.H.** Art. 621.

Zu §. 620.

1) Die Forderung des Verfrachters ist durch die Erfüllung seiner Vorleistung bedingt, nach Maßgabe derselben hat er Fracht zu beanspruchen. Haben die Güter ein geringeres Maß

oder Gewicht als bei der Einlieferung, so hat der Schiffer für den fehlenden Teil nicht erfüllt; haben sie ein größeres Maß oder Gewicht, so entspricht es der Billigkeit, sofern die Vermehrung nicht betrüglicher Weise herbeigeführt ist, den Schiffer für die unterwegs eingetretene Vermehrung der Last zu entschädigen. (M. 276. P. 2338—2341.) — Vgl. jedoch §. 656, worin eine abweichende Regel für den Fall gegeben ist, wenn im Konnossement Zahl, Maß oder Gewicht der Güter angegeben ist.

§. 621.

Zuschläge zur Fracht. Kleine Haverei.

Außer der Fracht können Kaplaken, Prämien und dergleichen nicht gefordert werden, sofern sie nicht ausbedungen sind.[1])

Die gewöhnlichen und ungewöhnlichen Kosten der Schiffahrt, wie Lootsengeld, Hafengeld, Leuchtfeuergeld, Schlepplohn, Quarantänegelder, Auseisungskosten und dergleichen, fallen in Ermangelung einer entgegenstehenden Abrede dem Verfrachter allein zur Last, selbst wenn er zu den Maßregeln, welche die Auslagen verursacht haben, auf Grund des Frachtvertrags nicht verpflichtet war.[2])

Die Fälle der großen Haverei sowie die Fälle der Aufwendung von Kosten zur Erhaltung, Bergung und Rettung der Ladung werden durch die Vorschriften des Abs. 2 nicht berührt.[3])

Pr. Entw. Art. 507. **Entw. II** Art. 556. **Prot.** S. 2341—2343, 3931, 4224—4226. A.D.H. Art. 622.

Zu §. 621.

1) Vgl. Anm. zu §. 543.

2) Die hier aufgezählten Unkosten gehören zur sog. Havarie ordinaire oder commune oder kleinen Haverei. Sie werden bisweilen auch als Hafen- oder Revierkosten oder auch als uneigentliche Haverei bezeichnet. Diese Kosten pflegten früher gemeinschaftlich von Schiff und Ladung getragen zu werden, vgl. A.L.R. T. II Tit. 8 §. 1782. In neuerer Zeit hat man ziemlich allgemein angenommen, daß die Kosten der kleinen Havarie vom Schiffe allein zu tragen sind, da auch sie nach der mutmaßlichen Meinung der Parteien durch die Frachtgelder gedeckt werden sollen. Der Pr. Entw. (Art. 507) hatte nur in betreff der außerordentlichen Reisekosten und der Kosten des Auseisens eine Ausnahme statuiert und dem Ladungsempfänger zwei Drittel dieser Kosten auferlegt; im Gesetze sind jedoch diese Unkosten den übrigen gleichgestellt worden, weil, abgesehen davon, daß hierauf bei Abmessung der Fracht geeignete Rücksicht genommen zu werden pflege, Auslagen so außerordentlicher Art in der Regel nicht unbedingt erforderlich seien, weil sodann der Schiffer sich in der Regel zuvor mit den Ladungsinteressenten in Vernehmen setzen und dieselben vertragsmäßig veranlassen könne, einen Teil der Kosten zu tragen, weil es endlich höchst bedenklich sei, dem Schiffer zu gestatten, einseitig mit für Rechnung der Ladungsinteressenten solche außerordentlichen Auslagen zu machen. (P. 2342.) — Die Frage, ob und unter welchen Umständen der Verfrachter zur Ergreifung der in dem §. aufgeführten außerordentlichen Maßregeln verpflichtet ist, hat das Gesetz offen lassen wollen. (P. 3931.)

3) Die Frage, ob die nicht zur kleinen Haverei gehörigen Kosten dem Rheder oder den Ladungsbeteiligten zur Last fallen, hat man unentschieden lassen wollen (P. 4226), da für diese Frage die Umstände des einzelnen Falles maßgebend sein müßten.

§. 622. **Beginn und Ende der Zeitfracht.**

Ist die Fracht nach Zeit bedungen, so beginnt sie in Ermangelung einer anderen Abrede mit dem Tage zu laufen, der auf denjenigen folgt, an welchem der Schiffer anzeigt, daß er zur Einnahme der Ladung, oder bei einer Reise in Ballast, daß er zum Antritte der Reise fertig und bereit sei, sofern aber bei einer Reise in Ballast diese Anzeige am Tage vor dem Antritte der Reise noch nicht erfolgt ist, mit dem Tage, an welchem die Reise angetreten wird.[1])

Ist Liegegeld oder Ueberliegezeit bedungen, so beginnt in allen Fällen die Zeitfracht erst mit dem Tage zu laufen, an welchem der Antritt der Reise erfolgt.[2])

Die Zeitfracht endet mit dem Tage, an welchem die Löschung vollendet ist.[3])

Wird die Reise ohne Verschulden des Verfrachters verzögert oder unterbrochen, so muß für die Zwischenzeit die Zeitfracht fortentrichtet werden, jedoch unbeschadet der Vorschriften der §§. 637, 638.[4])

Pr. Entw. Art. 508. **Entw. H** Art. 557. **Prot.** S. 2343—2347, 3931—3933. **A.D.H.** Art. 623.

Zu §. 622.

1) Man nahm an (P. 2345), daß bei Schiffen, welche in Ladung ausgehen sollen, die Zeitfracht von der Zeit an laufen müsse, in welcher das Schiff dem Befrachter zur Verfügung gestellt worden sei, denn dies entspreche sowohl der Natur des Vertrages, da es dem Schiffer gleichgiltig sein könne, wo er sich zur Disposition des Befrachters befinde, ob auf der Reise oder im Hafen, als auch den Anschauungen des Verkehrs. Bei Schiffen, welche in Ballast ausgehen sollen, wurde hingegen eine gleiche Bestimmung nicht für anwendbar erachtet, weil das Schiff den Ballast nicht immer erst neu einzunehmen, sondern nicht selten bei Abschluß eines Zeitfrachtvertrages bereits an Bord habe, und bei einer solchen Bestimmung das Interesse des Befrachters dem des Schiffers gegenüber zu wenig gewahrt wäre, weil der letztere es in der Hand habe, die Einnahme des Ballastes sehr langsam zu betreiben. Man hat deshalb für die in Ballast gehenden Schiffe bestimmt, daß die Fracht erst von der Anzeige der Reisefertigkeit, und nur wenn diese unterbleibt, von dem Antritt der Reise zu laufen beginnt.

2) Die Verpflichtung, Liegegeld zu zahlen, ist mit der Verpflichtung, Zeitfracht zu bezahlen, prinzipiell nicht vereinbar (P. 3932). Durch die Abrede eines Liegegeldes oder einer Überliegezeit geben die Kontrahenten die Absicht zu erkennen, daß die Zeitfracht nur für die Reise und nicht auch für die Zeit der Vorbereitung entrichtet werden solle. Entgegenstehende Verabredungen sind selbstverständlich nicht ausgeschlossen.

3) Die Zeit der Einnahme der Ladung wie die der Löschung wird im Dienste des Befrachters zugebracht; deshalb muß Zeitfracht bis zum Tage, an welchem die Löschung vollendet ist, gezahlt werden.

4) Die Frage über die Beweislast ist offen gelassen. Der Pr. Entw. (Art. 508) enthielt die Vorschrift: Aufenthalt und Verzögerungen während der Reise, welche nicht durch den Schiffer verschuldet sind, werden in die Zeit der Reise eingerechnet. Gegen diese Fassung wurde erinnert, daß dadurch zugleich die Frage über die Beweislast in dem Sinne entschieden werde, daß der Befrachter dem Schiffer ein Verschulden nachweisen müsse, wenn er auf eine Unterbrechung der Frachtzahlung Anspruch machen wolle. Auf Grund dieser Erinnerung wurde die jetzige Fassung gewählt. (P. 2347.) — Zu dem letzten Abs. d. §. vgl. die Interpretation in R.O.H. Bd. 18, S. 82.

X. Sicherung des Verfrachters (§§. 623—627).

§. 623.

Pfandrecht des Verfrachters.

Der Verfrachter hat wegen der im §. 614 erwähnten Forderungen ein Pfandrecht an den Gütern.

Das Pfandrecht besteht, solange die Güter zurückbehalten oder hinterlegt sind, es dauert auch nach der Ablieferung fort, sofern es binnen dreißig Tagen nach der Beendigung der Ablieferung gerichtlich geltend gemacht wird und das Gut noch im Besitze des Empfängers ist.[1])

Die nach §. 366 Abs. 3, §. 368 für das Pfandrecht des Frachtführers geltenden Vorschriften finden auch auf das Pfandrecht des Verfrachters Anwendung.[2])

Die im §. 1234 Abs. 1 des Bürgerlichen Gesetzbuchs bezeichnete Androhung des Pfandverkaufs sowie die in den §§. 1237, 1241 des Bürgerlichen Gesetzbuchs vorgesehenen Benachrichtigungen sind an den Empfänger zu richten. Ist dieser nicht zu ermitteln oder verweigert er die Annahme des Gutes, so hat die Androhung und Benachrichtigung gegenüber dem Absender zu erfolgen.[3])

Pr. Entw. Art. 509. **Entw. H** Art. 558 Abs. 1. **Prot.** S. 2348—2359, 3934—3938. A.D.H. Art. 624.

Zu §. 623.

1) a. Das dem Verfrachter nach § 623 zustehende Recht ist kein bloßes Zurückbehaltungsrecht, es hat aber auch innerhalb der dreißig Tage nicht die volle Wirkung des Pfandrechts, indem es nicht mehr verfolgbar ist, sobald das Gut nicht mehr im Besitze des Empfängers sich befindet. Ungeachtet dieser im Interesse des Verkehrs aufgenommenen Beschränkung ist es von großem praktischen Nutzen für den Verfrachter, weil er das Pfand, so lange er es in Händen hat, zum Behufe seiner Befriedigung verkaufen lassen kann, und weil er die Möglichkeit hat, noch eine Zeitlang nach der Ablieferung, wenn die Güter sich noch bei dem Ladungsempfänger befinden, zu seiner Befriedigung zu gelangen. Sollte dieser Zweck erreicht, und zugleich der Schiffer durch die ihm gebotene Sicherheit veranlaßt werden, nicht unverweilt seine Forderung geltend zu machen, sondern dem Empfänger eine entsprechende Zeit hindurch Vertrauen zu schenken, so durfte die Dauer des Pfandrechts nicht zu eng bemessen werden. (P. 2348—2354, 3934—3936.)

b. Rücksichtlich der Ausübung des ihm zustehenden Rechtes versteht es sich im Hinblick auf die besonderen Pflichten des Schiffers in Ansehung der Fürsorge für die ihm anvertrauten Waren von selbst, daß er — ungeachtet seines Pfandrechts — auf die Löschung der Ladung Bedacht nehmen muß, wenn längeres Verbleiben im Schiffe für dieselbe gefährlich ist. Wo der Schiffer in diesem Falle die Waren zu hinterlegen hat, ist im Gesetze nicht bestimmt. (P. 2356.)

c. Die gerichtliche Geltendmachung des Pfandrechts besteht entweder in der Klage auf Herausgabe des Pfandes zum Zwecke des Verkaufs (B.G. §. 1231) oder in dem Antrage auf Erlassung einer einstweiligen Verfügung. Im Konkurse gewährt das Pfandrecht einen Absonderungsanspruch (§. 49 Ziff. 2, Konk.O., §. 1257 B.G.), betreffs seiner Rangstellung innerhalb und außerhalb des Konkurses, vgl. §. 49 Abs. 2, Konk.O., Art. III, Ges. v. 17. Mai 1898. (R.G.Bl. 1898, S. 238.)

d. Das Pfandrecht des Verfrachters wird auch dann als fortbestehend erachtet werden müssen, wenn der Empfänger auch nur noch mittelbarer Besitzer (§. 868 B.G.) ist, z. B. wenn er das Gut anderweit verpfändet oder in Verwahrung gegeben hat.

2) a. Durch §. 366 Abs. 3 in Verbindung mit §. 366 Abs. 1 H.G.B. ist bestimmt, daß der Verfrachter, wenn er in gutem Glauben ist, auch an solchen Gütern ein Pfandrecht hat, die der Befrachter zu verpfänden nicht befugt ist. Vgl. §§. 1207, 1208 B.G.

b. Die Befriedigung des Verfrachters aus den Gütern ist nach den Vorschriften der §§. 1228 ff. B.G. unter Beachtung der Abs. 3 und 4 §. 623 H.G.B. zu bewirken.

Die ersteren lauten wie folgt:

Art der Befriedigung.

§. 1228. Die Befriedigung des Pfandgläubigers aus dem Pfande erfolgt durch Verkauf.

Der Pfandgläubiger ist zum Verkaufe berechtigt, sobald die Forderung ganz oder zum Theil fällig ist. Besteht der geschuldete Gegenstand nicht in Geld, so ist der Verkauf erst zulässig, wenn die Forderung in eine Geldforderung übergegangen ist.

Lex commissoria.

§. 1229. Eine vor dem Eintritte der Verkaufsberechtigung getroffene Vereinbarung, nach welcher dem Pfandgläubiger, falls er nicht oder nicht rechtzeitig befriedigt wird, das Eigenthum an der Sache zufallen oder übertragen werden soll, ist nichtig.

Gegenstand des Verkaufs.

§. 1230. Unter mehreren Pfändern kann der Pfandgläubiger, soweit nicht ein Anderes bestimmt ist, diejenigen auswählen, welche verkauft werden sollen. Er kann nur so viele Pfänder zum Verkaufe bringen, als zu seiner Befriedigung erforderlich sind.

Herausgabe zum Zwecke des Verkaufs.

§. 1231. Ist der Pfandgläubiger nicht im Alleinbesitze des Pfandes, so kann er nach dem Eintritte der Verkaufsberechtigung die Herausgabe des Pfandes zum Zwecke des Verkaufs fordern. Auf Verlangen des Verpfänders hat an Stelle der Herausgabe die Ablieferung an einen gemeinschaftlichen Verwahrer zu erfolgen; der Verwahrer hat sich bei der Ablieferung zu verpflichten, das Pfand zum Verkaufe bereitzustellen.

§. 1232. Der Pfandgläubiger ist nicht verpflichtet, einen ihm im Range nachstehenden Pfandgläubiger das Pfand zum Zwecke des Verkaufs herauszugeben. Ist er nicht im Besitze des Pfandes, so kann er, sofern er nicht selbst den Verkauf betreibt, dem Verkaufe durch einen nachstehenden Pfandgläubiger nicht widersprechen.

Ausführung des Verkaufs.

§. 1233. Der Verkauf des Pfandes ist nach den Vorschriften der §§. 1234—1240 zu bewirken.

Hat der Pfandgläubiger für sein Recht zum Verkauf einen vollstreckbaren Titel gegen den Eigenthümer erlangt, so kann er den Verkauf auch nach den für den Verkauf einer gepfändeten Sache geltenden Vorschriften bewirken lassen.

Androhung des Verkaufs.

§. 1234. Der Pfandgläubiger hat dem Eigenthümer den Verkauf vorher anzudrohen und dabei den Geldbetrag zu bezeichnen, wegen dessen der Verkauf stattfinden soll. Die Androhung kann erst nach dem Eintritte der Verkaufsberechtigung erfolgen; sie darf unterbleiben, wenn sie unthunlich ist.

Der Verkauf darf nicht vor dem Ablauf eines Monats nach der Androhung erfolgen. Ist die Androhung unthunlich, so wird der Monat von dem Eintritte der Verkaufsberechtigung an berechnet.

Öffentliche Versteigerung.

§. 1235. Der Verkauf des Pfandes ist im Wege öffentlicher Versteigerung zu bewirken.

Hat das Pfand einen Börsen- oder Marktpreis, so findet die Vorschrift des §. 1221 Anwendung.

§. 1221. Hat das Pfand einen Börsen- oder Marktpreis, so kann der Pfandgläubiger den Verkauf aus freier Hand durch einen zu solchen Verkäufen öffentlich ermächtigten Handelsmäkler oder durch eine zur öffentlichen Versteigerung befugte Person zum laufenden Preise bewirken.

§. 1236. Die Versteigerung hat an dem Orte zu erfolgen, an dem das Pfand aufbewahrt wird. Ist von einer Versteigerung an dem Aufbewahrungsort ein angemessener Erfolg nicht zu erwarten, so ist das Pfand an einem geeigneten anderen Orte zu versteigern.

Bekanntmachung.

§. 1237. Zeit und Ort der Versteigerung sind unter allgemeiner Bezeichnung des Pfandes öffentlich bekannt zu machen. Der Eigenthümer und Dritte, denen Rechte an dem Pfande zustehen, sind besonders zu benachrichtigen; die Benachrichtigung darf unterbleiben, wenn sie unthunlich ist.

Entrichtung des Kaufpreises.

§. 1238. Das Pfand darf nur mit der Bestimmung verkauft werden, dass der Käufer den Kaufpreis sofort baar zu entrichten hat und seiner Rechte verlustig sein soll, wenn dies nicht geschieht.

Erfolgt der Verkauf ohne diese Bestimmung, so ist der Kaufpreis als von dem Pfandgläubiger empfangen anzusehen; die Rechte des Pfandgläubigers gegen den Ersteher bleiben unberührt. Unterbleibt die sofortige Entrichtung des Kaufpreises, so gilt das Gleiche, wenn nicht vor dem Schlusse des Versteigerungstermins von dem Vorbehalte der Rechtsverwirkung Gebrauch gemacht wird.

§. 1239. Der Pfandgläubiger und der Eigenthümer können bei der Versteigerung mitbieten. Erhält der Pfandgläubiger den Zuschlag, so ist der Kaufpreis als von ihm empfangen anzusehen.

Das Gebot des Eigenthümers darf zurückgewiesen werden, wenn nicht der Betrag baar erlegt wird. Das Gleiche gilt von dem Gebote des Schuldners, wenn das Pfand für eine fremde Schuld haftet.

Gold- und Silbersachen.

§. 1240. Gold- und Silbersachen dürfen nicht unter dem Gold- oder Silberwerthe zugeschlagen werden.

Wird ein genügendes Gebot nicht abgegeben, so kann der Verkauf durch eine zur öffentlichen Versteigerung befugte Person aus freier Hand zu einem den Gold- oder Silberwerth erreichenden Preise erfolgen.

Nachricht vom Pfandverkauf.

§. 1241. Der Pfandgläubiger hat den Eigenthümer von dem Verkaufe des Pfandes und dem Ergebniss unverzüglich zu benachrichtigen, sofern nicht die Benachrichtigung unthunlich ist.

Danach stellt sich die Rechtslage folgendermaßen:

Die Befriedigung des Verfrachters erfolgt durch außergerichtlichen Verkauf des Gutes, der Verkauf ist zulässig, sobald die Forderung des Verfrachters ganz oder zum Teil fällig ist. §. 1228 B.G.

Der Verfrachter hat die Wahl, welches Stück aus dem Frachtgute er zum Verkaufe bringen will. §. 1230.

Dem Verkaufe muß eine Androhung des Pfandverkaufs vorausgehen. Diese Androhung ist an den Empfänger des Gutes, und wenn dieser nicht zu ermitteln ist oder die Annahme des Gutes verweigert, an den Absender zu richten. Die Androhung kann wirksam erst nach dem Eintritte der Verkaufsberechtigung erfolgen. §. 1234 Abs. 1 B.G. Ist die Androhung unthunlich, so kann sie unterbleiben. §. 1234 Abs. 2.

Der Verkauf darf nicht vor dem Ablaufe einer Woche nach der Androhung erfolgen. §. 368 H.G.B. Ist die Androhung unthunlich, so wird die Frist von dem Eintritte der Verkaufsberechtigung an berechnet. §. 1234 a. E.

Der Verkauf ist im Wege öffentlicher Versteigerung zu bewirken. Hat das Gut einen Börsen- oder Marktpreis, so kann der Verkauf freihändig durch einen zu solchen Verkäufen öffentlich ermächtigten Handelsmäkler oder durch eine zur öffentlichen Versteigerung befugte Person zum laufenden Preise bewirkt werden. §§. 1235, 1221 B.G.

Zeit und Ort der Versteigerung sind unter allgemeiner Bezeichnung der zum Verkaufe stehenden Sachen öffentlich bekannt zu machen. Der Empfänger, bezw. unter den Voraussetzungen des letzten Satzes des §. 623 H.G.B. der Absender, sind von der Zeit und dem Orte der Versteigerung sowie von dem Verkaufe des Gutes und dem Ergebnisse unverzüglich zu benachrichtigen, sofern nicht die Benachrichtigung unthunlich ist. §§. 1237, 1241 B.G. Das Pfand darf nur gegen Barzahlung verkauft werden. §. 1238. Gold- und Silbersachen dürfen nicht unter dem Gold- oder Silberwerte zugeschlagen werden.

c. Der frühere Art. 626 A.D.H., welcher für die Ausübung des Pfandrechts durch Verkauf der Güter eine gerichtliche Anordnung erforderte, ist in das H.G.B. nicht übernommen.

3) Der letzte Satz des §. 623 Abs. 4, welcher der Vorschrift des §. 440 H.G.B. entspricht, ist von der Reichstagskommission hinzugefügt worden. Mugdan S. 641.

§. 624.

Auslieferung der Güter nach Hinterlegung der Forderung des Verfrachters.

Im Falle des Streites über die Forderungen des Verfrachters ist dieser zur Auslieferung der Güter verpflichtet, sobald die streitige Summe öffentlich hinterlegt ist.

Nach der Ablieferung der Güter ist der Verfrachter zur Erhebung der hinterlegten Summe gegen angemessene Sicherheitsleistung berechtigt.[1])

Pr. Entw. Art. 509. **Entw. H** Art 558 Abs. 2. **Prot.** S. 2348—2357, 3934. A.D.H. Art. 625.

Zu §. 624.

1) Das Gesetz hat dafür Vorsorge zu treffen, daß bei Streitigkeiten zwischen dem Empfänger und dem Verfrachter die dem ersteren zustehenden Einwendungen gegen die Zahlung der Fracht nicht durch Ausübung der Retentionsbefugnis seitens des Schiffers vereitelt werden, und daß der letztere möglichst schnell zu seiner Befriedigung gelange, ohne dadurch die Interessen des Empfängers zu gefährden. Beides glaubte man in den meisten Fällen durch die Vorschrift des §. 624 erreichen zu können. (P. 2351.)

XI. Rückgriff des Verfrachters an den Befrachter (§§. 625—627).

§. 625.

Nach Auslieferung der Güter.

Hat der Verfrachter die Güter ausgeliefert, so kann er sich wegen der gegen den Empfänger ihm zustehenden Forderungen (§. 614) nicht an dem Befrachter erholen.[1]) Nur soweit sich der Befrachter mit dem Schaden des Verfrachters bereichern würde, findet ein Rückgriff statt.[2])

Pr. Entw. Art. 511. **Entw. H** Art. 560. **Prot.** S. 2361—2366, 3938—3941. A.D.H. Art. 627.

Zu §. 625.

1) Der Befrachter ist der ursprüngliche Schuldner des Verfrachters aus dem Frachtvertrage und demnach persönlich für die Fracht verpflichtet. Indem er aber Ladung übergiebt oder übergeben läßt, weist er den Verfrachter ausdrücklich oder stillschweigend an, die Fracht von dem Ladungsempfänger und allenfalls durch Verkauf der Ladung zu erheben. Es ist deshalb angemessen, daß diese Anweisung wie eine Zahlung angesehen wird, wenn die Auslieferung der Güter ohne Frachtzahlung erfolgt.

2) Dies würde z. B. vorkommen können, wenn Befrachter und Empfänger juristisch eine und dieselbe Person wären, der erstere sich somit durch den Untergang des Rückgriffsrechts auf Kosten des Verfrachters bereichern würde (P. 2363, 3939). Einen anderen Fall s. R.O.H. Bd. 21, S. 420.

§. 626. **Nach Pfandverkauf.**

Hat der Verfrachter die Güter nicht ausgeliefert und von dem Rechte des Pfandverkaufs Gebrauch gemacht, jedoch durch den Verkauf seine vollständige Befriedigung nicht erhalten, so kann er sich an dem Befrachter erholen, soweit er wegen seiner Forderungen aus dem zwischen ihm und dem Befrachter abgeschlossenen Frachtvertrage nicht befriedigt ist.

Pr. Entw. Art 511. **Entw. II** Art. 560. **Prot.** S. 2361—2366, 3939—3941. **A.D.H.** Art. 628.

§. 627.

Bei Nichtabnahme der Güter seitens des Empfängers.

Werden die Güter vom Empfänger nicht abgenommen, so ist der Befrachter verpflichtet, den Verfrachter wegen der Fracht und der übrigen Forderungen dem Frachtvertrage gemäß zu befriedigen.

Bei der Abnahme der Güter durch den Befrachter kommen die Vorschriften der §§. 592 bis 624 mit der Maßgabe zur Anwendung, daß an die Stelle des Empfängers der Befrachter tritt. Insbesondere steht in einem solchen Falle dem Verfrachter wegen seiner Forderungen das Zurückbehaltungs- und Pfandrecht an den Gütern nach den Vorschriften der §§. 623, 624 sowie das im §. 615 bezeichnete Recht zu.[1])

Pr. Entw. Art. 511. **Entw. II** Art. 560. **Prot.** S. 2361—2366, 3939—3941. **A.D.H.** Art. 629.

Zu §. 627.

1) Für den Fall des Konkurses des Befrachters kommt deshalb §. 49 Ziff. 2. Konk.O. zur Anwendung.

XII. Auflösung des Frachtvertrags (§§. 628—641).

§. 628.[1])

Wegen zufälliger Unmöglichkeit des Reiseantritts.

Der Frachtvertrag tritt außer Kraft, ohne daß ein Theil zur Entschädigung des anderen verpflichtet ist, wenn vor dem Antritte der Reise durch einen Zufall:

1. das Schiff verloren geht, insbesondere
   wenn es verunglückt,

wenn es als reparaturunfähig oder reparaturunwürdig kondemnirt (§. 479) und in dem letzteren Falle unverzüglich öffentlich verkauft wird,

wenn es geraubt wird,

wenn es aufgebracht oder angehalten und für gute Prise erklärt wird, oder

2. die im Frachtvertrage nicht blos nach Art oder Gattung, sondern speziell bezeichneten Güter verloren gehen
oder

3. die nicht im Frachtvertrage speziell bezeichneten Güter verloren gehen, nachdem sie bereits an Bord gebracht oder behufs der Einladung in das Schiff an der Ladungsstelle vom Schiffer übernommen worden sind.

Gehen im Falle des Abs. 1 Nr. 3 die Güter noch innerhalb der Wartezeit (§. 579) verloren, so tritt der Vertrag nicht außer Kraft, sofern der Befrachter sich unverzüglich bereit erklärt, statt der verloren gegangenen andere Güter (§. 562) zu liefern, und mit der Lieferung noch innerhalb der Wartezeit beginnt. Er hat die Abladung der anderen Güter binnen kürzester Frist zu vollenden, die Mehrkosten dieser Abladung zu tragen und, soweit durch sie die Wartezeit überschritten wird, den dem Verfrachter daraus entstehenden Schaden zu ersetzen.

Pr. Entw. Art. 512. **Entw. H** Art. 561. **Prot.** S. 2366—2394, 3947—3952, 3963 bis 3965, 3997. **A.D.H.** Art. 630.

Zu §. 628.

1) a. Das H.G B. unterscheidet zwischen denjenigen Fällen. in welchen in dem zufälligen Ereignisse eine unwiderstehlich wirkende Hinderungsursache gegen die Ausführung des Transports, eine offenbar physische oder rechtliche Unmöglichkeit derselben liegt (§. 628), und denjenigen, in welchen die Ausführung des Transports nicht absolut unmöglich, aber gefährlich ist und es darauf ankommt, vorläufig zu ermitteln, ob die Hinderungsursache eine dauernde ist und als solche nach den konkreten Verhältnissen des Vertrages von den Beteiligten anerkannt werden muß (§. 629). In den Fällen ersterer Art löst sich der Vertrag ipso jure auf, in denen der letzteren Art haben die Kontrahenten nur ein Rücktrittsrecht vom Vertrage.

b. Im §. 628 sind nur einzelne Fälle der Auflösung des Vertrages angeführt, weil man für die nicht ausdrücklich genannten Fälle die allgemeinen Grundsätze über Rechtsanalogieen als genügend erachtete (P. 2391). Die Ausführung des Transports wird unmöglich, wenn das Schiff oder alle individuell im Frachtvertrage bezeichneten Ladungsgüter verloren gehen. Der Spezialisierung der Güter steht der Fall gleich, wenn die generell bezeichneten bereits an Bord gebracht oder von dem Schiffer behufs Einladung an der Ladungsstelle (P. 2371) übernommen sind. Als Uebernahme ist es dagegen nicht anzusehen (P. 3952), wenn die Güter einseitig vom Befrachter für die Verschiffung ausgeschieden worden oder vom Lande geschieden sind, ohne daß der Schiffer sie übernommen hat. Im Einklang mit §. 562 und aus Zweckmäßigkeitsrücksichten (P. 2380) ist dem Befrachter, wenn die vom Schiffer übernommenen und im Frachtvertrage nicht speziell bezeichneten Güter während der Wartezeit sämtlich (P. 3951) untergehen, das Recht zugestanden worden, eine andere Ladung zu substituieren. Eine schleunige Erklärung, ob der Befrachter von dem Substitutionsrechte Gebrauch machen wolle, ist jedoch für erforderlich angesehen worden (P. 3964), da sonst der Verfrachter Gefahr laufen würde, seinen Anspruch auf Liegegeld beanstandet zu sehen, wenn er bis zum Ablauf der Lade- und Überliegezeit gewartet hat und der Befrachter demnächst erst seinen Rücktritt vom Vertrage erklärt, oder wegen Vertragsbruchs in Anspruch genommen zu werden, wenn er früher abgeht und der Befrachter eine andere Ladung liefern wollte.

c. Die Auflösung des Frachtvertrags gemäß §. 628 ist immer nur für die Zukunft wirksam und hat nicht die Aufhebung der Verpflichtung zur Bezahlung des bereits erwachsenen Liegegeldes u. dgl. zur Folge. (P. 3965.)

§. 629.[1])

Rücktritt vom Vertrage wegen Verhinderung des Reiseantritts.

Jeder Theil ist befugt, von dem Vertrage zurückzutreten, ohne zur Entschädigung verpflichtet zu sein:

1. wenn vor dem Antritte der Reise
   das Schiff mit Embargo[2]) belegt oder für den Dienst des Reichs oder einer fremden Macht in Beschlag genommen,
   der Handel mit dem Bestimmungsort untersagt,
   der Abladungs- oder Bestimmungshafen blokirt,[3])
   die Ausfuhr der nach dem Frachtvertrage zu verschiffenden Güter aus dem Abladungshafen oder ihre Einfuhr in den Bestimmungshafen verboten,
   durch eine andere Verfügung von hoher Hand das Schiff am Auslaufen oder die Reise oder die Versendung der nach dem Frachtvertrage zu liefernden Güter verhindert wird.

   In allen diesen Fällen berechtigt jedoch die Verfügung von hoher Hand nur dann zum Rücktritte, wenn das eingetretene Hinderniß nicht voraussichtlich von nur unerheblicher Dauer ist;[4])
2. wenn vor dem Antritte der Reise ein Krieg ausbricht, in Folge dessen das Schiff oder die nach dem Frachtvertrage zu verschiffenden Güter oder beide nicht mehr als frei betrachtet werden können und der Gefahr der Aufbringung ausgesetzt würden.[5])

Die Ausübung der im §. 562 dem Befrachter ertheilten Befugniß wird durch diese Vorschriften nicht ausgeschlossen.

Pr. Entw. Art. 512. **Entw. II** Art. 562. **Prot.** S. 3965—3968, 3992—3994. **A.D.H.** Art. 631.

Zu §. 629.

1) Ob eine der in §. 629 erwähnten Voraussetzungen für den Rücktritt vom Vertrage vorliegt, das bestimmt sich nach völkerrechtlichen Normen. Die bloße Gefahr, daß völkerrechtwidrig im Gegensatz zu den von den kriegführenden Teilen abgegebenen Erklärungen unberechtigte Aufbringungen geschehen, oder daß aus dem nach Völkerrecht zulässigen Anhalten oder Durchsuchen neutraler Schiffe Belästigungen entstehen, giebt keinen Grund zum Rücktritt von dem Vertrage.

2) **Embargo (embargar** span. anhalten) ist das Anhalten von Schiffen und deren Gütern infolge eines Handelsverbots, der Vorläufer des Krieges und der Anfang feindlicher Behandlung.

3) Blokade ist die teilweise oder gänzliche Sperrung von feindlichen Häfen, Flußmündungen, Festungen, oder ganzer Küsten- und Länderstrecken gegen den Verkehr durch eine Kriegspartei.

4) Man bemerkte (P. 2388): Bei Verfügungen von hoher Hand, die nur von kurzer Dauer seien, werde kein Richter annehmen, daß die Ausführung des Frachtvertrages dadurch verhindert

sei; jeder Richter werde sie nur als Verzögerung der Reise ansehen, wenn anders nicht gerade die kurze von der Verfügung betroffene Zeit für den Frachtvertrag entscheidend und der gewollte Transport dadurch unmöglich geworden sei. — Welche Frist abzuwarten sei, hat man hier allgemein zu bestimmen nicht für nötig gehalten (P. 2404), weil im Abladungshafen in der Regel der Befrachter oder ein Korrespondent anwesend sein würden und etwaige Differenzen darüber, ob das Hindernis als ein dauerndes anzusehen sei, leicht ausgleichen könnten. Für den Fall, daß solche Hindernisse nach Antritt der Reise eintreten, hat man dagegen bestimmte Fristen vorgeschrieben (§. 634 Abs. 2).

5) Durch die bloße Unfreiheit von Schiff und Ladung wird die Ausführung des Frachtvertrages weder physisch unmöglich, noch unerlaubt, vielmehr nur gefährlich; deshalb ist bei Eintritt eines solchen Ereignisses der Frachtvertrag nicht als **ipso jure** aufgelöst, vielmehr nur als von jeder Seite ohne Entschädigung kündbar angesehen worden, wofür auch die Erwägung sprach (P. 2390), daß die Auflösung des Frachtvertrags wegen eines Krieges sehr oft geradezu gegen die Absicht der Kontrahenten verstoßen würde.

§. 630.

Auflösung des Vertrages nach Antritt der Reise. Distanzfracht.

Geht das Schiff nach dem Antritte der Reise durch einen Zufall verloren (§. 628 Abs. 1 Nr. 1), so endet der Frachtvertrag.[1]) Jedoch hat der Befrachter, soweit Güter geborgen oder gerettet werden,[2]) die Fracht im Verhältnisse der zurückgelegten zur ganzen Reise zu zahlen (Distanzfracht).

Die Distanzfracht ist nur soweit zu zahlen, als der gerettete Werth der Güter reicht.[3])

Pr. Entw. Art. 513. **Entw. H** Art. 563. **Prot.** S. 2394—2400, 3968—3971, 3997. **A.D.H.** Art. 632.

Zu §. 630.

1) a. Vgl. Anm. zu §. 628. Die durch Zufall eingetretene Unmöglichkeit der Leistung des einen Kontrahenten befreit den anderen von der Gegenleistung; die Ausführung des Transports durch das konkrete Schiff ist ein Essentiale des Frachtvertrags (§. 565); daher bewirkt der kasuelle Untergang des Schiffes sowohl vor (§. 628 Ziff. 1), als nach Antritt der Reise (§. 630) die Auflösung des Frachtvertrags (P. 2367, 2394). Vgl. R.G. XXXVIII, 145.

b. Welche Folgen der Verlust des Schiffes durch Verschulden der Kontrahenten hat, ist im Gesetze nicht entschieden. In der Konferenz wurde geltend gemacht, daß in diesem Falle kein Teil vom andern mehr die Ausführung des Transports verlangen könne, daß aber der Vertrag insoweit fortwirke, als der Anspruch auf Ersatz des Interesses, beziehungsweise auf Zahlung der vollen Fracht bestehen bleibe. (P. 3969.)

2) Wann Güter als geborgen oder gerettet anzusehen sind, darüber s. R.G. XIII, 124.

3) a. Das Prinzip der Distanzfracht ist in den meisten Ländern als das richtige anerkannt; es liegt in der Billigkeit, daß der Schiffer, welcher einen Teil der Reise zurückgelegt hat, verhältnismäßig entschädigt wird. Die Beschränkung der Verbindlichkeit zur Bezahlung der Distanzfracht auf den durch den geretteten Wert der Güter gedeckten Betrag wurde damit gerechtfertigt (P. 2399), daß in solchen Fällen dem Empfänger die Güter in der Regel an einem ganz anderen Orte angeboten würden, als wohin sie bestimmt gewesen seien und für welchen die Interessenten die Aufwendung der Fracht 2c. als angemessen erachtet hätten, daß sie an einem solchen Orte aber zu der betreffenden Zeit vielleicht nur einen ganz geringen Wert hätten, der Empfänger oder Befrachter sonach durch die Verpflichtung, die Fracht, soweit sie durch die geborgenen Güter nicht gedeckt sei, aus seinem übrigen Vermögen zu bezahlen, unbilliger Weise belästigt und die Gefahr der Fracht zu tragen gezwungen würde.

b. Für die Entscheidung der Frage, ob Distanzfracht zu zahlen sei, ist dasjenige Recht maßgebend, welches an dem Orte der Ausantwortung der Ladung gilt. R.G. XXXVIII, 146.

§. 631. Berechnung der Distanzfracht.

Bei der Berechnung der Distanzfracht kommt in Anschlag nicht allein das Verhältniß der bereits zurückgelegten zu der noch zurückzulegenden Entfernung, sondern auch das Verhältniß des Aufwandes an Kosten und Zeit, der Gefahren und Mühen, welche durchschnittlich mit dem vollendeten Theile der Reise verbunden sind, zu denen des nicht vollendeten Theiles.[1])

Pr. Entw. Art. — **Entw. H** Art. 564. **Prot.** S. 2399, 2400, 3976. **A.D.H.** Art. 633.

Zu §. 631.

1) Für die Bestimmung der Höhe der Distanzfracht ist nicht bloß die Erwägung maßgebend gewesen, wieviel der Schiffer dem Befrachter durch die teilweise Ausführung des Transports genützt hat, um wieviel sich letzterer also bereichern würde, wenn er nicht einen Teil der Fracht zu entrichten hätte, sondern es sind auch die Opfer berücksichtigt worden, welche der Verfrachter dem Befrachter durch den Dienst mit seinem Schiffe gebracht hat; wäre nur die erstere Rücksicht beachtet worden, so hatte der Verfrachter (P. 2412) bei der Zurückführung der Ladung in den Abgangshafen oder bei Löschung derselben an einem Orte, an welchem die Ware weniger als im Abgangshafen wert ist, gar nichts bekommen können.

§. 632.

Sorge des Schiffers für die Ladung nach Auflösung des Frachtvertrags.

Die Auflösung des Frachtvertrags ändert nichts in den Verpflichtungen des Schiffers, bei Abwesenheit der Betheiligten auch nach dem Verluste des Schiffes für das Beste der Ladung zu sorgen[1]) (§§. 535 bis 537). Der Schiffer ist demzufolge berechtigt und verpflichtet, und zwar im Falle der Dringlichkeit auch ohne vorherige Anfrage, je nachdem es den Umständen entspricht, entweder die Ladung für Rechnung der Betheiligten mittelst eines anderen Schiffes nach dem Bestimmungshafen befördern zu lassen oder die Auflagerung oder den Verkauf der Ladung zu bewirken und im Falle der Weiterbeförderung oder Auflagerung, behufs der Beschaffung der hierzu sowie zur Erhaltung der Ladung nöthigen Mittel, einen Theil davon zu verkaufen oder im Falle der Weiterbeförderung die Ladung ganz oder zu einem Theile zu verbodmen.[2])

Der Schiffer ist jedoch nicht verpflichtet, die Ladung auszuantworten oder zur Weiterbeförderung einem anderen Schiffer zu übergeben, bevor die Distanzfracht nebst den sonstigen Forderungen des Verfrachters (§. 614) und die auf der Ladung haftenden Beiträge zur großen Haverei, Bergungs- und Hülfskosten und Bodmereigelder bezahlt oder sichergestellt sind.

Auch für die Erfüllung der nach Abs. 1 dem Schiffer obliegenden Pflichten haftet der Rheder mit dem Schiffe, soweit etwas davon gerettet ist, und mit der Fracht.[3])

Pr. Entw. Art. — **Entw. H** Art. 563 Abs. 3. **Prot.** S. 2394—2399, 3971—3975, 4306, 4307. **A.D.H.** Art. 634.

Zu §. 632.

1) a. Diejenigen Obliegenheiten, die der Schiffer als gesetzlicher Vertreter der Ladung hat, bestehen auch nach der Aufhebung des Frachtvertrags, wenn die Interessenten nicht zur Stelle sind, fort; er bleibt also auch nachher verpflichtet, diejenigen Maßregeln im Interesse der Ladung zu ergreifen, welche nach den Umständen des Falles als die angemessensten erscheinen. Was er in dieser Beziehung thut, geschieht nicht zum Vollzuge des einmal erloschenen Frachtvertrags, sondern nur zur Erfüllung seiner eben erwähnten anderweitigen Verpflichtungen, giebt ihm also kein Recht auf Entrichtung der vollen Fracht, sondern nur auf Ersatz seiner Auslagen, so daß, wenn der Weitertransport mehr als die Fracht beträgt, der Schaden den Befrachter trifft, dem aber auch der Vorteil gebührt, wenn der Schiffer eine günstigere Transportgelegenheit gefunden haben sollte. (P. 2394.) Vgl. auch Anm. 1a zu §. 535.

b. Die dem Schiffer hier auferlegte Verbindlichkeit erreicht ihr Ende, sobald die Ladung einen Vertreter gefunden hat, wie aus den Worten: „bei Abwesenheit der Beteiligten" zu entnehmen ist. Aus §. 632 geht nicht hervor, daß der Schiffer die ihm daselbst auferlegten Verpflichtungen unentgeltlich zu leisten hat (R.O.H. Bd. 15, S. 66).

2) Der österreichische Entw. (§. 106), welcher die Grundlage dieses §. bildet, spezialisierte die Rechte und Pflichten des Verfrachters in dem Falle des Verlustes des Schiffes nicht. In der von einem Abgeordneten eingebrachten Vorlage war die Beförderung der Ladung in den Bestimmungshafen mittels eines anderen Schiffes davon abhängig gemacht, ob der Transport ohne unverhältnismäßigen Aufwand thunlich sei. Bei der Beratung wurde zwar geltend gemacht (P. 3972), daß in der größeren Mehrzahl der Fälle diese Bestimmung zweckmäßig sei, weil durch Aufwendung unverhältnismäßiger Transportkosten die Interessen der Ladungsbeteiligten erfahrungsmäßig sehr häufig in hohem Grade gefährdet würden, man nahm aber von Aufnahme weiterer Instruktionen für den Schiffer, wann er die eine oder andere Maßregel treffen solle, Abstand, weil hierbei die ganze Sachlage in Betracht zu ziehen sei.

3) Die Beibehaltung des letzten Abs. d. §. wurde für notwendig gehalten (P. 4307), um den Zweifel zu beseitigen, ob der Rheder überhaupt zu haften hat, weil der Schiffer in den Fällen des Abs. 1 d. §. nach Auflösung des Frachtvertrags ausschließlich als Vertreter der Ladungsinteressenten handelt.

§. 633.

Auflösung des Vertrages infolge zufälligen Verlustes des Frachtguts.

Gehen nach dem Antritte der Reise die Güter durch einen Zufall verloren, so endet der Frachtvertrag, ohne daß ein Theil zur Entschädigung des anderen verpflichtet ist; insbesondere ist die Fracht weder ganz noch theilweise zu zahlen, sofern nicht im §. 618 das Gegentheil bestimmt ist.

Pr. Entw. Art. — **Entw. II** Art. — **Prot.** S. 3976. **A.D.H.** Art. 635.

§. 634.

Rücktritt vom Vertrage wegen Hinderung der Reisefortsetzung.

Ereignet sich nach dem Antritte der Reise einer der im §. 629 erwähnten Zufälle, so ist jeder Theil befugt, von dem Vertrage zurückzutreten, ohne zur Entschädigung verpflichtet zu sein.

Tritt jedoch einer der im §. 629 Abs. 1 Nr. 1 bezeichneten Zufälle ein, so muß, bevor der Rücktritt stattfindet, auf die Beseitigung des Hindernisses drei oder fünf Monate gewartet werden, je nachdem sich das Schiff in einem europäischen oder in einem außereuropäischen Hafen befindet.[1])

Die Frist wird, wenn der Schiffer das Hinderniß während des Aufenthalts in einem Hafen erfährt, von dem Tage der erhaltenen Kunde, anderenfalls von dem Tage an berechnet, an welchem der Schiffer, nachdem er davon in Kenntniß gesetzt worden ist, mit dem Schiffe zuerst einen Hafen erreicht.

Die Ausladung des Schiffes erfolgt mangels einer anderweitigen Vereinbarung in dem Hafen, in welchem es sich zur Zeit der Erklärung des Rücktritts befindet.

Für den zurückgelegten Theil der Reise ist der Befrachter Distanzfracht (§§. 630, 631) zu zahlen verpflichtet.

Ist das Schiff in Folge des Hindernisses in den Abgangshafen oder in einen anderen Hafen zurückgekehrt, so wird bei der Berechnung der Distanzfracht der dem Bestimmungshafen nächste Punkt, welchen das Schiff erreicht hat, behufs der Feststellung der zurückgelegten Entfernung zum Anhalte genommen.[2])

Der Schiffer ist auch in den vorstehenden Fällen verpflichtet, vor und nach der Auflösung des Frachtvertrags für das Beste der Ladung nach Maßgabe der §§. 535 bis 537, 632 zu sorgen.

Pr. Entw. Art. 514. **Entw. II** Art. 565. **Prot.** S. 2401—2408, 2411, 3976—3979, 3983—3985. **A.D.H.** Art. 636.

Zu §. 634.

1) a. Die Fixierung der Frist, welche vor Erklärung des Rücktritts abzuwarten ist, wenn sich einer der im §. 629 Ziff. 1 erwähnten Zufälle nach Antritt der Reise ereignet, ist wichtig für den Verfrachter, um einen sicheren Anhaltspunkt zu haben, wann er ohne Gefahr vom Vertrage zurücktreten kann, und nicht minder für den Befrachter, indem er durch die Festsetzung der Frist eine Bürgschaft dafür hat, daß der Schiffer nicht allzuschnell den Weitertransport aufgiebt und die Ladung am ungünstigen Orte löscht. Die Fristen müssen geräumig fixiert werden, damit der Befrachter Gelegenheit hat, die erforderlichen Instruktionen zu erteilen. Mit Rücksicht hierauf ist die Dauer der Frist, welche übrigens vertraglich anders festgesetzt werden kann, verschieden normiert je nach dem Orte, wo das Schiff sich befindet, während in dieser Beziehung der Bestimmungsort gleichgiltig ist. (P. 2404—2407.) — Vgl. §. 483.

b) Die hier bestimmte Frist muß auch dann abgewartet werden (P. 2407), wenn von Anfang an klar sein sollte, daß die Verhinderung langer dauern würde.

2) Der Schiffer erhält in den Fällen dieses §. immer nur Distanzfracht, für welche der entfernteste Punkt entscheidend ist, den er unter ordnungsmäßiger Ausführung der Reise erreicht hat, selbst wenn dieser Ort nach Längen- und Breitengrade deshalb berechnet werden müßte, weil der Schiffer auf offener See umgekehrt und in den Abgangshafen zurückgekehrt ist. (P. 2412, 3978.)

§. 635.[1])

Aufenthaltskosten bei Hinderung der Reise nach Vollendung der Abladung.

Muß das Schiff, nachdem es die Ladung eingenommen hat, vor dem Antritte der Reise im Abladungshafen oder nach dem Antritte der Reise in einem Zwischen-

oder Nothhafen in Folge eines der im §. 629 erwähnten Ereignisse liegen bleiben, so werden die Kosten des Aufenthalts, auch wenn die Erfordernisse der großen Haverei nicht vorliegen,[2]) über Schiff, Fracht und Ladung nach den Grundsätzen der großen Haverei vertheilt, gleichviel ob demnächst der Vertrag aufgehoben oder vollständig erfüllt wird. Zu den Kosten des Aufenthalts werden alle im §. 706 Nr. 4 Abs. 2 aufgeführten Kosten gezählt, diejenigen des Ein- und Auslaufens jedoch nur, wenn wegen des Hindernisses ein Nothhafen angelaufen ist.

Pr. Entw. Art. — **Entw. II** Art. 566. **Prot.** S. 2408—2411, 2438—2441, 2674—2677, 2694, 3979. **A.D.H.** Art. 637.

Zu §. 635.

1) **a.** Nach Vollendung der Abladung ist eine Gemeinschaft zwischen Schiff und Ladung eingetreten. Die Folge hiervon ist die gemeinsame Tragung des Zufalls (der Aufenthaltskosten). Vor Vollendung der Abladung besteht eine solche noch nicht; jeder Teil hat deshalb den ihn betreffenden Schaden zu tragen. (P. 2408—2411.) Vgl. jedoch R.O.H. Bd. 7, S. 171; Steg. Bd. 8, S. 171.

b. §. 635 findet auch auf Stückgüterladungen unbedingte Anwendung (vgl. §. 641), und zwar werden die Kosten des Aufenthalts nicht nur auf die etwa durch den Zufall betroffenen Güter, sondern auch auf den nicht betroffenen Teil der Ladung mitverteilt. (P. 2438—2441.)

2) Die große Haverei ist als vorhanden anzusehen, wenn es sich um ein positives Handeln, ein freiwilliges Opfer, zur Rettung aus einer gegenwärtigen, Schiff und Ladung unmittelbar bedrohenden Gefahr gehandelt hat. (§. 700.) Befindet sich das Schiff aber schon in einem Hafen, so soll nicht erst etwas Positives geschehen, um die Gefahr zu beseitigen, sondern nur etwas unterlassen werden, was Schiff und Ladung erst der Gefahr aussetzen würde. Im Falle des Embargo, des Arrestes u. dgl. fehlt auch das Erfordernis der Freiwilligkeit des Opfers. Es liegen also in den bezeichneten Fällen nicht die Erfordernisse der großen Haverei vor. (P. 2677.)

§. 636.[1])

Zufälliger Verlust oder Reisehinderung bezüglich eines Ladungsteils. Fautfracht.

Wird nur ein Theil der Ladung vor dem Antritte der Reise durch einen Zufall betroffen, der, wenn er die ganze Ladung betroffen hätte, nach den §§. 628, 629 den Vertrag aufgelöst oder die Parteien zum Rücktritte berechtigt haben würde, so ist der Befrachter nur befugt, entweder statt der vertragsmäßigen andere Güter abzuladen, sofern durch deren Beförderung die Lage des Verfrachters nicht erschwert wird (§. 562), oder von dem Vertrag unter der Verpflichtung zurückzutreten, die Hälfte der bedungenen Fracht und die sonstigen Forderungen des Verfrachters zu berichtigen (§§. 580, 581). Bei der Ausübung dieser Rechte ist der Befrachter nicht an die sonst einzuhaltende Zeit gebunden; er hat sich aber ohne Verzug zu erklären, von welchem der beiden Rechte er Gebrauch machen wolle, und, wenn er die Abladung anderer Güter wählt, die Abladung binnen kürzester Frist zu bewirken, auch die Mehrkosten dieser Abladung zu tragen und, soweit durch sie die Wartezeit überschritten wird, den dem Verfrachter daraus entstehenden Schaden zu ersetzen.

Macht er von keinem der beiden Rechte Gebrauch, so hat er auch für den durch den Zufall betroffenen Theil der Ladung die volle Fracht zu entrichten.

Den durch Krieg, durch ein Einfuhr- oder Ausfuhrverbot oder durch eine andere Verfügung von hoher Hand unfrei gewordenen Theil der Ladung ist er jedenfalls aus dem Schiffe herauszunehmen verbunden.

Tritt der Zufall nach dem Antritte der Reise ein, so hat der Befrachter für den dadurch betroffenen Theil der Ladung die volle Fracht auch dann zu entrichten, wenn der Schiffer diesen Theil in einem anderen als dem Bestimmungshafen zu löschen sich genöthigt gefunden und hierauf mit oder ohne Aufenthalt die Reise fortgesetzt hat.[2])

Die Vorschriften der §§. 617, 618 bleiben unberührt.

Pr. Entw. Art. — **Entw. H** Art. 567. **Prot.** S. 2414—2421, 2467, 2468, 3979. **A.D.H.** Art. 638.

Zu §. 636.

1) §. 636 bestimmt die Wirkungen, welche dann eintreten, wenn die Zufälle, die nach den §§. 628 u. 629, falls sie die ganze Ladung betreffen, die Auflösung oder die Auflösbarkeit des Frachtvertrages zur Folge hätten, nur einen Teil der Ladung betreffen. Die Abs. 1 u. 2 d. §. handeln von dem Falle, wenn jene Zufälle vor der Reise eintreten, der Abs. 3 von dem Falle, wenn sie nachher eintreten. Das angenommene Prinzip beruht auf der Erwägung (P. 2415), daß durch die Unfreiheit eines Teils der Ladung die Ausführung des bedungenen Transports an sich nicht unmöglich werde, daß dadurch also die Gültigkeit des Frachtvertrages in keiner Weise beeinträchtigt werden könne. Nach diesem Prinzipe müsse mithin der Frachtvertrag in den hier in Frage kommenden Fällen ausgeführt und die volle Fracht entrichtet werden, wobei sich jedoch von selbst verstehe, daß der unfrei gewordene Teil der Ladung zu löschen sei. Gemildert werde diese, unter Umständen für den Befrachter harte Bestimmung durch seine Befugnis der Substitution einer anderen Ladung und des Rücktritts vom Vertrage gegen Zahlung der Fautfracht. — Eine weitere Milderung des Prinzips ist dadurch erzielt worden, daß diese Rechte dem Befrachter auch nach Ablauf der im §. 580 Abs. 2 bestimmten Zeit bis zur Abfahrt des Schiffes eingeräumt sind (P. 2418, 2420), allerdings nur unter der Bedingung, daß er ohne Verzug erklärt, von denselben Gebrauch machen zu wollen, und daß er den Verfrachter entschädigt.

2) Die volle Fracht für die unfrei gewordenen Güter ist auch dann zu zahlen, wenn das Schiff nach der Löschung derselben untergeht, denn in der Regel ist beim Untergange des Schiffes faktisch die ganze Sache durch erfolgte Zahlung erledigt; außerdem lösen sich mit der Abreise des Schiffes nach der Löschung alle rechtlichen Beziehungen zwischen dem Schiffer und diesen Gütern; der Verlauf einer Reise, an welcher der Befrachter kein rechtliches Interesse mehr hat, kann deshalb auch keinen Einfluß auf dessen Verpflichtungen ausüben. (P. 2420, 2467.)

§. 637.

Zufällige Verzögerung der Reise abgesehen von den Fällen §§. 629—636.

Abgesehen von den Fällen der §§. 629 bis 636 hat ein Aufenthalt, den die Reise vor oder nach ihrem Antritte durch Naturereignisse oder andere Zufälle erleidet, auf die Rechte und Pflichten der Parteien keinen Einfluß, es sei denn, daß der erkennbare Zweck des Vertrags durch einen solchen Aufenthalt vereitelt wird.[1]) Der Befrachter ist jedoch befugt, während jedes durch einen Zufall entstandenen, voraussichtlich längeren Aufenthalts die bereits in das Schiff geladenen Güter auf seine Gefahr und Kosten gegen Sicherheitsleistung für die rechtzeitige Wiedereinladung auszuladen. Unterläßt er die Wiedereinladung, so hat er die volle Fracht zu zahlen. In jedem Falle hat er den Schaden zu ersetzen, der aus der von ihm veranlaßten Wiederausladung entsteht.

Ist der Aufenthalt durch eine Verfügung von hoher Hand herbeigeführt,[2]) so ist für die Dauer der Verfügung keine Fracht zu bezahlen, wenn diese nach Zeit bedungen war (§. 622).[3])

Pr. Entw. Art. 516. **Entw. H** Art. 568. **Prot.** S. 2422—2426, 3979, 3985—3987, 4067, 4068. **A.D.H. Art.** 639.

Zu §. 637.

1) Den Kontrahenten steht das Rücktrittsrecht zu, wenn sie zwar etwaiger Verzögerungen der Reise keine Erwähnung gethan haben, wohl aber aus dem Inhalte des Vertrages sich ergiebt, daß durch denselben ein gewisser, nach Abwartung der Verzögerung offenbar nicht mehr zu erreichender Zweck verfolgt werden soll. (P. 3985—3987, 4067.)

2) Hierzu gehört auch der Fall eines unverschuldeten Privatarrestes über das Schiff. (P. 3987.) Vgl. Anm. zu §. 482.

3) Der Verfrachter erhält für die Kosten des Aufenthalts wenigstens teilweise Ersatz durch Verteilung derselben nach den Grundsätzen der großen Haverei (§. 635) und würde, wenn ihm auch Zeitfracht vergütet würde, eine doppelte Entschädigung dafür erhalten. (P. 3979.)

§. 638.

Notwendige Ausbesserung des Schiffes während der Reise.

Muß das Schiff während der Reise ausgebessert werden, so hat der Befrachter die Wahl, ob er die ganze Ladung an dem Orte, wo sich das Schiff befindet, gegen Berichtigung der vollen Fracht und der übrigen Forderungen des Verfrachters (§. 614) und gegen Berichtigung oder Sicherstellung der im §. 615 bezeichneten Forderungen zurücknehmen oder die Wiederherstellung abwarten will. Im letzteren Falle ist für die Dauer der Ausbesserung keine Fracht zu bezahlen, wenn diese nach Zeit bedungen war.[1])

Pr. Entw. Art. 515. **Entw. H** Art. 569. **Prot.** S. 2426—2428, 2434, 3979. **A.D.H.** Art. 640.

Zu §. 638.

1) §. 638 gewährt dem Befrachter für den Fall, daß während der Reise eine Verzimmerung des Schiffes notwendig und dadurch eine Verzögerung der Reise herbeigeführt wird, das Wahlrecht, entweder die ganze Ladung (nicht etwa einen Teil derselben, P. 2437) gegen Berichtigung der vollen (nicht einer bloßen Distanz-) Fracht und der anderweitigen im §. 638 erwähnten Leistungen zurückzunehmen, oder die Wiederherstellung abzuwarten. Dagegen ist der Schiffer, welcher wegen eines Unfalls, von dem das Schiff betroffen ist, einen Nothafen hat anlaufen müssen, nicht verpflichtet, nach Ausbesserung des Schiffes mit der Fortsetzung der Reise so lange zu warten, bis die auch beschädigte Ladung oder ein Teil derselben wieder in transportfähigen Zustand gelangt sind. Nimmt der Befrachter solche Ladung aus dem Schiffe, so hat er die volle Fracht zu zahlen. Bolze I Nr. 1034.

§. 639.

Löschungs- und Hafenkosten bei Auflösung des Frachtvertrags.

Wird der Frachtvertrag nach den §§. 628 bis 634 aufgelöst, so werden die Kosten der Ausladung aus dem Schiffe von dem Verfrachter, die übrigen Löschungskosten von dem Befrachter getragen. Hat der Zufall jedoch nur die Ladung betroffen, so fallen die sämmtlichen Kosten der Löschung dem Befrachter zur Last. Dasselbe gilt, wenn im Falle des §. 636 ein Theil der Ladung gelöscht wird. Muß in einem solchen Falle behufs der Löschung ein Hafen angelaufen werden, so hat der Befrachter auch die Hafenkosten zu tragen.[1])

Pr. Entw. Art. 512 Abs. 2 u. 3 **Entw. H** Art. 570. **Prot.** S. 2429, 2430, 3979, 3980. **A.D.H.** Art. 641.

Zu §. 639.

1) Die Bestimmung des letzten Satzes in d. §. liegt auch im Interesse des Befrachters, damit der Verfrachter nicht, um die Hafenkosten zu sparen, die Weiterreise riskiert und dem Befrachter einen größeren Nachteil durch Gefährdung der Ladung zufügt. (P. 3980.)

§. 640.

Reisehinderung bei Zureise in Ballast und anderen zusammengesetzten Reisen.

Die §§. 628 bis 639 kommen auch zur Anwendung, wenn das Schiff zur Einnahme der Ladung eine Zureise in Ballast nach dem Abladungshafen zu machen hat. Die Reise gilt aber in einem solchen Falle erst dann als angetreten, wenn sie aus dem Abladungshafen angetreten ist.[1]) Wird der Vertrag, nachdem das Schiff den Abladungshafen erreicht hat, wenn auch vor dem Antritte der Reise aus dem letzteren, aufgelöst, so erhält der Verfrachter für die Zureise eine nach den Grundsätzen der Distanzfracht (§. 631) zu bemessende Entschädigung.[2])

In anderen Fällen einer zusammengesetzten Reise kommen die §§. 628 bis 639 insoweit zur Anwendung, als die Natur und der Inhalt des Vertrags nicht entgegenstehen.[3])

Pr. Entw. Art. — **Entw. H** Art. 571. **Prot.** S. 2430—2434, 3980. **A.D.H.** Art. 642.

Zu §. 640.

1) Im Falle einer *bedungenen* (R.O.H. Bd. 23, S. 24) *leeren* Zureise ist bezüglich der Wirkungen *zufälliger* Ereignisse die Reise nicht eher als angetreten anzusehen, als bis das Schiff den Abladungshafen verlassen hat; die Zureise ist demnach als eine vor Antritt der Reise statthabende *vorbereitende* Handlung zu betrachten. Durch diese Bestimmung wollte man jedoch einer Entscheidung der Frage, wann in *anderen* Beziehungen eine solche kombinierte Reise als angetreten zu betrachten ist, nicht präjudizieren. (P. 2432, 2433.)

2) Die Zufälle, die das Schiff *vor* der Erreichung des Abladungshafens an der Ausführung des bedungenen Transports hindern, treffen stets das Schiff *allein*; deren Folgen müssen demnach auch vom Verfrachter allein getragen werden. Zur Ausgleichung unbilliger Härten erschien es aber angemessen, daß der Verfrachter für die Zureise eine billige Entschädigung nach den Grundsätzen der Distanzfracht erhalte, wenn er einmal den *Abladungshafen erreicht* gehabt hat. (P. 2432.) Jedoch hat der Verfrachter diesen Anspruch auf Entschädigung nur dann, wenn *verabredet* war, daß der Befrachter die Zureise in Ballast zu machen habe, (s. Anm. 1), weil nur in diesem Falle der Verfrachter auf die Möglichkeit verzichtet hat, die Zureise mit Ladung zu machen. R.O.H. Bd. 23, S. 24.

3) Die bezüglich der einfachen Reisen angenommenen Bestimmungen (§§. 628—639) passen im ganzen, aber nicht durchweg auch auf kombinierte Reisen. Bei der großen Verschiedenheit der Fälle schien es ohne eine gefährliche Kasuistik nicht möglich, alle erforder-

lichen Ausnahmen im Gesetze vorzusehen; es ist deshalb beschlossen worden, ausdrücklich im Gesetze zu sagen, daß die gedachten Bestimmungen insoweit auch auf kombinierte Reisen anwendbar seien, als Natur und Inhalt des Vertrages nicht entgegenstehen. (P. 2431, 2434.)

§. 641.

Reisehinderung bei Teilfracht oder Stückgüterfracht.

Bezieht sich der Vertrag nicht auf das Schiff im Ganzen, sondern nur auf einen verhältnißmäßigen Theil oder einen bestimmt bezeichneten Raum des Schiffes oder auf Stückgüter, so gelten die Vorschriften der §§. 628 bis 640 mit folgenden Abweichungen:[1])

1. in den Fällen der §§. 629, 634 ist jeder Theil sogleich nach dem Eintritte des Hindernisses und ohne Rücksicht auf dessen Dauer befugt, von dem Vertrage zurückzutreten;[2])
2. im Falle des §. 636 kann von dem Befrachter das Recht, von dem Vertrage zurückzutreten, nicht ausgeübt werden;[3])
3. im Falle des §. 637 steht dem Befrachter das Recht der einstweiligen Löschung nur zu, wenn die übrigen Befrachter ihre Genehmigung ertheilen;
4. im Falle des §. 638 kann der Befrachter die Güter gegen Entrichtung der vollen Fracht und der übrigen Forderungen nur zurücknehmen, wenn während der Ausbesserung die Löschung dieser Güter ohnehin erfolgt ist.[4])

Die Vorschriften der §§. 587, 589 bleiben unberührt.

Pr. Entw. Art. — **Entw. H** Art. 572. **Prot.** S. 2435—2444, 3980, 3994, 3998. **A.D.H.** Art. 643.

Zu §. 641.

1) Ein über Stückgüter abgeschlossener Frachtvertrag ist unzweifelhaft eine locatio conductio operis und löst sich mit der Unmöglichkeit der Ausführung des bedungenen Transports infolge eines zufälligen Ereignisses (P. 2435). Frachtverträge über verhältnismäßige Teile oder bestimmte Räume des Schiffes halten die Mitte zwischen Totalbefrachtungen und Stückgüterbefrachtungen; aus Zweckmäßigkeitsrücksichten sind sie für den in Rede stehenden Fall den letzteren gleichgestellt (P. 2441—2443, 3994.)

2) Im Falle des §. 629, mit welchem der §. 634 korrespondiert, würde bei Stückgüterverfrachtungen ꝛc. die Bestimmung, daß die Kontrahenten nur bei längerer Dauer des Hindernisses vom Vertrage zurückzutreten befugt sind, zu einer großen Härte für den Verfrachter führen, welcher wegen eines vielleicht nur geringen Teils der Ladung den Transport sehr wertvoller Güter verzögern müßte. Es war deshalb notwendig, diesem die Befugnis zum Rücktritt sogleich nach Eintritt des Hindernisses und ohne Rücksicht auf die Dauer desselben einzuräumen. Nahm man dies aber an, so entsprach es der Rechtsgleichheit der Parteien, wie dem Verfrachter, so auch dem Befrachter ein gleiches Rücktrittsrecht zuzugestehen. (P. 2436.)

3) Diese Bestimmung entspricht der Vorschrift des §. 587 Ziff. 1 (P. 2441), nach welcher dem Stückgüterbefrachter überhaupt nicht das Recht zusteht, gegen Zahlung von Fautfracht vom Vertrage zurückzutreten.

4) Es kommt nicht darauf an (P. 2441), ob die Löschung der betreffenden Güter wegen der Reparatur des Schiffes oder aus anderen Gründen erfolgt ist. — Aus den Bestimmungen des §. 641 Ziffer 3 u. 4 läßt sich entnehmen, daß der Schiffer im allgemeinen nicht verpflichtet ist, im ausschließlichen Interesse des Befrachters oder eines einzelnen Ladungsinteressenten den Aufenthalt, welchen die Reise aus einem anderen Grunde erlitten hat, nach Beseitigung desselben noch zu verlängern (R.G. XIV, 43).

XIII. Konnossement (§§. 642—660).

§. 642.

Ausstellung. Mehrere Exemplare. Abschrift.

Nach der Beendigung jeder einzelnen Abladung hat der Schiffer dem Ablader unverzüglich gegen Rückgabe des etwa bei der Annahme der Güter ertheilten vorläufigen Empfangsscheins ein Konnossement in so vielen Exemplaren auszustellen, als der Ablader verlangt.[1])

Alle Exemplare des Konnossements müssen von gleichem Inhalte sein, dasselbe Datum haben und ausdrücken, wie viele Exemplare ausgestellt sind.[2])

Der Ablader hat dem Schiffer auf Verlangen eine von ihm unterschriebene Abschrift des Konnossements zu ertheilen.[3])

Die Ausstellung des Konnossements kann an Stelle des Schiffers durch einen anderen dazu ermächtigten Vertreter des Rheders erfolgen.[4])

Das Konnossement kann mit Zustimmung des Abladers auch über Güter ausgestellt werden, die zur Beförderung übernommen, aber noch nicht abgeladen sind.[5])

Pr. Entw. Art. 483. **Entw. H** Art. 522. **Prot.** S. 2193—2197, 2231, 4003—4005. A.D.H. Art. 644.

Zu §. 642.

1) a. Die Pflicht des Schiffers, ein Konnossement auszustellen, tritt schon mit Beendigung jeder einzelnen Abladung und nicht erst mit der völligen Beladung des Schiffes ein. (P. 2193.) Die Haftung des Schiffers aus dem Rezeptum beginnt dagegen nach §. 606 schon mit der Empfangnahme des Guts zum Seetransport (R.G. XI, 103).

b) Derjenige welcher die Güter einliefert, erhält gewöhnlich sofort bei der Ablieferung einen Empfang- oder Ladeschein (recepisse, receive, Recief, receipt genannt), der nichts anderes als ein Auszug der wesentlichen Notizen aus dem Ladebuch (einem Verzeichnisse aller einzelnen verladenen Güter unter Angabe der Namen des Absenders, des Empfängers, der Verpackung, der Signatur 2c.) sein soll. Dieser Schein ist eine Art von papier au porteur, Inhalts dessen jeder Inhaber als legitimiert angesehen wird, um von dem Schiffer die Unterzeichnung des Konnossements zu verlangen; im kaufmännischen Verkehr wird es als ein negoziables Papier angesehen. (Kaltenborn, Seerecht I, S. 284, 285.) Das Gesetz enthält über die Natur des Empfangscheins keine Bestimmung und hat die Anerkennung und Ausbildung desselben als eines Handelspapiers dem Handelsgebrauche überlassen. (M. 263.)

c) Konnossement (wahrscheinlich von dem italienischen conoscere, conoscimento) ist das Empfangsbekenntnis des Schiffers über die verladene Ware (the bill of lading) und die Erklärung desselben, sie nach Ankunft des Schiffes am Bestimmungsorte dem Empfänger gegen Zahlung der Fracht ausliefern zu wollen. Es begründet ein von dem Frachtvertrage unabhängiges obligatorisches Verhältnis zwischen dem Schiffer und dem Empfänger der Ware. Die Eingehung dieses Verhältnisses liegt auf seiten des Schiffers in der Ausstellung oder Unterschrift und Aushändigung des Konnossements, auf seiten des Empfängers in der Annahme desselben. (M. 263.) Das R.O.H. (Bd. 25, S. 194) hat ausgeführt, daß die Bestimmungen des H.G.B. über die Verantwortlichkeit der Schiffer und der Rheder aus dem Verhalten der ersteren, sowie die Vorschriften desselben über die Rechtsfolgen, welche einheimische Konnossementsinhaber den Schiffern und Schiffen gegenüber aus dem Besitz von Konnossementen abzuleiten befugt sind, auf alle Fälle anzuwenden sind, in welchen es in deutschen Häfen der Erledigung derartiger Rechtsangelegenheiten, gleichviel ob einheimischer oder ausländischer Schiffe bedarf. Der Schiffer zeichne die Konnossemente, um eine am Bestimmungsorte der Ladung gegen den eventuellen dortigen Inhaber des Dokuments zu erfüllende Verbindlichkeit zu beurkunden und unterwerfe sich hierdurch dem Rechte des Bestimmungsortes. — Vgl. auch R.G. III, 102, XX, 56, XXXIV, 78.

d. Die Zahl der Exemplare, deren Ausstellung der Ablader verlangen kann, ist mit Absicht (P. 4003) im Gesetze nicht beschränkt worden; man nahm an, daß Chikanen nicht zu befürchten seien. (Vgl. die ähnliche Bestimmung im Art. 66 W.O.)

2) Der Ausdruck „vom gleichen Inhalt" (nicht „gleichlautend") ist gebraucht worden, um anzudeuten (P. 4004), daß nicht jede, auch die geringste Abweichung als erheblich gelten und daß nicht ausgeschlossen sein solle, daß die verschiedenen Exemplare des Konnossements in verschiedenen Sprachen ausgestellt werden. — Der Schiffer hat nicht bloß das Recht, sondern auch die Pflicht, die Ausstellung anderer als übereinstimmender Konnossementsexemplare abzulehnen. Stellt er dennoch ein solches nicht übereinstimmendes Exemplar aus, so werden dadurch nicht die sämmtlichen Konnossementsexemplare ungültig, sondern seine Verpflichtungen sind nach Maßgabe desjenigen Exemplars zu beurteilen, auf Grund dessen die Ablieferung der Güter erfolgt. Wenn er also z. B. einen Teil der Exemplare mit einer Klausel gezeichnet, auf anderen die Klausel weggelassen hat, so wird er sich auf die letztere nicht berufen können, wenn der Empfänger die Ablieferung auf Grund eines ohne Klausel ausgelieferten Exemplars verlangt.

3) Der Schiffer kommt nicht selten in die Lage, sich auf sein Konnossement berufen zu müssen, und mit demselben seine Ansprüche zu begründen. Es ist deshalb wünschenswert, ihm ein Mittel in die Hand zu geben, wodurch er sich ein Dokument verschaffen kann, dessen Inhalt wenigstens gegenüber dem Ablader als der richtige gelten muß. Nach mehreren Gesetzgebungen wird dies dadurch erreicht, daß der Ablader mindestens ein Exemplar unterschreiben und dies dem Schiffer zustellen muß. Durch eine derartige Bestimmung wird die Natur des Konnossements als eines einseitigen Verpflichtungsscheins verdunkelt und der Auffassung Raum gegeben, als ob das in den Händen des Schiffers befindliche Konnossement, wenn es an Dritte begeben wäre, dieselben Wirkungen hätte, wie jedes andere Exemplar. Zur Vermeidung dieser Übelstände, und um zugleich die Begründung der Ansprüche des Schiffers zu erleichtern, ist ihm die Befugnis erteilt, eine mit der Unterschrift des Abladers versehene Abschrift des Konnossements zu verlangen. (M. 264. P. 2194—2196.)

4) Der Abs. 4 des §. war im A.D.H. nicht enthalten. Die Praxis (vgl. R.G. II, 129, XX, 55) betrachtete aber schon bisher solche Konnossemente für giltig, welche an Stelle des Schiffers von einem anderen dazu ermächtigten Vertreter des Rheders ausgestellt waren. Um dieser Praxis, welche einem Bedürfnisse des Großbetriebes Rechnung trug, eine gesetzliche Grundlage zu schaffen, ist Abs. 4 des §. hinzugefügt worden. Denkschr. S. 283. Durch ein solches, von einem Vertreter des Rheders ausgestelltes Konnossement wird aber einerseits der Rheder nicht, wie durch ein vom Schiffer ausgestelltes Konnossement, nur mit Schiff und Fracht haftbar gemacht (§. 486 Abs. 1), und andererseits erlangt der Konnossementsinhaber nicht die Rechte eines Schiffsgläubigers aus §. 754 Ziff. 8. Denn es liegt dann nicht ein vom „Schiffer als solchem kraft seiner gesetzlichen Befugnisse" ausgestelltes Konnossement vor. Pappenheim, Z. f. H. Bd. 46, S. 277.

5) Im Dampfschiffsverkehr ist es vielfach gebräuchlich, nicht erst nach der Verladung der Güter, sondern schon nach deren Übernahme zur Beförderung die Konnossemente auszustellen. Um nun den Zweifel zu beseitigen, ob ein Konnossement gültig sei, welches nicht gemäß Abs. 1 über bereits verladene Güter, sondern über Güter ausgestellt ist, die vom Rheder behufs demnächstiger Verladung übernommen sind, und dementsprechend lautet, ist Abs. 5 des §., welcher im A.D.H. nicht enthalten war, hier neu hinzugefügt worden. Vgl. §. 647 H.G.B. Denkschr. S. 283. Mugdan S. 641.

Inhalt. §. 643.

Das Konnossement enthält:[1])

1. den Namen des Schiffers;[2])
2. den Namen und die Nationalität des Schiffes;

3. den Namen des Abladers;
4. den Namen des Empfängers;[3])
5. den Abladungshafen;
6. den Löschungshafen oder den Ort, an welchem Order über ihn einzuholen ist;
7. die Bezeichnung der abgeladenen oder zur Beförderung übernommenen Güter, deren Menge und Merkzeichen;[4])
8. die Bestimmung in Ansehung der Fracht;
9. den Ort und den Tag der Ausstellung;[5])
10. die Zahl der ausgestellten Exemplare.

Pr. Entw. Art. 484. **Entw. H** Art. 523. **Prot.** S. 2202—2213, 2231, 4005. **A.D.H.** Art. 645.

Zu §. 643.

1) §. 643 bezeichnet die Punkte, über welche das Konnossement Bestimmungen enthalten soll, ohne daß die Ungültigkeit des Konnossements vorgeschrieben ist, wenn eine oder die andere Angabe fehlt. (R.G. XX, 57.) Nach den allgemeinen Regeln über den Urkundenbeweis ist zu beurteilen, inwiefern ein mangelhaftes Konnossement als Beweisurkunde dienen kann. — Über die Interpretation von Konnossementen, die in englischer Sprache ausgestellt sind und Ausdrücke anwenden, welche in England typisch geworden sind, für den Fall, daß die Frachtverträge in Deutschland von Deutschen geschlossen sind, vgl. R.G. XI, 105.

2) Die Angabe des Namens des Schiffers wurde als notwendig erachtet (P. 2202), weil der Schiffer das Konnossement mitunter nicht selbst vollziehe; dagegen ist die Angabe des Wohnorts des Schiffers nicht als erforderlich angesehen worden (ibid.).

3) Über den Begriff „Empfänger“ vgl. Anm. 2 zu §. 592.

4) Der Pr. Entw. (Art. 484) verlangte auch die Bezeichnung der Güter nach Gattungen. Dies wurde abgelehnt, weil bei der Unbestimmtheit des Ausdrucks dem Schiffer leicht zugemutet werden könnte, ihm unbekannte Eigenschaften der Güter anzuerkennen. (P. 2210, 2211.)

5) Daß der Schiffer das Konnossement regelmäßig zu unterschreiben hat, ist zwar als selbstverstandlich angesehen, jedoch ist eine ausdrückliche Bestimmung hierüber (vgl. §. 445 Abs. 2) als entbehrlich betrachtet worden, zumal sie zu unrichtigen Folgerungen führen könnte, namentlich wenn, wie bei Dampfschiffen mitunter geschieht, nicht der Schiffer, sondern die Expedition das Konnossement ausstellt. (P. 2211, 4196.) Vgl. Anm. 4 zu §. 642.

§. 644.

Order- und Namenskonnossement.

Auf Verlangen des Abladers ist das Konnossement, sofern nicht das Gegentheil vereinbart ist, an die Order des Empfängers oder lediglich an Order zu stellen. Im letzteren Falle ist unter der Order die Order des Abladers zu verstehen.[1])

Das Konnossement kann auch auf den Namen des Schiffers als Empfängers lauten.[2])

Pr. Entw. Art. 484. **Entw. H** Art. 523 Ziff. 4. **Prot.** S. 2202—2208, 2212, 4005, 4006. **A.D.H.** Art. 646.

Zu §. 644.

1) a. Der Antrag, daß Konnossemente auch auf den Inhaber sollten ausgestellt werden können, wurden abgelehnt, weil diese Art der Ausstellung in Deutschland nicht üblich,

aber auch nicht notwendig sei, indem der Zweck des Konnossements auf den Inhaber auch durch die Ausstellung desselben an Order und die Beifügung eines Blankoindossaments erreicht werden könne. (P. 2212.)

b. Die Konnossemente der Seeschiffer sind nicht an und für sich, sondern nur dann negoziabel, wenn sie an Order gestellt sind, was nicht selten im Interesse der Kontrahenten unterbleibt. Der §. 644 spricht die Verpflichtung des Schiffers aus, auf Verlangen des Abladers, sofern nicht das Gegenteil vereinbart ist, Order-Konnossemente auszustellen. — Betreffs der Behandlung der an Order lautenden Konnossemente vgl. §§. 363—365 H.G.B., welche an die Stelle der Artikel 301—305 A.D.H. getreten sind. Vgl. auch R.G. XXXIV, 72.

2) Das Konnossement kann auch auf den Namen des Schiffers als Empfängers lauten, nämlich auf den Namen desjenigen Schiffers, welcher dasselbe ausgestellt hat (wie Wechsel an die Order des Ausstellers). Wäre der Schiffer als solcher, somit derjenige, welcher zur Zeit der Ankunft des Schiffes im Bestimmungshafen, beziehungsweise zur Zeit der Indossierung des Konnossements, mit der Führung des Schiffes beauftragt ist und nicht der Aussteller gemeint, so wäre eine Indossabilität des Konnossements undenkbar, weil man, um zu wissen, ob ein Indossament giltig sei oder nicht, zuerst untersuchen müßte, ob der Indossant zur Zeit der Indossierung wirklich Führer des Schiffes gewesen war oder nicht. (P. 4006.)

§. 645.

Auslieferung der Güter an den legitimierten Konnossementsinhaber.

Der Schiffer ist verpflichtet, im Löschungshafen dem legitimirten Inhaber auch nur eines Exemplars des Konnossements die Güter auszuliefern.[1])

Zur Empfangnahme der Güter legitimirt ist derjenige, an welchen die Güter nach dem Konnossement abgeliefert werden sollen, oder auf welchen das Konnossement, wenn es an Order lautet, durch Indossament übertragen ist.[2])

Pr. Entw. Art. 489 Abs. 1, 490. **Entw H** Art. 529 Abs. 1, 530. **Prot.** S. 2132, 2237, 2238, 4007. **A.D.H.** Art. 647.

Zu §. 645.

1) a. §. 645 entscheidet die Frage (P 2232), wann der Schiffer dem legitimierten Inhaber auch nur eines Exemplars des Konnossements die Güter auszuliefern verpflichtet ist, und zwar dahin, daß diese Pflicht ihm nur im Löschungshafen (oder wenn es unmöglich ist, ohne Gefahr in diesen Hafen einzulaufen, auf der Rhede des Bestimmungsortes, R.G. XIV, 8) obliegt. Die Frage, wann er zur Auslieferung der Güter nur gegen Rückgabe der sämtlichen Exemplare bezw. auch ohne Beibringung eines Exemplars des Konnossements verpflichtet ist, wird im §. 659 entschieden.

b. Die Absicht bei Ausstellung mehrfacher Exemplare desselben Konnossements ist regelmäßig nicht die, daß mehrere Exemplare in Cirkulation kommen sollen; vielmehr soll der Regel nach nur eins cirkulieren und die übrigen in den Händen der bei dem Geschäfte als Absender oder Vermittler Beteiligten zur Kontrolle verbleiben. Der Emfänger kann deshalb nicht alle Exemplare bei Auslieferung der Ware dem Schiffer zurückgeben, sondern nur dasjenige, welches er in Händen hat. Auch da, wo ausnahmsweise mehrere Exemplare in Cirkulation gesetzt werden, geht die Absicht dahin, daß alle Exemplare bis zur Ankunft der Ware in dieselbe Hand gelangen sollen.

2) Ist das Konnossement nicht an Ordre gestellt, so ist derjenige zur Empfangnahme der Güter legitimiert, an welchen dieselben nach dem Konnossement abgeliefert werden sollen; an Bevollmächtigte oder Cessionare desselben kann der Schiffer die Güter nur ausliefern, wenn sie

sich als solche legitimieren. Leistet er dem Indossamente eines solchen nicht indossablen Papiers Folge, so thut er es auf seine Gefahr, und muß wiederholt leisten, wenn sich das Indossament als falsch erweist. Ist das Konnossement dagegen an Order gestellt, also indossabel (§. 363 Abs. 2) so besteht ihm gegenüber eine Präsumtion für die Echtheit des Indossaments, er ist nicht verpflichtet, die Echtheit desselben zu prüfen, und seine Erfüllung ist gültig, selbst wenn sich in der Folge dessen Unechtheit herausstellen sollte. (P. 2238.)

§. 646.

Meldung mehrerer legitimierter Konnossementsinhaber.

Melden sich mehrere legitimirte Konnossementsinhaber, so ist der Schiffer verpflichtet, sie sämmtlich zurückzuweisen, die Güter in einem öffentlichen Lagerhaus oder sonst in sicherer Weise zu hinterlegen und die Konnossementsinhaber, die sich gemeldet haben, unter Angabe der Gründe seines Verfahrens hiervon zu benachrichtigen.[1])

Er ist befugt, über sein Verfahren und dessen Gründe eine öffentliche Urkunde errichten zu lassen und wegen der daraus entstehenden Kosten in gleicher Art wie wegen der Fracht sich an die Güter zu halten.[2])

Pr. Entw. Art. 489 Abs. 4. **Entw. II** Art. 529 Abs. 2 u. 3. **Prot.** S. 2233—2237, 4007. A.D.H. Art. 648.

Zu §. 646.

1) a. Der §. 646 bezieht sich (P. 2236, 2237) sowohl auf die indossablen als auf die nicht indossablen Konnossemente (P. 2237), und unterscheidet nicht, ob die mehreren Konnossementsinhaber sich zu gleicher Zeit oder nach einander melden. Er giebt nur eine Vorschrift für den Schiffer über das von diesem einzuschlagende Verfahren, wenn sich mehrere legitimierte Konnossementsinhaber melden; über das Verhältnis dieser unter einander entscheiden die §§. 648 und 649. — Die Bestimmung des §. 646 kommt zur Anwendung, so lange die Ware noch nicht an einen Konnossementsinhaber ausgeliefert ist. Die Depositionspflicht beschränkt sich natürlich auf den bei erfolgter Meldung eines weiteren Konnossementsinhabers noch nicht ausgelieferten Teil der Ladung. Die frühere Meldung eines Konnossementsinhabers gewahrt ihm kein Vorzugsrecht, auch wenn der Schiffer ihm erklärt hätte, daß er die Güter ihm ausliefern wolle.

b. Zu §. 646 wurde erläuternd bemerkt (P. 2233): Der Fall, daß sich mehrere legitimierte Konnossementsinhaber melden, komme nicht selten vor. Wenn der Destinatär unsicher werde und der wegen des Kaufgeldes noch nicht befriedigte Absender erst nach Abgang des Konnossements hiervon Kenntnis erhalte, so lasse der letztere häufig ein zweites Exemplar des Konnossements an einen Korrespondenten abgehen, damit dieser dem ersten Konnossementsinhaber wo möglich zuvorkomme und die Auslieferung der Waren an ihn verhindere. Bisher habe es an einer Bestimmung darüber gefehlt, wie sich der Schiffer in solchen Kollisionsfällen zu verhalten habe. Man könne entweder vorschreiben, daß der Schiffer in solchen Fällen deponieren müsse, oder daß er die Wahl habe, an welchen der Konnossementsinhaber er die Ware ausliefern wolle, damit alsdann dieser mit den übrigen den Streit ausführe. — Die Konferenz entschied sich für das erstere System.

c. Die Niederlegung kann nach Wahl des Schiffers entweder in einem öffentlichen Lagerhause oder sonst in sicherer Weise erfolgen. Vgl. §. 601 Anm. 1 hierzu und §. 437 H.G.B. Sind die Konnossementsinhaber darüber einig, daß einem aus ihrer Mitte die Ware gegeben werde, so hat der Schiffer solcher Weisung Folge zu leisten, weil die Konkurrenz, welche die

Voraussetzung dieses §. bildet, wenigstens dem Schiffer gegenüber aufhört. Sind sie darüber einig, bei welchem Dritten die Waren hinterlegt werden sollen, so kann dies dadurch erzielt werden, daß dieser Dritte durch Übertragung eines Exemplars der Konnossemente und durch einen unter Vorbehalt ihrer gegenseitigen Rechte dem Schiffer gegenüber erklärten Rücktritt der Konnossementsinhaber ausschließlich zum Empfange der Ware berechtigt wird. (P. 2236.)

d. Außer der Hinterlegung liegt dem Schiffer die Pflicht ob, die Konnossementsinhaber welche sich gemeldet haben, hiervon zu benachrichtigen und dabei die Gründe seines Verfahrens anzugeben. Hierdurch werden die Interessenten von der Sachlage in Kenntnis gesetzt, und es wird unnützen Prozessen vorgebeugt.

2) Eine Verpflichtung des Schiffers, Protest aufnehmen zu lassen, besteht nicht. (P. 2234.)

§. 647.[1])

Wirkung der Übergabe des Konnossements.

Die Uebergabe des Konnossements an denjenigen, welcher durch das Konnossement zur Empfangnahme legitimirt wird, hat, sobald die Güter von dem Schiffer oder einem anderen Vertreter des Rheders zur Beförderung übernommen sind, für den Erwerb von Rechten[2]) an den Gütern dieselben Wirkungen wie die Uebergabe der Güter.

Pr. Entw. Art. 230 Abs. 2. **Entw. I** Art. — **Prot.** S. 2217—2226, 4015—4032. **A.D.H.** Art. 649.

Zu §. 647.

1) a. §. 647 tritt an die Stelle des Art. 649 A.D.H. Während aber nach früherem Rechte nur der Übergabe des an Order lautenden Konnossements, und nur wenn die Güter wirklich abgeladen waren, dieselben rechtlichen Wirkungen beigelegt waren, wie der Übergabe der Güter, erzeugt nach §. 647 die Übergabe eines jeden Konnossements, — also auch desjenigen, welches nur über die Übernahme der Güter zur Beförderung lautet, sobald von dem Schiffer oder einem anderen Vertreter des Rheders die Güter zur Beförderung übernommen sind, — hinsichtlich des Erwerbes von Rechten an den Gütern dieselben Wirkungen wie die Übergabe der Güter selbst. Diese Änderung des Gesetzes entspricht hinsichtlich der nicht an Order lautenden Konnossemente der Praxis der Gerichte. (Vgl. R.O.H. Bd. 11, S. 416, Bd. 25, S. 356, R.G. V, 79.) Und bezüglich der von einem ermächtigten Vertreter des Rheders ausgestellten Konnossemente bezw. derjenigen Konnossemente, welche nur über die Übernahme der Güter zur Beförderung lauten, ist die Änderung des Art. 649 erforderlich geworden durch die Hinzufügung der Abs. 4 und 5 zu §. 644, nach welchen derartige Konnossemente jetzt gesetzlich zulässig sind. Denkschr. S. 283.

b. Die Wirkungen, welche §. 647 an die Übergabe des Konnossements knüpft, treten nur dann ein, wenn es demjenigen übergeben wird, der durch dasselbe zur Empfangnahme legitimiert ist; welche Wirkungen die Übergabe eines solchen Konnossements an einen anderen hat, ist nicht nach §. 647 zu entscheiden. — Die Legitimierung durch das Konnossement regelt sich bei den Order-Konnossementen nach den Vorschriften der §§. 363—365 H.G.B.

2) Alle Rechte, welche durch die Übergabe der Güter entstanden wären, entstehen durch die in Gemäßheit des §. 647 an den legitimierten Empfänger bewirkte Übergabe des Konnossements. Die Wirkungen der Tradition treten daher nicht bloß hinsichtlich des Eigentums und des Besitzes, des Pfand- und Zurückbehaltungsrechts, sondern auch in allen sonstigen Beziehungen ein. Vgl. §§. 369, 397, 410, 421, 440. Betreffs des Absonderungsrechts im Konkurse vgl. §. 48 Konk.O.

Verhältnis mehrerer Konnossementsinhaber unter einander (§§. 648—649).

§. 648. **Nach Auslieferung des Gutes.**

Sind mehrere Exemplare eines an Order lautenden Konnossements ausgestellt, so können von dem Inhaber des einen Exemplars die im §. 647 bezeichneten Wirkungen der Uebergabe des Konnossements zum Nachtheile desjenigen nicht geltend gemacht werden, welcher auf Grund eines anderen Exemplars gemäß §. 645 die Auslieferung der Güter von dem Schiffer erlangt hat, bevor der Anspruch auf Auslieferung von dem Inhaber des ersteren Exemplars erhoben worden ist.[1])

Pr. Entw. Art. — **Entw. H** Art. — **Prot.** S. 4032—4034, 4130. **A.D.H.** Art. 650.

Zu §. 648.

1) §. 648 drückt den Gedanken aus, daß, wenn ein Konnossementsinhaber gemäß §. 645 die Auslieferung der Güter von dem Schiffer erlangt hat, bevor der andere Konnossementsinhaber den Anspruch auf Auslieferung erhoben hat, alsdann der letztere sich auf den §. 647 nicht zum Nachteil des ersteren berufen kann. Die Bestimmung bezieht sich daher nur auf das Verhältnis der mehreren Konnossementsinhaber unter einander, und nicht auf ihr Verhältnis zu dem Absender und den Gläubigern seiner Masse (P. 4130), und gilt auch für jene nur in dem Falle, daß der eine von ihnen bereits die Güter ausgeliefert erhalten hat, ehe der andere seine Ansprüche geltend machte.

§. 649. **Vor Auslieferung des Gutes.**

Hat der Schiffer die Güter noch nicht ausgeliefert, so geht unter mehreren sich meldenden Konnossementsinhabern, soweit die von ihnen auf Grund der Konnossementsübergabe an den Gütern geltend gemachten Rechte einander entgegenstehen, derjenige vor, dessen Exemplar von dem gemeinschaftlichen Vormanne, welcher mehrere Konnossementsexemplare an verschiedene Personen übertragen hat, zuerst der einen dieser Personen dergestalt übergeben worden ist, daß sie zur Empfangnahme der Güter legitimirt wurde.[1])

Bei dem nach einem anderen Orte übersendeten Exemplare wird die Zeit der Uebergabe durch den Zeitpunkt der Absendung bestimmt.

Pr. Entw. Art. — **Entw. H** Art. — **Prot.** S. 4032—4034. **A.D.H.** Art. 651.

Zu §. 649.

1) §. 649 spricht nur von dem Falle, wenn die auf Grund der Konnossementsübergabe an den Gütern geltend gemachten Rechte mehrerer Konnossementsinhaber kollidieren. Eine Kollision solcher Rechte ist nicht vorhanden (P. 4032), wenn der Befrachter erst einen Spediteur und dann einen anderen Mandatar mit der Empfangnahme der Güter beauftragt hat, weil Spediteur und Mandatar nur eine Person vertreten, wohl aber, wenn mehrere Konnossementsinhaber Eigentum oder Pfandrecht an den Gütern beanspruchen. Ist in solchem Falle auf Grund eines Exemplars des Konnossements in Gemäßheit des §. 645 die Auslieferung der Güter erfolgt, so ist derjenige im Vorteil, welcher zuerst die Waren in Empfang genommen hat (§. 648). Befinden sich die Waren noch in der Hand des Schiffers oder sind sie hinterlegt, so ist zunächst der Erwerbstitel jedes einzelnen Inhabers, und sodann die Priorität der Über-

gabe in Betracht zu ziehen. Im allgemeinen muß dasjenige Konnossementsexemplar den Vorrang haben, welches von dem Ablader oder Indossanten, der zuerst mehrere Exemplare an verschiedene Personen begeben hat, zuerst übertragen worden ist.

§. 650.

Der Schiffer ist zur Ablieferung der Güter nur gegen Rückgabe eines Exemplars des Konnossements, auf welchem die Ablieferung der Güter bescheinigt ist, verpflichtet.[1])

Pr. Entw. Art. 491. **Entw. H** Art. 531. **Prot.** S. 2238, 2239, 4007. **A.D.H.** Art. 652.

Zu §. 650.

1) a. Hat der Schiffer einem gehörig legitimierten Empfänger auf ein Exemplar des Konnossements die Ladung abgeliefert, so hat er seine Verpflichtung erfüllt, und kann nicht mehr aus anderen Konnossementen in Anspruch genommen werden. Zum Beweise, daß dem Konnossemente Genüge geschehen, kann der Schiffer aber nach Ablieferung der Ladung Quittung und Herausgabe der in den Händen des Empfängers befindlichen Konnossementsexemplare fordern (§. 364 Abs. 3). Im gewöhnlichen Verkehre unterbleibt allerdings in der Regel die Rückgabe des Konnossements; dies ist indessen Sache des Vertrauens.

b. Der Ausdruck „gegen Rückgabe" wurde moniert, weil er zu der Auffassung führe, daß die Lieferung der Ware und die Rückgabe des Konnossements Zug um Zug geschehen müsse, was unausführbar sei. Es wurde jedoch erwidert (P. 2239), gerade dies sei gemeint; bei den strengen Verpflichtungen, die der Schiffer durch Zeichnung des Konnossements übernehme, sei es notwendig, auszusprechen, daß keiner der Interessenten, und namentlich der Schiffer nicht, mit seiner Leistung voranzugehen schuldig sei. Praktische Verwickelungen würden daraus nicht entstehen, sondern es werde voraussichtlich stets eine Ausgleichung erfolgen, wie z. B. dadurch, daß sich der Schiffer mit dem Nachweise, daß der Empfanger das Konnossement wirklich besitze, oder mit der Deponierung des Konnossements bei einem Dritten bis nach geschehener Entlöschung begnüge. Vgl. §. 448.

§. 651.

Bedeutung des Konnossements im Verhältnis zwischen Verfrachter und Empfänger.

Das Konnossement ist für das Rechtsverhältniß zwischen dem Verfrachter und dem Empfänger der Güter maßgebend; insbesondere hat die Ablieferung der Güter an den Empfänger nach dem Inhalte des Konnossements zu erfolgen.[1])

Die nicht in das Konnossement aufgenommenen Bestimmungen des Frachtvertrags sind dem Empfänger gegenüber unwirksam, sofern nicht das Konnossement ausdrücklich auf sie Bezug nimmt. Wird in Ansehung der Fracht auf den Frachtvertrag verwiesen (zum Beispiel durch die Worte: „Fracht laut Chartepartie"), so sind hierin die Bestimmungen über Löschzeit, Ueberliegezeit und Liegegeld nicht als einbegriffen anzusehen.[2])

Für das Rechtsverhältniß zwischen dem Verfrachter und dem Befrachter bleiben die Bestimmungen des Frachtvertrags maßgebend.[3])

Pr. Entw. Art. 486. **Entw. H** Art. 525, 544 Abs. 1. **Prot.** S. 2208—2210, 2213, 2226—2228, 4007, 4008. **A.D.H.** Art. 653.

Zu §. 651.

1) Der Ladungsempfänger leitet seine Rechte lediglich aus dem Konnossemente ab; durch dasselbe geht der Schiffer eine selbständige, von dem Frachtvertrage ganz unabhängige Verpflichtung ein. Für Leistung und Gegenleistung ist daher nur das Konnossement maßgebend (M. 266). Vgl. §. 446 Abs. 1. — Der Schiffer kann daher aus den kontraktlichen Beziehungen des Abladers zu dem Konnossementsinhaber kein Recht ableiten, diesem die Auslieferung zu verweigern (R.G. XIV, 7).

2) Die in das Konnossement nicht aufgenommenen Bestimmungen des Frachtvertrages (der Charteparte, §. 557) haben dem Empfänger gegenüber nur dann rechtliche Wirkung, wenn auf dieselben ausdrücklich Bezug genommen ist. Als eine ausdrückliche Inbezugnahme ist in der Regel schon eine allgemeine Verweisung auf die Charteparte anzusehen, all conditions as per charterparty (R.O.H. Bd. 17, S. 74; Bd. 19, S. 263; R.G. I, 39), und es ist kein Unterschied gemacht, ob nur bestimmte einzelne oder alle Bestimmungen derselben in Bezug genommen sind. Man hielt es für bedenklich (P. 2227), auch stillschweigende Berufungen auf die Charteparte für die zunächst nach dem Konnossemente zu beurteilenden Personen als verbindlich zu erachten, weil über das Vorhandensein einer solchen stillschweigenden Bezugnahme und darüber, wie weit sie sich erstrecken solle, viele Streitigkeiten entstehen könnten. Dagegen war man darüber einverstanden (P. 2226), daß die in einem Konnossemente enthaltenen Worte: „Fracht laut Charteparte“ sich nicht allein auf die mit dem Namen der Fracht in der Charteparte bezeichnete Geldprästation beziehen, sondern auch auf die gewöhnlichen Accessorien derselben, wie z. B. die Kaplaken, Primage und die dem Schiffer gebührende Gratifikation, auf letztere jedoch nur bei Verfrachtungen im ganzen oder zu einem Teile und soweit eine Repartition überhaupt denkbar ist. — Das in dem Texte des korrespondierenden Art. 653 enthaltene Wort „Liegezeit“ ist in „Liegegeld“ geändert. (Vgl. R.O.H. Bd. 5, S. 133, Bd 15, S. 222.)

3) Der Pr. Entw. (Art. 486) enthielt noch den Zusatz „soweit im Konnossemente nichts Abweichendes enthalten ist“, von der Ansicht ausgehend, daß, soweit das Konnossement der Charteparte widersprechende Bedingungen enthalte, anzunehmen sei, daß der Schiffer und Befrachter die Charteparte haben aufheben wollen, und daß insoweit für sie auch das Konnossement entscheide. (M. 267.) Dieser Zusatz ist jedoch ins Gesetz nicht aufgenommen worden, so daß den abweichenden Bestimmungen des jüngeren Konnossements nicht schlechthin derogierende Wirkung zukommt (R.O.H. Bd. 17, S. 73), vielmehr freie richterliche Prüfung eintritt. — Vgl. §. 446 Abs. 2.

§. 652.

Haftung des Verfrachters für richtige Bezeichnung der übernommenen Güter.

Der Verfrachter ist für die Richtigkeit der im Konnossement enthaltenen Bezeichnung der übernommenen Güter dem Empfänger verantwortlich.[1]) Seine Haftung beschränkt sich jedoch auf den Ersatz des Minderwerths, der sich aus der Nichtübereinstimmung der Güter mit der im Konnossement enthaltenen Bezeichnung ergiebt.[2])

Pr. Entw. Art. 496. **Entw. II** Art. — **Prot.** S. 2278, 2279, 4132, 4133. **A.D.H.** Art. 654.

Zu §. 652.

1) Nach §. 606 haftet der Verfrachter für die Ablieferung des Empfangenen, nach §§. 652, 653 für den von ihm im Konnossemente angegebenen Inhalt der Kisten und Gefäße, wenn er auch einen solchen nicht erhalten hat. Hätte er kein Konnossement gezeichnet, so würde ihn, den bloßen Frachtführer, im letzteren Falle gar keine Haftung treffen. Durch die Zeichnung des Konnossements wird dies geändert; er giebt in dieser Urkunde eine

Erklärung ab, von der er weiß, daß im Vertrauen auf ihre Richtigkeit Dispositionen getroffen werden; bei der Ausstellung einer solchen muß er die Sorgfalt eines ordentlichen Schiffers anwenden. Er muß deshalb unbedingt für den angegebenen Inhalt der Frachtstücke einstehen, wenn ihm die Waren offen übergeben sind oder wenn ihm die Waren zwar verpackt und verschlossen übergeben worden, die Verpackung aber nicht die für die betreffenden Waren gewöhnlich angewendete ist oder der äußere Anblick der Verpackung schon die Unrichtigkeit der Angabe erkennen läßt. Ist aber bei verschlossenen oder verpackten Waren bei Anwendung der gehörigen Sorgfalt für den Schiffer kein Grund zur Beanstandung der Angaben des Abladers vorhanden gewesen, und ist aus dem Konnossement ersichtlich, daß der Schiffer nicht in der Lage war, den Inhalt der Gefäße und Kisten zu prüfen, so ist kein Grund vorhanden, den Verfrachter für die Richtigkeit der Bezeichnung der Güter verantwortlich zu machen, denn an und für sich ist es gewiß nicht die Absicht der Kontrahenten, daß der Verfrachter mehr oder Anderes abliefere, als er wirklich empfangen hat. (P. 2260—2267, 2270.)

2) Der Empfänger kann im Falle der Haftbarkeit des Verfrachters nicht Entschädigung für sein Interesse an der Ablieferung der im Konnossemente bezeichneten Ware, sondern nur Ersatz des Minderwerts fordern. (P. 4010, 4132.) Hierfür wurde geltend gemacht (P. 2279): Der Schiffer habe die Verbindlichkeit, das Erhaltene abzuliefern und sein Konnossement zu vertreten. Hieraus folge, daß er für den Wert dessen einzustehen habe, was der Empfänger nach Inhalt des Konnossements von ihm abgeliefert zu erhalten berechtigt sei. Liefere er dasjenige ab, was er empfangen habe, so dürfe der Empfänger die Annahme desselben nicht ausschlagen und sein Interesse geltend machen, sondern müsse sich, vorbehaltlich seines Anspruchs auf die Wertdifferenz des Versprochenen, die Ablieferung gefallen lassen; die Annahme könne er nur dann mit Grund verweigern, wenn der Schiffer etwas Anderes abliefern wolle, als er vom Ablader zum Transport erhalten habe. Die Pflicht des Schiffers, für das ganze Interesse des Empfängers einzustehen, würde zu weit führen, da sich dasselbe auf unverhältnismäßig hohe Summen belaufen könnte. Es würde aber auch dem Verkehr mit einer solchen Bestimmung nicht gedient sein, weil sie den Destinatär nötigen würde, in jedem Falle sein Interesse nachzuweisen, zu dem Ende also seine Beziehungen zu dem Ablader u. dgl. darzulegen. Von selbst verstehe sich übrigens, daß, wenn der Empfänger erweislich nur der Vertreter des Abladers sei, gegen ihn alle Einreden stattfänden, welche dem Ablader entgegengesetzt werden könnten (ebenso R.G. XX, 68), und daß sich der Schiffer, welcher dem Empfänger die Wertsdifferenz gezahlt habe, regelmäßig an den Ablader werde halten dürfen.

§. 653.

Haftung des Verfrachters bei Gütern, verpackt oder in geschlossenen Gefäßen übergeben.

Die im §. 652 erwähnte Haftung des Verfrachters tritt auch dann ein, wenn die Güter dem Schiffer in Verpackung oder in geschlossenen Gefäßen übergeben worden sind.

Ist dies aus dem Konnossement ersichtlich, so ist der Verfrachter für die Richtigkeit der Bezeichnung der Güter dem Empfänger nicht verantwortlich, wenn ungeachtet der Sorgfalt eines ordentlichen Schiffers die Unrichtigkeit der in dem Konnossement enthaltenen Bezeichnung nicht wahrgenommen werden konnte.[1])

Die Haftung des Verfrachters wird dadurch nicht ausgeschlossen, daß die Uebereinstimmung der abgelieferten und der übernommenen Güter nicht bestritten oder daß sie vom Verfrachter nachgewiesen wird.

Pr Entw. Art. 497. **Entw. H** Art. 545 Abs. 2. **Prot.** S. 2260—2267, 2277, 2278, 4008—4010. **A.D.H.** Art. 655.

Zu §. 653.

1) a. Der Beweis, daß sich der Schiffer eine Versäumnis der erforderlichen Sorgfalt hat zu Schulden kommen lassen, ist in der Regel für den Empfänger fast unmöglich, für den Schiffer dagegen wird der Nachweis der nötigen Sorgfalt nicht mit unüberwindlichen Schwierigkeiten verbunden sein; oft wird die unverletzte, für die betreffende Ware übliche Originalverpackung für die Anwendung der schuldigen Sorgfalt sprechen und die Usancen des Abladeortes, die Art und Weise des Geschaftsbetriebs, die in demselben vorherrschen, werden dem Schiffer in vielen Fällen zweckdienliche Behelfe für seine Beweisführung bieten. Die Beweislast, daß die schlechte Beschaffenheit oder die Landbeschädigung zur entscheidenden Zeit ungeachtet der Sorgfalt eines ordentlichen Schiffers nicht wahrzunehmen war (Steg. Bd. 3, S. 149), ist deshalb dem Schiffer, welcher sich von der Haftbarkeit befreien will, auferlegt worden (P. 2266—2268), während sie im Falle des §. 655 dem Empfänger auferlegt worden ist.

b. Der Beweis, daß die abgelieferten Frachtstücke identisch mit den vom Ablader empfangenen sind, muß, so oft die Identität beanstandet wird, von dem Schiffer geführt werden (P. 2268—2270). Dieser Beweis erstreckt sich nicht bloß darauf, daß der Ablader dem Schiffer die von ihm abgelieferten unbeschädigten Kolli, Kisten u. dgl. übergeben hat, also nicht bloß auf die Unverletztheit und Identität der Umhüllung, sondern auch auf die Identität des Inhalts, wodurch jedoch nicht ausgeschlossen wird, für die Identität des Inhalts die Identität und Unverletztheit der Umhüllung als Beweisgrund geltend zu machen. (P. 2277, 2278.)

§. 654.[1]) **Zusatz: „Inhalt unbekannt".**

Werden dem Schiffer Güter in Verpackung oder in geschlossenen Gefäßen übergeben, so kann er das Konnossement mit dem Zusatze: „Inhalt unbekannt" versehen. Enthält das Konnossement diesen oder einen gleichbedeutenden Zusatz, so ist der Verfrachter, falls der abgelieferte Inhalt mit dem im Konnossement angegebenen nicht übereinstimmt, nur insoweit verantwortlich, als festgestellt wird, daß er einen anderen als den abgelieferten Inhalt empfangen hat.[2])

Pr. Entw. Art. 485 Abs. 2, 497 Abs. 1. **Entw. II** Art. 524 Abs. 2, 545 Abs. 3. **Prot.** S. 2213—2216, 2231, 2275—2277, 2279—2290, 4010—4012. **A.D.H.** Art. 656.

Zu §. 654.

1) Die §§. 654 u. 655 entscheiden in ihren ersten Sätzen nur die Frage, ob der Schiffer überhaupt befugt ist, jede Haftbarkeit für den Inhalt, bez. für die Zahl, das Maß oder das Gewicht durch entsprechende Klauseln von sich abzuwenden, selbst wenn das Konnossement dadurch den Wert verliert (P. 2216). In ihren zweiten Sätzen bestimmen sie die Wirkung solcher Klauseln. Vgl. Steg. Bd. 3, S. 147.

2) Die Klausel „Inhalt unbekannt" kommt im Geschäftsverkehr in mehrfacher Bedeutung vor, und zwar so, daß durch deren Beifügung bald die gesetzliche Vertretungsverbindlichkeit des Schiffers ex recepto gemindert, bald nur die Beweislast hinsichtlich der Identität der empfangenen und abgelieferten Güter geregelt werden soll. Das Gesetz hat sich dieser letzteren Auffassung angeschlossen. Aus der Natur der Sache folgt, wie (P. 4011) geltend gemacht wurde, nur, daß, wenn der Schiffer den Inhalt als unbekannt bezeichnet, der Empfänger den Beweis zu führen hat, wenn er behauptet, der Schiffer habe einen andern Inhalt empfangen, als er jetzt abliefere, oder derselbe habe den abgelieferten Inhalt in anderem Zustande, z. B. unbeschädigt erhalten. Ist dieser Beweis aber geführt, so muß der Schiffer den Schaden vergüten, es sei denn, daß er im Falle der Beschädigung nachweist, daß sie auf Umständen beruht, die durch die Sorgfalt eines ordentlichen Schiffers nicht abgewendet werden konnten (§. 606). — Wenn der Schiffer, unbekannt mit der besonderen Natur der Güter, diese gleich anderen Kaufmannsgütern behandelt hat und daraus eine Beschädigung

entstanden ist, z. B. wenn er eine Kiste Lack, ohne ihren Inhalt zu kennen, in der Nähe der Maschine gestaut hat und der Lack hierdurch flüssig geworden ist, so braucht der Schiffer nicht zu haften, gleichviel, ob er die Klausel „Inhalt unbekannt" gezeichnet hat oder nicht, es sei denn, daß die Kenntnis von der besonderen Natur des Gutes von einem ordentlichen Schiffer erwartet werden darf.

§. 655.

Zusatz: „Zahl, Maß, Gewicht unbekannt".

Sind die im Konnossemente nach Zahl, Maß oder Gewicht bezeichneten Güter dem Schiffer nicht zugezählt, zugemessen oder zugewogen, so kann er das Konnossement mit dem Zusatze: „Zahl, Maß, Gewicht unbekannt" versehen. Enthält das Konnossement diesen oder einen gleichbedeutenden Zusatz, so hat der Verfrachter die Richtigkeit der Angaben des Konnossements über Zahl, Maß oder Gewicht der übernommenen Güter nicht zu vertreten.[1])

Pr. Entw. Art. 485 Abs. 2, 497 Abs. 2. **Entw. H** Art. 524 Abs. 2, 545 Abs. 1. **Prot.** S. 2214—2216, 2231, 2290—2295, 4008. **A.D.H.** Art. 657.

Zu §. 655.

1) Die Ausdrücke: Zahl, Maß, Gewicht brauchen nicht gleichzeitig angeführt zu sein (P. 4008). §. 655 findet vielmehr auch dann Anwendung, wenn die Klausel: „Zahl unbekannt" oder „Maß unbekannt" u. dgl. gebraucht worden ist. — Der Zusatz: „Zahl, Maß, Gewicht unbekannt" befreit den Verfrachter jedoch nicht von der Haftung (ex recepto) für die Auslieferung des wirklich Empfangenen (P. 2215, 2290—2295), wenn der Verlust sich nicht auf ein bloßes Schwinden zurückführen läßt; er haftet also z. B. für das Fehlen eines ganzen Kollo. (R.O.H. Bd. 15, S. 382.)

§. 656.

Bedeutung des Konnossements für die Berechnung der Fracht.

Ist die Fracht nach Zahl, Maß oder Gewicht der Güter bedungen und im Konnossemente Zahl, Maß oder Gewicht angegeben, so ist diese Angabe für die Berechnung der Fracht entscheidend, wenn nicht das Konnossement eine abweichende Bestimmung enthält. Als eine solche ist der Zusatz: „Zahl, Maß, Gewicht unbekannt" oder ein gleichbedeutender Zusatz nicht anzusehen.[1])

Pr. Entw. Art. 506. **Entw. H** Art. 555 Satz 2. **Prot.** S. 2338—2341, 3930, 4014. **A.D.H.** Art. 658.

Zu §. 656.

1) §. 656 enthält eine Abweichung von der Interpretationsregel des §. 620 für den Fall, daß im Konnossemente Zahl, Maß oder Gewicht angegeben ist. Eine solche Angabe hat gerade den Sinn (P. 2338), daß sie der dereinstigen Frachtberechnung zu Grunde gelegt werden soll; sie gilt für den Schiffer wie für den Empfänger — von den Fällen doloser Kollusion abgesehen — als schlechthin entscheidend, nicht bloß als präsumtiv richtig (R.O.H. Bd. 12, S. 371; Bd. 14, S. 296; R.G. XIV, 117) für die Berechnung der zu zahlenden Fracht. Nur wenn das Konnossement selbst eine abweichende Bestimmung hinsichtlich der Fracht enthält, ist dieselbe zu beachten. Der vieldeutige Vermerk des Schiffers unter dem Konnossement „signed under protest" oder eine besondere Protesturkunde des Schiffers genügen daher nicht zur Wahrung seiner Rechte gegen den Empfänger, unbeschadet ihrer Wirksamkeit gegen

den Ablader (R.O.H. Bd. 1, S. 199; Steg. Bd. 1, S. 187, 191). Das R.O.H. erachtete es dagegen als ausreichend (Bd. 6, S. 347), wenn das dem Destinatär zugestellte Exemplar des Konnossements den Vermerk enthielt: „unter Protest wegen Untermaß".

§. 657.

Zusatz: „frei von Bruch, Leckage, Beschädigung".

Ist das Konnossement mit dem Zusatze: „frei von Bruch" oder: „frei von Leckage" oder: „frei von Beschädigung" oder mit einem gleichbedeutenden Zusatze versehen, so haftet der Verfrachter nicht für Bruch, Leckage oder Beschädigung es sei denn, daß den Schiffer oder eine Person, für die der Verfrachter verantwortlich ist, ein Verschulden trifft.[1])

Pr. Entw. Art. 497 Abs. 2. **Entw. H** Art. 546 Abs. 2. **Prot.** S. 2295—2298, 4012. **A.D.H.** Art. 659.

Zu §. 657.

1) a. Die §§. 654, 655 geben die Voraussetzungen an, unter welchen der Verfrachter befugt ist, das Konnossement mit den dort gedachten Klauseln zu versehen. Der §. 657 enthält jedoch keine Bestimmung darüber, wann der Schiffer auch die in diesem Paragraphen erwähnten Klauseln, welche seine Haftbarkeit ex recepto zu mindern bestimmt sind, zeichnen darf. Man nahm an (P. 4013), daß die Entscheidung dieser Frage von dem Inhalte des Frachtvertrags und den besonderen Umständen des Falles abhänge, weshalb sich hierüber keine allgemeine Bestimmung treffen lasse. — Haftung für Feuerschaden R.O.H. Bd. 25, S. 96.

b. Unter den Worten: „oder eine Person, für die der Verfrachter verantwortlich ist" sind hier diejenigen Personen verstanden, für welche der Schiffer, abgesehen von den Grundsätzen über das receptum, zu haften hat, wie z. B. die Stauer, die Schauerleute, deren Stellvertreter, die Mannschaft rc., nicht aber die Passagiere (P. 2285, 2289, 4012).

§. 658.

Haftung des Verfrachters für sichtbare Mängel.

Werden dem Schiffer Güter übergeben, deren Beschädigung, schlechte Beschaffenheit oder schlechte Verpackung sichtbar ist, so hat er diese Mängel im Konnossemente zu bemerken, widrigenfalls er dem Empfänger dafür verantwortlich ist, auch wenn das Konnossement mit einem der im §. 657 erwähnten Zusätze versehen ist.[1])

Pr. Entw. Art. 485 Abs. 1. **Entw. H** Art. 524 Abs. 1. **Prot.** S. 2213, 2231, 2298, 4007. **A.D.H.** Art. 660.

Zu §. 658.

1) Durch die im §. 657 dem Schiffer gegebene Möglichkeit, sich von der Haftung für die Unverletztheit der Fastage und für die Beschädigung ihres Inhalts zu befreien, liegt die Gefahr nahe, daß der Schiffer sich vom Ablader bereden lasse, beschädigte Frachtstücke in Empfang zu nehmen, ohne der Beschädigung im Konnossemente Erwähnung zu thun, und daß in der Folge dem Empfänger oder Assekurateur gegenüber geltend gemacht wird, es sei die Beschädigung erst während der Reise entstanden. Diesem möglichen Mißbrauche soll durch §. 658 gesteuert werden (P. 2297, 2298), welcher dem Schiffer zur Pflicht macht, die zur Zeit des Empfangs der Güter und der Zeichnung des Konnossements sichtbaren Mängel im Konnossemente zu verzeichnen (R.O.H. Bd. 3, S. 25; Bd. 16, S. 139; Steg. Bd. 3, S. 147,

R.G. IV, 91). — „Das Stillschweigen des Konnossements über die Beschaffenheit des Frachtguts wird als ein Anerkenntnis verstanden, daß das Gut selbst und seine Verpackung keine sichtbaren Mängel gehabt habe". Cosack §. 93, 3b.

§. 659.

Änderung der Anweisungen an den Schiffer nach Konnossementsausstellung.

Hat der Schiffer ein an Order lautendes Konnossement ausgestellt, so darf er den Anweisungen des Abladers wegen Rückgabe oder Auslieferung der Güter nur dann Folge leisten, wenn ihm die sämmtlichen Exemplare des Konnossements zurückgegeben werden.[1])

Dasselbe gilt in Ansehung der Anforderungen eines Konnossementsinhabers auf Auslieferung der Güter, solange der Schiffer den Bestimmungshafen nicht erreicht hat.

Handelt er diesen Vorschriften entgegen, so bleibt er dem rechtmäßigen Inhaber des Konnossements verpflichtet.[2])

Lautet das Konnossement nicht an Order, so ist der Schiffer zur Rückgabe oder Auslieferung der Güter auch ohne Beibringung eines Exemplars des Konnossements verpflichtet, sofern der Ablader und der im Konnossemente bezeichnete Empfänger in die Rückgabe oder Auslieferung der Güter willigen. Werden jedoch nicht sämmtliche Exemplare des Konnossements zurückgestellt, so kann der Schiffer wegen der deshalb zu besorgenden Nachtheile zuvor Sicherheitsleistung fordern.[3])

Pr. Entw. Art. 488, 518. **Entw. II** Art. 526. **Prot.** S. 2228—2230, 2457—2459, 4007, 4014. **A.D.H.** Art. 661.

Zu §. 659.

1) Alle Exemplare des Konnossements an Order sind gleichberechtigt, und bis Einem derselben Genüge geschehen ist, bleibt der Schiffer, welcher nicht nur mit dem Ablader, sondern auch mit dem ihm noch unbekannten Konnossementsinhaber kontrahiert hat, dem Inhaber jedes Exemplars für die darin übernommenen Verbindlichkeiten verhaftet. Zu seiner Sicherung kann er deshalb die Rückgabe aller Exemplare verlangen. (M. 267.) Vgl. §. 439.

2) a. Der Schiffer ist gegen Aushändigung eines einzelnen Exemplars des Konnossements in der Regel nur im Bestimmungshafen die Ware auszuliefern verbunden (§. 645). Wird deren Auslieferung früher verlangt, so ist der Schiffer nur sichergestellt, wenn ihm alle Exemplare des Konnossements zurückgegeben werden.

b. Die Frage, ob der Verfrachter auch noch nach Auslieferung der Ladung ein selbständiges Klagerecht auf Rückgabe der Konnossementsexemplare oder Sicherstellung hat, ist offen gelassen, da hierbei alles auf die Modalitäten der Auslieferung und namentlich darauf ankommt, ob diese mit oder ohne Vorbehalt erfolgt ist. (P. 2458.)

3) Lautet das Konnossement nicht an Order, vielmehr einfach an die Adresse eines bestimmten Destinatärs, so kontrahiert der Schiffer nur mit diesem und dem Befrachter. Sind diese mit der Abänderung der ursprünglichen Anweisungen des Befrachters einverstanden, so ist der Schiffer gegen fernere Anforderungen auch ohne Empfang irgend eines Konnossementsexemplars (P. 4014) geschützt, denn sollte der Empfänger auch in der Folge auf Grund eines in seinen Händen zurückgebliebenen Exemplars des Konnossements oder statt seiner ein Cessionar desselben von dem Schiffer die Auslieferung der im Konnossemente bezeichneten Güter verlangen, so würde ihm der letztere auf Grund der erklärten Zustimmung des Empfängers zu den Weisungen

des Abladers einen wirksamen Einwand entgegensetzen können. Da jedoch der Schiffer, wenn ihm nicht alle Exemplare des Konnossements ausgehändigt werden, leicht in Prozesse mit den Konnossementsinhabern verwickelt werden kann, so ist er für befugt erklärt worden, Sicherheitsleistung für etwaige Ansprüche aus den Konnossementen zu fordern. Anhaltspunkte für eine entsprechende Feststellung der Kautionssumme sind jedoch im Gesetze nicht gegeben. (P. 2228—2230.)

§. 660.

Die Vorschriften des §. 659 kommen auch zur Anwendung, wenn der Frachtvertrag vor der Erreichung des Bestimmungshafens in Folge eines Zufalls nach den §§. 628 bis 641 aufgelöst wird.

Pr. Entw. Art. 518. **Entw. H** Art. 573. **Prot.** S. 2457—2459, 4014. **A.D.H.** Art. 662.

§. 661.

Haftung des Schiffers aus Frachtverträgen und Konnossementen.

In Ansehung der Verpflichtungen des Schiffers aus den von ihm geschlossenen Frachtverträgen und ausgestellten Konnossementen hat es bei den Vorschriften der §§. 511, 512, 533 sein Bewenden.[1])

Pr. Entw. Art. — **Entw. H** Art. 575. **Prot.** S. 1902, 1928, 2459—2461. **A.D.H.** Art. 663.

Zu §. 661.

1) Der Schiffer wird, abgesehen von etwaigem Verschulden (§§. 511, 512), aus dem von ihm in seiner Eigenschaft als Führer des Schiffes geschlossenen Rechtsgeschäften in der Regel nicht persönlich verpflichtet (§. 533). Diese Bestimmung ist hier in Ansehung seiner Verpflichtungen aus den von ihm geschlossenen Frachtverträgen und ausgestellten Konnossementen nochmals hervorgehoben worden, weil der gewöhnliche Wortlaut der Konnossemente sehr leicht zu dem Zweifel Veranlassung geben kann, ob der Schiffer nicht wenigstens durch ihre Ausstellung eine persönliche Verpflichtung übernehme, indem er darin in der Regel außer dem Schiffe auch sein gesamtes Vermögen für die Erfüllung des Konnossements verpfändet. Zusicherungen dieser Art sollen aber keineswegs den Sinn haben, daß der Schiffer sich ohne weiteres persönlich für die Erfüllung der im Konnossemente versprochenen Leistungen verpflichten will; sie sind vielmehr, wenn sie überhaupt eine Bedeutung haben, nur auf die persönlichen Verpflichtungen zu beziehen, welche möglicherweise dadurch entstehen können, daß der Schiffer sich ein Versehen bei Erfüllung seiner Obliegenheiten zu Schulden kommen läßt. (P. 2460, 1902, 1928.)

§. 662. **Unterverfrachtung.**

Im Falle der Unterverfrachtung haftet für die Erfüllung des Unterfrachtvertrags, soweit dessen Ausführung zu den Dienstobliegenheiten des Schiffers gehört und von diesem übernommen ist, insbesondere durch Annahme der Güter und Ausstellung des Konnossements, nicht der Unterverfrachter, sondern der Rheder mit Schiff und Fracht (§. 486).

Ob und inwieweit im Uebrigen der Rheder oder der Unterverfrachter von dem Unterbefrachter in Anspruch genommen werden kann und ob im letzteren

Falle der Unterverfrachter für die Erfüllung unbeschränkt zu haften oder nur die auf Schiff und Fracht beschränkte Haftung des Rheders zu vertreten hat, wird durch diese Vorschrift nicht berührt.[1])

Pr. Entw. Art. — **Entw. II** Art. — **Prot.** S. 3905, 3906, 4289—4293, 4301—4307, 4310. **A.D.H.** Art. 664.

Zu §. 662.

1) Unterverfrachtung liegt vor, wenn der Verfrachter selbst kein Schiff besitzt. Der zwischen einem solchen Verfrachter (Unterverfrachter) und dem Befrachter (Unterbefrachter) abgeschlossene Frachtvertrag wird als Unterfrachtvertrag bezeichnet. Schließt nun der Unterverfrachter, um jenen Vertrag erfüllen zu können, mit einem Rheder einen Frachtvertrag ab, so wird dieser zweite Vertrag als Hauptfrachtvertrag bezeichnet. In diesem zweiten Vertrage ist der Unterverfrachter des ersten Vertrags der Hauptbefrachter. Liefert nun der Unterbefrachter (Ablader) das Gut in das von dem Hauptverfrachter gestellte Schiff, so entstehen Rechtsbeziehungen zwischen Unterbefrachter und Hauptverfrachter (Rheder), die durch §. 662 teilweise geregelt werden. Nach Abs. 1 haftet in dem dort gedachten Falle der Rheder und nicht der Unterverfrachter, und zwar der Rheder nur mit Schiff und Fracht. Abs. 2 dient dazu, ein argumentum e contrario aus dem ersten Absatz für anderweitige Fragen fern zu halten (P. 3406, 4310).

§. 663.

Güterbeförderung zur See durch deutsche Postverwaltungen.

Auf die Beförderung von Gütern zur See durch die Postverwaltungen des Reichs und der Bundesstaaten finden die Vorschriften dieses Abschnitts keine Anwendung.[1])

A.D.H. Art. 449.

Zu §. 663.

1) Nach Art. 449 A.D.H. galten die Bestimmungen des fünften Buchs „vom Seehandel" für die Postanstalten insoweit, als für die letzteren nicht ein anderes durch besondere Gesetze und Verordnungen vorgeschrieben war. Durch §. 663 ist nun — entsprechend der Vorschrift des §. 452 — die Anwendung der Vorschriften des Abschnitts 4, Buch IV H.G.B. auf die Beförderung von Gütern zur See durch die Postverwaltungen des Reichs und der Bundesstaaten ausgeschlossen. Die bezeichneten Postverwaltungen gelten nach §. 452 nicht als Kaufleute.

Das Postwesen des Reichs ist durch das Reichsgesetz vom 28. Oktober 1871 (R.G.Bl. S. 347) (vgl. namentlich Abschnitt II Garantie) und durch die auf Grund dieses Gesetzes erlassene Postordnung vom 11./VI. 1892 (Centralbl. S. 428), im einzelnen abgeändert durch Verordnung vom 30./I. 1895, geregelt. Vgl. Fischer, Deutsche Post- und Telegraphen-Gesetzgebung, IV. Auflage.

Fünfter Abschnitt.

Frachtgeschäft zur Beförderung von Reisenden.[1])

Zur Überschrift.

1) a. Dieser Abschnitt erstreckt sich weder auf die Beförderung von Reisenden auf Post- und Auswandererschiffen (§. 678), noch auf die Charterung eines Schiffes, um es zum Passagiertransport zu benutzen (vgl. Anm. zu §. 676). Bestimmungen, welche mehr einen polizeilichen

als einen privatrechtlichen Charakter tragen, sind in das Gesetz nicht aufgenommen. Hierzu gehören namentlich Vorschriften wie die über die Annahme von Passagieren (A.L.R. T. II, Tit. 8, §. 1742 und Paß-Reglement vom 20. März 1813, G.S. S. 51; vgl. jetzt Bundesges. über das Paßwesen vom 12. Oktober 1867, B.G.Bl. S. 33), über die Verpflichtung deutscher Kauffahrteischiffe zur Mitnahme hilfsbedürftiger Seeleute (Reichsges. v. 27. Dezember 1872, R.G.Bl. S. 432, [Anhang 14]), über die zu gewährende Beköstigung und über die gegenseitige Verpflichtung der Reisenden und des Schiffers, sich im Notfalle mit ihren entbehrlichen Vorräten zu Hilfe zu kommen. (A.L.R. ibid. §§. 1753 bis 1755.) Es fehlt ferner an Bestimmungen über die Höhe des Überfahrtsgeldes, falls keine Vereinbarung hierüber getroffen ist (A.L.R. ibid. §. 1745). So weit dieser Abschnitt keine besonderen Vorschriften enthält, sind mehr die Rechtssätze des allgemeinen Obligationenrechts, als die von der Güterfracht in Anwendung zu bringen. (M. 283. P. 2503, 2533.)

b. Der Gewerbebetrieb, welcher die Beförderung von Reisenden zur See zum Gegenstande hat, gilt als Handelsgewerbe; wer es betreibt, ist Kaufmann im Sinne des H.G.B. §. 1 Abs. 1 und Abs. 2 Ziff. 5.

c. Über das Auswanderungswesen, über den Geschäftsbetrieb der Auswanderungsunternehmer und Agenten und über die Einrichtung und Ausrüstung der Auswandererschiffe sind neuerdings erlassen das Gesetz vom 9. Juni 1897 (R.G.Bl. S. 463), und die Bekanntmachungen vom 14./III. 1898. (R.G.Bl. S. 39 [Anhang 15—17].)

d. Streitigkeiten zwischen Reisenden und Wirten, Fuhrleuten, Schiffern, Flößern oder Auswanderungsexpedienten in den Einschiffungshäfen, welche über Wirtszechen, Fuhrlohn, Überfahrtsgelder, Beförderung der Reisenden und ihrer Habe und über Verlust und Beschädigung der letzteren, sowie Streitigkeiten zwischen Reisenden und Handwerkern, welche aus Anlaß der Reise entstanden sind, gehören ohne Rücksicht auf den Wert des Streitgegenstandes zur Zuändigkeit der Amtsgerichte. (§. 23 Ziff. 2 G.V.G.)

§. 664.

Übertragbarkeit des Rechts auf Überfahrt.

Ist der Reisende in dem Ueberfahrtsvertrage genannt, so ist er nicht befugt, das Recht auf die Ueberfahrt an einen Anderen abzutreten.[1])

Pr. Entw. Art. 520. **Entw. H** Art. 576. **Prot.** S. 2504, 2505, 4035. **A.D.H.** Art. 665.

Zu §. 664.

1) a. Der Überfahrtsvertrag ist an keine Form gebunden. Auswanderer dürfen jedoch nach außerdeutschen Ländern nur auf Grund eines vorher in deutscher Sprache abgeschlossenen schriftlichen Vertrages befördert werden. §. 22, §. 1 Ges. über das Auswanderungswesen v. 9./VI. 1897 und §§. 4ff. §. 12. Bekanntmachung vom 14./III. 1898 betr. Bestimmungen über den Geschäftsbetrieb der Auswanderungsunternehmer und Agenten (Anhang 15 u. 16).

b. Ist der Passagevertrag in Bezug auf die zu transportierende Person unbestimmt geschlossen, sind z. B. Billets auf den Inhaber ausgegeben, so findet der §. 664 keine Anwendung (P. 2504), doch wurde es als sich von selbst verstehend erachtet, daß, wenn die nachträgliche Umschreibung auf eine bestimmte Person erfolge, oder eine solche auf Grund des Billets die Reise einmal angetreten habe, die Bestimmung des §. wiederum Platz greife.

§. 665. Schiffsordnung.

Der Reisende ist verpflichtet, alle die Schiffsordnung betreffenden Anweisungen des Schiffers zu befolgen.[1])

Pr. Entw. Art. 526. **Entw. H** Art. 577. **Prot.** S. 2512, 4035. **A.D.H.** Art. 666.

Zu §. 665.

1) Der Reisende ist während der Überfahrt der Schiffsordnung und der Disziplinargewalt des Schiffers unterworfen. Der in erster Lesung angenommene Zusatz: „Der Reisende muß in Notfällen nach seinen Kräften die Arbeiten verrichten, die zur Rettung aus einer gemeinschaftlichen Gefahr ihm aufgetragen werden," wurde in zweiter Lesung (P. 4035) gestrichen.

Verzug des Reisenden. §. 666.

Der Reisende, der sich vor oder nach dem Antritte der Reise nicht rechtzeitig an Bord begiebt, hat das volle Ueberfahrtsgeld zu bezahlen, wenn der Schiffer die Reise antritt oder fortsetzt, ohne auf ihn zu warten.[1])

Pr. Entw. Art. 521, 525. **Entw. H** Art. 578. **Prot.** S. 2505, 2511, 4035. **A.D.H.** Art. 667.

Zu §. 666.

1) Das Interesse der übrigen Reisenden erheischt es, daß der Schiffer auf einen säumigen Passagier nicht zu warten braucht. Ist die Zeit der Abfahrt nicht im voraus bestimmt, so muß der Passagier sich an Bord begeben, sobald ihm die Bereitschaft des Schiffers angezeigt wird; auch wenn sich die Abfahrt verzögert, darf er ohne Erlaubnis des Schiffers das Schiff nicht verlassen; der Schiffer ist nicht verpflichtet, ihn von neuem zu rufen. (M. 284.)

§. 667.

Rücktritt oder zufällige Verhinderung des Reisenden vor Reiseantritt.

Wenn der Reisende vor dem Antritte der Reise den Rücktritt von dem Ueberfahrtsvertrag erklärt oder stirbt oder durch Krankheit oder einen anderen in seiner Person sich ereignenden Zufall zurückzubleiben genöthigt wird, so ist nur die Hälfte des Ueberfahrtsgeldes zu zahlen.

Wenn nach dem Antritte der Reise der Rücktritt erklärt wird oder einer der erwähnten Zufälle sich ereignet, so ist das volle Ueberfahrtsgeld zu zahlen.[1])

Pr. Entw. Art. 529, 531. **Entw. H** Art. 579. **Prot.** S. 2514, 2515, 2522, 4036. **A.D.H.** Art. 668.

Zu §. 667.

1) a. Stirbt oder erkrankt der Reisende vor Antritt der Reise, oder hindert ihn ein anderer Zufall an der Antretung derselben, so ist es billig, daß dem Schiffer für die zur Aufnahme des Passagiers getroffenen Vorbereitungen eine Entschädigung gezahlt werde, die jedoch mit Rücksicht darauf, daß der Verfrachter jedenfalls die für den betreffenden Reisenden angeschafften Lebensmittel erspart, auch in vielen Fällen dessen Stelle durch einen anderen Reisenden ersetzt werden kann, auf die Hälfte des Überfahrtsgeldes festgesetzt ist. Um die Streitigkeiten möglichst zu vermeiden, welche darüber entstehen könnten, ob die Reise im einzelnen Falle dem Passagier unmöglich geworden, ist der Rücktritt vom Vertrage gegen Zahlung der halben Fracht vor dem Antritt der Reise in die Willkür des Passagiers gestellt worden. (P. 2515.) Die in dieser Bestimmung für den Schiffer liegende Härte ist dadurch gemildert, daß wenn nach Antritt der Reise der Vertrag durch Zufälle in der Person des Reisenden aufgehoben wird, nicht bloß Distanzfracht, sondern volle Fracht zu zahlen ist. (P. 2522.)

b. War der Passagier durch Tod, Krankheit oder einen anderen Zufall an dem Antritt der Reise verhindert, so ist das Überfahrtsgeld selbst dann nur zur Hälfte zu zahlen, wenn eine Rücktrittserklärung nicht abgegeben worden ist. (P. 4036.)

c. Betreffs der **Auswanderer** vgl. §. 29 R.G. v. 29./VI. 1897 u. §. 5 Nr. 17 u. 18. Bekanntm. v. 14./III. 1898 (Anhang 16).

§. 668. **Verlust des Schiffes.**

Der Ueberfahrtsvertrag tritt außer Kraft, wenn durch einen Zufall das Schiff verloren geht (§. 628 Abs. 1 Nr. 1).[1])

Pr. Entw. Art. 527. **Entw. H** Art. 580. **Prot.** S. 2514, 4037. **A.D.H.** Art. 669.

Zu §. 668.

1) Hat der Zufall sowohl das Schiff als die Person des Reisenden betroffen, so ist der Fall so zu beurteilen, als wenn der Zufall das Schiff **allein** betroffen, und **deshalb** der Kontrakt sich aufgelöst hätte. (P. 2516.) — Betreffs der **Auswandererschiffe** vgl. §. 30 a. a. O.

§. 669.

Krieg, Verfügung von hoher Hand, Mangel an Gütern.

Der Reisende ist befugt, von dem Vertrage zurückzutreten, wenn ein Krieg ausbricht, in Folge dessen das Schiff nicht mehr als frei betrachtet werden kann und der Gefahr der Aufbringung ausgesetzt wäre, oder wenn die Reise durch eine das Schiff betreffende Verfügung von hoher Hand aufgehalten wird.[1])

Das Recht des Rücktritts steht auch dem Verfrachter zu, wenn er in einem der vorstehenden Fälle die Reise aufgiebt oder wenn das Schiff hauptsächlich zur Beförderung von Gütern bestimmt ist und die Unternehmung unterbleiben muß, weil die Güter ohne sein Verschulden nicht befördert werden können.[2])

Pr. Entw. Art. 527. **Entw. H** Art. 581. **Prot.** S. 2516, 2517, 4037. **A.D.H.** Art. 670.

Zu §. 669.

1) Wie der Frachtvertrag, so wird auch der Passagevertrag durch die in diesem §. aufgeführten Ereignisse aufgehoben; es ist aber wie bei der Stückgüterbefrachtung von dem Erfordernis der Dauer des Hindernisses Abstand genommen, weil den Reisenden in der Regel an der **unverweilten** Ausführung der Reise viel gelegen ist, und ihnen nicht zugemutet werden kann, Monate lang auf Hebung des Hindernisses im Nothafen zu warten. (P. 2516.) — Betreffs der **Auswandererschiffe** vgl. §. 28 a. a. O.

2) a. Dem Verfrachter ist das Rücktrittsrecht aus den im Abs. 1. d. §. bezeichneten Gründen nur dann gewährt, wenn er die Reise wirklich **aufgiebt**. (P. 2516.)

b. Ist der Gütertransport Hauptsache und die Passagierbeförderung Nebensache, so ist der Passagevertrag dahin zu verstehen, daß sich der Verfrachter eigentlich nur unter der stillschweigend verstandenen Bedingung zur Personenbeförderung verpflichte, daß die Reise überhaupt zur Ausführung gelange. Unterbleibt dieselbe wegen eines die Ladung treffenden Zufalls, oder weil der Verfrachter gegen Zahlung von Fautfracht vom Vertrage zurücktritt, so kann man dem Schiffer nicht zumuten, wegen einiger Passagiere eine große Reise auszuführen. (P. 2517, 4037.)

§. 670.

Überfahrtsgeld bei Auflösung des Vertrages gemäß §§. 668, 669.

In allen Fällen, in denen nach den §§. 668, 669 der Ueberfahrtsvertrag aufgelöst wird, ist kein Theil zur Entschädigung des anderen verpflichtet.

Ist jedoch die Auflösung erst nach dem Antritte der Reise erfolgt, so hat der Reisende das Ueberfahrtsgeld nach dem Verhältnisse der zurückgelegten zur ganzen Reise zu zahlen.

Bei der Berechnung des zu zahlenden Betrags ist die Vorschrift des §. 631 maßgebend.[1])

Pr. Entw. Art. 530. **Entw. H** Art. 582. **Prot.** S. 2520—2522, 2525, 4038. **A.D.H.** Art. 671.

Zu §. 670.

1) Zur Rechtfertigung des §. 670 wurde bemerkt (P. 2521): Die Folgen der Aufhebung des Passagevertrages in den Fällen der §§. 668 u. 669 seien dieselben wie beim Frachtvertrage. Die angetretene Reise sei der vollendeten nicht gleichzustellen. Wenn auch in der Praxis Ansprüche auf Zurückzahlung eines Teils des gewöhnlich im voraus gezahlten Überfahrtsgeldes wegen der oft damit verbundenen thatsächlichen Schwierigkeiten, oder wegen der Geringfügigkeit des Betrages sehr selten erhoben würden, so lasse sich daraus nicht folgern, daß dieselben im allgemeinen Rechtsbewußtsein für unbegründet gelten (vgl. Ullr. Heft I, Nr. 90).

§. 671.

Notwendige Ausbesserung des Schiffes während der Reise.

Muß das Schiff während der Reise ausgebessert werden, so hat der Reisende, auch wenn er die Ausbesserung nicht abwartet, das volle Ueberfahrtsgeld zu zahlen. Wartet er die Ausbesserung ab, so hat ihm der Verfrachter bis zum Wiederantritte der Reise ohne besondere Vergütung Wohnung zu gewähren, auch die nach dem Ueberfahrtsvertrag[1]) in Ansehung der Beköstigung ihm obliegenden Pflichten weiter zu erfüllen.

Erbietet sich jedoch der Verfrachter, den Reisenden mit einer anderen gleich guten Schiffsgelegenheit ohne Beeinträchtigung der übrigen vertragsmäßigen Rechte des Reisenden nach dem Bestimmungshafen zu befördern, und weigert sich der Reisende, von dem Anerbieten Gebrauch zu machen, so hat er auf Gewährung von Wohnung und Kost bis zum Wiederantritte der Reise nicht weiter Anspruch.

Pr. Entw. Art. 528. **Entw. H** Art. 583. **Prot.** S. 2530, 4038. **A.D.H.** Art. 672.

Zu §. 671.

1) Die Verpflichtung des Verfrachters zur Beköstigung der Reisenden beruht nicht auf Gesetz, sondern auf Vertrag. Hat der Reisende bei ungestörtem Verlauf der Reise keinen Anspruch auf Beköstigung, so kann er auch im Falle des §. 671 keine Verpflegung fordern. (P. 4038.) — Nach §. 25, Ges. vom 9./VI. 1897 (Anhang 15), müssen Verträge über die überseeische Beförderung von Auswanderern auf Beförderung und Verpflegung bis zur Landung im außereuropäischen Bestimmungshafen gerichtet sein. Vgl. §. 5 Nr. 20, §. 7 Nr. 25, Bekanntm. v. 14/III. 1898 (Anhang 16).

§. 672.

Vergütung für Beförderung des Reiseguts.

Für die Beförderung des Reiseguts, welches der Reisende nach dem Ueberfahrtsvertrag an Bord zu bringen befugt ist, hat er, wenn nicht ein Anderes bedungen ist, neben dem Ueberfahrtsgelde keine besondere Vergütung zu zahlen.[1])

Pr. Entw. Art. 524 Abs. 1. **Entw. H** Art. 584. **Prot.** S. 2508—2510, 4038. **A.D.H.** Art. 673.

Zu §. 672.

1) Ob und in welchem Umfange der Reisende berechtigt ist, Reiseeffekten an Bord zu bringen, und welcher Art dieselben sein dürfen, muß in jedem einzelnen Falle auf Grund des Überfahrtsvertrages, sei es nach seinem ausdrücklichen Inhalte, sei es nach den denselben begleitenden Umständen, entschieden werden (P. 2509). Insoweit er hierzu befugt ist, spricht die Vermutung gegen die Verbindlichkeit, etwas Besonderes neben dem Überfahrtsgelde für dieselben zu zahlen. Betreffs der Auswanderer vgl. §. 5 Nr. 23 u. 24, §. 7 Nr. 28 u. 29, §. 9 Nr. 19 u. 20, Bekanntm. v. 14./III. 1898. — Der Ausdruck „Reisegut" ist hier nicht zu streng und namentlich nicht so zu verstehen, als ob er sich nur auf diejenigen Gegenstände bezöge, welche der Reisende während der Fahrt auf dem Schiffe braucht. Die Mitnahme von Waren darf jedoch nur mit Zustimmung des Schiffers erfolgen (P. 2510), widrigenfalls der §. 297 R.St.G.B. Anwendung findet, welcher bestimmt:

„Ein Reisender oder Schiffsmann, welcher ohne Vorwissen des Schiffers, ingleichen ein Schiffer, welcher ohne Vorwissen des Rheders Gegenstände an Bord nimmt, welche das Schiff oder die Ladung gefährden, indem sie die Beschlagnahme oder Einziehung des Schiffes oder der Ladung veranlassen können, wird mit Geldstrafe bis zu eintausendfünfhundert Mark oder mit Gefängnis bis zu zwei Jahren bestraft."

§. 673.

Beförderung des Reiseguts, Haftung für dasselbe.

Auf das an Bord gebrachte Reisegut finden die Vorschriften der §§. 561, 593, 617 Anwendung.[1])

Ist das Reisegut von dem Schiffer oder einem dazu bestellten Dritten übernommen, so gelten für den Fall seines Verlustes oder seiner Beschädigung die Vorschriften der §§. 606 bis 610.[2])

Auf sämmtliche von dem Reisenden an Bord gebrachte Sachen finden außerdem die Vorschriften der §§. 563 bis 565, 619 Anwendung.[3])

Pr. Entw. Art. 524 Abs. 2, 533. **Entw. H** Art. 585. **Prot.** S. 2511, 4039. **A.D.H.** Art. 674.

Zu §. 673.

1) Diese Bestimmung bezieht sich auf alle Effekten, die der Reisende mitzunehmen befugt ist, und nicht bloß auf diejenigen, welche er ohne besondere Vergütung mit sich nehmen darf. (P. 2511.)

2) Es ist in den meisten Fällen für den Schiffer unmöglich, für die von den Reisenden nicht abgelieferten Effekten gebührend zu sorgen. Der Verfrachter hat deshalb für die Reiseeffekten nach den Grundsätzen über das **receptum** nur dann zu haften, wenn und soweit eine förmliche Übernahme der Sachen stattgefunden hat. Insoweit dies nicht geschehen ist, hat der Verfrachter auch nicht nach Maßgabe der im 2. Abs. d. §. angeführten Bestimmungen zu haften, wodurch jedoch seine Haftbarkeit für Verschulden des Schiffers und der Mannschaft nicht ausgeschlossen wird. (P. 2509, 2511.)

3) a. Der letzte Abs. bezieht sich nicht bloß auf Reiseeffekten, sondern auf alle Gegenstände, die der Reisende mit an Bord gebracht hat. (P. 2511.)

b. Vgl. §. 297 R.St.G.B. (oben Anm. 1 zu §. 672).

§. 674. **Pfandrecht des Verfrachters.**

Der Verfrachter hat wegen des Ueberfahrtsgeldes an den von dem Reisenden an Bord gebrachten Sachen ein Pfandrecht.

Das Pfandrecht besteht jedoch nur, solange die Sachen zurückbehalten oder hinterlegt sind.[1])

Pr. Entw. Art. 532. **Entw. II** Art. 586. **Prot.** S. 2511, 4039. **A.D.H.** Art. 675.

Zu §. 674.

1) Vgl. §. 623 und die Anmerkung 1 dazu.

§. 675.

Verpflichtung des Schiffers im Falle Todes des Reisenden.

Stirbt ein Reisender, so ist der Schiffer verpflichtet, in Ansehung des an Bord befindlichen Reiseguts des Verstorbenen das Interesse der Erben nach den Umständen des Falles in geeigneter Weise wahrzunehmen.[1])

Pr. Entw. Art. 531 Abs. 3. **Entw. II** Art. 579 Abs. 3. **Prot.** S. 2523—2525, 4036. **A.D.H.** Art. 676.

Zu §. 675.

1) a. Der Pr. Entw. (Art. 531) legte dem Schiffer die Pflicht auf, ein Inventar aufzunehmen, und den Nachlaß im Bestimmungshafen an die Behörde abzuliefern. Das H.G.B. hat sich jedoch auf eine allgemeine Anweisung beschränkt, um einerseits eine unnötige Einmischung des Schiffers in die Privatangelegenheiten der Passagiere zu verhindern, und um andererseits, wenn Angehörige des Verstorbenen an Bord sich befinden, ihnen die Mitwirkung des Schiffers in den Fällen zu sichern, wo sie derselben bedürfen, sowie endlich um dem Schiffer, wenn keine Angehörige an Bord sind und in Ausnahmefällen, auch wenn solche dort sind, einen Anhalt zu geben, wie einer Benachteiligung der Erben vorzubeugen sei. (P. 2523, 4036.) Auf Auswandererschiffen hat der Schiffsführer den Nachlaß der an Bord Verstorbenen, sofern letzterer sich nicht im Besitze von Angehörigen derselben befindet, sofort in Verwahrung zu nehmen und in einem von ihm und zwei Zeugen zu unterschreibenden Verzeichnisse thunlichst genau aufzuführen. Dies Verzeichnis muß er alsbald nach seiner Ankunft am überseeischen Landungsplatze dem deutschen Konsul übergeben und dessen Verfügung wegen des Weiteren einholen. §. 70 Ziff. 11, Bekanntmachung v. 14./III. 1898 (Anhang 17).

b. Die Form der auf einem in See befindlichen Schiffe errichteten Testamente und die Mitwirkung des Schiffers bei der Testamentserrichtung regelte A.L.R. T. I, Tit. 12, §§. 205, 206. Das B.G. regelt die Form und Gültigkeitsdauer der an Bord deutscher Schiffe errichteten Testamente in §§. 2251, 2250, 2252 folgendermaßen:

Wer sich während einer Seereise an Bord eines deutschen, nicht zur Kaiserlichen Marine gehörigen Fahrzeuges außerhalb eines inländischen Hafens befindet, kann — abgesehen von der durch §. 2231 Ziff. 2 B.G. eingeführten Form des eigenhändigen privatschriftlichen Testaments — sein Testament durch mündliche Erklärung vor drei Zeugen errichten. §. 2251. Über diese Testamentserrichtung muß ein Protokoll aufgenommen werden. §. 2250 Abs. 2. Das Testament gilt als nicht errichtet, wenn seit der Errichtung drei Monat verstrichen sind und der Erblasser noch lebt. Beginn und Lauf der Frist sind jedoch gehemmt, so lange der Erblasser außer stande ist, ein Testament vor einem Richter oder einem Notar zu errichten. §. 2252.

§. 676.

Verfrachtung eines Schiffes an einen Dritten zur Beförderung von Reisenden.

Wird ein Schiff zur Beförderung von Reisenden einem Dritten verfrachtet, sei es im Ganzen oder zu einem Theile oder dergestalt, daß eine bestimmte Zahl von Reisenden befördert werden soll, so gelten für das Rechtsverhältniß zwischen dem Verfrachter und dem Dritten die Vorschriften des vierten Abschnitts, soweit die Natur der Sache ihre Anwendung zuläßt.[1])

Pr. Entw. Art. — **Entw. H** Art. 587. **Prot.** S. 2530—2533, 4039. **A.D.H.** Art. 677.

Zu §. 676.

1) Zu §. 676 wurde angeführt (P. 2531): Wenn ein Expedient das Schiff chartert, um für seine eigene Rechnung die Überfahrtskontrakte mit den einzelnen Reisenden abzuschließen, so entstehen zwei verschiedene Vertragsverhältnisse, das zwischen dem Expedienten und den Passagieren, welches nach den Grundsätzen dieses Abschnitts zu beurteilen ist, und das zwischen dem Expedienten und dem Rheder. Auf dieses zweite Verhältnis sind die Bestimmungen des vierten Abschnitts über Güterbeförderung ohne praktische oder rechtliche Schwierigkeiten übertragbar, namentlich rücksichtlich der Bestimmungen über die Form des Vertrags, die Ladezeit, das Liegegeld und die Fautfracht. Nur bei der Aufhebung des Frachtvertrags infolge zufälliger Ereignisse kann es geschehen, daß sich die Passagiere von ihren Verträgen lossagen können, während der Expedient dem Rheder gegenüber an den Vertrag gebunden bleibt. Auch hier ist es jedoch nicht unbillig, den angenommenen Grundsatz durchzuführen, weil der Expedient die Folgen seiner mißlungenen Spekulation tragen muß.

§. 677.

Wenn in den folgenden Abschnitten dieses Buches die Fracht erwähnt wird, so sind darunter, sofern nicht das Gegentheil bestimmt ist, auch die Ueberfahrtsgelder zu verstehen.[1])

Pr. Entw. Art. — **Entw. H** Art. — **Prot.** S. 4041. **A.D.H.** Art. 678.

Zu §. 677.

1) Vgl. z. B. §. 797 (P. 3027), §§. 855, 878 (P. 3519), §. 821, Ziff. 1 (R.O.H. Bd. 17, S. 343), §. 715.

§. 678.

Landesgesetze über Auswanderungswesen.

Die auf das Auswanderungswesen sich beziehenden Landesgesetze werden, auch soweit sie privatrechtliche Vorschriften enthalten, durch die Vorschriften dieses Abschnitts nicht berührt.[1])

Pr. Entw. Art. — **Entw. H** Art. 588. **Prot.** S. 2533—2535, 4040. **A.D.H.** Art. 679.

Zu §. 678.

1) **a.** Durch §. 678 sollten die bestehenden oder noch zu erlassenden Gesetze über das Auswanderungswesen, die zwar auf polizeilichen Erwägungen beruhen, aber privatrechtliche Normen enthalten, gewahrt werden, weil es erheblichen Bedenken unterlag, in diese meist auf Gründen des öffentlichen Rechts beruhenden Gesetze einzugreifen. (P. 2533—2535.) Jetzt ist hierzu ergangen das Reichsgesetz über das Auswanderungswesen vom 9. Juni 1897 (R.G.Bl. S. 463, Anhang 15).

b. Über Versicherung von Passagegeldern im Interesse von Auswanderern s. R.O.H. Bd. 7, S. 402 und Bd. 17, S. 343.

Sechster Abschnitt.

Bodmerei.[1])

Zur Überschrift: „Bodmerei".

1) Von jeher kamen im Seeverkehr Rechtsgeschäfte vor, welche dazu dienen sollten, dem Rheder oder Kaufmann die Beschaffung von Mitteln zu seinen Unternehmungen dadurch zu erleichtern daß er nur bei glücklichem Ausgang der Unternehmung zur Rückzahlung verpflichtet sein sollte. Rechtsgeschäfte solcher Art waren: das foenus nauticum (ein an die Bedingung, daß Geld oder Waren den Bestimmungsort erreichen, geknüpftes Darlehn), der Großavanturei-vertrag (ein Darlehnsvertrag, wobei jemand gegen hohe Zinsen Geld zu einer Seeunternehmung in Waren unter der Abrede leiht, daß der Darleiher ein dingliches Recht an der Ware hat, aber dafür die Seegefahr, welche die Ware trifft, übernimmt), der Beil- (Biel-) oder Bodmereibrief (die Urkunde über ein Darlehn, welches zum Bau eines neuen Schiffes oder zur gewöhnlichen Ausrüstung eines Schiffes unter Verpfändung desselben mit der Maßgabe gegeben ist, daß der Schuldner zur Rückzahlung nur verpflichtet sein soll, wenn das Schiff wohlbehalten ankommt); und der Bodmereivertrag im engeren Sinne. Bodmerei (Bome, der Boden, Schiffskiel) im engeren Sinne unterscheidet sich von den bezeichneten verwandten seerechtlichen Instituten dadurch, daß sie sich nur auf die Verpfändung von Schiff und Gut im Nothafen oder doch da, wo die Eigner des Schiffs und deren ordentlicher Stellvertreter nicht anwesend sind oder nicht zur rechten Zeit herangezogen werden können, und zwar auf die Verpfändung durch den Kapitän bezieht (vgl. §§. 526, 527). Die anderweitige Kontrahierung von Darlehen auf Schiff und Gut fällt mehr oder weniger teils mit der Großavanturei, teils mit dem Beilbrief zusammen. — Die Vorschrift des früheren Art. 271, Ziff. 4 A.D.H., daß das Darlehn gegen Verbodmung absolutes Handelsgeschäft ist, ist in das H.G.B. nicht übernommen, vgl. §. 1, Ziff. 5 H.G.B., Denkschr. S. 10.

Begriff. §. 679.

Bodmerei im Sinne dieses Gesetzbuchs ist ein Darlehnsgeschäft, welches von dem Schiffer als solchem kraft der in diesem Gesetzbuch ihm ertheilten Befugnisse unter Zusicherung einer Prämie und unter Verpfändung von Schiff, Fracht und Ladung oder von einem oder mehreren dieser Gegenstände in der Art eingegangen wird, daß der Gläubiger wegen seiner Ansprüche nur an die verpfändeten (verbodmeten) Gegenstände nach der Ankunft des Schiffes an dem Orte sich halten kann, wo die Reise enden soll, für welche das Geschäft eingegangen ist (Bodmereireise).[1])

Pr. Entw. Art. 534. **Entw. II** Art. 589. **Prot.** S 2537—2545, 2570—2573, 2606—2610, 2614, 4042, 4043. **A.D.H.** Art. 680.

Zu §. 679.

1) a. §. 679 enthält die Definition, welches Rechtsgeschäft im Sinne dieses Gesetzbuchs als (eigentliche) Bodmerei angesehen wird. Das Bodmerei-Darlehn wird ohne persönliche Verpflichtung des Bodmereinehmers lediglich auf die verbodmeten Gegenstände gegeben, die Folge hiervon ist, daß der Bodmereigeber die Gefahr der Reise trägt, nach deren Vollendung die Rückzahlung erfolgen soll. Die Ähnlichkeit, welche hierdurch die Bodmerei mit der Versicherung hat, ist vielfach Veranlassung zur Verwechselung der Bodmerei mit der Versicherung gewesen, und auch das A.L.R. (T. II, Tit. 8, §. 2359) hat in der Definition von der Bodmerei: „Bodmerei ist ein Darlehnskontrakt, bei welchem der Gläubiger . . . . die Seegefahr übernimmt," die Übernahme der Seegefahr unrichtiger Weise als das Wesentliche und

ursprüngliche hervorgehoben. Kaltenborn, Seerecht §§. 188—191. (M. 288 ff. P. 2527 bis 2540, 4042—4044, 2603 ff.)

b. Nicht in das jetzige Handelsgesetzbuch übernommen ist die Bestimmung des früheren Art. 701 A.D.H., nach welcher die Vorschriften über die uneigentliche Bodmerei, d. h. über die einem Kreditzwecke dienende Verpfändung des Schiffes, die nicht von dem Schiffer als solchen in den im §. 679 bezeichneten Fällen vorgenommen wird, den Landesgesetzen vorbehalten bleiben sollten. In Zukunft kommen in dieser Beziehung die §§. 1259 ff. B.G. über die Verpfändung von Schiffen (Anhang 2. A.) zur Anwendung. Natürlich ist bei dieser Verpfändung, abweichend von der Bodmerei, eine persönliche Verpflichtung des Verpfänders vorausgesetzt und bleibt als solche wirksam.

c. Es braucht nicht ausdrücklich erklärt zu werden, daß der Gläubiger sich nur an den verbodmeten Gegenstand zu halten befugt ist: es genügt vielmehr schon (vgl. §. 683, Ziff. 9), wenn der Vertrag dahin lautet, daß ein Bodmereivertrag geschlossen wird, oder wenn eine ähnliche Ausdrucksweise gebraucht ist. (P. 4042.) Im übrigen vgl. §. 759.

§. 680.

Befugniß des Schiffers zur Verbodmung. Auslegungsregeln.

Bodmerei kann von dem Schiffer nur in folgenden Fällen eingegangen werden:

1. während sich das Schiff außerhalb des Heimathshafens befindet, zum Zwecke der Ausführung der Reise nach Maßgabe der §§. 528, 538 bis 540, 542;
2. während der Reise im alleinigen Interesse der Ladungsbetheiligten zum Zwecke der Erhaltung und Weiterbeförderung der Ladung nach Maßgabe der §§. 535, 542, 632.

Im Falle des Abs. 1 Nr. 2 kann der Schiffer die Ladung allein verbodmen, in allen übrigen Fällen kann er zwar das Schiff oder die Fracht allein, die Ladung aber nur zusammen mit dem Schiffe und der Fracht[1]) verbodmen.

In der Verbodmung des Schiffes ohne Erwähnung der Fracht ist die Verbodmung der Fracht nicht enthalten.[2]) Werden aber Schiff und Ladung verbodmet, so gilt die Fracht als mitverbodmet.[3])

Die Verbodmung der Fracht ist zulässig, solange diese der Seegefahr noch nicht entzogen ist.[4])

Auch die Fracht desjenigen Theiles der Reise, welcher noch nicht angetreten ist, kann verbodmet werden.

Pr. Entw. Art. 550. **Entw. II** Art. 589. **Prot.** S. 2545, 2546, 2945—2948, 2970, 4044. **A.D.H.** Art. 681.

Zu §. 680.

1) Selbst wenn diese im voraus schon erhoben oder an einen Dritten cediert ist. Auch diese Fracht ist noch fortwährend der Seegefahr ausgesetzt und würde verloren gehen, wenn das Schiff und die Ladung vor Erreichung des Bestimmungshafens zu Grunde gingen. (§. 617.) Die Bodmerei kommt also auch der Fracht zu Gute. — Die Verbodmung der Ladung allein trotz des Verbots macht die Verbodmung ungültig. (P. 2545, 2948.)

2. In den Seeplätzen Deutschlands ist man nicht gewöhnt, die Verbodmung des Schiffs mit auf die Fracht zu beziehen. Oft kann der Schiffer auf das Schiff allein ein Darlehn bekommen, er behält in diesem Falle freie Hand, über die Fracht anderweitig zu verfügen oder

bessere Bedingungen zu erlangen, und die Löschung kann ungestört vor sich gehen, was nicht immer der Fall ist, wenn der Bodmerist sich auch an die Fracht halten kann. (P. 2946.)

3. Dies folgt aus dem vorhergehenden Abs. 2. Kann der Schiffer in dem dort angegebenen Falle die Ladung nur zusammen mit dem Schiffe und der Fracht verbodmen, so ist die Nichterwähnung der Fracht im Vertrage als Omission einer beabsichtigten Bestimmung zu betrachten. Überdies kann die Fracht bei einer Verbodmung der Ladung in der Regel vor Befriedigung des Bodmereigläubigers gar nicht flüssig gemacht werden. (P. 2947.)

4) Nach einigen Seegesetzen darf nur die bereits verdiente Fracht, d. h. derjenige Teil derselben, welcher von der in der Ausführung begriffenen Reise und den noch im Schiffe befindlichen Waren herrührt, verbodmet werden. Nach §. 680 kann sich die Bodmerei nicht auf bereits erworbene Frachtforderungen, die keiner Seegefahr mehr ausgesetzt sind, erstrecken, wohl aber auf die gesamte noch einer Seegefahr ausgesetzte Fracht, welche am Zahlungsorte fällig wird, wenn auch zur Zeit der Verbodmung für den Erwerb derselben durch teilweise Ausführung der Reise schon etwas geschehen ist (P. 2546.)

Bodmereiprämie. §. 681.

Die Höhe der Bodmereiprämie ist ohne Beschränkung dem Uebereinkommen der Parteien überlassen.[1])

Die Prämie umfaßt in Ermangelung einer entgegenstehenden Vereinbarung auch die Zinsen.[2])

Pr. Entw. Art. 537. **Entw. H** Art. 590. **Prot.** S. 2554, 4044. **A.D.H.** Art. 682.

Zu §. 681.

1) Die Bodmereiprämie umfaßt nicht allein den Ersatz für die entbehrte Nutzung des Kapitals, sondern auch die Gegenleistung für die Übernahme der Gefahr. Es folgt hieraus, daß die Bodmereiprämie Zinsbeschränkungen nicht unterliegen kann und bei der Verschiedenheit des Umfangs der Gefahr jede Beschränkung für die Höhe der Bodmereiprämie unhaltbar ist. (M. 293.)

2) Gewöhnlich wird die Zinsvergütung und die Entschädigung für die Gefahr in einer Summe verabredet; im Zweifel ist deshalb anzunehmen, daß die Zinsen in der Prämie mitenthalten sind. (M. 293.) Durch die ausdrückliche Erwähnung der Zinsen neben der Prämie soll unrichtigen Folgerungen aus §. 354 (daß Darlehen von Kaufleuten auch ohne besondere Verabredung verzinslich sind) begegnet und zugleich ausgedrückt werden, daß die Prämie nicht allein eine Vergütung für die Tragung der Gefahr des Bodmereikapitals, sondern zugleich eine Entschädigung für die Entbehrung des Kapitals sei, damit aus dem Umstande, daß der Bodmereigeber gar keine Gefahr habe tragen müssen (vgl. §. 698), nicht das Recht hergeleitet werde, die Zahlung der Prämie ganz oder doch bis auf einen ganz geringfügigen Betrag zu verweigern. (P. 2554.)

Bodmereibrief (§§. 682—684, 686).

§. 682.

Ausstellung seitens des Schiffers.

Ueber die Verbodmung muß von dem Schiffer ein Bodmereibrief ausgestellt werden.[1]) Ist dies nicht geschehen, so hat der Gläubiger diejenigen Rechte, welche ihm zustehen würden, wenn der Schiffer zur Befriedigung des Bedürfnisses ein einfaches Kreditgeschäft eingegangen wäre.[2])

Pr. Entw. Art. 538 Abs. 1, 539. **Entw. H** Art. 591. **Prot.** S. 2561—2565, 4044. **A.D.H.** Art. 683.

Zu §. 682.

1) Eine schriftliche Urkunde muß vom Bodmereinehmer ausgestellt werden, weil sich die Bodmereiforderung ebenso in dem Bodmereibriefe verkörpert, wie die Wechselforderung in dem Wechselbriefe. Außerdem bedarf es dieser Form, um einen liquiden und unbedenklichen Beweis des Anspruchs des Gläubigers zu erlangen. (P. 2555.) Ohne eine solche Form würde die Gefahr vorhanden sein, daß nachträglich manches einfache Kreditgeschäft für eine Bodmerei ausgegeben und durch Zeugen u. dgl. als solche erwiesen werden könnte. (P. 2561.) Der Antrag: zur Sicherung, daß bei jeder einzelnen Verbodmung die erforderlichen Voraussetzungen auch wirklich vorhanden seien, eine vorgängige causae cognitio vorzuschreiben, wurde abgelehnt, weil möglichst von Formvorschriften abzusehen sei, der angegebene Zweck nicht völlig erreicht werden könnte und die Ausführung mit großen Schwierigkeiten verbunden sein würde. (M. 293. P. 2554—2562, 4044.) — Der Bodmereibrief gewährt ein Absonderungsrecht an den verbodmeten Gegenständen. §. 48 Konk.O.

2) Eine Vorschrift, daß beim Mangel der vorgeschriebenen Form das ganze Geschäft dem Rheder gegenüber unwirksam sei, würde zu hart gegen den Darleiher gewesen sein. Durch die gegenwärtige Bestimmung verliert der Bodmereigeber bei unterlassener schriftlicher Errichtung des Vertrages nur die besonderen Vorrechte der Bodmerei und den Anspruch auf die höhere Prämie, und muß gleich jedem anderen Schiffsgläubiger nachweisen, daß die Eingehung des Geschäfts notwendig gewesen ist. (P. 2554—2565, 4044.)

§. 683.

Inhalt.

Der Bodmereigeber kann verlangen, daß der Bodmereibrief enthält:[1])

1. den Namen des Bodmereigläubigers;
2. den Kapitalbetrag der Bodmereischuld;[2])
3. den Betrag der Bodmereiprämie oder den Gesammtbetrag der dem Gläubiger zu zahlenden Summe;
4. die Bezeichnung der verbodmeten Gegenstände;
5. die Bezeichnung des Schiffes und des Schiffers;[3])
6. die Bodmereireise;[4])
7. die Zeit, zu welcher die Bodmereischuld gezahlt werden soll;[5])
8. den Ort, wo die Zahlung erfolgen soll;
9. die Bezeichnung der Urkunde im Texte als Bodmereibrief oder die Erklärung, daß die Schuld als Bodmereischuld eingegangen ist, oder eine andere das Wesen der Bodmerei genügend bezeichnende Erklärung;[6])
10. die Umstände, welche die Eingehung der Bodmerei nothwendig gemacht haben;[7])
11. den Tag und den Ort der Ausstellung;
12. die Unterschrift des Schiffers.

Die Unterschrift des Schiffers ist auf Verlangen in öffentlich beglaubigter Form zu ertheilen.

Pr. Entw. Art. 538. **Entw. II** Art. 592. **Prot.** S. 2565—2570, 4044—4046. **A.D.H.** Art. 684.

Zu §. 683.

1) Nicht alle in diesem §. aufgezählten Momente haben eine solche Bedeutung, daß ohne sie der Bodmereibrief nicht zu Recht besteht. Welche Momente als wesentliche zu be-

trachten sind, läßt sich nicht ein für allemal entscheiden, muß vielmehr in jedem einzelnen Falle beurteilt werden. (P. 2566.)

2) Der Ausdruck „Bodmereidarlehen" wurde vermieden (P. 2566), weil das dem Bodmereivertrage zum Grunde liegende Rechtsgeschäft nicht immer ein eigentliches Darlehen sei, und sogar nicht einmal mit Grund verlangt werden könnte, daß das Rechtsgeschäft immer vor Ausfertigung des Bodmereibriefs durch eine besondere Übereinkunft der Kontrahenten in ein Darlehen verwandelt werde.

3) Die Erwähnung der Nationalität des Schiffes konnte nicht verlangt werden (P. 2567), weil eine solche in Kriegsfällen gefährlich werden könnte.

4) — d. h. diejenige Reise, für welche der Bodmereigeber die Gefahr übernimmt. Zur genauen Bezeichnung der übernommenen Gefahr gehört natürlich auch die Angabe des Bestimmungsorts. Ist der Endpunkt der Reise zwischen Verfrachter und Befrachter noch nicht ausgemacht, so verbietet sich von selbst die Aufnahme des Bestimmungsorts im Bodmereibriefe. (P. 2567.)

5) Selbst wenn die Parteien es bei der gesetzlichen Zahlungszeit belassen, kann der Gläubiger ein Interesse an der Erwähnung der Zahlungszeit haben, weil im Bestimmungshafen möglicherweise abweichendes Recht gilt. (P. 4046.)

6) Die unzweideutige Charakterisierung der Urkunde als Bodmereibrief wurde für erforderlich gehalten (P. 2569), um den Gegensatz der Bodmerei zu einfachen Kreditgeschäften hervorzuheben, und Verwechslungen derselben vorzubeugen.

7) Die Vorschrift der Ziff. 10 bezweckt (P. 2569), den Bodmereigeber in den Stand zu setzen, zu seiner Sicherheit die nötigen Nachforschungen über die Angaben des Schiffers anzustellen, und sich mit den erforderlichen Beweismitteln zu versehen, zugleich auch Anhaltspunkte für die Beurteilung der Redlichkeit des Schiffers zu bieten.

Bodmereibrief an Order. §. 684.

Auf Verlangen des Bodmereigebers ist der Bodmereibrief, sofern nicht das Gegentheil vereinbart ist, an die Order des Gläubigers oder lediglich an Order zu stellen.[1]) Im letzteren Falle ist unter der Order die Order des Bodmereigebers zu verstehen.

Pr. Entw. Art. — **Entw. II** Art. — **Prot.** S. 4045. **A.D.H.** Art. 685.

Zu §. 684.

1) Die an Order gestellten Bodmereibriefe sind nach §. 363 Abs. 2 indossabel. Vgl. aber §. 686 Abs. 3. — In der Regel wird der Bodmereibrief nur zum Inkasso indossiert, nicht aber um ihn als negoziables Papier in Verkehr zu setzen.

§. 685.

Bescheinigung der Notwendigkeit der Verbodmung.

Ist vor der Ausstellung des Bodmereibriefs die Nothwendigkeit der Eingehung des Geschäfts von dem deutschen Konsul und in dessen Ermangelung von dem Gericht oder der sonst zuständigen Behörde des Ortes der Ausstellung, sofern es aber auch an einer solchen fehlt, von den Schiffsoffizieren urkundlich bezeugt, so wird angenommen, daß der Schiffer zur Eingehung des Geschäfts in dem vorliegenden Umfange befugt gewesen sei. Es findet jedoch der Gegenbeweis statt.[1])

Pr. Entw. Art. 420, 550. **Entw. II** Art. 593. **Prot.** S. 2555—2561, 2579—2581, 4046, 4047. **A.D.H.** Art. 686.

Zu §. 685.

1) a. Die Frage, ob dem Bodmereivertrage eine **causae cognitio** rücksichtlich seiner Notwendigkeit vorangehen müsse, wurde verneint. (P. 2561.) Infolgedessen blieb es bei der Regel, daß der Bodmereigläubiger oder sein Indossatar im Falle des Streites das Vorhandensein aller gesetzlichen Voraussetzungen der Bodmerei nachzuweisen hat. Um indes die hieraus entstehenden Schwierigkeiten zu mildern, wurde angenommen, daß, wenn eine vorgängige **causae cognitio** stattgefunden habe und die Notwendigkeit der Eingehung des Geschäfts bezeugt sei, hieraus zu gunsten des Bodmereigläubigers eine Vermutung für die Legalität der Bodmerei sich ergebe (P. 2581), gegen welche jedoch der Gegenbeweis zulässig bleibt.

b. Nicht nur der Beweis des Gegenteils, sondern der Gegenbeweis überhaupt findet statt. Würde der Nachweis des Gegenteils gefordert, so würde z. B. zur Entlastung des Rheders nicht genügen, wenn lediglich dargethan würde, daß das Zeugnis durch Bestechung der Behörde erlangt sei rc. (P. 4047.)

c. Das zuständige Gericht ist das Amtsgericht; gegen seine dem Antrage auf Sachuntersuchung stattgebende Verfügung findet kein Rechtsmittel, gegen die ablehnende Verfügung findet sofortige Beschwerde statt. §§. 145, 146 G.fr.G.

§. 686.

Mehrere Exemplare des Bodmereibriefs. Einwand gegenüber dem Indossatar.

Der Bodmereigeber kann die Ausstellung des Bodmereibriefs in mehreren Exemplaren verlangen.

Werden mehrere Exemplare ausgestellt, so ist in jedem Exemplar anzugeben, wie viele ertheilt sind.[1])

Der Einwand, daß der Schiffer zur Eingehung des Geschäfts überhaupt oder in dem vorliegenden Umfange nicht befugt gewesen sei, ist auch gegen den Indossatar zulässig.[2])

Pr. Entw. Art. 543. **Entw. II** Art. 594. **Prot.** S. 2575—2581, 4047. **A.D.H.** Art. 687.

Zu §. 686.

1) a. Die Bestimmung des Abs. 2 d. §. wurde für notwendig erachtet (P. 2576), weil es sonst ungewiß bleibt, auf welches Geschäft sich jedes Exemplar bezieht und wie viele Exemplare der Gläubiger in Händen haben muß, um mit Sicherheit auf Zahlung der Schuld rechnen zu können (vgl. §. 689).

b. Durch Übertretung dieser Vorschrift wird der Bodmereibrief nicht ungiltig, der Rheder oder Schiffer hat aber unter Umständen die mehreren etwa vorkommenden Exemplare zu vertreten. — (P. 2577, 4047.) Vgl. §. 642 Abs. 2.

2) Hierdurch soll die unbedingte Anwendung des §. 364 Abs. 2 auf indossierte Bodmereibriefe ausgeschlossen werden. Ein solches Mißverständnis würde die Vorschrift, daß nur im Notfalle Bodmerei genommen werden darf, ganz illusorisch machen.

§. 687.

Fälligkeit der Bodmereischuld. Zinsen.

Die Bodmereischuld ist, sofern nicht in dem Bodmereibriefe selbst eine andere Bestimmung getroffen ist, in dem Bestimmungshafen der Bodmereireise und am achten Tage nach der Ankunft des Schiffes in diesem Hafen zu zahlen.[1])

Von dem Zahlungstag an laufen Zinsen von der ganzen Bodmereischuld einschließlich der Prämie.[2]) Diese Vorschrift findet keine Anwendung, wenn die Prämie nach Zeit bedungen ist; die Zeitprämie läuft aber bis zur Zahlung des Bodmereikapitals.[3])

Pr. Entw. Art. 545 Abs. 1 u. 2. **Entw. H** Art. 596 Abs. 1, 2 u. 3. **Prot.** S. 2581—2585, 4049—4051. **A.D.H.** Art. 688.

Zu §. 687.

1) Die M. bemerken (S. 299): Streng genommen könnte der Bodmereigeber sogleich nach Ankunft des Schiffes am Bestimmungsorte die Herausgabe der verbodmeten Gegenstände fordern, um sich aus ihnen bezahlt zu machen. Wenn aber dem Bodmereinehmer, wie es doch die Absicht des Vertrages ist, die Auslösung der verbodmeten Gegenstände durch Zahlung der Bodmereischuld freistehen soll, so muß ihm auch eine angemessene Frist nach Ankunft des Schiffes gestattet werden, um die hierzu nötigen Mittel zu schaffen.

2) a. Mit dem Ablauf der Zahlungsfrist beginnt der Verzug des Schuldners, ohne daß es einer Mahnung bedarf. Er ist deshalb für verpflichtet erklärt, von dem Zahlungstage, d. h. von dem Tage, an welchem die Zahlung nach Abs. 1 hätte erfolgen sollen (dem Fälligkeitstage) ab Zinsen zu zahlen, und zwar nach §. 352 Abs. 2 fünf Prozent jährlich.

b. Die Zinsen sind von der ganzen Bodmereischuld einschließlich der Prämie zu zahlen. In der Prämie selbst stecken schon Zinsen; da sich aber nicht erkennen läßt, welcher Teil der Prämie Zins und welcher Entschädigung für die Gefahr des Bodmereigebers ist, so ließ sich auf keinen Teil das Verbot der Zinses-Zinsen anwenden. (M. 299.) Vgl. B.G. §§. 248, 289.

c. Der Abs. 2 Satz 1 derogiert selbstverständlich nicht den allgemeinen Rechtsgrundsätzen über die Beendigung des Laufes von Verzugszinsen (P. 2585). Ist daher der Gläubiger in Annahmeverzug oder befreit sich der Schuldner durch Hinterlegung der Schuld, so hört die Zinsverbindlichkeit auf.

3) Davon ausgehend, daß durch die Zeitprämie nach der Absicht der Parteien der Zinsfuß habe bestimmt werden sollen, welcher dem Darleiher bis zur Rückzahlung der Bodmereischuld gebühre (P. 4050), hat man vorgeschrieben, daß die Zeitprämie bis zur Zahlung des Bodmereikapitals laufe; hieraus ergab sich von selbst, daß die Bestimmung des Abs. 2 Satz 1 auf einen solchen Fall unanwendbar wurde, da sonst der Gläubiger für die Entbehrung des Kapitals eine doppelte Vergütung erhalten würde. — Die Verpflichtung zur Fortentrichtung der Prämie hört auf, sobald der Gläubiger in Annahmeverzug ist (vgl. die vorstehende Anm. c).

§. 688.

Zahlung auf Grund eines Exemplars.

Zur Zahlungszeit kann die Zahlung der Bodmereischuld dem legitimierten Inhaber auch nur eines Exemplars des Bodmereibriefs nicht verweigert werden.[1])

Die Zahlung kann nur gegen Rückgabe dieses Exemplars verlangt werden, auf welchem über die Zahlung zu quittiren ist.

Pr. Entw. Art. 544, 545 Abs. 3. **Entw. H** Art. 595 Abs. 1, 596 Abs. 4. **Prot.** S. 2581, 2586, 4047, 4048, 4052. **A.D.H.** Art. 689.

Zu §. 688.

1) Vgl. §. 698 Abs. 3.

§. 689.

Meldung mehrerer legitimierter Bodmereibriefs-Inhaber.

Melden sich mehrere legitimirte Bodmereibriefsinhaber, so sind sie sämmtlich zurückzuweisen, die Gelder, wenn die verbodmeten Gegenstände befreit werden sollen, öffentlich oder, falls dies nicht thunlich ist, sonst in sicherer Weise zu hinterlegen und die Bodmereibriefsinhaber, die sich gemeldet haben, unter Angabe der Gründe des Verfahrens hiervon zu benachrichtigen.

Kann eine öffentliche Hinterlegung nicht erfolgen, so ist der Hinterleger befugt, über sein Verfahren und dessen Gründe eine öffentliche Urkunde errichten zu lassen und die daraus entstehenden Kosten von der Bodmereischuld abzuziehen.[1])

Pr. Entw. Art. 544. **Entw. II** Art. 595 Abs. 2 u. 3. **Prot.** S. 2581, 4048. **A.D.H.** Art. 690.

Zu §. 689.

1) Vgl. §. 646.

§. 690. **Haverei nach Verbodmung.**

Dem Bodmereigläubiger fällt weder die große noch die besondere Haverei zur Last.[1])

Soweit jedoch die verbodmeten Gegenstände durch große oder besondere Haverei zur Befriedigung des Bodmereigläubigers unzureichend werden, hat er den hieraus entstehenden Nachtheil zu tragen.

Pr. Entw. Art. — **Entw. II** Art. 597. **Prot.** S. 2744, 2776, 4052. **A.D.H.** Art. 691.

Zu §. 690.

1) Vgl. §. 723 Abs. 4 u. §. 775.

§. 691. **Gegenstand der Haftung, Arrest.**

Jeder der verbodmeten Gegenstände haftet dem Bodmereigläubiger für die ganze Bodmereischuld.[1])

Sobald das Schiff im Bestimmungshafen der Bodmereireise angekommen ist, kann der Gläubiger die verbodmeten Gegenstände mit Arrest belegen lassen; zur Anordnung des Arrestes ist nicht erforderlich, daß ein Arrestgrund glaubhaft gemacht wird.[2])

Pr. Entw. Art. 536 Abs. 2, 546 Abs. 1. **Entw. II** Art. 598. **Prot.** S. 2586, 4052. **A.D.H.** Art. 692.

Zu §. 691.

1) Diese Bestimmung rechtfertigt sich schon aus der Natur des Pfandrechts; kein Teil des Pfandstücks wird frei, bis die ganze Schuld getilgt ist. (M. 292.) Derjenige, in dessen Interesse die Verbodmung geschehen ist, wird den Eigentümern der übrigen verbodmeten Gegenstände für die dem Bodmereigläubiger gemachte Zahlung ersatzpflichtig sein. Cosack, §. 72, Nr. 3c.

2) a. Das ausgedehnte Sicherungsmittel des Abs. 2 wurde im Interesse des Bodmereigläubigers statuiert, weil er sich nur an die verbodmeten Gegenstände halten kann (P. 2586) und durch den Abs. 3 des §. 696 gefährdet ist. Von dem Erfordernisse der Glaubhaftmachung oder auch nur des Vorhandenseins eines Arrestgrundes für die Anordnung des Arrestes (vgl. §§. 917, 920 Abs. 2 C.P.O.) ist Abstand genommen.

b. Der Vorschlag, daß der Bodmereigeber zur Tragung der Arrestkosten dann verbunden sein solle, wenn die Beschlagnahme durch keine anderen gesetzlichen Gründe gerechtfertigt erscheine, wurde als nicht angemessen bezeichnet, weil es nicht darauf ankomme, ob die Beschlagnahme bei ihrem Beginne schon durch besondere gesetzliche Gründe (z. B. die Voraussetzungen des Arrestes, die übrigens bei der Fracht fast immer vorhanden sein würden), gerechtfertigt sei, sondern nur auf das hinterher sich ergebende Resultat gesehen werden könne. (P. 2586.)

§. 692.

Pflichten des Schiffers gegenüber dem Bodmereigläubiger.

Der Schiffer hat für die Bewahrung und Erhaltung der verbodmeten Gegenstände zu sorgen;[1]) er darf ohne dringende Gründe keine Handlung vornehmen, durch welche die Gefahr für den Bodmereigeber eine größere[2]) oder eine andere wird, als dieser bei dem Abschlusse des Vertrags voraussetzen mußte.

Handelt der Schiffer diesen Vorschriften zuwider, so ist er dem Bodmereigläubiger für den daraus entstehenden Schaden verantwortlich (§. 512).

Pr. Entw. Art. 535 Ziff. 2. **Entw. II** Art. — **Prot.** S. 2615, 2624—2627, 4052—4054. **A.D.H.** Art. 693.

Zu §. 692.

1) Rücksichtlich der Erhaltung und Bewahrung der verbodmeten Gegenstände liegen dem Schiffer strengere Verpflichtungen ob, als er den einfachen Schiffsgläubigern gegenüber zu erfüllen hat; der Schiffer übernimmt durch Eingehung des Bodmereigeschäfts, nach dessen charakteristischem Merkmale die Befriedigung des Gläubigers auf die Beendigung einer bestimmten Seereise verschoben wird, die persönliche Verpflichtung, den verbodmeten Gegenstand nach Möglichkeit zu bewahren und ihn ohne dringende Gründe nicht anderen oder größeren Gefahren, als welche bei dem Abschlusse des Vertrages anzunehmen waren, auszusetzen. Infolge dieser selbständigen Verpflichtung ist der Schiffer im Interesse der Bodmereigläubiger, nicht aber auch der Gläubiger aus einem einfachen Kreditgeschäfte, z. B. berechtigt und verpflichtet, sich der Ausführung solcher Anordnungen des Rheders zu widersetzen, durch welche die vom Bodmereigläubiger übernommene Gefahr vergrößert oder verändert würde, und hat, falls die Interessen des Rheders oder der Ladungsbeteiligten mit denen des Bodmereigläubigers kollidieren, den letzteren den Vorzug zu geben, wenn er für den dem Bodmereigläubiger entstehenden Schaden nicht verantwortlich sein will. (P. 4054.)

2) Hierher wurde von einer Seite (P. 2626) auch der Fall gerechnet, wenn der Schiffer die Bezahlung nach der Ankunft im Bestimmungshafen durch frivoles Prozessieren hinhält, weil er hierdurch die Zeit, während welcher der Gläubiger die Gefahr zu tragen hat, verlängert, also die Gefahr selbst vergrößert.

§. 693.

Änderung der Bodmereireise oder des Reisewegs. Neue Seegefahr.

Verändert der Schiffer willkürlich die Bodmereireise oder weicht er von dem ihr entsprechenden Wege willkürlich ab oder setzt er nach ihrer Beendigung die verbodmeten Gegenstände von neuem einer Seegefahr aus, ohne daß das Interesse des Gläubigers es gebietet, so haftet er dem Gläubiger für die Bodmereischuld insoweit persönlich, als dieser aus den verbodmeten Gegenständen seine Befriedigung nicht erhält, es sei denn, daß die unterbliebene Befriedigung durch die Veränderung der Reise oder die Abweichung oder die neue Seegefahr nicht verursacht ist.[1])

Pr. Entw. Art. 535 Ziff. 2. **Entw. II** Art. 599 Abs. 1. **Prot.** S. 2548, 2616—2620, 2628, 4054, 4055. **A.D.H.** Art. 694.

Zu §. 693.

1) a. Unter den Pflichtwidrigkeiten, welche sich der Schiffer zu Schulden kommen lassen kann, ist die Deviation eine der bedeutendsten. In einzelnen Fällen ist es jedoch schwierig nachzuweisen, ob ein eingetretener Verlust des verbodmeten Gegenstandes oder eine Beschädigung

desselben durch die Abweichung veranlaßt worden ist, und ohne dieselbe nicht eingetreten wäre. Soll das Recht des Bodmereigläubigers, den Schiffer wegen ungerechtfertigter Deviation in Anspruch zu nehmen, nicht nahezu illusorisch sein, so bedarf es einer Vorschrift, daß der Kausalzusammenhang zwischen dem Schaden und der Deviation präsumiert wird; aber selbst bei dieser Bestimmung würde der Nachweis der Größe des erlittenen Schadens mit Weiterungen verbunden sein. Da nun in der Regel das verbodmete Objekt in unbeschädigtem Zustande so viel Wert hat, um die Bodmereischuld zu decken, so ist für die im §. 693 bezeichneten Fälle die persönliche Haftung des Schiffers für die ganze ungedeckt bleibende Bodmereischuld ausgesprochen worden (P. 2616). Dabei glaubte man in dem Umstande, daß man sich jetzt nicht mehr ängstlich an diesen oder jenen Kurs bindet, Grund genug für die Annahme zu haben, daß in der Wahl des einen oder anderen Weges nicht so leicht eine unnötige Deviation gefunden werden würde. Um hierauf hinzuweisen, ist im §. 693 die Willkürlichkeit in der Veränderung der Bodmereireise oder in der Abweichung von dem derselben entsprechenden Wege besonders betont worden (vgl. auch R.G. Bd. X, S. 30 ff.). Dem Schiffer ist jedoch der Gegenbeweis offen gelassen, sowohl daß zwischen seinen Handlungen und dem eingetretenen Verluste kein Kausalzusammenhang besteht, als daß auch ohne diese das verbodmete Objekt zur Deckung der ganzen Bodmereischuld nicht ausgereicht haben würde.

b. Die persönliche Haftung des Schiffers tritt ferner ein, wenn er nach Beendigung der Bodmereireise die verbodmeten Gegenstände von Neuem einer Seegefahr aussetzt, ohne daß das Interesse des Gläubigers es geboten hat. (P. 4054.) Eine solche Bestimmung hielt man besonders deshalb für erforderlich (P. 2628), weil der Bodmereigläubiger einer erneuerten Gefährdung der Ladung, etwa durch Arrestlegung, vorzubeugen schon deshalb nicht in allen Fällen imstande sei, weil es nicht immer gelinge, den Bodmereibrief zu rechter Zeit an den Bestimmungsort zu bringen.

§. 694.

Auslieferung der Ladung vor Befriedigung oder Sicherstellung des Gläubigers.

Der Schiffer darf die verbodmete Ladung vor der Befriedigung oder Sicherstellung des Gläubigers weder ganz noch theilweise ausliefern, widrigenfalls er dem Gläubiger für die Bodmereischuld insoweit persönlich verpflichtet wird, als dieser aus den ausgelieferten Gütern zur Zeit der Auslieferung hätte befriedigt werden können.

Es wird vermuthet, daß der Gläubiger seine vollständige Befriedigung hätte erlangen können.[1])

Pr. Entw. Art. 535 Ziff. 2. **Entw. II** Art. 599 Abs. 3. **Prot.** S. 2590, 4055. **A.D.H.** Art. 695.

Zu §. 694.

1) Der Schiffer haftet nicht für die ganze Bodmereiforderung persönlich, wenn auch die unbefugt abgelieferte Ladung weniger wert war, sondern die Haftung erstreckt sich nur soweit, als der Gläubiger aus den ausgelieferten Gütern zur Zeit der Auslieferung, gleichviel wann dieselbe erfolgte (mit Rücksicht auf jüngere Bodmereiforderungen, oder auf Havereibeiträge, die auf der Ladung haften ꝛc. [P. 4055]) hätte befriedigt werden können. Zufolge Abs. 2 d. §. besteht eine Vermutung dafür, daß die Güter zur vollständigen Befriedigung des Gläubigers ausgereicht haben würden, doch ist dem Schiffer der Beweis des Gegenteils offen gelassen worden.

Haftung des Rheders. §. 695.

Hat der Rheder in den Fällen der §§. 692 bis 694 die Handlungsweise des Schiffers angeordnet, so kommen die Vorschriften des §. 512 Abs. 2, 3 zur Anwendung.

Pr. Entw. Art. — **Entw. II** Art. 599 Abs. 3. **Prot.** S. 2547, 2590, 2617, 2620, 2628, 4055. **A.D.H.** Art. 696.

Zu §. 695.

1) Wie die Verweisung auf den zweiten und dritten Absatz des §. 512 ergiebt, wird der Schiffer, welcher in Folge einer Anweisung des Rheders gegen die Vorschriften der §§. 692 bis 694 verstößt, von seiner Haftung gegenüber den anderen Beteiligten nicht frei, und der Rheder wird seinerseits durch die erteilte Anweisung persönlich verpflichtet, wenn er sie erteilt hat, trotzdem er von dem Sachverhältnisse unterrichtet war (P. 3814, 4055).

§. 696.

Befriedigung des Gläubigers aus den verbodmeten Gegenständen. Gutgläubige Erwerber.

Wird zur Zahlungszeit die Bodmereischuld nicht bezahlt, so kann sich der Gläubiger aus den verbodmeten Gegenständen befriedigen. Die Befriedigung erfolgt nach den für die Zwangsvollstreckung geltenden Vorschriften.[1])

In Ansehung des Schiffes und der Fracht ist die Klage gegen den Schiffer oder den Rheder zu richten; das gegen den Schiffer ergangene Urtheil ist auch gegenüber dem Rheder wirksam. In Ansehung der Ladung ist die Klage vor der Auslieferung gegen den Schiffer zu richten.[2])

Zum Nachtheil eines dritten Erwerbers, der den Besitz der verbodmeten Ladung in gutem Glauben erlangt hat, kann der Gläubiger von seinen Rechten keinen Gebrauch machen.[3])

Pr. Entw. Art. 547. **Entw. II** Art. 600. **Prot.** S. 2586—2590, 4055, 4056. **A.D.H.** Art. 697.

Zu §. 696.

1) a. Danach erfolgt — nach Erlangung eines vollstreckbaren Titels — die Befriedigung des Bodmereigläubigers aus dem Schiffe nach Maßgabe der Vorschriften §§. 162 ff. Zwangsverst.Ges., aus der Ladung nach Maßgabe der Bestimmungen §§. 803 ff. C.P.O., und aus der Fracht nach Maßgabe der §§. 828 ff. C.P.O. Ein außergerichtliches Verkaufsrecht (vgl. Anm. 2 zu §. 623) steht dem Bodmereigläubiger nicht zu.

b. Wenn die Bezahlung der Fracht für die Ladung vom Destinatär nicht gefordert werden kann, weil die Ladung gar nicht in seine Hand gelangt ist, so ist ein zu überweisendes Frachtobjekt nicht vorhanden. (P. 4056.)

2) Man hielt es als durch das praktische Bedürfnis geboten (P. 2587), den Schiffer so lange, als die Ladung noch nicht an den Empfänger ausgeliefert worden, auch als den Vertreter derselben anzusehen, indem man einem Bodmeristen, dem eine Stückladung verbodmet worden, nicht zumuten könne, sich bei Geltendmachung seines Anspruchs an alle einzelnen Ladungsinteressenten mit seiner Klage zu wenden. Nach der Auslieferung der Ladung ist der Empfänger und Besitzer der rechte Beklagte. Dem steht der Abs. 3 d. §. nicht entgegen, denn der legitimierte Ladungsempfänger ist als der eigentliche Bodmereinehmer anzusehen, weil die ihm zustehende Ladung durch die Bodmerei erhalten worden ist. Selbstverständlich wird durch die Verweisung des Bodmereigläubigers mit der Klage aus dem Bodmereikontrakt

an den Empfänger der bereits ausgelieferten Ladung den persönlichen Schadensansprüchen an den Schiffer wegen Auslieferung der Ladung ohne Zahlung oder Sicherstellung (§. 694) nicht präjudiziert.

3) a. Abs. 3 handelt nur von dem Fall, wenn die Ladung verbodmet ist. Die Verfolgung der verbodmeten Ladung in der Hand eines gutgläubigen Dritten würde der Vorschrift des §. 936 B.G. widersprechen. Hinsichtlich des nicht gutgläubigen Dritten, vgl. §. 936 Abs. 2 B.G.

b. In betreff der Rechte des Bodmereigläubigers auf Schiff und Fracht dem dritten Erwerber gegenüber vgl. §§. 504, 507, 755, 771.

§. 697.

Persönliche Haftung des Empfängers verbodmeter Güter.

Der Empfänger, dem bei der Annahme der verbodmeten Güter bekannt ist, daß auf ihnen eine Bodmereischuld haftet, wird dem Gläubiger für die Schuld bis zu dem Werthe, welchen die Güter zur Zeit ihrer Auslieferung haben, insoweit persönlich verpflichtet, als der Gläubiger, falls die Auslieferung nicht erfolgt wäre, aus den Gütern hätte befriedigt werden können.[1])

Pr. Entw. Art. — **Entw. H** Art. — **Prot.** S. 4056—4063. **A.D.H.** Art. 698.

Zu §. 697.

1) Die Beschränkungen der Rechte des Bodmereigläubigers gegenüber einem dritten gutgläubigen Besitzer des Pfandobjekts (§. 696 Abs. 3) machen eine Ausgleichung in der Art erforderlich, daß man dem Gläubiger gegen den Empfänger, welcher bei Annahme der verbodmeten Gegenstände wußte, daß auf ihnen eine Bodmereischuld haftet, ein umfangreicheres Recht beilegt. Es ist deshalb bestimmt worden, daß in einem solchen Falle der Empfänger für die Schuld persönlich verpflichtet wird, jedoch niemals über den Wert hinaus, welchen die verbodmeten Güter zur Zeit ihrer Auslieferung hatten, und überhaupt nur insoweit, als der Gläubiger, falls die Auslieferung nicht erfolgt wäre, aus den Gütern (mit Rücksicht auf etwaige besser privilegirte Ansprüche, P. 4062) hätte befriedigt werden können.

§. 698.

Aufgeben der Bodmereireise; Endigung anderwärts als im Bestimmungshafen.

Wird vor dem Antritte der Bodmereireise die Unternehmung aufgegeben, so ist der Gläubiger befugt, die sofortige Bezahlung der Bodmereischuld an dem Orte zu verlangen, an welchem die Bodmerei eingegangen ist; er muß sich jedoch eine verhältnißmäßige Herabsetzung der Prämie gefallen lassen; bei der Herabsetzung ist vorzugsweise das Verhältniß der bestandenen zu der übernommenen Gefahr maßgebend.

Wird die Bodmereireise in einem anderen als in ihrem Bestimmungshafen beendet, so ist die Bodmereischuld ohne einen Abzug von der Prämie in diesem anderen Hafen nach dem Ablaufe der vertragsmäßigen und in deren Ermangelung der achttägigen Zahlungsfrist (§. 687) zu zahlen. Die Zahlungsfrist wird von dem Tage der endgültigen Einstellung der Reise berechnet.[1])

Soweit sich nicht aus den Vorschriften der Abs. 1, 2 ein Anderes ergiebt, kommen auch in diesen Fällen die Vorschriften der §§. 688 bis 697 zur Anwendung.

Pr. Entw. Art. 548, 549. **Entw. H** Art. 601. **Prot.** S. 2592—2598, 4063—4066, 4140, 4141. **A.D.H.** Art. 699.

Zu §. 698.

1) §. 698 entscheidet die beiden Fälle, wenn vor dem Antritt der Bodmereireise die Unternehmung (freiwillig oder gezwungen) aufgegeben wird, und wenn die Bodmereireise angetreten, aber in einem anderen als dem Bestimmungshafen derselben beendet wird. Im ersteren Falle soll die Bodmereischuld sofort (ohne Zahlungsfrist) fällig sein, jedoch eine verhältnismäßige Herabsetzung der Prämie stattfinden. Im letzteren Falle soll die Bodmereischuld in dem Hafen, wo die Reise endet, nach Ablauf der vertragsmäßigen event. der gesetzlichen Zahlungsfrist zahlbar sein, aber kein Abzug an der Prämie stattfinden. Eine dritte Frage, wie sich die Rechtsverhältnisse gestalten, wenn die Unternehmung zwar zur Ausführung gelangt, aber ein Teil der verbodmeten Sachen der Seegefahr nicht ausgesetzt wird, ist mit Absicht im Gesetze nicht ausdrücklich erledigt worden, nachdem folgendes hierüber bemerkt war (P. 4065): Es sei von dem Prinzip ausgegangen worden, dem Gläubiger gebühre die ganze Prämie, wenn die Gefahr einmal für ihn zu laufen begonnen habe. Diese Gefahr fange aber nicht erst mit dem Antritte der Reise, sondern schon mit der Hingabe des Darlehns an, weil der Bodmereinehmer nur mit der verbodmeten Sache, nicht persönlich, haftbar sei, der Gläubiger also schon von da ab die sog. Landgefahr zu tragen habe. Konsequent hätte daher verordnet werden müssen, daß auch bei Aufgebung der Unternehmung vor Antritt der Bodmereireise die ganze Prämie zu zahlen sei. Eine Kürzung der Prämie sei jedoch aus Billigkeitsrücksichten angeordnet, da der Gläubiger bis zum Beginn der Seegefahr nur ein verhältnißmäßig sehr geringes Risiko, und zwar meistens nur kurze Zeit, zu tragen habe. Eine ähnliche Kürzung der Prämie (teilweises Ristorno) könne aber nicht auch für den Fall vorgeschrieben werden, wenn das Unternehmen zwar zur Ausführung gelange, aber ein Teil der verbodmeten Sachen der Seegefahr nicht ausgesetzt werde, weil nach den angenommenen Grundsätzen nicht verordnet werden könne, daß eine persönliche Haftung des Schuldners für einen Teil des Kapitals einzutreten habe. Wenngleich also aus dem Prinzipe des Gesetzes sich ergebe, daß ein teilweises Ristorno nicht stattfinde, so müsse doch von einer ausdrücklichen Vorschrift deshalb abgesehen werden, weil man durch deren Entscheidung zugleich der weiteren, nach allgemeinen Grundsätzen zu beurteilenden Frage präjudizieren würde, ob nicht in einem Falle der gedachten Art der Bodmereigläubiger überhaupt befugt sei, wegen veränderter Umstände von dem Vertrage zurückzutreten und die Zahlung seines ganzen Kapitals zu verlangen.

§. 699.

Schiffer als Allein- oder Miteigentümer des Schiffes oder der Ladung. Besondere Anweisung der Beteiligten.

Die Anwendung der Vorschriften dieses Abschnitts wird dadurch nicht ausgeschlossen, daß der Schiffer zugleich Miteigenthümer oder Alleineigenthümer des Schiffes oder der Ladung oder beider ist oder daß er auf Grund einer besonderen Anweisung der Betheiligten die Bodmerei eingegangen ist.[1])

Pr. Entw. Art. — **Entw. H** Art. 602. **Prot.** S. 2541, 2598—2600, 2605, 2610, 4066. **A.D.H.** Art. 700.

Zu §. 699.

1) a. Ist der Schiffer zugleich Mitrheder, so handelt er bei Verbodmung des Schiffes und der Ladung immer zugleich als gesetzlicher Vertreter der Interessen Dritter; ingleichen wenn er Alleinrheder ist und in den zulässigen Fällen nur die Ladung verbodmet. In beiden

Fällen unterliegt die Anwendbarkeit dieses Abschnitts, insbesondere der Ausschluß der persönlichen Verpflichtung des Bodmereinehmers, keinem Bedenken. Die Ausdehnung der Bestimmungen dieses Abschnitts auf den Fall, daß der Schiffer Alleinrheder des verbodmeten Schiffes oder Alleineigentümer oder Miteigentümer der verbodmeten Ladung ist, empfahl sich aus praktischen Rücksichten (P. 2600, 2605). Ohne ausdrückliche Aufnahme einer Bestimmung wie die des §. 699 würde es zweifelhaft gewesen sein, ob einer in den gedachten Fällen, wenngleich zur Zeit der Not des Schiffes, eingegangenen Bodmerei, auch wenn vertraglich ausgemacht wäre, daß der Gläubiger sich nur an die verbodmete Sache halten könne, die Vorrechte der Notbodmerei zustehen.

b. Eine besondere Ermächtigung zur Eingehung der Bodmerei von seiten des Rheders schließt so lange die Anwendung der Bestimmungen dieses Abschnitts nicht aus, als dieselbe nur das Verhältnis zwischen dem Schiffer und Rheder ꝛc. angeht, und der erstere Dritten gegenüber nur auf Grund seiner gesetzlichen Vollmacht kontrahiert (P. 2610). Anders wenn der Schiffer mit Bezug auf eine ihm erteilte besondere Vollmacht kontrahiert (vgl. §. 486 Ziff. 1).

Siebenter Abschnitt.

Haverei.[1]

Zur Überschrift.

1) Das H.G.B. behandelt im ersten Titel dieses Abschnitts die große (gemeinschaftliche) Haverei (§. 700) und die besondere (partikuläre) Haverei (§. 701). Die kleine (ordinäre oder uneigentliche) Haverei ist im §. 621 Abs. 2 behandelt, obschon eine solche technische Bezeichnung vermieden ist.

Erster Titel.

Große (gemeinschaftliche) Haverei und besondere Haverei.

I. Große Haverei (§§. 700 u. 702, 706).

§. 700.[1]

Begriff.

Alle Schäden, die dem Schiffe oder der Ladung oder beiden zum Zwecke der Errettung beider aus einer gemeinsamen Gefahr von dem Schiffer oder auf dessen Geheiß vorsätzlich zugefügt werden, sowie auch die durch solche Maßregeln ferner verursachten Schäden,[2]) ingleichen die Kosten, die zu demselben Zwecke aufgewendet werden,[3]) sind große Haverei.

Die große Haverei wird von Schiff, Fracht und Ladung gemeinschaftlich getragen.[4])

Pr. Entw. Art. 551. **Entw. II** Art. 604. **Prot.** S. 2635, 2683—2687, 2689—2692, 4074—4079. **A.D.H.** Art. 702.

Zu §. 700.

1) Die wesentlichen Erfordernisse der großen Haverei sind folgende:

a. Es muß an Schiff, Ladung oder beiden ein Opfer gebracht sein. Das Opfer muß ein außerordentliches und ungewöhnliches sein; gewöhnliche Abnutzungen von Schiff und Gerätschaften (Slitage) kommen hier nicht in Betracht. (P. 2689.)

b. Das Opfer muß im gemeinsamen Interesse des Schiffes und der Ladung vollzogen sein, doch macht es keinen Unterschied (R.O.H. Bd. 25, S. 138), ob zur Zeit des Schadens die Ausreise bereits angetreten, oder die Abladung bereits vollendet war. Die Fälle, wenn ein Opfer gebracht wird, um eine dieser Sachen, z. B. das Schiff zu retten, wenn es in Fahrt gesetzt worden ist (P. 2635), oder wenn die eine Sache ganz geopfert worden ist, um nur die andere zu retten (P. 2638, 2691), gehören nicht hierher. (P. 4075.) — Im Falle eines Brandes auf dem Schiffe gehört zur großen Haverei der durch das Löschwasser entstandene Schade sowohl an den vom Feuer verschonten als auch an den von demselben bereits ergriffenen (gemäß §. 713 zu veranschlagenden) Waren (R.O.H. Bd. 25, S. 100, Bolze, Bd. 22, Nr. 421).

c. Das Opfer muß zur Abwendung einer wirklichen imminenten und unmittelbaren Gefahr gebracht sein (nicht um bloß dem Eintritte von Gefahren vorzubeugen, R.O.H. Bd. 21, S. 157). Jedoch genügt es, wenn eine die sofortige Anwendung von Rettungsmaßregeln rechtfertigende Gefahr verständigerweise vom Schiffer als vorhanden angenommen werden durfte. (R.G. XXXV, 5.) Hat der Schiffer aus übertriebener Ängstlichkeit, um einer eingebildeten Gefahr zu entgehen, ein Opfer gebracht, so hat der betreffende Interessent nur einen Anspruch auf Schadensersatz gegen den Schiffer oder Rheder (P. 2686).

d. Das Opfer muß vom Schiffer (oder dessen Stellvertreter, P. 4078) oder auf dessen Geheiß (nicht auf eigenmächtiges Einschreiten der Schiffsmannschaft, P. 2684) in dem Bewußtsein, daß er ein Opfer zur Rettung aus der Gefahr bringt, vorsätzlich gebracht sein, d. h. er muß sich mit Vorbedacht, und so lange ihm noch eine Wahl unter den Mitteln zur Rettung blieb, für die betreffende Maßregel entschieden haben (P. 2686).

e. Die gänzliche oder teilweise Rettung des Schiffes und der Ladung muß durch das gebrachte Opfer erzielt sein; es genügt nicht, daß eines oder das andere gerettet worden ist (P. 2638).

2) Nicht allein die absichtlich hervorgerufenen Schäden, sondern auch die nicht beabsichtigten aber mit der betreffenden Maßregel in Kausalzusammenhang stehenden Beschädigungen sind in großer Haverei zu vergüten; dagegen sind die Grundsätze der großen Haverei nicht auf solche Ereignisse anwendbar, die sich rein zufällig an die betr. Maßregel knüpfen. Um die Folgen eines Ereignisses zur großen Haverei zu rechnen, genügt es daher noch nicht, wenn man allenfalls behaupten kann, das Ereignis würde nicht eingetreten sein, wenn die in Rede stehende Maßregel nicht vorgenommen worden wäre (P. 2683, vgl. R.O.H. Bd. 8, S. 219). Durch den Ausdruck „verursacht" soll die zu große Ausdehnung der großen Haverei auf indirekten Schaden verhindert, und z. B. ausgeschlossen werden, daß dann, wenn in einem Havereifalle die Masten gekappt werden und nachher in einem neuen Sturme das Schiff großen Schaden leidet, die Vergütung des letzten Schadens in großer Haverei unter dem Vorgeben verlangt werden könne, daß das Schiff den zweiten Sturm ohne Nachteil bestanden haben würde, wenn es nicht schon in dem Havereifalle die Masten verloren hätte. (P. 4079.)

3) Das vorsätzliche Opfer, welches zur Begründung der großen Haverei erforderlich ist, kann auf zweifache Art gebracht werden, entweder durch Beschädigung von Schiff oder Ladung bezw. durch absichtlich herbeigeführten Untergang eines Teils derselben, oder durch Aufwendung außerordentlicher Kosten, z. B. bei dem Einlaufen in einen Nothafen und längerem Aufenthalt daselbst 2c. ohne Beschädigung von Schiff und Ladung (P. 2689).

4) Aus dem gemeinsamen Interesse an der Gefahr und an der Erhaltung folgt die Verpflichtung, gemeinsam das Opfer zu tragen, durch welches die Rettung der der Seegefahr ausgesetzten Gegenstände erzielt ist.

§. 701. **Besondere Haverei.**

Alle nicht zur großen Haverei gehörigen, durch einen Unfall verursachten Schäden und Kosten, soweit die letzteren nicht unter den §. 621 fallen, sind besondere Haverei.

Die besondere Haverei wird von den Eigenthümern des Schiffes und der Ladung, von jedem für sich allein, getragen.[1])

Pr. Entw. Art. 586. **Entw. H** Art. 630. **Prot.** S. 2778, 4133—4138. **A.D.H.** Art. 703.

Zu §. 701.

1) Die besondere Haverei unterscheidet sich von der großen (§. 700) dadurch, daß die letztere die Folge eines menschlichen Willensaktes, hervorgerufen durch gefahrvolle Umstände, die erstere dagegen die Folge unvorhergesehener Ereignisse (force majeure) ist; von der kleinen Haverei (§. 621 Abs. 2) unterscheidet sie sich dadurch, daß die Beschädigung nicht durch den ordnungsmäßigen Gebrauch, sondern durch Unfälle, Sturm, Schiffbruch, zufälligen Zusammenstoß von Schiffen u. dgl. herbeigeführt ist. — Zur besonderen Haverei gehört nicht nur der Schaden, welcher durch einen nicht zur großen Haverei gehörigen Unfall während der Reise verursacht ist, sondern auch derjenige, welcher sich nach Beendigung der einen und vor Antritt einer anderen im Hafen ereignet hat. Der Zufall trifft den Eigentümer der beschädigten Sache. (P. 2778—2780, 4136, 4137.)

§. 702.

Große Haverei infolge Verschuldens eines Dritten oder eines Beteiligten.

Die Anwendung der Vorschriften über die große Haverei wird dadurch nicht ausgeschlossen, daß die Gefahr in Folge des Verschuldens eines Dritten oder auch eines Betheiligten herbeigeführt ist.

Der Betheiligte, welchem ein solches Verschulden zur Last fällt, kann jedoch nicht allein wegen des ihm entstandenen Schadens keine Vergütung fordern, sondern ist auch den Beitragspflichtigen für den Verlust verantwortlich, den sie dadurch erleiden, daß der Schaden als große Haverei zur Vertheilung kommt.

Ist die Gefahr durch eine Person der Schiffsbesatzung verschuldet, so trägt die Folgen dieses Verschuldens auch der Rheder nach Maßgabe der §§. 485, 486.[1])

Pr. Entw. Art. — **Entw. H** Art. 605. **Prot.** S. 2687—2689, 4079, 4212. **A.D.H.** Art. 704.

Zu §. 702.

1) a. Zur Begründung d. §. wurde bemerkt (P. 2687): Im allgemeinen sei von der Ansicht auszugehen, es würden durch den Umstand, daß die Gefahr schuldhaft herbeigeführt sei, weder die Existenz, noch die Wirkungen der großen Haverei aufgehoben (vgl. M. 305). Gleichwohl könne ein solches Verschulden nicht unter allen Umständen ohne Einfluß bleiben, seine Wirkungen würden vielmehr nach allgemeinen Rechtsgrundsätzen folgende sein: Wenn einer derjenigen, welche von der Gefahr oder dem zur Errettung aus derselben gebrachten Opfer betroffen worden seien („ein Beteiligter" Abs. 2) die Gefahr schuldhaft herbeigeführt habe, so könne er für den Nachteil, der ihm widerfahren sei, keinen Ersatz fordern, müsse vielmehr noch den anderen Betroffenen den ihnen zugefügten Schaden ersetzen. Sei die Gefahr durch den Schiffer oder die Mannschaft veranlaßt gewesen (Abs. 3), so trage der Rheder die Folgen dieses Verschuldens nach Maßgabe der §§. 485, 486. Habe ein Dritter, der an Schiff und Ladung

gar nicht beteiligt sei, die Gefahr schuldhaft herbeigeführt, so werde dies für das Verhältnis der Interessenten von Schiff und Ladung unter sich nicht anders zu beurteilen sein als wenn die Gefahr durch Zufall entstanden wäre.

b. Über die Haftbarkeit des Dritten, durch dessen Verschulden die Gefahr herbeigeführt worden, ist in d. §. keine Bestimmung aufgenommen worden, weil man meinte (P. 4212), daß der Satz: der Dritte hafte den nicht direkt betroffenen Havereiinteressenten für den Ersatz ihrer Beiträge, sich insoweit als er richtig sei, aus allgemeinen Rechtsgrundsätzen ergebe, in dieser Allgemeinheit aber bedenklich und nicht ohne weitere Ergänzungen aufzunehmen sei.

§. 703.

Voraussetzung der Havereiverteilung.

Die Havereivertheilung tritt nur ein, wenn sowohl das Schiff als auch die Ladung und zwar jeder dieser Gegenstände entweder ganz oder theilweise wirklich gerettet worden ist.[1])

Pr. Entw. Art. 552 Abs. 1. **Entw. H** Art. 606 Abs. 1. **Prot.** S. 2635—2638, 2692, 4080. **A.D.H.** Art. 705.

Zu §. 703.

1) Die gänzliche oder teilweise Rettung von Schiff oder Ladung begründet nicht die Havereiverteilung.

II. Einfluß späterer Unfälle (§§. 704, 705).

Auf die Beitragspflicht. §. 704.

Die Verpflichtung, von einem geretteten Gegenstande beizutragen, wird dadurch, daß der Gegenstand später von einer besonderen Haverei betroffen wird, nur dann vollständig aufgehoben, wenn der Gegenstand ganz verloren geht.[1])

Pr. Entw. Art. 552 Abs. 2. **Entw. H** Art. 606 Abs. 2. **Prot.** S. 2638—2640. **A.D.H.** Art. 706.

Zu §. 704.

1) Die Havereibeiträge haften nur an der Sache, und brauchen nicht mehr bezahlt zu werden, wenn die Sache, an der sie hafteten, in einem späteren Unfalle ganz und gar zu Grunde gegangen ist. (P. 2639.) — Vgl. A.L.R. T. II, Tit. 8, §. 1792.

Auf die Vergütungsberechtigung. §. 705.

Der Anspruch auf Vergütung einer zur großen Haverei gehörenden Beschädigung wird durch eine besondere Haverei, die den beschädigten Gegenstand später trifft, sei es, daß er von neuem beschädigt wird oder ganz verloren geht, nur dann aufgehoben, wenn der spätere Unfall mit dem früheren in keinem Zusammenhange steht, und nur insoweit, als der spätere Unfall auch den früheren Schaden nach sich gezogen haben würde, wenn dieser nicht bereits entstanden gewesen wäre.

Sind jedoch vor dem Eintritte des späteren Unfalls zur Wiederherstellung des beschädigten Gegenstandes bereits Aufwendungen gemacht, so bleibt rücksichtlich dieser der Anspruch auf Vergütung bestehen.[1])

Pr. Entw. Art. — **Entw. H** Art. — **Prot.** S. 4081—4085. **A.D.H.** Art. 707.

Zu §. 705.

1) §. 704 handelt von dem Einflusse der späteren Unfälle auf die Beitragspflichtigkeit, §. 703 von dem Einflusse derselben auf die Vergütungsberechtigung. Das H.G.B. hat die in älteren Seerechten vorkommende Fiktion verlassen, daß bei einer großen Haverei die Verteilung sofort nach dem Unfalle durch die am Bord befindlichen Ladungsinteressenten und den Schiffer festgestellt und reguliert werde; es wird vielmehr fingiert, daß der in großer Haverei geopferte oder beschädigte Gegenstand sich unverletzt an Bord befindet, und daß der Schade alle einzelnen Bestandteile des Schiffes und der Ladung nach ideellen Teilen betroffen hat. Daher wird im Prinzip der Anspruch auf Vergütung dadurch nicht ausgeschlossen, daß der in großer Haverei beschädigte Gegenstand späterhin noch eine besondere Haverei erleidet. Nur dann, wenn erweislich der spätere Unfall den früheren Schaden nach sich gezogen haben würde, falls dieser nicht bereits entstanden gewesen wäre, fällt die Vergütungsberechtigung fort, weil der Schade in einem solchen Falle dem Beteiligten auch ohne die große Haverei entstanden wäre. Als Beispiele, in denen zufolge d. §. keine Vergütung verlangt werden kann, wurden angeführt (P. 4082, 4084): wenn eine bei dem Havariegrosse-Unfalle leicht benetzte Kiste Seidenwaren späterhin durch Zufall über Bord fällt und gründlich vom Seewasser getränkt wird, oder wenn nach dem Kappen der Masten der Blitz das Schiff entzündet.

§. 706. **Fälle großer Haverei.**

Große Haverei liegt namentlich in den nachstehenden Fällen vor, vorausgesetzt, daß zugleich die Erfordernisse der §§. 700, 702, 703 insoweit vorhanden sind, als in den folgenden Vorschriften nichts Besonderes bestimmt ist:

1. Wenn Waaren, Schiffstheile oder Schiffsgeräthschaften über Bord geworfen,[1]) Masten gekappt, Taue oder Segel weggeschnitten, Anker, Ankertaue oder Ankerketten geschlippt oder gekappt werden.

   Sowohl diese Schäden selbst als die durch solche Maßregeln an Schiff oder Ladung ferner verursachten Schäden gehören zur großen Haverei.[2])

2. Wenn zur Erleichterung des Schiffes die Ladung ganz oder theilweise in Leichterfahrzeuge übergeladen wird.

   Es gehört zur großen Haverei sowohl der Leichterlohn als der Schaden, der bei dem Ueberladen in das Leichterfahrzeug oder bei dem Rückladen in das Schiff der Ladung oder dem Schiffe zugefügt wird, sowie der Schaden, den die Ladung auf dem Leichterfahrzeuge erleidet.

   Muß die Erleichterung im regelmäßigen Verlaufe der Reise erfolgen, so liegt große Haverei nicht vor.[3])

3. Wenn das Schiff absichtlich auf den Strand gesetzt wird, jedoch nur wenn es zum Zwecke der Abwendung des Unterganges oder der Nehmung geschieht.[4])

   Sowohl die durch die Strandung einschließlich der Abbringung entstehenden Schäden als auch die Kosten der Abbringung gehören zur großen Haverei.

   Wird das behufs der Abwendung des Unterganges auf den Strand gesetzte Schiff nicht abgebracht oder nach der Abbringung reparaturunfähig befunden (§. 479), so findet eine Havereivertheilung nicht statt.[5])

Strandet das Schiff, ohne daß die Strandung zur Rettung von Schiff und Ladung vorsätzlich herbeigeführt ist,[6]) so gehören zwar nicht die durch die Strandung veranlaßten Schäden, wohl aber die auf die Abbringung verwendeten Kosten und die zu diesem Zwecke dem Schiffe oder der Ladung absichtlich zugefügten Schäden zur großen Haverei.[7])

4. Wenn das Schiff zur Vermeidung einer dem Schiffe und der Ladung im Falle der Fortsetzung der Reise drohenden[8]) gemeinsamen Gefahr in einen Nothhafen einläuft,[9]) insbesondere wenn das Einlaufen zur nothwendigen Ausbesserung eines Schadens erfolgt, den das Schiff während der Reise erlitten hat.[10])

Es gehören in diesem Falle zur großen Haverei die Kosten des Einlaufens und des Auslaufens, die das Schiff selbst treffenden Aufenthaltskosten,[11]) die der Schiffsbesatzung während des Aufenthalts gebührende Heuer und Kost, die Auslagen für die Unterbringung der Schiffsbesatzung am Lande, solange die Besatzung nicht an Bord verbleiben kann, ferner, falls die Ladung wegen des Grundes, welcher das Einlaufen in den Nothhafen herbeigeführt hat, gelöscht werden muß, die Kosten des Verbringens von Bord und an Bord sowie die Kosten der Aufbewahrung der Ladung am Lande bis zu dem Zeitpunkte, in welchem sie wieder an Bord gebracht werden kann.[12])

Die sämmtlichen Aufenthaltskosten kommen nur für die Zeit der Fortdauer des Grundes in Rechnung, der das Einlaufen in den Nothhafen herbeigeführt hat. Liegt der Grund in einer nothwendigen Ausbesserung des Schiffes, so kommen außerdem die Aufenthaltskosten nur bis zu dem Zeitpunkt in Rechnung, in welchem die Ausbesserung hätte vollendet sein können.[13])

Die Kosten der Ausbesserung des Schiffes gehören nur insoweit zur großen Haverei, als der auszubessernde Schaden selbst große Haverei ist.

5. Wenn das Schiff gegen Feinde oder Seeräuber vertheidigt wird.

Die bei der Vertheidigung dem Schiffe oder der Ladung zugefügten Beschädigungen, der dabei verbrauchte Schießbedarf und, falls eine Person der Schiffsbesatzung bei der Vertheidigung verwundet oder getödtet wird, die Heilungs- und Begräbnißkosten sowie die nach den §§. 553, 554 dieses Gesetzbuchs und den §§. 49, 51 der Seemannsordnung zu zahlenden Belohnungen bilden die große Haverei.[14])

6. Wenn im Falle der Anhaltung des Schiffes durch Feinde oder Seeräuber Schiff und Ladung losgekauft werden.

Was zum Loskaufe gegeben ist,[15]) bildet nebst den durch den Unterhalt und die Auslösung der Geiseln entstehenden Kosten die große Haverei.

7. Wenn die Beschaffung der zur Deckung der großen Haverei während der Reise erforderlichen Gelder Verluste und Kosten verursacht oder wenn durch die Auseinandersetzung unter den Betheiligten Kosten entstehen.

Diese Verluste und Kosten gehören gleichfalls zur großen Haverei.

Dahin werden insbesondere gezählt der Verlust an den während der Reise verkauften Gütern;[16]) die Bodmereiprämie, wenn das erforderliche Geld durch Bodmerei aufgenommen wird, und wenn dies nicht der Fall ist, die Prämie für die Versicherung des aufgewendeten Geldes, die Kosten für die Ermittelung der Schäden und für die Aufmachung der Rechnung über die große Haverei (Dispache).

Pr. Entw. Art. 553, 555, 556, 558, 561, 562, 563. **Entw. II** Art. 607, 608. **Prot.** S. 2640—2658, 2661—2674, 2679—2681, 2692, 2693, 2695, 4085—4093, 4212, 4213, **A.D.H.** Art. 708.

Zu §. 706.

1) Der Seewurf ist die erste und gewöhnlichste Ursache der großen Haverei und ist oft als der eigentliche Typus derselben aufgestellt worden. Im Falle des eigentlichen Seewurfs ist der Schiffer in betreff der Reihenfolge der zu opfernden Gegenstände, soweit die Umstände dies zulassen, an eine gewisse Ordnung gebunden. Das A.L.R. (T. II, Tit. 8, §§. 1800ff.) bestimmte die Reihenfolge im einzelnen, verordnete jedoch (§. 1818 l. c.), daß mit dem Vorwande, es sei bei dem Wurfe selbst oder bei der Auswahl der zu werfenden Sachen übereilt oder nicht vorschriftsmäßig verfahren, kein Interessent von Schiff und Ladung gegen Zahlung seines Havereibeitrages sich schützen könne, vielmehr nur Regreß an den Schiffer oder anderen Urheber des Schadens nehmen könne.

2) Der zweite Abs. der Ziff. 1 ist trotz der allgemeinen Bestimmung im §. 700 für nicht entbehrlich angesehen worden (P. 2642), weil Zweifel darüber entstehen könnten, ob der Fall, wenn ein Schade am Schiffe oder an den im Schiffe bleibenden Gegenständen entstehen sollte, obschon dieser entschieden nicht beabsichtigt, sondern nur die Beschädigung einzelner Ladungsteile oder einzelner Teile des Schiffs bezweckt gewesen, unter die betr. allgemeine Bestimmung gehöre oder nicht. — Zu Abs. 2 s. den Rechtsfall R.O.H. Bd. 21, S. 155.

3) Große Haverei liegt nur vor, wenn es sich um rettende Maßregeln in Notfällen handelt (P. 2644, 4213). Muß also die Erleichterung im regelmäßigen Verlauf der Reise erfolgen, z. B. weil das Schiff ohne diese Erleichterung einen zu großen Tiefgang haben würde und deshalb nicht in den Bestimmungshafen einlaufen könnte, so ist kein Fall der großen Haverei vorhanden.

4) a. Freiwillige Strandung ist eine solche, bei welcher das Schiff lediglich infolge eines freien, die Rettung von Schiff und Ladung aus einer gemeinschaftlichen Gefahr bezweckenden Entschlusses seines Führers auf den Strand gesetzt wird; sie erscheint in diesem Falle nicht als bloße Bergungsmaßregel. Dagegen ist die Strandung nicht als eine freiwillige anzusehen, wenn der Schiffer zu einer Zeit, wo das Stranden nicht mehr zu vermeiden ist, den mindest gefährlichen Teil des Strandes aussucht. In solcher Lage tritt die Absicht, Schiff und Ladung zu retten, gegen die Absicht, das Leben zu retten, zurück. (M. 306, P. 2645—2652.) Das Obertribunal (Entsch. Bd. 61, S. 218) nahm an, daß, wenn der Schiffer statt der notwendigen Strandung, die das Schiff zertrümmert haben würde, absichtlich eine andere Strandung herbeiführt, welche es rettet, diese konkrete Strandung den Charakter der Absichtlichkeit nicht dadurch verliere, daß eine andere Strandung mit Notwendigkeit erfolgt wäre, und daß, wenn die Absicht, den Untergang von Schiff und Ladung abzuwenden, feststeht, es nicht darauf ankommt, ob damit zugleich die Absicht, das Leben der Mannschaft zu retten,

zusammenfiel. — Der Kosten für Heuer und Beköstigung der Schiffsbesatzung während des Aufenthalts am Strandungsplatz ist hier nicht gedacht, wohl aber im Falle Ziffer 4; sie gehören daher nicht zur großen Haverei, sind vielmehr von der Fracht zu decken und darüber hinaus vom Rheder zu tragen (R.O.H. Bd. 13, S. 407).

b. Die Beschränkung, welche darin liegt, daß freiwillige Strandung nur dann zu den Fällen der großen Haverei gerechnet wird, wenn die Abwendung des Untergangs oder der Nehmung damit bezweckt war, wurde für unentbehrlich erachtet (P. 2653), weil das Opfer, welches der Schiffer durch dieses große Risiko bringe, ein so bedeutendes sei, daß man es nur in den dringendsten Fällen als zulässig bezeichnen könne.

5) a. Entsteht aus der Strandung ein wirklicher Schiffbruch, selbst wenn bei der Strandung gegründete Hoffnung auf Rettung des Schiffes vorhanden war, oder wird das Schiff nach der Abbringung reparaturunfähig befunden, so erfolgt keine Verteilung der Haverei, weil dann gerade dasjenige eintritt, was durch die Strandung vermieden werden sollte (P. 2655). Diese Bestimmung entspricht dem im §. 704 aufgestellten allgemeinen Satze und soll die Schiffer von einem gefährlichen Mißbrauche der freiwilligen Strandung abhalten.

b. Der dritte Absatz der Ziffer 3 handelt nur von dem Falle, wenn das Schiff behufs Abwendung des Untergangs auf den Strand gesetzt worden ist, nicht aber auch von dem Falle, wenn die Abwendung der Nehmung durch Feinde oder Seeräuber damit bezweckt war. In einem Falle letzterer Art tritt beim Vorhandensein der übrigen Voraussetzungen der großen Haverei die Havereiverteilung ein, wenn Schiff und Ladung ganz oder teilweise gerettet worden sind, gleichviel ob das erstere abgebracht werden kann oder am Strande auseinandergenommen werden muß, und ob es nach der Abbringung reparaturunfähig ist oder nicht. Einen Mißbrauch hielt man in diesem Falle für kaum möglich (P. 4088), weil hierbei nicht die Rede davon sein könne, daß eine unabsichtliche Strandung fälschlicher Weise als absichtliche ausgegeben werde.

6) Dazu gehört z. B. der Fall, wenn das Schiff durch Zufall oder Verschulden des Schiffers auf Strand oder Grund geraten ist, ferner der Fall (P. 2652), wenn das Schiff ohne alle Hoffnung auf seine Erhaltung auf den Strand gesetzt, also absichtlich ganz geopfert wird, jedoch lediglich, um die Ladung zu retten.

7) Auch im Abs. 4 d. Ziff. 3 ist vorausgesetzt, daß das Schiff gerettet und abgebracht wird, und daß die Kosten und Beschädigungen nicht erst nach definitiver Löschung der Ladung entstanden sind (P. 2657), weil nach der definitiven Löschung der Waren und der dadurch bedingten Aufhebung der zwischen Schiff und Ladung bestehenden Gemeinschaft die den einen Gegenstand treffenden Zufälle den anderen nichts mehr angehen.

8) Nicht bloß eine für Schiff und Ladung schon eingetretene Gefahr rechtfertigt das Einlaufen in den Nothafen, sondern schon eine nach vernünftigem Ermessen imminente erhebliche Gefahr (R.O.H. Bd. 23, S. 345), z. B. ein solcher Zustand des Schiffes, welcher besorgen läßt, daß ohne Ausbesserung desselben die bei Fortsetzung der Reise zu erwartenden Gefahren nicht bestanden werden können. Es ist gleichgiltig, woher der mangelhafte Zustand des Schiffes rührt, ob er eine Folge voraufgegangener großer oder besonderer Haverei ist. — Dagegen werden durch diese Vorschrift die Fälle nicht berührt (P. 2661), in denen das Einlaufen in den Nothafen infolge eines Verschuldens des Schiffers oder Rheders erforderlich geworden ist (z. B. wegen mangelhafter Ausrüstung des Schiffes), oder in denen nicht wegen einer drohenden unmittelbaren Gefahr (z. B. einer verständigerweise vom Schiffer als vorhanden angenommenen Blokade des Bestimmungshafens, R.O.H. Bd. 8, S. 298), sondern aus Zweckmäßigkeitsrücksichten und allgemeinen nautischen Erwägungen (z. B. wegen widriger Winde, R.O.H. Bd. 23, S. 343) oder wegen persönlicher Bedürfnisse des Schiffers oder der Schiffsmannschaft ein Nothafen aufgesucht wird.

9) Schon in dem Einlaufen in einen Nothafen liegt ein Opfer, welches zur Verteilung der dadurch hervorgerufenen Schäden in großer Haverei sich eignet; es bedarf neben diesem Opfer keiner anderweitigen absichtlichen Beschädigungen von Schiff oder Ladung zur

Begründung der großen Haverei. (P. 4089.) Das Einlaufen wird aber nur dann zu einem Falle großer Haverei, wenn es den allgemeinen Erfordernissen der letzteren entspricht, also im Falle beabsichtigter Reparatur die gefahrlose Fortsetzung der Reise des Schiffes mit der Ladung bezweckt (R.O.H. Bd. 13, S. 409).

10) Gleichgiltig ist — abgesehen von den eigentlichen Reparaturkosten, Abs. 4 d. §. — ob der zu reparierende Schade selbst als große oder partikuläre Haverei erscheint (P. 2664).

11) Die Kosten des Aufenthalts und des Auslaufens sind, sofern die Reise nicht im Nothafen endet, Folgen des Einlaufens und als solche Konsequenzen der in dem Aufsuchen des Nothafens liegenden großen Haverei. (P. 2665.) Es gehören aber nicht hierher die Kosten während der Reise zum Nothafen (R.O.H. Bd. 13, S. 412), also auch nicht, wenn diese durch Frost oder Unwetter verzögert wird.

12) Es muß zwischen dem Havereifall und der kostenverursachenden Maßregel (Löschung und Magazinierung) ein Kausalzusammenhang bestehen. Wenn daher z. B. die Ladung auch ohne Eintritt der Haverei gelöscht werden mußte, um die Waren vor Verderb zu retten, so kommen die Löschungskosten nicht bei der Haverei in Rechnung, wohl aber, wenn z. B. im Falle des Seewurfs die Ladung bei Eröffnung der Luken von Seewasser benetzt worden ist und um vor völligem Verderb geschützt zu werden, der Löschung und Bearbeitung bedarf. (P. 2673.) Es wurde allgemein anerkannt (P. 2668), daß die Mannschaft verpflichtet ist, zur Löschung im Nothafen so viel als in ihren Kräften steht beizutragen. — Die Entsch. des R.O.H. Bd. 8, S. 215 verbreitet sich über Zweck und Bedeutung des §. 706 und führt aus, daß, wenn ein Schiff wegen notwendiger Reparatur in einen Nothafen eingelaufen ist und dort wegen derselben Reparatur die Ladung hat gelöscht werden müssen, die der Ladung durch die Lagerung am Lande verursachten Schäden nicht als große Haverei zu verteilen sind, vielmehr nur die in Ziffer 4 gedachten Kosten.

13) Die Vergütung der Aufenthaltskosten erfolgt so lange, als der Aufenthalt wegen der Fortdauer des Havereigrundes währt (R.O.H. Bd. 23, S. 347), hört aber auf, sobald der Havereigrund weggefallen ist, wenn auch das Schiff aus einem sonstigen Grunde (z. B. wegen Eises) die Reise noch nicht wieder antreten kann, vgl. R.G. XXXIX, 10. — Außerdem würde es unbillig sein, dem Rheder die Aufenthaltskosten über die Zeit hinaus zu vergüten, in welcher derselbe bei gutem Willen mit der Reparatur hätte fertig sein können. (P. 4091.)

14) Der Pr. Entw. (Art. 561) zählte auch die Auslösungskosten der bei der Verteidigung des Schiffes gefangenen Seeleute zur großen Haverei. Dies wurde zwar in erster Lesung zunächst (P. 2681) gebilligt und sogar der Zusatz angenommen, daß auch die Auslösungskosten eines Schiffsmanns, welcher im gemeinsamen Interesse von Schiff und Ladung zur Ermittlung eines geeigneten Ankerplatzes ans Land geschickt und dort gefangen genommen worden ist, zur großen Haverei zu rechnen seien; alle hierauf bezüglichen Bestimmungen wurden jedoch demnächst (P. 2695) gestrichen, teils weil die Vorfrage nicht erledigt sei, ob jenen Personen ein Anspruch auf Auslösung zustehe, teils weil die Frage nicht von großem praktischen Interesse sei.

15) Das Lösegeld besteht nicht immer in barem Gelde, es können z. B. auch Waren oder Schiffsgerätschaften gegeben sein.

16) Darüber, wie der Ersatz der verkauften Güter berechnet wird, s. §. 711 Abs. 4.

§. 707. **Fälle besonderer Haverei.**

Nicht als große Haverei, sondern als besondere Haverei werden angesehen:

1. die Verluste und Kosten, welche, wenn auch während der Reise, aus der in Folge einer besonderen Haverei nöthig gewordenen Beschaffung von Geld entstehen;[1])

2. die Reklamekosten, auch wenn Schiff und Ladung zusammen und beide mit Erfolg reklamirt werden;[2])

3. die durch Prangen[3]) verursachte Beschädigung des Schiffes, seines Zubehörs und der Ladung, selbst wenn, um der Strandung oder Nehmung zu entgehen, geprangt worden ist.[4])

Pr. Entw. Art. 587, 560, 557. **Entw. II** Art. 631. **Prot.** S. 2779—2781, 2677—2679. 2658—2661, 4092, 4133—4138. **A.D.H.** Art. 709.

Zu §. 707.

1) Die Kosten für Reparatur partikulärer Havereien des Schiffes, wenn dieselben auch im Nothafen weit mehr als im Heimatshafen betragen, und ebenso die Kosten für Beschaffung der hierzu erforderlichen Gelder fallen dem Rheder allein zur Last. Dies war früher streitig. (P. 2781, 4134—4137.)

2) Die Reklamekosten d. h. die Kosten, welche aufgewendet werden, um eine Nehmung von Schiff oder Ladung oder beider rückgängig zu machen, zählte der Pr. Entw., wenn Schiff und Ladung reklamiert worden, zur großen Haverei (Art. 560), wenn Schiff oder Ladung reklamiert worden, zur besonderen Haverei (Art. 587). Der Entwurf I. Lesung zählte zur großen Haverei (Art. 607 Ziff. 5) nur den Fall, wenn Schiff und Ladung, und zwar beide mit Erfolg reklamiert worden, dagegen zur besonderen (Art. 631 Ziff. 4), wenn eines oder das andere oder zwar beide, aber nicht beide mit Erfolg reklamiert worden. Hiergegen wurde geltend gemacht: die Repartition der Kosten über Schiff und Ladung müßte bei erfolgreicher Reklamierung derselben schon nach den allgemeinen Grundsätzen der negotiorum gestio eintreten; die Art der Repartition nach Maßgabe der für die große Haverei geltenden Bestimmungen würde aber gar nicht passen, weil die Schwierigkeiten der Reklame und die Kosten keineswegs immer mit dem Werte der zu reklamierenden Gegenstände im Verhältnis ständen. So könne z. B. ein sehr wertvolles Schiff vielleicht mit wenig Aufwand an Kosten und Mühen mit Erfolg reklamiert werden, während die Reklamation der minder wertvollen Ladung große Mühe und Kosten verursache. (P. 4092.) In zweiter Lesung wurden hierauf die Reklamekosten gänzlich aus der großen Haverei ausgeschieden und zu den Fällen der besonderen Haverei verwiesen.

3) — d. h. durch die stärkere Anstrengung der Segel, um dem Strande und den Klippen zu entgehen.

4) Der Pr. Entw. (Art. 557) zählt diesen Fall zur großen Haverei. Hiergegen wurde geltend gemacht (P. 2658): es fehle beim Prangen an einem freiwilligen Opfer seitens des Verfrachters, denn es könne nicht jede mehr als gewöhnliche Anstrengung des Transportmittels als eine Leistung angesehen werden, für welche die beim Abschluß des Transportvertrages festgesetzte Vergütung nicht berechnet, zu welcher der Schiffer also an sich nicht verpflichtet sei; außerdem würde eine derartige Bestimmung zu großen Nachteilen führen, indem eine Kontrolle über die Richtigkeit der Angaben des Schiffers unmöglich und es erfahrungsmäßig nicht selten vorgekommen sei, daß ein Schade, den allein der Rheder zu tragen gehabt habe, mit Unrecht wenigstens zum Teil auch den Ladungsbeteiligten aufgebürdet worden sei. — Es wurde jedoch anerkannt, daß dessenungeachtet dem Schiffer weder das Recht noch die Pflicht abgesprochen sein solle, beim Vorhandensein der geeigneten Voraussetzungen zu prangen, selbst auf die Gefahr hin, daß dadurch die dritten Personen gehörige Ladung gefährdet werde.

b. Eine analoge Anwendung des §. 707 Nr. 3 auf den Fall, daß der Schiffer an der, wie er wußte, verstopften Maschine weiter arbeiten ließ, um das Schiff abzubringen, hat das Reichsgericht abgelehnt. Der hierbei an der Maschine entstandene Schaden ist als zur großen Haverei gehörig erachtet worden (Bolze I, Nr. 1036). Vgl. Garcis, Das deutsche Handelsrecht. VI. Aufl. S. 971.

§. 708.

Bei der Schadensberechnung außer Ansatz bleibende Gegenstände.

In den Fällen der großen Haverei bleiben bei der Schadensberechnung die Beschädigungen und Verluste außer Ansatz, welche die nachstehenden Gegenstände betreffen:

1. nicht unter Deck geladene Güter;[1]) diese Vorschrift findet jedoch bei der Küstenschiffahrt insofern keine Anwendung, als Decladungen durch die Landesgesetze für zulässig erklärt sind (§. 566);
2. Güter, über die weder ein Konnossement ausgestellt ist noch das Manifest oder Ladebuch Auskunft giebt;[2])
3. Kostbarkeiten, Kunstgegenstände, Geld- und Werthpapiere, die dem Schiffer nicht gehörig bezeichnet worden sind (§. 607).[3])

Pr. Entw. Art. 565. **Entw. II** Art. 609. **Prot.** S. 2699—2702, 4094. **A.D.H.** Art. 710.

Zu §. 708.

1) Die Beschädigungen und Verluste an den nicht unter Deck geladenen Gütern werden bei der Schadensberechnung in Fällen der großen Haverei nicht in Ansatz gebracht, gleichviel (P. 2701), ob die betreffenden Ladungsinteressenten zur Verladung der Waren auf Deck ihre Zustimmung gegeben haben oder nicht.

2) Durch die Ziff. 2 soll eine Garantie dafür geschaffen werden (P. 2701), daß nicht solche Güter als geworfen bezeichnet werden, die entweder gar nicht oder nur heimlich in der Weise verschifft werden, daß sie nur dann hervortreten, wenn sie als ersatzberechtigt erscheinen, und sich der Kontrolle entziehen, wenn sie als beitragspflichtig ins Mitleiden gezogen werden sollen.

3) Dergleichen Gegenstände — bemerken die M. S. 310 — muß der Besitzer dem Schiffer deklarieren, weil sich voraussetzen läßt, daß der Schiffer, wenn er ihren Wert kennt, sie nicht als gewöhnliches Gut opfern wird. Hat der Besitzer die Deklaration unterlassen, so kann er auch nicht Ersatz des Werts fordern, wenn die Gegenstände unwissentlich als gewöhnliches Ladungsgut geopfert werden.

III. Ermittelung des zur großen Haverei gehörenden Schadens (§§. 709—715).

§. 709. **An Schiff und Zubehör.**

Der an dem Schiffe oder dem Zubehöre des Schiffes entstandene, zur großen Haverei gehörige Schaden ist, wenn die Ausbesserung während der Reise erfolgt, am Orte der Ausbesserung und vor dieser, sonst an dem Orte, wo die Reise endet, durch Sachverständige zu ermitteln und zu schätzen.[1]) Die Taxe muß die Veranschlagung der erforderlichen Ausbesserungskosten enthalten. Sie ist, wenn während der Reise ausgebessert wird, für die Schadensberechnung insoweit maßgebend, als nicht die Ausführungskosten unter den Anschlagssummen bleiben.[2]) War die Aufnahme einer Taxe nicht ausführbar, so entscheidet der Betrag der auf die erforderlichen Ausbesserungen wirklich verwendeten Kosten.[3])

Soweit die Ausbesserung nicht während der Reise geschieht, ist die Abschätzung für die Schadensberechnung ausschließlich maßgebend.

Pr. Entw. Art. 566. **Entw. II** Art. 610. **Prot.** S. 2702—2704, 4094—4098. **A.D.H.** Art. 711.

Zu §. 709.

1) a. Gelangt das Schiff in den Bestimmungshafen, so ist die Taxe der voraussichtlich erforderlichen Reparaturkosten in großer Haverei zu vergüten, ohne Rücksicht darauf, ob das Schiff in der Folge wirklich repariert oder abgetakelt wird, da kein Havereibeteiligter nach Beendigung der Reise ein Interesse oder ein Recht darauf hat, daß der Rheder das Schiff wieder repariere und in seetüchtigen Zustand herstelle. (P. 2702.)

b. Es ist nicht für nötig erachtet worden, vorzuschreiben, daß der Schiffer, wenn er einmal wegen einer großen Haverei einen Nothafen aufgesucht hat, auch unter allen Umständen daselbst reparieren muß; eine solche Vorschrift würde nicht selten den Ladungsinteressenten zu großem Nachteile gereichen, denn eine Reparatur im Nothafen kann, selbst bei geringen Beschädigungen, oft weit kostspieliger sein, als in dem vielleicht nicht weit entfernten Bestimmungshafen, den das Schiff voraussichtlich auch ohne Reparatur hatte erreichen können. (P. 2703, 4098.)

c. Der Antrag, vorzuschreiben, daß die Taxe durch „autorisierte" Sachverständige, wenigstens dann, wenn sich solche an dem betr. Orte befänden, vorzunehmen sei, wurde abgelehnt (P. 4096), weil §. 709 keine instruktive Bestimmung darüber aufstelle, wie bei Aufnahme der Taxe zu verfahren sei, sondern die materielle Bestimmung enthalte, daß der Schaden, welchen das Schiff erlitten habe, zunächst durch Veranschlagung der erforderlichen Reparaturkosten zu ermitteln sei, und weil es bedenklich sei, materielle und formelle Bestimmungen zusammenzufassen. Aus demselben Grunde wurde der fernere Antrag abgelehnt (P. ibid.), ausdrücklich zu bestimmen, daß, wenn große, besondere oder kleine Haverei konkurrieren, die Sachverständigen bei der Taxe deren Sonderung vorzunehmen haben. Die Absicht, daß dies geschehen soll, ergiebt sich aus den Eingangsworten dieses §

2) Die Frage, was Rechtens sei, wenn im Nothafen nur eine provisorische Ausbesserung des Schadens ohne bleibenden Wert für das Schiff vorgenommen worden, wurde nicht entschieden; es wurde aber ohne Widerspruch geltend gemacht, daß in diesem Falle der Havereischaden nach der im Bestimmungshafen vorzunehmenden Taxation, jedoch unter Hinzurechnung der Kosten für die provisorische Reparatur nach den für die Reparatur im Nothafen geltenden Grundsätzen, zu vergüten sei. (P. 2704.)

3) War die Aufnahme einer Taxe für die während der Reise erfolgte Reparatur ausführbar und ist sie dennoch unterblieben, so ist der Rheder seines Ersatzanspruchs verlustig. (P. 2704.)

§. 710.

Vergütung für Schiff und Zubehör. Abzüge.

Der nach Maßgabe des §. 709 ermittelte volle Betrag der Ausbesserungskosten bestimmt die zu leistende Vergütung, wenn das Schiff zur Zeit der Beschädigung noch nicht ein volles Jahr zu Wasser war.

Dasselbe gilt von der Vergütung für einzelne Theile des Schiffes, namentlich für die Metallhaut, sowie für einzelne Theile des Zubehörs, wenn solche Theile noch nicht ein volles Jahr in Gebrauch waren.

In den übrigen Fällen wird von dem vollen Betrage wegen des Unterschieds zwischen alt und neu ein Drittheil, bei den Ankerketten ein Sechstheil, bei den Ankern jedoch nichts abgezogen.

Von dem vollen Betrage kommen ferner in Abzug der volle Erlös oder Werth der noch vorhandenen alten Stücke, welche durch neue ersetzt sind oder zu ersetzen sind.

Findet ein solcher Abzug und zugleich der Abzug wegen des Unterschieds zwischen alt und neu statt, so ist zuerst dieser letztere und sodann von dem verbleibenden Betrage der andere Abzug zu machen.[1])

Pr. Entw. Art. 567. **Entw. H** Art. 611. **Prot.** S. 2705—2707, 4098—4102. **A.D.H.** Art. 712.

Zu §. 710.

1) Als Grund für die im letzten Abs. d. §. vorgeschriebene Berechnungsweise wurde angeführt (P. 4101): es müsse zunächst der Abzug wegen des Unterschieds zwischen alt und neu stattfinden, und sodann erst von dem verbleibenden Betrag der Erlös oder Wert des alten Materials abgezogen werden, weil das letztere mit der Ermittelung des Schadens nichts gemein habe, sondern gleich barem Gelde sei, mit welchem die Gemeinschaft einen Teil ihrer Schuld dem vergütungsberechtigten Schiffe abtrage. — Über den Grund des Abzugs eines Drittels wegen des Unterschiedes zwischen alt und neu s. R.O.H. Bd. 23, S. 355.

§. 711. **Vergütung für aufgeopferte Güter.**

Die Vergütung für aufgeopferte Güter wird durch den Marktpreis bestimmt, welchen Güter derselben Art und Beschaffenheit am Bestimmungsorte bei dem Beginne der Löschung des Schiffes haben.[1])

In Ermangelung eines Marktpreises oder sofern über den Marktpreis oder dessen Anwendung, insbesondere mit Rücksicht auf die Beschaffenheit der Güter, Zweifel bestehen, wird der Preis durch Sachverständige ermittelt.

Von dem Preise kommt in Abzug, was an Fracht, Zöllen und Kosten in Folge des Verlustes der Güter erspart wird.[2])

Zu den aufgeopferten Gütern gehören auch diejenigen, welche zur Deckung der großen Haverei verkauft worden sind (§. 706 Nr. 7).[3])

Pr. Entw. Art. 568, 569 Abs. 1. **Entw. H** Art. 612. **Prot.** S. 2707—2713, 2717—2720, 4102—4108, 4213—4219, 4286—4288. **A.D.H.** Art. 713.

Zu §. 711.

1) Soll der Eigentümer des aufgeopferten Gegenstandes in eine gleiche Lage versetzt werden, als wenn die Rettung von Schiff und Ladung nicht durch Aufopferung seines Eigentums bewirkt wäre, so muß fingiert werden, auch sein Eigentum habe nach Überstehung der Gefahr die Reise glücklich vollendet. Nach Ankunft des Schiffes am Bestimmungsorte besäße er dann aber den Wert, welchen sein Eigentum zu dieser Zeit und an diesem Orte hat, und nicht den Wert, der sich im Einkaufspreise darstellt. (P. 2708.) Es ist deshalb der Wert am Bestimmungsorte bei Beginn der Löschung des Schiffes, und nicht der Fakturenpreis als bei der Vergütung für aufgeopferte Güter maßgebend erklärt worden (P. 4106). Es ergiebt sich indeß aus §. 729 Abs. 2, daß der Dispacheur immerhin auf die Faktura, wenngleich sie nicht entscheidend ist, doch Rücksicht nehmen kann. Die im §. 711 vorgeschriebene Wertsberechnung schließt sich derjenigen an, welche im §. 611 verordnet ist.

2) In dem Preise des Bestimmungsorts sind auch Fracht, Zölle u. dgl. enthalten, welche bezahlt werden müssen, bevor die Waren am Bestimmungsorte zum Verkauf gebracht werden können. (P. 2719.)

3) §. 706 Ziff. 7 entscheidet die Frage, ob auch der durch den Verkauf von Ladungsteilen sich ergebende Verlust in großer Haverei zu ersetzen ist; im §. 711 Abs. 4 wird die Frage abgehandelt, nach welchen Grundsätzen der durch den Verkauf beschädigte Beteiligte die ihm gebührende Vergütung erhält. Der im allgemeinen Interesse vollzogene teilweise Verkauf der Ladung wird allgemein mit dem Seewurf in gleiche Linie gestellt. Beide Fälle haben das Gemeinsame, daß die Güter infolge eines freiwilligen, vom Schiffer zum besten der Gemeinschaft vorgenommenen Aktes nicht am Bestimmungsorte ankommen. Die Schadensvergütung ist deshalb nach denselben Grundsätzen zu leisten. — Wenn der Rheder nach §. 541 Ersatz für verkaufte Ladungsteile zu leisten hat, so bekommt der Beschädigte, falls der Reinerlös der verkauften Güter den Marktpreis resp. die Taxe übersteigt, an Stelle dieses Preises den Reinerlös. (§. 612 Abs. 2.) Hat dagegen die Gemeinschaft der Havereiinteressenten einen derartigen Schaden zu vergüten, so hat der Beschädigte keinen Anspruch auf den Überschuß über den nach Maßgabe des §. 711 ermittelten Wert, weil der Verkauf nicht für seine Rechnung, sondern für Rechnung der Gemeinschaft von Schiff und Ladung bewerkstelligt worden ist. (P. 4108.)

Vergütung für beschädigte Güter. §. 712.

Die Vergütung für Güter, die eine zur großen Haverei gehörige Beschädigung erlitten haben, wird bestimmt durch den Unterschied zwischen dem durch Sachverständige zu ermittelnden Verkaufswerthe, welchen die Güter im beschädigten Zustande am Bestimmungsorte bei dem Beginne der Löschung des Schiffes haben, und dem im §. 711 bezeichneten Preise nach Abzug der Zölle und Kosten, soweit sie in Folge der Beschädigung erspart sind.[1])

Pr. Entw. Art. 596 Abs. 2. **Entw. II** Art. 613. **Prot.** S. 2720, 4108, 4219. **A.D.H.** Art. 714.

Zu §. 712.

1) a. §. 711 handelt von der Vergütung für aufgeopferte, §. 712 von der Vergütung für beschädigte Güter. Hinsichtlich der letzteren ist die Differenz zwischen dem Werte im unbeschädigten Zustande und im beschädigten Zustande am Bestimmungsorte bei Beginn der Löschung des Schiffes maßgebend.

b. Von dem Werte, welchen die beschädigten Güter am Bestimmungsorte ohne erlittene Beschädigung gehabt hätten, kommen die infolge der Beschädigung ersparten Zölle und Unkosten in Abzug (vgl. §. 711 Abs. 3). Von der beantragten Erwähnung der Fracht ist Umgang genommen, weil eine Ersparung derselben wegen Beschädigung der Güter nur auf Grund ganz besonderer Verträge eintreten könne und es sich nicht empfehle, für so außerordentliche Fälle Vorschriften ins Gesetz aufzunehmen. (P. 4219.)

§. 713.

Abzüge von der Vergütung aus §§. 711, 712.

Die vor, bei oder nach dem Havereifall entstandenen, zur großen Haverei nicht gehörenden Werthsverringerungen und Verluste sind bei der Berechnung der Vergütung (§§. 711, 712) in Abzug zu bringen.[1])

Pr. Entw. Art. 570. **Entw. II** Art. 614. **Prot.** S. 2721, 2748, 4108. **A.D.H.** Art. 715.

Zu §. 713.

1) Würde auf diese Wertsverringerungen bei der Berechnung des zu ersetzenden Betrages keine Rücksicht genommen, so würde der Ladungseigentümer zu viel erhalten. (P. 2748.)

Die Bereicherung eines Havereiinteressenten durch die Havereivergütungen ist aber unstatthaft. Die Beitragspflicht dagegen bestimmt sich lediglich nach dem Werte der Ladung am Ende der Reise, ohne Rücksicht auf etwaige vor, bei oder nach dem Havereifalle eingetretene partikuläre Havereien. (§§. 718, 719.)

§. 714.

Endigung der Reise außerhalb des Bestimmungshafens.

Endet die Reise für Schiff und Ladung nicht im Bestimmungshafen, sondern an einem anderen Orte, so tritt dieser letztere, endet sie durch Verlust des Schiffes, so tritt der Ort, wohin die Ladung in Sicherheit gebracht ist, für die Ermittelung der Vergütung an die Stelle des Bestimmungsorts.[1])

Pr. Entw. Art. 571. **Entw. H** Art. 615. **Prot.** S. 2721—2723. **Prot.** S. 4108. **A.D.H.** Art. 716.

Zu §. 714.

1) Der Eigentümer des aufgeopferten Gutes kann nur fordern, in die Lage versetzt zu werden, in welcher die Eigentümer der geretteten Güter sich beim Ende der Reise befinden; er kann also nur den Wert der Güter, wie solcher sich bei dem eingetretenen Ende der Reise stellt, ersetzt verlangen. Endet die Reise in einem Nothafen, so tritt dieser letztere für die Ermittelung der Vergütung an die Stelle des Bestimmungshafens. Endet sie gleichsam auf offener See, weil das Schiff, nachdem es samt der Ladung aus der Gefahr, wegen welcher das Opfer gebracht worden, bereits gerettet war, zu Grunde geht, aber doch die Ladung ganz oder zum Teil geborgen wird, so tritt der Bergungsort für die Ermittelung der Vergütung an die Stelle des Bestimmungshafens. (P. 2722.)

§. 715. **Vergütung für entgangene Fracht.**

Die Vergütung für entgangene Fracht wird bestimmt durch den Frachtbetrag, welcher für die aufgeopferten Güter zu entrichten gewesen sein würde, wenn sie mit dem Schiffe an dem Orte ihrer Bestimmung oder, wenn dieser von dem Schiffe nicht erreicht wird, an dem Orte angelangt wären, wo die Reise endet.[1])

Pr. Entw. Art. 572. **Entw. H** Art. 616. **Prot.** S. 2713—2716, 2723, 4108—4111, 4126. **A.D.H.** Art. 717.

Zu §. 715.

1) Wenn der Rheder das Schiff en rouge verfrachtet und der Charterer dasselbe auf Stück angelegt hat, so ist nicht der zwischen dem Rheder und Charterer abgeschlossene Frachtvertrag über das ganze Schiff, sondern der zweite Vertrag zwischen dem Charterer und Stückgüterbefrachter für die Vergütung der entgangenen Fracht maßgebend; denn nur diejenige Fracht kann man als verloren ansehen, für welche die Güter bei glücklicher Ankunft gehaftet haben würden, also diejenige, welche dem Afterverfrachter gebührt. (P. 2715, 4110.)

§. 716.

Verteilung des Schadens bei großer Haverei.

Der gesammte Schaden, welcher die große Haverei bildet, wird über das Schiff, die Ladung und die Fracht nach dem Verhältnisse des Werthes des Schiffes und der Ladung und des Betrags der Fracht vertheilt.

Pr Entw. Art. 573. **Entw. H** Art. 617. **Prot.** S. 2724, 4111. **A.D.H.** Art. 718.

IV. Berechnung der beitragenden Werte (§§. 717—724).

§. 717.

Beitrag des Schiffes nebst Zubehör.

Das Schiff nebst Zubehör trägt bei:

1. mit dem Werthe, welchen es in dem Zustand am Ende der Reise bei dem Beginne der Löschung hat;[1])
2. mit dem als große Haverei in Rechnung kommenden Schaden an Schiff und Zubehör.

Von dem im Abs. 1 Nr. 1 bezeichneten Werthe ist der noch vorhandene Werth derjenigen Ausbesserungen und Anschaffungen abzuziehen, welche erst nach dem Havereifall erfolgt sind.[2])

Pr. Entw. Art. 574. **Entw. H** Art. 618. **Prot.** S. 2724—2728, 2741—2743, 2752, 2767—2772, 4111—4113. **A.D.H.** Art. 719.

Zu §. 717.

1) Diese Bestimmung ist die notwendige Folge des Prinzips, daß die Verbindlichkeit, Havereibeiträge zu zahlen, keine persönliche Verpflichtung der einzelnen Interessenten, sondern nur eine dingliche Obliegenheit der in der Gemeinschaft von Schiff und Ladung befindlichen Sachen sein soll. (§. 726 Abs. 1.) Die zur Gemeinschaft gehörigen Sachen sind deshalb zum gemeinschaftlichen Opfer nur beizutragen verpflichtet, wenn und soweit sie gerettet sind. Auf das schließliche Ergebnis der ganzen Reise kommt es an. Auch wäre es praktisch fast ganz unmöglich, in einem einzelnen Falle zu ermitteln, wie viel von der Wertsminderung je auf die verschiedenen Arten der Haverei trifft. (P. 2724—2728, 2741—2743, 2767.)

2) Ist die durch Reparaturen und Anschaffungen herbeigeführte Wertserhöhung ganz oder zum Teil wieder durch neue Unfälle verloren gegangen, bis das Schiff in den Bestimmungshafen gelangt, so sind diese Verbesserungen nicht in Abzug zu bringen. — Nicht die Kosten, sondern der Wert der Reparaturen und der Anschaffungen (von Inventarienstücken) kommt in Abzug, weil die Kosten in dem betreffenden Nothafen ungewöhnlich hoch gewesen sein können. (P. 2767—2773, 4112.)

§. 718.

Beitrag der Ladung.

Die Ladung trägt bei:

1. mit den am Ende der Reise bei dem Beginne der Löschung noch vorhandenen Gütern oder, wenn die Reise durch den Verlust des Schiffes endet (§. 714), mit den in Sicherheit gebrachten Gütern, soweit in beiden Fällen diese Güter sich zur Zeit des Havereifalls an Bord des Schiffes oder eines Leichterfahrzeugs (§. 706 Nr. 2) befunden haben;[1])
2. mit den aufgeopferten Gütern (§. 711).[2])

Pr. Entw. Art. 575. **Entw. H** Art. 619. **Prot.** S. 2729—2732, 2752, 4113, 4222. **A.D.H.** Art. 720.

Zu §. 718.

1) a. Die zur Zeit des Havereifalls am Bord eines Leichterfahrzeugs befindlichen Güter sind jedoch nur unter der Voraussetzung beitragspflichtig, daß die Güter wegen eines Notfalls auf das Leichterfahrzeug gebracht worden sind, wie die Hinweisung auf §. 706

Ziff. 2 ergiebt. Die Beitragspflicht besteht selbst dann noch (P. 2732), wenn Schiff und Ladung aus der Gefahr, welche zur Erleichterung des Schiffes Anlaß gab, bereits gerettet gewesen sind, und nun infolge einer neuen Gefahr eine neue große Haverei am Bord des Hauptschiffs sich ereignet; denn die ursprüngliche Gefahr wirkt so lange fort und ist nicht eher als beseitigt anzusehen, als bis die geleichterten Güter an Bord des Hauptschiffs zurückgebracht worden sind.

b. Nicht beitragspflichtig sind diejenigen Güter, welche sich am Bord des Leichterschiffs befinden infolge gewöhnlichen Ladens (denn alsdann ist die Gemeinschaft noch nicht begründet) oder infolge gewöhnlichen Löschens (denn alsdann ist die Gemeinschaft gelöst), oder endlich infolge anderer Gründe, ohne daß die Ablichtung zur Abwendung einer Schiff und Ladung bedrohenden Gefahr erforderlich gewesen ist. Auch die Güter, welche im Nothafen gelöscht und auf das Lager gebracht worden, sind zu derjenigen Haverei beizutragen nicht schuldig, welche das Schiff und die noch an Bord befindlichen Güter neuerdings im Nothafen trifft. Dies rechtfertigt sich aus der Erwägung, daß auch die Schäden, welche einer im Nothafen gelöschten Ladung während der Lagerung zustoßen, ohne mit der Haverei in Kausalzusammenhang zu stehen, nicht in großer Haverei zu ersetzen sind (§. 705).

c. Die Frage, ob zwischen dem Leichterschiffe selbst und den auf demselben befindlichen Gütern eine separate Gemeinschaft bestehe und hierdurch eine gegenseitige Ersatzpflicht begründet werde, ist unentschieden gelassen, weil man annahm (P. 2730), daß für eine besondere und ausdrückliche Regelung dieser Frage, welche durch die allgemeinen Vorschriften über die große Haverei sich erledige, kein Bedürfnis vorhanden sei.

2) a. Die im Nothafen verkauften Güter, auch wenn deren Erlös zur Deckung der Kosten für Reparatur einer partikulären Haverei verwendet worden, sind mit ihrem ganzen Werte beitragspflichtig, weil nach §. 732 dieser auch nach den Grundsätzen der großen Haverei vergütet werden muß, wenn aus Schiff und Fracht die nötige Befriedigung nicht erlangt werden kann. (P. 2733.)

b. Selbst die in einem früheren Havereifalle derselben Reise geopferten Güter müssen mit der für sie geleisteten oder zu leistenden Vergütung beitragen, weil dieselbe von den durch das neue Opfer geretteten Gegenständen geleistet wird, also ebenfalls nur durch dieses Opfer gerettet worden ist.

§. 719.

Wert der beitragspflichtigen Güter.

Bei der Ermittelung des Beitrags kommt in Ansatz:

1. für Güter, die unversehrt sind, der Marktpreis oder der durch Sachverständige zu ermittelnde Preis (§. 711), welchen sie am Ende der Reise bei dem Beginn und am Orte der Löschung des Schiffes, oder, wenn die Reise durch Verlust des Schiffes endet (§. 714), zur Zeit und am Orte der Bergung haben, nach Abzug der Fracht, Zölle und sonstigen Kosten;
2. für Güter, die während der Reise verdorben sind oder eine zur großen Haverei nicht gehörige Beschädigung erlitten haben, der durch Sachverständige zu ermittelnde Verkaufswerth (§. 712), welchen die Güter im beschädigten Zustande zu der in Nr. 1 erwähnten Zeit und an dem dort bezeichneten Orte haben, nach Abzug der Fracht, Zölle und sonstigen Kosten;
3. für Güter, die aufgeopfert worden sind, der Betrag,[1]) welcher dafür nach §. 711 als große Haverei in Rechnung kommt;

4. für Güter, die eine zur großen Haverei gehörige Beschädigung erlitten haben, der nach Nr. 2 zu ermittelnde Werth, welchen die Güter im beschädigten Zustande haben, und der Werthsunterschied, welcher nach §. 712 für die Beschädigung als große Haverei in Rechnung kommt.

Pr. Entw. Art. 575. **Entw. II** Art. 619. **Prot.** S. 2732—2734, 4113—4116, 4222. **A.D.H.** Art. 721.

Zu §. 719.

1) — d. h. der volle Betrag ohne Abzug des eigenen Beitrags des Vergütungsberechtigten. (P. 4223.)

Beitragspflicht geworfener Güter. §. 720.

Sind Güter geworfen, so haben sie zu der gleichzeitigen oder einer späteren großen Haverei im Falle ihrer Bergung nur beizutragen, wenn der Eigenthümer eine Vergütung verlangt.[1])

Pr. Entw. Art. — **Entw. II** Art. 620. **Prot.** S. 2778, 2794, 2795, 4116. **A.D.H.** Art. 722.

Zu §. 720.

1) a. Wenn Güter geworfen werden, so ist anzunehmen (P. 2794), daß sie dem bisherigen Eigentümer verbleiben und die Gemeinschaft sich nur verpflichtet, Ersatz zu leisten, falls die Güter nicht wieder zum Vorschein kommen. Hieraus ergiebt sich, daß der Eigentümer, wenn er keine Vergütung verlangt, auch nicht beizutragen hat, daß er aber beitragen muß, wenn er eine Vergütung, die stets dem Beitrag unterworfen ist, in Anspruch nimmt. Es versteht sich von selbst, daß der Eigentümer nicht teilweise auf Ersatz der Güter verzichten, teilweise den Anspruch geltend machen kann, sondern für alle geretteten Güter zugleich zu der einen oder anderen Maßregel sich entschließen muß.

b. Kommen die geworfenen Güter erst nach Aufnahme der Dispache und stattgehabter Vergütung derselben zum Vorschein, so sind dieselben zwar dem früheren Eigentümer auf Verlangen zu überlassen, er ist aber gehalten, entweder den geretteten Wert der Güter oder die für dieselben erhaltene Vergütung zurückzuerstatten. Eine ausdrückliche Bestimmung hierüber ist nicht getroffen worden, weil man annahm (P. 2778), daß die allgemeinen Rechtsgrundsätze für die angemessene Entscheidung genügen würden.

Beitrag der Frachtgelder. §. 721.

Die Frachtgelder tragen bei[1]) mit zwei Drittheilen:

1. des Bruttobetrags, welcher verdient ist;
2. des Betrags, welcher nach §. 715 als große Haverei in Rechnung kommt.

Ueberfahrtsgelder tragen bei mit dem Betrage, welcher im Falle des Verlustes des Schiffes eingebüßt wäre (§. 670), nach Abzug der Kosten, die alsdann erspart sein würden.[2])

Pr. Entw. Art. 577. **Entw. II** Art. 621. **Prot.** S. 2737—2741, 2745—2747, 2773—2776, 4116—4125, 4220. **A.D.H.** Art. 723.

Zu §. 721.

1) Die Fracht ist beitragspflichtig, selbst wenn das Interesse des Verfrachters durch das zu vergütende Opfer nicht gefördert worden ist, z. B. wenn derselbe die Fracht von den

übernommenen Gütern unter allen Umständen bezahlt erhält, gleichviel ob die Güter an den Bestimmungsort gelangen oder vorher verloren gehen; auch in diesem Falle wird die Fracht durch das Opfer erhalteu. (P. 2737, 4118.)

2. Zur Rechtfertigung des Abs. 2 des §. wurde bemerkt (P. 2774): Eine völlige Gleichstellung der Passagegelder mit der Fracht rücksichtlich der Beitragspflicht in Fällen der großen Haverei erscheine nicht durchführbar. Wenn das Schiff nur Passagiere an Bord, und der Rheder die Überfahrtsverträge selbst abgeschlossen habe, so könne schon wegen des Mangels mehrerer Interessenten von Verteilung der Havereischäden keine Rede sein. Wenn aber zugleich Güter und Passagiere sich an Bord befänden, so ergebe sich zwischen Fracht und Passagegeldern ein bedeutender Unterschied. Die Fracht erscheine ihrem ganzen Betrage nach als gerettet, weil sie ohne das Opfer ganz verloren wäre; nicht so die Überfahrtsgelder, welche bei dem Untergange des Schiffes zum Teil zu entrichten wären; in vielen Fällen ferner werde sich schwer bestimmen lassen, ob und wieviel von dem Passagegelde durch das Opfer gerettet worden, in noch anderen werde die im Passagegelde enthaltene Vergütung für die zu gewährende Kost von der beitragspflichtigen Summe abzuziehen sein. Wegen dieser und ähnlicher Schwierigkeiten müsse man sich auf eine allgemeine, nur das Prinzip enthaltende Vorschrift beschränken.

§. 722.

Abzug wegen Forderungen aus späteren Notfällen.

Haftet auf einem beitragspflichtigen Gegenstand eine durch einen späteren Nothfall begründete Forderung, so trägt der Gegenstand nur mit seinem Werthe nach Abzug dieser Forderung bei.[1])

Pr. Entw. Art. — **Entw. II** Art. —. **Prot.** S. 4220, 4221. **A.D.H.** Art. 724.

Zu §. 722.

1) Alle beitragspflichtigen Gegenstände tragen nur mit dem Werte bei, den sie am Ende der Reise bei Beginn der Löschung haben. Ob die Verringerung des Werts durch physische Beschädigung oder durch Belastung mit dinglichen Schulden eingetreten ist, macht keinen Unterschied. (P. 4221.)

§. 723.

Von der Beitragspflicht ausgeschlossene Sachen und Forderungen.

Zur großen Haverei tragen nicht bei:[1])

1. die Kriegs- und Mundvorräthe des Schiffes;
2. die Heuer und die Habe der Schiffsbesatzung;
3. das Reisegut des Reisenden.

Sind Sachen dieser Art aufgeopfert oder haben sie eine zur großen Haverei gehörige Beschädigung erlitten, so wird dafür nach Maßgabe der §§. 711 bis 715 Vergütung gewährt; für Kostbarkeiten, Kunstgegenstände, Geld- und Werthpapiere wird jedoch nur dann Vergütung gewährt, wenn sie dem Schiffer gehörig bezeichnet worden sind (§. 607). Sachen, für die eine Vergütung gewährt wird, tragen mit dem Werthe oder dem Werthsunterschiede bei, welcher als große Haverei in Rechnung kommt.

Die im §. 708 erwähnten Gegenstände sind beitragspflichtig, soweit sie gerettet sind.[2])

Die Bodmereigelder sind nicht beitragspflichtig.[3])

Pr. Entw. Art. 578. **Entw. H** Art. 622. **Prot.** S. 2743—2745, 4126, 4224 **A.D.H.** Art. 725.

Zu §. 723.

1) Nicht beitragspflichtig sind diejenigen Gegenstände, die nicht des Handels wegen, sondern zum persönlichen Gebrauche der auf dem Schiffe befindlichen Leute eingeschifft worden sind. Dies ist allgemeiner seerechtlicher Gebrauch. (M. 316.)

2) Da die im §. 708 gedachten Gegenstände, auch wenn sie im gemeinschaftlichen Interesse geopfert worden, nicht in großer Haverei vergütet werden, so könnte leicht der Irrtum entstehen, daß sie auch dann nicht beitragspflichtig seien, wenn sie gerettet worden sind. Diesem Irrtum will (P. 2743) der 3. Abs. des §. vorbeugen.

3) Es würde sonst ein und derselbe Wert doppelt zur Beitragspflicht herangezogen werden. (P. 2744.)

§. 724.

Untergang oder Wertminderung eines beitragspflichtigen Gegenstandes nach dem Havereifall.

Wenn nach dem Havereifall und bis zum Beginne der Löschung[1]) am Ende der Reise ein beitragspflichtiger Gegenstand ganz verloren geht (§. 704) oder zu einem Theile verloren geht oder im Werthe verringert, insbesondere gemäß §. 722 mit einer Forderung belastet wird, so tritt eine verhältnißmäßige Erhöhung der von den übrigen Gegenständen zu entrichtenden Beiträge ein.

Ist der Verlust oder die Werthsverringerung erst nach dem Beginne der Löschung erfolgt, so geht der Beitrag, welcher auf den Gegenstand fällt, soweit dieser zur Berichtigung des Beitrags unzureichend geworden ist, den Vergütungsberechtigten verloren.

Pr. Entw. Art. — **Entw. H** Art. 623. **Prot.** S. 2724—2727, 2732—2734, 2749—2751, 4126. **A.D.H.** Art. 726.

Zu §. 724.

1) Mit dem Beginne der Löschung erreicht die Gemeinschaft zwischen Schiff und Ladung ihr Ende; bis dahin ist Verlust oder Wertsminderung beitragspflichtiger Gegenstände ein die Gemeinschaft derselben betreffender Nachteil (P. 2749—2751); nach diesem Zeitpunkte trägt der Ersatzberechtigte das Risiko bezüglich der Beiträge.

V. Rechte der aus großer Haverei Vergütungsberechtigten (§§. 725, 726, 730, 731).

§. 725.

Vorrecht der Vergütungsberechtigten.

Die Vergütungsberechtigten haben wegen der von dem Schiffe und der Fracht zu entrichtenden Beiträge die Rechte von Schiffsgläubigern.[1]) Auch in Ansehung der beitragspflichtigen Güter steht ihnen an den einzelnen Gütern wegen des von diesen zu entrichtenden Beitrags ein Pfandrecht zu.[2]) Das Pfandrecht kann jedoch nach der Auslieferung der Güter nicht zum Nachtheile des dritten Erwerbers, welcher den Besitz in gutem Glauben erlangt hat, geltend gemacht werden.

Pr. Entw. Art. — **Entw. H** Art. — **Prot.** S. 4129, 4221. **A.D.H.** Art. 727.

Zu §. 725.

1) S. Abschnitt IX, insbesondere §§. 755, 761. Danach ist das Pfandrecht auch gegen die gutgläubigen Erwerber von Schiff und Fracht verfolgbar, die Befriedigung des Vergütungsberechtigten erfolgt nach Erwirkung eines vollstreckbaren Schuldtitels im Wege der gerichtlichen Zwangsvollstreckung. Vgl. §. 696 u. Anm. 1a.

2) a. Der Umstand, daß nicht die Ersatzberechtigten selbst die Güter in ihrer Gewahrsam haben, sondern der Schiffer, steht der Anerkennung eines eigentlichen Pfandrechts nicht entgegen; denn letzterer übt dieses Recht in ihrem Namen aus (§. 731). (P. 2763, 3936.) Vgl. über die Wirkungen dieses Pfandrechts im Konkurse §. 49 Ziff. 2, Konk.O.

b. Die Geltendmachung des Pfandrechts an den Gütern erfolgt durch den Verfrachter nach Maßgabe des §. 731 Abs. 3, also ohne das Erfordernis eines vollstreckbaren Titels im Wege eigenmächtiger Privatversteigerung der Ladung. Cosack §. 132 Nr. 6a.

c. Wegen der Rangordnung des Pfandrechts an den Gütern vgl. §. 777.

§. 726.

Persönliche Verpflichtung zur Beitragsleistung.

Eine persönliche Verpflichtung zur Entrichtung des Beitrags wird durch den Havereifall an sich nicht begründet.

Der Empfänger beitragspflichtiger Güter wird jedoch, wenn ihm bei der Annahme der Güter bekannt ist, daß davon ein Beitrag zu entrichten ist, für den letzteren bis zu dem Werthe, welchen die Güter zur Zeit ihrer Auslieferung haben, insoweit persönlich verpflichtet, als der Beitrag, falls die Auslieferung nicht erfolgt wäre, aus den Gütern hätte geleistet werden können.[1])

Pr. Entw. Art. 502. **Entw. H** Art. 624. **Prot.** S. 2735—2737, 2749, 2752—2754, 4127, 4128. **A.D.H.** Art. 728.

Zu §. 726.

1) Die Verpflichtung zur Entrichtung von Havereibeiträgen ist an und für sich eine dingliche; diese Verbindlichkeit kann unter Umständen in eine persönliche übergehen, wovon der Abs. 2 d. §. sogleich ein Beispiel giebt. Nach Inhalt des letzteren haftet der Empfänger unter den dort angegebenen Voraussetzungen zwar persönlich, aber doch nicht über den Wert der Güter zur Zeit der Ablieferung hinaus.

§. 727.

Ort der Schadens-Feststellung und Verteilung.

Die Feststellung und Vertheilung der Schäden erfolgt an dem Bestimmungsort und, wenn dieser nicht erreicht wird, in dem Hafen, wo die Reise endet.[1])

Pr. Entw. Art. 579 Abs. 1. **Entw. H** Art. 625. **Prot.** S. 2755—2757, 4129. **A.D.H.** Art. 729.

Zu §. 727.

1) a. Hier löst sich nicht bloß die Gemeinschaft zwischen Schiff und Ladung, sondern es wird in der Regel die ganze Handelsunternehmung hier abgewickelt; nach den hier geltenden

Preisen bestimmt sich der Betrag des erlittenen Schadens und die Größe des beitragspflichtigen Wertes. In der Regel wird das Recht des Ortes, an welchem die Dispache aufgemacht wird, zu Grunde gelegt (vgl. §. 835), und somit faktisch für viele Fälle mit der Bestimmung des Ortes der Dispachierung auch über das maßgebende Recht entschieden. Vgl. P. 2753, R.O.H. Bd. 7, S. 168. Derselbe Gerichtshof (Bd. 8, S. 295) führt aus, daß in dem H.G.B. der Rechtsgrundsatz Ausdruck gefunden hat, die Havereiregulierung habe — in Ermangelung einer Verständigung zwischen den Beteiligten — nach dem Rechte des Ortes zu erfolgen, an welchem die Gefahrsgemeinschaft ihr Ende nimmt. Ebenso Bd. 25, S. 2, vgl. R.G. XXXVIII, 3.

b. Ist die Aufmachung der Dispache in einem kleineren Hafen nicht möglich, so erfolgt dieselbe dem bisherigen allgemeinen Gebrauche entsprechend an einem nahegelegenen Orte (P. 2757).

c. Es wurde anerkannt (P. 2758), daß die Beteiligten berechtigt seien, die Bestimmung dieses §. durch Vertrag abzuändern.

Dispache.

§. 728.

Der Schiffer ist verpflichtet, die Aufmachung der Dispache ohne Verzug zu veranlassen.[1]) Handelt er dieser Verpflichtung zuwider, so macht er sich jedem Betheiligten verantwortlich.

Wird die Aufmachung der Dispache nicht rechtzeitig veranlaßt, so kann jeder Betheiligte die Aufmachung in Antrag bringen und betreiben.[2])

Pr. Entw. Art. 579 Abs. 3. **Entw. H** Art. 626. **Prot.** S. 2737, 2760, 2763, 4129. **A.D.H.** Art. 730.

Zu §. 728.

1) Über die Verpflichtung des Schiffers, Verklarungen abzulegen, und über deren Beweiskraft vgl. §. 552.

2) Zunächst ist der Schiffer verpflichtet, die Aufmachung der Dispache zu veranlassen; im Nothafen ist er in der Regel der einzige, welcher dies kann, denn die Ladungsinteressenten sind dort selten vertreten. (P. 2763.) Ein Einschreiten des Gerichts auf Anrufen eines Beteiligten, wie es in §. 150 G. fr. Ger. gegen den die Thätigkeit ablehnenden Dispacheur vorgesehen ist, findet gegen den Schiffer nicht statt, weil jedem Beteiligten nach §. 728 Abs. 2 freisteht, die Aufmachung der Dispache durch einen öffentlich bestellten Dispacheur zu verlangen und nötigenfalls selbst einen Dispacheur damit zu beauftragen. Denkschrift z. Ges. betr. freiw. Gerichtsbarkeit S. 79.

§. 729.

Aufmachung der Dispache. Mitteilung von Urkunden an den Dispacheur.

Im Gebiete dieses Gesetzbuchs[1]) wird die Dispache durch die ein für allemal bestellten oder in deren Ermangelung durch die vom Gerichte besonders ernannten Personen (Dispacheure) aufgemacht.[2])

Jeder Betheiligte ist verpflichtet, die zur Aufmachung der Dispache erforderlichen Urkunden, soweit er sie zu seiner Verfügung hat, namentlich Chartepartieen, Konnossemente und Fakturen, dem Dispacheur mitzutheilen.[3]) [4])

Pr. Entw. Art. 579 Abs. 2. **Entw. H** Art. 627. **Prot.** S. 2758—2763, 4129. **A.D.H.** Art. 731.

Zu §. 729.

1) Die Frage, wie die Dispachen im Auslande aufgemacht werden müssen, um gültig zu sein, ist offen gelassen. (P. 2760.) — Ist gemäß §. 727 wegen der geographischen Lage des Bestimmungsortes oder des Endpunktes der Reise die Dispache an sich im Auslande aufzumachen, aber im Konnossemente vorgesehen, daß sie in einem deutschen Hafen aufgestellt werden soll, so finden auf eine solche Dispache die Vorschriften der §§. 145—154 G. fr. Ger. keine Anwendung. Denn diese Vorschriften beziehen sich nach §. 145 nur auf eine solche Dispache, die auf Grund des Handelsgesetzbuchs im Inlande aufzumachen ist.

2) Kein Interessent hat das Recht, die Aufmachung der Dispache durch eine andere, als die obrigkeitlich dazu bestellte Person zu verlangen; selbstverständlich kann mit Einverständnis aller Interessenten die Aufmachung der Dispache auch einer nicht obrigkeitlich hierzu bestellten Person überlassen werden. (P. 2758.) In Preußen sind die Handelskammern befugt, Dispacheure öffentlich anzustellen und zu beeidigen. Gesetz über die Handelskammern vom $\frac{\text{24. Februar 1870}}{\text{19. August 1897}}$ (Ges.S. 1897, S. 355).

3) a. Die Mitteilung dieser Urkunden kann auf Antrag des Dispacheurs gegen den Beteiligten nach Maßgabe des § 151 G.fr.G. (s. unten) erzwungen werden.

b. Hat ein Beteiligter irrtümliche Wertangaben gemacht, so kann er Anträge auf Berichtigung stellen, da jene Angaben nicht ein selbständiges, neues Rechtsgeschäft bilden (R.O.H. Bd. 23, S. 180). Die Anfechtbarkeit einer Dispache trotz ihrer Anfertigung durch bestellte Dispacheure ist anerkannt R.G. III, 17.

4) Betreffs des Verfahrens bei der Aufmachung und Feststellung der Dispache, welche gemäß §. 727 H.G.B. im Inlande aufzumachen ist (vgl. Anm. zu §. 727), gelten jetzt die nachfolgenden §§. 149—158, Ges. über die Angelegenheiten der freiw. Gerichtsbarkeit:

Zuständiges Gericht.

§. 149. Für die Verrichtungen, welche den Gerichten in Ansehung der nach dem Handelsgesetzbuch[1]) . . . aufzumachenden Dispache obliegen, ist das Amtsgericht des Ortes zuständig, an welchem die Vertheilung der Havereischäden zu erfolgen hat.[2])

1) Vgl. Anm. zu §. 727.

2) Nach §. 36 Ges. v. 8./XI. 1867 sind auch die Konsuln auf Antrag des Schiffsführers befugt, die Dispache aufzumachen.

Pflicht zur Aufmachung der Dispache.

§. 150. Lehnt der Dispacheur[1]) den Auftrag eines Betheiligten zur Aufmachung der Dispache aus dem Grunde ab, weil ein Fall der grossen Haverei nicht vorliege, so entscheidet über die Verpflichtung des Dispacheurs auf Antrag des Betheiligten das Gericht. Gegen die Verfügung findet die sofortige Beschwerde statt.[2])

1) Die Bestellung der Dispacheure erfolgt nach §. 729 H.G.B. (vgl. dort Anm. 2) entweder ein für allemal durch die hierzu berufene Stelle oder in Ermangelung eines ständigen Dispacheurs durch das Amtsgericht des Ortes, an welchem die Verteilung der Havereischäden zu erfolgen hat. Eine Anfechtung der gerichtlichen Verfügung, durch welche der Dispacheur ernannt ist, findet nicht statt. §. 146 Ges.

2) a. Besondere Zwangsmittel, um den Dispacheur zur Befolgung der gerichtlichen Entscheidung zu veranlassen, sind nicht vorgesehen, er macht sich jedoch schadensersatzpflichtig, wenn er der rechtskräftig festgestellten Verpflichtung, die Dispache anzufertigen, nicht nachkommt. Denkschrift z. G.fr.G. S. 78.

b. Der Dispacheur ist nicht verpflichtet, den Auftrag eines Beteiligten zur Aufmachung der Dispache abzulehnen, wenn seiner Ansicht nach die Voraussetzungen der großen Haverei nicht vorliegen. Vielmehr kann er die Dispache unter

Vorbehalt aufstellen, und es den Beteiligten überlassen, ob sie trotz der Zweifel die Dispache anerkennen wollen.

Aushändigung von Schriftstücken an den Dispacheur.

§. 151. Auf Antrag des Dispacheurs kann das Gericht einem Betheiligten unter Androhung von Ordnungsstrafen aufgeben, dem Dispacheur die in seinem Besitze befindlichen Schriftstücke, zu deren Mittheilung er gesetzlich verpflichtet ist,[1]) auszuhändigen. Die einzelne Strafe darf den Betrag von dreihundert Mark nicht übersteigen.

1) Vgl. §. 729 Abs. 2 H.G.B.

Einsicht in die Dispache und Erteilung einer Abschrift.

§. 152. Der Dispacheur ist verpflichtet, jedem Betheiligten Einsicht in die Dispache zu gewähren und ihm auf Verlangen eine Abschrift gegen Erstattung der Kosten zu ertheilen.[1]) . . .

1) Die Beteiligten müssen in der Lage sein, von dem Inhalte der Dispache Kenntnis zu nehmen, damit sie sich entschließen können, ob sie sich ihr unterwerfen oder Einwendungen erheben sollen. Die bloße Mitteilung des Ergebnisses der Dispache oder eines Auszuges aus derselben ist nicht ausreichend. Denkschrift z. G.fr.G. S. 78.

Antrag auf Verhandlung über die Dispache.

§. 153. Jeder Betheiligte ist befugt, bei dem Gericht[1]) eine Verhandlung über die von dem Dispacheur aufgemachte Dispache zu beantragen. In dem Antrage sind diejenigen Betheiligten zu bezeichnen, welche zu dem Verfahren zugezogen werden sollen.[2])

Wird ein Antrag auf gerichtliche Verhandlung gestellt, so hat das Gericht die Dispache und deren Unterlagen von dem Dispacheur einzuziehen und, wenn nicht offensichtlich die Voraussetzungen der grossen Haverei fehlen, den Antragsteller sowie die von ihm bezeichneten Betheiligten zu einem Termine zu laden. Mehrere Anträge können von dem Gerichte zum Zwecke der gleichzeitigen Verhandlung verbunden werden.[3])

Die Ladung muss den Hinweis darauf enthalten, dass, wenn der Geladene weder in dem Termin erscheine noch vorher Widerspruch gegen die Dispache bei dem Gericht anmelde, sein Einverständniss mit der Dispache angenommen werden würde. In der Ladung ist zu bemerken, dass die Dispache und deren Unterlagen auf der Gerichtsschreiberei eingesehen werden können.

Die Frist zwischen der Ladung und dem Termine muss wenigstens zwei Wochen betragen.

1) s. §. 149 d. G.

2) Ein Offizialverfahren, zur Prüfung der Dispache, wie es in Preußen durch Art. 57 §§. 1 und 2 Einf.Ges. z. A.D.H. vorgeschrieben war, findet nicht mehr statt, auch werden nicht mehr die sämtlichen Beteiligten in das Verfahren hineingezogen. Das Gericht tritt jetzt zum Zwecke der Verhandlung über die Dispache nur auf Antrag in Thätigkeit, und nur diejenigen Beteiligten werden zu dem Verfahren hinzugezogen, welche von dem Antragsteller bezeichnet werden. Hierdurch wird erreicht, daß das gerichtliche Verfahren nur gegenüber denjenigen Beteiligten veranlaßt wird, mit denen eine außergerichtliche Verständigung nicht zu erzielen ist, oder gegen welche eine Zwangsvollstreckung notwendig wird. Denkschrift z. G.fr.G. S. 80.

3) Lehnt das Gericht die beantragte Einleitung des gerichtlichen Verfahrens ab, so findet die sofortige Beschwerde statt. §. 157.

Vervollständigung der Unterlagen.

§. 154. Erachtet das Gericht eine Vervollständigung der Unterlagen der Dispache für nothwendig, so hat es die Beibringung der erforderlichen

Belege anzuordnen. Die Vorschriften des §. 151 finden entsprechende Anwendung.

Verhandlung. Bestätigung der Dispache.

§. 155. In dem Termin ist mit den Erschienenen über die Dispache zu verhandeln.

Wird ein Widerspruch gegen die Dispache nicht erhoben, und ist ein solcher auch vorher nicht angemeldet, so hat das Gericht die Dispache gegenüber den an dem Verfahren Betheiligten[1]) zu bestätigen.

Liegt ein Widerspruch vor, so haben sich die Betheiligten, deren Rechte durch ihn betroffen werden, zu erklären. Wird der Widerspruch als begründet anerkannt, oder kommt anderweit eine Einigung zu Stande, so ist die Dispache demgemäss zu berichtigen. Erledigt sich der Widerspruch nicht, so ist die Dispache insoweit zu bestätigen, als sie durch den Widerspruch nicht berührt wird.[2])

Werden durch den Widerspruch die Rechte eines in dem Termine nicht erschienenen Betheiligten betroffen, so wird angenommen, dass dieser den Widerspruch nicht als begründet anerkenne.

1) S. Anm. 2 zu §. 153.

2) Die Entscheidung der in dem Verfahren hervortretenden und nicht durch Einigung beseitigten Streitpunkte erfolgt im Wege des Prozesses. Das hier geregelte Verfahren vor dem Amtsgericht hat nur den Zweck, eine Verständigung der Beteiligten zu befördern, die Streitpunkte auszuscheiden und die Dispache, soweit sie unstreitig ist, zu bestätigen. Änderungen der Dispache hat das Gericht nur insoweit vorzunehmen, als ein etwaiger Widerspruch von den Beteiligten anerkannt oder durch ein Urteil als begründet festgestellt wird.

Durchführung eines erhobenen Widerspruchs.

§. 156. Soweit ein Widerspruch nicht gemäss §. 155 Abs. 3 erledigt wird, hat ihn der Widersprechende durch Erhebung der Klage gegen diejenigen an dem Verfahren Betheiligten, deren Rechte durch den Widerspruch betroffen werden, zu verfolgen. Die das Vertheilungsverfahren betreffenden Vorschriften der §§. 878, 879[1]) C.P.O. finden mit der Massgabe entsprechende Anwendung, dass das Gericht einem Betheiligten auf seinen Antrag, wenn erhebliche Gründe glaubhaft gemacht werden, die Frist zur Erhebung der Klage verlängern kann und dass an die Stelle der Ausführung des Vertheilungsplans die Bestätigung der Dispache tritt.

Ist der Widerspruch durch rechtskräftiges Urtheil oder in anderer Weise[2]) erledigt, so wird die Dispache bestätigt, nachdem sie erforderlichen Falles von dem Amtsgerichte nach Massgabe der Erledigung der Einwendungen berichtigt ist.

1) Die hier in Bezug genommenen §§. 878, 879 C.P.O. haben folgenden Wortlaut:

§. 878. Der widersprechende Gläubiger muß ohne vorherige Aufforderung binnen einer Frist von einem Monate, welche mit dem Terminstage beginnt, dem Gerichte nachweisen, daß er gegen die betheiligten Gläubiger Klage erhoben habe. Nach fruchtlosem Ablaufe dieser Frist wird die Ausführung des Plans ohne Rücksicht auf den Widerspruch angeordnet.

Die Befugniß des Gläubigers, welcher dem Plane widersprochen hat, ein besseres Recht gegen den Gläubiger, welcher einen Geldbetrag nach dem Plane erhalten hat, im Wege der Klage geltend zu machen, wird durch die Versäumung der Frist und durch die Ausführung des Plans nicht ausgeschlossen.

§. 879. Die Klage ist bei dem Vertheilungsgericht und, wenn der Streitgegenstand zur Zuständigkeit der Amtsgerichte nicht gehört, bei dem Landgerichte zu erheben, in dessen Bezirke das Vertheilungsgericht seinen Sitz hat. Das Landgericht ist für sämmtliche Klagen zuständig, wenn seine Zuständigkeit nach dem Inhalte der erhobenen und in dem Termine nicht zur Erledigung gelangten Widersprüche auch nur in Betreff einer Klage begründet ist, sofern nicht die sämmtlichen betheiligten Gläubiger vereinbaren, daß das Vertheilungsgericht über alle Widersprüche entscheiden solle.

2) z. B. durch Unterlassen der Klageerhebung.

Sofortige Beschwerde.

§. 157. Gegen die Verfügung, durch welche ein nach §. 153 gestellter Antrag auf gerichtliche Verhandlung zurückgewiesen[1]) oder über die Bestätigung der Dispache entschieden wird, findet die sofortige Beschwerde statt.

Einwendungen gegen die Dispache, welche mittelst Widerspruchs geltend zu machen sind, können nicht im Wege der Beschwerde geltend gemacht werden.[2])

1) z. B. weil ein Fall der großen Haverei nicht vorliege.

2) Die zu dem Verfahren zugezogenen Beteiligten können danach Einwendungen nicht geltend machen, die sie mittels Widerspruchs gegen die Dispache vorbringen konnten.

Wirkungen der Bestätigung. Zuständigkeit für Klagen gelegentlich der Vollstreckung.

§. 158. Die Bestätigung der Dispache ist nur für das gegenseitige Verhältniss der an dem Verfahren Betheiligten wirksam.

Aus der rechtskräftig bestätigten Dispache findet die Zwangsvollstreckung nach den Vorschriften der Civilprozessordnung statt.[1])

Für Klagen auf Ertheilung der Vollstreckungsklausel sowie für Klagen, durch welche Einwendungen gegen die in der Dispache festgestellten Ansprüche geltend gemacht werden oder die bei der Ertheilung der Vollstreckungsklausel als eingetreten angenommene Rechtsnachfolge bestritten wird, ist das Amtsgericht zuständig, welches die Dispache bestätigt hat. Gehört der Anspruch nicht vor die Amtsgerichte, so sind die Klagen bei dem zuständigen Landgerichte zu erheben.

1) Danach wird man annehmen müssen, daß Einwendungen, welche die Richtigkeit der Dispache betreffen und deshalb in dem Verfahren vor dem Amtsgerichte vorzubringen waren, der beschränkenden Vorschrift des §. 767 Abs. 3 C.P.O. unterliegen. Dies bezieht sich jedoch nicht auf den Einwand, daß der dem Kläger zur Last fallende Havereibeitrag bereits vor der Einleitung des gerichtlichen Verfahrens bezahlt worden sei. Denn der betreffende Beitrag war der Zahlung ungeachtet in die Dispache aufzunehmen, die erfolgte Zahlung betraf daher nicht die Richtigkeit der Dispache. (Denkschrift z. G.fr.G. S. 82.)

§. 730.

Sicherheit für die von dem Schiffe zu leistenden Beiträge.

Für die von dem Schiffe zu leistenden Beiträge ist den Ladungsbetheiligten Sicherheit zu bestellen, bevor das Schiff den Hafen verlassen darf, in welchem nach §. 727 die Feststellung und Vertheilung der Schäden zu erfolgen hat.

Pr. Entw. Art. 580 Abs. 1. **Entw. H** Art. 628. **Prot.** S. 2760, 4129. **A.D.H.** Art. 732.

§. 731.

Persönliche Verantwortlichkeit des Schiffers und Rheders. Ausübung des Pfandrechts der Vergütungsberechtigten.

Der Schiffer darf Güter, auf denen Havereibeiträge haften, vor der Berichtigung oder Sicherstellung der letzteren (§. 615) nicht ausliefern, widrigenfalls er, unbeschadet der Haftung der Güter, für die Beiträge persönlich verantwortlich wird.

Hat der Rheder die Handlungsweise des Schiffers angeordnet, so kommen die Vorschriften des §. 512 Abs. 2, 3 zur Anwendung.[1])

Das an den beitragspflichtigen Gütern den Vergütungsberechtigten zustehende Pfandrecht wird für diese durch den Verfrachter ausgeübt.[2]) Die Geltendmachung des Pfandrechts durch den Verfrachter erfolgt nach Maßgabe der Vorschriften, die für das Pfandrecht des Verfrachters wegen der Fracht und der Auslagen gelten.[3])

Pr. Entw. Art. 576, 584. **Entw. H** Art. 629. **Prot.** S. 2734—2737, 2763, 4129, 4228. **A.D.H.** Art. 733.

Zu §. 731.

1) Vgl. §§. 694, 695.
2) Vgl. §. 725.
3) Vgl. §. 623 und die dort aufgeführten Bestimmungen.

§. 732.

Haftung sämtlicher Ladungsbeteiligten bei Verfügung des Schiffers über Ladungsteile.

Hat der Schiffer zur Fortsetzung der Reise, jedoch zum Zwecke einer nicht zur großen Haverei gehörenden Aufwendung, die Ladung verbodmet oder über einen Theil der Ladung durch Verkauf oder Verwendung verfügt, so ist der Verlust, den ein Ladungsbetheiligter dadurch erleidet, daß er wegen seiner Ersatzansprüche aus Schiff und Fracht gar nicht oder nicht vollständig befriedigt werden kann (§§. 540, 541, 612), von sämmtlichen Ladungsbetheiligten nach den Grundsätzen der großen Haverei zu tragen.[1])

Bei der Ermittelung des Verlustes ist im Verhältnisse zu den Ladungsbetheiligten in allen Fällen, namentlich auch im Falle des §. 612 Abs. 2, die im §. 711 bezeichnete Vergütung maßgebend. Mit dem Werthe, durch welchen diese Vergütung bestimmt wird, tragen die verkauften Güter auch zu einer etwa eintretenden großen Haverei bei (§. 718).

Pr. Entw. Art. — **Entw. H** Art. 608 Abs. 1. **Prot.** S. 2681, 2695—2699, 4093, 4094. **A.D.H.** Art. 734.

Zu §. 732.

1) Wenn es sich um Reparatur einer partikulären Haverei des Schiffes handelt, so fallen die Reparaturkosten dem Rheder zur Last; es erscheint deshalb an sich nur der Rheder dem Eigentümer der verkauften und verbodmeten Ladung ersatzpflichtig. Eine solche Bestimmung würde aber unter Umständen sehr hart für den Betroffenen sein, denn wenn das Schiff in einem neuen Unfalle zu Grunde ginge, so würde er seinen Ersatzanspruch, weil es an einem Objekte fehlt, aus welchem er befriedigt werden könnte, verlieren, somit den durch Verkauf seiner

Güter entstandenen Schaden für alle Zeit tragen müssen, obschon es doch nur ein Zufall ist, daß gerade die Güter dieses Interessenten und nicht eines anderen angegriffen worden, und obschon deren Verkauf auch den übrigen Ladungsbeteiligten zu Gute gekommen ist, weil sonst die Reparatur des Schiffes und die Fortsetzung der Reise unmöglich gewesen wären. Mit Rücksicht hierauf (P. 2696) ist bestimmt worden, daß zwar primär der Rheder für die Ersatzansprüche des Betroffenen haftet, daß jedoch sekundär auch die übrigen Ladungsbeteiligten dem Betroffenen nach den Grundsätzen der großen Haverei, also unter Zuziehung sowohl der unverkauft gebliebenen als der verkauften Ladungsteile zur Beitragsleistung, gemeinschaftlich Ersatz leisten müßten.

§. 733.

Die in den Fällen der §§. 635, 732 zu entrichtenden Beiträge und eintretenden Vergütungen stehen in allen rechtlichen Beziehungen den Beiträgen und Vergütungen in den Fällen der großen Haverei gleich.

Pr. Entw. Art. — **Entw. H** Art. 608 Abs. 2. **Prot.** S. 4094. **A.D.H.** Art. 735.

Zweiter Titel.

Schaden durch Zusammenstoß von Schiffen.[1])

Zur Überschrift.

1) **a.** S. die Abhandlung von Lamprecht Z.f.H. Bd. 21, S. 12. — Zu diesem Titel vgl. ferner die auf Grund des §. 145 des Strafgesetzbuchs erlassenen Verordnungen zur Verhütung des Zusammenstoßens der Schiffe auf See vom 9./V. 1897 (R.G.Bl. 1897 S. 203), betreffend die Lichter- und Signalführung der Fischerfahrzeuge und der Lootsendampffahrzeuge vom 10./V. 1897 (R.G.Bl. S. 215) u. v. 15./VIII. 1876 über das Verhalten der Schiffer nach einem Zusammenstoß von Schiffen auf See (R.G.Bl. S. 189). [Anhang 9—11.]

§. 145 R.St.G.B. lautet:

> Wer die vom Kaiser zur Verhütung des Zusammenstossens der Schiffe auf See, über das Verhalten der Schiffer nach einem Zusammenstosse von Schiffen auf See, oder in Betreff der Noth- und Lootsensignale für Schiffe auf See und auf den Küstengewässern erlassenen Verordnungen übertritt, wird mit Geldstrafe bis zu Eintausend fünf Hundert Mark bestraft.

b. Dieser Titel handelt nur von dem Schaden, welcher Schiffen bezw. deren Ladungen durch den Zusammenstoß zugefügt ist. (R.O.H. Bd. 25, S. 230). Die §§. 734—739 finden Anwendung auf die innerhalb des räumlichen Herrschaftsgebietes des H.G.B. erfolgten Schiffskollisionen, gleichviel, ob die betreffenden Schiffe oder eines derselben einer bezw. verschiedenen fremden Nationalitäten angehören (R.G. XXI, 138). Darüber, welches Recht in Schiffs-Kollisionsfällen auf außerdeutschen Gewässern zur Anwendung kommt, vgl. R.G. XIX, 9.

c. Nach Art. 7 Einf.Ges. finden die §§. 734—739 auch Anwendung, wenn die Verwendung eines Schiffes zur Seefahrt nicht des Erwerbes wegen erfolgt. Der Eigentümer eines solchen Schiffes, z. B. einer Lustjacht, haftet daher für den Schaden, welcher durch einen von der Schiffsbesatzung verschuldeten Zusammenstoß verursacht ist (§. 734), dinglich mit dem Schiffsvermögen (§§. 485, 486). Nicht beizutreten ist der Ansicht von Sievers (D.Jur.Z. 1897, S. 291), daß der Eigentümer eines solchen Schiffes, wenn z. B. die Voraussetzung des §. 774 vorliegt, auch beschränkt persönlich hafte. Denn in Art. 7 Einf.Ges. ist nur die Anwendbarkeit der Vorschriften §§. 485, 486 Abs. 1, Nr. 3 und der §§. 734—739 H.G.B. auf einen solchen Schiffseigentümer ausgesprochen.

§. 734.

Haftung des Rheders für Verschulden der Schiffsbesatzung.

Wenn zwei Schiffe zusammenstoßen und entweder auf einer oder auf beiden Seiten durch den Stoß Schiff oder Ladung allein oder Schiff und Ladung beschädigt werden oder ganz verloren gehen, so ist, falls eine Person der Besatzung des einen Schiffes durch ihr Verschulden den Zusammenstoß herbeigeführt hat, der Rheder dieses Schiffes nach Maßgabe der §§. 485, 486 verpflichtet, den durch den Zusammenstoß dem anderen Schiffe und dessen Ladung zugefügten Schaden zu ersetzen.[1])

Die Eigenthümer der Ladung beider Schiffe sind nicht verpflichtet, zum Ersatze des Schadens beizutragen.

Die persönliche Verpflichtung der zur Schiffsbesatzung gehörigen Personen, für die Folgen ihres Verschuldens aufzukommen, wird durch diese Vorschriften nicht berührt.

Pr. Entw. Art. 589. **Entw. II** Art. 632. **Prot.** S. 2782—2784, 2796, 2797, 4138. **A.D.H.** Art. 736.

Zu §. 734.

1) a. In d. §. ist zwischen Vorsatz und Fahrlässigkeit und zwischen den verschiedenen Graden der Fahrlässigkeit (§. 277 B.G.) nicht unterschieden. Hat eine Person der Schiffsbesatzung (§. 481) oder der Besatzung des angenommenen Schleppdampfers (R.G. XX, 87) den Zusammenstoß verschuldet, so haftet — abgesehen von der persönlichen Verpflichtung des Schuldigen (Abs. 3 d. §.), — der Rheder (resp. der des geschleppten Schiffes) nach Maßgabe der §§. 485 u. 486, also prinzipaliter, aber nur mit dem Seevermögen, für den Schaden, und zwar (R.O.H. Bd. 20, S. 50) nicht bloß für den unmittelbaren, sondern auch für den mittelbaren Schaden. — Eine Veräußerung des beschädigenden Schiffes ist dem Beschädigten gegenüber unwirksam; vgl. §§. 754 Nr. 9, 755 Abs. 2 H.G.B. Anm. 2 zu §. 164 Zwangsverst.Ges. Bolze XVI, Nr. 211.

b. Steht fest, daß ein Schiff gegen eine bestehende Vorschrift gehandelt hat, so wird vermutet, daß ein stattgefundener Zusammenstoß durch das zuwiderhandelnde Schiff verschuldet ist. R.G. XXI, 109. Bolze XIII, Nr. 230. J.W. 1898, S. 672.

c. Die Frage, ob in einem Falle stattgehabter Kollision der Rheder, welcher wegen Verschuldens einer Person der Schiffsbesatzung seines Schiffes von einem Ladungsbeteiligten des mit diesem in Kollision gewesenen anderen Schiffes (d. h. von einer Person, die bereits in das Schiff verladen hat, nicht erst verladen will, R.G. IX, 161) auf Schadensersatz in Anspruch genommen wird, die Einrede, daß auch auf dem vorgedachten anderen Schiffe schuldhaft verfahren worden sei, mit befreiender Wirkung vorschützen kann, ist zu verneinen; denn §. 734 spricht nur von dem Schaden, welcher dem Schiffe oder den Schiffen zugefügt ist. (R.O.H. Bd. 13, S. 114.)

§. 735.

Nichteintreten der Haftung. Konkurrirendes Verschulden.

Fällt keiner Person der Besatzung des einen oder des anderen Schiffes ein Verschulden zur Last, so findet ein Anspruch auf Ersatz des dem einen oder anderen oder beiden Schiffen zugefügten Schadens nicht statt.[1])

Ist der Zusammenstoß durch beiderseitiges Verschulden herbeigeführt, so hängt die Verpflichtung zum Ersatze sowie der Umfang des zu leistenden Ersatzes von den Umständen, insbesondere davon ab, inwieweit der Zusammenstoß vorwiegend von Personen der einen oder der anderen Besatzung verursacht worden ist.[2])

Pr. Entw. Art. 590. **Entw. II** Art. 633. **Prot.** S. 2785—2787, 2797, 2857, 2915—2919, 4138. **A.D.H.** Art. 737.

Zu §. 735.

1) a. §. 735 bezieht sich nur auf die Beschädigungen der Schiffe, nicht aber auch der Ladungen; die Frage, welche Ansprüche die Ladungsinteressenten haben, ist offen gelassen (P. 2788), um nach allgemeinen Rechtsgrundsätzen entschieden zu werden. Dieselben sind R.O.H. Bd. 23, S. 394 entwickelt.

b. Kann nicht ermittelt werden, ob Zufall oder Verschulden der Grund des Zusammenstoßes gewesen, so kommt §. 735 gleichfalls zur Anwendung; der Beschädigte kann keinen Ersatz verlangen (vgl. Entsch. O.T. Bd. 63, S. 320). Wiederholte Anträge, welche darauf gerichtet waren, daß in einem solchen Falle der Gesamtschaden über beide Schiffe und ihre Frachten nach den Grundsätzen der großen Haverei zu verteilen sei, wurde abgelehnt. (P. 2787, 2919.)

2) a. Abs. 2 des §. 735 beruht auf einem Beschlusse der Reichstagskommission und enthält eine Abweichung von dem bisherigen Rechte. Nach dem letzteren (Art. 637) konnte ein Anspruch auf Ersatz des dem einen oder anderen Schiffe zugefügten Schadens nicht geltend gemacht werden, wenn der Zusammenstoß durch beiderseitiges Verschulden herbeigeführt worden war (Vgl. R.O.H. Bd. 3, S. 33. Steg, Bd. 3, S. 85, R.G. XXI, 146.) Die jetzige Vorschrift des Abs. 2 §. 735 entspricht dem §. 254 Abs. 1 B.G. Danach hängt die Verpflichtung zum Ersatze des dem einen oder anderen Schiffe zugefügten Schadens, falls der Besatzung eines jeden der beiden Schiffe ein Verschulden an dem Zusammenstoße zur Last fällt, insbesondere davon ab, wieweit der Zusammenstoß vorwiegend von Personen der einen oder anderen Besatzung verursacht ist. Das „Verschulden" umfaßt nicht nur die Fahrlässigkeit sondern auch den Vorsatz, z. B. wenn ein oder der andere Teil den Schaden absichtlich vergrößert. Immer ist aber auch hier, wie bei Abs. 1 §. 735, nur von einem dem Schiffe zugefügten Schaden die Rede, den Ladungseigentümern haften beide Schiffe auf Grund analoger Anwendung des §. 840 B.G. als Gesamtschuldner. Mugdan S. 642.

b. Abs. 2 des §. 735 entspricht u. a. auch den Bestimmungen des Französischen, Belgischen und Skandinavischen Seerechts. Vgl. Louis Franck: Collisions at sea, London 1896.

§. 736.

Die Vorschriften der §§. 734, 735 kommen zur Anwendung ohne Unterschied, ob beide Schiffe oder das eine oder das andere sich in der Fahrt oder im Treiben[1]) befinden oder vor Anker oder am Lande befestigt liegen.[2])

Pr. Entw. Art. 591. **Entw. II** Art. 634. **Prot.** S. 2788—2937, 4138. **A.D.H.** Art. 738.

Zu §. 736.

1) Die Worte „oder im Treiben befinden" sollen andeuten (P. 2983), daß der §. sich auch auf die befestigt gewesenen, aber losgerissenen Schiffe bezieht.

2) Der Pr. Entw. (Art. 592) stellte die Vermutung auf, daß, wenn ein segelndes Schiff und ein am Anker oder am Lande befestigtes Schiff zusammenstoßen, ersteres die Schuld trägt. Die Aufnahme einer solchen Bestimmung wurde jedoch abgelehnt. (P. 2791, R.O.H. Bd. 23, S. 353.)

§. 737.

Vermutung im Falle Sinkens nach Zusammenstoß.

Ist ein durch den Zusammenstoß beschädigtes Schiff gesunken, bevor es einen Hafen erreichen konnte, so wird vermuthet, daß der Untergang des Schiffes eine Folge des Zusammenstoßes war.[1])

Pr. Entw. Art. 592 Abs. 2. **Entw. II** Art. 635. **Prot.** S. 2788, 4138. **A.D.H.** Art. 739.

Zu §. 737.

1) Zur Begründung des Schadensanspruchs gehört der Nachweis, daß der Schaden eine Folge des Zusammenstoßes ist. Dies wird aber dann am schwierigsten nachzuweisen sein, wenn ein Schiff infolge der erlittenen Beschädigung bei der Weiterfahrt sinkt, weil hier meist die Zeugen des Unglücks fehlen. Das praktische Bedürfnis erfordert deshalb die Aufstellung einer Vermutung. (M. 322.)

§. 738. **Führung durch Zwangslootsen.**

Hat sich das Schiff unter der Führung eines Zwangslootsen befunden und haben die zur Schiffsbesatzung gehörigen Personen die ihnen obliegenden Pflichten erfüllt, so ist der Rheder des Schiffes von der Verantwortung für den Schaden frei, welcher durch den von dem Lootsen verschuldeten Zusammenstoß entstanden ist.[1])

Pr. Entw. Art. 593. **Entw. II** Art. 636. **Prot.** S. 2791—2793, 2797—2800, 2919—2921, 4138. **A.D.H.** Art. 740.

Zu §. 738.

1) a. §. 738 bezieht sich nur auf den Fall, wenn sich das Schiff unter der Führung eines Zwangslootsen befindet, d. h. eines Lootsen, welchen der Schiffer infolge obrigkeitlicher Anordnung an Bord nehmen muß, damit jener für die Fahrt in einem bestimmten Gewässer die Führung übernehme (Bolze XXIII S. 137, R.G. XIX, 13). Man meinte (P. 2792), daß es eine ungerechtfertigte Härte gegen den Rheder wäre, ihn für die Versehen einer Person haften zu lassen, deren Aufnahme oder Nichtaufnahme und deren Wahl nicht in der Willkür seines Vertreters gestanden, sondern wozu eine höhere Macht denselben gezwungen habe. (R.G. XXIX, 96.) Aus §. 738 ist jedoch nicht zu folgern, daß das Verschulden des Zwangslootsen auch dann außer Betracht bleibt, wenn der Rheder des von diesem geführten Schiffes seinerseits Schadensersatz von dem Rheder des kollidierenden Schiffes fordert. (R.G. VII, 27.) — Für das in Ausübung der Dienstverrichtungen begangene Versehen eines freiwilligen Lootsen, durch welches der Zusammenstoß verursacht ist, haftet der Rheder nach §. 485 mit Schiff und Fracht. Bolze V, Nr. 375.

b. Der Rheder ist für den von der Schiffsbesatzung durch ihr Verschulden in Ausführung ihrer Dienstverrichtung einem Dritten zugefügten Schaden haftbar (§. 485); soll er von der Verantwortung für den während der Führung des Schiffes durch den Zwangslootsen angerichteten Schaden frei sein, so darf auch seitens der Schiffsbesatzung (d. h. [§. 481] des Schiffers, der Schiffsmannschaft und aller übrigen auf dem Schiffe angestellten Personen) kein Versehen begangen, kein Befehl des Lootsen durch Verschulden derselben unausgeführt geblieben sein. (P. 2919.) Die gegen den Rheder in einem solchen Falle von dem Beschädigten gerichtete Schadensklage ist durch die Angabe bestimmter schuldhafter Handlungen der Schiffsbesatzung zu begründen (R.O.H. Bd. 25, S. 186) und ihm zu beweisen (Bd. 25, S. 230).

c. Der Rheder wird im Falle dieses §. von dem Ersatze des Schadens nicht bloß dem Eigentümer des anderen Schiffes und dessen Ladungsinteressenten, sondern auch seinen eigenen Ladungsbeteiligten gegenüber frei, weil der Schaden auf Umständen beruht, die durch die Sorgfalt eines ordentlichen Rheders nicht abgewendet werden konnten. Vgl. §§. 606, 673.

§. 739.

Zusammenstoß von mehr als zwei Schiffen.

Die Vorschriften dieses Titels kommen auch zur Anwendung, wenn mehr als zwei Schiffe zusammenstoßen.

Ist in einem solchen Falle der Zusammenstoß durch eine Person der Besatzung des einen Schiffes verschuldet, so haftet der Rheder des letzteren auch für den Schaden, welcher daraus entsteht, daß durch den Zusammenstoß dieses Schiffes mit einem anderen der Zusammenstoß dieses anderen Schiffes mit einem dritten verursacht ist.[1])

Pr. Entw. Art. — **Entw. H** Art. — **Prot.** S. 4138, 4139. **A.D.H.** Art. 741.

Zu §. 739.

1) Vgl. den Rechtsfall R.O.H. Bd. 4, S. 127.

Achter Abschnitt.

Bergung und Hülfsleistung in Seenoth.[1])

Zur Überschrift.

1) a. Das A.L.R. enthält keine näheren Bestimmungen über die Bergung und erwähnt den Bergelohn nur in §. 1577, Tit. 8, T. II u. in §. 85, Tit. 15, T. II; einzelne Vorschriften über die Bergung finden sich im Publikandum des Staatsrats für Westpreußen v. 31. Dez. 1801 (N. C. S. XI, S. 1281, Rabe, Bd. VI, S. 701). Ebenso wenig enthalten andere Seerechte Vorschriften über Retten und Bergen; der Gegenstand ist jedoch vielfach durch spezielle Verordnungen geregelt, die teils polizeilicher, teils privatrechtlicher Natur sind. Die Feststellung eines gemeinschaftlichen Rechts in dieser Materie schien um so notwendiger, da jeder Staat dabei interessiert ist, daß in dem anderen hierüber gerechte und billige Gesetze herrschen. Die über diese Materie in das H.G.B. aufgenommenen Bestimmungen sind jedoch nur privatrechtlicher Natur und beschränken sich auf die Aufstellung leitender Grundsätze. — Englisches Recht über Salvage (Berge- und Hülfslohn) s. R.O.H. Bd. 22, S. 92.

b. Das Strandrecht, welches in Preußen durch die Kabinetsordre v. 25. Juli 1783 u. die §§. 81, 87, Tit. 15, T. II A.L.R. insoweit aufgehoben ist, daß es nur noch in vim retorsionis gegen fremde Nationen geübt werden darf, ist wegen seiner vorzugsweise publizistischen Natur im H.G.B. nicht berücksichtigt. (P. 2843.)

c. Die Nürnberger Kommission ist davon ausgegangen, daß in Ermangelung besonderer landesgesetzlicher Bestimmungen die Vorschriften des H.G.B. über die Bergung und Hülfsleistung auch im Falle der Wiedernehmung eines vom Feinde genommenen Schiffes entsprechende Anwendung finden müssen. Nachdem nun die in dem früheren Art. 756 Abs. 3 A.D.H. vorhandene Verweisung auf die landesgesetzlichen Bestimmungen (vgl. z. B. §. 209, I, 9 A.L.R.) durch die Nichtübernahme dieses Art. in das H.G.B. weggefallen ist, steht der subsidiären Anwendung der Vorschriften dieses Abschnitts auf den Fall der Wiedernehmung eines vom Feinde genommenen Schiffes nichts entgegen. — Die Wiedernehmung eines Schiffes aus der Gewalt von Seeräubern ist als ein Fall gewöhnlicher Bergung und Hülfsleistung anzusehen. (P. 2804, 2836.)

Begriff. §. 740.

Wird in einer Seenoth ein Schiff oder dessen Ladung ganz oder theilweise, nachdem sie der Verfügung der Schiffsbesatzung entzogen oder von ihr verlassen waren, von dritten Personen an sich genommen und in Sicherheit gebracht, so haben diese Personen Anspruch auf Bergelohn.

Wird außer dem vorstehenden Falle ein Schiff oder dessen Ladung durch

Hülfe dritter Personen aus einer Seenoth gerettet, so haben diese nur Anspruch auf Hülfslohn.[1])

Der Schiffsbesatzung des verunglückten oder gefährdeten Schiffes steht ein Anspruch auf Berge- oder Hülfslohn nicht zu.[2])

Pr. Entw. Art. 595, 601 Ziff. 4. **Entw. H** Art. 637. **Prot.** S. 2800—2805, 2830—2833, 4142—4144, 4148—4150. **A.D.H.** Art. 742.

Zu §. 740.

1) a. Auch ohne daß ein Vertragsverhältnis konkurriert (R.G. XXXII, 9), wird Bergelohn gezahlt für die Rettung von Schiff, Schiffsteilen oder Ladung (die Rettung von Menschen aus einer Schiffahrtsnot gehört nicht hierher, vgl. §. 748 u. Cosack §. 134, Nr. 1a), nach bereits eingetretenem Verluste, wenn der gerettete Gegenstand in den Naturalbesitz des Rettenden gelangt ist, Hülfslohn für geleistete Dienste in solchen Gefahren, in welchen ein Verlust noch nicht eingetreten war und durch die Hülfe abgewendet worden ist. Das Charakteristische beider ist, daß sie nicht bloß durch die Leistung der Dienste, sondern auch dadurch bedingt werden, daß diese einen günstigen Erfolg gehabt haben. Bergung und Hülfsleistung in Seenot haben daher einen aleatorischen Charakter. Das Unterscheidungsmerkmal zwischen beiden wurde darin gefunden (P. 4148), ob die Leitung der ganzen Unternehmung in der Hand der Rettenden oder in der Hand der Besatzung sich befindet, beziehungsweise ob die Berger die in Sicherheit gebrachten Güter in ihren Gewahrsam nehmen oder ob letztere im Gewahrsam der Besatzung bleiben und diese die volle Herrschaft über dieselben behält. Die Annahme der Bergung hielt man jedoch dadurch noch nicht für ausgeschlossen, daß den Bergern von der Besatzung bei Ausführung der Unternehmung einiger Beistand geleistet wird. Vgl. R.O.H. Bd. 4, S. 441. — Als Fälle der Bergung wurden insbesondere folgende angesehen: wenn das Schiff gerettet wird, nachdem die ganze Besatzung einer Krankheit erlegen ist oder sich infolge derselben in einem Zustande befindet, daß das Schiff ohne Führung umhertreibt (P. 4143), wenn die Ladung aus einem unzweifelhaft für verloren zu erachtenden Schiffe oder nachdem sie bereits vom Schiffe getrennt gewesen, gerettet wird, wenn ein Boot, welches von der See weggeschlagen worden, geborgen wird, obschon das Schiff selbst sich noch in der Gewalt der Besatzung befindet (P. 4148) u. dgl. m. — Bei der Beratung der Strandungsordnung nahmen die Kommission des Reichstags und das Plenum desselben eine Resolution an, den Reichskanzler zu ersuchen, eine Revision dieses Abschnitts zu veranlassen, bei welcher insbesondere die Aufhebung der Unterscheidung zwischen Bergelohn und Hülfslohn in Erwägung gezogen werde.

b. Zu den in diesem §. erwähnten dritten Personen kann der Rheder des rettenden Schiffes auch dann gezählt werden, wenn er der Rheder des geretteten Schiffes ist. R.G. XXXII, 13. Es ist auch nicht ausgeschlossen, daß die Führer zweier Schiffe eines und desselben Rheders einen gültigen Hülfsleistungsvertrag schließen. Der Rheder erwirbt dann Pfandrechte an der Ladung und Schiffsgläubigerrechte am eigenen Schiffe zu Gunsten seines sonstigen Vermögens. §. 754, Nr. 4. D. Jur.Z. 1898, S. 212.

c. Der Anspruch auf Berge- oder Hülfslohn wird auch dadurch nicht ausgeschlossen, daß das rettende Schiff nach der Verordnung über das Verhalten der Schiffer nach einem Zusammenstoße zur Hülfsleistung verpflichtet war. Dagegen fällt der Anspruch fort, wenn der Rettende die Seenot des anderen Schiffes durch eigene Verschuldung herbeigeführt hat. R.G. III, S. 140.

2) Mit dem Verlust des Schiffes endet an sich das Dienstverhältnis der Schiffsbesatzung; die Verpflichtung derselben, dessenungeachtet bei der Bergung mitzuwirken, ist eine Folge des Dienstvertrages und beruht auf einer positiven Vorschrift. §. 555 H.G.B., §. 55 S.O. Für die Zeit der Mitwirkung bei der Bergung ist ihr deshalb auch ein persönlicher Anspruch an den Rheder auf Fortbezug der Heuer eingeräumt (§. 487). Ein Anspruch auf Bergelohn konnte ihr nicht eingeräumt werden, um sie nicht der Versuchung auszusetzen, absichtlich Fälle der Bergung herbeizuführen.

§. 741.

Anfechtung eines Vertrags über Berge- und Hülfslohn wegen Übermaßes.

Wird noch während der Gefahr ein Vertrag über die Höhe des Berge- oder Hülfslohns geschlossen, so kann der Vertrag wegen erheblichen Uebermaßes der zugesicherten Vergütung angefochten und die Herabsetzung der letzteren auf das den Umständen entsprechende Maß verlangt werden.[1])

Pr. Entw. Art. 596. **Entw. H** Art. 638. **Prot.** S. 2805, 4144. **A.D.H.** Art. 743.

Zu §. 741.

1) a. Wo der Verlust des Lebens und des Eigentums droht, ist ein Zustand vorhanden, der dem Zwange völlig gleichsteht. Der Pr. Entw. (Art. 596) erklärt deshalb jeden während der Gefahr, also vor erfolgter Rettung, über die Höhe des Bergelohns geschlossenen Vertrag für nichtig, während das Gesetz den Vertrag als an und für sich verbindlich, aber wegen erheblichen Übermaßes mit der Wirkung für anfechtbar ansieht, daß die Herabsetzung der Vergütung auf das den Umständen entsprechende Maß verlangt werden kann. Vgl. den Rechtsfall R.O.H. Bd. 4, S. 435. — Derselbe Gerichtshof (Bd. 9, S. 365) bemerkt, daß der §. 741 alle Verträge umfasse, welche auch nur mittelbar auf die Feststellung der Vergütungshöhe hinführen, somit auch unter Umständen eine während der Gefahr getroffene Vereinbarung über die Person der Schätzer. Er betrifft aber nur (Bd. 14, S. 303) diejenigen Verträge, welche von dem Schiffer oder Eigentümer von Schiff oder Ladung (demjenigen, welchem die rechtliche Verfügung über Schiff oder Ladung zusteht) in der Notlage geschlossen werden, nicht aber die von einem Dritten geschlossenen Verträge über Gewährung eines Hülfslohns. — Wenn Bergelohn und weitere Fracht in ungetrennter Summe bedungen sind, dann ist zunächst ein angemessener Frachtlohn (§. 619) in Abzug zu bringen, um den bedungenen Bergelohn zu ermitteln (R.G. XIII, 133).

b. Ist ein Vertrag über die Höhe des Berge- oder Hülfslohns geschlossen (§. 741), dann kann der Richter nicht, wie im Falle daß keine Vereinbarung getroffen ist (§. 742), lediglich nach seinem billigen Ermessen den Betrag festsetzen, sondern muß die Vereinbarung und die Sachlage zur Zeit des Abschlusses des Vertrages berücksichtigen, mag der spätere objektive Verlauf der Bergung oder Rettung größere oder geringere Schwierigkeiten gemacht haben, als zur Zeit des Vertrages angenommen war. Weil aber die Umstände zur Zeit des Vertragsschlusses entscheidend sind, so kann die Herabsetzung einer vertraglich festgesetzten Summe nur auf eine anderweite bestimmte Summe erfolgen, also nicht von dem künftigen Eintritte gewisser Umstände abhängig gemacht werden (R.G. XIII, 135).

I. Festsetzung des Berge- und Hülfslohns mangels Vereinbarung (§§. 741—747).

§. 742.

In Ermangelung einer Vereinbarung ist die Höhe des Berge- oder Hülfslohns unter Berücksichtigung aller Umstände des Falles nach billigem Ermessen in Geld festzusetzen.[1])

Pr. Entw. Art. 598. **Entw. H** Art. 639. **Prot.** S. 2814, 2815, 2843, 4144. **A.D.H.** Art. 744.

Zu §. 742

1) a. Es wurde für bedenklich angesehen (P. 4144), im Falle des Streits, ob ein Bergungs- oder Hülfsfall vorliegt und welcher Lohn angemessen ist, die definitive Entscheidung einer

anderen als einer richterlichen Behörde zu überlassen. (Vgl. Abschnitt V der Strandungsordnung. (Anhang 18.)

b. Der Berge- und Hülfslohn ist in Geld festzusetzen. Der Antrag (P. 2815), daß bei Strandungen der zugebilligte Bergelohn von Waren, falls er in einer Quote bestimmt ist (§. 745), den Bergern in natura zugeteilt werden könne, wurde abgelehnt, weil diese als ein Ausfluß des alten Strandrechts sich charakterisierende Art der Vergütung nicht minder eine große Unbilligkeit gegen die Berger, als einen Eingriff in die Eigentumsrechte der Ladungsinteressenten enthalte. Selbstverständlich steht einer Übereinkunft sämtlicher Beteiligten, daß der Bergelohn durch Abtretung von Gütern zu entrichten sei, nichts im Wege.

§. 743.

Vergütung für besondere Kosten.

Der Berge- oder Hülfslohn umfaßt zugleich die Vergütung für die Aufwendungen, welche zum Zwecke des Bergens und Rettens geschehen.

Nicht darin enthalten sind die Kosten und Gebühren der Behörden, die von den geborgenen oder geretteten Gegenständen zu entrichtenden Zölle und sonstigen Abgaben sowie die Kosten zum Zwecke der Aufbewahrung, Erhaltung, Abschätzung und Veräußerung dieser Gegenstände.[1])

Pr. Entw. Art. — **Entw. H** Art. 640. **Prot.** S. 2836—2841, 4144. **A.D.H.** Art. 745.

Zu §. 743.

1) a. Zufolge Abs. 1 d. §. kann daher für die Aufwendung von Material, Böten, Wagen u. dgl. (P. 2837) keine besondere Vergütung verlangt werden Ebenso umfaßt der Berge- und Hülfslohn den Schadensersatz, welcher von dem Rettenden um deswillen zu leisten ist, weil er durch seine Thätigkeit bei den Rettungsmaßregeln einem Dritten gegenüber kontraktbrüchig wurde (R.G. XIII, 139).

b. Zu den im Abs. 2 bestimmten Bergungs- und Hülfskosten gehören auch die in den §§. 4, 5, 9 der Strandungsordnung bezeichneten Vergütungen (vgl. §. 10 derselben), weil diese wesentlich dazu beitragen, dem Eigentümer sein Eigentum zu erhalten.

§. 744.

Maßgaben für die richterliche Festsetzung.

Bei der Bestimmung des Betrags des Berge- oder Hülfslohns kommen insbesondere in Anschlag der bewiesene Eifer, die verwendete Zeit, die geleisteten Dienste, die geschehenen Aufwendungen, die Zahl der thätig gewesenen Personen, die Gefahr, der sie ihre Person und ihre Fahrzeuge unterzogen haben, sowie die Gefahr, die den geborgenen oder geretteten Gegenständen gedroht hat, und der nach Abzug der Kosten (§. 743 Abs. 2) verbliebene Werth der letzteren.[1])

Pr. Entw. Art. — **Entw. H** Art. 641. **Prot.** S. 2815—2817, 2841, 4144. **A.D.H.** Art. 746.

Zu §. 744.

1) a. Die Zahl der thätig, nicht bloß der erforderlich gewesenen Personen ist zu berücksichtigen, weil die Berger nicht im voraus wissen können, wie viele Personen zur glücklichen und rechtzeitigen Vollendung des Bergungsgeschäfts nötig sein werden. Gegen die Gefahr, daß den Ladungseigentümern der Zulauf einer ganz offenbar unnötigen Menge von Personen zum Nachteil gereiche, bietet schon der Umstand Schutz, daß der Richter auch auf den bewiesenen Eifer, die verwendete Zeit und andere einflußreiche Umstände Rücksicht nehmen soll. (P. 2815—2817.)

b. Die Bestimmung, daß auch die Gefahr in Anschlag zu bringen ist, welcher die Fahrzeuge der Berger ausgesetzt waren, bezweckt insbesondere den Führern von Dampfschiffen ein Kompelle zu geben, daß sie nicht aus Schonung für die Maschine weniger energisch verfahren. (P. 4144.)

c. Nur der Wert, welchen die geborgenen oder geretteten Gegenstände nach Abzug der im §. 743 Abs. 2 bezeichneten Kosten (insbesondere der Zölle und Abgaben) haben, ist zu beachten, weil der Berger in Wirklichkeit keinen wertvolleren Gegenstand geborgen hat. (P. 2840.)

d. Vgl. die Rechtsfälle R.O.H. Bd. 9, S. 114, Bd. 24, S. 375.

§. 745.

Der Berge- oder Hülfslohn darf ohne den übereinstimmenden Antrag der Parteien nicht auf einen Bruchtheil des Werthes der geborgenen oder geretteten Gegenstände festgesetzt werden.[1])

Pr. Entw. Art. — **Entw. II** Art. 642. **Prot.** S. 2819, 2820, 4145. **A.D.H.** Art. 747.

Zu §. 745.

1) Das Verbot des §. 745 hat darin seinen Grund (P. 2829), daß die Festsetzung des Berge- und Hülfslohns nach Quoten des Werts der geborgenen oder geretteten Gegenstände lediglich eine Folge des alten Strandrechts ist, und leicht zur Folge hat, daß die hieraus sich ergebende Gesamtsumme übersehen wird.

Höchstbetrag des Bergelohns.

§. 746.

Der Betrag des Bergelohns soll den dritten Theil des Werthes der geborgenen Gegenstände (§. 744) nicht übersteigen.

Nur ausnahmsweise, wenn die Bergung mit ungewöhnlichen Anstrengungen und Gefahren verbunden war und jener Werth zugleich ein geringer ist, kann der Betrag bis zur Hälfte des Werthes erhöht werden.[1])

Pr. Entw. Art. — **Entw. II** Art. 643. **Prot.** S. 2817—2820, 2841, 2842, 4145. **A.D.H.** Art. 748.

Zu §. 746.

1) Ohne Feststellung eines Maximums glaubte man befürchten zu müssen, daß von den Behörden des einen Landes regelmäßig ein viel höherer Bergelohn zugesprochen werde als in anderen benachbarten Ländern, und daß die Berger sich dadurch versucht sehen würden, das geborgene Gut womöglich nach solchen Ländern zu schaffen, wo sie den höchsten Bergelohn zu erwarten hätten. (P. 2817.) Die Höhe des festgesetzten Maximums steht mit dem in vielen nördlichen Seestaaten geltenden Rechte und dem Publikandum für Westpreußen vom 31. Dez. 1801 (§. 7) in Einklang. — Der Abs. 2 d. §. ist aufgenommen worden, weil unter Umständen der Bergelohn mit den Verdiensten der Berger in keinem entsprechenden Verhältnisse stehen könnte, zumal der Nettowert der geborgenen Güter oft nur sehr unbedeutend ist. (P. 2841.)

§. 747.

Verhältnis des Hülfslohns zum Bergelohn.

Der Hülfslohn ist stets unter dem Betrage festzusetzen, welchen der Bergelohn unter sonst gleichen Umständen erreicht haben würde.[1]) Auf den Werth der geretteten Gegenstände ist bei der Bestimmung des Hülfslohns nur eine untergeordnete Rücksicht zu nehmen.

Pr. Entw. Art. — **Entw. H** Art. 644. **Prot.** S. 2820—2823, 4145. **A.D.H.** Art. 749.

Zu §. 747.

1) Der Bergelohn, welcher sich aus dem alten Strandrecht entwickelt hat, repräsentiert zugleich den Fundlohn und die Entschädigung für die Verwahrung des Geborgenen, der Hülfslohn nicht (P. 2821). Daher die Vorschrift im ersten Satze dieses §.

II. Verteilung des Berge- und Hülfslohns (§§. 748, 749).

§. 748.

Bei Beteiligung mehrerer an der Rettung. Rettung von Menschen.

Betheiligen sich mehrere Personen an der Bergung oder Hülfsleistung, so wird der Berge- oder Hülfslohn unter sie nach Maßgabe der persönlichen und sachlichen Leistungen der einzelnen und im Zweifel nach der Kopfzahl vertheilt.

Zur gleichmäßigen Theilnahme sind auch diejenigen berechtigt, welche sich in derselben Gefahr der Rettung von Menschen unterziehen.[1])

Pr. Entw. Art. — **Entw. H** Art. 645. **Prot.** S. 2823—2825, 4145. **A.D.H.** Art. 750.

Zu §. 748.

1) In demselben Maße wie diejenigen, welche Sachen geborgen haben, sollen auch diejenigen bei der Verteilung berücksichtigt werden, welche in derselben Gefahr sich der Rettung von Menschen unterzogen haben. Es bedurfte einer ausdrücklichen Bestimmung, weil nach §. 740 nur die Rettung von Sachen Anspruch auf Berge- und Hülfslohn giebt. (P. 2825.) — Über die Frage, wer hinsichtlich des Verteilungsmodus zu entscheiden hat, s. R.O.H. Bd. 6, S. 436.

§. 749.

Bei Rettung durch ein anderes Schiff.

Wird ein Schiff oder dessen Ladung ganz oder theilweise von einem anderen Schiffe geborgen oder gerettet, so wird der Berge- oder Hülfslohn zwischen dem Rheder, dem Schiffer und der übrigen Besatzung des anderen Schiffes, sofern nicht durch Vertrag unter ihnen ein Anderes bestimmt ist, in der Art vertheilt, daß der Rheder die Hälfte, der Schiffer ein Viertheil und die übrige Besatzung zusammen gleichfalls ein Viertheil erhalten.[1]) Die Vertheilung unter die letztere erfolgt nach dem Verhältnisse der Heuer, die dem Einzelnen gebührt oder seinem Range nach gebühren würde.[2])

Pr. Entw. Art. 602. **Entw. H** Art. 646. **Prot.** S. 2825—2828, 4145. **A.D.H.** Art. 751.

Zu §. 749.

1) Ohne Gebrauch und oft ohne Gefährdung des Schiffes ist die Rettung nicht möglich; insofern ist der Rheder beteiligt; als Führer des Schiffes hat der Schiffer wie die Verantwortung so auch das eigentliche Verdienst der Rettung; die Mannschaft hat die physischen Dienste zu leisten. Das Verhältnis des Zusammenwirkens ist unter allen Umständen dasselbe; es läßt sich deshalb eine allgemeine Norm aufstellen. Die im §. 749 vorgeschriebene Teilungsart kommt nur in Ermangelung eines Vertrages zur Anwendung.

2) An den Berge- oder Hülfslohn partizipieren alle Personen der Schiffsbesatzung ohne Rücksicht darauf, ob sie an der Rettungsthätigkeit Teil genommen haben und ersterenfalls ohne Unterscheidung nach dem Maß der geleisteten Dienste. Pappenheim, Gruchot, Bd. 43, S. 361.

§. 750.

Ausschluß des Berge- und Hülfslohns.

Auf Berge- und Hülfslohn hat keinen Anspruch:

1. wer seine Dienste aufdrängt, insbesondere ohne Erlaubniß des anwesenden Schiffers das Schiff betritt;
2. wer von den geborgenen Gegenständen dem Schiffer, dem Eigenthümer oder der zuständigen Behörde nicht sofort Anzeige macht.[1])

Pr. Entw. Art. 601. **Entw. II** Art. 647. **Prot.** S. 2828—2833, 4145. **A.D.H.** Art. 752.

Zu §. 750.

1) a. Die Ziff. 1 d. §. enthält das Prinzip: aufgedrungene Hülfe wird nicht belohnt. Das beigefügte Beispiel soll zur Verdeutlichung dienen. — Dagegen schließt der Umstand, daß die Hülfe nicht freiwillig, sondern infolge einer gesetzlichen Nötigung geleistet wurde, den Anspruch nicht aus (R.G. III, 141).

b. Der Antrag, zu bestimmen, daß der Schiffer zu jeder Zeit die Leitung des Bergegeschäfts wieder übernehmen könne und die Hülfe auch dann als aufgedrungen erscheine, wenn sie zwar anfangs genehmigt, aber für die Folge abgelehnt und dessenungeachtet fortgesetzt worden sei, wurde verworfen (P. 2830), weil nach den Gesetzen einiger Staaten die Strandbeamten, deren Hülfe einmal verlangt worden ist, die Verfügungen des Schiffers nicht unbedingt zu vollziehen brauchen, und weil der Wiederantritt des Kommandos seitens des Schiffers auch die schon erworbenen Rechte der Berger auf Bergelohn durch schlechte Dispositionen gefährden kann. Vgl. hierzu jetzt den §. 8 der Strandungsordnung. (Anhang 18.)

c. Zu Ziff. 2 d. §. vgl. §. 12 der Strandungsordnung.

§. 751.

**Pfandrecht für Bergungs- und Hülfskosten.
Zurückbehaltungsrecht des Bergers.**

Wegen der Bergungs- und Hülfskosten, insbesondere auch wegen des Berge- und Hülfslohns, steht dem Gläubiger ein Pfandrecht an den geborgenen oder geretteten Gegenständen, an den geborgenen Gegenständen bis zur Sicherheitsleistung zugleich das Zurückbehaltungsrecht zu.[1])

Auf die Geltendmachung des Pfandrechts finden die Vorschriften des §. 696 entsprechende Anwendung.[2])

Pr. Entw. Art. 599. **Entw. II** Art. 648 Abs. 1 u. 2. **Prot.** S. 2833, 2834, 4145. **A.D.H.** Art. 753.

Zu §. 751.

1) a. Die beschränkte Haftung der Interessenten für die Bergungs- und Hülfskosten (§. 753 Abs. 1) macht es notwendig, den Gläubigern zu ihrer Sicherung ein Pfandrecht zuzugestehen. Über die Wirkung dieses Pfandrechts und des hier gegebenen Zurückbehaltungsrechts im Konkurse vgl. §. 49 Ziff. 2 u. 4 Konk.O. Betreffs der Rangstellung des Pfandrechts innerhalb und außerhalb des Konkurses vgl. §. 49 Abs. 2 Konk.O., Art. III, Ges. v. 17. Mai 1898 (R.G.Bl. 1898 S. 238).

b. Den Bergern und Hülfsleistern gegenüber haften die geretteten Gegenstände solidarisch, jene erhalten daher in der Regel ihren Lohn im ganzen, die Interessenten der geborgenen Sachen haben sodann nach Maßgabe ihrer Anteile an diesen Sachen die Verteilung des Berge- und Hülfslohns unter einander vorzunehmen.

2) Durch die Bezugnahme des ganzen §. 696 (abweichend von dem früheren Art. 753, in welchem nur Abs. 2 u. 3 des entsprechenden Art. 697 als anwendbar erklärt worden waren) ist klargestellt, daß die Befriedigung des Gläubigers aus den geborgenen oder geretteten Gegenständen nach den für die Zwangsvollstreckung geltenden Vorschriften, also erst nach Erlangung eines vollstreckbaren Titels, erfolgt. Vgl. Anm. 1a zu §. 696.

§. 752.

Persönliche Verantwortlichkeit des Schiffers und des Rheders.

Der Schiffer darf die Güter vor der Befriedigung oder Sicherstellung des Gläubigers weder ganz noch theilweise ausliefern, widrigenfalls er dem Gläubiger insoweit persönlich verpflichtet wird, als dieser aus den ausgelieferten Gütern zur Zeit der Auslieferung hätte befriedigt werden können.[1])

Hat der Rheder die Handlungsweise des Schiffers angeordnet, so kommen die Vorschriften des §. 512 Abs. 2, 3 zur Anwendung.

Pr. Entw. Art. — **Entw. H** Art. 648 Abs. 3. **Prot.** S. 4145, 4226—4228. **A.D.H.** Art. 754.

Zu §. 752.

1) Der Antrag, auch den Abs. 2 des §. 694 hierher zu übertragen, also bis zum Beweise des Gegenteils anzunehmen, daß der Gläubiger seine vollständige Befriedigung hätte erlangen können, wurde abgelehnt (P. 4228), weil dadurch der Schiffer, welcher dem Bodmereigläubiger gegenüber sich in einer anderen Stellung befinde, zu streng behandelt würde. Vgl. §. 731.

§. 753.

Persönliche Haftung des Empfängers von Gütern.

Eine persönliche Verpflichtung zur Entrichtung der Bergungs- und Hülfskosten wird durch die Bergung oder Rettung an sich nicht begründet.[1])

Der Empfänger von Gütern wird jedoch, wenn ihm bei der Annahme der Güter bekannt ist, daß davon Bergungs- oder Hülfskosten zu berichtigen sind, für diese Kosten insoweit persönlich verpflichtet, als sie, falls die Auslieferung nicht erfolgt wäre, aus den Gütern hätten berichtigt werden können.[2])

Sind noch andere Gegenstände gemeinschaftlich mit den ausgelieferten Gütern geborgen oder gerettet, so geht die persönliche Haftung des Empfängers über den Betrag nicht hinaus, welcher bei einer Vertheilung der Kosten über sämmtliche Gegenstände auf die ausgelieferten Güter fällt.[3])

Pr. Entw. Art. — **Entw. H** Art. 649. **Prot.** S. 2834, 4146, 4147, 4228. **A.D.H.** Art. 755.

Zu §. 753.

1) a. Auch nicht, wenn ein Vertrag über die Bergung oder Hülfsleistung geschlossen, oder wenn der Rheder selbst Schiffer ist (Cosack §. 36 II f.), doch kann eine solche persönliche Verpflichtung des Rheders eintreten, wenn er dem Berger Gefahr oder Verlust bereitet. Vgl. §§. 754 Ziff. 4, 771 Abs. 4, 774 Abs. 1. Bolze XVIII, 170.

b. Der Berge- und Hülfslohn begründet nur ein Pfandrecht an den geborgenen oder geretteten Gegenständen und gewährt in Ansehung des geborgenen oder geretteten Schiffes die Rechte eines Schiffsgläubigers. Deshalb ist die Möglichkeit einer solchen Schuld des geretteten Schiffes gegenüber einem anderen Schiffe desselben Rheders anzuerkennen. (R.G. XXXII, 12.)

2) Diese Bestimmung ist von großer praktischer Bedeutung, namentlich bezüglich des Hülfslohns, weil der Schiffer im Falle der Hülfsleistung fortwährend die Verfügung über die Güter behält, und die Hülfeleistenden dessenungeachtet nur aus diesen Gütern ihre Befriedigung erlangen können (P. 2834). Vgl. §§. 697, 726.

3) Der letzte Absatz des §. 753 soll den Unterschied hervorheben (P. 4228), welcher zwischen den Bestimmungen über die Haftung des Empfängers der mit Havereigeldern belasteten Güter und den Bestimmungen über die Haftung des Empfängers der mit Bodmereigeldern beschwerten darin obwaltet, daß der Empfänger der verbodmeten Güter mit deren Wert für die ganze Schuld, der Empfänger der mit Havereigeldern belasteten Güter aber nur für eine entsprechende Rate haftet.

Neunter Abschnitt.

Schiffsgläubiger.[1]

Zur Überschrift.

1) Schiffsgläubiger sind diejenigen, deren Forderungen unter bestimmten Voraussetzungen aus der bestimmungsmäßigen Verwendung des Schiffes zur Seefahrt entsprungen sind, und die vorzugsweise ein Recht auf Befriedigung aus dem Schiffswerte haben. Es giebt deren zwei Klassen:

a. diejenigen, deren Forderungen durch Aufwendungen zur Erhaltung und Rettung des Schiffes aus einer Gefahr entstanden sind;

b. diejenigen, welche solche Aufwendungen nicht gemacht haben, denen gegenüber aber der Grundsatz Geltung hat, daß der Rheder nur mit dem der See anvertrauten Vermögen haftet. (P. 2844—2849.)

Wegen der Verjährung der Forderungen der Schiffsgläubiger s. §. 901 ff.

I. Forderungen mit Schiffsgläubigerrecht (§. 754).

§. 754.

Die nachbenannten Forderungen gewähren die Rechte eines Schiffsgläubigers:

1. die zu den Kosten der Zwangsvollstreckung nicht gehörenden Kosten der Bewachung und Verwahrung des Schiffes und seines Zubehörs seit der Einbringung des Schiffes in den letzten Hafen, falls das Schiff im Wege der Zwangsvollstreckung verkauft wird;[1])
2. die öffentlichen Schiffs-, Schiffahrts- und Hafenabgaben, insbesondere die Tonnen-, Leuchtfeuer-, Quarantäne- und Hafengelder;[2])
3. die aus den Dienst- und Heuerverträgen herrührenden Forderungen der Schiffsbesatzung;[3])
4. die Lootsengelder sowie die Bergungs-, Hülfs-, Loskaufs- und Reklamekosten;
5. die Beiträge des Schiffes zur großen Haverei;[4])

6. die Forderungen der Bodmereigläubiger, welchen das Schiff verbodmet ist, sowie die Forderungen aus sonstigen Kreditgeschäften, die der Schiffer als solcher während des Aufenthalts des Schiffes außerhalb des Heimathshafens in Nothfällen abgeschlossen hat (§§. 528, 541), auch wenn er Miteigenthümer oder Alleineigenthümer des Schiffes ist;[5]) den Forderungen aus solchen Kreditgeschäften stehen die Forderungen wegen Lieferungen oder Leistungen gleich, die ohne Gewährung eines Kredits dem Schiffer als solchem während des Aufenthalts des Schiffes außerhalb des Heimathshafens in Nothfällen zur Erhaltung des Schiffes oder zur Ausführung der Reise gemacht sind, soweit diese Lieferungen oder Leistungen zur Befriedigung des Bedürfnisses erforderlich waren;[6])
7. die Forderungen[7]) wegen Nichtablieferung oder Beschädigung der Ladungsgüter[8]) und des im §. 673 Abs. 2 erwähnten Reiseguts;
8. die nicht unter eine der vorigen Nummern fallenden Forderungen aus Rechtsgeschäften, die der Schiffer als solcher kraft seiner gesetzlichen Befugnisse und nicht mit Bezug auf eine besondere Vollmacht geschlossen hat (§. 486 Abs. 1 Nr. 1), sowie die nicht unter eine der vorigen Nummern fallenden Forderungen wegen Nichterfüllung oder wegen unvollständiger oder mangelhafter Erfüllung eines von dem Rheder abgeschlossenen Vertrags, insofern die Ausführung des letzteren zu den Dienstobliegenheiten des Schiffers gehört hat (§. 486 Abs. 1 Nr. 2);
9. die Forderungen aus dem Verschulden einer Person der Schiffsbesatzung (§. 485, §. 486 Abs. 1 Nr. 3), auch wenn diese Person zugleich Miteigenthümer oder Alleineigenthümer des Schiffes ist;[9])
10. die Forderungen, welche der Berufsgenossenschaft nach den Vorschriften über die Unfallversicherung und der Versicherungsanstalt nach den Vorschriften über die Invalidenversicherung gegen den Rheder zustehen.[10])

Pr. Entw. Art. 501, 547, 581, 584, 599. **Entw. II** Art. 651. **Prot.** S. 2843—2857, 2922, 2322, 2323, 3014, 3015, 4151—4153, 4461, 4470—4472, 4476—4478, 4484—4487. **A.D.H.** Art. 757.

Zu §. 754.

1) a. Die in Ziff. 1 bezeichneten Kosten werden als Aufwendungen zur Ermöglichung des Verkaufs (P. 2854), also gleichsam als Teile der Kosten des Zwangsverkaufs (P. 4487) angesehen.

b. Die in der früheren Ziff. 1 des entsprechenden Art. 757 A.D.H. enthaltene Bestimmung, daß die Kosten des Zwangsverkaufs des Schiffes mit dem Schiffsgläubiger-Rechte ausgestattet sind, ist als entbehrlich in das neue Gesetz nicht übernommen, weil diese Kosten nach §§. 109, 162 Zwangsverst.Ges. aus dem Versteigerungserlöse vorweg zu entrichten sind. Zu den Kosten des Zwangsverkaufs des Schiffes gehören auch, und sind aus dem Versteigerungserlöse vorweg zu entrichten, die Kosten für die Bewachung und Bewahrung des Schiffes von der Einleitung des Zwangsversteigerungsverfahrens ab, weil das Vollstreckungsgericht bei der Anordnung der Zwangsversteigerung von Amtswegen die Bewachung und Verwahrung des Schiffes anordnen muß. §. 165 a. a. O. Diese Bewachungs- und Verwahrungskosten, welche in der Ziff. 1 des früheren Art. 757 besonders aufgeführt waren, sind deshalb in dem jetzigen H.G.B. ebenfalls nicht erwähnt.

2) Unter Tonnengeldern sind hier nicht die nach dem Tonnengehalt des Schiffes zu berechnenden Abgaben für den Aufenthalt im Hafen zu verstehen, sondern die Abgaben, welche für Erhaltung der Signaltonnen erhoben werden. (P. 2855.) — Zu den Quarantänegeldern gehören nicht die zur Vermeidung der Quarantänemaßregeln aufgewendeten Kosten der anderweiten Beförderung (R.G. XXV, 94).

3) Hierzu gehören nicht bloß die eigentlichen Heuerforderungen, sondern auch die Ansprüche auf Entschädigungen für außerordentliche Dienstleistungen, z. B. wegen Beschädigung bei Verteidigung des Schiffes (P. 4151). Vgl. §. 553 letzter Absatz H.G.B., §. 49 Seemannsordnung. — Das Privilegium gilt auch für diejenigen Forderungen, für welche eine persönliche Haftbarkeit des Rheders besteht, um eine Ausgleichung dafür zu gewähren, daß der Rheder in vielen Fällen dem Schiffer und der Schiffsmannschaft nur mit Schiff und Fracht haftet. (P. 2855.) Vgl. §. 487.

4) Die Bestimmung, daß die nach den Grundsätzen der großen Haverei zu beurteilenden Beiträge den eigentlichen Havereibeiträgen gleich zu achten sind (§. 733), findet — wie P. 4152 anerkannt wurde — auch auf den neunten Abschnitt Anwendung.

5) Daß den Forderungen aus anderen Kreditgeschäften als dem Bodmereigeschäfte, welche der Schiffer, der zugleich Rheder oder Mitrheder ist, außerhalb des Heimatshafens in Notfällen abgeschlossen hat, die Eigenschaft von Schiffsschulden beigelegt worden, ist die Konsequenz der Bestimmung des §. 699. Hat dagegen der Rheder nicht in der Eigenschaft als Schiffer kontrahiert, oder ist er herbeigeeilt, um die erforderlichen Geschäfte selbst einzugehen, so sind die hieraus entspringenden Forderungen nicht als Schiffsschulden zu erachten. (P. 2856.)

6) Zur Rechtfertigung der Schlußbestimmung der Ziff. 6 bemerkte man (P. 4476): Es sei nicht abzusehen, weshalb z. B. der Inhaber eines Dampfschiffes wegen des Bugsierlohns ein Vorzugsrecht haben soll, wenn er beim Vertragsabschluß schon dem Schiffer drei Tage Kredit gegeben hat, und dieses Vorzugsrecht entbehren soll, wenn er sich bare Zahlung bedungen, der Schiffer aber nach Ankunft des Schiffes doch nicht bezahlt hat. Die Unterscheidung zwischen Kreditgeschäften und anderen Rechtshandlungen des Schiffers werde durch diese Bestimmung keineswegs bedeutungslos; sie sei von größter Bedeutung für die Frage, welche Geschäfte des Schiffers für den Rheder verbindlich seien; ja selbst bezüglich der Prioritätsordnung werde diese Unterscheidung nur für den Fall aufgegeben, daß alle Voraussetzungen vorhanden seien, unter welchen der Schiffer ein Kreditgeschäft schließen dürfe. (P. 4476.)

7) — sc. des Ladungsempfängers und des Befrachters. (P. 2323.)

8) Ob rücksichtlich der Forderungen aus den §§. 652, 653 die Ziffer 7 oder 9 d. §. zur Anwendung kommt, ist im einzelnen Falle je nach Maßgabe der unterliegenden Verhältnisse zu entscheiden. (P. 4152.)

9) Der Beschädigte kann sowohl bei den außerhalb von Vertragsverhältnissen vorkommenden Delikten der Schiffsmannschaft (z. B. Übersegelung), als auch bei Verschuldungen, die mit Vertragsverhältnissen zusammenhängen (z. B. bei dem Bruch einer Chartepartie), dadurch nicht schlechter gestellt werden, daß die Schiffsbesatzung zugleich Miteigentümer oder Alleineigentümer des Schiffes ist. Dies würde aber geschehen, wenn dem Beschädigten bei der geringen Bedeutung, welche oft der persönlichen Haftung des Eigentümers beizumessen ist, die Rechte eines Schiffsgläubigers in solchem Falle nicht beigelegt würden. (P. 3015.)

10) Ziff. 10 ersetzt zunächst den §. 86 Abs. 2 des Gesetzes vom 13./VII. 1887 betreffend die Unfallversicherung der Seeleute, welcher der Berufsgenossenschaft wegen ihrer Forderungen gegen den Rheder die Rechte eines Schiffsgläubigers gewährte. — Jener §. 86 Abs. 2 ist jetzt durch Art. 8 Ziff. 4 Einf.Ges. aufgehoben. — Außerdem aber sind in Ziff. 10 auch den Forderungen, welche der Versicherungsanstalt für die Invalidenversicherung gegen den Rheder zustehen, die Rechte der Schiffsgläubiger eingeräumt. — Wegen der Rangordnung dieser Forderungen gegenüber anderen Forderungen von Schiffsgläubigern vgl. §. 770, untereinander rangieren sie nach dem Zeitpunkte ihrer Entstehung. Art. 2 Abs. 1, Einf.Ges., §§. 1257, 1209 B.G., vgl. Pappenheim, Z.f.H. Bd. 46, S. 264.

II. Umfang des Rechtes der Schiffsgläubiger (§§. 755—759).

§. 755. **Pfandrecht an Schiff und Zubehör.**

Den Schiffsgläubigern, welchen das Schiff nicht schon durch Verbodmung verpfändet ist, steht ein gesetzliches Pfandrecht an dem Schiffe und dem Zubehöre des Schiffes zu.

Das Pfandrecht ist gegen jeden dritten Besitzer des Schiffes verfolgbar.[1])

Pr. Entw. Art. 682. **Entw. II** Art. 652. **Prot.** S. 2858, 2859, 2867, 2938, 4163—4167. **A.D.H.** Art. 758.

Zu §. 755.

1) Abs. 2 des §. 755 statuiert eine Ausnahme von der regelmäßigen Behandlung der Schiffe als beweglicher Sachen. Während nämlich bei freiwilliger Veräußerung die Schiffe trotz mangelnden Eigentums des Veräußerers in das Eigentum des gutgläubigen Erwerbers übergehen (vgl. Anm. 1 zu §. 474), bleibt das Pfandrecht der Schiffsgläubiger bestehen. Bezüglich dieses Pfandrechts gilt daher nicht der Satz: Hand muß Hand wahren, es ist gegen dritte Besitzer des Schiffes ohne Unterschied des Grundes der Besitzveränderung verfolgbar. (P. 2938, 2939.) Bolze XVI, Nr. 211. Es erstreckt sich auf das Schiff und das Zubehör. (§. 478.) Im Konkurse gewährt es ein Absonderungsrecht in Ansehung des Pfandes (§. 49 Ziff. 2 Konk.O.). Der Eintragung in das Schiffsregister (vgl. Anhang 2) bedarf das gesetzliche Pfandrecht der Schiffsgläubiger nicht (Art. 32 E.G. z. B.G.). Betreffs anderer gesetzlicher Pfandrechte (vgl. z. B. §. 647 B.G.) vgl. §. 1257 B.G.

§. 756.

Pfandrecht an der Bruttofracht.

Das gesetzliche Pfandrecht eines jeden dieser Schiffsgläubiger erstreckt sich außerdem auf die Bruttofracht[1]) derjenigen Reise, aus welcher seine Forderung entstanden ist.[2])

Pr. Entw. Art. — **Entw. II** Art. 653 Abs. 1. **Prot.** S. 2882, 2886—2889, 2914, 2929—2932, 2939, 4167. **A.D.H.** Art. 759.

Zu §. 756.

1) Die Bruttofracht umfaßt die gesamte verdiente Fracht der betreffenden Reise, einschließlich des zur Befriedigung von Gläubigern verwendeten Teils derselben, die Nettofracht dagegen nur denjenigen Frachtbetrag, welcher nach Abzug der aus der Bruttofracht zu bestreitenden Auslagen (Reiseunkosten u. dgl.) übrig bleibt. Ein gegen den Frachtschuldner direkt verfolgbares Pfandrecht an der Nettofracht ist nicht denkbar, weil die Höhe der Nettofracht nur in einem Rechnungsverfahren zwischen dem Gläubiger und dem Rheder festgestellt werden kann. Eine derartige Abrechnung würde große Schwierigkeiten darüber, zu welchen Abzügen der Rheder befugt ist, und unter Umständen eine erhebliche Gefährdung der Schiffsgläubiger herbeiführen können. Derartige beschwerliche Liquidationen und Benachteiligungen werden durch die Vorschrift des §. 756 vermieden. (P. 2883, 2886, 2913, 2929—2932.)

2) Wenn in einem mehrere Reisen (§. 757) umfassenden Frachtvertrage die Fracht für alle diese Reisen in einer gemeinschaftlichen Summe festgesetzt worden ist, so können die Gläubiger, deren Forderungen nur aus der einen oder der anderen Reise herrühren, sich nicht an die gesamte Fracht der Unternehmung, sondern nur an die Fracht der betreffenden einzelnen Reise halten. (P. 2941.)

§. 757.

„Reise" im Sinne dieses Abschnitts.

Als eine Reise im Sinne dieses Abschnitts wird diejenige angesehen, zu welcher das Schiff von neuem ausgerüstet[1]) oder welche entweder auf Grund eines neuen Frachtvertrags oder nach vollständiger Löschung der Ladung[2]) angetreten wird.

Pr. Entw. Art. — **Entw. H** Art. 654. **Prot.** S. 2876, 2923, 2924, 2934, 4167. **A.D.H.** Art. 760.

Zu §. 757.

1) Die bloße Ergänzung der Schiffsvorräte wird nicht als neue Ausrüstung angesehen. (P. 2935.)

2) Im einzelnen Falle wird sich leicht ermitteln lassen, ob ein zwischen dem Ende der älteren und dem Anfang der neuen Reise liegender Zeitraum zur alten oder neuen Reise gehört. Wenn er im Heimatshafen verläuft, ohne zu der einen oder zu der anderen Reise gerechnet werden zu können, so wird er nicht leicht zur Entstehung eigentlicher Schiffsschulden Anlaß geben. Die leere Zureise zum Zweck der Ausführung eines bereits vorher abgeschlossenen Frachtkontrakts wird mit der Ausführung des Transports als eine Reise zusammengefaßt. (P. 2924, 2936.)

§. 758.

Pfandrecht für die Dienst- und Heuerforderungen der Schiffsbesatzung.

Den im §. 754 unter Nr. 3 aufgeführten Schiffsgläubigern steht wegen der aus einer späteren Reise entstandenen Forderungen zugleich ein gesetzliches Pfandrecht an der Fracht der früheren Reisen zu, sofern die verschiedenen Reisen unter denselben Dienst- und Heuervertrag fallen.[1])

Pr. Entw. Art. — **Entw. H** Art. 653 Abs. 2. **Prot.** S. 2936, 4167. **A.D.H.** Art. 761.

Zu §. 758.

1) Diese Vorschrift ist die notwendige Folge der Bestimmung über die Fälligkeit der Heuerforderungen (§. 36 der Seemannsordnung); durch den Antritt einer neuen Frachtreise könnte die Schiffsmannschaft sonst des wertvollsten Teils ihres Vorzugsrechts verlustig gehen, was um so bedenklicher erscheint, als ihr nach §. 780 nicht einmal die Versicherung ihrer Forderungen gestattet ist. (P. 2936.)

§. 759.

Pfandrecht des Bodmereigläubigers.

Auf das dem Bodmereigläubiger nach §. 679 zustehende Pfandrecht finden dieselben Vorschriften Anwendung, welche für das gesetzliche Pfandrecht der übrigen Schiffsgläubiger gelten.

Der Umfang des Pfandrechts des Bodmereigläubigers bestimmt sich jedoch nach dem Inhalte des Bodmereivertrags (§. 680).[1])

Pr. Entw. Art. — **Entw. H** Art. 653. **Prot.** S. 2859, 2940, 4167. **A.D.H.** Art. 762.

Zu §. 759.

1) Der Ausdruck: „Umfang des Pfandrechts" bezieht sich nur auf die Ausdehnung desselben in Ansehung des Objekts (Schiff, Fracht oder Ladung), nicht auf die Ausbedingung eines Vorrechts gegenüber den Schiffsgläubigern. (P. 4168, 4169.) — Vgl. §. 767.

§. 760.

Pfandrecht für Haupt- und Nebenforderungen.

Das einem Schiffsgläubiger zustehende Pfandrecht gilt in gleichem Maße für Kapital, Zinsen, Bodmereiprämie und Kosten.[1])

Pr. Entw. Art. 688. **Entw. II** Art. 657. **Prot.** S. 2861, 4173. **A.D.H.** Art. 763.

Zu §. 760.

1) Unter „Kosten" sind die durch Geltendmachung der Forderung oder des Vorrechts entstehenden Prozeßkosten gemeint.

§. 761.

Befriedigung des Schiffsgläubigers.

Die Befriedigung des Schiffsgläubigers aus dem Schiffe und der Fracht erfolgt nach den für die Zwangsvollstreckung geltenden Vorschriften.[1])

Die Klage kann sowohl gegen den Rheder als gegen den Schiffer gerichtet werden, gegen den letzteren auch dann, wenn sich das Schiff im Heimathshafen (§. 480) befindet;[2]) das gegen den Schiffer ergangene Urtheil ist auch gegenüber dem Rheder wirksam.[3])

Zu §. 761.

1) Vgl. §. 696 und Anm. 1 a dazu.

2) a. Es würde namentlich die Bodmerei sehr erschweren, wenn man den Schiffsgläubigern zumutete, ihre dinglichen Ansprüche gegen eine unter Umständen sehr große Anzahl von Mitrhedern geltend zu machen. Es ist ihnen deshalb das Recht eingeräumt, den Schiffer, selbst im Heimatshafen, wo sonst seine Vollmacht ruht, zu belangen. Derselbe ist zur Prozeßführung als selbständiger Kurator des Schiffs befugt. Das Erkenntnis gegen den jeweiligen Schiffer ist jedoch nur in Ansehung des Pfandrechts, d. h. in Schiff und Fracht vollstreckbar. Insoweit der Rheder persönlich haftet, bindet ihn ein gegen den Schiffer ergangenes Erkenntnis nicht. (P. 1909, 2928, 4173.)

b. Der Schiffsgläubiger kann übrigens die Klage auch da anstellen, wo das Schiff angetroffen wird. Lewis S. 26.

3) Vgl. §. 166 Zwangsverst.-Ges. Wird auf Grund eines gegen den Schiffer ergangenen Urteils die Zwangsversteigerung gegen den Rheder beantragt, so muß zunächst die Vollstreckungsklausel gegen den Letzteren beschafft werden.

§. 762.

Konkurrierende persönliche Haftung des Rheders.

Auf die Rechte eines Schiffsgläubigers hat es keinen Einfluß, daß der Rheder für die Forderung bei deren Entstehung oder später zugleich persönlich verpflichtet wird.

Diese Vorschrift findet insbesondere auf die Forderungen der Schiffsbesatzung aus den Dienst- und Heuerverträgen Anwendung.[1])

Pr. Entw. Art. — **Entw. II** Art. 659. **Prot.** S. 2862, 4174. **A.D.H.** Art. 765.

Zu §. 762.

1) Vgl. §. 487.

§ 763.

Rhederei als Schiffseigentümerin.

Gehört das Schiff einer Rhederei, so haften das Schiff und die Fracht den Schiffsgläubigern in gleicher Weise, als wenn das Schiff nur einem Rheder gehörte.

Pr. Entw. Art. — **Entw. II** Art. — **Prot.** S. 4478, 4487. **A.D.H.** Art. 766.

§. 764.

Erlöschen des Pfandrechts der Schiffsgläubiger.

Das Pfandrecht der Schiffsgläubiger am Schiffe erlischt außer dem Falle der im Inland erfolgten Zwangsversteigerung des Schiffes[1]) auch durch den von dem Schiffer im Falle zwingender Nothwendigkeit auf Grund seiner gesetzlichen Befugnisse bewirkten Verkauf des Schiffes[2]) (§. 530); an die Stelle des Schiffes tritt für die Schiffsgläubiger das Kaufgeld, solange es bei dem Käufer aussteht oder noch in den Händen des Schiffers ist.[3])

Diese Vorschriften finden auch auf sonstige Pfandrechte am Schiffe Anwendung.[4])

Pr. Entw. Art. — **Entw. II** Art. 660. **Prot.** S. 2862—2865, 4179, 4180—4191, 4196—4199. **A.D.H.** Art. 767, 780.

Zu §. 764.

1) a. Betreffs der Zwangsversteigerung der im Schiffsregister eingetragenen Schiffe vgl. §§. 162—170 Zwangsverst.-Ges. (Anhang 3).

b. Die Schiffs*parten* werden fortan nach §. 858 C.P.O. (s. unten Anhang 3 Anm. 1d) wie bewegliche Sachen versteigert. Danach erlöschen, — wie nach früherem Rechte (Art. 780 Abs. 2, 767 Ziff. 1 A.D.H.) — die auf der Part ruhenden *Pfandrechte* im Falle eines Verkaufs der Part im Zwangsvollstreckungsverfahren. Denn in diesem Falle wird nach §. 858 C.P.O. die Hinterlegung des Erlöses und ein Verteilungsverfahren angeordnet, die Pfandforderungen werden in den Verteilungsplan aufgenommen. Dagegen werden die Rechte der Schiffs*gläubiger* durch den Zwangsverkauf einer oder mehrerer Schiffsparten nicht berührt, weil diese Rechte auf dem *ganzen* Schiffe ruhen. Denkschr. S. 287. — Ein Notverkauf gemäß §. 764 Abs. 1, §. 530 H.G.B. kann bei der Schiffspart nicht vorkommen.

2) Diese Vorschrift ist unentbehrlich, wenn der Käufer eines Schiffes auch nur die geringste Sicherheit haben, mithin der Verkauf von Schiffen im *Nothafen* überhaupt möglich sein soll; der auswärtige Kauflustige hat kein ausreichendes Mittel, um über die bestehenden Pfandrechte sich zu unterrichten. Eine Benachteiligung der Pfandgläubiger steht durch diese Bestimmung nicht zu befürchten; denn wenn sich das Schiff in einem solchen Zustande befindet, daß der Schiffer die Befugnis hat, es rechtsgültig zu verkaufen, so wird man in der Regel annehmen dürfen, daß das Pfandobjekt für den Pfandgläubiger schon durch Zufall so gut wie verloren ist. (P. 1725, 2863.)

3) a. Würde das Kaufgeld nicht an die Stelle des Schiffes treten, so würde den Schiffsgläubigern das ihnen haftende Vermögen allzuleicht von dem Rheder entzogen werden können; mit der Bereicherungsklage würde der Schiffsgläubiger jedenfalls nicht mehr als einen *persönlichen* Anspruch geltend zu machen vermögen, nicht aber im Falle des Konkurses eine Absonderung und Verteilung nach der seerechtlichen Prioritätsordnung unter Ausschluß der persönlichen Gläubiger verlangen können. Das Pfandrecht an dem Kaufgelde kann jedoch nur so lange fortdauern, als das letztere ein *separates* Rechtsobjekt bildet, so lange also noch

keine Vermischung mit dem übrigen Vermögen des Rheders eingetreten ist. Zweifellos ist das Kaufgeld mit dem übrigen Vermögen noch nicht als vermischt anzusehen, so lange es aussteht oder sich in den Händen des Schiffers befindet. Auf diese allein praktisch erheblichen Fälle hat man das Pfandrecht an dem Kaufgelde beschränkt, um Streitigkeiten, ob das Kaufgeld noch unterscheidbar als solches vorhanden sei, abzuschneiden. Sobald der Rheder das Kaufgeld in Empfang genommen hat, hört demnach das Pfand- resp. Absonderungsrecht auf. (P. 2863—2865.)

b. Rücksichtlich des persönlichen Anspruchs an den Rheder, der das Kaufgeld ganz oder zum Teil eingezogen hat, vgl. §. 773.

4) a. Die Gefahr, welche für den Seehandel in der Fortdauer dieser Pfandrechte nach der Veräußerung des Schiffes liegt, ist zu groß, als daß man sie nicht ebenso behandeln sollte, wie die Rechte der Schiffsgläubiger. Was in betreff der Erlöschung des an sich so bedeutenden Rechts eines Bodmereigläubigers gilt, konnte deshalb unbedenklich auch in betreff anderer vertragsmäßiger oder gesetzlicher Pfandrechte bestimmt werden.

b. Weggefallen ist die in dem korrespondierenden Art. 780 A.D.H. enthaltene Verweisung auf die Landesgesetze rücksichtlich der Beurteilung solcher vertragsmäßigen Pfandrechte, weil das Pfandrecht an Schiffen jetzt reichsgesetzlich geregelt ist. Die nicht im Schiffsregister eingetragenen Schiffe werden in Gemäßheit der §§. 1205 ff. B.G. durch Übergabe und Einigung über Bestellung eines Pfandrechts verpfändet. Dagegen erfolgt die Verpfändung der im Schiffsregister eingetragenen Schiffe und Schiffsparten nur durch Eintragung im Schiffsregister. (§§. 1259—1272 B.G., abgedruckt Anhang 2.) Betreffs der Verpfändung im Bau begriffener Schiffe s. Art. 20 Einf.Ges.

§. 765.

Aufgebot unbekannter Schiffsgläubiger.

Wird außer den im §. 764 bezeichneten Fällen das Schiff veräußert, so ist der Erwerber berechtigt, die Ausschließung der unbekannten Schiffsgläubiger mit ihren Pfandrechten im Wege des Aufgebotsverfahrens zu beantragen.[1])

Zu §. 765.

1) a. Bei Anordnung der Rechte der Schiffsgläubiger muß der doppelte Zweck im Auge behalten werden, daß einerseits der Verkehr mit Seeschiffen nicht unmöglich gemacht, und doch andererseits auch eine zur Not genügende Sicherheit für die Gläubiger erzielt werde. Beides erreicht man dadurch, daß man das Pfandrecht der Schiffsgläubiger als gegen Dritte verfolgbar bezeichnet, zugleich aber Vorsorge trifft, daß es in einer kurzen Zeit nach der Veräußerung des Schiffes erlischt. Deshalb ist in §. 765 bestimmt, daß der Erwerber eines Schiffes außerhalb der Fälle des §. 764 die Ausschließung der unbekannten Schiffsgläubiger mit ihren Pfandrechten im Wege des Aufgebotsverfahrens beantragen kann. Nur der Erwerber, nicht auch der Eigentümer des Schiffes als solcher ist befugt, das Aufgebotsverfahren zu beantragen. Die Ausschließung wirkt auch nur gegenüber dem Erwerber, der persönliche Anspruch gegenüber dem Rheder, der das Kaufgeld eingezogen hat, bleibt unberührt. Hinsichtlich des Verfahrens bei dem Aufgebote bestimmt die C.P.O.:

§. 1002. Für das Aufgebotsverfahren zum Zwecke der Ausschliessung von Schiffsgläubigern auf Grund des §. 765 des Handelsgesetzbuchs und des §. 110 des Gesetzes, betreffend die privatrechtlichen Verhältnisse der Binnenschiffahrt, gelten die nachfolgenden besonderen Bestimmungen.

Zuständig ist das Gericht, in dessen Bezirke sich der Heimathshafen oder der Heimathsort des Schiffes befindet.

Unterliegt das Schiff der Eintragung in das Schiffsregister, so kann der Antrag erst nach der Eintragung der Veräusserung des Schiffes gestellt werden.

Der Antragsteller hat die ihm bekannten Forderungen von Schiffsgläubigern anzugeben. Die Aufgebotsfrist muss mindestens drei Monate betragen.

In dem Aufgebot ist den Schiffsgläubigern, welche sich nicht melden, als Rechtsnachtheil anzudrohen, dass ihre Pfandrechte erlöschen, sofern nicht ihre Forderungen dem Antragsteller bekannt sind.

§. 1024 Abs. 1. Bei Aufgeboten, welche auf Grund ... des §. 765 des Handelgesetzbuchs und des §. 110 des Gesetzes, betreffend die privatrechtlichen Verhältnisse der Binnenschiffahrt, ergehen, können die Landesgesetze die Art der Veröffentlichung des Aufgebots und des Ausschlussurtheils sowie die Aufgebotsfrist anders bestimmen, als in den §§. 948, 950, 956 vorgeschrieben ist.

III. Rangordnung der Schiffsgläubiger (§§. 766—770, 771 Abs. 2, 777 Abs. 1).

§. 766.

Vorzugsrecht der Bewachungs- und Verwahrungskosten des Schiffes.

In Ansehung des Schiffes haben die Bewachungs- und Verwahrungskosten seit der Einbringung in den letzten Hafen (§. 754 Nr. 1) vor allen anderen Forderungen der Schiffsgläubiger den Vorzug.

Pr. Entw. Art. — **Entw. II** Art. 663. **Prot.** S. 2873—2875, 4174. **A.D.H.** Art. 770.

§. 767.

Forderungen aus verschiedenen Reisen.

Von den im §. 754 unter Nr. 2 bis 9 aufgeführten Forderungen gehen die die letzte Reise (§. 757) betreffenden Forderungen, zu welchen auch die nach der Beendigung der letzten Reise entstandenen Forderungen gerechnet werden, den Forderungen vor, welche die früheren Reisen betreffen.

Von den Forderungen, welche nicht die letzte Reise betreffen, gehen die eine spätere Reise betreffenden denjenigen vor, welche eine frühere Reise betreffen.[1])

Den im §. 754 unter Nr. 3 aufgeführten Schiffsgläubigern gebührt jedoch wegen der eine frühere Reise betreffenden Forderungen dasselbe Vorzugsrecht, welches ihnen wegen der eine spätere Reise betreffenden Forderungen zusteht, sofern die verschiedenen Reisen unter denselben Dienst- oder Heuervertrag fallen.[2])

Wenn die Bodmereireise mehrere Reisen im Sinne des §. 757 umfaßt, so steht der Bodmereigläubiger denjenigen Schiffsgläubigern nach, deren Forderungen die nach der Vollendung der ersten dieser Reisen angetretenen späteren Reisen betreffen.

Pr. Entw. Art. — **Entw. II** Art. 664. **Prot.** S. 2857, 2876, 4168, 4175. **A.D.H.** Art. 771.

Zu §. 767.

1) Rücksichtlich des Ranges der Schiffsgläubiger geht jede neue Reise der älteren vor. Dies ist das Prinzip.

2) Vgl. R.G. XX, 184.

§. 768.

Verschiedene Forderungen aus derselben Reise.

Die Forderungen, welche dieselbe Reise betreffen, sowie diejenigen, welche als dieselbe Reise betreffend anzusehen sind (§. 767), werden in nachstehender Ordnung[1]) berichtigt:

1. die öffentlichen Schiffs-, Schiffahrts- und Hafenabgaben (§. 754 Nr. 2);
2. die aus den Dienst- und Heuerverträgen herrührenden Forderungen der Schiffsbesatzung[2]) (§. 754 Nr. 3);
3. die Lootsengelder sowie die Bergungs-, Hülfs-, Loskaufs- und Reklamekosten (§. 754 Nr. 4), die Beiträge des Schiffes zur großen Haverei (§. 754 Nr. 5), die Forderungen aus den von dem Schiffer in Nothfällen abgeschlossenen Bodmerei- und sonstigen Kreditgeschäften sowie die diesen Forderungen gleichzuachtenden Forderungen (§. 754 Nr. 6);
4. die Forderungen wegen Nichtablieferung oder Beschädigung von Ladungsgütern und Reisegut (§. 754 Nr. 7);
5. die im §. 754 unter Nr. 8, 9 aufgeführten Forderungen.

Pr. Entw. Art. — **Entw. II** Art. 665. **Prot.** S. 2876—2882, 4175, 4176, 4199—4201, 4470, 4476, 4477, 4485. **A.D.H.** Art. 772.

Zu §. 768.

1) Derjenige Gläubiger geht stets dem andern vor, dessen Forderungen aus Leistungen herrühren, durch welche das Schiff auch für den anderen erhalten und beziehungsweise die Erreichung des Orts seiner Bestimmung ermöglicht wird, so daß diese Leistungen auch als dem anderen Gläubiger zu Gute gekommen anzusehen sind. (P. 4471.)

2) Eine Unterscheidung zwischen den verschiedenen Heuerforderungen erscheint einerseits als praktisch undurchführbar, andererseits auch als der Natur der Sache nicht angemessen, denn die Dienstleistungen des Schiffers und der Mannschaft sind vom Anfang bis zum Ende der Reise ein ungeteiltes Ganzes. Die Leistungen derselben kommen jedem Forderungsberechtigten zu Gute. (P. 2879, 4175.)

§. 769.

Rangordnung der im §. 768 unter derselben Ziffer aufgeführten Forderungen.

Von den im §. 768 unter Nr. 1, 2, 4, 5 aufgeführten Forderungen sind die dort unter derselben Nummer aufgeführten gleichberechtigt.[1])

Von den im §. 768 unter Nr. 3 aufgeführten Forderungen geht dagegen die später entstandene der früher entstandenen vor; die gleichzeitig entstandenen sind gleichberechtigt.

Hat der Schiffer aus Anlaß desselben Nothfalls verschiedene Geschäfte abgeschlossen (§. 754 Nr. 6), so gelten die daraus herrührenden Forderungen als gleichzeitig entstanden.

Forderungen aus Kreditgeschäften, namentlich aus Bodmereiverträgen, die von dem Schiffer zur Berichtigung früherer unter §. 768 Nr. 3 fallender Forderungen eingegangen sind, sowie Forderungen aus Verträgen, die von ihm behufs einer Verlängerung der Zahlungszeit oder behufs der Anerkennung oder Erneuerung solcher früheren Forderungen abgeschlossen sind, haben auch dann, wenn das Kreditgeschäft oder der Vertrag zur Fortsetzung der Reise nothwendig war, nur dasjenige Vorzugsrecht, welches der früheren Forderung zustand.[2])

Pr. Entw. Art. — **Entw. II** Art. 666. **Prot.** S. 2882, 4177, 4193—4195. **A.D.H.** Art. 773.

Zu §. 769.

1) Es war beantragt, zu bestimmen, daß bei den Forderungen zu 5. das Alter der Entstehung für die Priorität maßgebend sein solle. Hiergegen wurde geltend gemacht: Durch die Bezeichnung „Pfandrecht" solle nur ausgedrückt werden, daß die Schiffsgläubiger befugt seien, ihr Recht auch gegen den neuen Erwerber des Schiffes zu verfolgen; für das Verhältnis der Gläubiger unter einander habe man dagegen ein Pfandrechtssystem, wonach die ältere Forderung der jüngeren vorgehen müßte, keineswegs zu begründen beabsichtigt. Ein solches System würde nicht durchführbar sein, und es fehle auch an jedem genügenden Grunde, der älteren Forderung eine Priorität vor der jüngeren zuzugestehen. Für das Verhältnis der Gläubiger unter einander sei die Privilegiennatur der einzelnen Forderungen das Wesentliche, die Dinglichkeit des Rechts komme nur gegen Dritte in Betracht. (P. 2880, 2881.)

2) Der letzte Abs. des §. wurde wie folgt gerechtfertigt (P. 4194): Wenn z. B. der Schiffer bei einer zusammengesetzten Reise Bodmerei nicht für die ganze Reise, sondern nur für die Reise bis zu einem Zwischenhafen aufnimmt, und weil er das erforderliche Geld nicht vorfindet, zur Abwendung des Verkaufs des Schiffes eine neue Bodmerei aufnimmt oder die alte prolongieren läßt, nach der ersten oder vor der zweiten Bodmerei jedoch große Haverei eintritt, so hat die Havereiforderung das Vorrecht auch vor der prolongierten resp. der neuen Bodmereiforderung; denn wäre die Bodmerei nicht verlängert oder die neue Bodmerei nicht eingegangen, sondern das Schiff verkauft worden, so würden die Havereigelder der Bodmereischuld vorgegangen sein; die Rechte derjenigen, welche die Havereigelder zu fordern hätten, würden also durch die Abwendung des Verkaufs nicht gewahrt. Prolongationen und Novationen würden ohne eine derartige Bestimmung leicht zu Kollusionen zwischen dem Schiffer und einzelnen Gläubigern Anlaß geben können.

§. 770.

Forderungen aus Unfall- und Invalidenversicherung.

Die im §. 754 unter Nr. 10 bezeichneten Forderungen stehen allen übrigen Forderungen von Schiffsgläubigern ohne Rücksicht auf die Zeit ihrer Entstehung nach.[1])

Zu §. 770.

1) Wegen der Rangordnung dieser Forderungen unter einander vgl. Anm. 10 zu §: 754.

§. 771.

Pfandrecht an der Fracht. Persönliche Haftung des Rheders für eingezogene Fracht.

Das Pfandrecht der Schiffsgläubiger an der Fracht (§. 756) ist nur so lange wirksam, als die Fracht noch aussteht oder die Frachtgelder in den Händen des Schiffers sind.

Auch auf dieses Pfandrecht finden die Vorschriften der §§. 766 bis 770 über die Rangordnung Anwendung.[1])

Im Falle der Abtretung der Fracht kann das Pfandrecht der Schiffsgläubiger, solange die Fracht noch aussteht oder die Frachtgelder in den Händen des Schiffers sind, auch dem neuen Gläubiger gegenüber geltend gemacht werden.[2])

Soweit der Rheder die Fracht einzieht,[3]) haftet er den Schiffsgläubigern, welchen das Pfandrecht dadurch ganz oder zu einem Theile entgeht,[4]) persönlich und zwar einem jeden in Höhe desjenigen Betrags, welcher sich für ihn bei einer Vertheilung des eingezogenen Betrags nach der gesetzlichen Rangordnung ergiebt.[5])

Dieselbe persönliche Haftung des Rheders tritt ein in Ansehung der am Abladungsorte zur Abladungszeit üblichen Fracht für die Güter, welche für seine Rechnung abgeladen sind.

Pr. Entw. Art. — **Entw. II** Art. 667. **Prot.** S. 2883—2889, 2940—2943, 4163—4167, 4177. **A.D.H.** Art. 774.

Zu §. 771.

1) An bereits eingehobenen Forderungen kann ein dingliches Recht nicht bestehen. (Vgl. §. 764.) Die Rechte der Schiffsgläubiger auf die Fracht sind rechtlich gleichgeartet mit denen auf das Kaufgeld des Schiffes. Die leitenden Grundsätze, auf denen die seerechtliche Prioritätsordnung beruht, namentlich das Moment der versio in rem, sind auch bei der Fracht der betreffenden Reise von Bedeutung. (P. 2883—2889, 2890, 2941.)

2) Den Schiffsgläubigern steht auch rücksichtlich der noch ausstehenden Fracht gegenüber den anderen Konkursgläubigern ein Separationsrecht zu (§. 776); jene Rechte können, so lange die Fracht aussteht oder die Frachtgelder noch in den Handen des Schiffers sind, auch gegenüber dem Cessionar der Frachtforderung geltend gemacht werden. Man nahm an (P. 4166), daß ohne eine solche Bestimmung die Rechte der Schiffsgläubiger auf die Fracht völlig illusorisch würden. Gegen den Cessionar liege kein Unrecht in dieser Festsetzung, da er im voraus wisse, daß seine Rechte noch durch neu bekannt werdende oder sogar erst neu entstehende Schiffsgläubiger gefährdet werden können, und da er sich freiwillig zu dem Geschäfte herbeilasse, während viele Schiffsgläubiger unfreiwillig zu Gläubigern würden, und überdies nur mit beschränkten Rechten.

3) Unter Einziehung der Fracht ist auch die Verwendung im Interesse des Rheders, die Zahlung an Gläubiger u. s. w. zu verstehen. — Hat nicht der Rheder, sondern der Schiffer die Fracht eingezogen, ohne daß etwas davon an den Rheder gelangt ist, so ist letzterer nicht persönlich haftbar. (P. 2942.)

4) Es macht keinen Unterschied hierbei, ob die Forderung des Schiffsgläubigers vor oder nach Einziehung der Fracht entstanden ist, was namentlich in betreff der Frachtvorschüsse von Bedeutung ist. (P. 2943.)

5) In denjenigen Fällen, in welchen der Anspruch der Schiffsglaubiger nur ein persönlicher und kein dinglicher ist, bleibt die Gemeinschaft derselben noch insofern bestehen, als für alle eine gewisse Summe die gemeinschaftliche Grenze der Haftbarkeit des Rheders bildet. Mit der Veränderung des haftbaren Objekts verlieren die Erwägungen, die zur Aufstellung der seerechtlichen Rangordnung Veranlassung gegeben haben, nicht ihre Begründung. Jeder durch Einziehung der Fracht benachteiligte Gläubiger hat deshalb nur in Höhe desjenigen Betrages, welchen er bei ordnungsmäßiger Verteilung der Kaufgelder resp. der Fracht erhalten haben würde, einen persönlichen Anspruch; er ist dagegen befugt, den Kaufschilling und die Fracht für seine ganze Forderung in Anspruch zu nehmen, so lange noch etwas davon übrig ist und ihm nicht bewiesen wird, daß noch besser privilegierte Gläubiger vorhanden sind. Der Rheder hat demgemäß das Kaufgeld so zu vertheilen, wie es der Richter beim Zwangsverkauf gethan haben würde.

Im Konkurse des Rheders kann sonach der Schiffsgläubiger nicht seine ganze Forderung, sondern nur denjenigen Teil, welchen er bei ordnungsmäßiger Verteilung erhalten würde, liquidieren. (P. 2884, 2889, 2894, 2897.)

§. 772.

Persönliche Haftung des Rheders für verteilte Fracht.

Verwendet der Rheder die Fracht zur Befriedigung eines oder mehrerer Gläubiger, denen ein Pfandrecht an der Fracht zusteht, so ist er den Gläubigern, welchen der Vorzug gebührt hätte, nur insoweit verantwortlich, als er sie wissentlich verkürzt hat.[1])

Pr. Entw. Art. — **Entw. H** Art. 668. **Prot.** S. 2889—2897, 2943, 4177, 4195. **A.D.H.** Art. 775.

Zu §. 772.

1) Es kann sich leicht ereignen, daß dem Rheder die Forderung eines Schiffsgläubigers, aber nicht die Thatsache, auf welcher ihr Vorrecht beruht, bekannt ist. Es wäre unbillig, wenn man ihn für die Nichtberücksichtigung dieses ihm unbekannten besseren Vorrechts verantwortlich machen wollte. (P. 2894, 4195.)

§. 773.

Persönliche Haftung des Rheders für eingezogenes Schiffskaufgeld.

Soweit der Rheder in den Fällen der §§. 764, 765 das Kaufgeld einzieht, haftet er den Schiffsgläubigern, deren Pfandrechte in Folge der Zwangsversteigerung, des Verkaufs oder des Aufgebotsverfahrens erloschen sind, in gleicher Weise persönlich wie den Gläubigern einer Reise im Falle der Einziehung der Fracht (§§. 771, 772).[1])

Pr. Entw. Art. — **Entw. H** Art. 660 Ziff. 2. **Prot.** S. 2890—2897, 2943, 4177. **A.D.H.** Art. 776.

Zu §. 773.

1) Die persönliche Haftung des Rheders für den von ihm eingezogenen Theil des Kaufgeldes folgt schon aus allgemeinen Rechtsgrundsätzen. — Ist die Zuziehung einiger Gläubiger zum Verfahren der Kaufgelderverteilung aus Versehen unterlassen, so können die benachteiligten Gläubiger Rückgabe des an den Rheder gezahlten Kaufgeldes und Fortsetzung des Verteilungsverfahrens verlangen. So lange das Verteilungsverfahren nicht wieder aufgenommen ist, können auch die präkludierten Gläubiger den Rheder insoweit in Anspruch nehmen, als sie aus dem von diesem eingezogenen Teile des Kaufgeldes Befriedigung erlangt haben würden, wenn alle Gläubiger bei Verteilung des Kaufschillings nach der seerechtlichen Rangordnung berücksichtigt worden wären; denn das Ausschlußurteil schließt zwar den präkludierten Gläubiger von seinem Vorrechte bezüglich der im Zwangswege verkauften Sache aus, der persönliche Anspruch gegen den Schuldner bleibt ihm aber vorbehalten. (P. 2893, 4178—4180.)

§. 774.

Persönliche Haftung des Rheders bei Aussendung des Schiffes zu neuer Reise.

Sendet der Rheder, nachdem er von der Forderung eines Schiffsgläubigers, für die er nur mit Schiff und Fracht haftet, Kenntniß erhalten hat,[1]) das Schiff zu einer neuen Reise (§. 757) in See, ohne daß das Interesse des Schiffsgläubigers es gebietet, so wird er für die Forderung in Höhe desjenigen Betrags zugleich persönlich verpflichtet, welcher sich für den Gläubiger ergeben haben würde, falls der Werth, den das Schiff bei dem Antritte der Reise hatte, unter die Schiffsgläubiger nach der gesetzlichen Rangordnung vertheilt worden wäre.[2])

Es wird vermuthet, daß der Gläubiger bei dieser Vertheilung seine vollständige Befriedigung erlangt haben würde.[3])

Die persönliche Verpflichtung des Rheders, welche aus der Einziehung der dem Gläubiger haftenden Fracht entsteht (§. 771), wird durch diese Vorschriften nicht berührt.

Pr. Entw. Art. 407 Abs. 3. **Entw. H** Art. 428, 668. **Prot.** S. 1631—1636, 2870, 2871, 3736, 3737, 3790, 3794, 4063, 4288. **A.D.H.** Art. 777.

Zu §. 774.

1) Die Frage, wer persönlich verpflichtet sei, wenn der Rheder, nachdem er von einer derartigen Forderung Kenntnis erhalten, das Schiff veräußert und der neue Erwerber es in See sendet, ist nicht entschieden worden. Nach der Meinung einiger haftet der veräußernde Rheder, weil er im voraus weiß, daß das Schiff vom neuen Erwerber zum Schiffahrtsbetriebe erworben werde; nach der Ansicht anderer haftet der erwerbende Rheder, weil das Gesetz nicht unterscheidet, ob der Rheder das Schiff von jeher besessen oder es mit Schulden belastet von einem anderen erworben hat; eine dritte Meinung ging dahin, daß sowohl Veräußerer als Erwerber persönlich verpflichtet seien. (P. 2870, 4191, 4197.)

2) Es kann der Willkür der Rheder nicht überlassen bleiben, das einzige Deckungsmittel der Schiffsgläubiger der Gefahr des Untergangs oder der Verschlechterung auszusetzen; es ist gerecht, daß in solchem Falle der Rheder die Gefahr trägt. Andererseits soll aber dem Gläubiger kein größerer Vorteil verschafft werden, als wenn das Schiff nicht von neuem in See gesendet worden wäre; ein solcher würde in der unbeschränkten persönlichen Haftung des Rheders liegen. (P. 1631—1636, 3736.) — Für die Zinsen seit der Klagezustellung und für die Prozeßkosten haftet der Rheder persönlich.

3) Die Beweislast des Minderwerts ist dem Reder auferlegt, weil der Gläubiger kaum in der Lage ist, vor Abgang des Schiffes den Wert desselben feststellen zu lassen. (P. 1634, 3737.) Vgl. R.G. XXI, 135.

§. 775.

Recht der Schiffsgläubiger auf die Vergütung oder Entschädigung für das Pfandobjekt.

Die Vergütung für Aufopferung oder Beschädigung in Fällen der großen Haverei tritt für die Schiffsgläubiger an die Stelle desjenigen, wofür die Vergütung bestimmt ist.[1])

Dasselbe gilt von der Entschädigung, die im Falle des Verlustes oder der Beschädigung des Schiffes oder wegen entzogener Fracht im Falle des Verlustes oder der Beschädigung von Gütern dem Rheder von demjenigen zu zahlen ist, welcher den Schaden durch eine rechtswidrige Handlung verursacht hat.

Ist die Vergütung oder Entschädigung von dem Rheder eingezogen, so haftet er in Höhe des eingezogenen Betrags den Schiffsgläubigern in gleicher Weise persönlich wie den Gläubigern einer Reise im Falle der Einziehung der Fracht (§§. 771, 772).

Pr. Entw. Art. — **Entw. H** Art. 670. **Prot.** S. 2901, 4177. **A.D.H.** Art. 778.

Zu §. 775.

1) a. Die Vergütung, nicht, wie beantragt worden: das Recht auf die Vergütung tritt für die Schiffsgläubiger an die Stelle desjenigen, wofür die Vergütung bestimmt ist; eine Bestimmung im letzteren Sinne würde die Folge gehabt haben, daß statt des Rheders bei Aufmachung von Dispachen rc. die Schiffsgläubiger als Interessenten hätten müssen zugezogen werden, was zu bedenklichen Weiterungen geführt hätte. (P. 2860.)

b. Eine Bestimmung dieses Inhalts ist durch die Billigkeit geboten, weil z. B. der Bodmereinehmer sich sonst mit dem Schaden des Bodmereigläubigers bereichern würde, wenn er außer dem Bodmereidarlehn auch die Vergütung für die Beschädigung oder die Aufopferung der verbodmeten Sache behalten dürfte. Für die Ausdehnung dieser Bestimmung auf alle Schiffsgläubiger spricht die Gleichheit des Grundes. (P. 2777, 2859.)

§. 776.

Vorrang der Schiffsgläubiger vor anderen Gläubigern.

Treffen Schiffsgläubiger, die ihr Pfandrecht verfolgen, mit anderen Pfandgläubigern oder sonstigen Gläubigern zusammen, so haben die Schiffsgläubiger den Vorzug.[1])

Pr. Entw. Art. — **Entw. H** Art. 670. **Prot.** S. 2901, 4177. **A.D.H.** Art. 779.

Zu §. 776.

1) a. Dieser §. geht nach zwei Richtungen hin weiter als die meisten Seerechte:

α. darin, daß nicht bloß diejenigen Schiffsgläubiger, deren Forderungen von einer in rem versio zum Besten des Schiffes herrühren, allen anderen Forderungsberechtigten vorgehen, sondern auch diejenigen, welchen die Eigenschaft eines Schiffsgläubigers lediglich mit Rücksicht darauf, daß der Rheder ihnen nur mit Schiff und Fracht haftet, beigelegt ist. Durch diese gleichartige Behandlung aller Schiffsgläubiger anderen Gläubigern oder Pfandgläubigern (R.O.H. Bd. 22, S. 360) gegenüber werden Komplikationen vermieden; überdies liegt es in der Billigkeit, daß einem Gläubiger, dem eine Sache als alleiniges Mittel seiner Befriedigung haftet, nicht noch andere Gläubiger, die das Vermögen des Schuldners ohne Beschränkung in Anspruch nehmen können, als gleichberechtigte Konkurrenten rücksichtlich derselben Sache an die Seite gesetzt werden;

β. darin, daß das Vorrecht der Schiffsgläubiger vor anderen Gläubigern nicht davon abhängig ist, ob die Forderung von der letzten Reise vor Verteilung der Kaufgelder herrührt, und ob die Einklagung der Forderung aus einer früheren Reise vor Antritt der neuen mit oder ohne Verschulden des Schiffsgläubigers unterblieben ist. (P. 2848, 2897—2899, 2905—2913.)

b. Die Schiffsgläubiger gehen namentlich auch dem Fiskus vor. (P. 2902.) Indessen gehen allen Schiffsgläubigerrechten aus §. 754 vor: Die Reichskasse, die Staatskassen und die Gemeinden sowie die Amts-, Kreis- und Provinzialverbände wegen öffentlicher Abgaben in Ansehung der zurückgehaltenen oder in Beschlag genommenen zoll- und steuerpflichtigen Sachen. §. 49 Nr. 1. und Abs. 2. Konk.O., Art. III. Einf.Ges. z. Ges. betr. Änderungen der Konk.O. (R.G.Bl. 1898 S. 249.)

§. 777.

Rangordnung der auf den Gütern haftenden Pfandrechte.
Recht der Schiffsgläubiger auf die Vergütung für haftende Güter.

Von den auf den Gütern wegen der Fracht, der Bodmereigelder, der Beiträge zur großen Haverei und der Bergungs- und Hülfskosten (§§. 623, 679,

725, 751) haftenden Pfandrechten steht das wegen der Fracht allen übrigen nach; unter diesen übrigen hat das später entstandene vor dem früher entstandenen den Vorzug; die gleichzeitig entstandenen sind gleichberechtigt. Die Forderungen aus den von dem Schiffer aus Anlaß desselben Nothfalls abgeschlossenen Geschäften gelten als gleichzeitig entstanden.

In den Fällen der großen Haverei und des Verlustes oder der Beschädigung durch rechtswidrige Handlungen kommen die Vorschriften des §. 775 und im Falle des von dem Schiffer zur Abwendung oder Verringerung eines Verlustes nach Maßgabe des §. 535 Abs. 3 bewirkten Verkaufs die Vorschriften des §. 764 und, wenn derjenige, für dessen Rechnung der Verkauf geschehen ist, das Kaufgeld einzieht, auch die Vorschrift des §. 773 zur Anwendung.[1])

Pr. Entw. Art. — **Entw. II** Art. 671. **Prot.** S. 2913, 4177, 4201, 2288. **A.D.H.** Art. 781.

Zu §. 777.

1) d. h. die Vergütung für Güter bei großer Haverei oder bei Beschädigung oder beim Notverkaufe durch den Schiffer tritt dem Schiffsgläubiger gegenüber an die Stelle der Güter.

Zehnter Abschnitt.

Versicherung gegen die Gefahren der Seeschiffahrt.[1])

Zur Überschrift.

1) An sehr vielen Plätzen Deutschlands ist der „Revidierte Plan Hamburgerscher Seeversicherungen, in Kraft getreten am 1. Januar 1853," für das Seeversicherungsgeschäft als Grundlage angenommen. Dieser Plan ist deshalb bei den Vorschriften dieses Abschnitts besonders berücksichtigt. Die Hamburgische Assekuranz- und Havarieordnung von 1731, welche die Basis des Planes von 1853 bildet, war schon bei der Ausarbeitung des A.L.R. zu Grunde gelegt worden. (M. 329.) Ueber die Interpretation der neuen „Allgemeinen Seeversicherungs-Bedingungen von 1867," die unten Anhang 20 abgedruckt sind, vgl. Entsch. R.O.H. Bd. 3, S. 88 und R.G. X, 16. Danach sollen in betreff der dem H.G.B. entnommenen Bestimmungen die Interpretationsregeln für Gesetzesauslegungen, in betreff des selbständigen Inhalts der „Bedingungen" die Regeln gelten, welche bei der Auslegung von Rechtsgeschäften maßgebend sind. — Die Bremischen Seeversicherungsbedingungen von 1875 citiert R.G. XXXV, 113.

Erster Titel.

Allgemeine Vorschriften.

I. Gegenstand der Seeversicherung (§§. 778—780).

§. 778.

Jedes in Geld schätzbare Interesse, welches Jemand daran hat, daß Schiff oder Ladung die Gefahren der Seeschiffahrt besteht, kann Gegenstand der Seeversicherung sein.[1])

Pr. Entw. Art. 603. **Entw. II** Art. 675. **Prot.** S. 2975—2980, 3131, 4230—4232. **A.D.H.** Art. 782. **Allg. S.B.** §. 1.

Zu §. 778.

1) a. §. 778 drückt zunächst aus (P. 3131), daß das Interesse an einer gewissen, der Seefahrt ausgesetzten Sache und nicht diese Sache selbst als das eigentliche Objekt des Versicherungsvertrages anzusehen ist; sodann (P. 4231), daß ohne Interesse keine gültige Versicherung vorhanden ist (vgl. §. 895 und R.G. XXXVI, 134), weshalb die doppelte und Überversicherung, sowie die Versicherung, bei welcher das Interesse erst durch den Assekuranzvertrag geschaffen wird (Wettassekuranz), nicht als gültige Seeversicherungen zu betrachten sind, ferner, daß jedes Interesse, welches Jemand daran hat, daß Schiff oder Ladung die Gefahren der Seeschiffahrt bestehen, zur Versicherung sich eigne oder versicherbar sei, und endlich, daß sich das zu versichernde Interesse an Schiff oder Ladung knüpfen müsse, eine Seeversicherung somit nicht vorhanden sei, wenn z. B. ein an der See liegendes Grundstück gegen Beschädigungen durch die See versichert wird.

b. Aus der Fassung des §. 778 („die Gefahren der Seeschiffahrt — perils of navigation") ergiebt sich, daß auch Schiffe im Hafen versichert werden können, und zwar selbst dann, wenn der Aufenthalt daselbst nicht mit einer Reise in unmittelbarem Zusammenhang steht. Es handelt sich bei der Seeassekuranz nicht lediglich um Sicherung gegen den Verlust, welcher dem Beteiligten durch die mit der Bewegung des Schiffes und der Ladung von einem Hafen zum anderen verbundenen Gefahren droht. Die Versicherung von im Winterlager oder zeitweilig im Heimatshafen befindlichen Schiffen wird allgemein nach den Bestimmungen des Seeassekuranzrechts beurteilt. (P. 2975—2980, 4230, 4231. Vgl. R.G. XI, 107.)

c. §. 778 bestimmt, was gegen Seegefahr versichert werden kann, und §. 779 bezeichnet die Hauptgegenstande der Versicherung, ohne jedoch eine vollständige Aufführung aller versicherbaren Interessen zu beabsichtigen, wie aus dem Eingangsworte „insbesondere" hervorgeht. (R.O.G. Bd. 20, S. 132; Bolze XVI, 449.) Dagegen fehlt eine ausdrückliche Bestimmung, wer Versicherung nehmen und erteilen kann. Nach Art. 69 Ziff. 1 und 271, Ziff. 3 A.D.H. waren die amtlich bestellten Handelsmäkler zur Erteilung von Versicherungen gegen Prämie nicht befugt, das jetzige H.G.B. §. 93ff. regelt nur noch die Bestimmungen für die Privathandelsmäkler. Das A.L.R. (T. II, Tit. 8 §. 1939) versagte noch den öffentlich bestellten Dispacheurs richterlichen Personen in Assekuranzstreitigkeiten, Bank- und Zollbeamten u. a. die Befugnis zur Erteilung von Versicherungen gegen Prämie.

Hauptgegenstände der Versicherung. §. 779.

Es können insbesondere versichert werden:[1])

das Schiff;

die Fracht;

die Ueberfahrtsgelder;

die Güter;[2])

die Bodmereigelder;

die Havereigelder;[3])

andere Forderungen, zu deren Deckung Schiff, Fracht, Ueberfahrtsgelder oder Güter dienen;[4])

der von der Ankunft der Güter am Bestimmungsort erwartete Gewinn (imaginäre Gewinn);[5])

die zu verdienende Provision;

die von dem Versicherer übernommene Gefahr (Rückversicherung).[6])

In der einen dieser Versicherungen ist die andere nicht enthalten.[7])

Pr. Entw. Art. — **Entw. H** Art. 676. **Prot.** S. 3052—3054, 3089—3093, 3100, 3123, 3131—3133, 4232—4234. **A.D.H.** Art. 783. **Allg. S.B.** §. 2.

Zu §. 779.

1) Vgl. Anm. 1c zu §. 778.

2) Wenn „Güter“ ohne Weiteres versichert sind, dann ist das Eigentumsinteresse versichert. Zur Wirksamkeit der Versicherung ist ein zweifelloses und aktuelles Interesse nicht notwendig, vielmehr genügt auch ein zweifelhaftes und eventuelles Interesse und der Versicherungsnehmer ist nicht verpflichtet, bei Abschluß der Versicherung anzugeben, daß sein Interesse nur so beschaffen sei. (R.G. XIII, 103.) Das Eigentumsinteresse besteht trotz Verkaufs der Ladung und Verladungsanzeige so lange noch fort, als der Verkäufer rechtlich in der Lage ist, die Ware dem Käufer vorzuenthalten, und thatsächlich imstande ist, über sie zu verfügen. (R.G. XXIII, 84.)

3) Unter „Havereigelder“ versteht man diejenigen Gelder, welche nach Einleitung eines Unternehmens zur See, vor dessen Beendigung, infolge eines Seeunfalls aufgewendet werden müssen. (P. 3271.)

4) Nicht jeder Gläubiger des Rheders oder Ladungseigentümers ist befugt, Seeversicherung zu nehmen wegen des Interesses, welches er daran hat, daß kein Bestandteil des Vermögens seines Schuldners verloren geht, weil ihm jeder Bestandteil dieses Vermögens zur Deckung seiner Forderung dienen kann; versicherbar sind vielmehr nur diejenigen Forderungen, welche nach den Anschauungen des Verkehrs mit dem der See anvertrauten Vermögen in einem besonderen Verband als Pfandforderungen, Schiffsschulden u. dgl. stehen (P. 3132). Vgl. wegen der in Beziehung auf die versicherte Reise und zur Deckung regelmäßiger Ausgaben gewährten Vorschußgelder eines Korrespondentrheders, die ein versicherbares Interesse der Rhederei bilden, R.O.H. Bd. 15, S. 115 u. R.G. XXV, 84. Vgl. §. 805.

5) Vgl. R.G. XV, 90, XXXVI, 130. Nach der letzteren Entscheidung ist auch für die Seeversicherung daran festzuhalten, daß ein Anspruch auf die Versicherungssumme nur besteht, wenn und insoweit durch den Unfall das versicherte Interesse verloren geht. Gelingt es daher dem Versicherten, an demselben Ladeplatze auf einem anderen Schiffe abzuladen, so fällt der Anspruch auf das versicherte Interesse fort.

6) In betreff der Versicherung der Versicherungskosten vgl. §§. 796, 797, 799. Unter welchen Voraussetzungen im übrigen die Assekuranzkosten versichert werden können, ist nach allgemeinen Rechtsgrundsätzen zu beurteilen (P. 3110).

7) Aus dem letzten Abs. d. §. ergiebt sich, daß die in demselben bezeichneten Gegenstände speziell bei Eingehung des Vertrages benannt werden müssen, wenn sie gedeckt sein sollen, daß der Gegenstand und das Interesse, dessen Sicherstellung beabsichtigt wird, in Gewißheit gebracht werden muß (R.O.H. Bd. 20, S. 130), und daß (R.O.H. Bd. 14, S. 133, R.G. VII, 12) jedes versicherbare Interesse einen besonderen Versicherungsgegenstand bildet.

§. 780. **Heuerversicherung.**

Die Heuerforderung des Schiffers und der Schiffsmannschaft kann nicht versichert werden.[1])

Pr. Entw. Art. 604. **Entw. H** Art. 677. **Prot.** S. 3005—3008, 4236. **A.D.H.** Art. 784. **Allg. S.B.** §. 3.

Zu §. 780.

1) a. Dieses Verbot gründet sich auf die Besorgnis, die Schiffsleute würden bei Versicherung ihrer Heuer mit weniger Eifer für die Erhaltung des Schiffes sorgen. Es trifft die Heuerforderungen, gleichviel wem sie zustehen, sonst würde leicht durch Abtretung u. dgl. eine Umgehung des Gesetzes herbeigeführt werden können. Unter „Heuerforderung“ sind jedoch nicht die Anteile des Schiffers und der Schiffsmannschaft an der Fracht und an dem Gewinn zu verstehen. (Art. 555 A.D.H.) Rücksichtlich dieser Anteile ist die rechtliche Stellung dieser Personen keineswegs dieselbe wie bei der Heuerforderung; sie erscheinen vielmehr als Mitspekulanten, denen so viel an dem Gelingen der Unternehmung liegt, daß es nicht noch erst eines besonderen Mittels

bedarf, um sie zur strengsten Pflichterfüllung anzueifern. Vgl. auch Bolze XI, Nr. 425. — Dem Rheder ist die Versicherung der Heuer des Schiffers und der Mannschaft gestattet, sofern er ein rechtliches Interesse daran hat, da bei ihm die Gründe des Verbots nicht zutreffen; aus demselben Grunde ist von einer Ausdehnung des Verbots auf die Gagen der übrigen auf dem Schiffe angestellten Personen Umgang genommen worden. (P. 3005—3008.)

b. Nach dem Pr. Entw. (Art. 604) sollten auch Versicherungen über Waren und Güter, welche für feindliche Magazine, Armeen und Festungen bestimmt sind, nichtig sein. Man war jedoch der Ansicht, es bedürfe keiner besonderen Anerkennung des Prinzips, daß man sich nicht verpflichten dürfe, an unerlaubten Unternehmungen eines anderen Teil zu nehmen, die hierbei praktisch wichtigste Frage aber, nach welchen Gesetzen zu beurteilen sei, ob das Unternehmen des Versicherten erlaubt oder unerlaubt erscheine, lasse sich nicht erschöpfend regulieren. (P. 3001—3005.)

II. Versicherung für eigene oder fremde Rechnung (§§. 781—783).

§. 781.

Der Versicherungsnehmer kann entweder sein eigenes Interesse (Versicherung für eigene Rechnung) oder das Interesse eines Dritten (Versicherung für fremde Rechnung) und im letzteren Falle mit oder ohne Bezeichnung der Person des Versicherten unter Versicherung bringen.

Es kann im Vertrag auch unbestimmt gelassen werden, ob die Versicherung für eigene oder für fremde Rechnung genommen wird (für Rechnung „wen es angeht").[1]) Ergiebt sich bei einer Versicherung für Rechnung „wen es angeht", daß sie für fremde Rechnung genommen ist, so kommen die Vorschriften über die Versicherung für fremde Rechnung zur Anwendung.

Die Versicherung gilt als für eigene Rechnung des Versicherungsnehmers geschlossen, wenn der Vertrag nicht ergiebt, daß sie für fremde Rechnung oder für Rechnung „wen es angeht" genommen ist.

Pr. Entw. Art. 329. **Entw. II** Art. 678. **Prot.** S. 2980—2985, 4236, 3273. **A.D.H.** Art. 785. **Allg. S.B.** § 4.

Zu §. 781.

1) a. Versicherungen zu Gunsten oder für Rechnung eines Dritten kommen bei Versicherungen von Waren auf dem Transport häufig vor. Die Besorgung von Versicherungen für fremde Rechnung ist namentlich ein wichtiger Zweig des Kommissionshandels geworden, der im Vergleich mit anderen Kommissionsgeschäften das Eigentümliche hat, daß kommissionsweise geschlossene Versicherungen, abweichend von den Bestimmungen der §§. 383, 406, als für fremde Rechnung eingegangen bezeichnet werden müssen. Da den Kommissionären und den Kaufleuten in der Regel daran liegt, ihre Geschäftsverbindungen nicht bekannt werden zu lassen, so ist es gebräuchlich, die Versicherung zwar für fremde Rechnung, jedoch ohne Nennung des Namens des Dritten zu nehmen, z. B. unter der Formel „für Rechnung, wen es angeht." In dieser Klausel ist die Versicherung für eigene Rechnung mit einbegriffen. Wenn der Versicherer sich jeden unbekannten Dritten als Versicherten gefallen lassen muß, sofern dieser der Interessierte ist, so ist derjenige, der den Vertrag abschloß, um so unbedenklicher als Kontrahent anzusehen. (P. 2980—2984.)

b. Der Versicherungsnehmer für Rechnung, wen es angeht, ist stets zur Klage legitimiert, berechtigt dagegen nur unter der Voraussetzung, daß eine wirksame Versicherung für eigene oder fremde Rechnung vorliegt, und muß deshalb notwendig das eine oder das andere nachweisen

(R.O.H. Bd. 14, S. 128). Die Person des Versicherten muß nicht schon beim Abschlusse des Versicherungsvertrages individuell bestimmt sein, sondern kann auch durch eine nach Abschluß der Versicherung eintretende Thatsache bestimmt werden. (R.G. XIII, 104.)

§. 782. **Versicherung für fremde Rechnung.**

Die Versicherung für fremde Rechnung ist für den Versicherer nur verbindlich, wenn entweder der Versicherungsnehmer zur Eingehung der Versicherung von dem Versicherten beauftragt war oder wenn der Mangel eines solchen Auftrags von dem Versicherungsnehmer bei dem Abschlusse des Vertrags dem Versicherer angezeigt wird.

Ist die Anzeige unterlassen, so kann der Mangel des Auftrags dadurch nicht ersetzt werden, daß der Versicherte der Versicherung nachträglich zustimmt.[1])

Ist die Anzeige erfolgt, so ist die Verbindlichkeit der Versicherung für den Versicherer von der nachträglichen Zustimmung des Versicherten nicht abhängig.[2])

Der Versicherer, für welchen nach diesen Vorschriften der Versicherungsvertrag unverbindlich ist, kann, auch wenn er die Unverbindlichkeit des Vertrags geltend macht, die volle Prämie beanspruchen.[3])

Pr. Entw. Art. 329, 675. **Entw. H** Art. 679. **Prot.** S. 2991—3000, 3124—3130, 4237—4245. **A.D.H.** Art. 786. **Allg. S.B.** §. 5.

Zu §. 782.

1) Der Rechtssatz (vgl. B.G. §. 108), daß die Genehmigung dem Auftrage gleichsteht, darf im Verhältnis des Versicherungsnehmers zum Versicherer keine Anwendung finden, wenn nicht dem Betrug ein weiter Spielraum geöffnet werden soll. Man muß also darauf bestehen, daß derjenige, welcher für fremde Rechnung Versicherung nimmt, entweder sich auf einen ihm bereits erteilten Auftrag des Versicherten berufen könne, oder daß er vom Mangel des Auftrags dem Versicherer Anzeige mache, um alle Streitigkeiten darüber abzuschneiden, ob dem Versicherer alle Verhältnisse, die auf seinen Willen von Einfluß sein können, gebührend angezeigt worden sind. Durch die Anzeige, daß die Versicherung ohne Auftrag geschlossen ist, wird von den Geschäftsgeheimnissen des Versicherungsnehmers nichts aufgedeckt (P. 4240).

2) Oft ist es nicht möglich, vor dem Eintreten eines Unfalls die Genehmigung des Versicherten beizubringen; auch ist nicht abzusehen, weshalb die Haftung des Versicherers von einer nachträglichen Genehmigung abhängig sein soll, obschon der Vertrag vom Versicherungsnehmer bereits fest abgeschlossen und dem Versicherer der Bezug der Prämie fest gesichert ist. Diese Bestimmung schließt nicht aus, daß der Versicherer sich die Genehmigung des Versicherten vor Eintritt eines Unfalls vertraglich vorbehalten kann. Ist ein solcher Vorbehalt gemacht und die Genehmigung nicht beigebracht, so ist kein bindender Vertrag vorhanden und der Versicherer hat keinen Anspruch auf die Prämie. Die Versicherung unter dem Vorbehalte der Genehmigung des Versicherten ist keine wahre Versicherung für fremde Rechnung, sondern eine solche, bei welcher der Versicherte selbst als Kontrahent erscheint. Die Wirkungen jenes Vorbehalts sind deshalb nach den Grundsätzen des bürgerlichen Rechts zu beurteilen, und es ist nach diesen auch zu entscheiden, bis zu welcher Zeit die Genehmigung zu erfolgen hat. (P. 4242—4248.) Vgl. §§. 177, 178 B.G.

3) Der Vertrag ist gültig, der eine Kontrahent geht aber seiner Rechte aus demselben verlustig, weil er bei Abschluß des Vertrages seinen gesetzlichen Obliegenheiten nicht genügt hat. Die Pflicht zur Zahlung der Prämie wird ein Antrieb sein, daß die erforderliche Anzeige erfolge. Ist der Versicherungsnehmer seines Auftrags nicht ganz sicher, so kann er sich durch Vereinbarung der Klausel „mit oder ohne Auftrag" oder einer gleichbedeutenden Klausel vor Schaden sicher stellen. (P. 4249.)

§. 783.

Versicherung durch Vertreter, auf das Interesse eines benannten Dritten.

Wird die Versicherung von einem Bevollmächtigten, einem Geschäftsführer ohne Auftrag oder einem sonstigen Vertreter des Versicherten in dessen Namen geschlossen, so ist im Sinne dieses Gesetzbuchs weder der Vertreter Versicherungsnehmer noch die Versicherung selbst eine Versicherung für fremde Rechnung.[1])

Im Zweifel wird angenommen, daß selbst die auf das Interesse eines benannten Dritten sich beziehende Versicherung eine Versicherung für fremde Rechnung sei.[2])

Pr. Entw. Art. 329. **Entw. H** Art. — **Prot.** S. 4373—4375, 4378, 4379. **A.D.H.** Art. 787. **Allg. S.B.** §. 6.

Zu §. 783.

1) Versicherungen, bei welchen im Namen des Versicherten von einem Vertreter desselben kontrahiert wird, sind sehr selten; die Grundsätze des bürgerlichen Rechts reichen zu ihrer Beurteilung aus. (P. 4374, 4378, 4379.)

2) Der die Versicherung nehmende Kommissionär wird durch die bloße Benennung des Interessenten und durch die Erklärung, daß er dessen Interesse decken wolle, noch nicht zum Mandatar. — Es ist unzulässig, als Mandatar eines unbenannten Dritten Versicherung zu nehmen; demgemäß darf derjenige, welcher eine Versicherung für Rechnung „wen es angeht" geschlossen hat, nachträglich nicht mit der Behauptung auftreten, er habe nur als Mandatar handeln wollen. (P. 4375.)

§. 784.

Beurkundung der Versicherung (Polize).

Der Versicherer ist verpflichtet, eine von ihm unterzeichnete Urkunde (Polize) über den Versicherungsvertrag dem Versicherungsnehmer auf dessen Verlangen auszuhändigen.[1])

Pr. Entw. Art. 330, 605. **Entw. H** Art. 680. **Prot.** S. 3000, 4249. **A.D.H.** Art. 788. **Allg. S.B.** §. 7.

Zu §. 784.

1) Die Perfektion des Versicherungsvertrages tritt mit der beiderseitigen übereinstimmenden Willenserklärung ein (R.O.H. Bd. 5, S. 12) und ist unabhängig von der Ausfertigung der Polize. (P. 3000.) — Über den Fall einer provisorischen Versicherung und die Polizebedingung, daß das Stauattest einer bestimmten Körperschaft (board) beizubringen, s. R.G. XIX, 216.

§. 785.

Bei Vertragsabschluß bereits eingetretener oder nicht mehr möglicher Schaden.

Auf die Gültigkeit des Versicherungsvertrags hat es keinen Einfluß, daß zur Zeit des Abschlusses die Möglichkeit des Eintritts eines zu ersetzenden Schadens schon ausgeschlossen oder der zu ersetzende Schaden bereits eingetreten ist.

Waren jedoch beide Theile von dem Sachverhältniß unterrichtet, so ist der Vertrag als Versicherungsvertrag ungültig.[1])

Wußte nur der Versicherer, daß die Möglichkeit des Eintritts eines zu ersetzenden Schadens schon ausgeschlossen war, oder wußte nur der Versicherungsnehmer, daß der zu ersetzende Schaden schon eingetreten war, so ist der Vertrag für den anderen, von dem Sachverhältnisse nicht unterrichteten Theil unverbindlich.[2]) Im zweiten Falle kann der Versicherer, auch wenn er die Unverbindlichkeit des Vertrags geltend macht, die volle Prämie beanspruchen.[3])

Im Falle, daß der Vertrag für den Versicherungsnehmer durch einen Vertreter abgeschlossen wird, kommt die Vorschrift des §. 806 Abs. 2, im Falle der Versicherung für fremde Rechnung die Vorschrift des §. 807 und im Falle der Versicherung mehrerer Gegenstände oder einer Gesammtheit von Gegenständen die Vorschrift des §. 810 zur Anwendung.

Pr. Entw. Art. 344, 622. **Entw. H** Art. 681, 682. **Prot.** S. 3009—3014, 3016, 3021, 3157—3162, 4249—4253, 4294, 4375—4377, 4420. **A.D.H.** Art. 789. **Allg. S.B.** §. 8.

Zu §. 785.

1) Der Versicherungsvertrag bezieht sich nicht ausschließlich auf künftige Gefahren. Zum Abschluß eines gültigen Assekuranzvertrages genügt auch ein putatives Wagnis, d. h. ein solches, bei welchem die Kontrahenten die Gefahr als möglich voraussetzten, obwohl sie in Wirklichkeit beseitigt oder eingetreten ist (z. B. durch Ankunft im Bestimmungshafen oder Untergang des Schiffes), oder nicht mehr drohen kann (z. B. wenn ein bestimmter Krieg, gegen dessen Gefahren die Versicherung geschlossen werden soll, durch Friedensschluß beendet ist) (P. 4294). Der Versicherer hat in diesem Falle Anspruch auf die volle Prämie. Wußten beide Parteien bei Abschluß des Vertrags, daß die Gefahr beendigt sei, selbst wenn ihnen unbekannt war, wie? (z. B. wenn sie Kenntnis erhalten haben, daß das Schiff den Bestimmungshafen erreicht hat, jedoch nicht in welchem Zustande), so ist ein Versicherungsvertrag als solcher undenkbar, wohl aber kann ein Wettvertrag u. dgl. begründet sein. (P. 3009, 4249—4253, 4376.)

2) a. Im Falle des Abs. 3 d. §. ist der Vertrag nicht ungültig, sondern nur für den von dem Sachverhältnis nicht unterrichteten Teil unverbindlich; es hängt also von ihm ab, ob er bei dem Vertrage stehen bleiben will oder nicht.

b. Die meisten Gesetzgebungen stellen die Vermutung auf, daß der Versicherte oder sein Stellvertreter von dem Eintritt des Schadens Kenntnis gehabt hat, wenn seitdem so viel Zeit verflossen ist, daß sie davon hätten unterrichtet sein können. Manche Gesetzgebungen stellen auch zu Gunsten des Versicherten Vermutungen rücksichtlich der Wissenschaft des Versicherers auf. Das H.G.B. hat von der Aufstellung aller derartigen Präsumtionen Abstand genommen. (P. 3157—3162.) Demnach hat derjenige, welcher die Unverbindlichkeit des Vertrags auf Grund des Abs. 3 d. §. geltend macht, die Wissenschaft der anderen Partei von dem fraglichen Vorfalle zu beweisen.

c. Über die Frage, wie es zu halten sei, wenn der Versicherer wußte, daß zwar noch nicht die ganze Gefahr, wohl aber ein Teil derselben glücklich überstanden war, gleichwohl aber eine der ganzen Gefahr entsprechende Prämie stipuliert ist, fehlt es an einer Bestimmung. Man meinte, daß diese Frage nach den allgemeinen Grundsätzen über bona fides zu beurteilen sei. (P. 3009—3014, 4249—4253.) Vgl. §. 810.

3) Hat der Versicherer von der Beendigung der Gefahr bereits bei Abschluß des Vertrags Kenntnis und diese Thatsache verschwiegen, so ist die civilrechtliche Folge des Betrugs der Anspruch des Versicherten auf Aufhebung des Vertrags und auf Entschädigung. Diese besteht aber in der Rückgabe der Prämie mit kaufmännischen Zinsen. (P. 3626.)

§. 786.

Versicherungswert, Versicherungssumme, Überversicherung.

Der volle Werth des versicherten Gegenstandes ist der Versicherungswerth.[1]) Die Versicherungssumme kann den Versicherungswerth nicht übersteigen.

Soweit die Versicherungssumme den Versicherungswerth übersteigt (Ueberversicherung), hat die Versicherung keine rechtliche Geltung.[2])

Pr. Entw. Art. 332, 333. **Entw. H** Art. 683. **Prot.** S. 3017, 4253. **A.D.H.** Art. 790. **Allg. S.B.** §. 9.

Zu §. 786.

1) a. Unter dem vollen Werte ist derjenige zu verstehen, den der versicherte Gegenstand für den Versicherten infolge seiner besonderen Brauchbarkeit für dessen Vermögen hat. Der sog. außerordentliche Wert (vgl. A.L.R. I. 2 §. 111) ist also mit zu berücksichtigen, s. §§. 795, 799.

b. Ist das Schiff bis zu seinem ganzen Werte bereits verbodmet oder mit Schiffsschulden, für welche der Rheder nicht persönlich haftet, belastet, so hat die Versicherung keine rechtliche Geltung, denn der Rheder hat in diesem Falle kein Interesse an der glücklichen Vollendung der Reise. (P. 3017—3020, 4253.)

2) Nicht die ganze Versicherung, sondern nur der als Überversicherung erscheinende Teil derselben ist ungültig (vgl. §. 895), sofern nicht der ganze Vertrag wegen arglistiger Täuschung anfechtbar ist. (P. 3017, B.G. §. 123.)

III. Konkurrenz mehrerer Versicherungen (§§. 787—791).

§. 787.

Überversicherung durch mehrere gleichzeitige Verträge.

Uebersteigt im Falle einer gleichzeitigen Abschließung verschiedener Versicherungsverträge der Gesammtbetrag der Versicherungssummen den Versicherungswerth, so haften alle Versicherer zusammen nur in Höhe des Versicherungswerths, und zwar jeder einzelne für so viele Prozente des Versicherungswerths, als seine Versicherungssumme Prozente des Gesammtbetrags der Versicherungssummen bildet. Hierbei wird vermuthet, daß die Verträge gleichzeitig abgeschlossen seien.

Mehrere Versicherungsverträge, über die eine gemeinschaftliche Polize ertheilt ist, sowie mehrere Versicherungsverträge, die an demselben Tage abgeschlossen sind, gelten als gleichzeitig abgeschlossen.[1])

Pr. Entw. Art. 332, 333. **Entw. H** Art. 684. **Prot.** S. 3044--3052, 4254. **A.D.H.** Art. 791. **Allg. S.B.** §. 10.

Zu §. 787.

1) a. Mehrere Versicherungsverträge, worüber eine gemeinschaftliche Polize erteilt ist, gelten als gleichzeitig abgeschlossen, wenn auch die Verträge unter verschiedenem Datum geschlossen worden sind. Wenn mehrere Versicherer, jeder zu einem gewissen Teile, eine Versicherung übernehmen und hierüber eine gemeinschaftliche Polize erteilt wird, so muß man annehmen, daß nicht eine Mehrzahl von einzelnen Versicherungen, sondern nur eine einzige große Versicherung vorliegt, die von mehreren Versicherern in Abteilungen übernommen ist. Die späteren Unterzeichner beabsichtigen nichts weiter, als sich dem ersten von ihnen anzuschließen, und geben dies hinreichend dadurch zu erkennen, daß sie auf einer und derselben Polize zeichnen.

b. Wenn durch die Zeichnungen der Assekuradeure die gesuchte Summe überstiegen wird, so ist bei der Beurteilung, ob und inwieweit die letzte Zeichnung gültig ist oder ob ein gleichmäßiger Abzug stattfindet, auf die Umstände des einzelnen Falls Rücksicht zu nehmen; wenn z. B. durch einen Additionsfehler 50000 Thlr. statt 40000 Thlr. versichert sind, so wird die Versicherung der letzten 10000 Thlr. wegen mangelnden Konsenses ungültig sein. (P. 3047—3052.)

c. Bei der Beurteilung der Gleichzeitigkeit mehrerer Versicherungen kommt es auf die Zeit des Vertragsabschlusses, nicht auf das Datum der Polize an. Als das kleinste hierbei in Betracht zu ziehende momentum temporis ist der Tag, nicht die Stunde des Vertragsabschlusses anzusehen. Die Gleichzeitigkeit der Versicherungen wird in den in Abs. 2 gedachten Fällen nicht vermutet, sondern fingiert. Gegenbeweis ist demnach nicht zulässig. (P. 3044—3047, 4254.)

§. 788. Doppelversicherung.

Wird ein Gegenstand, der bereits zum vollen Werthe versichert ist, nochmals versichert, so hat die spätere Versicherung insoweit keine rechtliche Geltung, als der Gegenstand auf dieselbe Zeit und gegen dieselbe Gefahr bereits versichert ist (Doppelversicherung).[1])

Ist durch die frühere Versicherung nicht der volle Werth versichert, so gilt die spätere Versicherung, soweit sie auf dieselbe Zeit und gegen dieselbe Gefahr genommen ist, nur für den noch nicht versicherten Theil des Werthes.

Pr. Entw. Art. 332, 333. **Entw. H** Art. 685. **Prot.** S. 3017—3021, 4255. **A.D.H.** Art. 792. **Allg. S.B.** §. 11.

Zu §. 788.

1) Der Abs. 1 beruht darauf, daß es insoweit an einem noch zu versichernden Interesse fehlt. (P. 3018; R.G. XIII, 112.) Vgl. §. 895.

§. 789.

Gültigkeit der Doppelversicherung.

Die spätere Versicherung hat jedoch ungeachtet der Eingehung der früheren Versicherung rechtliche Geltung:[1])

1. wenn bei dem Abschlusse des späteren Vertrags mit dem Versicherer vereinbart wird, daß ihm die Rechte aus der früheren Versicherung abzutreten sind;[2])
2. wenn die spätere Versicherung unter der Bedingung geschlossen wird, daß der Versicherer nur insoweit haftet, als der Versicherte sich wegen Zahlungsunfähigkeit des früheren Versicherers an diesem nicht zu erholen vermag oder als die frühere Versicherung nicht zu Recht besteht;[3])
3. wenn der frühere Versicherer mittelst Verzichtsanzeige seiner Verpflichtung insoweit entlassen wird, als zur Vermeidung einer Doppelversicherung nöthig ist,[4]) und der spätere Versicherer bei der Eingehung der späteren Versicherung hiervon benachrichtigt wird. Dem früheren Versicherer gebührt in diesem Falle, obgleich er von seiner Verpflichtung befreit wird, die volle Prämie.

Pr. Entw. Art. 333. **Entw. H.** Art. 686. **Prot.** S. 3041—3044, 3133, 4255, 4262. **A.D.H.** Art. 793. **Allg. S.B.** §. 12.

Zu §. 789.

1) In den im §. 789 erwähnten Fällen wird der Betrag des dem Versicherten zu erstattenden Interesses nicht vergrößert, sondern nur die Person des Versicherers gewechselt, beziehungsweise bloß die Sicherheit des Versicherten verstärkt. — Selbstverständlich handelt es sich in diesem §. nicht um diejenigen Fälle, in denen der frühere Versicherungsvertrag noch vor Eingehung der neuen Versicherung gänzlich aufgehoben wird, (denn in solchen Fällen ist gar keine wirkliche Doppelversicherung vorhanden) sondern um diejenigen Fälle, in denen an und für sich der ältere Versicherungsvertrag noch nach der zweiten Versicherung seine rechtliche Gültigkeit fortbehält. (P. 3041.)

2) Nach allgemeinen Rechtsgrundsätzen ist der frühere Assekuranzvertrag erst aufgehoben, nachdem die Verzichtleistung des Versicherten von dem Versicherer acceptiert ist. Das Bedürfnis des Verkehrs macht es aber dringend erforderlich, daß man unter Umständen schneller, als die Erlangung einer solchen Acceptation möglich ist, eine neue Versicherung eingehen kann. Dieser Zweck ist in der Weise zu erreichen, daß man dem Versicherten die Befugnis zugesteht, eine neue Versicherung einzugehen, nachdem er auf die Rechte aus der früheren verzichtet hat. Der erste Versicherer, welcher die volle Prämie behält, wird dadurch nicht benachteiligt, und die betrügerische Geltendmachung einer zweifachen Versicherung wird durch die Pflicht des Versicherten, von der Verzichtleistung bei der späteren Versicherung Anzeige zu machen, sowie durch das Recht des ersten Versicherers, den Verzicht noch zu jeder Zeit zu genehmigen, ausgeschlossen (Ziff. 3; vgl. R.G. XIII, 113). Eine andere Form dieser Verzichtleistung zu Gunsten des späteren Versicherers ist die Abtretung der Rechte aus der früheren Versicherung (Ziff. 1). Der Cessionsakt braucht nicht stets sogleich beim Vertragsabschlusse vorgenommen zu werden; es genügt die Vereinbarung, daß dem späteren Versicherer die Rechte aus der früheren Versicherung abgetreten werden sollen (pactum de cedendo). — Ob bei einer Versicherung für fremde Rechnung der Versicherungsnehmer oder der Versicherte zur Verzichtleistung, beziehungsweise zur Abtretung der Rechte befugt ist, hängt von den Umständen des Falles ab. Ist z. B. die erste Versicherung von dem Versicherten bereits genehmigt, so wird man dem Versicherungsnehmer nicht ohne weiteres das Recht zugestehen können, auf die erste Versicherung zu verzichten. (P. 3041—3043, 4256—4260.)

3) Eine solche Nachversicherung ist gleichsam eine Assekuranz der Zahlungsfähigkeit des ersten Versicherers. Sie ist aber nicht eine bloße accessorische Verbindlichkeit, sondern eine selbständige, wenn auch eine bedingte Versicherung. Die Frage, unter welchen Voraussetzungen anzunehmen ist, daß sich der Versicherte aus der älteren Versicherung nicht zu erholen vermag, ist hier offen gelassen, damit dieselbe entweder in besonderen Verabredungen der Kontrahenten oder schließlich in dem richterlichen Erkenntnisse ihre Erledigung finde. Zur Gültigkeit der zweiten Versicherung ist nicht erforderlich, daß verabredet worden, die Haftung des neuen Versicherers solle erst dann eintreten, wenn der ältere fruchtlos ausgeklagt ist. (P. 3043, 4261.) Vgl. §. 898.

4) Es ist nicht notwendig, daß von seiten des Versicherten auf alle Ansprüche aus der früheren Versicherung verzichtet wird; eine neue Versicherung ist auch dann statthaft, wenn der Versicherer die bereits begründeten Entschädigungsansprüche sich vorbehält. Wegen der ihm bereits bekannten Schäden kann der Versicherte keine neue Versicherung schließen, wohl aber wegen der zwar eingetretenen, aber ihm noch unbekannten Schäden. (P. 3133, 4256, 4260.)

§. 790.

Gültigkeit der späteren Versicherung bei Doppelversicherung.

Im Falle der Doppelversicherung hat nicht die zuerst genommene, sondern die später genommene Versicherung rechtliche Geltung, wenn die frühere Versicherung für fremde Rechnung ohne Auftrag genommen ist, die spätere dagegen von dem

Versicherten selbst genommen wird, sofern in einem solchen Falle der Versicherte entweder bei der Eingehung der späteren Versicherung von der früheren noch nicht unterrichtet war[1]) oder bei der Eingehung der späteren Versicherung dem Versicherer anzeigt, daß er die frühere Versicherung zurückweise.[2])

Die Rechte des früheren Versicherers in Ansehung der Prämie bestimmen sich in diesen Fällen nach den Vorschriften der §§. 895, 896.

Pr. Entw. Art. 332. **Entw. H** Art. — **Prot.** S. 3627, 4245—4248, 4281, 4282, 4379—4381. **A.D.H.** Art. 794. **Allg. S.B.** §. 13.

Zu §. 790.

1) Hat der Versicherte die von einem Andern für ihn abgeschlossene Versicherung bereits erfahren und genehmigt, als er die zweite Versicherung abschloß, so ist die von ihm selbst genommene Versicherung ungültig. Ist die frühere Versicherung von einem Beauftragten des Versicherten abgeschlossen, so bleibt dieselbe selbst dann bestehen, wenn der Versicherte von der Ausführung des Auftrags noch keine Nachricht erhalten hat, denn die Handlungen des Beauftragten sind so anzusehen, als ob der Auftraggeber sie vorgenommen hätte. Will der Mandant sich in einem solchen Falle schützen, so kann er die zweite Versicherung nur unter der Bedingung schließen, wenn er nicht schon gedeckt sei, oder muß, um unbedingt abschließen zu können, auf die Versicherung des Nehmers verzichten. (P. 4380.)

2) Der Versicherte ist in einem solchen Falle weder verpflichtet, an den ersten Versicherer, noch an den Versicherungsnehmer Anzeige von der Eingehung einer neuen Assekuranz zu machen. Betrügereien sind hierbei nicht zu fürchten, denn der zweite Versicherer, welcher weiß, daß das von ihm zu versichernde Interesse schon durch eine ältere Versicherung gedeckt ist, kann Vorsorge treffen, daß der Versicherte für denselben Schaden nicht zweimal Ersatz erhält. Das Verhältnis des Versicherten zum Versicherungsnehmer wird durch die Vorschrift des §. 790 nicht berührt; dasselbe ist vielmehr nach allgemeinen Rechtsgrundsätzen unter Berücksichtigung des Umstandes, ob beide in Geschäftsverbindung gestanden, ob der Versicherungsnehmer demnach eine Antwort zu erwarten Grund hatte oder nicht, zu beurteilen. (P. 4282.)

§. 791.

Sind mehrere Versicherungen gleichzeitig oder nach einander geschlossen worden, so hat ein späterer Verzicht auf die gegen den einen Versicherer begründeten Rechte keinen Einfluß auf die Rechte und Verpflichtungen der übrigen Versicherer.[1])

Pr. Entw. Art. 338. **Entw. H** Art. 687. **Prot.** S. 3061, 4262. **A.D.H.** Art. 795. **Allg. S.B.** §. 14.

Zu §. 791.

1) Der Versicherte ist nicht berechtigt, die Verpflichtung der gleichzeitigen oder späteren Versicherer durch einseitige Handlungen zu erweitern. Wenn z. B. auf einen Wert von 50000 A. 20000, B. 20000 und C. 20000 gleichzeitig gezeichnet haben, so daß für einen Totalschaden jeder nur zu $1/3$ mit $16666 2/3$ haftet, und der Versicherte entläßt einen der Versicherer seiner Verbindlichkeit, so hat dies nicht die Folge, daß nunmehr jeder der beiden andern Versicherer für die vollen gezeichneten 20,000 haftet, vielmehr tritt der Versicherte als Selbstversicherer an die Stelle des entlassenen Versicherers. Selbstverständlich kann er sich für die aufgegebene Summe wieder versichern lassen; der Wiederversicherer steht zu ihm alsdann in dem Verhältnisse eines Rückversicherers. (M. 189. P. 3061.)

Versicherung unter Wert. §. 792.

Erreicht die Versicherungssumme den Versicherungswerth nicht, so haftet der Versicherer im Falle eines theilweisen Schadens für den Betrag des letzteren nur nach dem Verhältnisse der Versicherungssumme zum Versicherungswerthe.[1])

Pr. Entw. Art. 334 Abs. 1. **Entw. H** Art. 688. **Prot.** S. 3054–3061, 4262. **A.D.H.** Art. 796. **Allg. S.B.** §. 15.

Zu §. 792.

1) Für den nichtversicherten Teil des Werts ist der Versicherte gewissermaßen sein eigener Versicherer und muß als solcher die Gefahr nach Verhältnis des nichtversicherten Teils zu dem Gesamtwerte mittragen. (M. 187.)

§. 793.

Taxierte Polize. Offene Polize. Taxe bei Frachtversicherung.

Wird durch Vereinbarung der Parteien der Versicherungswerth auf eine bestimmte Summe (Taxe) festgestellt (taxirte Polize), so ist die Taxe unter den Parteien für den Versicherungswerth maßgebend.[1])

Der Versicherer kann jedoch eine Herabsetzung der Taxe fordern, wenn sie wesentlich übersetzt ist;[2]) ist imaginärer Gewinn taxirt, so kann der Versicherer eine Herabsetzung der Taxe fordern, wenn sie den Gewinn übersteigt, der zur Zeit des Abschlusses des Vertrags nach kaufmännischer Berechnung möglicherweise zu erwarten war.[3])

Eine Polize mit der Bestimmung: „vorläufig taxirt" wird, solange die Taxe nicht in eine feste verwandelt ist,[4]) einer nicht taxirten Polize (offenen Polize) gleichgeachtet.

Bei der Versicherung von Fracht ist die Taxe in Bezug auf einen von dem Versicherer zu ersetzenden Schaden nur maßgebend, wenn es besonders bedungen ist.[5])

Pr. Entw. Art. 612. **Entw. H** Art. 689. **Prot.** S. 3062–3071, 3096–3098, 3134, 3135, 3516–3518, 4262–4269, 4381. **A.D.H.** Art. 797. **Allg. S.B.** §. 16.

Zu §. 793.

1) a. Um einer nachträglichen Darlegung des Werts des versicherten Gegenstandes überhoben zu sein, kann der Versicherte sich im voraus mit dem Versicherer über denselben einigen (R.G. XIX, 209). In welchen Ausdrücken ein solches Einverständnis zu finden ist, läßt sich nicht bestimmen, weil dies von der ortsgebräuchlichen Einrichtung der Polizen abhängt. Die Bedeutung einseitiger Wertsangaben des Versicherten ist ebenfalls je nach den lokalen Einrichtungen bezüglich der Art und Weise der Anfertigung der Polizen verschieden. An vielen Seeplätzen haben diese Angaben den Sinn, daß dadurch das Maximum festgesetzt werden soll, zu welchem schließlich die von dem Versicherer gezeichnete Summe äußerstenfalls in Verhältnis gesetzt werden darf. Die vorgängige Vereinbarung des Werts ist auch bei unkörperlichen Gegenständen, z. B. Kommissionsgebühren, zulässig. (P. 3062–3069, 4262–4265.)

b. Durch die Worte „unter den Parteien" soll hervorgehoben werden (P. 3135), daß die Taxe nur für das Verhältnis des Versicherten zum Versicherer maßgebend (R.G. XV, 94), und z. B. für das Verhältnis des Versicherten zu einem zweiten Versicherer bei Beurteilung der Frage nicht entscheidend ist, ob die erste Versicherung schon den ganzen Wert des versicherten

Interesses deckt und die zweite Versicherung deshalb als unstatthafte Doppelversicherung erscheint, oder ob letztere als Deckung eines durch die erste Versicherung unversichert gebliebenen Wertes gültig ist.

2) Bei Annahme der Taxe geht der Versicherer meist sehr leicht zu Werke. Deshalb geben ihm die Gesetze und Gebräuche ein freieres Recht zur Anfechtung einer Taxe als ihm nach allgemeinen Rechtsgrundsätzen zustehen würde. Er kann dieselbe nicht bloß wegen Betrugs und Irrtums anfechten, sondern auch ohne das Hinzutreten dieser Gründe wegen zu hoher Wertsangabe (weil nach der Regel des §. 786 die Versicherungssumme den Versicherungswert nicht übersteigen soll, R.G. XI, 13); aber nicht jedes Übersetzen der Taxe rechtfertigt die Anfechtung, sondern nur ein wesentliches, d. h. ein solches, durch welches das Wesen des Vertrags, der Ersatz des Interesse, geändert werden würde; die Beurteilung: wann dies der Fall ist, bleibt richterlichem Ermessen anheimgegeben. (P. 3064—3068, 4266, R.G. XIX, 215.) — Eine Erhöhung der Taxe kann der Versicherer nicht fordern (R.G. l. c.)

3) a. Nach dem Pr. Entw. (Art. 607) sollten als imaginärer Gewinn höchstens zehn Prozent Aufschlag zum wirklichen Wert der Waren versichert werden dürfen, weil sonst zu leicht Gelegenheit geboten würde, die Versicherung zu einem Spiel zu machen. Man war jedoch der Ansicht, daß eine solche Beschränkung der Versicherung ganz berechtigter Interessen im Wege stehen würde. Der Versicherte würde alsdann in vielen Fällen bezüglich der nach der Versicherung eingetretenen Wertserhöhung ungedeckt bleiben. Eben so wenig Anklang fand der Vorschlag: den Parteien zu gestatten, den Betrag des imaginären Gewinns nach Belieben festzustellen, weil sich eine derartige Bestimmung nur als eine unbedingte Sanktionierung der Wettassekuranz auffassen lasse. Man entschied sich dafür, die Schätzung des Gewinns der freien Vereinbarung zu überlassen, die Anfechtbarkeit der Taxe jedoch zu gestatten, wenn sie die Grenzen einer berechtigten kaufmännischen Erwartung übersteigt. (P. 3094—3098, 4268.)

b. Im Falle einer einheitlichen taxierten Versicherung der Güter und des imaginären Gewinns ist bei der Anfechtung der Taxe seitens des Versicherers wegen wesentlicher Übersetzung derselben in erster Linie zu prüfen, ob eine solche Übersetzung in betreff des auf die Güter fallenden Betrages der Taxe vorliegt; wird dies bejaht, so führt dies wegen §. 801 Abs. 2 in Folge des prozentualen Verhältnisses von selbst zu einer entsprechenden Herabsetzung der Taxe hinsichtlich des imaginaren Gewinns (R.G. XIX, 214).

4) Die Versicherung ist nach definitiver Vereinbarung der Taxe so anzusehen, als wäre diese von Anfang an vereinbart. (P. 3070.)

5) a. In den Polizen über Frachtversicherungen werden in der Regel (P. 3518) gewisse Summen als „Taxe" der Fracht und der Überfahrtsgelder (§. 677) bezeichnet, ohne daß die Kontrahenten wirklich die Absicht haben, dadurch den Betrag der Fracht, der unter allen Umständen maßgebend sein soll, festzustellen. Das Gesetz hat mit Rücksicht auf diese Übung die Taxe der Fracht nur dann als maßgebend für den etwaigen Schadensersatz erklärt, wenn eine dahin gehende Absicht der Kontrahenten sich unzweifelhaft aus dem Vertrage erkennen läßt. Vgl. §. 878 Abs. 2.

b. Für die Berechnung der Prämie ꝛc. ist die angegebene Taxe auch ohne eine hierauf gerichtete besondere Verabredung jedenfalls maßgebend. (P. 4268.)

§. 794.

Wenn in einem Vertrage mehrere Gegenstände oder eine Gesammtheit von Gegenständen unter einer Versicherungssumme begriffen, aber für einzelne dieser Gegenstände besondere Taxen vereinbart sind, so gelten die Gegenstände, welche besonders taxirt sind, auch als abgesondert versichert.[1])

Pr. Entw. Art. 613. **Entw. II** Art. 690. **Prot.** S. 3071—3073, 4269. **A.D.H.** Art. 798. **Allg. S.B.** §. 17.

Zu §. 794.

1) Ist nicht nur der Versicherungswert des Ganzen in der Polize festgestellt, sondern ist derselbe auch über die einzelnen Kolli oder Teile des Ganzen verteilt, so geschieht dies in der Regel, damit der Versicherte im Falle von Schaden, wenn dieser nach Gesetz oder Polize um einen Ersatzanspruch zu begründen bestimmte Prozente betragen muß, leichter Ersatz bekommt. Die Prozente des Schadensbetrages werden dann nicht nach dem Wert des Ganzen, sondern nach dem Wert des beschädigten Kollo berechnet. — Ein Fehler, welchen der Versicherte bei getrennt taxierten Teilen in betreff eines Teils begangen hat, berührt die Versicherung des anderen nicht. (M. 334. P. 3071—3073.)

IV. Versicherungswert (§§. 795—803).

§. 795.

Versicherungswert des Schiffes.

Als Versicherungswerth des Schiffes gilt, wenn die Parteien nicht eine andere Grundlage für die Schätzung vereinbaren, der Werth, welchen das Schiff in dem Zeitpunkte hat, in welchem die Gefahr für den Versicherer zu laufen beginnt.[1])

Diese Vorschrift kommt auch zur Anwendung, wenn der Versicherungswerth des Schiffes taxirt ist.[2])

Pr. Entw. Art. 606. **Entw. H** Art. 691. **Prot.** S. 3021—3023, 3034, 3134—3136, 4269. **A.D.H.** Art. 799. **Allg. S.B.** §. 18.

Zu §. 795.

1) a. Unter dem „Werte" ist der volle Wert (s. §. 786 u. Anm. 1) zu verstehen.

b. Die Parteien sind berechtigt, die Grundlagen der Schätzung, welche im Gesetz als präsumtiv gewollt aufgeführt sind, zu ändern, sowie den Wert des versicherten Interesses, möge es nun im konkreten Falle bei den gesetzlichen Grundlagen verbleiben oder auch hierüber eine Vereinbarung getroffen sein, auf eine bestimmte Summe festzusetzen. (P. 4265, 4269.) Es giebt Fälle, in denen das Interesse des Versicherungsnehmers am Schiffe weiter geht, als im §. 795 bestimmt ist, z. B. wenn er sein Schiff verkauft und sich unter einer Konventionalstrafe verpflichtet hat, dasselbe zu einer gewissen Zeit in einem anderen Hafen dem Käufer zu liefern. In dergleichen Fällen liegt ein separat versicherbares Interesse vor, welches, wenn auch das Schiff versichert wird, doch durch besondere Formeln (z. B. „auf behaltene Fahrt") bezeichnet zu werden pflegt. (P. 3025.)

2) Die Bestimmung des ersten Absatzes wird für taxierte Polizen hauptsächlich dann von praktischem Werte, wenn die Taxe nach §. 793 wegen Übersetzung angefochten werden soll. (P. 3022.)

§. 796.

Versicherung der Heuer, der Ausrüstungs- und Versicherungskosten.

Die Ausrüstungskosten, die Heuer[1]) und die Versicherungskosten können zugleich mit dem Schiffe oder besonders versichert werden, soweit sie nicht bereits durch die Versicherung der Bruttofracht[2]) versichert sind. Sie gelten nur dann als mit dem Schiffe versichert, wenn es vereinbart ist.[3])

Pr. Entw. Art. 606. **Entw. H** Art. 692. **Prot.** S. 3023—3025, 3073—3076, 4269 bis 4271. **A.D.H.** Art. 800. **Allg. S.B.** §. 19.

Zu §. 796.

1) Der Rheder kann nicht nur für Heuervorschüsse, sondern für die ganze Heuer Versicherung nehmen, weil er nach §. 487 für die Heuer des Schiffes und der Mannschaft insoweit persönlich haftet, als dieselbe nach Maßgabe des §. 67 S.O. verdient ist.

2) In der Bruttofracht ist gewöhnlich der Ersatz der Ausrüstungskosten rc. enthalten; in der gleichzeitigen Versicherung beider würde daher in der Regel eine unzulässige Doppelversicherung liegen. Ausnahmsweise kann jedoch die Versicherung der Bruttofracht die der Ausrüstungskosten (d. h. der Kosten für die nur zum vorübergehenden Gebrauche bestimmte Ausrüstung) nicht unnütz machen und umgekehrt, z. B. wenn noch im Abgangshafen durch einen Unfall die Provision (Proviant, Munition u. dgl.) verloren geht, oder wenn in der Nähe des Bestimmungshafens die Frachtgüter untergehen, nachdem die Ausrüstung durch die Reise fast ganz konsumiert gewesen ist. Im ersten Falle würde der Versicherer keinen Ersatz für die verlorene Provision bekommen, wenn die Versicherung der Ausrüstungskosten neben der der Bruttofracht ungültig wäre, im zweiten Falle würde der Rheder den Verlust der aufgewendeten Ausrüstungskosten selbst tragen müssen, wenn die Versicherung der Bruttofracht nur abzüglich der früher versicherten Ausrüstungskosten zulässig wäre. (P. 3026, 4270.)

3) Ausrüstungskosten, Heuer- und Versicherungskosten sind Auslagen, welche auch bei günstigem Verlaufe der Reise verloren wären, also an und für sich gar nicht versicherbar sind. Um so weniger würde es gerechtfertigt sein, die Versicherung dieser Auslagen als eine selbstverstandene, in der Versicherung des Schiffes bereits liegende Assekuranz anzusehen. (P. 3073—3076.)

§. 797.

Versicherung der Fracht.

Die Fracht kann bis zu ihrem Bruttobetrage versichert werden, soweit sie nicht bereits durch die Versicherung der Ausrüstungskosten, der Heuer und der Versicherungskosten versichert ist.[1])

Als Versicherungswerth der Fracht gilt der Betrag der in den Frachtverträgen bedungenen Fracht und, wenn eine bestimmte Fracht nicht bedungen ist oder soweit Güter für Rechnung des Rheders verschifft sind, der Betrag der üblichen Fracht (§. 619).

Pr. Entw. Art. 606. **Entw. II** Art. 693. **Prot.** S. 3026, 3027, 4269, 4271. **A.D.H.** Art. 801. **Allg. S.B.** §. 20.

Zu §. 797.

1) Zu diesem §. wurde erläuternd bemerkt (P. 3026): Viele Gesetzgebungen hätten die Versicherung der Fracht verboten. Dies beruhe darauf, daß man mitunter von dem Grundsatze ausgehe, der Versicherte dürfe sich durch die Versicherung nur gegen positiven Verlust schützen. Dieser Grundsatz sei jedoch nicht richtig. Der Versicherungsnehmer müsse sich durch die Versicherung nicht bloß so stellen dürfen, als wenn er das Unternehmen gar nicht gewagt hätte, sondern als wenn es geglückt wäre. Hieraus folge, daß sich die Versicherung der Fracht selbst auf die Bruttofracht müsse erstrecken dürfen, obschon darin Auslagen enthalten seien, die auch bei glücklichem Verlauf der Sache hätten aufgewendet werden müssen; denn wenn das Unternehmen geglückt wäre, würde der Versicherte durch die Bruttofracht den Ersatz jener Auslagen erhalten haben. — Was von der Fracht gilt, findet nach §. 677 auch Anwendung auf die Überfahrtsgelder. (P. 3027.)

§. 798.

Auslegungsregeln bei Frachtversicherung.

Ist bei der Versicherung der Fracht nicht bestimmt, ob sie ganz oder ob nur ein Theil versichert werden soll, so gilt die ganze Fracht als versichert.

Ist nicht bestimmt, ob die Brutto- oder die Nettofracht versichert werden soll, so gilt die Bruttofracht als versichert.

Sind die Fracht der Hinreise und die Fracht der Rückreise unter einer Versicherungssumme versichert, ohne daß bestimmt ist, welcher Theil der Versicherungssumme auf die Fracht der Hinreise und welcher Theil auf die Fracht der Rückreise fallen soll, so wird die Hälfte auf die Fracht der Hinreise, die Hälfte auf die Fracht der Rückreise gerechnet.[1])

Pr. Entw. Art. 610. **Entw. H** Art. 694. **Prot.** S. 3078—3083, 3137, 4271, 4283, 4381. **A.D.H.** Art. 802. **Allg. S.B.** §. 21.

Zu §. 798.

1) Der Absatz 3 setzt voraus, daß die Hinreise und die Zurückreise zwei verschiedene Reisen sind, für welche die Fracht in einer gemeinschaftlichen Versicherungssumme versichert ist; er bestimmt, welcher Betrag in diesem Falle als Versicherungssumme für jede dieser beiden Reisen, nicht was als Versicherungsobjekt derselben anzusehen ist. Letzteres bestimmt sich nach dem Inhalt des Frachtvertrags; die wirkliche Fracht jeder einzelnen Reise bildet das Versicherungsobjekt. Ist für die Fracht einer aus Hin- und Rückreise bestehenden Reise, wofür nur eine ungeteilte Frachtsumme bedungen ist, Versicherung genommen, so findet die Bestimmung des Abs. 3 keine Anwendung. Als Versicherungsobjekt ist in solchem Falle die Fracht der ganzen Reise anzusehen, weil bei jedem Unfalle, gleichviel ob er sich auf der Ausreise oder erst auf der Rückreise zuträgt, immer die ganze Fracht in Verlustgefahr schwebt. (P. 3079 bis 3083.)

Versicherungswert der Frachtgüter. §. 799.

Als Versicherungswerth der Güter gilt, wenn die Parteien nicht eine andere Grundlage für die Schätzung vereinbaren, derjenige Werth, welchen die Güter am Orte und zur Zeit der Abladung haben, unter Hinzurechnung aller Kosten bis an Bord einschließlich der Versicherungskosten.[1])

Die Fracht sowie die Kosten während der Reise und am Bestimmungsorte werden nur hinzugerechnet, sofern es vereinbart ist.[2])

Diese Vorschriften kommen auch zur Anwendung, wenn der Versicherungswerth der Güter taxirt ist.

Pr. Entw. Art. 606. **Entw. H** Art. 695. **Prot.** S. 3027—3039, 3076, 3077, 4271. **A.D.H.** Art. 803. **Allg. S.B.** §. 22.

Zu §. 799.

1) Man hat im Zweifel den Wert der Güter zur Zeit und am Orte der Abladung für maßgebend erklärt, weil dieser Wert in der Regel leicht zu ermitteln ist und mit wenigen Ausnahmen das Risiko des Versicherers mit dem Zeitpunkte der Abladung beginnt. (P. 3027 bis 3029.) Der Wert ist der volle Wert, vgl. §. 786 und Anm. 1a.

2) Die Kosten bis an Bord sind zwar selbst bei günstigem Verlaufe des Unternehmens zu entrichten, ihr Ersatz erfolgt aber regelmäßig durch den Mehrwert der Ladung am Bestimmungsorte; sie gehen also nur im Falle der Nichtankunft der Ladung am Bestimmungsorte verloren. Die später erwachsenden Kosten und die Fracht sind von den übrigen Kosten zu trennen, weil sie wie sich der Verkehr gestaltet, durch besondere Versicherung gedeckt werden, und weil bei ihnen das Eigentümliche gilt, daß sie nur im Falle der glücklichen Vollendung der Reise gezahlt, im Falle des Unglücks aber ganz oder teilweise erspart werden. (P. 3027.)

§. 800.

Abzüge bei Ersparung von Kosten, Heuer oder Fracht.

Sind die Ausrüstungskosten oder die Heuer, sei es selbständig, sei es durch Versicherung der Bruttofracht, versichert oder sind bei der Versicherung von Gütern die Fracht oder die Kosten während der Reise und am Bestimmungsorte versichert, so leistet der Versicherer für denjenigen Theil der Kosten, der Heuer oder der Fracht keinen Ersatz, welcher in Folge eines Unfalls erspart wird.[1])

Pr. Entw. Art. — **Entw. II** Art. 696. **Prot.** S. 3037—3039, 4271, 4272. **A.D.H.** Art. 804. **Allg. S.B.** §. 23.

Zu §. 800.

1) a. Vgl. §. 858 u. §. 881. Ersparnisse an der Fracht vgl. Bolze XVII Nr. 490.

b. Ersparnisse an den Kosten 2c. können auch eintreten, wenn die Ladung am Bestimmungsorte anlangt, wie z. B. dann, wenn die Güter dergestalt beschädigt werden, daß sie nunmehr als eine andere Ware betrachtet werden müssen und einem anderen, geringeren Zollsatz unterworfen sind, als in unbeschädigtem Zustande (Glas, Bruchglas). (P. 3036 bis 3039, 4271.)

§. 801.

Mitversicherung von imaginärem Gewinn und Provision.

Bei der Versicherung von Gütern ist der imaginäre Gewinn oder die Provision, auch wenn der Versicherungswerth der Güter taxirt ist, als mitversichert nur anzusehen, sofern es im Vertrage bestimmt ist.[1])

Ist im Falle der Mitversicherung des imaginären Gewinns der Versicherungswerth taxirt, aber nicht bestimmt, welcher Theil der Taxe sich auf den imaginären Gewinn beziehen soll, so wird angenommen, daß zehn Prozent der Taxe auf den imaginären Gewinn fallen. Wenn im Falle der Mitversicherung des imaginären Gewinns der Versicherungswerth nicht taxirt ist, so werden als imaginärer Gewinn zehn Prozent des Versicherungswerthes der Güter (§. 799) als versichert betrachtet.[2])

Die Vorschriften des Abs. 2 kommen auch im Falle der Mitversicherung der Provision mit der Maßgabe zur Anwendung, daß an die Stelle der zehn Prozent zwei Prozent treten.

Pr. Entw. Art. 607. **Entw. II** Art. 697. **Prot.** S. 3039, 3040, 3098, 3099, 4273—4275. **A.D.H.** Art. 805. **Allg S.B.** §. 24.

Zu §. 801.

1) Die gemeinschaftliche Versicherung der Güter und der Provision kommt nicht selten vor. Dies erklärt sich daraus, daß der Kommissionär sich häufig veranlaßt finden kann, für den Kommittenten die Güter und für sich die Verkaufskommission zu versichern, was in der Weise geschieht, daß er Versicherung „für wen es angeht" nimmt. (P. 4272.)

2) a. Diese Bestimmung findet auch dann Anwendung, wenn die Ladung einschließlich des Gewinnes in einer offenen Police versichert worden und wenn sich im Fall eines Partialschadens bei der schließlichen Auseinandersetzung des Versicherten und des Versicherers ergiebt, daß die Versicherungssumme nicht den vollen Wert der Ladung und des zehnprozentigen Gewinnes erreicht, der Versicherte also zum Teil als Selbstversicherer erscheint. (P. 3099.)

b. §. 24 Abs. 2 der Allg. Seeversicherungs-Bedingungen v. 1867 berechnet die 10 Proz., um den imaginären Gewinn zu finden, nicht von der Taxe, sondern vom Versicherungswerte der Güter (R.G. XIX, 213).

§. 802.

Selbständige Versicherung von imaginärem Gewinn und Provision.

Ist der imaginäre Gewinn oder die Provision selbständig versichert, der Versicherungswerth jedoch nicht taxirt, so wird im Zweifel angenommen, daß die Versicherungssumme zugleich als Taxe des Versicherungswerths gelten soll.

Pr. Entw. Art. — **Entw. II** Art. — **Prot.** S. 3099, 4100, 4463, 4464. **A.D.H.** Art. 806. **Allg. S.B.** §. 25.

§. 803.

Versicherung von Bodmereigeld und Prämie.

Die Bodmereigelder können einschließlich der Bodmereiprämie für den Bodmereigläubiger versichert werden.[1])

Ist bei der Versicherung von Bodmereigeldern nicht angegeben, welche Gegenstände verbodmet sind, so wird angenommen, daß Bodmereigelder auf Schiff, Fracht und Ladung versichert sind. Hierauf kann sich, wenn in Wirklichkeit nicht alle diese Gegenstände verbodmet sind, nur der Versicherer berufen.[2])

Pr. Entw. Art. 611. **Entw. II** Art. 698. **Prot.** S. 3086—3088, 4276, 4277. **A.D.H.** Art. 807. **Allg. S.B.** §. 26.

Zu §. 803.

1) Auch ein Dritter kann für Rechnung des Bodmereigläubigers Bodmereikapital und Bodmereiprämie gültig versichern. Der Bodmereinehmer hat dagegen (P. 3086) kein versicherbares Interesse an den Bodmereigeldern, weil er für diese nicht persönlich haftet. — Bei der Versicherung von Bodmereigeldern für Rechnung eines anderen, als des Bodmereigläubigers, ist das Interesse desselben speziell zu bezeichnen. (P. 4276.)

2) Es ist billig, daß zum Nachteil des Versicherten, der eine deutlichere Angabe hätte machen sollen und regelmäßig dazu imstande ist, dasjenige angenommen wird, was für den Versicherer am vorteilhaftesten ist. Der Vertrag ist gültig, obschon eigentlich kein beiderseitiger Konsens über den Vertragsgegenstand vorliegt. Geht in dem im zweiten Absatze behandelten Falle das allein verbodmet gewesene Schiff unter, während Fracht und Ladung gerettet wird, so haftet der Versicherer kraft jener Vermutung nur so, als wenn Frecht und Ladung mit verbodmet gewesen wären. Ist dagegen das allein verbodmet gewesene Schiff gerettet, die nicht verbodmete Ladung aber untergegangen, so hat dennoch der Versicherer nichts zu zahlen. — Ist weder Ladung noch Fracht vorhanden, weil das Schiff in Ballast fährt, so ist die Versicherung für den Versicherer unverbindlich; denn durch Verschweigen dieser wichtigen Thatsache bei Eingehung des Vertrags macht sich der Versicherte einer Verletzung der Anzeigepflicht schuldig. (P. 3088, 4277.)

§. 804.

Eintritt des Versicherers in die Rechte des Versicherten gegen Dritte.

Hat der Versicherer seine Verpflichtungen erfüllt, so tritt er, soweit er einen Schaden vergütet hat, dessen Erstattung der Versicherte von einem Dritten zu fordern befugt ist, in die Rechte des Versicherten gegen den Dritten ein, jedoch unbeschadet der Vorschriften des §. 775 Abs. 2 und des §. 777 Abs. 2.[1])

Der Versicherte ist verpflichtet, dem Versicherer, wenn er es verlangt, auf dessen Kosten eine öffentlich beglaubigte Anerkennungsurkunde über den Eintritt in die Rechte gegen den Dritten zu ertheilen.[2])

Der Versicherte ist verantwortlich für jede Handlung, durch die er jene Rechte beeinträchtigt.[3])

Pr. Entw. Art. 342. **Entw. H** Art. 699. **Prot.** S. 3103, 3104, 4277—4280. **A.D.H.** Art. 808. **Allg. S.B.** §. 27.

Zu §. 804.

1) a. Der Versicherer erlangt erst dann ein Recht auf das Einrücken in die Ansprüche des Versicherten, wenn er seinen Verpflichtungen vollständig genügt hat, sein Recht erstreckt sich alsdann aber nur so weit, als er einen Schaden vergütet hat. (P. 3103.) — Vgl. auch §. 822.

b. Bei einer Kollision der Rechte der Schiffsgläubiger und des Versicherers in betreff der Ansprüche an den Dritten, welcher den Schaden angerichtet hat, können dem Versicherer keine anderen Rechte übertragen werden, als diejenigen, welche der Versicherte zur Zeit der Entstehung der Forderung des Versicherers noch gegen den Urheber des Schadens hat. Da nun die Forderungen der Schiffsgläubiger stets vor dem Zeitpunkt entstehen, in welchem der Versicherer Zahlung leistet, so kann diesem nur ein mit den Pfandrechten der Schiffsgläubiger beschwertes Forderungsrecht abgetreten werden. — Das Recht, in einem solchen Falle bei der Zahlung der Versicherungssumme einen Abzug zu machen, kann man dem Versicherer unmöglich einräumen, wenn die betreffende Schiffsschuld aus einem Unfall entstanden ist, für welchen der Versicherer zu haften hat, oder wenn der Versicherte zugleich persönlich für die Schiffsschuld haftet, weil Letzterer in diesem Falle durch den Untergang des Pfandobjektes nichts gewinnt. Wo beides nicht der Fall ist, wird anzunehmen sein, daß bis zum Belaufe der Schiffsschulden kein Interesse an der Erhaltung des Schiffes und somit eine Überversicherung vorhanden, der Abzug also zulässig sei. (P. 4279, 4280.)

2) Der Abs. 2 bezweckt nur, dem Versicherer seine Legitimation gegenüber dem schadensersatzpflichtigen Dritten bei Geltendmachung der in Gemäßheit des Abs. 1 erworbenen Ansprüche zu erleichtern. (P. 3104.)

3) Diese Vorschrift leidet sowohl auf den Fall Anwendung, wenn die Beeinträchtigung der fraglichen Ansprüche (z. B. ein Verzicht auf dieselben gegenüber dem ersatzpflichtigen Dritten oder [R.G. IX, 120] eine Verhinderung der Entstehung solcher Regreßrechte) schon vor dem Übergang derselben auf den Versicherer eingetreten ist, als auch dann, wenn die Beeinträchtigung erst nach demselben, d. h. nachdem die Rechte bereits aufgehört haben, Rechte des Versicherten zu sein, stattgehabt hat. (P. 3104.)

§. 805.

Pflicht des Versicherten zur Abtretung einer versicherten Forderung.

Ist eine Forderung versichert, zu deren Deckung eine den Gefahren der See ausgesetzte Sache dient, so ist der Versicherte im Falle eines Schadens verpflichtet, dem Versicherer, nachdem dieser seine Verpflichtungen erfüllt hat, seine Rechte gegen den Schuldner insoweit abzutreten, als der Versicherer Ersatz geleistet hat.[1])

Der Versicherte ist nicht verpflichtet, die ihm gegen den Schuldner zustehenden Rechte geltend zu machen, bevor er den Versicherer in Anspruch nimmt.

Pr. Entw. Art. — **Entw. H** Art. 700. **Prot.** S. 3121, 3122, 4277—4281. **A.D.H.** Art. 809. **Allg. S.B.** §. 28.

Zu §. 805.

1) Vgl. §. 779 Abs. 1. R.O.H. Bd. 15, S. 112 ff.

Zweiter Titel.

Anzeigen bei dem Abschlusse des Vertrags.[1])

Zur Überschrift.

1) a. Der Versicherungsvertrag ist ein contractus uberrimae fidei. Das A.L.R. (T. II, Tit. 8, §. 2024) sagt in dieser Beziehung: Bei Schließung des Versicherungsvertrages sind beide Teile zu besonderer Treue, Redlichkeit und Aufrichtigkeit verpflichtet. Die durch die bona fides bedingte Verpflichtung des Versicherungsnehmers giebt sich in zweierlei Weise kund: 1. in der Pflicht, keine für die Beurteilung der Gefahr erheblichen und ihm (wenn auch durch bloße Zeitungsnachrichten, die auch der Versicherer viel früher gelesen hat, Steg. Bd. 2, S. 59) bekannten Umstände zu unterdrücken (§. 806); 2. keine unrichtigen Thatumstände mitzuteilen (§. 809). Der Versicherer hingegen kann nur für verpflichtet angesehen werden, diejenigen Thatsachen mitzuteilen, welche die Gefahr, gegen welche Versicherung gesucht wird, ganz oder teilweise aufheben. (§. 785 Abs. 3.) Es kann ihm daher nicht zugemutet werden, jedem Versicherungsnehmer alle auf die Beurteilung der Gefahr entfernt Bezug habenden Thatsachen ausführlich mitzuteilen oder diesen von allem zu unterrichten, was er kraft seines besonderen Berufs und mit großen Mühen und Kosten erfahren hat. (P. 3143—3147, 4294 bis 4298.)

b. Der Versicherungsnehmer braucht nur solche Umstände anzuzeigen, welche nach vernünftigem Ermessen objektiv auf die Schätzung der Gefahr von Einfluß sind, nicht aber auch, wie auf Grund solcher Umstände andere Versicherer die Gefahr beurteilen, ob sie namentlich die Versicherung abgelehnt haben. Die letztere Anzeige wird in anderen Zweigen der Versicherung (der Feuer- und Lebensversicherung) allerdings als erheblich angesehen. (R.G. XIII, 110.)

Anzuzeigende Umstände. §. 806.

Der Versicherungsnehmer ist sowohl im Falle der Versicherung für eigene Rechnung als im Falle der Versicherung für fremde Rechnung verpflichtet, bei dem Abschlusse des Vertrags dem Versicherer alle ihm bekannten Umstände[1]) anzuzeigen, die wegen ihrer Erheblichkeit für die Beurtheilung der von dem Versicherer zu tragenden Gefahr geeignet sind, auf den Entschluß des letzteren, sich auf den Vertrag überhaupt oder unter denselben Bestimmungen einzulassen, Einfluß zu üben.[2])

Wenn der Vertrag für den Versicherungsnehmer durch einen Vertreter abgeschlossen wird, so sind auch die dem Vertreter bekannten Umstände anzuzeigen.[3])

Pr. Entw. Art. 614, 617, 622. **Entw. II** Art. 701. **Prot.** S. 3143—3150, 4294—4300, 4419. **A.D.H.** Art. 810. **Allg. S.B.** §. 29.

Zu §. 806.

1) Der Versicherungsnehmer ist nicht mehr anzuzeigen verbunden, als er zur Zeit der Eingehung des Vertrages wirklich weiß. Eine Verletzung der bona fides ist daher als vorliegend nicht anzunehmen, wenn er eine erhebliche Thatsache, die er bei gehöriger Erkundigung erfahren haben würde, nicht anzeigt (ebenso R.G. VII, 4). Dagegen macht es keinen Unterschied, ob die Anzeige eines dem Versicherungsnehmer bekannten Umstandes wissentlich oder nur aus Versehen unterblieben ist. (P. 3145, 3150.) — Die Anzeigepflicht erstreckt sich auch

auf Unglücksfälle, welche sich vor der Versicherung und vor dem Beginn der versicherten Gefahr ereignet haben, wenn nicht deren Folgen durch Reparatur vollständig beseitigt worden sind (R.O.H. Bd. 16, S. 60), ingleichen auf solche bedrohlichen Ereignisse (z. B. schwere Stürme), welchen der zu versichernde Gegenstand ausgesetzt gewesen sein kann, wenn nicht Nachricht eingegangen war, daß die Gefahr ohne Nachteil überstanden worden ist. (R.O.H. Bd. 16, S. 78.)

2) a. Der Pr. Entw. (Artt. 615, 616) führt folgende Umstände als erheblich im Sinne dieses §. auf:

1. daß und zu welcher Zeit das Schiff den Abgangshafen bereits verlassen hat und welche Nachrichten seitdem eingegangen sind (A.L.R. T. II, Tit. 8, §. 2045);
2. daß das Schiff noch auf dem Stapel steht oder in Reparatur sich befindet, oder von einer früheren Reise noch nicht zurückgekehrt ist;
3. daß der dem Schiffe vorgeschriebene Weg von dem üblichen abweicht;
4. daß das Schiff einen oder mehrere Zwischenhäfen anlaufen soll;
5. bei Versicherungen auf Kasko oder Fracht — daß das Schiff mit Kalkladung geht;
6. bei Versicherungen der Ladung — daß sich verderbliche Waren, Wertsachen und Kostbarkeiten auf dem Schiffe befinden (A.L.R. l. c. §§. 2046 ff.);
7. bei Versicherung von Haverei- oder Bodmereigeldern — daß das Schiff in Ballast fährt, oder daß die Bodmereischuld auf einer früheren Reise entstanden ist.

Diese Aufzählung sollte nur die häufig vorkommenden Fälle, deren Analogie zugleich den Richter bei Beurteilung der Erheblichkeit leiten könne, enthalten. Im Gesetze ist von einer derartigen Exemplifizierung Umgang genommen worden, weil die vorgeschlagenen Bestimmungen nicht für alle Fälle gerechtfertigt seien, und die Entscheidung der betreffenden Fälle nur selten besonderen Bedenken unterliegen werde. (P. 3155.) — Als erheblich erachtete das R.G. VII, 16 die Verschweigung des Umstandes, daß die Schiffsparten des unter deutscher Flagge segelnden, versicherten Schiffes Ausländern gehörten, weil infolge dieses Umstandes das Schiff materiell zur Führung dieser Flagge nicht berechtigt war (§. 2 G. v. 25. Oktober 1867). Vgl. jetzt §. 2 Flaggengesetz vom 22. Juni 1899 (unten Anhang 1).

b. Die Anzeige bestimmter Thatsachen kann das Geschäft zu einem bedingten machen. Ob dies anzunehmen sei, muß der Beurteilung im einzelnen Falle überlassen werden. Liegt wirklich ein bedingtes Geschäft vor, so ist selbstverständlich die Erheblichkeit oder Unerheblichkeit der die Bedingung bildenden Thatsache gleichgültig. (P. 3146.)

3) Die Anzeigepflicht auch auf die den etwaigen sonstigen Mittelspersonen bekannten Umstände auszudehnen, hielt man für zu weitgehend. (P. 4419.)

§. 807.

Insbesondere bei Versicherung für fremde Rechnung.

Im Falle der Versicherung für fremde Rechnung müssen dem Versicherer bei dem Abschlusse des Vertrags auch diejenigen Umstände angezeigt werden, welche dem Versicherten selbst oder einem Zwischenbeauftragten bekannt sind.[1])

Die Kenntniß des Versicherten oder eines Zwischenbeauftragten kommt jedoch nicht in Betracht, wenn ihnen der Umstand so spät bekannt wird, daß sie den Versicherungsnehmer ohne Anwendung außergewöhnlicher Maßregeln vor dem Abschlusse des Vertrags nicht mehr davon benachrichtigen können.[2])

Die Kenntniß des Versicherten kommt auch dann nicht in Betracht, wenn die Versicherung ohne seinen Auftrag und ohne sein Wissen genommen ist.[3])

Pr. Entw. Art. — **Entw. H** Art. 702. **Prot.** S. 3153—3155, 4307—4314. **A.D.H.** Art. 811. **Allg. S.B.** §. 30.

Zu §. 807.

1) Wo mehrere Zwischenbeauftragte beteiligt sind, ist sowohl der Versicherte, als jede Mittelsperson nur ihrem Nachmann die entsprechenden Mitteilungen zu machen schuldig; der Versicherer kann also nicht verlangen, daß ihm von einer anderen Person direkte Mitteilungen gemacht werden, als von derjenigen, mit welcher er selbst kontrahiert hat. (P. 3155.)

2) Der Verpflichtung zur nachträglichen Anzeige erheblicher Umstände ist Genüge geschehen, wenn sich der Versicherte so schnell, wie der regelmäßige und ordentliche Geschäftsgang es zuläßt, der gewöhnlichen ihm zu Gebote stehenden Verkehrsmittel, insbesondere auch des Telegraphen, bedient hat, um die betreffende Mitteilung an den Versicherer gelangen zu lassen.

3) Die Vorschrift des Abs. 3 könnte zwar zu betrügerischen Zwecken in der Weise benutzt werden, daß das Vorhandensein eines Auftrags verschwiegen und dadurch die Anzeigepflicht des Versicherten umgangen wird. Man erwog jedoch (P. 4312), daß ein solcher Betrug nur dann möglich sei, wenn der Versicherte und der Versicherungsnehmer kolludieren, und daß die Versicherer nicht anders, als wenn sie großes Vertrauen zum Versicherungsnehmer haben, auf derartige Versicherungen sich einzulassen pflegen.

Folge der Nichtanzeige. §. 808.

Wird die in den §§. 806, 807 bezeichnete Verpflichtung nicht erfüllt, so ist der Vertrag für den Versicherer unverbindlich.[1])

Diese Vorschrift findet jedoch keine Anwendung, wenn der nicht angezeigte Umstand dem Versicherer bekannt war oder als ihm bekannt vorausgesetzt werden durfte.[2])

Pr. Entw. Art. 617. **Entw. H** Art. 701 Abs. 2. **Prot.** S. 3153. **A.D.H.** Art. 812. **Allg. S.B.** §. 31.

Zu §. 808.

1) Es ist hierbei unerheblich, ob der Schaden seinen Grund gerade in dem verschwiegenen Umstande hatte oder von demselben unabhängig war (P. 3145), und ob die verschwiegenen Umstände, welche eine Besorgnis rechtfertigten, thatsächlich den schädlichen Erfolg nicht herbeigeführt haben (R.O.H. Bd. 16, S. 61).

2) Diese Bestimmung gestattet es, bei Entscheidung der Frage, ob die Unterlassung der Anzeige eines erheblichen Umstandes dem Versicherten nachgesehen werden kann oder nicht, auf die subjektiven Verhältnisse des Versicherten und weniger auf die Verhältnisse des Versicherers Rücksicht zu nehmen. (P. 4300.) — Vgl. R.O.H. Bd. 12, S. 172. Derselbe Gerichtshof (Bd. 16, S. 80) erachtet die Behauptung des Versicherten, daß dem Versicherer eine ihm nicht angezeigte Nachricht zur Zeit des Versicherungsabschlusses bekannt gewesen, für unsubstantiiert, wenn jene Behauptung nur auf die Thatsache des Lesens der Zeitungs-Schiffahrtsberichte gestützt worden ist.

Folge unrichtiger Anzeige. §. 809.

Wird von dem Versicherungsnehmer bei dem Abschlusse des Vertrags in Bezug auf einen erheblichen Umstand (§. 806) eine unrichtige Anzeige gemacht, so ist der Vertrag für den Versicherer unverbindlich, es sei denn, daß diesem die Unrichtigkeit der Anzeige bekannt war.[1])

Diese Vorschrift kommt zur Anwendung ohne Unterschied, ob die Anzeige wissentlich oder aus Irrthum, ob sie mit oder ohne Verschulden unrichtig gemacht wird.[2])

Pr. Entw. Art. — **Entw. H** Art. 703. **Prot.** S. 3188, 3189, 4314. **A.D.H.** Art. 813. **Allg. S.B.** §. 32.

Zu §. 809.

1) Bei einer unrichtigen Anzeige kann der Versicherungsnehmer sich nicht darauf berufen, daß er den von ihm angegebenen Umstand als dem Versicherer bekannt voraussetzen durfte (§. 808); es würde ungebührlich hart sein, wenn man dem Versicherer gegenüber positiven Angaben des Versicherten eine Erkundigungspflicht auferlegen wollte. Hat der Versicherer dagegen wirklich eine zuverlässige Wissenschaft von dem betreffenden Thatumstand gehabt, so bedarf er einer unrichtigen Anzeige gegenüber keines besonderen Schutzes (P. 3153).

2) Dieser Grundsatz gilt nur für die Seeversicherung, nicht aber bei allen Arten der Versicherung, insbesondere nicht bei der Feuerversicherung, da es bei der letzteren allerdings von Erheblichkeit ist, ob die unrichtige Angabe schuldbarerweise gemacht ist (R.G. X, 159).

§. 810.

Zuwiderhandeln gegen die Anzeigepflicht bei Versicherung mehrerer Gegenstände.

Wird bei einer Versicherung mehrerer Gegenstände oder einer Gesammtheit von Gegenständen den Vorschriften der §§. 806 bis 809 in Ansehung eines Umstandes zuwidergehandelt, der nur einen Theil der versicherten Gegenstände betrifft, so bleibt der Vertrag für den Versicherer in Ansehung des übrigen Theiles verbindlich. Der Vertrag ist jedoch auch in Ansehung des übrigen Theiles für den Versicherer unverbindlich, wenn anzunehmen ist, daß der Versicherer diesen Theil allein unter denselben Bestimmungen nicht versichert haben würde.[1])

Pr. Entw. Art. — **Entw. H** Art. 704. **Prot.** S. 3150—3152, 4314. **A.D.H.** Art. 814. **Allg. S.B.** §. 33.

Zu §. 810.

1) Die §§. 806—809 würden zu großen Unzuträglichkeiten führen, wenn sie auch in denjenigen Fällen unbedingt anwendbar sein sollten, in denen sich die Verletzung der Anzeigepflicht nur auf einen Teil des versicherten Gegenstandes erstreckt, die Versicherung selbst aber sowohl in Ansehung der Leistungen des Versicherers als des Versicherten (der Prämie u. s. w.) teilbar ist, und die fragliche Verletzung der Anzeigepflicht den Umständen des Falles nach auf den Entschluß des Versicherers bezüglich der Versicherung des übrigen Teils keinen Einfluß gehabt haben kann. Es kommt aber nicht darauf an, ob von Anfang an eine eventuelle Teilung der Versicherung beabsichtigt und dies beim Abschluß des Vertrags angedeutet worden ist oder nicht, sondern nur darauf, ob die Versicherung faktisch teilbar erscheint und keine Umstände vorhanden sind, die zu der Unterstellung Anlaß geben, daß der Versicherer den Vertrag überhaupt nicht eingegangen sein würde, wenn er die ganze Wahrheit gekannt hätte. Ist z. B. ein Teil der versicherten Ladung auf Deck geladen, so ist bei unterlassener Anzeige dieses Umstandes die Versicherung nur rücksichtlich dieses Teiles der Ladung unverbindlich. Erhellt aber, daß durch die Decksladung die Sicherheit des Schiffes beeinträchtigt und somit auch die unter Deck befindliche Ladung gefährdet worden, dann ist die ganze Versicherung für den Versicherer unverbindlich. (P. 3151.)

§. 811.

Dem Versicherer gebührt in den Fällen der §§. 806 bis 810, auch wenn er die gänzliche oder theilweise Unverbindlichkeit des Vertrags geltend macht, die volle Prämie.[1])

Pr. Entw. Art. — **Entw. H** Art. 705. **Prot.** S. 3627—3630, 4314. **A.D.H.** Art. 815. **Allg. S.B.** §. 34.

Zu §. 811.

1) Im allgemeinen wird sich nur schwer feststellen lassen, ob die Anzeige einer erheblichen Thatsache in bösem Glauben oder in gutem Glauben (also entweder aus Nachlässigkeit, oder weil der Versicherte die betreffende Thatsache für irrelevant hielt) unterblieben ist. Mit Rücksicht hierauf und zur Ausgleichung der Verluste, welche für den Versicherer dadurch entstehen, daß er oft Schadensersatz leisten muß, wo er wegen der zwar vorhandenen, aber nicht erweislichen Verletzung der Anzeigepflicht hierzu nicht verbunden wäre, ist dem Versicherer die ganze Prämie zuerkannt, gleichviel ob der Versicherte bona oder mala fide der Anzeigepflicht nicht genügt hat. Gebührt dem Versicherer schon bei unterlassener Anzeige die volle Prämie, so ist dies bei unrichtiger Anzeige noch gerechtfertigter. (P. 3627—3630.) Vgl. jedoch §. 896.

Dritter Titel.

Verpflichtungen des Versicherten aus dem Versicherungsvertrage.

I. Prämienzahlung.

§. 812.

Die Prämie ist, sofern nicht ein Anderes vereinbart ist, sofort nach dem Abschlusse des Vertrags und, wenn eine Polize verlangt wird, gegen Auslieferung der Polize zu zahlen.[1])

Zur Zahlung der Prämie ist der Versicherungsnehmer verpflichtet.[2])

Wenn bei der Versicherung für fremde Rechnung der Versicherungsnehmer zahlungsunfähig geworden ist und die Prämie von dem Versicherten noch nicht erhalten hat, so kann der Versicherer auch den Versicherten auf Zahlung der Prämie in Anspruch nehmen.[3])

Pr. Entw. Art. 623. **Entw. II** Art. 706. **Prot.** S. 3162—3173, 4315, 4316, 4420. **A.D.H.** Art. 816. **Allg. S.B.** §. 59.

Zu §. 812.

1) a. In erster Lesung (P. 3164) war der Zusatz angenommen worden, daß der Abs. 1 nur dann gelte, wenn nicht nach Ortsgebrauch ein Anderes (nämlich eine Kreditierung der Prämie auf gewisse Zeit) Rechtens sei. Bei der zweiten Lesung wurde von dieser Bestimmung Abstand genommen, weil kein Bedürfnis für eine solche Vorschrift vorhanden sei. (P. 4315.)

b. Der Geschäftsgewinn des Versicherers besteht gerade darin, daß er, wenn Prämie und Versicherungssumme in richtigem Verhältnis stehen und sonach die Gesamtbeträge der Prämien und der zu zahlenden Entschädigungen sich decken, die Benutzung des Prämienbetrags bis zur Auszahlung des Entschädigungsbetrages gehabt hat. (M. 338.)

2) Der Versicherer kann sich wegen der Prämie an den Versicherungsnehmer halten, ohne Unterschied (P. 3167), ob dieser für eigene oder fremde Rechnung oder für Rechnung „wen es angeht" versichert hat, und ob bei der Versicherung für fremde Rechnung die Person der Versicherten bezeichnet worden ist oder nicht. Unter „Versicherungsnehmer" kann aber nicht eine Person verstanden werden, welche nicht nur für fremde Rechnung, sondern auch in fremdem Namen als Vertreter kontrahiert. Vgl. §. 783.

3) a. Es war beantragt, auszusprechen, daß der Versicherer sich wegen der Prämie außer an den Versicherungsnehmer immer auch an den eigentlichen Versicherten sollte halten können. Dieser Antrag beruhte auf dem Gedanken, daß der letztere der eigentliche Kontrahent sei; er wurde jedoch abgelehnt (P. 3169), weil diese Auffassung weder unbedingt richtig, noch konsequent

durchführbar sei. Man hat indes aus Billigkeitsgründen (P. 3172) in dem Falle des Abs. 3 d. §. den Versicherten für haftbar erklärt.

b. Hat der Versicherte die Prämie bereits an den Versicherungsnehmer entrichtet, so kann der Versicherer weder direkt den Versicherten wegen der Zahlung der Prämie in Anspruch nehmen, noch die Prämie bei Zahlung der Versicherungsgelder zur Kompensation bringen (§. 890), weil es mehr der Billigkeit entspricht, daß der Versicherer, welcher dem Nehmer kreditiert hat, den Verlust trage, als daß der Versicherte doppelt bezahle. (P. 3576—3579, 4316, 4432.)

II. Veränderung der Gefahr nach Versicherungsnahme (§§. 813—816).

§. 813. Veränderung der Reise.

Wird statt der versicherten Reise, bevor die Gefahr für den Versicherer zu laufen begonnen hat,[1] eine andere Reise angetreten, so ist der Versicherer bei der Versicherung von Schiff und Fracht von jeder Haftung frei,[2] bei anderen Versicherungen trägt er die Gefahr für die andere Reise nur dann, wenn die Veränderung der Reise weder von dem Versicherten noch in dessen Auftrag oder mit dessen Zustimmung bewirkt ist.[3]

Wird die versicherte Reise verändert, nachdem die Gefahr für den Versicherer zu laufen begonnen hat, so haftet der Versicherer nicht für die nach der Veränderung der Reise eintretenden Unfälle. Er haftet jedoch für diese Unfälle, wenn die Veränderung weder von dem Versicherten noch in dessen Auftrag oder mit dessen Zustimmung bewirkt oder wenn sie durch einen Nothfall[4] verursacht ist, es sei denn, daß sich der Nothfall auf eine Gefahr gründet, die der Versicherer nicht zu tragen hat.[5]

Die Reise ist verändert, sobald der Entschluß, sie nach einem anderen Bestimmungshafen zu richten, zur Ausführung gebracht wird, sollten sich auch die Wege nach beiden Bestimmungshäfen noch nicht geschieden haben.[6] Diese Vorschrift gilt sowohl für die Fälle des Abs. 1 als für die Fälle des Abs. 2.

Pr. Entw. Art. 624. **Entw. II** Art. 707. **Prot.** S. 3182—3186, 3244, 3245, 4317—4320. **A.D.H.** Art. 817. **Allg. S.B.** §. 60.

Zu §. 813.

1) Vgl. §. 823 ff.

2) Dies gilt selbst dann, wenn ein Notfall die Veränderung der Reise herbeigeführt hat und der Versicherte bei der Veränderung gar nicht beteiligt gewesen ist. Bei Veränderung der Reise vor Beginn der Gefahr handelt der Schiffer als terrestrer Agent des Rheders; dieser muß deshalb alle Folgen der Handlungsweise des ersteren tragen, während dem Versicherer im allgemeinen nur die Folgen solcher Versehen des Schiffers zur Last fallen, deren der Schiffer sich in seiner Eigenschaft als maritimer Agent des Rheders schuldig macht. (P. 3185, 4319.)

3) Für diese Ausnahme zu Gunsten anderer Versicherungen als von Schiff und Fracht hat man sich lediglich aus Billigkeitsrücksichten entschieden, weil der Versicherte häufig nicht in der Lage ist, dergleichen Veränderungen der Reise auch bei größter Achtsamkeit zu verhindern, der Versicherer aber doch die Prämie erhält, und es aus kommerziellen Rücksichten bedenklich erscheint, in solchen Fällen den Versicherten ungeschützt zu lassen. (P. 4319.)

4) Unter „Notfall“ ist hier nicht jeder Zufall zu verstehen, dessen Abwendung nicht in der Macht des Versicherten gestanden, insbesondere auch nicht jede von anderen Personen verschuldete

Nichterfüllung, sondern ein Ereignis zur See, das durch die zu Gebote stehenden Kräfte nicht abgewendet werden konnte und notwendig zur Nichterfüllung einer Zusage (Veränderung der Reise, Deviation rc.) führen mußte. Ein vom Versicherten verschuldeter Notfall bietet selbstverständlich keinen Entschuldigungsgrund für Nichterfüllung der Zusage. (P. 4320—4323, 3180.)

5) Man kann dem Versicherer nicht zumuten, für solche Schäden Ersatz zu leisten, welche, wenn auch nur indirekt, durch eine Gefahr veranlaßt worden sind, die er nicht übernommen hat. Wenn z. B. der Schiffer die Reise ändert, weil er von Kriegsschiffen verfolgt wird, so ist der Versicherer, welcher „frei von Kriegsmolest" gezeichnet hat, von der ferneren Haftung frei. (P. 3179, 4421.)

6) a. Wollte man den Versicherer so lange für haftbar erklären, bis die Wege beider Reisen sich nicht mehr decken, so würde man, was häufig unmöglich ist, ermitteln müssen, wie weit die Wege sich decken und von welchem Augenblicke an der Weg ein anderer geworden ist. Überdies kann man nie mit Gewißheit sagen, ob das Schiff, wenn die versicherte Reise zur Ausführung gelangt wäre, genau zu derselben Zeit in die betreffenden Gegenden gekommen sein würde, wie nach der Veränderung der Reise, oder was sonst ohne diese Änderung geschehen wäre. (P. 3184.)

b. Die Absicht der Bestimmung im Abs. 3 geht nicht dahin, alle möglichen Arten der Veränderung einer versicherten Reise aufzuzählen, sondern nur dahin, einen Fall zu entscheiden, bei dem es zweifelhaft erscheint, ob eine Änderung der Reise vorhanden ist oder nicht, weil das Gegenteil daraus gefolgert werden könnte, daß die Wege sich teilweise decken. Daß die Reise auch dann eine andere ist, wenn sie von einem anderen als dem bedungenen Abgangshafen ausgeht, versteht sich von selbst. (P. 3245.)

§. 814.[1])

Vergrößerung oder Veränderung der Gefahr durch den Versicherten.

Wenn von dem Versicherten oder in dessen Auftrag oder mit dessen Zustimmung der Antritt oder die Vollendung der Reise ungebührlich verzögert, von dem der versicherten Reise entsprechenden Wege abgewichen oder ein Hafen angelaufen wird, dessen Angehung als in der versicherten Reise begriffen nicht erachtet werden kann,[2]) oder wenn der Versicherte in anderer Weise eine Vergrößerung oder Veränderung der Gefahr veranlaßt, namentlich eine in dieser Beziehung ertheilte besondere Zusage nicht erfüllt, so haftet der Versicherer nicht für die später sich ereignenden Unfälle.

Diese Wirkung tritt jedoch nicht ein:

1. wenn anzunehmen ist, daß die Vergrößerung oder Veränderung der Gefahr keinen Einfluß auf den späteren Unfall hat üben können;[3])
2. wenn die Vergrößerung oder Veränderung der Gefahr, nachdem die Gefahr für den Versicherer bereits zu laufen begonnen hat, durch einen Nothfall[4]) verursacht ist, es sei denn, daß sich der Nothfall auf eine Gefahr gründet, die der Versicherer nicht zu tragen hat;
3. wenn der Schiffer zu der Abweichung von dem Wege durch das Gebot der Menschlichkeit genöthigt worden ist.

Pr. Entw. Art. 624. **Entw. II** Art. 708. **Prot.** S. 3173—3181, 3186—3191, 3245, 3246, 4323. **A.D.H.** Art. 818. **Allg. S.B.** §. 61.

Zu §. 814.

1) a. §. 814 handelt von den Wirkungen der Verletzung stillschweigender und ausdrücklicher Zusagen. Der Ausdruck: „Zusagen" ist statt des im Verkehre üblichen Ausdrucks: „Bedingungen der Polize" gewählt (P. 3174), weil die hierbei eingegangenen Verpflichtungen in der Regel keine Bedingungen im juristischen Sinne sind, der Vertrag vielmehr trotz derselben unbedingt ist. Selbstverständlich kann auch ein Versicherungsvertrag unter echten Bedingungen eingegangen werden. Wird eine Zusage der gedachten Art nicht erfüllt, so tritt dadurch der Versicherungsvertrag noch nicht außer Kraft; es tritt vielmehr nur die Wirkung ein, daß der Versicherer für keinen Schaden verantwortlich ist, welcher ersichtlich oder auch nur möglicherweise nicht entstanden wäre, wenn der Versicherte seine Zusage erfüllt hätte, woraus sich gleichzeitig ergiebt, daß der Versicherer für die früher eingetretenen Schäden verhaftet bleibt. Eine Ausnahme von dieser Wirkung tritt jedoch in den Fällen des Abs. 2 d. §. ein.

b. Die Bestimmungen d. §. betreffen nur den Fall, wenn die in demselben erwähnten Vertragsverletzungen von dem Versicherten oder in seinem Auftrage oder mit seiner Genehmigung vorgenommen werden; sie lassen dagegen (P. 3186) den Fall unberührt, wenn diese Handlungen von einem Dritten ohne Wissen und Willen des Versicherten vorgenommen werde.

2) a. Die Reise ist anzutreten, sobald dies unter Berücksichtigung der Übung im Verkehr angezeigt erscheint. Unerhebliche Verzögerungen der Abfahrt werden nicht in Betracht gezogen, die erheblichen nur dann, wenn sie nicht durch genügende Gründe (vgl. Anm. 7 zu §. 813) gerechtfertigt werden. Bolze VII Nr. 613.

b. In dem Assekuranzgeschäft herrscht allgemein die Ansicht, daß durch jede Veränderung des Weges, auch wenn damit eine Veränderung der Reise nicht verbunden ist, zugleich die Gefahr eine andere wird, der Versicherer somit für die spateren Unfälle frei werden muß. Unter Umständen kann auch die Verkürzung der Reise Deviation sein. Vgl. Bolze XXI Nr. 513.

c. Als Deviation kann ihrem Begriffe nach keine andere Abweichung vom Kurse betrachtet werden, als eine freiwillige; eine solche ist deshalb nicht vorhanden, wenn der Wind das Schiff vom richtigen Wege abgedrängt hat, und ebenso wenig, wenn der Schiffer, um den richtigen Weg zu gewinnen, momentan vom Kurs ablenkt oder vielleicht wieder eine Strecke rückwärts geht ꝛc. Auch kann man es als eine Abweichung vom Wege nicht betrachten, wenn der Schiffer statt des üblichen Weges den im konkreten Falle sicheren Weg wählt. (P. 3188.)

d. Ist die Reihenfolge, in welcher die verschiedenen Zwischenhäfen angelaufen werden sollen, bestimmt, so liegt in dem Anlaufen eines Hafens außer der Reihe eine Deviation. Wann die Reihenfolge als festgestellt anzusehen ist, und ob dies insbesondere schon dann der Fall ist, wenn in der Polize mehrere Häfen neben einander aufgestellt worden, läßt sich nicht allgemein entscheiden. Ebenso hängt die Entscheidung der Frage, ob dann, wenn bestimmt ist, daß mehrere Häfen angelaufen werden dürfen, notwendig alle Häfen angelaufen werden müssen oder einzelne übersprungen werden können, von dem Inhalte jedes einzelnen Vertrags ab. (P. 3190.) — Bedeutung von intermediate ports s. R.G. X, 27.

3) Zu Ziff. 1 wurde (P. 3178) das Bedenken erhoben, daß sich der Versicherte in einer schlimmeren Lage befinde, wenn er aus Irrtum eine falsche Anzeige gemacht hat, als wenn er wissentlich eine Zusage unerfüllt läßt. Es wurde jedoch entgegnet, dies beruhe darauf, daß die Anzeigepflicht sich auf die Entstehung des Vertrags beziehe und ihre Verletzung wegen des Verstoßes gegen die bona fides zugleich die Rechtsbeständigkeit des Kontrakts beeinträchtige, die Nichterfüllung einer Zusage dagegen die Vertragserfüllung betreffe und daher anderen Regeln unterliege. — Die Ziff. 1 erfordert den Nachweis, daß die Vergrößerung oder Veränderung der Gefahr keinen Einfluß auf den späteren Unfall hat üben können, es genügt nicht der Beweis, daß sie in Wirklichkeit keinen Einfluß geübt hat. (R.G. III, 143.)

4) Vgl. Anm. 7 zu §. 813.

§. 815.

Bezeichnung des Schiffers bei Vertragsabschluß.

Wird bei dem Abschlusse des Vertrags der Schiffer bezeichnet, so ist in dieser Bezeichnung allein noch nicht die Zusage enthalten, daß der benannte Schiffer die Führung des Schiffes behalten werde.[1])

Pr. Entw. Art. 625. **Entw. H** Art. 709. **Prot.** S. 3191, 3192, 4323. **A.D.H.** Art. 819. **Allg. S.B.** §. 62.

Zu §. 815.

1) Im allgemeinen wird jetzt auf die Beibehaltung des einmal benannten Schiffers seitens der Versicherer weniger Gewicht gelegt, als früher, so daß ohne Hinzutreten anderer Umstände in der Bezeichnung des Schiffers noch keine Zusage für die Beibehaltung desselben zu finden ist. Die Frage, ob eine Verletzung der Anzeigepflicht vorliegt, wenn der Schiffer bezeichnet, die Anzeige aber unrichtig ist, indem der bezeichnete Schiffer auch bei Eingehung des Vertrages das Schiff nicht geführt hat, sollte durch den §. 815 unberührt, deren Entscheidung vielmehr dem richterlichen Ermessen unter Berücksichtigung der Umstände des Falles überlassen bleiben. (P. 3192.)

§. 816.

Änderung des bezeichneten Schiffes bei Güterversicherung.

Bei der Versicherung von Gütern haftet der Versicherer für keinen Unfall, soweit die Beförderung der Güter nicht mit dem dazu bestimmten Schiffe geschieht. Er haftet jedoch nach Maßgabe des Vertrags, wenn die Güter, nachdem die Gefahr für ihn bereits zu laufen begonnen hat, ohne Auftrag und ohne Zustimmung des Versicherten in anderer Art als mit dem zur Beförderung bestimmten Schiffe weiter befördert werden oder wenn dies in Folge eines Unfalls geschieht, es sei denn, daß sich der Unfall auf eine Gefahr gründet, die der Versicherer nicht zu tragen hat.[1])

Pr. Entw. Art. 625. **Entw. H** Art. 710. **Prot.** S. 3181, 4323, 4421. **A.D.A.** Art. 820. **Allg. S.B.** §. 63.

Zu §. 816.

1) Die Bestimmung des Schiffes ist als eine Essentiale des Vertrags anzusehen. Die Umladung der versicherten Waren in ein anderes Schiff, wenn das erste zur Fortsetzung der Reise untauglich geworden ist, erscheint indes als eine gezwungene Abweichung von den Polizebedingungen. (P. 3182.)

§. 817.

Versicherung von Gütern in unbestimmten oder unbenannten Schiffen.

Bei der Versicherung von Gütern ohne Bezeichnung des Schiffes oder der Schiffe (in unbestimmten oder unbenannten Schiffen) hat der Versicherte, sobald er Nachricht erhält, in welches Schiff versicherte Güter abgeladen sind, diese Nachricht dem Versicherer mitzutheilen.[1])

Im Falle der Nichterfüllung dieser Verpflichtung haftet der Versicherer für keinen Unfall, der den abgeladenen Gütern zustößt.[2])

Pr. Entw. Art. 626. **Entw. H** Art. 712. **Prot.** S.3193—3199, 4323. **A.D.H.** Art. 821. **Allg. S.B.** §. 64.

Zu §. 817.

1) §. 817 bezieht sich nur auf solche Fälle, in welchen der Versicherungsvertrag perfekt und die Entscheidung, auf welche Güter sich die Versicherung beziehen soll, von dem Willen des Versicherten nicht mehr abhängig ist. (P. 3197.) Er findet demnach Anwendung, wenn die Versicherung über individuell hinreichend bestimmte Waren genommen worden, die Schiffe aber, in denen sie verladen werden sollen, vorerst noch unbekannt geblieben sind, ferner dann, wenn die Güter nur durch Angabe der Unternehmung, der Zeit ihrer Abladung ꝛc. bestimmt worden, individuell aber unbestimmt und auch die Schiffe noch unbenannt sind, in denen die Abladung der einzelnen Kolli u. s. w. erfolgen soll. In solchen Fällen ist die in diesem §. vorgeschriebene Anzeige von großem Interesse für den Versicherer sowohl weil Differenzen über die Identität nicht immer vermieden werden können, als auch weil die Versicherer in der Regel auf ein und dasselbe Schiff nicht mehr als einen gewissen Maximalbetrag zu zeichnen pflegen und es ihnen deshalb wichtig ist, baldmöglichst zu wissen, wieviel von diesem Betrage bereits durch eine Versicherung von Gütern auf ungenannten Schiffen verbraucht ist.

2) Die verspätete Anzeigeerstattung kommt einer gänzlichen Unterlassung derselben gleich; geringfügige Verzögerungen der Anzeige kommen jedoch nicht in Betracht. Im Falle der Verzögerung ist der Versicherer nicht bloß vom Ersatz der vor Erstattung der Anzeige erwachsenen Schäden, sondern auch von dem der nachher entstandenen Beschädigungen und Verluste frei. Da die Kontrolle darüber, ob der Versicherte der in diesem Artikel vorgeschriebenen Anzeigepflicht genügt hat, sehr schwierig ist, so bedarf es, um die Befolgung dieser Vorschrift zu sichern, eines sehr nachdrücklichen Kompelle. (P. 3198, 3199.) Vgl. Bolze XXI Nr. 519.

III. Verpflichtungen des Versicherten nach dem Unfall (§§. 818, 819).

§. 818. Anzeige des Unfalls.

Jeder Unfall ist, sobald der Versicherungsnehmer oder der Versicherte, wenn dieser von der Versicherung Kenntniß hat, Nachricht von dem Unfall erhält, dem Versicherer anzuzeigen, widrigenfalls der Versicherer befugt ist, von der Entschädigungssumme den Betrag abzuziehen, um den sie sich bei rechtzeitiger Anzeige gemindert hätte.[1])

Pr. Entw. Art. 627 Abs. 1, 629 Abs. 1. **Entw. II** Art. 712. **Prot.** S. 3199, 3200, 4323, 4324. **A.D.H.** Art. 822. **Allg. S.B.** §. 65.

Zu §. 818.

1) a. Die hier ausgesprochene Anzeigepflicht liegt dem Versicherungsnehmer (nicht auch anderen Mittelspersonen, P. 3200) und dem Versicherten ob, wenn dieser von der Versicherung Kenntnis hat; sie erstreckt sich auf alle Unfälle, von denen die bezeichneten Personen „Nachricht erhalten". Mit dem letzteren Ausdrucke ist eine Einschränkung der Anzeigepflicht in dem Sinne beabsichtigt, daß sie nicht eintritt, wenn es sich um Unfälle handelt, von denen der Versicherungsnehmer bezw. der Versicherte nur durch die öffentlichen Blätter, Börsenanschläge ꝛc., also auf eine solche Weise Kenntnis erhalten, daß die Thatsachen ebensowohl dem Versicherer, als ihnen selbst bekannt geworden sein können.

b. Die Folge der unterlassenen Anzeige besteht nicht darin, daß der Versicherte dem Versicherer allen Schaden ersetzen muß, auch wenn dieser mehr beträgt, als was der letztere ihm wegen des Unfalls zu zahlen hat, sondern daß der Versicherer befugt ist, von der zu zahlenden Entschädigungssumme den Betrag abzuziehen, um welchen sich diese bei rechtzeitiger Anzeige des Unfalls gemindert haben würde (P. 3199). Durch die Fassung des §. 818 hat der Frage nach der Beweislast nicht präjudiziert werden sollen (P. 4324).

§. 819.

Abwendung des Schadens.

Der Versicherte ist verpflichtet, wenn sich ein Unfall zuträgt, sowohl für die Rettung der versicherten Sachen als für die Abwendung größerer Nachtheile thunlichst zu sorgen.

Er hat jedoch, wenn thunlich, über die erforderlichen Maßregeln vorher mit dem Versicherer Rücksprache zu nehmen.[1])

Pr. Entw. Art. 627 Abs. 2, 658 Abs. 1 u. 2. **Entw. H** Art. 713. **Prot.** S. 3200—3208, 3246, 4324—4328, 4421—4427. **A.D.H.** Art. 823. **Allg. S.B.** §. 66.

Zu §. 819.

1) a. Die Verpflichtungen des Versicherten bei eingetretenem Unfall beschränken sich nicht auf die Erhaltung des status quo; sie gehen in vielen Fällen weiter; er ist auch verpflichtet, den Folgen des Unfalls für die versicherten Sachen (z. B. durch Rettung der Ladung aus einem gestrandeten Schiffe P. 3206) vorzubeugen, oder wenn solche Folgen eingetreten sind, sie womöglich aufzuheben und den Eintritt eines definitiven Vermögensverlustes zu hindern. Er hat jedoch hierbei nicht bis an die äußersten Grenzen der Möglichkeit zu gehen, sondern nur so zu handeln, wie ein sorgsamer Kaufmann und beziehungsweise wie er im eigenen Interesse gehandelt haben würde, wenn er nicht versichert gewesen wäre. Dies folgt mit Notwendigkeit daraus, daß seine Rettungspflicht sich nicht von selbst versteht, und der Versicherte, indem er die Rettungspflicht übt, nicht seine eigene, sondern eines anderen (des Versicherers) Angelegenheit betreibt (P. 4426). Er erhält nach §. 834 Ziff. 3 Ersatz für die notwendig oder zweckmäßig aufgewendeten Kosten, selbst wenn die ergriffenen Maßregeln erfolglos geblieben sind. Nach §. 822 (letzter Satz) hat der Versicherte auch für die Sicherstellung eines etwaigen Regreßanspruches gegen den Schadiger in angemessener Weise Sorge zu tragen. — Fälle der Anwendung des §. 819 s. R.G. XIX, 89 u. XXXI, 132. (Interpretation der Klausel „Gefahr der Selbstentzündung eingeschlossen.")

b. Bei eingetretenem Unfall gebührt rücksichtlich der zu ergreifenden Rettungsmaßregeln dem Versicherten (nicht dem Versicherer, P. 3204) die entscheidende Stimme, weil ihm als dem Herrn des versicherten Gegenstandes die Dispositionsbefugnis über denselben zusteht und er bei teilweiser Versicherung sehr wohl bei der Größe des Schadens interessiert sein kann. Die Pflicht des Versicherten, mit dem Versicherer über die zu ergreifenden Maßregeln Rücksprache zu nehmen, ist jedoch durch das vorwiegende Interesse des letzteren an der Rettung der versicherten Gegenstände geboten. Da aber eine solche Rücksprache nicht immer möglich ist, namentlich wenn es sich um schleunige Maßregeln handelt und der Versicherer oder sein Bevollmächtigter sehr entfernt von dem Orte ist, wo der Unfall sich zuträgt, so hat das Gesetz die Verbindlichkeit zur Rücksprache auf die Fälle beschränkt, in welchen es thunlich ist, Rücksprache zu nehmen. Für den Fall, daß der Versicherte zwar Rücksprache mit dem Versicherer genommen, aber doch andere Maßregeln, als welche dieser angeraten, ergriffen hat, ist im Gesetze kein bestimmtes Präjudiz angedroht. Man meinte jedoch (P. 3207), daß alsdann der Versicherte auf Verlangen sich zu rechtfertigen und den Beweis der Angemessenheit seiner Wahl zu führen habe. — Ingleichen hat man es nicht für erforderlich gehalten, die Rechtsfolgen im Gesetze zu bestimmen, welche eintreten sollen, wenn der Versicherer, trotz erhaltener Kenntnis von dem Sachverhalt auf die Anfrage des Versicherten über bestimmte vorgeschlagene Maßregeln sich nicht erklart. (P. 3207, 4327.)

c. §. 819 bezieht sich nicht auf eine vom Versicherten vorgenommene Bergung oder Hülfsleistung in Seenoth. (R.G. XXXII, 15.)

Vierter Titel.

Umfang der Gefahr.

I. Allgemeine Bestimmungen (§§. 820—822).

§. 820.

Versicherte Gefahren.

Der Versicherer trägt alle Gefahren, denen Schiff oder Ladung während der Dauer der Versicherung ausgesetzt sind, soweit nicht durch die nachfolgenden Vorschriften oder durch Vertrag ein Anderes bestimmt ist.[1])

Er trägt insbesondere:

1. die Gefahr der Naturereignisse und der sonstigen Seeunfälle, auch wenn diese durch das Verschulden eines Dritten veranlaßt sind, wie Eindringen des Seewassers, Strandung, Schiffbruch, Sinken, Feuer, Explosion, Blitz, Erdbeben, Beschädigung durch Eis u. s. w.;[2])
2. die Gefahr des Krieges und der Verfügungen von hoher Hand;[3])
3. die Gefahr des auf Antrag eines Dritten angeordneten, von dem Versicherten nicht verschuldeten Arrestes;[4])
4. die Gefahr des Diebstahls[5]) sowie die Gefahr des Seeraubs, der Plünderung und sonstiger Gewaltthätigkeiten;
5. die Gefahr der Verbodmung der versicherten Güter zur Fortsetzung der Reise oder der Verfügung über die Güter durch Verkauf oder durch Verwendung zu gleichem Zwecke (§§. 538 bis 541, 732);
6. die Gefahr der Unredlichkeit oder des Verschuldens einer Person der Schiffsbesatzung,[6]) sofern daraus für den versicherten Gegenstand ein Schaden entsteht;[7])
7. die Gefahr des Zusammenstoßes von Schiffen und zwar ohne Unterschied, ob der Versicherte in Folge des Zusammenstoßes unmittelbar oder ob er mittelbar dadurch einen Schaden erleidet, daß er den einem Dritten zugefügten Schaden zu ersetzen hat.[8])

Pr. Entw. Art. 630. **Entw. H** Art. 714. **Prot.** S. 3210—3230, 3673, 4328—4332. **A.D.H.** Art. 824. **Allg. S.B** §. 69.

Zu §. 820.

1) Jeder Versuch, die Art der vom Versicherer zu übernehmenden Gefahr abzugrenzen, ist in hohem Grade gefährlich für den Versicherten; es ist deshalb die Haftung des Versicherers so allgemein wie möglich gefaßt, und es bleibt den Parteien überlassen, spezielle Gefahren auszunehmen, soweit dies nicht schon im Gesetze (§. 821) geschehen ist. (P. 3210—3212, 3225—3228, 4328, 4329 u. R.G. X, 24. Bolze XIX, Nr. 594.) Zu den vom Versicherer zu tragenden, nicht speziell aufgeführten Gefahren gehört auch die Beschädigung des versicherten Gegenstandes durch andere in der Schiffsgemeinschaft befindliche Sachen, sofern der Schaden durch einen eigentlichen Seeunfall oder durch Verschulden der Besatzung herbeigeführt ist. Die Frage, ob in jeder Beschädigung des versicherten Gegenstandes durch eine in derselben Schiffsgemeinschaft befindliche Sache ohne Unterschied der Ursache der Beschädigung ein selbständiger vom Versicherer zu tragender Unfall liegt, ist nach den Umständen des einzelnen Falles zu entscheiden. (P. 3229.)

2) Die Frage, ob der Versicherer für die nachteiligen Folgen einer durch Einfrieren des Schiffes entstandenen Verzögerung der Reise einstehen müsse, ist nach der Hamburgischen Assekuranz- und Havereiordnung (Tit. 5, Art. 2) verneint. Die Nichthaftbarkeit für diese Schäden folgt, wie geltend gemacht wurde, auch aus allgemeinen Grundsätzen, denn das Einfrieren gehört, wie die widrigen Winde, in die Kategorie der regelmäßigen Naturereignisse und ist nicht als Seeunfall, sondern als ein gewöhnlicher Zufall der Seefahrt anzusehen. (P. 3219.)

3) z. B. die Kosten notwendiger Umwege oder erhöhter Zölle (R.G. X, 26, XXV, 94).

4) Der Versicherer haftet sowohl für denjenigen Schaden, welchen der Versicherte durch einen Arrest erleidet, der nicht gegen die versicherte Sache, sondern gegen eine andere in derselben Schiffsgemeinschaft befindliche Sache verhängt worden ist, als auch für die Folgen eines gegen die versicherte Sache selbst verhängten Arrestes, insofern dieser Arrest von seiten des Versicherten unverschuldet ist. Eine solche Arrestlegung erscheint unverkennbar ebensowohl als eine Verfügung von hoher Hand, wie eine Anhaltung aus politischen Gründen, da die Behörden ihre Macht anwenden, um den Arrest zum Vollzuge zu bringen, wenn dies auch im Interesse und auf Antrag von Privaten geschieht. Überdies sind nicht in allen Fallen die Mittel vorhanden, um den Arrest abzuwenden. (P. 3218.)

5) Die Haftung für alle Gefahren schließt auch die für etwaigen Diebstahl in sich. Ohne den Transport der Güter würde meistenteils der fragliche Schaden nicht gestiftet worden sein. Außerdem wird der Diebstahl fast immer auf Verschulden der Besatzung (Ziff. 6) zurückzuführen sein, welche entweder selbst gestohlen hat oder es an der gehörigen Bewachung hat fehlen lassen. -- Das bloße Abhandenkommen einer Sache und die Vermutung, daß sie gestohlen sei, reicht selbstverstandlich nicht aus, um Schadensersatz vom Versicherer verlangen zu können. (P. 4330.)

6) Das A.L.R. (T. II, Tit. 8, §. 2216) zählt die Baratterie (ital. Baratteria, Tauschgeschäft, Betrügerei), d. h. das böswillige oder nachlässige Verfahren der Schiffsbesatzung, durch welches dem Schiffe oder der Ladung Schaden zugefügt wird, unter den vom Versicherer zu tragenden Gefahren auf. Das Gesetz ist dieser seit langer Zeit im Norden Deutschlands geltenden Ansicht gefolgt. Nach dem A.L.R. haftet der Versicherer aber nur subsidiär, während er nach den §§. 820, 822 direkt haftet, aber Abtretung des Rechts gegen den Schuldigen verlangen kann. Diese Verschiedenheit ist von geringer praktischer Bedeutung, weil von dem Schiffer und dem Schiffsvolk in der Regel kein Schadensersatz zu erlangen ist. (P. 3221.)

7) Der Versicherer hat für denjenigen Schaden nicht zu haften, welchen der Rheder dadurch erleidet, daß der Schiffer seine Vollmacht mißbraucht und Verträge eingeht, infolge deren der Rheder mit Schiff und Fracht haften müßte, ohne irgend einen Vorteil davon zu haben. Wenn daher z. B. der Schiffer das Bodmereikapital unterschlägt, so hat der Versicherer keinen Ersatz zu leisten. (P. 4331.) — Das R.O.H. (Bd. 18, S. 285) bemerkt: Die Haftung der Versicherer für die Schiffer bezieht sich, außer auf dolose Handlungen derselben, nur auf Versehen, welche die Schiffer als nautische Dirigenten begehen. Insofern es Administrationshandlungen sind, welche ein Schiffer in Beziehung auf die Behandlung der Angelegenheiten des Schiffes und der Schiffsunternehmung vorzunehmen hat, gilt derselbe als Bevollmächtigter des Rheders, und seine Handlungen sind den Versicherern gegenüber so anzusehen, als wären sie Handlungen des Rheders selbst.

8) a. Der Zusammenstoß von Schiffen (und nur auf diesen Fall bezieht sich Ziff. 7, vgl. R.G. XXXV, 116), mit oder ohne Schuld ist immer ein Seeunglück, dessen Folgen der Versicherer im weitesten Umfange zu tragen hat. Denn es ist erfahrungsmäßig sehr schwer, ein wirkliches Verschulden zu konstatieren; häufig ist es als bloßer Zufall zu betrachten, wenn ein Schiff verurteilt wird, den Schaden des anderen zu erstatten. (P. 3224, 4239.) Vgl. R.G. XXXIII, 67. Bolze XVII, Nr. 488.

b. Handelt der Schiffer der durch obrigkeitliche Anordnungen oder durch die Vorsicht gebotenen Pflicht, sich eines Lootsen zu bedienen zuwider, so haftet bei Schiffskollisionen der

Versicherer, wenn der Schiffer die Unterlassung nicht im Auftrage oder mit Genehmigung des Rheders begangen hat. Bolze III, Nr. 745.

c. Bei der Versicherung des mittelbaren Kollisionsschadens hat der Versicherer auch die dem Versicherten erwachsenen Prozeßkosten zu tragen, wenn er auf die ihm gemachte Andienung des Schadens die Erklärung abgegeben hat, daß er bis zur rechtskräftigen Entscheidung durch die Gerichte eine den Versicherten aus dem Zusammenstoße treffende Ersatzpflicht nicht anerkenne. R.G. XXXVIII, 55.

§. 821.

Nicht zu vergütende Schäden.

Dem Versicherer fallen die nachstehend bezeichneten Schäden nicht zur Last:

1. bei der Versicherung von Schiff oder Fracht:

   der Schaden, welcher daraus entsteht, daß das Schiff in einem nicht seetüchtigen Zustand oder nicht gehörig ausgerüstet oder bemannt oder ohne die erforderlichen Papiere (§. 513) in See gesandt ist;[1])

   der Schaden, welcher außer dem Falle des Zusammenstoßes von Schiffen daraus entsteht, daß der Rheder für den durch eine Person der Schiffsbesatzung einem Dritten zugefügten Schaden haften muß (§§. 485, 486);[2])

2. bei einer auf das Schiff sich beziehenden Versicherung:

   der Schaden an Schiff und Zubehör, welcher nur eine Folge der Abnutzung des Schiffes im gewöhnlichen Gebrauch ist;[3])

   der Schaden an Schiff und Zubehör, welcher nur durch Alter, Fäulniß oder Wurmfraß verursacht wird;

3. bei einer auf Güter oder Fracht sich beziehenden Versicherung der Schaden, welcher durch die natürliche Beschaffenheit der Güter, namentlich durch inneren Verderb, Schwinden, gewöhnliche Leckage[4]) und dergleichen, oder durch mangelhafte Verpackung der Güter[5]) entsteht oder an diesen durch Ratten oder Mäuse verursacht wird; wenn jedoch die Reise durch einen Unfall, für den der Versicherer haftet, ungewöhnlich verzögert wird, so hat der Versicherer den unter dieser Nummer bezeichneten Schaden in dem Maße zu ersetzen, in welchem die Verzögerung dessen Ursache ist;[6])

4. der Schaden, welcher sich auf ein Verschulden des Versicherten[7]) gründet, und bei der Versicherung von Gütern oder imaginärem Gewinn auch der Schaden, welcher durch ein dem Ablader, Empfänger oder Kargadeur in dieser ihrer Eigenschaft[8]) zur Last fallendes Verschulden entsteht.

Pr. Entw. Art. 631. **Entw. H** Art. 716. **Prot.** S. 3230—3236, 4335—4337, 4414, 4467. **A.D.H.** Art. 825. **Allg. S.B.** §. 70.

Zu §. 821.

1) Bei jeder Kasko- oder Frachtversicherung, jedoch nicht bei anderen Gegenständen der Versicherung ist der Versicherte, gleichviel ob er das Schiff selbst in See sendet oder nicht,

für die Seetüchtigkeit desselben und für die Besorgung der erforderlichen Papiere verantwortlich. Der Unterversicherer, welcher die Fracht versichert hat, bekommt sonach bei entstehendem Schaden keine Entschädigung, selbst wenn er für die Seetüchtigkeit des Schiffes zu sorgen außer stande war. Hat der Verfrachter das Kasko und außerdem die für seine Rechnung verschickten Güter oder Havereigelder versichert, so erhält er im Falle eines durch Seeuntüchtigkeit herbeigeführten Schadens in Bezug auf die Kaskoversicherung keine Entschädigung, wohl aber rücksichtlich der übrigen Versicherungen, vorausgesetzt jedoch, daß die Seeuntüchtigkeit des Schiffes nicht von ihm verschuldet ist. (P. 4336 u. R.G. VII, 6.) Der Beweis der Seeuntüchtigkeit sowie des Kausalzusammenhanges zwischen ihr und einem eingetretenen Schaden liegt dem Versicherer ob. Z.f.H. Bd. 41, S. 211. — Vgl. die Rechtsfalle R.O.H. Bd. 7, S. 399, Bd. 17, S. 344, Bd. 18, S. 290.

2) Wenn der Rheder dadurch Schaden leidet, daß sein Schiff als Exekutionsobjekt zur Bezahlung von Ansprüchen Dritter aus den Versehen des Schiffers ꝛc. verkauft wird, so ist ein solcher Schaden nicht durch eigentliche Seegefahr entstanden, sondern lediglich als eine Folge des Grundsatzes, daß der Präponent für seine Offizialen haftet, anzusehen. Es läßt sich nicht annehmen, daß in der Seeversicherung eine selbständige, von Beschädigung der versicherten Sache ganz unabhängige Versicherung der Diligenz des Schiffers liege. (P. 3221—3223.)

3) Für den durch Prangen (vgl. Anm. 3 zu §. 707) entstandenen Schaden ist der Versicherer nur dann verantwortlich, wenn ein Seeunfall die Veranlassung zum Prangen gewesen ist. (P. 3232.)

4) Die ordentliche Leckage und der nicht ungewöhnliche Bruch sind eine Folge der inneren Beschaffenheit derjenigen Güter, welche ohne einen solchen Schaden sich nicht transportieren lassen. Haben dagegen Seeunfälle den Schaden verursacht, z. B. eine Extraleckage veranlaßt, so hat der Versicherer dafür einzustehen. Bestimmungen im Gesetze darüber zu treffen, wann gewöhnliche oder außergewöhnliche Leckage ꝛc. als vorhanden anzunehmen ist, hat man nicht für zweckmäßig gehalten. (P. 3236.)

5) Es macht keinen Unterschied, ob der Fehler der Verpackung von dem Versicherten verschuldet ist oder nicht, da Fehler der Verpackung, z. B. schlechtes Holz der Fastage, ebenso zu beurteilen sind, als die fehlerhafte innere Beschaffenheit der Güter. (P. 3234.)

6) Als Voraussetzung der Haftbarkeit des Versicherers für die in Ziff. 3 gedachten Schäden wurde es angesehen (P. 3233), daß dieselben mit der Verzögerung der Reise in Kausalzusammenhang stehen, daß sie durch einen vom Versicherer übernommenen Unfall verursacht sind, und daß außerdem die Verzögerung selbst im Vergleiche zur Art und Ausdehnung der Reise, so wie der in der Regel hierzu erforderlichen Zeit als eine ungewöhnliche erscheine und nicht als unerheblich zu betrachten sei.

7) Der P. Entw. (Art. 631 Ziff. 1) bestimmte, daß der Versicherer den Schaden nicht zu tragen hat, welcher durch das „eigene Verschulden" des Versicherten entstanden ist. Zur Vermeidung des Mißverständnisses, als solle diese Bestimmung auf keine anderen Personen als die in Ziff. 4 genannten Anwendung leiden, auch wenn dieselben unzweifelhaft als Vertreter des Versicherten erscheinen sollten, wurde die Streichung des Wortes „eigenen" beantragt und genehmigt. (P. 3230.) Ebenso R.G. IX, 121. — Da dem Versicherer grundsätzlich nur der für den Versicherten zufällige Schaden zur Last fällt, so folgt daraus von selbst, daß er den durch irgend ein Verschulden des Versicherten diesem entstandenen Schaden nicht zu ersetzen hat (R.G. XIV, 121).

8) Ein dem Ablader ꝛc. in einer anderen Eigenschaft zur Last fallendes Verschulden schadet dem Versicherten nicht, z. B. wenn der Ablader zugleich Lieferant des Proviants ist und schlechten Proviant liefert. (P. 4335.) — Ebensowenig haftet der Versicherte dem Versicherer für einen Schaden, welcher diesem von dem Empfänger nach Empfang der versicherten Güter (z. B. durch mangelhafte Information) zugefügt wird (R.G. IX, 123). Vgl. auch §. 824 Abs. 2.

§. 822.

Haftung Dritter für den Schaden.

Die Verpflichtung des Versicherers zum Ersatz eines Schadens tritt auch dann ein, wenn dem Versicherten ein Anspruch auf dessen Vergütung gegen den Schiffer oder eine andere Person zusteht. Der Versicherte kann sich wegen des Ersatzes des Schadens zunächst an den Versicherer halten. Er hat jedoch dem Versicherer die zur wirksamen Verfolgung eines solchen Anspruchs etwa erforderliche Hülfe zu gewähren,[1]) auch für die Sicherstellung des Anspruchs durch Einbehaltung der Fracht, Erwirkung des Arrestes in das Schiff oder sonst in geeigneter Weise auf Kosten des Versicherers die nach den Umständen angemessene Sorge zu tragen (§. 819).

Pr. Entw. Art. —. **Entw. H** Art. 715. **Prot.** S. 3673—3676, 4333—4335. **A.D.H.** Art. 826. **Allg. S.B.** §. 71.

Zu §. 822.

1) d. h. Information zu erteilen, aber nicht den Prozeß selbst zu führen. Es gehört auch nicht zur Begründung des Schadensersatzanspruchs, daß der Versicherte darlege, er sei seiner Verpflichtung nachgekommen, bei der Geltendmachung des Anspruchs des Versicherers an den Dritten mitzuwirken. Bolze IX, Nr. 429. Vgl. R.G. IX, 122. Vgl. auch §. 804.

II. Dauer der Versicherung (§§. 823—833).

§. 823.

Beginn und Ende der Gefahr bei Schiffsversicherung.

Bei der Versicherung des Schiffes für eine Reise beginnt die Gefahr für den Versicherer mit dem Zeitpunkt, in welchem mit der Einnahme der Ladung oder des Ballastes angefangen wird, oder, wenn weder Ladung noch Ballast einzunehmen ist, mit dem Zeitpunkte der Abfahrt des Schiffes. Sie endet mit dem Zeitpunkt, in welchem die Löschung der Ladung oder des Ballastes im Bestimmungshafen beendigt ist.[1])

Wird die Löschung von dem Versicherten ungebührlich verzögert, so endet die Gefahr mit dem Zeitpunkt, in welchem die Löschung beendigt sein würde, falls ein solcher Verzug nicht stattgefunden hätte.[2])

Wird vor der Beendigung der Löschung für eine neue Reise Ladung oder Ballast eingenommen, so endet die Gefahr mit dem Zeitpunkt, in welchem mit der Einnahme der Ladung oder des Ballastes begonnen wird.[3])

Pr. Entw. Art. 635. **Entw. H** Art. 719. **Prot.** S. 3241—3243, 3254, 4338, 4339, 4467. **A.D.H.** Art. 827. **Allg. S.B.** §. 72.

Zu §. 823.

1) Diese Bestimmung, welche den Begriff der Versicherungsreise feststellt (R.G. XII, 31; XIII, 94), steht mit dem Gebrauch der nördlichen Seeplätze in Einklang und ist im Prinzip gerechtfertigt, da nach seerechtlicher Anschauung die Reise schon mit dem Anfang des Ladens beginnt und erst mit Beendigung der Löschung ein Ende nimmt; sie gewährt überdies den Vorteil, daß der Rheder niemals ungedeckt ist, und daß die Versicherung des Kasko sich im wesentlichen auf dieselbe Zeit erstreckt, wie die Versicherung der Ladung. (P. 3242.)

2) Es kann nicht in die Willkür des Versicherten gestellt werden, die Gefahr des Versicherers durch ungebührliche Verzögerung der Löschung auszudehnen. Hat dagegen der Schiffer die Verzögerung verschuldet, so muß der Versicherer die Folgen dieses Verschuldens tragen, wie er auch in anderen Beziehungen für den durch Versehen des Schiffers herbeigeführten Schaden haften muß, z. B. wenn der Schiffer aus Nachlässigkeit guten Wind verliegt und hierdurch ein Nachteil entsteht. (P. 3243, 4339.)

3) Bisweilen beginnt ein Schiff, ehe es die alte Ladung oder den alten Ballast ganz gelöscht hat, schon Ladung und Ballast für eine neue Reise einzunehmen. Dies ist eine mit der alten Reise nicht mehr zusammenhängende Operation, welche die Gefahr des Schiffes unbedenklich vergrößert. Von der Einnahme der Ladung oder des Ballastes ab endet daher das Risiko des Versicherers. (M. 346.) Vgl. R.G. XIII, 90.

§. 824.

Bei Versicherung von Gütern, imaginärem Gewinn, Provision.

Sind Güter, imaginärer Gewinn oder die von verschifften Gütern zu verdienende Provision versichert, so beginnt die Gefahr mit dem Zeitpunkt, in welchem die Güter zum Zwecke der Einladung[1]) in das Schiff oder in die Leichterfahrzeuge vom Lande scheiden; sie endet mit dem Zeitpunkt, in welchem die Güter im Bestimmungshafen wieder an das Land gelangen.

Wird die Löschung von dem Versicherten oder bei der Versicherung von Gütern oder imaginärem Gewinne von dem Versicherten oder von einer der im §. 821 Nr. 4 bezeichneten Personen ungebührlich verzögert, so endet die Gefahr mit dem Zeitpunkt, in welchem die Löschung beendigt sein würde, falls ein solcher Verzug nicht stattgefunden hätte.

Bei der Einladung und Ausladung trägt der Versicherer die Gefahr der ortsgebräuchlichen Benutzung von Leichterfahrzeugen.[2])

Pr. Entw. Art. 636. **Entw. II** Art. 720. **Prot.** S. 3254—3259, 4339, 4467. **A.D.H.** Art. 828. **Allg. S.B.** §. 73.

Zu §. 824.

1) Die Worte „zum Zweck der Einladung" wurden in den Abs. 1 d. §. aufgenommen, weil (P. 3254) eine Scheidung des Gutes vom Lande auch aus anderen, auf den Beginn des Risiko des Versicherers ohne Einfluß bleibenden Gründen erfolgen könne, z. B. infolge eines Unfalls oder in der Absicht, in einem Schiffe magaziniert zu werden u. dgl. — Die Frage, wann das Gut als vom Lande geschieden anzusehen sei, insbesondere was in betreff der am Windetakel hängenden Güter Rechtens sei u. s. w., wurde zwar besprochen (P. 3255), blieb aber auf sich beruhen. Vgl. Bolze XIV, Nr. 458.

2) Der Versicherer darf ein ordnungsmäßiges ortsgebräuchliches Verfahren des Abladers und des Empfängers nicht allein hinsichtlich ihrer technischen Dienste bei der Ein- und Ausladung, sondern auch hinsichtlich der zu diesem Behufe abzuschließenden Verträge voraussetzen (R.G. IX, 121).

Bei Frachtversicherung.

§. 825.

Bei der Versicherung der Fracht beginnt und endet die Gefahr in Ansehung der Unfälle, denen das Schiff und dadurch die Fracht ausgesetzt ist, mit demselben Zeitpunkt, in welchem die Gefahr bei der Versicherung des Schiffes für dieselbe

Reise beginnen und enden würde, in Ansehung der Unfälle, denen die Güter und dadurch die Fracht ausgesetzt sind, mit demselben Zeitpunkt, in welchem die Gefahr bei der Versicherung der Güter für dieselbe Reise beginnen und enden würde.[1])

Bei der Versicherung von Ueberfahrtsgeldern beginnt und endet die Gefahr mit demselben Zeitpunkt, in welchem die Gefahr bei der Versicherung des Schiffes beginnen und enden würde.

Der Versicherer von Fracht= und Ueberfahrtsgeldern haftet für einen Unfall, von dem das Schiff betroffen wird, nur insoweit, als Fracht= oder Ueberfahrtsverträge bereits abgeschlossen sind,[2]) und wenn der Rheder Güter für seine Rechnung verschifft, nur insoweit, als diese zum Zwecke der Einladung in das Schiff oder in die Leichterfahrzeuge bereits vom Lande geschieden sind.

Pr. Entw. Art. — **Entw. II** Art. 721. **Prot.** S. 3260—3266, 4339—4345, 4467. **A.D.H.** Art. 829. **Allg. S.B.** §. 74.

Zu §. 825.

1) Wenn das Schiff erst eine Ausreise in Ballast macht oder Ballast einnehmen muß, bevor es mit Einnahme der Ladung beginnen kann, die Gefahr für die Kaskoversicherung somit früher beginnt, als für eine Güterversicherung, so ist es angemessen, daß der Versicherer Ersatz für die Fracht leistet, wenn sie zwar vor Beginn der Einnahme der Ladung, aber nach Anfang der Ballastrierung des Schiffes durch einen das Schiff betreffenden Unfall verloren geht; dagegen würde es nicht der Billigkeit entsprechen, dem Versicherer auch dann den Ersatz der Fracht zuzumuten, wenn sie zu der eben erwähnten Zeit infolge eines die Ladung betreffenden Unfalls verloren geht. Es würde dem Begriffe der Seeversicherung widersprechen, falls man z. B. vom Versicherer Ersatz für die Fracht verlangen wollte, wenn während der Zureise des Schiffes in Ballast ein Ausfuhrverbot erlassen wird, kraft dessen Güter von der Art, wie sie im Frachtvertrage verzeichnet sind, nicht mehr ausgeführt werden dürfen. — Das Risiko der Güterversicherung kann auch früher eintreten, als das der Kaskoversicherung, z. B. wenn, während das Schiff noch mit dem Löschen der früheren Ladung beschäftigt und zur Aufnahme der neuen noch nicht bereit ist, die Güter bereits vom Lande scheiden, um auf Leichtern an das Schiff gebracht zu werden. Gehen in diesem Falle die Güter auf dem Leichter verloren, so hat der Versicherer Ersatz zu leisten. (P. 3260—3265, 4339, 4345.) — Die Gefahr einer Zureise in Ballast trifft den Frachtversicherer nur dann, wenn die Versicherung für die ganze (kombinierte) Reise, also auch für die Zureise geschlossen ist (R.G. VII, 30).

2) Wenn kein Frachtvertrag abgeschlossen ist, so fehlt es an der Voraussetzung des Schadensersatzes, daß nämlich der Verfrachter die Fracht ohne den eingetretenen Unfall voraussichtlich verdient haben würde. Fährt das Schiff in Ballast aus, um erst Fracht zu suchen, so findet §. 825 keine Anwendung. (P. 3260, 3262, 4340, 4467.)

§. 826.

Bei Versicherung von Bodmerei= und Havereigeldern.

Bei der Versicherung von Bodmerei= und Havereigeldern beginnt die Gefahr mit dem Zeitpunkt, in welchem die Gelder vorgeschossen sind, oder, wenn der Versicherte selbst die Havereigelder verausgabt hat, mit dem Zeitpunkt, in welchem sie verwendet sind; sie endet mit dem Zeitpunkt, in welchem sie bei einer Versicherung der Gegenstände, welche verbodmet oder auf welche die Havereigelder verwendet sind, enden würde.[1])

Pr. Entw. Art. — **Entw. II** Art. 722. **Prot.** S. 3266—3271, 3350—3352, 4341, 4467. **A.D.H.** Art. 830. **Allg. S.B.** §. 75.

Zu §. 826.

1) a. Sind die Havereigelder von einem Dritten vorgeschossen, so ist das Verhältnis ähnlich dem bei der Versicherung von Bodmereigeldern; die Gefahr beginnt deshalb für den Versicherer mit der Auszahlung der betreffenden Gelder an den Schiffer u. s. w., ohne Rücksicht darauf, wann der Schiffer dieselben wirklich zum Besten von Schiff oder Ladung verwendet hat. Hat der Versicherte selbst aber die Havereigelder verausgabt, so beginnt die Gefahr für den Versicherer erst von deren Verwendung ab, weil vorher ein Anspruch auf Bezahlung von Havereigeldern nicht existiert. (P. 3269.)

b. Der Versicherer trägt die Gefahr der Bodmereigelder nicht bis zur Rückzahlung des Darlehns, sondern nur bis zum Aufhören der Seegefahr. (§§. 823, 824.)

Lauf der Gefahr. §. 827.

Die begonnene Gefahr läuft für den Versicherer während der bedungenen Zeit oder der versicherten Reise ununterbrochen fort. Der Versicherer trägt insbesondere die Gefahr auch während des Aufenthalts in einem Noth- oder Zwischenhafen und im Falle der Versicherung für die Hinreise und Rückreise während des Aufenthalts des Schiffes in dem Bestimmungshafen der Hinreise.[1])

Müssen die Güter einstweilen gelöscht werden oder wird das Schiff zur Ausbesserung an das Land gebracht, so trägt der Versicherer die Gefahr auch für die Zeit, während welcher sich die Güter oder das Schiff am Lande befinden.

Pr. Entw. Art. — **Entw. H** Art. 723. **Prot.** S. 3271—3276, 4345. **A.D.H.** Art. 831. **Allg. S.B.** §. 76.

Zu §. 827.

1) Wenn sich ein Versicherungsvertrag auf mehrere, an und für sich verschiedene Reisen erstreckt, welche bezüglich des Assekuranzvertrags als eine einzige Reise erscheinen, so läuft die Gefahr des Versicherers auch während des Aufenthalts des Schiffes in den verschiedenen Bestimmungshäfen und insbesondere auch in der Zeit zwischen der vollständigen Löschung der eine frühere Reise betreffenden Ladung und dem Wiederbeginn der Ladung für eine neue Reise. Dies gilt jedoch nicht, wenn die verschiedenen Reisen auch assekuranzrechtlich auseinandergehalten sind, wenn z. B. die Versicherung dahin geht: für eine Reise von A. nach B., für eine zweite von B. nach C. u. s. w. (P. 3273.)

§. 828.

Aufgeben der Reise nach Beginn der Gefahr.

Wird nach dem Beginne der Gefahr die versicherte Reise freiwillig oder gezwungen[1]) aufgegeben, so tritt in Ansehung der Beendigung der Gefahr der Hafen, in welchem die Reise beendigt wird, an die Stelle des Bestimmungshafens.

Werden die Güter, nachdem die Reise des Schiffes aufgegeben ist, in anderer Art als mit dem zur Beförderung bestimmten Schiffe nach dem Bestimmungshafen weiter befördert, so läuft in Betreff der Güter die begonnene Gefahr fort, auch wenn die Weiterbeförderung ganz oder zu einem Theile zu Lande geschieht. Der Versicherer trägt in solchen Fällen zugleich die Kosten der früheren Löschung, die Kosten der einstweiligen Lagerung und die Mehrkosten der Weiterbeförderung, auch wenn diese zu Lande erfolgt.[2])

Pr. Entw. Art. 637, 638. **Entw. H** Art. 724. **Prot.** S. 3276—3280, 4345—4347, 4467. **A.D.H.** Art. 832. **Allg. S.B.** §. 77.

Zu §. 828.

1) — z. B. wegen Irreparabilität oder Verfügung von hoher Hand. (P. 4347.) Vgl. R.G. XXV, 96.

2) Vgl. jedoch §§. 829, 816.

§. 829.

Die Vorschriften der §§. 827, 828 gelten nur unbeschadet der Vorschriften der §§. 814, 816.

Pr. Entw. Art. — **Entw. H** Art. 725. **Prot.** S. 4347. **A.D.H.** Art. 833. **Allg. S.B.** §. 78.

§. 830. **Versicherung auf Zeit.**

Ist die Dauer der Versicherung nach Tagen, Wochen, Monaten oder Jahren bestimmt, so wird die Zeit nach dem Kalender und der Tag von Mitternacht zu Mitternacht berechnet. Der Versicherer trägt die Gefahr während des Anfangstags und des Schlußtags.

Bei der Berechnung der Zeit ist der Ort, wo sich das Schiff befindet, maßgebend.[1])

Pr. Entw. Art. 633. **Entw. H** Art. 717. **Prot.** S. 3238, 3239, 4337. **A.D.H.** Art. 834. **Allg. S.B.** §. 79.

Zu §. 830.

1) Der Ort, wo das Schiff sich befindet, nicht der Versicherungsort, ist bei der Berechnung maßgebend. Das Schiff ist Gegenstand des Vertrags; sein Aufenthaltsort und seine Zeit sind also, wo Zeit und Ort Gegenstand der Abrede sind, als gemeint vorauszusetzen. Den betreffenden Entscheidungen wird die Zeitrechnung des Tagebuchs (§§. 519, 520) zu Grunde gelegt werden können. (M. 345. P. 3239.)

§. 831.

Ablauf der vertragsmäßigen Versicherungszeit des Schiffes vor Beendigung der Reise.

Ist im Falle der Versicherung des Schiffes auf Zeit das Schiff bei dem Ablaufe der im Vertrage festgesetzten Versicherungszeit unterwegs,[1]) so gilt die Versicherung in Ermangelung einer entgegenstehenden Vereinbarung als verlängert bis zur Ankunft des Schiffes im nächsten Bestimmungshafen und, falls in diesem gelöscht wird, bis zur Beendigung der Löschung (§. 823). Der Versicherte ist jedoch befugt, die Verlängerung durch eine dem Versicherer, solange das Schiff noch nicht unterwegs ist, kundzugebende Erklärung auszuschließen.

Im Falle der Verlängerung hat der Versicherte für deren Dauer und, wenn die Verschollenheit des Schiffes eintritt, bis zum Ablaufe der Verschollenheitsfrist[2]) die vereinbarte Zeitprämie fortzuentrichten.

Ist die Verlängerung ausgeschlossen, so kann der Versicherer, wenn die Verschollenheitsfrist über die Versicherungszeit hinausläuft, auf Grund der Verschollenheit nicht in Anspruch genommen werden.[3])

Pr. Entw. Art. 634. **Entw. H** Art. 718. **Prot.** S. 3239—3241, 3247—3254, 3415—3428, 4338. **A.D.H.** Art. 835. **Allg. S.B.** §. 80.

Zu §. 831.

1) Der Begriff „unterwegs" ist in R.G. XII, 31 näher dahin erläutert, daß er sich mit dem Begriffe der Versicherungsreise deckt, wie er in §. 823 gegeben ist.

2) Wegen der Verschollenheitsfrist s. §§. 862, 863.

3) Der letzte Abs. d. §. gilt in allen Fällen, in welchen die Verlängerung ausgeschlossen ist, sei es, daß im Versicherungsvertrage selbst der Wegfall der Verlängerung vereinbart, sei es, daß die letztere durch eine vom Versicherten rechtzeitig kundgegebene Erklärung (Abs. 1) ausgeschlossen ist. (P. 3428.)

§. 832.

Versicherung nach einem unter mehreren oder nach mehreren Häfen.

Bei einer Versicherung nach einem oder dem anderen unter mehreren Häfen ist dem Versicherten gestattet, einen dieser Häfen zu wählen,[1]) bei einer Versicherung nach einem und einem anderen oder nach einem und mehreren anderen Häfen ist der Versicherte zum Besuch eines jeden der bezeichneten Häfen befugt.[2])

Pr. Entw. Art. 639. **Entw. H** Art. 726. **Prot.** S. 3281—3286, 3352, 3353, 4347. **A.D.H.** Art. 836. **Allg. S.B.** §. 81.

Zu §. 832.

1) Die Frage: wann in einem solchen Falle die Wahl als getroffen gilt, hat man im Gesetze nicht entschieden, damit sie nach allgemeinen Grundsätzen des Assekuranzrechts gelöst werde; doch wurde bemerkt (P. 3353), daß man die Wahl nicht füglich schon dann als getroffen ansehen könne, wenn der Versicherte den Entschluß, nach dem einen Hafen fahren zu wollen, in irgend einer Weise (z. B. durch eine mündliche Erklarung) offenbart habe, sondern erst dann, wenn er von dem Punkte aus, an welchem sich die Wege nach den mehreren Hafen scheiden, die Richtung nach dem einen Hafen eingeschlagen habe.

2) a. Den zweiten Satz d. §. hat man als nicht selbstverständlich angesehen (P. 3353), weil er bestimme, daß das Schiff ungeachtet bereits erfolgter Löschung der ganzen Ladung alle kopulativ genannten Häfen besuchen dürfe.

b. Von der Aufnahme einer Vorschrift darüber, in welchem Augenblicke die Gefahr für den Versicherer beginne, wenn die Versicherung unter der Bedingung geschlossen ist, daß die Versicherung „von diesem oder jenem Orte" oder „von diesem und jenem Orte" validieren soll und im ersteren Falle beide Orte berührt werden, wurde Umgang genommen, weil derartige Versicherungen nicht häufig vorkämen und die allgemeinen Grundsätze des Assekuranzrechts zur richtigen Beurteilung derselben zureichend seien. (P. 3288.)

§. 833.

Reihenfolge der anzulaufenden Häfen.

Ist die Versicherung nach mehreren Häfen geschlossen oder dem Versicherten das Recht vorbehalten, mehrere Häfen anzulaufen, so ist dem Versicherten nur gestattet, die Häfen nach der vereinbarten oder in Ermangelung einer Vereinbarung nach der den Schiffahrtsverhältnissen entsprechenden Reihenfolge zu besuchen; er ist jedoch zum Besuch aller einzelnen Häfen nicht verpflichtet.

Die in der Polize enthaltene Reihenfolge wird, soweit nicht ein Anderes sich ergiebt, als die vereinbarte angesehen.

Pr. Entw. Art. — **Entw. H** Art. 727. **Prot.** S. 3286—3289, 4347, 4348. **A.D.H.** Art. 837. **Allg. S.B.** §. 82.

III. Umfang der Verbindlichkeit des Versicherers (§§. 834—852).

§. 834.

Havereibeiträge, Rettungs- und sonstige Nebenkosten.

Dem Versicherer fallen zur Last:[1])

1. die Beiträge zur großen Haverei mit Einschluß derjenigen, welche der Versicherte selbst wegen eines von ihm erlittenen Schadens zu tragen hat; die in Gemäßheit der §§. 635, 732 nach den Grundsätzen der großen Haverei zu beurtheilenden Beiträge werden den Beiträgen zur großen Haverei gleich geachtet;
2. die Aufopferungen, welche zur großen Haverei gehören würden, wenn das Schiff Güter und zwar andere als Güter des Rheders an Bord gehabt hätte;
3. die sonstigen zur Rettung sowie zur Abwendung größerer Nachtheile nothwendig oder zweckmäßig aufgewendeten Kosten (§. 819), selbst wenn die ergriffenen Maßregeln erfolglos geblieben sind;[2])
4. die zur Ermittelung und Feststellung des dem Versicherer zur Last fallenden Schadens erforderlichen Kosten, insbesondere die Kosten der Besichtigung, der Abschätzung, des Verkaufs und der Anfertigung der Dispache.[3])

Pr. Entw. Art. 632. **Entw. H** Art. 728. **Prot.** S. 3236—3238, 3299—3304, 3667, 4349—4351. **A.D.H.** Art. 838. **Allg. S.B.** §. 84.

Zu §. 834.

1) Der Versicherte muß in die Lage kommen, als sei kein Unglücksfall eingetreten; er braucht also keinerlei durch letzteren veranlaßte Kosten selbst zu tragen, vielmehr muß der Versicherer den Rettungsaufwand bestreiten. Außer den für die Rettung der versicherten Gegenstände und zur Ermittelung und Feststellung des Schadens (Taxation und Dispache) verwendeten Kosten gehören dazu die Beiträge zur großen Haverei. Vgl. jedoch §§. 843, 850. — Der Versicherte muß auch bei in Ballast gehenden Schiffen die Schaden, welche bei beladenen Schiffen große Haverei sein würden, als solche oder als Rettungsaufwand im weiteren Sinne gegen sich gelten lassen, z. B. die Kosten des Aufenthalts im Nothafen. (P. 3236, 3299—3303, 4349.)

2) Vgl. §§. 840 Abs. 2, 851 Abs. 3.

3) Vgl. §. 840 Abs. 2. — Der Versicherer, welcher frei von gewissen Prozenten gezeichnet hat (§. 847), hat die Kosten der Besichtigung ꝛc. nur dann zu erstatten, wenn der Schaden die vorbehaltenen Prozente übersteigt; ist in Taxen versichert und trifft der Schaden den Versicherer bei einigen Taxen, bei anderen nicht, so sind die Kosten verhältnismaßig zu repartieren. (P. 4351.)

§. 835.

Bedeutung des Rechtes am Dispachirungsorte für die Pflichten des Versicherers.

In Ansehung der Beiträge zur großen Haverei und der nach den Grundsätzen der großen Haverei zu beurtheilenden Beiträge bestimmen sich die Verpflichtungen des Versicherers nach der am gehörigen Orte im Inland oder im Ausland, im

Einklange mit dem am Orte der Aufmachung geltenden Rechte aufgemachten Dispache.[1]) Insbesondere ist der Versicherte, der einen zur großen Haverei gehörenden Schaden erlitten hat, nicht berechtigt, von dem Versicherer mehr als den Betrag zu fordern, zu welchem der Schaden in der Dispache berechnet ist, andererseits haftet der Versicherer für diesen ganzen Betrag, ohne daß namentlich der Versicherungswerth maßgebend ist.

Auch kann der Versicherte, wenn der Schaden nach dem am Orte der Aufmachung geltenden Rechte als große Haverei nicht anzusehen ist, den Ersatz des Schadens von dem Versicherer nicht aus dem Grunde fordern, weil der Schaden nach einem anderen Rechte, insbesondere nach dem Rechte des Versicherungsorts, große Haverei sei.[2])

Pr. Entw. Art. 670. **Entw. H** Art. 729. **Prot.** S. 3525—3531, 3541—3545, 4351, 4355—4359. **A.D.H.** Art. 839. **Allg. S.B.** §. 86.

Zu §. 835.

1) a. Die Frage, ob der Versicherer eine Dispache anerkennen müsse, welche nicht am Versicherungsorte oder nach anderen Gesetzen aufgenommen worden, als nach denjenigen, welche für die Beurteilung der Rechte und Pflichten der Parteien sonst maßgebend seien, ist im §. 835 bejaht. Als Grund für die Bejahung wurde angeführt (P. 3526): An den Seeunfall, welcher die große Haverei herbeiführt, knüpfe sich für den Versicherten zugleich als unvermeidliche Folge der Ort und somit auch die Art und Weise der Dispachierung, so daß die hieraus für den Versicherer entstehenden Nachteile als Folge des Seeunfalls sich darstellten, und man gewissermaßen sagen könne: der Versicherer hafte auch für die Gefahr der Dispachierung nach anderen als den eigentlich maßgebenden Gesetzen. Vgl. jedoch §. 836.

b. Ist die Dispache nicht nach dem Rechte des Dispachierungsorts, wenn auch nach dem des Versicherungsorts, aufgemacht, so ist eine solche Dispache für den Versicherer nicht verbindlich (P. 3529), denn der letztere hat dem Versicherten nur diejenigen zur großen Haverei gehörigen Beiträge zu ersetzen, welche dieser zu leisten gezwungen gewesen, ein Zwang aber bestand für diesen nur hinsichtlich der Beiträge, welche ihm in einer Dispache auferlegt worden, die nach den Gesetzen des Dispachierungsorts aufgemacht war.

2) Ob ein Schaden, der nach heimischem, nicht aber nach dem maßgebenden fremden Rechte zur großen Haverei gehört, zugleich die Eigenschaft der partikularen Haverei an sich trägt und deshalb als solche ersetzt werden muß, ist nach den Umständen des einzelnen Falls zu beurteilen. Ob auch die Kosten für den Unterhalt und die Heuer der Mannschaft ersetzt werden müssen, wenn ein solcher Schaden als partikuläre Haverei zu vergüten ist, wird davon abhängig sein, ob der Aufenthalt im Nothafen zur Rettung des Schiffes notwendig gewesen, diese Kosten somit als Rettungskosten zu betrachten sind, oder ob die Reparatur aufschiebbar gewesen ist oder nicht u. dgl. (P. 3538—3548.)

§. 836.

Nichteintreten der Haftung für große Haverei.

Der Versicherer haftet jedoch für die im §. 835 erwähnten Beiträge nicht, soweit sie sich auf einen Unfall gründen, für den der Versicherer nach dem Versicherungsvertrage nicht haftet.[1])

Pr. Entw. Art. — **Entw. H** Art. 729. **Prot.** S. 3528—3532. **A.D.H.** Art. 840. **Allg. S.B.** §. 87.

Zu §. 836.

1) z. B. wenn ein Nothafen wegen Kriegsgefahr angelaufen worden, eine Kriegsgefahr aber nicht übernommen ist. (P. 3532.)

§. 837.

Anfechtung der Dispache durch den Versicherer.

Ist die Dispache von einer durch Gesetz oder Gebrauch dazu berufenen Person aufgemacht worden, so kann der Versicherer sie wegen Nichtübereinstimmung mit dem am Orte der Aufmachung geltenden Rechte und der dadurch bewirkten Benachtheiligung des Versicherten nicht anfechten, es sei denn, daß der Versicherte durch mangelhafte Wahrnehmung seiner Rechte die Benachtheiligung verschuldet hat.[1])

Dem Versicherten liegt jedoch ob, die Ansprüche gegen die zu seinem Nachtheile Begünstigten dem Versicherer abzutreten.

Dagegen ist der Versicherer befugt, in allen Fällen die Dispache dem Versicherten gegenüber insoweit anzufechten, als ein von dem Versicherten selbst erlittener Schaden, für den ihm nach dem am Orte der Aufmachung der Dispache geltenden Rechte eine Vergütung nicht gebührt hätte, gleichwohl als große Haverei behandelt worden ist.[2])

Pr. Entw. Art. — **Entw. H** Art. 730. **Prot.** S. 3530—3532, 4351—4354, 4472. **A.D.H.** Art. 841. **Allg. S.B.** §. 88.

Zu §. 837.

1) a. Die Befugnis des Versicherers, die ordnungsmäßig aufgemachte Dispache anzufechten, ist beschränkt, weil der Versicherte meist nicht in der Lage ist, die Richtigkeit der Dispache zu prüfen oder deren Ausführung rechtzeitig zu hindern. Hat der letztere aber erweislich bei Wahrnehmung seiner Rechte ein Versehen begangen, so ist der Versicherer zur Anfechtung der Dispache befugt. (P. 3527.)

b. Die Beschrankung der Anfechtbarkeit bezieht sich aber nur auf Dispachen, welche von einer durch Gesetz oder Gebrauch dazu berufenen Person aufgenommen sind, weil nur dergleichen Dispachen eine Gewähr für die Richtigkeit bieten.

2) Der Versicherte kann daraus, daß er von Dritten ungebührlicher Weise Beiträge erhalten hat, nicht ein Recht darauf herleiten, daß er von dem Versicherer nun noch vollen Ersatz bekomme. (P. 3531, 4352.)

§. 838.

Haftung nach ordnungsmäßiger Verteilung des Havereischadens.

Wegen eines von dem Versicherten erlittenen, zur großen Haverei gehörenden oder nach den Grundsätzen der letzteren zu beurtheilenden Schadens haftet der Versicherer, wenn die Einleitung des die Feststellung und Vertheilung des Schadens bezweckenden ordnungsmäßigen Verfahrens stattgefunden hat, in Ansehung der Beiträge, welche dem Versicherten zu entrichten sind, nur insoweit, als der Versicherte die ihm gebührende Vergütung auch im Rechtswege, sofern er diesen füglich betreten konnte, nicht erhalten hat.[1])

Pr. Entw. Art. — **Entw. H** Art. 731. **Prot.** S. 3532—3536, 4354, 4355, 4472, 4473. **A.D.H.** Art. 842. **Allg. S.B.** §. 90.

Zu §. 838.

1) Ist das Havereiverteilungsverfahren ordnungsmäßig eingeleitet, so muß der Versicherte den Verlauf der Sache abwarten, und kann wegen der ihm von den übrigen Havereiinteressenten zu entrichtenden Beiträge den Versicherer nur soweit in Anspruch nehmen, als er die ihm gebührende Vergütung nicht erhalten hat. Er muß zuvor, wenn er den Rechtsweg betreten konnte, auch auf diesem Wege versuchen, zu seiner Befriedigung zu gelangen. Hiervon ist er jedoch befreit, wenn von Anfang an gewiß ist, daß der Rechtsweg nicht zum Ziele führen wird, z. B. (P. 4473) dann, wenn der Prozeß bei uncivilisierten Völkern in entfernten Weltgegenden zu führen wäre.

§. 839.

Unverschuldetes Unterbleiben der Dispachierung.

Ist die Einleitung des Verfahrens ohne Verschulden des Versicherten unterblieben, so kann er den Versicherer wegen des ganzen Schadens nach Maßgabe des Versicherungsvertrags[1]) unmittelbar in Anspruch nehmen.[2])

Pr. Entw. Art. — **Entw. H** Art. 731. **Prot.** S. 3532—3536, 4472, 4473. **A.D.H.** Art. 843. **Allg. S.B.** §. 91.

Zu §. 839.

1) Der Schaden muß in dem betreffenden Falle so ersetzt werden, wie wenn gar kein Fall der großen Haverei vorläge. (P. 4473.)

2) Der Versicherte wird den Versicherer unmittelbar in Anspruch nehmen können, wenn der Schiffer die Aufmachung der Dispache zur rechten Zeit und am rechten Orte aus Pflichtwidrigkeit oder deshalb versäumt, weil er nicht in der Lage ist, die Dispachierung betreiben zu können, z. B. wenn die beitragspflichtigen Gegenstände an verschiedene Orte geborgen worden oder Schiffer und Mannschaft verunglückt sind u. s. w. (P. 3535.)

§. 840.

Höhe der Haftung.

Der Versicherer haftet für den Schaden nur bis zur Höhe der Versicherungssumme.

Er hat jedoch die im §. 834 Nr. 3, 4 erwähnten Kosten vollständig zu erstatten, wenngleich die hiernach im Ganzen zu zahlende Vergütung die Versicherungssumme übersteigt.[1])

Sind in Folge eines Unfalls solche Kosten bereits aufgewendet, zum Beispiel Loskaufs- oder Reklamekosten verausgabt, oder sind zur Wiederherstellung oder Ausbesserung der durch den Unfall beschädigten Sache bereits Verwendungen geschehen, zum Beispiel zu einem solchen Zwecke Havereigelder verausgabt, oder sind von dem Versicherten Beiträge zur großen Haverei bereits entrichtet oder ist eine persönliche Verpflichtung des Versicherten zur Entrichtung solcher Beiträge bereits entstanden und ereignet sich später ein neuer Unfall, so haftet der Versicherer für den durch den späteren Unfall entstehenden Schaden bis zur Höhe der ganzen Versicherungssumme ohne Rücksicht auf die ihm zur Last fallenden früheren Aufwendungen und Beiträge.

Pr. Entw. Art. 641. **Entw. H** Art. 732. **Prot.** S. 3289—3294, 4359, 4360. **A.D.H.** Art. 844. **Allg. S.B.** §. 92.

Zu §. 840.

1) Weil der Versicherte, welcher nicht über den Wert hinaus versichern darf (§. 786), sonst in vielen Fällen keine volle Schadloshaltung bekommen würde. (P. 3238, 3290.)

§. 841.

Befreiung des Versicherten durch Zahlung der Versicherungssumme.

Der Versicherer ist nach dem Eintritt eines Unfalls berechtigt, sich durch Zahlung der vollen Versicherungssumme von allen weiteren Verbindlichkeiten aus dem Versicherungsvertrage zu befreien, insbesondere von der Verpflichtung, die Kosten zu erstatten, welche zur Rettung, Erhaltung und Wiederherstellung der versicherten Sachen erforderlich sind.[1])

War zur Zeit des Eintritts des Unfalls ein Theil der versicherten Sachen der vom Versicherer zu tragenden Gefahr bereits entzogen, so hat der Versicherer, welcher von dem Rechte des Abs. 1 Gebrauch macht, den auf jenen Theil fallenden Theil der Versicherungssumme nicht zu entrichten.[2])

Der Versicherer erlangt durch Zahlung der Versicherungssumme keinen Anspruch auf die versicherten Sachen.

Ungeachtet der Zahlung der Versicherungssumme bleibt der Versicherer zum Ersatze derjenigen Kosten verpflichtet, welche auf die Rettung, Erhaltung oder Wiederherstellung der versicherten Sachen verwendet worden sind, bevor seine Erklärung, von dem Rechte Gebrauch zu machen, dem Versicherten zugegangen ist.[3])

Pr. Entw. Art. 658. **Entw. H** Art. 757. **Prot.** S. 3464—3470, 4399—4408. **A.D.H.** Art. 845. **Allg. S.B.** §. 93.

Zu §. 841.

1) Zur Erläuterung d. §. wurde bemerkt (P. 3464): der Versicherer könne in zwei Fällen in die Lage kommen, mehr als die Versicherungssumme zahlen zu müssen, nämlich einmal, wenn der auf die versicherte Sache verwendete Rettungsaufwand so bedeutend sei, daß die Versicherungssumme durch Vergütung desselben (§. 834 Ziff. 3) und des an der versicherten Sache selbst entstandenen Schadens überstiegen werde, und dann, wenn mehrere Schäden in verschiedenen auf einander folgenden Unfällen entstanden seien und die Versicherungssumme durch Kosten, welche infolge eines früheren Schadens auf die Wiederherstellung u. s. w. verwendet worden seien, und durch den aus einem späteren Unfall herrührenden Schaden (namentlich wenn dieser ein Totalverlust sei) zusammengenommen überstiegen werde. Für diese Fälle bedürfe es der Bestimmung des §. 841, kraft welcher, wie man sich mitunter ausdrücke, auch der Versicherer abandonnieren, d. h. erklären dürfe, er wolle mit der Sache nichts weiter zu thun haben, sondern ohne weitere Untersuchung die Versicherungssumme zahlen.

2) Auf ein besonderes Interesse, daß die Versicherung nicht geteilt werde, kann sich der Versicherte nur dann berufen, wenn dies besonders vereinbart ist. (P. 4402.)

3) Gestattet man dem Versicherer, eine die Versicherungssumme übersteigende Haftbarkeit dadurch abzulehnen, daß er sich sogleich zur Entrichtung der letzteren bereit erklärt, so darf dies doch nicht anders geschehen, als wenn dem Versicherten die volle Versicherungssumme verbleibt, wenn er also dasjenige erhält, was er im Falle eines vollständigen Untergangs der Sache gehabt haben würde. Der Versicherer muß deshalb für alle bis zur betreffenden Erklärung bereits aufgewendeten Rettungs- und Reparaturkosten, gleichviel ob sie durch den letzten oder durch einen früheren Unfall veranlaßt sind, Ersatz leisten, soweit deren Erstattung nach Maßgabe der §§. 819 und 834 überhaupt gefordert werden kann. (P. 3467.)

§. 842.

Frist zur Ausübung des Befreiungsrechts.

Der Versicherer muß seinen Entschluß, von dem im §. 841 bezeichneten Rechte Gebrauch zu machen, bei Verlust dieses Rechtes dem Versicherten spätestens am dritten Tage nach dem Ablaufe desjenigen Tages erklären, an welchem ihm der Versicherte den Unfall unter Bezeichnung seiner Beschaffenheit und seiner unmittelbaren Folgen angezeigt und alle sonstigen auf den Unfall sich beziehenden Umstände mitgetheilt hat, soweit die letzteren dem Versicherten bekannt sind.[1])

Pr. Entw. Art. 659. **Entw. H** Art. 758. **Prot.** S. 3471, 4408—4411. **A.D.H.** Art. 846. **Allg. S.B.** §. 94.

Zu §. 842.

1) Die Vorlegung der Verklarung sowie der Versicherungs- und Taxationsdokumente ist nicht unbedingt erforderlich. Die Ausstellung dieser Urkunden erfordert gewöhnlich längere Zeit, während meistens eine schleunige Entscheidung, ob der Versicherer von der im §. 841 beigelegten Befugnis Gebrauch machen will, wegen der vom Versicherten zu ergreifenden Maßregeln notwendig ist. (M. 358. P. 3471, 4408—4410.)

§. 843.

Ist nicht zum vollen Werthe versichert, so haftet der Versicherer für die im §. 834 erwähnten Beiträge, Aufopferungen und Kosten nur nach dem Verhältnisse der Versicherungssumme zum Versicherungswerthe.

Pr. Entw. Art. — **Entw. H** Art. — **Prot.** S. 4359, 4473. **A.D.H.** Art. 847. **Allg. S.B.** §. 95.

§. 844.

Unwirksamkeit späterer Unfälle.

Die Verpflichtung des Versicherers, einen Schaden zu ersetzen, wird dadurch nicht wieder aufgehoben oder geändert, daß später in Folge einer Gefahr, die der Versicherer nicht zu tragen hat, ein neuer Schaden und selbst ein Totalverlust eintritt.[1])

Pr. Entw. Art. — **Entw. H** Art. — **Prot.** S. 4360, 4361. **A.D.H.** Art. 848. **Allg. S.B.** §. 96.

Zu §. 844.

1) Bei der Haverei gilt ein anderer Grundsatz (vgl. §. 705). Die Bestimmung des §. 844 ist deshalb unentbehrlich, weil der Versicherte sonst nicht ganz gedeckt sein würde, wenn sich einer seiner Versicherer von gewissen Gefahren frei gezeichnet hat, und der eine der Schäden aus einer solchen ausgenommenen Gefahr hervorgeht. Hat der Versicherer A. die Versicherung auf ein Schiff nur für Totalverlust gezeichnet, der Versicherer B. hierauf in einer zweiten Versicherung alle anderen Gefahren übernommen, und das Schiff geht ganz verloren, nachdem es vorher beschädigt worden ist, so kommt es bei Beurteilung dessen, was A. und B. zu zahlen haben, auf die Willensmeinung der Kontrahenten bei Abschluß der Verträge an. Ging diese dahin, daß B. nur dann einzutreten hat, wenn der versicherte Gegenstand schließlich beschädigt in dem Bestimmungshafen ankommt, so hat in dem gegebenen Falle A. den ganzen zugesicherten Betrag, B. nichts zu zahlen. Soll aber B. auch für die während der Reise eingetretenen

Beschädigungen haften, so hat er für die Beschädigung ungeachtet des nachher eintretenden Totalverlusts, A. dagegen für den Totalverlust nach Abzug dessen, was B. zu entrichten hat, Ersatz zu leisten, denn durch den Totalverlust geht die Sache auch nur nach Abzug des von B. zu entrichtenden verloren. (P. 4361.)

§. 845.

Haftung des Versicherers bei besonderer Haverei.

Besondere Havereien hat der Versicherer nicht zu ersetzen, wenn sie ohne die Kosten der Ermittelung und Feststellung des Schadens (§. 834 Nr. 4) drei Prozent des Versicherungswerths nicht übersteigen; betragen sie mehr als drei Prozent, so sind sie ohne Abzug der drei Prozent zu vergüten.[1])

Ist das Schiff auf Zeit oder auf mehrere Reisen versichert, so sind die drei Prozent für jede einzelne Reise zu berechnen. Der Begriff der Reise bestimmt sich nach §. 757.

Pr. Entw. Art. 642 Abs. 1 u. 3. **Entw. H** Art. 733. **Prot.** S. 3294—3296, 3667, 4361. **A.D.H.** Art. 849. **Allg. S.B.** §. 97.

Zu §. 845.

1) Wegen der Schwierigkeit, die Ursache geringfügiger Schäden bei einer besonderen Haverei zu ermitteln, und wegen der oft unverhältnißmäßigen Kosten des Schadensnachweises ist vorgeschrieben, daß der Versicherer in Fällen der besonderen Haverei keinen Ersatz zu leisten hat, wenn der Schaden nicht drei Prozent des Versicherungswerts übersteigt. Ist der Schaden aber größer, so muß der Versicherer denselben ganz, also ohne Abzug der drei Prozent, vergüten, weil in einem solchen Falle die Zweckmäßigkeitsgründe, aus denen die Franchise von gewissen Prozenten bestimmt ist, nicht zutreffen. (P. 3295.)

§. 846.

Die im §. 834 unter Nr. 1 bis 3 erwähnten Beiträge, Aufopferungen und Kosten muß der Versicherer ersetzen, auch wenn sie drei Prozent des Versicherungswerths nicht erreichen. Sie kommen jedoch bei der Ermittelung der im §. 845 bezeichneten drei Prozent nicht in Berechnung.

Pr. Entw. Art. 642 Abs. 4. **Entw. H** Art. 734. **Prot.** S. 3296, 3297, 3299—3304, 3668, 4361. **A.D.H.** Art. 850. **Allg. S.B.** §. 98.

§. 847.

Vertragsmäßige Beschränkung der Haftung des Versicherers.

Ist vereinbart, daß der Versicherer von bestimmten Prozenten frei sein soll, so kommen die Vorschriften der §§. 845, 846 mit der Maßgabe zur Anwendung, daß an die Stelle der dort erwähnten drei Prozent die im Vertrag angegebene Anzahl von Prozenten tritt.

Pr. Entw. Art. 646. **Entw. H** Art. 735. **Prot.** S. 3320, 4361. **A.D.H.** Art. 851. **Allg. S.B.** §. 99.

§. 848.

Ausschluß der Kriegs- und Kriegsbelästigungsgefahr. Klausel: „frei von Kriegsmolest".

Ist vereinbart, daß der Versicherer die Kriegsgefahr nicht übernimmt, auch die Versicherung rücksichtlich der übrigen Gefahren nur bis zum Eintritt einer Kriegsbelästigung dauern soll, so endet die Gefahr für den Versicherer mit dem Zeitpunkt, in welchem die Kriegsgefahr auf die Reise Einfluß zu üben beginnt,[1]) insbesondere also, wenn der Antritt oder die Fortsetzung der Reise durch Kriegsschiffe, Kaper oder Blokade behindert oder zur Vermeidung der Kriegsgefahr aufgeschoben wird, wenn das Schiff aus einem solchen Grunde von seinem Wege abweicht oder wenn der Schiffer durch Kriegsbelästigung die freie Führung des Schiffes verliert.

Eine Vereinbarung der im Abs. 1 bezeichneten Art wird namentlich angenommen, wenn der Vertrag mit der Klausel: „frei von Kriegsmolest" abgeschlossen ist.

Pr. Entw. Art. 644. **Entw. II** Art. 736. **Prot.** S. 3304—3307, 4361. **A.D.H.** Art. 852. **Allg. S.B.** §. 100.

Zu §. 848.

1) a. Im Falle der Versicherung „frei von Kriegsmolest" ist der Versicherer von der Haftung für eigentliche Kriegsgefahr befreit und haftet für die übrigen Gefahren nur bis zu demjenigen Zeitpunkte, in welchem die Kriegsgefahr auf die Reise Einfluß zu üben beginnt. Wenn daher der Kriegsunfall bereits einen Schaden zur Folge gehabt hat, aber gleichwohl *ohne* Einfluß auf die Fortsetzung der Reise geblieben ist, z. B. wenn das Schiff von einem verfolgenden Kriegsschiffe oder einer Strandbatterie aus durch eine Kugel getroffen worden ist, aber dennoch ohne Kursveränderung die Reise in der früheren Richtung fortsetzt, so hat der Versicherer, welcher „frei von Kriegsmolest" gezeichnet hat, zwar den durch das Kriegsereignis herbeigeführten Schaden nicht zu ersetzen, seine Haftung für *andere* Schäden endet aber hierdurch nicht. (P. 3306.)

b. Hat einmal die Kriegsgefahr einen Einfluß auf die Reise zu üben *begonnen*, ist z. B. das Schiff dieserhalb von seinem Wege abgewichen, so ist die Versicherung *beendet* und nicht etwa nur so lange unterbrochen, wie der Einfluß der Kriegsgefahr dauert.

§. 849.

Ausschluß lediglich der Kriegsgefahr. Klausel: „nur für Seegefahr".

Ist vereinbart, daß der Versicherer zwar nicht die Kriegsgefahr übernimmt, alle übrigen Gefahren aber auch nach dem Eintritt einer Kriegsbelästigung tragen soll, so endet die Gefahr für den Versicherer erst mit der Kondemnation der versicherten Sache aber sobald sie geendet hätte, wenn die Kriegsgefahr nicht ausgenommen worden wäre; der Versicherer haftet aber nicht für die zunächst durch Kriegsgefahr verursachten Schäden, also insbesondere nicht:

für Konfiskation durch kriegführende Mächte;

für Nehmung, Beschädigung, Vernichtung und Plünderung durch Kriegsschiffe und Kaper;

für die Kosten, welche entstehen aus der Anhaltung[1]) und Reklamirung, aus der Blokade des Aufenthaltshafens oder der Zurückweisung von einem blokirten Hafen oder aus dem freiwilligen Aufenthalte wegen Kriegsgefahr;

für die nachstehenden Folgen eines solchen Aufenthalts: Verderb und Verminderung der Güter, Kosten und Gefahr ihrer Entlöschung und Lagerung, Kosten ihrer Weiterbeförderung.

Im Zweifel wird angenommen, daß ein eingetretener Schaden durch Kriegsgefahr nicht verursacht sei.

Eine Vereinbarung der im Abs. 1 bezeichneten Art wird namentlich angenommen, wenn der Vertrag mit der Klausel: „nur für Seegefahr" abgeschlossen ist.[2])

Pr. Entw. Art. 643. **Entw. H** Art. 737. **Prot.** S. 3307—3314, 4361, 4362. **A.D.H.** Art. 853. **Allg. S.B.** §. 101.

Zu §. 849.

1) Auch ohne gleichzeitige Anhaltung des Schiffes kann eine Anhaltung der Ladungsgüter vorkommen, z. B. wenn sie im Nothafen zeitweilig gelöscht worden sind. (P. 3313.) Deshalb ist im Gesetze der Gegenstand der Anhaltung nicht speziell bezeichnet.

2) Bei der Klausel „nur für Seegefahr" trägt der Versicherer die Seegefahr auch dann noch, wenn das Schiff in seiner Reise durch die Kriegsgefahr schon irgendwie gestört worden ist, sofern der Schade nur nicht unmittelbar auf diese Störung als auf die nächste Ursache des Unfalls zurückzuführen ist. (P. 4362.) Wenn z. B. das Schiff wegen Kriegsgefahr von seinem Wege abweichen mußte und infolge hiervon durch einen Sturm litt, welcher dasselbe ohne diese Abweichung wahrscheinlich nicht getroffen haben würde, und wenn es durch diesen Sturm auf den Strand gesetzt wurde, so erscheint doch der Sturm und nicht die Kriegsgefahr als die nächste Ursache der Strandung, und diese fällt daher dem Versicherer zur Last. (P. 3308.) Ebenso haftet der Versicherer, wenn das aufgebrachte Schiff vor der Kondemnation in dem Hafen, wohin es gebracht worden ist, durch Feuer zu Grunde geht, weil in solchem Falle die Kriegsgefahr nicht die nächste Ursache des Schadens ist. Die Gefahr endet im Falle der Klausel „nur für Seegefahr" erst mit der Kondemnation oder mit der ordentlichen Beendigung der Seefahrt oder des Transports der verschifften Güter. Vgl. Voigt: Das deutsche Seeversicherungsrecht. S. 279.

§. 850.

Versicherung „für behaltene Ankunft".

Ist der Vertrag mit der Klausel: „für behaltene Ankunft" abgeschlossen, so endet die Gefahr für den Versicherer schon mit dem Zeitpunkt, in welchem das Schiff im Bestimmungshafen am gebräuchlichen oder gehörigen Platze den Anker hat fallen lassen oder befestigt ist.

Auch haftet der Versicherer nur:

1. bei der auf das Schiff sich beziehenden Versicherung,[1]) wenn entweder ein Totalverlust[2]) eintritt oder wenn das Schiff abandonnirt (§. 861) oder in Folge eines Unfalls vor der Erreichung des Bestimmungshafens wegen Reparaturunfähigkeit oder wegen Reparaturunwürdigkeit verkauft wird (§. 873);

2. bei der auf Güter sich beziehenden Versicherung, wenn die Güter oder ein Theil der Güter in Folge eines Unfalls[3]) den Bestimmungshafen nicht erreichen, insbesondere wenn sie vor der Erreichung des Bestimmungshafens in Folge eines Unfalls verkauft werden. Erreichen die Güter den Bestimmungshafen, so haftet der Versicherer weder für eine Beschädigung noch für einen Verlust, der die Folge einer Beschädigung ist.

Ueberdies hat der Versicherer in keinem Falle die im §. 834 erwähnten Beiträge, Aufopferungen und Kosten zu tragen.[4])

Pr. Entw. Art. 645. **Entw. H** Art. 738. **Prot.** S. 3314—3319, 3668—3672, 4362—4364. **A.D.H.** Art. 854. **Allg. S.B.** §. 102.

Zu §. 850.

1) Die Versicherung der Fracht „auf behaltene Ankunft" ist nach der Auffassung des Verkehrs nichts anderes, als die Versicherung eines besonderen Interesses am Schiffe für dessen behaltene Ankunft, so daß auf dieselbe die Grundsätze über die Kaskoversicherung Anwendung finden. (P. 3317.)

2) Über die Frage, wann ein Totalverlust vorliegt, vgl. §§. 854 ff.

3) Hierher gehört auch der Fall der Baratterie (vgl. Anm. 6 zu §. 820), wenn der Schiffer die Güter unterwegs unbefugter Weise verkauft hat u. dgl. (P. 3318.)

4) Bei der Versicherung von Schiff oder Ladung unter der Klausel „für behaltene Ankunft" hat der Versicherer die im §. 834 Ziff. 1—4 erwähnten Beiträge 2c. nicht zu tragen, weil die Absicht der Kontrahenten dahin geht, daß der Versicherer nur dann haften solle, wenn die versicherte Sache im Bestimmungshafen nicht ankomme, dagegen von jeder Haftung frei sein solle, wenn sie denselben erreicht, gleichviel mit welchen Mitteln dieses Resultat erreicht ist. (P. 3319.)

§. 851.

Versicherung: „frei von Beschädigung außer im Strandungsfall".

Ist der Vertrag mit der Klausel: „frei von Beschädigung außer im Strandungsfall" abgeschlossen, so haftet der Versicherer nicht für einen Schaden, der aus einer Beschädigung entsteht, ohne Unterschied, ob der Schaden in einer Werthsverringerung oder in einem gänzlichen oder theilweisen Verlust und insbesondere darin besteht, daß die versicherten Güter gänzlich verdorben und in ihrer ursprünglichen Beschaffenheit zerstört den Bestimmungshafen erreichen oder während der Reise wegen Beschädigung und drohenden Verderbs verkauft worden sind, es sei denn, daß das Schiff oder das Leichterfahrzeug, in welchem sich die versicherten Güter befanden, gestrandet ist. Der Strandung werden folgende Seeunfälle gleich geachtet:[1]) Kentern, Sinken, Zerbrechen des Rumpfes, Scheitern und jeder Seeunfall, durch den das Schiff oder das Leichterfahrzeug reparaturunfähig geworden ist.

Hat sich eine Strandung oder ein dieser gleich zu achtender anderer Seeunfall ereignet, so haftet der Versicherer für jede drei Prozent (§. 845) übersteigende Beschädigung, die in Folge eines solchen Seeunfalls entstanden ist, nicht aber für eine sonstige Beschädigung. Es wird vermuthet, daß eine Beschädigung, die möglicherweise Folge des eingetretenen Seeunfalls sein kann, in Folge des Unfalls entstanden sei.[2])

Für jeden Schaden, der nicht aus einer Beschädigung entsteht, haftet der Versicherer, ohne Unterschied, ob sich eine Strandung oder ein anderer der erwähnten Unfälle zugetragen hat oder nicht, in derselben Weise, als wenn der Vertrag ohne die Klausel abgeschlossen wäre. Jedenfalls haftet er für die im §. 834 unter Nr. 1, 2, 4 erwähnten Beiträge, Aufopferungen und Kosten, für die im §. 834 unter Nr. 3 erwähnten Kosten aber nur dann, wenn sie zur Abwendung eines ihm zur Last fallenden Verlustes verausgabt worden sind.

Eine Beschädigung, die ohne Selbstentzündung durch Feuer oder durch Löschung eines solchen Feuers oder durch Beschießen entstanden ist, wird als eine solche Beschädigung, von welcher der Versicherer durch die Klausel befreit wird, nicht angesehen.[3])

Pr. Entw. Art. 648 Abs. 1 u. 3. **Entw. H** Art. 739. **Prot.** S. 3320—3331, 3338—3340, 3342—3344, 4365—4372. **A.D.H.** Art. 855. **Allg. S.B.** §. 103.

Zu §. 851.

1) Die im Abs. 1 aufgeführten Unfälle stehen ihrer Bedeutsamkeit nach der Strandung gleich. (P. 3325—3331, 4366.) Einen Fall des Sinkens (Versinkens, Verlust der Schwimmfähigkeit) s. R.G. X, 17. Der Strandung wird auch gleichgestellt jeder Seeunfall, wodurch eine Entlöschung des Schiffes unter fremder Hülfe infolge gezwungenen Aufenthalts stattfindet. Bolze XXII, Nr. 478.

2) Der Sinn des Abs. 2 ist der, daß der Versicherer, welcher die im Eingange d. §. angeführte Klausel gezeichnet hat, im Fall der Strandung für die mit derselben in Kausalzusammenhang stehenden Beschädigungen, nicht aber für anderweitige Beschädigungen zu haften hat, daß jedoch bis zum Beweise des Gegenteils dieser Kausalzusammenhang bei allen Beschädigungen vermutet wird, welche sich möglicherweise aus einer Strandung erklären lassen. (P. 3331.) — Vgl. den Rechtsfall R.O.H. Bd. 18, S. 411 u. Bolze XXII, Nr. 478.

3) a. Der letzte Abs. d. §. trägt der Anschauung Rechnung (P. 3342), welche als Rest der ursprünglichen Bedeutung der Klausel „frei von Beschädigung außer im Strandungsfall" sich im Verkehr erhalten hat, wonach der Versicherer durch sie nur von der Haftung für inneren Verderb und eigentliche Seeunfälle frei wird, dagegen den durch Feuer (und dessen Löschung) entstandenen Schaden zu ersetzen hat. Die Selbstentzündung einer Ware ist als innerer Verderb derselben anzusehen, und fällt deshalb dem Versicherer nicht zur Last. (P 3343.)

b. Der Versicherer hat in dem Falle der Beschädigung durch Beschießen nur den durch die Kugeln veranlaßten unmittelbaren und vom Versicherten zu erweisenden Schaden zu tragen, dagegen nicht jeden Schaden, welcher Folge der Durchbohrung des Schiffes durch eine Kugel und des Eindringens von Seewasser durch die von derselben hinterlassene Öffnung ist. (P. 4370.)

§. 852.

Versicherung: „frei von Bruch außer im Strandungsfall".

Wenn der Vertrag mit der Klausel: „frei von Bruch außer im Strandungsfall" abgeschlossen ist, so finden die Vorschriften des §. 851 mit der Maßgabe Anwendung, daß der Versicherer für Bruch insoweit haftet, als er nach §. 851 für Beschädigung aufzukommen hat.

Pr. Entw. Art. 648 Abs. 1. **Entw. H** Art. 740. **Prot.** S. 3340—3342, 4372. **A.D.H.** Art. 856. **Allg. S.B** §. 103.

§. 853.

Strandung im Sinne der §§. 851, 852.

Eine Strandung im Sinne der §§. 851, 852 ist vorhanden, wenn das Schiff unter nicht gewöhnlichen Verhältnissen der Seeschiffahrt auf den Grund festgeräth und nicht wieder flott wird oder zwar wieder flott wird, jedoch entweder

1. nur unter Anwendung ungewöhnlicher Maßregeln, wie Kappen der Masten, Werfen oder Löschung eines Theiles der Ladung und dergleichen, oder durch den Eintritt einer ungewöhnlich hohen Fluth, nicht aber ausschließlich durch Anwendung gewöhnlicher Maßregeln, wie Winden auf den Anker, Backstellen der Segel und dergleichen, oder
2. erst nachdem das Schiff durch das Festgerathen einen erheblichen Schaden am Schiffskörper erlitten hat.

Pr. Entw. Art 648 Abs. 2. **Entw. H** Art. 741. **Prot.** S. 3331—3338, 4372. **A.D.H.** Art. 857. **Allg. S.B** §. 104.

Fünfter Titel.

Umfang des Schadens.

I. Totalverlust (§§. 854—860).

§. 854.

Begriff des Totalverlustes an Schiff oder Gütern.

Ein Totalverlust des Schiffes oder der Güter liegt vor, wenn das Schiff oder die Güter zu Grunde gegangen oder dem Versicherten ohne Aussicht auf Wiedererlangung entzogen sind,[1]) namentlich wenn sie unrettbar[2]) gesunken oder in ihrer ursprünglichen Beschaffenheit zerstört[3]) oder für gute Prise erklärt sind. Ein Totalverlust des Schiffes wird dadurch nicht ausgeschlossen, daß einzelne Theile des Wrackes oder des Inventars gerettet sind.

Pr. Entw. Art. 650 Ziff. 1. **Entw. H** Art. 743. **Prot.** S. 3321, 3345—3348, 3354—3356, 3359—3376, 4387—4390. **A.D.H** Art. 858. **Allg. S B.** §. 109.

Zu §. 854.

1) Man unterscheidet zwei Arten von Totalverlust, den wirklichen, absoluten (§§. 854 ff.) und den konstruktiven (§§. 861 ff.). Der wirkliche Totalverlust kann in verschiedener Weise eintreten, entweder auf eine rein faktische Art durch physische Vernichtung des Schiffes oder des Gutes, oder auf eine juristische Art durch die Entziehung der Herrschaft über Schiff oder Gut. (P. 3347.) Die physische Vernichtung ist aber nicht so zu verstehen, als müßte durchaus jede Spur des Gegenstandes vernichtet sein; es genügt, daß der Gegenstand aufgehört hat, das zu sein, was er war und was er seinem Begriffe nach sein müßte, mögen auch Trümmer oder Teile desselben gerettet sein. (P. 3344—3349, 4387.) Güter, welche am Bestimmungsorte angekommen, sind nicht schon deshalb als für den Empfänger verloren anzusehen, weil sie infolge der Auslöschung der Marke durch einen Seeunfall und wegen Verladung mit anderen gleichartigen Gütern nicht identifiziert werden können. (R.G. IV, 40.)

2) — d. h. ohne Aussicht auf Wiedererlangung. Mitunter können gesunkene Schiffe ohne unverhältnismäßig große Kosten wieder gehoben werden. (P. 3354.) Vgl. R.G. XV, 163.

3) — z. B. wenn von einer Ladung Glaswaren nur noch Scherben übrig geblieben sind. Die Zerstörung bis zur gänzlichen Wertlosigkeit ist nicht erforderlich. (P. 3354, 4387—4389.) Rücksichtlich reparaturunfähiger und reparaturunwürdiger Schiffe vgl. §. 873.

§. 855.

Totalverlust der Fracht.

Ein Totalverlust in Ansehung der Fracht liegt vor, wenn die ganze Fracht verloren gegangen ist.[1])

Pr. Entw. Art. 650 Ziff. 2. **Entw. II** Art. 744. **Prot.** S. 3399, 3400, 4392, 4393. **A.D.H.** Art. 859. **Allg. S.B.** §. 110.

Zu §. 855.

1) Ein Totalverlust der Fracht liegt, wenn nicht etwa eine ganz bestimmte Frachtforderung versichert worden ist, nicht schon dann vor, wenn die auf dem ursprünglichen Frachtkontrakt beruhende Forderung infolge von Seeunfällen erloschen ist, sondern erst dann, wenn auch nicht einmal auf Grund eines anderen, jedoch für dieselbe Reise abgeschlossenen Kontrakts irgend eine Fracht verdient worden ist. (P. 3400.) Ingleichen ist kein Totalverlust der Fracht vorhanden, wenn wegen unterbliebener Abladung keine Fracht verdient ist oder die verdiente Fracht durch Insolvenz des Schuldners verloren geht. Ist aus Gründen, die in der Ladung liegen, keine Fracht verdient worden, etwa weil flüssige Waren ausgeleckt waren, so ist dies versicherungsrechtlich kein Frachtverlust. (P. 3400, 4392.)

§. 856.

Totalverlust des Gewinns oder der Provision.

Ein Totalverlust in Ansehung des imaginären Gewinns oder in Ansehung der Provision, welche von der Ankunft der Güter am Bestimmungsort erwartet werden, liegt vor, wenn die Güter den Bestimmungsort nicht erreicht haben.[1])

Pr. Entw. Art. 650 Ziff. 3. **Entw. II** Art. 745. **Prot.** S. 3402, 4394. **A.D.H.** Art. 860. **Allg. S B.** §. 111.

Zu §. 856.

1) a. Dies gilt selbst dann, wenn die Güter an einem anderen als dem Bestimmungsorte sich in wohlbehaltenem Zustande befinden. Der Nachweis, daß die Güter wahrscheinlich mit Schaden verkauft worden wären, befreit den Versicherer nicht von der Verbindlichkeit, den vollen versicherten Betrag zu leisten. — Dagegen ist der Versicherer von der Ersatzverbindlichkeit befreit, wenn die Güter in wohlbehaltenem Zustande im Bestimmungshafen angekommen sind (ebenso R.G. IV, 39), wenngleich aus anderen Gründen, z. B. wegen Konjunkturveränderung weder Gewinn noch Provision erzielt ist. Hat der Versicherer die Gefahr der rechtzeitigen Ankunft der Güter übernommen, so erscheint die Reise als verloren, wenn die Ankunft der Güter nicht rechtzeitig erfolgt. (P. 3402.)

b) Betreffs der Abzüge von der Versicherungssumme des imaginären Gewinns vgl. §. 860.

§. 857.

Totalverlust der Bodmerei- und Havereigelder.

Ein Totalverlust in Ansehung der Bodmerei- und Havereigelder liegt vor, wenn die Gegenstände, welche verbodmet oder für welche die Havereigelder vorgeschossen oder verausgabt sind, entweder von einem Totalverlust oder dergestalt von anderen Unfällen betroffen sind, daß in Folge[1]) der dadurch herbeigeführten Beschädigungen, Verbodmungen oder sonstigen Belastungen zur Deckung jener Gelder nichts übrig geblieben ist.

Pr. Entw. Art. 652. **Entw. H** Art. 746. **Prot.** S. 3403—3406, 4394. **A.D.H.** Art. 861. **Allg. S.B.** §. 112.

Zu §. 857.

1) Muß sich der Bodmereigläubiger einen Abzug an der Versicherungssumme gefallen lassen, wenn der Versicherer beweist, daß das verbodmete Objekt von anfang an weniger wert gewesen ist, als die Bodmereiforderung, daß also der Bodmerist auch im Falle der glücklichen Vollendung der Reise keine volle Befriedigung erlangt haben würde? Diese Frage wurde in der Konferenz von mehreren Seiten, gestützt auf die bestehende Praxis, verneint. (P. 3404.)

§. 858.

Höhe der Haftung bei Totalverlust.

Im Falle des Totalverlustes hat der Versicherer die Versicherungssumme zum vollen Betrage zu zahlen, jedoch unbeschadet der nach §. 800 etwa zu machenden Abzüge.[1])

Pr. Entw. Art. 649. **Entw. H** Art. 742. **Prot.** S. 3344, 4382—4387, 4402, 4403. **A.D.H.** Art. 862. **Allg. S.B.** §. 113.

Zu §. 858.

1) Diese Bestimmung findet zunächst nur auf den Fall Anwendung, wenn das Objekt der Versicherung dasselbe bleibt. Ob ein Totalverlust auch dann vorhanden ist, wenn ein Teil der versicherten Gegenstände zur Zeit des Unfalls nicht mehr den Gefahren der See ausgesetzt war und nur der übrige Teil verloren geht, ist nach den allgemeinen Prinzipien des Assekuranzrechts zu beurteilen. (P. 4382, 4386, 4402.)

§. 859.

Teilweise Rettung nach Totalverlust.

Ist im Falle des Totalverlustes vor der Zahlung der Versicherungssumme etwas gerettet, so kommt der Erlös des Geretteten von der Versicherungssumme in Abzug. War nicht zum vollen Werthe versichert, so wird nur ein verhältnißmäßiger Theil des Geretteten von der Versicherungssumme abgezogen.

Mit der Zahlung der Versicherungssumme gehen die Rechte des Versicherten an der versicherten Sache auf den Versicherer über.[1])

Erfolgt erst nach der Zahlung der Versicherungssumme eine vollständige oder theilweise Rettung, so hat auf das nachträglich Gerettete nur der Versicherer Anspruch. War nicht zum vollen Werthe versichert, so gebührt dem Versicherer nur ein verhältnißmäßiger Theil des Geretteten.

Pr. Entw. Art. — **Entw. H** Art. 743 Abs. 2. **Prot.** S. 3376—3383. **A.D.H.** Art. 863. **Allg. S.B.** §. 114.

Zu §. 859.

1) Bei dem absoluten Totalverluste ist der Versicherer auch ohne Abandonerklärung des Versicherten auf dessen Verlangen zur Zahlung der Versicherungssumme verbunden. Erst mit der Zahlung gehen die Rechte des Versicherten an dem versicherten Gegen=

stande und zwar von Gesetzes wegen auf den Versicherer über. Der Versicherte kann nicht durch die Erklärung, er sei gegen Bezahlung der Versicherungssumme zur Abtretung seiner Rechte an dem versicherten Gegenstande bereit, einen Moment vor der wirklichen Zahlung fixieren, welcher für die endgültige Regelung der Verhältnisse der Kontrahenten in dem Sinne maßgebend wäre, daß der Versicherer fortan die Gefahr einer Veränderung des Thatbestandes zu tragen habe. — Bei dem konstruktiven Totalverluste hängt es von dem Willen des Versicherten ab, ob er einen Total= oder Teilverlust geltend machen will; das Recht zum Abandon (§. 861) ist deshalb von einer ausdrücklichen, an eine gewisse Frist gebundenen Erklärung des Versicherten abhängig gemacht, und der Zeitpunkt der Abandonerklärung ist für die Verhältnisse der Kontrahenten zu einander für maßgebend erklärt. (P. 3376—3385.) Vgl. auch §. 865 Abs. 2.

§. 860.

Abzug von der Versicherungssumme des imaginären Gewinns.

Sind bei einem Totalverlust in Ansehung des imaginären Gewinns (§. 856) die Güter während der Reise so günstig verkauft, daß der Reinerlös mehr beträgt als der Versicherungswerth der Güter, oder ist für die Güter, wenn sie in Fällen der großen Haverei aufgeopfert worden sind oder wenn dafür nach Maßgabe der §§. 611, 612 Ersatz geleistet werden muß, mehr als jener Werth vergütet so kommt von der Versicherungssumme des imaginären Gewinns der Ueberschuß in Abzug.[1])

Pr. Entw. Art. 651. **Entw II** Art. 745 Abs. 2. **Prot. S.** — **A.D.H.** Art. 864. **Allg. S.B.** §. 115.

Zu §. 860.

1) Es wäre unbillig, wenn der Ladungseigner außer dem bereits erzielten Gewinn noch die volle Versicherungssumme des imaginären Gewinns erhalten würde. Vgl. §. 879 Abs. 3. — Die Provision ist stets verloren, wenn die Güter am Bestimmungsorte nicht ankommen, auch wenn sie unterwegs vorteilhaft verkauft worden sind, denn sie wird nicht vom Ladungseigner, sondern von seinem mit dem Verkauf beauftragten Agenten am Bestimmungsorte gezogen. (M. 353.)

II. Abandon (§§. 861—871).

§. 861.

Recht zum Abandon.

Der Versicherte ist befugt, die Zahlung der Versicherungssumme zum vollen Betrage gegen Abtretung der in Ansehung des versicherten Gegenstandes ihm zustehenden Rechte in folgenden Fällen zu verlangen (Abandon):[1])

1. wenn das Schiff verschollen ist;
2. wenn der Gegenstand der Versicherung dadurch bedroht[2]) ist, daß das Schiff oder die Güter unter Embargo gelegt, von einer kriegführenden Macht aufgebracht, auf andere Weise durch Verfügung von hoher Hand angehalten[3]) oder durch Seeräuber genommen[4]) und während einer Frist von sechs, neun oder zwölf Monaten nicht freigegeben sind, je nachdem die Aufbringung, Anhaltung oder Nehmung geschehen ist:
   a. in einem europäischen Hafen oder in einem europäischen Meere einschließlich aller Häfen oder Theile des Mittelländischen, Schwarzen und Azowschen Meeres oder

b. in einem anderen Gewässer, jedoch diesseits des Vorgebirges der guten Hoffnung und des Kap Horn, oder

c. in einem Gewässer jenseits des einen jener Vorgebirge.

Die Fristen werden von dem Tage an berechnet, an welchem dem Versicherer der Unfall durch den Versicherten angezeigt wird (§. 818).

Pr. Entw. Art. 747. **Entw. H** Art. 653. **Prot.** S. 3356—3359, 3387—3402, 3406, 3474, 3476, 4394. **A.D.H.** Art. 865. **Allg. S.B.** §. 116.

Zu §. 861.

1) a. Diese Bestimmung findet sowohl bei der Versicherung von Schiff und Ladung, als auch bei der Versicherung von Fracht, imaginärem Gewinn, Provision, Bodmerei= und Havereigeldern Anwendung (P. 3385, 3402, 3406), befaßt sich aber, wie die folgenden Paragraphen, nur mit den Fällen, in welchen dem Versicherten ein Recht zugestanden wird, die Annahme des Abandons zu verlangen (R.O.H. Bd. 24, S. 396).

b. Außer den Fällen eines wirklichen, absoluten Totalverlustes giebt es einige Fälle namentlich die unter 1. u. 2. d. §. aufgeführten, bei welchen der Verlust nach Ablauf einer gewissen Zeit fingiert wird (konstruktiver Totalverlust), weil es dem Wesen und dem Zweck des Versicherungsvertrags widersprechen würde, den Versicherten bis ins Endlose hinzuhalten, nachdem vorläufig feststeht, daß durch einen Unfall der Zweck des Unternehmens, für welches er eine Versicherung genommen hat, nicht erreicht werden kann. Die notwendige Folge dieser Fiktion ist, daß vom Eintritt dieses Zeitpunkts ab der Versicherte ein Recht auf die Zahlung der vollen Versicherungssumme erhält, ohne Rücksicht auf die ferneren Schicksale des versicherten Gegenstandes und auf den guten oder schlechten Willen des Versicherers, wogegen er die ihm an der versicherten Sache zustehenden Rechte dem Versicherer abtreten muß (Abandon). (P. 3393.)

2) Gegen den Antrag, die Worte: „wenn der Gegenstand der Versicherung dadurch bedroht ist, daß" zu streichen oder statt „bedroht" das Wort „betroffen" zu setzen, wurde bemerkt (P. 3475): Der bloße Ablauf der Frist könne selbst dann nicht genügen, wenn der versicherte Gegenstand von der dauernden Anhaltung irgendwie betroffen sei, sondern es müsse ihm auch eine Gefahr aus der Anhaltung drohen. Diese Gefahr brauche jedoch nicht gerade die des Eigentumsverlustes durch Kondemnation, Konfiskation u. dgl. zu sein; die Gefahr des Verderbs, der Beschädigung u. dgl. habe vielmehr dieselbe Wirkung wie jene Gefahr.

3) — z. B. für den Dienst der Regierung requiriert wird. (P. 3356.)

4) Bei der Nehmung des Schiffes durch Seeräuber muß ein Totalverlust oft schon vor Ablauf längerer Fristen angenommen werden, wenn sich nämlich schon früher Gewißheit dafür ergiebt, daß das Schiff nicht wieder zu erlangen ist. In diesem Falle finden die Bestimmungen der §§. 854 ff. Anwendung. (P. 3356.)

§. 862.

Verschollenheit eines Schiffes.

Ein Schiff, welches eine Reise angetreten hat, ist als verschollen anzusehen, wenn es innerhalb der Verschollenheitsfrist den Bestimmungshafen nicht erreicht hat, auch innerhalb dieser Frist den Betheiligten keine Nachrichten über das Schiff zugegangen sind.[1])

Die Verschollenheitsfrist beträgt:

1. wenn sowohl der Abgangshafen als der Bestimmungshafen ein europäischer Hafen ist, bei Segelschiffen sechs, bei Dampfschiffen vier Monate;[2])
2. wenn entweder nur der Abgangshafen oder nur der Bestimmungshafen

ein außereuropäischer Hafen ist, falls er diesseits des Vorgebirges der guten Hoffnung und des Kap Horn belegen ist, bei Segel- und Dampfschiffen neun Monate, falls er jenseits des einen jener Vorgebirge belegen ist, bei Segel- und Dampfschiffen zwölf Monate;

3. wenn sowohl der Abgangs- als der Bestimmungshafen ein außereuropäischer Hafen ist, bei Segel- und Dampfschiffen sechs, neun oder zwölf Monate, je nachdem die Durchschnittsdauer der Reise nicht über zwei oder nicht über drei oder mehr als drei Monate beträgt.

Im Zweifel ist die längere Frist abzuwarten.

Pr. Entw. Art. 654. **Entw. H** Art. 748. **Prot.** S. 3407—3413, 3415, 3472—3474, 4394. **A.D.H.** Art. 866. **Allg. S.V.** §. 117.

Zu §. 862.

1) Es kommt nur darauf an, ob „den Beteiligten" (dem Versicherten, Destinatär, Versicherer u. dgl.) innerhalb der Verschollenheitsfrist eine Nachricht über das Schiff zugegangen ist. Erweist sich nachträglich, nachdem durch die Abandonerklärung ein Zeitpunkt, nach welchem die ganze Sache zu entscheiden ist, definitiv festgesetzt worden, daß bei irgend einem Dritten noch eine Nachricht eingegangen war, so bleibt dies ohne Einfluß. Es würde sonst der Zweck, den man mit dem Institute der Verschollenheit erreichen will, verloren gehen. (P. 3473.)

2) Unter „Monaten" sind hier wie in Ziff. 2 u. 3 „Kalendermonate" verstanden (P. 3413). Betreffs der Berechnung des Beginns und Endes der Frist vgl. §. 863 u. Anm. 1 dazu.

§. 863.

Beginn der Verschollenheitsfrist.

Die Verschollenheitsfrist wird von dem Tage an berechnet, an welchem das Schiff die Reise angetreten hat.[1]) Sind jedoch seit dessen Abgange Nachrichten von ihm angelangt, so wird von dem Tage an, bis zu welchem die letzte Nachricht reicht, diejenige Frist berechnet, welche maßgebend sein würde, wenn das Schiff von dem Punkte, an welchem es sich nach sicherer Nachricht zuletzt befunden hat, abgegangen wäre.[2])

Pr. Entw. Art. 654 Abs. 2. **Entw. H** Art. 748 Abs. 3. **Prot.** S. 3413—3415. **A.D.H.** Art. 867. **Allg. S.V.** §. 118.

Zu §. 863.

1) Das Ende der Verschollenheitsfrist regelt sich nach §. 187 Abs. 1 B G., welcher bestimmt:

> „Ist für den Anfang einer Frist ein Ereigniss oder ein in den Lauf eines Tages fallender Zeitpunkt massgebend, so wird bei der Berechnung der Frist der Tag nicht mitgerechnet, in welchen das Ereigniss oder der Zeitpunkt fällt."

und nach §. 188 Abs. 2 u. 3 B.G., welcher lautet:

> „Eine Frist, die nach . . . Monaten . . . bestimmt ist, endigt im Falle des §. 187 Abs. 1 mit dem Ablaufe desjenigen Tages . . . des letzten Monats, welcher durch seine Zahl dem Tage entspricht, in den das Ereigniss oder der Zeitpunkt fällt . . .
>
> Fehlt bei einer nach Monaten bestimmten Frist in dem letzten Monate der für ihren Ablauf massgebende Tag, so endigt die Frist mit dem Ablaufe des letzten Tages dieses Monats."

2) Die Fassung des §. 863 berücksichtigt auch die Begegnungen auf hoher See. (Vgl. auch §. 16 Abs. 2 B.G.) Im Zweifel ist auch hier die längere Frist für maßgebend zu erachten. (P. 3414.) Vgl. rücksichtlich der Zeitversicherungen §. 831.

Abandonfrist. §. 864.

Die Abandonerklärung muß dem Versicherer innerhalb der Abandonfrist zugegangen sein.

Die Abandonfrist beträgt sechs Monate, wenn im Falle der Verschollenheit (§. 861 Abs. 1 Nr. 1) der Bestimmungshafen ein europäischer Hafen ist und wenn im Falle der Aufbringung, Anhaltung oder Nehmung (§. 861 Abs. 1 Nr. 2) der Unfall sich in einem europäischen Hafen oder in einem europäischen Meere einschließlich aller Häfen oder Theile des Mittelländischen, Schwarzen und Azowschen Meeres zugetragen hat. In den übrigen Fällen beträgt die Abandonfrist neun Monate.[1]) Die Abandonfrist beginnt mit dem Ablaufe der in den §§. 861, 862 bezeichneten Fristen.

Bei der Rückversicherung beginnt die Abandonfrist mit dem Ablaufe des Tages, an welchem dem Rückversicherten von dem Versicherten der Abandon erklärt worden ist.[2])

Pr. Entw. Art. 655. **Entw. H** Art. 749. **Prot.** S. 3428—3437, 4394, 4395. **A.D.H.** Art. 868. **Allg. S.B.** §. 119.

Zu §. 864.

1) Eine zu große Ausdehnung der Frist, innerhalb deren der Versicherte sich zu erklären hat, ob er abandonnieren oder einen Teilschaden geltend machen will, würde zu einer großen Benachteiligung des Versicherers führen können. Die gegebene Frist ist so geräumig bemessen, daß der Versicherte innerhalb derselben, abgesehen von nicht entschuldbarer Nachlässigkeit, seinen Entschluß zu fassen und mitzuteilen imstande ist. (P. 3428—3433.) Wie §. 867 ergiebt, kann der Versicherte von der ihm zugestandenen Frist nur auf seine Gefahr Gebrauch machen, da die Änderung der Sachlage bis zur Erklarung einen früher begründeten Abandon zu einem unbegründeten machen kann.

2) Dem Rückversicherer muß besonders abandonniert werden, damit er seine Rechte gebührend wahrnehmen kann. Hieraus folgt, daß es in der Wahl des Versicherers steht, ob er seinerseits gleichfalls an den Rückversicherer abandonnieren oder den weiteren Verlauf abwarten will. Die für die Versicherung festgesetzte Abandonfrist ist zur Vereinfachung des Gesetzes als auch für die Rückversicherung maßgebend erklärt worden. (P. 3437.)

§. 865.

Rechte des Versicherten nach Ablauf der Abandonfrist.

Nach dem Ablaufe der Abandonfrist ist der Abandon unstatthaft, unbeschadet des Rechtes des Versicherten, nach Maßgabe der sonstigen Grundsätze Vergütung eines Schadens in Anspruch zu nehmen.

Ist im Falle der Verschollenheit des Schiffes die Abandonfrist versäumt, so kann der Versicherte zwar den Ersatz eines Totalschadens fordern; er hat jedoch, wenn die versicherte Sache wieder zum Vorscheine kommt und sich dabei ergiebt, daß ein Totalverlust nicht vorliegt, auf Verlangen des Versicherers gegen Verzicht des letzteren auf die in Folge der Zahlung der Versicherungssumme nach §. 859 ihm zustehenden Rechte die Versicherungssumme zu erstatten und sich mit dem Ersatz eines etwa erlittenen theilweisen Schadens zu begnügen.[1])

Pr. Entw. Art. — **Entw. II** Art. 750. **Prot.** S. 3437—3439, 4395. **A.D.H.** Art. 869. **Allg. S.B.** §. 120.

Zu §. 865.

1) Der Abs. 1 enthält das auf die Verabsäumung der Abandonfrist gestellte Präjudiz, daß nämlich der Versicherte nach Ablauf derselben nicht mehr die Befugnis hat, im Wege des Abandon einen konstruktiven Totalverlust geltend zu machen, vielmehr nur nach den übrigen Grundsätzen des Assekuranzrechts Schadensersatz zu verlangen berechtigt ist. Für den Fall der Verschollenheit schien dies Präjudiz jedoch zu hart, weil es dahin führen könnte, daß der Versicherte, obschon das Schiff nicht mehr zum Vorschein kommt, keine Art der Entschädigung erhielte, weil er nicht beweisen könnte, daß es in einer von dem Versicherer zu vertretenden Art und Weise wirklich untergegangen sei. Um diese Härte zu mildern und an die Verabsäumung der Frist nicht den Verlust eines materiellen Rechts, vielmehr nur Nachteile in Ansehung der Form der Geltendmachung zu knüpfen (P. 3438), ist die Bestimmung des Abs. 2 aufgenommen worden.

§. 866.

Materielle Erfordernisse, Unwiderruflichkeit der Abandonerklärung.

Die Abandonerklärung muß, um gültig zu sein, ohne Vorbehalt oder Bedingung erfolgen und sich auf den ganzen versicherten Gegenstand erstrecken, soweit dieser zur Zeit des Unfalls den Gefahren der See ausgesetzt war.[1])

Wenn jedoch nicht zum vollen Werthe versichert war, so ist der Versicherte nur den verhältnißmäßigen Theil des versicherten Gegenstandes zu abandonniren verpflichtet.

Die Abandonerklärung ist unwiderruflich.[2])

Pr. Entw. Art. 656. **Entw. II** Art. 751. **Prot.** S. 3439—3444, 4395. **A.D.H.** Art. 870. **Allg. S.B.** §. 121.

Zu §. 866.

1) §. 866 enthält die materiellen Erfordernisse der Abandonerklärung, während von besonderen Formvorschriften Abstand genommen ist. Die Erklarung muß unbedingt sein, und sich auf den ganzen versicherten Gegenstand erstrecken, d. h. alle unter einer und derselben Versicherung begriffenen Objekte zugleich umfassen, so daß ein teilweiser Abandon unzulässig ist. Dagegen braucht das Objekt der Versicherung nur soweit abandonniert zu werden, als es zur Zeit des Unfalls den Gefahren der See noch ausgesetzt war. Durch diese Bestimmung soll die Kontroverse, ob der Versicherte die vor Eintritt des zum Abandon berechtigenden Ereignisses bereits der Seegefahr entzogenen Bestandteile des versicherten Gegenstandes (z. B. die in einem Zwischenhafen vorher gelöschten Teile der Ladung) mit zu abandonnieren verpflichtet ist, in verneinendem Sinne entschieden sein. (P. 3440.) Die Ausgleichung für den Versicherer wird durch den Abs. 1 des §. 859 erreicht. — Die Frage, ob und unter welchen Voraussetzungen der Versicherte den Gegenstand der Versicherung abandonnieren dürfe, steht ausschließlich unter den gesetzlichen und konventionellen Bestimmungen, welche den Assekuranzkontrakt beherrschen. Hieran kann dadurch nichts geändert werden, daß der Gegenstand der Versicherung in den örtlichen Herrschaftsbezirk anderer Rechtsbestimmungen, als der für die Assekuranz-Kontrahenten maßgebenden, gelangt, oder daß zeitweilig nicht der Versicherte

selbst, sondern ein Vertreter desselben über den Gegenstand thatsächlich zu verfügen hat (R.O.H. Bd. 17, S. 196).

2) Der Satz: „die Abandonerklärung ist unwiderruflich" enthält die keineswegs selbstverstandliche Bestimmung, daß der Versicherte an diese seine einseitige Erklärung gebunden ist, auch wenn noch keine Annahme derselben seitens des Versicherers erfolgt ist. (P. 3444.) Nach allgemeinen Rechtsgrundsätzen ist zu entscheiden, welche Wirkungen es hat, wenn die, nicht notwendige, Annahme des Abandons einmal erfolgt ist (vgl. §. 871 und Anm. 1 dazu), und welche Einreden durch eine solche Annahme ausgeschlossen werden, sowie umgekehrt, ob die Abandonerklärung noch zulässig ist, wenn auf dies Recht ausdrücklich oder stillschweigend verzichtet worden, und in welchen Fällen eine stillschweigende Verzichtserklärung anzunehmen ist. (P. 3439.) — Vgl. auch §. 871.

§. 867.

Unwirksame Abandonerklärung

Die Abandonerklärung ist ohne rechtliche Wirkung, wenn die Thatsachen, auf welche sie gestützt wird, sich nicht bestätigen oder zur Zeit der Mittheilung der Erklärung nicht mehr bestehen. Dagegen bleibt sie für beide Theile verbindlich, auch wenn sich später Umstände ereignen, deren früherer Eintritt das Recht zum Abandon ausgeschlossen haben würde.

Pr. Entw. Art. — **Entw. H** Art. 752. **Prot.** S. 3444—3446, 4395. **A D.H.** Art. 871. **Allg. S.B.** §. 122.

§. 868.

Wirkung der Abandonerklärung.

Durch Abandonerklärung gehen auf den Versicherer alle Rechte über, die dem Versicherten in Ansehung des abandonnirten Gegenstandes zustanden.[1])

Der Versicherte hat dem Versicherer Gewähr zu leisten wegen der auf dem abandonnirten Gegenstande zur Zeit der Abandonerklärung haftenden dinglichen Rechte, es sei denn, daß sich diese auf Gefahren gründen, für die der Versicherer nach dem Versicherungsvertrag aufzukommen hat.[2])

Wird das Schiff abandonnirt, so gebührt dem Versicherer des Schiffes die Nettofracht der Reise, auf welcher sich der Unfall zugetragen hat, soweit die Fracht erst nach der Abandonerklärung verdient ist. Dieser Theil der Fracht wird nach den für die Ermittelung der Distanzfracht geltenden Vorschriften berechnet.

Den hiernach für den Versicherten entstehenden Verlust hat, wenn die Fracht selbständig versichert ist, der Versicherer der Fracht zu tragen.[3])

Pr. Entw. Art. 656. **Entw. H** Art. 753. **Prot.** S. 3383—3385, 3446—3456, 4395—4399. **A.D.H.** Art. 872. **Allg. S.B.** §. 123.

Zu §. 868.

1) Die Abandonerklärung ist nicht eine Erklärung in dem Sinne, daß künftig einmal eine Sache übertragen werden solle, keine bloße Wahlerklärung des Versicherten, sondern ein wirklicher Übertragungsakt. Der Versicherer wird durch dieselbe also auch legitimiert, die nötigen Maßregeln zur Rettung der abandonnierten Sache zu treffen, das angehaltene Schiff zu reklamieren u. dgl. m. (P. 3447.)

2) Zu Abs. 2 d. §. wurde bemerkt (P. 3448): Daß die nach der Übertragung des versicherten Gegenstandes auf den Versicherer entstehenden Lasten von dem letzteren als nun-

mehrigem Eigentümer der Sache ohne Ausnahme zu tragen seien, bedürfe keiner besonderen Hervorhebung. Die vorher entstandenen Lasten könnten ihm aber billiger Weise nur soweit aufgebürdet werden, als er nach Maßgabe des Versicherungsvertrags für die Unfälle hafte, durch welche sie veranlaßt worden. Andere Lasten haben der Versicherte zu tragen, welcher in Höhe derselben sich einen Abzug an der Versicherungssumme gefallen lassen oder für dieselben Gewähr leisten müsse. In welchem Maße der Versicherte sich in jedem einzelnen Falle wegen solcher Lasten einen Abzug gefallen lassen müsse, und welche Verpflichtungen ihm obliegen, wenn der Wert der abandonnierten Sache zur Deckung der darauf ruhenden Lasten nicht zureicht u. dgl., sei nach den allgemeinen Grundsätzen über die Gewährleistung zu beurteilen.

3) Für das in Abs. 3 u. 4 des §. enthaltene Prinzip wurde angeführt (P. 3449): Da eine separate Versicherung der Fracht zugelassen worden, so empfehle es sich, davon auszugehen, daß der Kaskoversicherer als solcher durch die Abandonnierung des Schiffs keinen Anspruch auf die Fracht der Reise erlange; es gebühre ihm aber der Teil der Fracht, welcher nach der Abandonerklärung verdient worden, weil dieser Teil mit dem nunmehr in seinem Eigentum befindlichen Schiffe, von welchem er die vollen Lasten und Gefahren trage, verdient worden sei. Wenn nun die Fracht besonders versichert worden, so habe der Versicherer derselben den Verlust der nach der Abandonerklärung verdienten (Distanz-) Fracht zu tragen, weil, wenn auch der Abandon eine freiwillige Handlung des Versicherten sei, doch die ganze Sachlage, durch welche der Versicherte die Befugnis zum Abandon erlange und der Frachtverdienst für Rechnung des Versicherten verhindert werde, als Folge eines Seeunfalls erscheine, welchen der Frachtversicherer, insofern die Fracht davon betroffen werde, gleichfalls zu vertreten habe. — Betreffs der Berechnung der Distanzfracht vgl. §§. 830, 831.

§. 869.

Fälligkeit der Versicherungssumme bei Abandon.

Die Zahlung der Versicherungssumme kann erst verlangt werden, nachdem die zur Rechtfertigung des Abandons dienenden Urkunden dem Versicherer mitgetheilt sind und eine angemessene Frist zu deren Prüfung abgelaufen ist. Wird wegen Verschollenheit des Schiffes abandonnirt, so gehören zu den mitzutheilenden Urkunden glaubhafte Bescheinigungen über die Zeit, in welcher das Schiff den Abgangshafen verlassen hat, und über die Nichtankunft des Schiffes im Bestimmungshafen während der Verschollenheitsfrist.

Der Versicherte ist verpflichtet, bei der Abandonerklärung, soweit er dazu im Stande ist, dem Versicherer anzuzeigen, ob und welche andere den abandonnirten Gegenstand betreffende Versicherungen genommen sind sowie ob und welche Bodmereischulden oder sonstige Belastungen darauf haften. Ist die Anzeige unterblieben, so kann der Versicherer die Zahlung der Versicherungssumme so lange verweigern, bis die Anzeige nachträglich geschehen ist; wenn eine Zahlungsfrist bedungen ist, so beginnt diese erst mit dem Zeitpunkt, in welchem die Anzeige nachgeholt wird.

Pr. Entw. Art. 655 Abs. 1 u. 2. **Entw. II** Art. 754. **Prot.** S. 3457, 3458, 4399. **A.D.H.** Art. 873. **Allg. S.B.** §. 124.

§. 870.

Pflichten des Versicherten nach der Abandonerklärung.

Der Versicherte ist verpflichtet, auch nach der Abandonerklärung für die Rettung der versicherten Sachen und für die Abwendung größerer Nachtheile nach §. 819 und zwar so lange zu sorgen, bis der Versicherer selbst dazu im Stande ist.[1])

Erfährt der Versicherte, daß ein für verloren erachteter Gegenstand wieder zum Vorscheine gekommen ist, so muß er dies dem Versicherer sofort anzeigen und ihm auf Verlangen die zur Erlangung oder Verwerthung des Gegenstandes erforderliche Hülfe leisten.[2])

Die Kosten hat der Versicherer zu ersetzen; auch hat er den Versicherten auf Verlangen mit einem angemessenen Vorschusse zu versehen.[3])

Pr. Entw. Art. 657. **Entw. II** Art. 755. **Prot.** S. 3459—3462, 4399. **A.D.H.** Art. 874. **Allg. S.B.** §. 125.

Zu §. 870.

1) Der Versicherte muß, bis der Versicherer die betreffenden Angelegenheiten selbst besorgen kann, je nach der Lage der Sache auch zur Verwertung des versicherten Gegenstandes schreiten, alle dringlichen Maßregeln der Administration treffen und so verfahren, als ob er nach wie vor Eigentümer der versicherten Sache wäre. (P. 3460.)

2) Der Abs. 2 d. §. wurde (P. 3460) als nicht entbehrlich erachtet, denn der Abandon übertrage dem Versicherer keines von denjenigen Rechten, welche der Versicherte bei Kaskoversicherungen aus seinem kontraktlichen Verhaltnisse zum Schiffer oder bei einer Versicherung der Ladung gegenüber dem Verfrachter und dem Schiffer als seinem Vertreter habe. Würde der Versicherte keine anderen Dienste, als die im Abs. 1 erwähnten zu leisten haben, so würde der Versicherer oft große Weiterungen zu überwinden haben, ehe er zu seinem Rechte gelange. Auch in betreff der Geltendmachung der Rechte, welche der Versicherer durch den Abandon erwerbe, könnten für den Versicherer Verzögerungen entstehen, wenn er sich immer erst durch Vorlegung des Abandonreverses würde rechtfertigen müssen. In solchen Fallen bestehe die in Abs. 2 vorgeschriebene Hülfeleistung daher hauptsächlich in Erteilung einer geeigneten Anweisung an den Schiffer, in entsprechenden Korrespondenzen mit den Behörden, welche den versicherten Gegenstand in Gewahrsam genommen haben, in Beschaffung der Konnossemente, in Assistierung bei Reklamationsprozessen, bei welchen der Versicherte bisweilen sogar seinen Namen hergeben müsse u. dgl. m.

3) Der 3. Abs. d. §. bezieht sich sowohl auf den Abs. 1, als auch auf den Abs. 2. — Unter welchen Voraussetzungen der Versicherte Provision für die Vornahme der in Abs. 1 bezeichneten Handlungen berechnen kann, ist mit Rücksicht auf die übrigen Bestimmungen des §. nach den Vorschriften des dritten Buchs (§. 354) zu beurteilen. (P. 3462.)

§. 871.

Abandonrevers, Auslieferung von Urkunden über die abandonnierten Gegenstände.

Der Versicherte muß dem Versicherer, wenn dieser die Rechtmäßigkeit des Abandons anerkennt, auf dessen Verlangen und auf dessen Kosten über den nach §. 868 durch die Abandonerklärung eingetretenen Uebergang der Rechte eine öffentlich beglaubigte Anerkennungsurkunde (Abandonrevers) ertheilen und die auf die abandonnirten Gegenstände sich beziehenden Urkunden ausliefern.[1])

Pr. Entw. Art. 655 Abs. 3. **Entw. II** Art. 756. **Prot.** S. 3462, 3463, 4399. **A.D.H.** Art. 875. **Allg. S.B.** §. 126.

Zu §. 871.

1) Wenngleich durch die Abandonerklärung sogleich die Rechte des Versicherten an der abandonnierten Sache auf den Versicherer übergehen, so kann letzterer doch den Abandonrevers erst fordern, wenn er den Abandon acceptiert hat („wenn er die Rechtmäßigkeit des Abandons anerkennt").

III. Teilverlust (§§. 872—881).

§. 872.

Teilweiser Schaden am Schiffe.

Bei einem theilweisen Schaden am Schiffe besteht der Schaden in dem nach den §§. 709, 710 zu ermittelnden Betrage der Ausbesserungskosten,[1]) soweit diese die Beschädigungen betreffen, welche dem Versicherer zur Last fallen.

Pr. Entw. Art. 661 Abs. 1. **Entw. H** Art. 759. **Prot.** S. 3501, 3502, 3594—3602, 3608—3610, 4411—4414. **A.D.H.** Art. 876. **Allg. S.B.** §§. 127—130.

Zu §. 872.

1) Der Versicherte ist dem Versicherer gegenüber **nicht** verpflichtet, die Reparatur wirklich ausführen zu lassen, um einen Anspruch auf Entschädigung zu haben. (P. 3501.) — Über den Grund des Abzugs eines Drittels wegen des Unterschiedes zwischen alt und neu (§. 710 Abs. 3) s. R.O.H. Bd. 23, S. 355.

§. 873.

Rechte des Versicherten bei Reparaturunfähigkeit oder Reparaturunwürdigkeit des Schiffes.

Ist die Reparaturunfähigkeit oder Reparaturunwürdigkeit des Schiffes (§. 479) auf dem im §. 530 vorgeschriebenen Wege festgestellt, so ist der Versicherte dem Versicherer gegenüber befugt, das Schiff oder das Wrack zum öffentlichen Verkaufe zu bringen; im Falle des Verkaufs besteht der Schaden in dem Unterschiede zwischen dem Reinerlös und dem Versicherungswerthe.[1])

Die übernommene Gefahr endet für den Versicherer erst mit dem Verkaufe des Schiffes oder des Wrackes; auch haftet der Versicherer für den Eingang des Kaufpreises.[2])

Bei der zur Ermittelung der Reparaturunwürdigkeit erforderlichen Feststellung des Werthes des Schiffes im unbeschädigten Zustande bleibt dessen Versicherungswerth, gleichviel ob er taxirt ist oder nicht, außer Betracht.

Pr. Entw. Art. 661 Abs. 2. **Entw. H** Art. 760. **Prot.** S. 3359—3364, 3394—3399, 3502—3505, 3594—3602, 3608—3610, 4415, 4416. **A.D.H.** Art. 877. **Allg. S.B.** §. 131.

Zu §. 873.

1) a. Ist die Reparaturunfähigkeit oder Reparaturunwürdigkeit des Schiffes (§. 479) gemäß §. 530 festgestellt (vgl. R.O.H. Bd. 16, S. 105), d. h. die Kondemnation, wenn auch ohne förmliche Feststellung, welcher der beiden Notfälle vorliegt, erfolgt (R.G. XXI, 88), so kann sich der Versicherer den Rechtsfolgen dieser Maßregel nicht durch den Nachweis der Unrichtigkeit der Begutachtung entziehen, sofern nicht etwa der Versicherte oder der als sein Vertreter handelnde Schiffer sich einer Unredlichkeit schuldig gemacht hat. (**Bolze** XXI, Nr. 516.) Der **Versicherte** hat die Wahl, entweder den **partiellen** Schaden nach Maßgabe des §. 872 geltend zu machen oder die Entschädigung für **Totalverlust** zu verlangen. In letzterem Falle erfolgt die Wertsermittelung des Schiffes oder Wrackes nur durch öffentlichen Verkauf, und nicht durch bloße Abschätzung, weil die Taxation eines Schiffes in unrepariertem Zustande in ihren Resultaten höchst unzuverlässig ist. (P. 3595.)

b. Hat die Reparaturunfähigkeit oder Reparaturunwürdigkeit in der Seeuntüchtigkeit, dem Alter, der Fäulnis des Schiffes u. dgl. ihren Grund, so hat der Versicherer für diese Schäden nicht einzustehen (§. 821), und §. 873 ist auf einen solchen Fall unanwendbar. Man hat indes von einem Zusatze, wie er in den Schlußworten des vorigen §. enthalten ist, abgesehen (P. 3600), weil er zu dem Mißverständnis verleiten könnte, als solle bei den Fällen der absoluten Irreparabilität die bessere oder schlechtere Beschaffenheit des Schiffes ꝛc. ohne Einfluß sein, und weil er die Versicherer zu sehr auf den Einwand hinweisen würde, daß die Irreparabilität des Schiffes wenigstens zum Teil eine Folge der schlechten Beschaffenheit desselben sei.

c. Der Versicherte ist berechtigt, beim Verkaufe mitzubieten und das Wrack zu erstehen. Die allgemeinen Grundsätze über Simulation, Dolus u. dgl. bleiben jedoch vorbehalten; dieselben werden z. B. dann anwendbar sein, wenn der Rheder Kauflustige von dem öffentlichen Verkaufe zurückgehalten oder sonst Maßregeln getroffen hat, welche die Erreichung desjenigen Preises verhindert haben, den das Schiff sonst hätte erreichen können. (P. 3596.)

2) Ohne eine Bestimmung wie die des Abs. 2 würde das Risiko des Versicherers, wenn das Schiff in den Bestimmungshafen gelangt ist, schon mit der Vollendung der Löschung enden, der Versicherer somit für die Beschädigung desselben nicht mehr einstehen, wenn sich nachher ein neuer Unfall zuträgt und infolge dessen das Schiff zu Grunde geht, oder wenn der Käufer in Konkurs verfällt u. dgl. Es ist deshalb ausdrücklich bestimmt worden, daß das Risiko des Versicherers in Fällen d. §. bis zum Verkaufe fortdauert, und dieser auch für den Eingang des Kaufgeldes zu haften hat (P. 3600), vorausgesetzt, daß dessen Nichteingang nicht durch den Versicherten selbst verschuldet ist. (P. 4415.)

§. 874.

Entdeckung von Schäden nach Beginn der Ausbesserung des Schiffes.

Der Beginn der Ausbesserung schließt die Ausübung des im §. 873 dem Versicherten eingeräumten Rechtes nicht aus, wenn erst später erhebliche Schäden entdeckt werden, die dem Versicherten ohne seine Verschulden unbekannt geblieben waren.

Macht der Versicherte von dem Rechte nachträglich Gebrauch, so muß der Versicherer die bereits aufgewendeten Ausbesserungskosten insoweit besonders vergüten, als durch die Ausbesserung bei dem Verkaufe des Schiffes ein höherer Erlös erzielt worden ist.

Pr. Entw. Art. — **Entw. II** Art. 761. **Prot.** S. 3682—3687, 4418. **A.D.H.** Art. 878. **Allg. S.B.** §. 132.

§. 875.

Höhe des Schadens bei Beschädigung von Gütern.

Bei Gütern, die beschädigt im Bestimmungshafen ankommen,[1]) ist durch Vergleichung des Bruttowerths, den sie daselbst im beschädigten Zustande haben,[2]) mit dem Bruttowerthe, welchen sie dort im unbeschädigten Zustande haben würden, zu ermitteln, wie viele Prozente des Werthes der Güter verloren sind. Ebensoviele Prozente des Versicherungswerths sind als der Betrag des Schadens anzusehen.

Die Ermittelung des Werthes, welchen die Güter im beschädigten Zustande haben, erfolgt durch öffentlichen Verkauf oder, wenn der Versicherer einwilligt, durch Abschätzung. Der Werth, welchen die Güter im unbeschädigten Zustande haben würden, bestimmt sich nach §. 611 Abs. 1.

Der Versicherer hat außerdem die Besichtigungs-, Abschätzungs- und Verkaufskosten zu tragen.

Pr. Entw. Art. 662. **Entw. II** Art. 762. **Prot.** S. 3507—3516, 4418. **A.D.H.** Art. 879. **Allg. S.B.** §. 133.

Zu §. 875.

1) Dadurch allein, daß der Versicherte, bezw. der Empfänger der Güter dieselben ohne Vorbehalt, und ohne eine Untersuchung und Schätzung durch Sachverständige unter Zuziehung des Versicherers veranlaßt zu haben, annimmt, verliert er sein Recht auf Entschädigung noch nicht. (P. 3508.) Der Versicherer wird gegen ungerechtfertigte Forderungen durch die Vorschriften über die ihm vom Versicherten zu liefernden Beweise genügend geschützt.

2) Wenn die beschädigten Güter von verschiedener Gattung sind, so entspricht es der Praxis, daß sie bei der Berechnung der vom Versicherer zu leistenden Entschädigung unter sich je nach den einzelnen Gattungen, und wenn nicht alle Güter beschädigt worden, die beschädigten von den unbeschädigten getrennt werden. (P. 3508.)

3) Die Differenz zwischen dem geschätzten Brutto-Gesundwerte und dem Auktionserlöse bildet nur einen Faktor für die Berechnung des zu vergütenden Schadens, der Versicherer braucht nach Abs. 1 d. §. nicht diese Differenz sondern nur so viel Prozente des Versicherungswertes zu vergüten, wie nach dem Auktionserlöse auf den Brutto-Gesundwert am Bestimmungsort verloren sind. J.W. 1899 S. 495.

§. 876.

Höhe des Schadens bei teilweisem Verlust der Güter.

Geht ein Theil der Güter auf der Reise verloren, so besteht der Schaden in ebensovielen Prozenten des Versicherungswerths, als Prozente des Werthes der Güter verloren gegangen sind.

Pr. Entw. Art. 663. **Entw. II** Art. 763. **Prot.** S. 3516, 4418. **A.D.H.** Art. 880. **Allg. S.B.** §. 135.

§. 877.

Verkauf von Gütern auf der Reise infolge Unfalls.

Sind Güter auf der Reise in Folge eines Unfalls verkauft worden, so besteht der Schaden in dem Unterschiede zwischen dem nach Abzug der Fracht, der Zölle und Verkaufskosten sich ergebenden Reinerlöse der Güter und deren Versicherungswerthe.

Die übernommene Gefahr endet für den Versicherer erst mit dem Verkaufe der Güter; auch haftet der Versicherer für den Eingang des Kaufpreises.

Die Vorschriften der §§. 834 bis 838 bleiben unberührt.

Pr. Entw. Art. 664. **Entw. II** Art. 764. **Prot.** S. 3516, 4418. **A.D.H.** Art. 881. **Allg. S.B.** §. 136.

§. 878.

Teilweiser Verlust der Fracht.

Bei einem theilweisen Verluste der Fracht besteht der Schaden in demjenigen Theile der bedungenen oder in deren Ermangelung der üblichen Fracht, welcher verloren gegangen ist.

Ist die Fracht taxirt und die Taxe nach §. 793 Abs. 4 in Bezug auf einen von dem Versicherer zu ersetzenden Schaden maßgebend, so besteht der Schaden in ebensovielen Prozenten der Taxe, als Prozente der bedungenen oder üblichen Fracht verloren sind.

Pr. Entw. Art. 665. **Entw. H** Art. 765. **Prot.** S. 3519, 4418. **A.D.H.** Art. 882. **Allg. S.B.** §. 137.

§. 879.

Teilweiser Verlust von Gewinn oder Provision.

Bei einem imaginären Gewinn oder einer Provision, die von der Ankunft der Güter erwartet werden, besteht der Schaden, wenn die Güter in beschädigtem Zustand ankommen, in ebensovielen Prozenten des als Gewinn oder Provision versicherten Betrags, als der nach §. 875 zu ermittelnde Schaden an den Gütern Prozente des Versicherungswerths der letzteren beträgt.

Erreicht ein Theil der Güter den Bestimmungshafen nicht, so besteht der Schaden in ebensovielen Prozenten des als Gewinn oder Provision versicherten Betrags, als der Werth des in dem Bestimmungshafen nicht angelangten Theiles der Güter Prozente des Werthes aller Güter beträgt.

Sind bei der Versicherung des imaginären Gewinns in Ansehung des nicht angelangten Theiles der Güter die Voraussetzungen des §. 860 vorhanden, so kommt von dem Schaden der im §. 860 bezeichnete Ueberschuß in Abzug.

Pr. Entw. Art. 666. **Entw. H** Art. 766. **Prot.** S. 3522, 4418, 4488. **A.D.H.** Art. 883. **Allg. S.B.** §. 138.

§. 880.

Teilweiser Verlust von Bodmerei- oder Havereigeldern.

Bei Bodmerei- oder Havereigeldern besteht im Falle eines theilweisen Verlustes der Schaden in dem Ausfalle, welcher sich darauf gründet, daß der Gegenstand, der verbodmet oder für den die Havereigelder vorgeschossen oder verausgabt sind, zur Deckung der Bodmerei- oder Havereigelder in Folge späterer Unfälle nicht mehr genügt.

Pr. Entw. Art. 667, 668. **Entw. H** Art. 767. **Prot.** S. 3522, 4418. **A.D.H.** Art. 884. **Allg. S.B.** §. 139.

§. 881.

Höhe der Vergütung bei voller oder teilweiser Wertsversicherung.

Der Versicherer hat den nach den §§. 872 bis 880 zu berechnenden Schaden vollständig zu vergüten, wenn zum vollen Werthe versichert war, jedoch unbeschadet der Vorschrift des §. 800; war nicht zum vollen Werthe versichert, so hat er nach Maßgabe des §. 792 nur einen verhältnißmäßigen Theil dieses Schadens zu vergüten.

Pr. Entw. Art. — **Entw. H** Art. 768. **Prot.** S. 3522, 4418. **A.D.H.** Art. 885. **Allg. S.B.** §. 141.

Sechster Titel.

Bezahlung des Schadens.

Schadensberechnung. Belege. §. 882.

Der Versicherte hat, um den Ersatz eines Schadens fordern zu können, eine Schadensberechnung dem Versicherer mitzutheilen.[1])

Er muß zugleich durch genügende Belege dem Versicherer darthun:

1. sein Interesse;[2])
2. daß der versicherte Gegenstand den Gefahren der See ausgesetzt worden ist;
3. den Unfall, auf den der Anspruch gestützt wird;[3])
4. den Schaden und dessen Umfang.

Pr. Entw. Art. 669, 673. **Entw. H** Art. 769. **Prot.** S. 3523—3525, 3548—3553, 4429—4431. **A.D.H.** Art. 886. **Allg. S B.** §. 144.

Zu §. 882.

1) a. Der Versicherte ist der Berechtigte, nicht der Versicherungsnehmer. Der Versicherungsvertrag ist dahin aufzufassen, daß sich der Versicherer dem Versicherungsnehmer verpflichtet, dem Versicherten den Schaden zu ersetzen, welchen dieser leidet. (P. 4429—4431.) Vgl. §§. 883, 782 u. §. 886.

b. §. 882 erfordert nicht eine amtliche Dispache, sondern nur eine mit genügenden Belegen versehene Schadensberechnung des Versicherten, gleichviel von wem dieselbe angefertigt ist. Die Vorlage der letzteren mit den Belegen genügt, um den Versicherer in Verzug zu setzen. (P. 3550.)

c. Diejenige Partei, welche behauptet, das gethan zu haben, was ihr nach dem Versicherungsvertrage zu thun oblag, hat im Bestreitungsfalle dies auch dann zu beweisen, wenn die Nichterfüllung der Obliegenheit eine Strafe oder einen Rechtsverlust nach sich zieht (R.G. I, 304).

2) Es genügt nicht, das objektive Vorhandensein des versicherten Interesses zur Zeit des Unfalls zu erweisen, sondern es muß auch bewiesen werden, daß das Interesse dem betreffenden Versicherten zugestanden habe. (P. 3552, ebenso R.O.H. Bd. 14, S. 129.) Dies ist nicht der Fall (R.G. VII, 10), wenn der Versicherte nur formell auf Grund eines Scheingeschäfts und nicht materiell Eigentümer der versicherten Sache war, oder zwar materiell Eigentümer war, aber aus irgend einem besonderen Grunde (z. B. Verbodmung des Schiffes bis zum vollen Werte) nicht selbst die Gefahr trägt.

3) Nicht erforderlich ist, daß der Versicherte angiebt, durch welches Unwetter die betreffende Beschädigung an der versicherten Ladung hervorgerufen worden ist: er kann z. B. seinen Anspruch auf die bestandenen Unwetter zusammen begründen. Die Gattung des Unfalls muß aber jedenfalls angegeben werden. (P. 3553.)

§. 883.

Ausweis bei Versicherung für fremde Rechnung.

Bei der Versicherung für fremde Rechnung hat sich außerdem der Versicherte darüber auszuweisen, daß er dem Versicherungsnehmer zum Abschlusse des Vertrags Auftrag ertheilt hat. Ist die Versicherung ohne Auftrag geschlossen (§. 782), so muß der Versicherte die Umstände darthun, aus welchen hervorgeht, daß die Versicherung in seinem Interesse genommen ist.

Pr. Entw. Art. — **Entw. H** Art. 770. **Prot.** S. 3657—3663, 4431, 4432. **A.D.H.** Art. 887. **Allg. S.B.** §. 145.

§. 884. **Beschaffenheit der Belege.**

Als genügende Belege sind im Allgemeinen solche Belege anzusehen, die im Handelsverkehre, namentlich wegen der Schwierigkeit der Beschaffung anderer Beweise, nicht beanstandet zu werden pflegen, insbesondere

1. zum Nachweise des Interesses:

bei der Versicherung des Schiffes die üblichen Eigenthumsurkunden;[1]

bei der Versicherung von Gütern die Fakturen und Konnossemente, sofern nach deren Inhalt der Versicherte zur Verfügung über die Güter befugt erscheint;

bei der Versicherung der Fracht die Chartepartien und Konnossemente;

2. zum Nachweise der Verladung der Güter die Konnossemente;

3. zum Nachweise des Unfalls die Verklarung und das Tagebuch, in Kondemnationsfällen das Erkenntniß des Prisengerichts, in Verschollenheitsfällen glaubhafte Bescheinigungen über die Zeit, in welcher das Schiff den Abgangshafen verlassen hat, und über die Nichtankunft des Schiffes im Bestimmungshafen während der Verschollenheitsfrist;[2]

4. zum Nachweise des Schadens und dessen Umfanges die den Gesetzen oder Gebräuchen[3] des Ortes der Schadensermittelung entsprechenden Besichtigungs-, Abschätzungs- und Versteigerungsurkunden sowie die Kostenanschläge der Sachverständigen, ferner die quittirten Rechnungen über die ausgeführten Ausbesserungen und andere Quittungen über geleistete Zahlungen; in Ansehung eines theilweisen Schadens am Schiffe (§§. 872, 873) genügen jedoch die Besichtigungs-[4] und Abschätzungsurkunden sowie die Kostenanschläge nur dann, wenn die etwaigen Schäden, die sich auf Abnutzung, Alter, Fäulniß oder Wurmfraß gründen, gehörig ausgeschieden sind und wenn zugleich, soweit es ausführbar war, solche Sachverständige zugezogen worden sind, die entweder ein für allemal obrigkeitlich bestellt oder von dem Ortsgericht[5] oder dem deutschen Konsul und, in deren Ermangelung oder sofern deren Mitwirkung sich nicht erlangen ließ, von einer anderen Behörde besonders ernannt waren.

Pr. Entw. Art. — **Entw. H** Art. 771 Abs. 1. **Prot** S. 3553—3570, 4432, 4488, 4489. **A.D.H.** Art. 888. **Allg. S.B.** §. 146.

Zu §. 884.

1) Unter den „üblichen Eigentumsurkunden" sind diejenigen Urkunden verstanden, welche durch Gesetz oder Gebrauch vorgeschrieben sind, um die Eigentümer des Schiffes erkennen zu können, als: Auszüge aus dem Schiffsregister, Beilbriefe, Pässe u. dgl., wenngleich solche Auszüge 2c. nicht geeignet sind, einen vollen juristischen Beweis über das Eigentum des Schiffes zu erbringen. (P. 3556.)

2) Hieraus ergiebt sich, daß dem Versicherten nicht auch noch der Nachweis obliegt, daß keiner der Beteiligten eine Kunde vom Schiff erhalten hat. (P. 3566.)

3) Der Versicherer muß sich begnügen, wenn die an dem betreffenden Orte gangbaren, offenkundigen Gebräuche beobachtet sind, selbst wenn diese mit den daselbst geltenden Gesetzen nicht in Einklang stehen. (P. 3569.)

4) Der Ausdruck „Besichtigungsurkunden" umfaßt auch die Gutachten der Sachverständigen über die Irreparabilität eines Schiffes 2c. (P. 3570.)

5) Amtsgericht (§§. 145, 146 G.fr.G.).

§. 885.

Befreiung von dem Nachweis aus §. 882.

Eine Vereinbarung, durch die der Versicherte von dem Nachweise der im §. 882 erwähnten Umstände oder eines Theiles dieser Umstände befreit wird, ist gültig, jedoch unbeschadet des Rechtes des Versicherers, das Gegentheil zu beweisen.[1])

Die bei der Versicherung von Gütern getroffene Vereinbarung, daß das Konnossement nicht vorzulegen ist, befreit nur von dem Nachweise der Verladung.

Pr. Entw. Art. — **Entw. II** Art. 772. **Prot.** S. 3570—3573, 4432. **A.D.H.** Art. 890. **Allg. S.B.** §. 148.

Zu §. 885.

1) a. Der Abs. 1 d. §. enthält eine Eigentümlichkeit des Versicherungsrechts und erforderte deshalb eine ausdrückliche Bestimmung. Während die nach Civilrecht gültigen Anerkenntnisse sich auf bereits eingetretene Thatsachen beziehen, wird hier auch Anerkenntnissen künftiger Thatsachen verbindliche Kraft beigelegt. (P. 3570.) — Durch eine Vereinbarung der gedachten Art wird der Versicherte nur von dem Beweise, aber nicht von der Verbindlichkeit befreit, alles zur Begründung seines Anspruchs Erforderliche zu behaupten. Die Vereinbarung hat also nur zur Folge, daß die von dem Versicherten behaupteten, zur Begründung seiner Forderung ausreichenden Thatsachen ihm ohne Beweisführung, jedoch vorbehaltlich des Beweises des Gegenteils, geglaubt werden.

b. Die Frage, ob auch gültig ausgemacht werden dürfe, daß der Versicherer nicht einmal das Recht der Gegenbeweisführung haben solle, hat man offen lassen wollen (P. 3572), damit sie nach allgemeinen Rechtsgrundsätzen entschieden werde; bei ihrer Entscheidung wird zu untersuchen sein, ob die Voraussetzungen eines Seeassekuranzvertrags oder einer anderen gültigen Vereinbarung, und welcher, ungeachtet dieses Übereinkommens noch vorhanden sind oder nicht.

c. Die weiter reichende Klausel „Im Schadensfalle bedarf es zur Einkassierung der Rückversicherung nur der Quittung über den geleisteten Ersatz" ist R.O.H. Bd. 24, S. 393 dahin erläutert, daß der Rückversicherer durch jene Klausel an die Schadensregulierung des Rückversicherten gebunden ist, selbstverständlich mit Ausnahme arglistiger oder grob fahrlässiger Abmachungen des Rückversicherten.

§. 886.

Rechte des Versicherungsnehmers für fremde Rechnung.

Bei der Versicherung für fremde Rechnung ist der Versicherungsnehmer ohne Beibringung einer Vollmacht des Versicherten legitimirt,[1]) über die Rechte, die im Versicherungsvertrage für den Versicherten ausbedungen sind, zu verfügen sowie die Versicherungsgelder zu erheben und einzuklagen.[2]) Diese Vorschrift gilt jedoch im Falle der Ertheilung einer Polize nur dann, wenn der Versicherungsnehmer die Polize beibringt.

Ist die Versicherung ohne Auftrag genommen, so bedarf der Versicherungsnehmer zur Erhebung oder Einklagung der Versicherungsgelder der Zustimmung des Versicherten.[3])

Pr. Entw. Art. — **Entw. II** Art. 774. **Prot.** S. 3663—3666, 4433—4443. **A.D.H.** Art. 891. **Allg. S.B.** §. 149.

Zu §. 886.

1) Durch die Bestimmungen der §§. 886, 888, 889 soll der Versicherungsnehmer, welcher im Vertrauen auf die Versicherung für den Versicherten in Vorschuß gegangen ist u. dgl. geschützt werden. Zu diesem Behufe ist ihm einerseits das Recht zur eigenen Geltendmachung der Rechte aus dem Versicherungsvertrage, und andererseits die Befugnis eingeräumt, die Herausgabe der Polize an den Versicherer so lange zu verweigern, bis er vollständig befriedigt ist. Durch die Befugnis zur Einziehung und Einklagung der Versicherungssumme wird der Versicherungsnehmer aber nicht der eigentliche Gläubiger, sondern er übt diese Rechte nur als präsumtiver Bevollmächtigter des Versicherten (R.O.H. Bd. 14, S. 128) und zugleich zur Sicherung seiner Ansprüche aus. Man kann deshalb dem Versicherten das Recht nicht versagen, dem Nehmer Aufträge in betreff der Behandlung der Versicherung zu erteilen, dem Versicherer gegenüber Einspruch gegen die Ausführung der Weisungen des Versicherungsnehmers zu erheben und für seine eigene Sicherheit zu sorgen, soweit er nicht mit den Rechten des Nehmers aus gemachten Vorschüssen u. dgl. in Kollision gerät. (P. 3663, 4439—4442.) — Ist der Versicherte als Inhaber des Kontraktrechts aufgetreten, so kann in einem Prozesse desselben gegen den Versicherer der letztere die Eideszuschiebung an den Versicherungsnehmer nicht vornehmen. (R.O.H. Bd. 10, S. 129.)

2) a. Der Versicherungsnehmer ist bei der Versicherung für fremde Rechnung also namentlich auch befugt, in den Fällen des §. 789 Rechte aus der früheren Versicherung abzutreten, auf dieselben zu verzichten, ferner Sachverständige für die Besichtigung und Schätzung, sowie Schiedsrichter zu wählen und anzuerkennen, die versicherte Sache zu verkaufen, Vergleiche zu schließen (ebenso R.O.H. Bd. 14, S. 137) u. dgl. (P. 4440—4443.)

b. Die Frage, ob und inwieweit der Versicherte zur Erstattung der Prozeßkosten verpflichtet ist, wird durch diese Vorschrift nicht berührt.

3) — Weil sonst mit Rücksicht auf die Bestimmung des §. 782 Versicherungen ohne Interesse begünstigt würden. Unter welchen Voraussetzungen eine Zustimmung des Versicherten anzunehmen, ob namentlich eine solche schon in der Genehmigung der Versicherung zu finden ist, unterliegt der richterlichen Beurteilung. (P. 4438.)

Beibringung der Polize. §. 887.

Im Falle der Ertheilung einer Polize hat der Versicherer die Versicherungsgelder dem Versicherten zu zahlen, wenn dieser die Polize beibringt.

Pr. Entw. Art. — **Entw. II** Art. — **Prot.** S. 3579—3582, 4433—4443. **A.D.H.** Art. 892. **Allg. S.B.** §. 149.

§. 888.

Zurückbehaltungsrecht des Versicherungsnehmers an der Polize, Rechte auf die Schadensforderung.

Der Versicherungsnehmer ist nicht verpflichtet, die Polize dem Versicherten oder den Gläubigern oder der Konkursmasse des Versicherten auszuliefern, bevor er wegen der gegen den Versicherten in Bezug auf den versicherten Gegenstand ihm zustehenden Ansprüche befriedigt ist. Im Falle eines Schadens kann der Versicherungsnehmer sich wegen dieser Ansprüche aus der Forderung, welche gegen den Versicherer begründet ist, und nach Einziehung der Versicherungsgelder aus den letzteren vorzugsweise vor dem Versicherten und vor dessen Gläubigern befriedigen.

Pr. Entw. Art. — **Entw. II** Art. — **Prot.** S. 4433—4437. **A.D.H.** Art. 893. **Allg. S.B.** §. 150.

§. 889.

Verantwortlichkeit des Versicherers gegenüber dem Versicherungsnehmer.

Der Versicherer macht sich dem Versicherungsnehmer verantwortlich, wenn er, während sich dieser noch im Besitze der Polize befindet, durch Zahlungen, die er dem Versicherten oder den Gläubigern oder der Konkursmasse des Versicherten leistet, oder durch Verträge, die er mit ihnen schließt, das im §. 888 bezeichnete Recht des Versicherungsnehmers beeinträchtigt.

Inwiefern sich der Versicherer einem Dritten, welchem Rechte aus der Polize eingeräumt sind, dadurch verantwortlich macht, daß er über diese Rechte Verträge schließt oder Versicherungsgelder zahlt, ohne sich die Polize zurückgeben zu lassen oder sie mit der erforderlichen Bemerkung zu versehen, bestimmt sich nach den Vorschriften des bürgerlichen Rechtes.

Pr. Entw. Art. — **Entw. II** Art — **Prot.** S. 4433—4437. **A.D.H.** Art. 894. **Allg. S.B.** §. 150.

§. 890.

Aufrechnung des Versicherers bei Versicherung für fremde Rechnung.

Wird der Versicherer auf Zahlung der Versicherungsgelder in Anspruch genommen, so kann er bei der Versicherung für fremde Rechnung Forderungen, die ihm gegen den Versicherungsnehmer zustehen, nicht aufrechnen.[1])

Pr. Entw. Art. — **Entw. II** Art. 773. **Prot.** S. 3576—3579, 4432, 4433. **A.D.H.** Art. 895. **Allg. S.B.** §. 151.

Zu §. 890.

1) a. Zu d. §. wurde (P. 3567) erläuternd bemerkt: Unter einer Versicherung für fremde Rechnung sei im Gesetze eine solche verstanden, bei welcher der Versicherungsnehmer für einen Dritten als den eigentlichen Versicherer auftrete, sich jedoch nicht als dessen Bevollmächtigter gerire und in dessen Namen abschließe, sondern in eigenem Namen kontrahiere. Darüber, wie ein solches Kontraktsverhältnis aufzufassen sei, seien zwei Meinungen aufgestellt worden, die eine dahin, daß der Nehmer als Kommissionär, dem Versicherer gegenüber als der eigentliche Kontrahent erscheine, welcher den Vertrag, wenn auch zu Gunsten eines Dritten, abschließe. Nach der anderen Meinung sei der Versicherte selbst als der Kontrahent anzusehen und der Nehmer nur dessen Vertreter. Das Gesetz sei weder der einen, noch der anderen Auffassung gefolgt, sondern habe sich für das Prinzip entschieden, daß der Nehmer nur in Ansehung der Prämienzahlung als der wirkliche Kontrahent zu betrachten sei (§. 812 Abs. 2), im übrigen aber der Versicherte dafür zu gelten und deshalb namentlich auch die Anzeigepflicht zu erfüllen habe (§. 807). Hieraus ergebe sich die Bestimmung des Paragraphen von selbst und umgekehrt, daß der Versicherer mit Forderungen gegen den Versicherten (also auch im Falle des §. 812 Abs. 3) kompensieren könne, gleichviel, ob der Versicherte oder der Versicherungsnehmer fordert oder klagt. Vgl. Endemann S. 334.

b. Eine ausdrückliche Bestimmung über die Frage, ob der Versicherer, wenn er wegen eines Schadensersatzes in Anspruch genommen wird, befugt ist, dem Versicherten gegenüber mit der Prämie zu kompensieren, wurde nicht aufgenommen, weil man meinte (P. 4433), daß die Bejahung der Frage sich von selbst aus dem Gesetze ergebe, der Versicherte nur aus dem Vertrage des Nehmers klagen könne und sich somit alle Einreden aus dem Versicherungsvertrage gefallen lassen müsse, die Behauptung aber, daß die Prämie noch nicht bezahlt sei, zu diesen Einreden gehöre.

§. 891.

Abtretung von Entschädigungsansprüchen.

Der Versicherte ist befugt, nicht nur die aus einem bereits eingetretenen Unfall ihm zustehenden, sondern auch die künftigen Entschädigungsansprüche einem Dritten abzutreten.[1]) Ist die Polize nach §. 363 Abs. 2 an Order gestellt, so ist bei der Versicherung für fremde Rechnung zur Gültigkeit der ersten Uebertragung das Indossament des Versicherungsnehmers genügend.[2])

Pr. Entw. Art. — **Entw. H** Art. 775. **Prot.** S. 3579—3582, 3666, 4443. **A.D.H. Art.** 896. **Allg. S.B.** §. 151.

Zu §. 891.

1) Durch die Abtretung des Entschädigungsanspruchs werden die Rechte und Pflichten des Versicherers nicht verändert; der Cessionar kann seine Ansprüche immer nur aus der Person des Versicherten begründen und muß sich alle Einreden gefallen lassen, welche dem Versicherten entgegengesetzt werden könnten. Vgl. §. 899.

2) Die Übertragung des Forderungsrechts durch Indossament der an Order gestellten Polize schließt zwar die Einreden aus der Person des Vormanns aus, jedoch mit der Beschränkung, daß alle Einreden, die sich auf die Erfüllung der Bedingungen beziehen, von denen die Entstehung eines Ersatzanspruchs gesetzlich oder nach Inhalt des Vertrags abhängig ist, nebst allen Einreden aus dem Versicherungsvertrag selbst — den assekuranzrechtlichen Einreden — (vgl. §. 364 Abs. 2) der Indossierung ungeachtet dem Versicherer vorbehalten bleiben. Ausgeschlossen sind demnach durch das Indossament nur diejenigen Einreden, welche *neben* dem Versicherungs*vertrag* stehen, wie z. B. die Einreden der Zahlung, der Kompensation, des Vergleichs, des Verzichts, der Konfusion u. dgl. Durch das Indossament soll nicht erst die Person des eigentlichen Versicherten geschaffen werden; die Frage, *wer* der Versicherte ist, welches *Interesse* als das versicherte anzusehen, wie groß der erlittene *Schaden* ist, soll vielmehr nach dem übrigen Inhalt des Versicherungsvertrags beurteilt werden. Der durch Indossament legitimierte Inhaber einer Polize wird demnach, wenn er Schadensersatz fordert, bei einer für einen unbenannten Dritten genommenen Versicherung noch immer nachzuweisen haben, für *welche Person* die Versicherung genommen ist. (P. 3579.)

§. 892.

Vorläufige Zahlungspflicht des Versicherers.

Wenn nach dem Ablaufe von zwei Monaten seit der Anzeige des Unfalls die Schadensberechnung (§. 882) ohne Verschulden des Versicherten noch nicht vorgelegt, wohl aber durch ungefähre Ermittelung die Summe festgestellt worden ist, welche dem Versicherer mindestens zur Last fällt, so hat der letztere diese Summe in Anrechnung auf seine Schuld vorläufig zu zahlen,[1]) jedoch nicht vor dem Ablaufe der etwa für die Zahlung der Versicherungsgelder bedungenen Frist. Soll die Zahlungsfrist mit dem Zeitpunkte beginnen, in welchem dem Versicherer die Schadensberechnung mitgetheilt ist, so wird sie in dem bezeichneten Falle von der Zeit an berechnet, in welcher dem Versicherer die vorläufige Ermittelung mitgetheilt ist.

Pr. Entw. Art. 676. **Entw. H** Art. 776. **Prot.** S. 3583—3590, 4443—4445, 4489. **A.D.H.** Art. 897. **Allg. S.B.** §. 152.

Zu §. 892.

1) Es ist allgemein üblich, daß der Versicherer schon vor definitiver Regulierung des Schadens einen Einschuß an den Versicherten leistet, sofern nur sonst die Bedingungen der

Ersatzpflicht (§. 882 Ziff. 1—3) feststehen. — Bei der ungefähren Ermittelung des Minimum des zu ersetzenden Schadens handelt es sich keineswegs bloß um eine Trennung des Liquiden von dem Illiquiden; es soll vielmehr nur durch eine vorlaufige Schätzung unpräjudizierlich für die spätere endgültige Taxation ermittelt werden, was der Versicherer einstweilen zu zahlen hat. Der Versicherer kann sonach unter Umständen in die Lage kommen, provisorisch mehr zu zahlen, als die bei definitiver Berechnung sich ergebende Entschädigungssumme beträgt. (P. 3586.)

§. 893.

Vorschußpflicht des Versicherers.

Der Versicherer hat:

1. in Havereifällen zu den für die Rettung, Erhaltung oder Wiederherstellung der versicherten Sache nöthigen Ausgaben in Anrechnung auf seine später festzustellende Schuld zwei Drittheile des ihm zur Last fallenden Betrags,
2. bei Aufbringung des Schiffes oder der Güter den vollen Betrag der ihm zur Last fallenden Kosten des Reklameprozesses, sowie sie erforderlich werden, vorzuschießen.

Pr. Entw. Art. 677. **Entw. H** Art. 777. **Prot.** S. 3591—3593, 4445. **A.D.H.** Art. 898. **Allg. S.B.** §. 153.

Siebenter Titel.

Aufhebung der Versicherung und Rückzahlung der Prämie.

I. Ristorno (§§. 894—897).

§. 894.

Bei gänzlich oder teilweise ausbleibender Gefahr.

Wird die Unternehmung, auf welche sich die Versicherung bezieht, ganz oder zu einem Theile von dem Versicherten aufgegeben oder wird ohne sein Zuthun die ganze versicherte Sache oder ein Theil dieser Sache der von dem Versicherer übernommenen Gefahr nicht ausgesetzt, so kann die Prämie ganz oder zu dem verhältnißmäßigen Theile bis auf eine dem Versicherer gebührende Vergütung zurückgefordert oder einbehalten werden (Ristorno).[1])

Die Vergütung (Ristornogebühr) besteht, sofern nicht ein anderer Betrag vereinbart oder am Orte der Versicherung üblich ist, in einem halben Prozente der ganzen oder des entsprechenden Theiles der Versicherungssumme, wenn aber die Prämie nicht ein Prozent der Versicherungssumme erreicht, in der Hälfte der ganzen oder des verhältnißmäßigen Theiles der Prämie.

Pr. Entw. Art. 678. **Entw. H** Art. 778. **Prot.** S. 3602—3608, 3612, 3633—3635, 3638, 3639, 4445. **A.D.H.** Art. 899. **Allg. S.B.** §. 154.

Zu §. 894.

1) Die Vorschrift d. §. beruht auf Billigkeit; juristisch läßt sich das Recht des Versicherten, nur einen Teil der Prämie zu entrichten, wenn der Versicherer ganz oder teilweise von der Gefahr befreit bleibt, als eine stillschweigende Bedingung des Versicherungsvertrags auffassen.

(P. 3605.) Nach Inhalt des §. 894 findet ein Ristorno sowohl dann statt, wenn die Unternehmung, auf welche die Versicherung sich bezieht, ganz oder zum Teil von dem Versicherten aufgegeben wird, wie z. B. wenn der Versicherte, ganz gleich aus welchem Grunde, die versicherten Güter schon am Abladungsorte veräußert, als auch dann, wenn ohne Zuthun des Versicherten die versicherte Sache der vom Versicherer übernommenen Gefahr nicht ausgesetzt wird, wie z. B. wenn der Schiffer die versicherten Güter aus Versehen im Abladungsorte zurückläßt, oder wenn sie der Gefahr, gegen welche die Versicherung genommen wurde, gar nicht ausgesetzt werden können, weil sie nicht existiert, wie in dem Falle, wenn die Versicherung gegen die Gefahr eines bestimmten Krieges genommen und vor Antritt der Reise der betreffende Krieg durch einen definitiven Frieden beendigt ist. (P. 3608.)

§. 895.

Ermäßigung der Prämie bei Unwirksamkeit der Versicherung.

Ist die Versicherung wegen Mangels des versicherten Interesses[1]) (§. 778) oder wegen Ueberversicherung (§. 786) oder Doppelversicherung (§. 788) unwirksam und hat sich der Versicherungsnehmer bei dem Abschlusse des Vertrags und im Falle der Versicherung für fremde Rechnung auch der Versicherte bei der Ertheilung des Auftrags in gutem Glauben befunden, so kann die Prämie gleichfalls bis auf die im §. 894 bezeichnete Ristornogebühr zurückgefordert oder einbehalten werden.

Pr. Entw. Art. 348. **Entw. H** Art. 779, 780 Abs. 1. **Prot.** S. 3617—3633, 4445, 4446. **A.D.H.** Art. 900. **Allg. S.B.** §. 155.

Zu §. 895.

1) Wenn im Vertrag ein bestimmtes Interesse genannt ist (z. B. Bodmerei), nicht aber dieses, sondern ein anderes Interesse (z. B. Fracht) existiert, so findet §. 895 Anwendung, weil das versicherte Interesse nicht der Gefahr ausgesetzt war. Die Frage, ob der Vertrag wegen Irrtums, oder weil es an der gehörigen Bezeichnung des Objekts fehlt, nichtig ist, wird hierdurch nicht berührt. (P. 3637—3639, 4445.)

§. 896.

Ristorno im Falle der Unverbindlichkeit des Vertrags für den Versicherer.

Die Anwendung der Vorschriften der §§. 894, 895 wird dadurch nicht ausgeschlossen, daß der Versicherungsvertrag für den Versicherer wegen Verletzung der Anzeigepflicht oder aus anderen Gründen unverbindlich ist, selbst wenn der Versicherer ungeachtet dieser Unverbindlichkeit auf die volle Prämie Anspruch hätte.[1])

Pr. Entw. Art. — **Entw. H** Art. — **Prot.** S. 3617—3633, 4446—4449. **A.D.H.** Art. 901. **Allg. S.B.** §. 156.

Zu §. 896.

1) Wenn der Versicherer thatsächlich kein Risiko gelaufen ist und der Versicherte sich rücksichtlich des Ristornogrundes in gutem Glauben befindet, so erfordert es die Billigkeit, daß man nicht erst untersuche, ob der Versicherte in irgend einer anderen Beziehung gefehlt habe. (P. 4447—4449.)

§. 897.

Ausschluß des Ristorno.

Ein Ristorno findet nicht statt, wenn die Gefahr für den Versicherer bereits zu laufen begonnen hat.[1])

Pr. Entw. Art. 348, 678. **Entw. H** Art. 780 Abs. 2. **Prot.** S. 3635—3657. **A.D.H.** Art. 902. **Allg. S.B.** §. 157.

Zu §. 897.

1) Der Grund dieser Bestimmung liegt darin, daß sich in jedem Augenblicke, in welchem der Versicherer die Gefahr getragen hat, ein Unfall ereignen konnte, der ihn zur Bezahlung der ganzen Versicherungssumme verpflichtete. (P. 3635.) Hat der Versicherte für mehrere Reisen Versicherung genommen, so kann er, wenn eine der Reisen angetreten ist, rücksichtlich der übrigen vom Vertrage gegen Zahlung der Ristornogebühr nur dann zurücktreten, wenn auch mehrere Assekuranzreisen vorliegen. (P. 3606.)

II. Einfluß der Zahlungsunfähigkeit des Versicherers (§. 898).

§. 898.

Wenn der Versicherer zahlungsunfähig geworden ist, so ist der Versicherte befugt, nach seiner Wahl entweder von dem Vertrage zurückzutreten und die ganze Prämie zurückzufordern oder einzubehalten oder auf Kosten des Versicherers nach Maßgabe des §. 789 eine neue Versicherung zu nehmen. Dieses Recht steht ihm jedoch nicht zu, wenn ihm wegen der Erfüllung der Verpflichtungen des Versicherers genügende Sicherheit bestellt wird, bevor er von dem Vertrage zurückgetreten ist oder die neue Versicherung genommen hat.[1])

Pr. Entw. Art. 678 Ziff. 4. **Entw. H** Art. 781. **Prot.** S. 3612—3617, 4440—4451. **A.D.H.** Art. 903. **Allg. S.B.** §. 160.

Zu §. 898.

1) Bei jeder Versicherung wird die Zahlungsfähigkeit des Versicherers vom Versicherten vorausgesetzt. Bei eintretender Insolvenz des ersteren ist der letztere deshalb außer zur Aufnahme einer neuen Versicherung nach Maßgabe des Art. 789 auf dessen Kosten auch zum Rücktritt vom Vertrage für befugt erklärt. Der Rücktritt bezieht sich auf den ganzen Vertrag (also auch auf die Vergangenheit), selbst wenn der Versicherer schon einen Teil der Gefahr getragen hat, weil der Versicherungsvertrag (sowohl bei Reise- als Zeitversicherungen) als ein unteilbares Ganzes anzusehen ist. Der Versicherer kann zwar die Aufhebung des Vertrags durch Sicherheitsbestellung abwenden; eine Bedenkzeit konnte ihm aber ohne Gefährdung des Versicherten nicht gewährt werden, weil der Unfall sich gerade innerhalb dieser Frist, wie kurz sie auch bemessen sein möge, ereignen kann. (P. 3612—3617.) — Nach §. 25 Konk.O. ist die Bestimmung des §. 899 H.G.B. im Konkurse des Versicherers anwendbar.

III. Einfluß der Veräußerung des versicherten Gegenstandes (§§. 899, 900).

§. 899.

Abtretung der Rechte aus dem Versicherungsvertrag an den Erwerber.

Wird der versicherte Gegenstand veräußert, so können dem Erwerber die dem Versicherten nach dem Versicherungsvertrag auch in Bezug auf künftige Unfälle zustehenden Rechte mit der Wirkung abgetreten werden, daß der Erwerber den Versicherer ebenso in Anspruch zu nehmen befugt ist, als wenn die Veräußerung nicht stattgefunden hätte und der Versicherte selbst den Anspruch erhöbe.

Der Versicherer bleibt von der Haftung für die Gefahren befreit, welche nicht eingetreten sein würden, wenn die Veräußerung unterblieben wäre.[1])

Er kann sich nicht nur der Einreden und Gegenforderungen bedienen, welche ihm unmittelbar gegen den Erwerber zustehen, sondern auch derjenigen, welche er dem Versicherten hätte entgegenstellen können, der aus dem Versicherungsvertrage nicht hergeleiteten jedoch nur insofern, als sie bereits vor der Anzeige der Uebertragung entstanden sind.[2])

Durch diese Vorschriften werden die rechtlichen Wirkungen der mittelst Indossaments erfolgten Uebertragung einer Polize, die an Order lautet, nicht berührt.

Pr. Entw. Art. 680. **Entw. II** Art. 782 **Prot.** S. 3640—3652, 4451. **A.D.H.** Art. 904. **Allg. S.B.** §. 161.

Zu §. 899.

1) a. Daß bei der Veraußerung eines versicherten Gegenstandes die Abtretung der Ansprüche aus bereits eingetretenen Unfällen zulässig ist, erscheint unbedenklich. Vgl. §. 891. Zweifelhaft dagegen könnte sein, ob bei einer solchen die Abtretung der Rechte auch in Bezug auf künftige Unfälle zulässig ist, weil das Interesse des Versicherten mit der Veräußerung des versicherten Gegenstandes erlischt und also zur Zeit des etwa später eintretenden Unfalls nicht mehr fortbesteht. §. 899 entscheidet diese Frage in bejahendem Sinne (P. 3640) mit Rücksicht auf die Bedürfnisse des Verkehrs und den Gebrauch in den zahlreichen Fällen des Verkaufs einer schwimmenden Ladung (ist aber als Ausnahme von der Regel nicht ausdehnend zu interpretieren, R.G. VII, 13). — Der §. findet jedoch auf solche Veräußerungen keine Anwendung, welche vor Abschluß des Versicherungsvertrags stattgefunden haben. (R.O.H. Bd. 14, S. 132.)

b. Der Abs. 2 verhindert, daß durch die Abtretung eine Erschwerung der Verpflichtungen des Versicherers eintritt.

2) Die Übertragung der Versicherung gewährt dem neuen Erwerber des versicherten Gegenstandes nicht bloß die Rechte eines Prozeßbevollmächtigten, sie ist vielmehr als Substituierung eines neuen Versicherten aufzufassen: der Versicherer kann sich deshalb aller Einreden und Gegenforderungen bedienen, welche ihm unmittelbar gegen den Erwerber zustehen. Außerdem ist dem Versicherer, um zu verhindern, daß er durch die Abtretung zu sehr benachteiligt werde (P. 3648), das Recht eingeräumt, sich der Einreden und Gegenforderungen zu bedienen, welche ihm gegen den ersten Versicherten zustehen, und zwar hinsichtlich derjenigen, welche sich aus dem Versicherungsvertrag ergeben (z. B. wegen Verletzung der Anzeigepflicht), unbedingt und hinsichtlich aller anderen, insofern sie bereits vor der Anzeige der Übertragung entstanden sind.

§. 900.

Veräußerung des versicherten Schiffsanteils oder Schiffes.

Die Vorschriften des §. 899 gelten auch im Falle der Versicherung einer Schiffspart.[1])

Ist das Schiff selbst versichert, so kommen sie nur zur Anwendung, wenn das Schiff während einer Reise veräußert wird. Der Anfang und das Ende der Reise bestimmen sich nach §. 823. Ist das Schiff auf Zeit oder für mehrere Reisen (§. 757) versichert, so dauert die Versicherung im Falle der Veräußerung während einer Reise nur bis zur Entlöschung des Schiffes im nächsten Bestimmungshafen[2]) (§. 823).

Pr. Entw. Art. 680. **Entw. H** Art. 783. **Prot.** S. 3654—3657, 4451—4454. **A.D.H.** Art. 905. **Allg. S.B.** §. 162.

Zu §. 900.

1) Der Abs. 1 d. §. hat darin seinen Grund (P. 4454), daß bei der Versicherung einer Schiffspart auf die Person des Parteninhabers keine besondere Rücksicht genommen zu werden pflegt.

2) Die persönliche Einwirkung des Rheders ist vorzüglich vor Antritt jeder Reise (bei der Ausrüstung, Bemannung 2c. des Schiffes) von großer Bedeutung. Die Substituierung eines andern Versicherten vor Beginn der Gefahr ist deshalb unzulässig. Von Antritt der Reise ab bis zum Abschluß jeder einzelnen Reise ist dagegen die Einwirkung des Rheders auf das Schiff weniger bedeutend; die Übertragung der Versicherung in dieser Zeit ist daher für statthaft erklärt. (P. 3656.)

Elfter Abschnitt.

Verjährung.[1])

Zur Überschrift.

1) a. Die Einführung kurzer Verjährungsfristen ist notwendig, weil die aus dem Seeverkehr entspringenden Forderungen nach Verlauf einiger Zeit der Prüfung und Kontrolle sich entziehen, weil nur ihre schleunige Abwickelung den ordnungsmäßigen und sicheren Betrieb der Rhederei und des Seehandels ermöglicht, und weil eine große Zahl jener Forderungen dingliche Rechte gewährt, welche den Verkehr zu gefährden drohen, wenn sie zu lange bestehen bleiben. Als Regel ist die einjährige Frist aufgestellt. (P. 2948, 2959.) Auch für die Verjährungseinrede ist das örtliche Recht der Obligation maßgebend (R.O.H. Bd. 22, S. 89).

b. Hinsichtlich der Unterbrechung der Verjährung kommen die Vorschriften des bürgerlichen Rechtes zur Anwendung. (R.G. XXXVI, 120.) Vgl. jetzt §§. 208—217, §. 425 B.G.

§. 901. **Verjährungsfrist.**

Die im §. 754 Nr. 1 bis 9[1]) aufgeführten Forderungen verjähren in einem Jahre. Es beträgt jedoch die Verjährungsfrist zwei Jahre:

1. für die aus den Dienst- und Heuerverträgen herrührenden Forderungen der Schiffsbesatzung, wenn die Entlassung jenseits des Vorgebirges der guten Hoffnung oder des Kap Horn erfolgt ist;
2. für die aus dem Zusammenstoße von Schiffen hergeleiteten Entschädigungsforderungen.

Pr. Entw. Art. 689, 691. **Entw. H** Art. 672 Abs. 1. **Prot.** S. 2948, 2949, 2968, 4202. **A.D.H.** Art. 906.

Zu §. 901.

1) Die im §. 754 Nr. 10 aufgeführten Forderungen der Berufsgenossenschaft sind der kurzen Verjährung des §. 901 nicht unterworfen. Da sie nach §. 86 Abs. 3 G. v. 13./VII. 1887 (R.G.Bl. S. 329) in derselben Weise beigetrieben werden wie Gemeindeabgaben, so tritt für sie in Preußen nach Analogie des §. 8 Ges. v. 18./VI. 1840 die vierjährige Verjährungsfrist

ein. Hinsichtlich der Forderungen der Versicherungsanstalt für die Invaliditätsversicherung bewendet es bei der Vorschrift des §. 137 Ges. v. 22./VI. 1889, wonach die Rückstände binnen 4 Jahren nach der Fälligkeit verjähren. Denkschr. S. 288.

Verjährung persönlicher Ansprüche. §. 902.

Die nach §. 901 eintretende Verjährung bezieht sich zugleich auf die persönlichen Ansprüche, die dem Gläubiger etwa gegen den Rheder oder eine Person der Schiffsbesatzung zustehen.[1])

Pr. Entw. Art. — **Entw. H** Art. 672 Abs. 2. **Prot.** S. 2967. **A.D.H.** Art. 907.

Zu §. 902.

1) Der persönliche Anspruch bleibt im allgemeinen weder langer bestehen, noch erlischt er früher als der dingliche. Ist jedoch die Verjährung des persönlichen Anspruchs unterbrochen, z. B. durch Klagezustellung, so tritt die im §. 902 bestimmte Reflexwirkung nicht ein, daß mit der alsdann folgenden Verjährung des dinglichen Anspruchs auch der persönliche erlischt. (R.G. XXXVI, 120.)

Beginn der Verjährung. §. 903.

Die Verjährung beginnt:[1])

1. in Ansehung der Forderungen der Schiffsbesatzung (§. 754 Nr. 3) mit dem Ablaufe des Jahres, in welchem das Dienst- oder Heuerverhältniß endet, und, falls die Anstellung der Klage früher möglich und zulässig[2]) ist, mit dem Ablaufe des Jahres, in welchem diese Voraussetzung eintritt; jedoch kommt das Recht, Vorschuß- und Abschlagszahlungen zu verlangen, für den Beginn der Verjährung nicht in Betracht;[3])
2. in Ansehung der Forderungen wegen Beschädigung oder verspäteter Ablieferung von Ladungsgütern und Reisegut (§. 754 Nr. 7, 9) und wegen der Beiträge[4]) zur großen Haverei[5]) (§. 754 Nr. 5) mit dem Ablaufe des Jahres, in welchem die Ablieferung erfolgt ist, in Ansehung der Forderungen wegen Nichtablieferung von Gütern mit dem Ablaufe des Jahres, in welchem das Schiff den Hafen erreicht, wo die Ablieferung erfolgen sollte, und wenn dieser Hafen nicht erreicht wird, mit dem Ablaufe des Jahres, in welchem der Betheiligte sowohl hiervon als auch von dem Schaden zuerst Kenntniß erlangt;[6])
3. in Ansehung der nicht unter Nr. 2 fallenden Forderungen aus dem Verschulden einer Person der Schiffsbesatzung (§. 754 Nr. 9) mit dem Ablaufe des Jahres, in welchem der Betheiligte von dem Schaden Kenntniß erlangt hat, in Ansehung der Entschädigungsforderungen wegen des Zusammenstoßes von Schiffen jedoch mit dem Ablaufe des Jahres, in welchem der Zusammenstoß stattgefunden hat;
4. in Ansehung aller anderen Forderungen mit dem Ablaufe des Jahres, in welchem die Forderung fällig geworden ist.[7])

Pr. Entw. Art. 689 Abs. 2. **Entw. H** Art. 672 Abs. 3. **Prot.** S. 2950—2954, 2969. **A.D.H.** Art. 908.

Zu §. 903.

1) Der Beginn der Verjährung ist für die Fälle der §§. 903 u. 904 in Übereinstimmung mit §. 201 B.G. und abweichend von den korrespondierenden Artikeln 908, 909 H.G.B. allgemein auf den Schluß des Kalenderjahres bestimmt, in welchem der für den Beginn der Verjährung an sich maßgebende Zeitpunkt eingetreten ist. Der erste Tag der Frist ist also der 1. Januar des folgenden Kalenderjahres

2) Dieser Ausdruck bezieht sich sowohl auf die juristische Möglichkeit der Klageanstellung (Klagbarkeit des Anspruchs), als auch auf die faktische Möglichkeit der Verfolgung der Klage durch den Glaubiger in eigener Person (welche z. B. dann nicht vorhanden ist, wenn sich Schiffer und Mannschaft noch auf der Reise befinden), sowie endlich noch auf das im §. 105 Abs. 1 Seemanns-Ordnung enthaltene Verbot, den Schiffer vor einem fremden Gerichte zu belangen. (P. 2951.)

3) Ein Anspruch auf Zahlungen eines Teils der verdienten Heuer nach Ablauf einer gewissen Dauer der Reise kann nicht als ein Verfallen von Forderungen, welches zur Klageanstellung berechtigt, betrachtet werden; dergleichen Zahlungen werden nicht zur Lösung des Rechtsverhältnisses, sondern als Vorschüsse oder Abschlagszahlungen geleistet. (P. 2952.) Vgl. §. 36 Seemanns-Ordnung.

4) welche vom Rheder wegen des Schiffes zu leisten sind.

5) In betreff des Beginns der Verjährung der Ansprüche gegen den Schiffer und Rheder wegen unterlassener Besorgung der Aufnahme der Dispache oder wegen Auslieferung beitragspflichtiger Objekte ohne vorherige Bezahlung oder Sicherstellung der Beiträge enthält das Gesetz keine besondere Bestimmung, da sie als Ansprüche aus einem Verschulden des Schiffers oder Rheders erscheinen. (P. 2957.)

6) Erst im Bestimmungshafen wird die Forderung fallig. Für den Beginn der Verjährung kommt daher der Zeitpunkt der Erreichung des Hafens wesentlich in Betracht, und sofern dieser Hafen nicht erreicht wird, ist die Kenntnis des Beteiligten von dieser Thatsache und von dem Schaden wesentlich. Würde die Verjährung schon mit dem Zeitpunkt anfangen, an welchem der Beteiligte nur von dem Schaden Kenntnis erlangt hat, so würde bei längeren Reisen die Verjährungsfrist abgelaufen sein können, ehe der Beteiligte von der Nichterreichung des Hafens Kenntnis erhalten hätte.

7) In den Fällen der Ziffer 4 beginnt die Verjährung, gleichviel wann der Forderungsberechtigte von der Begebenheit Kenntnis erhielt. Diese gegen den Satz: agere non valenti non currit praescriptio gerichtete Vorschrift hielt man für dringend erforderlich, weil nach Ablauf einer längeren Zeit die erforderlichen Beweise kaum mehr zusammengebracht werden können. (P. 2968.)

§. 904.

Forderungen aus Bodmerei, Haverei, Bergung und Hülfsleistung.

Ferner verjähren in einem Jahre die auf den Gütern wegen der Bodmereigelder, der Beiträge zur großen Haverei und der Bergungs- und Hülfskosten haftenden Forderungen sowie die wegen dieser Gelder, Beiträge und Kosten begründeten persönlichen Ansprüche.

Die Verjährung beginnt in Ansehung der Beiträge zur großen Haverei mit dem Ablaufe des Jahres, in welchem die beitragspflichtigen Güter abgeliefert sind, in Ansehung der übrigen Forderungen mit dem Ablaufe des Jahres, in welchem die Fälligkeit eingetreten ist.

Pr. Entw. Art. 689, 690. **Entw. H** Art. 673. **Prot.** S. 2965, 4211. **A.D.H.** Art. 909.

Zu §. 904.

1) Nach dem entsprechenden Art. 909 verjährten in einem Jahre auch „die auf den Gütern wegen der Fracht nebst allen Nebengebühren, wegen des Liegegeldes, der ausgelegten Zölle und sonstigen Auslagen ... haftenden Forderungen und die deswegen begründeten persönlichen Ansprüche des Verfrachters gegen die Ladungsbeteiligten sowie die Forderungen wegen der Überfahrtsgelder." Diese Bestimmung ist (Denkschr. S. 288) in das H.G.B. nicht übernommen, weil in dieser Beziehung die Vorschrift des §. 196 Nr. 3 B.G. maßgebend ist, wonach

„in zwei Jahren verjähren die Ansprüche der Eisenbahnunternehmungen, Frachtfuhrleute, Schiffer, Lohnkutscher und Boten wegen des Fahrgeldes, der Fracht, des Fuhr- und Botenlohns mit Einschluß der Auslagen."

Unter den in §. 196 Nr. 3 B.G. erwähnten „Schiffern" sind auch die Verfrachter zu verstehen und demnach deren Forderungen an Fracht, Überfahrtsgeldern und Auslagen als einer zweijährigen Verjährung unterworfen zu erachten. A.A. Pappenheim Z. f. H. Bd. 46, S. 281.

§. 905.

Forderungen aus Versicherungsverträgen.

Es verjähren in fünf Jahren[1]) die Forderungen des Versicherers und des Versicherten aus dem Versicherungsvertrage.

Die Verjährung beginnt mit dem Ablaufe des Jahres, in welchem die versicherte Reise beendigt ist, und bei der Versicherung auf Zeit mit dem Ablaufe des Tages, an welchem die Versicherungszeit endet. Sie beginnt, wenn das Schiff verschollen ist, mit dem Ablaufe des Tages, an welchem die Verschollenheitsfrist endet.[2])

Pr. Entw. Art. 692. **Entw. II** Art. 674. **Prot.** S. 2968, 3676—3681, 4211. **A.D.H.** Art. 910. **Allg. S.B.** §. 163.

Zu §. 905.

1) Gewöhnlich leistet der Versicherer nach einem Unfalle bedeutende Einschüsse auf die künftig festzustellende Schuld, während die Liquidation des Restes, welche große Korrespondenzen, Herbeischaffung von Beweismitteln u. s. w. erforderlich macht, in der Regel nicht sehr schnell betrieben wird. Kurze Verjährungsfristen würden für derartige Rechtsverhältnisse nicht passen. (P. 3680.)

2) Diese Bestimmung gilt sowohl bei Zeit- als bei Reiseversicherungen. Es erlöschen in der angegebenen Frist nicht bloß die aus der Verschollenheit sich ergebenden Ansprüche, sondern auch alle anderen, etwa schon vor Beginn der Verschollenheit begründeten und aus derselben Versicherung herrührenden Ansprüche. (P. 3680.)

Einführungsgesetz zum Handelsgesetzbuche
vom 10. Mai 1897 (R.G.Bl. S. 437),

soweit es sich auf das Seerecht bezieht.

Artikel 1.

Das Handelsgesetzbuch tritt gleichzeitig mit dem Bürgerlichen Gesetzbuch in Kraft.

Abs. 2 und 3 pp.

Artikel 2.

In Handelssachen kommen die Vorschriften des Bürgerlichen Gesetzbuchs nur insoweit zur Anwendung, als nicht im Handelsgesetzbuch oder in diesem Gesetz ein Anderes bestimmt ist.

Im Uebrigen werden die Vorschriften der Reichsgesetze durch das Handelsgesetzbuch nicht berührt.[1])

Zu Art. 2.

1) A. **Verhältnis des H.G.B. zu anderen Gesetzen.** Infolge der Vorschriften des Art. 2 kommen für Handelssachen zur Anwendung und zwar in der nachstehenden Reihenfolge:

a. die Reichsgesetze, welche Bestimmungen für Handelssachen enthalten;

b. das Handelsgesetzbuch nebst dem Einführungsgesetz;

c. das Bürgerliche Gesetzbuch.

B. **Verhältnis des H.G.B. zum Gewohnheitsrecht.** Abweichend von Art. 1 A.D.H., ist eine allgemeine Bestimmung über die Wirksamkeit des Handelsgewohnheitsrechts („Handelsgebräuche") nicht getroffen. Für die Zukunft liegt kein Anlaß vor, zwischen Gewohnheitsrecht im allgemeinen und Handelsgewohnheitsrecht zu unterscheiden (Staub, 6. Aufl., Allg. Einl. Anm. 18).

a. **Gemeinsam deutsches** Gewohnheitsrecht (Reichsgewohnheitsrecht), welches im Gegensatz zu gesetzlichen Vorschriften (oben 1 a bis c) steht, ist, soweit es sich bisher gebildet hat, gegenüber diesen gesetzlichen Bestimmungen nicht zu beachten, neues, derartiges Recht kann sich vom 1. Januar 1900 ab nicht mehr bilden. Denn nach Art. 2 Einf.Ges., sind in Handelssachen die dort erwähnten gesetzlichen Vorschriften von den Gerichten anzuwenden, entgegenstehenden Gewohnheitsnormen ist also die Wirksamkeit zu versagen. (A.M. Planck, B.G., Buch I, Vorbemerkung 11, Gierke, Z.f.H. Bd. 45, S. 446, Staub, 6. Aufl., Allg. Einl., Anm. 17 ff., Düringer-Hachenburg, Einl., B. I, Schaps, S. 1 Anm. 3.) Der Anwendung ergänzender Vorschriften eines sich neu bildenden Reichsgewohnheitsrechts steht dagegen nichts im Wege. Vgl. Denkschr. S. 4.

b. **Landes**gewohnheitsrecht und örtliches Gewohnheitsrecht ist, soweit es besteht, aufgehoben und kann sich in Zukunft nicht neu bilden, beides insoweit es sich nicht um Rechtsverhältnisse handelt, die den Landesgesetzen (vgl. §§. 480 Abs. 2, 521, 566 Abs. 2, 678, 708 Ziff. 1) vorbehalten sind. Dies folgt aus Art. 2 der Reichsverfassung (wo unter „Gesetz" jede Rechtsnorm verstanden ist), Einf.Ges. z. B.G. Art. 2, 55, Einf.Ges. z. H.G.B. Art. 15. Ebenso Denkschr. S. 3, Planck, Staub, Düringer-Hachenburg a. a. O. A.M. Cosack, §. 5, II, 2.

c. In den Konsulargerichtsbezirken kommt für Handelssachen zunächst das dort geltende Handelsgewohnheitsrecht zur Anwendung. (§. 3 Ges. v. 10./VII. 1879. R.G.Bl. S. 197).

d. Hinsichtlich der Ermittelung des Gewohnheitsrechts im Prozesse vgl. C.P.O. §. 293; R.O.H. Bd. 15, S. 53 ff., R.G. XXI. 175.

C. **Verhältnis des H.G.B. zur Verkehrssitte.** Maßgebend sind:

H G.B. §. 346. „Unter Kaufleuten ist in Ansehung der Bedeutung und Wirkung von Handlungen und Unterlassungen auf die im Handelsverkehre geltenden Gewohnheiten und Gebräuche Rücksicht zu nehmen."

B.G. §. 157. „Verträge sind so auszulegen, wie Treu und Glauben mit Rücksicht auf die Verkehrssittte es erfordern."

B.G. §. 242. „Der Schuldner ist verpflichtet, die Leistung so zu bewirken, wie Treu und Glauben mit Rücksicht auf die Verkehrssitte es erfordern."

Die Verkehrssitte dient nicht nur zur Auslegung der Willenserklärungen; auch ohne eine ausdrücklich hierauf gerichtete Erklärung und ohne einen ausdrücklich hierauf gerichteten Willen der Parteien, ja selbst gegen den nicht erklärten Willen nur einer Partei ist die Verkehrssitte innerhalb der Grenzen maßgebend, in denen sie nach den oben angeführten Bestimmungen des Gesetzes für entscheidend erklärt wird (vgl. R.G. v. 22. Oktob. 1898. J. W. 667). Die Verkehrssitte kann zwingende Vorschriften des Gesetzes nicht ändern. Den vertragergänzenden (dispositiven) Vorschriften des Gesetzes geht sie jedoch vor (ebenso Düringer-Hachenburg, Einl. B II, Staub, 6. Aufl., Allg. Einl., Anm. 19 ff.). [Hierin ist aber nicht (wie es bei Staub a. a. O. geschieht) ein abänderndes Gewohnheitsrecht zu erblicken; denn zum Begriff des Gewohnheitsrechts gehört, daß es nicht auf Gesetz beruht, während die Verkehrssitte gerade durch Gesetz für maßgebend erklärt ist und nur innerhalb derjenigen Grenzen maßgebend ist, innerhalb deren das Gesetz sie als maßgebend anerkennt.] Die Verkehrssitte ihrerseits ist gleichfalls nur vertragergänzend (dispositiv); ein übereinstimmender gegenteiliger Wille beider Parteien geht ihr vor. Die Verkehrssitte ist an sich gleich erheblich, ob sie sich auf das ganze Reich oder nur auf einzelne Orte erstreckt. Da sie nur vertragergänzend ist, kann sie aber immer nur zur Anwendung gebracht werden, wenn für den Verkehr jeder von beiden Parteien die betreffende Sitte gilt. Ist dies nicht der Fall, so verbleibt es bei der vertragergänzenden Vorschrift des Gesetzes. — Eine „Verkehrssitte" ist auch der „Ortsgebrauch". Er ist eine örtlich beschränkte Verkehrssitte (§§. 359, 380, 393, 394: „Handelsgebrauch des Ortes"), nichts von letzterer Verschiedenes. Auf den Ortsgebrauch (Ortsüblichkeit) als in erster Reihe (oder „in Ermangelung örtlicher Verordnungen") maßgebend für eine ergänzende Vertragsauslegung ist im 4. Buch verwiesen in §§. 560, 561, 568, 575, 577, 592—594, 595 (vgl. jedoch Anm. 1a zu §. 595), 599, (603), 604, (605), (673), 894.

Artikel 3.

Soweit in Reichsgesetzen oder in Landesgesetzen auf Vorschriften des Allgemeinen Deutschen Handelsgesetzbuchs verwiesen ist, treten die entsprechenden Vorschriften des Handelsgesetzbuchs an deren Stelle.

Artikel 4 und 5 pp.

Artikel 6.

Die Vorschriften der §§. 474, 475 des Handelsgesetzbuchs finden auch im Falle der Veräußerung eines Seeschiffs, das nicht zum Erwerbe durch die Seefahrt bestimmt ist, sowie im Falle der Veräußerung eines Antheils an einem solchen Schiffe Anwendung.[1])

Zu Art. 6.

1. In dem H.G.B. ist nicht das gesamte, die Seeschiffahrt betreffende Privatrecht, sondern nur das Seehandelsrecht geregelt. Durch Art. 6 sind nun die Vorschriften über die Veräußerung eines zum Erwerb durch die Seefahrt bestimmten Schiffes oder eines Anteils an solchem Schiffe (§§. 474, 475; vgl. Anmerkung 1, zur Überschrift: „Viertes Buch. Seehandel") ausgedehnt auf solche Schiffe, die nicht zu diesem Erwerbe bestimmt sind, und auf Anteile an solchen Schiffen

Artikel 7.

Die Vorschriften des §. 485 und des §. 486 Abs. 1 Nr. 3 des Handelsgesetzbuchs über die Haftung des Rheders für das Verschulden einer Person der Schiffsbesatzung, sowie die Vorschriften der §§. 734 bis 739 des Handelsgesetzbuchs über die Haftung im Falle des Zusammenstoßes von Schiffen finden auch Anwendung, wenn die Verwendung eines Schiffes zur Seefahrt nicht des Erwerbes wegen erfolgt.[1])

Zu Art. 7.

1) A. Der gleiche Grund wie bei Art. 6 führte dazu, auch die Vorschriften des H.G.B. über die Haftung des Rheders für das Verschulden der Schiffsbesatzung, sowie die Bestimmungen über die Haftung bei dem Zusammenstoß von Schiffen auf solche Schiffe auszudehnen, die nicht zum Erwerb durch die Seefahrt verwendet werden. Insbesondere entsprach die letztere Ausdehnung der Billigkeit, weil früher z. B. bei dem Zusammenstoß eines Kauffahrteischiffs mit einer Vergnügungsyacht der Rheder des ersteren im Falle des Verschuldens der Besatzung seines Schiffes haftete, dagegen nicht der Eigentümer der Vergnügungsyacht, wenn der Zusammenstoß durch ein Verschulden der Besatzung der letzteren verursacht war (Denkschr. 290). Betreffs des Begriffs der Schiffsbesatzung vgl. §. 481 und die Anm. dazu. Vgl. auch §. 26, Flg.Ges. v. 22. Juni 1899 (Anhang 1).

B. Nach Art. 7 wird auch die Haftung des Fiskus für den durch Verschulden der Besatzung eines Kriegsschiffs verursachten Schaden in Gemäßheit der §§. 485, 486 gegeben sein. Vgl. Pappenheim, Z.f.H. Bd. 46, S. 283.

C. Die Haftung aus Art. 7 ist, wie durch die Bezugnahme auf §§. 485, 486 ersichtlich, auf Schiff und Fracht, soweit letztere hier überhaupt in Frage kommen kann, beschränkt, Ob dem Ersatzberechtigten das Schiffsgläubigerrecht aus §. 754 Nr. 9 gewährt ist, kann zweifelhaft sein, weil §. 754 in Art. 7 nicht in Bezug genommen ist. (A.M. Lewis-Boyens, Anm. 3, S. X.) Jedenfalls könnte thatsächlich das gesetzliche Pfandrecht an vielen hier in Betracht kommenden Schiffen, z. B. Kriegsschiffen, nicht zur Geltung gebracht werden. — Pappenheim a. a. O. tadelt, daß der Ausrüster (z. B. der Mieter) eines Nichtkauffahrteischiffs im Falle der §§. 485, 486 Ziff. 3, 734 H.G.B. nicht haftbar gemacht werden könne, weil §. 510 im Art. 7 nicht erwähnt ist. Indessen ist das Fehlen einer Verweisung auf §. 510 in Art. 7 ohne wesentliche praktische Bedeutung. Denn auch der Mieter würde nach §§. 485, 486 Ziff. 3 nur mit Schiff und Fracht haften. Schiff und Fracht — letztere, soweit sie bei einem Nichtkauffahrteischiffe überhaupt vorkommen kann — aber haften dem Beschädigten auch im Falle der Vermietung des Schiffes, weil insoweit schon der Eigentümer des Schiffes nach Art. 7, §§. 485, 486 Ziff. 3 haftet. Die Folge jenes Fehlens der Verweisung auf §. 510 ist allerdings, daß die Klage auf Haftung mit Schiff und Fracht gegen den Eigentümer und nicht gegen den Mieter (Ausrüster) des Nichtkauffahrteischiffs zu richten ist.

Artikel 8.

Aufgehoben werden:

Ziff. 1 und 2 pp.

3. der §. 68 der Seemannsordnung vom 27. Dezember 1872 (Reichs-Gesetzbl. S. 409);[1])
4. der §. 86 Abs. 2 des Gesetzes, betreffend die Unfallversicherung der Seeleute und anderer bei der Seeschiffahrt betheiligter Personen vom 13. Juli 1887. (Reichs-Gesetzbl. S. 329).[2])

Zu Art. 8

1) §. 68 der Seemannsordnung ist ersetzt durch §. 487 H.G.B.

2) Vgl. Anm. 10 zu §. 754 Ziff. 10 und Anm. 1 zu §. 901.

Artikel 9—14 pp.

Artikel 15.

Die privatrechtlichen Vorschriften der Landesgesetze bleiben insoweit unberührt, als es in diesem Gesetze bestimmt oder als im Handelsgesetzbuch auf die Landesgesetze verwiesen ist.[1])

Soweit die Landesgesetze unberührt bleiben, können auch neue landesgesetzliche Vorschriften erlassen werden.

Zu Art. 15.

1) Art. 55 Einf.Ges. zum Bürgerlichen Gesetzbuche bestimmt:

„Die privatrechtlichen Vorschriften der Landesgesetze treten außer Kraft, soweit nicht in dem Bürgerlichen Gesetzbuch oder in diesem Gesetz ein Anderes bestimmt ist."

Hierdurch werden an sich auch diejenigen privatrechtlichen Vorschriften der Landesgesetze außer Kraft gesetzt, welche bisher auf dem Gebiete des Handelsrechts noch in Gültigkeit waren (Denkschr. S. 300). Da somit die Regel des Art. 55 Einf.Ges. z. B.G. eine allgemeine, sich auch auf das Gebiet des Handelsrechts erstreckende ist, so werden auch die in Art. 56—152 Einf.Ges. z. B.G. aufgeführten Ausnahmen von jener Regel gleich weit zu erstrecken sein, zumal das Einführungsgesetz zum Handelsgesetzbuche eine allgemeine Aufhebung von Landesgesetzen überhaupt nicht ausspricht. In Betracht kommt hier namentlich Art. 75 Einf.Ges. zum Bürgerlichen Gesetzbuche:

„Unberührt bleiben die landesgesetzlichen Vorschriften, welche dem Versicherungsrecht angehören, soweit nicht in dem Bürgerlichen Gesetzbuche besondere Bestimmungen getroffen sind."

Der Art. 15 Abs. 1 und die Artikel 16—21 des Einführungsgesetzes zum Handelsgesetzbuche erweitern nun jene in Einführungsgesetz zum Bürgerlichen Gesetzbuche Art. 55ff. enthaltenen Vorbehalte und Ausnahmen dahin, daß auch in bestimmten anderen Fällen die Landesgesetze unberührt bleiben (Denkschr. S. 300). — Der Art. 15 Abs. 2 Einf.Ges. z. H.G.B. ist dem Art. 3 Einf.Ges. z. B.G. nachgebildet. — Ausdrückliche Verweisungen auf privatrechtliche Vorschriften der Landesgesetze (Gesetz = jede Rechtsnorm; Einf.Ges. z. B.G Art. 2) finden sich im vierten Buche des H.G.B. in §§. 480, 521, 566, 678, 708. — Die zur Ergänzung des H.G.B. erlassenen landesgesetzlichen Vorschriften öffentlich-rechtlichen Inhalts bleiben neben dem B.G. und H.G.B. in Kraft, soweit nicht das Gegenteil für einzelne Fälle besonders bestimmt ist (Denkschr. S. 303).

Artikel 16—18 pp.

Artikel 19.[1])

Unberührt bleiben:

1. für das Großherzogthum Mecklenburg-Schwerin die §§. 51 bis 53, 55 der Verordnung vom 28. Dezember 1863, betreffend die Publikation des Handelsgesetzbuchs, sowie die zur Abänderung dieser Verordnung ergangene Verordnung vom 22. Oktober 1869;[2])
2. für die freie Hansestadt Bremen die Verordnung vom 12. Februar 1866, betreffend die Löschung der Seeschiffe, nebst den dazu später ergangenen Gesetzen;[3])
3. für die freie und Hansestadt Hamburg der §. 50 des Einführungsgesetzes zum Allgemeinen Deutschen Handelsgesetzbuche vom 22. Dezember 1865.[4])

Zu Art. 19.

1) Der Art. 19 wiederholt in etwas erweiterter Fassung, jedoch unter Streichung des §. 54 der mecklenburgischen Verordnung (Denkschr. 301, 279), den Vorbehalt in §. 4 des Ges. v. 5. Juni 1869, betr. Einführung der W.O., der Nürnberger Wechselnovellen und des A.D.H. als Bundesgesetze.

2) Die für **Mecklenburg-Schwerin** ergangene Verordnung vom 28. Dezember 1863 (Beilage zu Nr. 4 des Regierungsblatts von 1864 S. 24) bestimmt soweit sie noch gültig ist:

§. 51. „Jedes Schiff, welches mehreren Eigentümern gehört, muß einen Korrespondentrheder haben."

§. 52. „Bei Abstimmungen über Angelegenheiten des laufenden Rhedereibetriebes werden die Stimmen derjenigen Mitrheder, welche nicht an dem Sitze der Rhederei wohnhaft sind und bei dem Korrespondentrheder einen Vertreter nicht angemeldet haben, desgleichen die Stimmen derjenigen Mitglieder, welche rechtlich oder thatsächlich an der Teilnahme behindert sind, so lange sie einer Vertretung entbehren, den mehreren Stimmen hinzugezählt."

§. 53. „Die Minderheit der Rhederei, welche durch einen Beschluß der Mehrheit in den Angelegenheiten der Rhederei überstimmt ist [Art. 458 Abs. 1, 473 Abs. 1, A.D.H.] §§. 491 Abs. 1, 506 Abs. 1 H.G.B., hat das Recht, das Schiff zu setzen, d. h. dasselbe zu einem bestimmten Geldpreise zu veranschlagen, zu welchem die Mehrheit der Rheder entweder das Schiff gegen Auszahlung der Anteile der Minderheit nach jenem Preise übernehmen, oder wenn sie dies ablehnt, das Schiff der Minderheit der Rheder gegen Auszahlung ihrer Anteile nach jenem Preise überlassen muß."

1) „Zu der Minderheit werden auch die etwa bei der Abstimmung ordnungswidrig übergangenen Mitrheder gerechnet, die sich dem Beschlusse der Mehrheit nicht fügen wollen.

Das Recht zu setzen, steht allen zu der Minderheit Gehörenden, welche davon Gebrauch machen wollen, zu, daher, wenn die Übrigen dies nicht wollen, auch einem Einzelnen."

5) „Die Mehrheit hat sich über die Wahl, ob sie nehmen oder geben will, binnen 14 Tagen zu erklären. In dem Falle des Gebens müssen die gesamten Parten der Mehrheit gegeben werden, mit Ausnahme der Parte derjenigen, welche sich der Abstimmung der oder des Setzenden fügen wollen. Ist die Mehrheit über Nehmen oder Geben geteilt, so gehen diejenigen vor, welche das ganze Part der oder des Setzenden für alleinige Rechnung nehmen wollen."

§. 55. „Der [Art. 468, A.D.H.] §. 501 H.G.B. tritt infolge des §. 53 dieser Verordnung nicht in Wirksamkeit."

Die hierzu ergangene Verordnung vom 22. Oktober 1869 (Reg. Blatt 1869, Nr. 88) bestimmt unter Aufhebung der Nr. 2 und 4–6 des §. 53 des vorerwähnten Verordnung vom 28/XII. 1863 im Wesentlichen:

§. 2. Die Setzungserklärung muß bei Verlust des Setzungsrechts binnen drei Tagen ([Art. 468 Abs. 2 A.D.H.] §. 501 Abs. 2 H.G.B.), in eiligen Fällen sofort nach erhaltener Kenntnis von dem Mehrheitsbeschlusse dem Korrespondentrheder zugestellt werden.

§. 3. „Die Ausführung des Mehrheitsbeschlusses muß nach rechtzeitig erfolgter Setzung unterbleiben." Vgl. hierzu R.O.H., Bd. 5, 194, R.G. I, 295.

3) Betreffs der Löschung von Seeschiffen sind für **Bremen** die folgenden Bestimmungen ergangen:

	Gesetzblatt der Freien und Hansestadt Bremen.
a. Verordnung vom 12. Februar 1866.	1866, S. 2.
b. Verordnung vom 15. Dezember 1869.	1869, S. 94.
c. Ges. vom 23. April 1876 und Neuverkündung der Verordnung vom 12. Februar 1866.	1876, S. 53, 54.
d. Ges. vom 6. Mai 1877 und Neuverkündung der Verordnung vom 12. Februar 1866.	1877, S. 32, 34.
e. Ges. vom 2. November 1879 und Neuverkündung der Verordnung vom 12. Februar 1866.	1879, S. 353, 357.
f. Ges. vom 12. Mai 1883, betreffend die Löschzeit.	1883, S. 49.

4) Der §. 50 des **Hamburgischen** Einf.Gesetzes zum A.D.H lautet:

„Zu [Art. 609 u. 610] §§. 608, 609 H.G.B. Der §. 9 der Verordnung für Schiffer und Schiffsvolk vom 27. März 1786 ist aufgehoben. Dagegen kommen die §§. 8, 11, 12 und 13 dieser Verordnung für die rechtliche Beurteilung des Verhältnisses zwischen dem Schiffer, dem Leichterschiffer, dem Ewerführer und dem Empfänger auch ferner zur Anwendung, falls die Güter in Schuten oder sonst zu Wasser gelöscht werden."

Artikel 20.

Unberührt bleiben die landesgesetzlichen Vorschriften, nach welchen ein Pfandrecht an einem im Bau begriffenen Schiffe ohne Uebergabe des Schiffes durch Eintragung in ein besonderes Register bestellt werden kann, sowie die landesgesetzlichen Vorschriften über die Zwangsversteigerung eines solchen Schiffes.[1])

Zu Art. 20.

1) Nach B.G. kann ein Pfandrecht an einem im Bau begriffenen Schiffe nur durch Besitzübertragung erworben werden, weil die Vorschriften der §§. 1259 ff. B.G. nur für die in das Schiffsregister eingetragenen Schiffe gelten und demnach auf Schiffe, die noch unvollendet sind, keine Anwendung finden. Ebenso ist in §§. 162–170 Zwangsverst.Ges. vorausgesetzt, daß das zu versteigernde Schiff — abgesehen von ausländischen Schiffen (§. 171 a. a. O.) — im Schiffsregister eingetragen ist. Für die Zwangsversteigerung von nicht eingetragenen Schiffen bleiben die Vorschriften über die Zwangsversteigerung beweglicher Sachen maßgebend. Deshalb sind durch Art. 20 diejenigen landesgesetzlichen Vorschriften unberührt gelassen worden, nach welchen im Bau begriffene Schiffe durch Eintragung in ein besonderes Register verpfändet und unter gewissen Voraussetzungen wie Gegenstände des unbeweglichen Vermögens versteigert werden können; solche Vorschriften bestehen in **Bremen** (Denkschr. 302).

Artikel 21—28 pp.

Vergleichende Zusammenstellung

der Artikel des A.D.H. und der Paragraphen des H.G.B.

Artikel	Paragraph	Artikel	Paragraph
432	Gestrichen	462	495
433	Gestrichen	463	496
434	Gestrichen	464	497
435 Abs. 1, Nr. 1 u. 2	Gestrichen	465	498
435 Abs. 1, Nr. 3	480 Abs. 1	466	499
436	Gestrichen	467	500
437	Gestrichen	468	501
438	Gestrichen	469	502
439	474	470	503
440	475	471	504
441	476	472	505
442	477	473	506
443 Abs. 1	Gestrichen	474	507
443 Abs. 2 u. 3	478	475	508
444	479	476	509
445	481	477	510
446 Abs. 1	482	478	511
446 Abs. 2 u. 3	Gestrichen	479	512
447	483	480	513
448	480 Abs. 2	481	514
449	663	482	515
450	484	483	516
451	485	484	517
452	486	485	518
453 Abs. 1, vgl. Seemanns-O., §. 68	487	486	519
		487	520
453 Abs. 2 u. 3	Gestrichen	488	Gestrichen
454	Gestrichen	489	521
455	488	490	522
456	489	491	523
457	490	492	524
458	491	493	525
459	492	494	Gestrichen
460 Abs. 1—5	493	495	526
460 Abs. 6	Gestrichen	496	527
461	494	497	528

Artikel	Paragraph	Artikel	Paragraph
498	529	571	570
499	530	572	571
500	531	573	572
501	532	574	573
502	533	575	574
503	534	576	575
504	535	577	576
505	536	578	577
506	537	579	578
507	538	580	579
508	539	581	580
509	540	582	581
510	541	583	582
511	542	584	583
512	Gestrichen	585	584
513	543	586	585
514	544	587	586
515	545	588	587
516	546	589	588
517	547	590	589
518	548	591	590
519	549	592	591
520	550	593	592
521	551	594	593
522	552	595	594
523	553	596	595
524	554	597	596
525	Gestrichen	598	597
526	555	599	598
527	Gestrichen	600	599
528—556	Gestrichen, vgl. Seemannsordnung v 27./XII. 1872	601	600
		602	601
557	556	603	602
558	557	604	603
559	558	605	604
560	559	606	605
561	560	607	606
562	561	608	607
563	562	609	608
564	563	610	609
565	564	611	610
566	565	612	611
567	566	613	612
568	567	614	613
569	568	615	614
570	569	616	615

Artikel	Paragraph	Artikel	Paragraph
617	616	663	661
618	617	664	662
619	618	665	664
620	619	666	665
621	620	667	666
622	621	668	667
623	622	669	668
624	623	670	669
625	624	671	670
626	Gestrichen	672	671
627	625	673	672
628	626	674	673
629	627	675	674
630	628	676	675
631	629	677	676
632	630	678	677
633	631	679	678
634	632	680	679
635	633	681	680
636	634	682	681
637	635	683	682
638	636	684	683
639	637	685	684
640	638	686	685
641	639	687	686
642	640	688	687
643	641	689	688
644	642	690	689
645	643	691	690
646	644	692	691
647	645	693	692
648	646	694	693
649	647	695	694
650	648	696	695
651	649	697	696
652	650	698	697
653	651	699	698
654	652	700	699
655	653	701	Gestrichen
656	654	702	700
657	655	703	701
658	656	704	702
659	657	705	703
660	658	706	704
661	659	707	705
662	660	708	706

Artikel	Paragraph	Artikel	Paragraph
709	707	755	753
710	708	756	Gestrichen
711	709	757	754
712	710	758	755
713	711	759	756
714	712	760	757
715	713	761	758
716	714	762	759
717	715	763	760
718	716	764	761 Abs. 2
719	717	765	762
720	718	766	763
721	719	767	764 Abs. 1
722	720	768	765
723	721	769	Gestrichen
724	722	770	766
725	723	771	767
726	724	772	768
727	725	773	769
728	726	774	771
729	727	775	772
730	728	776	773
731	729	777	774
732	730	778	775
733	731	779	776
734	732	780 Abs. 1	764 Abs. 2
735 Abs. 2	733	780 Abs. 2 u. 3	Gestrichen
736	734	781	777
737	735	782	778
738	736	783	779
739	737	784	780
740	738	785	781
741	739	786	782
742	740	787	783
743	741	788	784
744	742	789	785
745	743	790	786
746	744	791	787
747	745	792	788
748	746	793	789
749	747	794	790
750	748	795	791
751	749	796	792
752	750	797	793
753	751	798	794
754	752	799	795

Artikel	Paragraph	Artikel	Paragraph
800	796	846	842
801	797	847	843
802	798	848	844
803	799	849	845
804	800	850	846
805	801	851	847
806	802	852	848
807	803	853	849
808	804	854	850
809	805	855	851
810	806	856	852
811	807	857	853
812	808	858	854
813	809	859	855
814	810	860	856
815	811	861	857
816	812	862	858
817	813	863	859
818	814	864	860
819	815	865	861
820	816	866	862
821	817	867	863
822	818	868	864
823	819	869	865
824	820	870	866
825	821	871	867
826	822	872	868
827	823	873	869
828	824	874	870
829	825	875	871
830	826	876	872
831	827	877	873
832	828	878	874
833	829	879	875
834	830	880	876
835	831	881	877
836	832	882	878
837	833	883	879
838	834	884	880
839	835	885	881
840	836	886	882
841	837	887	883
842	838	888	884
843	839	889	Gestrichen
844	840	890	885
845	841	891	886

Artikel	Paragraph	Artikel	Paragraph
892	887	902	897
893	888	903	898
894	889	904	899
895	890	905	900
896	891	906	901
897	892	907	902
898	893	908	903
899	894	909	904
900	895	910	905
901	896	911	Gestrichen

Anhang.

1. Gesetz, betreffend das Flaggenrecht der Kauffahrteischiffe.

Vom 22. Juni 1899. (R.G.Bl. S. 319.)[1]

§ 1.

Reichsflagge. Begriff der Kauffahrteischiffe.

Die zum Erwerbe durch die Seefahrt bestimmten Schiffe (Kauffahrteischiffe)[1]) mit Einschluss der Lootsen-,[2]) Hochseefischerei-,[3]) Bergungs- und Schleppfahrzeuge haben als Nationalflagge ausschliesslich die Reichsflagge (Artikel 55 der Reichsverfassung) zu führen.

Zur Überschrift.

1) Unterm 10. März 1899 legte der Reichskanzler dem Reichstage den Entwurf eines Gesetzes, betreffend das Flaggenrecht der Kauffahrteischiffe, mit Begründung vor (Reichtagsdrucksachen 1899 Nr. 179). Dieser Entwurf wurde nach der ersten Lesung vom 11. April 1899 (Sten. Ber. S. 1688) einer Kommission überwiesen, die nur unerhebliche Änderungen, insbesondere an §. 6 Abs. 2 vornahm. In der zweiten Lesung am 5. Mai 1899 (Sten. Ber. S. 2087) wurde der Entwurf nach den Beschlüssen der Kommission angenommen, ebenso in der dritten Lesung, und am 22. Juni 1899 als Gesetz veröffentlicht. — Das Gesetz, das am 1. Januar 1900 in Kraft tritt, giebt im wesentlichen die Bestimmungen wieder, welche enthalten sind in dem Bundes-Gesetze vom 25. Oktober 1867 (in der Fassung des Reichsgesetzes vom 23. Dezember 1888), betreffend die Nationalität der Kauffahrteischiffe und ihre Befugnis zur Führung der Bundesflagge (B.G.Bl. 1867 S. 35, R.G.Bl. 1888 S. 300), und in den Reichsgesetzen vom 28. Juni 1873, betreffend die Registrierung und die Bezeichnung der Kauffahrteischiffe (R.G.Bl. S. 184) und vom 15. April 1885, betr. die Befugnis von Seefahrzeugen, welche der Gattung der Kauffahrteischiffe nicht angehören, zur Führung der Reichsflagge (R.G.Bl. S. 89).

Zu §. 1.

1) a. Betreffs der Begriffsbestimmung der „zum Erwerbe durch die Seefahrt bestimmten Schiffe" vgl. Anm. 1 zur Überschrift „Viertes Buch. Seehandel."

b. Die Grenzen der Seefahrt im Sinne dieses Gesetzes werden durch den Bundesrat bestimmt (§. 25 Ziff. 1). Bisher war in dieser Beziehung maßgebend §. 1 der Vorschriften über die Registrierung und die Bezeichnung der Kauffahrteischiffe vom 13. November 1873 (R.G.Bl. S. 367), abgedruckt unten bei § 25 d. G.

2) Als Lootsen- und Schleppfahrzeuge im Sinne des Gesetzes sollen nach der Begründung zu §. 1 d. G. die *staatlichen* Lootsen- und Schleppfahrzeuge nicht angesehen werden, „weil sie nicht wohl unter den zum *Erwerbe* durch die Seefahrt bestimmten Kauffahrteischiffen im Sinne dieses Gesetzes begriffen werden können". Es kann zweifelhaft sein, ob solche staatlichen Schiffe, wenn sie gegen Entgelt arbeiten, nicht als zum Erwerbe durch die Seefahrt bestimmt erachtet werden können (vgl. Anm. 1 B zur Überschrift „Viertes Buch. Seehandel"), jedenfalls werden sie den Bestimmungen des Flaggengesetzes nicht unterfallen, weil dessen Vorschriften über Registrierung, Schiffscertifikat, Flaggenführung u. s. w. auf diese staatlichen Schiffe nicht anwendbar sind.

3) Diese *allgemein* ohne Rücksicht auf Größe und Bauart, abweichend von §. 2 V. v. 13. November 1873 (Begr. S. 8).

Die Form der Reichsflagge und die Art ihrer Führung wird durch Kaiserliche Verordnung bestimmt.[4])

§. 2.

Berechtigung zur Führung der Reichsflagge.

Zur Führung der Reichsflagge sind die Kauffahrteischiffe nur dann berechtigt, wenn sie im ausschliesslichen Eigenthume von Reichsangehörigen stehen.

Den Reichsangehörigen werden gleichgeachtet offene Handelsgesellschaften und Kommanditgesellschaften, wenn die persönlich haftenden Gesellschafter sämmtlich Reichsangehörige sind;[1]) andere Handelsgesellschaften,[2]) eingetragene Genossenschaften und juristische Personen, wenn sie im Inland ihren Sitz haben,[3]) Kommanditgesellschaften auf

---

4) a. Bisher war in dieser Beziehung maßgebend folgende Verordnung, betreffend die Bundesflagge für Kauffahrteischiffe vom 25. Oktober 1867. (B.G.Bl. S. 39.)

Die Bundesflagge, welche von den Kauffahrteischiffen der Bundesstaaten fortan als Nationalflagge ausschließlich zu führen ist (§. 1 des Gesetzes, betreffend die Nationalität der Kauffahrteischiffe und ihre Befugniß zur Führung der Bundesflagge vom heutigen Tage), bildet ein längliches Rechteck, bestehend aus drei gleich breiten horizontalen Streifen, von welchen der obere schwarz, der mittlere weiß und der untere roth ist. Das Verhältniß der Höhe der Flagge ist wie zwei zu drei. Die Bundesflagge wird von den Schiffen am Heck oder am hinteren Maste — und zwar in der Regel an der Gaffel dieses Mastes, in Ermangelung einer solchen aber am Topp oder im Want — geführt.

Ein besonderes Abzeichen in der Bundesflagge oder einen Wimpel zu führen, ähnlich demjenigen der Kriegsmarine des Norddeutschen Bundes, ist den Kauffahrteischiffen nicht gestattet.

b. Nach §. 1 der Verordnung vom 8 November 1892 (R.G.Bl. S. 1050) bildet die Bundesflagge in der durch die obige Verordnung für die Schiffe der deutschen Handelsmarine festgestellten Form die deutsche Nationalflagge. Durch die erstere Verordnung ist ferner eine Reichsdienstflagge, insbesondere durch §. 3 Ziff. 3 und §. 4 eine Postflagge eingeführt. Außerdem besteht die deutsche Kriegsflagge für die Marine und die in unmittelbaren Reichsdienst befindlichen Behörden und Anstalten des deutschen Heeres.

Durch Allerhöchsten Erlaß vom 1. Juli 1896 (R.G.Bl. 181) ist den Führern deutscher Seehandelsschiffe, so lange sie Offiziere des Beurlaubtenstandes der Marine sind, oder wenn sie mit der Erlaubnis zum Tragen der Uniform verabschiedet sind, das Recht verliehen, das Eiserne Kreuz auf der deutschen Handelsflagge zu führen.

Zu §. 2.

1) Für solche Gesellschaften ist der Sitz im Inlande keine Voraussetzung des Flaggenrechts ihrer Schiffe. Begr. S. 8.

2) Namentlich Gesellschaften mit beschränkter Haftung (§. 13 Abs. 3 Ges. vom 20. Juni 1892).

3) Zu den juristischen Personen gehören auch deutsche Kolonialgesellschaften, denen auf Grund von §. 8 Ges. betr. die Rechtsverhältnisse in den deutschen Schutzgebieten vom 19. März 1888 (R.G.Bl. S. 75) die Fähigkeit beigelegt ist, unter ihrem Namen Rechte zu erwerben. (Begr. S. 9.) Indessen erscheint es bedenklich, derartige Kolonialgesellschaften, wenn sie ihren Sitz in den Schutzgebieten haben, als „im Inlande ihren Sitz habend" zu erachten, wie dies in der Begr. zu § 2 geschehen ist. Denn als Inland im Sinne der Reichsgesetze sind die Schutzgebiete nicht anzusehen, falls die Reichsgesetze nicht eine ausdrückliche Bestimmung hierüber enthalten. Deshalb ist z. B. in §. 6 Abs. 3 Ges. vom 19. März 1888 die ausdrückliche Bestimmung getroffen,

daß bezüglich des Verlustes der Reichsangehörigkeit durch Aufenthalt im Auslande und hinsichtlich der Doppelbesteuerung die Schutzgebiete als Inland gelten sollen.

Aktien jedoch nur dann, wenn die persönlich haftenden Gesellschafter sämmtlich Reichsangehörige sind.[4])

§. 3.

Übergang von Schiffsparten an Ausländer.

Verliert der Eigenthümer einer Schiffspart die Reichsangehörigkeit oder geht eine im Eigenthum eines Reichsangehörigen stehende Schiffspart in anderer Weise als durch Veräusserung[1]) (Handelsgesetzbuch §. 503) auf einen Ausländer über, so behält das Schiff noch bis zum Ablauf eines Jahres das Recht zur Führung der Reichsflagge.

Sind seit dem im Abs. 1 bezeichneten Ereignisse sechs Monate verstrichen, so hat das Registergericht die übrigen Mitrheder auf ihren Antrag zu ermächtigen, die Schiffspart für Rechnung des Eigenthümers öffentlich versteigern zu lassen;[2]) über die Stellung des Antrags beschliessen die übrigen Mitrheder nach Stimmenmehrheit; die Stimmen werden nach der Grösse der Schiffsparten berechnet.[3]) Bei der Versteigerung der Schiffspart können die Antragsteller mitbieten.[4]) Der Zuschlag darf nur einem Inländer ertheilt werden.

Diese Vorschriften kommen nur zur Anwendung, wenn die Schiffsparten der übrigen Mitrheder wenigstens zwei Drittheile des Schiffes umfassen.

§. 4.

Schiffsregister. Registerbehörde.

Für die zur Führung der Reichsflagge befugten Kauffahrteischiffe sind in den an der See oder an Seeschiffahrtsstrassen belegenen Gebieten[1]) Schiffsregister[2]) zu führen.

Auch aus §. 6 Abs. 2 Satz 1 des Flaggengesetzes ergiebt sich, daß das Flaggengesetz selbst zwischen Hafen im Ausland, Schutzgebiet und Konsulargerichtsbezirk einerseits und im Inlande andererseits unterscheidet. (Vgl. v. Stengel, Die deutschen Schutzgebiete S. 125. G. Meyer, Staatsrechtliche Stellung der Schutzgebiete. Laband, Deutsches Staatsrecht Bd. I S. 790.)

4) Kommanditgesellschaften auf Aktien stehen demnach den Reichsangehörigen nur dann gleich, wenn sie im Inland ihren Sitz haben und zugleich die persönlich haftenden Gesellschafter sämmtlich Reichsangehörige sind.

Zu §. 3.

1) Die freiwillige Veräußerung der Schiffspart zieht den Verlust der Berechtigung zur Führung der Reichsflagge für das Schiff nach sich.

2) Vgl. §. 383 Abs. 3 B.G.

3) Vgl. §. 491 H.G.B. Bei der hier in Rede stehenden Abstimmung bleibt die in das Eigentum des Ausländers übergegangene Schiffspart außer Betracht.

4) Vgl. §. 373 Abs. 4 H.G.B., §. 1239 Abs. 1 B.G.

Zu §. 4.

1) Darunter sollen sowohl die deutschen Schutzgebiete und die Konsularbezirke wie die nicht an der See liegenden Seeschiffahrtsstraßen z. B. der Rhein bei Düsseldorf und Cöln verstanden werden. Begr. S. 10.

2) Das Schiffsregister für Seeerwerbsschiffe dient in erster Linie dazu, die Voraussetzungen für das Recht zur Führung der Reichsflagge festzustellen und sie durch die Erteilung des Schiffscertifikats anzuerkennen. (§§. 7 u. 10. d. G.) Insofern erfüllt es also wesentlich öffentlich-rechtliche Funktionen. Durch den in §. 7 vorgeschriebenen Inhalt, von welchem nach §. 5 jeder Einsicht nehmen kann, ist das Schiffsregister aber auch in privatrechtlicher Beziehung insofern von Bedeutung, als es für jedermann über die thatsächlichen und rechtlichen Verhältnisse des Schiffes Auskunft giebt und deshalb eine Vermutung für die Richtigkeit dieses

Die Schiffsregister werden von den Amtsgerichten geführt.[3]) Durch Anordnung der Landesjustizverwaltung kann die Führung des Registers für mehrere Amtsgerichtsbezirke einem Amtsgericht übertragen werden.

§. 5.

Öffentlichkeit des Registers. Abschriften.

Das Schiffsregister ist öffentlich; die Einsicht desselben ist Jedem gestattet. Von den Eintragungen können gegen Erlegung der Kosten Abschriften gefordert werden, die auf Verlangen zu beglaubigen sind.[1])

§. 6.

Zuständige Registerbehörde.

Ein Schiff kann nur in das Schiffsregister des Hafens eingetragen werden, von welchem aus, als dem Heimathshafen, die Seefahrt mit dem Schiffe betrieben werden soll [1])

Soll die Seefahrt von einem ausländischen Hafen oder von einem Hafen eines Schutzgebiets oder eines Konsulargerichtsbezirkes aus betrieben werden oder fehlt es an einem bestimmten Heimathshafen, so steht dem Rheder die Wahl des inländischen Registers

---

Inhalts schafft. (Prot. S. 1478 ff., S. 1667, R.G. XXXXII, 71, vgl. Schaps Anm. 14 zu §. 3 Ges. v. 25./X. 1867, R.O.H. Bd. 7, S. 147.) Eine Verpfandung des Schiffes ist nach §. 1260 ff. B.G. nur möglich durch Eintragung des Pfandrechts in das Schiffsregister. Dagegen ist die Eigentumsübertragung nicht abhängig von der Eintragung in das Register (vgl. §. 474 H.G.B.) und die Anmeldung des Eigentumsüberganges nur durch Strafandrohung gesichert (§§. 13, 20 d. G.). Ebensowenig ist dem Inhalt des Registers öffentlicher Glaube zu Gunsten der Erwerber von Rechten an dem Schiffe beigelegt. (Denkschr. z. B.G. S. 235, §. 1260 B.G. u. Anm. 3 dazu, Anhang 2. A.)

3) Da hiernach durch Reichsgesetz die Führung der Schiffsregister den Gerichten übertragen ist, so sind nach §. 1 G.fr.G. auch die allgemeinen Bestimmungen des letzteren Gesetzes (§§. 1—34) insbesondere über die Beschwerde für die Schiffsregistersachen anwendbar. Insoweit nach §. 27 des Flaggengesetzes in einzelnen Staaten (vgl. Anm. zu §. 27) andere Behörden mit der Führung der Schiffsregister betraut bleiben, kommt §. 194 G fr.G. zur Anwendung, nach welchem die vorerwähnten §§. 1—34 G.fr.G. auch für diese anderen Behörden gelten.

Zu §. 5.

1) Vgl. §. 9 Abs. 1 u. 2 H.G.B.

Zu § 6.

1) a. Die Wahl der Registerbehörde ist nicht freigegeben, vielmehr muß, abgesehen von der in §. 6 Absatz 2 gemachten Ausnahme die Registrierung des Schiffes in demjenigen Hafen erfolgen, von welchem aus die Seefahrt betrieben wird. Dies ist, da es auf die Leitung des Betriebes ankommt, der Sitz der Rhederei (vgl. Anm. 1a zu §. 480 H.G.B.)

b. Heimatshafen. Das Flaggengesetz giebt, abweichend von §. 5 Ges. v. 25./X. 1867, keine selbständige Definition des Begriffes Heimatshafen. Es nimmt den in §. 480 H.G.B. aufgestellten Begriff an und bestimmt, daß die Eintragung des Schiffes regelmäßig in dem Register desjenigen Hafens erfolgen muß, von welchem aus, als Heimatshafen im Sinne von §. 480 G.H.B., die Seefahrt mit dem Schiffe in Zukunft betrieben werden soll. Erfolgt nach der Registrierung der Betrieb der Seefahrt von einem andern Hafen als demjenigen, in dessen Register das Schiff eingetragen ist (Registerhafen), so ist allerdings der Heimatshafen im Sinne des §. 480 H.G.B. ein anderer als der Registerhafen. Die Übereinstimmung wird jedoch dadurch herbeigeführt, daß nach §. 13 Abs. 1 u. 3 das Registergericht von Amtswegen die Eintragung des Schiffes in dem Register des Heimatshafens herbeizuführen hat. D. Jur.Z. 1897 S. 157.

frei.[2]) Hat der Rheder weder seinen Wohnsitz noch seine gewerbliche Niederlassung im Bezirke des Registergerichts, so ist er verpflichtet, einen im Bezirke des Registergerichts wohnhaften Vertreter zu bestellen, welcher die nach diesem Gesetze für den Rheder begründeten Rechte und Pflichten gegenüber dem Registergerichte wahrzunehmen hat[3]) Die Verpflichtung zur Bestellung eines Vertreters fällt weg, wenn das Registergericht seinen Sitz und der Rheder seinen Wohnsitz oder seine gewerbliche Niederlassung im Reichsgebiete hat.

§. 7.[1]) **Inhalt der Eintragung.**

Die Eintragung in das Schiffsregister hat zu enthalten:

1. den Namen und die Gattung des Schiffes sowie das Unterscheidungssignal;[2])
2. die Ergebnisse der amtlichen Vermessung;[3])
3. die Zeit und den Ort der Erbauung, soweit sie festzustellen sind;[4])
4. den Heimathshafen;[5])
5. den Namen und die nähere Bezeichnung des Rheders;

   bei einer Rhederei den Namen und die nähere Bezeichnung[6]) sämmtlicher Mitrheder und des Korrespondentrheders[7]) sowie die Grösse der den einzelnen Mitrhedern gehörenden Schiffsparten;

   bei Handelsgesellschaften, eingetragenen Genossenschaften und juristischen Personen die Firma oder den Namen und Ort, an welchem sie ihren Sitz haben, bei offenen Handelsgesellschaften ausserdem den Namen und die nähere Bezeichnung sämmtlicher Gesellschafter, bei Kommanditgesellschaften und Kommanditgesellschaften auf Aktien den Namen und die nähere Bezeichnung sämmtlicher persönlich haftenden Gesellschafter;

---

2) Absatz 2 statuiert eine Ausnahme von der in Abs. 1 für die Zuständigkeit der Registerbehörde aufgestellten Regel und zwar sowohl im Interesse der im Auslande (einschließlich der Schutzgebiete und der Konsulargerichtsbezirke) domizilierten deutschen Rheder wie für diejenigen Fälle, in denen der Betrieb der Seefahrt zu verschiedenen Zeiten von verschiedenen Häfen oder vom Binnenlande aus, also nicht von einem bestimmten Heimatshafen aus erfolgt.

3) Vgl. §. 14.

Zu §. 7.

1) Außer den hier aufgeführten notwendigen Eintragungen kommt noch in Betracht die auf Grund von §§. 1260 ff. B.G., 100 ff. G.fr.G. beruhende Eintragung der Verpfändung des Schiffes.

2) Das Unterscheidungssignal ist eine Zusammenstellung von vier Buchstaben, um das Schiff von anderen Schiffen derselben Flagge zu unterscheiden. Vgl. von König S. 288.

3) Vgl. §. 25 Ziff. 2 d. G. und §. 2 der dort abgedruckten Bekanntmachung vom 10. November 1899.

4) Die Registerbehörde soll geeignete Ermittelungen hierüber anstellen.

5) Vgl. §§. 6 u. 13 Abs. 3 d. G.

6) Nach dem Urteil des Reichsgerichts vom 27. Juni 1882 (Entsch. in Straff. VII, S. 65) entscheidet das Ermessen der Registerbehörde im Einzelfall, ob zur „näheren Bezeichnung" auch der Wohnort des Rheders gehört. Ist aus solchem Grunde der Wohnort des Rheders einmal eingetragen, so muß auch jede spätere Veränderung des Wohnorts angezeigt werden. — Bei der Beratung des Handelsgesetzbuchs dagegen ist die Angabe des Domizils des Rheders nicht für erforderlich erachtet worden, weil derselbe einerseits häufig gleichgültig, andererseits oft juristisch zweifelhaft ist. Durch ein solches Erfordernis würde, wie damals hervorgehoben wurde, die Belästigung eintreten, daß bei Wohnungsveränderungen das Register immer wieder berichtigt werden müßte. (Prot. 1682, 3699—3701.)

7) Die Eintragung des Korrespondentrheders bildet eine Neuerung gegenüber dem bisher geltenden §. 6 Ziff. 5 Ges. v. 25./X. 1867. Die Angabe sämtlicher Mitrheder in dem Register ist zum Nachweise der Nationalität des Schiffes unerläßlich. §§. 2 u. 3 d. G.

6. die Angabe, dass in Ansehung der Reichsangehörigkeit der Betheiligten die gesetzlichen Anforderungen erfüllt sind;
7. den Rechtsgrund, auf welchem die Erwerbung des Schiffes oder der einzelnen Schiffsparten beruht;
8. den Tag der Eintragung;
9. die Ordnungsnummer, unter der das Schiff eingetragen ist.

Voraussetzung der Eintragung. §. 8.

Die Eintragung in das Schiffsregister darf erst geschehen, nachdem das Recht des Schiffes zur Führung der Reichsflagge sowie alle im §. 7 bezeichneten Thatsachen und Rechtsverhältnisse glaubhaft gemacht sind.[1])

Solange die amtliche Vermessung im Inlande noch nicht hat stattfinden können, dürfen die Ergebnisse der Vermessung auf Grund der Vermessungsurkunde einer ausländischen Behörde oder eines sonstigen glaubhaften Nachweises eingetragen werden.[2])

§. 9.

Mehrfache Staatsangehörigkeit des Rheders.

Ist der Rheder zugleich Angehöriger eines fremden Staates, so hat er auf Verlangen des Registergerichts glaubhaft zu machen, dass das Schiff nicht in ein Schiffsregister dieses Staates eingetragen ist.[1]) Wird festgestellt, dass eine solche Eintragung besteht, so darf das Schiff nicht in ein inländisches Schiffsregister eingetragen werden.[2])

Schiffs-Certifikat. §. 10.

Ueber die Eintragung des Schiffes in das Schiffsregister wird von dem Registergericht eine mit dem Inhalte der Eintragung übereinstimmende Urkunde (Schiffs-Certifikat) ausgestellt.[1])

Das Schiffs-Certifikat hat ausserdem zu bezeugen, dass die nach §. 8 erforderlichen Nachweise geführt sind und dass das Schiff zur Führung der Reichsflagge befugt ist.

§. 11.

Abhängigkeit der Flaggenführung von dem Certifikat.

Durch das Schiffs-Certifikat wird das Recht des Schiffes zur Führung der Reichsflagge nachgewiesen.[1])

Zu §. 8.

1) a. Ein Beteiligter kann zur Versicherung an Eidesstatt zugelassen werden. §. 15 Abs. 2 G.fr.G.

b. Da nach dem Wortlaut des §. 8 Abs. 1 *alle* im §. 7 bezeichneten Thatsachen und Rechtsverhältnisse glaubhaft zu machen sind, so kann von der Glaubhaftmachung auch nur eines dieser Punkte nicht abgesehen werden.

2) Hierdurch wird die Registrierung von Schiffen, die im Auslande erbaut oder aus dem Eigentum eines Ausländers in das eines Reichsangehörigen übergegangen sind, noch vor der amtlichen inländischen Vermessung ermöglicht. Vgl. §§. 2 und 3 der Bekanntmachung vom 10. November 1899 unten bei §. 25 d. G.

Zu §. 9.

1) Durch §. 9 ist die gesetzliche Möglichkeit gegeben, ein Schiff in ein deutsches Register eintragen zu lassen, wenn der Rheder neben der Reichsangehörigkeit noch eine ausländische Staatsangehörigkeit besitzt. Die früheren Reichsgesetze enthielten hierüber keine Bestimmung.

2) Die etwa erfolgte Eintragung in ein inländisches Register muß in solchem Falle gelöscht werden. §. 13 Abs. 2.

Zu §. 10.

1) Die Einrichtung des Schiffs-Certifikats wird vom Bundesrat bestimmt. §. 25 Ziff. 3 d. G. und §. 3 der dazu ergangenen Bekanntmachung vom 10. November 1899 nebst Anlage A.

Zu §. 11.

1) Vgl. die Ausnahmebestimmung in §. 16 d. G. für Schiffe von nicht mehr als 50 cbm Brutto-Raumgehalt.

Das Recht zur Führung der Reichsflagge darf vor der Ertheilung des Schiffs-Certifikats nicht ausgeübt werden.[2])

Das Schiffs-Certifikat oder ein von dem Registergerichte beglaubigter Auszug[3]) aus dem Certifikat ist während der Reise stets an Bord des Schiffes mitzuführen.[4])

§. 12. Flaggenzeugnis.

Erlangt ein im Auslande befindliches Schiff[1]) dadurch, dass es in das Eigenthum eines Reichsangehörigen[2]) gelangt, das Recht zur Führung der Reichsflagge, so kann das Schiffs-Certifikat durch eine Bescheinigung ersetzt werden, die der Konsul, in dessen Bezirke das Schiff sich zur Zeit des Eigenthumsüberganges befindet, über das Recht zur Führung der Reichsflagge ertheilt (Flaggenzeugniss).[3]) Das Flaggenzeugniss hat nur für die Dauer eines Jahres seit dem Tage der Ausstellung, darüber hinaus nur für die Dauer einer durch höhere Gewalt verlängerten Reise Gültigkeit.

Ein Flaggenzeugniss kann auch behufs der ersten Ueberführung eines neuen Schiffes in einen anderen Hafen[4]) von dem Registergerichte des deutschen Erbauungshafens ausgestellt werden. Dieses Zeugniss hat nur für die Dauer der Ueberführung Gültigkeit.

Von der Ausstellung des Flaggenzeugnisses hat die ausstellende Behörde, wenn ein deutscher Hafen zum Heimathshafen des Schiffes bestimmt ist, dem Registergerichte dieses Hafens Anzeige zu machen.

§. 13.

Eintragung von Veränderungen und Löschungen in das Register.

Treten in den eingetragenen Thatsachen oder Rechtsverhältnissen Veränderungen ein, so sind sie in das Schiffsregister einzutragen Jede Eintragung ist baldthunlichst auf dem Schiffs-Certifikate zu vermerken. Die Aenderung des Namens des Schiffes bedarf der Genehmigung des Reichskanzlers.[1])

---

2) Nicht erforderlich ist, daß das Schiffs-Certifikat dem jeweiligen Eigentümer ausgehändigt ist, vielmehr ist z. B. bei erfolgter Einreichung des Certifikats an die Registerbehörde für Umschreibungszwecke (§. 15) die frühere Erteilung ausreichend, um das Schiff zur Führung der Flagge zu berechtigen. Begr. S. 14.

3) Die Einrichtung des Auszugs wird vom Bundesrat bestimmt. §. 25 Ziff. 2 d. G. u. §. 4 der dort abgedruckten Bekanntm. vom 10. November 1899 nebst Anlage B.

4) Vgl. §. 21 d. G, §. 513 H.G.B.

Zu §. 12.

1) In §. 16 des Ges. vom 25. Oktober 1867 war die Erteilung des Flaggenattestes nur für die bereits unter fremder Flagge fahrenden, in das Eigentum eines Reichsangehörigen übergehenden Schiffe vorgesehen, während hinsichtlich der im Auslande für Rechnung von Reichsangehörigen neu erbauten, zur Führung der Reichsflagge bestimmten Schiffe keine Vorsorge getroffen war. Durch die allgemeine Fassung des §. 12 ist es ermöglicht, daß auch die letzteren Schiffe ein Flaggenzeugnis erhalten.

2) Vgl. auch §. 2 Abs. 2.

3) Die Einrichtung des Flaggenzeugnisses wird vom Bundesrat bestimmt. §. 25 Ziff. 3. Vgl. §. 5 der Bekanntmachung v. 10. Nov. 1899 nebst Anlage C (abgedruckt bei §. 25 d. G.) u. v. König S. 301 ff.

4) Sei es einen deutschen oder ausländischen, wie sich aus Absatz 3 dieses Paragraphen ergiebt. Das deutsche Flaggenzeugnis kann demnach auch für die Dauer der Überführung für solche Schiffe erteilt werden, die in Deutschland erbaut werden und demnächst unter ausländischer Flagge fahren sollen. In Anlage D zu §. 5 der Bekanntm. v. 10. Nov. 1899 (abgedruckt bei §. 25 d. G.) ist anscheinend nur das Flaggenzeugnis zwecks Überführung in einen deutschen Hafen vorgesehen.

Zu §. 13.

1) Die erschwerende Bestimmung des §. 2 Ges. v. 28./VI. 1873,

daß die Änderung des Namens des Schiffes nur aus ganz besonders dringenden Gründen gestattet sein soll,

Geht das Schiff unter oder wird es als reparaturunfähig kondemnirt oder verliert es das Recht zur Führung der Reichsflagge, so ist es in dem Schiffsregister zu löschen und das Schiffs-Certifikat von dem Registergericht unbrauchbar zu machen.[2]) Das Gleiche gilt, wenn der Rheder zugleich Angehöriger eines fremden Staates ist, und sich ergiebt, dass das Schiff in ein Schiffsregister dieses Staates eingetragen ist.[3])

Im Falle der Verlegung des Heimathshafens aus dem Registerbezirke hat das Registergericht nach Vollziehung der Eintragung das Schiffs-Certifikat mit einer beglaubigten Abschrift des Registerinhalts dem neuen Registergerichte zur Bewirkung der Eintragung zu übersenden.[4])

Anzeigepflicht. §. 14.

Die Thatsachen und Rechtsverhältnisse, welche gemäss §. 13 eine Eintragung oder die Löschung im Schiffsregister erforderlich machen, sind dem Registergericht anzuzeigen und glaubhaft zu machen.

Verpflichtet hierzu sind:

alle Personen, deren Namen nach §. 7 Nr. 5 in das Schiffsregister einzutragen sind,

bei juristischen Personen, eingetragenen Genossenschaften und solchen Handelsgesellschaften, welche keine persönlich haftenden Gesellschafter haben, die gesetzlichen Vertreter,

in dem Falle des §. 6 Abs. 2 Satz 2 statt des Rheders dessen Vertreter,

in dem Falle eines Eigenthumswechsels, durch den das Recht des Schiffes zur Führung der Reichsflagge nicht berührt wird, auch der neue Erwerber des Schiffes oder der Schiffspart.

Die Anzeige ist von dem Verpflichteten binnen sechs Wochen nach dem Ablaufe des Tages zu bewirken, an welchem er von der einzutragenden Thatsache Kenntniss erangt hat.

Sind mehrere Verpflichtete vorhanden, so genügt die Anzeige durch einen von ihnen.

§. 15.

Wiedereinreichung des Certifikats oder Auszugs. Ausstellung eines neuen Certifikats.

Ist eine Eintragung oder die Löschung im Schiffsregister erforderlich, so ist das Schiffs-Certifikat, und wenn der Inhalt eines von dem Registergericht ertheilten Auszugs aus dem Schiffs-Certifikate berührt wird, auch dieser dem Gericht einzureichen.[1]) Zur Einreichung verpflichtet ist ausser den im §. 14 bezeichneten Personen auch der Schiffer, sobald sich das Schiff in dem Hafen befindet, in dessen Register es eingetragen ist.

---

ist fortgefallen. Nach § 6 Abs. 2 der Ausführungsbestimmungen zu §. 25 d. G. (s. unten bei §. 25) sind Anträge auf Änderung von Namen der registrierten Schiffe an die zuständigen Registerbehörden zu richten. Diese haben die Anträge mit begutachtendem Bericht dem Reichsamt des Innern vorzulegen.

2) Vgl. §. 15 Abs. 1.

3) Vgl. §. 9.

4) Die zu übersendende beglaubigte Abschrift braucht nur den noch gültigen Registerinhalt zu enthalten. Die Eintragung seitens des neuen Registergerichts erfolgt von Amtswegen und umfaßt auch die gültigen Pfandrechte §. 1259 ff. B.G.

Zu §. 15.

1) Die Einreichung des Certifikats oder Auszugs (vgl. §. 11 Abs. 3, §. 25 Ziff. 3) kann getrennt von der in §. 14 vorgeschriebenen Anzeige erfolgen. Nach §. 4 der Bekanntmachung v. 10. Nov. 1899 (abgedruckt bei §. 25 d. G.) dürfen Veränderungen in den Auszug nicht eingetragen werden. Die Registerbehörde hat den eingereichten Auszug zu vernichten und auf Antrag einen neuen, den veränderten Eintragungen im Zertifikat entsprechenden Auszug zu erteilen.

Das Gericht hat die Betheiligten zur Einreichung der Urkunden durch Ordnungsstrafen anzuhalten.[2]) Auf das Verfahren finden die Vorschriften der §§. 132 bis 139 des Gesetzes über die Angelegenheiten der freiwilligen Gerichtsbarkeit (Reichs-Gesetzbl 1898 S. 771) entsprechende Anwendung.[3])

---

2) Zweckmäßig werden Certifikat und Auszug nicht gleichzeitig, sondern letzterer erst nach Wiederaushändigung des berichtigten Certifikats einzufordern sein.

3) Außer den §§. 132—139 ist noch §. 33 G.fr.G. betreffs des Höchstmaßes der Strafe anzuwenden. Diese Bestimmungen lauten:

§. 33. Soll in den gesetzlich zugelassenen Fällen Jemand durch Ordnungsstrafen zur Befolgung einer gerichtlichen Anordnung angehalten werden, so muß der Festsetzung der Strafe eine Androhung vorausgehen. Die einzelne Strafe darf den Betrag von dreihundert Mark nicht übersteigen.

§. 132. Sobald das Registergericht von einem sein Einschreiten nach den §§. 14, 319 und dem §. 325 Nr. 9 des Handelsgesetzbuchs rechtfertigenden Sachverhalte glaubhafte Kenntnis erhält, hat es dem Betheiligten unter Androhung einer Ordnungsstrafe aufzugeben, innerhalb einer bestimmten Frist seiner gesetzlichen Verpflichtung nachzukommen oder die Unterlassung mittelst Einspruchs gegen die Verfügung zu rechtfertigen.

Die Beschwerde gegen diese Verfügung ist unzulässig.

§. 133. Wird innerhalb der bestimmten Frist weder der gesetzlichen Verpflichtung genügt noch Einspruch erhoben, so ist die angedrohte Strafe festzusetzen und zugleich die frühere Verfügung unter Androhung einer erneuten Ordnungsstrafe zu wiederholen.

In gleicher Weise ist fortzufahren, bis der gesetzlichen Verpflichtung genügt oder Einspruch erhoben wird.

§. 134. Wird rechtzeitig Einspruch erhoben, so hat das Gericht, wenn sich der Einspruch nicht ohne Weiteres als begründet ergiebt, zur Erörterung der Sache den Betheiligten zu einem Termine zu laden.

Das Gericht kann, auch wenn der Betheiligte nicht erscheint, nach Lage der Sache entscheiden.

§. 135. Wird der Einspruch für begründet erachtet, so ist die erlassene Verfügung aufzuheben.

Anderenfalls hat das Gericht den Einspruch zu verwerfen und die angedrohte Strafe festzusetzen. Das Gericht kann, wenn die Umstände es rechtfertigen, von der Festsetzung einer Strafe absehen oder eine geringere als die angedrohte Strafe festsetzen.

Im Falle der Verwerfung des Einspruchs hat das Gericht zugleich eine erneute Verfügung nach §. 132 zu erlassen. Die in dieser Verfügung bestimmte Frist beginnt mit dem Eintritte der Rechtskraft der Verwerfung des Einspruchs.

§. 136. Wird im Falle des §. 133 gegen die wiederholte Verfügung Einspruch erhoben und dieser für begründet erachtet, so kann das Gericht, wenn die Umstände es rechtfertigen, zugleich die früher festgesetzte Strafe aufheben oder an deren Stelle eine geringere Strafe festsetzen.

§. 137. Gegen die Versäumung der Einspruchsfrist ist auf Antrag nach Maßgabe des §. 22 Abs. 2 die Wiedereinsetzung in den vorigen Stand zu ertheilen.

§. 138. Bei der Festsetzung der Ordnungsstrafe ist der Betheiligte zugleich in die Kosten des Verfahrens zu verurtheilen.

§. 139. Gegen den Beschluß, durch welchen die Ordnungsstrafe festgesetzt oder der Einspruch verworfen wird, findet die sofortige Beschwerde statt.

Ist die Strafe nach Maßgabe des §. 133 festgesetzt, so kann die Beschwerde nicht darauf gestützt werden, daß die Verfügung, durch welche die Strafe angedroht worden ist, nicht gerechtfertigt gewesen sei.

Befindet sich das Schiff im Auslande, so hat auf Antrag das Registergericht ein neues Schiffs-Certifikat auszustellen und es dem Schiffer gegen Rückgabe der nach Abs. 1 einzureichenden Urkunden durch Vermittelung einer deutschen Behörde aushändigen zu lassen.[4])

§. 16.

Recht zur Flaggenführung ohne Registrierung.

Schiffe von nicht mehr als 50 Kubikmeter Brutto-Raumgehalt sind auch ohne Eintragung in das Schiffsregister und Ertheilung des Schiffs-Certifikats befugt, das Recht zur Führung der Reichsflagge auszuüben.[1])

§. 17.

Anbringung des Namens an dem Schiffe.

Ein in das Schiffsregister eingetragenes Schiff muss seinen Namen an jeder Seite des Bugs und seinen Namen sowie den Namen des Heimathshafens am Heck in gut sichtbaren und fest angebrachten Schriftzeichen führen.[1])

§. 18

Unberechtigte Führung der Reichsflagge.

Führt ein Schiff die Reichsflagge, ohne hierzu nach den Vorschriften der §§. 2, 3 berechtigt zu sein, so wird der Schiffer mit Geldstrafe bis zu fünfzehnhundert Mark oder mit Gefängniss bis zu sechs Monaten bestraft. Auch kann auf Einziehung des Schiffes erkannt werden, ohne Unterschied, ob es dem Verurtheilten gehört oder nicht; der §. 42 des Strafgesetzbuchs findet entsprechende Anwendung.[1])

§. 19.

Vorzeitige oder zu lange ausgedehnte Führung der Reichsflagge.

Führt ein Schiff den Vorschriften der §§. 11, 12 zuwider die Reichsflagge, so wird der Schiffer mit Geldstrafe bis zu dreihundert Mark oder mit Haft bestraft.[1])

---

4) So lange der Antrag nicht erledigt ist, kann die Einreichung des alten Schiffs-Certifikats nicht gefordert oder durch Ordnungsstrafen erzwungen werden.

Zu §. 16.

1) a. Vorausgesetzt ist, daß die Bedingungen der §§. 2 u. 3 erfüllt sind. Vgl. §. 18. §. 16 entspricht dem §. 1 Ges. v. 28./VI. 1873.

b. Ein Flaggenzeugnis (Flaggenattest) gemäß §. 12 (§. 16 G. v. 25./X. 1867) wird derartigen Schiffen von dem Konsul nicht erteilt. Indessen sind die Konsuln angewiesen, auf Wunsch — nach stattgehabter Beweisaufnahme -- eine Bescheinigung darüber zu erteilen, daß der Antragsteller sein Eigentum an dem — näher zu bezeichnenden Schiffe — dargethan habe, und daß es mit Rücksicht auf seinen Raumgehalt ohne Certifikat zur Führung der Reichsflagge befugt sei. v. König S. 305.

Zu §. 17.

1) §. 17 entspricht dem §. 3 Ges. v. 28./VI. 1873. Vgl. §§. 21, 25 Ziff. 4 d. G. und §. 6 der an letzterer Stelle abgedruckten Ausführungsvorschrift betreffs der Anbringung des Namens an dem Schiffe.

Zu §. 18.

1) Zuständig ist die Strafkammer, jedoch ist Überweisung an das Schöffengericht zulässig. §. 29 Abs. 2 d. G., §. 75 Nr. 14 G.V.G.

Zu §. 19.

1) Die Strafe wegen unbefugter Führung der Reichsflagge ist im Falle des §. 12 auch verwirkt, wenn das Flaggenzeugnis seine Gültigkeit verloren hat, obwohl die materielle Voraussetzung für das Flaggenrecht des Schiffes fortbesteht (Begr. S. 17). Zuständig ist das Schöffengericht. §. 27 Nr. 2 G.V.G.

§. 20. **Verletzung der Anzeigepflicht.**

Wer die ihm nach §. 14 obliegende Verpflichtung nicht erfüllt, wird mit Geldstrafe bis zu dreihundert Mark oder mit Haft bestraft.[1])

Wer gemäss Abs. 1 verurtheilt ist und seiner Verpflichtung nicht binnen sechs Wochen nach dem Eintritte der Rechtskraft des Urtheils genügt, wird mit Geldstrafe bis zu sechshundert Mark oder mit Gefängniss bis zu zwei Monaten bestraft. Die gleiche Strafe tritt ein, wenn im Falle einer weiteren Verurtheilung die Verpflichtung nicht binnen der bezeichneten Frist erfüllt wird.[2])

§. 21.

Schiffe ohne Flaggenurkunde oder Namensanbringung.

Befindet sich der Vorschrift des §. 11 Abs. 3 zuwider weder das Schiffs-Certifikat noch ein beglaubigter Auszug aus dem Certifikat an Bord des Schiffes oder ist das Schiff nicht gemäss §. 17 bezeichnet, so wird der Schiffer mit Geldstrafe bis zu einhundertundfünfzig Mark oder mit Haft bestraft.

§. 22. **Flaggenzeigung.**

Werden die von dem Kaiser erlassenen Bestimmungen über die Verpflichtung der Kauffahrteischiffe, die Flagge vor Kriegsschiffen und Küstenbefestigungen oder bei dem Einlaufen in deutsche Häfen zu zeigen, nicht beobachtet, so wird der Schiffer mit Geldstrafe bis zu einhundertundfünfzig Mark oder mit Haft bestraft.[1])

§. 23. **Fälle der Straflosigkeit.**

Straflos bleibt in den Fällen der §§. 18 bis 22 derjenige, bezüglich dessen festgestellt wird, dass die Handlung oder Unterlassung ohne sein Verschulden erfolgt ist.[1])

§. 24.

Zuwiderhandlungen im Ausland oder auf offener See.

Die in den §§. 18, 19, 21 bezeichneten Handlungen sind auch dann strafbar, wenn sie im Ausland oder auf offener See begangen werden.

Das Gleiche gilt von Zuwiderhandlungen gegen die im §. 22 vorgesehenen Bestimmungen, sofern die Zuwiderhandlung auf einem deutschen Kauffahrteischiff erfolgt.[1])

§. 25.

Ausführungsvorschriften des Bundesraths.

Der Bundesrath bestimmt:[1])

1. die Grenzen der Seefahrt im Sinne dieses Gesetzes (§. 1),

Zu §. 20.

1) Zuständig ist das Schöffengericht. §. 27 Nr. 2 G.V.G.

2) Die Strafe kann demnach so oft als nötig verhängt werden.

Zu §. 22.

1) Vgl. §. 24 Abs. 2.

Zu §. 23.

1) Die Straflosigkeit des Schiffers kann demnach, abweichend von §. 13 Ges. vom 25./X. 1867, auch im Falle unberechtigter Führung der Reichsflagge (§. 18 d. G.) eintreten. Vgl. §. 315 Abs. 3 H.G.B.

Zu §. 24.

1) Die von ausländischen Kauffahrteischiffen im Ausland oder auf offener See begangenen Zuwiderhandlungen gegen die Vorschrift des §. 22 bleiben ungeahndet, dagegen werden Zuwiderhandlungen wider §. 22 auch gegen ausländische Kauffahrteischiffe geahndet, wenn sie innerhalb des Hoheitsgebietes des Deutschen Reichs erfolgen.

Zu §. 25.

1) Die hierzu ergangenen Ausführungsbestimmungen (Bekanntmachung vom 10. November 1899, Ctbl. Nr. 47 S. 380) lauten:

2. den Umfang, in welchem die Ergebnisse der amtlichen Vermessung in das Schiffsregister einzutragen sind (§. 7 Nr. 2),

---

§. 1. [in Ziff. 1—17 übereinstimmend mit §. 1 der Verordnung v. 13./XI. 1873.]

Seefahrt. Als Seefahrt im Sinne des §. 1 des Gesetzes vom 22. Juni 1899 ist in den nachstehend aufgeführten Revieren die Fahrt anzusehen:

1) bei Memel
außerhalb der Mündung des Kurischen Haffs,

2) bei Pillau
außerhalb des Pillauer Tiefs,

3) bei Neufahrwasser
außerhalb der Mündung der Weichsel,

4) in der Putziger Wiek
außerhalb Rewa und Heisterneſt,

5) bei Dievenow, Swinemünde und Peenemünde
außerhalb der Mündung der Dievenow und Swine sowie außerhab der nördlichen Spitze der Insel Usedom und der Insel Ruden,

6) bei Rügen
östlich:
außerhalb der Insel Ruden und dem Thiessower Höft,
westlich:
außerhalb Wittower Posthaus und der nördlichen Spitze von Hiddens-Oe sowie außerhalb des Bock bei Barhöft,

7) bei Wismar
außerhalb Jackelsbergs-Riff, Hannibal-Grund, Schweinskötel und Lieps, sowie außerhalb Tarnewitz,

8) auf der Kieler Föhrde
außerhalb Stein bei Labö und Bülk,

9) auf der Eckern Föhrde
außerhalb Nienhof und Bocknis,

10) bei Flensburg, Sonderburg und Apenrade
außerhalb Birknakke und Kekenis-Leuchtthurm sowie außerhalb Tundtoft-Nakke und Kundshoved,

11) bei Hadersleben
außerhalb Raadhoved, Insel Aarö, Insel Linderum und Orbyhage,

12) bei Husum
außerhalb Nordstrand,

13) auf der Eider
außerhalb Vollerwiek und Hundeknoll,

14) auf der Elbe
außerhalb der westlichen Spitze des hohen Ufers (Diekſand) und der Kugelbake bei Döse,

15) auf der Weser
außerhalb Cappel und Langwarden,

16) auf der Jade
außerhalb Langwarden und Schilligshörn,

17) auf der Ems
außerhalb der westlichen Spitze der Westermarsch (Utlands-Hörn) und Ostpolder Siel.

Für die Schutzgebiete bleibt die Bestimmung der Grenzen der Seefahrt dem Reichskanzler oder den von ihm hierzu ermächtigten Beamten überlassen.

§. 2.

Ergebnisse der amtlichen Vermessung. Als Ergebnisse der amtlichen Vermessung sind in das Schiffsregister einzutragen:

1) die nach §. 25 der Schiffsvermessungsordnung vom 1. März 1895 aufgenommenen Hauptmaße;

2) der Raumgehalt des Schiffes, und zwar der Bruttoraumgehalt und der Nettoraumgehalt, jeder in Kubikmetern und Registertons nach folgendem Muster:

Die Vermessung ist auf Grund der Schiffsvermessungsordnung vom 1. März 1895 (Reichs-Gesetzbl. 1895 S. 161) nach dem ... Verfahren erfolgt, und es beträgt:

	Kubikmeter.	Registertons.
a) der Bruttoraumgehalt des Schiffes	... .	... .
b) der Nettoraumgehalt des Schiffes	.	. ...

zu b) in Worten: . .. . Kubikmeter,
gleich .... Registertons.

3. die Einrichtung des Schiffs-Certifikats (§. 10), des beglaubigten Auszugs aus dem Schiffs-Certifikat (§. 11) und der Flaggenzeugnisse (§. 12),

---

Hat die Vermessung im Inlande noch nicht stattfinden können, so ist dies im Schiffsregister zu vermerken. Es sind alsdann diejenigen Angaben über Raumgehalt oder Ladungsfähigkeit einzutragen, welche sich aus den anderweitig, insbesondere durch eine ausländische Vermessungsurkunde, glaubhaft geführten Nachweisen ergeben. Die Art des Nachweises ist im Register zu vermerken. Eine Umrechnung in Kubikmeter und Registertons findet, wenn die Nachweise sich auf andere Maße beziehen, nicht statt (vgl. den Vermerk im §. 3 Abs. 3).

Wird das Schiff demnächst einer amtlichen Vermessung im Inland unterzogen, so ist deren Ergebnis gemäß Abs. 1 einzutragen.

§. 3.

Schiffszertifikat. Die Einrichtung des Schiffszertifikats erfolgt nach dem beiliegenden Muster. Die Ausfertigung ist mit der Unterschrift und dem Siegel der ausstellenden Behörde zu versehen. Anlage A.

Die Eintragung der Vermessungsergebnisse in das Schiffszertifikat erfolgt gemäß §. 2 mit folgenden Maßgaben:

Ist das Schiff noch nicht im Inlande vermessen, so ist an Stelle der nach §. 2 vorgeschriebenen Eintragung neben dem für diese bestimmten Platze das Folgende zu vermerken:

Das Schiff ist im Inlande noch nicht vermessen. Der/Die ....

(gegebenenfalls durch die Bezeichnung der ausländischen Vermessungsurkunde auszufüllen) glaubhaft

gemachte Raumgehalt/Ladungsfähigkeit beträgt .. ..

(einzutragen die nachgewiesenen Angaben, soweit möglich nach Brutto- und Nettoraumgehalt; das fremdländische Maß ist genau zu bezeichnen).

Wird ein Schiff im Inlande neu vermessen, so sind die Ergebnisse dieser Vermessung gemäß Abs. 2 unter der Rubrik „Veränderungen in den eingetragenen Thatsachen" einzutragen. An der im Abs. 3 bezeichneten Stelle ist in diesem Falle zu vermerken:

Das Schiff ist neu vermessen. (Vgl. S. .... dieses Zertifikats.)

§. 4.

Auszug aus dem Schiffszertifikate. Ein beglaubigter Auszug aus dem Schiffszertifikate wird auf Antrag des Rheders oder des Schiffers von der Registerbehörde, welche das Schiffszertifikat ausgestellt hat, ertheilt. In den Auszug sind die Eintragungen bei den ersten 6 Nummern des Schiffszertifikats und die Bezeugung des Flaggenrechts aufzunehmen; er wird nach dem beiliegenden Muster unter Unterschrift und Siegel der Behörde ausgefertigt. Die Eintragungen erfolgen nach dem jeweilig geltenden Inhalte des Schiffszertifikats. Veränderungen, welche nach der Ausfertigung eintreten, dürfen in den Auszug nicht eingetragen werden. Der nach §. 15 Abs. 1 des Gesetzes vom 22. Juni 1899 in solchem Falle der Registerbehörde einzureichende Auszug ist zurückzubehalten und zu vernichten. Auf Antrag des Rheders oder des Schiffers ist ein neuer, den veränderten Eintragungen im Schiffszertifikat entsprechender Auszug zu ertheilen. Anlage B.

§. 5.

Flaggenzeugnisse. Die Flaggenzeugnisse werden nach den beiliegenden Mustern Anlage C (§. 12 Abs. 1 des Gesetzes vom 22. Juni 1899) und Anlage D (§. 12 Abs. 2 a. a. O.) unter Unterschrift und Siegel der Behörde ausgefertigt. Anlage C. Anlage D.

4. die Art, wie die Anbringung der Namen am Schiffe auszuführen ist (§. 17).

§. 6.

Namen. Die nach §. 17 des Gesetzes vom 22. Juni 1899 vom Schiffe zu führenden Namen sind in lateinischer Druckschrift von solcher Größe deutlich erkennbar anzubringen, daß

1. die Höhe der kleinsten Buchstaben mindestens zehn Centimeter,
2. die Breite der die Buchstaben bildenden Grundstriche mindestens $^{1}/_{5}$ der Höhe der Buchstaben

beträgt.

Der Antrag auf Änderung des Namens eines in das Schiffsregister eingetragenen Schiffes ist an die Registerbehörde zu richten, welche den Antrag mit begutachtendem Berichte dem Reichskanzler (Reichsamt des Innern) vorlegt.

Anlage A.

[erste Seite]

Deutsches Reich.

Schiffs-Zertifikat.

Es wird hierdurch bezeugt, daß in das von der unterzeichneten Behörde kraft gesetzlicher Anordnung geführte Schiffsregister

das Schiff

unter Nr. auf Grund glaubhafter Nachweisungen am

1 ... eingetragen ist, wie folgt:

1. **Name des Schiffes:**
2. **Gattung:**
3. **Unterscheidungs-Signal:**
4. **Ergebnisse der amtlichen Vermessung:** Die nach §. 25 Nr. der Schiffsvermessungsordnung aufgenommenen Hauptmaße sind: Länge = Meter; Breite = Meter; Tiefe = Meter; größte Länge des Maschinenraums = Meter.

   Die Vermessung ist auf Grund der Schiffsvermessungsordnung vom 1. März 1895 (Reichs-Gesetzbl. 1895 S. 161) nach dem Verfahren erfolgt und es beträgt:

	Kubikmeter.	Registertons.
a) der Bruttoraumgehalt des Schiffes		
b) der Nettoraumgehalt des Schiffes		

zu b) in Worten ... Kubikmeter,
gleich ... Registertons.

5. **Zeit und Ort der Erbauung:**
6. **Heimathshafen:**

[zweite Seite]

7. Eigenthumsverhältnisse.

Fortlaufende Nummer.	Namen, nähere Bezeichnung und Nationalität der Rheder.	Schiffsparten.	Erwerbsgrund.

Ueber vorstehende Eintragung wird dieses Zertifikat ertheilt. Zugleich wird bezeugt, daß dem Schiffe . . nach dem Gesetze vom 22. Juni 1899 (Reichs-Gesetzbl. S. 319) das Recht, die Reichsflagge zu führen, nebst allen Rechten, Eigenschaften und Privilegien eines deutschen Schiffes zusteht.

. , den . . . 1

[dritte Seite]

Zu Nummer.	Veränderungen in den eingetragenen Thatsachen.

[vierte Seite]

Pfandrechte.

Laufende Nummer.	Betrag.	Eintragungen.	Veränderungen.	Löschungen.

Anlage B.

[erste Seite]

Amtlich beglaubigter

Auszug aus dem Schiffs-Zertifikate

des

deutschen Schiffes

von

[zweite Seite]

Es wird hierdurch bezeugt, daß in das von der unterzeichneten Behörde kraft gesetzlicher Anordnung geführte Schiffsregister

das Schiff

unter Nr. auf Grund glaubhafter Nachweisungen am

1 eingetragen ist, wie folgt:

1. **Name des Schiffes:**
2. **Gattung:**
3. **Unterscheidungs-Signal:**
4. **Ergebnisse der amtlichen Vermessung:** Die nach §. 25 Nr. der Schiffsvermessungsordnung aufgenommenen Hauptmaße sind: Länge = Meter; Breite = Meter; Tiefe = Meter; größte Länge des Maschinenraums = Meter.

   Die Vermessung ist auf Grund der Schiffsvermessungsordnung vom 1. März 1895 (Reichs-Gesetzbl. 1895 S. 161) nach dem Verfahren erfolgt und es beträgt:

	Kubikmeter.	Registertons.
a) der Bruttoraumgehalt des Schiffes		
b) der Nettoraumgehalt des Schiffes		

   zu b) in Worten: Kubikmeter,
   gleich Registertons.

5. **Zeit und Ort der Erbauung:**
6. **Heimathshafen:**

Zugleich wird bezeugt, daß dem Schiffe nach dem Gesetze vom 22. Juni 1899 (Reichs-Gesetzbl. S. 319) das Recht, die Reichsflagge zu führen, nebst allen Rechten, Eigenschaften und Privilegien eines deutsches Schiffes zusteht.

Beglaubigt , den 1

Anlage C.

Flaggenzeugniß.

Der unterzeichnete Konsul des Deutschen Reiches zu bezeugt hierdurch, daß das im Jahre in . . . . . aus . . . . . . erbaute, bisher unter . . . . Flagge gestandene . Schiff » « von . . . . während der Anwesenheit im Konsulatsbezirke mittelst Vertrags vom . . . . in das ausschließliche Eigenthum de . . . . zu . . . gelangt ist, welche . . . nachgewiesen hat, die Staatsangehörigkeit in*) zu besitzen. / de.....en Sitz sich in**) . . . . befindet.

Hiernach hat das vorgenannte Schiff, als dessen Heimathshafen . . . . . angegeben ist, auf Grund des Gesetzes vom 22. Juni 1899 (Reichs-Gesetzbl. S. 319) das Recht zur Führung der deutschen Reichsflagge erlangt.

Hierüber wird das gegenwärtige Zeugniß ertheilt, welches für die Dauer eines Jahres von heute ab, darüber hinaus aber nur für die Dauer einer durch höhere Gewalt verlängerten Reise Gültigkeit hat.

, den 1 ..

Der Konsul des Deutschen Reichs.

. (Siegel.) (Unterschrift.)

Anlage D.

Flaggenzeugniß.

Es wird hierdurch bezeugt, daß das im Jahre . . . . . . in . . . . aus . . . neu erbaute . . . . Schiff » . . . . . . « von . . . . . . im ausschließlichen Eigenthume de . . . . zu . . . . steht, welche . nachgewiesen hat, die Staatsangehörigkeit in*) . . zu besitzen. / de..... en Sitz sich in **) . . . . befindet.

Hiernach besitzt das vorgenannte Schiff, als dessen Heimathshafen . . . . . . angegeben ist, auf Grund des Gesetzes vom 22. Juni 1899 (Reichs-Gesetzbl. S. 319) das Recht zur Führung der deutschen Reichsflagge.

Hierüber wird das gegenwärtige Zeugniß ertheilt, welches nur für die Dauer der Ueberführung nach . . . . . Gültigkeit hat.

. . . . , den . . . . 1. . . . .

(Siegel, Firma und Unterschrift des Registergerichts.)

---

*) Name des Bundesstaats.

**) Name des Ortes und gegebenenfalls auch des Bundesstaats oder Schutzgebiets.

§ 26.

Seegehende Lustyachten. Für Ausländer erbaute Seeschiffe. Binnenschiffe auf ausländischen Gewässern.

Die Vorschriften dieses Gesetzes finden auch Anwendung auf seegehende Lustyachten und solche Seefahrzeuge, welche für Rechnung von auswärtigen Staaten oder deren Angehörigen im Inland erbaut sind. Machen solche Fahrzeuge von dem Rechte zur Führung der Reichsflagge Gebrauch, so unterliegen sie den für Kauffahrteischiffe geltenden Vorschriften.[1])

Durch Kaiserliche Verordnung mit Zustimmung des Bundesraths kann bestimmt werden, dass die Vorschriften dieses Gesetzes auch auf Binnenschiffe, die ausschliesslich auf ausländischen Gewässern verkehren, Anwendung finden.[2]) Die Schiffsregister für solche Schiffe werden bei den durch den Reichskanzler bestimmten deutschen Konsulaten geführt.

§. 27.

Registerbehörden nach Landesrecht.

Unberührt bleiben die landesgesetzlichen Vorschriften, nach welchen die Schiffsregister von anderen Behörden als den Gerichten geführt werden.[1])

Zu §. 26.

1) Abs. 1 entspricht dem Ges. vom 15. April 1885. Nicht zuzustimmen ist der Ansicht von Lewis-Boyens, S. 101, daß die seegehenden Lustyachten, welche vom Rechte der Führung der Reichsflagge Gebrauch machen, in allen Rechtsverhältnissen, also nicht nur in öffentlich-rechtlicher Beziehung, den für Kauffahrteischiffe ergangenen Gesetzen, insbesondere auch den Vorschriften des 4. Buches des H.G.B., unterliegen. Einer solchen Auslegung stehen Art. 6 u. 7 Einf.Ges. zum H.G.B. entgegen, wonach nur die §§. 474, 475, 485, 486 Abs. 1 Nr. 3, sowie die §§. 734—739 auf derartige Schiffe für anwendbar erklärt sind. Vgl. Anm. zu Art. 6 u. 7 Einf.Ges. Auch der Wortlaut des §. 26 Abs. 1 Flg.Ges. wird jetzt einer solchen ausdehnenden Auslegung entgegengehalten werden können, weil hier in Satz 1 nur von einer Anwendbarkeit der Vorschriften dieses Gesetzes die Rede ist und Satz 2 mit den Worten:

sie unterliegen den für Kauffahrteischiffe geltenden Vorschriften,

nur auf die Vorschriften des Flaggengesetzes verweist. Die Arrestfreiheit (§. 482 H.G.B.) will auch Boyens den Lustyachten nicht zubilligen.

2) Hiervon werden nur solche Binnenschiffe betroffen, die ausschließlich auf ausländischen Gewässern verkehren. Deutsche Schiffe, welche die Flußschiffahrt vom Inland aus nach ausländischen Revieren betreiben, haben die Landesflagge zu führen. Begr. S. 18.

Zu §. 27.

1) Vgl. §. 4. In Zukunft werden die Schiffsregister von anderen Behörden als den Gerichten geführt werden:

in Hamburg von der Deputation für Handel und Schiffahrt;

in Mecklenburg-Schwerin von den Schiffsregisterbehörden zu Rostock und Wismar (Vgl. §. 61 Verordnung v. 9. April 1899, Reg.Blt. für Mecklenburg-Schwerin S. 205).

Die Verordnung v. 27. April 1874, nach welcher für Oldenburg die Schiffsregister vom Staatsministerium, Departement des Innern, geführt wurden, ist aufgehoben durch §. 48 Ges. v. 15. Mai 1899 (Ges.Blt. für Oldenburg S. 405).

§. 28.

Flaggenrecht für Eingeborene der Schutzgebiete.

Unberührt bleiben die Vorschriften des §. 7 des Gesetzes, betreffend die Rechtsverhältnisse der deutschen Schutzgebiete (Reichs-Gesetzbl. 1888 S. 75).[1])

§. 29.

Soweit in anderen Gesetzen auf Vorschriften des Gesetzes, betreffend die Nationalität der Kauffahrteischiffe und ihre Befugniss zur Führung der Bundesflagge, vom 25. Oktober 1867 verwiesen ist, treten die entsprechenden Vorschriften dieses Gesetzes an deren Stelle.

Der §. 74 Nr. 2 des Gerichtsverfassungsgesetzes (Reichs-Gesetzbl. 1898 S. 371) wird aufgehoben.

§. 30.

Dieses Gesetz tritt am **1. Januar 1900** in Kraft.

---

2. Pfandrecht an registrirten Schiffen.

Für das Pfandrecht an registrirten Schiffen und Schiffsanteilen kommen

A. in materieller Beziehung in Betracht die §§. 1259—72 B.G.

§. 1259.

Für das Pfandrecht[1]) an einem im Schiffsregister eingetragenen Schiffe[2]) gelten die besonderen Vorschriften der §§. 1260—1271.

Zu §. 28.

1) §. 7 Ges. vom 9. März 1888, lautet:

> Durch Kaiserliche Verordnung können Eingeborene der Schutzgebiete in Beziehung auf das Recht zur Führung der Reichsflagge . . . den Reichsangehörigen gleichgestellt werden.
>
> Die Führung der Reichsflagge infolge der Verleihung dieses Rechts hat nicht die Wirkung, daß das betreffende Schiff als deutsches Seefahrzeug im Sinne des §. 1 Abs. 1 Nr. 1 und §. 2 Abs. 1 d. Ges., betreffend die Unfallversicherung der Seeleute und anderer bei der Seeschiffahrt betheiligter Personen, vom 13. Juli 1887 (R.G.Bl. S. 329) gilt.

Zu §. 1259.

1) a. D. h. Konventionalpfandrecht, denn nur hiervon handeln die §§. 1260—1271; betreffs der gesetzlichen Pfandrechte des H.G.B. vgl. §. 755 H.G.B., betreffs sonstiger gesetzlicher Pfandrechte (vgl. z. B. §. 647 B.G.) s. §. 1257 B.G.

b. Auch Vormerkungen zur Sicherung eines Pfandrechts können im Schiffsregister eingetragen werden und zwar sowohl auf Grund einer Bewilligung (vgl. Biermann Anm. 2 zu §. 1260) wie auf Grund eines vorläufig vollstreckbaren Urteils. §. 895 C.P.O.

2) a. Den registrierten Schiffen stehen die Anteile an registrierten Schiffen (Schiffsparten) gleich. (§. 1272 B.G.)

b. Die nicht im Schiffsregister eingetragenen Schiffe werden in Gemäßheit der §§. 1205 ff. B.G. durch Übergabe und Einigung der Vertragschließenden über die Bestellung eines

Bestellung des Pfandrechts. §. 1260.

Zur Bestellung des Pfandrechts[1]) ist die Einigung[2]) des Eigenthümers[3]) des Schiffes und des Gläubigers darüber, dass dem Gläubiger das Pfandrecht zustehen soll, und die Eintragung des Pfandrechts in das Schiffsregister erforderlich. Die Vorschriften des §. 873 Abs. 2 und des §. 878 finden entsprechende Anwendung.[4])

In der Eintragung müssen der Gläubiger, der Geldbetrag der Forderung[5]) und, wenn die Forderung verzinslich ist, der Zinssatz angegeben werden. Zur näheren Bezeichnung der Forderung kann auf die Eintragungsbewilligung Bezug genommen werden.[6])

§. 1261.
Rangverhältnisse der Pfandrechte.

Das Rangverhältniss der an dem Schiffe bestellten Pfandrechte bestimmt sich nach den Vorschriften der §§. 879 bis 881[1]) und des §. 1151.[2])

Pfandrechts verpfändet. Nicht entscheidend ist, ob solche Schiffe nach den maßgebenden Vorschriften über die Registrierung (Anh. 1 §. 4) im Schiffsregister hätten eingetragen werden müssen. Vgl. Vorbem. 1a vor §. 162, Zwangsverst.Ges. (Anhang 3.)

Zu §. 1260.

1) Das Schiffspfandrecht stellt sich dar als eine Sicherungshypothek im Sinne des §. 1184 B.G. (Dernburg S. 747, 748).

2) Die Einigung bedarf keiner Form. Indessen sind vor der Eintragung die Beteiligten an die Einigung nur gebunden, wenn die Erklärungen entweder

a. gerichtlich oder notariell beurkundet oder

b. vor der Registerbehörde abgegeben, oder

c. bei dieser Behörde eingereicht sind.

Es genügt auch,

d. wenn der Eigentümer dem Gläubiger eine den Vorschriften der Grundbuchordnung entsprechende Erklärung aushändigt. (§. 873 Abs. 2 B.G.)

Die von dem Eigentümer des Schiffes abgegebene Eintragungsbewilligung (vorstehend zu a—d) bleibt wirksam, auch wenn er in der Verfügung über das Schiff, z. B. durch Konkurseröffnung beschränkt wird, nachdem der Antrag auf Eintragung der Verpfändung bei der Registerbehörde gestellt ist. (§. 878 B.G.)

3) Ist der Verpfänder nicht wirklich Eigentümer des Schiffes, so erlangt der Gläubiger, auch wenn er in gutem Glauben ist, trotz etwaiger Eintragung kein gültiges Pfandrecht. Denn das Schiffsregister steht in dieser Beziehung dem Grundbuch nicht gleich. Denkschrift zum Bürgerlichen Gesetzbuch S. 235.

4) Siehe Note 2.

5) Vgl. §. 1271.

6) Vgl. §§. 100, 101, 106, 107, 108, 110, 111 G.fr.G. (Anhang 2B.)

Zu §. 1261.

1) a. D. h. nach der Reihenfolge der Eintragungen. (§. 879 B.G.) Das Rangverhältnis kann nachträglich durch Einigung des zurücktretenden und des vortretenden Berechtigten unter Zustimmung des Eigentümers — und Eintragung der Änderung in das Schiffsregister geändert werden. (§. 880.) Der Eigentümer kann sich bei der Verpfändung die Befugnis vorbehalten, ein anderes, dem Umfange nach bestimmtes, Pfandrecht eintragen zu lassen. (§. 881.) Vgl §. 114 G.fr.G.

b. Wegen des Rangverhältnisses der bestellten Pfandrechte zu den Schiffsgläubigerrechten s. §. 776 H.G.B.

2) Wird die mit Pfandrecht versehene Forderung nachträglich geteilt, so ist zur Änderung des Rangsverhältnisses der Teilforderungen die Zustimmung des Schiffseigentümers nicht erforderlich (§. 1151).

§. 1262. Dauer des Pfandrechts.

Solange das Pfandrecht im Schiffsregister eingetragen ist, behält es im Falle der Veräusserung oder Belastung des Schiffes seine Kraft, auch wenn der Erwerber in gutem Glauben ist.

Ist das Pfandrecht mit Unrecht gelöscht, so gelten im Falle der Veräusserung des Schiffes die Vorschriften des §. 936 Abs. 1 Satz 1, Abs. 2 auch dann, wenn der Erwerber das Eigenthum ohne Uebergabe erlangt;[1]) die Vorschrift des § 936 Abs. 3 findet keine Anwendung.[2]) Wird ein Pfandrecht, welches dem mit Unrecht gelöschten Pfandrecht im Range nachsteht, auf einen Dritten übertragen, so findet die Vorschrift des §. 1208 Satz 1 Anwendung.[3])

§. 1263.

Berichtigung des Registers. Widerspruch.

Steht der Inhalt des Schiffsregisters in Ansehung eines Pfandrechts mit der wirklichen Rechtslage nicht im Einklange, so kann die Berichtigung des Registers nach den für die Berichtigung des Grundbuchs geltenden Vorschriften der §§. 894, 895, 897, 898 verlangt werden.[1])

Ist ein Pfandrecht mit Unrecht gelöscht worden, so kann ein Widerspruch gegen die Richtigkeit des Schiffsregisters nach §. 899 Abs. 2 eingetragen werden.[2]) Solange der Widerspruch eingetragen ist, gilt im Falle der Veräusserung oder Belastung des Schiffes dem Erwerber gegenüber das Gleiche, wie wenn das Pfandrecht eingetragen wäre.

§. 1264. Umfang der Haftung.

Die Haftung des Schiffes beschränkt sich auf den eingetragenen Betrag der Forderung und die Zinsen nach dem eingetragenen Zinssatze. Die Haftung für gesetzliche Zinsen und für Kosten bestimmt sich nach der für die Hypothek geltenden Vorschrift des §. 1118.[1])

Zu §. 1262.

1) Vgl. §. 474 H.G.B.

2) D. h. der Erwerber erlangt das Eigentum frei von dem zu Unrecht gelöschten Pfandrechte, auch wenn der früher Pfandberechtigte im Besitze des Schiffes ist, es sei denn, daß der Erwerber zur Zeit der Erwerbung wußte, daß das Pfandrecht zu Unrecht gelöscht war.

3) a. D. h. der Dritte geht dann dem zu Unrecht gelöschten Pfandrechte vor, es sei denn, daß er zur Zeit des Erwerbes des Pfandrechts wußte, daß die Löschung des vorgehenden Rechtes zu Unrecht erfolgt war.

b. Die Beteiligten können sich gegen die Gefahren, welche aus einer ungerechtfertigten Löschung des Pfandrechts entstehen, gemäß §. 102 G.fr.G. dadurch sichern, daß sie die Berichtigung des Schiffsregisters herbeiführen (vgl auch §. 1263 B.G).

Zu §. 1263

1) Das Recht auf Berichtigung ist unverjährbar (§. 898). Die zur Berichtigung erforderlichen Kosten hat derjenige zu tragen, welcher die Berichtigung verlangt, sofern nicht aus dem zwischen ihm und dem Verpflichteten bestehenden Rechtsverhältnisse sich ein anderes ergiebt (§. 897).

2) D. h. auf Grund einer einstweiligen Verfügung oder einer Bewilligung desjenigen, dessen Recht durch die Berichtigung betroffen wird. Zur Erlassung der einstweiligen Verfügung ist nicht erforderlich, daß eine Gefährdung des Rechtes des Widersprechenden glaubhaft gemacht wird (vgl. auch §§. 103, 119, 123 G.fr.G.).

Zu §. 1264.

1) Das Schiff haftet auch für die gesetzlichen Zinsen der Forderung sowie für die Kosten der Kündigung und der die Befriedigung aus dem Schiffe bezweckenden Rechtsverfolgung.

Ist die Forderung unverzinslich oder ist der Zinssatz niedriger, als fünf vom Hundert, so kann das Pfandrecht ohne Zustimmung der im Range gleich- oder nachstehenden Berechtigten dahin erweitert werden, dass das Schiff für Zinsen bis zu fünf vom Hundert haftet.

Gegenstand der Haftung. **§. 1265.**

Das Pfandrecht erstreckt sich auf das Zubehör[1]) des Schiffes mit Ausnahme der Zubehörstücke, die nicht in das Eigenthum des Eigenthümers des Schiffes gelangt sind.

Auf die Haftung der Zubehörstücke finden die für die Hypothek geltenden Vorschriften der §§. 1121, 1122 entsprechende Anwendung.[2])

§. 1266.

Die Vorschriften der §§. 1205 bis 1257 finden insoweit keine Anwendung, als sich daraus, dass der Pfandgläubiger nicht den Besitz des Schiffes erlangt, Abweichungen ergeben.[1]) In dem Falle des §. 1254[2]) tritt an die Stelle des Anspruchs auf Rückgabe des Pfandes das Recht, die Aufhebung des Pfandrechts zu verlangen.

§. 1267.

Aushändigung der Urkunden zwecks Löschung des Pfandrechts.

Der Verpfänder[1]) kann gegen Befriedigung[2]) des Pfandgläubigers die Aushändigung der zur Loschung des Pfandrechts erforderlichen Urkunden[3]) verlangen. Das gleiche Recht steht dem persönlichen Schuldner zu, wenn er ein rechtliches Interesse an der Berichtigung des Schiffsregisters hat.[4])

Zu §. 1265.

1) Vgl. §. 478 H.G.B. und die Anm. dazu. Auf die Fracht- und Versicherungsgelder erstreckt sich das Pfandrecht nicht.

2) Zubehörstücke werden von der Haftung frei:

a. wenn sie veräußert und von dem Schiffe entfernt werden, bevor sie durch Arrest, einstweilige Verfügung oder Zwangsvollstreckung zu Gunsten des Gläubigers in Beschlag genommen worden sind (§. 1121);

b. wenn die Zubehöreigenschaft innerhalb der Grenzen einer ordnungsmäßigen Wirtschaft vor der Beschlagnahme aufgehoben wird.

Zu §. 1266.

1) Anwendbar bleibt daher zunächst §. 1204, wonach das Schiffspfandrecht eine Forderung voraussetzt (vgl. Dernburg S. 747, 748), und §. 1258, wonach der Pfandgläubiger an einer Schiffspart die Rechte ausübt, welche sich aus der Gemeinschaft der Mitrheder in Ansehung der Verwaltung und der Art der Benutzung des Schiffes ergeben. Ferner bleiben anwendbar: §. 1211 (Einreden), §. 1222 (Pfand an mehreren Sachen), §. 1229 (Verbot der Lex commissoria), §§. 1224, 1225 (Befriedigung des Gläubigers), §. 1249 (Ablösungsrecht), §. 1250 (Übertragung der persönlichen Forderung), §§. 1252 und 1254—56 (Erlöschen und Aufhebung des Pfandrechts).

2) D. h. wenn dem Pfandrecht eine Einrede entgegensteht, durch welche seine Geltendmachung ausgeschlossen wird.

Zu §. 1267.

1) Oder der Eigentümer, welcher das Schiff nach der Verpfändung erworben hat.

2) Auch durch Hinterlegung oder Aufrechnung. §. 1224 B G.

3) Über die Form der Urkunden s. §. 107 G.fr.G.

4) Z. B. wenn er dem Eigentümer des Schiffes gegenüber verpflichtet ist, die Berichtigung des Schiffsregisters herbeizuführen.

§. 1268.

Befriedigung des Gläubigers.

Der Pfandgläubiger kann seine Befriedigung aus dem Schiffe und dem Zubehöre nur auf Grund eines vollstreckbaren Titels nach den für die Zwangsvollstreckung geltenden Vorschriften[1]) suchen.

§. 1269. **Aufgebot des Gläubigers.**

Ist der Gläubiger unbekannt, so kann er im Wege des Aufgebotsverfahrens[1]) mit seinem Pfandrecht ausgeschlossen werden, wenn die im §. 1170[2]) oder die im §. 1171[3]) für die Ausschliessung eines Hypothekengläubigers bestimmten Voraussetzungen vorliegen. Mit der Erlassung des Ausschlussurtheils erlischt das Pfandrecht. Die Vorschrift des §. 1171 Abs. 3 findet Anwendung.[4])

§. 1270.

Pfandrecht für Inhaber- und Orderforderungen.

Auf das Pfandrecht für die Forderungen aus einer Schuldverschreibung auf den Inhaber, aus einem Wechsel oder aus einem anderen Papiere, das durch Indossament übertragen werden kann, finden die Vorschriften des §. 1189, auf das Pfandrecht für die Forderung aus einer Schuldverschreibung auf den Inhaber finden auch die Vorschriften des §. 1188 entsprechende Anwendung.[1])

Zu §. 1268.

1) Dies sind, da hier nur registrierte Schiffe in Betracht kommen, die §§. 162—170 Zwangsverst.G. (Anhang 3.)

Zu §. 1269.

1) Das Verfahren regelt sich nach §. 988 C.P.O.

2) D. h. Ablauf von 10 Jahren seit der letzten auf das Pfandrecht sich beziehenden Eintragung bezw. seit der Fälligkeit der Forderung, falls nicht innerhalb dieser Frist eine zur Unterbrechung der Verjährung geeignete Anerkennung des Gläubigerrechts erfolgt ist.

3) D. h. Hinterlegung des Betrages der fälligen Forderung nebst Zinsen für höchstens 4 Jahre unter Verzicht auf das Recht zur Rücknahme.

4) D. h. das Recht des Gläubigers auf den hinterlegten Betrag erlischt mit dem Ablaufe von dreißig Jahren nach der Erlassung des Ausschlußurteils, wenn nicht der Gläubiger sich vorher bei der Hinterlegungsstelle meldet; der Hinterleger ist zur Rücknahme berechtigt, auch wenn er auf das Recht zur Rücknahme verzichtet hat.

Zu §. 1270.

1) a. Danach kann für Inhaber- und Orderforderungen eine Sicherungshypothek an einem Schiffe bestellt werden. Die Unzulässigkeit der Bestellung eines Schiffspfandrechts für derartige Forderungen ist bisher namentlich mit Rücksicht auf die Anleihen der großen Dampfschiffahrtsgesellschaften als Mangel empfunden worden. (Denkschrift zum Bürgerlichen Gesetzbuch S. 237.)

b. Bei der Sicherungshypothek für Inhaber- und Orderforderungen kann durch Eintragung in das Schiffsregister für den jeweiligen Gläubiger ein Vertreter bestellt werden, welcher befugt und auf Verlangen des Schiffseigentümers verpflichtet ist, mit Wirkung für und gegen jeden späteren Gläubiger Verfügungen über die Hypothek zu treffen und den Gläubiger bei der Geltendmachung der Hypothek zu vertreten.

Die Sicherungshypothek für eine Inhaberforderung kann durch einseitige Erklärung des Eigentümers gegenüber der Registerbehörde und Eintragung in das Register bestellt werden (vgl. auch §§. 112, 117 G.fr.G.).

Maximalhypothek. §. 1271.

Das Pfandrecht kann in der Weise bestellt werden, dass nur der Höchstbetrag, bis zu dem das Schiff haften soll, bestimmt, im Uebrigen die Feststellung der Forderung vorbehalten wird. Der Höchstbetrag muss in das Schiffsregister eingetragen werden.

Ist die Forderung verzinslich, so werden die Zinsen in den Höchstbetrag eingerechnet.[1])

§. 1272.

Die Vorschriften der §§. 1260 bis 1271 gelten auch für das Pfandrecht an einer Schiffspart.[1])

B. Die formellen Vorschriften über das Schiffspfandrecht sind enthalten in dem Gesetze über die Angelegenheiten der freiwilligen Gerichtsbarkeit vom 17./20. Mai 1898. Es lautet:

Sechster Abschnitt.

Schiffspfandrecht.

Antrag auf Eintragung. §. 100.

In Ansehung eines Pfandrechts an einem im Schiffsregister eingetragenen Schiffe soll, soweit nicht das Gesetz ein Anderes vorschreibt, eine Eintragung nur auf Antrag erfolgen. Der Zeitpunkt, in welchem der Antrag bei der Registerbehörde eingeht, soll auf dem Antrage genau vermerkt werden.

Antragsberechtigt ist Jeder, dessen Recht von der Eintragung betroffen wird oder zu dessen Gunsten die Eintragung erfolgen soll. Die Vorschriften der §§. 14 bis 18 der Grundbuchordnung finden entsprechende Anwendung.[1])

Zu §. 1271.

1) Die hier vorgesehene Hypothek ist die Maximalhypothek des §. 1190 B.G.; sie hat bis zur erfolgten Feststellung der Forderung die Bedeutung einer Sicherungshypothek.

Zu §. 1272.

1) a. Die Schiffspart ist, wie hinsichtlich der Veräußerung (§§. 474—477 H.G.B.) so hier rücksichtlich der Verpfändung den registrierten Schiffen gleichgestellt. Wegen der Zwangsvollstreckung in Schiffsparten vgl. unten Anhang 3 Anm. 1d zur Überschrift.

b. Wegen der Anteile an nicht registrierten Schiffen vgl. Anm. 2b zu §. 1259.

Zu §. 100.

1) Die hier angezogenen §§. 14—18 der Grundbuchordnung haben folgenden Wortlaut:

§. 14. Die Berichtigung des Grundbuchs durch Eintragung eines Berechtigten darf auch von demjenigen beantragt werden, welcher auf Grund eines gegen den Berechtigten vollstreckbaren Titels eine Eintragung in das Grundbuch verlangen kann, sofern die Zulässigkeit dieser Eintragung von der vorgängigen Berichtigung des Grundbuchs abhängt.

§. 15. Ist die zu einer Eintragung erforderliche Erklärung von einem Notar beurkundet oder beglaubigt, so gilt dieser als ermächtigt, im Namen eines Antragsberechtigten die Eintragung zu beantragen.

§. 16. Einem Eintragungsantrage, dessen Erledigung an einen Vorbehalt geknüpft wird, soll nicht stattgegeben werden.

§. 101.

Bewilligung der Eintragung.

Eine Eintragung erfolgt, wenn derjenige sie bewilligt,[1]) dessen Recht von ihr betroffen wird.

§. 102.

Berichtigung des Schiffsregisters.

Zur Berichtigung des Schiffsregisters bedarf es der Bewilligung desjenigen, dessen Recht von der Berichtigung betroffen wird, nicht, wenn die Unrichtigkeit nachgewiesen wird. Dies gilt insbesondere für die Eintragung oder Löschung einer Verfügungsbeschränkung.[1])

§. 103.

Löschung einer Vormerkung oder eines Widerspruchs.

Ist eine Vormerkung oder ein Widerspruch auf Grund einer einstweiligen Verfügung eingetragen, so bedarf es zur Löschung nicht der Bewilligung des Berechtigten, wenn die einstweilige Verfügung durch eine vollstreckbare Entscheidung aufgehoben ist. Diese Vorschrift findet entsprechende Anwendung, wenn auf Grund eines vorläufig vollstreckbaren Urtheils nach den Vorschriften der Civilprozessordnung eine Vormerkung oder ein Widerspruch eingetragen ist.

§. 104.

Abtretung oder Belastung einer eingetragenen Forderung.

Soll die Uebertragung einer Forderung, für die ein Pfandrecht am Schiffe eingetragen ist oder für die ein solches Pfandrecht als Pfand haftet, eingetragen werden, so

---

Werden mehrere Eintragungen beantragt, so kann von dem Antragsteller bestimmt werden, daß die eine Eintragung nicht ohne die andere erfolgen soll.

§. 17. Werden mehrere Eintragungen beantragt, durch die dasselbe Recht betroffen wird, so darf die später beantragte Eintragung nicht vor der Erledigung des früher gestellten Antrags erfolgen.

§. 18. Steht einer beantragten Eintragung ein Hinderniß entgegen, so hat das Grundbuchamt entweder den Antrag unter Angabe der Gründe zurückzuweisen oder dem Antragsteller eine angemessene Frist zur Hebung des Hindernisses zu bestimmen. Im letzteren Falle ist der Antrag nach dem Ablaufe der Frist zurückzuweisen, wenn nicht inzwischen die Hebung des Hindernisses nachgewiesen ist.

Wird vor der Erledigung des Antrags eine andere Eintragung beantragt, durch die dasselbe Recht betroffen wird, so ist zu Gunsten des früher gestellten Antrags von Amtswegen eine Vormerkung oder ein Widerspruch einzutragen; die Eintragung gilt im Sinne des §. 17 als Erledigung dieses Antrags. Die Vormerkung oder der Widerspruch wird von Amtswegen gelöscht, wenn der früher gestellte Antrag zurückgewiesen wird.

Zu §. 101.

1) Die Eintragungsbewilligung wird ersetzt durch ein rechtskräftiges, hinsichtlich der Eintragung einer Vormerkung oder eines Widerspruchs schon durch ein vorläufig vollstreckbares Urteil. §§. 894—896 C.P.O.

Zu §. 102.

1) Vgl. Anm. 3b zu §. 1262 B.G.

genügt es, wenn an Stelle der Eintragungsbewilligung die Abtretungserklärung des bisherigen Gläubigers vorgelegt wird.

Diese Vorschrift findet entsprechende Anwendung, wenn eine Belastung der Forderung eingetragen werden soll.

§. 105.

Voraussetzung der Löschung.

Ein Pfandrecht am Schiffe darf nur mit Zustimmung des eingetragenen Eigenthümers, ein das Pfandrecht belastendes Recht nur mit Zustimmung des eingetragenen Pfandgläubigers gelöscht werden. Für eine Löschung, die zur Berichtigung des Schiffsregisters erfolgen soll, ist die Zustimmung nicht erforderlich, wenn die Unrichtigkeit des Registers nachgewiesen wird.

§. 106.

Inhalt der Eintragungsbewilligung.

In der Eintragungsbewilligung oder, wenn eine solche nicht erforderlich ist, in dem Eintragungsantrage sind der Name und die Ordnungsnummer, unter welcher das Schiff im Schiffsregister eingetragen ist, sowie die einzutragenden Geldbeträge in Reichswährung anzugeben.

§. 107.

Form der Eintragungsbewilligung.

Eine Eintragung soll nur erfolgen, wenn die Eintragungsbewilligung oder die sonstigen zu der Eintragung erforderlichen Erklärungen vor der Registerbehörde zu Protokoll gegeben oder durch öffentliche oder öffentlich beglaubigte Urkunden nachgewiesen werden.

Andere Voraussetzungen der Eintragung bedürfen, soweit sie nicht bei der Registerbehörde offenkundig sind, des Nachweises durch öffentliche Urkunden. Die Vorschriften der §§. 33 bis 38 der Grundbuchordnung finden entsprechende Anwendung.

§. 108.

Form des Eintragungsantrags.

Für den Eintragungsantrag sowie für die Vollmacht zur Stellung eines solchen gelten die Vorschriften des §. 107 Abs. 1 nur, wenn durch den Antrag zugleich eine zu der Eintragung erforderliche Erklärung ersetzt werden soll.

§. 109.

Zurücknahme des Antrags.

Erklärungen, durch die ein Eintragungsantrag zurückgenommen oder eine zur Stellung des Eintragungsantrags ertheilte Vollmacht widerrufen wird, bedürfen der im §. 107 Abs. 1 vorgeschriebenen Form.

§. 110.

Ersuchen um Eintragung.

In den Fällen, in denen nach gesetzlicher Vorschrift eine Behörde befugt ist,[1]) die Registerbehörde um eine Eintragung zu ersuchen, erfolgt die Eintragung auf Grund des Ersuchens der Behörde.

Zu §. 110.

1) Vgl. §§. 931, 941, 942 C.P.O., §. 54 Abs. 2 G.fr.G., §. 169 Zwangsverst.Ges.

§. 111.

Voraussetzungen der Eintragung.

Eine Eintragung soll nur erfolgen, wenn derjenige, dessen Recht durch sie betroffen wird, als der Berechtigte eingetragen ist.[1])

Ist derjenige, dessen Recht durch eine Eintragung betroffen wird, Erbe des eingetragenen Berechtigten, so findet die Vorschrift des Abs. 1 keine Anwendung, wenn die Uebertragung oder die Aufhebung des Rechtes eingetragen werden soll oder wenn der Eintragungsantrag durch die Bewilligung des Erblassers oder eines Nachlasspflegers oder durch einen gegen den Erblasser oder den Nachlasspfleger vollstreckbaren Titel begründet wird. Das Gleiche gilt für eine Eintragung auf Grund der Bewilligung eines Testamentsvollstreckers oder auf Grund eines gegen diesen vollstreckbaren Titels, sofern die Bewilligung oder der Titel gegen den Erben wirksam ist.

§. 112.

Pfandrecht für Inhaber- und Orderforderungen.

Bei einem Pfandrechte für die Forderung aus einer Schuldverschreibung auf den Inhaber, aus einem Wechsel oder einem anderen Papiere, das durch Indossament übertragen werden kann, soll eine Eintragung nur erfolgen, wenn die Urkunde vorgelegt wird.

Diese Vorschrift findet keine Anwendung, wenn eine Eintragung auf Grund der Bewilligung eines nach den §§. 1189, 1270 des Bürgerlichen Gesetzbuchs[1]) bestellten Vertreters oder auf Grund einer gegen diesen erlassenen gerichtlichen Entscheidung bewirkt werden soll.

§. 113.

Datum der Eintragung. Unterschrift.

Jede Eintragung soll den Tag, an welchem sie erfolgt ist, angeben und mit der Unterschrift des zuständigen Beamten versehen werden.

§. 114. Reihenfolge der Eintragung.

Die Eintragungen erhalten diejenige Reihenfolge, welche der Zeitfolge der Anträge entspricht; sind die Anträge gleichzeitig gestellt, so ist, wenn unter den Eintragungen ein Rangverhältniss besteht, im Schiffsregister zu vermerken, dass die Eintragungen gleichen Rang haben.

Diese Vorschriften finden insoweit keine Anwendung, als das Rangverhältniss von den Antragstellern abweichend bestimmt ist.

§. 115. Löschung.

Die Löschung eines Rechtes oder einer Verfügungsbeschränkung erfolgt durch Eintragung eines Löschungsvermerkes.

§. 116. Mithaft mehrerer Schiffe.

Werden mehrere Schiffe mit einem Pfandrechte belastet, so ist auf dem Blatte jedes Schiffes die Mitbelastung der übrigen von Amtswegen erkennbar zu machen. Das Gleiche

---

Zu §. 111.

1) Die Registerbehörde darf als Berechtigten denjenigen ansehen, der als solcher eingetragen ist.

Zu §. 112.

1) Siehe oben Anhang 2.

gilt, wenn mit einem an einem Schiffe bestehenden Pfandrechte nachträglich noch ein anderes Schiff belastet wird. Soweit eine Mitbelastung erlischt, ist dies von Amtswegen zu vermerken.

§. 117.

Teilschuldverschreibungen auf den Inhaber.

Bei der Eintragung eines Pfandrechts für Theilschuldverschreibungen auf den Inhaber genügt es, wenn der Gesammtbetrag der Forderungen unter Angabe der Anzahl, des Betrags und der Bezeichnung der Theile eingetragen wird.

Testamentsvollstrecker. § 118.

Ist ein Testamentsvollstrecker ernannt, so ist dies bei der Eintragung des Erben des Gläubigers von Amtswegen miteinzutragen, es sei denn, dass das eingetragene Recht der Verwaltung des Testamentsvollstreckers nicht unterliegt.

Berichtigung von Amtswegen. §. 119.

Ergiebt sich, dass die Registerbehörde unter Verletzung gesetzlicher Vorschriften eine Eintragung vorgenommen hat, durch die das Schiffsregister unrichtig geworden ist, so ist von Amtswegen ein Widerspruch einzutragen. Erweist sich eine Eintragung nach ihrem Inhalt als unzulässig, so ist sie von Amtswegen zu löschen

§. 120.

Vermerk auf dem Schiffsbriefe.

Jede Eintragung ist baldthunlichst auf dem Schiffscertifikat oder dem Schiffsbriefe zu vermerken.[1])

Wird eine Urkunde über die Pfandforderung vorgelegt, so ist die Eintragung auch auf dieser Urkunde unter kurzer Bezeichnung des Inhalts der Eintragungen, welche dem Pfandrecht im Range vorgehen oder gleichstehen, zu vermerken. Der Vermerk ist mit Unterschrift und Siegel zu versehen.

§. 121.

Bekanntmachung der Eintragung.

Jede Eintragung soll dem Antragsteller und dem eingetragenen Eigenthümer sowie im Uebrigen allen aus dem Schiffsregister ersichtlichen Personen bekannt gemacht werden, zu deren Gunsten die Eintragung erfolgt ist oder deren Recht durch sie betroffen wird. Auf die Bekanntmachung kann verzichtet werden.

Beschwerde. §. 122.

Die Beschwerde gegen eine Eintragung ist unzulässig. Im Wege der Beschwerde kann jedoch verlangt werden, dass die Registerbehörde angewiesen wird, nach §. 119 einen Widerspruch einzutragen oder eine Löschung vorzunehmen.

Einstweilige Anordnung. §. 123.

Das Beschwerdegericht kann vor der Entscheidung durch eine einstweilige Anordnung der Registerbehörde aufgeben, eine Vormerkung oder einen Widerspruch einzutragen.

Zu §. 120.

1) Die Gültigkeit der Eintragung ist jedoch von diesem Vermerk nicht abhangig.

Die Vormerkung oder der Widerspruch wird von Amtswegen gelöscht, wenn die Beschwerde zurückgenommen oder zurückgewiesen wird.

§. 124. Weitere Beschwerde.

Bei der Einlegung der weiteren Beschwerde durch Einreichung einer Beschwerdeschrift bedarf es der Zuziehung eines Rechtsanwalts nicht, wenn die Beschwerde von dem Notar eingelegt wird, der die zu der Eintragung erforderliche Erklärung beurkundet oder beglaubigt und im Namen eines Antragsberechtigten den Eintragungsantrag gestellt hat. Die Vorschrift des §. 29 Abs. 1 Satz 3 bleibt unberührt.[1])

---

3. Die Vorschriften über die Zwangsversteigerung registrirter Schiffe

sind enthalten in dem Reichsgesetz über die Zwangsversteigerung und Zwangsverwaltung vom $\frac{\text{24. März 1897}}{\text{20. Mai 1898}}$ $\left(\text{R.G.Bl.}\ \frac{97}{713}\right)$. Es lautet:

Zweiter Abschnitt.

Zwangsversteigerung von Schiffen[1]) im Wege der Zwangsvollstreckung.

Zu §. 124.

1) Dieser Satz hat folgenden Wortlaut:

Der Zuziehung eines Rechtsanwalts bedarf es nicht, wenn die Beschwerde von einer Behörde oder von einem Notar eingelegt wird, der in der Angelegenheit für den Beschwerdeführer einen Antrag bei dem Gericht erster Instanz gestellt hat.

Zur Überschrift.

1) a. Obwohl die Schiffe zu den beweglichen Sachen gehören (vgl. Anm. 1 zu §. 474 H.G.B.), so sind sie doch wegen ihrer großen wirtschaftlichen Bedeutung ebenso wie bezüglich der Verpfändung (§§. 1259—1271 B.G.) so auch hinsichtlich der Zwangsversteigerung den Grundstücken gleichgestellt (§. 864 C.P.O.), soweit nicht ihre natürliche Beschaffenheit besondere Vorschriften erforderlich macht (vgl. unten §§. 165, 168, 170). Jedoch bezieht sich diese Gleichstellung nur auf die im Schiffsregister eingetragenen Schiffe; die nicht registrirten Schiffe, gleichviel ob für sie eine Registrirungspflicht besteht oder nicht (vgl. §§. 4 u. 17 Ges. v. 22./VI. 1899, Anhang 1), unterstehen den Vorschriften der C.P.O. über die Zwangsversteigerung beweglicher Sachen. — Betreffs der Zwangsversteigerung segelfertiger Schiffe vgl. §. 482 H.G.B.

b. Wegen der Vollziehung des Arrestes in ein registrirtes Schiff vgl. §§. 930, 931 C.P.O. u. Anm. zu §. 482 H.G.B.

c. Die Zwangsverwaltung eingetragener Schiffe ist nicht zulässig, denn §. 870 Abs. 2 C.P.O. bestimmt:

„Die Zwangsvollstreckung in ein eingetragenes Schiff erfolgt nur durch Zwangsversteigerung."

Ebenso findet, abgesehen von den Vorschriften §§. 931, 941, 942, 895 C.P.O., §. 169 Zwangsverst.Ges., §. 54 Abs. 2 G.fr.G., auch die zwangsweise Eintragung eines Pfandrechts in das Schiffsregister nicht statt.

d. Die Schiffsparten sind hinsichtlich der Zwangsvollstreckung den beweglichen Sachen gleichgestellt. Betreffs ihrer bestimmt §. 858 C.P.O.:

Auf die Zwangsvollstreckung in den Antheil an einem im Schiffsregister eingetragenen Schiffe (Schiffspart) finden die Bestimmungen des §. 857 [aa]) mit folgenden Abweichungen Anwendung.

Als Vollstreckungsgericht ist das Amtsgericht zuständig, in dessen Bezirke sich der Heimathshafen oder der Heimathsort [bb]) des Schiffes befindet.

Dem Antrage auf Anordnung der Veräußerung der Part ist ein Auszug aus dem Schiffsregister beizufügen [cc]), der alle die Part betreffenden Eintragungen enthält; der Auszug darf nicht älter als eine Woche sein.

Der Pfändungsbeschluß soll dem Korrespondentrheder [dd]) zugestellt werden; die Pfändung wird auch mit dieser Zustellung wirksam.

Das Vollstreckungsgericht soll der Registerbehörde von der Erlassung des Pfändungsbeschlusses unverzüglich Mittheilung machen.

Ergiebt der Auszug aus dem Schiffsregister, daß die Part mit einem Pfandrechte belastet ist, welches einem anderen als dem betreibenden Gläubiger zusteht, so ist die Hinterlegung des Erlöses anzuordnen. Die Vertheilung des Erlöses erfolgt in diesem Falle nach den Bestimmungen der §§. 873—882; [ee]) Forderungen, für die ein Pfandrecht an der Part eingetragen ist, sind nach dem Inhalte des Schiffsregisters in den Theilungsplan aufzunehmen.

---

aa) Die Pfändung ist mit dem Zeitpunkt als bewirkt anzusehen, in welchem dem Schuldner das Gebot zugestellt ist, sich jeder Verfügung über die Schiffspart zu enthalten.

Die Veräußerung der Part wird von dem Gerichte angeordnet.

bb) s. §. 480 H.G.B.

cc) Dies, damit die im Schiffsregister eingetragenen Pfandgläubiger zu dem Verteilungsverfahren zugezogen werden.

dd) s. §. 492 ff. H.G.B. Die Pfändung wird mit der Zustellung an den Korrespondentrheder wirksam, auch wenn solche früher erfolgt als an den Schuldner, obwohl eigentlich der Korrespondentrheder nicht Vertreter des *einzelnen* Mitrheders ist, sondern die Geschäfte der *Rhederei* führt. §. 493 Abs. 1 H.G.B.

ee) Die §§. 873—882 C.P.O. lauten wie folgt:

§. 873. Das zuständige Amtsgericht (§§. 827, 853, 854) hat nach Eingang der Anzeige über die Sachlage an jeden der betheiligten Gläubiger die Aufforderung zu erlassen, binnen zwei Wochen eine Berechnung der Forderung an Kapital, Zinsen, Kosten und sonstigen Nebenforderungen einzureichen.

§. 874. Nach Ablauf der zweiwöchigen Fristen wird von dem Gericht ein Theilungsplan angefertigt.

Der Betrag der Kosten des Verfahrens ist von dem Bestande der Masse vorweg in Abzug zu bringen.

Die Forderung eines Gläubigers, welcher bis zur Anfertigung des Theilungsplans der an ihn gerichteten Aufforderung nicht nachgekommen ist, wird nach der Anzeige und deren Unterlagen berechnet. Eine nachträgliche Ergänzung der Forderung findet nicht statt.

§. 875. Das Gericht hat zur Erklärung über den Theilungsplan sowie zur Ausführung der Vertheilung einen Termin zu bestimmen. Der Theilungsplan muß spätestens drei Tage vor dem Termine auf der Gerichtsschreiberei zur Einsicht der Betheiligten niedergelegt werden.

Die Ladung des Schuldners zu dem Termin ist nicht erforderlich, wenn sie durch Zustellung im Ausland oder durch öffentliche Zustellung erfolgen müßte.

§. 876. Wird in dem Termin ein Widerspruch gegen den Plan nicht erhoben, so ist dieser zur Ausführung zu bringen. Erfolgt ein Widerspruch, so hat sich

§. 162. **Inländische Schiffe.**

Auf die Zwangsversteigerung eines im Schiffsregister eingetragenen Schiffes[1]) finden die Vorschriften des ersten Abschnitts entsprechende Anwendung, soweit sich nicht aus den §§. 163 bis 170 ein Anderes ergiebt.

---

jeder bei demselben betheiligte Gläubiger sofort zu erklären. Wird der Widerspruch von den Betheiligten als begründet anerkannt oder kommt anderweit eine Einigung zu Stande, so ist der Plan demgemäß zu berichtigten. Wenn ein Widerspruch sich nicht erledigt, so erfolgt die Ausführung des Plans insoweit, als der Plan durch den Widerspruch nicht betroffen wird.

§. 877. Gegen einen Gläubiger, welcher in dem Termine weder erschienen ist noch vor dem Termine bei dem Gerichte Widerspruch erhoben hat, wird angenommen, daß er mit der Ausführung des Plans einverstanden sei.

Ist ein in dem Termine nicht erschienener Gläubiger bei dem Widerspruche betheiligt, welchen ein anderer Gläubiger erhoben hat, so wird angenommen, daß er diesen Widerspruch nicht als begründet anerkenne.

§. 878. Der widersprechende Gläubiger muß ohne vorherige Aufforderung binnen einer Frist von einem Monate, welche mit dem Terminstage beginnt, dem Gerichte nachweisen, daß er gegen die betheiligten Gläubiger Klage erhoben habe. Nach fruchtlosem Ablaufe dieser Frist wird die Ausführung des Plans ohne Rücksicht auf den Widerspruch angeordnet.

Die Befugniß des Gläubigers, welcher dem Plane widersprochen hat, ein besseres Recht gegen den Gläubiger, welcher einen Geldbetrag nach dem Plane erhalten hat, im Wege der Klage geltend zu machen, wird durch die Versäumung der Frist und durch die Ausführung des Plans nicht ausgeschlossen.

§. 879. Die Klage ist bei dem Vertheilungsgericht und, wenn der Streitgegenstand zur Zuständigkeit der Amtsgerichte nicht gehört, bei dem Landgerichte zu erheben, in dessen Bezirke das Vertheilungsgericht seinen Sitz hat.

Das Landgericht ist für sämmtliche Klagen zuständig, wenn seine Zuständigkeit nach dem Inhalte der erhobenen und in dem Termine nicht zur Erledigung gelangten Widersprüche auch nur in Betreff einer Klage begründet ist, sofern nicht die sämmtlichen betheiligten Gläubiger vereinbaren, daß das Vertheilungsgericht über alle Widersprüche entscheiden solle.

§. 880. In dem Urtheile, durch welches über einen erhobenen Widerspruch entschieden wird, ist zugleich zu bestimmen, an welche Gläubiger und in welchen Beträgen der streitige Theil der Masse auszuzahlen sei. Wird dies nicht für angemessen erachtet, so ist die Anfertigung eines neuen Plans und ein anderweites Vertheilungsverfahren in dem Urtheile anzuordnen.

§. 881. Das Versäumnißurtheil gegen einen widersprechenden Gläubiger ist dahin zu erlassen, daß der Widerspruch als zurückgenommen anzusehen sei.

§. 882. Auf Grund des erlassenen Urtheils wird die Auszahlung oder das anderweite Vertheilungsverfahren von dem Vertheilungsgericht angeordnet.

Zu §. 162.

1) D. h. eines im inländischen Register eingetragenen Schiffes; hinsichtlich ausländischer Schiffe vgl. unten §. 171. Entscheidend ist die Thatsache der Eintragung, nicht die Eintragungspflicht (vgl. Anm. 1a zur Überschrift). — Das Zubehör des Schiffes (vgl. oben §. 1265 B.G. und Anm. zu §. 478 H.G.B.) unterliegt denselben gesetzlichen Bestimmungen wie das Schiff, eine gesonderte Pfändung des Zubehörs ist ausgeschlossen. (§. 865 C.P.O.) Die Frachtgelder gehören in dieser Hinsicht nicht zum Zubehör, die Schiffsgläubiger, denen die Frachtgelder nach

§. 163.

Zuständiges Gericht. Beteiligte.

Als Vollstreckungsgericht ist das Amtsgericht zuständig, in dessen Bezirke sich das Schiff befindet.[1])

Für das Verfahren tritt an die Stelle des Grundbuchs das Schiffsregister.

Die Berufsgenossenschaft für die Unfallversicherung und die Versicherungsanstalt für die Invaliditäts- und Altersversicherung gelten als Betheiligte, auch wenn sie eine Forderung nicht angemeldet haben.[2])

§. 164.

Voraussetzungen der Zwangsversteigerung.

Die Zwangsversteigerung darf, soweit sich nicht aus den Vorschriften des Handelsgesetzbuchs[1]) oder des Gesetzes, betreffend die privatrechtlichen Verhältnisse der Binnenschiffahrt, ein Anderes ergiebt, nur angeordnet werden, wenn der Schuldner das Schiff im Eigenbesitze[2]) hat. Die hiernach zur Begründung des Antrags auf Zwangsversteigerung erforderlichen Thatsachen sind durch Urkunden glaubhaft zu machen, soweit sie nicht bei dem Gericht offenkundig sind. Dem Antrag auf Zwangsversteigerung ist ein Zeugniss der Registerbehörde über die Eintragung des Schiffes in das Schiffsregister beizufügen.

§. 165.

Bewachung und Verwahrung des Schiffes.

Bei der Anordnung der Zwangsversteigerung hat das Gericht zugleich die Bewachung und Verwahrung des Schiffes anzuordnen. Die Beschlagnahme wird auch mit der Vollziehung dieser Anordnung wirksam.[1])

---

§§. 756, 758, 771 ff. H.G.B. haften, müssen sich dieselben auf Grund eines vollstreckbaren Titels überweisen lassen.

Zu §. 163

1) Befindet sich das Schiff in einem Konsulargerichtsbezirk, so ist nach §§. 5 u. 16 Ges. vom 10./VII. 1879 der zur Ausübung der Gerichtsbarkeit befugte Konsul als Vollstreckungsgericht thätig.

2) Beteiligte sind außer dem betreibenden Gläubiger und dem Schuldner die Schiffsgläubiger (§. 754 ff. H.G.B.) und die in das Schiffsregister eingetragenen Pfandgläubiger (siehe oben §. 1259 ff. B.G.). Die letzteren werden nach Maßgabe der beglaubigten Abschrift des Schiffsregisters von Amtswegen berücksichtigt, die Schiffsgläubiger dagegen — abgesehen von den hier in Abs. 3 Bezeichneten (vgl. §. 754 Nr. 10 H.G.B.) — müssen ihre Rechte anmelden (vgl. unten §. 166).

Zu §. 164.

1) Vgl. §§. 482, 761 Abs. 2, 755 Abs. 2, 510 H.G.B.

2) Eigenbesitzer ist nach §. 872 B.G., wer eine Sache als ihm gehörend besitzt.

Zu §. 165.

1) Außerdem wird nach §. 22 Zwangsverst.Ges. die Beschlagnahme auch mit dem Zeitpunkte wirksam, in welchem der die Zwangsversteigerung anordnende Beschluß dem Schuldner zugestellt wird, oder in welchem das Ersuchen um Eintragung des Versteigerungsvermerks der Registerbehörde zugeht, sofern in dem letzteren Falle auf das Ersuchen die Eintragung erfolgt.

§. 166.

Verfahren gegen den Schiffer.

Ist gegen den Schiffer auf Grund eines vollstreckbaren Titels, der auch gegenüber dem Rheder oder Schiffseigner wirksam ist,[1]) das Verfahren angeordnet, so wirkt die Beschlagnahme zugleich gegen den Rheder oder Schiffseigner.

Der Schiffer gilt in diesem Falle als Betheiligter nur so lange, als er das Schiff führt; ein neuer Schiffer gilt als Betheiligter, wenn er sich bei dem Gerichte meldet und seine Angabe auf Verlangen des Gerichts oder eines Betheiligten glaubhaft macht.[2])

§. 167.

Inhalt der Terminsbestimmung.

Die Bezeichnung des Schiffes in der Bestimmung des Versteigerungstermins soll nach dem Schiffsregister erfolgen.

Die Terminsbestimmung muss die Aufforderung an die Schiffsgläubiger und die sonstigen Berechtigten[1]) enthalten, ihre Rechte, soweit sie zur Zeit der Eintragung des Versteigerungsvermerkes aus dem Schiffsregister nicht ersichtlich waren, spätestens im Vertheilungstermin anzumelden, widrigenfalls die Rechte bei der Vertheilung des Versteigerungserlöses nicht berücksichtigt werden würden.

§. 168.

Bekanntmachung der Terminsbestimmung.

Befindet sich der Heimathshafen oder Heimathsort des Schiffes in dem Bezirk eines anderen Gerichts, so soll die Terminsbestimmung auch[1]) durch das für Bekanntmachungen dieses Gerichts bestimmte Blatt bekannt gemacht werden.

Die im §. 39 Abs. 2 vorgesehene Anordnung[2]) ist unzulässig.

§. 169. Berichtigung des Meistgebots.

Die Vorschriften über das geringste Gebot finden keine Anwendung. Das Meistgebot ist in seinem ganzen Betrage durch Zahlung zu berichtigen.[1])

Zu §. 166.

1) Vgl. §. 761 H.G.B.

2) Der Schiffer ist in allen Fällen nur als solcher an dem Verfahren beteiligt. Die gegen ihn eintretende Beschlagnahme des Schiffes wirkt daher gegenüber dem Schiffseigner so, als wenn das Verfahren unmittelbar gegen diesen eingeleitet worden wäre und dauert gegen den Schiffer nur so lange, wie sein Dienstverhältnis besteht (Begr. zum Zwangsverst.Ges. S. 67).

Zu §. 167.

1) Als Berechtigter kommt namentlich auch der Eigentümer des Schiffes in Betracht, weil der Eigentumserwerb sich unabhängig von der Eintragung in das Schiffsregister vollzieht (vgl. §. 474 H.G.B.) und das Verfahren gegen den Schiffer (§. 761 Abs. 2 H.G.B.), gegen jeden dritten Besitzer (§. 755 Abs. 2 a. a. O.) und gegen den Ausrüster (§. 510 a. a. O.) betrieben werden kann.

Zu §. 168.

1) D. h. außer der Bekanntmachung durch das hierzu bestimmte Blatt des Vollstreckungsrechts.

2) Daß nämlich die Einrückung der Terminsbestimmung in das für Bekanntmachungen bestimmte Blatt unterbleiben darf.

Zu §. 169.

1) Soweit nicht Zahlungsfristen bewilligt sind (§§. 60, 61 Zwangsverst.Ges.).

Soweit die Berichtigung nicht im Vertheilungstermin erfolgt, ist für die Forderung gegen den Ersteher ein Pfandrecht an dem Schiffe in das Schiffsregister einzutragen.[2]) Das Pfandrecht entsteht mit der Eintragung, auch wenn der Ersteher das Schiff inzwischen veräussert hat.[3]) Im Uebrigen finden die Vorschriften des Bürgerlichen Gesetzbuchs über das durch Rechtsgeschäft bestellte Pfandrecht an einem Schiffe Anwendung.[4])

§. 170.

Bewachung und Verwahrung des versteigerten Schiffes.

An die Stelle der nach §. 94 Abs. 1 zulässigen Verwaltung tritt die gerichtliche Bewachung und Verwahrung des versteigerten Schiffes.[1])

Das Gericht hat die getroffenen Massregeln anfzuheben, wenn der zu ihrer Fortsetzung erforderliche Geldbetrag nicht vorgeschossen wird.

§. 171.

Ausländische Schiffe.

Auf die Zwangsversteigerung eines ausländischen Schiffes, das, wenn es ein deutsches Schiff wäre, in das Schiffsregister eingetragen werden müsste, finden die Vorschriften der §§. 162 bis 167, 169, 170 insoweit Anwendung, als sie nicht die Eintragung in das Schiffsregister voraussetzen.[1])

Die Terminsbestimmung soll, soweit es ohne erhebliche Verzögerung des Verfahrens thunlich ist, auch den aus den Schiffspapieren ersichtlichen Schiffsgläubigern und sonstigen Betheiligten zugestellt und, wenn das Schiff im Schiffsregister eines fremden Staates eingetragen ist, der Registerbehörde mitgetheilt werden.[2])

Die Aufhebung der vom Gericht angeordneten Ueberwachung und Verwahrung des Schiffes sowie die Uebergabe an den Ersteher darf erst erfolgen, wenn die Berichtigung des Meistgebots oder die Einwilligung der Betheiligten nachgewiesen wird.[3])

---

2) Eine Wiederversteigerung des Schiffes findet nicht statt.

3) Abweichend von §. 1260 B.G.

4) Vgl. die oben abgedruckten §§. 1261—1269 B.G.

Zu §. 170.

1) Nach Erteilung des Zuschlags kann somit auf Antrag eines Beteiligten, welcher Befriedigung aus dem Meistgebot zu erwarten hat, die gerichtliche Bewachung und Verwahrung des Schiffes angeordnet werden, so lange nicht die Zahlung oder Hinterlegung des Meistgebots erfolgt ist.

Zu §. 171.

1) Der Betreibende braucht daher z. B. das Zeugnis über die Eintragung des Schiffes nicht beizubringen.

2) Damit Pfandgläubiger und sonstige Beteiligte ihre Rechte wahrnehmen können.

3) Da die Begründung eines Pfandrechts gegen den Ersteher, wie in §. 169 Abs. 2 vorgesehen, bei den in einem deutschen Schiffsregister nicht eingetragenen Schiffen ausgeschlossen ist, so ist zur Sicherung der Beteiligten die Vorschrift des §. 171 Abs. 3 gegeben.

4. Reichsgesetz, betreffend die Küstenfrachtfahrt.

Vom 22. Mai 1881.[1]) (R.G.Bl. S. 97.)

§. 1.

Das Recht, Güter in einem deutschen Seehafen zu laden und nach einem anderen deutschen Seehafen zu befördern, um sie daselbst auszuladen (Küstenfrachtfahrt), steht ausschliesslich deutschen Schiffen zu.

§. 2.

Ausländischen Schiffen kann dieses Recht durch Staatsvertrag oder durch Kaiserliche Verordnung mit Zustimmung des Bundesraths eingeräumt werden.[1])

Zur Überschrift.

1) Das Gesetz ist in Helgoland eingeführt durch Verordnung vom 22. März 1891, Artikel I Nr. 5. (R.G.Bl. S. 23.)

Zu §. 2.

1) Vereinbarungen mit anderen Staaten über gegenseitige Gestattung der Küstenfrachtfahrt sind getroffen:

mit Belgien (Bek. v. 29. Dez. 81) R.G.Bl. 1881. S. 275.
mit Brasilien (Bek. v. 29. Dez. 81) R.G.Bl. 1881. S. 275.
mit Columbien (Vertr. v. 23. Juli 92. Art. 214) R.G.Bl. 1894. S. 472.
mit Costa Rica (Vertr. v. 18. Mai 75. Art. 17) R.G.Bl. 1877. S. 23.
mit Dänemark (Bek. v. 29. Dez. 81) R.G.Bl. 1881. S. 275.
mit Dominika (Vertr. v. 30. Janr. 85. Art. 2, 15) R.G.Bl. 1886. S. 4.
mit Egypten (Vertr. v. 19. Juli 92. Art. 5) R.G.Bl. 1893. S. 20.
(Zollreglement dazu, Art. 28, 29) R.G.Bl. 1893. S. 69.
(Schlußprotokoll dazu unter III) R.G.Bl. 1893. S. 84.
mit Griechenland (Vertr. v. 9. Juli 84. Art. 14) R.G.Bl. 1885. S. 31.
mit Großbritannien (Bek. v. 29. Dez. 81) R.G.Bl. 1881. S. 275.
mit Guatemala (Vertr. v. 20. Sept. 87. Art. 16) R.G.Bl. 1888. S. 249.
mit Honduras (Vertr. v. 12. Dez. 87. Art. 16) R.G.Bl. 1888. S. 273.
mit Japan (Vertrag vom 4. April 96. Art. 3 R.G.Bl. 1896 S. 716. 1899 S. 364).
mit Italien (Bek. v. 29. Dez. 81) R.G.Bl. 1881. S. 275. (Vertr. v. 4. Mai 83. Art. 12) R.G.Bl. 1883. S. 116. (Vertr v. 6. Dez. 91. Art. 14) R.G.Bl. 1892. S. 106.
mit der Internationalen Gesellschaft des Kongo (Übereink. v. 8. Nov. 84. Art. 2) R.G.Bl. 1885. S. 213.
mit Mexiko (Vertr. v. 5. Dez. 82. Art. 4) R.G.Bl. 1883. S. 249.
mit Nicaragua (Vertr. v. 4. Februar 1896. Art. 16 R.G.Bl. 1897 S. 182).
mit den Niederlanden (Bek. v. 1. Juni 86) R.G.Bl. 1885. S. 179.
mit Norwegen (Bek. v. 29. Dez. 81) R.G.Bl. 1881. S. 275.
mit Österreich-Ungarn (Bek. v. 29. Dez. 81) R.G.Bl. 1881. S. 276. (Vertr. v. 6. Dez. 91. Art. 11) R.G.Bl. 1892. S. 6.
mit Rumänien (Bek. v. 29. Dez. 81) R.G.Bl. 1881. S. 276.
mit Rußland (Vertr. v. 10. Febr. 94. Art. 13) R.G.Bl. 1894. S. 163.
mit Schweden (Bek. v. 29. Dez. 81) R.G.Bl. 1881. S. 275.
mit Siam (Bek. v. 29. Dez. 81) R.G.Bl. 1881. S. 276.
mit Spanien (Vertr. v. 12. Juli 83. Art. 18) R.G.Bl. 1883. S. 317.
(Schlußprotokoll zum Art. 18) R.G.Bl. 1883. S. 328.
mit Tonga (Bek. v. 29. Dez. 81) R.G.Bl. 1881. S. 276.
mit Uruguay (Vertr. v. 20. Juni 92. Art. 2) R.G.Bl. 1894. S. 506.

§. 3.

Der Führer eines ausländischen Schiffes, welcher unbefugt Küstenfrachtfahrt betreibt, wird mit Geldstrafe bis zu dreitausend Mark bestraft.

Neben der Geldstrafe kann auf Einziehung des Schiffes und der unbefugt beförderten Güter erkannt werden, ohne Unterschied, ob sie dem Verurtheilten gehören oder nicht.

Der §. 42 des Strafgesetzbuchs findet entsprechende Anwendung.

§. 4.

Bestehende vertragsmässige Bestimmungen über die Küstenfrachtfahrt werden durch dieses Gesetz nicht berührt.[1])

§. 5.

Dieses Gesetz tritt am 1. Januar 1882 in Kraft.

---

5. Reichsgesetz, betreffend die Prisengerichtsbarkeit.

Vom 3. Mai 1884. (**R.G.Bl. S. 49.**)

§. 1.

Die Entscheidung über die Rechtmässigkeit der in einem Kriege gemachten Prisen erfolgt durch besondere Behörden (Prisengerichte).

§. 2.

Der Sitz der Prisengerichte, ihre Zusammensetzung, das Verfahren vor denselben, sowie die Verpflichtung anderer Behörden des Reichs oder der Bundesstaaten, in Prisensachen mitzuwirken, werden durch Kaiserliche Verordnung bestimmt.[1])

---

6. Gesetz, betreffend die Schiffsmeldungen bei den Konsulaten des Deutschen Reichs.

Vom 25. März 1880. (R.G.Bl. S. 181.)

Meldepflicht. §. 1.

Der Führer eines deutschen Kauffahrteischiffes ist verpflichtet, die Ankunft des Schiffes in einem zu dem Amtsbezirke eines deutschen Konsulats gehörigen Hafen und

---

Vgl. auch Vereinbarungen über die Küstenschiffahrt im Gebiet des Kongo und Niger (Gen.-Akte v. 26. Febr. 85. Art. 2, 13, 26) R.G.Bl. 1885. S. 224. Ermächtigung zur Küstenschiffahrt an der ostafrikanischen Küste in Rücksicht auf den bestehenden Sklavenhandel (Gen.-Akte v. 2. Juli 90. Art. 39) R.G.Bl. 1892. S. 632.

Zu §. 4.

1) Die gegenwärtigen vertragsmäßigen Bestimmungen, auf welche §. 4 Bezug nimmt, sind in der Bekanntmachung des Reichskanzlers vom 29. Dezember 1881 (R.G.Bl. S. 276) näher angegeben; sie betreffen Österreich-Ungarn, Rumänien, Tonga und Siam.

Zu §. 2. Gesetz, betreffend die Prisengerichtsbarkeit.

1) Vgl. V. betr. die Ausübung der Prisengerichtsbarkeit aus Anlaß der ostafrikanischen Blokade v. 15. Februar 1889 (R.G.Bl. S. 5).

den Abgang des Schiffes aus einem solchen Hafen dem Konsul mündlich oder schriftlich zu melden.

Die Meldung der Ankunft hat innerhalb der beiden nächstfolgenden Tage, die Meldung des Abgangs vor der Abfahrt des Schiffes zu geschehen.

§. 2.

Befreiung von der Meldepflicht.

Die Meldungen sind nicht erforderlich, wenn das Schiff den Hafen nur angelaufen hat, um

1. auf Wind oder Gezeit zu warten,
2. den Bedarf an Proviant, Wasser oder Ausrüstungsmaterial zu ergänzen,
3. Lootsen einzunehmen oder abzusetzen,
4. Personen oder Ladung einzunehmen oder abzusetzen, sofern der hiermit verbundene Aufenthalt nicht länger als 48 Stunden währt,
5. Briefe oder Orders in Empfang zu nehmen oder abzusenden,
6. etwaigen Polizei-, Zoll- oder anderen am Orte bestehenden Vorschriften nachzukommen.

§. 3.

Die näheren Bestimmungen zur Ausführung dieses Gesetzes werden durch Kaiserliche Verordnung erlassen. Die Verordnung bestimmt insbesondere die Punkte, über welche der Schiffsführer dem Konsul bei der Meldung Auskunft zu ertheilen hat.

§. 4.

Zuwiderhandlung gegen die Meldepflicht.

Der Schiffsführer, welcher den Vorschriften dieses Gesetzes zuwider es unterlässt, die Ankunft oder den Abgang des Schiffes rechtzeitig zu melden, wird mit Geldstrafe bis zu zweihundert Mark bestraft.

Die gleiche Strafe trifft den Schiffsführer, welcher eine den Bestimmungen der Kaiserlichen Verordnung (§. 3) nicht entsprechende Meldung der Aufforderung des Konsuls ungeachtet zu vervollständigen unterlässt.

---

7. Verordnung, betreffend die Schiffsmeldungen bei den Konsulaten des Deutschen Reichs.

Vom 28. Juli 1880. (R.G.Bl. S. 183.)

§. 1. **Inhalt der Meldung.**

Bei der dem Schiffsführer eines deutschen Kauffahrteischiffes nach der Ankunft des Schiffes in einem ausserdeutschen Hafen obliegenden Meldung ist dem zuständigen deutschen Konsul anzuzeigen:

1. der Name, das Unterscheidungssignal, der Heimathshafen, die Gattung und der Nettoraumgehalt des Schiffes,
2. der Name und der Wohnort des Eigenthümers oder des Korrespondentrheders des Schiffes,
3. der Ort und der Tag der Ausfertigung des Schiffscertifikats oder des Flaggenattestes des Schiffes,
4. der Ort und der Tag der Ausfertigung der Musterrolle, sofern dieselbe nicht vorgelegt wird, sowie die Zahl der Schiffsmannschaft,

5. die Zahl der mit dem Schiffe angekommenen Passagiere,
6. ob das Schiff mit Ballast oder mit Ladung angekommen ist, letzterenfalls unter summarischer Bezeichnung der Ladungsgegenstände,
7. der Ort und der Tag des Reiseantritts und der Tag der Ankunft im Hafen,
8. ob. bezw. welche Häfen von dem Schiffe während der Reise angelaufen worden sind,
9. die Adresse desjenigen, welcher die Klarirungsgeschäfte des Schiffes am Orte besorgt.

Den unter 1 bis 3 geforderten Anzeigen kann auch durch Vorlegung des Schiffscertifikats oder des Flaggenattestes genügt werden.

Vorlegung der Musterrolle. §. 2.

Hat der Konsul in dem Hafen, welchen das Schiff besucht, seinen Wohnsitz, so ist bei der Anmeldung auch die Musterrolle der Mannschaft des Schiffes vorzulegen. Dieselbe wird von dem Konsul aufbewahrt.

Inhalt der Abmeldung. §. 3.

Bei der Abmeldung ist anzuzeigen:
1. der Bestimmungsort des Schiffes,
2. ob das Schiff mit Ballast oder mit Ladung abgeht, letzterenfalls unter summarischer Bezeichnung der Ladungsgegenstände,
3. der Tag der Ausklarirung.

Schriftliche Meldung. §. 4.

Erfolgt die Meldung schriftlich, so ist dieselbe von dem Führer des Schiffes zu unterschreiben.

§. 5.
Vervollständigung der Meldung.

Genügt der Inhalt der Meldung dem Konsul nicht, so hat der Schiffsführer dieselbe auf ergangene Aufforderung nach Massgabe der obigen Bestimmungen baldthunlichst zu vervollständigen.

---

8. Reichsgesetz, betreffend die Untersuchung von Seeunfällen.

Vom 27. Juli 1877. (R.G.Bl. S. 549.) [1]

Zur Überschrift.

1) Der Entwurf eines Gesetzes, betr. die Untersuchung von Seeunfallen (Nr. 17 der Drucksachen des deutschen Reichstags, 2. Legislatur-Periode, IV. Session 1876) wurde vom Bundesrat dem Reichstage vorgelegt, von diesem am 6. November 1876 in erster und zweiter Lesung beraten, bei welcher einige Änderungen, darunter namentlich eine stärkere Einwirkung der **Reichsorgane**, vorgeschlagen wurden, sodann an eine Kommission verwiesen, welche Bericht erstattete (Nr. 95 der Drucksachen, 3. Legislatur-Periode, I. Session 1877). In dritter Lesung wurde der Entwurf fast unverändert nach den Vorschlägen der Kommission angenommen, von dem Bundesrat genehmigt und am 27. Juli 1877 von dem Kaiser vollzogen. Das Gesetz wurde ergänzt durch das Gesetz, betr. den Gewerbebetrieb der Maschinisten auf Seedampfschiffen vom 11. Juni 1878 (R.G.Bl. S. 109). Dieses letztere Gesetz ist jedoch durch die anderweite Fasung

§. 1.

Zur Untersuchung der Seeunfälle, von welchen Kauffahrteischiffe betroffen werden, sind an den deutschen Küsten Seeämter zu errichten.[1])

§. 2.

Gegenstand der Untersuchung (§. 1) sind Seeunfälle:

1. deutscher Kauffahrteischiffe;
2. ausländischer Kauffahrteischiffe, wenn
   a) der Unfall sich innerhalb der deutschen Küstengewässer ereignet hat, oder
   b) die Untersuchung vom Reichskanzler angeordnet ist.[1])

---

des §. 31 der jetzt gültigen Reichsgewerbeordnung, insoweit als es auf die Gewerbeordnung Bezug nimmt, gegenstandslos geworden, weil jene jetzt ausdrücklich sich auf Maschinisten der Seedampfschiffe erstreckt. (Vgl. Anm. 1b zu Buch IV, Abschn. 3 H.G.B.)

Zu §. 1.

1) Die Mot. zum Entw. bemerken: Die Untersuchung von Seeunfällen erfordert die Errichtung eigener Behörden. Eine Aufgabe der Gerichte bildet die Ermittelung der Ursachen eines Seeunfalls nur dann, wenn der letztere auf die absichtliche oder fahrlässige Verletzung eines Strafgesetzes zurückzuführen ist oder zur Grundlage einer Verfolgung privatrechtlicher Ansprüche im Wege des Civilprozesses gemacht wird, oder wenn, wie bei der Verklarung (§§. 522 ff. H.G.B.) im Interesse der Vorbereitung einer solchen Verfolgung das für sie unentbehrliche Beweismaterial unter richterlicher Mitwirkung gesammelt werden soll. Eine Untersuchung der Seeunfälle dagegen, wie sie der Entwurf bezweckt, ist lediglich im öffentlichen Schiffahrtsinteresse vorzunehmen und liegt deshalb dem Wirkungskreise der Gerichte fern. Der Entwurf bestimmt deshalb, daß zur Untersuchung der Seeunfälle besondere Behörden, Seeamter, zu errichten sind. — Zur Kompetenz dieser Behörden soll nur die Untersuchung derjenigen Seeunfalle gehören, von welchen Kauffahrteischiffe betroffen werden, weil die Verwaltung der Kriegsmarine für ein derartiges Verfahren eigene Organe besitzt. — Als Sitze der Seeamter sind lediglich deutsche Hafenorte in Aussicht genommen, zur Zeit bestehen die Seeämter in Königsberg, Danzig, Stettin, Stralsund, Rostock, Lübeck, Flensburg, Tönning, Hamburg, Bremerhaven, Brake und Emden. Den Kaiserlichen Konsuln kann die Untersuchung von Seeunfällen nicht übertragen werden. S. §. 15.

Zu §. 2.

1) a. Der Begriff des Seeunfalls ist im Gesetz nicht definiert. Nach der Auffassung des Ober-Seeamts (vgl. v. König S. 329 ff.) sind darunter alle Unfälle begriffen, welche einem Seeschiffe oder einer dazu gehörigen Sache oder Person begegnen, auch wenn letztere zu den Passagieren gehört. Unerheblich ist, ob der Fall einer Verklarung vorliegt.

b. Die Mot. bemerken: Unfälle, welche deutschen Schiffen begegnen, sollen, ohne Rücksicht auf den Ort, an welchem sie sich ereignet haben, von den Seeämtern untersucht werden, und es soll dies auch dann geschehen, wenn über eine Strandung ꝛc. etwa aus dem Grunde, weil sie an der Küste eines fremden Landes stattgefunden hat, in dem letzteren bereits eine Untersuchung eingeleitet worden ist; denn das Ziel, welches eine ausländische Behörde dabei zu verfolgen hat, wird häufig ein anderes als dasjenige sein, welches im Interesse der deutschen Schiffahrt zunächst ins Auge zu fassen ist. Aber auch bei Seeunfällen fremder Schiffe werden die deutschen Seeämter berufen sein, eine Untersuchung vorzunehmen, wenn ein solches Schiff innerhalb der deutschen Küstengewässer verunglückt. Ist dieser Fall durch Mängel in den für die Schiffahrt bestimmten Hülfseinrichtungen, z. B. durch das Fehlen eines Seezeichens, durch unterlassene Beleuchtung einer Küstenstrecke, oder durch die Schuld eines deutschen Lootsen herbeigeführt, so hat die deutsche Behörde ein unmittelbares Interesse daran, den Sachverhalt aufzuklären und den

§. 3.

Das Seeamt ist verpflichtet, die Untersuchung vorzunehmen:

1. wenn bei dem Unfalle entweder Menschenleben verloren gegangen, oder ein Schiff gesunken oder aufgegeben ist;
2. wenn die Untersuchung vom Reichskanzler angeordnet ist.

Bei sonstigen Seeunfällen bleibt die Vornahme der Untersuchung dem Ermessen des Seeamts überlassen.[1])

§. 4.

Durch die Untersuchung sollen die Ursachen des Seeunfalles, sowie alle mit demselben zusammenhängenden Thatumstände ermittelt werden.

Insbesondere ist festzustellen:

1. ob der Schiffer oder der Steuermann durch Handlungen oder Unterlassungen den Unfall oder dessen Folgen verschuldet hat;
2. ob Mängel in der Bauart, Beschaffenheit, Ausrüstung, Beladung oder in der Bemannung des Schiffes, oder
3. ob Mängel des Fahrwassers oder der für die Schiffahrt bestimmten Hülfseinrichtungen (der Seezeichen, des Lootsenwesens, der Rettungsanstalten u. s. w.) oder Handlungen oder Unterlassungen der zur Handhabung dieser Einrichtungen bestellten Personen den Unfall oder dessen Folgen herbeigeführt haben;
4. ob die zur Verhütung des Zusammenstossens von Schiffen auf See und die über das Verhalten nach einem solchen Zusammenstossen erlassenen Vorschriften befolgt worden sind.[1])

---

dabei festgestellten Ordnungswidrigkeiten abzuhelfen. Gerät ein fremdes Schiff außerhalb der deutschen Küstengewässer in Seenot, so liegt an sich für die deutschen Seeämter kein Grund vor, in die Erörterung eines solchen Falles einzutreten. Indessen ist die Möglichkeit nicht ausgeschlossen, daß von einem derartigen Ereignis deutsche Interessen nahe berührt werden, z. B. wenn ein fremdes Schiff, welches mit deutschen Reisenden besetzt oder dessen Ladung deutsches Eigentum ist, im südöstlichen Teile der Nordsee an einer Stelle strandet, welche außerhalb des Bereiches der deutschen Küstengewässer liegt. Gelangt demnächst die Mannschaft dieses Schiffes in einen deutschen Hafen, so kann es für die deutschen Beteiligten von Wichtigkeit sein, hier alsbald eine Untersuchung vorgenommen zu sehen. Die Einleitung derselben wird aber, weil dabei vorwiegend internationale Rücksichten in Frage kommen, der Anordnung des Reichskanzlers vorzubehalten sein.

Zu §. 3.

1) Die Mot. bemerken: Eine Verklarung ist nach dem Handelsgesetzbuch (§. 522) über jeden Seeunfall abzulegen, weil sich an einen solchen stets privatrechtliche Folgen knüpfen. Für das öffentliche Interesse hat dagegen ein Unfall nur dann Bedeutung, wenn derselbe von einem erheblichen Verlust begleitet ist. Die seeamtliche Untersuchung soll deshalb nur stattfinden, wo diese Voraussetzung zutrifft. Letzteres wird immer der Fall sein, wenn dabei ein Mensch umgekommen oder das Schiff gesunken oder von der Mannschaft aufgegeben ist; alsdann soll das Seeamt, sofern es gemäß §. 2 des Entwurfs ohne Anweisung des Reichskanzlers sich mit der Angelegenheit befassen darf, zur Einleitung der Untersuchung verpflichtet sein. Bei sonstigen Unfällen, welche dasselbe ohne eine solche Anweisung zu seiner Kognition zu ziehen befugt ist, wird ihm zunächst überlassen bleiben können, zu ermessen, ob ein öffentliches Interesse die Vornahme einer Untersuchung erheischt; doch empfiehlt es sich, das Recht der Anordnung derselben dem Reichskanzler vorzubehalten.

Zu §. 4.

1) §. 145 Strafgesetzbuch, V. v. 9. Mai 1897 (unten Anhang 9), V. v. 15. August 1876 (unten Anhang 11), Verordnung vom 29. Juli 1889 (Anhang 12).

§. 5.

Zuständig für die Untersuchung ist das Seeamt:

1. in dessen Bezirk der Hafen liegt, welchen das Schiff nach dem Unfalle zunächst erreicht;
2. dessen Sitz dem Ort des Unfalles zunächst belegen ist;
3. in dessen Bezirk der Heimathshafen des Schiffes liegt.[1])

Unter mehreren hiernach zuständigen Seeämtern gebührt demjenigen der Vorzug, welches die Untersuchung zuerst eingeleitet hat. Jedoch kann die Untersuchung einem anderen der zuständigen Seeämter durch das Reichskanzler-Amt übertragen werden.[2])

Entstehen Streitigkeiten oder Zweifel über die Zuständigkeit, so entscheidet das Reichskanzler-Amt.[3])

§. 6.

Die Errichtung der Seeämter und die Bestimmung der Behörden, welche die Aufsicht über diese Aemter zu führen haben, steht den Landesregierungen nach Massgabe der Landesgesetze, die Abgrenzung ihrer Bezirke dem Bundesrath zu.[1])

Die Oberaufsicht über die Seeämter führt das Reich.

§. 7.

Das Seeamt bildet eine kollegiale Behörde und besteht aus einem Vorsitzenden und vier Beisitzern.

Der Vorsitzende muss die Fähigkeit zum Richteramt besitzen. Er wird für die Dauer des zur Zeit seiner Ernennung von ihm bekleideten Amts, oder, falls er zur Zeit seiner Ernennung ein Amt nicht bekleidet, auf Lebenszeit ernannt. Die letztere Bestimmung findet auf einen, für den Fall der Verhinderung oder Ablehnung des Vorsitzenden ernannten Stellvertreter keine Anwendung.

Mindestens zwei der Beisitzer müssen die Befähigung als Seeschiffer besitzen und müssen als solche gefahren haben.[1])

Zu §. 5.

1) Hierbei ist an den Fall gedacht (Mot. S. 12), wenn z. B. das Schiff zu Grunde gegangen ist und der Unfall sich in einer vom Reichsgebiet weit entfernten Meeresgegend zugetragen hat.

2) Mit Rücksicht auf die notwendige Beschleunigung entscheidet für die Zuständigkeit die Prävention. Aus Zweckmäßigkeitsgründen (wenn die Vernehmung der Besatzung und die Besichtigung des Schiffes an entlegenen Orten stattfinden müßte, wenn die Unbefangenheit des an sich zuständigen Amtes bedenklich sein könnte, u. dgl. m.) ist dem Reichskanzleramt überlassen, die Untersuchung einem anderen der zuständigen Ämter zu übertragen.

3) Jetzt Reichsamt des Innern (Kabinets-Ordre vom 24./XII. 1879). — Die Entscheidung konnte dem Ober-Seeamte nicht übertragen werden, weil dieses keine ständige Behörde ist. — Im Falle des letzten Abs. dieses §. entscheidet das Reichskanzleramt (Reichsamt des Innern) auch dann, wenn die beteiligten Seeämter demselben Staate angehören. (Komm.-Ber. S. 8.)

Zu §. 6.

1) Die Bildung der Seeamts-Bezirke ist erfolgt durch V. v. 1./XII. 1877 (Ctbl. 1877 S. 621).

Zu §. 7.

1) Die Mot. bemerken: Die Aufgabe des Seeamts ist eine zweifache. Es soll einmal feststellen, welches die Ursachen eines Seeunfalls gewesen sind, sodann aber, wenn der letztere durch die Schuld des Schiffers oder des Steuermanns herbeigeführt worden ist, darüber entscheiden, ob demselben die Befugnis zum ferneren Betriebe seines Gewerbes zu belassen oder zu entziehen ist. Die eine dieser Funktionen ist eine begutachtende, die andere eine verwaltungs-

§. 8.

Die Aufsichtsbehörde hat für jedes Seeamt auf jedes Jahr im voraus eine Liste für das Amt eines Beisitzers geeigneter Personen aufzustellen und dem Vorsitzenden des Seeamts mitzutheilen. Die Zahl der in die Liste aufzunehmenden Personen bestimmt die Aufsichtsbehörde nach Massgabe des Bedürfnisses. Wo eine Vertretung des Rheder-, Schiffer- und Handelsstandes vorhanden ist, ist dieselbe vor Aufstellung der Liste mit ihren Vorschlägen zu hören.[1])

§. 9.

Der Vorsitzende des Seeamts wählt für jeden Untersuchungsfall aus der Liste vier Beisitzer und, wenn erforderlich, einen Stellvertreter aus, beruft dieselben ein und beeidigt sie auf die Erfüllung der Obliegenheiten ihres Amts.[1])

§. 10.

Auf die Befähigung zum Amt eines Beisitzers finden die in den §§. 31 bis 34 des Gerichtsverfassungsgesetzes enthaltenen Bestimmungen entsprechende Anwendung, jedoch tritt an die Stelle des §. 33 Nr. 2 folgende Bestimmung:

2. Personen, welche zur Zeit der Aufstellung der Liste den Wohnsitz nicht im Bezirk des Seeamts haben,

und fallen unter §. 34 Nr. 9 die der aktiven Marine angehörenden Militärpersonen aus.

Die Berufung zum Amt eines Beisitzers können ablehnen:

1. Mitglieder einer deutschen gesetzgebenden Versammlung;
2. Personen, welche zur Zeit der Aufstellung der Liste (§. 8) das 65. Lebensjahr vollendet haben, oder bis zum Ablauf des Jahres, für welches die Liste gilt, vollenden würden;
3. Personen, welche im letzten Jahre die Verpflichtung eines Beisitzers erfüllt haben.

Die Beisitzer erhalten aus Landesmitteln Vergütung der Reisekosten und Tagegelder, deren Höhe die Landesregierungen bestimmen.[1])

---

gerichtliche. Beide lassen sich in sachgemäßer Weise nur durch Kollegien ausüben. — Die Ermittelung der Ursachen von Seeunfällen erfordert nicht selten die Beantwortung schwieriger nautisch-technischer Fragen. Diese Rücksicht bedingt nicht nur, daß das Seeamt in seiner Mehrheit aus Sachverständigen bestehe, welche mit den verschiedenen Zweigen des Schiffahrtsbetriebs vertraut sind, sondern sie verbietet auch, die Zahl derselben zu knapp zu bemessen. Das Seeamt soll deshalb aus einem Vorsitzenden und vier des Seewesens kundigen Beisitzern bestehen. Von den letzteren sollen mindestens zwei die Befähigung als Seeschiffer besitzen (und müssen, wie die Kommission des Reichstags hinzufügte, als solche gefahren haben). Die übrigen Beisitzer würden aus den Kreisen der Nautiker (z. B. Mitglieder der deutschen Seewarte), Navigationslehrer, Maschineningenieure, Steuermänner ꝛc. entnommen werden können. — Die Kommission fügte hinzu, daß der Vorsitzende und der Stellvertreter die Fähigkeit zum Richteramt besitzen müssen. Für den ersteren sind noch weitere Garantieen im Gesetze geschaffen.

Zu §. 8.

1) Die Anhörung ist in dem gedachten Falle obligatorisch.

Zu §. 9.

1) Der Vorsitzende ist ein ständiger Beamter, die Beisitzer sind es nicht, weshalb ihre und des etwa einberufenen Stellvertreters Beeidigung für jeden Untersuchungsfall notwendig ist.

Zu §. 10.

1) Der §. 10 ist an die Bestimmungen des Gerichtsverfassungsgesetzes über die Schöffen angelehnt, läßt jedoch als Beisitzer auch solche Personen zu, welche zur Zeit der Aufstellung der

§. 11.

Der aktiven Marine angehörende Militärpersonen werden nicht in die Liste aufgenommen. Der Vorsitzende des Seeamts kann jedoch eine der aktiven Marine angehörende Militärperson mit ihrer Zustimmung zum Beisitzer wählen und zwar ohne Rücksicht auf ihren Wohnsitz im Bezirk des Seeamts. Die Wahl aus der Liste beschränkt sich für diesen Fall auf 3 Beisitzer und, wenn erforderlich, einen Stellvertreter.[1])

§. 12.

Ueber Entschuldigungsgesuche der Beisitzer und über Ablehnungsanträge entscheidet endgültig der Vorsitzende.

Beisitzer, welche ohne genügende Entschuldigung zu den Sitzungen nicht rechtzeitig sich einfinden, oder ihren Obliegenheiten in anderer Weise sich entziehen, sind zu einer Ordnungsstrafe von 10 bis 300 Mark, sowie in die verursachten Kosten zu verurtheilen.

Die Verurtheilung wird durch den Vorsitzenden ausgesprochen. Erfolgt nachträglich genügende Entschuldigung, so kann die Verurtheilung ganz oder theilweise zurückgenommen werden Gegen die letztere findet Beschwerde von Seiten des Verurtheilten an die Aufsichtsbehörde statt.

§. 13.

Der Reichskanzler bestellt für jedes Seeamt einen Kommissar, welcher Anträge an das Seeamt oder seinen Vorsitzenden zu stellen, den Verhandlungen des Seeamts beizuwohnen, Einsicht von den Akten zu nehmen, und für den Fall, dass der Vorsitzende die Einleitung einer Untersuchung verweigert, Anträge auf Anordnung einer Untersuchung bei dem Reichskanzler zu stellen berechtigt ist. Dieselbe Person kann für mehrere Seeämter als Kommissar bestellt werden.[1])

§. 14.

Die für die Aufnahme der Verklarungen zuständigen Gerichte, die Hafenbehörden, die Strandbehörden, die Seemannsämter und die Schiffsregisterbehörden sind verpflichtet, von den zu ihrer Kenntniss gelangenden Seeunfällen einem zuständigen Seeamt (§. 5) ungesäumt Anzeige zu machen.[1])

Liste ihren Wohnsitz (wenn auch nicht bereits 2 Jahre) im Bezirke des Seeamts haben, und außerdem die der aktiven Marine angehörenden Militärpersonen.

Zu §. 11.

1) In der Kommission (Ber. S. 11) wurde geltend gemacht: Der Vorsitzende könne, wenn ihm die Zuziehung eines Marineoffiziers wünschenswert erscheine, einen solchen als Beisitzer berufen, ohne durch die Jahresliste gebunden zu sein und ohne daß es auf den Wohnort des Berufenen ankomme. Dieser werde die Berufung abzulehnen haben, wenn ihm der erforderliche Urlaub nicht erteilt werde. Es würde jedoch niemals mehr als ein Marineoffizier zur Zeit im Seeamt fungieren können, so daß mindestens ein Kauffahrteischiffer demselben angehören muß, damit die Rücksicht auf die Verschiedenheit des Dienstes auf Kriegs- und Kauffahrteischiffen gesichert ist.

Zu §. 13.

1) Der §. 13 verordnet die Einrichtung eines ständigen Reichskommissariats, dessen Befugnisse auf die Bezirke mehrerer Seeämter erstreckt werden kann. Seine Stellung ist analog der eines Staatsanwalts gedacht.

Zu §. 14.

1) Da die Seeämter die Untersuchung der Seeunfälle von Amtswegen einleiten sollen, so ist dafür Sorge zu tragen, daß sie von jedem Seeunfall möglichst schnell Kenntnis erhalten.

§. 15.

Die deutschen Seemannsämter im Auslande (Konsulate) haben, sobald sie von einem Seeunfalle Kenntniss erlangen, zur vorläufigen Feststellung des Thatbestandes diejenigen Ermittelungen und Beweiserhebungen vorzunehmen, welche keinen Aufschub dulden.[1])

§. 16.

Ueber die Einleitung der Untersuchung beschliesst der Vorsitzende.

Ihm liegen die zur Vorbereitung der Hauptverhandlung erforderlichen Ermittelungen, die Anberaumung der Hauptverhandlung, die fur dieselbe erforderlichen Ladungen der betheiligten Zeugen und Sachverständigen, die rechtzeitige Herbeischaffung der Beweismittel und die sonstigen Vorbereitungen zur Hauptverhandlung ob.

Zu diesem Zweck ist den im §. 14 bezeichneten Behörden die Verpflichtung auferlegt, von den zu ihrer Kenntnis gelangenden Seeunfällen einem zuständigen Seeamt ungesäumt Mitteilung zu machen. Die Hafenbehörden und die Strandbehörden sind hierzu für diejenigen Fälle berufen, welche sich in der Nähe der deutschen Küste ereignen, da dieselben bei ihnen nach der Strandungsordnung vom 17. Mai 1874 §§. 4, 5, 20, 21 zur Anzeige gelangen. Den Seemannsämtern und den Schiffsregisterbehörden ist die erwähnte Verpflichtung mit Rücksicht auf die Unfälle auferlegt, welche sich an einer von der deutschen Küste entlegenen Stelle zutragen. Die Seemannsämter im Auslande (Konsulate) haben nach dem Gesetz vom 8. November 1867 §. 36 bei Seeunfällen die erforderlichen Bergungs- und Rettungsmaßregeln einzuleiten und zu überwachen; die Schiffsregisterbehörden erhalten nach dem Flaggengesetz vom 22. Juni 1899 §§. 13, 14 vom Untergang eines jeden bei ihnen eingetragenen Schiffes Anzeige (Mot. S. 16), endlich erhalten die für Aufnahme von Verklarungen zuständigen Gerichte in Gemäßheit der §§. 522, 524 H.G.B. von dem Unfalle alsbald nach Ankunft der von demselben betroffenen Schiffe genügende Kenntnis.

Zu §. 15.

1) Die Mot. bemerken: Wenn ein deutsches Schiff an einer fremden Küste verunglückt, so ist nicht immer darauf zu rechnen, daß es dem Seeamt gelingen werde, das ganze für den Zweck der Untersuchung benutzbare Beweismaterial in seinem Bezirk zusammenzubringen. Es wird nicht selten der Fall eintreten, daß ein Teil der Mannschaft eines solchen Schiffes, nachdem dieselbe den nächsten ausländischen Hafen aufgesucht hat, der Rückkehr in die Heimat den Eintritt in den Dienst eines anderen Schiffes vorzieht und mit diesem sich auf eine längere Reise begiebt. Das Seeamt muß alsdann, falls sich nicht die Untersuchung unabsehbar hinziehen soll, darauf verzichten, diese Schiffsleute vor sich zu laden und zu vernehmen. Ebensowenig ist dasselbe in der Lage, wenn ein deutsches Schiff an einer ausländischen Küste gestrandet ist, dessen Zustand und Beschaffenheit durch Einnahme des Augenscheins festzustellen. Um die Benutzung solcher Beweismittel zu ermöglichen, bleibt nur übrig, die deutschen Seemannsämter im Auslande (die Konsulate) zu beauftragen, daß sie bei Seeunfällen, welche sich in den an ihre Amtsbezirke grenzenden Gewässern ereignen, die zur vorläufigen Feststellung des Thatbestandes erforderlichen Ermittelungen und Beweiserhebungen vornehmen. Diese Verrichtung hat sich jedoch nicht auf Erhebungen auszudehnen, welche das Seeamt selbst zu bewirken imstande ist; das Seemannsamt soll deshalb mit der Beweisaufnahme nur soweit vorgehen, als sie keinen Aufschub duldet. — Die Befugnis der beteiligten Konsuln, Beweiserhebungen vorzunehmen, schließt das Recht in sich, die vernommenen Zeugen und Sachverständigen zu vereidigen, ohne daß es dazu der im Gesetz, betreffend die Organisation der Bundeskonsulate, vom 8. November 1867 §. 20 (B.G.Bl. S. 141) vorbehaltenen Ermächtigung des Reichskanzlers bedarf. Vgl. V. v. 23./XI. 1877. (Ctbl. 1877 S. 623.) — Der Text des §. 15 beschränkt die Befugnis der Konsuln jedoch nicht (wie die Motive) auf deutsche Schiffe, vielmehr scheint aus der ratio legis hervorzugehen, daß die Befugnis soweit reicht, wie die Kompetenz eines deutschen Seeamts reichen würde. (§. 2 Ziff. 2b.) — Betreffs der Verpflichtung der Konsulate zur Feststellung und

Auch andere Verfügungen, wenn sie keinen Aufschub leiden, namentlich auch wegen Vernehmung und Beeidigung der Zeugen bei Gefahr im Verzuge, kann der Vorsitzende erlassen, so lange das Seeamt nicht versammelt ist.[1])

§. 17.

Ist wegen eines Seeunfalles eine gerichtliche Untersuchung eröffnet, so ist der Vorsitzende befugt, die Einleitung oder Fortsetzung der Untersuchung desselben Seeunfalles bis zur Beendigung des gerichtlichen Verfahrens auszusetzen. Ist jedoch das Seeamt bereits versammelt, so steht diese Befugniss nur dem letzteren zu.[1])

§. 18.

Das Seeamt ist befugt, Beweis durch Einnahme des Augenscheins zu erheben, Zeugen und Sachverständige zu laden und dieselben eidlich zu vernehmen.

Anzeige von Unfällen, durch welche Personen der Schiffsbesatzung getödtet oder verletzt sind, vgl. §§. 61, 66 Ges. betr. die Unfallversicherung der Seeleute vom 13. Juli 1887 (R.G.Bl. S. 329).

Zu §. 16.

1) Die Mot. bemerken: Ein Teil der Personen, welche in die Liste für die Auswahl der Beisitzer des Seeamts aufgenommen sind, wird nicht am Orte des letzteren, sondern an anderen Orten seines Bezirks den Wohnsitz haben; es wird deshalb zwischen dem Eingang der Anzeige von einem Seeunfall und dem Zusammentritt des Seeamts ein gewisser Zeitraum verstreichen. Damit dieser nicht ungenutzt bleibe, ermächtigt der Entwurf den Vorsitzenden des Seeamts, so lange dasselbe nicht versammelt ist, über die Einleitung der Untersuchung zu beschließen, die erforderlichen Ermittelungen zur Vorbereitung der Hauptverhandlung anzustellen, die letztere anzuberaumen, Zeugen, Sachverstandige und andere Beteiligte zu laden, die Schiffspapiere einzufordern und die sonstigen Beweismittel herbeizuschaffen. Andere keinen Aufschub leidende Verfügungen erlassen darf der Vorsitzende nur, so lange das Seeamt nicht versammelt ist. — Die Kommission hat hinzugefügt, daß der Vorsitzende bei Gefahr im Verzuge auch die Vernehmung und Beeidigung der Zeugen veranlassen kann.

Zu §. 17.

1) Die Mot. bemerken: Gewisse Seeunfalle stellen den Thatbestand von Verbrechen oder Vergehen dar (vgl. z. B. Str.G.B. §§. 145, 265, 323, 326). Neben der strafgerichtlichen Verfolgung derselben wird in vielen Fällen die seeamtliche Untersuchung ungehindert ihren Lauf nehmen können. Indessen ist die Möglichkeit nicht ausgeschlossen, daß Umstände eintreten, welche der gleichzeitigen Fortsetzung beider Prozeduren Hemmnisse bereiten. Es muß dann die eine hinter der anderen zurückstehen, und dabei wird das gerichtliche Strafverfahren den Vorrang zu beanspruchen haben. Das Seeamt wird beispielsweise in der Regel besonderen Wert darauf legen, daß der Schiffer und der Steuermann des verunglückten Schiffes vor ihm persönlich ihre Aussagen über die näheren Umstände des Unfalls abgeben. Ist eine von diesen Personen inzwischen auf gerichtliche Anordnung zur Untersuchungshaft gebracht worden, so kann dadurch dem Seeamt die Gelegenheit entzogen werden, vor Beendigung des gerichtlichen Verfahrens seinerseits die Vernehmung des Verhafteten zu bewirken. Damit das Seeamt sich nicht genötigt sehe, in einem solchen Falle die von ihm eingeleitete Untersuchung unter Verzicht auf die Abhörung des in Haft Genommenen zum formellen Abschluß zu bringen, ist dem Seeamt und, wenn dasselbe nicht versammelt ist, dem Vorsitzenden gestattet, das administrative Verfahren bis zur Beendigung des Kriminalprozesses zu sistieren. — In der Kommission wurde die Bestimmung beantragt, daß auf Verlangen des Vorsitzenden die Aufnahme der Verklarung über die Reise, auf welcher sich der den Gegenstand der Untersuchung bildende Unfall ereignet hat,

§. 19.

Soweit dieses Gesetz nicht abweichende Bestimmungen enthält, finden auf das Verfahren die Bestimmungen des Gerichtsverfassungsgesetzes Titel 15 und 16 und der Strafprozessordnung Buch 1, Abschnitt 3, 6 und 7 entsprechende Anwendung.

Die Festsetzung und Vollstreckung von Strafen gegen Zeugen und Sachverständige, sowie die Vorführung eines nicht erschienenen Zeugen erfolgen auf Ersuchen durch das zuständige Gericht. Anordnung der Haft zur Erzwingung eines Zeugnisses findet nicht statt.

§. 20.

Anträgen des Seeamts sind die Gerichte und die in §. 14 genannten Behörden innerhalb ihrer Zuständigkeit zu entsprechen verpflichtet.

§. 21.

Das Verfahren vor dem Seeamt ist öffentlich und mündlich.

Der Vorsitzende leitet die Verhandlungen, bei deren Eröffnung er eine Darstellung der bisher über den Seeunfall veranlassten Ermittelungen (§§. 15, 16) zu geben hat. Den Beisitzern, sowie dem Reichskommissar steht das Recht zu, an die zur Vernehmung erschienenen Personen unmittelbar Fragen zu stellen. Das Seeamt fasst seine Beschlüsse nach Stimmenmehrheit.

§. 22.

Der Schiffer und der Steuermann des Schiffes, dessen Unfall den Gegenstand der Untersuchung bildet, sind als Zeugen nur auf Beschluss des Seeamts zu beeidigen. Dieselben können Anträge stellen, über welche das Seeamt zu befinden hat, an die zur Vernehmung erschienenen Personen unmittelbar Fragen richten, auch sich eines rechts- oder sachkundigen Beistandes bedienen.[1])

§. 23.

Zweifel über die Zulässigkeit einer Frage entscheidet in allen Fällen das Seeamt.

§. 24.

Ueber die mündliche Verhandlung wird ein Protokoll aufgenommen, welches die Namen der Anwesenden und die wesentlichen Momente der Verhandlung enthalten muss. Das Protokoll wird von dem Vorsitzenden und dem Protokollführer unterzeichnet.[1])

§. 25.

Nach Schluss der Verhandlungen hat das Seeamt über die Ursachen des Seeunfalles (§. 4) seinen Spruch abzugeben. Derselbe muss mit Gründen versehen sein und hat insbesondere das Ergebniss der Beweisverhandlungen festzustellen. Der Spruch ist schrift-

---

bis zur Beendigung der Untersuchung auszusetzen sei. Dieser Antrag wurde jedoch abgelehnt. (Komm.-Ber. S. 13.)

Zu §. 22.

1) Der §. 22 hat in dem Interesse jener Personen, falls der Unfall durch sie verschuldet ist, seinen Grund. — §. 22 ist auch auf die Maschinisten des Schiffes anzuwenden. (Reichsg. v. 11. Juni 1878, R.G.Bl. S. 109.)

Zu §. 24.

1) Die Beurkundung durch ein Protokoll ist notwendig, weil das Verfahren unter Umständen in zweiter Instanz fortgesetzt werden wird, und weil die Aussagen von Zeugen und Sachverständigen über Seezeichen, Lootseneinrichtungen u. dgl. für die mit deren Beaufsichtigung betrauten Schiffahrtsbehörden von Interesse sein können. (Mot. S. 19.)

lich abzufassen und spätestens innerhalb 14 Tagen nach Schluss der Verhandlungen in öffentlicher Sitzung zu verkünden. Dem Reichskommissar, sowie auf Verlangen dem Schiffer und dem Steuermann ist Ausfertigung des Spruches mitzutheilen.[1])

§. 26.

Auf Antrag des Reichskommissars kann, wenn sich ergiebt, dass ein deutscher Schiffer oder Steuermann den Unfall oder dessen Folgen in Folge des Mangels solcher Eigenschaften, welche zur Ausübung seines Gewerbes erforderlich sind, verschuldet hat, demselben durch den Spruch (§. 25) zugleich die Befugniss zur Ausübung seines Gewerbes (§. 31 der Gewerbeordnung vom 21. Juni 1869) entzogen werden.

Einem Schiffer, dem die Befugniss entzogen wird, kann nach Ermessen des Seeamts auch die Ausübung des Steuermannsgewerbes untersagt werden.[1])

Zu §. 25.

1) Die Mot. bemerken: Der wesentliche Zweck der Untersuchung eines Seeunfalles ist die Ermittelung der Ursachen des letzteren. Das Ergebnis dieser Ermittelung soll deshalb nach dem Abschluß der mündlichen Verhandlung durch einen motivierten Spruch des Seeamts festgestellt werden. Der letztere ist in seiner Beschränkung auf eine solche thatsächliche Feststellung keine vollstreckbare Entscheidung, sondern lediglich ein Gutachten, welches den bei der Seeschiffahrt beteiligten Behörden und Privatpersonen eine zuverlässige Kenntnis von jenen Ursachen vermitteln und zu deren Beseitigung, soweit diese im Bereich der Möglichkeit liegt, Anregung geben soll. Der Spruch hat ferner nicht die Bedeutung, daß er für die Entscheidung eines Civil- oder Kriminalprozesses, welche sich etwa an den Seeunfall knüpfen kann, als eine maßgebende Feststellung anzusehen wäre. Deshalb ist der Spruch, soweit er sich in den angegebenen Grenzen hält, einer Anfechtung im Instanzenzuge nicht zu unterwerfen. Der Reichskommissar erhält Ausfertigung des Spruches, damit die Reichsverwaltung die Mißstände und Mängel, welche der Spruch etwa aufdeckt, abstellen könne. Auch der Schiffer und der Steuermann sollen, wenn sie es verlangen, eine Ausfertigung erhalten, damit sie sich über das Ergebnis der Untersuchung ausweisen können.

Zu §. 26.

1) In der Kommission des Reichstags wurde die Konzessionsentziehung nicht als ein Strafmittel, sondern als eine verwaltungsgerichtliche Berichtigung des der Erteilung der Approbation zu Grunde liegenden Urteils aufgefaßt. Die Entziehung des Patents auf Zeit wurde abgelehnt, weil diese einen strafrechtlichen Charakter haben würde, dagegen wurde eine Rehabilitation (§. 34) zugelassen. — Der §. 26 handelt nur von deutschen Schiffern und Steuermännern (denen nach dem Reichsg. v. 11. Juni 1878 die deutschen Maschinisten hinzutreten); wird gemäß §. 4 Ziff. 3 das Verschulden einer derjenigen Personen festgestellt, welche zur Handhabung der für die Schiffahrt bestimmten Hülfseinrichtungen (Seezeichen, Lootsenwesen, Rettungsanstalten u. s. w.) bestellt sind, dann ist das Verschulden, wenn es sich um Beamte handelt, auf disziplinarem Wege zu verfolgen. Die Patententziehung gegen den Schiffer oder Steuermann (oder Maschinisten) ist nur zulässig, wo sich dessen Unfähigkeit in Verbindung mit einem Seeunfall herausgestellt hat und nur auf Antrag des Reichskommissars; sie ist jedoch nicht bloß wegen Mangels der technischen Vorbildung, sondern überhaupt wegen des Mangels solcher Eigenschaften, welche zur Ausübung des betr. Gewerbes erforderlich sind, gestattet. Als Beispiele wurden in der Kommission angeführt, daß die Entziehung wegen Mangels an Geistesgegenwart, oder Entschlossenheit in kritischen Momenten, wegen Trunkfälligkeit u. s. w. erfolgen könne (Komm.-Ber. S. 15, 16.) Ferner wurde hervorgehoben, daß Derjenige, welchem nur das Schiffer-, nicht auch das Steuermannspatent entzogen sei, selbstverständlich auch nicht als Schiffer auf kleiner Fahrt fungieren könne, da für die letztere zwar kein besonderes Examen, aber doch eine besondere Genehmigung erforderlich sei.

§. 27.

Hat das Seeamt durch seine Entscheidung einem Schiffer oder Steuermann die Befugniss zur Ausübung des Gewerbes entzogen, oder hat es einem hierauf gerichteten Antrage des Kommissars (§. 13) keine Folge gegeben, so steht im ersteren Falle dem Schiffer oder Steuermann, im letzeren dem Kommissar gegen diese Entscheidung das Rechtsmittel der Beschwerde an das Ober-Seeamt zu. Die Beschwerde muss binnen 14 Tagen nach der Verkündung, oder, wenn diese in Abwesenheit des Beschwerdeführers erfolgt ist, nach der Zustellung des Urtheils bei dem Seeamt zu Protokoll oder schriftlich eingelegt werden. Dem Beschwerdeführer, welchem das Urtheil noch nicht zugestellt war, ist dasselbe nach Einlegung der Beschwerde zuzustellen.

Die Beschwerde muss bei Einlegung des Rechtsmittels oder spätestens binnen weiterer 14 Tage nach Ablauf der Frist zu dessen Einlegung, oder, wenn zu dieser Zeit das Urtheil noch nicht zugestellt war, nach Zustellung desselben bei dem Seeamt zu Protokoll oder schriftlich gerechtfertigt werden.

Die Einlegung der Beschwerde hat keine aufschiebende Wirkung.[1])

§. 28.

Eine im Auslande zu bewirkende Zustellung des Urtheils erfolgt mittelst Ersuchens eines deutschen Seemannsamts. Die Einlegung und Rechtfertigung der Beschwerde kann alsdann bei demselben Seemannsamt geschehen. Dasselbe kann dem Schiffer oder Steuermann auf Antrag die Frist für Rechtfertigung der Beschwerde verlängern und der Einlegung der Beschwerde aufschiebende Wirkung bis spätestens zur Ankunft des Beschwerdeführers in einem deutschen Hafen einräumen.[1])

§. 29.

Das Ober-Seeamt bildet eine kollegiale Behörde und besteht aus einem Vorsitzenden, auf welchen die Bestimmungen des §. 7 Absatz 2 Anwendung finden, und sechs Mitgliedern, von welchen letzteren wenigstens drei der Schiffahrt kundig sein müssen. Der Vorsitzende und ein schiffahrtskundiger Beisitzer werden von dem Kaiser ernannt. Für das Amt der ubrigen Beisitzer bringen die Regierungen der Bundes-Seestaaten je drei sachkundige Personen in Vorschlag. Der Vorschlag gilt für je drei Jahre, nach Ablauf deren ein neuer Vorschlag zu machen ist. Aus der Gesammtzahl der Vorgeschlagenen wählt

---

Zu §. 27.

1) Das in diesem Paragraph angeordnete Verfahren ist den Vorschriften des §. 20 der Gewerbeordnung nachgebildet. Die Bestimmung, daß die Einlegung der Beschwerde keine aufschiebende Wirkung hat, bezweckt, zu verhindern, daß ein Schiffer oder Steuermann (oder Maschinist), nachdem er in erster Instanz zum Verlust des Befähigungszeugnisses verurteilt worden, vor völligem Austrag der Sache von neuem in den Schiffsdienst trete (Mot. S. 22.)

Zu §. 28.

1) Zur Rechtfertigung des §. 28 wurde bemerkt (Komm.-Ber. S. 17): Es könne sich ereignen, daß der des Patentes verlustig Erklarte bei Verkündung des Urteils schon eine neue Reise angetreten habe. In diesem Falle wäre es unzweckmäßig, die Zustellung des Urteils bis zur Rückkehr des Betreffenden auszusetzen. Andererseits müsse auch in diesem Falle die Möglichkeit der Beschwerde gegeben werden, die ihm aber meistens entzogen sein werde, wenn die Beschwerde innerhalb 14 Tagen beim Seeamt eingelegt werden muß. Werde der Beschwerde auch unter diesen Voraussetzungen die aufschiebende Kraft für alle Fälle abgesprochen, so müsse das Schiff möglicherweise ohne Schiffer und Steuermann seine Reise fortsetzen oder seine Rückreise antreten.

der Vorsitzende für jeden Beschwerdefall fünf Beisitzer aus, beruft dieselben ein und beeidiget sie auf die Erfüllung der Obliegenheiten ihres Amts. Die Beisitzer erhalten aus der Reichskasse Ersatz ihrer Reisekosten und Tagegelder, deren Höhe der Reichskanzler bestimmt. Die Vorschriften des §. 12 finden auf die Mitglieder des Ober-Seeamts entsprechende Anwendung.

Das Ober-Seeamt fasst seine Beschlüsse nach Stimmenmehrheit. Die ausserhalb der Hauptverhandlung erforderlichen Verfügungen werden vom Vorsitzenden erlassen.

§. 30.

Das Ober-Seeamt kann eine Ergänzung oder Wiederholung der Beweisaufnahme vornehmen oder anordnen. Die in §§. 18—24 enthaltenen Bestimmungen über das Verfahren bei den Seeämtern finden auf das Ober-Seeamt Anwendung.

Der Vorsitzende kann ein Mitglied des Ober-Seeamts mit der Darstellung der bisherigen Verhandlungen und Ermittelungen beauftragen.[1])

§. 31.

Das Ober-Seeamt verhandelt und entscheidet in öffentlicher Sitzung nach erfolgter Ladung und Anhörung des Beschwerdeführers und seines Gegners.

Die Entscheidung hat sich auch darüber auszusprechen, ob dem Beschwerdeführer die baaren Auslagen des Beschwerdeverfahrens zur Last zu legen sind.[1])

§. 32.

Die Entscheidung des Ober-Seeamts, welche mit Gründen versehen sein muss, ist dem Beschwerdeführer und seinem Gegner in Ausfertigung zuzustellen.[1])

§. 33.

Die Geschäftsordnung bei dem Ober-Seeamt wird vom Bundesrath festgestellt.[1])

Zu §. 30.

1) In erster Instanz (§. 21) liegt das Referat dem Vorsitzenden ob.

Zu §. 31.

1) Die Kosten des Verfahrens für die erste Instanz sind in allen Fällen vom Staat zu tragen, weil selbst dann, wenn die Entziehung eines Befähigungszeugnisses erfolgt, eine Scheidung zwischen den Kosten, welche durch die Ermittelung der sonstigen Ursachen des Seeunfalls veranlaßt, und denjenigen, welche durch die Feststellung der Schuld des Schiffers oder des Steuermanns erwachsen sind, schwer durchführbar wäre. Anders steht es in zweiter Instanz. In dieser handelt es sich lediglich um die Schuld des Gewerbetreibenden; deshalb ist, wenn hier das Verfahren mit einer Verurteilung endet, gerechtfertigt, die baaren Auslagen der zweiten Instanz dem Verurteilten aufzuerlegen. (Mot. S. 23.)

Zu §. 32.

1) Das Verfahren schließt endgültig mit der Zustellung einer Ausfertigung der Entscheidung zweiter Instanz an die Parteien. (Mot. S. 23.)

Zu §. 33.

1) Vgl. die Bekanntmachungen Ctbl. 1878 S. 276, 1879 S. 371.

§. 34.

Einem Schiffer oder Steuermann, dem die Befugniss zur Ausübung seines Gewerbes entzogen ist, kann dieselbe nach Ablauf eines Jahres durch das Reichskanzler-Amt wieder eingeräumt werden, wenn anzunehmen ist, dass er fernerhin den Pflichten seines Gewerbes genügen wird.[1])

§. 35.

Dieses Gesetz tritt am 1. Januar 1878 in Kraft. Dasselbe findet auch auf solche Seeunfälle Anwendung, welche ein deutsches Schiff vor dem 1. Januar 1878 auf seiner an diesem Tage noch nicht vollendeten Reise (Handelsgesetzbuch Artikel 760 [§. 757 H.G.B.]) betroffen haben.

---

9. Verordnung zur Verhütung des Zusammenstossens der Schiffe auf See.

Vom 9. Mai 1897 (R.G.Bl. S. 203ff., berichtigt R.G.Bl. 1897 S. 462.)[1])

I. Einleitung.

Die nachfolgenden Vorschriften gelten für alle Fahrzeuge auf See und auf den mit der See im Zusammenhange stehenden, von Seeschiffen befahrenen Gewässern.

Ein Dampffahrzeug, welches unter Segel und nicht unter Dampf ist, gilt als Segelfahrzeug, ein Fahrzeug, welches unter Dampf ist, mag es zugleich unter Segel sein oder nicht, als Dampffahrzeug.

Unter den Dampffahrzeugen sind alle durch Maschinenkraft bewegten Fahrzeuge einbegriffen.

Ein Fahrzeug ist in Fahrt, wenn es weder vor Anker liegt, noch am Lande befestigt ist, noch am Grunde festsitzt.

II. Lichter u. s. w.

Der Ausdruck „sichtbar" bedeutet mit Beziehung auf Lichter gebraucht, „sichtbar in dunkler Nacht bei klarer Luft".

Zu §. 34.

1) Für den §. 34 wurde in der Kommission (Ber. S. 20) angeführt: Nicht alle Mängel, welche den Schiffer oder Steuermann (oder Maschinisten) als unfähig zur Ausübung seines Gewerbes erscheinen lassen, seien unverbesserlich. Lückenhafte Kenntnisse können durch spätere Arbeit ergänzt, fehlerhafte Eigenschaften können abgelegt werden, der vom Urteil Betroffene könne durch sein Verhalten in ähnlichen Stellungen beweisen, daß er jetzt des ihm entzogenen Vertrauens würdig sei. Für solche Fälle bedürfe es eines Mittels der Rehabilitierung; dieselbe könne Sache der Administrativbehörde, des Reichskanzleramts sein. Wie sich dasselbe die Überzeugung vom Vorhandensein der erforderlichen Bedingungen verschaffe, ob durch eine gutachtliche Äußerung der Landesregierung oder der Prüfungskommission, unterliege seinem Ermessen.

Zur Überschrift 9.

1) Diese Verordnung sowie die in Anhang 10 und 12 abgedruckten Verordnungen vom 10. Mai 1897 und 29. Juli 1889 sind ergangen auf Grund des in Anm. 1 zu Anhang 11, Seite 359, abgedruckten §. 145 R.St.G.B.

Artikel 1.

Die Vorschriften über Lichter müssen bei jedem Wetter von Sonnenuntergang bis Sonnenaufgang befolgt werden; während dieser Zeit dürfen keine Lichter gezeigt werden, welche mit den hier vorgeschriebenen Lichtern verwechselt werden können.

Artikel 2.

Ein Dampffahrzeug muss, wenn es in Fahrt ist, führen:

a) an oder vor dem Fockmast oder beim Fehlen eines solchen im vorderen Theile des Fahrzeugs ein helles weisses Licht und zwar in einer Höhe über dem Rumpfe von mindestens sechs Meter. Ist das Fahrzeug breiter als sechs Meter, so ist das Licht in einer der Breite des Fahrzeugs mindestens gleichkommenden Höhe zu führen, es braucht jedoch nie höher als zwölf Meter über dem Rumpfe zu sein. Das Licht muss so eingerichtet und angebracht sein, dass es ein ununterbrochenes Licht über einen Bogen des Horizonts von zwanzig Kompassstrichen wirft, und zwar zehn Strich nach jeder Seite, von recht voraus bis zu zwei Strich hinter die Richtung quer ab (zwei Strich achterlicher als dwars) auf jeder Seite. Es muss von solcher Stärke sein, dass es auf eine Entfernung von mindestens fünf Seemeilen sichtbar ist;

b) an der Steuerbordseite ein grünes Licht. Dasselbe muss so eingerichtet und angebracht sein, dass es ein ununterbrochenes Licht über einen Bogen des Horizonts von zehn Kompassstrichen wirft, und zwar von recht voraus bis zu zwei Strich hinter die Richtung quer ab (zwei Strich achterlicher als dwars) an Steuerbord. Es muss von solcher Stärke sein, dass es auf eine Entfernung von mindestens zwei Seemeilen sichtbar ist;

c) an der Backbordseite ein rothes Licht. Dasselbe muss so eingerichtet und angebracht sein, dass es ein ununterbrochenes Licht über einen Bogen des Horizonts von zehn Kompassstrichen wirft, und zwar von recht voraus bis bis zu zwei Strich hinter die Richtung quer ab (zwei Strich achterlicher als dwars) an Backbord. Es muss von solcher Stärke sein, dass es auf eine Entfernung von mindestens zwei Seemeilen sichtbar ist;

d) die Laternen dieser grünen und rothen Seitenlichter müssen an der Binnenbordseite mit Schirmen versehen sein, welche mindestens ein Meter vor dem Lichte vorausragen, derart, dass die Lichter nicht über den Bug hinweg von der anderen Seite gesehen werden können;

e) ein Dampffahrzeug darf ausserdem, wenn es in Fahrt ist, ein zweites weisses Licht gleich dem Lichte unter a führen. Beide Lichter müssen in der Kiellinie, und zwar so angebracht sein, dass das hintere wenigstens vier und einen halben Meter höher ist als das vordere. Die senkrechte Entfernung zwischen diesen Lichtern muss geringer sein als die horizontale.

Artikel 3.

Ein Dampffahrzeug, welches ein anderes Fahrzeug schleppt, muss ausser den Seitenlichtern zwei weisse Lichter senkrecht über einander und mindestens zwei Meter von einander entfernt führen. Wenn es mehr als ein Fahrzeug schleppt und die Länge des Schleppzugs vom Heck des schleppenden Fahrzeugs bis zum Heck des letzten geschleppten Fahrzeugs einhundertundachtzig Meter übersteigt, muss es als Zusatzlicht noch ein drittes weisses Licht zwei Meter über oder unter den anderen führen. Jedes dieser Lichter muss ebenso eingerichtet und angebracht sein, wie das im Artikel 2 unter a erwähnte weisse Licht, jedoch genügt für das Zusatzlicht eine Höhe von mindestens vier Meter über dem Rumpfe des Fahrzeugs.

Ein Dampffahrzeug, welches ein anderes Fahrzeug schleppt, darf hinter dem Schornstein oder dem hintersten Mast ein kleines weisses Licht führen. Dieses Licht, nach welchem sich das geschleppte Fahrzeug beim Steuern richten soll, darf nicht weiter nach vorne als quer ab sichtbar sein.

Artikel 4.

a. Ein Fahrzeug, welches in Folge eines Unfalls nicht manövrirfähig ist, muss in der Höhe des im Artikel 2 unter a erwähnten weissen Lichtes und, wenn es ein Dampffahrzeug ist, statt des weissen Lichtes zwei rothe Lichter senkrecht über einander und mindestens zwei Meter von einander entfernt führen. Diese Lichter müssen an der Stelle, an welcher sie am besten gesehen werden können, angebracht und von solcher Beschaffenheit sein, dass sie über den ganzen Horizont auf eine Entfernung von mindestens zwei Seemeilen sichtbar sind. Bei Tage muss ein solches Fahrzeug an gleicher Stelle zwei schwarze Bälle oder Körper, jeden von fünfundsechszig Centimeter Durchmesser, senkrecht über übereinander und mindestens zwei Meter von einander entfernt führen.

b. Ein Fahrzeug, welches ein Telegraphenkabel legt, aufnimmt oder auffischt, muss an derselben Stelle, die für das im Artikel 2 unter a erwähnte weisse Licht vorgeschrieben ist, und, wenn es ein Dampffahrzeug ist, statt dieses weissen Lichtes drei Lichter senkrecht über einander und mindestens zwei Meter von einander entfernt führen. Das oberste und das unterste dieser Lichter müssen roth, das mittlere muss weiss sein, und alle müssen von solcher Beschaffenheit sein, dass sie über den ganzen Horizont auf eine Entfernung von mindestens zwei Seemeilen sichtbar sind. Bei Tage muss ein solches Fahrzeug drei Körper von mindestens fünfundsechszig Centimeter Durchmesser senkrecht über einander und mindestens zwei Meter von einander entfernt führen, deren oberster und unterster kugelförmig und von rother Farbe, deren mittlerer wie ein schräges Viereck geformt und von weisser Farbe ist. Die Körper müssen an der Stelle, an welcher sie am besten gesehen werden können, angebracht sein.

c. Die vorbezeichneten Fahrzeuge dürfen, wenn sie keine Fahrt durch das Wasser machen, die Seitenlichter nicht führen, müssen dieselben aber führen, wenn sie Fahrt machen.

d. Diese Lichter und Körper sollen anderen Fahrzeugen als Signale dafür gelten, dass das Fahrzeug, welches sie zeigt, nicht manövrirfähig ist und daher nicht aus dem Wege gehen kann. Sie sind keine Nothsignale im Sinne des Artikels 31 dieser Vorschriften.

Artikel 5.

Ein Segelfahrzeug, welches in Fahrt ist, und jedes Fahrzeug, welches geschleppt wird, muss dieselben Lichter führen, welche durch Artikel 2 für ein Dampffahrzeug in Fahrt vorgeschrieben sind, mit Ausnahme der dort erwähnten weissen Lichter; diese darf ein solches Fahrzeug niemals führen.

Artikel 6.

Wenn, wie es bei kleinen Fahrzeugen in Fahrt bei schlechtem Wetter vorkommt, die grünen und rothen Seitenlichter nicht fest angebracht werden können, so müssen diese Lichter doch angezündet und gebrauchsfertig zur Hand gehalten und, wenn das Fahrzeug sich einem anderen oder ein anderes Fahrzeug sich ihm nähert, an den betreffenden Seiten, zeitig genug, um einen Zusammenstoss zu verhüten, gezeigt werden. Dies muss so geschehen, dass die Lichter möglichst gut sichtbar sind, das grüne aber nicht von der Backbordseite her, das rothe nicht von der Steuerbordseite her, und beide wo möglich nicht weiter als bis zu zwei Strich hinter die Richtung quer ab (zwei Strich achterlicher als dwars) gesehen werden können.

Um den richtigen Gebrauch der tragbaren Lichter zu sichern, muss jede Laterne aussen mit der Farbe des Lichtes, welches sie zeigt, angestrichen und mit einem gehörigen Schirme versehen sein.

Artikel 7.

Dampffahrzeuge unter 113 und Ruder- oder Segelfahrzeuge unter 57 Kubikmeter Brutto-Raumgehalt und Ruderboote brauchen, wenn sie in Fahrt sind, die im Artikel 2 unter a, b und c erwähnten Lichter nicht zu führen, sie müssen aber, wenn sie diese Lichter nicht führen, mit folgenden Lichtern versehen sein:

1. Dampffahrzeuge unter 113 Kubikmeter Brutto-Raumgehalt müssen führen:
   a) im vorderen Theile des Fahrzeugs oder an oder vor dem Schornstein in einer Höhe von mindestens drei Meter über dem Schandeckel ein weisses Licht. Das Licht muss an der Stelle, wo es am besten gesehen werden kann, sich befinden und im Uebrigen so eingerichtet und angebracht sein, wie im Artikel 2 unter a vorgeschrieben; es muss von solcher Stärke sein, dass es auf eine Entfernung von mindestens zwei Seemeilen sichtbar ist;
   b) grüne und rothe Seitenlichter, so eingerichtet und angebracht, wie im Artikel 2 unter b und c vorgeschrieben, und von solcher Stärke, dass sie auf eine Entfernung von mindestens einer Seemeile sichtbar sind. oder an deren Stelle eine doppelfarbige Laterne, welche an den betreffenden Seiten ein grünes und ein rothes Licht von recht voraus bis zu zwei Strich hinter die Richtung quer ab (zwei Strich achterlicher als dwars) zeigt. Diese Laterne muss mindestens ein Meter unter dem weissen Lichte geführt werden.
2. Kleine Dampfboote, wie zum Beispiel solche, welche von Seeschiffen an Bord geführt werden, dürfen das weisse Licht niedriger als drei Meter über dem Schandeckel, jedoch nur über der unter 1 b erwähnten doppelfarbigen Laterne führen.
3. Ruder- und Segelfahrzeuge von weniger als 57 Kubikmeter Brutto-Raumgehalt müssen eine Laterne mit einem grünen Glase auf der einen Seite und einem rothen Glase auf der anderen gebrauchsfertig zur Hand haben. Diese Laterne muss, wenn das Fahrzeug sich einem anderen oder ein anderes Fahrzeug sich ihm nähert, zeitig genug, um einen Zusammenstoss zu vermeiden, und derart gezeigt werden, dass das grüne Licht nicht von der Backbordseite her und das rothe Licht nicht von der Steuerbordseite her gesehen werden kann.
4. Ruderboote, gleichviel ob sie rudern oder segeln, müssen eine Laterne mit einem weissen Lichte gebrauchsfertig zur Hand haben, welches zeitig genug gezeigt werden muss, um einen Zusammenstoss zu verhüten.

Die in diesem Artikel bezeichneten Fahrzeuge brauchen die im Artikel 4 unter a und Artikel 11 Schlusssatz vorgeschriebenen Lichter nicht zu führen.

Artikel 8.

Lootsenfahrzeuge, welche Lootsendienste auf ihrer Station thun, haben nicht die für andere Fahrzeuge vorgeschriebenen Lichter, sondern ein weisses, über den ganzen Horizont sichtbares Licht am Masttop zu führen, und ausserdem in kurzen Zwischenräumen, mindestens aber alle fünfzehn Minuten ein oder mehrere Flackerfeuer zu zeigen.

Wenn sie sich anderen oder andere Fahrzeuge sich ihnen auf geringe Entfernung nähern, müssen sie die Seitenlichter angezündet und gebrauchsfertig haben und in kurzen Zwischenräumen aufleuchten lassen oder zeigen, um die Richtung, in welcher sie anliegen, erkennbar zu machen. Das grüne Licht darf nicht an Backbordseite, das rothe Licht nicht an Steuerbordseite gezeigt werden.

Ein Lootsenfahrzeug solcher Bauart, dass es längsseits der Schiffe anlegen muss, um einen Lootsen an Bord zu setzen, braucht das weisse Licht nur zu zeigen, statt dasselbe am Masttop zu führen; auch genügt es, wenn solches Fahrzeug an Stelle der oben erwähnten farbigen Lichter eine Laterne mit einem grünen Glase auf der einen Seite und einem rothen Glase auf der anderen zur Hand hat, um dieselbe so, wie im Artikel 7 unter 3 vorgeschrieben, zu gebrauchen.

Lootsenfahrzeuge, welche keinen Lootsendienst auf ihrer Station thun, müssen Lichter wie andere Fahrzeuge ihres Raumgehalts führen.

Artikel 9

betrifft Regeln für die Fischerfahrzeuge, deren Erlass vorbehalten bleibt.

Artikel 10.

Ein Fahrzeug, welches von einem anderen überholt wird, muss diesem vom Heck aus ein weisses Licht oder ein Flackerfeuer zeigen.

Das weisse Licht darf fest angebracht und in einer Laterne geführt werden; die Laterne muss aber mit Schirmen versehen und so eingerichtet und so angebracht sein, dass sie ein ununterbrochenes Licht über einen Bogen des Horizonts von zwölf Kompassstrichen — je sechs Strich von recht achteraus auf jeder Seite des Fahrzeugs — wirft. Das Licht muss auf eine Entfernung von mindestens einer Seemeile sichtbar sein und soweit thunlich mit den Seitenlichtern in gleicher Höhe geführt werden.

Artikel 11.

Ein Fahrzeug vor Anker muss, wenn es weniger als fünfundvierzig Meter lang ist, vorne ein weisses Licht an der Stelle, wo dasselbe am besten gesehen werden kann, jedoch nicht höher als sechs Meter über dem Rumpfe, führen, und zwar in einer Laterne, welche ein helles, auf eine Entfernung von mindestens einer Seemeile sichtbares, ununterbrochenes Licht über den ganzen Horizont wirft.

Ein Fahrzeug vor Anker muss, wenn es fünfundvierzig Meter oder mehr lang ist zwei solche Lichter führen; das eine Licht im vorderen Theile des Fahrzeugs nicht niedriger als sechs Meter und nicht höher als zwölf Meter über dem Rumpfe, — und das andere Licht am Heck oder in der Nähe des Hecks des Fahrzeugs, mindestens vier und einen halben Meter niedriger als das vordere Licht.

Als Länge eines Fahrzeugs gilt die in dem Schiffscertifikat angegebene Länge.

Fahrzeuge, welche in einem Fahrwasser oder nahe bei einem solchen am Grunde festsitzen, unterliegen derselben Verpflichtung; ausserdem müssen sie die im Artikel 4 unter a vorgeschriebenen zwei rothen Lichter führen.

Artikel 12.

Ein jedes Fahrzeug darf, wenn es nöthig ist, um die Aufmerksamkeit auf sich zu ziehen, ausser den Lichtern, welche es führen muss, ein Flackerfeuer zeigen oder irgend ein Knallsignal, welches nicht mit Nothsignalen verwechselt werden kann, geben.

Artikel 13.

Vorschriften, welche bezüglich der Führung von zusätzlichen Stations- und Signallichtern für zwei oder mehrere Kriegsschiffe oder für Fahrzeuge, die unter Bedeckung fahren, erlassen sind, werden durch diese Verordnung nicht berührt. Auch wird durch sie das Zeigen von Erkennungssignalen, welche von Schiffsrhedern mit amtlicher Genehmigung angenommen und vorschriftsmässig eingetragen und bekannt gemacht sind, nicht beschränkt.

Artikel 14.

Ein Dampffahrzeug, welches nur unter Segel ist, aber mit aufgerichtetem Schornsteine fährt, muss bei Tage einen schwarzen Ball oder runden Signalkörper von fünfundsechszig Centimeter Durchmesser führen, und zwar vorne im Fahrzeug an der Stelle an welcher das Zeichen am besten gesehen werden kann.

III. Schallsignale bei Nebel u. s. w.

Artikel 15.

Schallsignale für in Fahrt befindliche Fahrzeuge müssen gegeben werden:

1. von Dampffahrzeugen mit der Pfeife oder Sirene,
2. von Segelfahrzeugen und geschleppten Fahrzeugen mit dem Nebelhorn.

Ein lang gezogener Ton im Sinne dieser Vorschriften ist ein Ton von vier bis sechs Sekunden Dauer.

Ein Dampffahrzeug muss mit einer kräftig tönenden Pfeife oder Sirene versehen sein, welche durch Dampf oder einen Ersatz für Dampf geblasen wird und so angebracht ist, dass der Schall durch keinerlei Hinderniss gehemmt wird, ferner mit einem wirksamen Nebelhorn, welches durch eine mechanische Vorrichtung geblasen wird, sowie mit einer kräftig tönenden Glocke. Ein Segelfahrzeug von 57 Kubikmeter Brutto-Raumgehalt oder darüber muss mit einem gleichartigen Nebelhorn und mit einer gleichartigen Glocke versehen sein.

Bei Nebel, dickem Wetter, Schneefall oder heftigen Regengüssen, es mag Tag oder Nacht sein, sind folgende Schallsignale zu geben:

a) Ein Dampffahrzeug, welches Fahrt durch das Wasser macht, muss mindestens alle zwei Minuten einen lang gezogenen Ton geben.

b) Ein Dampffahrzeug, welches in Fahrt ist, aber seine Maschine gestoppt hat und keine Fahrt durch das Wasser macht, muss mindestens alle zwei Minuten zwei lang gezogene Töne mit einem Zwischenraume von ungefähr einer Sekunde geben.

c) Ein Segelfahrzeug in Fahrt muss mindestens jede Minute, wenn es mit Steuerbord-Halsen segelt, einen Ton, wenn es mit Backbord-Halsen segelt, zwei auf einander folgende Töne, und wenn es mit dem Winde achtlicher als dwars segelt, drei auf einander folgende Töne geben.

d) Ein Fahrzeug vor Anker muss mindestens jede Minute ungefähr fünf Sekunden lang die Glocke rasch läuten.

e) Ein Fahrzeug, welches ein anderes Fahrzeug schleppt, ein Fahrzeug, welches ein Telegraphenkabel legt, aufnimmt oder auffischt, und ein in Fahrt befindliches Fahrzeug, welches einem sich nähernden Fahrzeuge nicht aus dem Wege gehen kann, weil es überhaupt nicht oder doch nicht so manövriren kann, wie diese Vorschriften verlangen, muss statt der unter a und c vorgeschriebenen Signale mindestens alle zwei Minuten drei auf einander folgende Töne geben, zuerst einen lang gezogenen Ton, dann zwei kurze Töne. Ein geschlepptes Fahrzeug darf dieses Signal, aber kein anderes geben.

Segelfahrzeuge und Boote von weniger als 57 Kubikmeter Brutto-Raumgehalt brauchen die vorerwähnten Signale nicht zu geben, müssen dann aber mindestens jede Minute irgend ein anderes kräftiges Schallsignal geben.

Anmerkung. Ueberall wo diese Verordnung den Gebrauch einer Glocke vorschreibt, kann anstatt einer solchen an Bord türkischer Fahrzeuge eine Trommel, an Bord kleinerer Segelfahrzeuge, falls der Gebrauch eines solchen Instruments landesüblich ist, ein Gong benutzt werden.

IV. Mässigung der Geschwindigkeit bei Nebel u. s. w.

Artikel 16.

Jedes Fahrzeug muss bei Nebel, dickem Wetter, Schneefall oder heftigen Regengüssen, unter sorgfältiger Berücksichtigung der obwaltenden Umstände und Bedingungen, mit mässiger Geschwindigkeit fahren.[1])

Ein Dampffahrzeug, welches anscheinend vor der Richtung quer ab (vorderlicher als dwars) das Nebelsignal eines Fahrzeugs hört, dessen Lage nicht auszumachen ist, muss, sofern die Umstände dies gestatten, seine Maschine stoppen und dann vorsichtig manövriren, bis die Gefahr des Zusammenstossens vorüber ist.

V. Ausweichen.[1])

Gefahr des Zusammenstossens.

Das Vorhandensein einer Gefahr des Zusammenstossens kann, wenn die Umstände es gestatten, durch sorgfältige Kompasspeilung eines sich nähernden Schiffes erkannt werden. Aendert sich die Peilung nicht merklich, so ist anzunehmen, dass die Gefahr des Zusammenstossens vorhanden ist.

Artikel 17.

Sobald zwei Segelfahrzeuge sich so nähern, dass die Annäherung Gefahr des Zusammenstossens mit sich bringt, muss das eine dem anderen, wie nachstehend angegeben, aus dem Wege gehen:

a) Ein Fahrzeug mit raumem Winde muss einem beim Winde segelnden Fahrzeug aus dem Wege gehen.

b) Ein Fahrzeug, welches mit Backbord-Halsen beim Winde segelt, muss einem Fahrzeuge, welches mit Steuerbord-Halsen beim Winde segelt, aus dem Wege gehen.

c) Haben beide Fahrzeuge raumen Wind von verschiedenen Seiten, so muss dasjenige, welches den Wind von Backbord hat, dem anderen aus dem Wege gehen.

d) Haben beide Fahrzeuge raumen Wind von derselben Seite, so muss das luvwärts befindliche Fahrzeug dem leewärts befindlichen aus dem Wege gehen.

e) Ein Fahrzeug, welches vor dem Winde segelt, muss dem anderen Fahrzeug aus dem Wege gehen.

Zu Artikel 16

1) Unter „mäßiger Geschwindigkeit" ist nicht eine gegen die sonstige Geschwindigkeit des Schiffes ermäßigte sondern eine den jedesmaligen Umständen insbesondere der Ungunst des Wetters entsprechende Geschwindigkeit zu verstehen. RG. III, 140. Dampfschiffe haben nötigenfalls bis auf das zur Erhaltung der Steuerfähigkeit erforderliche Maß langsam zu fahren (R.G. XXIII, 71), während Einstellen der Fahrt nur nach Art. 29 erforderlich ist.

Zur Überschrift: V. Ausweichen.

1) Die Vorschriften über das Ausweichen finden keine Anwendung, wenn die Schiffe sich aus irgend einem Grunde, z. B. zu Rettungszwecken einander nähern wollen. (J.W. 1894 S. 461, R.G. XXXXII, 75). Sie haben ferner zur Voraussetzung, daß ein Schiff sich in Sicht des anderen befindet, sind also unanwendbar, sobald diese Voraussetzung in Folge Nebels, dicken Wetters oder Schneefalls u. s. w. nicht vorliegt, in solchen Fällen kommen Art. 15, 26 (ergänzend 29) zur Anwendung. Vgl. R.G. XXIII, 73.

Artikel 18.

Sobald zwei Dampffahrzeuge sich in gerade entgegengesetzter oder beinahe gerade entgegengesetzter Richtung so nähern, dass die Annäherung Gefahr des Zusammenstossens mit sich bringt, muss jedes seinen Kurs nach Steuerbord ändern, damit sie einander an Backbordseite passieren.

Diese Vorschrift findet nicht Anwendung, wenn zwei Dampffahrzeuge, sofern sie beide ihren Kurs beibehalten, frei von einander passiren müssen.

Sie findet daher nur dann Anwendung, wenn bei Tage jedes der Fahrzeuge die Masten des anderen mit den seinigen ganz oder nahezu in einer Linie sieht, und wenn bei Nacht jedes der Fahrzeuge in solcher Stellung sich befindet, dass beide Seitenlichter des anderen zu sehen sind.

Sie findet keine Anwendung, wenn bei Tage das eine Fahrzeug sieht, dass sein Kurs vor dem Bug durch das andere Fahrzeug gekreuzt wird, oder wenn bei Nacht das rothe Licht des einen Fahrzeugs dem rothen des anderen, oder das grüne Licht des einen Fahrzeugs dem grünen des anderen Fahrzeugs gegenübersteht, oder wenn ein rothes Licht ohne ein grünes, oder ein grünes Licht ohne ein rothes voraus in Sicht ist, oder wenn beide farbige Seitenlichter gleichzeitig aber anderswo als voraus in Sicht sind.

Artikel 19.

Sobald die Kurse zweier Dampffahrzeuge sich so kreuzen, dass die Beibehaltung derselben Gefahr des Zusammenstossens mit sich bringt, muss dasjenige Dampffahrzeug aus dem Wege gehen, welches das andere an seiner Steuerbordseite hat.

Artikel 20.

Sobald ein Dampffahrzeug und ein Segelfahrzeug in solchen Richtungen fahren, dass die Beibehaltung derselben Gefahr des Zusammenstossens mit sich bringt, muss das Dampffahrzeug dem Segelfahrzeug aus dem Wege gehen.[1])

Artikel 21.

In allen Fällen, wo nach diesen Vorschriften eins von zwei Fahrzeugen dem anderen aus dem Wege zu gehen hat, muss das letztere seinen Kurs und seine Geschwindigkeit beibehalten.

> Anmerkung. Wenn jedoch in Folge von dickem Wetter oder aus anderen Ursachen zwei Fahrzeuge einander so nahe gekommen sind, dass ein Zusammenstoss durch Manöver des zum Ausweichen verpflichteten Fahrzeugs allein nicht vermieden werden kann, so soll auch das andere Fahrzeug so manövriren, wie es zur Abwendung eines Zusammenstossens am dienlichsten ist (vergleiche Artikel 27 und 29).

Artikel 22.

Jedes Fahrzeug, welches nach diesen Vorschriften einem anderen aus dem Wege zu gehen hat, muss, wenn die Umstände es gestatten, vermeiden, den Bug des anderen zu kreuzen.

Zu Artikel 20.

1) Vgl. R.O.H. Bd. 5, S. 147; Bd. 18, S. 291; Bd. 23, S. 186; Bd. 24, S. 84. R.G. XXI, 109, zu dem im wesentlichen gleichlautenden Art. 17 V. v. 7./I. 1880 (R.G.Bl. 1880 S. 1).

Artikel 23.

Jedes Dampffahrzeug, welches nach diesen Vorschriften einem anderen Fahrzeug aus dem Wege zu gehen hat, muss bei der Annäherung, wenn nöthig, seine Fahrt mindern oder stoppen oder rückwärts gehen.[1])

Artikel 24.

Ohne Rücksicht auf irgend eine dieser Vorschriften muss jedes Fahrzeug beim Ueberholen eines anderen dem letzteren aus dem Wege gehen.

Als überholendes Fahrzeug gilt jedes Fahrzeug, das sich einem anderen Fahrzeug aus einer Richtung her nähert, welche mehr als zwei Strich hinter der Richtung quer ab (zwei Strich achterlicher als dwars) liegt, das heisst aus einer Richtung, bei welcher die Fahrzeuge so zu einander stehen, dass das überholende bei Nacht keines der Seitenlichter des anderen sehen würde. Durch spätere Veränderung in der Peilung der beiden Fahrzeuge wird das überholende Fahrzeug weder zu einem kreuzenden Fahrzeug im Sinne dieser Verschriften, noch von der Verpflichtung entbunden, dem anderen Fahrzeug aus dem Wege zu gehen, bis es dasselbe klar passirt hat.

Vermag das überholende Fahrzeug bei Tage nicht sicher zu erkennen, ob es sich vor oder hinter der oben bezeichneten Stellung zu dem anderen Fahrzeuge befindet, so hat es anzunehmen, dass es ein überholendes Fahrzeug ist, und muss es dem anderen aus dem Wege gehen.

Artikel 25.

In engen Fahrwassern muss jedes Dampffahrzeug, wenn dies ohne Gefahr ausführbar ist, sich an derjenigen Seite der Fahrrinne oder der Fahrwassermitte halten, welche an seiner Steuerbordseite liegt.[1])

Artikel 26.

In Fahrt befindliche Segelfahrzeuge müssen Segelfahrzeugen oder Booten, welche mit Treibnetzen, Angelleinen oder Grundschleppnetzen fischen, aus dem Wege gehen. Durch diese Vorschrift wird jedoch keinem fischenden Fahrzeug oder Boote die Befugniss eingeräumt, ein Fahrwasser, welches andere Fahrzeuge benutzen, zu sperren.

Artikel 27.

Bei Befolgung dieser Vorschriften muss stets gehörige Rücksicht auf alle Gefahren der Schiffahrt und des Zusammenstossens, sowie auf solche besondere Umstände genommen werden, welche zur Abwendung unmittelbarer Gefahr ein Abweichen von den Vorschriften nothwendig machen.

VI. Schallsignale für Fahrzeuge, welche einander ansichtig sind.

Artikel 28.

Als kurzer Ton im Sinne dieses Artikels gilt ein Ton von ungefähr einer Sekunde Dauer.

Sind Fahrzeuge einander ansichtig, so muss ein in Fahrt befindliches Dampffahrzeug,

---

Zu Artikel 23.

1) Vgl. R.O.H. Bd. 4, S. 124; Bd. 23, S. 189. Hinsichtlich der Dampfer mit Schiffen im Schlepptau R.G. XIX, 20, zu dem im wesentlichen gleichlautenden Art. 18 V. v. 7./I. 1880.

Zu Artikel 25.

1) Vgl. R.G. XIX, 16. Auch bei nur vorübergehenden Hindernissen ist eine Abweichung von der Regel des Art. 25 gestattet (R.G. XIX, 29); im Falle der Gefahr wegen ungenügender Tiefe ist möglichst die Steuerbordseite zu halten (R.G. XX, 34).

wenn es einen diesen Vorschriften entsprechenden Kurs einschlägt, diesen Kurs durch folgende Signale mit seiner Pfeife oder Sirene anzeigen, nämlich:

Ein kurzer Ton bedeutet:
„ich richte meinen Kurs nach Steuerbord“.
Zwei kurze Töne bedeuten:
„ich richte meinen Kurs nach Backbord“.
Drei kurze Töne bedeuten:
„meine Maschine geht mit voller Kraft rückwärts“.

VII. Nothwendigkeit anderweiter Vorsichtsmassregeln.

Artikel 29.

Keine dieser Vorschriften soll ein Fahrzeug, oder den Rheder, den Führer und die Mannschaft desselben von den Folgen einer Versäumniss im Gebrauche von Lichtern oder Signalen und im Halten eines gehörigen Ausgucks oder von den Folgen der Versäumniss anderer Vorsichtsmassregeln befreien, welche durch die seemännische Praxis oder durch die besonderen Umstände des Falles geboten werden.[1])

VIII. Vorbehalt in Betreff der Häfen und Binnengewässer.

Artikel 30.

Vorschriften, welche bezüglich der Schiffahrt in Häfen, auf Flüssen oder in Binnengewässern erlassen sind, werden durch diese Verordnung nicht berührt.

IX. Nothsignale.

Artikel 31.

Fahrzeuge, welche in Noth sind und Hülfe von anderen Fahrzeugen oder vom Lande verlangen, müssen folgende Signale — zusammen oder einzeln — geben.

Bei Tage:

1. Kanonenschüsse oder andere Knallsignale, welche in Zwischenräumen von ungefähr einer Minute Dauer abgefeuert werden.
2. Das Signal NC des „Internationalen Signalbuchs“.
3. Das Fernsignal, bestehend aus einer viereckigen Flagge, über oder unter welcher ein Ball oder etwas, was einem Balle ähnlich sieht, aufgeheisst ist.
4. Raketen oder Leuchtkugeln, wie solche weiterhin als Nachtsignale angegeben sind.
5. Anhaltendes Ertönenlassen irgend eines Nebelsignalapparats.

Bei Nacht:

1. Kanonenschüsse oder andere Knallsignale, welche in Zwischenräumen von ungefähr einer Minute Dauer abgefeuert werden.
2. Flammensignale auf dem Fahrzeuge, zum Beispiel brennende Theer-, Oeltonen oder dergleichen.
3. Raketen oder Leuchtkugeln von beliebiger Art und Farbe; dieselben sollen einzeln in kurzen Zwischenräumen abgefeuert werden.
4. Anhaltendes Ertönenlassen irgend eines Nebelsignalapparats.

Zu Artikel 29.

1) Vgl. die zu dem gleichlautenden Art. 24 d. V. v. 7. Januar 1880 ergangenen Entscheidungen: R.O.H. Bd. 5, S. 63; Bd. 13, S. 117. RG. XX, 176; XXIII, 75; XXXXII, 76.

Artikel 32.

Vorbehaltlich des Rechtes der Kriegsfahrzeuge, Sternsignale oder Raketen zu anderweitigen Signalzwecken zu benutzen, dürfen Nothsignale nur dann angewendet werden, wenn die Fahrzeuge in Noth oder Gefahr sind.

X. Verpflichtung der Schiffseigenthümer und Schiffsführer.

Artikel 33.

Der Eigenthümer und der Führer eines Fahrzeugs haften dafür, dass die zur Ausführung der vorstehenden Vorschriften erforderlichen Signalapparate vollständig und in brauchbarem Zustand auf dem Fahrzeuge vorhanden sind.

Im Uebrigen liegt die Befolgung der Vorschriften dem Führer des Fahrzeugs ob. Führer ist der Schiffer oder dessen berufener Vertreter. Hat das Fahrzeug einen Zwangslootsen angenommen, so hat dieser die in den Artikeln 16 bis 27 gegebenen Vorschriften zu erfüllen, sofern nicht der Schiffer kraft landesrechtlich ihm zustehender Befugniss den Zwangslootsen seiner Funktionen enthoben hat. Die für die Schiffe und Fahrzeuge der Kaiserlichen Marine geltenden besonderen Bestimmungen werden hierdurch nicht berührt.

XI. Schlussbestimmungen.

Artikel 34.

Alle dieser Verordnung entgegenstehenden Vorschriften, insbesondere die Verordnung zur Verhütung des Zusammenstossens der Schiffe auf See vom 7. Januar 1880 (Reichs-Gesetzbl. S. 1), sowie die §§. 1 bis 3 der Noth- und Lootsen-Signalordnung für Schiffe auf See und auf den Küstengewässern vom 14. August 1876 (Reichs-Gesetzbl. S. 187) sind aufgehoben.

Unberührt bleiben die Vorschriften im Artikel 19 des internationalen Vertrags, betreffend die polizeiliche Regelung der Fischerei in der Nordsee ausserhalb der Küstengewässer, vom 6. Mai 1882 (Reichs-Gesetzbl. von 1884 S. 25), sowie die Vorschriften in den Artikeln 5 und 6 des internationalen Vertrags zum Schutze der unterseeischen Telegraphenkabel vom 14. März 1884 (Reichs-Gesetzbl. von 1888 S. 151).

Artikel 35.

Diese Verordnung tritt am 1. Juli 1897 in Kraft.

---

10. Verordnung, betreffend die Lichter- und Signalführung der Fischerfahrzeuge und der Lootsendampffahrzeuge.

Vom 10. Mai 1897. (R.G.Bl. S. 215.)

Artikel 1.

Bis zum Erlasse der im Artikel 9 der Verordnung zur Verhütung des Zusammenstossens der Schiffe auf See vom 9. Mai 1897 (Reichs-Gesetzbl. S. 203) vorbehaltenen endgültigen Bestimmungen treten die folgenden Vorschriften über die Lichter- und Signalführung der Fischerfahrzeuge in Kraft.

In Fahrt befindliche Fischerfahrzeuge und Fischerboote müssen, wenn sie gemäss diesem Artikel nicht andere Lichter zu führen oder zu zeigen haben, die für in Fahrt befindliche Fahrzeuge ihres Raumgehalts durch die vorstehend bezeichnete Verordnung vorgeschriebenen Lichter führen oder zeigen.

a) Offene Boote, worunter alle Fahrzeuge zu verstehen sind, welche oben gegen das Eindringen von Seewasser nicht abgeschlossen werden können, müssen, wenn sie während der Nacht mit Fischerei irgend einer Art beschäftigt sind, ein nach allen Richtungen sichtbares weisses Licht zeigen.

b) Mit Treibnetzen fischende Fahrzeuge und gedeckte Boote müssen zwei weisse Lichter an den Stellen, an welchen sie am besten gesehen werden können, führen. Diese Lichter müssen so angebracht sein, dass die senkrechte Entfernung zwischen ihnen mindestens zwei Meter und höchstens vier und einen halben Meter, die horizontale Entfernung, in der Kiellinie gemessen, mindestens einen und einen halben Meter und höchstens drei Meter beträgt. Das untere dieser beiden Lichter muss nach dem Ende des Fahrzeugs hin angebracht sein, an welchem das Netz befestigt ist, und beide müssen so beschaffen sein, dass sie über den ganzen Horizont scheinen und auf eine Entfernung von mindestens drei Seemeilen sichtbar sind. Für die Ostsee genügt eine Sichtweite von einer Seemeile.

c) Fahrzeuge und gedeckte Boote, welche mit Angelleinen fischen, die Leinen aushaben und an denselben fest sind, müssen, wenn sie nicht geankert haben oder sonst festliegen, dieselben Lichter führen, wie die mit Treibnetzen fischenden Fahrzeuge. Während des Auslegens und Einholens der Leinen darf ausser den rothen und grünen Seitenlaternen ein weisses über den ganzen Horizont scheinendes Licht vom Heck in einer Höhe von nicht mehr als einem Meter über dem Deck gezeigt werden.

d) Fischerfahrzeuge, welche mit dem Grundschleppnetze, das heisst mit einem Fanggeräthe, welches über den Meeresgrund geschleppt wird, fischen, müssen führen:

1. wenn Dampffahrzeuge — an der Stelle des im Artikel 2 der im Eingange bezeichneten Verordnung unter a erwähnten Lichtes — eine dreifarbige Laterne, welche so eingerichtet und angebracht ist, dass sie von recht voraus bis zu zwei Strich auf jedem Bug ein weisses Licht, auf der Steuerbordseite ein grünes und auf der Backbordseite ein rothes Licht über einen Bogen des Horizonts von zwei Strich auf jedem Bug bis zu zwei Strich hinter die Richtung quer ab (zwei Strich achterlicher als dwars) wirft; ferner mindestens zwei Meter und höchstens vier Meter unter der dreifarbigen Laterne, eine Laterne, welche ein weisses ununterbrochenes Licht über den ganzen Horizont wirft;

2. Segelfahrzeuge müssen eine Laterne führen, welche ein weisses ununterbrochenes Licht über den ganzen Horizont wirft; diese Fahrzeuge müssen ferner mit einem hinreichenden Vorrathe von rothen und grünen Kunstfeuern versehen sein, deren jedes mindestens dreissig Sekunden brennt. Diese Kunstfeuer müssen bei der Annäherung anderer Fahrzeuge zeitig genug gezeigt werden, um einen Zusammenstoss zu verhüten, und zwar entsprechend den Halsen, mit welchen das Fahrzeug segelt, also grün bei Steuerbord- und roth bei Backbord-Halsen.

Alle unter d erwähnten Lichter müssen auf eine Entfernung von mindestens zwei Seemeilen sichtbar sein.

e) Fahrzeuge, welche mit dem Fange von Austern beschäftigt sind, müssen dieselben Lichter führen, wie die Grundschleppnetzfischer.

f) Fischerfahrzeuge und Fischerboote dürfen nach ihrem Gefallen ausser den Lichtern, welche sie nach diesem Artikel führen oder zeigen müssen, ein Flackerfeuer zeigen.

g) Jedes Fischerfahrzeug und jedes Boot muss, wenn es geankert hat, ein weisses Licht führen, welches über den ganzen Horizont auf eine Entfernung von mindestens einer Seemeile sichtbar ist. Ausserdem darf es, wenn es zugleich sein Fanggeräth aushat, bei Annäherung anderer Fahrzeuge ein zweites weisses Licht, mindestens einen Meter niedriger als das Ankerlicht und wagerecht mindestens einen und einen halben Meter von diesem entfernt, nach der Richtung des ausstehenden Fanggeräths zeigen.

h) Kommt ein Fahrzeug oder Boot während des Fischens dadurch, dass sein Fanggeräth an eine Klippe oder ein anderes Hinderniss festgeräth, ausser Fahrt, so muss es das für Fahrzeuge, welche geankert haben, vorgeschriebene Licht zeigen.

i) Bei Nebel, dickem Wetter, Schneefall oder heftigen Regengüssen sind Treibnetzfischerfahrzeuge, welche an ihren Netzen fest sind, ferner Fahrzeuge, welche mit dem Grundschleppnetz oder mit irgend einer sonstigen Art Schleppnetz fischen, endlich mit Angelleinen fischende Fahrzeuge, welche ihre Leinen aushaben — sofern sie 57 Kubikmeter oder mehr Bruttoraumgehalt haben —, verpflichtet, mindestens jede Minute einen Ton, Dampffahrzeuge mit der Dampfpfeife oder Sirene, Segelfahrzeuge mit dem Nebelhorn, zu geben, und danach die Glocke zu läuten.

k) Dampf- und Segelfahrzeuge oder Boote, welche mit Treibnetzen, Angelleinen oder Grundschleppnetzen fischen, müssen bei Tage, wenn sie in Fahrt sind, einem sich nähernden Fahrzeug ihre Beschäftigung durch Aufheissen eines Korbes oder eines sonstigen zweckentsprechenden Körpers an der Stelle, wo dieser am besten gesehen werden kann, zu erkennen geben. Haben solche Fahrzeuge oder Boote, während sie geankert haben, zugleich ihr Fanggeräth aus, so dürfen sie bei Annäherung anderer Fahrzeuge an der für diese passirbaren Seite ein gleiches oder ähnliches Zeichen geben.

Die in diesem Artikel erwähnten Fahrzeuge brauchen die im Artikel 4 unter a und Artikel 11 Schlusssatz der Verordnung vom 9. Mai 1897 vorgeschriebenen Lichter nicht zu führen.

Artikel 2.

Ein Lootsendampffahrzeug, welches Lootsendienst auf seiner Station thut und nicht vor Anker liegt, muss ausser den für alle Lootsenfahrzeuge vorgeschriebenen Lichtern zwei und einen halben Meter unter dem weissen Toplicht ein über den ganzen Horizont sichtbares rothes Licht und ferner die für in Fahrt befindliche Fahrzeuge vorgeschriebenen farbigen Seitenlichter führen. Das rothe Licht muss von solcher Stärke sein, dass es bei dunkler Nacht und klarer Luft auf mindestens zwei Seemeilen sichtbar ist.

Wenn das Lootsendampffahrzeug auf seiner Station Lootsendienst thut und vor Anker liegt, muss es ausser dem für alle Lootsenfahrzeuge vorgeschriebenen Lichte das vorerwähnte rothe Licht führen, aber nicht die farbigen Seitenlichter.

Wenn das Lootsendampffahrzeug keinen Lootsendienst auf seiner Station thut, muss es dieselben Lichter führen wie andere Dampffahrzeuge.

Artikel 3.

Die Verordnung vom 16. Februar 1881, betreffend die Suspension des Artikels 10 der Verordnung zur Verhütung des Zusammenstossens der Schiffe auf See vom 7. Januar 1880 (Reichs-Gesetzbl. S. 28), ist aufgehoben.

Artikel 4.

Diese Verordnung tritt am 1. Juli 1897 in Kraft.

---

11. Verordnung über das Verhalten der Schiffer nach einem Zusammenstoss von Schiffen auf See.

Vom 15. August 1876. (R.G.Bl. S. 189.)

Wir Wilhelm, von Gottes Gnaden Deutscher Kaiser, König von Preussen etc., verordnen im Namen des Deutschen Reichs auf Grund des §. 145 des Strafgesetzbuchs (Reichs-Gesetzbl. 1876 S. 40),[1]) was folgt:

§. 1.

Nach einem Zusammenstoss von Schiffen auf See hat der Führer[1]) eines jeden derselben dem anderen Schiffe und den dazu gehörigen Personen zur Abwendung oder Verringerung der nachtheiligen Folgen des Zusammenstosses den erforderlichen Beistand zu leisten, soweit er dazu ohne erhebliche Gefahr für das eigene Schiff und die darauf befindlichen Personen im Stande ist.[2])

Unter dieser Voraussetzung sind die Führer der betheiligten Schiffe verpflichtet, so lange bei einander zu halten, bis sie sich darüber Gewissheit verschafft haben, dass keines derselben weiteren Beistandes bedarf.

§. 2.

Vor der Fortsetzung der Fahrt hat jeder Schiffsführer dem anderen den Namen, das Unterscheidungssignal, sowie den Heimaths-, den Abgangs- und den Bestimmungshafen

---

1) Der angeführte §. 145 lautet:

Wer die vom Kaiser zur Verhütung des Zusammenstoßens der Schiffe auf See, über das Verhalten der Schiffer nach einem Zusammenstoße von Schiffen auf See, oder in Betreff der Noth- und Lootsensignale für Schiffe auf See und auf den Küstengewässern erlassenen Verordnungen übertritt, wird mit Geldstrafe bis zu 1500 Mark bestraft.

Die Verordnungen hinsichtlich der beiden ersterwähnten Angelegenheiten sind hier, Anhang 9 u. 11, abgedruckt. Die Verordn. betr. die Not- und Lootsen-Signalordnung für Schiffe auf See und auf den Küstengewässern vom 14. August 1876 befindet sich im R.G.Bl. S. 187, die §§. 1 bis 3 dieser Verordnung sind aufgehoben durch Art. 34 der oben, Anhang 9, abgedruckten Verordnung vom 9. Mai 1897.

Zu §. 1.

1) Schiffsführer im Sinne dieser Verordnung ist der Schiffer oder dessen berufener Vertreter. Vgl. V. v. 29./VII. 1889, unten Anhang 12.

2) Vgl. R.G. III, 140 ff. Durch die Verpflichtung zur gegenseitigen Hülfeleistung wird der Anspruch auf Berge- oder Hülfslohn (§. 740 ff. H.G.B.) nicht ausgeschlossen, es sei denn, daß das Hülfe leistende Schiff die Beschädigung und Hülfsbedürftigkeit des anderen Schiffes durch eigene Verschuldung beim Zusammenstoß herbeigeführt hat.

seines Schiffes anzugeben, wenn er dieser Verpflichtung ohne Gefahr für das letztere genügen kann.

§. 3.

Im Sinne dieser Verordnung sind der See die mit derselben im Zusammenhang stehenden, von Seeschiffen befahrenen Gewässer gleichstellt.

§. 4.

Die gegenwärtige Verordnung tritt mit dem 1. September d. J. in Kraft.

---

12. Verordnung zur Ergänzung der Verordnungen über das Verhalten der Schiffer nach einem Zusammenstosse von Schiffen auf See vom 15. August 1876 und zur Verhütung des Zusammenstossens der Schiffe auf See vom 7. Januar 1880.[1]

Vom 29. Juli 1889. (R.G.Bl. S. 171.)

Schiffsführer im Sinne der Verordnungen über das Verhalten der Schiffer nach einem Zusammenstosse von Schiffen auf See vom 15. August 1876 (R.G.Bl. S. 189) und zur Verhütung des Zusammenstossens der Schiffe auf See vom 7. Januar 1880 (R.G.Bl. S. 1) ist der Schiffer oder dessen berufener Vertreter.

Hat das Schiff einen Zwangslootsen angenommen, so hat dieser die in den Artikeln 13 bis 23 der letztgenannten Verordnung dem Schiffsführer auferlegten Verpflichtungen zu erfüllen, sofern nicht der Schiffer kraft landesrechtlich ihm zustehender Befugniss den Zwangslootsen seiner Funktion enthoben hat.

Unberührt durch diese Vorschriften bleiben die für die Schiffe und Fahrzeuge der Kaiserlichen Marine geltenden besonderen Bestimmungen.

---

13. Seemannsordnung.

Vom 27. Dezember 1872. (R.G.Bl. S. 409–432.)[1]

Zur Überschrift 12.

1) Die Verordnung vom 7. Januar 1880 ist aufgehoben durch Artikel 34 der Verordnung vom 9. Mai 1897 (Anhang 9).

Zur Überschrift 13.

1) Die Seemannsordnung trat am 1. März 1873 (vgl. unten §. 110) an die Stelle des vierten Titels (Art. 528—556) des A.D.H. Sie bleibt vorläufig unverändert in Kraft mit Ausnahme des §. 68, welcher durch §. 487 H.G.B. ersetzt und in Art. 8 Ziff. 3 Einf.Ges. ausdrücklich aufgehoben ist. Eine Abänderung der Seemannsordnung ist schon für die nächste Zeit geplant.

A. **Entstehungsgeschichte.** In der Sitzung des Bundesraths v. 26. Februar 1870 legten die Bevollmächtigten von Oldenburg, Bremen und Hamburg den Entwurf einer „Seemannsordnung des Norddeutschen Bundes" vor. Preußen stellte einen Gegenentwurf auf. Beide Entwürfe wurden einer unter Betheiligung aller Bundes-Seestaaten aus Beamten, Vertretern der

Erster Abschnitt.

Einleitende Bestimmungen.

§. 1.

Die Vorschriften dieses Gesetzes finden auf alle Kauffahrteischiffe (Gesetz vom 25. Oktober 1867 §. 1, Bundesgesetzblatt S. 35) Anwendung, welche das Recht, die Reichsflagge zu führen, ausüben dürfen.[1])

Rhederei und des Schifferstandes und einem Seeoffizier (als Vertreter der kaiserlichen Admiralität) zusammengesetzten Kommission überwiesen, welche einen dritten Entwurf dem Bundesrathe vorlegte. Letzterer schloß sich im Wesentlichen diesem Entwurfe an und legte ihn mit Motiven dem Reichstag vor. In der ersten Berathung am 17. Mai 1872 wurden Bedenken gegen die Vorlage erhoben und dieselbe an eine Kommission verwiesen. Die Kommission traf mehrere Abänderungen; der Berichterstatter derselben bemerkte bei der zweiten am 18. Juni 1872 stattfindenden Berathung, daß die Kommission die Bestimmungen des Entwurfs über den Musterungshafen aus Rücksicht auf die thatsächlichen Verhältnisse an mehreren Küstenplätzen beseitigt, und die Wahl des Anmusterungshafens der Vereinbarung zwischen Schiffer und Schiffsmann überlassen habe, daß sie ferner, abweichend vom Entwurfe, zwischen den Fallen unterschieden habe, in denen der Schiffer im Zustande der Nothwehr gegen eine tumultuirende Schiffsmannschaft handle und in denen er eine einfache Disziplinarstrafe zur Aufrechterhaltung der Ordnung und zur Sicherung der Regelmäßigkeit des Dienstes verhänge, und daß sie endlich die ausschließliche administrative Kompetenz, welche der Entwurf beabsichtigte, beseitigt habe. Eine Anzahl von Abänderungs-Anträgen, welche zu den Kommissionsbeschlüssen gestellt waren, wurde angenommen. Schließlich wurde der so festgestellte Entwurf am 19. Juni 1872 ohne eingehende Debatte angenommen, vom Bundesrath genehmigt und am 27. Dezbr. 1872 von dem Kaiser vollzogen. Durch ein Cirkular des Reichskanzlers an die deutschen Konsulate vom 22. Februar 1873 ist die Allgemeine Dienstinstruktion der deutschen Konsuln vom 6. Juni 1871 insbesondere zu den §§. 26, 32, 33, 34 u. 37 des Konsulatsgesetzes v. 8. November 1867 abgeändert worden. Diese Abänderungen dienen zur Erläuterung mehrerer Bestimmungen der Seemannsordnung und des G. betr. die Verpflichtung deutscher Kauffahrteischiffe zur Mitnahme hülfsbedürftiger Seeleute v. 27. Dezember 1872 (Anhang 14).

B. **Inhalt der Seemannsordnung.** Während der 4. Titel des H.G.B. überwiegend Satzungen von lediglich privatrechtlichem Inhalt enthielt, sind in die Seemannsordnung zum Zwecke der Kodifikation auch die dem öffentlichen Rechte angehörigen, die Schiffsmannschaft betreffenden Bestimmungen, insbesondere die polizeilichen, die disziplinarischen und die strafrechtlichen, aufgenommen. Als die erheblichsten materiellen Abweichungen von den aufgehobenen Artikeln des H.G.B. bezeichnen die Motive:

a. die Bestimmungen über die „Rückreise" als Dienstbeendigungsgrund (§. 54);
b. die weitere Fixirung der dem Schiffsmann bei unbegründeter vorzeitiger Entlassung gebührenden Abfindung (§§. 59, 60);
c. der zur Abwendung des Anspruchs auf freie Zurückbeförderung zugelassene Ersatz (§§. 65, 66);
d. die anderweite Regelung der Haftung des Rheders für die Ansprüche aus den Dienst- und Heuerverträgen (§. 68).

C. **Die Abänderung der civilrechtlichen Bestimmungen der S.O.** durch den Heuervertrag ist an sich zulässig, jedoch dürfen die Abänderungen nicht solche Bestimmungen betreffen, welche, wie z. B. §§. 43, 44 S.O., in öffentlichem Interesse gegeben sind.

Zu §. 1.

1) Kauffahrteischiffe sind die zum Erwerb durch die Seefahrt bestimmten Schiffe (§. 474 H.G.B., Anm. zur Überschrift: „IV. Buch. Seehandel" und §§. 1 und 29 Reichs-G. vom

§. 2.

Schiffer im Sinne dieses Gesetzes ist der Führer des Schiffes (Schiffskapitän), in Ermangelung oder Verhinderung desselben dessen Stellvertreter.[1])

§. 3.

Zur „Schiffsmannschaft" („Mannschaft") werden auch die Schiffsoffiziere mit Ausschluss des Schiffers gerechnet, desgleichen ist unter „Schiffsmann" auch jeder Schiffsoffizier mit Ausnahme des Schiffers zu verstehen.[1])

Personen, welche, ohne zur Schiffsmannschaft zu gehören, auf einem Schiffe als Maschinisten, Aufwärter, oder in anderer Eigenschaft angestellt sind, haben dieselben Rechte und Pflichten, welche in diesem Gesetze in Ansehung der Schiffsmannschaft festgesetzt sind. Es macht hierbei keinen Unterschied, ob sie von dem Schiffer oder von dem Rheder angenommen worden sind.[2])

§. 4.

Seemannsämter sind innerhalb des Bundesgebiets die Musterungsbehörden der einzelnen Bundesstaaten und im Auslande die Konsulate des Deutschen Reichs.[1])

---

22. Juni 1899, Anhang 1), folglich gehören dahin auch die kleineren Fahrzeuge (Küstenfahrer u. s. w.). Da jedoch nicht alle Bestimmungen der Seemannsordnung auf dieselben passen würden, so ist im §. 109 der letzteren ein Vorbehalt für die Landesregierungen gemacht, gewisse Vorschriften für jene kleineren Fahrzeuge auszuschließen.

Zu §. 2.

1) Vgl. §. 517 H.G.B.

Zu §. 3.

1) Dieser 1. Abs. entspricht fast wörtlich dem Art. 528 A.D.H. — Die Definition, welche Personen zu den Schiffsoffizieren zu rechnen seien, hielt man in der Reichstagskommission für entbehrlich und unthunlich; vgl. hierzu Anm. 1b zu §. 481 H.G.B.

2) a. Dieser 2. Absatz ist dem Art. 554 A.D.H. entnommen. Der Regierungsentwurf wollte einschalten, daß die bezeichneten Personen in Ansehung der Bestimmungen des 3. Abschnittes (Vertragsverhältnis) durch Vertrag sich Abweichendes von den im Gesetze angeordneten Rechten und Pflichten der Schiffsmannschaften ausbedingen könnten. Die Reichstagskommission strich diesen Satz.

b. Hinsichtlich des Begriffes: „auf dem Schiffe angestellt" vgl. Anm. 1c zu §. 481 H.G.B. Als auf dem Schiffe „angestellt" sind diejenigen Personen nicht zu rechnen, welche sich lediglich zur Ausführung von Hafenarbeiten an Bord des Schiffes befinden, z. B. Schauerleute, Techniker, die Reparaturen vornehmen, und Gewerbetreibende, die mit dem Löschen der Schiffsladung beschäftigt sind. R.G. in Straff., Bd. 25, S. 440.

c. Betreffs der Unfall-, Alters- und Invaliditätsversicherung der Schiffsbesatzung vgl. Anm. 1 B. zu §. 481 H.G.B. und §. 1 Ziff. 3 des Invalidenversicherungsgesetzes vom 13. Juli 1899 (R.G.Bl. S. 393), welches an die Stelle des Gesetzes vom 22. Juni 1889 getreten ist.

Zu §. 4.

1) Die Mot. z. S.O. bemerken: Eine Organisation der Seemannsämter als ausschließlicher Reichsbehörden hat nicht in Aussicht genommen werden können. Nur im Auslande sind die Reichskonsulate, wie bereits im G. v. 8. November 1867 §. 32 (B.G.Bl. S. 143) zu Musterungsbehörden, so nunmehr zu Seemannsämtern berufen. In der Reichstagskommission wurde auf die Inkongruenz aufmerksam gemacht, daß die Seemannsämter hiernach im Inlande Landesbehörden und im Auslande Reichsbehörden sind. Das in Anm. 1A zur Überschrift erwähnte Cirkular des Reichskanzlers bestimmt: die Kaiserlichen Konsulate haben, wo sie als

Die Errichtung der Musterungsbehörden innerhalb des Bundesgebiets steht den Landesregierungen nach Massgabe der Landesgesetze zu. Die Geschäftsführung derselben unterliegt der Oberaufsicht des Reichs.[2])

Zweiter Abschnitt.

Seefahrtsbücher und Musterung.

§. 5.

Niemand darf im Bundesgebiet als Schiffsmann in Dienst treten, bevor er sich über Namen, Heimath und Alter vor einem Seemannsamte ausgewiesen und von demselben ein Seefahrtsbuch ausgefertigt erhalten hat.[1])

Ist der Schiffsmann ein Deutscher, so darf er vor vollendetem vierzehnten Lebensjahr zur Uebernahme von Schiffsdiensten nicht zugelassen werden; auch hat er sich über seine Militärverhältnisse, sowie, wenn er noch der väterlichen Gewalt unterworfen, oder minderjährig ist, über die Genehmigung des Vaters oder Vormundes zur Uebernahme von Schiffsdiensten auszuweisen.

Mit dem Seefahrtsbuch ist dem Schiffsmann zugleich ein Abdruck der Seemannsordnung und des Gesetzes, betreffend die Verpflichtung deutscher Kauffahrteischiffe zur Mitnahme hülfsbedürftiger Seeleute, auszuhändigen.[2])

§. 6.

Die väterliche oder vormundschaftliche Genehmigung (§. 5) gilt, sofern ihr eine Einschränkung nicht beigefügt ist, als ein- für allemal ertheilt.[1])

Seemannsämter fungieren, bei den aufzunehmenden Verhandlungen und den zu erteilenden Ausfertigungen die Bezeichnung zu gebrauchen:

Das Seemannsamt.

Kaiserliches (General-, Vize-) Konsulat.

Den Konsular-Agenten stehen die Befugnisse der Seemannsämter nicht zu. Wo die Kaiserlichen Konsulate mit den inländischen Seemannsämtern, bezw. Gerichtsbehörden in Verbindung zu treten haben, ist von ihnen im Interesse der Geschäftserleichterung in der Regel der Weg der direkten Korrespondenz zu wählen. Nur in Fragen von grundsätzlicher Wichtigkeit ist an das Auswärtige Amt zu berichten.

2) Hinsichtlich der Einrichtung der Musterungsbehörden vgl. für Preußen den §. 12 G. v. 26. März 1864 (G.S. S. 693). — Der letzte Satz des §. 4 ist durch die Reichstagskommission hinzugefügt.

Zu §. 5.

1) Der §. 5 handelt nur von den im Bundesgebiet in Dienst tretenden Schiffsleuten (In- oder Ausländern); also nicht von dem Falle, wenn im Auslande Schiffsleute Dienste auf deutschen Schiffen nehmen. Die Ausfertigung der Seefahrtsbücher hat daher nur im Inlande zu erfolgen, und zwar durch ein Seemannsamt, nicht gerade durch dasjenige, bei welchem der Schiffsmann sich „zuerst verheuern will", wie §. 1 Pr. G. vom 26. März 1864 vorschrieb. Die Konsulate können nicht Seefahrtsbücher ausfertigen, jedoch können sie im Falle des Verlustes des Seefahrtsbuches auf Antrag des Schiffsmannes ihre Vermittelung zur Erlangung eines neuen Seefahrtsbuches (§. 7) bei dem zuständigen Seemannsamte eintreten lassen. v. König, S. 315.

2) Vgl. §. 108 der Seemannsordnung.

Zu §. 6.

1) Vgl. §. 113 B.G. Die dort in Absatz 2 aufgestellte Norm, daß der gesetzliche Vertreter die Ermächtigung zurücknehmen oder einschränken kann, ist gegenüber der Spezialvorschrift in §. 6 S.O. unbeachtlich.

Kraft derselben wird der Minderjährige einem Grossjährigen gleichgeachtet, insoweit es sich um den Abschluss von Heuerverträgen, die aus ihnen hervorgehenden Rechte und Pflichten und das gerichtliche Verfahren darüber handelt.[2])

§. 7.

Wer bereits ein Seefahrtsbuch ausgefertigt erhalten hat, muss behufs Erlangung eines neuen Seefahrtsbuches das ältere vorlegen oder den Verlust desselben glaubhaft machen. Dass dies geschehen, wird von dem Seemannsamt in dem neuen Seefahrtsbuch vermerkt.

Wird der Verlust glaubhaft gemacht,[1]) so ist diesem Vermerke zugleich eine Bescheinigung des Seemannsamtes über die früheren Rang- und Dienstverhältnisse, sowie über die Dauer der Dienstzeit, insoweit der Schiffsmann sich hierüber genügend ausweist, beizufügen.

§. 8.

Wer nach Inhalt seines Seefahrtsbuches angemustert ist, darf nicht von neuem angemustert werden, bevor er sich über die Beendigung des früheren Dienstverhältnisses durch den in das Seefahrtsbuch einzutragenden Vermerk (§§. 20, 22) ausgewiesen hat. Kann nach dem Ermessen des Seemannsamtes ein solcher Vermerk nicht beigebracht werden, so dient statt desselben, sobald die Beendigung des Dienstverhältnisses auf andere Art glaubhaft gemacht ist, ein vom Seemannsamt hierüber einzutragender Vermerk im Seefahrtsbuche.

§. 9.

Einrichtung und Preis des Seefahrtsbuches bestimmt der Bundesrath. Die Ausfertigung selbst erfolgt kosten- und stempelfrei.

Das Seefahrtsbuch muss über die Militärverhältnisse des Inhabers (§. 5) Auskunft geben.

§. 10.

Der Schiffer hat die Musterung (Anmusterung, Abmusterung) der Schiffsmannschaft nach Massgabe der folgenden Bestimmungen (§§. 11 bis 22) zu veranlassen.

Der Schiffsmann hat sich, wenn nicht ein unabwendbares Hinderniss entgegensteht, zur Musterung zu stellen.

§. 11.

Die Anmusterung besteht in der Verlautbarung des mit dem Schiffsmann geschlossenen Heuervertrages vor einem Seemannsamt[1]). Sie muss für die innerhalb des

---

2) Der Entwurf wollte die Bestimmungen über die Fähigkeit, vor Gericht aufzutreten, unberührt lassen. Die Reichstagskommission hat jedoch mit vollem Recht angenommen, daß es richtigen Grundsätzen entspreche, demjenigen, welcher sich selbständig verpflichten könne, auch die Prozeßfähigkeit zu gewähren (judicio contrahitur). — Vgl. §. 51 C.P.O.

Zu §. 7.

1) Der Entwurf wollte nur im Falle des unverschuldeten Verlustes das statuieren, was der Abs. 2 bestimmt, um ein Compelle für die sorgfältige Aufbewahrung der Bücher zu gewähren. Die Reichstagskommission strich jedoch das Wort „unverschuldet“.

Zu §. 11.

1) Das Gesetz hat hiernach die Vorschrift des Entwurfs verlassen, daß die Anmusterung im Inlande vor demjenigen Seemannsamte erfolgen müsse, in dessen Bereiche das Schiff liegt.

Bundesgebietes liegenden Schiffe unter Vorlegung der Seefahrtsbücher vor Antritt oder Fortsetzung der Reise, für andere Schiffe, sobald ein Seemannsamt angegangen werden kann, erfolgen.

§. 12.

Die Anmusterungsverhandlung wird vom Seemannsamt als Musterrolle ausgefertigt. Wenn die zur Schiffsmannschaft eines Schiffs gehörigen Personen nicht gleichzeitig mittelst Einer Verhandlung angemustert werden, so erfolgt die Ausfertigung auf Grund der ersten Verhandlung.

Die Musterrolle muss enthalten: Namen und Nationalität des Schiffs, Namen und Wohnort des Schiffers, Namen, Wohnort und dienstliche Stellung jedes Schiffsmannes, und die Bestimmungen des Heuervertrages, einschliesslich etwaiger besonderer Verabredungen. Insbesondere muss aus der Musterrolle erhellen, was dem Schiffsmann für den Tag an Speise und Trank gebührt. Im Uebrigen wird die Einrichtung der Musterrolle vom Bundesrath bestimmt[1]).

§. 13.

Wird ein Schiffsmann erst nach Ausfertigung der Musterrolle angemustert, so hat das Seemannsamt eine solche Musterung in die Musterrolle einzutragen.[1])

§. 14.

Bei jeder innerhalb des Bundesgebiets erfolgenden Anmusterung wird vom Seemannsamt hierüber und über die Zeit des Dienstantritts ein Vermerk in das Seefahrtsbuch jedes Schiffsmannes eingetragen, welcher zugleich als Ausgangs- oder Seepass dient.[1]) Ausserhalb des Bundesgebiets erfolgt eine solche Eintragung nur, wenn das Seefahrtsbuch zu diesem Zweck vorgelegt wird.

Zu §. 12.

1) Vgl. Art. 529 A.D.H. Die Musterrolle dient zunächst dazu, die Nationalität der Equipage darzuthun, und ist als Beweisdokument hierüber sowohl in Kriegsfällen, um das Schiff gegen Aufbringen zu schützen, als im Frieden, um demselben die Teilnahme an den traktatmäßigen Vorteilen zu sichern, von höchster Wichtigkeit. Die Aufnahme des Inhalts des Heuervertrags in die Musterrolle verleiht derselben auch eine große civilrechtliche Bedeutung. Die Musterungsbehörde hat bei Aufstellung der Musterrolle die beste Gelegenheit, die einzelnen Vertragspositionen zwischen Schiffer und Schiffsmannschaft festzustellen. Diese Verlautbarung ist ein wirksames Mittel, um Bedrückung der Letzteren fern zu halten, dient zur Beförderung der Rechtssicherheit und zur Befestigung der Disziplin, und bietet bei vorkommenden Streitigkeiten einen höchst zweckmäßigen Behelf für deren rasche und gerechte Entscheidung. Es ist deshalb verordnet worden, daß die Bestimmungen des mit der Schiffsmannschaft abgeschlossenen Heuervertrags einschließlich etwaiger besonderer Verabredungen in die Musterrolle aufgenommen werden sollen. Dieser Satz enthält jedoch nur eine reglementäre Vorschrift; die Perfektion und die Gültigkeit des Heuervertrags ist von der Eintragung in die Musterrolle nicht abhängig. (Prot. 1965—1969.) — Das Formular der Musterrolle ist durch die Bekanntmachung vom 18. Juli 1891 (Centr.Bl. f. d. D. Reich, S. 218) bestimmt. — Hinsichtlich der Verpflichtung des Schiffers, dem Konsul die Musterrolle vorzulegen vgl. §. 2 V. v. 28./VII. 1880 (Anhang 7).

Zu §. 13.

1) Dies ist die sogenannte Nachmusterung. Vgl. Art. 530 A.D.H.

Zu §. 14.

1) Vgl. §. 15 G. v. 26. März 1864.

Das Seefahrtsbuch ist hiernächst vom Schiffer für die Dauer des Dienstverhältnisses in Verwahrung zu nehmen.[2])

§. 15.

Wenn ein angemusterter Schiffsmann durch ein unabwendbares Hinderniss ausser Stande gesetzt wird, den Dienst anzutreten, so hat er sich hierüber sobald wie möglich gegen den Schiffer und das Seemannsamt, vor welchem die Musterung erfolgt ist, auszuweisen.[1])

§. 16.

Die Abmusterung besteht in der Verlautbarung der Beendigung des Dienstverhältnisses seitens des Schiffers und der aus diesem Verhältniss ausscheidenden Mannschaft. Sie muss, sobald das Dienstverhältniss beendigt ist, erfolgen, und zwar, wenn nicht ein Anderes vereinbart wird, vor dem Seemannsamt desjenigen Hafens, wo das Schiff liegt und nach Verlust des Schiffs vor demjenigen Seemannsamt, welches zuerst angegangen werden kann.[1])

§. 17.

Vor der Abmusterung hat der Schiffer dem abzumusternden Schiffsmann im Seefahrtsbuch die bisherigen Rang- und Dienstverhältnisse und die Dauer der Dienstzeit zu bescheinigen, auf Verlangen auch ein Führungszeugniss zu ertheilen. Das letztere darf in das Seefahrtsbuch nicht eingetragen werden.[1])

§. 18.

Die Unterschriften des Schiffers unter der Bescheinigung und dem Zeugniss (§. 17) werden von dem Seemannsamte, vor welchem die Abmusterung stattfindet, kosten- und stempelfrei beglaubigt.

§. 19.

Verweigert der Schiffer die Ausstellung des Zeugnisses (§. 17), oder enthält dasselbe Beschuldigungen, deren Richtigkeit der Schiffsmann bestreitet, so hat auf Antrag des

---

2) Vgl. §. 30 G. v. 26. März 1864. Diese Bestimmung bezweckt eine Sicherung des Schiffers und legt ihm zugleich im öffentlichen Interesse die Pflicht zur Verwahrung des Buchs auf.

Zu §. 15.

1) Die Vorschrift bezweckt, den Schiffer zu den erforderlichen anderweitigen Dispositionen und das Seemannsamt zu der unerläßlichen Kontrole in den Stand zu setzen; in erster Beziehung ist sie überwiegend privatrechtlicher Natur, in letzterer dagegen berührt sie das öffentliche Recht; ihre Beobachtung ist deshalb durch eine Strafbestimmung (§. 93 Ziff. 3) gesichert.

Zu §. 16.

1) Die Abmusterung — sagen die Motive — giebt der Behörde die erwünschte Gelegenheit, die vom Schiffer den aus dem Dienstverhältnis ausscheidenden Schiffsleuten zu erteilenden Bescheinigungen und Zeugnisse zu kontrolieren, schwebende Streitigkeiten mittelst Vergleichs beizulegen oder zu entscheiden, von der Handhabung der Schiffsdisziplin sich zu überzeugen, über Beschwerden zu befinden, Anzeigen über etwaige auf der Reise begangene strafbare Handlungen entgegenzunehmen, und auch in anderen Beziehungen ebenso die öffentlichen Interessen, wie die der Beteiligten wahrzunehmen. — Über den Begriff der Abmusterung, welche nicht mit der Lösung des Dienstvertrags identifiziert werden darf, s. R.O.H. Bd. 18, S. 417.

Zu §. 17.

1) Vgl. §. 30 G. v. 26. März 1864. Auch die im §. 4 dieses Gesetzes angeordnete Eintragung gerichtlicher Bestrafungen in das Seefahrtsbuch soll nach den Motiven fortfallen.

letzteren das Seemannsamt den Sachverhalt zu untersuchen und das Ergebniss der Untersuchung dem Schiffsmann zu bescheinigen.

§. 20.

Die erfolgte Abmusterung wird vom Seemannsamt in dem Seefahrtsbuche des abgemusterten Schiffsmannes und in der Musterrolle vermerkt.

§. 21.

Die Musterrolle ist nach Beendigung derjenigen Reise oder derjenigen Zeit, auf welche die als Musterrolle ausgefertigte Anmusterungsverhandlung (§. 12) sich bezieht, dem Seemannsamt, vor welchem abgemustert wird, zu überliefern.

Letzteres übersendet dieselbe dem Seemannsamt des Heimathshafens.

§. 22.

Wenn der Bestand der Mannschaft Aenderungen erfährt, bei welchen eine Musterung (§. 10) nach Massgabe vorstehender Bestimmungen unausführbar ist, so hat der Schiffer, sobald ein Seemannsamt angegangen werden kann, bei demselben unter Darlegung der Hinderungsgründe die Musterung nachzuholen,[1]) oder, sofern auch diese nachträgliche Musterung nicht mehr möglich ist,[2]) den Sachverhalt anzuzeigen. Ein Vermerk über die Anzeige ist vom Seemannsamt in die Musterrolle und in die Seefahrtsbücher der betheiligten Schiffsleute einzutragen.[3])

§. 23.

Die für die Musterungsverhandlungen, einschliesslich der Ausfertigung der Musterrolle, zu erhebenden Kosten fallen dem Rheder zur Last.

Die Bestimmung über die in gleicher Höhe für alle Seemannsämter innerhalb des Bundesgebiets festzustellenden Kosten bleibt dem Bundesrath vorbehalten.[1])

Bis zur Erledigung dieses Vorbehalts steht die Bestimmung über die Höhe der Kosten den Landesregierungen im Verordnungswege zu.

Dritter Abschnitt.

Vertragsverhältniss.

§. 24.

Die Gültigkeit des Heuervertrages ist durch schriftliche Abfassung nicht bedingt.[1])

Zu §. 22.

1) Sogenannte nachträgliche Musterung.

2) — z. B. in Todes- oder Entweichungsfällen.

3) Selbstverständlich unterbleibt der Vermerk, wenn die betreffenden Schiffsleute keine Seefahrtsbücher besitzen oder bereits entlassen sind.

Zu §. 23.

1) Vgl. Bekanntmachung betreffend den Tarif vom 22./II. 1873, Centr.Bl. f. d. D. R. S. 62.

Zu §. 24.

1) Die Mot. zur S.O. bemerken: Bei Handelsgeschäften ist, abgesehen von den im Handelsgesetzbuch bestimmten Ausnahmen, die Gültigkeit der Verträge durch schriftliche Abfassung nicht bedingt. In Betreff des Heuervertrags enthält das Handelsgesetzbuch keine, denselben von der Regel ausnehmende Vorschrift. Es besteht jedoch eine Meinungsverschiedenheit darüber, ob

§. 25.

Wenn bei dem Abschluss des Heuervertrages die Vereinbarung über den Betrag der Heuer nicht durch ausdrückliche Erklärung getroffen ist, so wird im Zweifel diejenige Heuer als vereinbart angesehen, welche das Seemannsamt des Hafens, in welchem der Schiffsmann angemustert wird, für die daselbst zur Zeit der Anmusterung übliche erklärt.

§. 26.

Wenn ein Schiffsmann sich für eine Zeit verheuert, für die er durch einen früher geschlossenen Heuervertrag gebunden ist, so hat der Anspruch auf Erfüllung des zuerst geschlossenen Vertrages den Vorzug.

Hat jedoch eine Anmusterung auf Grund des späteren Vertrages stattgefunden, ohne dass auch auf Grund des ersten Vertrages angemustert ist, so geht jener vor.[1])

§. 27.

Wird ein Schiffsmann erst nach Anfertigung der Musterrolle geheuert, so gelten für ihn in Ermangelung anderer Vertragsbestimmungen die nach Inhalt der Musterrolle mit der übrigen Schiffsmannschaft getroffenen Abreden; insbesondere kann er nur dieselbe Heuer fordern, welche nach der Musterrolle den übrigen Schiffsleuten seines Ranges gebührt.[1])

§. 28.

Die Verpflichtung des Schiffsmannes, mit seinen Effekten sich an Bord einzufinden und Schiffsdienste zu leisten, beginnt, wenn nicht ein Anderes bedungen ist, mit der Anmusterung.[1])

Wenn der Schiffsmann den Dienstantritt länger als vierundzwanzig Stunden verzögert, ist der Schiffer zum Rücktritt von dem Heuervertrage befugt. Die Ansprüche

---

derselbe als Handelsgeschäft anzusehen sei, und demgemäß, ob der Art. 317 auf Heuerverträge Anwendung finde. Bei der Beratung des Handelsgesetzbuchs wurde die Frage gelegentlich verneint (Hamb. Prot. S. 5117). In Preußen schwankt zwar die Rechtsprechung. Das Obertribunal aber hat in einem Urteil vom 23. Januar 1864 sich für die Bejahung entschieden. (Goldschmidt, Zeitschrift für Handelsrecht, Bd. 8, S. 630. Löhr, Centralorgan für den deutschen Handelsstand, Bd. I, S. 258, 273; Bd. II, S. 99; Bd. III, S. 128). In Oldenburg ist durch gesetzliche Bestimmung, in einigen sonstigen Hafenplätzen durch Ortsgebrauch die Gültigkeit des Heuervertrages an die schriftliche Form gebunden (Oldenb. Schiffmannsordnung Art. 11, §§. 1 u. 2). Bei Aufstellung des Entwurfs war die Erwägung maßgebend, daß die vorliegende Frage einheitlich geregelt werden könne und müsse und daß kein praktisches Bedürfnis bestehe, die Gültigkeit des Heuervertrags von der schriftlichen Form abhängig zu machen. — Das Bürgerliche Gesetzbuch hat den Grundsatz der Formfreiheit der Verträge aufgestellt.

Zu §. 26.

1) Der §. 26 wurde in der Reichstagskommission dahin erläutert, daß im Falle eines Konflikts dem ersten Vertrage die Priorität gebühre, daß aber dem durch die Anmusterung verstärkten Heuervertrage der Vorzug gesichert sei.

Zu §. 27.

1) Vgl. Art. 530 A.D.H.

Zu §. 28.

1) Vgl. Art. 531 Abs. 1 A.D.H.

wegen etwaiger Mehrausgaben für einen Ersatzmann und wegen sonstiger aus der Verzögerung erwachsener Schäden werden hierdurch nicht berührt.[2])

§. 29.

Den Schiffsmann, welcher nach der Anmusterung dem Antritt oder der Fortsetzung des Dienstes sich entzieht, kann der Schiffer zur Erfüllung seiner Pflicht durch das Seemannsamt zwangsweise anhalten lassen.

Die daraus erwachsenden Kosten hat der Schiffsmann zu ersetzen.[1])

§. 30.

Der Schiffsmann ist verpflichtet, in Ansehung des Schiffsdienstes den Anordnungen des Schiffers unweigerlich Gehorsam zu leisten und zu jeder Zeit alle für Schiff und Ladung ihm übertragene Arbeiten zu verrichten.[1])

Er hat diese Verpflichtung zu erfüllen, sowohl an Bord des Schiffs und in dessen Booten, als auch in den Leichterfahrzeugen und auf dem Lande, sowohl unter gewöhnlichen Umständen als auch unter Havarie.

Ohne Erlaubniss des Schiffers darf er das Schiff bis zur Abmusterung nicht verlassen. Ist ihm eine solche Erlaubniss ertheilt, so muss er zur festgesetzten Zeit, wenn aber keine Zeit festgesetzt ist, noch vor 8 Uhr Abends zurückkehren.[2])

§. 31.

Wenn das Schiff in einem Hafen liegt, so ist der Schiffsmann nur in dringenden Fällen schuldig, länger als zehn Stunden täglich zu arbeiten.[1])

§. 32.

Bei Seegefahr, besonders bei drohendem Schiffbruch, sowie bei Gewalt und Angriff gegen Schiff oder Ladung hat der Schiffsmann alle befohlene Hülfe zur Erhaltung von Schiff und Ladung unweigerlich zu leisten, und darf ohne Einwilligung des Schiffers, so lange dieser selbst an Bord bleibt, das Schiff nicht verlassen.

Er bleibt verbunden, bei Schiffbruch für Rettung der Personen und ihrer Effekten, sowie für Sicherstellung der Schiffstheile, der Geräthschaften und der Ladung, den An-

---

2) Der Abs. 2 soll den Schiffer von der Gefahr befreien, die Reise mit unvollständiger Mannschaft anzutreten; es soll ihm deshalb, gleichviel ob der Verspätung ein Verschulden des Schiffsmanns zu Grunde liegt oder nicht, die Möglichkeit verschafft werden, rechtzeitig einen Ersatzmann anzuheuern, ohne dem Ausgebliebenen aus dem Heuervertrage verhaftet zu bleiben. (Mot. z. S.O.)

Zu §. 29.

1) a. Vgl. Art. 532 A.D.H., §. 81 S.O. Der Zwang hat zu unterbleiben, wenn die Versagung des Antritts oder der Fortsetzung des Dienstes aus einem als gerechtfertigt anzusehenden Grunde erfolgt. (Vgl. §. 104 S.O.) Die Kosten der Zwangsvollstreckung hat der Schiffsmann zu ersetzen. Wird der Rechtsweg angerufen (§. 106), so kann in diesem auch über die Kosten definitiv entschieden werden.

b. Die privatrechtliche Bedeutung dieses §. besteht darin, daß bezüglich der Heuerverträge die executio ad faciendum, und nicht bloß die Liquidation des Interesses als zulässig erklärt wird.

Zu §. 30.

1) Vgl. Art. 533 Abs. 1 A.D.H.

2) Vgl. §. 25 G. v. 26. März 1864.

Zu §. 31.

1) Vgl. §. 28 G. v. 26. März 1864.

ordnungen des Schiffers gemäss, nach besten Kräften zu sorgen und bei der Bergung gegen Fortbezug der Heuer und der Verpflegung Hülfe zu leisten.[1])

§. 33.

Der Schiffsmann ist verpflichtet, auf Verlangen bei der Verklarung mitzuwirken und seine Aussage eidlich zu bestärken.

Dieser Verpflichtung hat er gegen Zahlung der etwa erwachsenden Reise- und Versäumnisskosten nachzukommen, auch wenn der Heuervertrag in Folge eines Verlustes des Schiffs beendigt ist (§. 56).[1])

§. 34.

Wird nach Antritt der Reise entdeckt, dass der Schiffsmann zu dem Dienste, zu welchem er sich verheuert hat, untauglich ist, so ist der Schiffer befugt, den Schiffsmann, mit Ausschluss des Steuermanns, im Range herabzusetzen und seine Heuer verhältnissmässig zu verringern.[1])

Macht der Schiffer von dieser Befugniss Gebrauch, so hat er die getroffene Anordnung, sobald thunlich, dem Betheiligten zu eröffnen, auch in das Schiffsjournal einzutragen, dass und wann dies geschehen. Vor der Eröffnung und Eintragung tritt die Verringerung der Heuer nicht in Wirksamkeit.[2])

§. 35.

Die Heuer ist in Ermangelung einer anderweitigen Abrede vom Zeitpunkte der Anmusterung an zu zahlen.[1])

Zu §. 32.

1) Diese Vorschrift (vgl. Art. 542 Abs. 3 A.D.H.) ist aufgenommen, weil an sich bei einem zufälligen Verluste des Schiffs der Heuervertrag endet, und daher Zweifel entstehen könnten, ob der Schiffsmann noch nach dem Schiffbruch bei der Bergung mitzuwirken schuldig sei und welche Vergütung er für solche Dienste anzusprechen habe. Berge- oder Hülfslohn steht dem Schiffsmann nicht zu. §. 740 Abs. 3 H.G.B.

Zu §. 33.

1) Vgl. Artt. 535, 542, Abs. 3 A.D.H. Nach §. 522 H.G.B. ist der Schiffer, und wenn dieser gestorben oder außer Stande ist die Aufnahme der Verklarung zu bewirken, der im Range nächste Schiffsoffizier hierzu berechtigt und verpflichtet. Hinsichtlich der Mannschaft ist eine Pflicht, auch ohne Aufforderung nach dem Hinwegfallen des Schiffers und der Schiffsoffiziere selbständig Verklarung abzulegen, nicht anerkannt worden. (P. 1876.) Es ist deshalb für sie auch nur die Pflicht ausgesprochen worden, auf Verlangen bei der Verklarung mitzuwirken. (P. 2026.)

Zu §. 34.

1) Vgl. Art. 543 Ziff. 1 A.D.H. Als Korrelat der Pflicht, unfähige Leute bis zur Rückkehr zu behalten, ist dem Schiffer das Recht der Degradation und der Verringerung der Heuer eingeräumt. Den Steuermann kann er zwar nicht zum Matrosen degradieren, weil dessen Qualifikation von der Behörde durch eine Prüfung festgestellt ist, wohl aber bei hervortretender Untauglichkeit suspendieren, d. h. ganz außer Funktion setzen.

2) Diese Vorschrift soll nach den Mot. z. S.O. zugleich zur Vorbeugung von Streitigkeiten und zur Abwendung nachträglicher Bevorteilungen des Schiffsmannes dienen.

Zu §. 35.

1) Vgl. Art. 531 Abs. 2 A.D.H. Die Vorschrift beruht auf Billigkeit, da die Mannschaft vom Tage der Anmusterung an sich zum Dienste bereit halten muß, somit keine andere Gelegenheit zum Erwerbe verfolgen kann. — In der Reichstagskommission wurde anerkannt, daß vor der Anmusterung geleistete Dienste vergütet werden müßten.

§. 36.

Die Heuer ist dem Schiffsmann, sofern keine andere Vereinbarung getroffen ist, erst nach Beendigung der Reise oder bei der sonstigen Beendigung des Dienstverhältnisses zu zahlen, wenn diese früher erfolgt.[1])

Der Schiffsmann kann jedoch bei Zwischenreisen in dem ersten Hafen, in welchem das Schiff ganz oder zum grösseren Theil entlöscht wird, die Auszahlung der Hälfte der bis dahin verdienten Heuer (§. 67) verlangen, sofern bereits sechs Monate seit der Anmusterung verflossen sind. In gleicher Weise ist der Schiffsmann bei Ablauf je weiterer sechs Monate nach der früheren Auszahlung wiederum die Auszahlung der Hälfte der seit der letzten Auszahlung verdienten Heuer zu fordern berechtigt.[2])

§. 37.

Ob und inwieweit vor dem Antritt der Reise Vorschusszahlungen auf die Heuer zu leisten oder Handgelder zu zahlen sind, bestimmt in Ermangelung einer Vereinbarung der Ortsgebrauch des Hafens, in welchem der Schiffsmann angemustert wird.

§. 38.

Alle Zahlungen an Schiffsleute müssen, wenn nicht ein Anderes vereinbart ist, nach Wahl derselben entweder baar oder mittelst einer auf den Rheder ausgestellten, auf Sicht zahlbaren Anweisung geleistet werden.[1])

§. 39.

Vor Antritt der Reise hat der Schiffer ein Abrechnungsbuch anzulegen, in welches alle auf die Heuer geleisteten Vorschuss- und Abschlagszahlungen, sowie die etwa gegebenen Handgelder einzutragen sind. In dem Abrechnungsbuche ist von dem Schiffsmann über den Empfang jeder Zahlung zu quittiren. Auch hat der Schiffer jedem Schiffsmann, der es verlangt, noch ein besonderes Heuerbuch zu übergeben und darin ebenfalls jede auf die Heuer des Inhabers geleistete Zahlung einzutragen.[1])

§. 40.

Wenn die Zahl der Mannschaft sich während der Reise vermindert und nicht wieder ergänzt wird, so sind, falls nicht ein Anderes bedungen ist, die dadurch ersparten Heuerbeträge unter die verbleibenden Schiffsleute nach Verhältniss ihrer Heuer zu vertheilen. Ein Anspruch auf die Vertheilung findet jedoch nicht statt, wenn die Verminderung der

---

Zu §. 36.

1) Vgl. Art. 536 Abs. 1 A.D.H. Daß die Heuer in Ermangelung einer anderen Verabredung erst nach Beendigung der Reise oder sonstiger Beendigung des Dienstverhältnisses zahlbar wird, beruht auf Rücksichten der Disziplin.

2) Vgl. Art. 56, §. 1 Pr. Einf.Ges. zum A.D.H., welcher denselben Grundsatz enthält. Zu beachten ist, daß die erste Abschlagszahlung nur in dem Hafen, in welchem das Schiff ganz oder zum größeren Teil entlöscht wird, nicht aber in jedem Hafen, der angelaufen worden, verlangt werden kann.

Zu §. 38.

1) Vgl. Art. 56, §. 1 Pr. Einf.Ges., welcher eine ähnliche Bestimmung enthält. — Dem Schiffsmann ist oft mit einer Anweisung auf den Rheder gedient, wenn er an seine zurückgelassene Familie Geld zu schicken hat Dem Rheder erwächst daraus keine Mehrausgabe; die Wahl zwischen Barzahlung und Anweisung ist deshalb dem Schiffsmanne gegeben.

Zu §. 39.

1) Vgl. §. 32 G. v. 26. März 1864.

Mannschaft durch Entweichung herbeigeführt ist und die Effekten des entwichenen Schiffmannes nicht an Bord zurückgeblieben sind.[1])

Wenn die Zahl der Mannschaft sich während der Reise um mehr als ein Sechstel verringert, so muss der Schiffer dieselbe auf Verlangen der verbleibenden Schiffsleute ergänzen, sofern die Umstände eine Ergänzung gestatten.

§. 41.

In allen Fällen, in welchen ein Schiff länger als zwei Jahre auswärts verweilt, tritt in Ermangelung einer anderweitigen Abrede für den seit zwei Jahren in Dienst befindlichen Schiffsmann eine Erhöhung der Heuer ein, wenn diese nach Zeit bedungen ist.[1])

Diese Erhöhung wird wie folgt bestimmt:

1) der Schiffsjunge tritt mit Beginn des dritten Jahres in die in der Musterrolle bestimmte oder aus derselben als Durchschnittsbetrag[2]) sich ergebende Heuer der Leichtmatrosen und mit Beginn des vierten Jahres in die in der Musterrolle bestimmte Heuer der Vollmatrosen ein;
2) der Leichtmatrose erhält mit Beginn des dritten Jahres die in der Musterrolle bestimmte Heuer der Vollmatrosen und mit Beginn des vierten Jahres ein Fünftel derselben mehr an Heuer;
3) für die übrige Mannschaft steigt die in der Musterrolle angegebene Heuer mit Beginn des dritten Jahres um ein Fünftel und mit Beginn des vierten Jahres um ein ferneres Fünftel ihres ursprünglichen Betrages.

In dem Fall der Ziffer 2 tritt der Leichtmatrose mit Beginn des dritten Jahres in den Rang eines Vollmatrosen ein.

§. 42.

Die aus den Dienst- und Heuerverträgen herrührenden Forderungen des Schiffers, und der zur Schiffsmannschaft gehörigen Personen, welche auf einem, nach den Art. 866 und 867 des allgemeinen Deutschen Handelsgesetzbuches (jetzt §§. 862, 863 H.G.B.) als verschollen anzusehenden Schiffe sich befunden haben, werden fällig mit Ablauf der Verschollenheitsfrist. Das Dienstverhältniss gilt sodann einen halben Monat nach dem Tage für beendet, bis zu welchem die letzte Nachricht über das Schiff reicht.

Der Betrag der Forderungen ist dem Seemannsamt des Heimathshafens zu übergeben, welches die Aushändigung an die Empfangsberechtigten zu vermitteln hat.

§. 43.

Dem Schiffsmann gebührt Beköstigung für Rechnung des Schiffs von dem Zeitpunkt des Dienstantritts an. Er darf die verabreichten Speisen und Getränke nur zu

---

Zu §. 40.

1) Falls die Mannschaft sich vermindert und die übrigen Schiffsleute die gesamte Arbeit verrichten müssen, so ist es billig, daß ihnen ein Anspruch auf die ersparte Heuer gewährt wird. Finden Entweichungen unter Mitnahme der Effekten statt, dann läßt sich Mitwissenschaft der zurückgebliebenen Schiffsleute annehmen.

Zu §. 41.

1) Vgl. Art. 541 A.D.H. Art. 56, §. 2 Pr. Einf.Ges. v. 24. Juni 1861.

2) Auf größeren Schiffen, sagen die Mot. z. S.O., pflegen Leichtmatrosen von verschiedener Abstufung und Heuer vorhanden zu sein. Beispielsweise bilden auf den Schiffen der Ostseehäfen bei den zwischen den Vollmatrosen und den Schiffsjungen stehenden Leichtmatrosen der Halbmann die erste, der Jungmann die zweite Stufe.

seinem eigenen Bedarf verwenden und nichts davon veräussern, vergeuden oder sonst bei Seite bringen.[1])

§. 44.

Die Schiffsmannschaft hat an Bord des Schiffs Anspruch auf einen, ihrer Zahl und der Grösse des Schiffs entsprechenden, nur für sie und ihre Effekten bestimmten wohlverwahrten und genügend zu lüftenden Logisraum.

Kann dem Schiffsmann in Folge eines Unfalls oder aus anderen Gründen zeitweilig ein Unterkommen auf dem Schiffe nicht gewährt werden, so ist ihm ein anderweitiges angemessenes Unterkommen zu verschaffen.

§. 45.

Die dem Schiffsmann für den Tag mindestens zu verabreichenden Speisen und Getränke (§. 43), die Grösse und die Einrichtung des Logisraumes (§. 44) und die mindestens mitzunehmenden Heilmittel bestimmen sich im Zweifel nach dem örtlichen Rechte des Heimathshafens.

Der Erlass näherer Bestimmungen steht den Landesregierungen im Verordnungswege zu.[1])

§. 46.

Der Schiffer ist berechtigt, bei ungewöhnlich langer Dauer der Reise, oder wegen eingetretener Unfälle, eine Kürzung der Rationen oder eine Aenderung hinsichtlich der Wahl der Speisen und Getränke eintreten zu lassen.

Er hat im Schiffsjournal zu bemerken, wann, aus welchem Grunde und in welcher Weise eine Kürzung oder Aenderung eingetreten ist.

Wenn dies versäumt ist, oder wenn die vom Schiffer getroffenen Anordnungen sich als ungerechtfertigt oder durch sein Verschulden herbeigeführt erweisen, so gebührt dem Schiffsmann eine den erlittenen Entbehrungen entsprechende Vergütung. Ueber diesen Anspruch entscheidet unter Vorbehalt des Rechtsweges das Seemannsamt, vor welchem abgemustert wird.[1])

Zu §. 43.

1) Vgl. §. 26 Abs. 4 G. v. 26. März 1864. — Nach §. 12 der S.O. muß aus der Musterrolle hervorgehen, was dem Schiffsmann an Speise und Trank für den Tag gebührt. Er erhält dieselben nur zu seinem eigenen Bedarf, darf also über dieselben nicht anderweit verfügen.

Zu §. 45.

1) Vgl. §. 26 G. v. 26. März 1864.

Zu §. 46.

1) Die Mot. zur S.O. bemerken: Nach Art. 480 (jetzt §. 513) H.G.B. hat der Schiffer vor Antritt der Reise für die gehörige Verproviantierung des Schiffs zu sorgen. Selbst wenn dieser Verpflichtung, deren Erfüllung die Strafbestimmung des §. 97 sicher zu stellen sucht, vollständig genügt ist, kann eine nicht vorausgesehene Verlängerung der Reise oder der Eintritt von Unfällen eine Verkürzung der Rationen oder eine Änderung in Betreff der Gattung der Speisen und Getränke erforderlich machen. Im Fall eines solchen Notstandes muß selbstverständlich die Mannschaft sich die Kürzung oder Änderung gefallen lassen. Es entspricht jedoch ebenso dem Recht wie der Billigkeit, den Schiffsleuten eine den erlittenen Entbehrungen entsprechende Vergütung zu teil werden zu lassen, falls die betreffende Anordnung des Schiffers — sei es, weil eine gehörige Verproviantierung des Schiffes verabsäumt worden ist, oder aus einem sonstigen Grunde — sich als ungerechtfertigt erweist. Außerdem erscheint es angezeigt, dem Schiffer die Journalisierung der von ihm getroffenen Anordnungen und des Grundes derselben zur Pflicht zu machen, und zugleich im Falle der Unterlassung dem Schiffsmann, ohne daß es einer Fest-

§. 47.

Wenn ein Schiffsoffizier oder nicht weniger als drei Schiffsleute bei einem Seemannsamte Beschwerde darüber erheben, dass das Schiff, für welches sie angemustert sind, nicht seetüchtig ist, oder dass die Vorräthe, welche das Schiff für den Bedarf der Mannschaft an Speisen und Getränken mit sich führt, ungenügend oder verdorben sind, so hat das Seemannsamt eine Untersuchung des Schiffs beziehungsweise der Vorräthe zu veranlassen, und deren Ergebniss in das Schiffsjournal einzutragen. Auch hat dasselbe, falls die Beschwerde sich als begründet erweist, für die geeignete Abhülfe Sorge zu tragen.[1])

---

stellung über den der Anordnung zu Grunde liegenden Anlaß bedarf, den Anspruch auf die erwähnte Vergütung zuzubilligen. Der Schlußsatz bezweckt, eine möglichst schleunige und sachgemäße Entscheidung über derartige Ansprüche herbeizuführen. Mit Rücksicht auf die privatrechtliche Natur des Anspruchs läßt der Entwurf gegen die Entscheidung des Seemannsamtes den Rechtsweg zu.

Zu §. 47.

1) Gegen diesen von der Kommission des Reichstags eingeschalteten §. sprachen sich die Vertreter der Seeuferstaaten im Bundesrat aus. Der preuß. Bevollmächtigte bemerkte jedoch, die Absicht des §., die Seemannschaft gegen die Fahrt auf einem seeuntüchtigen oder mit verdorbenem oder nur ungenügendem Proviant versehenen Schiffe zu schützen, sei unbestreitbar berechtigt, der §. gewähre bei richtiger Auffassung aber auch hinreichenden Anhalt, um nicht frivolen Beschwerden stattgeben zu müssen; die letzteren müßten in thatsächlicher Hinsicht ausreichend begründet, mit Beweismitteln versehen sein; die Schiffsoffiziere, welche eine Beschwerde erheben, müßten diese ihre Qualifikation darthun; die Beschwerden der drei Schiffsleute müßten sich decken ꝛc., eine Instruktion endlich, welche den Seemannsamtern zu erteilen sei, könne der mißbräuchlichen Anwendung des §. vorbeugen. Die amendierte Dienstinstruktion für die deutschen Konsuln v. 22. Februar 1873 schreibt in dieser Beziehung folgendes vor:

1. Wird bei dem Konsul von Angehörigen der Mannschaft eines Schiffes Beschwerde darüber erhoben, daß dasselbe nicht seetüchtig sei, oder daß die Vorräte, welche es für den Bedarf der Mannschaft an Speisen und Getränken mit sich führt, ungenügend oder verdorben seien, so hat der Konsul zunächst die Legitimation der Beschwerdeführer festzustellen. Insbesondere ist, wenn die Beschwerde von einem Schiffsmann unter Berufung auf seine Eigenschaft als Schiffs-Offizier erhoben wird, von ihm der Nachweis zu führen, daß ihm dieselbe wirklich zusteht. Nur der Steuermann des Schiffs ist von diesem Nachweise befreit.

2. Nach Feststellung der Legitimation sind die Beschwerdeführer über ihren Antrag zu Protokoll zu vernehmen.

3. Die Vernehmung jedes einzelnen Beschwerdeführers erfolgt abgesondert ohne Beisein der übrigen.

Vor der Vernehmung ist jeder derselben auf die Strafbestimmungen des §. 94 der Seemanns-Ordnung und auf die Entschädigungs-Ansprüche hinzuweisen, welche er, falls die Beschwerde unbegründet befunden wird, zu gewärtigen hat.

4. Der Vernommene hat sich ausführlich darüber zu erklären:
   a) auf welche Thatsachen er die Annahme stützt, daß das Schiff nicht seetüchtig sei, oder daß die Vorräte, welche dasselbe für den Bedarf der Mannschaft an Speisen und Getränken mit sich führt, ungenügend oder verdorben seien;
   b) durch welche Beweismittel die Feststellung dieser Thatsachen zu bewirken ist.

5. Nach dem Abschluß der Vernehmungen hat der Konsul zu prüfen:
   a) ob die thatsachlichen Angaben der Beschwerdeführer, wenn sie durch die Beweisaufnahme bestätigt werden sollten, die Annahme rechtfertigen, daß das Schiff nicht seetüchtig sei, oder daß die Vorräte desselben für den Bedarf der Mannschaft an Speisen und Getränken ungenügend oder verdorben seien;
   b) ob, wenn die Beschwerde von mindestens drei Schiffsleuten erhoben ist, die that-

§. 48.

Falls der Schiffsmann nach Antritt des Dienstes erkrankt oder verwundet wird, so trägt der Rheder die Kosten der Verpflegung und Heilung:

1) wenn der Schiffsmann wegen der Krankheit oder Verwundung die Reise nicht antritt, bis zum Ablauf von drei Monaten seit der Erkrankung oder Verwundung;
2) wenn er die Reise antritt und mit dem Schiffe nach einem deutschen Hafen zurückkehrt, bis zum Ablauf von drei Monaten seit der Rückkehr des Schiffs;
3) wenn er die Reise antritt und mit dem Schiffe zurückkehrt, die Rückreise des Schiffs jedoch nicht in einem deutschen Hafen endet, bis zum Ablauf von sechs Monaten seit der Rückkehr des Schiffs;
4) wenn er während der Reise am Lande zurückgelassen werden musste, bis zum Ablauf von sechs Monaten seit der Weiterreise des Schiffs.

Auch gebührt dem Schiffsmann, falls er nicht mit dem Schiffe nach dem Hafen zurückkehrt, von welchem das Schiff seine Ausreise angetreten hat, freie Zurückbeförderung nach diesem Hafen (§§. 65, 66), oder nach Wahl des Schiffers eine entsprechende Vergütung.[1])

---

sächlichen Angaben jedes Einzelnen von ihnen im Wesentlichen mit den Aussagen der anderen Beschwerdeführer übereinstimmen.

Trifft die eine oder die andere dieser beiden Voraussetzungen nicht zu, so ist die Beschwerde ohne weiteres als unbegründet, beziehungsweise unzulässig abzuweisen.

6. Wenn dagegen der erhobenen Beschwerde nach Maßgabe der unter Nr. 5 getroffenen Bestimmungen weitere Folge zu geben ist, so hat der Konsul zunächst den Schiffer über die einzelnen Beschwerdepunkte zu hören. Findet die Angelegenheit durch dessen Erklärung nicht ihre Erledigung und ist auch durch die sonst sich darbietenden Beweismittel, insbesondere durch eine Vernehmung der übrigen Schiffs-Mannschaft eine genügende Aufklärung des Sachverhaltes nicht zu gewinnen, so hat der Konsul eine Untersuchung des Schiffes, beziehungsweise der Vorräte zu veranlassen, und nach Beendigung derselben in Gemäßheit des §. 47 der Seemanns-Ordnung weiter zu verfahren.

7. Mit der Untersuchung des Schiffes oder der Vorräte sind unparteiische Sachverständige und zwar, wenn im Hafen Deutsche oder einer anderen befreundeten Nation angehörige Schiffe anwesend sind, zwei oder drei von den Führern dieser Schiffe zu betrauen.

Das Ergebnis der Untersuchung ist durch ein von den Sachverständigen zu unterzeichnendes Protokoll festzustellen.

8. Hat eine Untersuchung des Schiffes oder der Vorräte stattgefunden, so hat der Konsul unverzüglich unter abschriftlicher Einreichung der Verhandlungen, sowie unter Mitteilung der getroffenen Entscheidung und der zu deren Ausführung etwa erlassenen Anordnungen dem Auswärtigen Amte eingehenden Bericht zu erstatten.

Zu §. 48.

1) a. Vgl. Art. 548 A.D.H. — Das Rechtsverhältnis der Schiffsmannschaft unterscheidet sich von dem des Gesindes wesentlich dadurch, daß die Schiffsleute zu gesundheits- und lebensgefährlichen Diensten verpflichtet sind, während dies rücksichtlich des Gesindes nicht der Fall ist. Solchen gesteigerten Obliegenheiten der Mannschaft entspricht auch eine weitergehende Pflicht des Dienstherrn, für eingetretene Beschädigung auch nach Beendigung des Heuervertrags Vergütigung zu gewähren. Eine liberale Festsetzung der letzteren ist aus handelspolitischen Rücksichten erforderlich. — Das Gesetz macht keinen Unterschied, ob der Schiffsmann sich die Krankheit bei Ausübung des Dienstes selbst oder außerdem zugezogen hat, und ob ein Verschulden des Erkrankten mit unterlaufen ist oder nicht. Dergleichen Unterscheidungen sind, wie man meinte, nicht durchführbar und innerlich nicht begründet. (P. 2010—2012.) Das A.L.R. (Th. II, Tit. 8, §§. 1554—1561) machte derartige Unterscheidungen. — Vgl. §. 553, Abs. 1 u. 2 H.G.B.

§. 49.

Die Heuer bezieht der erkrankte oder verwundete Schiffsmann:

wenn er die Reise nicht antritt, bis zur Einstellung des Dienstes;

wenn er die Reise antritt und mit dem Schiffe zurückkehrt, bis zur Beendigung der Rückreise;

wenn er während der Reise am Lande zurückgelassen werden musste, bis zu dem Tage, an welchem er das Schiff verlässt.

Ist der Schiffsmann bei der Vertheidigung des Schiffs beschädigt, so hat er überdies auf eine angemessene, erforderlichenfalls von dem Richter zu bestimmende Belohnung Anspruch.[1])

§. 50.

Auf den Schiffsmann, welcher die Krankheit oder Verwundung durch eine unerlaubte Handlung sich zugezogen hat, oder mit einer syphiltischen Krankheit behaftet ist, finden die §§. 48 und 49 keine Anwendung.[1])

§. 51.

Stirbt der Schiffsmann nach Antritt des Dienstes, so hat der Rheder die bis zum Todestage verdiente Heuer (§. 67) zu zahlen und die Bestattungskosten zu tragen.

Wird der Schiffsmann bei Vertheidigung des Schiffs getödtet, so hat der Rheder überdies eine angemessene, erforderlichenfalls von dem Richter zu bestimmende Belohnung zu entrichten.[1])

§. 52.

Ueber jeden nach Antritt des Dienstes eintretenden Todesfall eines Schiffsmannes muss vom Schiffer unter Zuziehung von zwei Schiffsoffizieren oder anderen glaubhaften Personen ein urkundlicher Nachweis beschafft werden.[1]) Die Urkunde muss Tag und

---

b. Durch das G. betr. die Unfallversicherung der Seeleute und anderer bei der Seeschifffahrt beschäftigter Personen v. 13. Juli 1887 (R.G.Bl. S. 329), in Kraft getreten am 1. Januar 1888 (Kais. Verordn. vom 26. Dezember 1887, R.G.Bl. S. 537) und die Bekanntmachung vom 14. Juni 1895 (R.G.Bl. S. 351) ist für die in jenem Gesetze erwähnten Personen ein anderweiter Schadensersatz herbeigeführt, insbesondere durch die §§. 109ff. desselben die direkte Haftung des Rheders eingeschränkt.

Zu §. 49.

1) Vgl. Art. 549 A.D.H. Zur Begründung dieser Bestimmung ist angeführt worden: Zum Waffendienst verpflichte sich die Mannschaft im Heuervertrage nicht. Leiste sie denselben dennoch, so sei es billig, daß ihr für solche außerordentliche Dienstleistungen eine außerordentliche Belohnung gegeben werde. Es solle hierdurch nicht dem Rheder die Ernährung der arbeitsunfähig gewordenen Seeleute und deren Familien aufgebürdet, sondern dem Schiffsmanne, und im Falle des §. 51 dessen Angehörigen eine angemessene, ein für allemal zu leistende Belohnung, die der ersten Not zu steuern geeignet sei, gewährt werden. (P. 2014.) — Vgl. §. 553 Abs. 3 u. 4 H.G.B.

Zu §. 50.

1) Vgl. Art. 550 A.D.H. Die in den §§. 48, 49 bezeichnete Verpflichtung des Rheders tritt nicht ein (P. 2012), wenn die Krankheit oder Verwundung oder deren Veranlassung von der Art ist, daß sie nach §. 57 die vorzeitige Entlassung des Schiffsmanns *ohne Entschädigung* rechtfertigen würde.

Zu §. 51.

1) Vgl. Art. 551 Abs. 1 A.D.H. — Durch diese Vorschrift wird der in mehreren Seerechten enthaltenen Bestimmung, daß den Erben des Verstorbenen die Heuer des *ganzen Sterbemonats* gebührt, entgegengetreten, und zugleich durch Verweisung auf §. 67 die Frage entschieden, ob in dem Falle, wenn die Heuer in Bausch und Bogen bedungen ist, der vor

Stunde des Todes, Vor- und Familiennamen, Geburts- oder Wohnort und Alter des Verstorbenen, sowie die muthmassliche Ursache des Todes enthalten. Sie ist von dem Schiffer und den zugezogenen Zeugen zu vollziehen.

Soweit der Nachlass des verstorbenen Schiffsmannes sich an Bord befindet, hat der Schiffer für die Aufzeichnung und Aufbewahrung, sowie erforderlichenfalls für den Verkauf des Nachlasses Sorge zu tragen. Die Aufzeichnung ist unter Zuziehung von zwei Schiffsoffizieren oder anderen glaubhaften Personen vorzunehmen.[2])

Die Nachlassgegenstände selbst, der etwaige Erlös aus denselben, sowie der etwaige Heuerrückstand sind nebst der erwähnten Aufzeichnung und dem Nachweis über den Todesfall demjenigen Seemannsamt, bei dem es zuerst geschehen kann, zu übergeben. Wenn im Auslande das Seemannsamt aus besonderen Gründen die Uebernahme der Nachlassgegenstände ablehnt,[3]) **so hat der Schiffer die Uebergabe bei demjenigen Seemannsamt zu bewirken, bei welchem es anderweit zuerst geschehen kann.**

Durch die Vorschriften des ersten und dritten Absatzes werden die auf die Führung der Civilstandsregister bezüglichen Bestimmungen der Landesgesetze nicht berührt.[4])

Vollendung der Reise verstorbene Schiffsmann überhaupt schon etwas verdient hat. (P. 2024.) — Der Schiffsmann kann selbstverständlich (P. 3896) über die ihm nach diesem §. zu zahlende Heuer auch letztwillig verfügen. Vgl. §. 554.

Zu §. 52.

1) Der Todesfall muß nach §. 520 H.G.B. in das Tagebuch eingetragen werden.

2) Vgl. Art. 551 Abs. 2 A.D.H. Diese Vorschrift ist insofern von civilrechtlicher Bedeutung, als sich der Schiffer durch Vernachlässigung derselben den Interessenten verantwortlich macht. (P. 2025.) — Durch die §§. 52 u. 53 — sagt das in Anm. 1 A zur Überschrift erwähnte Cirkular des Reichskanzlers — werden in Ansehung derjenigen Konsuln, welchen in Gemäßheit des Reichsgesetzes vom 4. Mai 1870 die Ermächtigung zur Beurkundung des Personenstandes von Reichsangehörigen erteilt ist, die Bestimmungen dieses Gesetzes nicht berührt.

Für die Behandlung der den Kaiserlichen Konsulaten zu übergebenden Nachlässe verstorbener Schiffsleute finden im Allgemeinen die Vorschriften der Dienstinstruktion zu §. 18 des Konsulatsgesetzes Anwendung. Die Kaiserlichen Konsulate dürfen jedoch aus besonderen Gründen die Übernahme der Nachlaß-Gegenstände ablehnen, namentlich in Häfen, in welche deutsche auf der Rückreise begriffene Schiffe nur selten gelangen und wo zunächst das Schiff selbst, auf dem der Todesfall sich ereignet hat, die passendste Gelegenheit zur Beförderung der Gegenstände nach Deutschland darbietet.

3) Die Ablehnung ist aus dem Grunde zugelassen, weil häufig nur das Schiff selbst, auf welchem der Todesfall sich zutrug, geeignete Gelegenheit zur Beförderung der Gegenstände nach Deutschland bieten wird.

4) Das Reichsgesetz über die Beurkundung des Personenstandes und die Eheschließung vom 9. Februar 1875 (R.G.Bl. S. 23) enthält folgende Bestimmungen:

Sechster Abschnitt.

Beurkundung des Personenstandes der auf See befindlichen Personen.

§. 61. Geburten und Sterbefälle, welche sich auf Seeschiffen während der Reise ereignen, sind nach den Vorschriften dieses Gesetzes spätestens am nächstfolgenden Tage nach der Geburt oder dem Todesfall von dem Schiffer, unter Zuziehung von zwei Schiffsoffizieren oder anderen glaubhaften Personen, in dem Tagebuch zu beurkunden. Bei Sterbefällen ist zugleich die muthmaßliche Ursache des Todes zu vermerken.

§. 62. Der Schiffer hat zwei von ihm beglaubigte Abschriften der Urkunden demjenigen Seemannsamte, bei dem es zuerst geschehen kann, zu übergeben. Eine dieser Abschriften ist bei dem Seemannsamte aufzubewahren, die andere ist demjenigen Standesbeamten, in dessen Bezirk die Eltern des Kindes, beziehungsweise der Verstorbene ihren Wohnsitz haben oder zuletzt gehabt haben, behufs der Eintragung in das Register zuzufertigen.

§. 53.

Wenn der Schiffer während der Reise stirbt, ist der Steuermann verpflichtet, für die Beschaffung eines Nachweises über den Todesfall und für den Nachlass nach Massgabe der vorstehenden Bestimmungen (§. 52) zu sorgen.

§. 54.

Der Schiffsmann ist verpflichtet, während der ganzen Reise, einschliesslich etwaiger Zwischenreisen, bis zur Beendigung der Rückreise im Dienste zu verbleiben, wenn in dem Heuervertrage nicht ein Anderes bestimmt ist.

Unter Rückreise im Sinne der vorstehenden Bestimmung ist die Reise nach dem Hafen zu verstehen, von welchem das Schiff seine Ausreise angetreten hat. Wenn jedoch das Schiff von einem nicht europäischen Hafen oder von einem Hafen des Schwarzen oder des Azowschen Meeres kommt und dasselbe seine Ausreise von einem deutschen Hafen angetreten hat, so gilt auch jede der nachstehend bezeichneten Reisen als Rückreise, falls der Schiffer spätestens alsbald nach der Ankunft die Reise der Schiffsmannschaft gegenüber für beendigt erklärt:

1) die Reise nach jedem anderen deutschen Hafen,
2) die Reise nach einem ausserdeutschen Hafen der Nordsee oder nach einem Hafen des Kanals oder Grossbritanniens,
3) sofern das Schiff seine Ausreise von einem Hafen der Ostsee angetreten hat, auch die Reise nach einem ausserdeutschen Hafen der Ostsee oder nach einem Hafen des Sundes oder des Kattegats.

Endet die Rückreise nicht in dem Hafen, von welchem das Schiff seine Ausreise angetreten hat, so hat der Schiffsmann Anspruch auf freie Zurückbeförderung (§§. 65, 66) nach diesem Hafen und auf Fortbezug der Heuer während der Reise oder nach seiner Wahl auf eine entsprechende Vergütung.[1])

---

§. 63. Ist der Schiffer verstorben oder verhindert, so hat der Steuermann die in den §§. 61 und 62 dem Schiffer auferlegten Verpflichtungen zu erfüllen.

§. 64. Sobald das Schiff in den inländischen Hafen eingelaufen ist, in welchem es seine Fahrt beendet, ist das Tagebuch der für den Standesbeamten des Hafenorts zuständigen Aufsichtsbehörde vorzulegen.

Diese hat beglaubigte Abschrift der in das Tagebuch eingetragenen Standesurkunde dem Standesbeamten, in dessen Register der Fall gehört (§. 62), behufs Kontrolirung der Eintragungen zuzustellen.

§. 68. Wer den . . . vorgeschriebenen Anzeigepflichten nicht nachkommt, wird mit Geldstrafe bis zu 150 Mark oder mit Haft bestraft . . .

Die bezeichnete Strafe trifft auch den Schiffer oder Steuermann, welcher den Vorschriften der §§. 61—64 zuwiderhandelt.

Die Standesbeamten sind außerdem befugt, die zu Anzeigen oder zu sonstigen Handlungen auf Grund dieses Gesetzes Verpflichteten hierzu durch Geldstrafen anzuhalten, welche für jeden einzelnen Fall den Betrag von 15 Mark nicht übersteigen dürfen.

Auf Grund des §. 71 des vorerwähnten Reichsgesetzes erging folgende Verordnung vom 4. November 1875 (R.G.Bl. S. 313): Sterbefälle von Militärpersonen auf den in Dienst gestellten Schiffen oder anderen Fahrzeugen der Kaiserlichen Marine sind von dem zuständigen Marine-Stations-Kommando unter Übersendung der darüber von dem Kommando des Schiffs oder Fahrzeugs aufgenommenen Urkunden dem Standesbeamten, in dessen Bezirk der Verstorbene seinen letzten Wohnsitz gehabt hat, anzuzeigen und auf Grund dieser Anzeige in das Sterberegister einzutragen.

Zu §. 54.

1) Vgl. Art. 538 A.D.H. — Unzeitige Entlassungsgesuche der Mannschaft sind möglichst zu beseitigen; dieselbe darf daher nie anders als nach Vollendung der laufenden Reise ihre Entlassung fordern. Über die Entlassung des Schiffers s. §. 551 H.G.B.

§. 55.

Nach beendigter Reise kann der Schiffsmann seine Entlassung nicht früher verlangen, als bis die Ladung gelöscht, das Schiff gereinigt und im Hafen oder an einem anderen Orte festgemacht, auch die etwa erforderliche Verklarung abgelegt ist.

§. 56.

Der Heuervertrag endet, wenn das Schiff durch einen Zufall dem Rheder verloren geht, insbesondere

wenn es verunglückt;

wenn es als reparaturunfähig oder reparaturunwürdig kondemnirt (Art. 444 des allg. Deutschen Handelsgesetzbuchs) (jetzt §. 449 H.G.B.) und in dem letzteren Falle ohne Verzug öffentlich verkauft wird;

wenn es geraubt wird;

wenn es aufgebracht oder angehalten und für gute Prise erklärt wird.

Dem Schiffmann gebührt alsdann nicht allein die verdiente Heuer (§. 67), sondern auch freie Zurückbeförderung (§§. 65, 66) nach dem Hafen, von welchem das Schiff seine Ausreise angetreten hat, oder nach Wahl des Schiffers eine entsprechende Vergütung.[1])

§. 57.

Der Schiffer kann den Schiffsmann, abgesehen von den in dem Heuervertrage bestimmten Fällen, vor Ablauf der Dienstzeit entlassen:

1) so lange die Reise noch nicht angetreten ist, wenn der Schiffsmann zu dem Dienste, zu welchem er sich verheuert hat, untauglich ist;
2) wenn der Schiffsmann eines groben Dienstvergehens, insbesondere des wiederholten Ungehorsams oder der fortgesetzten Widerspenstigkeit, der Schmuggelei sich schuldig macht;
3) wenn der Schiffsmann des Vergehens des Diebstahls, Betrugs, der Untreue, Unterschlagung, Hehlerei oder Fälschung, oder einer nach dem Strafgesetzbuche mit Zuchthaus bedrohten Handlung sich schuldig macht;
4) wenn der Schiffsmann mit einer syphilitischen Krankheit behaftet ist, oder wenn er durch eine unerlaubte Handlung eine Krankheit oder Verwundung sich zuzieht, welche ihn arbeitsunfähig macht;

Zu §. 56.

1) a. Vgl. Art. 542 A.D.H. — Durch einen zufälligen Verlust des Schiffs hört ipso jure das Vertragsverhältnis zwischen dem Rheder und dem Schiffsmann auf, ohne daß es einer Willenserklärung des Schiffers oder Rheders bedarf. Wäre der Untergang des Schiffs nur ein Entlassungsgrund und keine Erlöschungsart des Vertrags, so würde die Mannschaft, selbst wenn sie ganz auseinander gesprengt wäre, bis zur förmlichen Entlassung Anspruch auf die Heuer haben. (P. 1986—1988.) Zu beachten ist, daß der Heuervertrag des **Schiffers** nicht mit dem Untergange des Schiffes endet, vielmehr trotz desselben fortdauert (§. 555 H.G.B.). Diese Verschiedenheit von den Bestimmungen über die Schiffsmannschaft hat darin ihren Grund, daß der Schiffer nicht bloß als nautischer Führer des Schiffes ꝛc. in Betracht kommt, sondern auch während der Reise als Mandatar Geschäfte der Rhederei zu führen hat und in dieser Eigenschaft oft noch nach Untergang des Schiffes die Interessen seiner Mandanten oder sonstiger Beteiligten wahrzunehmen hat (P. 1987, 3840), was bei der Mannschaft nicht zutrifft.

b. Wenngleich der Heuervertrag der Schiffsmannschaft durch den Verlust des Schiffes endet, so ist dem Schiffsmanne doch aus **Billigkeitsrücksichten** (P. 1988) ein Anspruch auf freie Zurückbeförderung (§§. 65, 66) oder entsprechende Vergütung nach Wahl des Schiffers eingeräumt worden.

5) wenn die Reise, für welche der Schiffsmann geheuert war, wegen Krieg, Embargo oder Blokade oder wegen eines Ausfuhr- oder Einfuhrverbots oder wegen eines anderen, Schiff oder Ladung betreffenden Zufalls nicht angetreten oder fortgesetzt werden kann.[1])

Die Entlassung, sowie der Grund derselben muss, sobald es geschehen kann, dem Schiffsmann angezeigt und in den Fällen der Ziffern 2, 3, 4 in das Schiffsjournal eingetragen werden.[2])

§. 58.

Dem Schiffsmann gebührt in den Fällen der Ziffern 1 bis 4 des §. 57 nicht mehr als die verdiente Heuer (§ 67), in den Fällen der Ziffer 5 hat er, wenn er nach Antritt der Reise entlassen wird, nicht allein auf die verdiente Heuer, sondern auch auf freie Zurückbeförderung (§§. 65, 66) nach dem Hafen, von welchem das Schiff seine Ausreise angetreten hat, oder nach Wahl des Schiffers auf eine entsprechende Vergütung Anspruch.[1])

§. 59.

Der für eine Reise geheuerte Schiffsmann, welcher aus anderen als aus den in dem §. 57 erwähnten Gründen vor Ablauf des Heuervertrages entlassen wird, behält, wenn die Entlassung vor Antritt der Reise erfolgt, als Entschädigung die etwa empfangenen Hand- und Vorschussgelder, soweit dieselben den üblichen Betrag nicht übersteigen.

Sind Hand- und Vorschussgelder nicht gezahlt, so hat er als Entschädigung die Heuer für einen Monat zu fordern.[1])

Zu §. 57.

1) a. Vgl. Art. 543 A.D.H. — Die Worte „abgesehen von den im Heuervertrage bestimmten Fällen" deuten an, daß die vorzeitige Entlassung ohne Entschädigung für die Zukunft auch in anderen als in den hier gedachten Fällen vertraglich bedungen werden kann; z. B. (P. 2006, 2036) für den Fall, daß der Rheder sich veranlaßt sehen möchte, sein Schiff im Auslande zu verkaufen und daselbst die Mannschaft zu entlassen.

b. Die Ziffer 1 behandelt nur den Fall, wenn die Untauglichkeit zu dem übernommenen Dienste vor Antritt der Reise zum Vorschein kommt, mag der Schiffsmann auch zu anderen Diensten verwendbar sein. Der Fall, wenn die Unfähigkeit sich nach Antritt der Reise zeigt, ist im §. 34 besonders geregelt.

c. In den Fällen der Ziffern 2, 3 und 4 kann der Schiffsmann mit Genehmigung des Seemannsamts (§. 71) auch im Auslande zurückgelassen werden.

d. Jede Syphilis eines Schiffsmanns, gleichviel welchen Grades und wie sie entstanden ist, rechtfertigt die Entlassung des damit Behafteten, weil selbst ein geringer Grad dieser Krankheit bei dem Zusammenleben auf dem Schiffe nachteilig, das Verschulden schwer nachzuweisen ist und ohne ein solches die Krankheit selten entsteht (P. 1994). — Mit den durch „unerlaubte Handlungen" herbeigeführten Krankheiten oder Verwundungen sollen vorzüglich diejenigen bezeichnet werden, welche der Seemann bei Schlägereien erhalten hat, insbesondere nachdem er das Schiff ohne Erlaubnis verlassen hatte. (P. 1994.)

2) Die Eintragung in das Journal ist bereits im §. 520 H.G.B. angeordnet.

Zu §. 58.

1) Vgl. Art. 544 Abs. 1 A.D.H.

Zu §. 59.

1) a. Die §§. 57, 58 bestimmen die Fälle und Folgen einer gerechtfertigten Entlassung des Schiffsmannes, die §§. 59 und 60 die Folgen einer ungerechtfertigten Entlassung im Anschluß an Art. 545 A.D.H. — Der §. 59 bezieht sich nur auf den Fall, wenn der Schiffsmann für eine bestimmte Reise geheuert ist oder bei Anstellung auf unbestimmte Zeit die Ein-

Ist die Entlassung erst nach Antritt der Reise erfolgt, so hat er Anspruch auf freie Zurückbeförderung (§§. 65, 66) nach dem Hafen, von welchem das Schiff seine Ausreise angetreten oder nach Wahl des Schiffers auf eine entsprechende Vergütung.[2]) Auch erhält er ausser der verdienten Heuer (§. 67) noch die Heuer für zwei oder vier Monate, je nachdem er in einem europäischen (§. 70) oder in einem nichteuropäischen Hafen entlassen ist, jedoch nicht mehr als er erhalten haben würde, wenn er erst nach Beendigung der Reise entlassen worden wäre.[3])

§. 60.

Wenn die Vorschrift am Schluss des vorstehenden Paragraphen Anwendung findet, und der Schiffsmann nach Beendigung der Reise in einem deutschen Hafen entlassen worden wäre, so wird, um die ihm ausser der verdienten Heuer gebührende Heuer zu bestimmen, die Dauer der Reise eines Segelschiffs gerechnet:

von Häfen:	nach Häfen der Nordsee.	nach Häfen der Ostsee.
	Monaten.	
1) der Nordsee bis zum 61. Grade nördlicher Breite und des Englischen Kanals zu	1	1½
2) der Ostsee und der angrenzenden Gewässer zu	1½	1
3) in Europa ausserhalb des Englischen Kanals und bis zur Strasse von Gibraltar mit Einschluss der Azoren, sowie der Nordsee über den 61. Grad nördlicher Breite hinaus und ausserhalb der Nordsee bis zum Nordkap einschliesslich zu	1½	2
4) des Mittelmeeres, des Schwarzen und Azowschen Meeres zu	2	2
5) in Europa, östlich des Nordkaps zu	2	2
6) der Ostküste Amerikas von Quebeck bis Rio de Janeiro einschliesslich zu	2	2½
7) südlich von Rio de Janeiro bis Kap Horn einschliesslich zu	2½	3
8) der Westküste Amerikas vom Kap Horn bis Panama einschliesslich zu	3½	4
9) der Westküste von Afrika nördlich vom Aequator einschliesslich der Kanarischen und der Kapverdischen Inseln zu	2	2½
10) südlich vom Aequator bis zum Kap der guten Hoffnung einschliesslich zu	2¼	2¾
11) jenseits des Kap der guten Hoffnung, diesseits des Kap Komorin mit Einschluss des Rothen Meeres und des Persischen Golfs zu	3½	4
12) von den sonstigen, vorstehend nicht mit einbegriffenen Häfen zu . .	4	4

---

berufungsordre zu einer bestimmten Reise bereits angenommen hat. Ist der Schiffsmann für eine bestimmte Zeit oder auf Lebenszeit angenommen, und wird er aus anderen, als den im §. 57 erwähnten Gründen vor Ablauf des Heuervertrages entlassen, so ist die Entschädigung nach allgemeinen Rechtsgrundsätzen zu bemessen. (P. 2001, 3843.) Der Schiffsmann hat, wenn die üblichen Hand- und Vorschußgelder weniger als eine Monatsheuer betragen, keinen Anspruch auf eine größere Entschädigung; bei kleineren Reisen wird mit Rücksicht auf die Kürze der Reise bisweilen nur ein geringeres Handgeld gezahlt. (P. 3844.)

b. In der Reichstagskommission wurde allseitig anerkannt, daß der §. 59 keine Entscheidung über die Frage trifft, welche Entschädigung der Schiffsmann verlangen könne, welcher vor der Anmusterung entlassen worden ist, aber schon Schiffsdienste geleistet hat.

2) Will der Schiffsmann nicht zurückbefördert sein, so fällt dieser Teil seiner Ansprüche fort. (P. 1997—1999.)

3) Die Heuer für zwei bezw. vier Monate bildet das Maximum der Entschädigung. Die Worte: „jedoch nicht mehr als er erhalten haben würde, wenn er erst nach Beendigung der

§. 61.

Der Schiffsmann kann seine Entlassung fordern:[1])

1) wenn sich der Schiffer einer schweren Verletzung seiner ihm gegen denselben obliegenden Pflichten, insbesondere durch Misshandlung oder durch grundlose Vorenthaltung von Speise und Trank schuldig macht;[2])

2) wenn das Schiff die Flagge wechselt;

3) wenn nach Beendigung der Ausreise eine Zwischenreise beschlossen, oder wenn eine Zwischenreise beendigt ist, sofern seit dem Dienstantritt zwei oder drei Jahre, je nachdem das Schiff in einem europäischen (§. 70) oder in einem nichteuropäischen Hafen sich befindet, verflossen sind.

Der Wechsel des Rheders oder Schiffers giebt dem Schiffsmann kein Recht, die Entlassung zu fordern.[3])

§. 62.

In dem Falle des §. 61 Ziffer 3 kann die Entlassung nicht gefordert werden:

1) wenn der Schiffsmann für eine längere als die daselbst angegebene Zeit sich verheuert hat. Die Verheuerung auf unbestimmte Zeit oder mit der allgemeinen Bestimmung, dass nach Beendigung der Ausreise der Dienst für alle

---

Reise entlassen worden wäre", beschränken jenes Maximum für diejenigen Fälle, in welchen die Reise, für die der Schiffsmann geheuert worden ist, noch vor Ablauf der zwei bezw. vier Monate nach der Entlassung beendigt sein würde, indem sie verhüten wollen, daß der Schiffsmann mehr erhalte, als er bis zum Ablauf der vertragsmäßigen Dienstzeit noch verdient haben würde. Mot. z. S.O.

Zu §. 61.

1) Die Gründe, aus denen der Schiffsmann seine Entlassung fordern kann (Ziff. 1 u. 3), sind den Artt. 547 Abs. 1 und 539 Abs. 1 A.D.H. entnommen. Hinzugefügt ist der Fall, wenn das Schiff die Flagge wechselt, weil ein Schiffsmann, welcher sich für ein deutsches Schiff verheuert hat, nicht für verpflichtet erachtet werden kann, auf einem irgend welcher fremden Nation angehörigen und den Gesetzen dieser Nation unterworfenen Schiffe den Vertrag zu erfüllen. Überdies erheischt das nationale Interesse diese Ergänzung. — Fortgelassen ist dagegen der im §. 34 G. v. 26. März 1864 gedachte Fall, wenn der Schiffsmann Gelegenheit findet, die Führung eines Schiffes zu erlangen, und diese Gelegenheit ihm durch die Fortsetzung des Dienstes verloren gehen würde, oder wenn er zur Prüfung als Schiffer oder Steuermann verstattet ist, und in beiden Fällen einen Ersatzmann stellt, welcher unter denselben Bedingungen sich zu verheuern bereit ist. Mot. z. S.O. — Wenn der Schiffsmann von der ihm in Ziff. 3 eröffneten Befugnis keinen Gebrauch macht, so dauert der ursprüngliche Heuervertrag fort. Vgl. §. 767 Abs. 3 H.G.B., R.G. XX, 187.

2) Inhalt und Fassung der Ziff. 1 sollen erkennbar machen, daß das Rechtsverhältnis der Mannschaft zum Schiffer dem Verhältnis des Gesindes zur Herrschaft ähnlich ist, und daß daher nicht jede geringfügige Vertragsverletzung des Schiffers den Schiffsmann zum Austritt aus dem Dienste berechtigt (P. 2004). Die Befugnis, auf Grund der Ziffer 1 seine Entlassung zu fordern, steht jedem Schiffsmanne zu, ohne Unterschied, ob er auf bestimmte Zeit, für eine bestimmte Reise oder auf unbestimmte Zeit angenommen ist (P. 3844).

3) Aus allgemeinen Grundsätzen des Rechts folgt, daß ein Schiffsmann, welcher sich für eine fest bestimmte Reise verheuert hat, die Entlassung fordern kann, wenn eine ganz andere Reise gemacht werden soll. Die ausdrückliche Erwähnung eines solchen Entlassungsgrundes ist vermieden worden, um nicht die Mannschaft zu verleiten, in ungeeigneten Fällen dieses Recht geltend zu machen und hierdurch viele unnütze Streitigkeiten zu veranlassen. (P. 2007.)

Über die Frage, ob die Verpflichtung zum Militärdienste den Schiffsmann berechtigt seine vorzeitige Entlassung zu fordern, vgl. v. König, S. 361 ff

Reisen, welche noch beschlossen werden möchten, fortzusetzen sei, wird als Verheuerung auf solche Zeit nicht angesehen;[1]),

2) sobald die Rückreise angeordnet ist.[2])

§. 63.

Der Schiffsmann hat in den Fällen der Ziffern 1 und 2 des §. 61 dieselben Ansprüche, welche für den Fall des §. 59 bestimmt sind; in dem Falle der Ziffer 3 gebührt ihm nicht mehr, als die verdiente Heuer (§. 67).[1])

§. 64.

Im Auslande darf der Schiffsmann, welcher seine Entlassung fordert, ausser in dem Falle eines Flaggenwechsels, nicht ohne Genehmigung eines Seemannsamtes (§. 105) den Dienst verlassen.[1])

§. 65.

Wenn nach den Bestimmungen dieses Gesetzes ein Anspruch auf freie Zurückbeförderung begründet ist, so umfasst derselbe auch den Unterhalt während der Reise.[1])

§. 66.

Dem Anspruche auf freie Zurückbeförderung wird genügt, wenn dem Schiffsmann, welcher arbeitsfähig ist, mit Genehmigung des Seemannsamtes ein seiner früheren Stellung entsprechender und durch angemessene Heuer zu vergütender Dienst auf einem deutschen Kauffahrteischiffe nachgewiesen wird, welches nach dem Hafen, von welchem das Schiff seine Ausreise angetreten hat, oder einem demselben nahe belegenen Hafen geht; letzteren Falls unter Gewährung der entsprechenden Vergütung für die weitere freie Zurückbeförderung (§. 65) bis zum Hafen, von welchem das Schiff seine Ausreise angetreten hat.

Ist der Schiffsmann kein Deutscher, so wird ein Schiff seiner Nationalität einem deutschen Schiffe gleichgeachtet.[1])

§. 67.

In den Fällen der §§. 36, 51, 56, 58, 59 und 63 wird die verdiente Heuer, sofern die Heuer nicht zeitweise, sondern in Bausch und Bogen für die ganze Reise bedungen

---

Zu §. 62.

1) Vgl. Art. 540 A.D.H.

2) Vgl. Art. 539 Abs. 2 A.D.H.

Zu §. 63

1) Vgl. Art. 547 Abs. 2, Art. 539 Abs. 1 A.D.H.

Zu §. 64.

1) Vgl. Art. 547 Abs. 4 A.D.H. und die Strafbestimmung im §. 83.

Zu §. 65.

1) Vgl. §. 547 Abs. 3 H.G.B.

Zu §. 66.

1) Die Mot. z. S.O. bemerken, daß, die Arbeitsfähigkeit des Schiffsmannes vorausgesetzt, ihm nicht damit gedient sein würde, die Reise arbeitslos als Reisender zu machen; Rücksichten der Billigkeiten sprächen dafür, den Rheder von der Verpflichtung der freien Zurückbeförderung unter den angegebenen, der Kontrolle des Seemannsamtes unterliegenden Beschränkungen zu entlassen.

ist, mit Rücksicht auf den vollen Heuerbetrag nach Verhältniss der geleisteten Dienste, sowie des etwa zurückgelegten Theils der Reise bestimmt. Zur Ermittelung der in den §§. 59 und 60 erwähnten Heuer für einzelne Monate wird die durchschnittliche Dauer der Reise einschliesslich der Ladungs- und Löschungszeit unter Berücksichtigung der Beschaffenheit des Schiffs in Ansatz gebracht und danach die Heuer für die einzelnen Monate berechnet.[1])

§. 68.

Der Rheder haftet für die Forderungen des Schiffers und der zur Schiffsmannschaft gehörigen Personen aus den Dienst- und Heuerverträgen nicht nur mit Schiff und Fracht sondern persönlich.

Diese Bestimmung tritt an die Stelle des Artikels 453 des allgemeinen Deutschen Handelsgesetzbuchs.[1])

§. 69.

Der dem Schiffsmann als Lohn zugestandene Theil an der Fracht oder am Gewinn wird als Heuer im Sinne dieses Gesetzes nicht angesehen.[1])

§. 70.

In den Fällen der §§. 59 und 61 sind den europäischen Häfen die nicht europäischen Häfen des Mittelländischen, Schwarzen und Azowschen Meeres gleichzustellen.[1])

§. 71.

Der Schiffer darf einen Schiffsmann im Auslande nicht ohne Genehmigung des Seemannsamtes zurücklassen. Wenn für den Fall der Zurücklassung eine Hülfsbedürftigkeit des Schiffsmannes zu besorgen ist, so kann die Ertheilung der Genehmigung davon abhängig gemacht werden, dass der Schiffer gegen den Eintritt der Hülfsbedürftigkeit für einen Zeitraum bis zu drei Monaten Sicherstellung leistet.[1])

Die Bestimmungen des §. 103 werden hierdurch nicht berührt.

Zu §. 67.

1) Vgl. §. 549 H.G.B.

Zu §. 68.

1) §. 68 der Seemannsordnung ist aufgehoben durch Art. 8 Nr. 3 Einf.Ges. z. H.G.B. und ersetzt durch die Vorschrift des §. 487 H.G.B.

Zu §. 69.

1) Vgl. Art. 555 A.D.H.

Zu §. 70.

1) Vgl. §. 483 H.G.B., dessen Anwendbarkeit auf die Bestimmungen der Seemannsordnung durch den §. 70 außer Zweifel gestellt werden soll.

Zu §. 71.

1) Abweichend von §. 35 G. v. 26. März 1864 regelt §. 71 das Abandonnieren eines Schiffsmanns, gleichviel ob er Inländer oder Ausländer ist, und ob er mit seiner Zurücklassung einverstanden ist oder derselben widerspricht. Die Sicherstellung ist auch nicht durch ein etwaiges Heuerguthaben oder durch sonstige Ansprüche des Schiffsmannes an den Schiffer oder die Rhederei bedingt. Die Zurücklassung darf nicht ohne Genehmigung des Seemannsamtes erfolgen, widrigenfalls die Strafbestimmung des §. 98 Anwendung findet.

Vierter Abschnitt.

Disziplinar-Bestimmungen.

§. 72.

Der Schiffsmann ist der Disziplinargewalt des Schiffers unterworfen.

Dieselbe beginnt mit dem Antritt des Dienstes und erlischt mit dessen Beendigung.

§. 73.

Der Schiffsmann ist verpflichtet, sich stets nüchtern zu halten und gegen Jedermann ein angemessenes und friedfertiges Betragen zu beobachten.

Dem Schiffer und seinen sonstigen Vorgesetzten hat er mit Achtung zu begegnen und ihren dienstlichen Befehlen unweigerlich Folge zu leisten.[1])

§. 74.

Der Schiffsmann hat dem Schiffer auf Verlangen wahrheitsgemäss und vollständig mitzutheilen, was ihm über die den Schiffsdienst betreffenden Angelegenheiten bekannt ist.

§. 75.

Der Schiffsmann darf ohne Erlaubniss des Schiffers keine Güter an Bord bringen oder bringen lassen. Für die gegen dieses Verbot beförderten eigenen oder fremden Güter muss er die höchste am Abladungsorte zur Abladungszeit für solche Reisen und Güter bedungene Fracht erstatten, unbeschadet der Verpflichtung zum Ersatz eines erweislich höheren Schadens.

Der Schiffer ist auch befugt, die Güter über Bord zu werfen, wenn dieselben Schiff oder Ladung gefährden.[1])

Zu §. 73.

1) Vgl. Art. 533 A.D.H., G. v. 31. März 1841 (G.S. S. 64) und Ges. v. 26. März 1864, §§. 28, 29. Das Rechtsverhältnis der Mannschaft zum Schiffer ist nicht als eine reine locatio conductio operarum, sondern als ein durch die Disziplinargewalt des Schiffers modifiziertes Rechtsverhältnis aufzufassen (P. 1974).

Zu §. 75.

1) a. Vgl. §§. 544, 564 H.G.B. und §. 31 G. v. 26. März 1864. Dieser §. 75 ist gegen die sog. Führung, d. i. das nach älterem Seerechte den Schiffsleuten zustehende Recht, eine gewisse Quantität Güter für eigene Rechnung zu verladen, gerichtet. Das A.L.R. T. II, Tit. 8, §. 1596 beschränkte dasselbe auf das, was die Leute in ihrer Schlafstelle und Kiste bergen können. Aber auch so hat die Führung zu den größten Nachteilen Anlaß gegeben. Eine ausreichende Kontrolle, daß der Schiffsmann keine verbotenen Waren ladet, ist nicht möglich; es ist wiederholt vorgekommen, daß Schiff und Ladung konfisziert worden sind, weil sich in der Führung eines Schiffsmannes verbotene Waren fanden (M. 247. P. 1973).

b. Die im Abs. 2 dem Schiffer erteilte Befugnis ist nicht selbstverständlich, sofern die Güter einem Dritten gehören, und mußte deshalb ausdrücklich dem Schiffer verliehen werden. Vgl. §. 563 Abs. 4 H.G.B.

c. Der §. 297 des Reichsstrafgesetzbuchs bestimmt:

> Ein ... Schiffsmann, welcher ohne Vorwissen des Schiffers ... Gegenstände an Bord nimmt, welche das Schiff oder die Ladung gefährden, indem sie die Beschlagnahme oder Einziehung des Schiffes oder der Ladung veranlassen können, wird mit Geldstrafe bis zu eintausendfünfhundert Mark oder mit Gefängnis bis zu zwei Jahren bestraft.

§. 76.

Die Bestimmungen des §. 75 finden ebenfalls Anwendung, wenn der Schiffsmann ohne Erlaubniss des Schiffers Branntwein oder andere geistige Getränke oder mehr an Taback, als er zu seinem Gebrauche auf der beabsichtigten Reise bedarf, an Bord bringt oder bringen lässt.

Die gegen dieses Verbot mitgenommenen geistigen Getränke und Taback verfallen dem Schiffe.[1])

§. 77.

Die auf Grund der Bestimmungen der §§. 75 und 76 getroffenen Anordnungen des Schiffers sind, sobald es geschehen kann, in das Schiffsjournal einzutragen.

§. 78.

Wenn das Schiff in einem Hafen liegt, so ist der Schiffer befugt, die Effekten der Schiffsleute zur Verhütung einer Entweichung bis zur Abreise des Schiffs in Verwahrung zu nehmen.

§. 79.

Der Schiffer ist befugt, alle zur Aufrechterhaltung der Ordnung und zur Sicherung der Regelmässigkeit des Dienstes erforderlichen Massregeln zu ergreifen. Zu diesem Zwecke darf er namentlich auch herkömmliche Erschwerungen des Dienstes oder mässige Schmälerung der Kost, letztere jedoch auf höchstens drei Tage, als Strafe eintreten lassen. Geldbusse, körperliche Züchtigung oder Einsperrung darf er als Strafe nicht verhängen.[1])

Bei einer Widersetzlichkeit, oder bei beharrlichem Ungehorsam ist der Schiffer zur Anwendung aller Mittel befugt, welche erforderlich sind, um seinen Befehlen Gehorsam zu verschaffen. Er darf gegen die Betheiligten die geeigneten Sicherungsmassregeln ergreifen und sie nöthigenfalls während der Reise fesseln.[2])

Jeder Schiffsmann muss dem Schiffer auf Erfordern Beistand zur Aufrechthaltung der Ordnung sowie zur Abwendung oder Unterdrückung einer Widersetzlichkeit leisten.

Im Auslande hat der Schiffer in dringenden Fällen die Kommandanten der ihm zugänglichen Fahrzeuge der Kriegsmarine des Reichs um Beistand zur Aufrechthaltung der Disziplin anzugehen.

§. 80.

Jede vom Schiffer in Gemässheit der Bestimmungen des §. 79 getroffene Verfügung ist mit Angabe der Veranlassung, sobald es geschehen kann, in das Schiffsjournal einzutragen.[1])

Zu §. 76.

1) Vgl. §. 31 G. v. 26. März 1864.

Zu §. 79.

1) Diese Bestimmung weicht erheblich ab von dem §. 29 des G. v. 26. März 1864.

2) Der 1. Abs. betrifft die gewöhnlichen Disziplinarstrafen zur Sicherung der Ordnung und Regelmäßigkeit des Dienstes. In solchen Fällen sind die Befugnisse des Schiffers sehr eingeschränkt. Der 2. Abs. betrifft dagegen die Fälle der Widersetzlichkeit und des beharrlichen Ungehorsams, und in solchen sind seine Befugnisse so weit ausgedehnt, als erforderlich ist, um sich durch jedes Mittel den nötigen Gehorsam zu verschaffen. Man ging davon aus, daß es für den Schiffer unmöglich sei, die ihm vom Gesetze auferlegte Verantwortlichkeit zu tragen, wenn ihm nicht eine entsprechende Machtvollkommenheit eingeräumt werde.

Zu §. 80.

1) Vgl. §. 520 H.G.B. und die Strafbestimmung §. 99 Ziff. 4. S.O.

Fünfter Abschnitt.

Strafbestimmungen.

§. 81.

Ein Schiffsmann, welcher nach Abschluss des Heuervertrages sich verborgen hält, um sich dem Antritte des Dienstes zu entziehen, wird mit Geldstrafe bis zu zwanzig Thalern gestraft. Die Verfolgung tritt nur auf Antrag ein.

Wenn ein Schiffsmann, um sich der Fortsetzung des Dienstes zu entziehen, entläuft oder sich verborgen hält, so tritt Geldstrafe bis zu Einhundert Thalern oder Gefängnissstrafe bis zu drei Monaten ein. Die Verfolgung tritt nur auf Antrag ein.

Ein Schiffsmann, welcher mit der Heuer entläuft oder sich verborgen hält, um sich dem übernommenen Dienste zu entziehen, wird mit der im §. 298 des Strafgesetzbuchs angedrohten Gefängnissstrafe bis zu Einem Jahre belegt.[1])

§. 82.

In den Fällen der beiden letzten Absätze des §. 81 verliert der Schiffsmann, wenn er vor Abgang des Schiffes weder zur Fortsetzung des Dienstes freiwillig zurückkehrt, noch zwangsweise zurückgebracht wird, den Anspruch auf die bis dahin verdiente Heuer. Die Heuer und, sofern diese nicht ausreicht, auch die Effekten können zur Deckung der Schadensansprüche des Rheders aus dem Heuer- oder Dienstvertrage in Anspruch genommen werden; soweit die Heuer hierzu nicht erforderlich ist, wird mit ihr nach Massgabe des §. 107 verfahren.[1])

§. 83.

Hat der Schiffsmann sich dem Dienste in einem der Fälle des §. 61, 1 und 3 ohne Genehmigung des Seemannsamtes (§. 64) entzogen, so tritt Geldstrafe bis zum Betrage einer Monatsheuer ein.

Zu §. 81.

1) In den beiden ersten Absätzen des §. 81 handelt es sich nur um Bestrafung von Vertragsbruch; der mildere Fall (Abs. 1) ist der, wenn der Dienst noch nicht thatsächlich angetreten ist, dieser Fall unterliegt der Kognition des Seemannsamts (§. 101 S.O.); der schwerere (Abs. 2) liegt dann vor, wenn der Dienst bereits angetreten ist. Der dritte Absatz betrifft die Fälle, in welchen zu dem Vertragsbruch noch das Moment des strafbaren Eigennutzes („mit der Heuer entläuft 2c.") hinzutritt. Die Fälle des Abs. 2 und 3 unterliegen der Kognition der inländischen Strafgerichte. Der §. 298 des Reichsstrafgesetzbuchs lautet:

> Ein Schiffsmann, welcher mit der Heuer entläuft, oder sich verborgen hält, um sich dem übernommenen Dienste zu entziehen, wird, ohne Unterschied, ob das Vergehen im Inlande oder im Auslande begangen worden ist, mit Gefängnis bis zu einem Jahre bestraft.

Zu §. 82.

1) Die Entweichung (Desertion) ist nicht nur unter Strafe gestellt, sondern auch mit privatrechtlichen Nachteilen (dem Verluste der verdienten Heuer) bedroht. Die Heuer verfällt nicht, wie vielfach angenommen wird (vgl. v. König, S. 326), dem Schiffe, sondern einer der in §. 107 S.O. bezeichneten Kassen. Gemildert ist die Vorschrift gegenüber dem bisherigen Recht (§. 27 G. v. 26. März 1864) durch die Bestimmung, daß der Verlust der Heuer nicht eintritt, wenn der Schiffsmann vor Abgang des Schiffes zur Fortsetzung des Dienstes — freiwillig oder gezwungen — zurückkehrt.

§. 84.

Mit Geldstrafe bis zum Betrage einer Monatsheuer wird ein Schiffsmann bestraft, welcher sich einer gröblichen Verletzung seiner Dienstpflichten schuldig macht.[1])

Als Verletzung der Dienstpflicht in diesem Sinne wird insbesondere angesehen:

Nachlässigkeit im Wachdienste;

Ungehorsam gegen den Dienstbefehl eines Vorgesetzten;

ungebührliches Betragen gegen Vorgesetzte, gegen andere Mitglieder der Schiffsmannschaft oder gegen Reisende;

Verlassen des Schiffes ohne Erlaubniss oder Ausbleiben über die festgesetzte Zeit;

Wegbringen eigener oder fremder Sachen von Bord des Schiffes und an Bord bringen oder an Bord bringen lassen von Gütern oder sonstigen Gegenständen ohne Erlaubniss;

eigenmächtige Zulassung fremder Personen an Bord und Gestattung des Anlegens von Fahrzeugen an das Schiff;[2])

Trunkenheit im Schiffsdienste;

Vergeudung, unbefugte Veräusserung oder bei Seite bringen von Proviant.

Gegen Schiffsoffiziere kann die Strafe bis auf den Betrag einer zweimonatlichen Heuer erhöht werden.

Wenn die Heuer nicht zeitweise bedungen ist, so wird die Strafe auf einen nach dem Ermessen des Seemannsamtes der Monatsheuer entsprechenden Geldbetrag bestimmt.

Die Verfolgung tritt nur auf Antrag ein. Der Antrag ist bis zur Abmusterung zulässig.

§. 85.

Der Schiffer hat jede Verletzung der Dienstpflicht (§. 84), sobald es geschehen kann, mit genauer Angabe des Sachverhaltes in das Schiffsjournal einzutragen und, wenn thunlich, dem Schiffsmann von dem Inhalt der Eintragung unter ausdrücklicher Hinweisung auf die Strafandrohung des §. 84 Mittheilung zu machen.

Unterbleibt die Mittheilung, so sind die Gründe der Unterlassung im Journal anzugeben. Ist die Eintragung versäumt, so tritt keine Verfolgung ein.

§. 86.

Ein Schiffsmann, welcher den wiederholten Befehlen des Schiffers oder eines anderen Vorgesetzten den schuldigen Gehorsam verweigert, wird mit Gefängniss bis zu drei Monaten oder mit Geldstrafe bis zu Einhundert Thalern bestraft.

§. 87.

Wenn zwei oder mehrere zur Schiffsmannschaft gehörige Personen dem Schiffer oder einem anderen Vorgesetzten den schuldigen Gehorsam auf Verabredung gemeinschaftlich verweigern, so tritt gegen jeden Betheiligten Gefängnissstrafe bis zu einem Jahre ein. Der Rädelsführer wird mit Gefängniss bis zu drei Jahren bestraft.

Sind mildernde Umstände vorhanden, so kann auf Geldstrafe bis zu zweihundert Thalern erkannt werden.

Der Rädelsführer wird mit Gefängniss bis zu zwei Jahren bestraft.[1])

Zu §. 84.

1) Der Entwurf wollte die im §. 84 bestimmte Strafgewalt dem Schiffer einräumen. Die Reichstags-Kommission lehnte dies jedoch ab.

2) In der Reichstags-Kommission wurde anerkannt, daß eine stillschweigende Gestattung ebenso strafbar sei, wie eine ausdrückliche.

Zu §. 87.

1) Der §. 111 des Strafgesetzbuchs genügte nicht, weil es zweifelhaft erscheint, ob dessen Voraussetzung, daß die Aufforderung „öffentlich vor einer Menschenmenge" erfolgte, schon dann

§. 88.

Ein Schiffsmann, welcher zwei oder mehrere zur Schiffsmannschaft gehörige Personen zur Begehung einer nach den §§. 87 und 91 strafbaren Handlung auffordert, ist gleich dem Anstifter zu bestrafen, wenn die Aufforderung die strafbare Handlung oder einen strafbaren Versuch derselben zur Folge gehabt hat.

Ist die Aufforderung ohne Erfolg geblieben, so tritt im Falle des §. 87 Geldstrafe bis zu Einhundert Thalern, im Falle des §. 91 Geldstrafe bis zu zweihundert Thalern oder Gefängnissstrafe bis zu Einem Jahre ein.

§. 89.

Ein Schiffsmann, welcher es unternimmt, den Schiffer oder einen anderen Vorgesetzten durch Gewalt oder durch Bedrohung mit Gewalt, oder durch Verweigerung der Dienste zur Vornahme oder zur Unterlassung einer dienstlichen Verrichtung zu nöthigen, wird mit Gefängniss bis zu zwei Jahren bestraft. Sind mildernde Umstände vorhanden, so kann auf Geldstrafe bis zu zweihundert Thalern erkannt werden.

§. 90.

Dieselben Strafbestimmungen (§. 89) finden auf den Schiffsmann Anwendung, welcher es unternimmt, dem Schiffer oder einem anderen Vorgesetzten durch Gewalt oder durch Bedrohung mit Gewalt Widerstand zu leisten oder den Schiffer oder einen anderen Vorgesetzten thätlich anzugreifen.

§. 91.

Wenn eine der in den §§. 89, 90 bezeichneten Handlungen von mehreren Schiffsleuten auf Verabredung gemeinschaftlich begangen wird, so kann die Strafe bis auf das Doppelte des angedrohten Höchstbetrages erhöht werden.

Der Rädelsführer, sowie diejenigen, welche gegen den Schiffer oder gegen einen anderen Vorgesetzten Gewaltthätigkeiten verüben, werden mit Zuchthaus bis zu fünf Jahren oder mit Gefängniss von gleicher Dauer bestraft; auch kann auf Zulässigkeit von Polizeiaufsicht erkannt werden. Sind mildernde Umstände vorhanden, so tritt Gefängnissstrafe nicht unter drei Monaten ein.

§. 92.

Ein Schiffsmann, welcher solchen Befehlen des Schiffers oder eines andern Vorgesetzten den Gehorsam verweigert, welche sich auf die Abwehr oder auf die Unterdrückung der in den §§. 89, 90 bezeichneten Handlungen beziehen, ist als Gehülfe zu bestrafen.

§. 93.

Mit Geldstrafe bis zu zwanzig Thalern oder mit Haft bis zu vierzehn Tagen wird bestraft ein Schiffsmann, welcher

1) bei Verhandlungen, die sich auf die Ertheilung eines Seefahrtsbuches, auf eine Eintragung in dasselbe oder auf eine Musterung beziehen, wahre Thatsachen entstellt oder unterdrückt oder falsche vorspiegelt, um ein Seemannsamt zu täuschen;
2) es unterlässt, sich gemäss §. 10 zur Musterung zu stellen;

---

als vorhanden angenommen werden würde, wenn nur zwei oder einige zur Mannschaft gehörige Personen bei derselben gegenwärtig waren. Der §. 87 behandelt den Fall eines Komplotts zum Ungehorsam.

3) im Falle eines dem Dienstantritt entgegenstehenden Hindernisses unterlässt, sich hierüber gemäss §. 15 gegen das Seemannsamt auszuweisen.

Durch die Bestimmung der Ziffer 1 wird die Vorschrift des §. 271 des Strafgesetzbuchs nicht berührt.

§. 94.

Wer wider besseres Wissen eine auf unwahre Behauptungen gestützte Beschwerde über Seeuntüchtigkeit des Schiffs oder Mangelhaftigkeit des Proviants bei einem Seemannsamte vorbringt und auf Grund dieser Behauptungen eine Untersuchung veranlasst, wird mit Gefängniss bis zu drei Monaten bestraft.

Wer leichtfertig eine auf unwahre Behauptungen gestützte Beschwerde über Seeuntüchtigkeit des Schiffs oder Mangelhaftigkeit des Proviants bei einem Seemannsamte vorbringt und auf Grund dieser Behauptungen eine Untersuchung veranlasst, wird mit Geldstrafe bis zu Einhundert Thalern bestraft.

§ 95.

Die Verhängung einer in diesem Abschnitte oder durch sonstige strafgesetzliche Bestimmungen angedrohten Strafe wird dadurch nicht ausgeschlossen, dass der Schuldige aus Anlass der ihm zur Last gelegten That bereits disziplinarisch bestraft worden ist. Jedoch kann eine erlittene Disziplinarstrafe, sowohl in dem Strafbescheide des Seemannsamtes (§. 101), wie in dem gerichtlichen Strafurtheil bei Abmessung der Strafe berücksichtigt werden.[1])

§. 96.

Der Schiffer oder sonstige Vorgesetzte, welcher einem Schiffsmann gegenüber seine Disziplinargewalt missbraucht, wird mit Geldstrafe bis zu dreihundert Thalern oder mit Gefängniss bis zu Einem Jahre bestraft.[1])

§. 97.

Der Schiffer, welche seine Verpflichtung, für die gehörige Verproviantirung des Schiffes zu sorgen, vorsätzlich nicht erfüllt, wird mit Gefängniss bestraft, neben welchem auf Geldstrafe bis zu fünfhundert Thalern, sowie auf Verlust der bürgerlichen Ehrenrechte erkannt werden kann.

Hat der Schiffer die Erfüllung der Verpflichtung fahrlässiger Weise unterlassen, so ist, wenn in Folge dessen der Schiffsmannschaft die gebührende Kost nicht gewährt werden kann, auf Geldstrafe bis zu zweihundert Thalern oder Gefängniss bis zu Einem Jahre zu erkennen [1])

Zu §. 95.

1) Gegen §. 4 des Pr. G. v. 31. März 1841 (G.S. S. 64).

Zu §. 96.

1) Dieser §. bezweckt, den Schiffsmann gegen einen Mißbrauch der ausgedehnten Disziplinargewalt zu schützen. Über den Begriff des Schiffsmanns s. §. 3 u. Anm. 2 zu §. 3. S.O.

Zu §. 97.

1) Die Mot. z. S.O. bemerken: Wenn der Schiffer die ihm durch Art. 480 (jetzt §. 513) H.G.B. auferlegte Pflicht, vor Antritt der Reise für die gehörige Verproviantierung des Schiffes zu sorgen, verletzt, so haftet er nach Art. 478 u. 479 Abs. 1 (§§. 511, 512) ebendaselbst der Schiffsmannschaft für den Schaden, welcher derselben aus der Pflichtverletzung entsteht. Die privatrechtliche Haftung, von welcher der Schiffer nach Art. 479 Abs. 2 (§. 512) dadurch

§. 98.

Mit Geldstrafe bis zu Einhundert Thalern, mit Haft oder mit Gefängniss bis zu drei Monaten wird ein Schiffer bestraft, welcher einen Schiffsmann im Auslande ohne Genehmigung des Seemannsamtes zurücklässt (§. 71).

§ 99.

Mit Geldstrafe bis zu fünfzig Thalern oder mit Haft wird bestraft ein Schiffer, welcher

1) den ihm in Ansehung der Musterung obliegenden Verpflichtungen nicht genügt (§. 10);
2) bei Verhandlungen, welche sich auf eine Musterung oder eine Eintragung in ein Seefahrtsbuch beziehen, wahre Thatsachen entstellt oder unterdrückt, oder falsche vorspiegelt, um ein Seemannsamt zu täuschen;
3) bei Todesfällen die Beschaffung und Uebergabe des vorgeschriebenen Nachweises unterlässt oder die ihm obliegende Fürsorge für den Nachlass verabsäumt (§§. 52, 53);
4) eine der in den §§. 77 und 80 vorgeschriebenen Eintragungen in das Schiffsjournal unterlässt;
5) den ihm bei Vergehen und Verbrechen nach §§. 102 und 103 obliegenden Verpflichtungen nicht genügt;
6) dem Schiffsmann ohne dringenden Grund die Gelegenheit versagt, die Entscheidung des Seemannsamtes nachzusuchen (§§. 105, 106);
7) einem Schiffsmann grundlos Speise oder Trank vorenthält;
8) es unterlässt, dafür Sorge zu tragen, dass ein Exemplar dieses Gesetzes, sowie der massgebenden Vorschriften über Kost und Logis im Volkslogis zugänglich ist (§. 108).

Durch die Bestimmung der Ziffer 2 wird die Vorschrift des §. 271 des Strafgesetzbuchs nicht berührt.

§. 100.

Die Bestimmungen der §§. 81—99 finden auch dann Anwendung, wenn die strafbaren Handlungen ausserhalb des Bundesgebietes begangen sind.

Die Verjährung der Strafverfolgung beginnt in diesem Falle erst mit dem Tage, an welchem das Schiff, dem der Thäter zur Zeit der Begehung angehörte, zuerst ein Seemannsamt erreicht.[1])

§. 101.

In den Fällen der §§. 81 Abs. 1, 84, 93, 99 erfolgt die Untersuchung und Entscheidung durch das Seemannsamt. Dasselbe hat den Angeschuldigten verantwortlich

---

nicht befreit wird, daß er auf Anweisung des Rheders gehandelt hat, kann jedoch zu einer allseitigen Sicherung der Erfüllung der fraglichen Pflicht, deren Verletzung unter Umständen die Gesundheit und selbst das Leben der Mannschaft gefahrdet, nicht für ausreichend erachtet werden. Im Hinblick hierauf soll nach dem in seiner Fassung einem verwandten Vorgange des Strafgesetzbuchs (§. 329) sich anschließenden §. 97 sowohl wegen vorsätzlicher, wie wegen einer auf Fahrlässigkeit beruhenden Nichterfüllung strafrechtliche Verfolgung stattfinden. Die für den Fall der Fahrlässigkeit ohne Festsetzung eines Mindestbetrages gestattete Wahl zwischen Geld- und Gefangnisstrafe giebt dem Ermessen des Richters geeigneten Raum.

Zu §. 100.

1) Der §. 100 ist gegenüber den §§. 4 ff. u. 67 ff. des Strafgesetzbuchs für notwendig erachtet worden, um zu verhindern, daß infolge jener Bestimmungen Straflosigkeit eintrete.

zu vernehmen und den Thatbestand summarisch festzustellen. Eine Vereidigung von Zeugen findet nicht statt. Nach Abschluss der Untersuchung ist ein mit Gründen versehener Bescheid zu ertheilen, welcher dem Angeschuldigten im Falle seiner Anwesenheit zu verkünden, im Falle seiner Abwesenheit in Anfertigung zuzustellen ist. Wird eine Strafe festgesetzt, so ist die Dauer der für den Fall des Unvermögens an Stelle der Geldstrafe tretenden Haft zu bestimmen.

Gegen den Bescheid kann der Beschuldigte innerhalb einer zehntägigen Frist von der Verkündigung oder der Zustellung ab auf gerichtliche Entscheidung antragen. Der Antrag ist bei dem Seemannsamt zu Protokoll oder schriftlich anzubringen.

Hat das Seemannsamt seinen Sitz im Auslande, so ist für das weitere Verfahren dasjenige Gericht örtlich zuständig, in dessen Bezirk der Heimathshafen und in Ermangelung eines solchen derjenige deutsche Hafen belegen ist, welchen das Schiff nach der Straffestsetzung zuerst erreicht.

Der Bescheid des Seemannsamtes ist in Betreff der Beitreibung der Geldstrafe vorläufig vollstreckbar.[1])

§. 102

Begeht ein Schiffsmann, während das Schiff sich auf der See oder im Auslande befindet, ein Vergehen oder Verbrechen, so hat der Schiffer unter Zuziehung von Schiffsoffizieren und anderen glaubhaften Personen alles dasjenige genau aufzuzeichnen, was auf den Beweis der That und auf deren Bestrafung Einfluss haben kann. Insbesondere ist in den Fällen der Tödtung oder schweren Körperverletzung die Beschaffenheit der Wunden genau zu beschreiben, auch zu vermerken, wie lange der Verletzte etwa noch gelebt hat, ob und welche Heilmittel angewendet sind und welche Nahrung der Verletzte zu sich genommen hat.[1])

§. 103.

Der Schiffer ist ermächtigt, jederzeit die Effekten der Schiffsleute, welche der Betheiligung an einer strafbaren Handlung verdächtig sind, zu durchsuchen.

Der Schiffer ist ferner ermächtigt, denjenigen Schiffsmann, der sich einer mit

---

Zu §. 101.

1) a. Die Bestimmungen des Pr. G. v. 14. Mai 1852 über die vorläufige Straffestsetzung wegen Übertretungen haben hier zum Vorbilde gedient, doch ist der Bescheid des Seemannsamts in Betreff der Beitreibung der Geldstrafe für vorläufig vollstreckbar erklärt, um dem Hindernis zu begegnen, welchen der Wechsel des Aufenthaltsorts der Seeleute und deren oft jahrelange Abwesenheit von der Heimat der Vollstreckung entgegengestellt.

b. Im Abs. 3 ist auch für solche Kauffahrteischiffe Fürsorge getroffen, welche das Recht zur Führung der Reichsflagge auf Grund eines konsularischen Flaggenzeugnisses (§. 12 Ges. v. 22./VI. 1899, oben Anhang 1) ausüben, welche also eines Heimatshafens ermangeln.

c. Der §. 5 des Einf.-Ges. zur Strafprozeßordnung v. 1. Februar 1877 (R.G.Bl S. 346) bestimmt: „Die prozeßrechtlichen Vorschriften der Reichsgesetze werden durch die Strafprozeßordnung nicht berührt. — Wird in den Fällen des §. 101 der Seemannsordnung gegen den Bescheid des Seemannsamtes auf gerichtliche Entscheidung angetragen, so finden auf das weitere Verfahren die §§. 455—458 der Strafprozeßordnung entsprechende Anwendung“, d. h. es findet unter Umständen Wiedereinsetzung in den vorigen Stand gegen Fristversäumnis, und wenn der Antrag rechtzeitig angebracht ist, Hauptverhandlung vor dem Schöffengericht statt.

Zu §. 102.

1) Vgl. §§. 10, 11, Ges. v. 31. März 1841.

schwerer Strafe bedrohten Handlung (§. 57 Ziffer 3) schuldig macht, festzunehmen. Er ist hierzu verpflichtet, wenn das Entweichen des Thäters zu besorgen steht.[1])

Der Thäter ist unter Mittheilung der aufgenommenen Verhandlung an dasjenige Seemannsamt, bei welchem es zuerst geschehen kann, abzuliefern. Wenn im Auslande das Seemannsamt aus besonderen Gründen die Uebernahme ablehnt, so hat der Schiffer die Ablieferung bei demjenigen Seemannsamt zu bewirken, bei welchem es anderweit zuerst geschehen kann.

In dringenden Fällen ist der Schiffer, wenn im Auslande ein Seemannsamt nicht rechtzeitig angegangen werden kann, ermächtigt, den Thäter der fremden Behörde behufs dessen Uebermittelung an die zuständige Behörde des Heimathshafens zu übergeben. Hiervon hat er bei demjenigen Seemannsamt, bei welchem es zuerst geschehen kann, Anzeige zu machen.[2])

Sechster Abschnitt.

Allgemeine Bestimmungen.

§. 104.

Jedes Seemannsamt ist verpflichtet, die gütliche Ausgleichung der zu seiner Kenntniss gebrachten, zwischen dem Schiffer und dem Schiffsmanne bestehenden Streitigkeiten zu versuchen. Insbesondere hat das Seemannsamt, vor welchem die Abmusterung des Schiffsmannes erfolgt, hinsichtlich solcher Streitigkeiten einen Güteversuch zu veranstalten.

§. 105.

Der Schiffsmann darf den Schiffer vor einem fremden Gericht nicht belangen. Handelt er dieser Bestimmung zuwider, so ist er nicht allein für den daraus entstehenden Schaden verantwortlich, sondern er wird ausserdem der bis dahin verdienten Heuer verlustig.

Er kann in Fällen, die keinen Aufschub leiden, die vorläufige Entscheidung des Seemannsamtes nachsuchen. Die Gelegenheit hierzu darf der Schiffer ohne dringenden Grund nicht versagen.

Jeder Theil hat die Entscheidung des Seemannsamtes einstweilen zu befolgen, vorbehaltlich der Befugniss, nach Beendigung der Reise seine Rechte vor der zuständigen Behörde geltend zu machen.

Zu §. 103.

1) Vgl. §. 9 G. v. 31. März 1841.

2) Abweichend von §. 14 G. v. 31. März 1841 und unter Festhaltung des im §. 9 des Strafgesetzbuchs enthaltenen Grundsatzes, welcher die Überlieferung eines Deutschen an eine ausländische Regierung behufs der Verfolgung und Bestrafung nicht gestattet, ist der Schiffer hier nur ermächtigt, den Thäter der fremden Behörde behufs dessen Übermittelung an die zuständige Behörde des Heimatshafens zu übergeben. — Das in Anm. 1 A zur Überschrift d. G. erwähnte Cirkular des Reichskanzlers bestimmt:

„Ist Gelegenheit vorhanden, einen gemäß §. 103 der Seemannsordnung v. 27. Dezember 1872 an ein Kaiserliches Konsulat abgelieferten Schiffsmann, welcher sich einer mit schwerer Strafe bedrohten Handlung (§. 57 Nr. 3 der Seemannsordnung) schuldig gemacht hat, auf einem Schiffe der Kaiserlichen Marine in die Heimat zu befördern, so kann das Konsulat auch ohne die in der Allg. Dienst-Instruktion zu §. 29 des Konsulatsgesetzes vorgeschriebene spezielle Anweisung eine bezügliche Requisition an den Befehlshaber des betreffenden Schiffes richten. In anderen als den im §. 57 Nr. 3 der Seemannsordnung aufgeführten Fällen bleibt dagegen die vorherige Genehmigung zu einem solchen Transporte einzuholen."

Im Falle eines Zwangsverkaufs des Schiffes finden die Bestimmungen des ersten Absatzes auf die Geltendmachung der Forderungen des Schiffsmanns aus dem Dienst- oder Heuervertrage keine Anwendung.[1])

§. 106.

Im Inlande wird der Streit zwischen dem Schiffer und dem Schiffsmann, welcher nach der Anmusterung über den Antritt oder die Fortsetzung des Dienstes entsteht, von dem Seemannsamt unter Vorbehalt des Rechtsweges entschieden. Die Entscheidung des Seemannsamtes ist vorläufig vollstreckbar.

§. 107.

Die nach den Bestimmungen des V. Abschnittes festgesetzten oder erkannten Geldstrafen fliesen der Seemannskasse und in Ermangelung einer solchen der Orts-Armenkasse des Heimathshafens des Schiffes, welchem der Thäter zur Zeit der Begehung der strafbaren Handlung angehörte, zu, insofern sie nicht im Wege der Landesgesetzgebung zu anderen ähnlichen Zwecken bestimmt werden.

Zu §. 105.

1) a. Die drei ersten Abs. des §. 105 sind dem Art. 537 A.D.H. nachgebildet. — Mit dem Bedürfnisse des Handelsverkehrs und der Disziplin ist es unverträglich, daß während der Reise etwaige Streitigkeiten zwischen dem Schiffer und der Schiffsmannschaft im Rechtswege vor einem fremden Gerichte ausgetragen werden. Derselbe ist während der Reise ausgeschlossen, sowohl wenn die Streitigkeit — wie der Pr. Entw. (Art. 752) vorschrieb — die Auszahlung der Heuer, die Zahlung von Entschädigungen oder von Pflege- und Reisegeldern, oder die Entlassung aus dem Schiffsdienst betreffen, als auch wenn die Ausübung der Disziplinargewalt Gegenstand des Streites ist. Gerade für den letzteren Fall ist die im Gesetze getroffene Bestimmung als besonders praktisch erachtet worden. Man meint (P. 1979), daß, wenn der Schiffer zu befürchten habe, wegen Ausübung seiner Gewalt von der Mannschaft in jedem auswärtigen Hafen belangt, und dadurch vielleicht wochenlang aufgehalten zu werden, seine Disziplinargewalt völlig illusorisch gemacht werde. Wo ein kriminalrechtliches Einschreiten indiziert sei, würden die auswärtigen Behörden sich durch die Vorschriften des deutschen Seerechts doch nicht beirren lassen, von Amtswegen das Erforderliche zu veranlassen.

b. Auch der während der Reise entlassene Schiffsmann kann vor Beendigung derselben den Schiffer vor einem fremden Gerichte nicht belangen; es würden sonst alle Nachteile eintreten, wegen deren man die Bestimmungen dieses Paragraphen für notwendig erachtet hat, zumal ein Seemann es leicht durch sein Betragen dahin bringen kann, daß ihn der Schiffer entläßt. (P. 1978.)

c. Auch der Schiffer kann die vorläufige Entscheidung des Seemannsamtes anrufen. R.O.H. Bd. 12, S. 417.

d. Die Androhung eines Präjudizes für den Übertretungsfall (den Verlust der Heuer) hielt man für erforderlich (P. 1980), weil sonst die Absicht des Gesetzes nicht mit Sicherheit erreicht würde; denn wenn der Zweck des §. 105 auch zunächst darin bestehe, daß auf Grund desselben dem Schiffer, der von der Mannschaft im Auslande belangt werde, von den auswärtigen Gerichten eine Einrede zugestanden werde, so sei doch zu befürchten, daß dies nicht überall geschehe; es müsse deshalb, da namentlich Bescheide auswärtiger Behörden in Disziplinarsachen von den inländischen Gerichten nicht immer ungeschehen gemacht werden könnten, dem Schiffsvolk ein Nachteil angedroht werden, durch den es von vornherein von Anstellung der Klagen im Ausland abgehalten werde.

e. Die vorläufige Entscheidung des Seemannsamts, insbesondere der Konsulate sind vollstreckbar. — Im Inlande kann bei Streitigkeiten, welche sich auf das Rechtsverhältnis zwischen Rheder oder Schiffer und Schiffsmannschaft beziehen, die Entscheidung durch den Vorsitzenden der Kammer für Handelssachen allein erfolgen. (§. 109 Abs. 3 Ger.-Verf.-Ges.)

§. 108.

Ein Exemplar dieses Gesetzes, sowie der für das Schiff über Kost und Logis geltenden Vorschriften (§. 45) muss im Volkslogis zur jederzeitigen Einsicht der Schiffsleute vorhanden sein.[1])

§. 109.

Die Anwendung der §§. 5 bis 23 und der §§. 48 bis 52 auf kleinere Fahrzeuge (Küstenfahrer u. s. w.) kann durch Bestimmung der Landesregierungen im Verordnungswege ausgeschlossen werden.[1])

§. 110.

Dieses Gesetz tritt mit dem 1. März 1873 in Kraft. Mit demselben Tage tritt der vierte Titel des fünften Buchs des allgemeinen Deutschen Handelsgesetzbuchs ausser Kraft.

§. 111.

Wenn in anderen Gesetzen auf Bestimmungen verwiesen wird, welche durch dieses Gesetz ausser Kraft gesetzt sind, so treten die entsprechenden Bestimmungen des letzteren an die Stelle des ersteren.

---

14. Gesetz, betreffend die Verpflichtung deutscher Kauffahrteischiffe zur Mitnahme hülfsbedürftiger Seeleute.

Vom 27. Dezember 1872. (R.G.Bl. S. 432.)[1])

§. 1.

Jedes deutsche Kauffahrteischiff, welches von einem ausserdeutschen Hafen nach einem deutschen Hafen oder nach einem Hafen des Kanals, Grossbritanniens, des Sundes oder des Kattegatts oder nach einem ausserdeutschen Hafen der Nordsee oder der Ost-

---

Zu §. 108.

1) Vgl. §. 30 Abs. 2 G. v. 26 März 1864 und die Strafbestimmung im §. 99 Ziff. 8 der S.O.

Zu §. 109.

1) Vgl. Anm. 1 zu §. 1.

Zur Überschrift 14.

1) a. Bei den Bestimmungen dieses Gesetzes, des sog. Heimschaffungsgesetzes, handelt es sich um eine im öffentlichen Interesse auferlegte Verpflichtung. Der Rheder des mitnehmenden Schiffes ist daher verpflichtet, sich mit der Entschädigung aus §. 5 zu begnügen und hat nicht das Recht, von dem Rheder des Schiffes, dem die Seeleute angehört haben, und der an sich zu ihrer Rückbeförderung verpflichtet war, eine höhere Entschädigung aus dem Gesichtspunkte der Geschäftsführung ohne Auftrag oder der nützlichen Verwendung zu fordern. R.G. XXXXI. 59. Die Bestimmungen dieses Gesetzes greifen aber dann nicht Platz, wenn für den zurückgelassenen Seemann Sicherheit in Gemäßheit des §. 71 S.O. gestellt ist. Nur wo eine Sicherstellung für die Verpflichtungen aus §§. 48 ff. S.O. nicht zu erreichen ist, soll der Konsul für die Heimschaffung des hülfsbedürftigen Seemanns Sorge tragen. Vgl. v. König S. 248 ff. — Als hülfsbedürftig im Sinne des Gesetzes ist auch derjenige Seemann nicht anzusehen, welcher sich die erforderlichen Mittel leihweise und auf Kredit seiner Rhederei verschafft hat. D. Jur.-Z. 1897. S. 168. — Dem Vernehmen nach wird beabsichtigt, das Gesetz dahin zu erweitern, daß die Verpflichtung auch auf die Heimschaffung straffälliger Seeleute erstreckt wird.

b. Zwischen dem Deutschen Reich und Großbritannien, Frankreich, Schweden und Norwegen, Dänemark und Österreich-Ungarn sind wegen gegenseitiger Unterstützung hülfsbedürftiger

see bestimmt ist, ist verpflichtet, deutsche Seeleute, welche im Auslande sich in hülfsbedürftigem Zustande befinden, behufs ihrer Zurückbeförderung nach Deutschland auf schriftliche Anweisung des Seemannsamtes gegen eine Entschädigung (§. 5) nach seinem Bestimmungshafen mitzunehmen.

In Ansehung ausländischer Seeleute, welche unmittelbar nach einem Dienste auf einem deutschen Kauffahrteischiffe ausserhalb Deutschlands sich in einem hülfsbedürftigen Zustande befinden, liegt den nach deren Heimathslande bestimmten deutschen Kauffahrteischiffen eine gleiche Verpflichtung ob.

Zur Erfüllung dieser Verpflichtungen kann der Schiffer vom Seemannsamt zwangsweise angehalten werden.

§. 2.

Bieten mehrere Schiffe Gelegenheit zur Mitnahme, so sind die zu befördernden Seeleute durch das Seemannsamt nach Verhältniss der Grösse der Schiffe und der Zahl ihrer Mannschaften auf die einzelnen Schiffe zu vertheilen.

§. 3.

Die Mitnahme kann verweigert werden:

1) wenn und soweit an Bord kein angemessener Platz für die Mitzunehmenden vorhanden ist;
2) wenn der Mitzunehmende bettlägerig krank oder mit einer syphilitischen oder einer sonstigen, die Gesundheit oder Sicherheit der Mannschaft gefährdenden Krankheit behaftet ist, oder wegen eines Vergehens oder Verbrechens zurückbefördert werden soll;
3) wenn und soweit die Zahl der Mitzunehmenden ein Viertheil der Schiffsmannschaft übersteigt;
4) wenn die Mitnahme nicht mindestens zwei Tage vor dem Zeitpunkt verlangt wird, an welchem das Schiff zum Abgehen fertig ist.

Die Entscheidung über den Grund der Weigerung steht dem Seemannsamt zu.

§. 4.

Während der Reise erhält der Mitgenommene Kost und Logis von Seiten des Schiffs. Er ist der Disziplinargewalt des Schiffers unterworfen.

§. 5.

Die Entschädigung (§. 1) beträgt, in Ermangelung der Vereinbarung über einen geringeren Satz, für jeden Tag des Aufenthalts an Bord:

1) für einen Schiffer, einen Steuermann, einen Arzt, einen Maschinisten oder den Assistenten eines solchen, einen Proviant- oder Zahlmeister einen Thaler auf Segelschiffen und einen und einen halben Thaler auf Dampfschiffen;
2) für jeden anderen Seemann einen halben Thaler auf Segelschiffen und zwei Drittel Thaler auf Dampfschiffen.

§. 6.

Die Auszahlung der Entschädigung erfolgt im Bestimmungshafen durch das Seemannsamt gegen Auslieferung der wegen der Mitnahme ertheilten Anweisung (§. 1).

Seeleute unter Vorbehalt einjähriger Kündigung Übereinkommen getroffen, deren wesentlicher Inhalt in der Bekanntmachung v. 12. Juli 1890 (Centr. Bl. f. d Deutsche Reich S. 263) angegeben ist.

§. 7.

Der Mitgenommene haftet für die durch die Zurückbeförderung verursachten Aufwendungen.

Die Vorschriften, welche den Rheder oder andere Personen zur Erstattung solcher Aufwendungen verpflichten, werden durch dieses Gesetz nicht berührt.

§. 8.

Wer sich die Erfüllung einer ihm nach §. 1 obliegenden Verpflichtung entzieht, wird mit Geldstrafe bis zu fünfzig Thalern oder mit Haft bestraft. Für die Festsetzung der Strafe und für das weitere Verfahren kommen die im §. 101 der Seemannsordnung enthaltenen Vorschriften zur Anwendung.

§. 9.

Dieses Gesetz tritt mit dem 1. März 1873 in Kraft.

---

15. Gesetz über das Auswanderungswesen.

Vom 9. Juni 1897. (R.G.Bl. S. 463.)

I. Unternehmer.

§. 1.

Wer die Beförderung von Auswanderern nach ausserdeutschen Ländern betreiben will (Unternehmer), bedarf hierzu der Erlaubniss.

§. 2.

Zur Ertheilung oder Versagung der Erlaubniss ist der Reichskanzler unter Zustimmung des Bundesraths zuständig.

§. 3.

Die Erlaubniss ist in der Regel nur zu ertheilen:

a) an Reichangehörige, welche ihre gewerbliche Niederlassung im Reichsgebiete haben;

b) an Handelsgesellschaften, eingetragene Genossenschaften und juristische Personen, welche im Reichsgebiet ihren Sitz haben; an offene Handelsgesellschaften, Kommanditgesellschaften und Kommanditgesellschaften auf Aktien jedoch nur, wenn ihre persönlich haftenden Gesellschafter sämmtlich Reichsangehörige sind.

§. 4.

Ausländischen Personen oder Gesellschaften, sowie solchen Reichsangehörigen, welche ihre gewerbliche Niederlassung nicht im Reichsgebiete haben, darf die Erlaubniss nur ertheilt werden, wenn sie

a) einen im Reichsgebiete wohnhaften Reichsangehörigen zu ihrem Bevollmächtigten bestellen, welcher sie in den auf die Beförderung der Auswanderer bezüglichen Angelegenheiten Behörden und Privaten gegenüber rechtsverbindlich zu vertreten hat,

b) wegen der aus der Annahme und Beförderung der Auswanderer erwachsenden Rechtsstreitigkeiten dem deutschen Rechte und den deutschen Gerichten sich unterwerfen.

§. 5.

Vor Ertheilung der Erlaubniss hat der Nachsuchende eine Sicherheit im Mindestbetrage von fünfzigtausend Mark zu bestellen und im Falle beabsichtigter überseeischer Beförderung den Nachweis zu führen, dass er Rheder ist.

§. 6.

Die Erlaubniss ist nur für bestimmte Länder, Theile von solchen oder bestimmte Orte und im Falle überseeischer Beförderung nur für bestimmte Einschiffungshäfen zu ertheilen.

§. 7.

Bei Ertheilung der Erlaubniss an solche deutsche Gesellschaften, welche sich die Besiedelung eines von ihnen in überseeischen Ländern erworbenen Gebiets zur Aufgabe machen, ist der Reichskanzler an die Vorschriften des §. 5 nicht gebunden.

Im Uebrigen können aus besonderen Gründen Ausnahmen von den Vorschriften des §. 5 zugelassen werden.

§. 8.

Die Erlaubniss berechtigt den Unternehmer zum Geschäftsbetrieb im ganzen Reichsgebiete mit der Einschränkung, dass er ausserhalb des Gemeindebezirkes seiner gewerblichen Niederlassung und des Gemeindebezirkes seiner etwaigen Zweigniederlassung bei der Ausübung seines gesammten Geschäftsbetriebs, soweit es sich dabei nicht lediglich um die Ertheilung von Auskunft auf Anfrage oder um die Veröffentlichung der Beförderungsgelegenheiten und Beförderungsbedingungen handelt, ausschliesslich der Vermittelung seiner nach §. 11 ff. zugelassenen Agenten sich zu bedienen hat.

§. 9.

Der Unternehmer kann seine Befugnisse zum Geschäftsbetriebe durch Stellvertreter ausüben. Die Bestellung eines solchen ist erforderlich für die Geschäftsführung in Zweigniederlassungen.

Nach dem Tode des Unternehmers sowie im Falle einer Vormundschaft oder Pflegschaft kann der Geschäftsbetrieb noch längstens sechs Monate durch Stellvertreter fortgesetzt werden.

Die Bestellung eines Stellvertreters bedarf der Genehmigung des Reichskanzlers.

§. 10.

Die den Unternehmern ertheilte Erlaubniss kann unter Zustimmung des Bundesraths vom Reichskanzler jederzeit beschränkt oder widerrufen werden. Die Genehmigung der Bestellung eines Stellvertreters kann vom Reichskanzler jederzeit widerrufen werden.

II. Agenten.

§. 11.

Wer bei einem Betriebe der im §. 1 bezeichneten Art durch Vorbereitung, Vermittelung oder Abschluss des Beförderungsvertrags gewerbsmässig mitwirken will (Agent), bedarf hierzu der Erlaubniss.

§. 12.

Die Erlaubniss wird von der höheren Verwaltungsbehörde ertheilt.

§. 13.

Die Erlaubniss darf nur ertheilt werden an Reichsangehörige, welche im Bezirke der höheren Verwaltungsbehörde (§. 12) ihre gewerbliche Niederlassung oder ihren Wohnsitz haben und von einem zugelassenen Unternehmer (§. 1) bevollmächtigt sind.

Die Erlaubniss darf auch bei Erfüllung der vorstehenden Erfordernisse nicht ertheilt werden:

a) wenn Thatsachen vorliegen, welche die Unzuverlässigkeit des Nachsuchenden in Beziehung auf den beabsichtigten Geschäftsbetrieb darthun;

b) wenn einer den Verhältnissen des Verwaltungsbezirkes der zuständigen Verwaltungsbehörde entsprechenden Anzahl von Personen die Erlaubniss zum Betriebe des Geschäfts eines Auswanderungsagenten ertheilt oder ausgedehnt (§. 15) worden ist.

§. 14.

Vor Ertheilung der Erlaubniss hat der Nachsuchende eine Sicherheit im Mindestbetrage von fünfzehnhundert Mark zu bestellen.

§. 15.

Die Erlaubniss berechtigt zum Geschäftsbetrieb im Bezirke der die Erlaubniss ertheilenden Behörde, wenn sie nicht auf einen Theil desselben beschränkt wird. Im Einvernehmen mit dieser Behörde kann jedoch dem Agenten die Ausdehnung seines Geschäftsbetriebs auf benachbarte Bezirke von den für letztere zuständigen höheren Verwaltungsbehörden gestattet werden.

§. 16.

Für andere als den in der Erlaubnissurkunde namhaft gemachten Unternehmer sowie auf eigene Rechnung darf der Agent Geschäfte der im §. 11 bezeichneten Art nicht besorgen.

§. 17.

Dem Agenten ist es untersagt, seine Geschäfte in Zweigniederlassungen, durch Stellvertreter oder im Umherziehen zu betreiben.

§. 18.

Die dem Agenten ertheilte Erlaubniss kann jederzeit beschränkt oder widerrufen werden.

Die Erlaubniss muss widerrufen werden:

a) wenn den Erfordernissen nicht mehr genügt wird, an welche die Ertheilung der Erlaubniss nach §. 13 Absatz 1 gebunden ist;

b) wenn Thatsachen vorliegen, welche die Unzuverlässigkeit des Agenten in Beziehung auf den Geschäftsbetrieb darthun;

c) wenn die Sicherheit ganz oder zum Theil zur Deckung der auf ihr haftenden Ansprüche verwendet worden ist und nicht binnen vier Wochen nach ergangener Aufforderung neue bestellt oder ergänzt wird.

§. 19.

Gegen die auf Grund der §§. 11 bis 15 und 18 von der höheren Verwaltungsbehörde getroffenen Verfügungen ist Beschwerde an die Aufsichtsbehörde zulässig. Die Frist zur Einlegung der Beschwerde beträgt zwei Wochen.

III. Gemeinsame Bestimmungen für Unternehmer und Agenten.

§. 20.

Die von den Unternehmern und von den Agenten bestellten Sicherheiten haften für alle anlässlich ihres Geschäftsbetriebs gegenüber den Behörden und gegenüber den Auswanderern begründeten Verbindlichkeiten sowie für Geldstrafen und Kosten.

§. 21.

Der Bundesrath erlässt nähere Bestimmungen über den Geschäftsbetrieb der Unternehmer und Agenten[1]) und deren Beaufsichtigung, namentlich auch

a) über die von ihnen zu führenden Bücher, Listen, statistischen und sonstigen Nachweisungen sowie über die in Anwendung zu bringenden Vertragsformulare;

b) über die Art und Weise der Sicherheitsbestellung und die Bedingungen, welche über die Haftbarkeit sowie über die Ergänzung und die Rückgabe der Sicherheit in die Bestellungsurkunde aufzunehmen sind.

IV. Allgemeine Bestimmungen über die Beförderung von Auswanderern.

§. 22.

Der Unternehmer darf Auswanderer nur befördern auf Grund eines vorher abgeschlossenen schriftlichen Vertrags.

Den Auswanderern darf nicht die Verpflichtung auferlegt werden, den Beförderungspreis oder einen Theil desselben oder ihnen geleistete Vorschüsse nach ihrer Ankunft am Bestimmungsorte zu zahlen oder zurückzuerstatten oder durch Arbeit abzuverdienen; ebensowenig dürfen sie in der Wahl ihres Aufenthaltsorts oder ihrer Beschäftigung im Bestimmungslande beschränkt werden.

§. 23.

Verboten ist die Beförderung sowie der Abschluss von Verträgen über die Beförderung:

a) von Wehrpflichtigen im Alter vom vollendeten siebzehnten bis zum vollendeten fünfundzwanzigsten Lebensjahre, bevor sie eine Entlassungsurkunde (§. 14 des Gesetzes über die Erwerbung und den Verlust der Bundes- und Staatsangehörigkeit vom 1. Juni 1870) oder ein Zeugniss der Ersatzkommission darüber beigebracht haben, dass ihrer Auswanderung aus dem Grunde der Wehrpflicht kein Hinderniss entgegensteht;

b) von Personen, deren Verhaftung oder Festnahme von einer Gerichts- oder Polizeibehörde angeordnet ist;

c) von Reichsangehörigen, für welche von fremden Regierungen oder von Kolonisationsgesellschaften oder ähnlichen Unternehmungen der Beförderungspreis ganz oder theilweise bezahlt wird oder Vorschüsse geleistet werden; Ausnahmen von dieser Bestimmung kann der Reichskanzler zulassen.

§. 24.

Auswanderer, welche sich nicht im Besitze der nach §. 23, a erforderlichen Urkunde befinden, oder welche zu den im §. 23 unter b und c bezeichneten Personen gehören, können durch die Polizeibehörden am Verlassen des Reichsgebiets verhindert werden.

Zu §. 21.

1) Solche Bestimmungen sind enthalten in der unten, Anhang 16, wiedergegebenen Bekanntmachung vom 14./III. 1898 (R.G.Bl. S. 39).

Die Polizeibehörden in den Hafenorten sind befugt, die Unternehmer an der Einschiffung von Personen zu verhindern, deren Beförderung auf Grund dieses Gesetzes verboten ist.

V. Besondere Bestimmungen für die überseeische Auswanderung nach aussereuropäischen Ländern.

§. 25.

Verträge über die überseeische Beförderung von Auswanderern müssen auf Beförderung und Verpflegung bis zur Landung im aussereuropäischen Ausschiffungshafen gerichtet sein. Sie sind auf die Weiterbeförderung und Verpflegung vom Ausschiffungshafen bis an das Auswanderungsziel zu erstrecken, insoweit dies bei der Ertheilung der Erlaubniss (§. 1) zur Bedingung gemacht ist.

Soll das Schiff in einem ausserdeutschen Hafen bestiegen oder gewechselt werden, so ist dies in den Beförderungsvertrag aufzunehmen.

§. 26.

Der Verkauf von Fahrscheinen an Auswanderer zur Weiterbeförderung von einem überseeischen Platze aus ist verboten.

Dieses Verbot findet jedoch keine Anwendung auf Verträge, durch welche der Unternehmer (§. 1) sich zugleich zur Weiterbeförderung vom überseeischen Ausschiffungshafen aus verpflichtet.

§. 27.

Der Unternehmer ist verpflichtet, den Auswanderern an dem zu ihrer Einschiffung oder Weiterbeförderung bestimmten Orte bei jeder nicht von ihnen selbst verschuldeten Verzögerung der Beförderung von dem vertragsmässig bestimmten Abfahrtstag an ohne besondere Vergütung Unterkunft und Verpflegung zu gewähren.

§. 28.

Falls die Verzögerung länger als eine Woche dauert, hat der Auswanderer, unbeschadet der ihm nach dem bürgerlichen Rechte etwa zustehenden Ansprüche auf Schadensersatz, das Recht, von dem Vertrage zurückzutreten und die Rückerstattung des gezahlten Ueberfahrtgeldes zu verlangen

§. 29.

Die Rückerstattung des Ueberfahrtsgeldes kann auch dann verlangt werden, wenn der Auswanderer oder einer der ihn begleitenden Familienangehörigen vor Antritt der Seereise stirbt oder nachweislich durch Krankheit oder durch sonstige ausser seiner Macht liegende Zwischenfälle am Antritte der Seereise verhindert wird.

Das Gleiche gilt, wenn in Fällen des §. 26 Absatz 2 die Verhinderung im überseeischen Ausschiffungshafen eintritt, rücksichtlich des den Weiterbeförderungskosten entsprechenden Theiles des Ueberfahrtsgeldes.

Die Hälfte des Ueberfahrtsgeldes kann zurückverlangt werden, wenn der Auswanderer vor Antritt der Reise vom Vertrag aus anderen Gründen zurücktritt.

§. 30.

Wird das Schiff durch einen Seeunfall oder einen anderen Umstand an der Fortsetzung der Reise verhindert oder zu einer längeren Unterbrechung derselben genöthigt, so ist der Unternehmer (§. 1) verpflichtet, ohne besondere Vergütung den Auswanderern angemessene Unterkunft und Verpflegung zu gewähren und die Beförderung derselben und ihres Gepäcks nach dem Bestimmungsorte sobald als möglich herbeizuführen.

Diese Vorschrift findet sinngemässe Anwendung auf die Weiterbeförderung vom überseeischen Ausschiffungshafen aus (§. 26 Absatz 2).

§. 31.

Vereinbarungen, welche den Bestimmungen der §§. 27 bis 30 zuwiderlaufen, haben keine rechtliche Wirkung.

§. 32.

Der Unternehmer kann verpflichtet werden, zur Sicherstellung der ihm aus den §§. 27 bis 30 entstehenden Verpflichtungen eine das Ueberfahrtsgeld um den halben Betrag übersteigende Summe zu versichern oder einen der Versicherungssumme entsprechenden Betrag zu hinterlegen.

§. 33.

Der Unternehmer hat dafür Sorge zu tragen, dass das Schiff, mit welchem die Auswanderer befördert werden sollen, für die beabsichtigte Reise völlig seetüchtig, vorschriftsmässig eingerichtet, ausgerüstet und verproviantirt ist.

Die gleiche Verpflichtung trifft den Führer des Schiffes.

§. 34.

Jedes Auswandererschiff unterliegt vor dem Antritte der Reise einer Untersuchung über seine Seetüchtigkeit, Einrichtung, Ausrüstung und Verproviantirung.

Die Untersuchung erfolgt durch amtliche, von den Landesregierungen bestellte Besichtiger.

§. 35.

Vor Abgang des Schiffes ist der Gesundheitszustand der Auswanderer und der Schiffsbesatzung durch einen von der Auswanderungsbehörde (§. 40) zu bestimmenden Arzt zu untersuchen.

§. 36.

Der Bundesrath erlässt Vorschriften[1]) über die Beschaffenheit, Einrichtung, Ausrüstung und Verproviantirung der Auswandererschiffe, über die amtliche Besichtigung und Kontrole dieser Schiffe, ferner über die ärztliche Untersuchung der Reisenden und der Schiffsbesatzung vor der Einschiffung über die Ausschliessung kranker Personen, über das Verfahren bei der Einschiffung und über den Schutz der Auswanderer in gesundheitlicher und sittlicher Hinsicht.

Die vom Bundesrath erlassenen Vorschriften sind durch das Reichs-Gesetzblatt zu veröffentlichen und dem Reichstage bei seinem nächsten Zusammentritte zur Kenntnissnahme vorzulegen.

§. 37.

Als Auswandererschiffe im Sinne dieses Gesetzes gelten alle nach aussereuropäischen Häfen bestimmten Seeschiffe, mit denen, abgesehen von den Kajütspassagieren, mindestens fünfundzwanzig Reisende befördert werden sollen.

VI. Auswanderungsbehörden.

§. 38.

Zur Mitwirkung bei Ausübung der dem Reichskanzler auf dem Gebiete des Auswanderungswesens zustehenden Befugnisse wird ein sachverständiger Beirath gebildet,

---

Zu §. 36.

1) Solche Vorschriften sind enthalten in der unten, Anhang 17, wiedergegebenen Bekanntmachung vom 14./III. 1898. (R.G.Bl. S. 57 ff.)

welcher aus einem Vorsitzenden und mindestens vierzehn Mitgliedern besteht. Den Vorsitzenden ernennt der Kaiser. Die Mitglieder werden vom Bundesrathe gewählt. Alle zwei Jahre findet eine Neuwahl sämmtlicher Mitglieder statt. Im Uebrigen wird die Organisation des Beiraths durch ein vom Bundesrathe zu erlassendes Regulativ und seine Thätigkeit durch eine selbstgegebene Geschäftsordnung geregelt.[1])

§. 39.

Die Anhörung des Beiraths muss erfolgen vor Ertheilung der Erlaubniss für solche Unternehmungen, welche die Besiedelung eines bestimmten Gebiets in überseeischen Ländern zum Gegenstande haben, sowie im Falle der Beschränkung oder des Widerrufs der einem Unternehmer ertheilten Erlaubniss.

Ausserdem können auf dem Gebiete des Auswanderungswesens von dem Reichskanzler geeignete wichtigere Fragen dem Beirathe zur Begutachtung vorgelegt und von letzterem Anträge an den Reichskanzler gestellt werden.

§. 40.

Zur Ueberwachung des Auswanderungswesens und der Ausführung der darauf bezüglichen Bestimmungen sind an denjenigen Hafenplätzen, für welche Unternehmer zugelassen sind, von den Landesregierungen Auswanderungsbehörden zu bestellen.

§. 41.

In den Hafenorten übt der Reichskanzler die Aufsicht über das Auswanderungswesen durch von ihm bestellte Kommissare aus.

Diese Kommissare sind befugt, den im §. 34 vorgesehenen Untersuchungen beizuwohnen, auch selbständig Untersuchungen der Auswandererschiffe vorzunehmen. Sie haben die Landesbehörden auf die von ihnen wahrgenommenen Mängel und Verstösse aufmerksam zu machen und auf deren Abstellung zu dringen.

Die Führer von Auswandererschiffen sind verpflichtet, den Kommissaren auf Erfordern wahrheitsgetreue Auskunft über alle Verhältnisse des Schiffes und über dessen Reise zu ertheilen, sowie jederzeit das Betreten der Schiffsräume und die Einsicht in die Schiffspapiere zu gestatten.

Im Auslande werden die Obliegenheiten der Kommissare behufs Wahrnehmung der Interessen deutscher Auswanderer von den Behörden des Reichs wahrgenommen, denen erforderlichenfalls besondere Kommissare als Hülfsbeamte beizugeben sind.

VII. Beförderung von ausserdeutschen Häfen aus.

§. 42.

Durch Kaiserliche Verordnung mit Zustimmung des Bundesraths können zur Regelung der Beförderung von Auswanderern und Passagieren auf deutschen Schiffen, welche von ausserdeutschen Häfen ausgehen, Vorschriften der im §. 36 bezeichneten Art erlassen werden.

Zu §. 38.

1) vgl. hierzu Regulativ vom 26. Januar 1898. Reichsanzeiger v. 21. Februar 1898 Nr. 45.

VIII. Strafbestimmungen.

§. 43.

Unternehmer (§. 1), welche den Bestimmungen der §§. 8, 22, 23, 25, 32 und 33 Absatz 1 oder den für die Ausübung ihres Geschäftsbetriebs von den zuständigen Behörden erlassenen Vorschriften zuwiderhandeln, werden mit Geldstrafe von einhundertfünfzig bis zu sechstausend Mark oder mit Gefängniss bis zu sechs Monaten bestraft.

Sind die Zuwiderhandlungen von einem Stellvertreter (§. 9) begangen worden, so trifft die Strafe diesen; der Unternehmer ist neben demselben strafbar, wenn die Zuwiderhandlung mit seinem Vorwissen begangen ist, oder wenn er bei der nach den Verhältnissen möglichen eigenen Beaufsichtigung des Stellvertreters es an der erforderlichen Sorgfalt hat fehlen lassen.

Die gleiche Strafe trifft Schiffsführer, welche den ihnen im §. 33 Absatz 2 und im §. 41 Absatz 3 auferlegten Verpflichtungen oder den auf Grund des §. 36 erlassenen Vorschriften zuwiderhandeln, ohne Unterschied, ob die Zuwiderhandlung im Inland oder im Auslande begangen ist.

§. 44.

Agenten (§. 11), welche den Bestimmungen der §§. 15, 16, 17, 22 Absatz 2, 23 und 25 oder den für die Ausübung ihres Geschäftsbetriebs von den zuständigen Behörden erlassenen Vorschriften zuwiderhandeln, werden mit Geldstrafe von dreissig bis zu dreitausend Mark oder mit Gefängniss bis zu drei Monaten bestraft.

§. 45.

Wer ohne die nach §§. 1 und 11 erforderliche Erlaubniss die Beförderung von Auswanderern betreibt oder bei einem solchen Betriebe gewerbsmässig mitwirkt, wird mit Gefängniss bis zu einem Jahre und mit Geldstrafe bis zu sechstausend Mark oder mit einer dieser Strafen bestraft.

Die gleiche Strafe trifft denjenigen, welcher sich zum Geschäfte macht, zur Auswanderung anzuwerben.

§. 46.

Wer der Vorschrift des §. 26 Absatz 1 zuwiderhandelt, wird mit Geldstrafe bis zu einhundertfünfzig Mark oder mit Haft bestraft.

§. 47.

Wer den auf Grund des §. 42 erlassenen Vorschriften zuwiderhandelt, wird mit Geldstrafe von einhundertfünfzig bis zu sechstausend Mark oder mit Gefängniss bis zu sechs Monaten bestraft.

§. 48.

Wer eine Frauensperson zu dem Zwecke, sie der gewerbsmässigen Unzucht zuzuführen, mittelst arglistiger Verschweigung dieses Zweckes zur Auswanderung verleitet, wird mit Zuchthaus bis zu fünf Jahren bestraft. Neben der Zuchthausstrafe ist der Verlust der bürgerlichen Ehrenrechte auszusprechen; auch kann zugleich auf Geldstrafe von einhundertfünfzig bis zu sechstausend Mark sowie auf Zulässigkeit von Polizeiaufsicht erkannt werden.

Dieselben Strafvorschriften finden auf denjenigen Anwendung, welcher mit Kenntniss des vom Thäter in solcher Weise verfolgten Zweckes die Auswanderung der Frauensperson vorsätzlich befördert; sind mildernde Umstände vorhanden, so tritt Gefängnissstrafe nicht unter drei Monaten ein, neben welcher auf Geldstrafe von einhundertfünfzig bis zu sechstausend Mark erkannt werden kann.

Schlussbestimmungen.

§. 49.

Welche Behörden in jedem Bundesstaat unter der Bezeichnung: Aufsichtsbehörde, höhere Verwaltungsbehörde, Polizeibehörde zu verstehen sind, wird von der Zentralbehörde des Bundesstaats bekannt gemacht.[1])

§. 50.

Dieses Gesetz tritt am 1. April 1898 in Kraft. Mit dem gleichen Zeitpunkt erlöschen die auf Grund landesgesetzlicher Vorschriften ertheilten Genehmigungen zur Beförderung oder zur Mitwirkung bei der Beförderung von Auswanderern.

---

16. Bekanntmachung, betreffend Bestimmungen über den Geschäftsbetrieb der Auswanderungsunternehmer und Agenten.

Vom 14. März 1898. (R.G.Bl. S. 39.)

Auf Grund des §. 21 des Gesetzes über das Auswanderungswesen vom 9. Juni 1897 (Reichs-Gesetzbl. S. 463) hat der Bundesrath in seiner Sitzung vom 14. März 1898 die nachstehenden Bestimmungen über den Geschäftsbetrieb der Auswanderungsunternehmer und Agenten beschlossen.

Bestimmungen

über

den Geschäftsbetrieb der Auswanderungsunternehmer und Agenten.

I. Geschäftsbetrieb der Auswanderungsunternehmer.

§. 1.

Jeder Auswanderungsunternehmer ist verpflichtet, die von ihm beförderten Auswanderer in ein Verzeichniss nach dem im Anhange beigefügten Formular, und zwar für jedes Schiff gesondert, einzutragen. Er ist befugt, dem Formulare noch weitere Spalten hinzuzufügen.

Zu §. 49.

1) Für Preußen ist in dieser Beziehung ergangen: Bekanntmachung der Minister des Innern u. für Handel u. Gewerbe vom 11. Februar 1898 (Reichsanzeiger 1898 Nr. 45). Danach ist zu verstehen:

a. unter der Bezeichnung „Aufsichtsbehörde" der Minister für Handel und Gewerbe,

b. unter der Bezeichnung „Höhere Verwaltungsbehörde" die Regierungspräsidenten und für den Stadtkreis Berlin der Polizei-Präsident,

c. unter der Bezeichnung „Polizeibehörden" im Sinne

des §. 23 litt. b die Ortspolizeibehörden,

des §. 24 Abs. 1 die Ortspolizeibehörden, die Hafen-, Strom- und Schiffahrtspolizeibehörden und die Grenzkommissare,

des §. 24 Abs. 2 die Ortspolizeibehörden und die Hafen-, Strom- und Schiffahrtspolizeibehörden.

§. 2.

Spätestens am Tage nach Abgang eines Schiffes, welches Auswanderer an Bord genommen hat, muss der Unternehmer das im §. 1 gedachte Verzeichniss der Auswanderungsbehörde in zwei Abschriften (Kopien, Abdrücken) einreichen.

In ausserdeutschen Häfen, von welchen aus deutsche oder über Deutschland kommende Auswanderer befördert werden, ist das Verzeichniss dem deutschen Konsul einzureichen.

§. 3.

Dem Reichskommissare für das Auswanderungswesen ist zu jeder Zeit Einsicht in das Schiffstagebuch zu gewähren.

§. 4.

Der Unternehmer darf Auswanderer nur befördern auf Grund eines mit ihnen (bei Familien mit dem Familienvorstande) vorher in deutscher Sprache abgeschlossenen schriftlichen Vertrags. Dem Vertrage dürfen Uebersetzungen in fremden Sprachen beigefügt werden.

§. 5.

Verträge mit Auswanderern, welche über einen deutschen Hafen ohne Schiffswechsel nach einem aussereuropäischen Hafen befördert werden sollen, müssen möglichst in nachstehender Reihenfolge enthalten:

1. den Namen und den Wohnort des Unternehmers;
2. den Ort und den Tag, von welchem ab die Beförderung übernommen wird;
3. den Ort und den Tag, von welchem ab die Verpflegung übernommen wird;
4. den Namen und die Nationalität des zu benutzenden Schiffes;
5. den Namen der Schiffslinie;
6. den aussereuropäischen Ausschiffungshafen;
7. den Vor- und Familiennamen des Reisenden und der mit ihm reisenden Familienglieder;
8. das Alter;
9. den Familienstand (Vater, Mutter, Sohn, Tochter u. s. w. bei Einzelreisenden die Angabe, ob verheirathet, ledig);
10. den bisherigen Wohnort;
11. den Preis der Seebeförderung in Reichswährung für jede einzelne Person;
12. die Erklärung, dass der Reisende für Beförderung, Gepäcktransport (abgesehen von etwaiger Ueberfracht — Ziffer 24), Beköstigung und Unterbringung bis zum aussereuropäischen Ausschiffungshafen ausser dem vorstehend bezeichneten Preise nichts zu entrichten hat;
13. die Angabe, wo und wann sich der Reisende zur Abfahrt einzufinden hat, ferner, wo und wann das Gepäck spätestens einzuliefern ist;
14. die Angabe, welchen Theil des bezahlten Ueberfahrtsgeldes der Reisende verliert, wenn er sich so spät nach der festgesetzten Abfahrtszeit einfindet, dass die Fahrt ohne ihn angetreten werden muss; dieser Theil darf nicht mehr als die Hälfte des Ueberfahrtsgeldes betragen;
15. die Verpflichtung des Unternehmers, dem Reisenden von der festgesetzten Abfahrtszeit an bei jeder nicht von dem Reisenden selbst verschuldeten Verzögerung in der Beförderung, an dem zur Abfahrt oder zur Einschiffung bestimmten Orte ohne besondere Vergütung Unterkunft und Verpflegung an Bord des Schiffes oder in einem Auswandererlogirhause oder, wo solches nicht vorhanden, in einem geeigneten Gasthause zu gewähren;
16. die Berechtigung des Reisenden, falls eine solche Verzögerung länger als eine Woche dauert, von dem Vertrage zurückzutreten und die Rückerstattung des

gezahlten Fahrpreises zu verlangen, unbeschadet der ihm nach dem bürgerlichen Rechte etwa zustehenden Ansprüche auf Schadensersatz;

17. die Verpflichtung des Unternehmers, das Ueberfahrtsgeld unverkürzt zurückzuerstatten, wenn der Reisende oder einer der ihn begleitenden Familienangehörigen vor Antritt der Seereise stirbt oder nachweislich durch Krankheit oder sonstige, ausser seiner Macht liegende Zwischenfälle am Antritte der Seereise verhindert wird;
18. die Verpflichtung des Unternehmers, das Ueberfahrtsgeld nach Abzug eines bestimmt zu bezeichnenden, jedenfalls nicht mehr als die Hälfte betragenden Theiles zurückzuerstatten, falls der Reisende vor Antritt der Reise aus anderen Gründen vom Vertrage zurücktritt;
19. die Verpflichtung des Unternehmers, während der Seereise jedem über zehn Jahre alten Reisenden (wobei zwei Kinder unter zehn Jahren für einen Reisenden gelten) eine Schlafkoje mit Matratze, Kopfpfühl und Schlafdecke zur Benutzung zu überweisen;
20. die Verpflichtung des Unternehmers, dem Reisenden während der Seereise mindestens drei tägliche Mahlzeiten zu verabreichen und ihm das dazu nöthige Ess- und Trinkgeschirr unentgeltlich zur Verfügung zu stellen;
21. die Verpflichtung des Unternehmers, dem Reisenden während der Seereise das erforderliche Trink- und Waschwasser sowie die erforderlichen Wascheinrichtungen zu gewähren;
22. die Verpflichtung des Unternehmers, dem während der Seefahrt erkrankten Reisenden die nöthigen Heilmittel und Pflege unentgeltlich zu gewähren;
23 die Verpflichtung des Unternehmers, das rechtzeitig eingelieferte Reisegepäck mit demselben Schiffe wie den Reisenden zu befördern und, falls dies nicht geschieht, für allen dadurch entstehenden Schaden aufzukommen;
24. die Verpflichtung des Unternehmers, an Reisegepäck während der Seereise mindestens $^1/_2$ Kubikmeter ohne besonderes Entgelt zu befördern, und die Angabe, wieviel für etwaige Ueberfracht zu entrichten ist;
25. die Verpflichtung des Unternehmers, auf Verlangen des Reisenden dessen Gepäck auf Kosten des Reisenden gegen Feuers- und Wassersgefahr zu versichern;
26. die Verpflichtung des Unternehmers, dass, wenn das Schiff unterwegs durch einen Seeunfall oder einen anderen Umstand an der Fortsetzung der Reise verhindert oder zu einer längeren Unterbrechung derselben genöthigt werden sollte, dem Reisenden ohne besondere Vergütung angemessene Unterkunft und Verpflegung gewährt und die Beförderung des Reisenden und seines Gepäcks nach dem Bestimmungsorte sobald als möglich herbeigeführt wird;
27. die Bestimmung, dass im Auslande Beschwerden über mangelhafte Erfüllung des Vertrags, Schadensersatzansprüche u. s. w. bei dem zuständigen deutschen Konsul oder dessen Vertreter geltend zu machen sind;
28. die Bestimmung, dass der Vertrag dauernd in Händen des Reisenden bleibt;
29. den Ort und Tag des Vertragsabschlusses;
30. die Unterschriften der beiden vertragschliessenden Parteien. (Dabei genügt von Seiten des mit Familie Reisenden die Unterschrift des Familienvorstandes. Hat der Reisende einen gesetzlichen Vertreter, so muss dieser unterzeichnen. Von Seiten des Unternehmers genügt der Firmenstempel. Bei Unternehmern, welche zur Bestellung eines inländischen Bevollmächtigten verpflichtet sind (§. 4 des Auswanderungsgesetzes), ist die Unterschrift oder der Firmenstempel dieses Bevollmächtigten erforderlich. Bei Unternehmern, welche ihren Geschäfts-

betrieb durch einen Stellvertreter ausüben, genügt die Unterschrift oder der Firmenstempel des Stellvertreters.)

§. 6.

Wird bei einer Beförderung über einen deutschen Hafen ohne Schiffswechsel nach einem aussereuropäischen Hafen auch die Weiterbeförderung und Verpflegung oder nur die Weiterbeförderung der Auswanderer vom aussereuropäischen Ausschiffungshafen bis an das Auswanderungsziel übernommen, so müssen die Verträge ausser den im §. 5 vorgeschriebenen Angaben und Bestimmungen enthalten:

6a. die genaue Bezeichnung des Auswanderungsziels;

6b. die Beförderungsmittel vom aussereuropäischen Ausschiffungshafen bis an das Auswanderungsziel;

11a. den Preis für die Weiterbeförderung vom Ausschiffungshafen nach dem Auswanderungsziele;

26a. die Verpflichtung des Unternehmers, dem Reisenden bei einer im aussereuropäischen Ausschiffungshafen eintretenden, nicht von dem Reisenden selbst verschuldeten Verzögerung der Weiterbeförderung ohne besondere Vergütung angemessene Unterkunft und Verpflegung zu gewähren;

26b. die Berechtigung des Reisenden, falls eine solche Verzögerung länger als eine Woche dauert, von dem Vertrage zurückzutreten und die Erstattung des für die Weiterbeförderung gezahlten Preises zu verlangen, unbeschadet der ihm nach bürgerlichem Rechte etwa zustehenden Ansprüche auf Schadensersatz;

26c. die Verpflichtung des Unternehmers, falls der Reisende oder einer der ihn begleitenden Familienangehörigen vor Beginn der Weiterbeförderung stirbt oder nachweislich durch Krankheit oder sonstige, ausser seiner Macht liegende Zwischenfälle am Antritte der Weiterreise verhindert ist, den für die Weiterbeförderung gezahlten Preis dem Reisenden oder seinen Hinterbliebenen unverkürzt zurückzuerstatten;

26d. die Verpflichtung des Unternehmers, dem Reisenden, falls dieser im aussereuropäischen Ausschiffungshafen aus anderen Gründen von der Weiterbeförderung zurücktreten sollte, den für die Weiterbeförderung gezahlten Preis, vorbehaltlich eines bestimmt zu bezeichnenden, keinenfalls mehr als zehn vom Hundert betragenden Abzugs zurückzuerstatten;

26e. die Angabe, wieviel Gepäck des Reisenden bei der Weiterbeförderung frei befördert wird, soweit diese Angabe zur Zeit des Vertragsabschlusses gemacht werden kann;

26f. insoweit die Weiterbeförderung und Verpflegung vom aussereuropäischen Ausschiffungshafen bis an das Auswanderungsziel dem Unternehmer bei der Ertheilung der Erlaubniss zur Bedingung gemacht worden ist:

die Verpflichtung des Unternehmers, dem Reisenden, falls durch einen Unfall des Beförderungsmittels oder einen anderen ausserhalb der Person des Reisenden liegenden Umstand die Fortsetzung der bereits angetretenen Weiterreise verhindert werden oder eine längere Unterbrechung derselben eintreten sollte, ohne besondere Vergütung Unterkunft und Verpflegung zu gewähren und die Beförderung des Reisenden sowie seines Gepäcks nach dem Bestimmungsorte sobald als möglich herbeizuführen.

§. 7.

Verträge mit Auswanderern, welche von oder durch Deutschland kommend sich zu Schiff oder mit der Eisenbahn nach einem ausserdeutschen Hafen begeben, um von dort aus nach einem aussereuropäischen Lande befördert zu werden (Verträge über Beförderung mit Schiffswechsel in einem ausserdeutschen Zwischenhafen oder Verträge über die Beförderung über einen ausserdeutschen Einschiffungshafen des europäischen Festlandes), müssen möglichst in nachstehender Reihenfolge enthalten:

1. den Namen und den Wohnort des Unternehmers;
2. die Verpflichtung des Unternehmers, die Beförderung der Reisenden von Deutschland bis zur Landung im aussereuropäischen Ausschiffungshafen zu übernehmen, insoweit nicht der Reichskanzler bei geringem Verkehre der in Betracht kommenden Schiffslinie Ausnahmen gestattet hat;
3. den Ort und den Tag, von welchem ab die Beförderung übernommen wird;
4. den Ort und den Tag, von welchem ab die Verpflegung übernommen wird;
5. die Angabe des Reisewegs bis zu dem Hafen, von welchem aus die aussereuropäische Fahrt angetreten wird;
6. die Angabe der Beförderungsmittel auf den einzelnen Strecken dieses Reisewegs, und zwar für die zu Schiff zurückzulegenden Strecken: den Namen und die Nationalität des zu benutzenden Schiffes, den Namen der Schiffslinie, die Bezeichnung des Schiffsplatzes; für die mit der Eisenbahn zurückzulegenden Strecken: die Angabe der Wagenklasse;
7. den Hafen, von welchem aus die aussereuropäische Fahrt angetreten wird;
8. den Namen und die Nationalität des zur aussereuropäischen Fahrt zu benutzenden Schiffes;
9. den Namen der Schiffslinie;
10. den aussereuropäischen Ausschiffungshafen;
11. den Vor- und Familiennamen des Reisenden und der mit ihm reisenden Familienglieder;
12. das Alter;
13. den Familienstand (Vater, Mutter, Sohn, Tochter u. s. w. — bei Einzelreisenden die Angabe, ob verheirathet, ledig);
14. den bisherigen Wohnort;
15. den Preis der Beförderung in Reichswährung bis zu dem Hafen, von welchem aus die aussereuropäische Fahrt angetreten wird, für jede einzelne Person, und zwar wenn die Beförderung theils zu Schiff, theils mit der Bahn erfolgt, getrennt für jede Art der Beförderung;
16. den Preis der Beförderung in Reichswährung von dem vorbezeichneten Hafen bis zur Landung im aussereuropäischen Ausschiffungshafen für jede einzelne Person;
17. die Erklärung, dass der Reisende von Deutschland bis zur Landung im aussereuropäischen Ausschiffungshafen für Beförderung und Gepäcktransport (abgesehen von etwaiger Ueberfracht — Ziffer 29), sowie für Beköstigung und Unterbringung, soweit diese übernommen sind, ausser dem vorbezeichneten Preise nichts zu bezahlen hat;
18. die Angabe, wo und wann sich der Reisende in Deutschland zur Abfahrt einzufinden hat, ferner, wo und wann das Gepäck in Deutschland spätestens einzuliefern ist;
19. die Angabe, welchen Theil des bezahlten Ueberfahrtsgeldes der Reisende verliert, wenn er sich so spät nach der festgesetzten Abfahrtszeit einfindet, dass die Fahrt ohne ihn angetreten werden muss; dieser Theil darf nicht mehr als die Hälfte des Ueberfahrtsgeldes betragen;
20. die Verpflichtung des Unternehmers, dem Reisenden von der festgesetzten Abfahrtszeit an bei jeder nicht von dem Reisenden selbst verschuldeten Verzögerung in der Beförderung, an dem Orte, wo die Verzögerung erfolgt, ohne besondere Vergütung Unterkunft und Verpflegung an Bord des Schiffes oder in

einem Auswandererlogirhaus oder, wo solches nicht vorhanden, in einem geeigneten Gasthause zu gewähren;

21. die Berechtigung des Reisenden, falls eine solche Verzögerung länger als eine Woche dauert, von dem Vertrage zurückzutreten und die Rückerstattung des gezahlten Fahrpreises oder des entsprechenden Theiles desselben zu verlangen, unbeschadet der ihm nach dem bürgerlichen Rechte etwa zustehenden Ansprüche auf Schadensersatz;

22. die Verpflichtung des Unternehmers, den Fahrpreis für die Beförderung von Deutschland nach dem aussereuropäischen Ausschiffungshafen oder den entsprechenden Theil desselben unverkürzt zurückzuerstatten, wenn der Reisende oder einer der ihn begleitenden Familienangehörigen vor Antritt der Reise oder vor Antritt der aussereuropäischen Fahrt stirbt oder nachweislich durch Krankheit oder sonstige, ausser seiner Macht liegende Zwischenfälle am Antritt oder der Fortsetzung der Reise verhindert wird;

23. die Verpflichtung des Unternehmers, den Fahrpreis nach Abzug eines bestimmt zu bezeichnenden, jedenfalls nicht mehr als die Hälfte betragenden Theiles des in Ziffer 23 bezeichneten Fahrpreises zurückzuerstatten, falls der Reisende vor Antritt der Reise aus anderen Gründen vom Vertrage zurücktritt;

24. die Verpflichtung des Unternehmers, während der Seereise jedem über zehn Jahre alten Reisenden (wobei zwei Kinder unter zehn Jahren für einen Reisenden gelten) eine Schlafkoje mit Matratze, Kopfpfühl und Schlafdecke zur Benutzung zu überweisen;

25. die Verpflichtung des Unternehmers, dem Reisenden während der Seereise mindestens drei tägliche Mahlzeiten zu verabreichen und ihm das dazu nöthige Ess- und Trinkgeschirr unentgeltlich zur Verfügung zu stellen;

26. die Verpflichtung des Unternehmers, dem Reisenden während der Seereise das erforderliche Trink- und Waschwasser sowie die erforderlichen Wascheinrichtungen zu gewähren;

27. die Verpflichtung des Unternehmers, dem während der Seefahrt erkrankten Reisenden die nöthigen Heilmittel und Pflege unentgeltlich zu gewähren;

28. die Verpflichtung des Unternehmers, das rechtzeitig eingelieferte Reisegepäck mit demselben Schiffe wie den Reisenden zu befördern und, falls dies nicht geschieht, für allen dadurch entstehenden Schaden aufzukommen;

29. die Verpflichtung des Unternehmers, an Reisegepäck während der Seereise mindestens $1/2$ Kubikmeter ohne besonderes Entgelt zu befördern, und die Angabe, wieviel für etwaige Ueberfracht zu entrichten ist,

und, falls die Beförderung bis zu dem Hafen, von welchem aus die aussereuropäische Fahrt angetreten wird, ganz oder theilweise mit der Eisenbahn oder einem Flussschiff erfolgt: die Angabe, wieviel Gepäck während dieses Theiles der Reise frei befördert wird und wieviel für etwaige Ueberfracht zu entrichten ist;

30. die Verpflichtung des Unternehmers, auf Verlangen des Reisenden dessen Gepäck während der Seereise auf Kosten des Reisenden gegen Feuers- und Wassersgefahr zu versichern;

31. die Verpflichtung des Unternehmers, dass, wenn das Schiff unterwegs durch einen Seeunfall oder einen anderen Umstand an der Fortsetzung der Reise verhindert, oder zu einer längeren Unterbrechung derselben genöthigt werden sollte, dem Reisenden ohne besondere Vergütung angemessene Unterkunft und Verpflegung gewährt und die Beförderung des Reisenden und seines Gepäcks nach dem Bestimmungsorte sobald als möglich herbeigeführt wird;

31a. falls die Beförderung des Reisenden nach dem Hafen, von welchem aus die aussereuropäische Fahrt angetreten wird, ganz oder theilweise mit der Eisenbahn oder mit einem Flussschiff erfolgt:
die Verpflichtung des Unternehmers, auch dem während dieses Theiles der Reise etwa erkrankten Reisenden die nöthigen Heilmittel und Pflege unentgeltlich zu gewähren;

31b. soweit die vorgenannte Beförderung mit der Eisenbahn erfolgt und die Verpflegung des Reisenden während der Bahnfahrt übernommen wird:
die Verpflichtung des Unternehmers, an bestimmten näher zu bezeichnenden Stationen den Reisenden zu beköstigen und ihm bei längerem als dreistündigem Aufenthalte kostenfreie Unterkunft in einem Gasthause zu gewähren;

32. die Bestimmung, dass im Auslande Beschwerden über mangelhafte Erfüllung des Vertrags, Schadensersatzansprüche u. s. w. bei dem zuständigen deutschen Konsul oder dessen Vertreter geltend zu machen sind;

33. die Bestimmung, dass der Vertrag dauernd in Händen des Reisenden bleibt;

34. den Ort und Tag des Vertragsabschlusses;

35. die Unterschrift der beiden vertragschliessenden Parteien. (Dabei genügt von Seiten des mit Familie Reisenden die Unterschrift des Familienvorstandes. Hat der Reisende einen gesetzlichen Vertreter, so muss dieser unterzeichnen. Von Seiten des Unternehmers genügt der Firmenstempel. Bei Unternehmern, welche zur Bestellung eines inländischen Bevollmächtigten verpflichtet sind (§. 4 des Auswanderungsgesetzes), ist die Unterschrift oder der Firmenstempel dieses Bevollmächtigten erforderlich. Bei Unternehmern, welche ihren Geschäftsbetrieb durch einen Stellvertreter ausüben, genügt die Unterschrift oder der Firmenstempel des Stellvertreters.)

§. 8

Wird bei einer Beförderung der im §. 7 bezeichneten Art auch die Weiterbeförderung und Verpflegung oder nur die Weiterbeförderung der Auswanderer vom aussereuropäischen Ausschiffungshafen bis an das Auswanderungsziel übernommen, so gelten auch hierfür die Bestimmungen des §. 7, jedoch mit der Massgabe, dass die unter Ziffer 2 daselbst vorgesehene Verpflichtung des Unternehmers, für die Beförderung des Reisenden zu sorgen, nicht nur bis zur Landung im aussereuropäischen Ausschiffungshafen, sondern bis zur Erreichung des Auswanderungsziels zu übernehmen ist.

Ausserdem müssen die Verträge enthalten:

10a. die genaue Bezeichnung des Auswanderungsziels;

11b. die Beförderungsmittel vom aussereuropäischen Ausschiffungshafen bis an das Auswanderungsziel;

16a. den Preis für die Weiterbeförderung vom aussereuropäischen Ausschiffungshafen nach dem Auswanderungsziele;

31c. die Verpflichtung des Unternehmers, dem Reisenden bei einer im aussereuropäischen Ausschiffungshafen eintretenden, nicht von dem Reisenden selbst verschuldeten Verzögerung der Weiterbeförderung ohne besondere Vergütung angemessene Unterkunft und Verpflegung zu gewähren;

31d. die Berechtigung des Reisenden, falls eine solche Verzögerung länger als eine Woche dauert, von dem Vertrage zurückzutreten und die Erstattung der durch die anderweitige Weiterreise entstandenen Kosten zu verlangen, unbeschadet der ihm nach dem bürgerlichen Rechte etwa zustehenden Ansprüche auf Schadensersatz;

31 e. die Verpflichtung des Unternehmers, falls der Reisende oder einer der ihn begleitenden Familienangehörigen vor Beginn der Weiterbeförderung stirbt oder nachweislich durch Krankheit oder sonstige, ausser seiner Macht liegende Zwischenfälle am Antritte der Weiterreise verhindert ist, den für die Weiterbeförderung gezahlten Preis dem Reisenden oder seinen Hinterbliebenen unverkürzt zurückzuerstatten;

31 f. die Verpflichtung des Unternehmers, dem Reisenden, falls dieser im aussereuropäischen Ausschiffungshafen aus anderen Gründen von der Weiterbeförderung zurücktreten sollte, den für die Weiterbeförderung gezahlten Fahrpreis vorbehaltlich eines bestimmt zu bezeichnenden, keinenfalls mehr als zehn vom Hundert betragenden Abzugs zurückzuerstatten;

31 g. die Angabe, wieviel Gepäck des Reisenden bei der Weiterbeförderung frei befördert wird, soweit diese Angabe zur Zeit des Vertragsabschlusses gemacht werden kann;

31 h. insoweit die Weiterbeförderung und Verpflegung von dem aussereuropäischen Ausschiffungshafen bis an das Auswanderungsziel dem Unternehmer bei der Ertheilung der Erlaubniss zur Bedingung gemacht worden ist:

die Verpflichtung des Unternehmers, dem Reisenden, falls durch einen Unfall des Beförderungsmittels oder einen anderen ausserhalb der Person des Reisenden liegenden Umstand die Fortsetzung der bereits angetretenen Weiterreise unmöglich gemacht werden oder eine längere Unterbrechung derselben eintreten sollte, ohne besondere Vergütung Unterkunft und Verpflegung zu gewähren und die Beförderung des Reisenden sowie seines Gepäcks nach dem Bestimmungsorte sobald als möglich herbeizuführen.

§. 9.

Verträge über die Beförderung von Auswanderern über See nach einem ausserdeutschen Orte in Europa müssen möglichst in nachstehender Reihenfolge enthalten:

1. den Namen und den Wohnort des Unternehmers;
2. die Verpflichtung des Unternehmers, die Beförderung des Reisenden von Deutschland bis zur Landung im Ausschiffungshafen zu übernehmen;
3. den Ort und den Tag, von welchem ab die Beförderung übernommen wird;
4. den Ort und den Tag, von welchem ab die Verpflegung übernommen wird;
5. den Namen und die Nationalität des zu benutzenden Schiffes;
6. den Namen der Schiffslinie;
7. den Ausschiffungshafen;
8. den Vor- und Familiennamen des Reisenden und der mit ihm reisenden Familienglieder;
9. das Alter;
10. den Familienstand (Vater, Mutter, Sohn, Tochter u s. w. — bei Einzelreisenden die Angabe, ob verheirathet, ledig);
11. den bisherigen Wohnort;
12. den Preis der Seebeförderung in Reichswährung für jede einzelne Person;
13. die Erklärung, dass der Reisende von Deutschland bis zur Landung im Ausschiffungshafen für Beförderung und Gepäcktransport (abgesehen von etwaiger Ueberfracht — Ziffer 20), sowie für Beköstigung und Unterbringung, soweit diese übernommen sind, ausser dem vorstehend bezeichneten Preise nichts zu bezahlen hat;
14. die Angabe, wo und wann sich der Reisende zur Abfahrt einzufinden hat, ferner, wo und wann das Gepäck spätestens einzuliefern ist;

15. die Verpflichtung des Unternehmers, während der Seereise jedem über zehn Jahre alten Reisenden (wobei zwei Kinder unter zehn Jahren für einen Reisenden gelten) eine Schlafkoje mit Matratze, Kopfpfühl und Schlafdecke zur Benutzung zu überweisen;
16. die Verpflichtung des Unternehmers, dem Reisenden während der Seereise mindestens drei tägliche Mahlzeiten zu verabreichen und ihm das dazu nöthige Ess- und Trinkgeschirr unentgeltlich zur Verfügung zu stellen;
17. die Verpflichtung des Unternehmers, dem Reisenden während der Seereise das erforderliche Trink- und Waschwasser sowie die erforderlichen Wascheinrichtungen zu gewähren;
18. die Verpflichtung des Unternehmers, dem während der Seefahrt erkrankten Reisenden die nöthigen Heilmittel und Pflege unentgeltlich zu gewähren;
19. die Verpflichtung des Unternehmers, das rechtzeitig eingelieferte Reisegepäck mit demselben Schiffe wie den Reisenden zu befördern und, falls dies nicht geschieht, für allen dadurch entstehenden Schaden aufzukommen;
20. die Verpflichtung des Unternehmers, an Reisegepäck während der Seereise mindestens $^1/_2$ Kubikmeter ohne besonderes Entgelt zu fördern, und die Angabe, wieviel für etwaige Ueberfracht zu entrichten ist;
21. die Verpflichtung des Unternehmers, auf Verlangen des Reisenden dessen Gepäck auf Kosten des Reisenden gegen Feuers- und Wassersgefahr zu versichern;
22. die Erklärung, dass im Uebrigen die Rechte und Pflichten der Vertragschliessenden sich nach den in dem Deutschen Handelsgesetzbuch über das Frachtgeschäft zur Beförderung von Reisenden enthaltenen Bestimmungen richten;
23. die Verpflichtung des Unternehmers, dass, wenn das Schiff unterwegs durch einen Seeunfall oder einen anderen Umstand an der Fortsetzung der Reise verhindert oder zu einer längeren Unterbrechung derselben genöthigt werden sollte, dem Reisenden ohne besondere Vergütung angemessene Unterkunft und Verpflegung gewährt und die Beförderung des Reisenden und seines Gepäcks nach dem Bestimmungsorte sobald als möglich herbeigeführt wird;
24. die Bestimmung, dass im Auslande Beschwerden über mangelhafte Erfüllung des Vertrags, Schadensersatzansprüche u. s. w. bei dem zuständigen deutschen Konsul oder dessen Vertreter geltend zu machen sind;
25. die Bestimmung, dass der Vertrag dauernd in Händen des Reisenden bleibt;
26. den Ort und den Tag des Vertragsabschlusses;
27. die Unterschriften der beiden vertragschliessenden Parteien. (Dabei genügt von Seiten des mit Familie Reisenden die Unterschrift des Familienvorstandes. Hat der Reisende einen gesetzlichen Vertreter, so muss dieser unterzeichnen. Von Seiten des Unternehmers genügt der Firmenstempel. Bei Unternehmern, welche zur Bestellung eines inländischen Bevollmächtigten verpflichtet sind (§. 4 des Auswanderungsgesetzes), ist die Unterschrift oder der Firmenstempel dieses Bevollmächtigten erforderlich. Bei Unternehmern, welche ihren Geschäftsbetrieb durch einen Stellvertreter ausüben, genügt die Unterschrift oder der Firmenstempel des Stellvertreters.)

§. 10.

Der dem Auswanderer hinsichtlich seiner Person und seines Gepäcks für die Beförderung mit einem binnenländischen Beförderungsmittel berechnete Preis darf den nachweislich an Ort und Stelle zu entrichtenden tarifmässigen Beförderungspreis nicht übersteigen.

§. 11.

Für die Verträge dürfen nur Formulare verwendet werden, deren Muster von dem Unternehmer dem Reichskanzler eingereicht und von diesem genehmigt sind.

§. 12.

Der Vertrag ist dem Auswanderer, bei einer auswandernden Familie dem Familienvorstande, vor der Einschiffung oder, falls auch die Bahnbeförderung zum Hafen übernommen ist, vor deren Beginn auszuhändigen und dauernd zu belassen.

§. 13.

Mit Auswanderern, welche aus oder durch Deutschland kommend, sich nach einem ausserdeutschen Hafen begeben wollen, um von dort aus nach einem aussereuropäischen Lande befördert zu werden, dürfen nur Verträge der in den §§. 7 und 8, nicht aber der im §. 9 bezeichneten Art geschlossen werden.

§. 14.

Die Auswanderungsbehörde kann verlangen. dass der Unternehmer zur Sicherstellung der ihm aus den §§. 27 bis 30 des Gesetzes über das Auswanderungswesen entstehenden Verpflichtungen eine das Ueberfahrtsgeld um den halben Betrag übersteigende Summe versichert oder einen der Versicherungssumme entsprechenden Betrag hinterlegt.

Im Falle der Versicherung bedürfen sowohl die Wahl des Versicherers wie der Inhalt der Versicherungspolice der Genehmigung durch die Auswanderungsbehörde. Die Police über die geschlossene Versicherung ist spätestens sechsunddreissig Stunden nach Abgang des Schiffes der Auswanderungsbehörde einzuliefern.

Die etwaige Hinterlegung ist bei der im §. 26 dieser Bestimmungen bezeichneten Stelle zu bewirken und der Auswanderungsbehörde vor Abgang des Schiffes nachzuweisen.

Wird die Verwendung des sichergestellten Betrags oder eines Theiles desselben nöthig, so ist der Unternehmer zur sofortigen Ergänzung verbunden.

Falls der Unternehmer durch Säumniss in der Erfüllung seiner im Absatz 1 bezeichneten Verbindlichkeiten ein Einschreiten der Behörden veranlasst, ist die Auswanderungsbehörde befugt, die durch die Säumniss erwachsenen Kosten aus der Vericherungs- oder der Hinterlegungssumme zu decken. Sie ist berechtigt, zu diesem Zwecke die Versicherungssumme zu erheben.

Ein entsprechender Vermerk ist in die Police beziehungsweise die Hinterlegungsurkunde aufzunehmen

§. 15.

Der Unternehmer bedarf zur Beförderung der Auswanderer mit gecharterten Schiffen der vorgängigen Genehmigung der Auswanderungsbehörde.

II. Geschäftsbetrieb der Agenten.

§. 16.

Der Auswanderungsagent hat in jedem Falle, in welchem er den Abschluss eines Beförderungsvertrags vermittelt, dem Auswanderer (bei Familien dem Familienvorstande) einen Empfangsschein auszustellen.

§. 17.

Die Empfangsscheine müssen möglichst in nachstehender Reihenfolge enthalten:

1. je nach der Art des zu vermittelnden Vertrags die Angaben, welche
   a) in den Ziffern 1 bis 6 des §. 5 oder
   b) in diesen Ziffern und den entsprechenden Zusätzen des §. 6 oder
   c) in den Ziffern 1, 3 bis 10 des §. 7 oder
   d) in diesen Ziffern und den entsprechenden Zusätzen des §. 8 oder
   e) in den Ziffern 1, 3 bis 7 des §. 9

   vorgesehen sind;
2. die von dem Auswanderer auf den Fahrpreis geleisteten Zahlungen;
3. die in den Spalten 1 bis 11 des im Anhange beigefügten Verzeichnisses vorgesehenen Angaben;
4. den Preis für die Beförderung, getrennt für die einzelnen Strecken der Beförderung und die einzelnen Personen;
5. den Namen und Wohnort des Agenten;
6. den Tag und Ort der Ausstellung des Empfangsscheins und die Unterschrift des Agenten;
7. eine nach den einzelnen Posten getrennte Abrechnung über alle von dem Auswanderer aus irgend einem Grunde an den Agenten geleisteten Zahlungen;
8. unter der Ueberschrift „Bedingungen“ je nach der Art des zu vermittelnden Vertrags die Angaben, welche
   a) in den Ziffern 12 bis 26 des §. 5 oder
   b) in diesen Ziffern und den entsprechenden Zusätzen des §. 6 oder
   c) in den Ziffern 2, 17 bis 31b des §. 7 oder
   d) in diesen Ziffern und den entsprechenden Zusätzen des §. 8 oder
   e) in den Ziffern 2, 13 bis 23 des §. 9

   vorgesehen sind;
9. unter der Ueberschrift „Rathschläge“ Folgendes:

   Es wird dem Reisenden empfohlen:
   a) auf oder an jedem Gepäckstück äusserlich seinen Namen deutlich lesbar in unverwischbarer Farbe anzubringen;
   b) ein behördlich beglaubigtes Verzeichniss seiner Gepäckstücke und der darin befindlichen Gegenstände mit sich zu führen;
   c) sich mit einem Passe oder Heimathscheine zu versehen.

§. 18.

Für die Empfangsscheine dürfen nur Formulare verwendet werden, deren Muster von dem Unternehmer dem Reichskanzler eingereicht und von diesem genehmigt sind.

Sämmtliche Agenten eines Unternehmers haben das nämliche Muster zu verwenden.

§. 19.

Die Formulare müssen unter fortlaufenden Nummern in festgebundenen Büchern, welche mit Seitenzahlen versehen sind und auf dem ersten Blatte die Bescheinigung der Ortspolizeibehörde über die Zahl der Seiten tragen, enthalten sein. In den Büchern müssen neben dem Formular eines jeden Empfangsscheins zwei gleichlautende Formulare zu Abschriften des Empfangsscheins dergestalt enthalten sein, dass der Empfangsschein und eine Abschrift desselben ohne Verletzung des Einbandes herausgenommen werden können. In den zu Abschriften bestimmten Formularen können die unter den Ziffern 8 und 9 des §. 17 bezeichneten Gegenstände fehlen.

§. 20.

Der Agent hat, sobald er das Formular eines Empfangsscheins ausfüllt, in der gleichen Weise auch die beiden Formulare zu den Abschriften auszufüllen. Der Empfangsschein ist dem Auswanderer auszuhändigen; von den Abschriften ist die eine alsbald dem Unternehmer zu übersenden, während die zweite mit dem Buche in den Händen des Agenten verbleibt.

§. 21.

Agenten, welche den Beförderungsvertrag selbst abschliessen, haben das Vertragsformular auszufüllen und zu unterzeichnen. Ausserdem finden die §§. 16 bis 20 Anwendung.

§. 22.

Die Landes-Zentralbehörden können vorschreiben, dass die Agenten von dem Abschluss oder der Vermittelung von Beförderungsverträgen binnen einer bestimmten Frist einer von ihnen zu bezeichnenden Behörde Anzeige zu machen haben.

III. Gemeinsame Bestimmungen für den Geschäftsbetrieb der Auswanderungsunternehmer und Agenten.

§. 23.

Die Unternehmer haben ihren Agenten, ausländische Unternehmer auch ihren Bevollmächtigten, den Preis für die Beförderung von Auswanderern genau mitzutheilen. Bevollmächtigten wie Agenten ist es verboten, den Auswanderern einen höheren als den vom Unternehmer festgesetzten Preis zu berechnen.

§. 24.

Die Unternehmer haben ihre an die Agenten und Auswanderer gerichteten Schreiben zu kopiren. Die gleiche Bestimmung gilt für die Agenten hinsichtlich der von ihnen an die Unternehmer und Auswanderer gerichteten Schreiben.

Die Auswandererverzeichnisse, die Abschriften der Empfangsscheine und der gesammte Schriftwechsel sind noch drei Jahre nach der letzten Eintragung beziehungsweise nach dem Empfang oder der Absendung der Schreiben genau nach der Zeitfolge geordnet aufzubewahren und dem Reichskommissare für das Auswanderungswesen, der Auswanderungsbehörde und der Ortspolizeibehörde der gewerblichen Niederlassung oder des Wohnsitzes des Unternehmers oder des Agenten auf Verlangen zur Einsicht vorzulegen.

§. 25

Die höheren Verwaltungsbehörden sind befugt, den Unternehmern und den Agenten die Ankündigung ihres Geschäfts durch Plakate an öffentlichen Orten für den ganzen Umfang ihres Verwaltungsbezirkes oder für einzelne Theile desselben zu untersagen.

In den Annoncen, Prospekten und Zirkularen muss stets der Weg, auf welchem die Auswanderer befördert werden sollen, ausdrücklich und genau bezeichnet werden; soll ein Schiffswechsel stattfinden, so ist dies ebenfalls anzugeben.

§. 26.

Die gemäss §§. 5, 7, 14 des Gesetzes über das Auswanderungswesen zu bestellende Sicherheit ist durch Hinterlegung des von dem Reichskanzler, bei Agenten von den höheren Verwaltungsbehörden festgesetzten Betrags in baarem Gelde oder in Schuldverschreibungen des Deutschen Reichs oder eines Bundesstaats zu leisten.

Die Landes-Zentralbehörden können die Hinterlegung in anderen Papieren zulassen; sie bezeichnen die Stellen, bei denen die Hinterlegung zu erfolgen hat.

Welche Landes-Zentralbehörden zuständig sind, bestimmt sich nach dem Orte der gewerblichen Niederlassung des Unternehmers oder des Agenten, bei den im §. 4 des Auswanderungsgesetzes bezeichneten Unternehmern nach dem Wohnorte des Bevollmächtigten.

§. 27.

In der Urkunde, durch welche die Sicherheit bestellt wird, haben sich die Unternehmer und Agenten den nachstehend bezeichneten Verbindlichkeiten zu unterwerfen.

§. 28.

Die bestellte Sicherheit haftet für alle anlässlich des Geschäftsbetriebs der Unternehmer und Agenten gegenüber den Behörden und gegenüber den Auswanderern begründeten Verbindlichkeiten insbesondere:

1. für alle Nachtheile und Kosten, welche den Auswanderern dadurch entstehen, dass die ihnen auf Grund
   a) des Beförderungsvertrags,
   b) des Gesetzes über das Auswanderungswesen, sowie der zur Ausführung desselben ergangenen Vorschriften und Verordnungen,
   c) der den Unternehmern und Agenten bei der Erlaubnissertheilung etwa gestellten besonderen Bedingungen

   zustehenden Ansprüche nicht erfüllt sind;
2. für alle Kosten, welche einer Reichs- oder Landesbehörde dadurch entstehen, dass die Nichterfüllung der unter 1 bezeichneten Verbindlichkeiten das Einschreiten der Behörde veranlasst hat;
3. für alle Geldstrafen und Kosten, auf welche wegen Zuwiderhandlung gegen die unter 1 b und c genannten Vorschriften erkannt worden ist.

§. 29.

Die höhere Verwaltungsbehörde ist befugt, aus der bestellten Sicherheit zu berichtigen:

a) die im §. 28 Ziffer 1 bezeichneten Ansprüche der Auswanderer, sobald dieselben entweder durch rechtskräftiges Erkenntniss eines inländischen oder durch ein mit dem Vollstreckungsurtheile versehenes Erkenntniss eines ausländischen Gerichts oder durch Beschluss der höheren Verwaltungsbehörde oder durch Entscheidung des zuständigen deutschen Konsuls oder dessen Stellvertreters festgestellt sind;
b) die im §. 28 Ziffer 2 bezeichneten Ansprüche einer Reichs- oder Landesbehörde, sobald die der Behörde erwachsenen Kosten bei der Reichsbehörde durch deren Beschluss, bei der Landesbehörde durch den Beschluss der höheren Verwaltungsbehörde, nach Anhörung des Unternehmers oder Agenten festgestellt sind;
c) die Geldstrafen und Kosten, welche durch rechtskräftiges gerichtliches Erkenntniss oder durch rechtskräftigen Strafbefehl (Strafverfügung) festgestellt sind.

§ 30.

Wenn die hinterlegte Summe durch Ersatzleistungen verringert oder erschöpft ist, so muss sie innerhalb eines Monats wieder auf ihren ursprünglichen Betrag gebracht werden. Das Gleiche muss geschehen, wenn der Kurswerth der hinterlegten Papiere sich um zehn vom Hundert niedriger stellt, als der bei der Annahme der Sicherheit berechnete Werth.

Anhang. (Auswanderer-Verzeichniss.)

Namen des Unternehmers
(bezw. auch des Bevollmächtigten oder des Stellvertreters).

Verzeichniss

der mit dem (Nationalität) Dampf-/Segel-schiffe (Namen) am von direkt/über nach dem Hafen (Ueberseeischer Ausschiffungshafen) beförderten Auswanderer.

No.	Die zu einer Familie gehörenden Personen sind unter einander zu schreiben und durch eine Klammer als zusammengehörig zu bezeichnen.		Geschlecht		Alter (in Jahren)	(Bei deutschen Männern von 17 bis 25 Jahren.) Ist die Entlassungsurkunde oder das Zeugniss (§ 23 des Auswges vorgelegt?	Familienstand (ledig etc.)	Bisheriger Wohnort *)	Staatsangehörigkeit	Bezeichnung des bisherigen Berufs **)	Stellung im bisherigen Berufe **)	Ziel der Auswanderung (Ort u. Staat)
	Zunamen	Vornamen	männlich	weiblich								
1.	2	3.	4.		5.	6	7.	8.	9.	10.	11.	12.

*) Anmerkung 1 (nur für die erste Seite des Verzeichnisses). Die Bezeichnung des Wohnorts muss eine so genaue sein, dass die Verwechselung mit einem gleich oder ähnlich lautenden Namen ausgeschlossen ist.

**) Anmerkung 2 (nur für die erste Seite des Verzeichnisses). Die Angabe des Berufs muss eine ganz genaue sein.

								Es genügt z. B. nicht:		Fabrikarbeiter		
								sondern muss heissen:		Textil-	Arbeiter	
										Buchbinder	Geselle	
										Landwirth	Tagelöhner	
										Landwirth	Besitzer	
			Geht aus der Bezeichnung des Berufs schon die Stellung darin hervor, so wird über beide Spalten geschrieben, z. B.							Kellner		
										Beamter		

§. 31.

Die Rückgabe der Sicherheit kann beantragt werden, wenn der, welcher sie bestellt hat, stirbt oder auf die erhaltene Erlaubniss verzichtet oder wenn ihm diese entzogen wird.

Die Rückgabe erfolgt, nachdem alle Ansprüche an die bestellte Sicherheit erledigt sind, frühestens aber ein Jahr nach dem Zeitpunkte, mit welchem die Rückgabe beantragt werden kann. Sie kann schon früher erfolgen, wenn ein Geschäftsnachfolger die Haftung für alle Verbindlichkeiten seines Vorgängers unter Bereitstellung seiner Sicherheitsleistung für dieselbe übernimmt.

---

17. Bekanntmachung, betreffend Vorschriften über Auswandererschiffe.

Vom 14. März 1898. (R.G.Bl. S. 57.)

Auf Grund des §. 36 des Gesetzes über das Auswanderungswesen vom 9. Juni 1897 (Reichs-Gesetzbl. S. 463) hat der Bundesrath in seiner Sitzung vom 14. März 1898 die nachstehenden Vorschriften über Auswandererschiffe beschlossen.

Vorschriften über Auswandererschiffe.

I. Beschaffenheit der Auswandererschiffe.

§. 1.

Bauart. Die Auswandererschiffe (§. 37 des Gesetzes über das Auswanderungswesen) müssen mindestens den Anforderungen der ersten Klasse des Germanischen Lloyd genügen.

Anstatt der ersten Klasse des Germanischen Lloyd kann der Reichskanzler die entsprechende Klasse einer anderen Klassifikationsgesellschaft zulassen.

Dampfschiffe müssen ausserdem den von der Seeberufsgenossenschaft erlassenen Vorschriften über wasserdichte Schotten für Passagierdampfer in aussereuropäischer Fahrt entsprechen.

§. 2.

Untersuchung auf Seetüchtigkeit. Kein Schiff darf als Auswandererschiff benutzt werden, bevor es nach gründlicher Untersuchung im Dock oder auf der Helling für seetüchtig befunden worden ist.

Diese Untersuchung ist jährlich mindestens einmal zu wiederholen.

§. 3.

Die Untersuchung muss im Inlande von staatlichen Besichtigern, im Auslande von Besichtigern des Germanischen Lloyd oder einer anderen nach §. 1 zugelassenen Klassifikationsgesellschaft vorgenommen werden.

Befindet sich unter den staatlichen Besichtigern kein Schiffsbautechniker, so ist ein solcher hinzuzuziehen.

§. 4.

Kessel und Maschinen der Dampfschiffe. Dampfschiffe dürfen die Reise nur mit Kesseln und Maschinen, welche sich in gutem, seetüchtigen Zustande befinden, antreten.

Insbesondere muss der Schraubenwellentunnel gegen den Schiffsraum wasserdicht und gegen den Maschinenraum mit einem sicheren dichten Verschlusse hergestellt sein.

Die Kessel sind jährlich einer äusseren und einer inneren Untersuchung zu unterziehen. Für das Verfahren gelten die landesgesetzlichen Bestimmungen.

§. 5.

Reinigung verunreinigter Schiffe. Schiffe, welche unlängst eine, übeln Geruch zurücklassende Ladung an Bord gehabt haben oder durch übelriechende Flüssigkeiten verunreinigt worden sind, dürfen erst nach gründlicher Reinigung als Auswandererschiffe benutzt werden. Die Reinigung hat nach der Entlöschung in der Weise zu geschehen, dass das Stauholz aus dem Schiffe entfernt und sodann sämmtliche Laderäume gehörig mit Schmierseifelösung ausgespritzt und gewaschen werden. Demnächst sind sämmtliche Schiffsluken — mit in denselben angebrachten Windsegeln oder sonstigen geeigneten Lüftungsvorrichtungen — bis zur völligen Austrocknung offen zu halten.

Die Besichtiger oder der Untersuchungsarzt können andere Arten der Reinigung vorschreiben oder zulassen.

II. Einrichtung und Ausrüstung der Auswandererschiffe zur Aufnahme der Auswanderer.

§. 6.

Aufnahmefähigkeit. Kein Schiff darf als Auswandererschiff benutzt werden, bevor von den Besichtigern die für die Auswanderer bestimmten Räume ausgemessen und die zulässige Personenzahl festgesetzt worden ist. Diese Festsetzung gilt auch für die späteren Reisen des Schiffes, solange in dessen Räumen keine Veränderung vorgenommen wird. Von solcher Veränderung hat der Unternehmer der Auswanderungsbehörde behufs Wiederholung der Messung unverzüglich Anzeige zu machen.

Die von den Besichtigern für jeden Raum festgesetzte zulässige Personenzahl muss in demselben auf einem Metallschild eingravirt oder in haltbarer Farbe angebracht sein.

§ 7.

Mass des erforderlichen Luftraums. Für jede im Auswandererdeck reisende Person, einschliesslich der etwa unterwegs an Bord genommenen, muss ein durch Ladung, Gepäck (abgesehen von Handgepäck) oder Proviantgegenstände nicht beschränkter Raum von mindestens 2,85 Kubikmeter vorhanden sein. Bei Berechnung dieses Raumes wird eine mehr als 2,40 Meter betragende Deckshöhe nur für 2,40 Meter angenommen. Ausserdem muss für jede im Auswandererdeck reisende Person ein Raum von mindestens 0,25 Quadratmeter auf Deck zur Benutzung frei bleiben.

§. 8.

Beschaffenheit des Auswandererdecks. Das jeweilig zur Unterbringung der Auswanderer bestimmte Deck muss so hoch liegen, dass die Seitenfenster sich während der Reise noch über der Wasserlinie befinden. Es muss eine Höhe von mindestens 1,83 Meter von Deck zu Deck und einen dichten Fussboden von ausreichender Stärke haben.

Ist das oberste Schiffsdeck von Eisen, so dürfen in dem Raume unmittelbar unter demselben Auswanderer nur untergebracht werden, wenn das eiserne Deck mit einem fest darauf verbolzten hölzernen Schutzdeck von mindestens 7 Centimeter Dicke versehen ist.

Oberhalb der jeweilig für die Auswanderer bestimmten Räume darf kein Vieh als Ladung untergebracht werden.

§. 9.

Zugänge. Die Eingänge vom Deck zu den Auswandererräumen müssen mit dichtanschliessenden Kappen von genügender Höhe oder dementsprechenden Einrichtungen versehen sein.

Aus jeder zwischen festen Querwänden liegenden Abtheilung eines Auswandererdecks muss eine im Lichten mindestens 0,80 Meter breite, mit festen Geländern versehene Treppe unmittelbar auf das Deck führen. Fasst solche Abtheilung mehr als einhundert Personen, so muss für jedes Hundert eine solche Treppe vorhanden sein; fasst die Abtheilung mehr als vierhundert Personen, so müssen für je einhundertundfünfzig Personen eine Treppe, mindestens aber deren vier vorhanden sein.

§. 10.

Erleuchtung. Dem zur Unterbringung der Auswanderer bestimmten Deck muss für die nothwendigen Verrichtungen genügendes Tageslicht zugeführt werden. Das Licht kann ausser durch Seitenfenster auch von obenher eingeführt werden.

Von Sonnenuntergang bis Sonnenaufgang sind diese Räume gehörig zu beleuchten, und zwar müssen für je einhundert Personen mindestens zwei starke Laternen verwendet werden. Die Erleuchtung mit offenem Lichte oder mit explodirbaren Stoffen, wie Petroleum, Spiritus, Acetylen u. s. w., ist verboten. Bei der Verwendung elektrischen Lichtes sind in jeder Abtheilung des Auswandererdecks mindestens zwei Nothlichter zu brennen.

§. 11.

Luftwechsel. Für jede der im §. 9 Absatz 2 bezeichneten Abtheilungen müssen zwei Luftzieher (Ventilatoren) von mindestens 30 Centimeter Durchmesser vorhanden sein, von welchen der eine zum Einlassen, der andere zum Auslassen der Luft dient, und welche so hoch über das Deck hervorragen, dass die Luft ungehinderten Zutritt und Abzug hat. Das untere Ende der Luftzieher muss so angebracht sein, dass der kalte Luftstrom nicht unmittelbar auf Schlafkojen trifft. Sind mehr als einhundert Personen in der Abtheilung untergebracht, so muss nach Anordnung der Besichtiger oder des Untersuchungsarztes entweder die Zahl der Luftzieher entsprechend vermehrt oder ihr Querschnitt entsprechend erweitert werden.

Andere Lüftungsvorrichtungen sind zulässig, falls mit denselben nach dem Ermessen der Besichtiger oder des Untersuchungsarztes mindestens die gleiche Wirkung erreicht wird.

§. 12.

Heizung. Die Auswandererräume müssen bei kaltem Wetter geheizt werden und zu diesem Zwecke mit ausreichenden und ungefährlichen Heizeinrichtungen versehen sein. Ausnahmen kann die Auswanderungsbehörde zulassen.

§. 13.

Schlafkojen. Die Schlafkojen müssen in genügender Anzahl vorhanden und mit Matratze, Kopfpfühl und Schlafdecke für jeden Auswanderer versehen sein. Diese Gegenstände sind nach jeder Reise gründlich zu reinigen und zu desinfiziren Die einzelnen Kojen müssen durch niedrige Zwischenwände von einander getrennt sein; jede Koje muss mindestens 1,83 Meter lang und 0,60 Meter breit sein, doch können Doppelkojen von der doppelten Breite ohne Scheidewand angelegt werden. Mehr als zwei Kojen dürfen nicht über einander angebracht werden. Der Abstand der unteren Kojen vom Fussboden muss mindestens 0,15 Meter der Abstand der oberen von der Decke des Raumes mindestens 0,75 Meter betragen. Eine Einzelkoje darf nur von einer Person über 10 Jahre oder von zwei Kindern unter zehn Jahren, eine Doppelkoje von nicht mehr Personen als zwei Frauen, oder einer Frau mit zwei Kindern unter 10 Jahren, oder einem Ehepaare, oder einem Manne mit zwei eigenen Kindern unter zehn Jahren, oder zwei Männern benutzt werden.

Zur Erleichterung des Besteigens der Längskojen sind Gänge von mindestens 0,60 Meter Breite anzubringen.

In jeder Abtheilung muss zum Besteigen der oberen Kojen für je einhundert solcher Kojen mindestens eine tragbare Treppe vorhanden sein.

Die Schlafkojen müssen mit fortlaufenden leicht erkennbaren Nummern versehen sein.

§. 14.

Sitzgelegenheit zur Einnahme der Mahlzeiten. Zur Einnahme der Mahlzeiten muss im Auswandererdecke die erforderliche Anzahl von Tischen und Bänken angebracht sein.

Der Raum, welchen diese Gegenstände einnehmen, wird von dem im §. 7 vorgeschriebenen nicht in Abzug gebracht.

§ 15.

Kammern. Die etwa im Auswandererdeck hergerichteten Kammern müssen so eingerichtet sein, dass zwischen ihnen und dem ausserhalb derselben in der betreffenden Abtheilung des Auswandererdecks verbleibenden Raume ein ungehinderter Luftwechsel stattfinden kann. Die Kammern und dieser Raum sind ausserdem mit hinreichenden Lüftungsvorrichtungen zu versehen. Wegen der Heizung kommt §. 12, wegen des Luftraums §. 7 mit der Massgabe zur Anwendung, dass den Kammern der ausserhalb derselben in der betreffenden Abtheilung des Auswandererdecks verbleibende Raum hinzugerechnet wird, soweit er zur Benutzung der Auswanderer freigehalten wird, ohne durch Ladung, Gepäck (abgesehen von Handgepäck) oder Proviantgegenstände eingeschränkt zu werden. Die Kammern und der ausserhalb derselben verbleibende Raum sind bei Tage wie bei Nacht für die nothwendigen Verrichtungen genügend zu erleuchten, auch muss bei der Verwendung elektrischen Lichtes eine genügende Anzahl von Nothlichtern ausserhalb der Kammern gebrannt werden. Das im §. 10 Absatz 2 enthaltene Verbot der Verwendung gewisser Beleuchtungsmittel findet auch hier Anwendung.

§. 16.

Frauenabtheilung. Weibliche Auswanderer, welche ohne Begleitung von Ehemännern oder Eltern reisen, sind in einer von den übrigen Plätzen abgesonderten Abtheilung (§. 9 Absatz 2) unterzubringen. Auf Verlangen muss auch jeder andere weibliche Auswanderer in dieser Abtheilung untergebracht werden. Frauen dürfen Knaben unter zehn Jahren mit in diese Abtheilung nehmen.

Sind mehr als fünfundzwanzig weibliche Auswanderer in der Frauenabtheilung untergebracht, so muss eine Aufwärterin, welcher die Aufrechthaltung der Ordnung sowie die Bedienung und Hülfeleistung obliegt, die Nacht daselbst zubringen. Die Frauenabtheilung ist mit einer verschliessbaren Thür zu versehen und soweit entfernt von der Männerabtheilung anzubringen, als der mit Auswanderern besetzte Raum des Schiffes dies irgend gestattet.

§. 17.

Männerabtheilung. Die über vierzehn Jahre alten männlichen Auswanderer, welche nicht mit ihrer Ehefrau reisen, sind ebenfalls in einer besonderen, mit einer verschliessbaren Thür zu versehenden Abtheilung unterzubringen.

§. 18.

Frauen- und Männerkammern. Bei geringerer Auswandererzahl können an Stelle der besonderen Frauen- und Männerabtheilungen mit verschliessbaren Thüren versehene Kammern innerhalb der Abtheilungen hergerichtet werden. Auf diese Kammern kommen die Vorschriften des §. 15 zur Anwendung.

§. 19.

Wasch- und Badevorrichtungen. Zur ausschliesslichen Benutzung der Auswanderer müssen mindestens zwei Waschhäuser, eins für die männlichen und eins für die weiblichen Auswanderer, von hinlänglicher, der Personenzahl entsprechender Grösse vorhanden und mit den nöthigen Wascheinrichtungen ausgerüstet sein. Auf Dampfschiffen müssen die Häuser mit Wasserleitung oder Pumpen versehen sein.

Die Anbringung von Waschhäusern kann unterbleiben, sofern die Auswanderer in Kammern untergebracht werden, und in jeder Kammer für je sechs darin unterzubringende Personen mindestens eine fest angebrachte Wascheinrichtung vorhanden ist.

Auf jedem Schiffe, welches den 30. Grad nördlicher Breite nach Süden überschreiten soll, muss eine Bade- oder Brausevorrichtung vorhanden sein.

Den Auswanderern muss das zum Waschen nöthige Süsswasser in ausreichender Menge geliefert werden.

§. 20.

Abtritte. Abtritte müssen in solcher Zahl vorhanden sein, dass für je fünfzig männliche und für je fünfzig weibliche Auswanderer mindestens einer zu deren ausschliesslichem Gebrauche dient. Die für die männlichen und die für die weiblichen Auswanderer bestimmten Abtritte müssen, wenn thunlich, auf verschiedenen Seiten des Schiffes gelegen sein. Von den Aufenthaltsräumen der Auswanderer müssen die Abtritte durch einen dichten Verschlag oder in sonst geeigneter Weise abgeschlossen sein.

Die Fussböden und Wände der Abtritte sind durch einen Oelanstrich und Verkitten oder auf sonst geeignete Weise gegen Luft und Wasser undurchlässig zu machen. Die Abtritte müssen gut gelüftet und bei Tage wie bei Nacht hell beleuchtet sein.

§. 21.

Krankenräume. Auf jedem Schiffe müssen sich mindestens zwei abgesonderte Krankenräume befinden, der eine für die männlichen, der andere für die weiblichen Auswanderer. Die Krankenräume müssen auf je einhundert Personen 10 Kubikmeter Luftraum enthalten. Sie dürfen bei Berechnung des den Reisenden nach §§. 7, 15 zu gewährenden Raumes nicht mitberücksichtigt und nur so stark belegt werden, dass für jede darin befindliche Person mindestens 5 Kubikmeter Luftraum vorhanden sind. Falls bei zahlreichen Erkrankungen die Krankenräume nicht ausreichen, muss der Schiffsführer für weiteren abgesonderten Raum sorgen.

§. 22.

Einrichtung der Krankenräume. Die Krankenräume müssen möglichst günstig gelegen, mit besonders guten Erleuchtungs-, Lüftungs- und Heizugseinrichtungen, sowie mit einer

Thür versehen sein, welche so breit ist, dass ein Kranker hineingetragen werden kann. In der Nähe der Krankenräume müssen sich eine besondere Badeeinrichtung für die Kranken und zwei Abtritte befinden. Die Wände der Krankenräume sind mit Oelanstrich zu versehen, der Fussboden ist durch einen Oelanstrich oder auf andere Weise wasserdicht zu machen.

Die Räume sollen enthalten: auf je einhundert Personen mindestens zwei Kojen mit Matratzen, Kopfpfühl, Decken und zweimal Bettwäsche, ferner die nöthige Anzahl von Krankenanzügen, einen zu Operationen geeigneten Tisch, eine Wascheinrichtung für den Arzt und, falls keine Badeeinrichtung in unmittelbarer Nähe vorhanden, eine Badewanne, ferner Wasserbehälter mit genügendem Wasser. Die Kojen müssen mindestens an einer vollen Längsseite einen freien Raum von mindestens 1 Meter Breite haben. Sie dürfen mit Ausnahme der Vorsätze nicht von Holz sein. Die oberen Kojen müssen, soweit sie an der Wand angebracht sind, zum Aufklappen eingerichtet sein. An jeder Koje muss ein Behälter für die Aufnahme von Trinkgefässen und Arzneigläsern, sowie einer für Spei- und Uringläser vorhanden sein.

§. 23.

Bezeichnung der Räume. Die Deckaufgänge, Sonderabtheilungen, Kammern, Waschhäuser, Abtritte und Krankenräume sind als solche durch Anschläge zu bezeichnen, welche bei Räumen, die ausschliesslich für Männer oder für Frauen bestimmt sind, dies ersichtlich machen müssen.

III. Beköstigung der Auswanderer.

§. 24.

Beköstigung. Die Beköstigung darf nicht den Auswanderern überlassen bleiben. Denselben sind in mindestens drei täglichen regelmässigen Mahlzeiten die Speisen gehörig zubereitet, in angemessener Abwechselung und in den aus dem Verhältnisse zu dem vorschriftsmässig mitzunehmenden Proviante sich ergebenden Mengen zu verabreichen; auch ist die vorgeschriebene Menge Trinkwasser sowie das zum Essen und Trinken nöthige Geschirr zu liefern.

§. 25.

Koch. Auf jedem Schiffe muss sich mindestens ein erfahrener Koch für die Auswanderer befinden.

Wenn deren Zahl mehr als einhundert beträgt, so ist entweder noch ein Hülfskoch anzustellen oder es sind einige dazu geeignete Reisende dem Koche als Gehülfen beizugeben.

Der Koch muss der deutschen Sprache vollständig mächtig sein.

§. 26.

Geschirr. Jedes Schiff muss mit dem nöthigen Geschirre zur Herstellung und Austheilung der Speisen, sowie mit einer richtigen Waage und richtigen Gewichten versehen sein. Von den Kochtöpfen darf einer ausser zum Wasserkochen nur zur Bereitung von Thee und Kaffee benutzt werden.

§. 27.

Wasser, Proviant u. s. w. Jedes Schiff muss Wasser und Proviant, Brenn- und Leuchtmaterial für die wahrscheinliche längste Dauer der Reise in den im Anhang A verzeichneten Mengen mitnehmen. Dabei ist auf jedem Proviantkollo oder Gefässe der Inhalt und das Nettogewicht beziehungsweise die Menge deutlich zu marken.

Die Auswanderungsbehörde kann gestatten, dass bestimmte Mengen von Proviant und Wasser auch unterwegs an Bord genommen werden. Der Unternehmer hat zu diesem Zwecke der Auswanderungsbehörde in zwei Stücken ein Verzeichniss der Gegenstände vorzulegen, aus dem ersichtlich ist, wo diese an Bord genommen werden sollen. Die Verzeichnisse werden, wenn sie mit dem Genehmigungsvermerke der Auswanderungsbehörde versehen sind, dem Unternehmer zurückgegeben.

Die Auswanderungsbehörde kann im einzelnen Falle gestatten, dass auf einem Segelschiffe eine geringere als die im Anhang A vorgeschriebene Menge Wasser mitgenommen wird, vorausgesetzt, dass auf dem Schiffe ein gutes Abdampfgeräth (Destillirapparat) für frisches Wasser vorhanden ist, das in vierundzwanzig Stunden für jeden Kopf der Mannschaft und der Reisenden so viel trinkbares Wasser liefern kann, als erforderlich ist, um die für einen Tag der Reise mitgenommene Menge auf die nach Anhang A für einen Tag mitzunehmende Menge zu ergänzen.

Als wahrscheinliche längste Dauer der Reise gelten die im Anhange B verzeichneten Zeiträume. Verzögert sich nach der Aufnahme der Auswanderer der Abgang des Schiffes länger als eine Woche, so muss der Proviant dieser Verzögerung entsprechend ergänzt werden.

§. 28.

Wasser. Zur Aufbewahrung des Wassers müssen eiserne Behälter vorhanden sein, welche im Innern einen Ueberzug von Cement oder einem anderen tauglichen Stoffe haben. Ein Anstrich von Mennige ist verboten.

Dampfschiffe müssen mit einem guten Abdampfgeräthe (Destillirapparate) für Frischwasser versehen sein, welches in vierundzwanzig Stunden für jeden Kopf der Mannschaft und der Reisenden fünf Liter trinkbares Wasser liefern kann.

IV. Bedienung und Krankenbehandlung.

§. 29.

Aufwärter. Auf jedem Schiffe muss sich für je einhundert Auswanderer mindestens ein Aufwärter oder eine Aufwärterin befinden. Eine Aufwärterin muss jedoch schon dann vorhanden sein, wenn sich unter den Auswanderern fünfundzwanzig weibliche befinden. Den Aufwärtern (Aufwärterinnen) liegt es ob, für die gehörige Reinhaltung, Lüftung und Desinfektion der den Auswanderern überwiesenen Räume zu sorgen und die Auswanderer in dieser Beziehung zu beaufsichtigen.

Die Aufwärter sind in der Regel zu anderweiten Schiffsarbeiten nicht zu verwenden.

§. 30.

Schiffsarzt. Jedes Schiff muss einen approbirten, vertragsmässig zur unentgeltlichen Behandlung der Auswanderer verpflichteten Arzt an Bord haben. Derselbe hat sich über seine Approbation und seine Tauglichkeit zum Schiffsarzte der Auswanderungsbehörde und dem Untersuchungsarzte persönlich auszuweisen. Der Schiffsarzt ist von dem Unternehmer mit einer Dienstanweisung zu versehen, von welcher ein Abdruck (Abschrift) der Auswanderungsbehörde einzureichen ist. Er hat eine Krankenliste und ein Tagebuch zu führen. In die Liste müssen die Namen der Kranken, die Art und Dauer der Krankheit und die Angabe, ob Unterbringung im Krankenraum erfolgt ist, eingetragen werden. In das Tagebuch sind alle für den Gesundheitszustand der Auswanderer wichtigeren Vorfälle und die ihre Gesundheit nachtheilig beeinflussenden Ursachen einzutragen. Nach Beendigung der Reise hat der Schiffsarzt in dem Tagebuche schriftlich zu versichern, dass er alle ihm obliegenden Angaben vollständig eingetragen habe. Krankenliste und Tagebuch sind nach der Rückkehr des Schiffes von der Reise durch den Unternehmer dem Untersuchungsarzt unverzüglich vorzulegen. Auch hat auf Verlangen des Untersuchungsarztes der Schiffsarzt persönlich vor ihm zu erscheinen.

§. 31.

Krankenpfleger. Auf jedem Schiffe ist wenigstens ein zur Krankenpflege geeigneter seefester Mann mitzunehmen. Bei einer erheblichen Anzahl von Auswanderern kann von der Auswanderungsbehörde die Mitnahme von mehreren Krankenpflegern verlangt werden. Den Umständen nach kann die Auswanderungsbehörde auch die Mitnahme von einer oder mehreren Krankenpflegerinnen für die weiblichen Auswanderer verlangen.

Den Krankenpflegern liegt unter Aufsicht des Schiffsführers und des Arztes die Pflege und Wartung der Kranken ob. Sie dürfen zu den regelmässigen Schiffsarbeiten nur nach besonderer Verfügung des Schiffsführers und nur insoweit verwendet werden, als dies mit der ihnen obliegenden Krankenpflege vereinbar ist.

§. 32.

Arzneimittel u. s. w. An Arzneien und anderen Hülfsmitteln zur Krankenpflege sind mindestens die im Anhange C verzeichneten Gegenstände mitzunehmen. Die Auswanderungsbehörde kann die Mitnahme weiterer Arzneimittel verlangen. Die Arzneien müssen den Vorschriften des deutschen Arzneibuchs entsprechen.

§. 33.

Aufbewahrung der Arzneimittel. Die im §. 32 bezeichneten Gegenstände sind in einer Schiffsapotheke und, wo diese fehlen sollte, in einem besonderen verschliessbaren, Börter und Schiebladen enthaltenden Schranke gehörig geordnet aufzubewahren.

§. 34.

Krankenkost. Auf Verlangen des Arztes ist den Kranken besondere Krankenkost zu verabreichen.

V. Sicherheits- und Rettungsvorschriften.

§ 35.

Gefährliche Gegenstände. Die Mitnahme der im Anhange D unter 1 bis 3 verzeichneten explosiven und feuergefährlichen Gegenstände (soweit nicht die ersteren zur Abgabe von Signalen erforderlich sind) ist verboten. Diese Bestimmung findet keine Anwendung auf die Beförderung des Schiessbedarfs für die im Auslande befindlichen Schiffe der Kaiserlichen Marine und für die Kaiserlichen Schutztruppen in den deutschen Schutzgebieten, sofern der Schiessbedarf in Kisten, welche mit einer gut verlötheten Metallumhüllung und über dieser noch mit einer Holzverkleidung versehen sind, verpackt ist und die Verstauung in gegen Feuersgefahr gesicherten Räumen unter Aufsicht eines Feuerwerksoffiziers oder Oberfeuerwerkers der Kaiserlichen Marine erfolgt.

Die im Anhange D unter 4 bezeichneten Stoffe dürfen nicht unter Deck befördert werden.

Im Uebrigen gelten hinsichtlich der feuergefährlichen und ätzenden Stoffe die für deren Beförderung in Kauffahrteischiffen von den Landesregierungen erlassenen Bestimmungen.

§. 36.

Die Mitnahme von Knochen oder Lumpen, ausser wenn die letzteren entweder desinficirt oder gewaschen, getrocknet und gepresst sind, ist verboten.

Die Mitnahme von ungereinigten Haaren, frischen und gesalzten Häuten ist nur gestattet, wenn diese Gegenstände in vollkommener Trennung und Abdichtung von den Personen-, Proviant- und Wirthschaftsräumen verladen werden. Die ungereinigten Haare und frischen Häute müssen ausserdem mit fester und dichtschliessender Verpackung versehen sein.

§. 37.

Feuerlöscheinrichtung auf Dampfschiffen. Dampfschiffe müssen mit einer Schlauchleitung versehen sein, durch welche bei Ausbruch von Feuer das nöthige Wasser zum Löschen an jede Stelle des Schiffes geleitet werden kann.

§. 38.

Noth- und Lootsensignale. Zum Abgeben von Noth- und Lootsensignalen muss sich mindestens ein Geschütz von genügender Grösse mit reichlichem Schiessbedarfe nebst der erforderlichen Menge von Blaulichtern und Raketen an Bord befinden.

§. 39.

Rettungsgeräthe. Jedes Schiff muss mit dem erforderlichen Rettungsgeräth, insbesondere mit Booten, Rettungsgürteln und Rettungsbojen (Rettungsringen) versehen sein.

§. 40.

Boote. An Booten müssen vorhanden sein:

Bei einem Brutto-Raumgehalte des Schiffes	mindestens	mit einem Gesammt-Raumgehalte von mindestens
bis 250 Kubikmeter	2 Boote	6 Kubikmeter
von über 250 „ 500 „	2 „	7 „
„ „ 500 „ 800 „	2 „	8,5 „
„ „ 800 „ 1100 „	2 „	9 „
„ „ 1100 „ 1400 „	2 „	11 „
„ „ 1400 „ 1700 „	3 „	17 „
„ „ 1700 „ 2000 „	3 „	21 „
„ „ 2000 „ 2300 „	4 „	23 „
„ „ 2300 „ 2600 „	4 „	26 „
„ „ 2600 „ 2900 „	4 „	29 „
„ „ 2900 „ 3600 „	4 „	35 „
„ „ 3600 „ 4300 „	4 „	42 „
„ „ 4300 „ 5000 „	4 „	46 „
„ „ 5000 „ 5700 „	4 „	49 „
„ „ 5700 „ 6400 „	4 „	52 „
„ „ 6400 „ 7100 „	4 „	55 „
„ „ 7100 „ 7800 „	4 „	58 „
„ „ 7800 „ 8500 „	4 „	61 „
„ „ 8500 „ 9200 „	6 „	67 „
„ „ 9200 „ 9900 „	6 „	70 „
„ „ 9900 „ 10600 „	6 „	73 „
„ „ 10600 „ 11300 „	6 „	76 „
„ „ 11300 „ 12000 „	6 „	79 „
„ „ 12000 „ 12700 „	6 „	82 „

Bei einem Brutto-Raumgehalte des Schiffes					mindestens	mit einem Gesammt-Raumgehalte von mindestens
von über	12700	bis	13400	Kubikmeter	6 Boote	85 Kubikmeter
„ „	13400	„	14100	„	8 „	92 „
„ „	14100	„	14800	„	8 „	95 „
„ „	14800	„	15500	„	8 „	98 „
„ „	15500	„	16200	„	8 „	101 „
„ „	16200	„	16900	„	8 „	104 „
„ „	16900	„	17600	„	10 „	111 „
„ „	17600	„	18300	„	10 „	114 „
„ „	18300	„	19000	„	10 „	117 „
„ „	19000	„	19700	„	10 „	120 „
„ „	19700	„	20400	„	10 „	123 „
„ „	20400	„	21100	„	10 „	126 „
„ „	21100	„	21800	„	10 „	129 „
„ „	21800	„	22500	„	10 „	132 „
„ „	22500	„	24000	„	12 „	140 „
„ „	24000	„	25500	„	12 „	144 „
„ „	25500	„	27000	„	12 „	148 „
„ „	27000	„	28500	„	14 „	152 „
„ „	28500	„	30000	„	14 „	156 „
„ „	30000	„	31500	„	14 „	160 „
„ „	31500	„	33000	„	14 „	164 „
„ „	33000	„	34500	„	14 „	168 „
„ „	34500	„	36000	„	14 „	172 „
„ „	36000	„	37500	„	14 „	180 „
„ „	37500	„	39000	„	14 „	188 „
„ „	39000	„	40500	„	14 „	196 „
„ „	40500	„	42000	„	14 „	204 „
„ „	42000	„	43500	„	14 „	212 „
„ „	43500	„	45000	„	14 „	220 „
„ „	45000	„	46500	„	16 „	228 „
„ „	46500	„	48000	„	16 „	236 „
„ „	48000	„	50000	„	16 „	244 „
„ „	50000			„	im Verhältnisse mehr	im Verhältnisse mehr.

Kein Boot darf weniger als 3 Kubikmeter Raumgehalt haben.

§. 41.

Ermittelung des Raumgehalts der Boote. Als Raumgehalt eines Bootes in Kubikmeter gilt das mit 0,6 vervielfachte Produkt seiner in Meter ausgedrückten grössten äusseren Länge, grössten äusseren Breite und inneren Tiefe.

Die Länge wird zwischen den Aussenflächen der Beplankung neben dem Vordersteven bis zur hinteren Fläche des Spiegels, beziehungsweise bis zur Aussenfläche der Beplankung neben dem Achtersteven,

die Breite zwischen den Aussenflächen der Beplankung,

die Tiefe in der Mitte der Länge zwischen der oberen Kante des Schandeckels (Dollbord) und der oberen Kante des Kieles gemessen. Hat das Boot einen Setzbord mit Oeffnungen (Rundseln) für die Riemen, so wird die Tiefe von der Unterkante dieser Oeffnungen bis zur Oberkante des Kieles gemessen.

An jedem Boote muss der Raumgehalt auf einem Metallschild eingravirt oder in haltbarer Farbe angebracht sein.

§. 42.

Art der Boote. Die vorgeschriebenen Boote (§. 40) müssen bis auf zwei Rettungsboote, die beiden anderen feste Boote sein.

Als Rettungsboote gelten:

1. Vorn und hinten scharf gebaute Boote aus Holz oder Metall, welche, wenn aus Holz, entweder mit festen, dichten Luftkästen von mindestens zehn Prozent des Boots-Raumgehalts oder mit gleichwerthigen Schwimmvorrichtungen versehen sind. An jeder Seite muss aussenbords eine Sicherheitsleine von vorn bis hinten befestigt sein.

   Bei Metallbooten dieser Art ist der räumliche Inhalt der Schwimmvorrichtungen, entsprechend der durch das Baumaterial bedingten geringeren Schwimmfähigkeit, zu erhöhen.
2. Boote, wie unter Ziffer 1, bei welchen mindestens die Hälfte der Schwimmvorrichtung aussenbords angebracht ist.

Beide Arten von Rettungsbooten müssen bei voller Belastung noch einen genügenden Freibord haben.

§. 43.

Ueberschüssiger Bootsraum. Wenn der vorgeschriebene Bootsraum (§. 40) grösser sein würde als zur Unterbringung sämmtlicher auf dem Schiffe zu befördernden Personen einschliesslich der Schiffsbesatzung und der unterwegs an Bord zu nehmenden Personen nothwendig ist, so dürfen der Bootsraum und die Zahl der Boote auf das hierzu nothwendige Mass herabgesetzt werden. Bei dessen Berechnung ist davon auszugehen, dass die im §. 42 Ziffer 1 bezeichneten Boote auf je 0,285 Kubikmeter, andere Boote auf 0,23 Kubikmeter Raumgehalt eine Person aufzunehmen im Stande sind.

§. 44.

Hülfsbootsraum. Wenn die vorgeschriebenen Boote nicht für alle zu befördernden Personen einschliesslich der Schiffsbesatzung und der unterwegs an Bord zu nehmenden Personen ausreichend Platz gewähren, so muss bei Schiffen unter 14 000 Kubikmeter Raumgehalt noch bis zu einem Viertel, bei Schiffen von über 14 000 bis 28 000 Kubikmeter Raumgehalt noch bis zu drei Achteln und bei grösseren Schiffen noch bis zur Hälfte des vorgeschriebenen Bootsraums an Hülfsbootsraum in Gestalt von anderweitigen Booten, zusammenklappbaren Booten, Rettungsflössen, schwimmenden Decksitzen oder gleichwerthigen Einrichtungen vorhanden sein.

Rettungsflösse, schwimmende Decksitze u. s. w. müssen wenigstens 0,085 Kubikmeter Luftkasteninhalt oder eine entsprechende andere Schwimmvorrichtung für die Person haben und auf einem Metallschilde mit dem Vermerke versehen sein, wieviel Personen sie zu tragen vermögen.

Ein Dampf- oder Motorbeiboot kann von den Besichtigern als Ersatz für Hülfsbootsraum zugelassen werden, vorausgesetzt, dass die Art der Maschine, des Kessels oder der Ausrüstung nicht das Leben der Insassen gefährdet. Der von der Maschine und dem

Kessel eingenommene Raum muss von dem kubischen Inhalte des Bootes in Abzug gebracht werden.

§. 45.

Unterbringung der Boote. Für die Aufstellung der Boote müssen so viele Davits angebracht sein, als die Bauart des Schiffes dies gestattet. Soweit die Anbringung von Davits unthunlich ist, müssen die Schiffe nach Möglichkeit mit anderen Vorrichtungen ausgestattet sein, mit deren Hülfe ein schleuniges Herablassen der Boote bewirkt werden kann.

Von den vorgeschriebenen Booten müssen so viele als möglich unter den Davits oder den anderen Vorrichtungen zum Herablassen stehen, während die übrigen Boote neben den ersteren so aufzustellen sind, dass sie schnell unter die Davits oder anderen Vorrichtungen geschoben werden können.

Die unteren Blöcke der Bootstaljen dürfen nicht mit festen Haken versehen sein, sondern müssen Vorrichtungen haben, die ein sicheres und schnelles Loslösen der Boote von den Blöcken ermöglichen. Sofern die zum Herablassen der Boote erforderlichen Taljen nicht an den Davits oder Krähnen hängen, müssen sie stets klar zum Aufbringen in den Booten liegen.

Der Hülfsbootsraum ist auf Deck möglichst geschützt gegen Seeschlag und so unterzubringen, dass er die Arbeiten nicht hindert.

Die Boote u. s. w. sind möglichst so unterzubringen, dass nach jeder Seite des Schiffes die Hälfte des vorhandenen Bootsraums zu Wasser gelassen werden kann.

§. 46.

Zustand der Boote und Hülfsvorrichtungen. Sämmtliche Boote, Klappboote, Rettungsflösse u. s. w. müssen sich stets in seetüchtigem Zustande befinden und hierauf jährlich mindestens einmal gründlich untersucht werden. Sämmtliche Boote sollen mindestens einmal im Monat ausgeschwungen werden.

Die Untersuchung auf Seetüchtigkeit sowie das Ausschwingen der Boote ist jedesmal im Schiffstagebuche zu verzeichnen.

Die Boote und Klappboote sind mit einer laufenden Nummer zu versehen.

§. 47.

Bootsausrüstung Für jedes mitgenommene Boot und Klappboot müssen an Ausrüstungsgegenständen vorhanden sein:

mindestens ein Riemen für jede Ruderbank und ausserdem zwei Reserveriemen.
1½ Satz Dollen oder Rudergabeln und je zwei Pflöcke für jedes Wasserablassloch; Dollen und Pflöcke müssen angebunden sein;
ein Schöpfeimer, Ruder mit Pinne oder Joch und Leinen dazu, eine Fangleine von hinreichender Länge;
ein wasserdicht verschliessbarer Wasserbehälter, welcher stets mit frischem Wasser gefüllt sein muss;
ein wasserdicht verschliessbarer Brotbehälter, welcher stets mit gutem Hartbrote gefüllt sein muss;
die nöthige Anzahl von Nothsignalen;
eine Flasche Rum oder Cognac.

Für jedes Rettungsboot müssen ausserdem vorhanden sein:
Mast und Segel zum Gebrauche fertig;
an jedem Bootsende ein angebundenes Kappbeil;
ein Bootskompass;

ein Gefäss mit 5 Kilogramm vegetabilischem oder animalischem Oele zur Beruhigung der Wellen;
die nöthige Zahl von Oelbeuteln;
eine Laterne, deren Brenndauer acht Stunden beträgt.

§. 48.

Unterbringung der Bootsausrüstung. Sämmtliche Rettungsboote müssen stets die vorgeschriebene Ausrüstung enthalten, während die Ausrüstung für die übrigen Boote und die Klappboote in einem leicht erreichbaren Raume bereit zu halten ist.

§. 49.

Bootsbemannung. Zur Bemannung müssen für jedes Klappboot mindestens zwei, für jedes gewöhnliche feste Boot mindestens drei und für jedes Rettungsbot mindestens vier erwachsene Personen der Schiffsbesatzung, welche des Ruderns kundig sind, vorhanden sein.

§. 50.

Bootsübungen. Sämmtliche Personen der Schiffsbesatzung sind bei jeder sich bietenden Gelegenheit in der Handhabung der Boote und im Rudern zu üben. Zahl, Art, Zeit und Ort der abgehaltenen Uebungen sind im Schiffstagebuche zu vermerken.

§. 51.

Rettungsgürtel. Für jede zu befördernde Person, einschliesslich der Schiffsbesatzung und der unterwegs an Bord zu nehmenden Personen, muss ein Rettungsgürtel (Schwimmweste, Korkjacke) vorhanden sein, welcher ein eisernes Gewicht von mindestens 10 Kilogramm während mindestens sechs Stunden tragen kann. Die Rettungsgürtel müssen entweder in den Schlafkojen oder an Stellen, welche der Mannschaft und den Reisenden bekannt sind, derartig aufbewahrt werden, dass sie jederzeit leicht erreichbar sind.

Nicht zulässig sind Rettungsgürtel, welche vor dem Gebrauch aufgeblasen werden müssen.

Die Rettungsgürtel sind mindestens einmal jährlich auf ihre Beschaffenheit zu untersuchen. Der Befund ist im Schiffstagebuche zu verzeichnen.

Der Schiffsführer ist verpflichtet, die Reisenden baldthunlichst auf die Rettungsgürtel hinweisen und über deren Gebrauch unterrichten zu lassen.

§. 52.

Rettungsbojen. Auf jedem Schiffe müssen so viele Rettungsbojen (Rettungsringe) vorhanden sein, als im §. 40 Boote vorgeschrieben sind.

Die Rettungsbojen müssen von weisser oder rother Farbe sein und eine Tragfähigkeit (§. 51) von mindestens 14 Kilogramm haben.

Die Füllung der Bojen muss aus grossen Korkstücken oder einem Stoffe von ähnlicher Güte und Dauerhaftigkeit bestehen; Korkabfälle, Korkasche u. s. w. sind nicht zulässig, desgleichen nicht Bojen, welche vor dem Gebrauch aufgeblasen werden müssen. Um jede Rettungsboje muss eine Sicherheitsleine befestigt sein.

Die Rettungsbojen müssen stets auf dem oberen Deck an geeigneten Stellen derartig angebracht sein, dass sie zum sofortigen, durch die Befestigungsart nicht behinderten Gebrauche bereit sind. Eine Rettungsboje soll sich am Heck des Schiffes oder in nächster Umgebung desselben befinden.

§. 53.

Sicherheitsrolle. In jedem Schiffe muss eine gedruckte Zusammenstellung der Vorschriften über die Handhabung des Sicherheitsdienstes (Sicherheitsrolle) in mehreren Stücken vorhanden und an mindestens drei den Auswanderern leicht zugänglichen Stellen ausgehängt sein. Aus der Rolle muss hervorgehen, welche Verrichtungen den einzelnen Leuten der Besatzung bei Gefahr obliegen und nach welchen Stellen des Schiffes sich die Reisenden in diesem Falle zu begeben haben.

Die Rolle ist in je einem Stücke der Auswanderungsbehörde und dem Reichskommissare für das Auswanderungswesen einzureichen.

§. 54.

Eintheilung der Besatzung. Jeder Mann der Schiffsbesatzung muss in der Handhabung der Sicherheitsvorrichtungen sowie davon unterrichtet sein, was er beim Ertönen bestimmter Signale zu thun verpflichtet ist. Jedem Manne ist, entprechend der Eintheilung in der Rolle, eine Nummer zuzutheilen, nach der sich die ihm bei eintretender Gefahr obliegenden Verrichtungen bestimmen.

Die gesammte Schiffsbesatzung ist nach einer Bootsrolle auf die Boote und Klappboote einzutheilen und an jedem Boote müssen die Nummern der dafür bestimmten Leute angeschlagen sein. Offiziere und Unteroffiziere sind auf die Boote gleichmässig zu vertheilen.

Für jeden Raum, in welchem sich Reisende befinden, sind ausserdem eine oder mehrere Nummern der Schiffsbesatzung und zwar vorzugsweise die im §. 29 bezeichneten Aufwärter einzutheilen, welchen es im Falle einer Gefahr ausschliesslich obliegt, die in dem betreffenden Raume befindlichen Reisenden an die für sie bestimmten Sammelplätze zu führen.

VI. Aerztliche Untersuchung der Reisenden und der Schiffsbesatzung.

§. 55.

Untersuchung der Reisenden. Sämmtliche mit einem Auswandererschiffe reisenden Personen, mit Ausnahme derjenigen Klassen von Reisenden, für welche dies von der Auswanderungsbehörde ein- für allemal oder im einzelnen Falle festgesetzt wird, sind vor ihrer Einschiffung einer Untersuchung durch einen von der Auswanderungsbehörde zu bestimmenden Arzt zu unterwerfen. Die Untersuchung hat in einem geeigneten, von dem Unternehmer anzuweisenden Raume stattzufinden.

Stellt sich bei der Untersuchung heraus, dass eine Person an einer ansteckenden Krankheit leidet, welche durch Uebertragung die Gesundheit Anderer gefährden kann, so ist sie zurückzuhalten. Die Zurückhaltung erstreckt sich auch auf diejenigen, welche wegen ihrer Beziehungen zu dem Kranken zur Verbreitung der Krankheit beitragen können.

Auch solche Personen sind zurückzuhalten, die so schwer erkrankt sind, dass ihre Weiterreise mit augenscheinlicher Lebensgefahr für sie oder mit Gefahr für ihre Umgebung verbunden sein würde.

Die Beförderung körperlich Hülfloser ist nur in Begleitung für sie sorgender Angehöriger, oder von Wärtern, oder dann statthaft, wenn seitens des Unternehmers für eine Wartung während der Reise Sorge getragen wird.

Der Arzt hat von der Zurückhaltung von Personen unter Angabe der Ursache der Auswanderungsbehörde Anzeige zu machen; diese sorgt nöthigenfalls für die Unterbringung der Zurückgehaltenen.

Zum Nachweise der geschehenen ärztlichen Untersuchung wird der Beförderungsvertrag von dem Arzte abgestempelt.

§. 56.

Untersuchung der Besatzung. Die Schiffsbesatzung ausschliesslich der Offiziere ist vor jeder Reise ebenfalls auf ihren Gesundheitszustand durch einen Arzt zu untersuchen, welcher krank befundene Leute von der Mitreise auszuschliessen hat. Die Untersuchung ist vor der Einschiffung der Auswanderer zu beendigen, doch können später angemusterte Leute nachträglich untersucht werden. Ueber die Vornahme der Untersuchung hat der Arzt den Besichtigern schriftlich oder mündlich eine Erklärung abzugeben.

VII. Besichtigung der Auswandererschiffe und Einschiffung der Auswanderer.

§. 57.

Besichtigung. Die Schiffe sind vor jeder Reise von staatlich angestellten Besichtigern sowie einem von der Auswanderungsbehörde zu bestimmenden Arzte (Untersuchungsarzte) einer Besichtigung zu unterziehen. Die Auswanderungsbehörde kann die Besichtigung der mitzunehmenden Arzneien auch einem Apotheker übertragen.

§. 58.

Anzeigepflicht des Unternehmers. Jeder Unternehmer hat von der beabsichtigten Reise eines Schiffes, sobald der Zeitpunkt der Reise feststeht, spätestens aber drei Tage vor der Abreise, der Auswanderungsbehörde Anzeige zu erstatten.

Der Anzeige ist der Nachweis, soweit er nicht bereits früher erbracht ist, beizufügen:

1. dass das Schiff den Anforderungen der ersten Klasse des Germanischen Lloyd oder einer anderen zugelassenen Klassifikationsgesellschaft sowie den Vorschriften der Seeberufsgenossenschaft hinsichtlich der Einrichtung wasserdichter Schotten entspricht (§. 1);
2. dass das Schiff längstens im letztvergangenen Jahre auf seine Seetüchtigkeit untersucht und für seetüchtig befunden worden ist (§§. 2, 3).

§. 59.

Obliegenheit der Auswanderungsbehörde. Die Auswanderungsbehörde hat, falls sie die eingereichten Nachweise genügend befindet, die Besichtigung des Schiffes zu veranlassen und dafür zu sorgen, dass der Reichskommissar für das Auswanderungswesen rechtzeitig benachrichtigt wird.

§. 60.

Zulassung der Besichtiger und des Arztes zum Schiffe. Von dem Zeitpunkte des Einganges der Anzeige ab steht das Schiff unter der Aufsicht der Besichtiger, welche ebenso wie der Untersuchungsarzt jederzeit an Bord und zu allen Räumen des Schiffes zuzulassen sowie vom Schiffsführer und der Schiffsbesatzung mit jeder verlangten Auskunft zu versehen sind. Die Besichtiger sind berechtigt, den für das Schiff bestimmten Proviant bereits an Land zu untersuchen.

§. 61.

Obliegenheiten der Besichtiger. Die Besichtiger haben sich nach erhaltener Anzeige davon zu überzeugen,

1. dass das Schiff nach Beschaffenheit und Seetüchtigkeit sowie nach Einrichtung und Ausrüstung den bestehenden Vorschriften genügt,
2. dass Wasser und Proviant in genügender Menge und guter Beschaffenheit an Bord vorhanden sind,

3. dass sich die vorgeschriebenen Sicherheitsvorrichtungen und Geräthe in brauchbarem Zustande befinden und, wenn thunlich, dass die Mannschaft mit deren Handhabung vertraut ist,
4. dass die vorgeschriebene ärztliche Untersuchung der Reisenden und der Schiffsbesatzung vorgenommen worden ist,
5. dass die Auswanderer nach den für sie bestimmten Räumen des Schiffes geleitet werden,
6. wenn thunlich, dass die Auswanderer in den für sie bestimmten Räumen untergebracht sind.

§. 62.

Obliegenheiten des Arztes beziehungsweise des Apothekers. Der Untersuchungsarzt hat sich nach erhaltener Anzeige davon zu überzeugen, dass auf dem Schiffe die zur Erhaltung der Gesundheit der Auswanderer getroffenen Vorschriften beobachtet und dass die Arzneien und die anderen Hülfsmittel zur Krankenpflege in vorschriftsmässiger Menge und guter Beschaffenheit vorhanden und untergebracht sind. Nach erfolgter Untersuchung und Beseitigung etwaiger Mängel hat er darüber dem Schiffsführer eine Bescheinigung auszustellen, welche die Erklärung enthält, dass er gegen die Einschiffung der Auswanderer keine Einwendung zu erheben habe.

Wird die Untersuchung der Arzneien durch einen Apotheker ausgeführt, so ist der Arzt zur Untersuchung derselben nicht verpflichtet, er darf jedoch die vorgeschriebene Bescheinigung erst ausstellen, nachdem ihm der Apotheker das ordnungsmässige Vorhandensein der Arzneien versichert hat.

§. 63.

Proviant- und Arzneiverzeichnisse. Spätestens vierundzwanzig Stunden vor der beabsichtigten Abreise des Schiffes hat der Unternehmer den Besichtigern in zwei Stücken ein Verzeichniss des für die Auswanderer und die Schiffsbesatzung mitzunehmenden Proviants nach einem gedruckten, die einzelnen Gegenstände aufführenden Formulare sowie erforderlichenfalls in zwei Stücken ein entsprechendes von der Auswanderungsbehörde genehmigtes Verzeichniss der etwa unterwegs an Bord zu nehmenden Mengen von Proviant und Wasser zu übergeben

Zu dem gleichen Zeitpunkte hat der Unternehmer dem Untersuchungsarzt (Apotheker) ein Verzeichniss der mitzunehmenden Arzneien und anderen Hülfsmittel zur Krankenpflege zu übergeben.

§. 64.

Personenverzeichniss. Spätestens sechs Stunden vor dem in Aussicht genommenen Zeitpunkte der Einschiffung der Auswanderer hat der Unternehmer eine summarische Angabe über die Höchstzahl der mit dem Schiffe zu befördernden Personen, getrennt nach der Zahl

a) der Personen im Alter über zehn Jahre,
b) der Kinder zwischen einem und zehn Jahren,
c) der Kinder unter einem Jahre,
d) der alleinreisenden Frauen,
e) der alleinreisenden Männer

an Bord des Schiffes zur Verfügung der Besichtiger zu halten.

Dieser Angabe hat der Unternehmer die Erklärung hinzuzufügen:

dass nach seiner gewissenhaften Ueberzeugung das Schiff sich in seetüchtigem Zustande befindet, dass er gewissenhaft Sorge getragen habe, um das Schiff mit der vorgeschriebenen Einrichtung und Ausrüstung zu versehen,

dass im Schiffe nicht Gegenstände geladen sind, deren Mitnahme verboten ist.

§. 65.

Zeit des Anbordbringens von Proviant und Ladung. Der für die Auswanderer und die Schiffsbesatzung bestimmte Proviant muss vor dem Beginne der Einschiffung der Auswanderer an Bord gebracht sein. Ladung darf nach diesem Zeitpunkte nur insoweit an Bord genommen werden, als deren Transport nicht durch die Räume erfolgt, welche von Auswanderern besetzt sind.

Die Besichtiger können Ausnahmen gestatten, müssen dies aber in der Besichtigungsverhandlung vermerken.

§. 66.

Genehmigung zur Einschiffung der Auswanderer. Die Einschiffung der Auswanderer darf erst erfolgen, nachdem die Besichtiger hierzu die Genehmigung ertheilt haben. Die Genehmigung darf nicht eher ertheilt werden, als bis:

1. die Einrichtung und Ausrüstung sowie die Beladung des Schiffes mit den für die Auswanderer bestimmten Proviantgegenständen, soweit nicht nach §. 65 Ausnahmen gestattet sind, vollendet ist,
2. die vorgeschriebene Besichtigung geschehen und die Erledigung etwaiger Ausstellungen gesichert ist,
3. die Bescheinigung des Arztes (§. 62 Absatz 1) vorgelegt ist.

§. 67.

Tageszeit der Einschiffung. Die Auswanderer dürfen nur in der Zeit zwischen Sonnenaufgang und Sonnenuntergang an Bord gebracht werden.

Die Besichtiger können Ausnahmen gestatten, müssen dies aber in der Besichtigungsverhandlung vermerken.

§. 68.

Besichtigungsverhandlung. Die Besichtiger haben über die Ausführung ihrer Obliegenheiten durch Ausfüllung eines Formulars nach Anhang E in doppelter Ausfertigung eine Verhandlung aufzunehmen, zu welcher der Schiffsführer oder dessen Stellvertreter und der etwa vorhandene Proviantverwalter die daselbst vorgesehenen Erklärungen abzugeben haben. Die Verhandlung ist von den Besichtigern, dem Schiffsführer oder dessen Stellvertreter und dem Proviantverwalter zu unterzeichnen.

Die Aufnahme der Verhandlung darf vor der Einschiffung der Auswanderer begonnen, jedoch erst nach vollendeter Einschiffung zum Abschlusse gebracht werden.

§. 69.

Behandlung der Papiere etc. Genehmigung zum Auslaufen. Nach dem Abschlusse der Verhandlung haben die Besichtiger dem Schiffsführer eine Ausfertigung der Verhandlung und des mit einem Besichtigungsvermerke zu versehenden Proviantverzeichnisses (§. 63) sowie erforderlichenfalls des in §§. 27, 63 vorgeschriebenen Ergänzungsverzeichnisses zu übergeben und die Genehmigung zum Auslaufen des Schiffes zu ertheilen.

Die zweiten Ausfertigungen sowie die Bescheinigung des Arztes (§. 62 Absatz 1) werden der Auswanderungsbehörde eingereicht.

VIII. Sorge für die Auswanderer während der Reise.

§. 70.

Obliegenheiten des Schiffsführers. Dem Führer eines Auswandererschiffs liegen die folgenden Verpflichtungen ob:

1. die Auswanderer wohlwollend zu behandeln und auf ein anständiges Betragen der Mannschaft zu halten, auch täglich das Auswandererdeck zu besuchen oder durch seinen Stellvertreter besuchen zu lassen;
2. die im Interesse der Sittlichkeit und Ordnung erforderlichen Massregeln zu treffen, insbesondere jeden unsittlichen Verkehr zwischen der Schiffsbesatzung und den Auswanderern nach Möglichkeit zu verhindern und Zuwiderhandlungen der Besatzung disziplinarisch zu ahnden, ferner dafür zu sorgen, dass die den Reisenden angewiesenen Plätze während der Reise beibehalten werden, dass die Frauen- und Männerabtheilungen (§§. 16, 17, 18) nicht von Unbefugten betreten und am Abende regelmässig geschlossen werden, und dass die Mannschaft die Auswandererräume nur betritt, wenn der Schiffsdienst es erforderlich macht;
3. für die gehörige Einrichtung, Reinigung, Lüftung, Desinfektion und Erleuchtung der für die Auswanderer bestimmten Räume, insbesondere für die baldmöglichste Beseitigung des Auswurfs der Seekranken und die tägliche Reinigung der Auswandererräume zu sorgen;
4. dafür zu sorgen, dass diejenigen Mengen von Proviant und Wasser, deren Einnahme unterwegs gestattet ist, vollzählig und in guter Beschaffenheit an Bord kommen;
5. die grösste Sorgfalt für gute Erhaltung des Proviants aufzuwenden und namentlich zu verhindern, dass Gegenstände, welche eine nachtheilige Wirkung auf dessen Beschaffenheit äussern können, zum Beispiele Petroleum oder Farbe, in den Proviantraum oder in dessen Nähe gebracht werden;
6. zu veranlassen, dass der Proviant den Auswanderern gehörig zubereitet und in den vorschriftsmässigen Mengen zugetheilt, über die etwa nothwendig gewordene Verringerung der Beköstigungsmengen aber sofort ein die Gründe angebender Vermerk, der vom Schiffsführer, dessen Stellvertreter und dem etwa vorhandenen Proviantverwalter zu unterzeichnen ist, in das Schiffstagebuch eingetragen wird;
7. sobald Wassermangel droht, dafür zu sorgen, dass Süsswasser hergestellt wird;
8. dafür zu sorgen, dass die Rettungsgeräthe in guter Beschaffenheit und vollständiger Ausrüstung jederzeit bereit gehalten werden; auch auf die gute Instandhaltung der Schlauchleitung (§. 37) zu achten;
9. erkrankte Personen in die Krankenräume bringen zu lassen und, falls die vorhandenen nicht ausreichen, weiteren abgesonderten Raum zur Unterbringung der Kranken bereit zu stellen;
10. falls sich auf dem Schiffe Frauenspersonen befinden, hinsichtlich deren der Verdacht entsteht, dass sie zu Unzuchtszwecken ins Ausland verbracht werden sollen, dem für den Ausschiffungshafen zuständigen deutschen Konsul so frühzeitig als möglich Mittheilung von Namen, Staatsangehörigkeit und Reiseziel dieser Personen und ihrer Begleiter zu machen;
11. den Nachlass der an Bord Verstorbenen, sofern er sich nicht im Besitze von Angehörigen derselben befindet, sofort in Verwahrung zu nehmen und in einem von ihm und zwei Zeugen zu unterschreibenden Verzeichnisse thunlichst genau aufzuführen. Das Nachlassverzeichniss hat der Schiffsführer alsbald nach seiner Ankunft am überseeischen Landungsplatze dem deutschen Konsul zu übergeben und dessen Verfügung wegen des Weiteren einzuholen;

12. einige Stücke des Reichsgesetzes, betreffend das Auswanderungswesen, und der auf Grund der §§. 21 und 36 desselben erlassenen Vorschriften zur Kenntnissnahme der Auswanderer an Bord des Schiffes, insbesondere auch im Auswandererdeck, bequem sichtbar anschlagen oder aushängen zu lassen.

§. 71.

Bücher und Zeitschriften. Der Unternehmer ist verpflichtet, Bücher und Zeitschriften, die ihm von Vereinen zum Schutze der Auswanderer und von anderen Seiten mit Genehmigung der Auswanderungsbehörde zur Benutzung der Auswanderer zur Verfügung gestellt werden, an Bord mitzunehmen und zur Verfügung der Auswanderer zu halten. Die Herbeiführung der Genehmigung der Auswanderungsbehörde ist Sache des Gebers der Bücher.

IX. Allgemeine und Uebergangsbestimmungen.

§. 72.

Rücksichtlich des Schiffsraums, der Ausrüstung und Verproviantirung sind im Allgemeinen zwei Kinder unter zehn Jahren für eine Person, Kinder unter einem Jahre, abgesehen von der für sie mitzunehmenden Milch, gar nicht zu rechnen.

§. 73.

Beschwerden über die Anordnungen der Besichtiger und des Arztes, insbesondere über die Versagung der Genehmigung zur Einschiffung der Auswanderer, sind bei der Auswanderungsbehörde anzubringen und von dieser sofort — zum Mindesten vorläufig — zu entscheiden.

§. 74.

Die Auswanderungsbehörde kann die den Besichtigern und dem Untersuchungsarzt obliegenden Verrichtungen selbst ausüben.

§. 75.

Für Schiffe, welche vor dem 1. Juli 1897 in Bau gegeben worden sind, treten für schon vorhandene Einrichtungen folgende Erleichterungen ein:

1. Die Bestimmungen über die Einrichtung wasserdichter Schotten im §. 1 Absatz 3 und im §. 58 Absatz 2 Ziffer 1 finden keine Anwendung.
2. Es genügt je eine Treppe für zweihundert Reisende (§. 9).
3. Die Einzelkoje braucht nur $0{,}_{50}$ Meter, die Doppelkoje nur 1 Meter breit zu sein (§. 13).
4. Die Kojen in den Krankenräumen dürfen ganz von Holz sein. Die oberen Kojen brauchen nicht zum Aufklappen eingerichtet zu sein. Von der Erfüllung der Anforderungen hinsichtlich der Breite der Thür und der benachbarten Lage von Abtritten und einer besonderen Badeeinrichtung kann abgesehen werden (§. 22).
5. Die vorgeschriebenen Boote müssen mindestens zur Hälfte Rettungsboote und dürfen bis zu einem Viertel Klappboote sein (§. 42).
6. Ein Rettungsgürtel braucht nur 8 Kilogramm, eine Rettungsboje nur 12 Kilogramm tragen zu können (§§ 51, 52).

§. 76.

Bis zum 1. April 1899 kann die Auswanderungsbehörde im einzelnen Falle

1. von dem Nachweise der Untersuchung des Schiffes auf Seetüchtigkeit absehen (§. 58 Absatz 2 Ziffer 2),

2. gestatten, dass eine geringere als die im §. 49 vorgeschriebene Zahl von ruderkundigen Personen vorhanden ist.

§. 77.

Für die von ausländischen Häfen aus abgehenden Auswandererschiffe kann der Reichskanzler mit Zustimmung des Bundesraths Ausnahmen von den vorstehenden Vorschriften zulassen.

Anhang A.

Verzeichniss der auf Auswandererschiffen mitzunehmenden Mengen von Proviant und Wasser, Brenn- und Leuchtmaterial (§. 27 der Vorschriften).

Für je zehn Tage der im §. 27 und Anhange B bestimmten längsten Reisedauer sind für jeden Auswanderer an Wasser wenigstens 60 Liter und an Proviant wenigstens folgende Mengen mitzunehmen:

1. Rindfleisch	2 000	Gramm,
2. Schweinefleisch oder Speck	1 000	„
3. Heringe	3	Stück,
4. Brot (Weizen- oder Roggen-)	3 600	Gramm,
5. Mehl (Weizen- oder Roggen-)	720	„
6. Erbsen	275	„
7. Bohnen	225	„
8. Reis	360	„
9. Graupen	180	„
10. Hafergrütze	50	„
11. Pflaumen	100	„
12. Schnittäpfel	50	„
13. Sauerkohl	400	„
14. Gemüse, getrocknet, gepresst	100	„
15. Frische Kartoffeln	3 000	„
16. Butter	350	„
17. Salz	120	„
18. Essig	0,12	Liter,
19. Kaffee, geröstet, auch in Tafeln	125	Gramm,
20. Zichorien	25	„
21. Thee	20	„
22. Zucker	150	„
23. Syrup	100	„
24. Milch, kondensirte	120	„

Ferner ist an Speisen für Kranke und Kinder auf je einhundert Reisende für je zehn Tage der längsten Reisedauer mitzunehmen:

25. Rothwein	5	Liter,
26. Zucker	2 000	Gramm,
27. Sago	1 000	„
28. Hafergrütze	2 000	„
29. Perlgraupen	1 500	„
30. Kondensirte Milch	1 000	„

und ausserdem für jedes an Bord befindliche Kind im Alter unter einem Jahre für je zehn Tage 500 Gramm, oder an Stelle der kondensirten haltbare (sterilisirte) Naturmilch, wobei ein Gewichtstheil kondensirter Milch sechs Gewichtstheilen sterilisirter Milch gleich zu rechnen ist.

Das mitzunehmende Wasser muss von guter Beschaffenheit sein.

Von der vorgeschriebenen Menge Rindfleisch (Ziffer 1) muss mindestens ein Fünftel frisch oder präservirt sein. Statt des frischen oder präservirten Rindfleisches kann frisches oder präservirtes Kalb- oder Hammelfleisch mitgenommen werden. Von dem frischen oder präservirten Fleische muss von Beginn der Reise an, soweit der Vorrath reicht, mindestens zweimal in der Woche eine volle Tagesration gegeben werden.

Wird statt eines Theiles des Rindfleisches Schweinefleisch oder Speck mitgenommen, so werden 375 Gramm Schweinefleisch oder 250 Gramm Speck gleich 500 Gramm Rindfleisch gerechnet; jedoch darf keinenfalls mehr als die Hälfte der vorgeschriebenen Menge Rindfleisch durch Schweinefleisch ersetzt werden. Wird ein Theil des Rindfleisches durch Fisch ersetzt, so werden 375 Gramm Fisch gleich 500 Gramm Rindfleisch gerechnet; jedoch darf Fisch nur an zwei Tagen der Woche gegeben werden.

Schiffe, welche eine der Anzahl der beförderten Auswanderer entsprechende Bäckerei an Bord haben, können statt der mitzunehmenden Menge Brot (Ziffer 4) eine um zehn Prozent geringere Menge Mehl mitnehmen. Von dem mitzunehmenden Brote oder Mehle muss mindestens die Hälfte Weizenbrot oder Weizenmehl sein.

Von den unter Ziffer 8 und Ziffer 9 aufgeführten Nahrungsmitteln kann, wenn nur die Gesammtmenge vorhanden ist, der Vorrath des einen zu Gunsten des anderen verringert werden; dasselbe gilt von den unter Ziffer 11 und Ziffer 12 aufgeführten Gegenständen.

Das Gemüse (Ziffer 14) ist in mindestens zwei Sorten mitzunehmen.

Statt frischer Kartoffeln (Ziffer 15) oder eines Theiles derselben dürfen getrocknete oder gepresste Kartoffeln mitgenommen werden, wobei 20 Gramm der letzteren gleich 100 Gramm frischer Kartoffeln zu rechnen sind.

Statt der Butter (Ziffer 16) darf Margarine erster Qualität mitgenommen werden. Für Reisen nach einem überseeischen südlichen Hafen kann die vorgeschriebene Menge Butter oder Margarine um ein Drittel verringert werden, wenn statt dessen für je 3 000 Gramm Butter oder Margarine 4 000 Gramm süsse gute Marmelade mitgenommen werden. Der Butter- oder Margarinevorrath ist jedoch zuerst zu verzehren.

Für Reisen, deren wahrscheinliche längste Dauer achtzig Tage oder mehr beträgt, müssen für jeden Reisenden 600 Gramm Zitronensaft, sowie ausser der unter Ziffer 22 vorgeschriebenen Menge Zucker 600 Gramm Zucker mitgenommen werden zur Bereitung von Limonade, welche vom zweiundzwanzigsten Tage der Reise ab den Auswanderern täglich als Getränk verabreicht werden muss.

Der Schiffsführer hat dafür zu sorgen, dass für die an Bord befindlichen Kinder im Alter von ein bis sechs Jahren täglich leichte Speisen, als Haferschleim, Graupen, Milchreis u. s. w. verabreicht werden.

Ausser dem Proviante müssen mitgenommen werden: Besen, die nöthige Menge Brennöl (mit Ausnahme von Petroleum) oder Lichte; ferner auf Segelschiffen an Feuerung zum Kochen für einhundert Reisende für je zehn Tage 10 Hektoliter Steinkohlen und $1^1/_2$ Kubikmeter Holz, für eine grössere Anzahl von Reisenden im Verhältnisse mehr.

Für die Schiffsmannschaft sind mindestens dieselben Rationen wie für die Reisenden mitzunehmen, wobei die Besichtiger sachgemässe Abweichungen gestatten können.

Anhang B.
Wahrscheinliche längste Reisedauer (§. 27 der Vorschriften) für Fahrten

nach	mit Dampfschiffen von weniger als 10 Knoten Geschwindigkeit in der Stunde Tage.	mit Dampfschiffen von 10 bis 15 Knoten Geschwindigkeit in der Stunde Tage.	mit Dampfschiffen von mehr als 15 Knoten Geschwindigkeit in der Stunde Tage.	mit Segelschiffen in der Zeit zwischen dem 15. März und 15. Oktober Tage.	mit Segelschiffen in der Zeit zwischen dem 15. Oktober und 15. März Tage.
1. der Ostküste von Nordamerika nördlich dem 30. Grade nördlicher Breite	40	25	20	80	90
2. der Ostküste von Amerika zwischen dem 30. Grade nördlicher Breite und dem Kap St. Roque	40	30	30	80	90
3. der Ostküste von Südamerika südlich Kap St. Roque	60	45	45	120	130
4. der Westküste von Afrika bis zum Kap der guten Hoffnung	60	45	45	120	130
5. einer Gegend über Kap Horn oder Kap der guten Hoffnung hinaus, ohne dass der Aequator zweimal passirt wird	80	60	60	160	170
6. einer Gegend, wobei der Aequator zweimal passirt wird	100	80	80	200	210
7. Australien und China	80	60	60	160	170

Anhang C.
Verzeichniss der Arzneien und anderen Hülfsmittel zur Krankenpflege, welche auf einem Auswandererschiffe mindestens mitzunehmen sind (§. 32 der Vorschriften.)

A. Arzneien.*)

(für 100 Personen einschliesslich der Schiffsbesatzung, über 100 bis zu 500 Personen das Doppelte, für mehr Personen das Dreifache).

Acidum boricum pulverisatum	50 g
„ carbolicum cum Sapone ää	3 000 g
† Acidum hydrochloricum dilutum	100 g
„ nitricum dilutum (Reagens)	30 g
„ tannicum	50 g
Aether	100 g
† Alumen pulveratum	200 g
Ammonium chloratum	200 g
Antipyrinum in Pulvern zu 1,0 g	50 Pulver

*) Für Reisen, deren wahrscheinliche längste Dauer (Anhang B) 25 Tage nicht übersteigt, genügt bei den † bezeichneten Arzneien die Hälfte der angegebenen Mengen.

Apomorphinum hydrochloricum in Glasröhrchen zu 0,1 g	5 Röhrchen
Aqua Calcariae	500 g
„ destillata	1 000 g
Argentum nitricum fusum	5 g
† Atropinum sulfuricum solutum (1 : 99)	25 g
Balsamum Copaivae . . .	100 g
† „ peruvianum cum Spiritu āā . . .	400 g
Bismutum subnitricum . .	100 g
„ „ cum Natr. bicarb. āā 0,5 g	100 Pulver
Camphora solut. in Spiritu (1 : 9)	20 g
† Capsulae amylaceae . . .	300 Stück
Chininum hydrochloricum in Pulvern zu 1,0 g . .	200 Pulver
Chloralum hydratum c. Aqu. dest. āā in abgetheiltem Glase	200 g
Chloroformium (in 3 Gläsern)	300 g
Cocainum hydrochloricum .	5 g
† Collodium elasticum . . .	100 g
Cuprum sulfuricum in Krystallen (in 2 Stücken) .	30 g
Diphtherie-Heilserum zu je 1000 Einheiten	5 Heildosen
Emplastrum adhaesivum american	4 m
Emplastrum adhaesivum anglicum	3 Stück
† Extractum Filicis aethereum in Kapseln zu 0,5 g . .	50 Kapseln
Extractum Secalis cornuti fluidum	20 g
† Flores Chamomillae . . .	450 g
Folia Digitalis in Pulvern zu 0,1 g (NB. Vor jeder Reise zu erneuern!)	50 Pulver
† Fructus Foeniculi . . .	200 g
† Glycerinum	200 g
† Gummi arabicum	100 g
Hydrargyrum bichloratum in Pastillen zu 1,0 g .	50 Stück
Hydrargyrum chloratum in Pulvern zu 0,3 g . . .	60 Pulver
Hydrargyrum chloratum in Pulvern zu 0,01 g cum Sacch. lact. 0,3 g . . .	50 „

Hydrargyrum oxydatum 0,2 cum adipe ad 10 g . .	10 g
Jodoformium	100 g
Kalium bromatum	100 g
„ chloricum	400 g
† „ jodatum	200 g
„ permanganicum . .	50 g
Kindermehlpräparate . .	10 Büchsen
Kreosotum cum Spiritu āā	20 g
† Linimentum saponato-camphorat. liquid. . . .	400 g
† Liquor Ammonii anisatus .	100 g
„ „ caustici .	150 g
„ Ferri sesquichlorati	50 g
† Liquor Kalii acetici . . .	100 g
„ „ arsenicosi, Fowlersche Lösung	25 g
„ Plumbi subacetici .	200 g
Lycopodium	50 g
Magnesium carbonicum . .	50 g
† „ sulfuricum . .	4 000 g
Morphinum hydrochloricum in Pulvern zu 0,01 g cum Sacch. 0,5	80 Pulver
Morphinum hydrochloricum 1,0 cum Aqu. dest. 50,0 (in einer weithalsigen Flasche)	50 g
Natrium bicarbonicum . .	300 g
† „ salicylicum in Pulvern zu 1,0 g	300 Pulver
Oleum camphoratum (10 % Kampheröl)	25 g
† Oleum Lini cum Aqu. Calcariae āā	1 000 g
† Oleum Ricini	4 000 g
Phencaetinum in Pulvern zu 1,0 g	50 Pulver
† Pilulae laxantes (Extr. Aloes, Rhei, Sapon, Jalap, Rad. Rhei āā 7,5 g) . .	150 Pillen
† Pulvis aërophorus anglicus	50 Stück
„ Ipecacuanhae opiatus in Pulvern zu 0,5 g.	80 Pulver
„ Liquiritiae compositus	100 g
„ Magnesiae cum Rheo	30 g

† Pulvis Radicis Ipecacuanhae in Pulvern zu 1,0 g.	40 Pulver
„ salicylicus cum Talco.	400 g
† Sal. Carolin. factit . . .	1000 g
Schutzpockenlymphe. . . (NB. Vor jeder Reise zu erneuern!)	50 Portionen
† Sirupus simplex	500 g
Solutio Fehling (die einzeln Bestandtheile getrennt).	100 g
Species pectorales. . . .	100 g
Spiritus	750 g
„ aethereus . . .	100 g
„ Sinapis	200 g
† Succus Liquiritiae . . .	100 g
Tinctura Chinae composita	100 g
„ Jodi	100 g
„ Opii simplex . .	150 g
„ Rhei vinosa . .	150 g
„ Strophanthi . .	25 g
„ Valerianae aetherea	50 g
Trionalum in Pulvern zu 1,0 g	20 Pulver
† Trochisci Santonini zu 0,05 g	20 Stück
Unguentum Acidi borici (cum adipe)	400 g
Unguentum Hydrargyri cinereum in Päckchen zu zu 2,0 g . .	180 Stück
„ Paraffini . .	400 g
„ Zinci	100 g
† Zincum sulfuricum in Pulvern zu 1,0 g. . . .	60 Pulver

B. Desinfektionsmittel.

(für 100 Personen einschliesslich der Schiffsbesatzung, über 100 bis zu 500 Personen das Doppelte, für mehr Personen das Dreifache.

Acidium carbolicum cum Sapone āā	40 kg

C. Andere Hülfsmittel zur Krankenpflege.†)

1. Apothekergeräthe.

Messgefäss	2
Handwaage mit Gewichten	1
* Trichter (Glas-)	1
Hornlöffel	5
Tropfenzähler	3
* Medizingläser mit Korken (zu 200 ccm Inhalt) . .	50
* Salbenkruken	6
* Milchflaschen (zum Sterilisiren	10
Holzschachteln.	20
Pappschachteln	20
Zettel mit der Aufschrift „Aeusserlich“	200
Düten.	100
Spirituslampe	1
* Filtrirpapier (Bogen) . .	4
Reagenspapier, rothes und blaues	je 1 Buch
* Reagensgläser	6

2. Krankengeräthe.

* Waschschale	1
Eiterbecken.	2
Eisbeutel.	3
* Wasserdichter Stoff. . .	3 m
* Oelleinewand	2 m
* Einnehmegefäss	1
Trinkrohr (von Glas) . .	2
* Spülgefäss mit Zubehör (Irrigator)	1
* Steckbecken.	1
Urinflasche (für Männer) .	1
Tragbeutel (Suspensorien) .	6
Bruchbänder (2 rechtsseitige, 2 linksseitige) .	4
Säuger	10
Brusthütchen	4

3. Verbandmittel.

* Gips	2 kg
* Gipsbinden, etwa 5 m lang 7 cm breit	10 Stück

†) Die unter C 1, 2, 3 und 4 aufgeführten, mit * versehenen Gegenstände sind, wenn mehr als 100 bis zu 500 Personen, einschliesslich der Schiffsbesatzung, an Bord sind, in doppelter, bei mehr als 500 Personen in dreifacher Anzahl oder Menge mitzunehmen.

* Verbandwatte	1 kg
* Salicylwatte.	1 kg
* Ungeleimte Watte . . .	1 kg
* Jodoformgaze in Bindenform	2 qm
* Verbandmull	2 kg
* Flanellbinden, etwa 5 m lang, 7 cm breit . . .	6
* Mullbinden, 10 zu 8 cm, 10 zu 10 cm Breite, etwa 5 m lang.	20
* Kleisterbinden	10
* Mitellen	4
* Verbandtücher.	4
* Drahtschienen	4
* Holzschienen (einschl. Spaltschienen)	12
* Pappe	6 Bogen
* Leinenes Band (2—3 cm breit)	3 m
* Sicherheitsnadeln	2 Schachteln
* Verbandscheere	1

4. Aerzliche Geräthe und Instrumente.

(NB. Die Metalltheile derselben müssen thunlichst vernickelt sein.)

* Maximalthermometer . .	3
Stethoskop	1
* Handbürste	1
Chloroformirapparat . . .	1
Pravazsche Spritzen . . .	2
Tripperspritzen	6
Gummi-Katheter (Nelatonsche oder Jacques-Patent)	6
Bougies	12
Gummischlauch zu Magenausspülungen (1 m lang, mit einem Trichter) . .	1
Schlundstösser	1
Grätenfänger	1
Reflektor mit Stirnbinde .	1
Zungenspatel	2
Ohrentrichter	1 Satz
Bellocqsches Röhrchen . .	1
Haarpinsel	6
Rachenpinsel	2
Trachealkanülen	2
Spritze für Diphtherie-Heilserum.	1
Esmarchscher Schlauch mit Binde	1
* Katgut	2 Fläschchen
Scheidenspekula	1 Satz
Induktionsapparat nebst Vorräthen zum Nachfüllen . .	1
Englische Zahnzangen in einem Holzkasten. . . .	5
Verbandtasche. . . . . . . enthaltend:	1
Bistouri (2 gerade Klingen) . .	1
„ (Knopf- u. Sichelmesser). . .	1
gerade Scheere	1
Coopersche Scheere . .	1
scheerenförm. Arterienpincetten	2
anatomische Pincette. .	1
Hakenpincette	1
gewöhnliche Sonde . .	1
Hohlsonde.	1
Myrthenblattsonde. . .	1
Spatel	1
Höllensteinhalter . . .	1
Wundnadeln.	6
Seide (Nr. 2 und Nr. 3).	2 Platten
kleines Rasirmesser . .	1
Amputationsbesteck . . . . enthaltend:	1
grosses Messer	1
mittleres Messer . . .	1
scharfe vierzinkige Haken	2
scheerenförm. Arterienpincetten	4
grosse Säge	1
Stichsäge	1
schneidende Knochenzange	1
Knochenmeissel. . . .	1
Troikart	1
Wundnadeln.	6
Seide (Nr. 2 und Nr. 3)	2 Packete
Geburtshülfliches Besteck . . enthaltend:	1
Zange	1
Perforatorium	1
Haken	1
Katheter	1
seidene Schlingen . . .	2

5. Bücher. Arzneibuch für das Deutsche Reich	1	arbeitet im Kaiserlichen Gesundheitsamte (Neueste Ausgabe)	1
Anleitung zur Gesundheitspflege an Bord von Kauffahrteischiffen, auf Veranlassung des Staatssekretärs des Innern be-		Ein Lehrbuch der Tropenkrankheiten (nur für Schiffe, die den 30. Grad nördlicher Breite überschreiten)	1

Anhang D.

Verzeichniss der explosiven, feuergefährlichen und ätzenden Stoffe, deren Mitnahme auf einem Auswandererschiff überhaupt oder unter Deck verboten ist.

(§. 35 der Vorschriften.)

1. Schiess- und Sprengpulver; Nitroglycerin (Sprengöl) und Nitroglycerin enthaltende Präparate, insbesondere Dynamit; Nitrocellulose, insbesondere Schiessbaumwolle; pikrinsaure Salze und explosive Gemische, welche chlorsaure und pikrinsaure Salze enthalten; flüssiges Acetylen; Knallquecksilber, Knallsilber, Knallgold und die damit hergestellten Präparate; Pulvermunition mit Ausnahme der Metallpatronen; Patronen aus Dynamit oder anderen Nitroglycerin enthaltenden Präparaten; Feuerwerkskörper einschliesslich der bengalischen Streichhölzer und bengalischen Schellackpräparate (Flammenbücher, Salonkerzen, Fackeln, Belustigungshölzchen, Leuchtstangen und dergleichen), jedoch mit Ausnahme chinesischer Fire Crackers; Zündungen mit Ausnahme der Sicherheitszünder, der Zündhütchen, der Zündspiegel und der in der Armee und Marine vorgeschriebenen nicht sprengkräftigen Zündungen.
2. Schwefeläther (Aethyläther), Collodium, Schwefelkohlenstoff (Schwefelalkohol), Petroleumäther (Gasolin, Neolin und dergleichen) und ähnliche aus Petroleum, Harz-, Steinkohlen-, Braunkohlen-, Torf- oder Schiefertheer bereitete Stoffe, sowie alle entzündbaren Flüssigkeiten, deren spezifisches Gewicht unter $0{,}_{68}$ liegt; rothe rauchende Salpetersäure.
3. Rohes Petroleum (Rohnaphta), sowie alle Destillate aus diesem und aus Theer-, Harz-, Steinkohlen-, Braunkohlen-, Torf- oder Schieferölen von einem spezifischen Gewicht über $0{,}_{68}$, sofern diese Destillate bei einer Temperatur von 15 Grad Celsius und darunter bei Berührung mit Feuer eine lebhafte Flamme erzeugen (Benzin, Ligroin und dergleichen).
4. Schwefel-, Salpeter- und Salzsäure[1]) Raketen, Fackelfeuer und Sternsignale der Kaiserlichen Marine und der Kaiserlichen Schutztruppen; Zündwurst und Bickfordsche Zündschnur der Kaiserlichen Schutztruppen.

1) vgl. Bekanntmachung vom 24. Juni 1898 (R.G.Bl. 1898 S. 917).

Anhang E.

Besichtigungs-Verhandlung.

(§ 68 der Vorschriften.)

Verhandelt

zu . . . am ten . . .. 1 .

An Bord des Dampf-/Segel- schiffs der . ...

bestimmt nach.. . . . .

Wir die / Ich der mitunterzeichnete(n) Besichtiger habe(n) das vorgenannte Auswandererschiff am . mit Rücksicht auf die zum Schutze der Auswanderer gegebenen Vorschriften gewissenhaft besichtigt und erkläre(n) was folgt*):

Dazu ist zu bemerken:

1. Wir haben uns / Ich habe mich davon überzeugt, dass das Schiff sich in seetüchtigem und gut gereinigtem Zustande befindet und dass es mit der vorschriftsmässigen Einrichtung und Ausrüstung zur Aufnahme der Auswanderer versehen ist. Insbesondere wird bemerkt:

2. Die für die Auswandererräume festgesetzte zulässige Personenzahl beträgt . ... und ist in den Räumen angeschlagen.

Das Schiff war nach Angabe des Unternehmers zur Aufnahme der folgenden Zahlen von Auswanderern bestimmt:

a) Personen im Alter über zehn Jahre
b) Kinder zwischen ein und zehn Jahren .
c) Kinder unter einem Jahre . . . . . .
d) Alleinreisende Frauen. . . . .
e) Alleinreisende Männer. . . . .

3. Es waren vorhanden:

Laternen ;
Luftzieher ;
Schlafkojen:
a) Einzelkojen ,
b) Doppelkojen ,
Kammern für zusammen Personen;
Waschhäuser:
a) für Männer . . ,
b) für Frauen ;
Wascheinrichtungen in den Kammern für Personen;
Bade- oder Brausevorrichtungen:
a) für Männer .. .. ,
b) für Frauen .. ;

---

*) Sollten einige der vorstehend vorgesehenen Besichtigungshandlungen nicht vorgenommen sein, so sind die betreffenden Zeilen zu streichen und der Grund in der Spalte für Bemerkungen anzugeben.

Dazu ist zu bemerken:

Abtritte:
a) für Männer ....,
b) für Frauen .... ;

Krankenräume:
a) für Männer . mit . cbm Luftaum,
b) für Frauen .... mit .. . cbm Luftraum.

Die Frauenabtheilung war eingerichtet für .... Frauen;
Die Männerabtheilung für .... Männer.

Die verschiedenen Räume waren mit den vorgeschriebenen Aufschriften versehen.

4. $\frac{\text{Wir haben uns}}{\text{Ich habe mich}}$ ferner durch Stichproben davon überzeugt, dass Wasser und Proviant in vorgeschriebener Menge und guter Beschaffenheit entsprechend dem anliegenden Verzeichniss an Bord gebracht worden sind.

Es wurden untersucht:

a) hinsichtlich der Beschaffenheit ....

... .

... .

... . ;

b) hinsichtlich der Menge . ... ..

. . .. -

.. ..

. .

Es wurde das anliegende Ergänzungsverzeichniss übergeben.

5. Auch habe(n) $\frac{\text{wir uns}}{\text{ich mich}}$ davon überzeugt, dass

a) . .. Aufwärter,

b) . Aufwärterinnen vorhanden waren.

6. $\frac{\text{Wir haben uns}}{\text{Ich habe mich}}$ davon überzeugt, dass die gegebenen Sicherheitsvorschriften sorgfältig beachtet sind und dass sich die vorgeschriebenen Einrichtungen und Geräthe an Bord befanden.

Insbesondere wird bemerkt:

7. Explosive und feuergefährliche und ätzende Gegenstände, deren Mitnahme verboten ist, habe(n) $\frac{\text{wir}}{\text{ich}}$ nicht bemerkt.

8. An Gegenständen, deren Mitnahme nur unter besonderen Vorsichtsmassregeln erfolgen darf, sind nach Angabe des Schiffsführers keine — folgende — an Bord gekommen ... Dazu ist zu bemerken:

und vorschriftsmässig im ...

untergebracht.

9. An Signalen und Rettungsgeräthen sind vorhanden:

Schuss für das Geschütz ..., } nach Angabe des Schiffsführers.
Blaulichter ... ,
Raketen ... ,
Rettungsboote . mit cbm . . Bootsraum,
gewöhnliche Boote ... mit ... cbm Bootsraum,
Klappboote ... ,
Flösse ... mit cbm Bootsraum,
Decksitze ... ,
Rettungsgürtel (Korkjacken, Korkwesten) ... ,
Rettungsbojen . ,
Stück der Sicherheitsrollen ... .

10. Aus dem Schiffstagebuche habe(n) $\frac{\text{wir}}{\text{ich}}$ ersehen, dass die Boote, Klappboote, Rettungsflösse u. s. w. sowie die Rettungsgürtel und Bojen zuletzt am ... auf ihre Seetüchtigkeit und Tauglichkeit untersucht worden und dass die Boote zuletzt am ... ausgeschwungen worden sind.

11. Sämmtliche vorgenannte Gegenstände waren vorschriftsmässig untergebracht.

12. Die vorgeschriebene Bootsausrüstung habe(n) $\frac{\text{wir}}{\text{ich}}$ in den Booten Nr. ... genau untersucht und vorschriftsmässig vorhanden befunden. Die Ausrüstung war, soweit sie sich nicht in den Booten befand, im ... untergebracht.

13. Es waren ... erwachsene ruderkundige Personen vorhanden.

14. Zur Führung der Auswanderer bei Gefahr waren ... Personen eingetheilt.

Dazu ist zu bemerken:

15. $\frac{\text{Wir}}{\text{Ich}}$ habe(n) festgestellt, dass die Mannschaft mit der Handhabung der Sicherheitseinrichtungen vertraut ist und zwar auf folgende Weise:

... .

....

... .

....

16. Es wurde das Boot Nr. . (das Klappboot Nr. ....) von den auf sie eingetheilten Nummern

. . .

....

der Besatzung ausgeschwungen, zu Wasser gefiert und losgemacht.

---

17. $\frac{\text{Wir die}}{\text{Ich der}}$ mitunterzeichnete(n) Besichtiger habe(n) am . um ..... Uhr dem Schiffsführer die Erlaubniss zur Einschiffung der Auswanderer ertheilt, nachdem $\frac{\text{wir}}{\text{ich}}$ die $\frac{\text{uns}}{\text{mir}}$ bis dahin obliegenden Besichtigungshandlungen vorgenommen und die vorgeschriebene Bescheinigung des Untersuchungsarztes erhalten habe(n).

18. $\frac{\text{Wir die}}{\text{Ich der}}$ Besichtiger habe(n) $\frac{\text{uns}}{\text{mich}}$ ferner davon überzeugt, dass die vorgeschriebene ärztliche Untersuchung der Reisenden und der Schiffsbesatzung vorgenommen worden ist und dass die Reisenden in die für sie bestimmten Räume gewiesen worden sind.

19. $\frac{\text{Wir}}{\text{Ich}}$ habe(n) von dem Schiffsführer — dessen Stellvertreter — (sowie von dem Proviantverwalter) folgende Erklärung entgegengenommen:

„Wir versichern,

dass die Gegenstände, welche in dem übergebenen Proviant- und Arzneimittel-Verzeichniss aufgeführt worden, sich unserer gewissenhaften Ueberzeugung nach wirklich an Bord befinden, und dass wir von diesen Gegenständen nichts von Bord bringen lassen, noch vor dem Antritte der Reise etwas verbrauchen oder verbrauchen lassen wollen;

dass, abgesehen von dem Kajüts- und Mannschaftsproviant, andere Proviantgegenstände als die in dem Verzeichniss aufgeführten und die von den Besichtigern nachträglich genehmigten sich weder

Dazu ist zu bemerken:

an Bord befinden noch vor Antritt der Reise an Bord gebracht werden sollen;

dass wir für die Einnahme der in dem Ergänzungsverzeichniss aufgeführten Mengen von Proviant und Wasser gewissenhaft Sorge tragen wollen;

dass wir ein Stück des Reichsgesetzes, betreffend das Auswanderungswesen, und der auf Grund der §§. 21 und 36 desselben erlassenen Vorschriften erhalten und von deren Inhalte Kenntniss genommen haben;

dass wir diesen Vorschriften gewissenhaft nachkommen wollen."

20. $\frac{\text{Wir die}}{\text{Ich der}}$ Besichtiger habe(n) die Genehmigung zu folgenden Ausnahmen von den allgemeinen Vorschriften ertheilt:

....

....

....

....

21. Ausserdem habe(n) $\frac{\text{wir}}{\text{ich}}$ zu bemerken:

....

....

....

22. $\frac{\text{Wir die}}{\text{Ich der}}$ Besichtiger habe(n) hierauf diese Verhandlung abgeschlossen, sie unterzeichnen lassen, je eine Ausfertigung derselben, sowie der übergebenen Verzeichnisse dem Schiffsführer übergeben und demselben die Genehmigung zum Auslaufen des Schiffes ertheilt.

$\frac{\text{Die}}{\text{Der}}$ Besichtiger.

Der Schiffsführer.
(Der Stellvertreter.)
(Der Proviantverwalter.)

18. Strandungsordnung.

Vom 17. Mai 1874. (R.G.Bl. S. 73—83.)[1]

I. Abschnitt.

Von den Strandbehörden.[2]

§. 1.

Die Verwaltung der Strandungsangelegenheiten wird durch Strandämter geführt.

Den Strandämtern werden Strandvögte untergeordnet. Letztere haben insbesondere diejenigen Massregeln zu leiten, welche zum Zwecke der Bergung oder Hülfsleistung zu ergreifen sind.[1])

§. 2.

Die Organisation der Strandämter, die Abgrenzung ihrer Bezirke, die Anstellung der Strandbeamten, die Regelung des Verhältnisses der Strandvögte zu den Strandämtern, und die Bestimmung der Behörden, welche die Aufsicht über diese Aemter und Beamten zu führen haben, sowie die Feststellung der Dienstbezüge der Strandbeamten steht den Landesregierungen nach Massgabe der Landesgesetze zu.

Zur Überschrift.

1) a. Auf Grund des (in die Reichsverfassung übergegangenen) Art. 4 Ziff. 7 der Bundesverfassung, welcher dem Bunde die Organisation eines gemeinsamen Schutzes der deutschen Schiffahrt zur See vorbehielt, beschloß der Bundesrat bereits im Jahre 1868, den Entwurf einer allgemeinen Strandungsordnung ausarbeiten zu lassen. Nach Verhandlungen mit den Regierungen der Bundesstaaten wurde eine von diesen beschickte Kommission berufen, aus deren Beratungen der Entwurf einer Strandungsordnung hervorging, welcher auf Beschluß des Bundesrats nebst Motiven unterm 5. Febr. 1874 von dem Reichskanzler dem Reichstage zur Beschlußfassung vorgelegt wurde (Nr. 5 der Drucksachen). Eine Kommission des letzteren erstattete schriftlichen Bericht (Nr. 54 der Drucksachen). Die Plenarberatung erfolgte in den Sitzungen vom 13. Febr. und 16. März 1874. — Für Helgoland ist die Strandungsordnung nebst den zu ihrer Ausführung erlassenen Vorschriften vom 1. August 1895 ab in Kraft getreten. (V. v. 20. VII. 1895. R.G.Bl. S. 421.) — Durch Art. 2 Abs. 2 Einf.Ges. ist die Strandungsordnung auch neben dem neuen Handelsgesetzbuch in Kraft geblieben.

b. Die Strandungsordnung enthält keine Bestimmung über die Behandlung solcher feindlichen Schiffe, welche in Kriegszeiten an der deutschen Küste stranden. Die Bundeskommissarien bemerkten (Komm.-Ber. 11), daß Bestimmungen hierüber anderweit als durch die Strandungsordnung zu erledigen seien.

2) Der Zweck aller Maßregeln in Strandungsfällen ist die Rettung gefährdeter Menschenleben und Abwendung des Verlustes von Eigentum. Von der Einsetzung eigener Reichsbehörden für die Erledigung der Strandungsangelegenheiten ist abgesehen worden. Die Strandbehörden sind Landesbehörden stehen jedoch nach §. 3 unter der Oberaufsicht des Reiches.

Zu §. 1.

1) Der §. 1 scheidet die Anordnung und Leitung des Rettens und Bergens von der Verwaltung der geborgenen Gegenstände, und überträgt jene den Strandvögten, diese den Strandämtern, denen er zugleich die Strandvögte in ihren dienstlichen Verhältnissen unterordnet. Die Strandämter sind nicht als eigene Behörden gedacht, deren Geschäftskreis ausschließlich Strandungsangelegenheiten umfaßt; es können anderweite Lokalbehörden mit den Funktionen eines solchen Amtes betraut werden. M. 16.

Der Vorsteher eines Strandamts kann für den ihm überwiesenen Bezirk oder einen Theil desselben zugleich zum Strandvogt bestellt werden.[1])

§. 3.

Die Oberaufsicht über die Verwaltung der Strandungsangelegenheiten steht dem Reiche zu.[1])

II. Abschnitt.[1])

Von dem Verfahren bei Bergung und Hülfsleistung in Seenoth.

§. 4.

Wer ein auf den Strand gerathenes oder sonst unweit desselben in Seenoth befindliches Schiff wahrnimmt, hat hiervon sofort dem zuständigen Strandvogt oder der nächsten Gemeindebehörde Anzeige zu machen. Der Ueberbringer der ersten Anzeige hat Anspruch auf eine angemessene Vergütung.[1])

§. 5.

Die Gemeindebehörde hat unverzüglich für die Mittheilung der Nachricht an den Strandvogt zu sorgen. Die Gemeinden sind verpflichtet, hierzu gegen eine den ortsüblichen Sätzen entsprechende Vergütung einen Boten und die nöthigen Beförderungsmittel (Pferd, Gespann, Boot) zu stellen.

§. 6.

Der Strandvogt hat unverzüglich nach Empfang der Nachricht (§. 5) sich an Ort und Stelle zu begeben und daselbst die zur Aufrechterhaltung der Ordnung sowie zur Bergung oder Hülfsleistung erforderlichen Anordnungen zu treffen. Auch hat er für schleunigste Benachrichtigung des Strandamts sowie des nächsten Zollbeamten Sorge zu tragen, bis zur Ankunft des letzteren aber das Zollinteresse selbst wahrzunehmen.

Zu §. 2.

1) Der §. 2 überläßt die darin angegebenen Verhältnisse mit Rücksicht auf die Verschiedenheit der thatsächlichen Umstände der Regelung durch die Landesgesetze, insbesondere gestattet der zweite Absatz die Verbindung der Ämter eines Strandamts-Vorstehers und eines Strandvogts. M. 16.

Zu § 3.

1) Die Oberaufsicht wird durch den Reichskanzler ausgeübt (Komm.-Ber. 5).

Zu Abschnitt II.

1) Der 2. Abschnitt regelt das Verfahren für die Fälle, in welchen es sich um Abwendung der Gefahren handelt, wenn ein Schiff und dessen Ladung in gegenwärtiger Seenot sich befinden. Der III. Abschnitt hat die Fälle zum Gegenstande, in welchen Teile eines Schiffs oder einer Ladung von einem Unfall betroffen, durch den letzteren in die See geraten und infolgedessen besitzlos geworden sind. M. 17. Die §§. 4—14 beschäftigen sich mit den Funktionen des Strandvogts, die §§. 14—19 mit denen des Strandamts.

Zu §. 4.

1) Die Anzeigepflicht ist durch den Umstand gerechtfertigt, daß vom Lande aus nicht immer mit Sicherheit beurteilt werden kann, ob nicht mit dem Schiffe auch Menschenleben gefährdet sind; sie ist dahin gemildert, daß die Anzeige nur der nächsten Gemeindebehörde erstattet zu werden braucht, und eine angemessene Vergütung (nicht eine besondere Belohnung, K.B. 5) zugesichert ist. M. 18.

Bis zum Erscheinen des Strandvogts sind die Strand-Unterbeamten und in deren Ermangelung die nächste Gemeindebehörde zu den erforderlichen Anordnungen berufen.[1])

§. 7.

Wider den Willen des Schiffers dürfen Massregeln zum Zweck der Bergung oder Hülfsleistung nicht ergriffen werden. Insbesondere darf wider den Willen des Schiffers weder an das Schiff angelegt, noch dasselbe betreten werden. Ist das Schiff von der Schiffsbesatzung verlassen, so bedarf es zum Anlegen an dasselbe oder zum Betreten desselben, sofern nicht dringende Gefahr im Verzuge liegt, der Erlaubniss des Strandvogts.[1])

Auf die Thätigkeit der Vereine zur Rettung Schiffbrüchiger finden diese Bestimmungen keine Anwendung.

§. 8.

Der Schiffer ist befugt, dem Strandvogt die Leitung des Verfahrens jederzeit wieder abzunehmen, sobald er für die etwa bereits entstandenen Bergungs- und Hülfskosten, einschliesslich des Berge- und Hülfslohnes (Art. 753 des Allgemeinen Deutschen Handelsgesetzbuchs) [§. 751 H.G.B.], die von dem Vorsteher des Strandamtes oder dem Strandvogt erforderlich befundene Sicherheit bestellt hat.[1])

Zu §. 6.

1) Die M. 19 bemerken: Der §. 7 (jetzt 6) bezweckt, jede Einmischung der örtlichen Polizeibehörde auszuschließen. Über die zollamtliche Behandlung des Strandguts sind in dem Zollgesetze vom 1. Juli 1869 (B.G.Bl. S. 317) Bestimmungen getroffen. Von der Vorschrift, daß die Überschreitung der Zollgrenze nur während der Tageszeit und nur auf einer Zollstraße erfolgen darf, ist für den Fall der Bergung von Strandgut eine Ausnahme zugelassen (§. 21 b des Zollgesetzes); für beschädigte Güter, welche aus den an den Küsten von Zollvereinsstaaten gestrandeten Schiffen geborgen sind und im Wege öffentlichen Ausgebots zum Verkauf gelangen, ist auf den Antrag der Beteiligten ein Eingangszoll von 10 % des Bruttoertrages des Auktionserlöses zu erheben, wenn sowohl die Behörde, welche die Auktion abhält, als die Zollbehörde die stattgehabte Beschädigung der Waren bescheinigt (§. 82 ebendaselbst); inländische Strandgüter von Schiffen, welche nach dem Auslaufen verunglücken, bleiben, wenn die Thatsache vollständig nachgewiesen ist, frei vom Eingangszoll (§. 117 ebendaselbst). Die Ausführung dieser Bestimmungen erfordert ein Zusammenwirken der Strandbehörden mit den Zollbehörden und, ehe dasselbe beginnen kann, eine Vorkehrung für die interimistische Wahrnehmung des Zollinteresses.

Zu §. 7.

1) Der Entw. wollte im öffentlichen Interesse einige Ausnahmen zulassen, in denen der Strandvogt auch wider den Willen des Schiffers einschreiten könne. Dies wurde indes in der Kommission (K.B. 8) abgelehnt, so daß es bei der Regel bewendet, daß weder Dritte noch der Strandvogt wider den Willen des Schiffers mit Bergungs- oder Hülfsleistungsmaßregeln vorgehen dürfen.

Zu §. 8.

1) Der §. 8 ist eine Konsequenz des im §. 7 aufgestellten Grundsatzes, enthält jedoch eine Einschränkung zu Gunsten derjenigen Personen, deren Rechte (§§. 740, 751) gefährdet würden, wenn der Schiffer ohne Sicherheitsleistung die Leitung des Verfahrens in vollem Umfange zurückerhielte. Das Maß der zu leistenden Sicherheit bestimmt der Vorsteher des Strandamts oder der Strandvogt.

§. 9.

Die Verpflichtung, den polizeilichen Aufforderungen zur Hülfe Folge zu leisten, bestimmt sich nach §. 360 Nr. 10 des Strafgesetzbuchs mit der Massgabe, dass als „Polizeibehörde" im Sinne dieser Vorschrift auch der Strandvogt gilt.

Während der Seenoth ist der Strandvogt befugt, zur Rettung von Menschenleben die erforderlichen Fahrzeuge und Geräthschaften, sowie jeden ausserhalb der öffentlichen Wege zum Strande führenden Zugang auch ohne Einwilligung der Verfügungsberechtigten in Anspruch zu nehmen. Der hieraus entstehende wirkliche Schaden ist zu vergüten. Wer der Anordnung des Strandvogts nicht Folge leistet, wird mit der im §. 360 Nr. 10 a. a. O. angedrohten Strafe belegt.

Die Fahrzeuge und Geräthschaften der Vereine zur Rettung Schiffbrüchiger dürfen nur, insoweit die Vereinsmannschaft nicht selbst einschreitet, zur Rettung von Menschenleben in Anspruch genommen werden.[1])

§. 10.

Die in den §§. 4, 5 und 9 bezeichneten Vergütungen gehören zu den im Art. 745 Abs. 2 des Allgemeinen Deutschen Handelsgesetzbuchs [§. 743 H.G.B.] bestimmten Bergungs- und Hülfskosten. Dieselben werden nach Massgabe der Bestimmungen des fünften Abschnitts festgesetzt und sind, wenn anderweit die Befriedigung nicht zu erreichen ist, aus Staatsmitteln zu leisten. Auf Verlangen sind sie aus diesen vorschussweise zu zahlen.[1])

Zu §. 9.

1) a. Der Bergungszwang, wie er bisher partikularrechtlich bestand, ist aufgehoben und der persönliche Zwang zur Hülfeleistung in Strandungsfällen im Abs. 1 dieses §. nur in dem Umfange zugelassen, als er ganz allgemein als ein Notrecht durch §. 360 Nr. 10 des Strafgesetzbuchs anerkannt ist. Der §. lautet:

„Mit Geldstrafe bis zu einhundertfunfzig Mark oder mit Haft wird bestraft:

10) wer bei Unglücksfällen oder gemeiner Gefahr oder Noth, von der Polizeibehörde oder deren Stellvertreter zur Hülfe aufgefordert, keine Folge leistet, obgleich er der Aufforderung ohne erhebliche eigene Gefahr genügen konnte."

Der Strandvogt ist in Strandungsfallen befugt, polizeiliche Funktionen auszuüben.

b. Der Abs. 2 gestattet dem Strandvogt einen Eingriff in fremdes Eigentum zur Rettung von Menschenleben und gegen Entschädigung. Nur der wirkliche Schaden, nicht der entgangene Gewinn, ist für die Entschädigung maßgebend, weil (M. 22) die betreffenden Objekte lediglich zum Zwecke der Erfüllung einer allgemeinen Menschenpflicht in Anspruch genommen werden sollen. Anträge auf Gewährung eines weitergehenden Schadensersatzes wurden in der Kommission und im Plenum des Reichstags verworfen, doch erkannte der Kommissarius des Bundesrats hierbei an, daß unter dem Schaden sowohl der unmittelbare als auch der mittelbare verstanden sei, nur nicht der entgangene Gewinn. — Die eventuelle Entschädigung aus Staatsmitteln (§. 10) rechtfertigt sich aus dem Grunde, weil (M. 22) die betreffenden Objekte im öffentlichen Interesse der Verfügung des Eigentümers entzogen werden. — In der Kommission des Reichstags wurde konstatirt (K.B. 11), daß unter dem Worte „Fahrzeuge" im 2. Abs. auch größere Schiffe, namentlich auch Dampfschiffe, zu verstehen seien.

Zu §. 10.

1) Der letzte Satz dieses §. ist vom Reichstag hinzugefügt, um die rasche Berichtigung der bezeichneten Vergütungen zu sichern. (K.B. 5.) Die Festsetzung der Vergütungen erfordert eine sachliche Prüfung der Ansprüche und der erhobenen Einreden, und ist deshalb den Strandämtern übertragen. M. 18.

§. 11.

Der Strandvogt hat vor Allem für die Rettung der Personen zu sorgen. Im Falle der Bergung hat er zunächst die Schiffs- und Ladungspapiere, insbesondere das Schiffsjournal an sich zu nehmen, das letztere sobald als möglich mit dem Datum und seiner Unterschrift abzuschliessen und demnächst sämmtliche Papiere dem Schiffer zurückzugeben.

§. 12.

Ohne Genehmigung des Schiffers darf nichts aus dem Schiffe fortgeschafft werden. Auch hat zunächst der Schiffer darüber Bestimmung zu treffen, wohin die fortgeschafften Gegenstände sowie das Schiff selbst zu bringen sind. Sowohl jene Genehmigung als auch diese Bestimmung steht dem Strandvogt zu, wenn derselbe die Leitung des Verfahrens übernommen hatte. In Ermangelung einer Bestimmung des Schiffers oder des Strandvogts muss das Geborgene, sofern keine Hindernisse entgegenstehen, bei Verlust des Anspruchs auf Berge- oder Hülfslohn nach dem zunächst erreichbaren deutschen Hafen oder Landungsplatze gebracht und sofort der nächsten Polizeibehörde oder dem Strandvogt angezeigt werden.

Die aus dem Schiffe fortgeschafften Gegenstände sind, sobald dies thunlich, zu verzeichnen.[1])

§ 13.

Werden einzelne Stücke der Ladung oder des Schiffs oder sonstige Gegenstände, welche auf dem Schiffe sich befunden, oder zu demselben gehört haben, an das Land getrieben, so hat derjenige, welcher dieselben birgt, dies sofort einem der mitwirkenden Beamten anzuzeigen und auf Erfordern die Sachen abzuliefern.[1])

§. 14.

Der Strandvogt hat dem nächsten Steuerbeamten von der Bergung sofort Nachricht zu geben und bis zur Ankunft desselben das steuerfiskalische Interesse wahrzunehmen.

Die geborgenen Gegenstände werden von dem Strandamt und dem Zollbeamten gemeinschaftlich in Gewahrsam genommen.

§. 15.

Das Strandamt hat mit Zuziehung des Schiffers und des Zollbeamten ein Inventarium der geborgenen Gegenstände unter Angabe der etwa vorhandenen Marken und Nummern und mit Benutzung der vorläufigen Verzeichnisse (§. 12) aufzunehmen, dabei auch überall den Werth und die Menge zu vermerken, soweit dieselben sich aus vorhandenen Schriftstücken ergeben oder anderweit ohne Verletzung der Verpackung festzustellen sind. Das Inventarium ist von dem Zollbeamten und dem Schiffer zu unter-

---

Zu §. 12.

1) Zweck des §. 12 ist es, den Verbleib der geborgenen Gegenstände einer strengen Kontrolle zu unterwerfen, insbesondere deren Verschleppung nach verschiedenen entlegenen Orten zu verhüten. Es ist deshalb ein subsidiärer Bestimmungsort angegeben, an welchen bei Verlust der Ansprüche die Sachen zu schaffen sind, falls nicht Hindernisse, z. B. widrige Winde, es unmöglich machen.

Zu §. 13.

1) Der §. 13 trifft ähnliche Bestimmungen wie der vorhergehende für den Fall, daß die Bergung nicht auf dem Wasser, sondern vom Strande aus erfolgt. Vgl. dazu den §. 750 Ziff. 2. H.G.B.

schreiben, die Einsicht desselben oder die Fertigung einer Abschrift ist auch anderen Betheiligten zu gestatten.[1])

§. 16.

Die geborgenen Gegenstände sind dem Schiffer, in Ermangelung desselben demjenigen, welcher sonst seine Empfangsberechtigung nachweist, auszuliefern. Die Auslieferung darf jedoch, mit Ausnahme der für das augenblickliche Bedürfniss der Mannschaft und Passagiere erforderlichen Gegenstände, erst nach Bezahlung oder Sicherstellung der Bergungskosten einschliesslich des Bergelohns (Art. 753 des Allgemeinen Deutschen Handelsgesetzbuchs [§. 751 H.G.B.]) und nach erfolgter zollamtlicher Abfertigung geschehen.

§. 17.

Behufs Uebernahme der Vertretung der Betheiligten in Bergungs- und Hülfsleistungsfällen können von den Landesregierungen an geeigneten Orten ein- für allemal Sachverständige bestellt werden. Dieselben sind in den einzelnen Fällen den Betheiligten von dem Strandamt namhaft zu machen. Die Wahl anderer Vertreter ist hierdurch nicht ausgeschlossen.

§. 18.

Leicht verderbliche und solche Gegenstände, deren Aufbewahrung mit Gefahr oder unverhältnissmässigen Kosten verbunden sein würde, können von dem Strandamt öffentlich verkauft werden, jedoch bei Anwesenheit des Empfangsberechtigten nur mit Zustimmung desselben oder nach fruchtlos an ihn ergangener Aufforderung, die Gegenstände gemäss §. 16 in Empfang zu nehmen.[1])

§. 19.

Entstehen Zweifel oder Streitigkeiten über die Empfangsberechtigung, oder sind die Empfangsberechtigten nicht alsbald zu ermitteln, so hat das Strandamt die betreffenden Gegenstände oder deren Erlös (§. 18) in Verwahrung zu nehmen, und demnächst nach den Bestimmungen des IV. Abschnitts zu verfahren [1])

Zu §. 15.

1) Die Inventarisirung ist im Interesse des Eigentümers, der Zollverwaltung und zur Berechnung des Berge- und Hülfslohns (§§. 744—747 H.G.B.) vorgeschrieben.

Zu §. 18.

1) Der §. 18 enthält eine Anlehnung an den §. 535 H.G.B.

Zu §. 19.

1) Der Entwurf verordnete, daß, wenn Zweifel oder Streitigkeiten über die Empfangsberechtigung entstehen oder die Empfangsberechtigten nicht alsbald zu ermitteln seien, das Strandamt die betreffenden Gegenstände oder deren Erlös dem zuständigen Gerichte des Orts, wo die Bergung oder Hülfsleistung stattgefunden hat, zur Verfügung stellen, und demnächst nur nach dessen Anweisungen mit den Gegenständen verfahren solle. Die Kommission des Reichstags (K.B. 11) erachtete es jedoch für zweckmäßiger, die Abwickelung der Strandungsverhältnisse so lange dem Strandamt zu überlassen, bis Rechtsstreitigkeiten entstehen, und änderte in dieser Richtung den Entwurf ab. Der Reichstag trat den Anträgen der Kommission bei.

III. Abschnitt.[1])

Von Seeauswurf und strandtriftigen Gegenständen, sowie von versunkenen und seetriftigen Gegenständen.

§. 20.

Wenn ausser dem Falle der Seenoth eines Schiffes besitzlos gewordene Gegenstände von der See auf den Strand geworfen oder gegen denselben getrieben, und vom Strande aus geborgen werden, so haben auch in diesen Fällen die Berger Anspruch auf Bergelohn nach den Vorschriften des Allgemeinen Deutschen Handelsgesetzbuchs, Buch V. Titel 9 [Buch IV Abschn. 8]. Sie sind verpflichtet, bei Verlust des Anspruchs auf Bergelohn von den geborgenen Gegenständen der nächsten Polizeibehörde oder dem Strandvogt sofort Anzeige zu machen, und dieselben zur Verfügung zu stellen.[1])

§. 21.

Denselben Anspruch und dieselbe Verpflichtung haben die Berger, wenn versunkene Schiffstrümmer oder sonstige Gegenstände vom Meeresgrunde heraufgebracht, oder wenn ein verlassenes Schiff oder sonstige besitzlos gewordene Gegenstände, in offener See treibend, von einem Fahrzeuge geborgen werden.

Die Verpflichtung tritt in diesem Falle ein, sobald das bergende Fahrzeug nach der Bergung an der deutschen Küste anlegt oder vor Anker geht, fällt aber fort, wenn das Fahrzeug inzwischen an einer fremden Küste angelegt hat, oder vor Anker gegangen ist, und die Berger dort die geborgenen Gegenstände dem Eigenthümer oder einer Behörde zur Verfügung gestellt haben.[1])

Zu Abschnitt III.

1) Die Mot. 26 bemerken: Während der zweite Abschnitt die Aufgabe hatte, das Verfahren bei eigentlichen Strandungsfällen, in denen ein Schiff sich in gegenwärtiger Seenot befindet, durch Detailbestimmungen erschöpfend zu regeln, beschränkt sich der dritte Abschnitt auf einige Vorschriften für die Fälle, in welchen, sei es nach vorausgegangener Strandung eines Schiffs oder infolge eines sonstigen Unfalls, einzelne in die See geratene Gegenstände an den Strand getrieben und hier geborgen oder im Wasser aufgefunden und in Sicherheit gebracht werden. Eine regelmäßige Mitwirkung des Strandvogts hat in solchen Fällen nicht einzutreten; es handelt sich vielmehr hier nur darum, ähnlich wie bei Sachen, welche auf dem Lande verloren gegangen sind und demnächst gefunden werden, für die Ermittelung des Eigentümers Sorge zu tragen und die Voraussetzungen festzustellen, unter welchen die Berger Anspruch auf eine Vergütung für ihre Mühewaltung haben sollen.

Zu §. 20.

1) Der §. 740 H.G.B. sichert einen Bergelohn nur zu, wenn ein Schiff oder dessen Ladung in einer Seenot, nachdem sie der Verfügung der Schiffsbesatzung entzogen oder von derselben verlassen waren, von dritten Personen geborgen wurden. Der §. 20 gesteht einen Anspruch auf Bergelohn auch denjenigen zu, welche außer dem Falle der Seenot eines Schiffes besitzlos gewordene Gegenstände, wenn sie von der See auf den Strand geworfen (Seeauswurf) oder gegen denselben getrieben werden (strandtriftige Gegenstände) vom Strande aus bergen — Die Anzeige- und Auslieferungspflicht ist entsprechend dem §. 12 dieses Gesetzes geregelt. Der Berger ist nicht befugt, auf eigene Hand den Eigentümer zu ermitteln und diesem das Gut auszuliefern, sondern muß sich an die Behörde wenden.

Zu §. 21.

1) Der §. 21 gewährt einen Bergelohn denjenigen, welche außerhalb des Falles einer gegenwärtigen Seenot Gegenstände aus dem Meeresgrunde (versunkene) oder in offener

§. 22.

Welche Gewässer bei Anwendung der §§. 20 und 21 der See gleichzustellen sind, bestimmen die Landesregierungen.[1])

§. 23.

Das Strandamt hat den Berger über die Zeit, den Ort und die Umstände der Bergung sowie über den beanspruchten Lohn zu hören und für die angemessene Aufbewahrung der Gegenstände zu sorgen, auch dem nächsten Zollbeamten Nachricht zu geben. Die Bestimmungen der §§. 14, 15 und 18 finden auch hier Anwendung.

Kann der Empfangsberechtigte alsbald ermittelt werden, so ist nach der Vorschrift des §. 16, andernfalls nach den Vorschriften des IV. Abschnitts zu verfahren.

§. 24.

Die Landesregierungen sind ermächtigt, Anmeldestellen einzurichten, welchen die Strandämter jede Bergung in den Fällen der §§. 20 und 21 mitzutheilen haben. Auf diesen Anmeldestellen ist ein Fundverzeichniss über die geborgenen Gegenstände und den Ort ihrer Aufbewahrung zu führen und zur Einsicht für jedermann auszulegen. Ein Auszug aus dem Verzeichniss wird in angemessenen Fristen bekannt gemacht.

Die Bestimmungen des §. 23 finden auch da Anwendung, wo Anmeldestellen bestehen.[1])

See (seetriftige) bergen, und legt ihnen die im §. 20 bestimmten Verpflichtungen, jedoch mit der Maßgabe auf, daß die Anzeige- und Transportpflicht als erfüllt gilt, wenn das bergende Fahrzeug, bevor es an der deutschen Küste anlegt oder vor Anker geht, dies an einer fremden Küste gethan und dort die geborgenen Gegenstände dem Eigentümer oder einer Behörde zur Disposition gestellt hat. — In der Plenarberatung des Reichstags wurde diese von dem Entwurfe abweichende Bestimmung als zu weit gehend angefochten, jedoch einerseits mit dem Grunde vertheidigt, sie solle den Mißbrauch verhüten, daß die Berger an der benachbarten ausländischen Küste zuerst anlegen, um sich jeder Anzeigepflicht zu entziehen, und andererseits aus dem Grunde für billig angesehen, weil der deutsche Schiffer die Wahl habe, sein Rechtsverhältnis nach den Gesetzen des Orts zu regeln, nach welchem er zunächst segle, und nach dem §. 21. — Wird die Anzeige unterlassen, so verliert der Berger nicht bloß den Anspruch auf Bergelohn (§. 20), sondern auch auf Auslieferung des geborgenen Guts (§. 35 Abs. 3). Immer aber handelt es sich hier wie im §. 20 um besitzlos gewordene Gegenstände.

Zu §. 22.

1) Der §. 22 ist aus der Erwägung hervorgegangen, daß Gegenstände, welche in der See verloren gegangen sind, häufig durch Wind und Wellen in Gewässer an der Küste getrieben werden, von welchen es nach ihrer Beschaffenheit zweifelhaft sein kann, ob sie noch als Bestandteile der See anzusehen sind, daß in solchen Fällen die §§. 20, 21 gleichfalls zur Anwendung kommen müßten, daß jedoch die Bezeichnung der Gewässer, welche der See gleichzustellen, zweckmäßig den beteiligten Landesregierungen zu überlassen sei. M. 28.

Zu §. 24.

1) Der §. 24 wurde in der Kommission des Reichstags mit Recht für entbehrlich gehalten, jedoch aus der Erwägung beibehalten, daß es sich um einen Versuch handle, zu welchem die Landesregierungen durch diese Bestimmungen thunlichst veranlaßt werden sollen. Der Zweck der Institution besteht darin, bei solchen Sachen, die selten eine Bezeichnung an sich tragen, welche den Eigentümer ersichtlich macht, einen einfacheren Weg für die Ermittelung des Eigentümers als das Aufgebot zu gewähren.

§. 25.

Wenn auf der Rhede oder im Fahrwasser eines Hafens versunkene Wracks, Anker oder andere Gegenstände die Schifffahrt beeinträchtigen und der Eigenthümer entweder nicht bekannt oder zur Fortschaffung derselben nicht bereit ist, so ist die Behörde befugt, die Beseitigung zu veranlassen und zur Deckung der Kosten die beseitigten Gegenstände öffentlich zu verkaufen. In diesem Falle ist mit dem Rest des Erlöses nach den §§. 16 und 19 zu verfahren. Nach fruchtlosem Aufgebotsverfahren (§. 26) fällt derselbe der Seemannskasse oder in Ermangelung einer solchen der Armenkasse des Hafenorts zu.[1])

IV. Abschnitt.

Von dem Aufgebotsverfahren in Bergungssachen und dem Rechte auf herrenlose geborgene Gegenstände.

§. 26.

Behufs der Ermittelung des Empfangsberechtigten hat das Strandamt, sofern sich genügender Anlass dazu bietet, geeignete Vorverhandlungen einzuleiten. Dem dadurch ermittelten Berechtigten sind die geborgenen Gegenstände nach Massgabe des §. 16 auszuliefern.

Wenn sich kein Anlass zu Vorverhandlungen bietet, oder durch dieselben der Empfangsberechtigte nicht ermittelt wird, so tritt das Aufgebotsverfahren (§§. 27 ff.) ein.[1])

§. 27.

Im Aufgebotsverfahren werden alle unbekannten Berechtigten aufgefordert, bis zu einem bestimmten Termine bei dem Strandamte ihre Ansprüche anzuzeigen, widrigenfalls dieselben bei der Verfügung über die geborgenen Gegenstände unberücksichtigt bleiben würden.

Der Termin ist auf vier Wochen bis neun Monate zu bestimmen. Das Aufgebot wird durch Aushang (Anschlag) an der Amtsstelle sowie nach dem Ermessen des Strandamtes durch eine oder mehrere Anzeigen in öffentlichen Blättern und Anschlag an Börsen und anderen geeigneten Orten bekannt gemacht. Zur Ersparung von Kosten kann das

---

Zu §. 25.

1) Die Wegräumung eines solchen Hindernisses — sagen die Mot. 29 — kann nicht davon abhängig bleiben, ob der Eigentümer oder ein Berger sich entschließt, den Gegenstand aus dem Wasser zu schaffen; das öffentliche Interesse erfordert vielmehr, daß dafür nötigenfalls von Amtswegen Sorge getragen werde. Der §. 25 ermächtigt deshalb die nach den örtlichen Verhältnissen für derartige Anordnungen zuständige Behörde, falls der Eigentümer unbekannt oder zur Fortschaffung des Gegenstandes (des Wrackes und der Ladung R.G. XXXIII, 61) nicht bereit ist, den letzteren zu beseitigen und ihn zur Deckung der Kosten öffentlich zu verkaufen. Gewährt der Erlös einen Überschuß, so soll dieser dem Eigentümer ausgezahlt, eventuell aufgeboten werden. Ist das Aufgebot fruchtlos, so fällt der Überschuß an die Seemannskasse oder an die Armenkasse des Hafenorts analog §. 107 der Seemannsordnung.

Zu §. 26.

1) Der Entw. wollte die Vorverhandlungen und das Aufgebot dem Gerichte übertragen, die Kommission des Reichstags zog es im Interesse der Vereinfachung der Sache vor, das Strandamt mit denselben zu betrauen.

Aufgebot so lange ausgesetzt werden, bis eine angemessene Zahl von Gegenständen angesammelt ist.

Ein Ausschlussbescheid wird nicht erlassen.[1])

§. 28.

Diejenigen Gegenstände, auf welche ein Anspruch nicht angezeigt ist, werden nach Ablauf des Termins den nach §. 35 Berechtigten gegen Erlegung der Bergungskosten, zu welchen in den Fällen des ersten Absatzes des §. 35 auch der Bergelohn gehört, nach erfolgter zollamtlicher Abfertigung ausgeliefert.

Der Empfänger ist, wenn versäumte Ansprüche später geltend gemacht werden, nur insoweit, als er sich dann im Besitze der Sache noch befindet oder durch den aus derselben gelösten Werth noch bereichert ist, dem Berechtigten zur Endschädigung verpflichtet. In den Fällen des zweiten Absatzes des §. 35 behält der Berger auch den noch in seinem Besitze befindlichen Vortheil, insoweit dieser den Bergelohn nicht übersteigt.[1])

§. 29.

Sind dagegen Ansprüche angezeigt, so fordert das Strandamt die nach §. 35 Berechtigten auf, sich binnen einer bestimmten Frist zu erklären, ob sie diese Ansprüche

---

Zu §. 27.

1) Im §. 27 ist nur von einem Aufgebot der unbekannten Interessenten die Rede, weil diejenigen, welche bereits vor demselben Ansprüche angemeldet haben, nach §. 28 mitberücksichtigt werden. Das Präjudiz für die unterlassene Meldung ist nicht die Präklusion mit den Eigentumsansprüchen (§. 28 Abs. 2), sondern nur die Nichtberücksichtigung bei der Verfügung über die geborgenen Gegenstände. Aus diesem Grunde wird auch kein Ausschlußbescheid erlassen.

Zu §. 28.

1) Die Mot. 30 bemerken: Sind bis zum Ablauf des Präklusivtermins Ansprüche auf die aufgebotenen Gegenstände nicht angemeldet, so sollen nach §. 35 die in Seenot vom Strande aus geborgenen Güter, der Seeauswurf und die strandtriftigen Güter dem Landesfiskus, versunkene und seetriftige Sachen dagegen dem Berger überwiesen werden. Sowohl der Landesfiskus als der Berger haben in diesem Falle die Bergungskosten zu entrichten, da den zum Ersatz derselben berechtigten Personen wegen dieses Anspruchs nach §. 751 des Handelsgesetzbuchs ein Pfandrecht zusteht. In Gemäßheit der ferneren Vorschrift des §. 751, nach welcher zu den Bergungskosten der Bergelohn mitgehört, hat der Landesfiskus auch diesen zu zahlen, während der Berger, welchem die geborgene Sache überlassen wird, hierdurch wegen seines Lohnes abgefunden ist. Die Auslieferung der bezeichneten Gegenstände soll jedoch dem bisherigen Eigentümer sein Recht auf dieselben nicht entziehen; es soll ihm vielmehr auch nach dem Abschluß des Aufgebotsverfahrens noch freistehen, seinen Eigentumsanspruch geltend zu machen, so lange dieser noch nicht verjährt ist; die Auslieferung beschränkt sich in ihrer Wirkung auf eine provisorische Verfügung über den Besitz der Sache. Der Landesfiskus und der Berger erwerben also durch dieselbe kein Eigentum, sondern nur die Rechte des redlichen Besitzers; Eigentümer werden sie erst, wenn alle Requisiten der Verjährung vorliegen. Daraus folgt, daß der Landesfiskus oder der Berger, wenn bis zum Eintritt dieses Zeitpunktes der Eigentümer die Sache nachträglich in Anspruch nimmt, denselben insoweit, als sie dann noch sich im Besitze der Sache befinden oder durch den Erlös der letzteren noch bereichert sind, schadlos halten müssen. Zu Gunsten des Bergers aber tritt, da ihm hierdurch das Objekt entzogen wird, durch welches er wegen seines Anspruchs auf Bergelohn abgefunden wurde, diese Forderung wieder in Kraft; er braucht deshalb die Sache nur gegen Zahlung des Bergelohns herauszugeben, beziehungsweise kann er von dem Verkaufserlöse derselben den Bergelohn in Abzug bringen.

anerkennen wollen oder nicht, widrigenfalls dieselben für anerkannt erachtet werden würden.

Wenn innerhalb dieser Frist ein Widerspruch seitens der Aufgeforderten nicht erfolgt, so ist die Auslieferung der Gegenstände an denjenigen, welcher den Anspruch angezeigt hat, gemäss §. 16 zu bewirken und zwar, falls das Strandamt den Anspruch für nachgewiesen erachtet, sofort, anderenfalls erst nach Ablauf des Aufgebotstermins, sofern auch bis dahin weitere Ansprüche nicht angemeldet werden.

Wenn dagegen ein Widerspruch von einem der Aufgeforderten innerhalb der Erklärungsfrist erfolgt, so sind die angezeigten Ansprüche gegen denselben im Wege der Klage auszuführen.[1])

§. 30.

Wenn die Berechtigung zum Empfang streitig, und von keinem der nach §. 35 Berechtigten ein Widerspruch erhoben ist, so bestimmt das Strandamt denjenigen, gegen welchen die sonst angezeigten Ansprüche im Wege der Klage auszuführen sind.

Diesem steht auch die Befugniss zu, gegen Leistung der vom Strandamte zu bestimmenden Sicherheit die Auslieferung der geborgenen Gegenstände zu verlangen.[1])

§. 31.

Zur Anstellung der Klage (§§. 29 Abs. 3 und 30), welche bei dem für den Ort des Strandamts zuständigen Gerichte zu erheben ist, bestimmt das Strandamt eine angemessene Ausschlussfrist.

§. 32.

Im Falle des §. 30 hat das Strandamt auf Antrag dafür zu sorgen, dass die nach Abschnitt V. dieses Gesetzes festgestellten Ansprüche aus der bestellten Sicherheit oder durch den Verkauf der geborgenen Gegenstände befriedigt werden.[1])

Zu §. 29.

1) Sind Ansprüche angemeldet, so gelten sie als gegen die nach §. 35 eventuell Berechtigten gerichtet; die Letzteren werden zur Erklärung aufgefordert und gelten als anerkennend, wenn sie sich nicht erklären. Widersprechen sie, so muß der Anmeldende gegen sie klagen.

Zu §. 30.

1) Die §§. 30, 31, 32 sind von der Reichstagskommission dem Entw. beigefügt, um den Fall, wenn mehrere Eigentumsprätendenten vorhanden sind, die sich über ihre Empfangsberechtigung streiten, zu regeln. Durch die Einschiebung dieser §§. hinkt der §. 33 nach und ist entbehrlich geworden. Zur Rechtfertigung des §. 30 wurde bemerkt (K.B. 16): Der Beklagte habe in solchen Streitigkeiten den Vorzug, daß er obsiegen werde, wenn der Kläger sein Recht nicht ausreichend beweisen könne, auch wenn er selbst gar keinen oder nur geringeren Beweis liefern könne, es empfehle sich deshalb, daß das Strandamt demjenigen, der nach der Sachlage anscheinend das bessere Recht habe, die Rolle des Beklagten zuteile, so daß die Klagen der übrigen Beteiligten gegen diesen zu richten seien, und ihm die Empfangnahme der geborgenen Gegenstände gegen genügende Sicherheit gewährt werde. Die Regulierung der Parteirollen rechtfertige sich dadurch, daß für geborgene Güter, welche weder der Berger, noch der Fiskus in Anspruch nehme, Niemand vorhanden sei, der an sich als Besitzer und somit als Beklagter im desfallsigen Rechtsstreite anzusehen sei. — Der Vorschlag wurde nicht nur in der Kommission, sondern auch in dem Plenum des Reichstags angegriffen, jedoch schließlich angenommen.

Zu §. 32.

1) Der §. 32 soll dem Übelstande abhelfen, daß die bei der Bergung beteiligten Personen so lange, bis der Streit der verschiedenen Prätendenten erledigt ist, nicht zur Befriedigung ihrer,

§. 33.

Streitigkeiten über die Empfangsberechtigung werden im Prozesswege erledigt.

§. 34.

Die Kosten der Vorverhandlungen und des Aufgebotsverfahrens gehören zu den im Artikel 745 Absatz 2 des Allgemeinen Deutschen Handelsgesetzbuchs [§. 743 Abs. 2 H.G.B.] bestimmten Bergungskosten.

§. 35.

Wenn der Empfangsberechtigte auch durch das Aufgebotsverfahren nicht ermittelt wird, so werden Gegenstände, welche in Seenoth vom Strande aus geborgen sind (§§. 4–19), desgleichen Seeauswurf und strandtriftige Güter (§. 20), dem Landesfiskus überwiesen.

Unter gleicher Voraussetzung werden versunkene und seetriftige Gegenstände (§. 21) dem Berger überwiesen.

Die Antheile mehrerer Mitberechtigter im Falle des Artikels 751 des Allgemeinen Deutschen Handelsgesetzbuchs [§. 749 H.G.B.] bestimmen sich auch in Beziehung auf diesen Anspruch nach den dort vorgeschriebenen Grundsätzen. Wer die ihm nach dem §. 21 obliegende Anzeige unterlässt, geht dieses Anspruchs zu Gunsten der Seemannskasse des Orts, wo das Strandamt seinen Sitz hat, und in Ermangelung einer solchen, zu Gunsten der Ortsarmenkasse verlustig.

Ob und in welcher Weise diejenigen zu entschädigen sind, welchen nach den bisherigen Bestimmungen die in den vorstehenden Absätzen der Staatskasse und dem Berger überwiesenen Ansprüche zugestanden haben, bestimmen die Landesgesetze.[1])

V. Abschnitt.

Von der Festsetzung der Bergungs- und Hülfskosten.[1])

---

wenn auch festgestellten Ansprüche auf Bezahlung der Bergekosten gelangen können, weil sie nach §. 753 H.G.B. keinen persönlichen Anspruch wegen derselben haben, sondern nur von demjenigen, welcher den geborgenen Gegenstand erhält, die Bergungskosten verlangen können.

Zu §. 35.

1) Der §. 35 verläßt die Rechtsanschauung, daß herrenloses, geborgenes Gut zu den Nutzungen einer grundherrlichen obrigkeitlichen Gewalt über den Strand gehört, geht vielmehr davon aus, daß der Eigentümer einer geborgenen Sache selbst durch unterlassene Meldung bei dem Aufgebotsverfahren seines Eigentums nicht verlustig geht, und dieselbe, resp. den Erlös immer noch reklamieren kann. Es ist deshalb der Fiskus als Empfangsberechtigter bezeichnet, weil er die meisten Garantien für die spätere Ersatzleistung bietet, und zwar ist der Landesfiskus als der Eventualberechtigte erklärt, weil er die Lasten der Unterhaltung der mit den Strandungsangelegenheiten betrauten Behörden zu tragen hat. Eine Ausnahme ist zu Gunsten der Berger von versunkenen oder seetriftigen Gegenständen aus Rücksichten der Billigkeit zugelassen. — Der Landesgesetzgebung ist die Entscheidung überlassen, ob und in welcher Weise eine Entschädigung für die durch §. 35 aufgehobenen Rechte auf herrenloses Strandgut gewährt werden soll.

Zur Überschrift.

1) Der V. Abschnitt bezweckt eine provisorische Entscheidung über Berge- und Hülfslohn, sowie über Bergungs- und Hülfskosten herbeizuführen, vorbehaltlich des ordentlichen Rechtsweges, der in bestimmter Frist gegen den Bescheid zu beschreiten ist. Mit Ausnahme des

§. 36.

Wer Berge- oder Hülfslohn oder die Erstattung sonstiger Bergungs- oder Hülfskosten verlangt, hat in Ermangelung einer gütlichen Einigung seine Ansprüche bei dem Strandamt anzumelden.

§. 37.

Das Strandamt hat nach Anhörung der Betheiligten, soweit dieselben anwesend sind, eine Berechnung der aufgestellten Forderungen zu entwerfen und mit seinen gutachtlichen Bemerkungen der Aufsichtsbehörde einzureichen.

§. 38.

Die Aufsichtsbehörde hat die angemeldeten Ansprüche nach den Bestimmungen des Allgemeinen Deutschen Handelsgesetzbuchs, Buch V. Titel 9 [Buch IV Abschn. 8 H.G.B.], zu prüfen und durch Bescheid festzusetzen. Jedem Betheiligten ist der Bescheid zu Protokoll bekannt zu machen, oder eine Ausfertigung desselben zuzustellen.

Die Zustellung ist gültig, wenn sie unter Beobachtung der für Zustellungen in bürgerlichen Rechtsstreitigkeiten vorgeschriebenen Formen erfolgt. Die vereideten Verwaltungsbeamten haben dabei die Glaubwürdigkeit der Gerichtsbeamten.

§. 39.

Gegen den Bescheid der Aufsichtsbehörde findet nur der Rechtsweg statt.

Die Partei, welche sich durch den Bescheid beschwert fühlt, hat binnen einer Ausschlussfrist von 14 Tagen — vom Tage nach der Bekanntmachung oder Behändigung des Bescheides (§. 38) an gerechnet — die Klage bei dem für den Ort des Strandamts zuständigen Gerichte anzubringen. Das Gericht kann aus Gründen, die in der Sache selbst liegen, diese Frist angemessen verlängern.

Durch rechtzeitige Erhebung der Klage verliert der Bescheid zwischen den Prozessparteien seine Kraft.[1])

---

im §. 40 gedachten Falles (wenn die Strandämter genügend quilifiziert erscheinen) soll die provisorische Entscheidung auf Grund der vorbereitenden Feststellung des Strandamts (§. 37) durch die Aufsichtsbehörde erfolgen. Die nächsten Normen für die Entscheidung sind die §§. 740 bis 753 H.G.B. und die Strandungsordnung selbst. Die Entscheidung erfolgt durch Bescheid. Die Bestimmungen über die Verkündung und Zustellung desselben finden sich in ähnlicher Weise in den §§. 37, 41 des Postgesetzes v. 28. Oktbr. 1871, im §. 45 des Rayongesetzes vom 21. Dezember 1871 (R.G.Bl. 347, 459) und im §. 133 des Reichsbeamtengesetzes vom 31. März 1873 (R.G.Bl. 61). — Vor der hier geordneten provisorischen Entscheidung ist der Rechtsweg unzulässig (R.G. V, 90), und dies nicht bloß auf erhobene Einrede, sondern auch ohne eine solche von Amtswegen zu berücksichtigen (R.G. VII, 64); jedoch bezieht sich dies nur auf Ansprüche auf Berge- oder Hülfslohn im Sinne der §§. 740 ff. H.G.B. oder auf Bergungs- oder Hülfskosten im Sinne der §§. 4, 5, 9, 10, 20, 21 der Strandungsordnung. R.G. XXXVIII, 86.

Zu §. 39.

[1]) a. Diejenigen den Landgerichten in erster Instanz zugewiesenen bürgerlichen Rechtsstreitigkeiten, in welchen durch die Klage ein Anspruch aus der Bergung und Hülfeleistung geltend gemacht wird, gehören vor die Kammern für Handelssachen (§. 101 Ziff. 3f G.V.G.). — Nur für die Klage auf Richtigstellung des festgesetzten Berge- und Hülfslohns ist die ausschließliche Zuständigkeit des für den Ort des Strandamts zuständigen Gericht gegeben, die Klage auf Zahlung des festgestellten Berge- und Hülfslohnes kann gegen den Rheder auch im Heimatshafen angestellt werden, Lewis S. 26.

§. 40.

Den Landesregierungen steht es zu, die in §. 38 der Aufsichtsbehörde zugewiesenen Obliegenheiten dem Strandamt zu übertragen.

§. 41.

Die Erhebung der festgesetzten Beträge und die Vertheilung derselben unter die Berechtigten erfolgt in der Regel durch das Strandamt.

Der Vorsteher des Strandamts hat auch in dem Falle keinen Anspruch auf Berge- oder Hülfslohn, wenn er zugleich zum Strandvogt bestellt ist.[1])

VI. Abschnitt.

Allgemeine Bestimmungen.

§. 42.

Schiffer im Sinne dieses Gesetzes ist der Führer des Schiffs (Schiffskapitän), in Ermangelung oder Verhinderung desselben dessen Stellvertreter.[1])

§. 43.

Wer den Vorschriften der §§. 4, 7 Abs. 1, 12 Abs. 1, 13, 20, 21 zuwiderhandelt, wird, sofern nicht nach allgemeinen Strafgesetzen eine höhere Strafe verwirkt ist, mit Geldstrafe bis zu einhundertfünfzig Mark oder mit Haft bestraft.[1])

---

b Der 3. Abs. d. §. 39 ist von der Kommission des Reichstags aus dem Grunde beigefügt (K.B. 17), welcher die Zulassung der Adhasion in Prozessen rechtfertigt. Wer zur Abkürzung der Sache nachgegeben hat (z. B. der Schiffer hinsichtlich des Bergelohns, um Schiff und Ladung frei zu erhalten), soll nicht an sein Zugeständnis gebunden sein, wenn der andere Teil sich nicht beruhigt. Der Bescheid soll deshalb unter den Personen, welche prozessieren, wirkungslos sein, aber auch nur unter diesen, nicht im Verhältnis zu Dritten, welche sich der Entscheidung fügten.

Zu §. 41.

1) Der Abs. 2 des §. 41 wurde in der Kommission und im Plenum des Reichstags nach der Richtung angefochten, daß überhaupt kein Strandvogt einen Anspruch auf Berge- oder Hülfslohn haben solle. Dies ist indes wiederholt abgelehnt worden, hauptsächlich aus praktischen Erwägungen. Es bewendet daher bei der Regel des §. 740 H.G.B., daß Jeder, der bei einer Bergung oder Hülfsleistung thätig gewesen ist (mithin auch ein Strandbeamter), Anspruch auf Berge- oder Hülfslohn hat. Nur für den Vorsteher des Strandamts, wenn er zugleich Strandvogt ist, hat man wegen seiner amtlichen Stellung eine Ausnahme zugelassen. (M. 34.) Nach §. 2 der folgenden Instruktion dürfen jedoch die Strandvögte, so lange das Schiff in Seenot ist, keinen Vertrag über die Höhe des Berge- oder Hülfslohns schließen.

Zu §. 42.

1) Der §. 42 ist analog dem §. 2 der Seemannsordnung.

Zu §. 43.

1) Der §. 43 bedroht die Nichtbefolgung der in diesem Gesetze enthaltenen im öffentlichen Interesse getroffenen, wesentlich polizeilichen Vorschriften mit der im §. 1 des Strafgesetzbuchs für Übertretungen vorgeschriebenen Strafe. Sonstige auf Strandungsfälle bezügliche Strafbestimmungen enthält das Strafgesetzbuch in den §§. 265, 323, 325, 326.

§. 44.

Die Bestimmungen des Gesetzes, betreffend die Errichtung eines obersten Gerichtshofes für Handelssachen, vom 12. Juni 1869, sowie die Ergänzungen desselben werden auf diejenigen bürgerlichen Rechtsstreitigkeiten ausgedehnt, in welchen durch Klage oder Widerklage ein Anspruch aus Rechtsverhältnissen geltend gemacht wird, welche auf die Bergung ausser dem Falle der Seenoth sich beziehen.[1])

§. 45.

Ob und inwieweit im Falle der Bergung des von den Landesregierungen zur Betonnung verwendeten Materials an Tonnen, Ketten und sonstigem Zubehör bestimmte Lohnsätze an Stelle des Bergelohns treten, bestimmt sich, wenn die Bergung im eigenen Gebiete erfolgt, nach dem bezüglichen Landesrecht, anderenfalls nach den etwa abgeschlossenen Staatsverträgen.

§. 46.

Die in diesem Gesetz vorgeschriebene Mitwirkung der Zollbehörde findet in den Zollausschlüssen nicht statt.[1])

§. 47.

Die Bestimmungen der Staatsverträge über die den Konsuln fremder Staaten in Bergungsfällen zustehenden Rechte werden durch dieses Gesetz nicht berührt.[1])

Zu §. 44.

1) Der §. 44 sollte die einheitliche Anwendung der Normen für Bergung und Hülfsleistung in dem Falle der Seenot und außerhalb desselben sichern. (M. 35.) Dieselbe ist jetzt durch das Gerichtsverfassungsgesetz erzielt. In §. 101 Ziff. 3 f G.V.G. ist zwischen Bergung in und außer dem Falle der Seenot nicht unterschieden.

Zu §. 46.

1) In denjenigen Teilen des Reichsgebietes, welche nach Art. 33 der Reichsverfassung von der Zollgrenze ausgeschlossen sind, finden die hier in Frage kommenden Zollgesetze keine Anwendung; in denselben fällt daher die zur Wahrung der Zollinteressen vorgeschriebene Mitwirkung der Zollbeamten bei Strandungsfallen fort. (M. 36.)

Zu §. 47.

1) Der §. 47 hält die Bestimmungen der Staatsverträge über die Befugnisse aufrecht, welche fremden Konsuln in Bergungsfällen zustehen. Solche Vorschriften sind beispielsweise enthalten in den Konsularverträgen und -Konventionen mit den Niederlanden v. 11. Januar 1872, Art. 9 (R.G.Bl. S. 67), mit Italien v. 7. Febr. 1872. Art. 18 (R.G.Bl. S. 134), mit Spanien v. 12. Januar 1872, Art. 18 (R.G.Bl. S. 211), mit den Vereinigten Staaten von Amerika v. 11. Dezbr. 1871, Art. 16 (R.G.Bl. 1872, S. 95), mit Rußland v. 8. Dezbr. 1874, Art. 14 (R.G.Bl. 1875, S. 145), mit Brasilien v. 10. Januar 1882, Art. 41 (R.G.Bl. S. 69) und mit Griechenland v. 26. Nov. 1881 Art. 14 (R.G.Bl. 1882, S. 101), sowie in den Handels- und Schiffahrtsverträgen mit Chili v. 1. Febr. 1862, Art. 17 (Preuß. G.S. 1863, S. 761), mit Siam v. 7. Febr. 1862, Art. 17 (Preuß. G.S. 1864, S. 717), mit Frankreich v. 2 August 1862, Art. 14 (Preuß. G.S. 1865, S. 333. Vgl. Vertrag v. 10. Mai 1871, Art. 11, Abs. 2; R.G.Bl. S. 223), mit Japan v. 20. Febr. 1869 Art. 2 (B.G.Bl. 1870, S. 1), mit Portugal v. 2. März 1872, Art. 19 (R.G.Bl. S. 254), mit Salvador v. 13. Juni 1870, Art. 31 (R.G.Bl. 1872, S. 377), mit Persien v. 11. Juni 1873, Art. 10 (R.G.Bl. S. 351). mit Costa Rica v. 18. Mai 1875, Art. 34 (R.G.Bl. 1877, S. 13), mit den Hawaiischen Inseln v. $\frac{25.\ \text{März}}{19.\ \text{Septbr.}}$ 1879, Art. 25 (R.G.Bl. 1880, S. 121). (Vgl. M. 36).

§. 48.

Dieses Gesetz tritt am **1. Januar 1875 in Kraft.**

---

19. Instruktion zur Strandungsordnung vom 24. November 1875.

(Centralblatt für das Deutsche Reich 1875, Nr. 48, S. 751.)

§. 1.

Wenn ein Schiff vor der deutschen Küste oder in deutschen Gewässern in Seenoth geräth, sind die Strandvögte der benachbarten Bezirke gleichmässig verpflichtet, die erforderlichen Vorkehrungen zur Rettung von Menschenleben, sowie zur Bergung und Hilfsleistung zu treffen. Die Leitung des Verfahrens steht für die ganze Dauer desselben demjenigen Strandvogt zu, welcher zuerst das Schiff betritt.

Die Fürsorge für die geborgenen Gegenstände liegt der Strandbehörde ob, in deren Bezirk dieselben gelandet werden.

§. 2.

So lange ein Schiff sich in Seenoth befindet, ist es dem Strandvogt unbedingt verboten, mit dem Schiffer einen Vertrag über die Höhe des Berge- oder Hilfslohns abzuschliessen.

§. 3.

Der Werthbetrag der Sicherheitsbestellung, welche im Falle des §. 8 der Strandungsordnung vom 17. Mai 1874 zu beanspruchen ist, darf vom Strandvogt höchstens auf den dritten Theil des Werths der unter seiner Leitung geborgenen Gegenstände bemessen werden.

Wird die Sicherheit durch Hinterlegung von Geldern oder Werthpapieren bestellt, so sind dieselben unverzüglich an das Strandamt abzuliefern.

§. 4.

Die Polizeibehörden sind verpflichtet, den Strandbehörden auf Verlangen in allen Massregeln ohne Verzug Beistand zu leisten, welche im Falle einer Seenoth zur Rettung von Menschenleben, sowie zur Bergung oder Hilfsleistung dienlich sind.

§. 5.

Den Rhedern und Versicherern eines in Seenoth gerathenen Schiffes, sowie den Absendern, Empfängern und Versicherern der Ladung desselben steht es frei, sich an der Bergung oder Hilfsleistung durch Gestellung von Fahrzeugen, Mannschaften u. s. w. zu betheiligen. Sie haben dabei jedoch den Anordnungen des Strandvogts Folge zu leisten, welcher ungeeignete oder seinen Anweisungen zuwiderhandelnde Personen von der Betheiligung auszuschliessen berechtigt ist.

§. 6.

Strandet ein fremdes Schiff an der deutschen Küste, so hat das Strandamt dem für seinen Bezirk bestellten Konsul des Heimathlandes des Schiffes sofort Nachricht zu geben. Ist für den Bezirk ein Konsul dieses Landes nicht bestellt, so ist die Mittheilung an den nächsten im Reiche zugelassenen Konsul des Landes zu richten.

---

20. Allgemeine Seeversicherungs-Bedingungen

von 1867.[1])

Auf Grundlage des Allgemeinen Deutschen Handelsgesetzbuchs,

nach Berathungen von Sachverständigen in den norddeutschen Seestädten.

Fünfte Auflage,

mit den von den Hamburger Versicherern nachträglich beschlossenen und den Polizen beigefügten Zusätzen und Abänderungen.

Inhalt.

Erster Abschnitt.

Allgemeine Grundsätze.

Zweiter Abschnitt.

Anzeigen bei dem Abschluss des Vertrags.

Dritter Abschnitt.

Verpflichtungen des Versicherten aus dem Versicherungsvertrage.

Zur Überschrift.

[1]) Vgl. Anm. 1 zur Überschrift: Versicherung gegen die Gefahren der Seeschiffahrt. H.G.B. Buch IV. Zehnter Abschnitt.

Vierter Abschnitt.

Umfang der Gefahr.

Unterabschnitte.

1. Allgemeine Begrenzung. §. 69—71 (§§. 820—822.)
2. Anfang, Fortgang und Ende der Gefahr:
   A. Bei Versicherungen auf einzelne oder auf mehrere Reisen. §. 72—78 (§§. 823—829.)
   B. Bei Versicherungen auf Zeit. §. 79, 80 (§§. 830, 831.)
   C. Bei Reisen mit verschiedenen Bestimmungsplätzen. §. 81, 82 (§§. 832, 833.)
   D. Separirung der einzelnen unter mehreren Reisen. §. 83.
3. Haftung für grosse Haverei, und ausserordentliche Rettungsaufwendungen. §. 84—91 (§§. 834—839.)
4. Inwiefern der Versicherer über die gezeichnete Summe hinaus haftet und unter welchen Umständen er sich durch deren Zahlung frei machen kann. §. 92—95 (§§. 840—843.)
5. Unwirksamkeit späterer Unfälle auf eine bereits existent gewordene Verbindlichkeit des Versicherers. §. 96 (§. 844.)
6. Beschränkende Bedingungen und Klauseln. §. 97—108 (§§. 845—853.)

Fünfter Abschnitt.

Umfang des Schadens.

Unterabschnitte.

1. Der Totalverlust. §. 109—115 (§§. 854—860.)
2. Der Abandon. §. 116—126 (§§. 861—871.)
3. Die Partialschäden:
   A. An Schiffen. §. 127—132 (§§. 872—874.)
   B. An Gütern. §. 133—136 (§§. 875—877.)
   C. An Frachtgeldern. §. 137 (§. 878.)
   D. An imaginairem Gewinn, Provision u. dgl. §. 138 (§. 879.)
   E. An Bodmerei- oder Havereigeldern. §. 139 (§. 880.)
   F. An Ueberfahrts-(Passage-)Geldern. §. 140.
   G. Allgemeine Bestimmungen. §. 141 (§. 881.)

Sechster Abschnitt.

Bezahlung des Schadens.

Unterabschnitte.

1. Begründung, Andienung und Beweis der Schadensforderung. §. 142—149 (§§. 882—887.)
2. Retentionsrecht und Kompensationsrecht. §. 150, 151 (§§. 888—891.)
3. Fälle, in welchen der Versicherer Abschlagszahlung leisten oder Vorschuss ertheilen muss. §. 152, 153 (§§. 892, 893.)

Siebenter Abschnitt.

Aufhebung der Versicherung und Rückzahlung der Prämie.

Unterabschnitte.

1. Ristorno, wegen gänzlich oder theilweise nicht eintretender Gefahr. §. 154—159 (§§. 894—897.)

2. Aufhebung der Versicherung wegen Zahlungsunfähigkeit des Versicherers resp. des Prämienschuldners. §. 160 (§. 898.)
3. Wirkung der Veräusserung des versicherten Gegenstandes. §. 161, 162 (§§. 899, 900.)

Achter Abschnitt.

Verjährung.

Verjährung der Forderung des Versicherten und resp. der Prämienforderung. §. 163, 164 (§. 905.)

Polizen-Formulare. Zusätze und Abänderungen.

Erster Abschnitt.

Allgemeine Grundsätze.

Erster Unterabschnitt.

Was versichert werden kann

§. 1.

Jedes in Geld schätzbare Interesse, welches Jemand daran hat, dass Schiff oder Ladung die Gefahren der Seeschiffahrt bestehe, kann Gegenstand der Seeversicherung sein.

§. 2.

Es können insbesondere versichert werden:
- das Schiff;
- die Fracht;
- die Ueberfahrts- (Passage-) Gelder;
- die Güter;
- die Bodmereigelder;
- die Havereigelder;
- andere Forderungen, zu deren Deckung Schiff, Fracht, Ueberfahrtsgelder oder Güter dienen;
- der von der Ankunft der Güter am Bestimmungsort erwartete Gewinn (imaginaire Gewinn);
- die zu verdienende Provision;
- die von dem Versicherer übernommene Gefahr (Rückversicherung).

In der einen dieser Versicherungen ist die andere nicht enthalten, und muss deshalb der Versicherungsnehmer dafür Sorge tragen, dass das Interesse, welches versichert werden soll (der Gegenstand der Versicherung), in dem Versicherungsvertrage richtig bezeichnet werde. Eine Versicherung, bei welcher der Gegenstand derselben unrichtig bezeichnet worden, ist für den Versicherer unverbindlich.

§. 3.

Die Heuerforderung des Schiffers und der Schiffsmannschaft kann nicht versichert werden. (S. §. 53.)

Zweiter Unterabschnitt.

Wer Versicherung nehmen kann, und von der Versicherung für eigene oder fremde Rechnung.

§. 4.

Der Versicherungsnehmer kann entweder sein eigenes Interesse (Versicherung für eigene Rechnung) oder das Interesse eines Dritten (Versicherung für fremde Rechnung) und in dem letzteren Falle mit oder ohne Bezeichnung der Person des Versicherten unter Versicherung bringen.

Es kann im Vertrag auch unbestimmt gelassen werden, ob die Versicherung für eigene oder für fremde Rechnung genommen wird (für Rechnung „wen es angeht"). Ergiebt sich bei einer Versicherung für Rechnung „wen es angeht", dass dieselbe für fremde Rechnung genommen ist, so kommen die Vorschriften über die Versicherung für fremde Rechnung zur Anwendung.

Die Versicherung gilt als für eigene Rechnung des Versicherungsnehmers geschlossen wenn der Vertrag nicht ergiebt, dass sie für fremde Rechnung oder für Rechnung „wen es angeht" genommen ist.

Eine Versicherung ist nur so weit gültig, als derjenige, für dessen Rechnung sie genommen wurde, ein Interesse an dem versicherten Gegenstande hat. Wett-Assecuranzen und sogenannte Polices d'honneur sind ungültig. (§. 9.)

§. 5.

Die Versicherung für fremde Rechnung ist für den Versicherer nur dann verbindlich, wenn entweder der Versicherungsnehmer zur Eingehung derselben von dem Versicherten (sei es ausdrücklich, sei es den Umständen nach stillschweigend) beauftragt war, oder wenn der Mangel eines solchen Auftrags von dem Versicherungsnehmer bei dem Abschluss des Vertrags dem Versicherer angezeigt wird.

Ist die Anzeige unterlassen, so kann der Mangel des Auftrags dadurch nicht ersetzt werden, dass der Versicherte die Versicherung nachträglich genehmigt.

Ist die Anzeige erfolgt, so wird die Verbindlichkeit des Versicherers als fortbestehend behandelt, wenngleich eine nachträgliche Genehmigung des Vertrags seitens des Versicherten schon hätte erfolgt sein können, aber noch nicht erfolgt ist. Jedoch ist der Versicherer zu keiner Zahlung aus dem Vertrage verpflichtet, bevor dieser von dem Versicherten genehmigt worden ist.

Der Versicherer, für welchen nach den Bestimmungen dieses Paragraphen der Versicherungsvertrag unverbindlich ist, hat, selbst wenn er die Unverbindlichkeit des Vertrags geltend macht, gleichwohl auf die volle Prämie Anspruch.

§. 6.

Ist die Versicherung von einem Bevollmächtigten, von einem Geschäftsführer ohne Auftrag (negotiorum gestor), oder von einem sonstigen Vertreter des Versicherten in dessen Namen geschlossen, so ist im Sinne dieser Allgemeinen Seeversicherungs-Bedingungen weder der Vertreter Versicherungsnehmer, noch die Versicherung selbst eine Versicherung für fremde Rechnung.

Im Zweifel wird angenommen, dass selbst die auf das Interesse eines dem Versicherer namhaft gemachten Dritten sich beziehende Versicherung eine Versicherung für fremde Rechnung ist.

Dritter Unterabschnitt.

Beurkundung der Versicherung.

§. 7.

Es bedarf, um einen rechtsverbindlichen Versicherungsvertrag zu Stande zu bringen, der schriftlichen Vollziehung desselben nicht

Der Versicherer ist übrigens verpflichtet, eine von ihm unterzeichnete Urkunde (Polize) über den Versicherungsvertrag dem Versicherungsnehmer auf dessen Verlangen auszuhändigen.

Vierter Unterabschnitt.

Inwiefern der Umstand Wirksamkeit ausübt, wenn zur Zeit des Vertragsabschlusses ein Schaden schon eingetreten oder ausgeschlossen ist.

§. 8.

Auf die Gültigkeit des Versicherungsvertrags hat es keinen Einfluss, dass zur Zeit des Abschlusses desselben die Möglichkeit des Eintritts eines zu ersetzenden Schadens schon ausgeschlossen, oder dass der zu ersetzende Schaden bereits eingetreten ist.

Waren jedoch beide Theile von dem Sachverhältniss unterrichtet, so ist der Vertrag als Versicherungsvertrag ungültig.

Wusste nur der Versicherer, dass die Möglichkeit des Eintritts eines zu ersetzenden Schadens schon ausgeschlossen sei, oder wusste nur der Versicherungsnehmer, dass der zu ersetzende Schaden schon eingetreten sei, so ist der Vertrag für den anderen, von dem Sachverhältniss nicht unterrichteten Theil unverbindlich. Im zweiten Falle hat der Versicherer, selbst wenn er die Unverbindlichkeit des Vertrags geltend macht, gleichwohl auf die volle Prämie Anspruch.

Im Falle der Vertrag für den Versicherungsnehmer durch einen Vertreter abgeschlossen wird, kommt die Vorschrift des zweiten Absatzes des §. 29, im Falle der Versicherung für fremde Rechnung die Vorschrift des §. 30, und im Falle der Versicherung mehrerer Gegenstände oder einer Gesammtheit von Gegenständen die Vorschrift des §. 33 zur Anwendung.

Fünfter Unterabschnitt.

Der Versicherungswerth im Allgemeinen.

§. 9.

Der volle Werth des versicherten Gegenstandes ist der Versicherungswerth.

Die Versicherungssumme kann den Versicherungswerth nicht übersteigen.

Soweit die Versicherungssumme den Versicherungswerth übersteigt (Ueberversicherung), hat die Versicherung keine rechtliche Geltung.

Sechster Unterabschnitt

Concurrenz mehrerer Versicherungen. Doppelversicherungen. Die Ratenverbindlichkeit der Partialversicherer.

§. 10.

Uebersteigt im Fall einer gleichzeitigen Abschliessung verschiedener Versicherungsverträge der Gesammtbetrag der Versicherungssummen den Versicherungswerth, so haften alle Versicherer zusammen nur in Höhe des Versicherungswerths, und zwar jeder einzelne für so viele Prozente des Versicherungswerths, als seine Versicherungssumme Prozente des Gesammtbetrags der Versicherungssummen bildet (§. 15). Hierbei wird im Zweifel vermuthet, dass die Verträge gleichzeitig abgeschlossen sind.

Mehrere Versicherungsverträge, worüber eine gemeinschaftliche Polize ertheilt ist, ingleichen mehrere Versicherungsverträge, welche an demselben Tag abgeschlossen sind, gelten als gleichzeitig abgeschlossen.

§. 11.

Wird ein Gegenstand, welcher bereits zum vollen Werthe versichert ist, nochmals versichert, so hat die spätere Versicherung insoweit keine rechtliche Geltung, als der Gegenstand auf dieselbe Zeit und gegen dieselbe Gefahr bereits versichert ist (Doppelversicherung).

Ist durch die frühere Versicherung nicht der volle Werth versichert, so gilt die spätere Versicherung, insoweit sie auf dieselbe Zeit und gegen dieselbe Gefahr genommen ist, nur für den noch nicht versicherten Theil des Werths.

§. 12.

Die spätere Versicherung hat jedoch ungeachtet der Eingehung der früheren Versicherung rechtliche Geltung:

1) wenn bei dem Abschluss des späteren Vertrags mit dem Versicherer vereinbart wird, dass demselben die Rechte aus der früheren Versicherung abzutreten seien;
2) wenn die spätere Versicherung unter der Bedingung geschlossen wird, dass der Versicherer nur insoweit hafte, als der Versicherte sich an dem früheren Versicherer wegen Zahlungsunfähigkeit desselben nicht zu erholen vermöge, oder die frühere Versicherung nicht zu Recht bestehe;
3) wenn der frühere Versicherer mittelst Verzichtsanzeige seiner Verpflichtung insoweit entlassen wird, als zur Vermeidung einer Doppelversicherung nöthig ist, und der spätere Versicherer bei Eingehung der späteren Versicherung hiervon benachrichtigt wird. Dem früheren Versicherer gebührt in diesem Fall, obschon er von seiner Verpflichtung befreit wird, gleichwohl die volle Prämie.

§. 13.

Im Falle der Doppelversicherung hat nicht die zuerst genommene, sondern die später genommene Versicherung rechtliche Geltung, wenn die frühere Versicherung für fremde Rechnung ohne Auftrag genommen ist (§. 5), die spätere dagegen von dem Versicherten selbst genommen wird, sofern in einem solchen Falle der Versicherte entweder bei Eingehung der späteren Versicherung von der früheren noch nicht unterrichtet war, oder bei Eingehung der späteren Versicherung dem Versicherer anzeigt, dass er die frühere Versicherung zurückweise.

Die Rechte des früheren Versicherers in Ansehung der Prämie bestimmen sich in diesen Fällen nach den Vorschriften der §§. 155 und 156.

§ 14.

Sind mehrere Versicherungen gleichzeitig oder nach einander geschlossen worden, so hat ein späterer Verzicht auf die gegen den einen Versicherer begründeten Rechte keinen Einfluss auf die Rechte und Verpflichtungen der übrigen Versicherer.

§. 15.

Wenn die Versicherungssumme den Versicherungswerth nicht erreicht oder wenn sie im Falle einer taxirten Polize (s. §. 16) nur einen Theil des Taxbelaufes ausmacht, so haftet der Versicherer im Fall eines eintretenden, ihm zur Last kommenden Schadens für den Betrag desselben nur nach Verhältniss der Versicherungssumme zum Versicherungswerth, resp. zur Polizentaxe. Siehe auch §. 10.

Siebenter Unterabschnitt.

Die Polizentaxe.

§. 16.

Wird durch Vereinbarung der Parteien der Versicherungswerth auf eine bestimmte Summe (Taxe) festgestellt (taxirte Polize), so ist die Taxe unter den Parteien für den Versicherungswerth massgebend.

Der Versicherer ist jedoch befugt, eine Herabsetzung der Taxe zu fordern, wenn er beweist, dass dieselbe wesentlich übersetzt sei. Das durch das Verhältniss der Versicherungssumme zur Taxe bestimmte Mass der Verbindlichkeit des Versicherers (s. §. 15) bleibt im Falle einer Herabsetzung der Taxe unverändert.

Ist imaginairer Gewinn taxirt, so hat der Versicherer im Falle der Anfechtung der Taxe zu beweisen, dass dieselbe den zur Zeit des Abschlusses des Vertrags nach kaufmännischer Berechnung möglicher Weise zu erwartenden Gewinn überstiegen habe. Dies gilt gleichmässig in Fällen versicherter Provision, sowie sonstiger Vortheile, welche von Gegenständen, die der Seegefahr ausgesetzt sind, erwartet werden.

Eine Polize mit der Bestimmung „vorläufig taxirt" wird, so lange die Taxe nicht in eine feste verwandelt ist, einer nicht taxirten Polize (offenen Polize) gleichgeachtet.

Bei der Versicherung von Fracht hat die Taxe nur die Bedeutung, den Umfang der Verbindlichkeit des Versicherers zu bestimmen (§. 15). Der Versicherte hat, ungeachtet der geschehenen Taxirung, im Falle eines Schadens (§§. 110, 137) über die Grösse der bedungenen, eventuell der üblichen Fracht (§. 20 Abs. 2) sich auszuweisen. Soll der Versicherte von dieser Pflicht befreiet werden, so ist dies besonders zu bedingen (§. 148).

§. 17.

Wenn in einem Vertrage mehrere Gegenstände oder eine Gesammtheit von Gegenständen unter einer Versicherungssumme begriffen, aber für einzelne derselben besondere Taxen vereinbart sind, so gelten die Gegenstände, welche besonders taxirt sind, auch als abgesondert versichert.

Achter Unterabschnitt.

Bestimmungen über den Versicherungswerth der zu versichernden Gegenstände im Einzelnen.

§. 18.

Als Versicherungswerth des Schiffs gilt, wenn die Parteien nicht eine andere Grundlage für die Schätzung vereinbart haben, der Werth, welchen das Schiff mit seinem Zubehör (H.G.B. §. 478) in dem Zeitpunkt hat, in welchem die Gefahr für den Versicherer zu laufen beginnt.

Diese Bestimmung kommt auch dann zur Anwendung, wenn der Versicherungswerth des Schiffs taxirt ist.

§. 19.

Die Ausrüstungskosten, die Heuer und die Versicherungskosten können zugleich mit dem Schiff oder besonders versichert werden, insoweit sie nicht bereits durch die Versicherung der Bruttofracht versichert sind. Dieselben gelten nur dann als mit dem Schiff versichert, wenn es vereinbart ist.

§. 20.

Die Fracht kann bis zu ihrem Bruttobetrage versichert werden, insoweit sie nicht bereits durch die Versicherung der Ausrüstungskosten, der Heuer und der Versicherungskosten versichert ist (§. 19).

Als Versicherungswerth der Fracht gilt der Betrag der in den Frachtverträgen bedungenen Fracht, und wenn eine bestimmte Fracht nicht bedungen ist, oder insoweit Güter für Rechnung des Rheders verschifft sind, der Betrag der üblichen Fracht (H.G.B. §. 619).

Solche Theile der Fracht, welche der Befrachter auf Grund des Frachtvertrages vorauszuzahlen hat, ohne dass eine Rückzahlungspflicht des Verfrachters für den Fall eintritt, wenn keine Fracht verdient werden sollte, sind nicht in den Versicherungswerth der Fracht hineinzurechnen.

§. 21.

Ist bei der Versicherung der Fracht nicht bestimmt, ob dieselbe ganz oder ob nur ein Theil derselben versichert sei, so gilt die ganze Fracht als versichert.

Ist nicht bestimmt, ob die Brutto- oder Nettofracht versichert sei, so gilt die Bruttofracht als versichert.

Ist vereinbart, dass die Nettofracht versichert sein solle, so gelten als solche in Ermangelung einer andern Verabredung zwei Drittheile der Bruttofracht.

Wenn die Fracht der Hinreise und die Fracht der Zurückreise unter einer Versicherungssumme versichert sind und nicht bestimmt ist, welcher Theil der Versicherungssumme auf die Fracht der Zurückreise falle, so werden ein Drittheil derselben auf die Fracht der Hinreise, zwei Drittheile auf die Fracht der Zurückreise gerechnet.

§. 22.

Als Versicherungswerth der Güter gilt, wenn die Parteien nicht eine andere Grundlage für die Schätzung vereinbart haben, derjenige Werth, welchen die Güter am Ort und zur Zeit der Abladung haben, unter Hinzurechnung aller Kosten bis an Bord einschliesslich der Versicherungskosten.

Die Fracht, sowie die Kosten während der Reise und am Bestimmungsort werden nur hinzugerechnet, sofern es vereinbart ist.

Die Bestimmungen dieses Paragraphen kommen auch dann zur Anwendung, wenn der Versicherungswerth der Güter taxirt ist.

§. 23.

Sind die Ausrüstungskosten, oder die Heuer, sei es selbständig, sei es durch Versicherung der Bruttofracht, versichert, oder sind bei der Versicherung von Gütern die Fracht oder die Kosten während der Reise und am Bestimmungsort versichert, so leistet der Versicherer für denjenigen Theil derselben keinen Ersatz, welcher in Folge eines Unfalls erspart wird; jedoch ist in solchem Falle die Prämie für denjenigen Betrag, der an Kosten erspart wurde, zur Hälfte zu ristorniren.

§. 24.

Bei der Versicherung von Gütern ist der imaginaire Gewinn oder die Provision, selbst wenn der Versicherungswerth der Güter taxirt ist, als mitversichert nur anzusehen, sofern es im Vertrage bestimmt ist.

Ist im Falle der Mitversicherung des imaginairen Gewinns der Versicherungswerth taxirt, aber nicht bestimmt, welcher Theil der Taxe auf den imaginairen Gewinn sich beziehe, so wird angenommen, dass zehn Prozent vom Versicherungswerthe der Güter als imaginairer Gewinn versichert sind. Wenn im Falle der Mitversicherung des imaginairen Gewinns der Versicherungswerth nicht taxirt ist, so werden als imaginairer Gewinn zehn Prozent des Versicherungswerths der Güter (§. 22) als versichert betrachtet.

Die Bestimmungen des zweiten Absatzes kommen auch im Falle der Mitversicherung der Provision mit der Massgabe zur Anwendung, dass an Stelle der zehn Prozent zwei Prozent treten.

§. 25.

Ist der imaginaire Gewinn oder die Provision selbständig versichert, der Versicherungswerth jedoch nicht taxirt, so wird im Zweifel angenommen, dass die Versicherungssumme zugleich als Taxe des Versicherungswerths gelten soll.

§. 26.

Die Bodmereigelder können einschliesslich der Bodmereiprämie für den Bodmereigläubiger, jedoch nicht mit Zuziehung der Versicherungsprämie, versichert werden.

Ist bei der Versicherung von Bodmereigeldern nicht angegeben, welche Gegenstände verbodmet sind, so wird angenommen, dass Bodmereigelder auf Schiff, Fracht und Ladung versichert seien. Wenn in Wirklichkeit nicht alle diese Gegenstände verbodmet sind, so findet ein Ersatzanspruch des Versicherten an den Versicherer nur insoweit Statt, als auch die nicht mit verbodmeten Gegenstände unzureichend gewesen sein würden, die Bodmereiforderung zu decken Der Versicherte hat über diesen Umstand Beweis zu liefern. (S. übrigens §. 41.)

Neunter Unterabschnitt.

Eintritt des Versicherers, welcher Schaden vergütet hat, in die entsprechenden Rechte des Versicherten.

§. 27.

Hat der Versicherer seine Verpflichtungen erfüllt, so tritt er, insoweit er einen Schaden vergütet hat, dessen Erstattung der Versicherte von einem Dritten zu fordern befugt ist, jedoch unbeschadet der Bestimmungen im zweiten Absatze des §. 775 und im zweiten Absatze des §. 777 des H.G.B, in die Rechte des Versicherten gegen den Dritten.

Der Versicherte ist verpflichtet, dem Versicherer, wenn er es verlangt, auf dessen Kosten eine beglaubigte Anerkennungs-Urkunde über den Eintritt in die Rechte gegen den Dritten zu ertheilen.

Der Versicherte ist verantwortlich für jede Handlung, durch welche er jene Rechte beeinträchtigt.

(Siehe Seite 522: Formular der See-Versicherungs-Polize auf Güter.)

§. 28.

Ist eine Forderung versichert, zu deren Deckung eine den Gefahren der See ausgesetzte Sache dient, so bildet für den Umfang der Ersatzpflicht des Versicherers der Versicherungswerth der als Sicherheit dienenden Sache, nicht die etwa weiter reichende Grösse der Forderung, das Mass.

Hat der Versicherer im Falle eines Schadens seine Verpflichtung gegen den Versicherten erfüllt, so gebührt ihm der dem letzteren gegen den Schuldner zustehende Anspruch bis zu dem Belauf derjenigen Summe, welche er dem Versicherten gezahlt hat. Der Versicherte ist verpflichtet, je nach dem Verlangen des Versicherers, entweder diesem seine Rechte an den Schuldner bis zum Betrage der geschehenen Ersatzleistung, unter Ertheilung der erforderlichen Auskunft und Zustellung der bezüglichen Belege, abzutreten, oder in Gemässheit des Schlusssatzes des §. 71 zu verfahren.

Der Versicherte haftet für die Wahrheit der Forderung und hat auf Verlangen des Versicherers demselben gegen Empfang der Zahlung Caution wegen dieser Verbindlichkeit zu leisten.

Sollte in Folge des Umstandes, dass die Forderung des Versicherten durch die der Seegefahr ausgesetzten Gegenstände nur theilweise gedeckt worden wäre, der Versicherer in der Rechtsverfolgung gegen den Schuldner mit dem Versicherten concurriren, so gebührt dem letzteren, falls der Schuldner seiner Verbindlichkeit nicht vollständig nachkommt, für den nicht gedeckten Theil das Vorgangsrecht an dem zu erlangenden Ergebnisse.

Zweiter Abschnitt.

Anzeigen bei dem Abschluss des Vertrags.

Erster Unterabschnitt.

Anzeigepflicht im Allgemeinen.

§. 29.

Der Versicherungsnehmer ist sowohl im Falle der Versicherung für eigene Rechnung als im Falle der Versicherung für fremde Rechnung verpflichtet, bei dem Abschluss des Vertrags dem Versicherer alle ihm bekannten Umstände, sowie alle ihm zugekommenen Nachrichten, resp. anzuzeigen und mitzutheilen, welche wegen ihrer Erheblichkeit für die Beurtheilung der von dem Versicherer zu tragenden Gefahr geeignet sind, auf den Entschluss des Letzteren, sich auf den Vertrag überhaupt oder unter denselben Bestimmungen einzulassen, Einfluss zu üben. Die Mittheilung von Nachrichten der vorgedachten Art darf auch dann nicht unterlassen werden, wenn der Versicherungsnehmer dieselben für unbegründet oder unzuverlässig hält.

Wenn der Vertrag für den Versicherungsnehmer durch einen Vertreter desselben abgeschlossen wird, so sind nach Massgabe des Vorstehenden auch die dem Vertreter bekannten Umstände und zugekommenen Nachrichten anzuzeigen.

(Siehe Seite 522: Formular der See-Versicherungs-Police auf Güter [zu §. 51].)

§. 30.

Im Falle der Versicherung für fremde Rechnung müssen dem Versicherer bei dem Abschluss des Vertrags auch diejenigen Umstände und Nachrichten angezeigt werden, welche dem Versicherten selbst oder einem Zwischenbeauftragten bekannt oder zugekommen sind.

Die Kenntniss des Versicherten oder eines Zwischenbeauftragten kommt jedoch nicht in Betracht, wenn der Umstand oder die Nachricht ihnen so spät bekannt wird, dass sie den Versicherungsnehmer ohne Anwendung aussergewöhnlicher Massregeln vor Abschluss des Vertrags nicht mehr davon benachrichtigen können. Ob vorkommenden Falles die Benutzung des Telegraphen zu den gewöhnlichen oder aussergewöhnlichen Massregeln zu rechnen ist, hängt von den jedesmaligen Umständen ab.

Die Kenntniss des Versicherten kommt auch dann nicht in Betracht, wenn die Versicherung ohne Auftrag und ohne Wissen desselben genommen ist.

§. 31.

Wenn die in den beiden vorstehenden Paragraphen bezeichnete Verpflichtung nicht erfüllt wird, so ist der Vertrag für den Versicherer unverbindlich. (S. §. 32, Absatz 2.)

Diese Vorschrift findet jedoch keine Anwendung, wenn der nicht angezeigte Umstand dem Versicherer bekannt, oder zu der Zeit, zu welcher die Anzeige hätte erfolgen müssen, an dem Orte des Versicherungsabschlusses allgemein-notorisch oder doch börsen-notorisch war, so dass der Versicherte annehmen musste, dass auch dem Versicherer der Umstand bekannt sei. Die blosse Thatsache, dass eine Nachricht in den Schiffahrtsberichten der Zeitungen mitgetheilt oder in einem öffentlichen Geschäftslocale durch Anschlag bekannt gemacht worden ist, genügt nicht, um Kenntniss des Versicherers von derselben oder Notorietät anzunehmen

§. 32.

Wird von dem Versicherungsnehmer bei dem Abschluss des Vertrags in Bezug auf einen erheblichen Umstand (§ 29) eine unrichtige Anzeige gemacht, so ist der Vertrag für den Versicherer unverbindlich, es sei denn, dass diesem die Unrichtigkeit der Anzeige bekannt war.

Die Unverbindlichkeit der Versicherung tritt nach Massgabe des §. 31 und der vorstehenden Bestimmung ein, gleichviel ob die Unterlassung der erforderlichen Angabe oder resp. die Mittheilung der unrichtigen Anzeige wissentlich oder aus Irrthum, ob sie mit oder ohne Verschulden geschehen ist.

§. 33.

Wird bei einer Versicherung mehrerer Gegenstände oder einer Gesammtheit von Gegenständen den Vorschriften der §§. 29—32 in Ansehung eines Umstandes zuwidergehandelt, welcher nur einen Theil der versicherten Gegenstände betrifft, so bleibt der Vertrag für den Versicherer in Ansehung des übrigen Theils verbindlich. Der Vertrag ist jedoch auch in Ansehung dieses Theils für den Versicherer unverbindlich, wenn erhellt, dass der Letztere denselben allein unter denselben Bestimmungen nicht versichert haben würde.

§. 34.

Dem Versicherer gebührt in den Fällen der §§. 29—33, selbst wenn er die gänzliche oder theilweise Unverbindlichkeit des Vertrags geltend macht, gleichwohl die volle Prämie. Wegen des unter besonderen Umständen Statt findenden Ristorno s. §§. 154—156.

Zweiter Unterabschnitt.

Unrichtige Angaben des Versicherungsnehmers. Verpflichtung zu besonderen Anzeigen.

§. 35.

Für den Zweck des Versicherungsabschlusses hat der Versicherungsnehmer, ausser dem Belauf, für welchen er Versicherung zu erhalten beabsichtigt, und dem Mass, in welchem der Versicherer sich betheiligen soll, ob für den gesammten Belauf des gefährdeten Werthes oder für eine Quote desselben und fur welche (§. 15), anzugeben:

den Gegenstand der Versicherung;
den Namen des Schiffes;
den Namen des Schiffers;
den Abgangs- resp. Abladungsort;
den Bestimmungsort.

Eine wissentlich unrichtige Angabe und jede absichtliche Verschweigung in Betreff irgend eines der vorstehenden fünf Punkte macht die Versicherung für den Versicherer unverbindlich und die Prämie verfallen.

§. 36.

Eine unwissentlich unrichtige Angabe über einen der folgenden vier Punkte:

den Gegenstand der Versicherung;
den Namen des Schiffes;
den Abgangs- resp. Abladungsort;
den Bestimmungsort;

macht die Versicherung für den Versicherer unverbindlich und die Prämie verfallen, indessen kann den Umständen nach Ristorno eintreten (§. 155).

Eine unwesentliche Ungenauigkeit in der Bezeichnung des Schiffes präjudicirt der Versicherung nicht. Uebertragungen des Namens des Schiffes in andere Sprachen werden in der Regel als unwesentliche Ungenauigkeiten angesehen.

In der Angabe des Namens des Schiffers liegt die Erklärung, dass der Genannte das Schiff geführt habe, oder dazu bestimmt gewesen sei, dasselbe zu führen, so dass erst nach der Order-Ertheilung eine etwanige Veränderung eingetreten, resp. bekannt geworden sein könne. (S. auch §. 62.)

Unter besonderen Umständen kann übrigens der Versicherung durch irrthümliche Angabe des Namens des Schiffers präjudicirt werden.

§. 37.

Hat das Schiff Freiheit, auf seiner Reise nach dem angegebenen Bestimmungsorte (oder den angegebenen mehreren Bestimmungsorten) andere Häfen oder Rheden an- oder einzulaufen, so muss dies (abgesehen von den im §. 60 Abs. 5 berührten Fällen des Anlaufens gewisser Häfen, um Order zu erhalten) bei der Versicherungsnahme angezeigt werden, widrigenfalls der Risico mit dem Zeitpunkt endet, in welchem das Schiff nach einem dieser anderen Häfen oder Rheden seinen Cours nimmt (§. 60), ohne dass ein Ristorno stattfindet.

Die vorstehende Bestimmung gilt bei der Versicherung auf Schiff oder Fracht in allen Fällen; bei Versicherungen auf andere Gegenstände findet das Präjudiz derselben dann keine Anwendung, wenn der Schiffer dem Versicherten gegenüber contractlich verpflichtet war, die Reise direct in Ausführung zu bringen, auch nicht etwa der Versicherte oder eine der demselben betreffs der Anzeigepflicht gleich zu achtenden Personen (§§. 29, 30), von der beabsichtigten Abweichung Kunde erhalten hatte.

Gänzlich dispensirt ist der Versicherungsnehmer von der Anzeige des angegebenen Umstandes bei Versicherungen, welche in Friedenszeiten auf in Dampfschiffe verladene Güter oder Contanten genommen werden. Hierbei genügt die Angabe des Abgangs- und des Bestimmungsorts und ist es unpräjudicirlich, wenn von dem Umstande, dass das Schiff andere Plätze anlaufen dürfe, keine Anzeige gemacht wird.

§ 38

Wenn bei der Versicherung auf Schiff oder Fracht dem Versicherer nicht angezeigt ist, dass das Schiff

von Eisen, gleichviel ob ganz von Eisen oder mit eisernem Umschlag, oder von Föhrenholz, selbst wenn die Planken von Eichen-, die Inhölzer aber grösserentheils von Föhrenholz sein sollten, oder auf Klink gebauet sei, oder in Ballast, mit Salz, losem Getreide, loser Saat, losem Reis, Knochen, Knochenschwärze, losem Guano, sonstigem Dünger, Heu, Torf, Erz, Steinen, Schiefer, Kohlen, Gyps, Kreide oder raffinirtem Petroleum fahre oder fahren werde,

so bezahlt der Versicherer im Schadensfalle nur die Hälfte von dem, was er ordentlicher Weise, nach Massgabe der Versicherung und der eintretenden Umstände, zu bezahlen gehabt haben würde.

Ein Schiff wird schon dann als mit einem der in diesem Paragraphen genannten Gegenstände fahrend betrachtet, wenn das davon verladene Quantum ein Drittel seiner Tragfähigkeit ausmacht.

(Siehe Seite 525: Formular der See-Versicherungs-Police auf Casco-Reiseversicherung, Fracht ꝛc.)

§. 39.

Wenn bei der Versicherung auf Schiff oder Fracht dem Versicherer nicht angezeigt ist, dass in dem Schiff gebrannter Kalk, rohes Petroleum, Schiesspulver oder irgend eine sonstige der Explosion ausgesetzte Substanz (Nitroglycerin oder dgl.) verladen sei oder werde, oder dass es bis auf mehr als ein Drittheil seiner Tragfähigkeit mit Roheisen,

Blockeisen oder Eisenbahnschienen fahre oder fahren werde, so ist die Versicherung für den Versicherer unverbindlich und die Prämie verfallen. — Diese Bestimmung findet jedoch dann keine Anwendung, wenn der Umstand, dass von den vorbezeichneten Gegenständen überhaupt etwas, resp. bis zu dem angegebenen Quantum, verladen worden sei oder resp. werden sollte, ohne Wissen des Schiffers Statt gefunden hatte und dem Versicherten, sowie den demselben betreffs der Anzeigepflicht gleich zu achtenden Personen (§§. 29, 30), ungeachtet der aufzuwendenden gehörigen Sorgfalt unbekannt geblieben war.

(Siehe Seite 525: Formular der See-Versicherungs-Police auf Casco-Reiseversicherung, Fracht rc.)

§. 40.

Bei der Versicherung auf Fracht für leicht verderbliche Ladung muss der Umstand, dass das Schiff solche Ladung führt, angezeigt werden, widrigenfalls der Versicherer den durch diese Beschaffenheit der Waare entstandenen Verlust nicht zu ersetzen hat.

Bei der Versicherung auf Fracht für Güter, welche dem Schmelzen unterliegen, wird angenommen, dass die Fracht für das ausgelieferte Mass geschlossen sei, wenn nicht angezeigt sein sollte, dass sie für das eingenommene Mass bedungen worden.

§. 41.

Wird bei der Versicherung auf Bodmerei nicht angezeigt, dass dieselbe auf ein Schiff in Ballast gegeben, oder dass der Bodmereibrief für eine ältere vor Antritt der versicherten Reise entstandene Schuld gezeichnet worden ist, so ist die Versicherung für den Versicherer unverbindlich und die Prämie verfallen.

§. 42.

Wird bei der Versicherung von Havereigeldern nicht angezeigt, dass dieselben die Ladung allein oder doch diese mit betreffen, so wird angenommen, dass solche lediglich Schiff und Fracht angehen.

Fährt das Schiff in Ballast, so ist dies bei der Versicherung von Havereigeldern anzuzeigen, widrigenfalls die Versicherung für den Versicherer unverbindlich und die Prämie verfallen ist.

§. 43.

Wenn dem Versicherer nicht ein Anderes angezeigt worden ist, so wird in den Fällen, in welchen der Ort des Versicherungsabschlusses nicht zugleich der Abgangsort des Schiffes und resp. der versicherten Güter ist, angenommen, dass der Auftrag oder die Benachrichtigung vom Abgangsorte, und zwar direct mit der letzten Post oder mit jüngster Schiffsgelegenheit, gekommen sei und das Schiff am Tage der Order-Ertheilung resp. der Benachrichtigung noch im Abgangshafen gelegen habe. — Die vorstehende Bestimmung bleibt selbst dann in Wirksamkeit, wenn bei der Versicherung auf Güter dem Versicherer der Tag der Connossements-Zeichnung angegeben worden sein sollte.

In allen Fällen, wenn der Auftrag oder ein Nachtrag zu demselben, resp. die Benachrichtigung, per Telegraph gekommen ist, muss hiervon Anzeige gemacht werden.

Ist, ohne dass hiervon bei der Versicherungsnahme Anzeige gemacht wird, die Benachrichtigung oder der Auftrag nicht vom Abgangsorte gegeben worden, oder hat eine erhebliche Verzögerung dabei stattgefunden, oder ist jene oder dieser auf einem erheblichen Umwege eingetroffen, so ist, falls angenommen werden muss, dass dies von Einfluss auf die Eingehung der Versicherung, überhaupt oder wie sie geschehen, habe sein können, für den Versicherer die Versicherung unverbindlich und die Prämie verfallen. — Dies Präjudiz tritt unbedingt ein, wenn von dem Umstande, dass die Order etc. per Telegraph eingegangen ist, keine Mittheilung gemacht wird.

§. 44.

Wird Versicherung auf ein Schiff oder dessen Fracht oder auf Gegenstände in einem Schiffe beantragt, welches an dem Abgangsorte der zur Versicherung aufgegebenen Reise noch nicht angekommen ist, mag es vorher eine besondere Reise auszuführen haben, oder auf der Fahrt nach dem bezeichneten Abgangsorte begriffen sein, so ist, wenn hiervon bei der Versicherungsnahme keine Anzeige gemacht wird, die Versicherung für den Versicherer unverbindlich und mit Einbehalt von ½ Prozent Prämie, oder wenn die Prämie unter 1 Prozent beträgt, der halben Prämie, zu ristorniren.

Es präjudicirt jedoch nicht, wenn in den Fällen, wo im kaufmännischen Verkehr die Abladung eines Schiffs aus nahe bei einander liegenden Häfen zu geschehen pflegt (z. B. Puerto Cabello und Laguaira, Havana und Matanzas), das Schiff noch nicht am Abgangsorte angekommen gewesen ist, sondern in einem dieser Häfen gelegen hat, oder auf der Reise zwischen denselben begriffen gewesen ist, ohne dass von diesem Umstande Anzeige gemacht worden.

§. 45.

Wird bei der Versicherungsnahme auf ein Schiff oder dessen Fracht oder auf Gegenstände in dem Schiff nicht angezeigt, dass dasselbe bereits vom Abgangsorte abgegangen oder aus See dahin zurückkehrt, oder dass der Ort, von welchem die Versicherung beginnen soll, ein Hafen oder eine Rhede ist, welche das Schiff auf einer bereits angetretenen Reise ein- oder angelaufen war, so ist, wenn der Versicherte oder eine der demselben betreffs der Anzeigepflicht gleich zu achtenden Personen (§§. 29, 30) den Umstand kannte oder bei gehöriger Sorgfalt kennen musste, die Versicherung für den Versicherer unverbindlich und die Prämie verfallen.

§. 46.

Wird bei einer Versicherungsnahme auf ein Schiff oder dessen Fracht nicht angezeigt, dass das Schiff noch im Neubau auf der Werfte liegt, so ist die Versicherung für den Versicherer unverbindlich und mit Einbehalt von ½ Prozent Prämie, oder, wenn die Prämie unter 1 Prozent beträgt, der halben Prämie zu ristorniren. — Dasselbe Präjudiz tritt unter der angegebenen Voraussetzung bei einer Versicherung auf Güter ein, bei welcher der Versicherungsnehmer nicht anzeigt, dass dieselben in ein solches Schiff geladen werden, falls der Versicherte oder eine der demselben betreffs der Anzeigepflicht gleich zu achtenden Personen (§§. 29, 30) den Umstand kannte oder bei gehöriger Sorgfalt kennen musste.

§. 47.

Wird bei der Versicherungsnahme auf ein Schiff oder dessen Fracht keine Anzeige von dem Umstande gemacht, dass das Schiff noch in erheblicher Reparatur liegt, so ist der Versicherer berechtigt, nach seiner Wahl entweder die Versicherung unter Einbehalt von ½ Prozent Prämie, resp. wenn die Prämie unter 1 Prozent beträgt, der halben Prämie, zu ristorniren, oder die Versicherung in Kraft bleiben, und in diesem Falle, wenn der Preisstand der Prämien an dem Orte der geschlossenen Versicherung zur Zeit des Abschlusses niedriger gewesen sein sollte, als zu dem Zeitpunkte, in welchem die Nachricht von dem Abgange des Schiffs auf directem Wege und ohne Verzögerung dorthin gelangte oder gelangen konnte, eine dem Preisstande des letzteren Zeitpunktes entsprechende Erhöhung der Prämie eintreten zu lassen.

Bei der Versicherung auf Güter findet die Vorschrift dieses Paragraphen nur Anwendung, wenn der Versicherte oder eine der demselben betreffs der Anzeigepflicht gleich zu achtenden Personen (§§. 29, 30) den in Rede stehenden Umstand kannte oder bei gehöriger Sorgfalt kennen musste.

§. 48.

Werden Güter versichert, diese aber bei der Versicherung nicht speciell der Art nach angegeben, sondern nur durch eine allgemeine Benennung (z. B. Kaufmannschaften, Waaren, Retouren, Producte) bezeichnet, so sind Güter jeder Art als unter die Versicherung gebracht anzusehen, ausgenommen: gemünztes oder ungemünztes, verarbeitetes oder unverarbeitetes Gold, Silber oder Platina, Contanten, Papiergeld, Werthpapiere, Juwelen, Pretiosen, ächte Spitzen, Kunstwerke der Sculptur oder Malerei, Gegenstände der Liebhaberei; ferner Ladungen Borke, Mahagoni, Cedern- und anderen feinen Nutzholzes, Bauholz, Cichorienwurzeln, Guano oder anderen Düngers, Getreide, Saat, Früchte aller Art, Heu, Torf, Knochen, Knochenschwärze und Knochenasche, Kartoffeln, Marmor, Rapp- und Leinkuchen, rohen Gyps, Kalk, Kohlen, Roheisen, Eisenschienen, Erz, Steine, Schiefer, Salz; endlich Petroleum und Schiesspulver, sowie sonstige der Explosion ausgesetzte Substanz (Nitroglycerin oder dergleichen). So weit vorstehend über Ladungen Bestimmung getroffen worden ist, findet die Vorschrift des §. 38 Abs. 2 hier gleichmässig Anwendung.

§. 49.

Wenn Güter, auf welche Versicherung genommen wird, beschädigt abgeladen oder als beschädigt zugesandt werden, so gilt, wenn hiervon bei der Versicherungsnahme keine Anzeige gemacht wird, die Versicherung „frei von Beschädigung" (§. 103).

Im Falle eines, gleichviel ob totalen oder partialen Verlustes solcher Güter hat der Versicherte alle ihm zugekommenen Nachrichten oder zugänglichen Nachweisungen, aus welchen auf den Grad der Beschädigung der Güter geschlossen werden kann, vorzulegen und ist sodann zu Gunsten des Versicherers ein den Umständen entsprechender Abzug von demjenigen Werthe, welchen die Güter im unbeschädigten Zustande gehabt haben würden, zu machen. — Kommt der Versicherte der ihm im Vorstehenden aufgelegten Verbindlichkeit gar nicht oder nicht gehörig nach, so bezahlt der Versicherer nur die Hälfte von dem, was er, wenn keine Beschädigung vorhanden gewesen wäre, zu bezahlen gehabt haben würde.

§. 50.

Wenn Güter versichert werden, die aus einem anderen Seeschiffe, in welchem sie eine Frachtreise gemacht haben, ohne vorher ans Land gebracht oder untersucht zu sein, übergeladen worden sind oder werden sollen, so muss hiervon bei der Versicherungsnahme Anzeige gemacht werden, widrigenfalls die Versicherung auf diese Güter „frei von Beschädigung ausser im Strandungsfalle" (§. 104) gilt.

§. 51.

Wird dem Versicherer auf Güter nicht angezeigt, dass dieselben auf eine an dem betreffenden Orte ungebräuchliche Weise, oder, wenngleich auf gebräuchliche Weise (§. 73 Abs. 3), doch unter ungewöhnlich gefährdenden Umständen, von dem Lande an das Schiff gebracht, letzterem nachgebracht, resp. vom Schiffe an das Land befördert werden, so ist der Versicherer für den auf solchem Transport entstehenden Verlust oder Schaden nicht verantwortlich, falls der Versicherte oder eine der demselben betreffs der Anzeigepflicht gleich zu achtenden Personen (§§. 29, 30) jenen Umstand kannte oder bei gehöriger Sorgfalt kennen musste.

(Siehe Seite 522: Formular der See-Versicherungs-Polize auf Güter.)

§. 52.

Wenn der Versicherungswerth von Gütern in der Polize taxirt und in der Taxe vorausbezahlte Fracht mit enthalten ist, welche der Verfrachter nicht zurückzuzahlen hat, wenngleich die versicherten Güter den Bestimmungshafen nicht erreichen sollten (§. 22 Abs. 2), so ist davon dem Versicherer der Güter bei Abschluss des Vertrags Anzeige zu machen. — Geschieht dies nicht, so ersetzt der Versicherer im Falle einer Havereigrosse denjenigen in der Dispache diesen Gütern etwa auferlegten Contributionsantheil und diejenigen sonstigen Kosten nicht, welche der Fracht zur Last gefallen sein würden, wenn diese nicht vorausbezahlt worden wäre.

§. 53.

Wird für Schiffer, Steuerleute oder Schiffsvolk Versicherung auf Güter, welche diese mit sich über See führen, genommen, so muss bei der Versicherungsnahme ausdrücklich angezeigt werden, dass sie es sind, für welche die Versicherung genommen wird, widrigenfalls letztere für den Versicherer unverbindlich und zu ristorniren ist.

§ 54.

Wenn in Kriegszeiten bei der Versicherungsnahme nicht angezeigt ist, dass Kriegs- oder Marinebedürfnisse, als wozu namentlich zu rechnen sind: Schiesspulver, Blei, Kugeln, Kanonen, Gewehre, Pistolen, blanke Waffen, lange Messer, Sackhauer, Schwefel, Salpeter, Pech, Theer, Schiffsgeräthschaften, Taue, Segel, Masten, Eisenwerk, Schiffsbauholz irgendwelcher Art, Segel- und Ravenstuch, vlämisch Leinen, Säcke und Hanf, ferner, dass Gegenstände, welche von den im Krieg begriffenen Mächten als Contrebande behandelt werden, versichert oder mitversichert werden sollen oder auch nur mit in das zu versichernde Schiff, oder, wo eine Güterversicherung abgeschlossen wird, in dasselbe Schiff mit den zu versichernden Gütern verladen werden, so gilt die Versicherung „frei von Kriegsmolest" (§. 100); bei der Güterversicherung tritt jedoch dies Präjudiz nur dann ein, wenn der Versicherte oder eine der demselben betreffs der Anzeigepflicht gleich zu achtenden Personen (§§. 29, 30) jenen Umstand kannte oder bei gehöriger Sorgfalt kennen musste.

Ausserdem gilt in Kriegszeiten die Versicherung „frei von Kriegsmolest", wenn, ohne dass der Versicherer in Folge einer besonderen Anzeige die desfallsige Gefahr ausdrücklich mit übernommen hat, irgend eine der nachfolgenden Bestimmungen unerfüllt bleibt. Es müssen

1) die Papiere über den versicherten Gegenstand nach den obrigkeitlichen Verfügungen des Orts, wo das Schiff ladet, eingerichtet und bei Versicherungen auf Güter dürfen insbesondere die Connossemente nicht an Order, sondern müssen auf den Namen und unter Angabe der Nationalität des Abladers, Eigenthümers und Empfängers der Güter ausgestellt sein;
2) werden Güter für neutrale Rechnung versichert, so darf, wenn denselben ein Kargadeur beigegeben ist, dieser nur ein geborener Unterthan eines neutralen Staates, oder Jemand, der schon Bürger oder Unterthan eines neutralen Staates vor dem Ausbruch des Krieges war, sein;
3) bei der Versicherung auf ein neutrales Schiff oder dessen Fracht müssen Schiffer und Steuermann vor dem Ausbruch des Krieges Bürger oder Unterthanen des neutralen Staates, dessen Flagge das Schiff führt, geworden, oder auch geborene Bürger oder Unterthanen desselben und die Papiere des Schiffs nach den Gesetzen des Landes, welchem es angehört, eingerichtet sein.

(Siehe Seite 522: Formular der See-Versicherungs-Polize auf Güter, und Seite 525: Formular der See-Versicherungs-Polize auf Casco-Reiseversicherung, Fracht ꝛc.)

§. 55.

Wenn in Kriegszeiten bei der Versicherungsnahme nicht angezeigt ist, dass das Schiff während des Krieges einem Unterthan oder Unterthanen einer der Krieg führenden Mächte abgekauft, oder als Prise, die noch auf keinem freien Strom geschwommen, erworben ist, so gilt die Versicherung „frei von Kriegsmolest“ (§. 100). Bei der Versicherung auf Güter tritt jedoch dies Präjudiz nur dann ein, wenn der Versicherte oder eine der demselben betreffs der Anzeigepflicht gleich zu achtenden Personen (§§. 29, 30) jenen Umstand kannte oder bei gehöriger Sorgfalt kennen musste.

(Siehe Seite 522: Formular der See-Versicherungs-Police auf Güter, und Seite 525: Formular der See-Versicherungs-Police auf Casco-Reiseversicherung, Fracht ꝛc.)

§. 56.

Wird in Kriegszeiten bei der Versicherungsnahme die Flagge des Schiffs nicht richtig angegeben, so gilt die Versicherung „frei von Kriegsmolest“ (§. 100).

(Siehe Seite 522: Formular der See-Versicherungs-Police auf Güter, und Seite 525: Formular der Seeversicherungs-Police auf Cosco-Reiseversicherung, Fracht ꝛc.)

§. 57.

Wenn bei der Versicherung auf imaginairen Gewinn der Versicherte schon anderweitig auf denselben Gegenstand imaginairen Gewinn hat versichern lassen, sei es abgesondert, sei es in Verbindung mit einer Güterversicherung (§. 24) und davon bei dem Abschluss des Vertrags dem Versicherer keine Anzeige gemacht wird, so ist die Versicherung für den Versicherer unverbindlich und die Prämie verfallen.

§. 58.

Wer Rückversicherung nimmt, ist verpflichtet, nicht nur ausdrücklich zu erklären, dass es eine Rückversicherung ist, welche genommen wird, sondern auch den Tag des Abschlusses der ursprünglichen Versicherung anzugeben und alle von seinem Versicherten beim Abschluss der Versicherung ihm mitgetheilten, sowie die ihm inzwischen vom versicherten Gegenstande anderweitig bekannt gewordenen erheblichen Nachrichten dem Versicherer anzuzeigen, widrigenfalls die Versicherung für den Versicherer unverbindlich und die Prämie verfallen ist.

Dritter Abschnitt.

Verpflichtungen des Versicherten aus dem Versicherungsvertrag.

Erster Unterabschnitt.

Prämienzahlung.

§. 59.

Die Prämie ist, sofern nicht ein Anderes vereinbart ist, sofort nach dem Abschluss des Vertrags, und wenn eine Polize verlangt wird, gegen Aushändigung der Polize fällig.

An dem Fälligwerden und folglich der Klagbarkeit der Prämienforderung zu den vorgedachten Zeitpunkten wird nichts geändert, falls die Versicherer im gewöhnlichen Gange des Geschäfts die Berichtigung der Prämien erst nach Ablauf gewisser Zeitabschnitte (z. B. viertel- oder halbjährlich) zu verlangen pflegen.

Bei den Versicherungen für fremde Rechnung ist regelmässig nur der Versicherungsnehmer zur Zahlung der Prämie verpflichtet. Sollte derselbe indessen vor deren Berichtigung seine Zahlungen eingestellt und die Prämie von dem Versicherten noch nicht erhalten haben, so kann der Versicherer auch den Versicherten auf Zahlung der Prämie in Anspruch nehmen.

Bei den im Auftrage und im Namen des Versicherten geschlossenen Versicherungen (§. 6) ist dieser selbst ohne Weiteres dem Versicherer zur Zahlung der Prämie verpflichtet; doch ist, wenn der Versicherte nicht der Gerichtsbarkeit des Abschlussortes unterworfen ist, auch der für ihn abschliessende Vertreter hierzu solidarisch verbunden, es wäre denn, dass er bei Eingehung des Vertrages diese Verbindlichkeit ausdrücklich von sich abgelehnt und bewirkt hätte, dass die geschehene Ablehnung in der auszustellenden Polize vermerkt werde.

Wird eine Versicherung ohne Auftrag geschlossen (§§. 5, 6), so ist zunächst nur derjenige, welcher die Versicherung nimmt, zur Zahlung der Prämie verpflichtet. Genehmigt der Dritte, in dessen Interesse der Abschluss erfolgt ist, denselben, so tritt dessen eventuelle Verantwortlichkeit wie bei der Versicherung für fremde Rechnung, nach Massgabe des obigen dritten Absatzes ein.

Zweiter Unterabschnitt.

Unverändertlassen der Gefahr, gegen welche Versicherung genommen worden ist. Folgen der Veränderung.

§. 60.

Wird, bevor die Gefahr für den Versicherer zu laufen begonnen hat, die versicherte Reise aufgegeben und statt derselben eine Reise nach einem anderen, als dem im Versicherungsvertrage vereinbarten Bestimmungshafen angetreten, so ist der Versicherer bei der Versicherung von Schiff und Fracht von jeder Haftung frei; bei anderen Versicherungen trägt der Versicherer die Gefahr für die andere Reise nur dann, wenn die Veränderung der Reise weder von dem Versicherten noch im Auftrage oder mit Genehmigung desselben bewirkt ist.

Wird, nachdem die Gefahr für den Versicherer zu laufen begonnen hat, entweder die versicherte Reise durch die Wahl eines anderen als des im Versicherungsvertrage vereinbarten Bestimmungshafens verändert, oder von dem der versicherten Reise entsprechenden Wege wesentlich abgewichen, oder ein Hafen, dessen Angehung als in der versicherten Reise begriffen nicht erachtet werden kann, angelaufen, oder die einzuhaltende Reihenfolge der zu besuchenden Häfen verletzt (§. 82), so haftet der Versicherer nicht für die nach der resp. Veränderung der Reise eintretenden Unfälle. Er haftet jedoch für diese Unfälle, wenn die Veränderung weder von dem Versicherten noch im Auftrage oder mit Genehmigung desselben bewirkt, oder wenn sie durch einen Nothfall verursacht ist, es sei denn, dass der letztere in einer Gefahr sich gründet, welche der Versicherer nicht zu tragen hat. Endlich haftet er für die Unfälle alsdann, wenn der Schiffer zu der Abweichung von dem ordentlichen Wege oder dem Anlaufen eines nicht in die versicherte Reise gehörigen Hafens durch das Gebot der Menschlichkeit genöthigt war.

Die Reise ist verändert, sobald der Entschluss, dieselbe nach einem anderen, als dem im Versicherungsvertrage vereinbarten Hafen zu richten, zur Ausführung gebracht wird, sollten auch die Wege nach beiden Bestimmungshäfen sich noch nicht geschieden haben. Diese Vorschrift gilt sowohl für die Fälle des ersten als für die Fälle des zweiten Absatzes dieses Paragraphen.

In den Fällen, in welchen die Versicherung ungeachtet der eingetretenen Veränderung in Wirksamkeit bleibt, hat der Versicherte einen den Umständen entsprechenden Zuschlag zu der Prämie zu zahlen. Auch liegt es ihm ob, sobald ihm die Veränderung bekannt wird, den Versicherer unverzüglich davon zu benachrichtigen, widrigenfalls dieser befugt ist, von der eventuell zu zahlenden Entschädigungssumme den Betrag abzuziehen, um welchen dieselbe bei rechtzeitiger Anzeige sich gemindert hätte.

Für aus dem Atlantischen Ocean (oder aus entfernteren Meeren) kommende Schiffe gilt das Angehen britischer Häfen oder Rheden im Kanal oder an der Südküste Irlands, für nach dem Mittellandischen Meere gehende oder aus demselben kommende Schiffe das Angehen von Gibraltar, für nach der Ostsee gehende oder aus derselben kommende Schiffe das Angehen von Helsingör oder Kopenhagen als nicht präjudicirlich, wenn solches Angehen zu dem Zwecke geschieht, um Order zu erhalten.

(Siehe Seite 522: Formular der See-Versicherungs-Police auf Güter.)

§. 61.

Wenn von dem Versicherten oder im Auftrag oder mit Genehmigung desselben der Antritt oder die Vollendung der Reise ungebührlich verzögert wird, oder wenn der Versicherte in anderer Weise, als im vorstehenden Paragraphen angegeben worden, eine Vergrösserung oder Veränderung der Gefahr veranlasst, namentlich eine in dieser Beziehung ertheilte besondere Zusage nicht erfüllt, so haftet der Versicherer nicht für die später sich ereignenden Unfälle.

Diese Wirkung tritt jedoch nicht ein:

1) wenn erhellt, dass die Vergrösserung oder Veränderung der Gefahr, resp. die Nicht-Erfüllung der Zusage keinen Einfluss auf den späteren Unfall hat üben können;
2) wenn die Vergrösserung oder Veränderung der Gefahr, nachdem die Gefahr für den Versicherer bereits zu laufen begonnen hat, durch einen Nothfall verursacht ist, es sei denn, dass der letztere in einer Gefahr sich gründet, welche der Versicherer nicht zu tragen hat.

(Siehe Seite 522: Formular der See-Versicherungs-Police auf Güter.)

§. 62.

Wird bei dem Abschluss des Vertrags der Schiffer bezeichnet, so ist in dieser Bezeichnung allein noch nicht die Zusage enthalten, dass der benannte Schiffer auch die Führung des Schiffs behalten werde. (S. §. 36 Abs. 3.)

§. 63.

Bei der Versicherung von Gütern in einem bestimmten Schiffe oder in bestimmten Schiffen haftet der Versicherer für keinen Unfall, wenn und insoweit die Beförderung derselben nicht mit dem im Versicherungsvertrage bezeichneten Schiff oder den resp. Schiffen geschieht. Er haftet jedoch nach Massgabe des Vertrags, wenn die Güter, nachdem die Gefahr für ihn bereits zu laufen begonnen hat, ohne Auftrag und ohne Genehmigung des Versicherten in anderer Art als mit jenem Schiff oder jenen Schiffen weiter befördert werden, oder wenn dies in Folge eines Unfalls geschieht, es sei denn, dass der letztere in einer Gefahr sich gründet, welche der Versicherer nicht zu tragen hat.

Dritter Unterabschnitt.

Verpflichtung des Versicherten bei der Versicherung in unbestimmten Schiffen.

§. 64.

Bei der Versicherung von Gütern ohne Bezeichnung des Schiffs oder der Schiffe (in unbestimmten oder unbenannten Schiffen) muss der Versicherte, sobald er Nachricht über

Abladungen, resp. über die Ankunft von Gütern, auf welche die Versicherung validirt, erhält, hiervon unverzüglich dem Versicherer Mittheilung machen.

Verschweigt der Versicherte die Abladung oder den Empfang solcher Güter oder giebt er deren Werth wissentlich unrichtig an, so ist die Versicherung erloschen, die Prämie verfallen und der Versicherer ohne Verantwortlichkeit für bereits entstandenen oder entstehenden Schaden. — Unterlässt oder verzögert der Versicherte unabsichtlich die im vorstehenden Absatz vorgeschriebene Anzeige, so haftet der Versicherer für keinen Unfall, welcher den abgeladenen, überhaupt nicht oder nicht rechtzeitig angezeigten Gütern zustösst. Auch ist die Prämie für diese Güter verfallen.

Diejenige Summe, für welche nach Ablauf eines Jahres, vom Abschlusse der Versicherung an, dem Versicherer kein Gegenstand der Versicherung angegeben ist, validirt nicht ferner und ist unter Einbehalt von $^1/_2$ Prozent, oder wenn die Prämie unter 1 Prozent beträgt, der halben Prämie, zu ristorniren.

Vierter Unterabschnitt.

Verpflichtungen des Versicherten, wenn Unfälle sich ereignen.

§. 65.

Jeder Unfall muss, sobald der Versicherungsnehmer oder der Versicherte, wenn dieser von der Versicherung Kenntniss hat, Nachricht von demselben erhält, dem Versicherer angezeigt werden, widrigenfalls der Versicherer befugt ist, von der Entschädigungssumme den Betrag abzuziehen, um welchen dieselbe bei rechtzeitiger Anzeige sich gemindert hätte.

Sollte der Versicherte zwar nicht von der Versicherung Kenntniss erhalten, aber zur Versicherungsnehmung Auftrag gegeben haben, so hat er unter dem vorgedachten Präjudiz den ihm kund gewordenen Unfall sofort seinem Beauftragten behufs weiterer Meldung mitzutheilen, und liegt diesem ebenso fernere Mittheilungspflicht ob.

§. 66.

Der Versicherte ist verpflichtet, wenn ein Unfall sich zuträgt, sowohl für die Rettung der versicherten Sachen, als für die Abwendung grösserer Nachtheile thunlichst zu sorgen.

Er hat jedoch, wenn und soweit dies thunlich ist, über die erforderlichen Massregeln vorher mit dem Versicherer Rücksprache zu nehmen. Insbesondere hat er in allen Fällen schwererer Havereien mit demselben dasjenige, was den Umständen nach zum Besten des Schiffs, zur Rettung und Reparatur desselben, zur Bergung, Erhaltung, Verkauf der geretteten beschädigten und Weiterbeförderung der unbeschädigten Güter am geeignetsten und zweckmässigsten ist, zu verabreden und ist verpflichtet, in Gemässheit dieser Verabredung zu verfahren, unter dem Präjudiz des §. 65 Absatz 1.

Falls bei der Versicherung auf ein Schiff oder dessen Ladung mehrere einheimische Versicherer betheiligt sind, so sind dieselben gehalten, auf Anforderung des Versicherten, einen oder zwei Deputirte aus ihrer Mitte zu ernennen, und hat der Versicherte sodann die vorstehend angeordnete Verabredung mit diesen Deputirten zu treffen. Was die durch die Mehrzahl der Versicherer ernannten Deputirten mit dem Versicherten verabreden, ist für die sämmtlichen in Rede stehenden Versicherer bindend. Verweigern die Versicherer die Ernennung solcher Deputirten, so hat der Versicherte nach eigenem besten Ermessen zu verfahren. Weigert sich im Falle einer geschlossenen Partialversicherung der Versicherte, für die Quote des gefährdeten Werths, welche entweder überhaupt nicht oder in anderen Plätzen versichert ist, zu Massregeln, welche die Versicherer für nothwendig oder zweckmässig halten, mitzuwirken oder beizutragen, so sind die letzteren berechtigt, die fraglichen Massregeln auf ihre Kosten zur Ausführung bringen zu lassen, vorbehältlich der späteren, erforderlichen Falls gerichtlich herbeizuführenden Erledigung der Frage, ob Nothwendigkeit oder Zweckmässigkeit anzunehmen gewesen sei. Fällt diese Erledigung resp. Entscheidung zu Gunsten der Versicherer aus, so hat der Versicherte denselben seinen Antheil zu den Kosten der Massregeln zu vergüten; im anderen Falle sind die Versicherer für die durch jene Massregeln etwa verursachten Nachttheile ihm verantwortlich. Verhindert der Versicherte die Ausführung von Massregeln, welche die Versicherer als nothwendig oder zweckmässig ausführen lassen wollen, so ist bei der Bestimmung der von den letzteren zu vergütenden Schadenssumme so zu verfahren, als wären die Massregeln mit dem beabsichtigten Erfolge angewendet.

Die im vorstehenden Absatz ausgesprochene Bestimmung findet auch im Verhältniss des Versicherten zu einem einzelnen Versicherer auf entsprechende Weise Anwendung.

§. 67.

Falls einem von dem Orte der Versicherung abgeladenen oder nach demselben bestimmten Schiffe schwere Unfälle zugestossen sind, und nicht zu entfernt, als dass von jenem Orte aus geeignete Massregeln ergriffen werden können, so ist, erforderlichen Falls nach einer bei der beikommenden gerichtlichen oder Handels-Behörde zu beantragenden Verfügung, eine Versammlung der Schiffs- und Ladungs-Interessenten zu halten, und sind zur Ausführung der gemeinsamen Massregeln Deputirte von Schiff und Ladung zu erwählen, welche, die Versicherten vertretend, das Nöthige auszuführen haben. Die diesen Deputirten für ihre im gemeinsamen Interesse geleistete Mühewaltung zukommende Provision, an welcher der oder die Versicherer oder deren Deputirte keinen Antheil haben, ist unter Berücksichtigung des Werthes von Schiff und Ladung und des Umfanges des Geleisteten von derjenigen Person als Behörde, von welcher der Schaden zu dispachiren ist (§. 142), zu veranschlagen.

§. 68.

In solchen Fällen, in welchen wegen eines dem Schiff und Gut, oder dem einen oder dem anderen, vor deren Ankunft am Bestimmungsorte zustossenden Unfalles Havereigelder aufzuwenden sind, ist der Versicherte gehalten, so weit es den Umständen nach thunlich ist, zur billigstmöglichen Anschaffung derselben behülflich zu sein und für deren Sicherstellung durch Bodmereibrief des Schiffers Sorge zu tragen. — Ist letzteres nicht zu ermöglichen gewesen, so ist der Versicherte gehalten, sobald er Nachricht davon erhält, die Havereigelder auf Kosten und Gefahr seines Versicherers, sofern dieser nicht auf desfallsige Anfrage selbst die Gefahr übernehmen zu wollen erklärt, versichern zu lassen, widrigenfalls der Versicherer, wenn das Schiff seinen Bestimmungsort nicht erreicht, zum Ersatze jener Haverei nicht verpflichtet ist. Können aber die Havereigelder nicht am Orte der Versicherung gedeckt werden, worüber der Versicherte durch ein Attest des Assecuranzmaklers oder durch eine sonstige solchem gleich zu achtende Bescheinigung sich auszuweisen hat, so hat der Versicherte, falls sein Versicherer es verlangt, seine guten Dienste anzuwenden, um die Versicherung an einem anderen Orte zu nehmen. Gelingt auch dieses nicht, so bleibt der Versicherer verantwortlich.

Vierter Abschnitt.
Umfang der Gefahr.

Erster Unterabschnitt.
Allgemeine Begrenzung.

§. 69.

Wenn nicht ein Anderes vereinbart worden ist, so gilt die Versicherung gegen alle Gefahr, und der Versicherer trägt demzufolge alle Gefahren, welchen Schiff oder Ladung während der Dauer der Versicherung ausgesetzt sind, soweit nicht durch die nachfolgenden Bestimmungen ein Anderes bestimmt ist.

Er trägt insbesondere

1) die Gefahr der Elementarereignisse und der sonstigen Seeunfälle, selbst wenn diese durch das Verschulden eines Dritten veranlasst sind, als: Eindringen des Seewassers, Strandung, Schiffbruch, Sinken, Feuer, Explosion, Blitz, Erdbeben, Beschädigung durch Eis u. s. w.;
2) die Gefahr des Kriegs und der Verfügungen von hoher Hand;
3) die Gefahr des auf Antrag eines Dritten verhängten, von dem Versicherten nicht verschuldeten Arrestes;
4) die Gefahr des Diebstahls, sowie die Gefahr des Seeraubs, der Plünderung und sonstiger Gewaltthätigkeiten;
5) die Gefahr der Verbodmung der versicherten Güter zur Fortsetzung der Reise oder der Verfügung über dieselben durch Verkauf oder durch Verwendung zu gleichem Zweck (H.G.B. §§. 538–541, 732);
6) die Gefahr der Unredlichkeit oder des Verschuldens einer Person der Schiffsbesatzung, sofern daraus für den versicherten Gegenstand ein Schaden entsteht;
7) die Gefahr des Zusammenstosses von Schiffen und zwar ohne Unterschied, ob der Versicherte in Folge des Zusammenstosses unmittelbar oder ob er mittelbar dadurch einen Schaden erleidet, dass er den einem Dritten zugefügten Schaden zu ersetzen hat (S. §. 92 Absatz 4).

Der Versicherer hat ferner zu tragen die zur Ermittelung und Feststellung des ihn treffenden Schadens erforderlichen Kosten, insbesondere die Kosten der Besichtigung, der Abschätzung und des Verkaufs; bei Güterversicherungen jedoch die Kosten der Besichtigung und Abschätzung nur zur Hälfte. — Bei Casco-Versicherungen trägt der Versicherer die Kosten der Verklarung, bei Versicherungen von Gütern und Fracht die Hälfte der für eine Ausfertigung der Verklarung von dem Versicherten aufgewandten Kosten. — Die Kosten der Anfertigung der Dispache hat der Versicherer, wenn demselben ein Schaden zur Last fällt, bei allen Versicherungen, zur Hälfte zu tragen.

(Siehe Seite 525: Formular der Seeversicherungs-Polize auf Casco-Reiseversicherung, Fracht ꝛc.)

§. 70.

Dem Versicherer fallen die nachstehend bezeichneten Schäden nicht zur Last:

1) bei der Versicherung von Schiff oder Fracht:

der Schaden, welcher an dem Schiff oder der Fracht auf einer Reise entsteht, zu welcher das Schiff in einem nicht seetüchtigen oder überladenen Zustande oder nicht gehörig ausgerüstet oder bemannt in See gesandt ist; ferner der Schaden, welcher daraus entsteht, dass dem Schiffe nicht die erforderlichen Papiere (H.G.B. §. 513) mitgegeben sind. Darauf, ob das eine oder andere mit Wissen oder Willen des Versicherten oder ohne dieselben geschehen ist, kommt es nicht an. Bei Versicherungen auf Zeit (§§. 79, 80) findet das hier Bestimmte auf eine jede dem Versicherungszeitraum angehörende selbständige Reise (§. 83) Anwendung. — Wird das Schiff ohne ein seitens des Versicherten erweisliches ausserordentliches Elementarereigniss oder einen besonderen sonstigen Seeunfall leck oder schadhaft, so dass es einer Ausbesserung bedarf oder gänzlich verloren geht, so gilt der Schaden als durch den nicht seetüchtigen Zustand des Schiffs veranlasst;

der Schaden, welcher ausser dem Falle des Zusammenstosses von Schiffen daraus entsteht, dass der Rheder für den durch eine Person der Schiffsbesatzung einem Dritten zugefügten Schaden haften muss (H.G.B. §§. 485, 486);

2) bei einer auf das Schiff sich beziehenden Versicherung:
der Schaden am Schiff und Zubehör, welcher nur eine Folge der Abnutzung des Schiffs im gewöhnlichen Gebrauch ist (s. §. 129, Ziffer 2, d);
der Schaden am Schiff und Zubehör, welche nur durch Alter, Fäulniss oder Wurmfrass verursacht wird;
3) bei einer auf Güter oder Fracht sich beziehenden Versicherung:
der Schaden, welcher durch die natürliche Beschaffenheit der Güter, namentlich durch inneren Verderb, Schwinden u. dergl., oder durch mangelhafte Verpackung der Güter entsteht, oder an diesen durch den Schiffsdunst oder durch Ratten oder Mäuse verursacht wird. Wenn jedoch der unter dieser Ziffer bezeichnete Schaden davon herrührt, dass die Reise des Schiffes durch Verfügung von hoher Hand oder durch einen auf Antrag eines Dritten verhängten Arrest, ohne dass die eine oder andere dieser Massregel von dem Versicherten verschuldet worden, länger als drei Monate verzögert wurde, so hat der Versicherer den Schaden in dem Masse zu ersetzen, in welchem die Verzögerung dessen Ursache ist (wegen Leckage s. §. 106);
4) der Schaden, welcher in einem Verschulden des Versicherten sich gründet und bei der Versicherung von Gütern oder imaginairem Gewinn auch der Schaden, welcher durch ein dem Ablader, Empfänger oder Kargadeur in dieser ihrer Eigenschaft zur Last fallendes Verschulden entsteht.

(Siehe Seite 525: Formular der See-Versicherungs-Polize auf Casco-Reiseversicherung, Fracht ꝛc.)

§. 71.

Die Verpflichtung des Versicherers zum Ersatze eines Schadens tritt auch dann ein, wenn dem Versicherten ein Anspruch auf dessen Vergütung gegen den Schiffer oder eine andere Person zusteht. Der Versicherte kann sich wegen Ersatzes des Schadens an den Versicherer halten, ohne vorher die ihm verantwortliche Person gerichtlich belangen oder, wenn dies seinerseits geschehen wäre, den Ausgang des gerichtlichen Verfahrens abwarten zu müssen. — Der Versicherte ist jedoch verpflichtet, seine und, den Umständen nach, seiner Correspondenten Mitwirkung zur erfolgreichen Geltendmachung des Anspruchs zu leisten. Insbesondere muss, um nicht den Ersatzanspruch an den Versicherer (den Umständen nach ganz oder theilweise) zu verwirken, in allen Fällen, in welchen ein Aufschub von Nachtheil sein würde, die Rechtsverfolgung gegen den Dritten sofort begonnen und sorgsam durchgeführt werden, z. B. wenn ein Schiffer wegen mangelhafter Lieferung von Gütern, wegen Schadens durch ungehörige Stauung oder dgl. verantwortlich zu machen wäre.

In den Fällen, in welchen der Versicherte, resp. dessen Correspondenten, nicht sofort einzuschreiten haben, müssen sie dennoch jede den Umständen nach erforderliche Sorge für die Sicherstellung des Anspruchs tragen (durch Einbehaltung von Geldern, Beschlaglegung u. dgl.).

Wenn der Versicherer verlangt, dass die Rechtsverfolgung im Namen des Versicherten geführt werde, so ist dieser verpflichtet, Folge zu leisten, auch im Prozesse dasjenige auszuführen, was ordentlicher Weise von Parteien selbst geleistet zu werden pflegt. Die Ersatzleistung seitens des Versicherers wird indessen auch hierdurch nicht aufgehalten, und gehen alle Proceduren, welche in Gemässheit dieses Paragraphen gegen den Dritten vorgenommen werden, auf Kosten und Gefahr des Versicherers, der auch die den Umständen nach erforderlichen Kostenvorschüsse und Cautionen zu beschaffen hat.

Zweiter Unterabschnitt.

Anfang, Fortgang und Ende der Gefahr.

A. Bei Versicherungen auf einzelne oder auf mehrere Reisen.

§. 72.

Bei der Versicherung des Schiffs für eine Reise beginnt die Gefahr für den Versicherer mit dem Zeitpunkt, in welchem mit der Einnahme der Ladung oder des Ballastes angefangen wird, oder, wenn weder Ladung noch Ballast einzunehmen ist, mit dem Zeitpunkt der Abfahrt des Schiffs. Sie endet mit dem Zeitpunkt, in welchem die Löschung der Ladung oder des Ballastes im Bestimmungshafen beendigt ist, oder, wenn weder Ladung noch Ballast zu löschen ist, mit dem Zeitpunkt, an welchem das Schiff am gebräuchlichen oder gehörigen Ort den Anker hat fallen lassen oder befestigt ist. Die vorstehende Bestimmung findet auch dann Anwendung, wenn das Schiff den Bestimmungshafen im beschädigten Zustande erreicht.

Wird die Löschung von dem Versicherten ungebührlich verzögert, so endet die Gefahr mit dem Zeitpunkt, in welchem die Löschung beendigt sein würde, falls ein solcher Verzug nicht stattgefunden hätte. Als ungebührlich verzögert gilt die Löschung, falls diejenige der Ladung nicht spätestens am achtundzwanzigsten Tage, diejenige des Ballastes nicht spätestens am achten Tage, nachdem das Schiff an dem Löschplatze angekommen, beendigt ist, es wäre denn, dass der Versicherte die Unmöglichkeit früherer Beendigung beweisen könnte.

Wird vor Beendigung der Löschung für eine neue Reise Ladung oder Ballast eingenommen, so endet die Gefahr mit dem Zeitpunkt, in welchem mit der Einnahme der Ladung oder des Ballastes begonnen wird.

Wegen der Beendigung der Gefahr im Falle der Aufgebung der bereits begonnenen Reise s. §. 77.

(Siehe Seite 525: Formular der See-Versicherungs-Polize auf Casco-Reiseversicherung, Fracht 2c.)

§. 73.

Sind Güter, imaginairer Gewinn oder die von verschifften Gütern zu verdienende Provision, Courtage o. dgl. versichert, so beginnt die Gefahr mit dem Zeitpunkt, in welchem die Güter zum Zweck der Einladung in das Schiff oder in die Leichterfahrzeuge vom Lande scheiden, und endet mit dem Zeitpunkt, in welchem die Güter im Bestimmungshafen wieder an das Land gelangen.

Wird die Löschung von dem Versicherten, oder bei der Versicherung von Gütern oder imaginairem Gewinn von dem Versicherten oder von einer der im §. 70 unter Ziffer 4 bezeichneten Personen ungebührlich verzögert, so endet die Gefahr mit dem Zeitpunkt, in welchem die Löschung beendigt sein würde, falls ein solcher Verzug nicht stattgefunden hätte.

Bei der Einladung und Ausladung trägt der Versicherer die Gefahr der ortsgebräuchlichen Benutzung von Leichtfahrzeugen. (S. §. 51.)

(Siehe Seite 522: Formular der See-Versicherungs-Polize auf Güter.)

§. 74.

Bei der Versicherung der Fracht beginnt und endet die Gefahr in Ansehung der Unfälle, welchen das Schiff und dadurch die Fracht ausgesetzt ist, mit demselben Zeitpunkt, in dem die Gefahr bei der Versicherung des Schiffs für dieselbe Reise beginnen und enden würde. In Ansehung der Unfälle, welchen die Güter ausgesetzt sind und dadurch die

Fracht ausgesetzt ist, beginnt die Gefahr, sobald die Güter an Bord des Schiffes aufgenommen sind, und endet mit dem Zeitpunkt, in welchem die Gefahr bei der Versicherung der Güter für dieselbe Reise enden würde.

Bei der Versicherung von Ueberfahrtsgeldern beginnt und endet die Gefahr mit demselben Zeitpunkt, in welchem die Gefahr bei der Versicherung des Schiffs beginnen und enden würde.

Der Versicherer von Fracht und Ueberfahrtsgeldern haftet für einen Unfall, von welchem das Schiff betroffen wird, nur insoweit als Fracht oder Ueberfahrtsverträge bereits abgeschlossen sind, und wenn der Rheder Güter für seine Rechnung verschifft, nach Massgabe von Absatz 1, nur insoweit, als dieselben bereits am Bord des Schiffes aufgenommen sind.

§. 75.

Bei der Versicherung von Bodmerei- und Havereigeldern beginnt die Gefahr mit dem Zeitpunkt, in welchem die Gelder vorgeschossen sind, oder wenn der Versicherte selbst die Havereigelder verausgabt hat, mit dem Zeitpunkt, in welchem dieselben verwendet sind; sie endet mit dem Zeitpunkt, in welchem sie bei einer Versicherung der Gegenstände, welche verbodmet oder worauf die Havereigelder verwendet sind, enden würde.

§. 76.

Wird die Versicherung auf mehrere nach einander folgende Reisen geschlossen, so beginnt für den Versicherer die Gefahr mit dem Anfange der ersten Reise und erlischt mit dem Ende der letzten Reise, in Gemässheit der bezüglichen Bestimmungen der §§. 72—74.

Die begonnene Gefahr läuft für den Versicherer während der versicherten Reise oder Reisen ununterbrochen fort. Der Versicherer trägt die Gefahr auch während des Aufenthalts in einem Noth- oder einem etwa anzulaufenden Zwischenhafen (s. auch §. 60 a. E.), und im Falle der Versicherung auf mehrere Reisen ausserdem in allen Häfen, welche das Schiff angehen darf, bis zu dem Endzeitpunkte des Risico, namentlich also bei einer Versicherung auf die Hin- und Rückreise während des Aufenthalts des Schiffs in dem Bestimmungshafen der Hinreise.

Müssen Güter einstweilen gelöscht werden oder wird das Schiff zur Reparatur auf das Land gebracht, so trägt der Versicherer auch die Gefahr, während die Güter oder das Schiff sich auf dem Lande befinden.

§. 77.

Wenn nach dem Beginn der Gefahr die versicherte Reise freiwillig oder gezwungen aufgegeben wird, so tritt in Ansehung der Beendigung der Gefahr, welche der Versicherer auf Schiff oder Fracht übernommen hat, der Hafen, in welchem die Reise beendigt wird, an die Stelle des Bestimmungshafens.

Dasselbe findet im Falle der Güterversicherung Statt, wenn die versicherte Reise freiwillig unter Zustimmung oder mit nachfolgender Genehmigung des Versicherten aufgegeben wird. Wird bei der Güterversicherung die Reise freiwillig, jedoch ohne Zustimmung oder nachfolgende Genehmigung des Versicherten aufgegeben — in welchem Falle der Letztere den Umständen nach zufolge §. 71 Abs. 2 und 3 für die Sicherstellung des Interesses des Versicherers zu sorgen hat — oder findet die Aufgebung gezwungen Statt, und werden in Fällen dieser Art die Güter anderweitig nach dem Bestimmungshafen weiter befördert, so läuft in Betreff derselben die begonnene Gefahr fort, auch wenn die Weiterbeförderung ganz oder zum Theil zu Lande geschieht. Der Versicherer trägt in solchen Fällen zugleich die Kosten der früheren Löschung, die Kosten der einstweiligen Lagerung und die Mehrkosten der Weiterbeförderung, auch wenn diese ganz oder theilweise zu Lande erfolgt.

Die mit etwaigen Massregeln blosser Beschleunigung verbundenen Kosten, z. B. des ausserordentlichen Gütertransports, wenn das Schiff zeitweilig durch Eis daran verhindert wird, den Bestimmungshafen zu erreichen, diejenigen des Durcheisens u. dgl., treffen den Versicherer niemals.

(Siehe Seite 522: Formular der See-Versicherungs-Polize auf Güter.)

§. 78.

Die §§. 76 und 77 gelten nur unbeschadet der in den §§. 61 und 63 enthaltenen Vorschriften.

B. Bei Versicherungen auf Zeit.

§. 79.

Ist die Dauer der Versicherung nach Tagen, Wochen, Monaten oder Jahren bestimmt, so wird die Zeit nach dem Kalender und der Tag von Mitternacht zu Mitternacht berechnet. Der Versicherer trägt die Gefahr während des Anfangstags und Schlusstags.

Bei der Berechnung der Zeit ist der Ort, wo das Schiff sich befindet, massgebend.

§. 80.

Wenn im Falle der Versicherung des Schiffs auf Zeit dasselbe bei dem Ablauf der im Vertrage festgesetzten Versicherungszeit unterwegs ist, so gilt die Versicherung in Ermangelung einer entgegenstehenden Vereinbarung als verlängert bis zur Ankunft des Schiffs im nächsten Bestimmungshafen und, falls in diesem Ladung oder Ballast gelöscht wird, bis zur Beendigung der Löschung, resp. bis zu der Zeit, wo das Schiff hätte entlöscht sein müssen (§. 72). Der Versicherte ist jedoch befugt, die Verlängerung durch eine dem Versicherer, so lange das Schiff noch nicht unterwegs ist, kundzugebende Erklärung auszuschliessen.

Im Falle der Verlängerung hat der Versicherte für die Dauer derselben und, wenn die Verschollenheit des Schiffs eintritt, bis zum Ablauf der Verschollenheitsfrist die vereinbarte Zeitprämie fortzuentrichten. Wenn darüber, wie im Falle der Ueberschreitung der Versicherungszeit die Prämienzulage zu berechnen sei, nichts vereinbart ist, so wird dieselbe im Falle der jahres- oder monatsweise geschlossenen Versicherung monatsweise (auf Jahreszwölftel), im Falle der wochenweise geschlossenen Versicherung wochenweise veranschlagt. Ein angefangener Zeitabschnitt (Woche oder Monat) wird immer für voll gerechnet.

Ist die Verlängerung ausgeschlossen, so kann der Versicherer, wenn die Verschollenheitsfrist über die Versicherungszeit hinausläuft, auf Grund der Verschollenheit nicht in Anspruch genommen werden. Wegen Schäden, welche nicht im Verschollensein ihren Grund haben, hat der Versicherte den Beweis zu liefern, dass sie vor dem Ablauf der Versicherungszeit vorhanden gewesen oder doch in dem Umfange, in welchem sie dem Versicherer zur Last gebracht werden, durch einen vor jenem Zeitpunkt eingetretenen Unfall verursacht worden sind.

(Siehe Seite 525: Formular der See-Versicherungs-Police auf Casco-Reiseversicherung, Fracht ꝛc.)

C. Bei Reisen mit verschiedenen Bestimmungsplätzen.

§. 81.

Bei einer Versicherung „nach einem oder dem andern unter mehreren Häfen“ ist dem Versicherten gestattet, einen dieser Häfen zu wählen; bei einer Versicherung „nach einem oder einem anderen" oder „nach einem und mehreren anderen Häfen" ist der Versicherte zum Besuch eines jeden der bezeichneten Häfen befugt.

§. 82.

Wenn die Versicherung nach mehreren Häfen geschlossen, oder dem Versicherten das Recht vorbehalten ist, mehrere Häfen anzulaufen, so ist dem Versicherten, unbeschadet der demselben im dritten Absatze des §. 37 gemachten Ausnahme, nur gestattet, die Häfen nach der vereinbarten oder, in Ermangelung einer Vereinbarung, nach der den Schiffahrtsverhältnissen entsprechenden Reihenfolge zu besuchen; er ist jedoch zum Besuch aller einzelnen Häfen nicht verpflichtet.

Die in der Police enthaltene Reihenfolge wird, insoweit nicht ein Anderes erhellt, als die vereinbarte angesehen.

D. Separirung der einzelnen unter mehreren Reisen.

§. 83.

Insofern es auf die besondere Behandlung der einzelnen von mehreren durch dieselbe Versicherung gedeckten Reisen ankommt (in Betreff der zu gewährleistenden Seetauglichkeit, §. 70 Ziffer 1; der Separirung der Havereien, §. 97 a. E.; der Kosten der für die Reparatur des Schiffs erforderlichen Gelder, §. 130 Abs. 3) u. dgl., wird als selbständige Reise nicht nur (nach §. 757 des H.G.B.) diejenige angesehen, zu welcher das Schiff von Neuem ausgerüstet worden ist, oder welche dasselbe entweder auf Grund eines neuen Frachtvertrags, oder nach vollständiger Löschung der Ladung angetreten hat, sondern auch eine solche Reise, welche das Schiff in Balast zu dem Zweck unternommen hat, um an dem Bestimmungsorte Ladung für eine fernere Reise nach einem andern Platz einzunehmen.

Dritter Unterabschnitt.

Haftung für grosse Haverei und ausserordentliche Rettungsaufwendungen.

§. 84.

Dem Versicherer fallen zur Last:

1) die Beiträge zur grossen Haverei mit Einschluss derjenigen, welche der Versicherte selbst wegen eines von ihm erlittenen Schadens zu tragen hat. Die in Gemässheit der §§. 635 u. 732 des Handelsgesetzbuchs nach den Grundsätzen der grossen Haverei zu beurtheilenden Beiträge werden den Beiträgen zur grossen Haverei gleich geachtet.

2) In den Fällen, in welchen das Schiff entweder nur mit Gütern des Rheders oder in Ballast fuhr, die Aufopferungen, welche zur grossen Haverei gehören würden, wenn das Schiff Güter, und zwar Güter anderer Personen als des Rheders, an Bord gehabt hätte.

   In diesen Fällen werden, obschon keine Mehrheit von Havereigrosse-Interessenten vorhanden ist, im Verhältnisse zu dem Versicherer die Aufopferungen so behandelt, als wären sie zu Gunsten des gesammten gefährdet gewesenen Werthes gemacht worden; sie sind demgemäss von dem Versicherer nach Massgabe des Inhalts der Versicherung so weit zu ersetzen, wie die resp. versicherten Gegenstände dadurch betroffen werden. — In den Fällen der ersteren Art (wenn das Schiff nur mit Gütern des Rheders fuhr) sind betreffs der Fragen, welche Aufopferungen unter den oben gedachten anderen Umständen zur grossen Haverei gehören würden, und in welcher Weise ihr Betrag uber die verschiedenen

Gegenstände zu verrechnen sei, die Grundsätze desjenigen Rechts massgebend, welches beim Vorhandensein jener anderen Umstände für die Aufmachung und Vertheilung der grossen Haverei Anwendung gefunden haben würde (§. 85). — In den Fällen der zweiten Art (wenn das Schiff in Ballast fuhr) sind die Grundsätze des am Versicherungsorte geltenden Havereigrosse-Rechts für jene Frage massgebend, jedoch kommen hierbei die Aufwendungen für Heuer, Kost und Logis der Schiffsbesatzung dem Versicherer nicht zur Last.

Die vorgedachten Beiträge und Aufopferungen (Ziffer 1 und 2) werden übrigens von dem Versicherer, mit Ausnahme der Fälle, wenn die Versicherung auf Güter in Dampfschiffen geleistet worden ist, nur dann ersetzt, wenn ihr Belauf, ohne die Kosten der Dispachirung, und ohne etwaige Provision von Deputirten, ein Prozent des contribuirenden, resp. gefährdeten Werthes übersteigt. Ist das Schiff auf Zeit oder auf mehrere Reisen versichert, so ist das eine Prozent für jede einzelne Reise massgebend. Der Begriff der Reise bestimmt sich nach §. 83.

3) Die sonstigen zur Rettung, sowie zur Abwendung grösserer Nachtheile nothwendig oder zweckmässig aufgewendeten Kosten (§. 66), selbst wenn die ergriffenen Massregeln erfolglos geblieben sind. (S. auch §§. 92, 98, 103.)

(Siehe Seite 522: Formular der See-Versicherungs-Polize auf Güter, und Seite 525: Formular der See-Versicherungs-Polize auf Casco-Reiseversicherung Fracht ꝛc.)

§. 85.

In Betreff der Frage, an welchem Orte und von wem die grosse Haverei aufzumachen ist, gelten für das Verhältniss zwischen dem Versicherten und dem Versicherer folgende Bestimmungen.

Die grosse Haverei ist am Bestimmungsorte des Schiffs, wenn dieser nicht erreicht wird, in dem Hafen, in welchem Schiff und Ladung von einander scheiden, eventuell an dem Platze, wo die Dispachirung für den betreffenden Ort üblich ist, in fernerer Eventualität an dem Ort, wo die Versicherung geschlossen worden ist, von den durch das Gesetz oder Gebrauch dazu berufenen Personen aufzumachen.

§. 86.

In Ansehung der Beiträge und Einbussen in Fällen der grossen Haverei und der nach den Grundsätzen der grossen Haverei zu beurtheilenden Beiträge bestimmen sich die Verpflichtungen des Versicherers nach der, am gehörigen Ort im Inland oder im Ausland, im Einklang mit dem am Ort der Aufmachung geltenden Rechte aufgemachten Dispache. Insbesondere ist der Versicherte, welcher einen zur grossen Haverei gehörenden Schaden erlitten hat, nicht berechtigt, von dem Versicherer mehr als den Betrag zu fordern, zu welchem der Schaden in der Dispache berechnet ist; andererseits haftet der Versicherer für den ganzen Betrag, ohne dass namentlich die Polizentaxe resp. der Versicherungswerth massgebend ist, indem der Versicherer die Werthveranschlagung der versicherten Gegenstände so gelten lassen muss, wie sie der Havereiberechnung in der gehörig aufgemachten Dispache zu Grunde gelegt worden ist, vorbehältlich der Anfechtbarkeit jener Werthveranschlagung wegen materieller Unrichtigkeit, soweit eine solche im Uebrigen statthaft ist (§. 88).

Auch kann der Versicherte, wenn der Schaden nach dem am Orte der Aufmachung geltenden Recht als grosse Haverei nicht anzusehen ist, den Ersatz des Schadens von dem Versicherer nicht aus dem Grunde fordern, weil der Schaden nach einem anderen Rechte, insbesondere nach dem Rechte des Versicherungsorts, grosse Haverei sei.

Lagerungs- und Feuerversicherungs-Kosten — nicht aber Kosten, welche in Folge einer der im §. 70 Ziffer 3 gedachten Ursachen zur Conservirung der Güter aufgewandt worden sind — werden dem Versicherten ersetzt, wenn sie in der ausländischen Dispache nicht in grosse Haverei aufgenommen sein sollten. Hingegen können nicht darin aufgenommene Heuer, Kost- und Logisgelder der Schiffsmannschaft dem Versicherer als Particulair-Haverei nicht zur Last gebracht werden.

§. 87.

Der Versicherer haftet nicht für die im vorstehenden Paragraphen erwähnten Beiträge, insoweit dieselben in einem Unfall sich gründen, für welchen der Versicherer nach dem Versicherungsvertrage nicht haftet.

Sind Güter mit der Klausel „frei von Beschädigung (von Bruch)" versichert und wird ein Schaden, welcher an denselben in Folge eines zur grossen Haverei führenden Ereignisses durch Beschädigung (durch Bruch) verursacht worden ist, in die grosse Haverei aufgenommen, so ist der Versicherer nicht verpflichtet, diesen Schaden, soweit derselbe nach der Havereigrosse-Dispache überhaupt zur Tragung des Versicherten bleibt, zu ersetzen. Das gleiche Ergebniss tritt unter den entsprechenden Voraussetzungen ein, wenn der Versicherungsvertrag mit der (beschränkten) Klausel „frei von Beschädigung (von Bruch) ausser im Strandungsfall" geschlossen sein und ein Strandungsfall, oder was demselben gleichsteht, nicht stattgefunden haben sollte.

§. 88.

Ist die Dispache von einer durch Gesetz oder Gebrauch dazu berufenen Person aufgemacht, so kann der Versicherer dieselbe wegen Nichtübereinstimmung mit dem am Ort der Aufmachung geltenden Recht, oder wegen unrichtiger Werthveranschlagungen, Berechnungen oder sonstiger factischer Annahmen, und dadurch bewirkter Benachtheiligung des Versicherten, diesem gegenüber nicht anfechten, es sei denn, dass der Versicherte durch mangelhafte Wahrnehmung seiner Rechte die Benachteiligung verschuldet hat.

Dem Versicherten liegt jedoch ob, je nach dem Verlangen des Versicherers entweder die Ansprüche gegen die zu seinem Nachtheil Begünstigten demselben abzutreten, oder für dessen Rechnung und auf dessen Kosten die Reclamation zu betreiben oder durch seine Correspondenten betreiben zu lassen.

Dagegen ist der Versicherer befugt, in allen Fällen die Dispache dem Versicherten gegenüber insoweit anzufechten, als ein von dem Versicherten selbst erlittener Schaden, für welchen ihm nach dem am Orte der Aufmachung der Dispache geltenden Recht eine Vergütung nicht gebührt hätte, gleichwohl als grosse Haverei behandelt, oder als der Versicherte durch unrichtige Werth-Veranschlagungen, Berechnungen oder sonstige factische Annahmen in anderer Weise bevortheilt worden ist.

§. 89.

Sollte eine grosse Haverei an einem ungehörigen Orte oder von einer nicht dazu berufenen Person aufgemacht und gleichwohl diese Aufmachung von dem Versicherten bei der Abrechnung mit den übrigen Interessenten zu Grunde gelegt worden sein, so ist der Versicherte, falls er wegen des erlittenen Schadens den Versicherer in Anspruch nehmen will, verpflichtet, jene Haverei-Aufmachung am gehörigen Orte, falls aber dies nicht thunlich sein sollte, an dem Orte, wo die Versicherung geschlossen worden ist, durch eine dazu berufene Person revidiren zu lassen, und kann er nur auf Grund des Ergebnisses dieser Revision Schadensvergütung fordern.

§. 90.

Wegen eines von dem Versicherten erlittenen zur grossen Haverei gehörenden oder nach den Grundsätzen der letzteren zu beurtheilenden Schadens haftet der Versicherer, wenn die Einleitung des die Feststellung und Vertheilung des Schadens bezweckenden ordnungsmässigen Verfahrens stattgefunden hat, in Ansehung der Beiträge, welche dem Versicherten zu entrichten sind nur insoweit als der Versicherte die ihm gebührende Vergütung auch im Rechtswege, sofern er diesen füglich betreten konnte, nicht erhalten hat.

§. 91.

Ist die Einleitung des Verfahrens ohne Verschulden des Versicherten, sowie der im §. 70 Nr. 4 bezeichneten Personen unterblieben, so kann derselbe den Versicherer wegen des ganzen Schadens nach Massgabe des Versicherungsvertrags unmittelbar in Anspruch nehmen.

Vierter Unterabschnitt.

Inwiefern der Versicherer über die gezeichnete Summe hinaus haftet und unter welchen Umständen er sich durch deren Zahlung frei machen kann.

§. 92.

Der Versicherer haftet für den Schaden nur bis auf Höhe der Versicherungssumme

Er hat jedoch die für die Rettung des versicherten Gegenstandes, für die Abwendung grösserer Nachtheile oder für die Ermittelung und Feststellung des Schadens verausgabten Kosten (§. 84 Ziffer 3 u. §. 69 a E.) vollständig zu erstatten, wenngleich die hiernach im Ganzen zu zahlende Vergütung die Versicherungssumme übersteigt.

Sind in Folge eines Unfalls solche Kosten bereits aufgewendet, z. B. Loskaufs- oder Reclamekosten verausgabt, oder sind zur Wiederherstellung oder Ausbesserung der durch den Unfall beschädigten Sache bereits Verwendungen geschehen, z. B. zu einem solchen Zwecke Havereigelder verausgabt, oder sind von dem Versicherten Beiträge zur grossen Haverei bereits entrichtet, oder ist eine persönliche Verpflichtung des Versicherten zur Entrichtung solcher Beiträge bereits entstanden, und ereignet sich später ein neuer Unfall, so haftet der Versicherer für den durch den späteren Unfall entstehenden Schaden bis auf Höhe der ganzen Versicherungssumme ohne Rücksicht auf die ihm zur Last fallenden früheren Aufwendungen und Beiträge.

Die Bestimmungen des zweiten und dritten Absatzes dieses Paragraphen finden dann keine Anwendung, sondern der Versicherer haftet nur bis auf Höhe der Versicherungssumme, wenn der Schaden des Versicherten ganz oder theilweise durch einen Schiffszusammenstoss verursacht worden ist und in Folge des Umstandes die Grösse der Versicherungssumme übersteigt, dass der Versicherte wegen des Zusammenstosses einem Dritten Schadenersatz leisten muss (§. 69 Ziffer 7).

§. 93.

Der Versicherer ist nach Eintritt eines Unfalls berechtigt, durch Zahlung der vollen Versicherungssumme von allen weiteren Verbindlichkeiten aus dem Versicherungsvertrage sich zu befreien, insbesondere von der Verpflichtung, die Kosten zu erstatten, welche zur Rettung, Erhaltung und Wiederherstellung der versicherten Sachen erforderlich sind.

War zur Zeit des Eintritts des Unfalls ein Theil der versicherten Sachen der vom Versicherer zu tragenden Gefahr bereits entzogen, so hat der Versicherer, welcher von dem Rechte dieses Paragraphen Gebrauch macht, den auf jenen Theil fallenden Theil der Versicherungssumme nicht zu entrichten.

Der Versicherer erlangt in diesem Falle durch Zahlung der Versicherungssumme keinen Anspruch auf die versicherten Sachen.

Ungeachtet der Zahlung der Versicherungssumme bleibt der Versicherer zum Ersatz derjenigen Kosten verpflichtet, welche auf die Rettung, Erhaltung oder Wiederherstellung der versicherten Sachen verwendet sind, bevor seine Erklärung, von dem Rechte Gebrauch zu machen, dem Versicherten zugegangen ist.

Wegen besonderer Bestimmung in Beziehung auf die Versicherung von Ueberfahrts- oder Passagegeldern s. §. 140.

§. 94.

Der Versicherer muss seinen Entschluss, dass er von dem im §. 93 bezeichneten Rechte Gebrauch machen wolle, bei Verlust dieses Rechtes dem Versicherten spätestens am dritten Tage nach Ablauf desjenigen Tages erklären, an welchem ihm der Versicherte nicht allein den Unfall unter Bezeichnung der Beschaffenheit und unmittelbaren Folgen desselben angezeigt, sondern auch alle sonstigen auf den Unfall sich beziehenden Umstände mitgetheilt hat, soweit die letzteren dem Versicherten bekannt sind.

§. 95.

Im Falle nicht zum vollen Werth versichert ist, haftet der Versicherer für die im §. 84 unter Ziffer 1—3 und im §. 69 a. E. erwähnten Beiträge, Aufopferungen und Kosten nur nach Verhältniss der Versicherungssumme zum Versicherungswerth (§. 15).

Fünfter Unterabschnitt.

Unwirksamkeit späterer Unfälle auf eine bereits existent gewordene Verbindlichkeit des Versicherers.

§. 96.

Die Verpflichtung des Versicherers, einen Schaden zu ersetzen, wird dadurch nicht wieder aufgehoben oder geändert, dass später in Folge einer Gefahr, welche der Versicherer nicht zu tragen hat, ein neuer Schaden und selbst ein Totalverlust eintritt.

Sechster Unterabschnitt.

Beschränkende Bedingungen und Klauseln.

§. 97.

Besondere Havereien, wenn sie ohne die Kosten der Ermittelung und Feststellung des Schadens (§. 69 a. E.) drei Prozent der unten angegebenen Beträge nicht übersteigen, hat der Versicherer nicht zu ersetzen, wenn sie aber mehr als drei Prozent betragen, ohne Abzug der drei Prozent zu vergüten.

Diese drei Prozent werden folgendermassen berechnet:

bei dem Schiff muss die Beschädigung nach Abzug des Unterschiedes „neu für alt" (s. §. 130) sich höher belaufen als drei Prozent von der Taxe der Polize resp. dem Versicherungswerth; ergiebt aber der von Sachverständigen taxirte Werth des Schiffs im beschädigten Zustande mit Hinzuziehung der, sei es in der Dispache über die grosse Haverei, sei es in derjenigen über die besondere Haverei vergüteten Reparatur eine höhere Summe, von dieser letzteren;

bei der Fracht muss der Verlust sich höher belaufen als drei Prozent von deren nach Chartepartie, Manifest oder Connossement sich ergebenden oder sonst zu ermittelnden Betrage (§. 20, Abs. 2);

bei Gütern

1) wenn solche am Bestimmungsorte angekommen sind, von dem Werthe, den selbige, falls sie unbeschädigt angekommen wären, zufolge des nach §. 133 taxirten Marktpreises gehabt haben würden, oder wenn die Taxe der Polize resp. der Versicherungswerth höher ist, von jener resp. von diesem;

2) wenn solche aber nicht am Bestimmungsorte angekommen sind, falls der Schaden, nach §. 133 berechnet, über drei Prozent von der Taxe der Polize resp. vom Versicherungswerth beträgt;

sowie bei sonstigen versicherten Gegenständen von der Taxe der Polize resp. vom Versicherungswerth.

Ist das Schiff auf Zeit oder auf mehrere Reisen versichert, so sind die drei Prozent für jede einzelne Reise zu berechnen. Der Begriff der Reise bestimmt sich nach der Vorschrift des §. 83.

(Siehe Seite 525: Formular der See-Versicherungs-Polize auf Casco-Reiseversicherung, Fracht ꝛc.)

§. 98.

Die im §. 84 unter Ziffer 3 erwähnten Kosten muss der Versicherer ersetzen, auch wenn sie drei Prozent des Versicherungswerths nicht erreichen. Dieselben kommen jedoch bei der Ermittelung der im §. 97 bezeichneten drei Prozent nicht in Berechnung.

§. 99.

Ist vereinbart, dass der Versicherer von bestimmten anderen Prozenten des Schadens, als den im §. 97 erwähnten frei sein soll, so kommen die in dem §. 97 enthaltenen Vorschriften mit der Massgabe zur Anwendung, dass an Stelle jener drei Prozent die im Vertrag angegebene Anzahl von Prozenten tritt.

§. 100.

Ist vereinbart, dass der Versicherer die Kriegsgefahr nicht übernehme, auch die Versicherung rücksichtlich der übrigen Gefahren nur bis zum Eintritt einer Kriegsbelästigung dauern solle (welche Vereinbarung namentlich angenommen wird, wenn der Vertrag mit der Klausel: „frei von Kriegsmolest" abgeschlossen ist), so endet die Gefahr für den Versicherer mit dem Zeitpunkt, in welchem die Kriegsgefahr auf die Reise Einfluss zu üben beginnt, insbesondere also, wenn der Antritt oder die Fortsetzung der Reise durch Kriegsschiffe, Kaper oder Blokade behindert oder zur Vermeidung der Kriegsgefahr aufgeschoben wird, wenn das Schiff aus einem solchen Grunde von seinem Wege abweicht, oder wenn der Schiffer durch Kriegsbelästigung die freie Führung des Schiffs verliert.

§ 101.

Ist vereinbart, dass der Versicherer zwar nicht die Kriegsgefahr übernehme, alle übrigen Gefahren aber auch nach Eintritt einer Kriegsbelästigung tragen solle (welche Vereinbarung namentlich angenommen wird, wenn der Vertrag mit der Klausel: „nur für Seegefahr" abgeschlossen ist), so endet die Gefahr für den Versicherer erst mit der Kondemnation der versicherten Sache, oder sobald sie geendet hätte, wenn die Kriegsgefahr nicht ausgenommen worden wäre; der Versicherer haftet aber nicht für die zunächst durch Kriegsgefahr verursachten Schäden, also insbesondere nicht:

für Konfiscation durch kriegführende Mächte;

für Nehmung, Beschädigung, Vernichtung und Plünderung durch Kriegsschiffe und Kaper, mögen diese Kriegsschiffe oder Kaper anerkannten oder mögen sie nicht anerkannten Mächten angehören;

für die Kosten, welche entstehen aus der Anhaltung und Reklamirung, aus der Blokade des Aufenthaltshafens, oder der Zurückweisung von einem blokirten Hafen, oder aus dem freiwilligen Aufenthalt wegen Kriegsgefahr;

für die nachstehenden Folgen eines solchen Aufenthalts: Verderb und Verminderung der Güter, Kosten und Gefahr ihrer Entlöschung und Lagerung, Kosten ihrer Weiterbeförderung. Dauert der Aufenthalt länger als zwei Monate, so gilt die Versicherung auf Güter, für alle Fälle und unbeschadet der sonstigen vorstehenden Bestimmung, frei von Beschädigung und resp. Bruch ausser im Strandungsfall, bei flüssigen Waaren in Gebinden frei von Leckage, ausgenommen wenn das Schiff gestossen hat.

Im Zweifel wird angenommen, dass ein eingetretener Schaden nicht durch Kriegsgefahr verursacht sei.

Wird das Schiff in Folge von Kriegsverhältnissen in einen Hafen verwiesen oder aufgebracht, so hat bei einer unter der hier in Rede stehenden Bedingung abgeschlossenen Versicherung der Versicherte, insofern er nicht auf die Fortdauer der Versicherung verzichten will, was er indessen unverzüglich, nachdem er von der Verweisung oder der Aufbringung Nachricht erhalten hat, erklären muss, eine Prämien-Verbesserung von $^1/_8$ Prozent für jeden angefangenen Monat von dem Zeitpunkt der Ankunft des Schiffes in den Aufbringungshafen bis zu dem Zeitpunkte, in welchem die Gefahr für den Versicherer endet (s. Abs. 1) zu zahlen.

(Siehe Seite 525: Formular der See-Versicherungs-Police auf Casco-Reiseversicherung, Fracht 2c.)

§. 102.

Wenn der Vertrag mit der Klausel: „für behaltene Ankunft“ abgeschlossen ist, so endet die Gefahr für den Versicherer schon mit dem Zeitpunkt, in welchem das Schiff im Bestimmungshafen am gebräuchlichen oder gehörigen Platze den Anker hat fallen lassen oder befestigt ist.

Auch haftet der Versicherer nur:

1) bei der auf das Schiff sich beziehenden Versicherung, wenn entweder ein Totalverlust eintritt, oder wenn das Schiff abandonnirt (§. 116), oder in Folge eines Unfalls vor Erreichung des Bestimmungshafens wegen Reparaturunfähigkeit verkauft wird (§. 131);
2) bei der auf Güter sich beziehenden Versicherung, wenn die Güter oder ein Theil derselben in Folge eines Unfalls den Bestimmungshafen nicht erreichen, insbesondere wenn sie vor Erreichung desselben in Folge eines Unfalls verkauft werden. Erreichen die Güter den Bestimmungshafen, so haftet der Versicherer weder für eine Beschädigung noch für einen Verlust, welcher Folge einer Beschädigung ist.

Ueberdies hat der Versicherer in keinem Falle die in dem §. 84 unter Ziffer 1—3 und §. 69 a. E. erwähnten Beiträge, Aufopferungen und Kosten zu tragen.

§. 103.

Wenn der Vertrag mit der Klausel: „frei von Beschädigung“ abgeschlossen ist, so haftet der Versicherer nicht für einen Schaden, welcher aus einer Beschädigung entstanden ist; ohne Unterschied, ob derselbe in einer Werthsverringerung oder in einem gänzlichen oder theilweisen Verlust und insbesondere darin besteht, dass die versicherten Güter gänzlich verdorben und in ihrer ursprünglichen Beschaffenheit zerstört den Bestimmungshafen erreichen oder während der Reise wegen Beschädigung und drohenden Verderbs verkauft worden sind. Eine entsprechende Wirkung hat die Klausel: „frei von Bruch“.

Für jeden Schaden, welcher nicht aus einer Beschädigung, resp. durch Bruch entstanden ist, haftet der Versicherer in derselben Weise, als wenn der Vertrag ohne die Klausel abgeschlossen wäre. Jedenfalls haftet er für die im §. 84 unter Ziffer 1 und 2 im §. 69 a. E. erwähnten Beiträge, Aufopferungen und Kosten; für die im §. 84 unter Ziffer 3 erwähnten Kosten aber nur dann, wenn sie zur Abwendung eines ihm zur Last fallenden Verlustes verausgabt sind.

§. 104.

Wird der Klausel „frei von Beschädigung (von Bruch)" der Zusatz hinzugefügt „ausser im Strandungsfall", so haftet der Versicherer für jede drei Prozent übersteigende (§. 97) Beschädigung (Bruch), wenn das Schiff oder das Leichterfahrzeug, worin die versicherten Güter sich befinden, gestrandet ist.

Ein Strandungsfall ist vorhanden, wenn das Schiff auf einen Grund geräth und festsitzen bleibt, oder nur durch Anwendung ungewöhnlicher Massregeln, als Kappen der Masten, Werfen oder Löschung von der Ladung — nicht durch Anwendung gewöhnlicher Massregeln, als Winden auf den Ankern, Backstellen der Segel — abgebracht wird, oder durch ungewöhnlich hohe Fluth abkommt, und wenn das Schiff durch solches Festsitzen Schaden am Rumpfe erlitten hat, der so bedeutend ist, dass sich die Beschädigung der Güter hieraus erklären lässt. Der Strandung sind gleich zu achten nur Kentern, Versinken, Scheitern und Verbrennen.

Hat eine Strandung oder ein dieser gleichzuachtender anderer Seeunfall sich ereignet, so haftet der Versicherer für jede drei Prozent übersteigende Beschädigung, welche in Folge eines solchen Seeunfalls entstanden ist, nicht aber für eine sonstige Beschädigung. Es wird bis zum Nachweis des Gegentheils vermuthet, das eine Beschädigung, welche möglicherweise Folge des eingetretenen Seeunfalls sein kann, in Folge desselben entstanden ist. Dieses findet in entsprechender Weise Statt bei der Klausel „frei von Bruch ausser im Strandungsfall."

Eine Beschädigung oder ein Schaden durch Bruch, welche erweislich ohne Selbstentzündung durch Feuer, oder durch Löschung eines solchen Feuers oder durch Beschiessen entstanden sind, werden als ein Schaden, von welchem der Versicherer durch die Klausel „frei von Beschädigung (von Bruch) ausser im Strandungsfall" befreit wird. nicht angesehen.

(Siehe Seite 522: Formular der See-Versicherungs-Police auf Güter.)

§. 105.

Jede Güterversicherung, bei welcher nicht etwa vereinbart wird, dass der Versicherer von jeglicher Haftung für Beschädigung frei sein solle („frei von Beschädigung" §. 103), gilt als geschlossen

entweder, frei von gewissen Prozenten der Beschädigung,

oder, frei von Beschädigung ausser im Strandungsfall.

Die für Güterversicherungen bestimmten Polizen-Formulare werden das Nähere darüber enthalten, für welche Güter die Versicherung frei von gewissen Prozenten der Beschädigung, und zwar frei von welchen Prozenten, übernommen wird. Für die nicht solchergestalt aufgeführten und nicht etwa mit besonderen Klauseln versicherten Güter gilt die Versicherung „frei von Beschädigung ausser im Strandungsfall."

Bei der Prozentberechnung des Beschädigungsbelaufes wird nur dieser selbst veranschlagt, ohne Einrechnung etwaiger Kosten, welche die Güter getroffen haben, oder des Schadens, welcher durch den Verlust einzelner Theile derselben entstanden sein möchte.

Uebersteigt der Belauf der Beschädigung die Befreiungs-Prozente, so wird der gesammte Beschädigungsbelauf vergütet, es wäre denn, dass das Gegentheil vereinbart wäre, z. B. durch die Klausel „frei von (gewissen) ersten Prozenten." Bei einer mit vorbemerkter Klausel geschlossenen Versicherung werden die Unkosten dem nach §. 133 ermittelten Betrag der Beschädigung hinzugefügt und eine Vergütung geschieht so weit, wie die hieraus sich ergebende Gesammtsumme die ausgenommenen Prozente des Versicherungswerths resp. der Taxe der betreffenden Gegenstände übersteigt.

Wegen Beschädigung an flüssigen Waaren s. §. 106 Abs. 4.

(Siehe Seite 522: Formular der See-Versicherungs-Police auf Güter.)

§. 106.

Bei flüssigen Waaren — zu welchen auch Honig, Melasse, Syrup, Palmöl und Theer gerechnet werden — ersetzt der Versicherer die gewöhnliche Leckage, abgesehen von etwaigen Fällen des Verkaufs im Nothhafen (s. unten Abs. 3), niemals, die aussergewöhnliche nur in dem Fall, wenn das Schiff durch Stossen oder durch stattgefundene An- oder Uebersegelung eine heftige Erschütterung erfahren hat, oder gekentert, gesunken oder gescheitert, oder wenn der Rumpf zerbrochen, oder das Schiff durch die Wirkung eines Seeunfalls absolut reparaturunfähig geworden (§. 131), oder wenn es auf eine den Versicherer verpflichtende Weise arrestirt oder aufgebracht und länger als drei Monate vom Tage der Anhaltung an festgehalten worden ist, oder wenn es in einem Nothhafen, den dasselbe wegen Kriegsgefahr oder blokirten Bestimmungshafens anging, länger als drei Monate verbleiben musste, oder wenn die Waare in Folge irgend einer dem Versicherer zur Last kommenden Veranlassung in einem Nothhafen gelöscht worden ist.

Als gewöhnliche Leckage gelten bei Flüssigkeiten in Metallflaschen drei Prozent, bei Baumöl in Fässern mit eisernen Reifen fünf Prozent, bei Baumöl in Fässern anderer Art, sowie bei allen übrigen Flüssigkeiten, gleichviel in welcher Art von Gefässen, zehn Prozent.

Beim Verkauf im Nothhafen wird von jedem Abzuge wegen ordentlicher oder ausserordentlicher Leckage abgesehen.

Beschädigung an flüssigen Waaren wird nur ersetzt, wenn eine derjenigen im ersten Absatz dieses Paragraphen aufgeführten thatsächlichen Voraussetzungen vorliegt, welche den Versicherer zum Ersatz für aussergewöhnliche Leckage verpflichten. — Sind flüssige Waaren in Flaschen, Gläsern, Krügen oder Gefässen ähnlicher Art verschifft, so gilt die vorstehende Bestimmung auch von jeglicher Verletzung, welche den Etiquetten, Kapseln, Körben oder dergleichen zugefügt wird.

Flüssige Waaren in zerbrechlichen Gefässen gelten als „frei von Bruch ausser im Strandungsfall" versichert.

§. 107.

Für Güter, welche auf Deck geladen sind, gilt die Versicherung frei von Beschädigung, sowie frei von Werfen und Ueberbordspülen. Der Versicherer haftet hiernach, ausser für grosse Haverei und was derselben gleichsteht (§. 84), nur dann für deren Verlust, wenn das Schiff gesunken, gescheitert, durch Feuer zerstört, verschollen oder für gute Prise erklärt worden ist, und er nicht etwa beweisen kann, dass die Deckslast schon vorher geworfen oder über Bord gespült worden war.

Für Güter, welche ohne Wissen und Willen des Versicherten, resp. desselben und der im §. 70 Ziffer 4 genannten Personen, auf Deck geladen sind, haftet der Versicherer so, als wären dieselben unter Deck verladen. Wegen des Anspruches an den Schiffer kommt der §. 71 zur Anwendung.

Ist Fracht auf Güter versichert, welche auf Deck geladen sind, so gilt die Versicherung frei von dem Frachtverlust, welcher durch Beschädigung, Werfen oder Ueberbordspülen der Güter verursacht wird. Ferner haftet der Versicherer auf Schiff und Fracht nicht für diejenigen Beiträge zur grossen Haverei, oder was derselben gleichsteht, welche als Vergütung für verlorene oder beschädigte Decksgüter in Ansatz kommen möchten.

§. 108.

Die Versicherung lebender Thiere, mögen dieselben im Raum des Schiffs oder auf Deck verladen sein (in welchem letzteren Falle im Uebrigen die Bestimmungen des §. 107 auf sie Anwendung finden), gilt, wenn nicht ein Anderes vereinbart ist, frei von Beschädigung und von Tod ausser im Strandungsfall.

Fünfter Abschnitt.

Umfang des Schadens.

Erster Unterabschnitt.

Der Totalverlust.

§. 109.

Ein Totalverlust des Schiffs oder der Güter liegt vor, wenn das Schiff oder die Güter die zu Grunde gegangen oder dem Versicherten ohne Aussicht auf Wiedererlangung entzogen sind, namentlich wenn sie unrettbar gesunken oder in ihrer ursprünglichen Beschaffenheit zerstört oder für gute Prise erklärt sind. Ein Totalverlust des Schiffs wird dadurch nicht ausgeschlossen, dass einzelne Theile des Wracks oder des Inventars gerettet sind.

§. 110.

Ein Totalverlust in Ansehung der Fracht liegt vor, wenn die ganze Fracht (§§. 20, 21) verloren gegangen ist.

§. 111.

Ein Totalverlust in Ansehung des imaginairen Gewinns oder in Ansehung der Provision, welche von der Ankunft der Güter am Bestimmungsort erwartet werden, liegt vor, wenn die Güter den Bestimmungsort in Folge der Gefahren der Reise nicht erreicht haben.

§. 112.

Ein Totalverlust in Ansehung der Bodmerei und Havereigelder liegt vor, wenn die Gegenstände, welche verbodmet oder für welche die Havereigelder vorgeschossen oder verausgabt sind, entweder von einem Totalverlust oder dergestalt von anderen Unfällen betroffen sind, dass in Folge der dadurch herbeigeführten Beschädigungen, Verbodmungen, oder sonstigen Belastungen zur Deckung jener Gelder nichts übrig geblieben ist.

§. 113.

Im Falle des Totalverlustes hat der Versicherer die Taxsumme der Polize, resp. den Versicherungswerth, unbeschadet der nach Vorschrift des §. 23 etwa zu machenden Abzüge in dem Masse zu zahlen, in welchem er sich für den Schaden verbindlich gemacht hat (§. 15). Wegen der Taxe im Falle der Frachtversicherung s. §. 16 Abs. 5.

§. 114.

Ist im Falle des Totalverlustes vor der Zahlung der Versicherungssumme etwas gerettet, so kommt der Erlös des Geretteten von der Versicherungssumme in Abzug.

War nicht zum vollen Werth versichert, so wird nur ein verhältnissmässiger Theil des Geretteten von der Versicherungssumme abgezogen (§. 15).

Mit der Zahlung der Versicherungssumme gehen die Rechte des Versicherten an der versicherten Sache auf den Versicherer über.

Erfolgt erst nach der Zahlung der Versicherungssumme eine vollständige oder theilweise Rettung, so hat auf das nachträglich Gerettete nur der Versicherer Anspruch. War nicht zum vollen Werth versichert, so gebührt dem Versicherer nur ein verhältnissmässiger Theil des Geretteten.

Wegen der etwa erforderlichen Dispachirung s. §. 142

§. 115.

Sind bei einem Totalverlust in Ansehung des imaginairen Gewinns (§. 111) die Güter während der Reise so günstig verkauft, dass der Reinerlös mehr beträgt als der Versicherungswerth der Güter, oder ist für dieselben, wenn sie in Fällen der grossen Haverei aufgeopfert sind oder wenn dafür vom Verfrachter, Rheder oder Schiffer zufolge H.G.B. §§. 611 und 612 Ersatz geleistet werden muss, mehr als jener Werth vergütet, so kommt von der Versicherungssumme des imaginairen Gewinns der Ueberschuss in Abzug.

Zweiter Unterabschnitt.

Der Abandon.

§. 116.

Der Versicherte ist befugt, die Zahlung der Versicherungssumme zum vollen Betrage gegen Abtretung der in Betreff des versicherten Gegenstandes ihm zustehenden Rechte in folgenden Fällen zu verlangen (Abandon):

1) wenn das Schiff verschollen ist;
2) wenn der Gegenstand der Versicherung dadurch bedroht ist, dass das Schiff oder die Güter unter Embargo gelegt, von einer kriegführenden Macht aufgebracht, auf andere Weise durch Verfügung von hoher Hand angehalten oder durch Seeräuber genommen und während einer Frist von sechs, neun oder zwölf Monaten nicht freigegeben sind, je nachdem die Anfbringung, Anhaltung oder Nehmung geschehen ist
   a. in einem europäischen Hafen oder in einem europäischen Meere oder in einem, wenn auch nicht zu Europa gehörenden, Theile des Mittelländischen, Schwarzen oder Azow'schen Meeres, oder
   b. in einem anderen Gewässer, jedoch diesseits des Vorgebirges der guten Hoffnung und des Kap Horn, oder
   c. in einem Gewässer jenseits des einen jener Vorgebirge.

Die Fristen werden von dem Tage an berechnet, an welchem dem Versicherer der Unfall durch den Versicherten angezeigt ist (§. 65 Abs. 1).

§. 117.

Ein Schiff, welches eine Reise angetreten hat, ist als verschollen anzusehen, wenn es innerhalb der Verschollenheitsfrist den Bestimmungshafen nicht erreicht hat, auch innerhalb dieser Frist den Betheiligten keine Nachrichten über dasselbe zugegangen sind.

Die Verschollenheitsfrist beträgt:

1) wenn sowohl der Abgangshafen als der Bestimmungshafen ein europäischer Hafen ist, bei Segelschiffen sechs, bei Dampfschiffen vier Monate;
2) wenn entweder nur der Abgangshafen oder nur der Bestimmungshafen ein nichteuropäischer Hafen ist, falls derselbe diesseits des Vorgebirges der guten

Hoffnung und des Kap Horn belegen ist, bei Segel- und Dampfschiffen neun Monate, falls derselbe jenseits des einen jener Vorgebirge belegen ist, bei Segel- und Dampfschiffen zwölf Monate;

3) wenn sowohl der Abgangs- als der Bestimmungshafen ein nichteuropäischer Hafen ist, bei Segel- und Dampfschiffen sechs, neun oder zwölf Monate, je nachdem die Durchschnittsdauer der Reise nicht über zwei oder nicht über drei oder mehr als drei Monate beträgt.

Im Zweifel ist die längere Frist abzuwarten.

§. 118.

Die Verschollenheitsfrist wird von dem Tage an berechnet, an welchem das Schiff die Reise angetreten hat. Sind jedoch seit dessen Abgange Nachrichten von demselben angelangt, so wird von dem Tage an, bis zu welchem die letzte Nachricht reicht, diejenige Frist berechnet, weche massgebend sein würde, wenn das Schiff von dem Punkt, an welchem es nach sicherer Nachricht zuletzt sich befunden hat, abgegangen wäre.

§. 119.

Die Abandonerklärung muss dem Versicherer innerhalb der Abandonfrist zugegangen sein.

Die Abandonfrist beträgt sechs Monate, wenn im Falle der Verschollenheit (§. 116 Ziffer 1) der Bestimmungshafen ein europäischer Hafen ist und wenn im Falle der Aufbringung, Anhaltung oder Nehmung (§. 116 Ziffer 2) der Unfall in einem europäischen Hafen oder in einem europäischen Meere oder in einem, wenn auch nicht zu Europa gehörenden, Theile des Mittelländischen, Schwarzen oder Azow'schen Meeres sich zugetragen hat. In den übrigen Fällen beträgt die Abandonfrist neun Monate.

Die Abandonfrist beginnt mit dem Ablauf der in den §§. 116 und 117 bezeichneten Fristen.

Bei der Rückversicherung beginnt die Abandonfrist mit dem Ablaufe des Tags, an welchem dem Rückversicherten von dem Versicherten der Abandon erklärt worden ist.

§. 120.

Nach Ablauf der Abandonfrist ist der Abandon unstatthaft, unbeschadet des Rechts des Versicherten, nach Massgabe der sonstigen Grundsätze Vergütung eines Schadens in Anspruch zu nehmen.

Ist im Falle der Verschollenheit des Schiffs die Abandonfrist versäumt, so kann der Versicherte zwar den Ersatz eines Totalschadens fordern; er muss jedoch, wenn die versicherte Sache wieder zum Vorschein kommt, und sich dabei ergiebt, dass ein Totalverlust nicht vorliegt, auf Verlangen des Versicherers gegen Verzicht des Letzteren auf die in Folge Zahlung der Versicherungssumme nach §. 114 ihm zustehenden Rechte die Versicherungssumme erstatten und mit dem Ersatz eines etwa erlittenen Partialschadens sich begnügen.

§. 121.

Die Abandonerklärung muss, um gültig zu sein, ohne Vorbehalt oder Bedingung erfolgen und auf den ganzen versicherten Gegenstand sich erstrecken, soweit dieser zur Zeit des Unfalls den Gefahren der See ausgesetzt war.

Wenn jedoch nicht zum vollen Werth versichert war, so ist der Versicherte nur den verhältnissmässigen Theil des versicherten Gegenstandes zu abandonniren verpflichtet.

Die Abandonerklärung ist unwiderruflich.

§. 122.

Die Abandonerklärung ist ohne rechtliche Wirkung, wenn die Thatsachen, auf welche sie gestützt wird, sich nicht bestätigen oder zur Zeit der Mittheilung der Erklärung nicht mehr bestehen. Dagegen bleibt sie für beide Theile verbindlich, wenngleich später Umstände sich ereignen, deren früherer Eintritt das Recht zum Abandon ausgeschlossen haben würde.

§. 123.

Durch die Abandonerklärung gehen auf den Versicherer alle Rechte über, welche dem Versicherten in Ansehung des abandonnirten Gegenstandes zustanden.

Der Versicherte hat dem Versicherer Gewähr zu leisten wegen der auf dem abandonnirten Gegenstande zur Zeit der Abandonerklärung haftenden dinglichen Rechte, es sei denn, dass diese in Gefahren sich gründen, wofür der Versicherer nach dem Versicherungsvertrag aufzukommen hatte.

Wird das Schiff abandonnirt, so gebührt dem Versicherer desselben die Nettofracht der Reise, auf welcher der Unfall sich zugetragen hat, soweit die Fracht erst nach der Abandonerklärung verdient ist. Dieser Theil der Fracht wird nach den für die Ermittelung der Distanzfracht geltenden Grundsätzen berechnet.

Den hiernach für den Versicherten entstehenden Verlust hat, wenn die Fracht selbständig versichert ist, der Versicherer der letzteren zu tragen.

§. 124.

Die Zahlung der Versicherungssumme kann erst verlangt werden, nachdem die zur Rechtfertigung des Abandons dienenden Urkunden dem Versicherer mitgetheilt sind und eine angemessene Frist zur Prüfung derselben abgelaufen ist. Wird wegen Verschollenheit des Schiffs abandonnirt, so gehören zu den mitzutheilenden Urkunden glaubhafte Bescheinigungen über die Zeit, in welcher das Schiff den Abgangshafen verlassen hat, und über die Nichtankunft desselben im Bestimmungshafen während der Verschollenheitsfrist.

Der Versicherte ist verpflichtet, bei der Abandonerklärung, soweit er dazu im Stande ist, dem Versicherer anzuzeigen, ob und welche andere, den abandonnirten Gegenstand betreffende Versicherungen genommen sind, und ob und welche Bodmereischulden oder sonstige Belastungen darauf haften. Ist die Anzeige unterblieben, so kann der Versicherer die Zahlung der Versicherungssumme so lange verweigern, bis die Anzeige nachträglich geschehen ist; wenn eine Zahlungsfrist bedungen ist, so beginnt dieselbe erst mit dem Zeitpunkt, in welchem die Anzeige nachgeholt ist.

§. 125.

Der Versicherte ist verpflichtet, auch nach der Abandonerklärung für die Rettung der versicherten Sachen und für die Abwendung grösserer Nachtheile nach Vorschrift des §. 66 und zwar so lange zu sorgen, bis der Versicherer selbst dazu im Stande ist.

Erfährt der Versicherte, dass ein für verloren erachteter Gegenstand wieder zum Vorschein gekommen ist, so muss er dies dem Versicherer sofort anzeigen und ihm auf Verlangen die zur Erlangung oder Verwerthung des Gegenstandes erforderliche Hülfe leisten.

Die Kosten hat der Versicherer zu ersetzen; auch hat derselbe den Versicherten auf Verlangen mit einem angemessenen Vorschusse zu versehen. Der Versicherte ist nicht berechtigt, sich eine Provision für seine Mühewaltungen zu berechnen.

§. 126.

Der Versicherte muss dem Versicherer, wenn dieser die Rechtmässigkeit des Abandons anerkennt, auf Verlangen und auf Kosten desselben über den nach §. 123 durch die

Abandonerklärung eingetretenen Uebergang der Rechte eine beglaubigte Anerkennungsurkunde (Abandon-Revers) ertheilen und die auf die abandonnirten Gegenstände sich beziehenden Urkunden ausliefern.

Dritter Unterabschnitt.

Die Partialschäden.

A. An Schiffen.

§. 127.

Wenn ein Schiff Beschädigung erlitten hat, so muss so bald, wie es irgend thunlich ist, der an demselben vorhandene Schaden durch Sachkundige besichtigt und urkundlich festgestellt, sowie der Kostenbetrag der für erforderlich zu achtenden Reparatur taxirt, auch den Umständen nach sofort zur Reparatur selbst geschritten werden.

Für das hierbei zu beobachtende Verfahren und die daraus für die Entschädigungsleistung des Versicherers abzuleitenden Folgen gelten die nachstehenden Bestimmungen, betreffend

1) die Bestellung der Sachkundigen (§. 128),
2) die Begutachtung und Taxation (§. 129),
3) die auf Grund der Begutachtung und der Taxation, eventuell der ausgeführten Reparatur, aufzumachende Schadensberechnung (§. 130),
4) die unter besonderen Umständen dem Versicherten zustehende Befugniss, das beschädigte Schiff für Rechnung des Versicherers zum öffentlichen Verkauf zu bringen (§§. 131, 132).

Ist an dem Orte, wo das beschädigte Schiff sich befindet, der Versicherte anwesend, so hat er selbst, im anderen Falle hat der Schiffer für die Innehaltung der hier getroffenen Bestimmungen Sorge zu tragen. — Geschieht dies nicht, wird also nicht in Gemässheit dieser Bestimmungen verfahren, so bleibt es freilich dem Versicherten, falls er den Versicherer auf Schadensvergütung in Anspruch nehmen will, unbenommen, den Beweis zu liefern, dass Schäden, und zwar welche Schäden, zu der Zeit, zu welcher die Besichtigung und Begutachtung hätten vorgenommen werden müssen, an dem Schiffe vorhanden gewesen, sowie dass die dem Versicherer zur Last gebrachten Schäden durch Unfälle der letzten Reise verursacht worden seien; es sind jedoch hierbei diejenigen Besichtigungs- und Taxationsdocumente, welche der Versicherte oder der Schiffer unter Verletzung der hier getroffenen Bestimmungen (z. B. einseitig, wo er den Versicherer oder einen Vertreter desselben zuziehen musste) hätte errichten lassen, beweisunkräftig; ferner sind als Beweismittel dabei ausgeschlossen das Zeugniss und die etwaigen urkundlichen Erklärungen des Schiffers, sowie derjenigen Personen, welche bei den vorschriftswidrig vorgenommenen Besichtigungen und Taxationen als Correspondenten des Versicherten oder als Sachkundige gehandelt, oder an der Beweisaufnahme als Requirenten oder in anderer Weise theilgenommen haben.

Ausnahmen von der vorstehenden Bestimmung finden in folgenden Fällen Statt:

1) Wenn den Umständen nach der Versicherte nicht in der Lage gewesen war, den Schiffer von der geschlossenen Versicherung und von Demjenigen, was auf Grund derselben eventuell zu beachten sein werde, zeitig in Kenntniss setzen zu können, so sind solche Besichtigungen und Taxationen, sowie deren Beurkundungen, als Grundlagen für die Feststellung der Entschädigungssumme zulässig und, wenn ihrem Inhalte nach genügend, beweiskräftig, welche in Gemässheit der Gesetze oder Gewohnheiten des Ortes, wo die Constatirung des Schadens vorzunehmen war, veranstaltet wurden.

2) Bestellt der Versicherer einen speciellen Vertreter für die betreffende Havereisache, oder existirt an dem Havereiplatze oder für denselben ein allgemeiner Vertreter des Versicherers für vorkommende Havereisachen — in welchen Fällen nach §. 128 der Versicherte verpflichtet ist, den Vertreter zu den vorzunehmenden Handlungen zuzuziehen — so ist es für den Versicherten unpräjudicirlich, wenn, sei es mit ausdrücklicher Genehmigung oder auch nur unter Mitwirkung des Vertreters, von den in Rede stehenden Bestimmungen abgewichen wird. Der Versicherer ist verbunden, die Handlungen seines Vertreters in Betreff des zu constatirenden Schadens gelten zu lassen.

§. 128.

Ueber

die Bestellung des Sachkundigen

gelten folgende Bestimmungen:

a. In den Fällen, in welchen der Versicherer oder ein Vertreter desselben an dem Orte, wo das beschädigte Schiff sich befindet, anwesend ist, oder in genügender Nähe bei demselben sich aufhält, um ohne erheblichen Zeitverlauf zu den vorzunehmenden Handlungen zugezogen werden zu können,

hat, falls der Versicherte anwesend ist, dieser selbst, im anderen Falle der Schiffer — wenn ihm jene Anwesenheit oder Erreichbarkeit bekannt ist — den Versicherer, resp. dessen Vertreter, zur Mitwirkung bei der zu veranstaltenden Besichtigung des Schiffs und der urkundlichen Feststellung und Taxirung des Schadens aufzufordern.

Leistet der Versicherer, resp. dessen Vertreter, Folge, so haben beide Theile je einen Sachkundigen zu der Vornahme der Besichtigung, urkundlichen Feststellung und Taxirung zu ernennen.

Vereinigen sich die beiden Sachkundigen über die Existenz, Beurtheilung und Taxirung des Schadens, so hat es bei dem hieraus hervorgehenden Ergebniss sein Verbleiben. — Vereinigen sie sich nicht, so haben sie einen Obmann zu erwählen, dessen Ausspruch alsdann massgebend ist. — Können die Sachkundigen sich über die Person des Obmannes nicht einigen, so hat der Versicherte, resp. der Schiffer, die Ernennung eines Obmannes bei dem am Havereiplatze fungirenden Consul des Landes, welchem das Schiff angehört, eventuell bei einer dortigen öffentlichen Behörde, zu beantragen. Als öffentliche Behörde im Sinne dieses Paragraphen gelten das Ortsgericht des Havereiplatzes, eventuell jeder andere daselbst fungirende Europäische oder Nordamerikanische Consul, und, falls an dem betreffenden Platze weder ein Ortsgericht noch ein Europäischer oder Nordamerikanischer Consul vorhanden sein sollte, Lloyd's Agent oder ein etwa anwesender Commandant eines Europäischen oder Nordamerikanischen Kriegsschiffs.

b. In den Fällen, in welchen der Versicherte, resp. der Schiffer, auf seine alleinige Wirksamkeit beschränkt ist — wenn nämlich weder der Versicherer selbst, noch ein Vertreter desselben anwesend, auch nicht etwa binnen kurzer Zeit erreichbar, oder wenn deren Anwesenheit oder Erreichbarkeit dem Versicherten, resp. dem Schiffer, unbekannt ist, oder wenn der zur Mitwirkung aufgeforderte Versicherer oder der Vertreter desselben die Mitwirkung ablehnt — in allen diesen Fällen

hat der Versicherte, resp. der Schiffer, bei dem am Havereiplatze fungirenden Consul des Landes, welchem das Schiff angehört, eventuell bei einer sonstigen öffentlichen Behörde — in Betreff der letzteren nach Massgabe des oben zu a Bestimmten — die Ernennung zweier Sachkundigen, sowie erforderlichen Falles die Bestellung eines Obmannes, behufs der mehrgedachten Besichtigung, Feststellung und Taxirung zu beantragen und gilt sodann von dem Ausspruch der Sachkundigen, eventuell des Obmannes, das oben Bemerkte.

§. 129.

Das Gutachten der Sachkundigen resp. des Obmannes muss,

1) die Form anlangend, sofort nach der Vornahme der Besichtigungen und Schätzungen schriftlich ausgefertigt, und wenn ein Vertreter des Versicherers behufs der Herbeiführung desselben mitgewirkt hat, von diesem als unter seiner Zuziehung herbeigeführt schriftlich anerkannt werden.

Hat die Bestellung der Sachkundigen, resp. des Obmannes, ohne Concurrenz des Versicherers oder eines Vertreters desselben Statt gefunden, so ist das Gutachten von dem Consul des versicherten Schiffs, welcher die Sachkundigen resp. den Obmann ernannt hat, eventuell von der statt desselben wirksam gewordenen öffentlichen Behörde (§. 128) in Betreff dieses Punktes zu beglaubigen.

Anlangend

2) den Inhalt des Gutachtens, so muss dieses enthalten:

a. eine Angabe darüber, von wem die Sachkundigen resp. der Obmann ernannt worden sind;

b. einen Bericht darüber, wann und von welchen Personen die Besichtigungen vorgenommen worden sind;

c. eine specielle Aufführung der einzelnen vorgefundenen Schäden;

d. eine Erklärung der Sachkundigen darüber, welche von den vorgefundenen Schäden sie Seeunfällen der letzten Reise zuschreiben, welche dagegen als Folge anderer Ursachen, etwa der Abnutzung im gewöhnlichen Gebrauch, des Alters, der Fäulniss im Holz, des Wurmfrasses, einer fehlerhaften Bauart des Schiffs oder einer vor Antritt der letzten Reise erlittenen Beschädigung anzusehen sind.

Als Folge der Abnutzung im gewöhnlichen Gebrauche ist auch zu behandeln, wenn Segel, und zwar selbst im Falle stattgehabten Prangens, beschädigt, vom Winde zerrissen oder fortgeführt, wenn Anker, Taue, Ketten oder laufendes Tauwerk beschädigt worden oder gebrochen sind, und wird an dieser Behandlung solcher Schäden auch dadurch Nichts geändert, wenn das Beschädigte, Zerrissene oder Gebrochene demnächst hatte weggekappt werden müssen. Sollten jedoch Segel durch das Brechen von Rundhölzern oder das Hineinschlagen von Sturzseen beschädigt oder fortgeführt sein, so ist ein solcher Schaden als nicht zur Abnutzung im gewöhnlichen Gebrauch gehörig anzusehen;

e. eine Taxation der Reparatur derjenigen Schäden, welche die Sachkundigen (unter Berücksichtigung des vorstehend unter d Bemerkten) den Seeunfällen der letzten Reise zuschreiben. Diese Taxation darf nicht in der blossen Angabe einer Gesammtsumme bestehen, sondern die einzelnen Schäden müssen specificirt zum Gegenstand der Schätzung gemacht werden.

§. 130.

Hinsichtlich der Frage, ob, nachdem die in den §§. 127—129 vorgeschriebene Besichtigung, Begutachtung und Taxation Statt gefunden haben, sofort zur Reparatur zu schreiten ist, — kommt es darauf an, ob die auf das Schiff geschlossene Versicherung an demjenigen Platze, an welchem es sich im beschädigten Zustande befindet, endet, oder ob dieselbe noch länger fortdauert. (Wegen der Fälle vorhandener Reparaturunfähigkeit s. §. 131.)

Endet die Versicherung an dem vorgedachten Platze, so ist es dem Ermessen des Versicherten überlassen, ob und eventuell wann er zur Reparatur des Schiffs schreiten oder welche anderen Anordnungen er in Betreff desselben treffen will. Ihm wird, wie er auch verfahren möge, von dem Versicherer Schadensvergütung nach Massgabe der Taxation, und zwar nur nach derselben geleistet. Der Betrag der etwa in Ausführung gebrachten Reparatur betheiligt mithin den Versicherer eben so wenig, wie die Kosten der für dieselbe erforderlich werdenden oder gewordenen Gelder

Endet dagegen die Versicherung nicht an dem Platze, wo das beschädigte Schiff sich befindet, hat z. B. das Schiff bei einer auf eine einzelne Reise geschlossenen Versicherung seinen Bestimmungsort nicht erreicht, oder liegt eine noch nicht abgelaufene Versicherung auf mehrere Reisen oder auf Zeit vor, so muss, und zwar ohne Verzug, zur Reparatur geschritten werden. — Nach Vollendung der Reparatur ist der Versicherte verpflichtet, dem Versicherer die Reparaturrechnungen vorzulegen. Beläuft sich darnach der Gesammtbetrag, welcher für die Beseitigung der dem Versicherer treffenden Schäden aufgewendet worden ist, nicht so hoch, wie die in der Taxation dafür angesetzte Summe, so ist der Schadensvergütung nur jener geringere Belauf zu Grunde zu legen. — Dem Versicherer kommen da, wo zur Reparatur geschritten werden muss, auch die Kosten der für die Reparatur erforderlich werdenden Gelder zur Last, mit Ausnahme der Fälle, in denen dieselbe bei noch nicht abgelaufener Versicherung auf Zeit oder auf mehrere Reisen nach Beendigung einer Reise stattfindet.

Ist in Gemässheit des Vorstehenden der Gesammtbelauf der Reparaturkosten, sei es auf Grund der Taxation oder der wirklichen Reparatur-Ausführung, in Gewissheit gebracht, so werden für die schliessliche Feststellung des von dem Versicherer zu vergütenden Betrages von jenem Belaufe nachstehende Abzüge gemacht.

A. In allen Fällen, in welchen nicht zu Folge des Nachstehenden Ausnahmen Statt finden, wird wegen des Unterschiedes zwischen alt und neu ein Drittel des festgestellten vollen Betrages jener Kosten in Abzug gebracht.

Die Ausnahmen sind:

1) Kein Abzug findet Statt im Falle von Schäden

a. an dem Körper oder der Bemastung des Schiffs, wenn dieses zur Zeit der Beschädigung noch kein volles Jahr zu Wasser gewesen war,

b. an einzelnen Theilen des Körpers, der Bemastung oder des sonstigen Zubehörs des Schiffs, wenn die beschädigten oder verloren gegangenen Theile bei Antritt derjenigen Reise, auf welcher der Schaden sich zutrug, neu gewesen waren, mochte im Uebrigen das Schiff neu gewesen sein oder schon eine oder mehrere Reisen gemacht haben,

c. an Schiffsankern.

Endlich wird kein Abzug gemacht

d. von dem Betrage solcher vorläufigen und nothdürftigen Reparaturen, welche in einem Nothhafen nur zu dem Zwecke ausgeführt wurden, um das Schiff in den Stand zu setzen, die Reise nach einem Platze, wo die eigentliche Reparatur ausgeführt werden könne, zu unternehmen.

2) ein geringerer oder grösserer Abzug, als von einem Drittel, wird gemacht, resp. eine Vergütung der bezüglichen Aufwendungen findet überhaupt nicht Statt, in Betreff folgender Gegenstände.

Es werden abgezogen bei Schäden

a. an Ankerketten (abgesehen von der ersten Reise, auf welcher sie verwendet worden sind, s. 1 b) ein Sechstel,

b. an Metallhäuten wie folgt:

Bei Schäden, welche an einer Kupfer- oder Yellow-Metal-Haut auf der ersten Reise, nachdem sie um das Schiff gelegt ist, entstehen, wird Nichts, auf ferneren Reisen bis zum Ablauf des ersten Jahres wird $^1/_5$, auf Reisen im zweiten Jahre werden $^2/_5$, im dritten $^3/_5$, im vierten $^4/_5$ gekürzt. Für Schäden, welche daran auf Reisen nach Ablauf des vierten Jahres entstehen, wird dem Versicherten Nichts vergütet.

Schäden an einer Zink- oder Eisenblechhaut werden während der ersten drei Jahre behandelt wie Schäden an einer Kupfer- oder Yellow-Metal-Haut. Für Schäden, welche daran auf Reisen nach Ablauf des dritten Jahres entstehen, wird dem Versicherten Nichts vergütet.

Die für die Metallhäute der verschiedenen Arten hier angenommenen Zeitbestimmungen gelten vom Tage der beendigten Umlegung bis zu demjenigen der begonnenen Wiederabnahme. — Der Abzug ist zu machen von dem Kostenbetrage der neuen Haut, einschliesslich der Umlegungskosten, nachdem der Werth der alten Metallhaut zuvor davon gekürzt worden ist; auch ist dabe der etwaige Unterschied im Gewichte der neuen und alten Haut in Anschlag zu bringen. — Hatte die alte Haut eine Spiekerhaut zur Unterlage oder eine Unterlage von Filz, Papier oder dgl., so wird deren Erneuerung mit zu den Umlegungskosten gerechnet.

Ist das Schiff mit einer hölzernen Wurm- oder Spiekerhaut ohne darübergelegtes Kupfer oder sonstiges Metall umgeben, so wird deren gewöhnliche Dauer auf drei Jahre angenommen, also wenn nach Ablauf dieser Zeit eine Erneuerung derselben stattfindet, der hierdurch verursachte Kostenaufwand nicht vergütet. Im Falle einer früheren Erneuerung tritt der gewöhnliche Abzug von einem Drittel ein.

c. Falls das Schiff bei Gelegenheit der durch die Schäden veranlassten Reparatur vergrössert, verstärkt oder in sonstiger Weise gegen den früheren Zustand verbessert wird, oder falls neue Stücke in dasselbe hineingebracht werden, welche nicht blos einen Ersatz für verloren gegangene oder unbrauchbar gewordene Stücke entsprechender Art bilden, sondern deren Einfügung besondere Vortheile für den Versicherten herbeiführt, so ist, wenn die Schätzung der Reparaturkosten die vorgedachten Arbeiten mit eingeschlossen hat, ein den Umständen nach zu bestimmender ausserordentlicher Abzug zu machen.

d. Ausser Ansatz zu Lasten des Versicherers bleiben, und werden also dem Versicherten nicht vergütet, die Kosten, welche durch Maler- und Glaser-Arbeiten, sowie durch Wiederherstellung etwaiger Verzierungen des Schiffs veranlasst werden.

B. Es kommen ferner in Abzug der volle Erlös oder Werth der etwa noch vorhandenen alten Stücke, welche durch neue ersetzt sind oder zu ersetzen sind.

Findet ein solcher Abzug und zugleich der Abzug wegen des Unterschiedes zwischen alt und neu Statt, so ist zuerst dieser letztere und sodann erst von dem verbleibenden Betrage der andere Abzug zu machen.

(Siehe Seite 525: Formular der See-Versicherungs-Polize auf Casco-Reiseversicherung, Fracht 2c.)

§. 131.

Besteht das Ergebniss der in den §§. 127—129 vorgeschriebenen Besichtigung und Begutachtung darin, dass Reparaturunfähigkeit des Schiffs anzunehmen ist, sei es eine absolute, wenn die Reparatur des Schiffs überhaupt nicht möglich ist, sei es eine relative, wenn die Reparatur an dem Orte, wo das Schiff sich befindet, nicht bewerkstelligt, auch das Schiff nicht nach einem Hafen, wo die Reparatur auszuführen wäre, gebracht werden kann, so ist der Versicherte im Verhältniss zum Versicherer befugt, das Schiff zum öffentlichen Verkauf zu bringen und, ohne Abzug wegen des Unterschiedes zwischen alt und neu (§. 130), den Minderbetrag des Reinerlöses im Verhältniss zu dem Versicherungswerth, resp. der Polizentaxe, von dem Versicherer zu fordern.

Wegen Reparaturunwürdigkeit, also namentlich wegen eines Missverhältnisses zwischen dem Betrage der Reparaturkosten und den Werth des Schiffs, ist der Versicherte nicht befugt, das Schiff für Rechnung des Versicherers zum Verkauf zu bringen.

Die folgenden Bestimmungen über die Voraussetzungen, unter welchen der Versicherer einen aus den vorstehend angegebenen Gründen ausgeführten Verkauf des Schiffs als für seine Ersatzpflicht massgebend anzuerkennen hat, finden durchweg Anwendung, wenn das Schiff im beschädigten Zustande an einem anderen Platze sich befindet als an demjenigen, in welchem die Gefahr des Versicherers entweder anfangen oder enden sollte (z. B. wenn es in einem Nothhafen ist); sie finden dagegen, wenn das beschädigte Schiff an einem Platze sich befindet, in welchem die Gefahr des Versicherers entweder anfangen oder enden sollte (regelmässig dem resp. Abgangs- oder Bestimmungshafen), nur dann Anwendung, wenn absolute Reparaturunfähigkeit des Schiffs vorliegt.

Der Verkauf des Schiffs ist, mit der vorstehenden Beschränkung, von dem Versicherer als für ihn verbindlich anzuerkennen, wenn folgende vier Voraussetzungen vorliegen,

1) wenn die auf Grund der Bestimmungen des §. 128 bestellten Sachkundigen (eventuell der Obmann), unter Beachtung der Vorschriften des §. 129 über Form und Inhalt der abzugebenden Gutachten und unter Begründung ihres Ausspruchs durch Anführung der ihrer Ansicht nach dafür entscheidenden Umstände, erklärt haben, dass das Schiff (absolut oder relativ) reparaturunfähig sei;

2) wenn aus den Erklärungen der Sachkundigen es sich ergiebt, dass die Reparaturunfähigkeit durch auf der versicherten Reise vorgekommene Unfälle, und zwar durch solche Unfälle verursacht worden ist, für welche der Versicherer nach dem Inhalt des Vertrages zu haften hat. — Hiernach betheiligt ein erfolgter Verkauf des Schiffs den Versicherer nur dann, wenn die durch die vorbemerkten Unfälle nothwendig gemachten Reparaturen entweder überhaupt nicht, oder doch nicht an dem betreffenden Orte, noch auch an einem von dort aus erreichbaren Platze bewerkstelligt werden konnten. Der Umstand, wenn das Schiff erst durch die Verbindung anderer, den Versicherer nicht angehender Schäden (Abnutzung, Alter, Fäulniss etc. s. § 129) mit den vorbezeichneten Schäden reparaturunfähig geworden sein sollte, ist unvermögend, dem Versicherer den Verkauf und dessen Ergebniss zur Last zu bringen;

3) wenn die zum Zweck der Constatirung des Schadens aufgenommenen Documente dem Ortsgerichte, eventuell der an dem betreffenden Platze oder für denselben bestehenden obrigkeitlichen Behörde, vorgelegt worden sind, und der Versicherte, resp. der Schiffer, durch einen auf Grund dieser Documente abgegebenen Ausspruch des Gerichts oder der Behörde zur Vornahme des öffentlichen Verkaufs autorisirt (das Schiff „kondemnirt") worden ist. Für den Fall, wenn weder ein Gericht noch eine obrigkeitliche Behörde an dem betreffenden Platze oder für denselben vorhanden sein sollte, hat der Versicherte, resp. der Schiffer, unter Constatirung dieses Mangels, sich an eine andere öffentliche Behörde des Havereiplatzes (s. §. 128 unter a) zu wenden, und durch diese die Ordnungsmässigkeit seines Verfahrens bescheinigen zu lassen;

4) wenn der Verkauf des Schiffs öffentlich und zwar in ordnungsmässiger Weise Statt gefunden hat.

Da, wo Kondemnation und Verkauf zur Last des Versicherten bleiben (wegen Reparaturunwürdigkeit; wegen Mängel im Verfahren; wenn die Autorisation zum Verkauf wegen solcher Schäden ertheilt sein sollte, für welche der Versicherte nicht haftete; wenn von der Reparatur wegen Geldmangels abgestanden wurde, u. dgl.) ist der Schaden, soweit er den Versicherer trifft, auf der Grundlage der von dem Versicherten beizubringenden ordnungsmässigen Besichtigungs- und Schätzungs-Documente (§. 129) aufzumachen und sodann vom Versicherer unter Abzug wegen des Unterschiedes zwischen alt und neu zu vergüten.

Wo der Verkauf des Schiffes dem Versicherer zur Last kommt, da endet die übernommene Gefahr für denselben erst mit dem Verkaufe des Schiffs, auch haftet er für den Eingang des Kaufpreises.

§. 132.

Der Beginn der Reparatur schliesst die Ausübung des in dem vorstehenden Paragraphen dem Versicherten eingeräumten Rechts, den Umständen nach zum Verkaufe des Schiffs für Rechnung des Versicherers zu schreiten, nicht aus, wenn erst später erhebliche dem Letzteren zur Last kommende Schäden entdeckt werden, welche dem Versicherten ohne sein Verschulden unbekannt geblieben waren.

Macht der Versicherte von jenem Rechte nachträglich Gebrauch, so muss der Versicherer die bereits aufgewendeten Reparaturkosten insoweit besonders vergüten, als durch die Reparatur bei dem Verkauf des Schiffs ein höherer Erlös erzielt worden ist.

B. An Gütern.

§. 133.

Wenn Beschädigung an versicherten Gütern sich zeigt, so muss schon die Eröffnung derselben, nicht minder müssen die Feststellung des Befundes und die Untersuchung, ob und wie weit Beschädigung anzunehmen und eventuell Seeunfällen der versicherten Reise beizumessen ist, wenn thunlich, unter Zuziehung des Versicherers, eventuell eines Vertreters desselben, vorgenommen werden. Für die Fälle der vorgedachten Zuziehung, resp. für die Fälle, in welchen wegen Entlegenheit des Ortes oder wegen der Nichtanwesenheit oder des Nichtbekanntseins eines Vertreters weder der Versicherer noch ein Vertreter desselben zugezogen werden kann, sind die nachfolgenden Bestimmungen zur Anwendung zu bringen.

Ist der Versicherer, eventuell ein Vertreter desselben an dem Orte, wo die beschädigte Waare sich befindet, anwesend oder so nahe bei demselben, um zeitig zugezogen werden zu können, so hat diese Zuziehung zu der fördersamst vorzunehmenden Eröffnung der Waare Statt zu finden. Beide Theile haben je einen Sachkundigen zu ernennen, um den Befund der Waare festzustellen und deren Untersuchung in der oben gedachten Richtung vorzunehmen. In Betreff der fur den Fall der Meinungsverschiedenheit der Sachkundigen erforderlichen Bestellung eines Obmannes und der Wirkung des von jenen oder diesem abzugebenden Gutachtens gilt dasselbe, was in Betreff von Schiffen in §. 128 bestimmt worden ist. — Ist weder der Versicherer noch ein Vertreter desselben anwesend, auch nicht in angemessener Zeit erreichbar, so hat der Versicherte, eventuell dessen Vertreter, bei dem am Havereiplatze fungirenden Consul des Landes, welchem der Versicherte angehört, eventuell bei einer sonstigen öffentlichen Behörde (§. 128 unter a), die Ernennung zweier Sachkundigen, sowie erforderlichen Falles die Bestellung eines Obmannes, behufs der oben erwähnten Constatirung und Begutachtung zu beantragen.

Bei der Besichtigung und Begutachtung der Waare ist die daran sich zeigende Beschädigung ihrer Beschaffenheit, ihrem Umfange und ihrer Entstehungsursache nach zum Gegenstande der Beurtheilung zu machen, und insbesondere zu ermitteln, ob die Beschädigung wirklich auf der letzten Reise entstanden ist, und zwar ob sie von Seewasser, resp. von sonstigen Seeunfällen herrührt.

Das Seebeschädigte muss vom Unbeschädigten resp. Nicht-Seebeschädigten getrennt werden; und zwar sind nicht nur die verschiedenen Colli, sondern auch in dem Inhalt eines jeden Collo die einzelnen beschädigten Stücke von den unbeschädigten zu trennen, wobei nur in Betreff solcher Waaren eine Ausnahme gemacht werden darf, bei denen die Trennung nicht thunlich oder doch nicht üblich ist. Das Seebeschädigte muss ohne irgendwelchen Verzug in öffentlicher Auction verkauft werden.

Beim Verkaufe am Bestimmungsorte sind die beschädigten Güter vor der Auction und zwar, wenn nicht am Tage der Auction selbst, auf keinen Fall zu einer früheren Zeit als an dem der Auction vorangehenden Tage, durch die bestellten Sachkundigen zu taxiren, und ist dabei zu Grunde zu legen der Marktpreis, welchen die Güter, wenn sie unbeschädigt gewesen wären, inclusive Zoll, damals gegolten hätten. Falls die Waare im Entrepot oder in Bond verkauft wird, oder am Verkaufsorte auch ein Marktpreis exclusive Zoll üblich ist, so wird die Feststellung des Preises ohne Zoll gemacht; vorausgesetzt, dass nicht etwa die Waare verzollt verkauft wird. — Demnächst wird der Brutto-Auctions-Ertrag von dem wie vorstehend taxirten Werth abgezogen und der Ausfall auf die Taxe der Polize, resp. den Versicherungswerth, regulirt; ist aber die Schätzung der Waare im unbeschädigten Zustande niedriger ausgefallen als die Polizentaxe, resp. der Versicherungswerth, so wird das Ergebniss jener Schätzung zu Grunde gelegt. In jenem, wie in diesem Fall, wird sodann der Schadensbelauf nebst den Verkaufskosten, sowie der Hälfte der Besichtigungs-, Abschätzungs- und Dispachekosten (§. 69 a. E.), vom Versicherer nach diesen allgemeinen Versicherungs-Bedingungen gezahlt.

Werden die beschädigten Güter anderswo als am Bestimmungsorte verkauft, so kommen die Bestimmungen des §. 136, Abs. 1, zur Anwendung. (Vergütung der Polizentaxe, resp. des Versicherungswerths abzüglich des Reinertages der Auction.)

Jede wesentliche Verletzung der für das Verfahren des Versicherten im Vorstehenden gegebenen Vorschriften führt den Verlust des Entschädigungs-Anspruchs des Versicherten, soweit derselbe auf eine Beschädigung der Güter gestützt werden könnte, herbei. -- Der ausdrücklichen oder stillschweigenden Genehmigung eines von den vorgedachten Vorschriften abweichenden Verfahrens seitens eines Vertreters des Versicherers wird auch hierbei Wirkung beigelegt (s. §. 127 a. E.).

§ 134.

Wenn bei der Güterversicherung das Schiff unfähig wird, die Reise zu vollenden, eine anderweitige Weiterbeförderung der Güter aber unverhältnissmässige Kosten verursacht oder in angemessener Zeit nicht beschafft werden kann, so ist der Versicherer berechtigt, den Verkauf derselben am Haverei-Platze zu verlangen (§. 136).

In den Fällen, in welchen die anderweitige Weiterbeförderung der Güter Statt findet, ist bei der Auswahl des zu diesem Zwecke zu befrachtenden Schiffs oder der Schiffe möglichst nach dem Willen des Versicherers zu verfahren, auch auf die Zollgesetze des Bestimmungshafens Rücksicht zu nehmen. Die geschehene Befrachtung ist dem Versicherer unverzüglich anzuzeigen. Die begonnene Gefahr läuft für denselben ohne Unterbrechung fort.

Der Betrag, um welchen die Fracht jener Fahrzeuge nebst der nach Massgabe des zurückgelegtem Weges dem Schiffe zukommenden Fracht die bei ungestörter Reise zu zahlen gewesene Fracht übersteigt, ist als Extra-Fracht sammt allen verausgabten Kosten der Bergung, Erhaltung und Weiterverladung nach gehörig aufgemachter Dispache vom Versicherer zu bezahlen.

§. 135.

Ist ein Theil der Güter auf der Reise verloren gegangen, so besteht der Schaden in eben so vielen Prozenten der Polizentaxe resp. des Versicherungswerths, als Prozente des Werths der Güter verloren gegangen sind.

§. 136.

Wenn Güter auf der Reise in Folge eines Unfalls oder auf Grund der Bestimmung des §. 134 Abs. 1 verkauft worden sind, so besteht der Schaden in dem Unterschied zwischen dem nach Abzug der Fracht, wie solche nach Landesgesetz hatte bezahlt werden müssen, der Zölle und Verkaufskosten sich ergebenden Reinerlös und der Polizentaxe resp. dem Versicherungswerth der Güter.

Die übernommene Gefahr endet für den Versicherer erst mit dem Verkauf der Güter. Das Provenü einzuziehen ist Obliegenheit des Versicherten. Der Versicherer haftet für den Eingang des Kaufpreises; dies jedoch nur dann, wenn der Verlust nicht durch Handlungen des Versicherten oder einer der im §. 70 unter 4 genannten Personen herbeigeführt worden ist.

C. An Frachtgeldern.

§. 137.

Bei partialem Verlust der Fracht besteht der Schaden in demjenigen Theile der bedungenen oder in deren Ermangelung der üblichen Fracht, welcher verloren gegangen ist.

Der aus einer Kondemnation oder dem Verkauf des Schiffs sich ergebende Frachtverlust kommt dem Versicherer nur unter der Voraussetzung zur Last, dass dabei den Vorschriften des §. 131 genügt worden ist. Sollte der Frachtversicherer gewisse Gefahren nicht übernommen haben, so treffen ihn die Folgen der Kondemnation nur dann, wenn diese in Veranlassung solcher Beschädigungen des Schiffs erfolgt ist, welche zu seiner Verantwortung standen. Die in diesem Absatz getroffenen Bestimmungen gelten auch für den Fall eines Totalverlustes (§. 110), sowie bei Versicherungen auf Fracht-Vorschuss.

Das Mass, in welchem der Frachtversicherer für Schaden haftet, wird nach den Vorschriften der §§. 15 und 16 Abs. 5 bestimmt.

D. An imaginären Gewinn, Provision u. dgl.

§. 138.

Bei imaginärem Gewinn oder Provision, welche von der Ankunft der Güter erwartet werden, besteht der Schaden, wenn die Güter im beschädigten Zustande ankommen, in eben so vielen Prozenten des als Gewinn oder Provision versicherten Betrags, als der nach §. 133 zu ermittelnde Schaden an den Gütern Prozente des Versicherungswerths der letzteren beträgt.

Hat ein Theil der Güter den Bestimmungshafen nicht erreicht, so besteht der Schaden in eben so vielen Prozenten des als Gewinn oder Provision versicherten Betrags, als der Werth des in dem Bestimmungshafen nicht angelangten Theils der Güter Prozente des Werths aller Güter beträgt.

Wenn bei der Versicherung des imaginären Gewinns der nicht angelangte Theil der Güter mit Vortheil verkauft worden ist, oder der Versicherte in grosser Haverei oder aus anderen Gründen für denselben eine den Werth übersteigende Vergütung erhalten hat, so kommt von dem Schaden der Ueberschuss in Abzug (§. 115).

E. An Bodmerei- oder Havereigeldern.

§. 139.

Bei Bodmerei- oder Havereigeldern besteht im Fall eines partialen Verlustes der Schaden in dem Ausfall, welcher darin sich gründet, dass der Gegenstand, welcher verbodmet oder für welchen die Havereigelder vorgeschossen oder verausgabt sind, zur Deckung der Bodmerei- oder Havereigelder in Folge späterer Unfälle nicht mehr genügt.

F. An Ueberfahrtsgeldern.

§. 140.

Der Versicherer auf Ueberfahrts- oder Passagegelder (Fracht- und Verpflegungsgelder der Passagiere) ist im Havereifalle verpflichtet, zu erstatten den etwaigen Beitrag jener Gelder zur grossen Haverei, die Kosten der Landung der Passagiere, deren Beköstigung und Behausung im Nothhafen und, falls das Schiff seine Reise nicht fortsetzen kann, auch die sämmtlichen Beförderungskosten derselben nach dem in der Polize genannten Bestimmungsorte sammt den abseiten der Behörden dem Versicherten zur Last gebrachten Kosten, endlich die nach den Gesetzen des Abfertigungsortes von dem Versicherten den Passagieren etwa zu ersetzenden Verlüste.

Jedoch ist der Versicherer, wenn nicht ausdrücklich das Gegentheil vereinbart worden ist, nur bis zum Belaufe seiner gezeichneten Summe verantwortlich, so dass also die §§. 92 und 93 hierbei keine Anwendung finden.

G. Allgemeine Bestimmung.

§. 141.

Der Versicherer hat den nach den §§. 126—140 zu berechnenden Schaden vollständig zu vergüten, wenn zum vollen Werthe versichert war, jedoch unbeschadet der Vorschrift des §. 23. War nicht zum vollen Werth versichert, so hat er nach Massgabe des §. 15 nur einen verhältnissmässigen Theil dieses Schadens zu vergüten.

Sechster Abschnitt.

Bezahlung des Schadens.

Erster Unterabschnitt.

Begründung, Andienung und Beweis der Schadensforderung.

§. 142.

In Fällen besonderer Haverei bedarf es bei Partialschäden, um seitens des Versicherten den Versicherer in Anspruch nehmen zu können, einer, wo dies gesetzlich vorgeschrieben ist, amtlich, sonst in ortsüblicher Weise aufzumachenden Schadens-Berechnung („Dispache"). Bei einem Totalverlust genügt in der Regel die Vorlegung der denselben nachweisenden Documente und einer seitens des Versicherten aufgemachten mit Belegen versehenen Berechnung der aufgewendeten Kosten und der etwa aus geretteten Gegenständen gelösten, von der Versicherungssumme in Abzug zu bringenden Beträge. Sollte jedoch diese Berechnung umfangreich oder verwickelt sein, so ist auch bei einem Totalverlust der Versicherer berechtigt, bevor er sich über die Anerkennung oder Nichtanerkennung der Schadensforderung erklärt, die Aufmachung einer Dispache zu verlangen.

§ 143.

Um Fälligkeit und Klagbarkeit der Forderung auf Schadensvergütung herbeizuführen, und um dadurch zugleich das Recht auf dieselbe für die gesammte Dauer des Verjährungszeitraums (§. 163) zu conserviren, hat der Versicherte innerhalb der unten anzugebenden Fristen dem Versicherer den Schaden anzudienen oder andienen zu lassen. Die Andienung besteht darin, dass, wenn der Versicherte in Folge von Nachrichten, welche er über den Gegenstand der Versicherung erhalten hat, oder in Folge des Ausbleibens aller Nachrichten, weiss oder schliessen zu müssen glaubt, dass er den Versicherer auf Schadensvergütung in Anspruch zu nehmen haben werde, er dies dem letzteren durch eine schriftliche Erklärung („Andienung") ankündigt. Der Versicherer ist verpflichtet, wenn der Versicherte es verlangt, den Empfang der Andienung schriftlich zu bescheinigen, worin indessen keine Anerkennung seitens des Versicherers liegt, dass er den Schaden zu tragen habe.

Ein Schaden, welchen der versicherte Gegenstand auf einer Reise zwischen europäischen Plätzen erleidet, muss innerhalb zwölf Monate, falls auf einer Reise anderer Art, innerhalb achtzehn Monate nach dem Tage, an welchem die versicherte Reise beendigt ist (§§. 72—76), bei der Versicherung auf Zeit innerhalb zwölf Monate nach dem Tage, an welchem die Versicherungszeit endete, endlich, falls das Schiff verschollen sein sollte, innerhalb desselben Zeitraums nach dem letzten Tage der für die Verschollenheit bestimmten Frist (§. 117) angedient werden, widrigenfalls die Forderung gänzlich erlischt.

Zwei Monate nach dem Tage der Andienung wird die Forderung des Versicherten auf Schadensvergütung unter der Voraussetzung fällig und klagbar, dass dem Versicherer die Dispache, resp. die Schadensberechnung, mit gehörigen Belegen (s. §§. 142 u. 146) alsdann zugestellt wird oder schon vorher zugestellt worden ist.

Gegen die Versäumung der rechtzeitigen Andienung findet keine Wiedereinsetzung in den vorigen Stand Statt.

§. 144.

Der Versicherte muss durch genügende, der Dispache resp. der Schadensberechnung (§. 140) beizufügende Belege dem Versicherer darthun:

1) sein Interesse;
2) dass der versicherte Gegenstand den Gefahren der See ausgesetzt worden ist;
3) den Unfall, worauf der Anspruch gestützt wird;
4) den Schaden und dessen Umfang.

Bei dem Beweise in Betreff des vorstehend unter Nr. 4 angeführten Punktes ist in den bezüglichen Fällen den Vorschriften der §§. 127—133 zu genügen.

§. 145.

Bei der Versicherung für fremde Rechnung hat ausserdem der Versicherte sich darüber auszuweisen, dass er dem Versicherungsnehmer zum Abschluss des Vertrags Auftrag ertheilt hat, und ist der Versicherer berechtigt, Beibringung des Schreibens oder der Schreiben zu verlangen, durch welche der Auftrag und dessen etwaige Nachträge dem Versicherungsnehmer und resp. einem oder mehreren Zwischenbeauftragten zugängig gemacht worden sind. Dies letztere gilt, und zwar für alle Arten der Versicherung, auch von den etwaigen Benachrichtigungsschreiben, welche der Versicherte über die bei der Versicherung in Betracht zu ziehenden Umstände erhalten hat.

Ist die Versicherung ohne Auftrag geschlossen (§. 5), so muss der Versicherte die Umstände darthun, aus welchen hervorgeht, dass die Versicherung in seinem Interesse genommen ist.

§. 146.

Als genügende Belege sind anzusehen im Allgemeinen solche Belege, welche im Handelsverkehr, namentlich wegen der Schwierigkeit der Beschaffung anderer Beweise, nicht beanstandet zu werden pflegen, insbesondere

1) zum Nachweis des Interesses:
bei der Versicherung des Schiffs die üblichen Eigenthumsurkunden;
bei der Versicherung von Gütern die Facturen und Connossemente, insofern nach Inhalt derselben der Versicherte zur Verfügung über die Güter befugt erscheint;
bei der Versicherung der Fracht die Chartepartien und Connossemente,
2) zum Nachweis der Verladung der Güter die Connossemente;
3) zum Nachweis des Unfalls die Verklarung und das Schiffsjournal; in Kondemnationsfällen das Erkenntniss des Prisengerichts; in Verschollenheitsfällen glaubhafte Bescheinigungen über die Zeit, in welcher das Schiff den Abgangshafen verlassen hat, und über die Nichtankunft desselben im Bestimmungshafen während der Verschollenheitsfrist;
4) zum Nachweis des Schadens und dessen Umfangs die in Beziehung auf ihre Form den Gesetzen oder Gebräuchen des Orts der Schadensermittelung entsprechenden Besichtigungs-, Abschätzungs- und Versteigerungsurkunden, sowie die Kostenanschläge der Sachverständigen, ferner die quittirten Rechnungen über die ausgeführten Reparaturen, und andere Quittungen über geleistete Zahlungen. In Ansehung eines partialen Schadens am Schiff ist den Vorschriften der §§. 127—130, an Gütern denjenigen des §. 133 zu genügen.

(Siehe Seite 522: Formular der See-Versicherungs-Polize auf Güter.)

§ 147.

Auch im Fall eines Rechtsstreits ist den im §. 146 bezeichneten Urkunden in der Regel, und insofern nicht besondere Umstände Bedenken erregen, Beweiskraft beizulegen. Im Uebrigen entscheidet das am Ort der gerichtlichen Verhandlung geltende Prozessrecht.

§. 148.

Eine Vereinbarung, wodurch der Versicherte von dem Nachweise der in den §§. 144 und 145 erwähnten Umständen oder eines Theils derselben befreit wird, ist gültig, jedoch unbeschadet des Rechts des Versicherers, das Gegentheil zu beweisen.

Die bei der Versicherung von Gütern getroffene Vereinbarung, dass das Connossement nicht zu produciren sei, befreit nur von dem Nachweise der Verladung.

§. 149.

Bei der Versicherung für fremde Rechnung ist der Versicherungsnehmer ohne Beibringung einer Vollmacht des Versicherten legitimirt, über die Rechte, welche in dem Versicherungsvertrage für den Versicherten ausbedungen sind, zu verfügen, sowie die Versicherungsgelder zu erheben und einzuklagen. Diese Bestimmung gilt unbeschränkt, wenn keine Polize über den Versicherungsvertrag ertheilt worden ist, im Falle der Ertheilung einer Polize aber nur dann, wenn der Versicherungsnehmer die Polize beibringt. — Im Falle der Ertheilung einer Polize hat der Versicherer die Versicherungsgelder dem Versicherten zu zahlen, wenn dieser die Polize beibringt.

Wegen der im Falle einer ohne Auftrag geschlossenen Versicherung die Zahlungspflicht des Versicherers bedingenden Nachweisung, dass der Vertrag vom Versicherten genehmigt sei, s. §. 5 Abs. 3 a. E.

Zweiter Unterabschnitt.

Retentionsrecht. Kompensationsrecht.

§. 150.

Nach dem Art. 893 [§. 888] des H.G B. ist der Versicherungsnehmer nicht verpflichtet, die Polize dem Versicherten oder den Gläubigern oder der Konkursmasse desselben auszuliefern, bevor er wegen der gegen den Versicherten in Bezug auf den versicherten Gegenstand ihm zustehenden Ansprüche befriedigt ist, und im Fall eines Schadens kann er wegen dieser Ansprüche aus der Forderung, welche gegen den Versicherer begründet ist, sowie nach Einziehung der Versicherungsgelder aus den letzteren, vorzugsweise vor dem Versicherten und vor dessen Gläubigern sich befriedigen. — Der Versicherer macht sich dem Versicherungsnehmer verantwortlich, wenn er, während dieser noch im Besitze der Polize sich befindet, durch Zahlungen, welche er dem Versicherten oder den Gläubigern oder der Konkursmasse desselben leistet, oder durch Verträge, welche er mit denselben schliesst, das vorstehend bezeichnete Recht des Versicherungsnehmers beeinträchtigt. Dieselbe Folge tritt unter den entsprechenden Umständen auch da ein, wo das in Betreff des Versicherungsnehmers zur Anwendung kommende Partikularrecht diesem ein weiter reichendes Retentionsrecht, als das im Art. 893 angegebene (auch wegen inconnexer Forderungen), einräumt.

Inwiefern der Versicherer einem Dritten, welchem Rechte aus der Polize eingeräumt sind, sich dadurch verantwortlich macht, dass er über diese Rechte Verträge schliesst oder Versicherungsgelder zahlt, ohne die Polize sich zurückgeben zu lassen oder dieselbe mit der erforderlichen Bemerkung zu versehen, bestimmt sich nach den Vorschriften des bürgerlichen Rechts

§. 151.

Für die Frage, mittelst welcher ihm zustehender Forderungen der Versicherer gegen einen wider ihn geltend gemachten Schadensanspruch kompensiren kann, ist es entscheidend, dass immer, mag der Versicherte selbst oder ein Vertreter desselben, oder (bei der Versicherung für fremde Rechnung) der Versicherungsnehmer mit jenem Anspruche auftreten, der Versicherte derjenige ist, aus dessen Recht Anspruch erhoben wird. Nur Forderungen des Versicherers gegen den Versicherten sind mithin zur Kompensation geeignet. — Das Recht des Versicherers, mittelst einer gegen den Versicherten ihm zustehenden Forderung zu kompensiren, erleidet jedoch dann eine Beschränkung, wenn bei der Versicherung für fremde Rechnung der Versicherungsnehmer es ist, welcher unter Vorlegung der Polize die Schadenssumme einfordert und nach Massgabe des §. 150 berechtigt ist, sich aus den Versicherungsgeldern vorzugsweise vor dem Versicherten und vor dessen Gläubigern bezahlt zu machen. — Selbstverständlich tritt im lezteren Falle bis zu dem betreffenden Belauf ein Kompensationsrecht des Versicherers mit etwaigen Forderungen an den Versicherungsnehmer selbst ein, z. B. wegen noch nicht berichtigter Prämie.

In den Fällen, in welchen der Versicherte die ihm an den Versicherer zustehenden gegenwärtigen oder zukünftigen Ansprüche durch Cession auf den Versicherungsnehmer oder auf einen Dritten überträgt, kommen die allgemeinen Rechtsgrundsätze zur Anwendung.

Dritter Unterabschnitt.

Fälle, in welchen der Versicherer Abschlagszahlung leisten oder Vorschuss ertheilen muss.

§. 152.

Wenn zwei Monate nach der Andienung des Schadens (§. 143) verflossen sind und der Belauf desselben ohne Verschulden des Versicherten noch nicht liquide gestellt und berechnet, resp. die Dispache (§. 142) noch nicht vorgelegt, wohl aber durch ungefähre Ermittelung die Summe festzustellen ist, welche dem Versicherer mindestens zur Last fällt, so hat der Letztere zwei Drittel dieser Summe in Anrechnung auf seine Schuld vorläufig zu zahlen. (S. wegen Cautionsbestellung §. 153 Abs. 4.)

§. 153.

Der Versicherer hat

1) in Havereifällen zu den für die Rettung, Erhaltung oder Wiederherstellung der versicherten Sache nöthigen Ausgaben in Anrechnung auf seine später festzustellende Schuld zwei Drittel des ihm zur Last fallenden Betrags,

2) bei Aufbringung des Schiffs oder der Güter den vollen Betrag der ihm zur Last fallenden Kosten des Reklameprozesses, sowie sie erforderlich werden, vorzuschiessen.

Bei allen Vorschüssen und vorläufigen Zahlungen, welche der Versicherer in Gemässheit dieses und des vorstehenden Paragraphen leistet, ist der Versicherte zur unverzüglichen Rückzahlung desjenigen verpflichtet, wovon es sich später herausstellt, dass es dem Versicherten nicht gebühre. Auf Demjenigen, welcher für fremde Rechnung oder als Vertreter eines Dritten Versicherung genommen hat, lastet deshalb keine persönliche Verbindlichkeit.

Ist eine Versicherung für fremde Rechnung oder im Auftrage und Namen eines Auswärtigen geschlossen, so braucht der Versicherer die Vorschüsse und vorläufigen Zahlungen welche auf Grund dieses und des vorstehenden Paragraphen ihm obliegen, nur gegen eine zu bestellende sichere Caution zu leisten.

Siebenter Abschnitt.

Aufhebung der Versicherung und Rückzahlung der Prämie.

Erster Unterabschnitt.

Ristorno wegen gänzlich oder theilweise nicht eintretender Gefahr.

§. 154.

Wird die Unternehmung, auf welche die Versicherung sich bezieht, ganz oder zum Theil von dem Versicherten aufgegeben, oder wird ohne sein Zuthun die versicherte Sache ganz oder ein Theil derselben der von dem Versicherer übernommenen Gefahr nicht ausgesetzt so kann die Prämie ganz oder zu dem verhältnissmässigen Theil bis auf eine dem Versicherer gebührende Vergütung zurückgefordert oder einbehalten werden (Ristorno).

Die Vergütung (Ristornogebühr) besteht, sofern nicht ein anderer Betrag vereinbart ist, in einem viertel Prozent der ganzen oder des entsprechenden Theils der Versicherungssumme, wenn aber die Prämie nicht ein halbes Prozent der Versicherungssumme erreicht, in der Hälfte der ganzen oder des verhältnissmässigen Theils der Prämie

Wegen einiger besonderer Ristornofälle s. §§. 37, 44, 46, 53, 64, 162 a. E.

§. 155.

Ist die Versicherung wegen Mangels des versicherten Interesses (§§. 1, 2) oder wegen Ueberversicherung (§. 9) oder wegen Doppelversicherung (§. 11) unwirksam und hat sich der Versicherungsnehmer bei dem Abschluss des Vertrags und im Falle der Versicherung für fremde Rechnung auch der Versicherte bei der Ertheilung des Auftrags in gutem Glauben befunden, so kann die Prämie gleichfalls bis auf die im §. 154 bezeichnete Ristornogebühr zurückgefordert oder einbehalten werden.

§. 156.

Die Anwendung der §§. 154 und 155 ist dadurch nicht ausgeschlossen, dass der Versicherungsvertrag für den Versicherer wegen Verletzung der Anzeigepflicht unverbindlich ist, selbst wenn der Versicherer ungeachtet dieser Unverbindlichkeit auf die volle Prämie Anspruch hätte, jedoch mit folgender Ausnahme. Sollte bei dem Abschlusse des Vertrages oder bei den zum Zwecke desselben vorgenommenen vorangehenden Handlungen, sei es von dem Versicherungsnehmer, dem Versicherten oder einem Vertreter desselben oder einem Zwischenbeauftragten eine Täuschung des Versicherers beabsichtigt worden sein, so findet kein Ristorno Statt. Die Absicht, den Versicherer zu täuschen, ist schon dann anzunehmen, wenn eine der vorbezeichneten Personen über erhebliche Umstände (§. 29) Erklärungen gegen besseres Wissen gemacht hat.

§. 157.

Ein Ristorno findet nicht Statt, wenn die Gefahr für den Versicherer bereits zu laufen begonnen hat, und macht es hierbei keinen Unterschied, ob die Versicherung auf eine einzelne Reise, ob eine Zeitversicherung oder eine Versicherung auf combinirte Reisen geschlossen ist. (S. jedoch §. 162 a. E.)

§. 158.

Bestehen mehrere Versicherungen auf denselben Gegenstand, so steht, mögen die Versicherungen an demselben Orte oder an verschiedenen Orten, zu derselben Prämie oder zu verschiedenen Prämien, auf Grundlage derselben oder verschiedener Vertragsbedingungen, abgeschlossen sein, bei der Ristornirung eines Theils des versicherten Belaufes es nicht es nicht in des Versicherten Willkür, welche Versicherungen er ristorniren will. Sind die Versicherungen gleichzeitig abgeschlossen (§. 10), so wird der Ristorno über alle Versicherer gleichmässig vertheilt; sind sie zu verschiedenen Zeiten abgeschlossen, so sind die jüngeren Versicherungen vor den älteren, je nach der Zeit des Abschlusses, zu ristorniren.

§. 159.

Der Ristorno muss innerhalb Jahresfrist nach dem Tage, an welchem die Polize unterzeichnet ist und, wenn keine Polize ausgestellt sein sollte, nach dem Tage des Abschlusses der Versicherung, gefordert werden, widrigenfalls jeder Anspruch darauf erlischt.

Zweiter Unterabschnitt.

Aufhebung der Versicherung wegen Zahlungsunfähigkeit des Versicherers resp. des Prämienschuldners.

§. 160.

Wenn der Versicherer zahlungsunfähig geworden ist, so ist der Versicherte befugt, nach seiner Wahl entweder von dem Vertrage zurückzutreten und die ganze Prämie zurückzufordern resp. einzubehalten, oder auf Kosten des Versicherers nach Massgabe des §. 12 eine neue Versicherung zu nehmen. Dieses Recht steht ihm jedoch nicht zu, wenn ihm wegen Erfüllung der Verpflichtungen des Versicherers genügende Sicherheit bestellt wird, bevor er von dem Vertrage zurückgetreten ist oder die neue Versicherung genommen hat.

Andererseits ist der Versicherer, wenn der Versicherungsnehmer zahlungsunfähig geworden ist, berechtigt, alle von demselben für eigene Rechnung genommenen Versicherungen für erloschen zu erklären, wenn ihm nicht innerhalb zweimal 24 Stunden nach einer deshalb dem Versicherungsnehmer oder dessen Vertretern gemachten Ankündigung für alle Prämien, welche der Versicherungsnehmer noch schuldet, diejenigen jedoch ausgenommen, wegen deren der Versicherer zufolge §. 59 sich auch an den Versicherten halten kann, — welche Ausnahme indessen dann hinwegfällt, wenn auch der betreffende Versicherte zahlungsunfähig geworden sein sollte — Zahlung oder genügende Sicherheit geleistet wird. Bei einer Mehrzahl von für fremde Rechnung genommenen Versicherungen kann der Versicherer auf Grund der Zahlungsunfähigkeit des Versicherungsnehmers nur diejenigen für erloschen erklären, für welche die Prämie nicht innerhalb der vorgedachten Frist gezahlt oder sichergestellt wird, so dass also jede Versicherung, für welche die Zahlung oder Sicherstellung der Prämie innerhalb der angegebenen Frist erfolgt, in Wirksamkeit bleibt, wenngleich für andere Versicherungen die Prämie weder gezahlt noch sicher gestellt werden sollte.

Dritter Unterabschnitt.

Wirkung der Veräusserung des versicherten Gegenstandes.

§. 161.

Wird der versicherte Gegenstand veräussert, so können dem Erwerber die, dem Versicherten nach dem Versicherungsvertrage auch in Bezug auf künftige Unfälle zustehenden Rechte mit der Wirkung übertragen werden, dass der Erwerber den Versicherer ebenso in Anspruch zu nehmen befugt ist, als wenn die Veräusserung nicht stattgefunden hätte und der Versicherte selbst den Anspruch erhöbe.

Der Versicherer bleibt jedoch von der Haftung für die Gefahren befreit, welche nicht eingetreten sein würden, wenn die Veräusserung unterblieben wäre.

Er kann sich nicht nur der Einreden und Gegenforderungen bedienen, welche ihm unmittelbar gegen den Erwerber zustehen, sondern auch derjenigen, welche er dem Versicherten hätte entgegenstellen können; der aus dem Versicherungsvertrage nicht hergeleiteten jedoch nur insofern, als sie bereits vor der Anzeige der Uebertragung entstanden sind.

§. 162.

Die Vorschriften des §. 161 gelten auch im Falle der Versicherung einer Schiffspart.

Ist das Schiff selbst versichert, so kommen dieselben nur dann zur Anwendung, wenn das Schiff während einer Reise veräussert wird. Anfang und Ende der Reise bestimmen sich nach §. 72. Ist das Schiff auf Zeit oder für mehrere Reisen (§§. 76, 79) versichert, so dauert die Versicherung im Falle der Veräusserung während einer Reise nur bis zur Entlöschung des Schiffs im nächsten Bestimmungshafen (§. 72). Von dem Theil der Prämie, welcher auf den Zeitraum nach der vorgedachten Entlöschung des Schiffs validirt, resp. verhältnissmässig für die ferneren Reisen zu rechnen ist, hat der Versicherer dem Versicherten zwei Dritttheile zurückzuvergüten.

Achter Abschnitt.

Verjährung.

§. 163.

Die Forderung des Versicherten an den Versicherer aus dem Versicherungsvertrag erlischt durch Verjährung, wenn sie nicht innerhalb fünf Jahre nach dem Tage der geschehenen Andienung des Schadens (§. 143) durch Anstellung gerichtlicher Klage geltend gemacht wird.

Die dem Versicherer gegen den Versicherten zustehenden Forderungen (auf Prämie, auf etwaige Rückvergütung u. dgl.) erlöschen durch Verjährung, wenn sie nicht innerhalb fünf Jahre, nachdem sie entstanden sind, durch Anstellung gerichtlicher Klage geltend gemacht werden.

Aussergerichtliche Mahnungen verhindern den Eintritt der Verjährung nicht.

Gegen die Versäumung der rechtzeitigen Klagstellung findet keine Wiedereinsetzung in den vorigen Stand Statt.

§. 164.

Eine Forderung, welche nach dem §. 163 verjährt ist, kann auch im Wege der Kompensation oder sonst als Gegenforderung nicht geltend gemacht werden, wenn sie zur Zeit der Entstehung der anderen Forderung bereits verjährt war.

(Polizen-Formular.)

See-Versicherungs-Polize auf Güter.

Wir die Unterzeichneten beurkunden hierdurch für uns und unsere Rechtsnachfolger, dass wir, ein jeder von uns für die unten bei seinem Namen angegebene Summe, Versicherung übernommen haben

an Herr

für Rechnung wen es angeht

auf

taxirt zu ℳ

im Schiffe

geführt vom Schiffer

von

nach

zur Prämie von Procent.

Die aus dieser Versicherung für uns und d$\frac{\text{en}}{\text{ie}}$ Versicherten abzuleitenden Rechtsfolgen sind zu bestimmen nach den „Allgemeinen Seeversicherungs-Bedingungen von 1867", welchen Bedingungen sich beide Theile, insbesondere auch in Betreff derjenigen Punkte unterworfen haben, in Ansehung deren die bezüglichen Artikel des Allgemeinen Deutschen Handelsgesetzbuchs mit Abänderungen in dieselben aufgenommen oder durch abweichende Bestimmungen ersetzt worden sind.

Besondere Anzeigen oder Vereinbarungen:

Diese Versicherung gilt „Nur für Seegefahr".

In Betreff der §§. 27, 51, 54—56, 60, 61, 73, 77, 84, 104, 105, 146 der vorgedachten Bedingungen gelten die auf der Rückseite dieser Polize abgedruckten Abänderungen und resp. Zusätze als vereinbart.

Diese Versicherung ist geschlossen durch

So geschehen zu . . . . den ten 18

Zusätze und Abänderungen zu den folgenden Paragraphen der „Allgemeinen Seeversicherungs-Bedingungen von 1867“.

Zu §. 27. Den Versicherten, deren Güter in *Dampfschiffen* verladen werden, ist es unpräjudicirlich, wenn die darüber gezeichneten Connossemente oder Chartepartien Bestimmungen enthalten, durch welche die Rheder der ihnen, den Ladungs-Interessenten gegenüber, wegen Erfüllung der Frachtcontracte gesetzlich obliegenden Verbindlichkeiten, gleichviel in welchem Masse, sich entschlagen. Jedoch übernehmen die Versicherer durch die Gestattung solcher Bestimmungen keine Gefahr, welche nicht ohnedies durch die Versicherung gedeckt ist. (S. auch zu §. 84.)

Zu §. 51. Der §. 51 wird aufgehoben und dadurch die in Betreff der Art der Leichterbenutzung und der sonstigen Hülfstransporte bisher vorgeschrieben gewesene *besondere* Anzeigepflicht beseitigt. Die *allgemeine* Anzeigepflicht (§. 29 f.) besteht ferner auch wegen dieses Gegenstandes.

Zu §§. 54—56. Zur Beseitigung erhobener Zweifel über die Tragweite der §§. 54—56 wird erklärt, dass die in denselben angeordnete besondere Anzeigepflicht nur für solche Versicherungsfälle besteht, in welchen auch Kriegsgefahr von den Versicherern übernommen wird. Sie besteht also dann nicht, wenn „nur für Seegefahr“ Versicherung geleistet worden ist.

Zu §§. 60—61. Güter, auf *durchgehende Connossemente* verladen, gehen in allen für den Transport eingeschlagenen Richtungen, gleichviel auf welchen Wegen, zu Wasser oder zu Lande, sie transportirt werden mögen, bis zur Ablieferung am Destinationsplatze für Gefahr der Versicherer.

Werden für *combinirte Reisen* versicherte Güter *ohne* durchgehendes Connossement verladen, so tragen die Versicherer derselben auch die Gefahr der Zwischentransporte und des Verweilens in den Zwischenplätzen; die Gefahr des letzteren jedoch nur für den Zeitraum, während dessen ein Verweilen der Güter nicht durch willkürliche Verfugungen der Versicherten oder deren Vertreter ungebührlich verlängert wird.

In allen Fällen, in welchen die Versicherung ungeachtet einer Vergrösserung oder Veränderung der Gefahr und ungeachtet einer Verzögerung des Antritts oder der Vollendung der Reise, in Wirksamkeit bleibt, finden die Bestimmungen des §. 60 Absatz 4 Anwendung.

Zu §. 73. Dem „vom Lande Scheiden“ und „an das Land Gelangen“ des §. 73 stehen für Güter, welche der Ablader an einem Quai, Werft, Hulkschiff, Bahnhof, Zollhaus oder dergl. abzuliefern, oder der Destinatair von einem Quai, Werft u. s. w. entgegen zu nehmen hat, in Betreff des Anfangs und Endes der Gefahr die vorgedachte Ablieferung und Entgegennahme gleich. Bei Verzögerung der Entgegennahme angelangter Güter endet die Gefahr der Versicherer mit dem Ablauf des zehnten Tages nach der Löschung.

Bei allen Güter-Versicherungen, namentlich auch solchen, bei denen die Gefahr der See- und Landbeförderung durchstehend versichert ist, Versicherungen von Haus zu Haus oder wie sonst der für solche Versicherungen gewählte Ausdruck lauten möge, trifft den Versicherer die Feuersgefahr während einer Lagerung am Lande am Endbestimmungsort der versicherten Güter, auch ohne Verzögerung der Entgegennahme derselben, nur bis zum Ablauf des zehnten Tages nach derartiger Lagerung.

Werden abzuladende Güter zu Wasser nach dem Abgangsquai, den Umständen nach an die Aufnahme-Leichter des für den Transport bestimmten noch nicht angelangten Dampfschiffes, oder angelangte Güter von dem Landungsquai zu Wasser an das Land gebracht, so tragen die Versicherer die Gefahr dieser Transporte. Dies findet auch Anwendung auf den Transport abzuladender Güter von Hamburg nach Schiffen oder Quais zu Altona und von Altona nach Schiffen oder Quais zu Hamburg, sowie auf den Transport angelangter Güter von Hamburg oder Altona nach einem Quai oder sonstigen Landungsplatz des resp. anderen Ortes.

Zu §. 77. Die in diesem Paragraphen Absatz 2 am Ende genannten Kosten treffen den Versicherer nicht, soweit sie durch Aus-, Durch-, Einfuhr- oder Verkehrsverbote, Quarantaine-Verordnungen, Zollauflagen oder gleichartige Verfügungen entstanden sind.

In den Fällen, in welchen die Versicherung ungeachtet einer derartigen Aufgabe der Reise in Wirksamkeit bleibt, finden die Bestimmungen des §. 60 Abs. 4 Anwendung.

Zu §. 84. Die Versicherer verzichten auf die bisherige Befreiung von der Tragung der kleinen, nur ein Procent oder weniger betragenden Havariegrosse-Schäden.

Den Versicherten wird eine vertragsmässig festzustellende Abweichung von den die Havariegrosse-Regulirungen betreffenden Bestimmungen des geltenden Rechts insoweit frei gelassen, dass sie sich durch Bewilligung von Connossementsclauseln oder durch den Inhalt von Chartepartien den derzeit festgestellten oder etwa fernerhin zu modificirenden York & Antwerp Rules unterwerfen, oder im Voraus erklären, die Gesetze des Heimathshafens des Schiffes als massgebend gelten zu lassen.

Zu §§. 104—105. Güter gelten, wenn nicht ein Anderes vereinbart worden ist, als versichert, wie folgt:

Frei von 3% Beschädigung.			Frei von 10% Beschädigung.
Aloe.	Gummi Copal.	Quecksilber in metall. Gefassen.	Baumwolle in ungepressten Ballen.
Ambosse.	Harz in Fassern.	Rhabarber.	Caffee in Sacken.
Anker, eiserne.	Holz, ausgenomm. Dielen, Bohlen und Fourniere	Saffran.	Cardamom in Sacken.
Arsenic.	Hörner.	Schellack.	Leinen und Leinenwaaren (ausgenommen Sackleinen) in Ballen.
Asphalt.	Hornspitzen.	Schildpatt.	Manufacturwaaren (ausgenommen Tuch und Tuchw.) in Ballen.
Baumwolle in gepressten Ballen	Indigo.	Schwefel, roher.	Nelken in Gonjes.
Baumwollenwaaren, siehe Manufakturwaaren.	Indigo-Extract.	Seide.	Pfeffer in Ballen.
Bernstein.	Lackdye.	Silberwaaren, echte und Silberdraht.	Piment.
Borax in Fässern.	Leinen und Leinenwaaren (ausgenommen Sackleinen) in Kisten und Ballots *)	Spermaceti.	Reis vom Productionslande in Fassern.
Caffee in Fassern.	Macisblüthe in Fässern oder Kisten.	Stearin.	Stahl in Fässern und Kisten, ausser nach transatlant. Platzen.
Camphor, roher.	Manufacturwaaren (ausgenommen Tuch und Tuchwaaren in Kisten und Ballots.*)	Strumpfwaaren in Kisten und Ballots.*)	Strumpfwaaren in Ballen.
Canehl vom Productionsort.	Metalle in Blöcken oder Barren (ausgenommen Eisen und Stahl).	Talg.	
Cardamom in Kisten.	Moschus.	Tauwerk, getheert.	
Cassia lignea in Kisten.	Muscatnüsse.	Vanille.	
Chinarinde in Kisten.	Nickel.	Wachs (Bienen-).	
Cochenille.	Opium.	Walrath.	
Elephantenzähne.	Pech.	Walrosszahne.	
Farbehölzer in Stücken.		Wolle, europäische, ausgenommen islandische und Kratzwolle.	
Farbeholzextract.		Wollenwaaren siehe Manufacturwaaren.	
Galipot.		Zink in Platten.	
Garn: Leinen-, Baumwollen- u. Wollengarn, ausgenommen türkisch rothes Garn.		Zinnober.	
Goldwaaren, echte.			

*) Unter „Ballots" wird hier eine Verpackung, ausser in Leinen, noch in Wachstuch, Theertuch oder Oeltuch verstanden.

Alle vorstehend nicht genannten Güter gelten als „frei von Beschädigung und Bruch ausser im Strandungsfall" versichert.

Dem „Strandungsfalle" sind, selbstverständlich unter Festhaltung der bezüglichen sonstigen Bestimmungen des §. 104, gleichzustellen *Collision (An- oder Uebersegelung)*, *Stossen* (*auf Grund oder gegen ein anderes Schiff, einen Quai, Pier, eine Brücke, oder gegen einen andern festen oder im Wasser treibenden Gegenstand*) und *Beschädigung des Schiffes durch Eis.*

Zu §. 146. Die Versicherer verzichten in den Fällen, wenn in *Dampfschiffen* verladene Güter frei von gewissen Procenten der Beschädigung versichert worden sind und Beschädigung sich ereignet, auf die Beibringung der Verklarung.

(Polizen-Formular.)

See-Versicherungs-Polize.

Auf Casco-Reiseversicherung, Fracht etc.

Wir, die Unterzeichneten, beurkunden hierdurch für uns und unsere Rechtsnachfolger, dass wir, ein jeder von uns für die unten bei seinem Namen angegebene Summe, Versicherung übernommen haben

an Herr

auf

taxirt ℳ

des

geführt vom Schiffer

von

nach

zur Prämie von Procent.

Die aus dieser Versicherung für uns und d Versicherten abzuleitenden Rechtsfolgen sind zu bestimmen nach den „Allgemeinen Seeversicherungs-Bedingungen von 1867", welchen Bedingungen sich beide Theile, insbesondere auch in Betreff derjenigen Punkte unterworfen haben, in Ansehung deren die bezüglichen Artikel des Allgemeinen Deutschen Handelsgesetzbuchs mit Abänderungen in dieselben aufgenommen oder durch abweichende Bestimmungen ersetzt worden sind.

Besondere Anzeigen oder Vereinbarungen:

Diese Versicherung gilt „Nur für Seegefahr".

Die auf der Rückseite dieser Polize abgedruckten allgemeinen Bestimmungen, Zusätze und Abänderungen zu den §§. 38, 39, 54—56, 69, 70, 72, 80, 84, 97, 101, 130 der „Allgemeinen Seeversicherungs-Bedingunyen von 1867" sind von beiden Theilen vereinbart.

Diese Versicherung ist geschlossen durch

So geschehen zu . . . . den ten 18

Zusätze und Abänderungen zu den folgenden Paragraphen der „Allgemeinen Seeversicherungs-Bedingungen von 1867“,

über welche die Parteien sich geeinigt haben.

§§. 38 und 39 werden durch folgende Bestimmungen ersetzt:

1. Dem Versicherer fällt kein Schaden zur Last, welcher daraus entsteht, dass mit dem Schiffe
   a. diejenigen Explosivstoffe, welche zufolge der durch deutsche Behörden erlassenen Gesetze und Verordnungen überhaupt von jeder Verladung ausgeschlossen sind, insbesondere Nitroglycerin als solches oder in Lösungen und Gemische, welche Nitroglycerin abtropfen lassen;
   b Naphta, rohes Petroleum, Benzin oder ungeloschter Kalk;
   c. mehr als ein Drittheil seiner Tragfähigkeit Salz, loses Getreide, lose Saat, loser Reis, loser Guano oder sonstiger Dünger, Knochen, Knochenschwärze, Heu, Torf, Erz, Steine, Schiefer, Kohlen, Gyps, Kreide, Roheisen, Blockeisen oder Eisenbahnschienen
   verladen sind, es sei denn, dass die Verladung ohne Wissen des Schiffers stattgefunden habe und der Umstand, dass von den genannten Gütern Etwas verladen sei oder verladen werden sollte, dem Versicherten oder dessen Vertreter ungeachtet der aufzuwendenden gehörigen Sorgfalt unbekannt geblieben wäre, oder dass bezüglich der unter b und c genannten Güter die Verladung unter besonderer Genehmigung des Versicherers für den einzelnen Fall stattgefunden habe.
2. Dem Versicherer fällt kein Schaden zur Last, welcher sich auf der betreffenden Reise ereignet, wenn
   a. loses Schüttgut, als namentlich Getreide, Saat, Hulsenfrüchte, Kerne oder Nüsse in Mengen über 750 Kilo per Netto Register-Ton verladen sind, ohne dass das Schiff bei solcher Ladung mit nach Seemannsgebrauch eingerichteten Längsschotten versehen ist;
   b. Eisenbahnschienen in Mengen über 500 Kilo per Netto Register-Ton verladen sind, ohne dass solche nach Seemannsgebrauch mit Holz im Raum aufgestaut sind.
3. Dem Versicherer fällt im Schadensfalle nur die Hälfte von dem zur Last, was er ordentlicher Weise nach Massgabe der Versicherung und der eintretenden Umstände zu bezahlen gehabt haben würde, wenn ihm bei der Versicherung nicht angezeigt ist, dass das Schiff in Ballast fahren werde.

   Falls der Versicherte oder der Versicherungsnehmer nachträglich — jedoch zu einer Zeit, zu welcher von einem dem Schiffe zugestossenen Unfall noch nichts bekannt geworden — erfahren sollte, dass das Schiff in **Ballast** fahre oder von den oben aufgeführten Gutern geladen hat, so steht es ihm frei, durch eine unverzüglich nach der davon erlangten Kunde zu machenden Anzeige und eine zu bewilligende, nach Billigkeit zu regulirende Prämien-Zulage die erwähnten Präjudize abzuwenden.

Zu §§. 54—56. Die in diesen §§. dem Versicherungsnehmer auferlegte besondere Anzeigepflicht besteht nur für solche Versicherungsfälle, in welchen gegen Kriegsgefahr Versicherung geleistet wird.

Zu §. 69. Für Schaden, welchen das Schiff bei der Verwendung zum Leichtern und Bugsiren anderer Schiffe oder zur Nothhülfeleistung erleidet, wird nur insoweit Ersatz geleistet, als der Versicherte nicht etwa durch den erhaltenen Leichter-, Bugsir- oder Hülfs-Lohn Ersatz desselben empfangen hat.

Der Schaden, welchen der Versicherte mittelbar dadurch erleidet, dass er den, einem Dritten ugefügten Schaden zu ersetzen hat (Absatz 7), wird verhältnissmässig über Schiff und Fracht vertheilt, auch wenn letztere ganz oder theilweise vorausbezahlt ist.

Zu §. 70. Absatz I wird durch folgende Bestimmungen ersetzt:

Dem Versicherer fallen die nachstehend bezeichneten Schäden nicht zur Last:

Bei der Versicherung von Schiff oder Fracht:

1. Der Schaden, welcher daraus entsteht, dass das Schiff in einem nicht seetüchtigen oder überladenen Zustande oder nicht gehörig ausgerüstet oder bemannt oder ohne die erforderlichen Papiere (Artikel 480 des Allgem. D. H. G. [§. 513]) in See gesandt ist.
2. Der Schaden, welcher durch das Forciren von feststehendem Eis verursacht ist, es sei denn, dass solches Forciren zur Rettung von Schiff oder Ladung nothwendig gewesen sein sollte.
3. Der Schaden, welcher ausser dem Falle des Zusammenstosses von Schiffen daraus entsteht, dass der Rheder für den durch eine Person der Schiffsbesatzung einem Dritten zugefügten Schaden haften muss (Artikel 451 und 452 des Allgem. D. H. G. [§§. 485, 486 H.G.B.]).

Zu §. 72. Trifft das Schiff in einem den Versicherern zur Last kommenden beschädigten Zustande im Bestimmungsplatze ein, so dauert die Versicherung bis zu Ende der Reparatur fort, gegen eine Verbesserung von 1/4 % für jede angefangene 15 Tage, es sei denn, dass der Versicherte resp. der Versicherungsnehmer den Risico zuvor kündige.

Zu §. 70. Falls das Schiff von dem Orte, wo es in beschädigtem Zustande sich befindet erst eine Reise machen muss, um reparirt zu werden, und von amtlich fungirenden Sachverständigen erklärt ist, dass das Schiff trotz der erlittenen Beschädigung die oben erwähnte Reise zu machen im Stande ist, so schliesst die Versicherung den Risico solcher Zwischenreise nach und von dem Reparaturhafen gegen eine den Umständen entsprechende Prämien-Zulage ein.

Zu §. 84. Die Versicherer verzichten auf die bisherige Befreiung von der Tragung der kleinen nur ein Procent oder weniger betragenden Havariegrosse-Schäden.

Den Versicherten wird eine vertragsmässig festzustellende Abweichung von den die Havariegrosse-Regulirungen betreffenden Bestimmungen des geltenden Rechts insoweit freigelassen, als sie sich durch Bewilligung von Connossementsclauseln oder durch den Inhalt von Chartepartien den derzeit festgestellten oder etwa fernerhin zu modificirenden York & Antwerb Rules unterwerfen, oder im Voraus erklären, die Gesetze des Heimathhafens des Schiffes als massgebend gelten zu lassen.

Zu §. 97. Auf Schadensersatz an Dritte (§. 70) findet die Bestimmung des §. 97, dass besondere Havarien 3 % übersteigen müssen, keine Anwendung; solcher Schadensersatz ist dagegen auch nicht der besonderen Havarie hinzuzurechnen, um diese über 3 % zu bringen.

Zu §. 101 Abs. 3 a. E. Die Verpflichtung zur Zahlung einer Verbesserungsprämie tritt auch dann ein, wenn das Schiff in Folge von Kriegsereignissen einen freiwilligen Aufenthalt hat oder von der versicherten Reise abweicht. Die Höhe der Verbesserung wird den Umständen entsprechend regulirt.

Zu §. 130. Die ersten vier Absätze dieses Paragraphen werden durch folgende Bestimmungen ersetzt:

Nachdem die in den §§. 127—129 vorgeschriebene Besichtigung, Begutachtung und Taxation stattgefunden hat, muss ohne Verzug zur Reparatur geschritten werden, gleichviel ob die Versicherung an dem Orte der Reparatur endet oder nicht. Nach Vollendung der Reparatur-Arbeiten, welche der Versicherer durch seine Experten controliren zu lassen berechtigt ist, sind ihm die Reparatur-Rechnungen vorzulegen und alle bewilligten Rabatte, Disconto und sonstigen Nachlässe gutzubringen. Beläuft sich darnach der Gesammtbetrag, welcher für die Beseitigung der den Versicherer treffenden Schäden aufgewendet worden ist, nicht so hoch, wie die in der Taxation dafür angesetzte Summe, so ist der Schadensvergütung nur jener geringere Belauf zu Grunde zu legen. Beläuft sich der Gesammtbetrag der Rechnungen höher als der Gesammtbetrag der Taxation, so findet die Schadensvergütung nach Massgabe der letzteren statt.

Dem Versicherer kommen die Kosten der für die Reparatur erforderlichen Gelder zur Last, mit Ausnahme der Fälle, in denen dieselbe nach Beendigung einer Reise stattfindet.

Ist in Gemässheit des Vorstehenden der Gesammtbelauf der Reparaturkosten, sei es auf Grund der Taxation oder Reparatur-Rechnungen in Gewissheit gebracht, so werden für die schliessliche Feststellung des von dem Versicherer zu vergütenden Betrages von jenem Belauf die im §. 130 unter A und B festgestellten Abzüge gemacht, wobei jedoch bezüglich derjenigen unter A die folgenden Abänderungen und Zusätze eintreten:

Bei **eisernen Schiffen** (composite Schiffe ausgeschlossen) findet von den Kosten der Erneuerung oder Reparatur der **Eisentheile** des **Schiffskörpers** oder der **Bemastung**, sowie der **Cementirung** für die ersten 10 Jahre, gerechnet vom Tage der ersten Registrirung des Schiffes, kein Abzug statt. Für die folgenden 5 Jahre wird ein Sechstel, später ein Drittel abgezogen. — Solche Theile, die gelascht oder gerichtet werden können, ist der Versicherte nicht berechtigt, durch neue ersetzen zu lassen, es sei denn, dass die Erneuerung wegen der Klassifikation erforderlich ist. Dagegen findet für gelaschte oder gerichtete Theile kein Abzug statt.

Für Schrapen, Malen oder Anstrich des beschädigt gewesenen Bodens ist der Abzug ein Drittel, wenn die letzte Herstellung nicht über 6 Monate alt ist, andernfalls findet keine Vergütung statt.

Bei **hölzernen Schiffen** (composite Schiffe eingeschlossen) findet von den Kosten der Erneuerung oder Reparatur der **Metallhaut**, sowie von den Kosten der **Kalfaterung** im ersten Jahre, gerechnet vom Tage der Umlegung oder Kalfaterung kein Abzug statt, im zweiten Jahre tritt ein Abzug von einem Drittel ein, im dritten Jahre ein solcher von zwei Dritteln. Für Schäden, welche nach Ablauf des dritten Jahres entstehen, wird dem Versicherten nichts vergütet.

Im Uebrigen verbleibt es für **hölzerne Schiffe** (einschliesslich composite Schiffe), sowie für **Holztheile** an **eisernen** Schiffen bei den Abzugs-Bestimmungen des §. 130.

Bei **allen Schiffen** gilt das Kajüts-Inventar, bei **Dampfschiffen** gelten die Maschinen (Donkey, Dampf-Steuerung, Winden, Wellen, Propeller, Schaufelräder und Maschinen fur elektrische Beleuchtung eingeschlossen), sowie die **Kessel** „frei von Beschädigung, ausser im Strandungsfalle“ (siehe §. 104) versichert. Ausser den in §. 104 genannten Fällen sollen der Strandung auch gleichzuachten sein: Zusammenstoss des Schiffes mit anderen Fahrzeugen und Explosion.

Trifft ein an den **Maschinen** stattgehabter Schaden den Versicherer, so wird von den Reparatur- oder Erneuerungskosten, falls der Schaden innerhalb der ersten drei Jahre nach dem begonnenen Gebrauch sich ereignet, kein Abzug, wenn dies in dem vierten bis sechsten Jahre geschehen ist, ein Abzug von einem Sechstel, wenn später von einem Drittel gemacht.

Im Falle eines den Versicherer treffenden Schadens an den **Kesseln** wird von den Reparatur- oder Erneuerungskosten im ersten Jahre kein Abzug gemacht, für jedes weitere Jahr, welches sie im Gebrauch gewesen sind, kommt je ein Achtel in Abzug; nach Ablauf des achten Jahres findet überhaupt kein Schadensersatz mehr statt.

Die Ansätze für alle solche Schäden am Schiffe oder an Maschinen und Kesseln, auf deren Reparatur der Rheder verzichtet, werden gestrichen; solcher Verzicht bedarf indessen stets der Zustimmung des Versicherers.

Provision und Kosten des Vertreters des Versicherten in Fällen besonderer Havarie ist der Versicherer nicht verpflichtet zu ersetzen; er kann auch in Havariegrosse-Fällen den auf ihn entfallenden Antheil an solchen Kosten in Abzug bringen, sofern der Versicherte nicht zu beweisen vermag, dass dieselben ungeachtet gehöriger Sorgfalt weder zu vermeiden noch zu ermässigen waren

Register zu den Allgemeinen Seeversicherungs-Bedingungen.

Die Zahlen bezeichnen die Paragraphen.

Sachregister
zu Buch IV. H.G.B. und zu Anhang 1—19.

Die Zahlen bezeichnen die Paragraphen des Handelsgesetzbuchs.

A = Anhang. Anm. = Anmerkung. Art. = Artikel. E = Einführungsgesetz zum H.G.B. Z. = Ziffer.

A.

C.

D.

E.

G.

S.

T.

W.

Z.

Herrosé & Ziemsen, Gräfenhainichen.

rural electrification. However, there is also a single clear message: rural electrification requires committed and intentional support from the government under any and all service delivery approaches. Rural electrification remains a technologically, financially and institutionally challenging task. It will not happen by itself, even if the doors that previously barred institutional experimentation and private participation are flung wide open. Initiation of rural electrification, creation of sustainable institutions, and fostering of sustained financing approaches will all continue to demand attention by the state. So will any efforts to link rural electrification efforts to financing opportunities in the global environmental arena, an area that particularly calls out for bold action.

In a country as diverse as India, and with a challenge as large as rural electrification of some 80 million households, it is difficult to suggest that a single approach will work with equal success everywhere. If it did, the task would be simpler. Instead, the task is to enable a wide range of approaches to allow them to be tailored to local circumstances, even while walking on the line between too little state support and too much state control. On this uncertain terrain, perhaps the most important design principle is that India's new policy for rural electrification should be flexible and constantly refined to incorporate new lessons as they emerge.

References

Ahluwalia, Sanjeev S. (2000). *Power Sector Reforms: A Review of the Process and an Evaluation of the Outcome*, Prepared for National Council of Applied Economic Research, New Delhi.

Airy, Anupama (2004a). "New Scheme for Rural Electrification", *The Financial Express*, July 30.

———. (2004b). "Sayeed Pitches for Rural Power", *The Financial Express*, June 14.

Bandyopadhyay, D., B.N. Yugandhar, and Amitava Mukherjee (2004). "Convergence of Programmes by Empowering the Self-Help Groups and Panchayati Raj Institutions", in D. Bandyopadhyay and A. Mukherjee (eds.), *New Issues in Panchayati Raj*, Concept Publishing Company, New Delhi.

Barkat, Abul, S.H. Khan, M. Huque, R. Ara, S. Zaman and A. Poddar (2003). *Impact Study of Rural Electrification Project: Mechanism of Poverty Alleviation Fostered by Rural Electrification*, Japan Bank for International Cooperation (JBIC), Dhaka.

Baumert, Kevin A., Odile Blanchard, Silvia Llosa and James F. Perkaus, (eds.) (2002). *Building on the Kyoto Protocol: Options for Protecting the Climate*, October, World Resources Institute, Washington DC.

Brown, D. Clayton (1980). *Electricity for Rural America: The Fight for the REA*, Greenwood Press, Westport, CT.

Chaurey, Akanksha, Malini Ranganathan, and Parimita Mohanty (2004). "Electricity Access for Geographically Disadvantaged Rural Communities-Technology and Policy Insights", October, *Energy Policy*, Vol. 32(15), pp.1693-1705.

Covarrubias, Alvaro J., and Kilian Reiche, (eds.) (2000). *A Case Study on Exclusive Concesssions for Rural Off-Grid Service in Argentina*, E.S.M.A. Program, (ed.), *Energy Services for the World's Poor*, World Bank, Washington DC.

Dubash, Navroz K. (ed.) (2002). *Power Politics: Equity and Environment in Electricity Reform*, World Resources Institute, Washington DC.

Dunn, Seth (2000). *Micropower: The Next Electrical Era*, Worldwatch Institute, Washington DC.

Eberhard, A. (2002). *The Political, Economic, Institutional and Legal Dimensions of Electricity Supply Industry Reform in South Africa*, Department of Economics, Stanford University.

Jadresic, Alejandro (ed.) (2000). "A Case Study on Subsidizing Rural Electrification in Chile", ESMAP, (ed.), *Energy Services for the World's Poor*, World Bank Washington DC.

Kaneko, Hisatoshi (2003). *Rural Electrification in Chile: Environment and Policy Workship*, School for International and Public Affairs, Columbia University (produced for World Resources Institute).

McClean, Christopher (2000). Paper read at *Village Power 2000*, Washington DC.

Mishra, Sudhakar (No date). *Alternative Institutions of Electricity Retailing: Assessment of Orissa Experiments*, unpublished manuscript.

Ministry of Non-Conventional Energy Sources (2002). *Wind Power Development in India*, Government of India, New Delhi.

Ministry of Power. *National Rural Electrification Policies* (Pursuant to Sections 4 & 5 of Electricity Act 2003), Government of India, *www.powermin.nic.in*.

———. (2003). "Rural Electrification Policies (Pursuant to Sections 4 & 5 of Electricity Act 2003)", *Discussion Paper*, Government of India.

National Energy Commission. Rural Electrification Program (REP). Republic of Chile: National Energy Commission, Ministry of Economy and Energy, Republic of Chile.

NRECA International Limited (2000). *The Bangladesh Rural Electrification Program Experience: Factors Contributing to its Success*, NRECA International Limited.

Patterson, Walt (1999). *Transforming Electricity*, Earthscan, London.

Planning Commission (2002). *The Working of State Electricity Boards and Electricity Departments*, Government of India, New Delhi.

Prayas Energy Group (2004). "Rural Electrification Policy: Key Considerations", Paper read at Western Regional Consultation, January 9, Pune.

Samaniego, Joseluis and Christiana Figueres (2002). "Evolving to a Sector Based Clean Development Mechanism", in K.A. Baumert, O. Blanchard, S. Llosa and J.F. Perkaus (eds.), *Building on the Kyoto Protocol: Options for Protecting the Climate*, World Resources Institute, Washington DC.

Turkenburg, Wim C. (2000). "Renewable Energy Technologies", in United Nations Development Programme, United Nations Department of Economic and Social Affairs and World Energy Council (eds.), *World Energy Assessment: Energy and the Challenge of Sustainability*, United Nations Development Programme, New York.

Vaitheeswaran, V. (2001). "A Bright Future", *The Economist*, February 8.

Winkler, Harald, Randall Spalding-Fecher, Stanford Mwakasonda, and Ogunlade Davidson (2002). "Sustainable Development Policies and Measures: Starting from Development to Tackle Climate Change", in K.A. Baumert, O. Blanchard, S. Llosa and J.F. Perkaus, (eds.), *Building on the Kyoto Protocol: Options for Protecting the Climate*, World Resources Institute, Washington DC.

World Bank (2003). *Private Sector Development in the Electric Power Sector,* World Bank Operations Evaluation Department, Washington DC.

4

Energy-Water Nexus in the Rural Area

S. PADMANABAN and CHINMAYA ACHARYA

Background: The Energy and Water Sectors

The performance of the Indian power sector is increasingly dependent on how efficiently irrigation water is used and paid for. Water withdrawal is an energy intensive operation performed throughout the agricultural sector that results in a third of the power consumption in the country being used for the roughly 50 per cent of the national irrigation water consumption extracted from groundwater resources. Highly subsidised power supply policies for agriculture have major implications for the overall condition of the power sector and associated water resource. Economic logic—the low marginal cost of pumping and high marginal returns of abundant use of water—has dictated that groundwater tables are sinking deeper and deeper. In 286 districts across 18 states, water levels have fallen by 5 meters (Times of India, 2004). Half of rural Western India's wells are dry (Shah *et al.*, 2002). The level of attention paid to water use efficiency is directly proportional to the prices charged for water servicing. Rising prices lead to increasing attention to water-use and, in the long run, more efficient use of water.

Addressing water and energy use efficiencies in the Indian agricultural sector requires a strategic combination of several interdependent components. There has to be a central and state policy dialogue on power and water sector reform to develop an energy and water framework. Commercial practices have to be introduced in rural power distribution in order to expand the domain of power planning beyond the customer side of the electrical meter to encompass the water well, the exploitation and recharge of aquifers and the management of the watershed as a whole. It is also essential to involve the rural consumer in partnership to advance energy and water-use efficiency, thereby improving reform prospects. Above all, the issue of good governance involving all affected stakeholders will be needed to realise the many potential benefits of a closer union between the power and water sectors.

The country is beginning to recognise the importance of addressing these challenges: the need for cost recovery and cross-sectoral integration and coordination of water and energy demand planning and use. There are other socioeconomic and related governance challenges as well. Substantive research undertaken over the past two decades by analysts such as Amartya Sen, Robert Chambers and Tushaar Shah among others, has demonstrated a strong linkage between poverty alleviation and reliable access to basic amenities such as power and groundwater.

Groundwater, Power and Poverty; Governance

Access to groundwater is the single most important factor determining the reliability of water supplies. Reliable irrigation water supplies are the lead input required to make the full 'green revolution' package of seeds, fertilisers and other inputs viable. Without reliable water supplies, the risk associated with other investments in agricultural production is high since everything can be lost due to variations in precipitation. Furthermore, when drought hits, farmers without access to reliable irrigation are often forced to migrate or sell the limited assets they have been able to accumulate. The result is a continuing cycle of poverty. Access to assured irrigation such as groundwater creates a positive cycle out of poverty. Since groundwater availability is relatively independent of recent fluctuations in rainfall and there is often very substantial inter-annual storage, farmer's access to water is rarely threatened by climatic changes—at least on a short-term basis. This gives groundwater irrigation a substantial advantage over surface irrigation with regard to poverty alleviation.[1]

---

1. Because groundwater can generally be accessed at the time and in the amount a farmer requires (e.g. by turning on his or her electric pump), farmers with groundwater access can avoid the political, caste and other dynamics that often limit water access to the poor in large irrigation systems. *Source*: Marcus Moench–Personal communications.

Groundwater is reliable, but that reliability is directly and singularly affected by the reliability of power supplies. If power supplies are unreliable, the unique advantages of groundwater with respect to poverty alleviation will be totally lost.[2] The political will to usher reforms that ensure reliability of power supply and attendant groundwater reliability will ultimately depend on good governance by enabling empowered stakeholders to make their voices heard. A motivated, well-informed and organised civil society, media and business community can put pressure on government decision-makers to support sustainable and integrated management of energy and water resources.

The Nexus–The Development Hypothesis for Governance

It is clear that unsustainable practices in the use and management of one sector are intimately related to the fate of the other, due to two fundamental realities:

- Energy is Required to Make Use of Water Resources. Energy is consumed whenever water or wastewater is withdrawn from surface or groundwater sources, transported, treated, or disposed of.[3]
- Water is also Required to Make Use of Energy Resources. Water is necessary at several stages of energy production, conversion or end use, and is the sink for much energy-related contamination.

An integrated approach across use sectors, geographic areas and social groups is fundamental to ensure adequate service provision to all stakeholders. This is particularly relevant as competition for energy and water increases. A holistic approach of governance allows for inclusion of health and environmental issues in the resource management equation and provides for responses based on analysis of tradeoffs and costs with use of energy and water. It is the consumers

2. The key is reliability—and power supply systems in many Indian states are notoriously unreliable. This factor underlies the widespread adoption of diesel pumps in areas such as Tamil Nadu, Eastern Uttar Pradesh, etc. farmers are willing to pay orders of magnitude more for diesel than the electricity rates charged by the SEBs because diesel is reliable and electricity is often not. *Source*: Marcus Moench.
3. Of course, this includes gravity, a form of 'free' energy often employed to make use of water resources, and one that reduces the reliance on electricity and other human-converted sources.

by whom the benefits of good governance will be felt. This can happen only through awareness, understanding, and appreciation of the linkages among the various users of the resources, as well as development of the proper enabling environments and institutional frameworks to support collaboration, cooperation and participatory governance.

Energy-Water Nexus in Rural Areas: Agriculture

The precise points of overlap and potential mismanagement or improved efficiency in either the water or energy sectors vary depending on the specific human activity sector, geographic area and source of water and energy supply. Figures 4.1 illustrates some of the key driving forces, feedback relationships and impacts associated with the existing 'vicious cycles' for one of the illustrative areas of intensive energy and water use: agriculture in rural areas.

In this sector of economic activity, consumption of energy and water are closely tied to productivity of the land and the livelihoods of farmers. Highly subsidised power supply policies for agriculture and non-commercial operating practices of utilities have major implications for the overall condition of the power sector and associated water resources issues. First, they have undermined state finances and the performance of the state-run electric utilities (the state electricity boards-SEBs) because every unit of energy sold to agriculture represents a significant financial loss to the utility.[4] The weak financial condition of the SEBs makes it difficult for these utilities to provide reliable service on a sustainable basis to a situation that worsens with every additional energy unit consumed by a farmer.

The rural/agricultural sector in India uses 85 per cent of the country's available fresh water. However, irrigation efficiency is only 20-50 per cent. In other words, Indian agriculture wastes up to half of the country's fresh water supply. Although, from a basin perspective, much of the wasted water is reused, significant amount of water is wasted primarily due to irrigation inefficiencies. There are inefficiencies on the energy front as well. Agriculture accounts for about 27 per cent of the total electricity consumption in India. The

4. In view of the high marginal cost of distribution in most regions, the cost of power supply to rural areas ranges from Rs. 3-7/kWh. Cost recovery is a tiny fraction and ranges from 0-0.75 p/kWh.

Figure 4.1
Agriculture

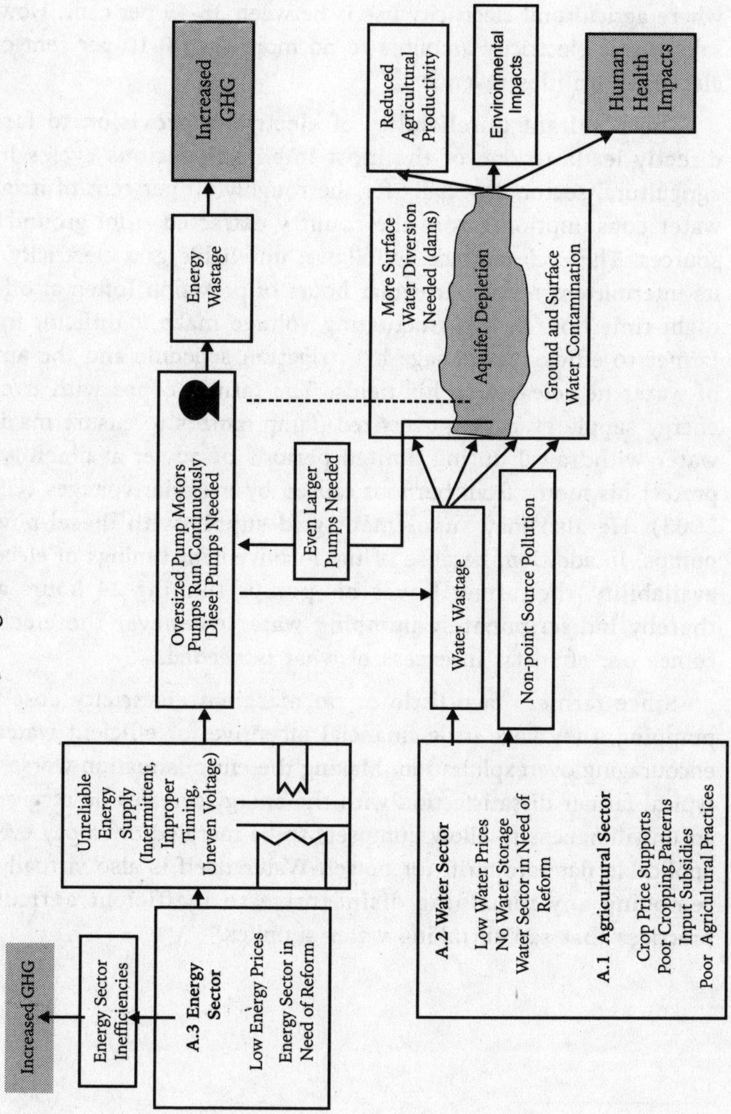

consumption is somewhat higher in the states like Andhra Pradesh, Gujarat, Madhya Pradesh, Uttar Pradesh, Karnataka and Haryana, where agricultural electricity use is between 35-45 per cent. However, sale of this electricity amounts to no more than 0-10 per cent of the electricity utilities revenues.[5]

The resultant unreliability of electricity provision to farmers directly leads to one of the most important vicious cycles in the agricultural sector, especially for the roughly 50 per cent of irrigation water consumption across the country extracted from groundwater sources. The cycle unfolds as follows: unreliable grid electricity, with its intermittent service, irregular hours of provision (often at off-peak night-time hours), and fluctuating voltage make it difficult for the farmer to efficiently manage his irrigation schedule and the amount of water he releases to his fields. The farmer copes with irregular energy supply by buying oversized pump motors to ensure maximum water withdrawal during limited periods of power availability, and protect his motor from burnout caused by irregular voltages (USAID, 2003). He also may supplement grid supply with diesel-powered pumps. In addition, because of the inconvenient timings of electricity availability, the farmer leaves his pumps running 24 hours a day, thereby indiscriminately pumping water whenever the electricity comes on, often far in excess of what is needed.

Since farmers face little or no marginal electricity cost when pumping, they have little financial incentive for efficient water use, encouraging overexploitation. Making the entire situation worse is the typical farmer dissatisfaction with the energy services he receives and an unwillingness to allow pumpsets to be metered or to pay even the applicable flat rate tariff for power. Water itself is also virtually free, removing any remaining disincentive to inefficient agricultural practices that sap shrinking water supplies.

---

5. For instance in the state of Andhra Pradesh, the agricultural sector accounts for 39 per cent of the total electricity consumption but contributes to nil revenue, thanks to the recent policy of free power (March 2004); in Haryana, agriculture accounts for over 45 per cent of the total power consumption but accounts for less than 10 per cent of the revenue.

As wasteful behaviour proceeds, some of it attributable to poor governance,[6] aquifers are being depleted so that farmers must purchase even larger capacity motors to pump water from deeper and deeper wells, thus exacerbating the energy-water waste cycle.

Energy inefficiencies such as these obviously contribute to increased greenhouse gases (GHGs).[7] In addition, depleted water supplies contribute to lowered agricultural productivity as well as ground and surface water contamination, all with potential health and economic impacts.

Box 4.1

Fast Facts About Energy and Water: Agriculture

- About 48 per cent of all irrigation water nationwide is from groundwater sources; 52 per cent is from surface water.
- Agriculture consumes 85 per cent of all available freshwater resources in India.
- As of the early 2000s, there were over 16 million wells (mostly agricultural), and about 14 million pumpsets nationwide. About 25-30 per cent of all electricity consumed in India is for pumping water for agricultural uses.
- Until the early '70s well water was 1-5 meters deep; by the mid '80s it had exceeded 10 meters; today water tables have sunk to an average of 50-150 meters deep.
- Twelve per cent of all aquifers in the country are already severely overdrawn.
- Water and energy tariffs are both lowest for agricultural consumers, either free or highly subsidised. There is also currently little regulation of tube well drilling or the amount of groundwater abstraction in several rural areas of India.

---

6. Since power capacity during the evening peak period is limited, farmers are discouraged from using their motor-pumpsets that operate on three-phase supply. This is achieved by 'single-phasing' of supply, i.e., cutting off one of the three phases so that three phase pumpsets cannot operate but single-phase lights and appliances in households can. However, many farmers circumvent single-phasing by installing dummy capacitors that permit them to operate their three-phase pumpsets on two-phase supply. This causes power quality to deteriorate further, reduces end-use efficiency, damages motors and encourages ground water overdraft—Project Concept Paper on WENEXA; USAID/India, March 2001.

7. One conservative estimate suggests each additional meter drop in the groundwater table would increase India's total carbon emissions by 4.8 per cent due to extra energy use for pumping—Personal Communications with Marcus Moench.

The enormous proportion of all water and energy consumed in India's agricultural sector make this negative cycle a priority area of concern.[8] Unfortunately it is also among the most difficult sets of issues to address, since the costs of energy and water are subsidised in the agricultural sector.

Groundwater Deletion-Impacts on Health[9]

Groundwater usually tastes cool and delicious. The key advantage of aquifers is high microbiological quality, arising from its protected situation locked in a natural vault. But just as pollution depletes the quality of surface water, depletion pollutes the groundwater quality. Plunging water tables create a vacuum, concentrate total dissolved solids (TDS), draw saltwater intrusion and expose natural elements at deeper elevations.

Water quality decline—especially involving fluoride, nitrate concentrations and arsenic—harm the life, health, productivity and development of infants, children, pregnant women and the elderly. Methaemoglobinaemia, caused by nitrate-nitrite conversion in the intestines, lead to restlessness and bluish tinge of the skin. Nitrate poisoned cattle lose milk and abort calves. Families can't filter or boil away nitrate, only distil it, which is too costly. Health specialists propose pumping less groundwater, advocating better sanitation, reducing indiscriminate use of fertilisers, or recharging aquifers to dilute. These issues of governance are hard to mandate.

Flat Wastage

The adoption of flat rate pricing for agricultural power is cause for this perverse state of affairs. Under this system, a farmer pays a fixed price per horsepower per month for electricity. Therefore, the marginal cost of pumping water is zero. This leads to energy wastage, over-

---

8. The decision of most of the state governments to have a subsidised flat-rate tariff on electric pumpsets based on horsepower rating has led to an increase in the number of irrigation pumpsets and their utilisation. Arguably they represent the single largest energy end-use application in India. Irrigation is largely done using diesel and electrical energy, contributing almost 50 per cent of the total farm power consumed for irrigation in1995/96. The number of electric pumps has increased from 1.6 million in 1970/71 to 13.04 million in 2001-02, and the number of diesel pumps has increased from 1.5 million to 6.0 million during the same period. (TEDDY 2001-02. Tata Energy Data Directory, The Energy and Resources Institute, Delhi).

9. Downshifting 'Power'–USAID/SARI program, JG Workman, Consultant, June 2004.

pumping and inefficient selection of crops. Flat rate pumping also masks the true cost of power to farmers. The tariff structure and the poor combination of technology and management are responsible for water loss, unsustainable exploitation of groundwater and the high energy losses associated with the distribution and end-use of electricity in irrigation water pumping.

Significant energy losses are associated with the distribution of electricity and in the poor selection, installation, maintenance and operation of the electrical motor pump system. A vicious cycle operates two sub-systems in tandem: the electrical distribution system and the water pumping system. This vicious cycle comprises three sub-cycles: the technology sub-cycle, the financial sub-cycle and the socioeconomic sub-cycle (Padmanaban and Totino, 2002).

Technology Sub-Cycle

It starts with the electricity distribution system characterised by poor design and installation of the main distribution LT feeder lines (11 kV). Overloading the 11 kV/415 V distribution transformers (DTRs) and long lengths of undersized secondary lines resulting in high line losses and large voltage drops compounds this.

Farmers have no control over the quality of supply and on it timing and duration. There are several consequences of poor power quality. Frequent motor burnout cause leads to additional costs of reinstallation. As a result, farmers tend to select robust motors that have thicker armature coil windings to withstand large current and consequent localised heat generation without coil burnout. These motors are less efficient. Also, to ensure that the flow rate of water pumped out is not reduced due to voltage conditions, farmers tend to replace existing motors with higher capacity rating. It has been seen in Haryana and Andhra Pradesh that farmers use oversized pumps to obtain the required discharge.

The poor management of load demand by the local distribution sub-station authorities compounds the problem of poor power quality. The sub-station personnel follow a prescribed system of power regulation (power curtailment policy) whereby power is rotated among the farmers in two blocks of 4-8 hours per day. This power rostering results in certain undesirable practices that eventually lead to system failure. A common practice amongst farmers is to keep their motor switches turned on so that water is pumped whenever the rostering schedule is in effect for a particular block.

This in effect means that a large number of pumps become active at the same time, resulting in a load demand diversity of nearly unity. This causes the 11 kV/415 V DTR to trip and, in cases where the transformer fuses have been tampered with, the transformer burns-out.

Financial Sub-Cycle

Poor quality of power and the resultant impact on performance and efficiency of pump results in low crop yields and incomes. Under these conditions, electricity tariff revisions for farmers are politically resisted and payments on electricity bills are postponed, resulting in low cost recovery. Low cost recovery, in turn, is linked to under-funding of operations and maintenance of the power delivery systems. This coupled with poor engineering standards and state of the LT distribution systems and inappropriate structure, policies and staff skills of many SEBs closes the circle by providing poor quality of supply service.

This sets off a chain reaction of events of motor burnout and transformer overloading. These further depress cost-recovery levels and the vicious cycle sets in. Sub-optimal allocation of resources towards the distribution system places further burden on the already vulnerable system causing deterioration in the quality and reliability of supply.

Socio-economic Sub-Cycle

Exacerbating the low cost recovery issue are the twin issues of illegal connections and thefts. The former is a direct result of the long waiting periods for new connections. The latter is due to the ease with which unscrupulous elements can tap into the long winding secondary distribution lines.

These are combined with the near universal practice of 'motor nameplate switching', whereby higher capacity motors have their labels altered to indicate lower ratings. In a flat rate tariff system this further robs the utility of its legitimate revenue.

Causes of Water Loss

There are five causes of water loss. First is the choice of crop. Farmers select crops that bring in maximum benefit to them and not crops that use less water. The natural environment also plays an important role in determining how much water is lost. Soil types, climate and hydrology all affect water losses. India has a very diverse natural environment. A recent classification by the National Bureau of Soil Survey and Land Use Planning distinguishes 20 broad agro-ecological zones, separated by natural features and crop growing periods.

Each of these agro-ecological zones comprises myriad microhabitats. Therefore, there are always some regions in India that will have lower water use efficiency than others and any water-efficiency project must be site-specific. Technology is next on the list of causes. The type of irrigation and delivery systems determines how efficiently water is used. Drip and sprinkler irrigation systems are more complex in design but can be more easily operated with low losses than surface irrigation methods, which require a high degree of flexibility in water supply. Pipe delivery systems generally lose less water than the more commonly used canal systems although canal systems are often more easily maintained.

The type of control structure used in irrigation is also important. Fixed control structures are less flexible but require a lower degree of expertise to operate and maintain. All this lends to the fact that technology that requires less skill to manage may often incur less water loss than systems that are theoretically more efficient. Again, site specific analysis is essential in determining the proper technology to be used. The fourth cause of water loss is farmers. Farmer characteristics such as skills, knowledge, organisation and motivation determine their ability to manage water. The fifth cause of water loss is the central water agency and its policy. This cause should be recognised as the most important cause because it underlies the others.

The efficiency of any water management technology is dependent on the reliability of the water supply. Farmers cannot function effectively without a reliable supply of water and have no incentive to use water efficiently if it is supplied with little or no charge. To provide the farmers with the means and incentive to conserve water, municipalities must provide water at a realistic cost and simultaneously improve the quality of the service they provide to the point where farmers will be willing to pay for it.

Attitudes about the public ownership of water make this transition difficult. Throughout history water has belonged to a class of materials called common property resources, to which access is nonexclusive, ownership is held in common by the public and prices are very low, or zero. When the price of input such as water is very low relative to other productive inputs, it is used without regard for quantity or conservation.

In India water is supplied to the agricultural sector virtually free of charge and therefore, farmers use as much of it as possible. Unfortunately, municipalities raising the price of water cannot solve this problem. Farmers also must be willing to pay for the water. It has been shown that farmers in India are willing to pay for the water they receive provided that the supply is reliable.

Currently, water supply to farmers is very unreliable. Farmers never know how much water they will get and when it will come. As a result of this and the low or non-existent cost, valves are almost always open so that farmers can get the most out of the syncopated water flow. It should also be noted that improving reliability and timeliness in water supply entails higher costs in terms of additional storage capacity and pumping. For example, in Haryana, where the irrigation charges for surface water supply are less than Rs. 500 per hectare per year, farmers are known to spend as much as Rs. 4500/ha every year in irrigation pumping costs. These irrigation costs account for as much as 20 per cent of the net value of output from these crops. Farmers are willing to pay for timely and reliable water supplies for irrigation. Hence, those institutional and financing arrangements that ensure reliable water supplies are likely to be more sustainable for improving water-use efficiency than those that concentrate only on cost-recovery.

Energy-Water Nexus: Governance Approaches

The principal components in any water sector reform strategy are: conservation, regeneration and sanitation of the water resources.

These elements are not mutually exclusive but complement one other. Conversely, in a segregated approach, resource sustainability, which is surely the most critical aspect of the reform process, is often defeated. The integrated model is even more appropriate in the Indian context as water scarcity issues are becoming increasingly complex with the alarming growth in population. By way of contrast, power sector reforms are driven by the need to improve the technical and financial performance of the utility through the adoption of commercial practices, restructuring of the sector by way of unbundling the vertically integrated SEBs into independent generation, transmission and distribution companies and establishing independent regulatory bodies.

While one approaches the power sector reform through the utility's perspective, it is perhaps customary to approach the water sector reforms from the users' perspective. By definition, the root of the water-energy nexus lies in the inability of the power utility to provide reliable power to farmers to meet their water demand leading to a host of inefficient coping strategies by users/consumers in both electricity and water use. Governance structures that prevent the degradation of electricity and water resources through the adoption of mutually sustainable practices directed at both resources needs to be adopted. Herein lies the need to expand the scope of state electricity regulatory agencies to include oversight and regulation of groundwater as part of its responsibilities.

Together with establishing a role for the state electricity regulatory agencies, to regulate groundwater use, it is implicit that we promote voluntary public policies at the user level to salvage policy restraints at the government level. These can be established through effective governance structures created in the shape of community institutions addressing both energy and water issues. This intervention would be particularly relevant to the rural users. The institutional structure is expected to be the strongest amongst them considering the high degree of social cohesion observed in them. Given the large user population it is almost impossible to reach out to them. It is worthwhile that the users represent themselves through user energy/ water institutions. These energy/water institutions should be adequately empowered through extensive information, education and communication (IEC) activities. They should be gradually groomed to plan and manage various targeted activities. Finally, the learning will transform them into independent management units capable to own up the entire reform process which would eventually ensure sustainability in the use of energy and water resources.

Challenges and Barriers to Energy-Water Governance

Although, needs are great and many opportunities for action present themselves, there are also significant challenges facing any joint energy/water project. These should be seen not only as obstacles to overcome, but also as long-term needs to be addressed by any new project activity. Principal challenges that should be kept in mind in developing governance structures include:

- Water is primarily considered as a social good in India, creating significant barriers to cost recovery and full service provision.
- There is little or no political will to deal with water management as an economic good and force cost recovery.
- In comparison with the energy sector, reform in water resources management is lagging. The fact that the two sectors are 'out of phase' in their paths to reform present obstacles for their coordinated management.
- National and state water policy has not moved beyond rhetoric. Although, there are several good policies and legal frameworks in place for water resources and waste management, these have not been successfully implemented to date.
- Institutional and policy barriers to effective water and energy resource management are significant, especially in support of cross-sectoral integration and coordination.
- Management and operational capabilities among the providers of energy and water services are inadequate, especially at the local level.
- An enabling environment for technological innovation and advancement does not exist at the national, state or municipal level.

Conclusion

The pace of groundwater withdrawals and use in India is intimately tied to energy prices. A critical factor in achieving efficiency and sustainability of groundwater use is the quality and price of power supplies to the agricultural sector. The use of flat rates for electricity, combined with unreliable power supply, encourage farmers who own wells to maximise pumping of groundwater. The political will to implement reforms that ensure reliability of power supply and attendant efficient use of water in rural areas will ultimately depend on the creation and effectiveness of the governance structures in place. The expansion in the role of state electricity regulatory commissions to regulate groundwater use should be widely debated. In any event there is a strong case to be made for establishing local energy/water user groups. A motivated, well-informed and organised civil society can put pressure on government decisionmakers to support sustainable and integrated management of energy and water resources and realise the many potential benefits of a closer union between the power and water sectors.

References

Padmanaban, S. and J. Totino (2002). *Energy Efficiency in Indian Agriculture*, USAID/I, June.

Shah, T. *et al.* (2002). *The Socio-Ecology of Groundwater in India*, IWMI-Tata presentation for WSSD.

Times of India (2004). "Water Woes: Spectre of a Great Thirst is Looming Ahead of Us", *Times of India Editorial*, February 24.

USAID/India (2003). *Best Practices in Rural and Agricultural Delivery*, A Manual, August.

USAID/SARI Program (2004). *Downshifting Power*, JG Workman, Consultant, June.

Section III

Rural Electrification: Regulatory and Policy Issues

5

National Rural Electrification Policy and the Electricity Act, 2003 in Effectively Meeting the Rural Electricity Needs

V. RANGANATHAN

Introduction

In India, the government's policy on rural electrification (RE) was synonymous with irrigation pump (IP) sets energisation. The criteria used to measure the progress on RE were 'number of villages electrified' and number of pump sets energised. The Central Electricity Authority (CEA) deemed a village to have been electrified even if one household was electrified or even if a transmission line passed through the village. The idea seems that if you provide access, use will be automatic. But this has not happened; not more than 10-15 per cent of rural households have been electrified even today, despite 100 per cent electrification of villages in many states. "On the other hand provision of electricity to run irrigation pumps was an important ingredient in the Green Revolution technology package aimed at increasing the productivity of Indian Agriculture" (Dubash and Rajan, 2002). At the same time, the state governments—in whose domain the prerogative of pricing was—subsidised the electricity tariff for agriculture. This has subsequently led to doing away with meters and adopting a flat rate horsepower based tariff by the state electricity boards (SEBs) and was even endorsed by the author at that time (Ranganathan and Arokiaswamy, 1982). The rationale were (i) when the tariff is low why add a significant cost in metering and billing, and (ii) tariff structure should align with cost structure; and the proportion of fixed to variable costs was 60:40 on average cost basis and 80:20 on marginal cost basis. But the study then had not foreseen a major ammunition this scheme had provided the SEBs in fudging their T&D losses by overstating agriculture consumption and concealing electricity thefts largely with the connivance of the SEBs themselves. The government's mandate on subsidy for IP sets deprived it of demanding financial viability from SEBs, leaving the T&D loss statistic as the only measure of performance efficiency. Now with the removal of meters, only this statistic could be manipulated. It must be pointed out that the scope for manipulation is restricted broadly to rural divisions where the absence of metering exists in large measure, but the greater amount of losses are to be found in urban divisions. But this is known only within the SEBs and even to them only if they care to monitor urban and rural losses division-wise separately, as in Maharashtra (Gupta, 2001). Thus, it seems that fudging is a trackable phenomenon, with proper management control systems. However, at the SEB level, it permits them to report lower loss figures, without outsiders being able to tally the numbers. Thus, on the whole, tariff subsidy and removal of meters have had a crippling impact on the financial viability of the SEBs.

Does Rural Electrification Need Subsidy?

It has been established that based on incremental agricultural benefits RE is economically viable, though not financially viable because of subsidies (Ranganathan, 1977). An *ex-post* study on the long term impact of RE in Uttar Pradesh and Madhya Pradesh reconfirmed this with the finding that the marginal value product, i.e. the extra 'profit' made possible by an extra kWh of electricity in agriculture was found to be around Rs. 9 for Uttar Pradesh and Rs. 70 for Madhya Pradesh (as against possible costs of around Rs. 3) (Ranganathan and Ramanayya, 1998). Even though a productive benefit such as the use of electricity in agriculture does not require a subsidy, it seems to have been introduced in the name of the poor farmer. Some argue that poor farmers typically do not benefit from this subsidy, and indeed may be hurt by it (Sant and Dixit, 1996). Others say that cheap electricity encourages profligate use of groundwater and large farmers have greater wherewithal to avail of this (Dubash, 2002). Our recent study in Andhra Pradesh showed that while the net economic benefit was positive for the farmers up to 5 HP, it was negative for the big farmer's with 10 and 15 HP pump sets, confirming profligate and inefficient use of water because of cheap electricity (Dossani and Ranganathan, 2004). (Here, the gross benefits in the form of farm surplus were deflated with full costs to supply electricity to them.) However, once subsidy is given and meters are removed, it is, politically and even organisationally, not easy to retract these steps. As Peter Rogers has pointed out that any RE policy that does not take account of politics will remain on paper only (Rogers *et al.*, 1986).[1]

The farmers, however, are indirectly paying; in the form of being forced to receive nighttime supply instead of daytime supply of power; the supply itself is only for a few hours per day; rostering (i.e. staggering of supply between feeders); frequent and erratic disruptions in supply; unacceptable level of voltage fluctuations which damage their equipments. Interestingly, in the long-term impact of RE study, it was the Uttar Pradesh farmers rather than the Madhya Pradesh farmers, who were willing to pay[2] a higher price for electricity, for it was they who were getting much lower quality of supply than the Madhya Pradesh farmers. A surprising and potentially important finding in the Andhra Pradesh study is that doing away with the practice of rostering will lead farmers to use some 16 per cent less power, thus substantially reducing the state's subsidy burden. Further, it was found that improving the quality of power—so as to remove the causes of motor burnout, eliminating rostering and installing a discriminatory pricing regime—will reduce subsidies substantially from about 90 per cent of the utility's cost to about 74 per cent, but the subsidy still remained too high.

Rural electrification, though had its significant impact on agricultural output, it did not have impact on either rural employment or rural industrialisation (Ranganathan, 1977). While many factors may have contributed to lack of rural industrialisation, a significant reason is the poor quality of electricity supply in rural areas. It must be pointed out that except for agriculture—domestic, marginally and the single point lighting schemes peripherally—no other category is subsidised. Yet, the quality of supply to rural areas is distinctly worse than for urban areas. Andhra Pradesh and later Karnataka tried supplying differential quality power to agriculture and rest of rural

1. However, in Dossani and Ranganathan (2004), we have demonstrated that WTP measure is not useful for policy implication, due to rationing of power.

2. *ibid*.

consumers using programmable logic controllers. The instrument also would do rostering and cut off the supply to subsidised category after a pre-specified limit. It is understood that in Andhra Pradesh the PLCs were damaged by the farmers who saw it as a means of limiting their supply, and similar results are predicted for BESCOM area in Karnataka.

Thus, in the eyes of the SEB manager, rural and the subsidised agriculture are synonymous since agriculture represents a dominant share of rural consumption. Rationally, s/he has a preference to allot the power to the unsubsidised urban area than the subsidised rural area. This has translated into a reluctance even to borrow funds from Rural Electrification Corporation, since every rupee spent on RE further erodes the financial viability of the SEBs. So, while subsidy has eroded the financial viability of SEBs, it has also led to the low level equilibrium of poor quality-low priced supply to the rural areas.

Electricity Act, 2003 and Alternative Organisational Structures for Electricity Supply for Rural Areas

The Electricity Act, 2003 (EA) has made unbundling of SEBs which were integrated monopolies, into generation, transmission and distribution mandatory. Along with this, there is open access provision; opening the transmission lines to carry power from competing generators. This gives an opportunity for trading and competition; the distribution company can source its supply from the most economical provider. Even though, distribution is traditionally a natural monopoly (at least in wires) because of economies of density at the distribution level, the EA has thought fit to provide scope for multiple licensing of the same geographical area, even in urban areas. This is probably to make the market contestable so that the very threat of entry makes the incumbent operate efficiently. Or further it may be to liberate consumers from the clutches of the inefficient incumbent and provide for an actual entry. The price for this provision is the duplication of assets that it entails. In rural areas, the EA goes further, and has completely delicensed rural distribution; just as it has delicensed generation (except hydro). This is throwing up interesting possibilities in better quality electricity supply to rural areas.

Rural Electric Cooperatives (RECs)

This form has been in existence even prior to Electricity Act, 2003, but EA has given more freedom for its functioning now. Prior to EA, RECs were at the mercy of SEBs and had to depend on SEBs for their supply. The RECs also followed the same tariff as the SEBs and their input cost of energy was decided by the SEBs based on their initial load mix. The successful RECs typically had less staff than the SEBs, greater coordination with consumers, and greater accountability. However, the paradox of your competitor being your supplier, had its impact. The SEB had all the muscle to provide better quality power to its own areas and poor quality power to areas under the REC jurisdiction, to make its customers disenchanted with the REC. Besides, as cooperatives, they were vulnerable to political interference and manipulation by local power groups. Now, with EA, the REC would get its supply from the unbundled transmission company, which is not likely to take such an antagonistic attitude, because it is only its supplier at best or transporter of electricity in case the REC can enter into contracts directly with generators. The government can think of subsidising the input energy to RECs, just as the Delhi Government is presently doing to Delhi Transco. For this a large number of new RECs should be created. This can be done along with privatisation of urban distribution. The SEB staff in rural divisions can be transferred to the RECs, but they will be under the management control of the members of the REC who are now local customers.

Private Sector Rural Distribution

The EA also provides for any person or group from private sector to come up and supply electricity to rural areas without even seeking a licence to do so. This would prompt local entrepreneurs in rural areas to set up supply of electricity if there is a market, i.e. a group of paying consumers for it. There have been instances of diesel genset contractors supplying backup power for social functions, diversifying into the market and offering the same insurance of electricity supply in the case of a grid failure, finding sufficient customers willing to pay monthly charges equivalent to around Rs.7 per kWh in Bihar. Delicensing of supply in rural areas will make such entrepreneurial activities legitimate and lawful. However, this sector will not look for any subsidy from the government. This may also prove to be the key to rural industrialisation. The only prerequisite is that grid code is maintained, so that the contracted power is allowed to be delivered to the end customer and not waylaid.

Conclusion

Subsidy and demetering have been the twin evils bedeviling both the rural consumer and SEB alike. As such, any scope for the existing SEB improving the quality of supply to rural areas appears slim. However, the new Electricity Act, 2003 opens up new horizons. Under the Act, the Rural Electric Cooperatives can function more independently and vibrantly, without being suffocated at will by the SEB. Also, the Act provides for private sector supply without any entry barrier. This would eventually lead to electricity being provided in rural areas on market considerations.

References

Dossani, Rafiq and V. Ranganathan (2004). "Farmers' Willingness to Pay for Power in India: Conceptual Issues, Survey Results and Implications for Pricing", *Energy Economics,* Vol. 26, pp.359-369, Elsevier, UK.

Dubash, Navroz K. and Rajan Sudhir C. (2002). "India: Electricity Reform under Political Constraints" in *Power Politics,* World Resources Institute, Washington DC.

Dubash, Navroz K. (2002). *Tubewell Capitalism: Groundwater Development and Agrarian Change in Gujarat,* OUP, New Delhi.

Gupta, Sanjoy (2001). "Performance Drivers under Public Ownership: Role of Structure, Control and Incentives in Shaping Performance–Case Study of State Electricity Boards", *Doctoral Dissertation,* IIM, Bangalore.

Ranganathan V. (1977). "Cost Benefit Analysis of Rural Electrification", *Doctoral Dissertation,* IIM, Ahmedabad.

Ranganathan V. and Arokiaswamy N.S.S. (1982). *Electricity Tariff for Agriculture Study for the Rural Electrification Corporation,* IIM, Bangalore.

Ranganathan V. and T.V. Ramanayya (1998). "Long-Term Impact of Rural Electrification: A Study in UP and MP", *Economic and Political Weekly,* Vol. XXXIII(50), Dec. 12.

Rogers, Peter, Eduaardo A. Doryan-Garron and Al Varo Umana (1986). *Framework for the Analysis of Rural Electrification Projects,* a Report to USAID by Centro de Investigaciones Sociales Ambientales y Technologicas (CISAT), Costa Rica and Harvard University, March.

Sant, G. and S. Dixit. (1996). "Beneficiaries of IPS Subsidy", *Economic and Political Weekly,* Vol. XXXI, Dec. 21.

6

Electricity Regulatory Commissions and Rural Electricity

GEETA GOURI

Introduction

Two predominant characteristics distinguish the rural sector from the urban sector where electricity supply is concerned in India. Firstly, the density of population in the rural sector is low as compared to urban areas. As a result, long lengths of lines tend to increase line losses considerably. The commonly suggested solution for areas of low population density is that of distributed generation, the central theme of the recently released National Rural Electrification Policy.[1] Secondly, supply of electricity to rural areas is limited in terms of the number of hours that continuous supply of quality power is provided by the utilities. 'Restricting and curtailing demand', R&C in the jargon of electricity utilities, is a policy prompted either by supply constraints and availability of power and/or the inability to control and isolate consumption of power by agriculture, the major consumer in rural areas. More often it is due to the latter in states where use of pump sets are predominant. Agriculture consumption at least in Andhra Pradesh, due to historical reasons is not metered. At the same time, agricultural consumers do not pay the full cost tariff and are a major subsidised category. Unmetered consumption at subsidised rates or even zero rates leads to the inevitable outcomes where consumers on the one hand remain indifferent to the amount of electricity consumed with concomitant adverse impact on water availability and hydrological environment. On the other hand, the utility resorts to various measures such as R&C policies depending upon the amount

1. This document was released in pursuant of Sections 4 and 5 of the Electricity Act, 2003, Ministry of Power, Government of India.

of subsidy assured for covering the resultant gap of increasing agricultural consumption. More significantly, the removal of meters has lead to obfuscation of actual consumption and commercial losses claimed by the utility. In the absence of meters the consumption of this category is a 'guestimate'. Several suggestions have been made on limiting the consumption of agriculture and on providing cheap power directed mainly towards minimising subsidy from the government. Ideas such as ring fencing agriculture,[2] creating dedicated power generating stations for agriculture,[3] restricting supply to targeted consumers[4] have been put forward. The complex task of electricity supply, consumption and revenue realisation in the context of developing a vibrant power sector is however left to the regulatory commissions.

The independent regulator an integral part of reforms in the power sector, is vested with the critical role of providing dynamism to the power sector, which under the Electricity Act, 2003 includes i) improving the operational efficiency of the licencees; ii) moving towards compensatory tariffs through the use of cost-of-service model; iii) rebalancing the rate structure to reduce cross-subsidies; iv) phasing out external subsidy; v) maintaining standards of performance and vi) promoting competition. In this new paradigm, the earlier mechanisms of fixing low tariffs and thereafter controlling supply of electricity may not be appropriate. The needs of the rural sector for quality supply of power are no different from the demands of all electricity consumers in the country. There is however, a price to be paid. The delicate balance that electricity regulatory commissions (ERCs) have so far attempted to maintain between subsidising consumers (mainly industry and commercial) and subsidised consumers (domestic and agriculture) is no longer a viable option for existing utilities who now have to face competition from open access and second distribution licence that can offer competitive

---

2. World Bank.
3. Sankar, T.L. (2004). "Electricity Act,2003", *Economic and Political Weekly*, Feb. 21, T.L. Sankar has also suggested of creating a separate agro-power company and allocating cheap hydel power. There are problems in this proposal arising mainly out of two basic facts *viz.*, a) hydel power is on the decline and b) subsidised consumers remain a large segment. Replacement cost of hydel power is costly.
4. At a recent seminar in Hyderabad held by Dr. Marri Chenna Reddy Institute of Human Resource Development, the suggestion was put forward that supply of power be given free up to 2500 units to one pump set to one farmer.

prices to industry and commercial consumers. The Act also mandates gradual phasing out of cross-subsidy. Regulatory commissions are left with the task of handling distortions in electricity pricing caused as much by competing populism of succeeding governments as by the earlier regimen of administered pricing. And, as long as governments exercise their right to subsidise any category of consumer or group of consumers, the efficacy of price signals remain muted. Sectoral rigidities reflected in the nexus between input prices and output prices that evolved as a consequence of the import-substitution strategy of the earlier Plan models are averse to any changes in the existing interrelationships between prices. Unfortunately, retention of inflexible prices cannot be sustained in an open economy. Industry, the prime cross-subsidising category in the electricity sector cannot face international competition unless input prices are competitive. The same applies to agriculture. The question, 'is electricity pricing the best mechanism for meeting the demand for subsidy to agriculture' needs to be posed and in finding an answer perhaps lies the appropriate solution to the agrarian electricity problem in India.

In this chapter, the agrarian electricity issue will be examined in the context of Andhra Pradesh and the Andhra Pradesh Electricity Regulatory Commission (henceforth, the Commission). Andhra Pradesh is a large agrarian state. The contribution of agriculture to state gross domestic product is about 30 per cent with 60 per cent of working population of the state dependent on agriculture or associated activities for livelihood. The net irrigated area is about 45.28 lakh hectares. Agricultural consumption of electricity is around 30 per cent of total electricity sales in the state. Currently, there are about 23 lakh agricultural pump sets connected to the grid, consuming an estimated energy of 11450 MU.

Posing the Problem

CEA data on villages electrified shows that out of 26586 villages in Andhra Pradesh only 26565 villages are fully electrified, the balance 21 villages considered as not feasible for electrification.[5] As per data of the Transmission Corporation of Andhra Pradesh (AP Transco), out of the balance of 21 villages, 9 villages are uninhabited, 2 occupied by

5. As per CEA data on villages electrified on the net (*www.cea.nic.in*).

NTPC and the remaining submerged. Andhra Pradesh has achieved 100 per cent village electrification. Apart from villages as Table 6.1 shows, 95.70 per cent of the hamlets are also electrified and 80 per cent of weaker section colonies and *dalitwadas*. In terms of households electrified however, 40.35 per cent of households have yet to be electrified. If we combine this data with information regarding electrification of hamlets, weaker section colonies and *dalitwadas* the high proportion of households yet to be electrified suggests lack of affordability and access rather than lack of availability of power. Government policies of providing free power to single bulb households and also providing the initial capital for providing access are some of the measures initiated to meet the problem of affordability.

In the rural sector, aggressive demand for power is from agriculture. In terms of MU agricultural consumption has increased from 7835 MU, in 1996-97 to 12237 MU in 2003, to 14000 MU in 2004-05. The number of authorised sets increased from 18.21 lakh pump sets to 22.49 lakh pump sets in 2003 with the distribution companies claiming that unauthorised pump sets in August 2004 increased by 3 lakh. The requirement for power in the agricultural sector is more on the need for water since cropping patterns have shifted to water intensive crops. Even in areas where irrigation systems and canal water is available, the number of pump sets have increased as a market for water has developed. For canals also, pump sets are required for lifting water before release into feeder canals. Four years of continuous drought in the state only worsened the situation. Rural demand, domestic or cottage industry represents only marginal demand. Table 6.2 gives a break up of agricultural consumption. The table does not include consumption of power by lift irrigation (LT and HT). Increases in agricultural consumption have shown a growth rate of 5.58 per cent despite the fact that the Commission fixes the amount of permissible agricultural consumption (the permissible growth rate of 3.39 per cent) based on a comprehensive measurement of power consumption at the DT level. The government also attempts to regulate agricultural consumption by permitting only 50,000 connections per year.

Table 6.1

Rural Electrification as on March 31, 2003

Item	*Total Existing in the State as on 31-3-2003*	*Electrified as on 31-03-2002*	*Electrified during 2002-03*	*Electrified as on 31-03-2003*		*Balance to be Electrified as on 1-04-2003*
	(Nos.)	*(Nos.)*	*(Nos.)*	*(Nos.)*	*(%)*	
Towns	264	264	-	264	100	
Villages	26586	# 26565	-	# 26565	100	
Hamlets	31664	30017	285	30302	95.70	1362
Towns, Villages and Hamlets (Total)	**58514**	**56846**	**285**	**57131**	**97.64**	**1383**
Tribal Hamlets/Tribal Habitations	9893	4258	581	4839	48.91	5054
Weaker Section Colonies	* 25624	19328	1757	21085	82.29	4539
Dalitwadas	* 51399	41153	1586	42739	83.15	8660
Agricultural	-	2207052	50917	2257969		

Notes: * Reconciled figures.

\# Nine villages are uninhabitated, 2 occupied by NTPC and the balance 10 villages submerged.

Table 6.2

Agricultural Consumption for 2000-2006

(MU)

	2000-01	*2001-02*	*2002-03*	*2003-04*	*2004-05 Estim.*	*2005-06 Proj.*	*GR %*
Agricultural – Actuals	10692	12155	12469	12636	13651	14030	5.58
Agriculture-Tariff Order	9815	9815	9936	11350	11450	–	3.93

Source: Computed from Audited Accounts and Tariff Orders of the Commission.

Various farmer's lobbies have held that the estimation of agricultural consumption claimed by the distribution companies is fictitious suggesting that it includes losses. It is precisely to arrive at a realistic estimation of agricultural consumption for accurate estimation of losses and for better assessment of subsidies that the Commission directed the distribution companies to identify and meter on the LV side sample distribution transformers (DTs) feeding exclusively agricultural load, conduct census of pump sets and LT line losses. An acceptable methodology of arriving at the specific consumption per HP was designed and approved by the Indian Statistical Institute. The methodology estimates specific consumption per HP derived from sample DT meter readings net of LT line losses and extrapolates the consumption so estimated to the total capacity of pump sets in the state, using the connected load data from the Census. Table 6.3 shows that the distribution companies have always claimed more agricultural consumption than can be justified from the data submitted from the DT LV side.[6] The sharpest increase in agricultural consumption has been registered in 2004-05.

The economics of supply to agriculture is determined as in any other service or product by the costs involved and the revenue realised. At the outset it maybe appropriate to look at the broad macro picture of installed capacity and availability of electricity in the state. Table 6.3 shows that the availability of electricity in Andhra Pradesh

6. The reasons stated by the distribution companies for the increased claims of higher agricultural consumption is on the grounds that the connected load both in number of pump sets and in terms of HP have increased since the census was conducted in 2002.

has been improving with additions to generation capacity matching with consumption requirements although under conditions of constrained peak demand. As on date it has however been estimated[7] by AP Transco that an additional capacity of 1000 MW will be required to meet unrestricted demand of 8391 MW mainly on account of meeting the full demand for electricity in rural areas. At present, electricity supply is given to the rural area on the basis of rostering, matching with the supply of power to agriculture. In the last two years, the supply to rural domestic has increased from 8-9 hours to about 18 hours but on single-phase basis.

Table 6.3

Availability of Electricity in Andhra Pradesh

	Unit	*2000-01*	*2001-02*	*2002-03*	*2003-04*
Total Installed Capacity	MW	7973.91	9055.90	10328	10696
Peak Demand	MW	7143	7029	6895	7441
Unrestricted Demand		7745	7639	7297	8391

Source: AP Transco, *Power Development in Andhra Pradesh–2002-03*.

The attempt of the Commission is to allow for increases in installed capacity on a planned basis, thereby ensuring that supply shortages do not occur and any expansion will be at a cost that can be borne by consumers without a rate shock. Section 15 (4) (i) of the Andhra Pradesh Electricity Reforms Act and Section 86 of the Electricity Act, 2003 stipulates that power should be purchased in an economical manner and under a transparent power purchase process. In order to ensure that the distribution companies comply with these provisions of the Act, the Commission has issued guidelines for regular submission of Load Forecast, Resource Plan and Power procurement Plan. These Plans are for 10 years to be annually revised taking into account ground realities. As per the guidelines issued by the Commission each licencee has to a) forecast the demand for power within their area of supply; b) formulate a resource plan; c) formulate proposals for purchase of power to submit load forecasts on a regular basis. Table 6.4 is a summary of the approved load forecast dated April 8, 2003.

7. As per the figures put forward by AP Transco in *Power Scenario-2004-05*.

Table 6.4

Capacity and Energy Requirements for Andhra Pradesh Power System

		FY '01	FY '02	FY '03	FY '04	FY '05	FY '06	FY '07
System Load Factor (%)	MU	70.00	70.00	70.00	70.00	70.00	70.00	70.00
AP Transco Capacity Requirement	MW	6707	6884	6991	7160	7706	8045	8585
Capacity Requirement for Wheeling	MW	592	595	538	542	523	510	506
Captive Repatriation	MW	-	-	-	-	189	378	378
Outstanding Captive	MW	1419	1450	1481	1481	1292	1103	1103
System Peak Demand Requirement	MW	8719	8930	9010	9183	9709	10035	10573
System Margin for 1% LOLP	MW	1221	2590	2613	2663	2816	2910	3066
System Installed Capacity Requirement	MW		11519	11623	11846	12525	12946	13639

Source: Tabulated from various Load Forecast Orders of the Andhra Pradesh Electricity Regulatory Commission.

The load forecast is based on the following assumptions: a) load factor of 70 per cent; b) projected demand of 7.68 per cent of which agricultural demand was projected by AP Transco at a growth rate of -0.61 per cent; c) loss of load probability (LOLP) of 1 per cent; d) captive repatriation; e) capacity for purpose of wheeling requirement.[8] Interestingly, the negative growth rate for agriculture was projected on the assumption that agricultural consumption reaches a plateau and thereafter, diminishing returns sets in the usage of water. This growth was revised to 0.71 per cent[9] but recent tariff filings show that even this is an underestimation with growth rates in LT-Agriculture registering about 5.8 per cent. Having taken all these assumptions into account and an additional increase in capacity of

8. APERC (2003). Order on Load Forecast, 8 April (*www.ercap.org*).
9. AP Transco, *Power Scenario: 2004-05*.

5182 MW by 2007 has been permitted. Yet, it is doubtful whether the full requirement of power for the growing demand in agriculture will be met by 2007 if the present trend of 5 per cent growth in agricultural consumption is maintained.

In energy terms, shortages in electricity have occurred despite additions to capacity largely on account of fall in hydel power. Limited rainfall and structural changes in riparian usage upstream have impacted on power generation from major hydel projects in the state which includes electricity generated from Srisailam and Nagarjuna Sagar dams. Fortunately, gaps in generation capacity were met by enhanced generation from the central generating stations (CGS) coming on-stream prior to schedule and include Simhadri and Talcher Stage II. The cushion provided by one per cent reserve has helped to some extent mitigate the circumstances.

Increases in power purchase cost have been gradual. Power costs have increased from Rs. 1.70 per unit in 2000-01 to Rs. 1.78 per unit in 2004-05, an increase of 4.5 per cent. Various factors that helped in maintaining power purchase cost include: i) pooling of power purchases in a single buyer model where old plants and new plants help to keep costs low; ii) additions to installed capacity; iii) administered pricing of coal and gas. In future, these conditions will change as new plants replace old plants and as fuel prices rise. In fact, the Order on Load Forecast estimated that an increase in the price of gas to Rs. 5600/1000 standard cubic metre will result in additional cost of Rs. 2000 crores. A rough estimation indicates that power purchase costs will rise at the minimum to Rs. 4.00 per unit by 2007. Transmission and distribution charges of an additional Rs. 2.00 can be added easily so that to the end consumer the costs of generation plus transmission and distribution will be easily Rs. 8/unit at the minimum, at the prevailing levels of peak demand. Trends indicate that the era of low-cost power based on old plants and administered fuel prices is no longer a feasible option as plants get replaced and fuel prices rise as they shift to market prices. The prevailing reality of hydel shortage also may not change in the future much as altered structures in riparian usage upstream will necessarily impact on downstream projects even if normal monsoons prevail. If the adverse hydel-thermal mix persists then the cost of power will be much higher.[10] Future expansions of plant capacity to meet growing demand will be at higher costs unless competitive pressures can be exerted on generation companies to bring the costs of power down. This is what is envisaged in the Electricity Act, 2003.

Figure 6.1

Power Purchase Cost

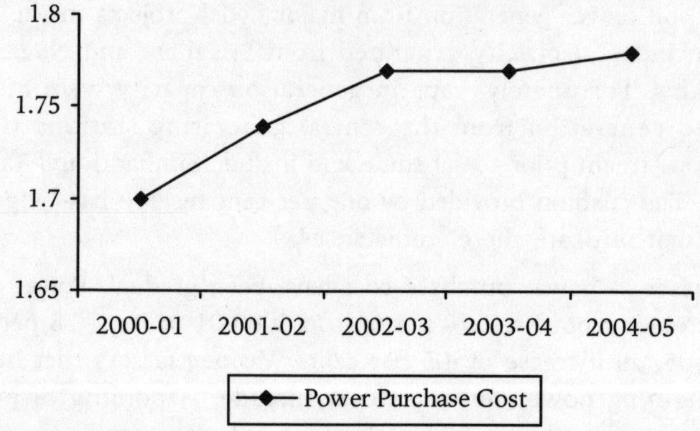

Source: Tariff Order.

Agricultural tariffs in Andhra Pradesh have however been maintained at a constant average rate of 35 paise per unit. It is only

10. The figure depicts the trend in hydel projection in Andhra Pradesh over a decade.

Total Hydel

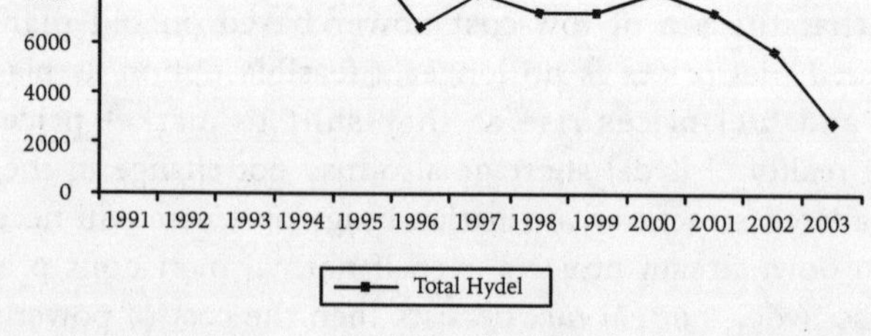

Source: Andhra Pradesh Electricity Regulatory Commission (APERC), Internal document

in the case of flat rates per HP that a slight increase occurred in FY 2002-03 (Table 6.5). The current cost-to-serve to the agricultural category is Rs. 1.75 per unit. The extent of cost recovery by way of tariffs is about 18 per cent. The difference is made up by way of subsidy and cross-subsidy, details of which are given in Table 6.6. The table shows that cross-subsidy and subsidy are both on a downtrend. What is observable is that while the downtrend continues in the case of cross-subsidy there has been a sharp rise in subsidy from the government details of which are given in Table 6.6. The table further shows that additional subsidy subventions from the government, which were initially more than Rs. 1000, were gradually being reduced to again register an increase of an additional Rs. 1500 crores. These subventions have been largely on account of increasing agricultural consumption not paid by the consumers. Graphically, the Figure 6.2 shows that where cross-subsidy is coming down largely on account of tariff rationalisation in the case of subsidising categories (HT-I industry), government subsidy to agriculture that was also coming down as a result of tariff rationalisation and loss reduction have again registered an upward trend.

Table 6.5

Agricultural Tariffs

	2000-01		*2001-02*		*2002-03*		*2003-04 to 2004-05*	
Agricultural Tariff	Flat Rate Rs./Hp	Metered Rate Ps./unit	Flat Rate Rs./Hp	Metered Rate Ps./Unit	Flat Rate Rs./Hp	Metered Rate Ps./Hp	Flat	Metered
	DPAP 200 350 450 550 Non-DPAP 250 400 500 600	35	No change	20 for 0-2500 units 50 above 2500 units	DPAP 225 375 475 575 Non-DPAP 275 425 525 625	20 for 0-2500 units 50 above 2500 units	No change	

Source: Tariff Orders.

Table 6.6

Subsidy and Cross-subsidy to Agriculture

(Rs. Crs.)

	2000-01	2001-02	2002-03	2003-04	2004-05
Subsidy					
As per Tariff Order	1626.25	1561.41	1509.39	1513.49	1303.27
Actuals	2936.26^	2823.46^	1859.00^	NA	1888.38*
Difference	1310.01	1262.05	349.61		585.11+ (400)@
Agriculture Subsidy	725	853	837	666	1195.38 (400)@
Cross Subsidy-Total	2200	1938.54	1970.93	2109.89	1754.55
Agriculture Cross Subsidy	1296	1617	1117	929	821
Total Subsidy & Cross-Subsidy to Agriculture	**2021**	**2470**	**1954**	**1595**	**1888.38* (400)@**

Notes:

^ From respective Annual Accounts.

* Provisional and from Tariff Filings.

@ Additional expected gap on account of increase in agricultural consumption of additional 2000 MUs at R an average power purchase costs Rs. 2 per unit

Sources: Calculated from Annual Accounts and Tariff Orders.

Figure 6.2

Subsidy and Cross-subsidy to Agriculture

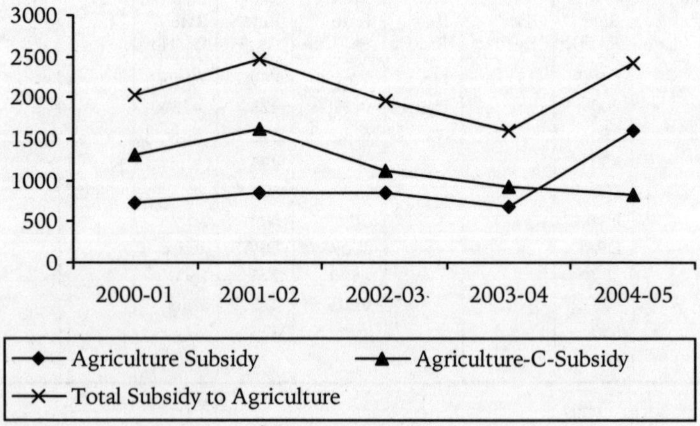

Against this background let us pose the problem:

- Can demand in agricultural consumption be sustained in the face or rising cost of power purchases?
- Can the government sustain a continued increase in subsidy in the light of the fact that under Section 42 cross-subsidy has to be eliminated?

Regulatory Interventions in Competitive Power Markets

Before looking at the options available to electricity regulatory commissions it may be appropriate to examine a few of the critical sections of the Electricity Act, 2003 as these sections draw the parameters for new forms of regulatory interventions. The pertinent sections quoted below relate to open access and a second distribution licence incorporated in the Electricity Act, 2003 for introducing competition and consumer choice in the electricty sector. Multiple consumer choice, the essence of open access, operates in the same manner as in any other market, forcing producers to compete by way of lowered prices. In the power sector this is accomplished by open access, which is mandated under Section 42, de-licensing of generation and under Section 14 through a second distribution licence and the introduction of new players into the sector namely the traders.[11]

To quote:

Section 42(2) of the Electricity Act, 2003 stipulates

> The State Commission shall introduce open access in such phases and subject to such conditions, (including the cross-subsidies, and other operational constraints) as may be specified within one year of the appointed date by it and in specifiying the extent of open access in successive phases and in determing the charges for wheeling, it shall have due regard to all relevant factors including such cross subsidies, and other operational constraints.
>
> Provided that such open access may be allowed before the cross subsidies are eliminated, payment of surcharge in addition to the charges for wheeling may be determined by the State Commission.
>
> Provided also that such surcharge and cross subsidies shall be progressively

11. A succinct summary of the implications of the Act is given by G.P. Rao in a recent article in *The Hindu* entitled "Anomalies in the Electricity Act", dated December 6, 2004.

reduced and eliminated in the manner as may be specified by the State Commission.

Section 9 of Electricity Act, 2003 permits:

Notwithstanding anything contained in this Act, a person may construct, maintain or operate a captive generating plant and dedicated transmission lines.

Every person, who has constructed a captive generating plant and maintains and operates such a plant, shall have the right to open access for the purposes of carrying electricity from his captive generating plant to the destination of his use.

where, Captive Generating Plant is defined:

As a power plant set up by any person to generate electricity primarily for his own use and include a power plant set up by any co-operative society or association of persons for generating electricity primarily for use of members of such cooperatives or associations.

Section 14 Proviso 6

Provided also that the Appropriate Commission may grant licence to two or more persons for distribution of electricity through their ouwn distribution system within the same area, subject to the conditions that the applicant for grant of licence within the same area shall, without prejudice to the other conditions or requirements under this Act, comply with the additional requirements(including the capital adequacy, creditworthiness, or code of conducts) as may be prescribed by the Central Government and no such applicant who complies with all the requirements for grant of licence shall be refused grant of licence on the ground that there already exists a licensee in the same area for the same purpose.

What are the options available to electricity commissions? There is the short-run option and the long-run option. In the short-run a transitory period is provided in terms of phasing out cross-subsidy. Commissions must necessarily permit open access five years from the date of commencement of the Electricity Amendment Act, 2003 up to one MW. Most commissions have preferred to phase out the open access as in the case of Andhra Pradesh. Open access consumers can exercise their choice of supply either from the existing distribution companies or source from outside which includes captive consumption. The Act also permits levying a cross-subsidy surcharge as an interim measure to protect the incumbent companies from loss of cross-subsidy with open access. This mainly is an acknowledgement of the provisions of universal access and social obligations vested with these distribution companies. The surcharge however, does not apply to captive consumers, an additional surcharge can however be levied on captives. In the case of a second distribution licence the surcharge is not applicable on its consumers even if the new company chooses to select areas of distribution that are entirely of high value consumers.

The clause of surcharge permits a commission to continue with the earlier practice of low tariffs to agricultural consumers but on condition that these tariffs get rationalised in terms of coming closer to the cost-of-serve in line with the expected trajectory of cross-subsidy reduction. That is, tariffs of agriculture and domestic must necessarily rise while those of industry and commercial must come down. If a commission so desires it could provide for an interim period of 15 years for reduction in cross-subsidy as the Act does not specify the time period for phasing out cross-subsidy. In the period defined, cross-subsidy must be reduced year-after-year with the burden of reduction shifted to government subsidy.

A long interim period ceases to have relevance if high value consumers (> one MW) opt for open access through captives. Or, a second distribution company becomes a reality. In both cases there is no cross-subsidy surcharge on the consumer. At the same time, as noted earlier, increasing costs of power generation would by force necessitate the introduction of competition and the emergence of at least wholesale markets in power. World over open access and competition has seen reductions in power purchase costs to the extent of 8-10 per cent provided that the problem of stranded costs arising on account of bilateral contracts is not heavy and provided there is no monopoly on the transmission network. It is but natural that in this country where generation costs constitutes 70-80 per cent of the price paid for power by a consumer, ways to reduce power production costs is always high in any reform agenda.

The protective environment that the incumbent distribution companies seek has a limited time period. Perforce tariffs to agriculture must increase which in turn would mean that government subsidy will have to increase in case they are not able to limit by way of targeting the subsidy to poor and marginal farmers. Under

Section 65 state governments have the right to subsidise any class or category of consumers. It should however not happen that the present distribution companies, which are government-owned, emerge as subsidised companies catering to the needs of the present subsidised consumers. No one gains, neither the consumer nor the company. In the long-run however, incumbent distribution companies' response to competition must be by way of increased operational efficiencies, decreased costs and rational tariffs for all consumers.

How then is the issue of lifeline consumers and universal access, which includes access to cheap power by the poor and needy to be met? A reading of Section 61, suggests that the principles of tariff fixation must among other aspects be guided by:

- factors which would encourage competition, efficiency, economic use of the resources, good performance and optimum investment;
- safeguarding of consumers interest and at the same time, recovery of the cost of electricity in a reasonable manner;
- multi-year tariff principles;
- that the tariff progressively reflects the cost of supply of electricity and also reduces and eliminates cross-subsidies within the period to be specified by the Appropriate Commission; and
- National Electricity Policy and tariff policy.

Introduction of multi-year tariff principles, which focus purely on incentivising distribution companies to reduce losses is what is envisaged under the Act. These principles could be either on the basis of a revenue cap or a price cap. Tariff fixation need not be on the basis of cost-to-serve as done by the Commission now. Individual companies maybe left to fixing their own retail tariffs on any methodology subject to the relevant price or revenue cap which is fixed by the Commission. And these tariffs can be differentiated on the basis of a consumer's load factor, power factor, and voltage, purpose for which supply is required. Lifeline consumers come under this permissible differentiation. Any resultant loss of revenue on account of low tariffs to identified consumers will have to be met from the internal surplus of the companies or by way of government subsidies. Regulatory commissions would prefer to also minimise government subsidy. In this context, identification of targeted consumers becomes important. It is also preferable to design nonprice mechanisms such as coupons for targeting government subsidy. The advantage of establishing regulatory commissions is that now all transactions that deal with generation, transmission and distribution of electricity become transparent.

Conclusion

The Electricity Act, 2003 based on the concepts of open access, trading in electricity, second distribution and delicensing of generation has been enacted with the intention of bringing in vibrancy and reforms to the power sector. Many of the measures seem draconian in the effort to shift to market orientation more so since the earlier options available to meet the growing requirements of subsidised categories such as agriculture through cross-subsidies need to be phased out. The Act envisages that all consumers face full cost tariffs and those who need special rates will need to be covered by the distribution companies themselves through generation of internal surplus. This chapter attempts to analyse the options open to electricity commission in meeting the agrarian electricity problem, which is the real problematique in states like Andhra Pradesh. Regulatory commissions, which have to handle the overhang of subsidy and cross-subsidy are, left with limited degrees of freedom. Rather than rely on price mechanism alternative methods of meeting the required subsidy may need to be designed.

References

AP Transco. *Power Scenario*: *2004-05*.

APERC (2003). *Order on Load Forecast*, 8 April, *www.ercap.org*.

Rao, G.P. (2004). "Anomalies in the Electricity Act", *The Hindu*, June 6.

Sankar, T.L. (2004). "Electricity Act, 2003", *Economic and Political Weekly*, February 21, *www.cea.nic.in*.

7

Political Economy of Rural Electrification in India

N. VIJAYAMOHANAN PILLAI

Introduction

Human resources' development not only translates into increased productivity, but also directly leads to enhancement of the quality of life, which refers to the additional utility individuals receive from living longer, feeling better and knowing more and thus form a sense of self-fulfilment. In this light, infrastructure has been regarded as an integral part of development as a system of providing and delivering basic services that people need for everyday life—water, sanitation and other health facilities, modern energy, roads and other aspects of transport, and access to modern information communication technology—and thus helping to achieve development goals. For example, providing communities with electricity or natural gas avoids women and children having to spend long hours for fetching firewood, and thus allows them more time for productive activities. In addition to such productive scopes, provision of 'clean energy' stands to ensure a non-hazardous and thus, healthy kitchen air for them.

It is in this light that electricity, along with other basic needs such as housing, drinking water, nutrition, health and education, is also recognised today as a basic human need for realising sustainable human development. It is more significant in the context of recognising the need for dynamising rural life. This in turn involves rural electrification as a prime mover for rural development: it contributes to the development of modern agriculture and small industries. Despite a number of central projects with fairly adequate funds support for rural electrification is in operation, however, the pace of rural electrification has not been satisfactory. Moreover, given the rural economic conditions, access to electricity by the rural households perforce presupposes subsidised sale of electricity to them. However, across-the-board subsidy or even free power to various sections of the consumers, especially domestic and agricultural consumers, instead of a targeted one, has found a prime space in the populist manipulation in the electoral process in the country. This has resulted in a significant gap between the average cost of supply and realisation from power supply, leaving the power sector in an avoidable state of bankruptcy. And the measures to salvage the sector has, however, targeted subsidy in general as the scapegoat, which will have grave implications with a large rural populace being denied access to development.

The reform process initiated in the power sector in the name of inefficiencies and inadequacies has an intriguing undercurrent of political economy. Interesting insights follow from an interpretation of the present stage in the development of history in a Marxian perspective as characterised by a series of seemingly feasible capitalist survival strategies, and the class character of the state, on the other hand, as more or less obeying the Kaleckian proposition of the 'intermediate regime', but largely dictated by the currently viable alignment of the sub-class interests in the common capitalist class. And in the superstructure of political economy of regulation, a neo-classical theorisation of rent seeking drives in an imperfectly co-ordinated domain of self-interest maximisation within a principal-agent relationship framework, appears to provide a comprehensive and consistent explanation of the issues under study. Thus, what follows is divided into two main sections, the first on the current status of the Indian power sector in general *vis-à-vis* rural electrification and the second on its political economy explanation.

Rural Electrification in India

Rural electrification (RE) aims to realise the goal of 'power to all' by lighting up the remote villages and hamlets that otherwise would remain dark. That all the state governments through their state electricity boards (SEBs) have pursued rural electrification actively since its inception is evident from the number of villages so far reported as electrified, that is, about 87 per cent[1] of the total 5,87,258

1. Totalling 5,08,162 villages.

inhabited villages as on March 31, 2003. Nine states are reported to have achieved cent per cent rural electrification and another 10 are reported to have electrified more than 90 per cent of the villages. The villages yet to be electrified are mostly located in Assam, Arunachal Pradesh, Bihar, Jharkhand, Madhya Pradesh, Meghalaya, Orissa, Rajasthan, Uttar Pradesh, Uttaranchal and West Bengal. It should be noted that the number of villages electrified in the Eighth and Ninth Five-Year Plan periods came down to 18,500 and 11,200 respectively as compared to the 100,000 villages electrified in the Seventh Five-Year Plan, though the cumulative numbers might show that in terms of rural electrification only a little more remains to be achieved. However, it goes without saying that cent per cent rural electrification, by no means, means complete habitat electrification. According to the 2001 Census, of the rural population, which constitutes about 72 per cent of the total population of the country, about 57 per cent of the rural households have no access to electricity (Table 7.1). It is significant to note that even in Kerala, where complete rural electrification was achieved long back, about 35 per cent of the rural households still remain unelectrified. Bihar is the poorest state with 95 per cent of the rural households still remaining in the dark; and in West Bengal, with a record of over 25 years of 'people's rule', 80 per cent of the village households live without the benefit of electricity, while in Orissa, the first Indian state to go in for comprehensive power sector reform including privatisation of the distribution sector, they account for 81 per cent.

Given this low level of accessibility of electricity by the rural households, the issue of rural electrification, in the present context of the national goal of 'power for all by 2012', merits urgent attention. It is true its significance has been amply acknowledged politically, for example, Section 6 of the Electricity Act, 2003 reads, "The Appropriate Government shall endeavour to supply electricity to all areas including villages and hamlets." However, coming to the objective conditions of its implementation, two significant specific problems cry for solution: (a) providing electricity access to the rural households by way of setting up the basic infrastructure; and (b) subsidy for rural consumers, without which any solution for the first problem would not have any meaning, given the prevailing rural economic conditions. Below we take up each of these.

Table 7.1

Number and Percentage of Rural Unelectrified Households in India

Sl. No.	State	Total Rural Households	Rural Unelectrified Households	% Rural Unelectrified Households	Sl. No.	State	Total Rural Households	Rural Unelectrified Households	% Rural Unelectrified Households
1.	Andhra Pradesh	12676218	5114485	40.3	19.	Mizoram	79362	44334	55.9
2.	Arunachal Pradesh	164501	91251	55.5	20.	Nagaland	265334	114405	43.1
3.	Assam	4220173	3522331	83.5	21.	Orissa	6782879	5470135	80.6
4.	Bihar	12660007	12010504	94.9	22.	Punjab	2775462	292537	10.5
5.	Chhattisgarh	3359078	1810152	53.9	23.	Rajasthan	7156703	4006147	56.0
6.	Delhi	169528	24580	14.5	24.	Sikkim	91723	22915	25.0
7.	Goa	140755	10650	7.6	25.	Tamil Nadu	8274790	2384419	28.8
8.	Gujarat	5885961	1641203	27.9	26.	Tripura	539680	368323	68.2
9.	Haryana	2454463	527649	21.5	27.	Uttaranchal	1196157	593902	49.7
10.	Himachal Pradesh	1097520	60551	5.5	28.	Uttar Pradesh	20590074	16505786	80.2
11.	Jammu & Kashmir	1161357	293016	25.2	29.	West Bengal	11161870	8899353	79.7
12.	Jharkhand	3802412	3422425	90.0	30.	Andaman & Nicobar	49653	15846	31.9
13.	Karnataka	6675173	1,858,260	27.8	31.	Chandigarh	21302	552	2.6
14.	Kerala	4942550	1,703,651	34.5	32.	Dadra & NH	32783	5695	17.4
15.	Madhya Pradesh	8124795	3,061,371	37.7	33.	Daman & Diu	22091	562	2.5
16.	Maharashtra	10993623	3,829,566	34.8	34.	Lakshadweep	5351	14	0.3
17.	Manipur	296354	140,675	47.5	35.	Pondicherry	72199	13713	19.0
18.	Meghalaya	329678	229,916	69.7		**All-India**	**138271559**	**78090874**	**56.5**

Source: Census 2001.

Access to Electricity

Sections 4 and 5 of the Electricity Act, 2003 require the Government of India to formulate appropriate and adequate policies for supply of electricity in rural areas. The Act envisages a two pronged approach: a national electricity policy to encourage additional capacity addition by way of stand alone systems (including those based on renewable sources of energy and non-conventional sources of energy) and a national policy for rural electrification to extend the reach of grid-connected supply together with enlistment of local initiatives in bulk purchase and distribution of electricity in rural areas.[2]

The significance of these requirements becomes evident when we find that out of the 80,000 villages yet to be electrified, it may be feasible to electrify only about 62,000 villages through conventional grid expansion and the Tenth Plan proposes to cover all these villages. The remaining 18,000 villages are thinly populated and located in remote areas, hilly terrains, islands, and deserts. It goes without saying that such villages may be electrified more economically through standalone systems of decentralised and non-conventional energy sources like solar, wind, small hydro and biomass, and it is proposed that these remote villages are to be electrified by 2011-12 through the use of such non-conventional technologies.

Ensuring electricity access to rural areas however involves the problem of financing the required investments, especially given the low servicing capacity of the rural consumers. Moreover, the very nature of the rural supply, which is characterised by huge size of the distribution system and widely dispersed load, makes the investment problem all the more worse. It is significant to note here that on account of the deteriorating financial conditions of the SEBs, the pace of rural electrification has slackened in the recent times, and the planned 'Power for all by 2012' programme needs fuel from other

2. Section 4 of the Electricity Act 2003 states: "The Central Government shall, after consultation with the State Governments, prepare and notify a National Policy permitting stand-alone systems (including those based on renewable sources of energy and non-conventional sources of energy) for rural areas." Section 5 of the Act states, "The Central Government shall also formulate a national policy, in consultation with the State Governments and the State Commissions, for rural electrification and for bulk purchase of power and management of local distribution in rural areas through *Panchayat* Institutions, users' associations, co-operative societies, non-Governmental organizations or franchisees."

viable sources. Some of the sources have already been initiated by the Government of India are as follows:

The Pradhan Mantri Gramodaya Yojana

The Pradhan Mantri Gramodaya Yojana (PMGY) was launched in the Annual Plan 2000-2001 in all the states and the union territories (UTs) in order to achieve the objective of sustainable human development at the village level. The programme envisages allocation of additional central assistance (ACA) to the states and UTs for selected basic minimum services in order to focus on certain priority areas of the government. Its components are primary education, rural health, rural drinking water, rural shelter, nutrition and rural electrification and the central government accords financing through loans (90 per cent) and grants (10 per cent). In order to ensure that a minimum investment is made in the sectors of PMGY, it has been decided that the states must provide a mandatory minimum allocation for these priority sectors. The ACA allocation, released on a monthly equal installment basis, is over and above the normal allocation of the states to these sectors. The PMGY envisages an assistance of about Rs. 1,600 crore in the remaining four years of the Tenth Five-Year Plan.

Rural electrification was added as the sixth component of the basic minimum service under the PMGY with effect from the Annual Plan 2001-02. A salient feature of the programme is that the states have the freedom to decide the inter-reallocation of ACA amongst the six basic services, and can thus enhance the allocation for the component of village electrification to expedite its pace, if they so plan.

Kutir Jyoti Programme

The Kutir Jyoti Programme was launched by the government in 1988-89 for the electrification of the rural poor households (that is, below poverty line (BPL) households). The programme envisages single point light connection to the BPL households, including *Harijan* and *Adivasi* households and still continues with about 5.1 million rural poor households electrified so far. Under this programme, one-time cost of internal wiring and service connection charges are provided by way of 100 per cent grant to the states through the rural electrification corporation (REC). The respective state governments (and SEBs) are responsible for executing the target connections, against which they receive grants from the REC. The funds under this programme have been on the increase, albeit with the proviso that all connections under the programme be metered.

Minimum Needs Programme

The Minimum Needs Programme (MNP), designed for states that have rural electrification of less than 65 per cent, draws funding from Central Plan Assistance and is made available to the states for village electrification by way of 100 per cent loan for the last mile connectivity. Under this programme an amount of Rs. 775 crore was released during the period 2001-2003 for rural electrification.

Accelerated Rural Electrification Programme

A new Interest Subsidy Scheme for Accelerated Rural Electrification Programme (AREP) was announced in the Budget for 2002-03 with a grant of interest subsidy of over Rs. 560 crore for the Tenth Plan period. The AREP covers electrification of un-electrified villages, electrification of hamlets/Dalit *bastis*/tribal villages, and electrification of households in villages. The interest subsidy will be provided to the state government/power utilities on loans availed by it from financial institutions like Rural Electrification Corporation (REC), Power Finance Corporation (PFC), NABARD, etc. for carrying out rural electrification programmes. Claims of interest subsidy for disbursements made during the year will be submitted by the financial institutions to Ministry of Power, which in turn will reimburse the interest subsidy on a net present value basis to the financial institutions. Funds for rural electrification are available under the rural infrastructure development fund operated by NABARD.

Rural Electrification Corporation

Apart from financing under AREP, the REC also provides loan assistance for intensive electrification of villages, hamlets and Dalit *bastis*. The REC has earmarked an amount of Rs. 500 crore per annum for low interest rate (1-3 per cent) loans, which interest is waived (and refunded) to the borrower if the scheme of electrification is successfully and completely implemented within the stipulated time.

Integrated Rural Energy Programme

The Ministry of Non-Conventional Energy Sources (MNES) has drawn up an action plan for electrification of remote villages through renewable and non-conventional sources of energy. MNES also manages the Integrated Rural Energy Programme (IREP), which was transferred to it from the Planning Commission in 1994-95. The IREP aims at promotion of an optimum mix of both conventional and non-conventional energy sources in selected blocks in the country.

Rural Electricity Supply Technology Mission

For an affordable solution in making reliable power supply available to rural areas and effecting its implementation through distributed generation, the Ministry of Power has pursuant to Prime Minister's announcement on 15th August 2002, initiated the Rural Electricity Supply Technology Mission (REST). REST is designed to ensure a holistic and integrated approach to providing electricity for all by 2012, by identifying and adopting technological solutions, if necessary, changing the legal and institutional framework, and promoting, funding, financing and facilitating alternative approaches in rural electrification in coordination with Ministries, apex institutions and research organisations. The objectives set out for REST are, "electrification of one crore households and one lakh villages through Decentralized Distributed Generation Systems" within the overall umbrella of the resolutions adopted on 3rd March 2001. It may be mentioned here that the said rural electrification targets are to be set for the next two years. The REST Mission treats distributed generation on an equal footing for purposes of an overall assessment of the financial, economic and social costs and benefits. The Government of India would promote research in decentralised energy supply technologies.

Thus, as highlighted, while fairly adequate funds support for rural electrification is available, the pace of rural electrification has not been satisfactory.

The Electricity Act, 2003 envisages the supply of electricity through a two-pronged approach involving extension of grid connected power supply and distribution thereof and through stand-alone systems. Further, with an objective of facilitating supply to rural areas, Section 14 of the Electricity Act, 2003 provides the flexibility for offering the distribution function by a distribution licencee to another person without a separate licence. The Electricity Act, 2003 further permits generation and distribution of electricity in rural areas (to be notified by state government) without a licence. Thus, the Electricity Act, 2003 paves the way for development of supply to rural households in an unencumbered manner. However, these provisions lose any meaning in the face of other much stronger provisions that stand to put an end to the rural subsidy regime in toto.

Subsidy

As already mentioned, given the rural economic conditions, access to electricity by the rural households perforce presupposes subsidised sale of electricity to them. However, this concept of subsidy has become a powerful populist tool in the political economy of the country. Across-the-board subsidy or even free power to various sections of the consumers, especially domestic and agricultural consumers, instead of a targeted one, has found a prime space in the populist manipulation in the electoral process. Invariably this is the prevailing policy in every state. This results in a significant gap between the average cost of supply and realisation from the rural areas. That agriculture accounts for nearly 30 per cent of the total electricity sales, but only 5 per cent of the total sales revenue in India in recent times illustrates the gravity of the problem. Share of agriculture in electricity sales in 2001-02 in Haryana was 47.2 per cent, in Gujarat, 46 per cent and in Andhra Pradesh, Karnataka, Madhya Pradesh and Rajasthan, about 40 per cent (Table 7.2), whereas the agricultural share in sales revenue was about 10 per cent in Haryana, 12 per cent in Gujarat, 4.6 per cent in Andhra Pradesh, 6.3 per cent in Karnataka, 1.2 per cent in Madhya Pradesh and 8.3 per cent in Rajasthan (Table 7.3). If we assume heroically that a 1 per cent share in electricity sales be matched by a 1 per cent share in sales revenue also, the rural sector miserably fails the condition, leaving a huge deficit.

A major factor that determines the level of commercial loss in the power sector is the differential pricing policy. Loss results if the government subsidy payments and cross-subsidy from other sectors are not enough to neutralise the effective subsidies given to agriculture and domestic consumers. Effective subsidy (cross-subsidy)

Table 7.2

Percentage Share of Agriculture in Total Sales (Q_a/Q)

State	*1992-93*	*1993-94*	*1994-95*	*1995-96*	*1996-97*	*1997-98*	*1998-99*	*1999-2000*	*2000-01*	*2001-02*
Andhra Pradesh	40.9	42.3	47.3	48.4	37.25	38.99	39.41	39.61	39.49	40.45
Bihar	27.2	22.1	21.4	19.4	18.5	20.21	19.59	19.92	19.61	19.61
Gujarat	42.1	42.3	39.3	41	37.72	40.16	42.39	47.84	46.15	45.93
Haryana	47.1	47.6	44.5	44.7	45.12	43.36	43.49	46	47.19	47.15
Karnataka	41.2	43.3	45.9	46.1	45.5	51.84	44.05	39.07	37.38	40.04
Kerala	4	3.8	3.9	4.3	4.69	4.44	4.5	3.83	3.83	4.39
Madhya Pradesh	21.5	29.5	32.2	34.8	36.22	39.25	43.86	40.98	39.89	39.88
Maharashtra	26.5	25.2	30.3	32	32.48	35.04	34.47	24.52	26.29	25.31
Orissa	5.6	5.8	3.2	3.4	3.26	3.7	4.59	2.04	1.81	0
Punjab	44.6	41.7	37.8	35.8	35.73	32.17	35.86	37.7	36.63	35.53
Rajasthan	29.4	30.7	30.4	31.7	33.68	32.38	36.9	38.78	39.39	39.77
Tamil Nadu	27	25.9	27	26.9	26.03	27	27.12	27.23	27.23	27.99
Uttar Pradesh	38.1	37.5	36.8	36.3	36.24	34.85	34.85	18.95	19.61	17.89
West Bengal	11.8	11.2	12.8	13.8	14.16	15.04	12.14	13.55	13.6	13.53
All-India	**29.9**	**31.2**	**32.4**	**32**	**30.83**	**31.75**	**32.26**	**29.22**	**29.14**	**28.78**

Source: Planning Commission (2002).

Table 7.3

Percentage Share of Revenue from Agriculture in Total Sales Revenue (R_a/R)

State	*1992-93*	*1993-94*	*1994-95*	*1995-96*	*1996-97*	*1997-98*	*1998-99*	*1999-2000*	*2000-01*	*2001-02*
Andhra Pradesh	3.52	2.8	2.7	1.59	3.18	3.77	3.66	3.43	4.12	4.57
Bihar	2.41	2.2	2.1	1.76	1.4	1.22	1.11	1.13	1.04	1.07
Gujarat	4.61	6.6	6.8	5.91	4.81	3.88	3.68	3.94	8.29	11.76
Haryana	14.27	16.6	18.4	17.46	15.22	14.13	11.7	8.3	8.51	9.98
Karnataka	1.68	1.1	0.8	0.85	1.85	3.98	5.91	6.04	5.25	6.32
Kerala	1.36	1.3	1.1	1.11	1.32	1.95	2.05	1.55	1.36	1.31
Madhya Pradesh	4.42	4.6	0.9	1.24	1.4	1.22	1.17	1.24	1.18	1.18
Maharashtra	2.94	3.7	3.4	3.12	3.68	3.6	3.93	4.49	7.98	7.71
Orissa	2.25	1.3	1.1	1.04	0.98	1.21	1.57	1.36	NA	NA
Punjab	6.57	9.1	11.9	11	7.42	0	0	0	0	0
Rajasthan	8.65	8.2	6.9	6.32	5.54	4.62	6.17	6.37	8.1	8.32
Tamil Nadu	0	0	0	0	0.23	0.22	0.16	0.16	0.16	0.16
Uttar Pradesh	11.1	10.7	12.9	13.25	10.77	10.09	10.09	5.2	8.18	7.47
West Bengal	1.96	2.1	1.9	2.05	2.06	2.37	1.74	2.23	3.52	4.83
All-India	**4.33**	**4.79**	**4.77**	**4.37**	**3.95**	**3.54**	**3.62**	**3.19**	**4.55**	**4.99**

Source: Planning Commission (1999, 2002).

is defined as $(AC\text{–}AR_i)\ Q_i$, where *AC* is the average cost of power supply, AR_i is the average revenue realised from the ith sector and Q_i is the total power sold to that sector. If this expression is positive, it is taken as a subsidy to the ith sector, and if it is negative, it is taken as a cross-subsidy from the ith sector. The effective subsidy given out is partially covered by cross-subsidy imposed on other consumer segments and partially by financial support extended by the state governments that indulge in such populism. For instance, the effective subsidy for the power sector in 2001-02 was to the tone of Rs. 43,060.1 crores, out of which as much as 71 per cent was to the agricultural sector and 28.4 per cent to the domestic consumers. The cross-subsidy obtained from other consumers (mainly the industrial and commercial ones) was only 13.4 per cent of the effective subsidy and the subvention from the states, only 19.4 per cent. This then left an uncovered subsidy of Rs. 28,977 crores that is as much as about 67 per cent of the effective subsidy allowed. In the previous year, the gross subsidy was Rs. 37,331 crores, with 72.2 per cent going to the agricultural consumers and about 27 per cent to the domestic ones. With a state subvention of 20 per cent of the effective subsidy and a cross-subsidy of 15.5 per cent, this year saw an uncovered subsidy of Rs. 24,118.5 crores, about 65 per cent of the subsidy given. That every year such a huge uncovered subsidy accumulates in the power sector speaks volumes about its financial health. During the six years from 1996-97 to 2000-01, the total subsidy allowed to the power sector in India was to the tone of Rs. 187,758 crores, leaving a cumulative uncovered subsidy of Rs. 95,491 crores (about 51 per cent of the subsidy; see Table 7.4).

There are wide inter-state variations in the structure of subsidised supply of electricity. Agriculture has accounted for around 70 per cent of the total effective subsidies. Andhra Pradesh, Gujarat, Haryana, Karnataka, Madhya Pradesh, Maharashtra, Punjab, Rajasthan, Tamil Nadu, and Uttar Pradesh have very high agricultural consumption of electricity, and thus suffer substantial losses due to subsidised power sales. It can be seen that the effective subsidy to agriculture in general increased from Rs. 334 crores in 1980-81 to Rs. 24443 crores in 1999-2000, at an annual average growth rate of 25.4 per cent (Table 7.5 and 7.6). While electricity subsidy constituted about 24 per cent of the total input subsidy to agriculture in 1980-81, the proportion went up to about 53 per cent by 1999-2000. Note that the share of electricity

Table 7.4

Total and Uncovered Subsidy of the State Electricity Boards (Rs. Crores)

State	Total Subsidy from the Power Sector						Uncovered Subsidy of the Power Sector					
	1996-97	1997-98	1998-99	1999-2000	2000-01	2001-02	1996-97	1997-98	1998-99	1999-2000	2000-01	2001-02
Andhra Pradesh	1853.3	2452.92	3365.54	3889.76	4862.6	5425.28	364.08	1748.83	529.41	536	2413.89	3012.28
Assam	147.9	190.62	192.14	181.59	253.69	285.97	282.82	453.01	334.18	227.08	393.77	386.07
Bihar	516.6	650.33	716.33	828.34	918.91	1011.93	722.62	847.46	1028.56	1012.01	1107.52	1203.46
Delhi	0	192.3	117.92	0	1200.91	1318.85	0	410.94	599.78	-581.74	1831.11	1754.88
Gujarat	2018.4	2671.63	3447.82	4748.59	4940.61	4919.56	67.69	216.97	831.27	2920.95	3062.36	2649.01
Haryana	901	1071.49	1129.58	1612.56	2236.64	2341.37	132.58	207.53	562.68	1067.67	1761.35	1771.64
Himachal Pradesh	26.1	62.58	104.57	135.18	93.77	80.31	31.68	48.5	101.78	229.68	117.06	75.58
Jammu & Kashmir	225.7	293.91	367.83	383.47	473.39	493.23	511.56	661	834.66	793.76	990.94	1141.72
Karnataka	1415.1	1572.4	1691.02	1850.78	2420.07	3037.28	2.71	124.92	154.05	172.87	121.55	89.81
Kerala	389.6	487.95	500.03	786.49	1194.72	1662.88	429.36	547.39	236.38	266.43	437.98	534.66
Madhya Pradesh	2352.7	2834.37	3640.55	3611.76	3720.56	4012.42	639.37	1258.34	1854.85	1464.59	1352.65	1641.14
Maharashtra	2925	3330.4	3425.95	3393.11	3152.39	4417.11	76.27	-8.38	-106.69	-35.81	1983.79	4119.02
Meghalaya	6.9	20.32	29.72	30.03	31.71	25.81	3.61	18.96	41.65	44.17	35	39.29
Orissa	322.4	393.4	422.75	-14.46	NA	NA	432.46	493.05	475.93	105.49	NA	NA
Punjab	1185.3	1564.39	2028.41	2432.25	2525.94	2652.66	893.79	1303.49	1655.12	1724.51	2164.73	2321.21
Rajasthan	1225.9	1462.94	1965.74	2566.36	2568.11	2920.77	347.04	288.93	184.65	153.46	2087.51	2686.36
Tamil Nadu	1478.3	1739.77	2151.78	2738.27	3128.07	4068.9	275.55	-206.59	-240.41	1311.5	1306.88	2381.13
Uttar Pradesh	2662.2	3117.31	3117.31	3084.12	2730.76	3448.1	-587.47	379.01	379.01	2957.73	1794	1963.31
West Bengal	502.2	640.76	811.22	843.2	918.35	953.11	499.33	580.82	1107.85	1039.26	1156.37	1206.35
All-India	**20210.75**	**24749.78**	**29261.49**	**33144.68**	**37331.05**	**43060.1**	**5805.03**	**9374.16**	**10599.95**	**16616.37**	**24118.45**	**28976.92**

Source: Planning Commission (1999, 2002).

Table 7.5

Electricity Subsidy in India—State-wise (Rs. Crores)

Year	Andhra Pradesh		Bihar		Gujarat		Haryana		Karnataka	
	Subsidy	Share %	Subsidy	Share %	Subsidy	Share %	Subsidy	Share %	Subsidy	Share %
1980-1981	22.5	6.73	10	2.99	30.8	9.22	22	6.58	9.1	2.72
1981-1982	26.5	6.61	13	3.24	34.7	8.65	30.6	7.63	11.3	2.82
1982-1983	51.8	8.22	21.9	3.48	49	7.78	46.9	7.45	16.9	2.68
1983-1984	67.2	8.92	26.7	3.55	59	7.83	53.7	7.13	22.1	2.93
1984-1985	113.2	11.64	28	2.88	75.8	7.79	63.8	6.56	28.7	2.95
1985-1986	152.3	11.52	45.2	3.42	97.3	7.36	77.1	5.83	66	4.99
1986-1987	219.4	11.89	60.8	3.30	138	7.48	101.8	5.52	140.2	7.60
1987-1988	307.3	11.78	85	3.26	285.2	10.94	160.9	6.17	184.1	7.06
1988-1989	349.5	11.91	103.7	3.53	333.3	11.36	162.9	5.55	216.8	7.39
1989-1990	467.6	12.43	124.6	3.31	440.1	11.70	217.1	5.77	304.6	8.10
1990-1991	591.2	12.84	133.9	2.91	519.8	11.29	248.2	5.39	404.6	8.79
1991-1992	726	12.33	165.3	2.81	701.7	11.92	355.5	6.04	458.5	7.79
1992-1993	726	9.90	268	3.65	1055	14.38	457	6.23	497	6.78
1993-1994	925	10.32	252	2.81	1206	13.45	540	6.02	668	7.45
1994-1995	1350	12.34	297	2.71	1266	11.57	490	4.48	871	7.96
1995-1996	1748	12.85	300	2.20	1647	12.10	612	4.50	1109	8.15
1996-1997	1615	10.43	351	2.27	1838	11.87	808	5.22	1260	8.14
1997-1998	2095	10.99	450	2.36	2457	12.89	893	4.68	1534	8.05
1998-1999	2500	11.49	508	2.33	2950	13.55	1090	5.01	1708	7.85
1999-2000	2796	11.44	521	2.13	3466	14.18	1288	5.27	2232	9.13

(Contd...)

(...Contd.)

Year	Kerala		Madhya Pradesh		Maharashtra		Orissa		Punjab	
	Subsidy	*Share %*	*Subsidy*	*Share %*	*Subsidy*	*Share %*	*Subsidy*	*Share %*	*Subsidy*	*Share %*
1980-1981	1.8	0.54	8	2.39	39.7	11.88	1.4	0.42	42.6	12.75
1981-1982	2.8	0.70	10.4	2.59	49.6	12.37	1.7	0.42	49.1	12.24
1982-1983	3.8	0.60	20.8	3.30	82.9	13.16	2.6	0.41	74.8	11.87
1983-1984	3.9	0.52	23	3.05	104.9	13.93	3.1	0.41	90.4	12.00
1984-1985	4.5	0.46	32.3	3.32	156.6	16.10	3.3	0.34	109.7	11.28
1985-1986	5.7	0.43	43.5	3.29	207	15.66	4.2	0.32	156.3	11.82
1986-1987	8.2	0.44	65.2	3.53	254.2	13.78	10.5	0.57	223.8	12.13
1987-1988	10.8	0.41	83.3	3.19	329.7	12.64	14	0.54	313.7	12.03
1988-1989	14	0.48	98.4	3.35	399.1	13.60	8.5	0.29	318.6	10.86
1989-1990	18.2	0.48	89.7	2.38	524.8	13.95	14.1	0.37	442.8	11.77
1990-1991	19	0.41	231	5.02	604.3	13.12	16.7	0.36	466.3	10.13
1991-1992	22.5	0.38	342.5	5.82	845.4	14.36	27.3	0.46	557.5	9.47
1992-1993	14.6	0.20	421	5.74	1031	14.06	20.7	0.28	687	9.37
1993-1994	16	0.18	756	8.43	1131	12.61	39.2	0.44	797	8.89
1994-1995	23	0.21	1104	10.09	1647	15.05	20.3	0.19	781	7.14
1995-1996	36	0.26	1416	10.41	2250	16.54	30	0.22	829	6.09
1996-1997	44	0.28	1874	12.10	2167	13.99	37	0.24	999	6.45
1997-1998	48	0.25	2140	11.23	2942	15.43	44	0.23	1326	6.96
1998-1999	56	0.26	2241	10.30	3217	14.78	49	0.23	1533	7.04
1999-2000	91	0.37	2503	10.24	3593	14.70	48	0.20	1740	7.12

(Contd...)

(...Contd.)

Year	Rajasthan		Tamil Nadu		Uttar Pradesh		West Bengal		Others		All India	
	Subsidy	Share %	Subsidy	Share %	Subsidy	Share %	Subsidy	Share %	Subsidy	Share %	Subsidy	Share in Total Input Subsidy %
1980-1981	23.3	6.97	54.6	16.34	64.4	19.27	1.7	0.51	2.3	0.69	334.2	23.52
1981-1982	27.2	6.78	65.3	16.28	74.7	18.63	1.7	0.42	2.4	0.60	401	28.40
1982-1983	42	6.67	88.6	14.07	120.6	19.15	3.3	0.52	4	0.64	629.9	31.87
1983-1984	54	7.17	91.3	12.12	145.3	19.29	4.2	0.56	4.3	0.57	753.1	29.10
1984-1985	65.1	6.69	112.5	11.57	168.3	17.30	5.2	0.53	5.7	0.59	972.7	24.45
1985-1986	82.4	6.23	159.4	12.06	210.9	15.95	6.7	0.51	8.1	0.61	1322.1	30.11
1986-1987	99.5	5.39	192.9	10.45	310.4	16.82	9.1	0.49	11.1	0.60	1845.1	35.06
1987-1988	135.3	5.19	230.7	8.85	435	16.68	17.3	0.66	15.6	0.60	2607.9	40.75
1988-1989	163	5.55	269.8	9.19	456.1	15.54	19.4	0.66	21.8	0.74	2934.9	35.08
1989-1990	179.8	4.78	276	7.34	620.4	16.49	15.5	0.41	25.9	0.69	3761.2	35.01
1990-1991	216.6	4.70	371.4	8.07	710	15.42	41.5	0.90	30.4	0.66	4604.9	40.18
1991-1992	300.2	5.10	453.6	7.70	827.6	14.05	65.6	1.11	39.9	0.68	5889.1	42.56
1992-1993	348	4.74	643	8.77	1035	14.11	104	1.42	27.3	0.37	7334.6	44.13
1993-1994	468	5.22	760	8.48	1227	13.69	115	1.28	65.8	0.73	8966	51.78
1994-1995	623	5.69	947	8.66	1275	11.65	169	1.54	77.7	0.71	10941	52.70
1995-1996	808	5.94	1133	8.33	1402	10.30	207	1.52	79	0.58	13606	52.86
1996-1997	1011	6.53	1282	8.28	1842	11.89	259	1.67	100	0.65	15487	52.78
1997-1998	1177	6.17	1504	7.89	2000	10.49	322	1.69	131	0.69	19063	52.79
1998-1999	1447	6.65	1741	8.00	2164	9.94	403	1.85	158	0.73	21765	52.60
1999-2000	1453	5.94	1982	8.11	2204	9.02	453	1.85	73	0.30	24443	52.63

Source: Estimates of state-wise electricity subsidy are on the basis of share of agriculture in total electricity sales in the respective states.
Estimates from 1980-81 to 1991-92 are calculated by the author.
Estimates from 1992-93 onwards are from the Planning Commission (2002).

subsidy in total input subsidy went up to about 53 per cent in the early 1990s and lay almost stagnant at that level during the whole decade, a period marked by trimming of subsidies by reforms. There is wide variation among the states in sharing electricity subsidy at the all-India level. Kerala and Orissa have had the least share, much below 1 per cent consistently over the last two decades. And Gujarat, Maharashtra, Punjab, Tamil Nadu and Uttar Pradesh have had higher shares. While the shares of Gujarat and Maharashtra show a steady rise over time, those of the other three states have a declining trend. In the case of most of the states, the 1980s offered very high growth rate in power subsidy, as high as 48 per cent for Karnataka and 40 per cent for Andhra Pradesh (Table 7.6). In the case of Madhya Pradesh, Rajasthan, Tamil Nadu and West Bengal, more or less the same growth rate continued in both the decades. In general, it is worth noting that electricity subsidy to agriculture in India was growing at a very high rate during the last two decades, the maximum being 35.3 per cent for Madhya Pradesh and the minimum about 20 per cent for Uttar Pradesh (and others).

Table 7.6

Average Annual Growth in Agricultural Subsidy (%)

State	*1980s*	*1990s*	*Overall*
Andhra Pradesh	40.09	18.84	28.89
Bihar	32.35	16.30	23.13
Gujarat	34.38	23.47	28.22
Haryana	28.96	20.08	23.89
Karnataka	47.71	20.89	33.59
Kerala	29.31	19.01	22.93
Madhya Pradesh	30.81	30.31	35.31
Maharashtra	33.22	21.91	26.76
Orissa	29.26	12.45	20.45
Punjab	29.71	15.76	21.56
Rajasthan	25.49	23.55	24.30
Tamil Nadu	19.73	20.45	20.81
Uttar Pradesh	28.62	13.41	20.44
West Bengal	27.84	30.42	34.17
Others	30.87	10.22	19.96
All-India	**30.86**	**20.38**	**25.35**

Source: Own calculation.

That revenue realised from sales must be sufficient at least to recover costs of supply is the basic prerequisite for the health of any industry. Starting from this premise and comparing revenue realised with cost incurred in the power sector highlights the poor financial position of the SEBs. The revenue-cost ratio, which was on a steady decline, went down recently to as low as 68 per cent (in 1999-2000), i.e., the sales revenue was enough just to recover 68 per cent of the supply cost (Table 7.7). The cost recovery ratio has marginally improved (to about 69 per cent) since then in the initial two years of this decade. In 1974-75, it was 83.4 per cent, which decreased to 77 per cent in 1980-81 (at an annual average decay rate of 1.3 per cent), and further to 75.3 per cent in 1990-91 (at a rate of 0.23 per cent). It tried to regain in the next two years a little of what it had lost and reached up to 82.2 per cent in 1992-93, but only to climb down in the following years. In most of the states, notably in Maharashtra, Andhra Pradesh, Karnataka, Kerala, Madhya Pradesh, Rajasthan, Tamil Nadu and West Bengal, the ratio was on a steady decline over the period, especially during the 1990s. Orissa has recently, since the power sector reforms, shown an increase in the ratio.

It goes without saying that the smaller revenue-cost ratio (or unit price-cost ratio) is primarily due to the differential pricing policy in favour of some of the sectors. The agricultural tariff remains too low to cover the unit cost of supply. For example, compare Table 7.8 (average tariff for agriculture) and Table 7.9 (unit cost of power supply). Thus in 2001-02, the AC at the all-India level was Rs. 3.5, whereas the AR realised from the agricultural sector was only about 42 paise, a little over 10 per cent of the AC. In 1992-93, the average tariff for agriculture was about 16 paise only against a unit cost of Rs. 1.3. Note that the proportion was on a decline over the 1990s, after which it started rising to catch up with the earlier levels.

Given this scenario, commercial loss is a foregone conclusion for the power sector. The cost-revenue deviation or commercial loss of the SEBs (with subsidy) increased from Rs. 2,725 crores in 1992-93 to Rs. 24,837 crores in 2001-02 (at an annual growth rate of 27.8 per cent) (Planning Commission 2002: 139). The 1983 amendment to the Section 59 of the Electricity (Supply) Act, 1948, required the SEBs to ensure that the total revenues in any year of account shall, after meeting all expenses properly chargeable to revenues, including

Table 7.7

Sales Revenue as a Ratio of Cost (R/C = P/AC : *Unit Price-Cost Ratio) (%)*

State	*1992-93*	*1993-94*	*1994-95*	*1995-96*	*1996-97*	*1997-98*	*1998-99*	*1999-2000*	*2000-01*	*2001-02*
Andhra Pradesh	94.2	90.5	72.1	62.2	73.07	69.53	57.45	55.82	61.59	61.67
Bihar	63.7	73.5	66.4	70.8	63.74	63.45	57.95	64.28	64.2	64.93
Gujarat	68.4	76.6	74.6	72.9	75.44	74.32	68.59	59.67	60.65	66.5
Haryana	54	50.4	61.5	63.6	64.5	63.86	66.67	56.38	50.87	54.71
Karnataka	96.5	95.3	86.8	74.9	75.06	83.98	72.36	72.99	66.92	65.59
Kerala	84.7	83.5	79.6	69	59.28	63.57	72.99	68.95	62.41	64.87
Madhya Pradesh	84	80.7	77.5	79.5	81.64	73.6	70.5	75.73	77.4	75.17
Maharashtra	98.5	98.8	99.4	91.2	96.21	96.86	96.57	83.67	85.04	75.52
Orissa	78.1	71.2	80.7	77.1	72.84	73.64	75.38	93.88	92.68	92.47
Punjab	57.6	61.8	66.7	69.7	73.16	68.09	66.64	62.53	64.58	64.55
Rajasthan	76	70.4	67.8	67.8	71.93	74.53	71.37	66.6	65.91	60.11
Tamil Nadu	86	88.7	98.8	97.1	93.44	93.52	86.99	79.6	82.73	76.64
Uttar Pradesh	70.6	66	69	70.7	64.32	67.73	67.73	65.2	71.61	74.29
West Bengal	71.5	78.4	73.7	78.5	72.07	73.17	61.2	65.77	64.96	68.24
All-India	**82.2**	**78.3**	**78.3**	**76.1**	**76.81**	**75.95**	**71.49**	**68.06**	**69.36**	**68.59**

Source: Own calculation.

Table 7.8

Average Tariff for Agriculture (Paise/kWh)

State	*1992-93*	*1993-94*	*1994-95*	*1995-96*	*1996-97*	*1997-98*	*1998-99*	*1999-2000*	*2000-01*	*2001-02*
Andhra Pradesh	8.6	6.4	5.3	2.8	13.35	10.12	15.95	15.35	15	14
Assam	179	93.3	88	158.9	181.44	476.7	191.55	227.62	272.41	287.15
Bihar	10.5	14.8	15.2	16.2	14.02	12.15	11.38	13.37	13.37	13.37
Delhi	38	NA	NA	NA	NA	372.36	50	50	50	50
Gujarat	11	19	22	19	20	18	17	15	39	62
Haryana	25.5	29	15.5	51.9	52.41	61.08	53.67	32.53	37.02	47.71
Himachal Pradesh	33	33	50	50	50	50	50	50	50	50
Jammu & Kashmir	11.8	9.1	9.3	10.3	10	12.5	50	220	220	220
Karnataka	4.2	2.8	1.8	1.7	5.73	11.55	23.57	31.53	30.51	38.8
Kerala	25.1	29.4	23.9	23.7	26.99	54.63	59.55	67.21	67.21	67.21
Madhya Pradesh	24.5	19.7	3.7	4.2	6.82	5.3	4.73	7.2	7.2	7.2
Maharashtra	15.2	22.7	18.2	16.5	22.55	21.46	30	45.74	82.28	82.28
Meghalaya	42.7	50	53.3	47	49.65	49.3	0.5	51.85	51.72	51.61
Orissa	30.9	21.2	53.1	54.2	70.94	84.95	96.45	101.97	107.73	0
Punjab	10.8	19.5	34.5	38.5	28.46	Free	Free	Free	Free	Free
Rajasthan	31	30.8	30.1	27.2	31.22	34.58	25.58	33.56	46.26	46.33
Tamil Nadu	0	0	0	0	1.52	1.6	1.21	1.18	1.31	1.34
Uttar Pradesh	31.6	31.9	43.1	49.5	42.48	49.65	49.65	64.28	107.83	119
West Bengal	19.2	25.3	19.9	21.8	17.39	23.27	26.36	36	57.87	91.86
All-India	**16.1**	**17.9**	**19.4**	**19**	**21.2**	**20.22**	**21.01**	**22.61**	**35.38**	**41.54**

Source: Planning Commission, *Annual Report on the Working of SEBs and EDs* (various issues).

Table 7.9

Unit Cost of Power Supply (Paise/kWh)

State	*1992-93*	*1993-94*	*1994-95*	*1995-96*	*1996-97*	*1997-98*	*1998-99*	*1999-2000*	*2000-01*	*2001-02*
Andhra Pradesh	100.07	109	128.93	156.12	213.8	239.7	287.6	313.6	343.4	360.7
Assam	255.22	252.65	299.3	356.07	337.3	457.2	450.6	432.9	556.8	589.1
Bihar	185.67	200.05	232.84	252.4	290.6	316	346.2	365.1	391.8	377.1
Delhi	164.12	NA	NA	329.76	360.9	384.7	455.4	487.2	474.7	469.6
Gujarat	146.59	158.4	171.63	181.53	207.4	247.6	277.2	313.1	354.5	365.4
Haryana	134.4	165.4	179.53	208.69	240.6	293.4	299.2	349.5	403.7	411.9
Himachal Pradesh	114.31	142.8	126.6	111.45	143	166	192.9	254.4	238.4	235.4
Jammu & Kashmir	165.46	209.13	230.8	242.48	286.2	293	325.3	379.8	432.3	412.3
Karnataka	96.77	112.1	121.11	152.34	187.3	179.4	242.6	279.6	324.6	374.6
Kerala	87.3	98.32	108.84	134.46	161.3	196	179.2	240.4	303	347.3
Madhya Pradesh	141.44	157.8	167.18	181.64	216.2	231.5	251.1	314.4	314.4	324.9
Maharashtra	138.95	152.24	162.02	185.25	206.9	215.6	223.3	318.7	318.7	357.5
Meghalaya	110.09	97.75	139.01	147.35	159.6	179.9	227.9	236	236	265
Orissa	98.8	133.46	185.7	227.46	322.6	351.7	374.1	177.2	177.2	184.9
Punjab	122	145.16	165.06	179.69	187.3	217.2	236.2	274.5	274.5	285.2
Rajasthan	138.24	163.8	196.52	213.17	234.5	258.6	284.3	341.3	341.3	368.2
Tamil Nadu	124.52	144.72	152.02	170.91	185	208.1	230.6	270.8	270.8	309.8
Uttar Pradesh	153.42	169.44	177.53	191.98	222.3	253.3	253.3	361.1	361.1	383.6
West Bengal	161.9	170.05	185.21	189.39	205.4	252.5	300.4	344.3	344.3	376.8
All-India	**128.15**	**149.12**	**163.4**	**179.6**	**215.6**	**239.7**	**263.1**	**327.1**	**327.1**	**349.9**

Source: Same as above.

operating, maintenance, and management expenses, depreciation and interest payable, as also taxes, if any, leave such surplus as not less than 3 per cent, or such higher percentages, as the state governments may specify, of the value of fixed assets of the Board in service at the beginning of such a year. Thus, the goal of tariff-making did become predetermined. Yet, a tariff mechanism in line with the basic tenets of tariff-setting still remains to be properly evolved in order to achieve this set goal. Despite the set goal of at least 3 per cent rate of return (RoR), a marked deterioration has been observed in the trend of the RoR of the SEBs in general.

Such commercial loss suggests that if the total revenue, earned by the SEBs including proper compensation from the state governments for subsidised sale, had been enough to cover the total costs, an additional amount, say, of Rs. 24,837 crores would have been available in 2001-02 for reinvestment in the power sector. That an accumulated amount of Rs. 88,107 crores would have been available with the SEBs during the 10 years from 1992-93 for ploughing back in the sector, had the total cost been recouped, brings out the extent of the colossal loss the SEBs suffer over time. Achieving a minimum 3 per cent RoR would have mobilised additional revenue of Rs. 35,432.5 crores in 2001-02, and a break-even RoR, Rs. 331,176.8 crores. Universal adoption of the minimum 50 paise/unit tariff for agricultural sales would have generated additional resource of Rs. 1984 crores in the same year. Such additional revenue could have comfortably been used for capacity expansion and for improving the performance of the existing assets. That all these would have been possible every year leaves one sickened and cynical at the morbid sector.

It should be noted that a consensus decision was taken at a conference of State Power Ministers in January 1993 to charge at least 50 paise/unit for agricultural power consumption. The consensus was repeated in 1996 also and a Common Minimum Action Plan for power was put out in December 1996. This tariff was to rise, within three years, to 50 per cent of the unit cost of generation. But only a few states have implemented the minimum tariff policy. Many states, for example, Andhra Pradesh, Tamil Nadu and Bihar, provide for agricultural consumption at nominal rates only, and Punjab now absolutely free—is fulfilling an election promise. The recent election results have prompted the state governments of Andhra Pradesh and

Table 7.10

Percentage Share of Agriculture in Unit Price (P_a/P)

State	1992-93	1993-94	1994-95	1995-96	1996-97	1997-98	1998-99	1999-2000	2000-01	2001-02
Andhra Pradesh	8.61	6.62	5.71	3.29	8.54	9.67	9.29	8.66	10.43	11.3
Bihar	8.86	9.95	9.81	9.07	7.57	6.04	5.67	5.67	5.3	5.46
Gujarat	10.95	15.6	17.3	14.41	12.75	9.66	8.68	8.24	17.96	25.6
Haryana	30.3	34.87	41.35	39.06	33.73	32.59	26.9	18.04	18.03	21.17
Karnataka	4.08	2.54	1.74	1.84	4.07	7.68	13.42	15.46	14.04	15.78
Kerala	34	34.21	28.21	25.81	28.14	43.92	45.56	40.47	35.51	29.84
Madhya Pradesh	20.56	15.59	2.8	3.56	3.87	3.11	2.67	3.03	2.96	2.96
Maharashtra	11.09	14.68	11.22	9.75	11.33	10.27	11.4	18.31	30.35	30.46
Orissa	40.18	22.41	34.38	30.59	30.06	32.7	34.2	66.67	NA	NA
Punjab	14.73	21.82	31.48	30.73	20.77	0	0	0	0	0
Rajasthan	29.42	26.71	23	19.94	16.45	14.27	16.72	16.43	20.56	20.92
Tamil Nadu	0	0	0	0	0.88	0.81	0.59	0.59	0.59	0.57
Uttar Pradesh	29.13	28.53	35.05	36.5	29.72	28.95	28.95	27.44	41.71	41.76
West Bengal	16.61	18.75	14.84	14.86	14.55	15.76	14.33	16.46	25.88	35.7
All-India	**14.48**	**15.35**	**14.72**	**13.66**	**12.81**	**11.15**	**11.22**	**10.92**	**15.61**	**17.34**

Source: Own calculation.

Tamil Nadu to consider a return to the regime of free power to agriculture. In Karnataka and Madhya Pradesh also power supply to agriculture is free, but they have specified certain thresholds of connected load (10 HP in Karnataka, and 5 HP in Madhya Pradesh) above which some rates are charged. In Maharashtra, a paradoxically discriminatory tariff structure is meted out to the agriculture sector-(i) metered tariffs for irrigation pumps used in food crops fields that consume relatively much less electricity, and (ii) unmetered flat rate tariff, based on the horse power, for pumps in water-intensive cash crops fields that consume a lot more electricity! The power of 'sugar politics' overwhelms any economic logic in the allocation and use of such scarce resources as water and power. And remember, free power to agriculture was a major promise in the recent election in the state.

Note that subsidy to agriculture as a ratio of total cost of power supply may be expressed as $\left(1-\frac{P_a}{P}\frac{P}{AC}\right)\frac{Q_a}{Q}$, where P_a/P is the subsidised unit price ratio (or share of agriculture in unit price of electricity), P/AC is the unit price-cost ratio and Q_a/Q is the share of agriculture in total power sales. By this expression the subsidy cost ratio is higher, if the Q_a/Q ratio is higher and/or one or both of the other two ratios is lower. The experiences, as Tables 7.2 and 7.3 have already revealed, show that the share of revenue from agriculture in total electricity sales revenue (R_a/R) is much lower while that in total sales (Q_a/Q) it is much higher. Table 7.10 reports the share of agriculture in unit price, estimated from the above two ratios of Tables 7.2 and 7.3 which also is much lower in general. With this information, we estimate the share of power subsidy to agriculture in total cost of power supply (Table 7.11), and find that on an average it slowly rose from a bit above 25 per cent in the early years of the 1990s to about 30 per cent in 1998-99 and came down to about 25 per cent in the recent years. That is, about 25 per cent of the cost of power supply went to the agricultural sector as subsidy, and thus remained uncovered. While Kerala and Orissa had only minimal ratios, others had ratios ranging between about 10 per cent to as much as about 50 per cent over the years. In Table 7.12 we also report the share of agricultural power subsidy in the total sales revenue of power, with the same trend as the other ratio.

Table 7.11

Share of Agriculture Subsidy in Total Cost of Power Supply (%)

State	*1992-93*	*1993-94*	*1994-95*	*1995-96*	*1996-97*	*1997-98*	*1998-99*	*1999-2000*	*2000-01*	*2001-02*
Andhra Pradesh	37.58	39.77	45.35	47.41	34.93	36.37	37.31	37.70	36.95	37.63
Bihar	25.66	20.48	20.01	18.15	17.61	19.44	18.95	19.19	18.94	18.92
Gujarat	38.95	37.24	34.23	36.69	34.09	37.28	39.87	45.49	41.12	38.11
Haryana	39.39	39.23	33.18	33.60	35.30	34.34	35.69	41.32	42.86	41.69
Karnataka	39.58	42.25	45.21	45.46	44.11	48.50	39.77	34.66	33.87	35.89
Kerala	2.85	2.71	3.02	3.53	3.91	3.20	3.00	2.76	2.98	3.54
Madhya Pradesh	17.79	25.79	31.50	33.81	35.08	38.35	43.04	40.04	38.98	38.99
Maharashtra	23.60	21.54	26.92	29.15	28.94	31.55	30.67	20.76	19.50	19.49
Orissa	3.84	4.87	2.31	2.60	2.55	2.81	3.41	0.76	NA	NA
Punjab	40.82	36.08	29.86	28.13	30.30	32.17	35.86	37.70	36.63	35.53
Rajasthan	22.83	24.93	25.72	27.42	29.70	28.94	32.50	34.54	34.05	34.77
Tamil Nadu	27.00	25.90	27.00	26.90	25.82	26.79	26.98	27.10	27.10	27.87
Uttar Pradesh	30.26	30.44	27.90	26.93	29.31	28.02	28.02	15.56	13.75	12.34
West Bengal	10.40	9.55	11.40	12.19	12.68	13.31	11.08	12.08	11.31	10.23
All-India	**26.34**	**27.45**	**28.67**	**28.67**	**27.80**	**29.06**	**29.67**	**27.05**	**25.98**	**25.36**

Source: Own calculation.

Table 7.12

Share of Agriculture Subsidy in Total Sales Revenue of Power (%)

State	1992-93	1993-94	1994-95	1995-96	1996-97	1997-98	1998-99	1999-2000	2000-01	2001-02
Andhra Pradesh	39.90	43.94	62.90	76.22	47.80	52.31	64.94	67.53	60.00	61.02
Bihar	40.29	27.87	30.13	25.64	27.62	30.63	32.70	29.86	29.51	29.13
Gujarat	56.94	48.62	45.88	50.33	45.19	50.16	58.12	76.23	67.80	57.31
Haryana	72.95	77.84	53.96	52.82	54.73	53.77	53.53	73.29	84.26	76.20
Karnataka	41.01	44.34	52.08	60.70	58.77	57.75	54.97	47.49	50.61	54.73
Kerala	3.36	3.25	3.80	5.12	6.59	5.03	4.12	4.00	4.78	5.46
Madhya Pradesh	21.18	31.96	40.65	42.53	42.97	52.11	61.04	52.87	50.36	51.87
Maharashtra	23.96	21.81	27.08	31.97	30.08	32.58	31.76	24.82	22.93	25.80
Orissa	4.92	6.85	2.87	3.37	3.50	3.81	4.52	0.81	NA	NA
Punjab	70.86	58.38	44.77	40.36	41.42	47.25	53.81	60.29	56.72	55.04
Rajasthan	30.03	35.41	37.94	40.44	41.28	38.83	45.53	51.86	51.66	57.84
Tamil Nadu	31.40	29.20	27.33	27.70	27.63	28.65	31.02	34.05	32.75	36.36
Uttar Pradesh	42.87	46.12	40.43	38.09	45.57	41.36	41.36	23.86	19.20	16.61
West Bengal	14.54	12.19	15.47	15.53	17.59	18.18	18.10	18.37	17.42	15.00
All-India	**32.04**	**35.06**	**36.61**	**37.68**	**36.19**	**38.26**	**41.51**	**39.74**	**37.46**	**36.97**

Source: Own calculation.

Now given the structure of these quantity-price-cost variables in a sacrosanct subsidy regime, what are the options for a smaller subsidy-cost ratio? Ruling out any change in P_a and Q_a implies that a smaller subsidy-cost ratio depends upon a much greater unit price-cost ratio. Note that a higher unit price in this respect suggests cross-subsidy from other sectors; but there is a limit to cross-subsidisation. And the set of choice variables then reduces to a single variable, *AC*. That is, cost reduction is the most viable option for a smaller subsidy-cost ratio, given the present context. However, we can have one more option in terms of P_a itself; even while keeping the subsidy regime unchanged, that is, providing subsidised power to agriculture, the deviation between *AC* and P_a can be narrowed down to zero, if the state government adequately and regularly compensates the SEB for such subsidised sale; in this respect, the P_a would represent the actual subsidised rate to agriculture plus the government subvention per unit of power sold to agriculture. Note that the latter option has a tinge of morality and accountability on the part of the government and the former, on the part of the SEB.

The Electricity Act, 2003 recommends a gradual reduction in cross-subsidy. This, if implemented, effectively puts a limit on the SEBs' (read state governments') ability to finance the losses incurred on account of the below-cost supply to rural areas by way of disproportionate tariff hikes for other consumers. The problem still worsens with 'Power for all by 2012', whereby the supply of electricity to rural areas will definitely increase. The plight of the power sector in this context perforce calls for an open eye to see through the political economy of the situation. And it is to this we turn now.

Political Economy of Rural Electrification

Political economy in this context consists in the appropriate choice of an institutional structure for governance of monopoly, that is the technical feature of a power system. Broadly, two strains of themes have permeated the theoretical discourses of political economists in this regard: 'public interest' and 'private interest' theories. In the public interest framework, the social choice manifests itself in a political process that seeks to protect public interest or, more precisely, to maximise social welfare through an appropriate regulatory mechanism.

Private Interest Theories

On the other extreme is a large spectrum of private interest theories of manifold hues and shades. Here the mechanism of political process presents itself as the manifestation of the combined effect of rent seeking activities of various interest groups. Paralleling *homo economicus*, we have here *homo civicus*—the agents are assumed to be rational in their choices in utility maximisation. The interest groups seek to improve their own well-being by capturing and manipulating the administrative channels of the state's resources of coercive power. The behaviour of legislators is determined by their desire to stay in power and hence, legislation is designed to maximise their political support. Since legislation involves redistribution of wealth among the subjects, interest groups compete to capture government by offering political support in exchange for favourable legislation[3] (Stigler, 1971; Peltzman, 1976).

Bureaucracy, the administrative agency of the government to implement its policies, as an interest group to capture the government also is considered. It is assumed that this organisation's production is not sold in the market place (Downs, 1967) or equivalently, not sold at per unit prices, such that the compensation of the bureaucrats does not depend upon the success of the organisation, defined in terms of surplus of revenue over cost (Niskanen, 1971; 1973). Hence, it is in the interests of the bureaucrats to seek to maximise their own utility. They are capable, because of the one-sided advantage of better information they possess, of capturing their superiors (the politicians in power) to obtain budgets larger than those normally granted by the politicians in government if they are properly informed.

In another viewpoint, government itself is assumed to be a monopoly, treated as a leviathan maximising its own surplus (Buchanan, 1975: Ch. 9). This involves a systematic bias in the fiscal system resulting in an over-expansion in the budget, born out of self-interested bureaucrats (Niskanen, 1971) and politicians in power

3. The Chicago school view of interest group politics started with Stigler's (1971) discussion on the capture of regulatory authorities by industries they were meant to regulate. Both Stigler and his colleague Peltzman (1976) have built on the work of Olson (1965). Becker's model also is in the same grain except that he suppresses the role of legislators, driven by the self-interest of maximising political support. "Politicians, political parties, and voters...are assumed mainly to transmit the pressure of active groups" (Becker 1983: 372).

seeking to maximise their budgets so as to gain income, influence or power, and to have larger staffs and perquisites. On the other end of this theoretical band is a view that takes governments as 'inhabited by self-interested individuals', i.e., as composite structures, instead of a monolithic one: "...these centres compete with one another in the production and supply of the goods and services demanded by citizens" (Breton, 1996: 13-17).

The very *raison d'être* of self-interest prompted pressure groups is warranted by the fact that government intervention causes income redistribution through legislation, and that public policies in general are just the response to the rent seeking activities[4] of private interest groups trying to change income redistribution in their favour. Rent seeking appears in the context of a contrived monopoly rent—a monopoly artificially created by imposing restrictions on potential competitors. Competition for the contrived monopoly rents in effect transfer them to the politicians in power who manage to create the monopoly by restricting potential competition through legislation. The lure of this power involving a rent from monopoly *a la* government in turn is the source of competition among politicians, i.e., rent seeking activities by them. Similarly, bureaucracy, the executive agency of the government, also enjoys monopoly rents; hence rent seeking among prospective candidates to reach and secure powerful positions in the hierarchy (for example, excessive expenditures on (special) education to prepare and on other arrangements for civil service examinations, Tullock, 1980).

4. Tullock (1967) started the analytical discussion of rent seeking in economics as a socially costly pursuit for income transfers, though it was Krueger (1974) who, unaware of Tullock's work, characterised the behaviour in the present terminology, in a theoretical framework where rent seeking in the face of restrictive policies in international trade results in social costs. Posner (1975) was the first to develop a formal model of and to empirically estimate the social costs of rent seeking, and the first survey of the theory came from Tollison (1982). In the theoretical arena of international trade, rent seeking appears in the form of tariff evasion (Bhagwati and Hansen, 1973), competition for premium-fetching import licences (Krueger, 1974), lobbying for protectionist trade tariffs (Brock and Magee, 1978) and for tariff revenue resulting from the adoption of protectionist tariffs (Bhagwati and Srinivasan, 1980), and so on. On the other hand, rent seeking in the public choice theory represents competition (e.g., lobbying) for monopoly rents (Tullock, 1967) and for rent-creating regulation (Stigler, 1971), 'rent-sharing' by trade unions through collective bargaining with rent-earning regulated firms (Rose, 1987), lobbying for and against a tax-financed transfer, rent-seeking contract (for money, votes, etc.) by politicians (Peltzman, 1976) or just 'rent-taking' by them or rent extraction—by threatening to extract private rents (e.g., through taxation) and then refraining from doing so at a payment (McChesney 1987, 1997), and so on. Rent seeking can thus be extended to government and bureaucracy too.

The Principal-Agent Problem

An important contribution to the study of regulatory behaviour comes from the focus on the significance of information especially, in a principal-agent relationship framework. In its simplest form of a vertical relationship, government, representing the public, is seen as the principal and the utility as the agent in its employ or under its authority. In an extended form, (e.g., of a three-tier hierarchy) the public stands as the principal and the government (regulator) as the agent (i.e., supervisor) who contracts with a further agent, the public utility, to supply the vector of services. In its barest terms it is assumed that in a regulatory governance structure, the principal's objective is to maximise some measure of social welfare, while the agent (utility) aims to maximise profit. Information asymmetry against the principal explains the *raison d'être* of the agent who is better informed or better skilled. The divergence in objectives and the uncertainty or information asymmetry results in two effects:[5] moral hazard (principal being affected by 'hidden actions' by agent) and adverse selection (principal being affected by 'hidden information' agent has at his command) (Arrow, 1985). Hence, the principal should structure his contract (compensation scheme) with such incentive designs as to encourage the agent to expend the expected effort that will compensate the information asymmetry the principal faces in his maximisation objective.[6]

A New Look into the Principal-Agent Problem

These neo-classical teleological representations of the political process underscore the positions of the players (people and government including politicians and bureaucracy) in distinct, disjoint, sets, 'external' to each other. Such 'externalisation' of the government

5. The term 'principal-agent problem' appeared first in Ross (1973). The earlier discussion on principal-agent problem in the framework of imperfect monitoring and imperfect information appeared in Stiglitz (1975), Mirrlees (1976), Harris and Raviv (1978), Holmstrom (1979) and others. For excellent surveys, see Hart and Holmstrom (1987), Levinthal (1988) and Holmstrom and Tirole (1989). It should be noted that the principal-agent model was originally employed to analyse insurance, sharecropping, physician-patient relation, law enforcement, etc. It was only with the development of the model in the framework of imperfect monitoring and imperfect information by Stiglitz and others that the model was applied to analyse bureaucracies and hierarchies of organisations.

6. The significance of the scope for collusive behaviour in the principal-agent environment is explored by Tirole (1986) and Laffont (1988, 1990).

from the people becomes sharper in a Marxist framework of the functional role of state. Where the society is divided into classes and sub-classes, clashes of self-interests inevitably lead to demoralisation and alienation. Feelings of alienation permeate the whole texture of consciousness, individual and social, and this in fact explains all the cases of indiscipline in functionings and insincerity in responsibility and the consequent stress out of the mistrust that underlie the principal-agent problem. Neo-classical analysis, as is its wont, never turns its microscopic eye-piece to these fundamental strains. This is equally capable of explaining the much bitter experiences of alienation under the very 'socialist' regimes, where the agent, entrusted with the task of ensuring the 'dictatorship of the proletariat' remained entirely 'external' to and above the principal, the proletariat. A lack of a sense of oneness led to a principal-agent problem, much sharper in the void of a civic platform of checks and balances, that would have avoided problems arising from moral hazards and adverse selection. This should point towards the significance of an all-embracing cultural revolution preceding the political takeover of the state.

A critical examination and exposition of the principal-agent model in this light in the context of an Indian-type public utility is in order now. In contrast to the usual monolithic characterisation of principal and agent(s), we find these entities as composite sets of sectional interests. The state being the objectification of the common capitalist class interests, this ruling class, at this particular historical juncture, stands as the principal. In actual realisation, however, the common interests have only long-run significance, if at all possible, in the face of the short-run contingencies of intense conflicts of intra-class interests (competition being a widely used euphemism) in the capture of the benefits of the efforts of its agent, the utility, through the supervisor, the government. The sub-sets in the common capitalist class represent the industrial, agricultural and commercial interests, aided by their own peripheral allies in the organised labour. It is not easy for the supervisor to wade through the chaos of such inter/intra-class interests clashes. The politicians, who wield the state power *qua* government, have their own primary objectives of interests also, *viz.*, their own survival and continuity in power, overcoming all the ruses of the rivals, to secure the long-run accumulation of the attendant benefits. This very objective in turn relies heavily on indulging the interests of the influential vote banks. In a predominantly rural economy, such as India, large vote premiums are easily cornered by being in league with the farming capitalists, who can herd at their beck and call vast ballot blocks. This then explains the much pampered practice of holding the umbrella of subsidy policy over the agriculture sector in these countries; for example, the free or near free supply of power. This then becomes an easy option as compared with what we would like to call a developmental option through a policy of capital formation in the rural sector by way of an effective investment strategy (e.g., development of land and water resources), leading to structural transformation and growth of the rural economy.

Such milking of public utility by a section of the composite set of the principal is at the cost of the others in the set. Cross-subsidisation constitutes a source of tension among the sub-classes of the principal and the consequent feelings of alienation. The supervisor, i.e., the government, however, is able to buy peace by appeasing, through subsidised power sales, all these sections together, including the allies in the organised labour, in their capacity as domestic customers. Cross-subsidisation in this respect is extended at the cost of some sections of the population; the net losers in this game, however, are the poor (non-electrified households). And the role of the state as a coercive instrument for exploitation is fully fulfilled here. This conclusion still holds even if we enlarge the major set of principal to encompass 'the whole public', in contrast to the above Marxist proposition. In this case, the supervisor colludes with the beneficiary section of the principal and milks the public utility for them at the cost of the remaining poor, who are seldom in a position to exercise their choice of ballot-use independently. The supervisor requires such conditions only. Such actions of the supervisor are often given a veil of legitimacy through a notional subsidy offered to the weaker sections such as small farmers and rural households.

Nationalisation to Fulfil the Welfare State

Both the early experience of the erstwhile Soviet Union as well as the influence of Keynesian economics gave nationalisation a pride of place in state policy such that it soon came to be equated with socialism. The whole of Western Europe was swept over by a wave of nationalisation immediately after World War II, that set a precedent to a large number of countries elsewhere. Politically, such a 'socialism through legislation', in contrast to socialisation, was in fact a response and a counter to the socialistic (more precisely, quasi socialistic) conversion of Eastern Europe under the extended military umbrella of the then Soviet Union, though temporarily. It should be noted that these East European countries economically at best represented a symbiosis of plan and market, as envisaged by the European liberal socialists such as Oskar Lange and Maurice Dobb and this lent nationalisation in other countries an equal footing with socialism to the satisfaction of their elite proletariat and intelligentsia.[7]

The neo-classical theorisation of political process, while overlooking these undercurrents, was, however, confined to analysing their reflections on the surface. Thus, the public sectorisation and the welfare state practices were explained (e.g., Mishra, 1984) in terms of a number of forces that cumulated to exert an upward 'ratchet' effect on welfare programmes and expenditures such as political competition for votes, lack of cost constraints on voters' behaviour due to the low salience of taxes, pressure of interest groups outside the state, notably trade unions and professionals, and the operation of budget maximising (politicians and) bureaucracies within the state.

In this background, it was then natural for the developing countries, most of them rising from colonial subjugation, to mould their independent economic life in the same fold of a welfare state. There was an added factor covertly accepted that too necessitated state control of economics in these countries—the lack of a developed capital market and the supply of entrepreneurs in the domestic private sector. Implied in this official recognition was a hidden agenda of treating the public sector as a temporary midwife for the development of private sector, and history has proved this later on. India has been one of the pioneers along this U-path.

The 'Intermediate Regimes'

What is the specific class character of the state that works behind this U-path development strategy?

---

7. Hence, Samuelson (1970: 771) wrote: "through direct public services and through transfer-payment programs, the modern mixed economy is in effect a gigantic system of mutual insurance against the worst economic disasters of life."

The class that rose to power in many underdeveloped countries upon Independence after the World War II was identified by Kalecki (1967) as the 'intermediate class'; (that is between the capitalists and the workers), or more specifically, the lower-middle class and rich peasantry. A few specific conditions facilitated such an 'intermediate dictatorship', in contrast to the dictatorship of bourgeoisie and of proletariat. For one thing, the lower-middle class was 'very numerous', and the 'big business', was comparatively weak and 'predominantly foreign controlled' (Kalecki, 1967). This ensured the rise to power of the representatives of the intermediate class without being captured by the big business as was usual. For their survival in power, they sought to eliminate the 'comprodor' elements (i.e., to 'gain a measure of independence from foreign capital'), as well as the 'remnants of the feudal system' (the latter by carrying out land reforms, meant to weaken the alliance of the big business with the landlords). This in turn necessitated 'continuous economic growth'. Since 'the native upper middle class' was too weak 'to perform the role of dynamic entrepreneurs on a large scale', the state came forward with the basic investment for economic development, in line with the universally accepted principle of 'state economic interventionism' of that era. Another favourable condition was the availability of credit finance for economic development. The intermediate regimes, taking advantage of the competition between the first (advanced capitalist) and second (socialist) worlds, behaved like 'the proverbial clever calves that suck two cows'.

In this context, it was in the interest of the intermediate class to promote economic development through the commanding position of the public sector. Ideally, 'state capitalism concentrates investment on the expansion of the productive potential of the country', that provides a luxuriant atmosphere for the small firms (of the ruling class) to thrive, without fear of concentration and centralisation of capital, under the watchful patronage of the state. The consequent economic growth opens up more and more avenues of employment 'for ambitious young men of the numerous ruling class'. Such a sustainable growth dynamics in turn is logically to materialise a welfare state, put up as the end of the intermediate regime.

As interpreted by Raj (1973), the historical reality has however failed the Kaleckian ideal of dynamic state entrepreneurship, thanks solely to the conflicting self-interests of the numerous classes and their fringe allies in the ruling coalition. Political survival has entailed indulging the demands of some or other classes for subsidised supply of state sector outputs, resulting in accruing very little investible surplus or incurring losses. Moreover, the government also has been meant to support and cater to the pecuniary demands of 'a large and growing body of salary earners whose contribution to economic growth may be negligible' involving 'further drain on the investible surpluses available to the state'. Thus, even though the intermediate regime was politically viable, its survival has been at the expense of the economic viability of its dynamic entrepreneurship.

The subsequent developments of such fabricated dysfunctioning of the public sector in the intermediate regimes, leading to another conducive global environment to private sectorisation, offer a number of implications. Most basically, we find that the new order has facilitated the growth of the native upper-middle class (into independent big business), and the expansion of the small firms. Some of the lower-middle class and rich peasantry (the latter through diversification) also have been able to climb up to higher rungs of the capitalist echelon. It goes without saying that mergers and concentration have largely characterised the development of capital in these regimes, along with a peaceful coexistence by small capital too. Thus, the intermediate regime had a hidden agenda in line with the rule of development of capital. This was so at least in the case of India, where, as Kalecki (1967) himself admits, big business, at the time of Independence, "was much stronger", and could dictate its terms too. Simply put, intermediate regime was an explicit agreement among different, both small and big, strata of the capitalist class in alliance with organised labour for facilitating the survival and development of capitalism. Though the numerical strength of the intermediate class elevated its representatives to power, some live strings still attached them to both the extremes—big business and labour. Once the native capitalism has matured into imperialism (that exports capital in contrast to commodities), it along with the global capital in an environment of coexistence has now become able to capture the intermediate regime and to reinstate 'classical capitalism' (envisaged as possible by Kalecki, 1967). This explains the U-turn strategy.

The Context of the Indian Power Sector

The welfare state concept had its fervent devotees in India too. If Gandhiji talked of "Ramarajya", then Nehru talked of a "socialistic society". Both the Congress Party and the splinter groups of social democrats talked of nothing else. The coexistence of market and plan continued to be the official economic principle of independent India under the Congress, along with an import substitution model of development for building a strong industrial base, both for basic and intermediate goods and for heavy machine building. And the famous 1955 (60th) Avadi session of the Congress Party adopted a 'socialistic pattern of society' for India, through planning, "where the principal means of production are under social ownership or control, production is progressively speeded up and there is equitable distribution of the national wealth" (from the Resolution, quoted in Zaidi and Zaidi 1981: 52). Following this guideline, the Industrial Policy Resolution of 1956 shifted the primary responsibility for development on the public sector and demarcated and reserved the core and strategic areas exclusively for the state.

In intermediate regimes the state machinery has had to indulge not only the sectional interests of very numerous classes, but also those of the very class representatives (as an external set) wielding power. Nationalisation, for example in India, was at times more a profitable political agenda (in addition to an additional outlet of rent seeking) than an economically viable requirement. As in the case of other infrastructure facilities with high capital intensity and long gestation period, that deterred large scale initiative of private enterprise, the responsibility of power development also was thus originally shouldered by the state in India. The sector, rightly expected to subserve the social, political and economic policies of the state, soon became in effect the translatory channel for the populist policies of the political party in power in the various provincial states in the pursuit of votes.

Welfare of the Electric Utility

In such a context of composite interests, accumulation of dysfunctionings has been a natural outcome in the power sector. For one thing, subsidised power, in the name of swift industrialisation, has gone to turn the factory machines, at the behest of the capitalists, who could, say, finance election campaigns. The true price, however, of such industrialisation drive, for example, in Kerala, was very high, as most of the industries sprung up in the state under the subsidy umbrella were capital- and energy-intensive, with very limited prospects for creating employment opportunities, one of the professed objectives of the drive (Kannan and Pillai, 2001).[8] Highly pampered by the subsidised power sale also are the domestic customers, the influential section among the electorate. By the 1970s the logic of power subsidy was also extended to the agricultural sector to placate the powerful lobby of rich farmers. As already noted, the fact that in general the non-electrified households and fragmented farms belong to the poorest of the society questions the justification of the welfare content of such across the board subsidy to the powerful groups.

The appeasement strategy on the part of the supervisor (government) in favour of the influential section of the principal (the public in general) has a downstream extension also towards the bureaucracy of the agent (the public utility). This is especially ensured by the powerful trade unions, the loyal affiliates of one or another of the supervisor, and hence, the collusion is a given fact. The appeasement appears more prominently in overmanning, especially and unwarrantedly in establishment and administration (E & A), in a populist bid of employment generation. The consequent increase in E & A costs stands in turn to inflate the supply costs of electricity and penalises directly the customers and further indirectly the poor tax payers. In Kerala, such collusion has had increased effect not only on the extent of overmanning, but also on the average annual earning per employee, which was Rs. 1.44 lakhs in 1997-98, about 1.8 times the state-sector average in India (Kannan and Pillai, 2001). That is, the cost of such collusion was about 80 per cent higher in the power sector of Kerala with a highly militant labour.

8. The KSEB has estimated that just two new industrial units (in steel smelting and electro-chemicals) are drawing more than 8.7 MU every month at concessional rates. The tariff difference alone gives them a benefit of about Rs. 30 crores a year, while the employment generated is only nearly 350. That is, the KSEB is forced to give a subsidy of about Rs. 8 lakhs per year for each job thus created (Menon 1999:464).

Alignments of Sectional Interests

We have enlarged much upon the effects of the various sectional interests in the composite set of principal *vis-à-vis* a monolithic supervisor. That electricity supply is included in the concurrent list of the Constitution in India renders the supervisor also a major set of sectional interests, those of the central as well as of the regional state. Such a regional distinction of the interests of the supervisor has assumed greater significance only recently, in the context of the accelerated central drive for power sector restructuring in India, as there was little scope for conflict of interests till the end of 1980s. The power sector reform programmes in the version of the central government are not at all acceptable to many of the state governments, at least for the populist slogans against any restructuring of the sacrosanct public sector. In fact, it is in view of such conflict of regional interests in the functionings of the supervisor, that proposals are floated now for transferring electricity supply to the central list in the Constitution.[9] The Electricity Bill of 2000 may be taken as a first big leap towards that direction.

It is not surprising to find, in the present phase of the capitalist survival strategy, that what underlies the central government prescription of power sector restructuring is a realignment of sectional self-interests. The vociferous demand and stringent stipulation by the central government for phasing out the subsidy regime altogether is a clear indication of this. The domestic industrial capital in league with the global capital is in the process of capturing the supervisory organ of the state. In the power sector, the proposed restructuring absolutely favours the industrial capital—besides the benefits from the removal of the burden of cross-subsidisation, it can also reap cheap power upon marginal cost pricing practice, as supply to high voltage industries involves much less T&D network costs and loss factor costs than that to low voltage domestic and rural sectors. Putting an end to

9. For example, in a presentation to the union power ministry on 'measures to attract foreign direct investment in power sector in India', leading foreign financial institutions in 2001 required the Central government to take measures to move the power sector from the concurrent list to the Central list as in the case of the Telecom sector (*The Hindu*, 27 March 2001). In effect, the Electricity Act reflects the logical culmination of these demands.

the costly subsidised power sale might appear as an attractive proposition of reason and justice on the surface, as it breaks the unfair nexus between the supervisor and the rich rural lobby. Though it seems desirable from that viewpoint, the process, however, would have long-run detrimental distributional effects as far as the public development issues are concerned, as we will see later on. Moreover, the new configuration of collusion must also arouse a natural doubt as to the rationality of the supervisor relinquishing his sure rural vote base. But the much impressive TINA (there is no alternative) factor involved in the reform proposals, coupled with the diverse vote purchase mechanisms is expected to safely take care of this problem.

References

Arrow, K.J. (1985). "The Economics of Agency", in J.W. Pratt and R.J. Zeckhauser, (eds.), *Principals and Agents: The Structure of Business*, Harvard Business School Press, Boston, pp.37-51.

Becker, Gary S. (1983). "A Theory of Competition among Pressure Groups for Political Influence", *Quarterly Journal of Economics*, Vol. 98 August, pp.371-400.

Bhagwati, J.N. (1982). "Directly Unproductive Profit-Seeking Activities", *Journal of Political Economy*, Vol. 90(5), October, pp.988-1002.

Bhagwati, J.N. and B. Hansen (1973). "A Theoretical Analysis of Smuggling", *Quarterly Journal of Economics*, Vol. 87, May, pp.172-187.

Bhagwati, J.N. and T.N. Srinivasan (1980). "Revenue-Seeking: A Generalisation of the Theory of Tariffs", *Journal of Political Economy*, Vol. 88(6) December, pp.1069-1087.

Breton, A. (1996). *Competitive Governments*, Cambridge University Press, New York.

Brock, W.A. and S. P. Magee (1978). "The Economics of Special Interest Politics: The Case of the Tariff", *American Economic Review Papers and Proceedings*, Vol. 68, May, pp.246-250.

Buchanan, J.M. (1975). *The Limits of Liberty*, University of Chicago Press, Chicago.

Downs, A. (1967). *Inside Bureaucracy*, Little, Brown, Boston.

Harris, M. and A. Raviv (1978). "Some Results on Incentive Contracts with Applications to Education and Employment, Health Insurance and Law Enforcement", *American Economic Review*, Vol. 68(1), March, pp.20-30.

Hart, O.D. and B.R. Holmstrom (1987). "The Theory of Contracts", in T.F Bewley (ed.), *Advances in Economic Theory*, Fifth World Congress, Cambridge University Press, New York, pp.71-155.

Holmstrom, B.R. (1979). "Moral Hazard and Observability", *Bell Journal of Economics*, Vol. 10(1) Spring: pp.74-91.

Holmstrom, B.R. and J. Tirole (1989). "The Theory of the Firm", in R. Schmalensce and R.D. Willig (eds.), *Handbook of Industrial Organisation*, Vol. 1, North Holland, Amsterdam, pp.61-133.

Kalecki, M. (1967). "Observations on Social and Economic Aspects of Intermediate Regimes", *Coexistence*, Vol. 4(1), pp.1-5. Reprinted in *Selected Essays on the Economic Growth of the Socialist and the Mixed Economy*, Cambridge University Press, 1972.

Kannan, K.P. and N. Vijayamohanan Pillai (2001). "Plight of the Power Sector in India", *Economic and Political Weekly*, Vol. 36(2 & 3), January 13 & 20, pp.130-139; 234-246.

Krueger, A.O. (1974). "The Political Economy of the Rent-Seeking Society", *American Economic Review*, Vol. 64(3), June, pp.291-303.

Laffont, J.J. (1988). "Hidden Gaming in Hierarchies: Facts and Models", *Economic Record*, Vol. 64(187), December, pp.295-306.

———. (1990). "Analysis of Hidden Gaming in a Three-Level Hierarchy", *Journal of Law, Economics and Organisation*, Vol. 6(2), Fall, pp.301-324.

Levinthal, D. (1988). "A Survey of Agency Models of Organisation", *Journal of Economic Behaviour and Organisation*, Vol. 9(2), March, pp.153-185.

McChesney, F.S. (1987). "Rent Extraction and Interest Group Formation in a Coasean Model of Regulation", *Journal of Legal Studies*, Vol. 20, pp.73-90.

———. (1997). *Money for Nothing*, Harvard University Press, Cambridge.

Menon, R.V.G. (1999). "Energy Planning: The Need for a Departure from the 'Kerala Model", in M.A. Oommen (ed.), *Rethinking Development: Kerala's Development Experience*, Vol. 2, pp.459-469, Institute of Social Sciences and Concept Publishing Co., New Delhi.

Mirrlees, J.A. (1976). "The Optimal Structure of Incentives and Authority Within an Organisation", *Bell Journal of Economics*, Vol. 7(1), Spring, pp.105-131.

Mishra, R. (1984). *The Welfare State in Crisis*, Wheatsheaf Books, Brighton.

Niskanen, W. A. (1971). *Bureaucracy and Representative Government*, Aldine, Chicago.

———. (1973). *Bureaucracy, Servant or Master?* Institute of Economic Affairs, London.

Olson, M. (1965). *The Logic of Collective Action*, Harvard University Press, Cambridge, Mass.

Peltzman, S. (1976). "Toward a More General Theory of Regulation", *Journal of Law and Economics*, Vol. 19 August, pp.211-240.

Planning Commission (Various issues). *Annual Report on the Working of SEBs*, Government of India, New Delhi.

Posner, R.A. (1975). "The Social Costs of Monopoly and Regulation", *Journal of Political Economy*, Vol. 83 August, pp.807-827.

Raj, K.N. (1973). "The Politics and Economics of Intermediate Regimes", *Economic and Political Weekly*, July 7, pp.1189-1198.

Rose, N.L. (1987). "Labour Rent-Sharing and Regulation: Evidence from the Trucking Industry", *Journal of Political Economy*, Vol. 95, pp.1146-1178.

Ross, S. (1973). "The Economic Theory of Agency: the Principal's Problem", *American Economic Review*, Vol. 63(2), May, 134-139.

Samuelson, P. A. (1970). *Economics*, McGraw-Hill, 8th Edn., New York.

Stigler, G.J. (1971). "The Economic Theory of Regulation", *Bell Journal of Economics*, Vol. 2 Spring, pp.3-21.

Stiglitz, J.E. (1975). "Incentives, Risk and Information: Notes Towards a Theory of Hierarchy", *Bell Journal of Economics*, Vol. 6(2), Autumn, pp.552-579.

Tirole, J. (1986). "Hierarchies and Bureaucracies: On the Role of Collusion in Organisations", *Journal of Law, Economics and Organisation*, Vol. 2 (2), Fall, pp.181-214.

Tollison, R.D. (1982). "Rent Seeking: A Survey", *Kyklos,* Vol. 35(4), pp.575-602.

Tullock, G. (1967). "The Welfare Costs of Tariffs, Monopolies and Theft", *Western Economic Journal,* 5 June, pp.224-232.

——. (1980). "Rent Seeking as a Negative-Sum Game", in J.M., Buchanan, R.D. Tollison, and G. Tullock, (eds.), *Toward a Theory of the Rent-Seeking Society,* Texas A & M University Press, College Station, pp.16-36.

Zaidi, A.M. and S.D. Zaidi (1981) (eds.). *The Encyclopaedia of the Indian National Congress,* Vol. 15: 1955-1957, S. Chand and Company Ltd., New Delhi.

Section IV

Rural Electrification: Technological Options and Tariff

8

Technological Options and Cost of Supplying Electricity to Rural Areas

B.S. PATHAK

Rural Sector—A Brief Review

About 582 thousand villages with over 700 million people constituting 70 per cent of India's population, 236 million agricultural workers, 120 million agricultural holdings and 143 million hectares net cultivated area briefly describe the rural sector. Agriculture employs 58.4 per cent of the country's workforce but its contribution to national GDP is only 22 per cent. In 1951, cultivated area per agricultural worker was 1.22 hectares. By 2001, it was reduced to 0.6 hectare.

During the five year period 1990-91 to 1995-96 the number of small and marginal holdings increased by 11.2 per cent and the average size of operational holding (all categories) came down from 1.57 hectares to 1.41 hectares. This trend of reducing land resource base of the Indian farmer has continued unabated for over 50 years. In spite of this, agriculture has been able to sustain the ever increasing rural population because of the remarkable increase in land productivity. For example, the yield of foodgrains which was 522 kg/ha in 1950-51 increased to 1739 kg/ha 2001-02. Whether the land productivity can continue to outpace or even keep pace with the increase in rural population dependent on agriculture for many years to come has become highly debatable.

Power Supply to Rural Sector

Rural electrification has been extended to about 4.95 lakh or 85 per cent of Indian villages. On the average about 50 per cent households in electrified villages are connected to power supply. There was a steady rise in the consumption of electricity in agriculture till 1995 after which it has been fluctuating between 84,000 and 97,200 million kWh. The share of agriculture in the consumption of electricity at the national level has never exceeded 31 per cent of the total consumption although in states like Andhra Pradesh, Gujarat, Haryana, Karnataka and Rajasthan it has been 40 per cent or more (Table 8.1).

Table 8.1

Supply of Power to Agriculture

Year	*Consumption (million kWh)*		*Share of Agriculture (%)*
	Agriculture	*Total*	
1982-83	17,817	95,589	18.64
1986-87	29,444	135,952	21.66
1990-91	50,321	190,357	26.44
1994-95	79,301	259,630	30.54
1998-99	97,195	309,734	30.75
2000-01	84,729	316,539	26.77

Source: *Agricultural Statistics at a Glance 2003*. Agril. Statistics Div., Ministry of Agriculture, GoI.

Energised irrigation pumps numbering over 10 million consume most of the power supply to agriculture, followed by domestic consumption and power use for operating threshers and small agro-processing units.

Grid power supply to rural areas suffers from the chronic problems of limited hours of supply, changing hours of supply and severe voltage fluctuations. Also the response to repair and maintenance demands is tardy and often unsatisfactory. All this perpetuates inefficient management of electricity in the rural sector. This is further aggravated by a tariff pattern influenced by short term considerations and which, in the long run, adversely effects the resource base and the economy of the rural sector.

The per cent-wise sale/supply of electrical energy to different categories of users in 2001-02 is presented in Table 8.2.

Table 8.2

Per Cent-wise Sale/Supply of Electrical Energy

Domestic	22.03
Agriculture	29.70
Commercial	5.25
Industry*	30.18
Railway Traction	2.27
Others	10.57

Note: * In addition to the above, industries generate and use about 56000 GWh captive energy annually which comes to 16.8 per cent of the total energy sold.

Source: TEDDY, 2002-03.

In view of the anticipated increase in the installed capacity, some relief in the form of reduced energy deficit and peak power shortage may be realised, but it is likely to be of a temporary nature. Per capita consumption of electrical energy which was 355 kWh in 1999-2000 is estimated to be above 375 kWh now. The economic changes set in motion in the last few years are expected to sharply increase the energy consumption per capita, mostly because of the fast increasing energy demands of the domestic (urban), service and industrial sectors. The hydrocarbon based captive power generation is progressively becoming more expensive and the industrial demand for grid power is expected to increase rapidly. The competition from the preferred and privileged sectors will rule out any substantial improvement in grid power supply to the rural sector.

The inadequate, irregular and unstable power supply to the villages will greatly slow down, if not altogether block the plans to adopt precision agriculture, diversify production agriculture to grow more of horticultural/cash crops and promote agro-industrial activities in the rural sector; plans aimed at higher returns from the vast number of small and marginal landholdings and at creating more employment for rural population.

Decentralised power generation utilising locally available energy resources appears to be the most viable solution for the energy problems of rural sector. Use of locally available energy resources like solar radiation, wind, water and biomass, which are renewable and environment friendly, will empower the rural population to regulate the supply and use of these resources and effectively participate in energy generation and supply.

The estimate of renewable energy resources of India and achievements as on 31 March, 2004 as made by the Ministry of Non-Conventional Energy Sources is presented in Table 8.3.

Table 8.3

Estimate of Renewable Energy Resources of India and Achievements

Resource	*Potential (MW)*	*Achievements (MW)**
Wind	45,000	2,483 (5.5)
Small Hydro	15,000	1,603 (10.7)
Biomass	19,500	613 (3.1)
Solar	Over 300 sun days in almost all states offer a huge potential-which can be utilised to generate energy through thermal or photo-voltaic routes. 41.5 MW SPV achieved.	

Note: * Figures in parentheses give achievement as per cent of potential.
Source: *Annual Report, 2002-04*, MNES, GoI.

Before discussing the technologies to harness these renewable energy sources, a quick look at the costs of electricity produced from these sources will be useful. Figure 8.1 below gives the cost projections up to 2010. These are based on the latest global developments in the use of renewable energy resources.

Figure 8.1

Costs of Electricity Produced by Renewable Energy Technologies

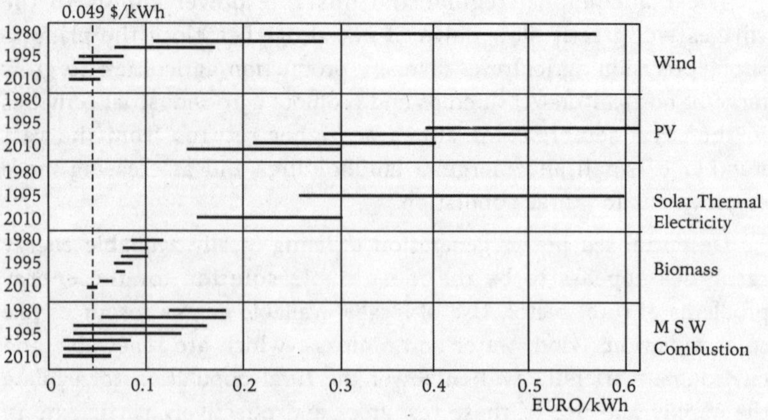

Source: Sims, Ralph (2003). *Bioenergy Options for a Cleaner Environment*, Elsevier, p.18.

The cost of energy generation using pulverised coal as fuel is US$ 0.049/kWh. According to the above figure, wind energy, under favourable wind velocity conditions, is already able to compete with coal based energy generation. The spurt in installation of powerful wind turbines in USA, Germany, UK, Denmark and Spain, both onshore and offshore, is an indication of the economic viability of wind power generation. Increasing global investment in the manufacture of multi-megawatt turbines confirms this. The specifications of one of the largest turbines designed for commercial production is presented in Table 8.4.

Table 8.4

5 MW Wind Turbine

Specification	*Initial Concept*	*M5000*
Installed Capacity	5 MW	5 MW
Rotor Diameter	100 metres	116 metres
Swept Area	7850 m^2	10,563 m^2
Number of Blades	3	3
Orientation	Upwind	Upwind
Rotor Speed	8.0-16.2 rpm	5.9-14.8 rpm
Transmission Ratio	1:6.17	1:9:92
Total Efficiency	96% (objective)	95%
Cut-in Speed	3.5 m/s	3.5 m/s
Rated Speed	14.5 m/s	12.5 m/s
Cut-out Speed	25 m/s	25 m/s
Design Life	30 years	20 years
Operation	Variable speed	Variable speed
Power Limitation	Stall	Pitch control
Safety System	Independent tip brakes	Independent blade pitch
Tower Head Mass	~155 tonnes (without rotor)	~320 tonnes (nacelle+rotor)
Generator	Synchronous type, brushless, externally excited	28-pole, synchronous, PMG
Nominal Voltage (kV)	-	3.0
Hub Height (offshore)	75 metres	85 metres
Hub Height (onshore prototype)	-	102 metres[a]
Hub Height (commercial)	-	85 metres, 102 metres, 130 metres
Wind Class[b]	IEC Wind Class I	IEC Wind Class I

Notes: a. Hybrid: 30 metres concrete (sliding shuttering method)+70 metres tubular steel.
b. 50-year peak gust velocity: 65.1 m/s; annual mean wind speed: 10 m/s; turbulence intensity: 20 per cent.

Source: *Renewable Energy World*, September-October 2004, Volume 7, Number 5, James and James.

Indian wind energy programme has made good progress in the last 3-4 years and the total installed capacity now exceeds 2400 MW. However, in most situations capacity utilisation remains between 10 and 20 per cent. While wind energy is a good source to supplement grid power, it cannot be a major source of energy to meet the needs of a grid independent decentralised power system for the villages because an overwhelmingly large part of the country does not have sufficiently high wind velocity to sustain energy generation. Further, to ensure steady supply, wind energy has to be stored which increases its cost very substantially. Standalone small windmills are excellent devices to lift groundwater for above ground storage. The water can be used for irrigation and domestic purpose without needing further pumping.

Photovoltaic power is 5 to 6 times more expensive when compared to conventional energy. It is planned to use it extensively for electrification of about 18,000 villages, which are unlikely to be connected to the power grid in future. SPV powered home, community and street lighting systems will be supplied on subsidised price for this purpose. Arrangements for keeping these systems operational over their useful life period are being developed and tested. Highly subsidised solar pumps for water supply and irrigation are finding enthusiastic users. But, in the long run and without subsidy, solar photo-voltaic energy, because of its high cost, is likely to be used mainly for lighting remote villages and installations and for providing energy security in critical applications like storage of temperature sensitive materials, security, operation of computers and research instruments, etc. at remote locations or at sites where power supply is irregular. Unless a major technology breakthrough is made to reduce the cost of SPV power, it is not going to play a major role in improving production of agriculture or in the development of agro-industrial activities in the rural areas.

Solar thermal power, because of cost considerations and problems of scale, is not being considered a potential competitor to the conventional power systems.

Small hydro is the promising technology in hilly and mountainous parts of the country. Because of the difficult terrain, distribution, even though limited in its extent due to the small generating capacity, remains a problem in most situations. But small hydro has the potential to meet the domestic energy needs of rural communities in hilly regions, to enable the farmers to upgrade their agriculture and to supply power for developing agro-industrial activities specially related to storage and processing of horticultural produce.

Biomass is possibly the most promising renewable energy resource. Unlike wind and micro hydro it is widely distributed. It is also a means of energy storage. Biomass could be considered as a partially oxygenated hydrocarbon. It has higher ash content than hydrocarbons but it is much lower in sulphur. The heat content of good quality biomass is about 70 per cent of high grade coal and 40 per cent of diesel. The sources and types of biomass are shown in Figure 8.2.

Figure 8.2

Major Sources of Biomass

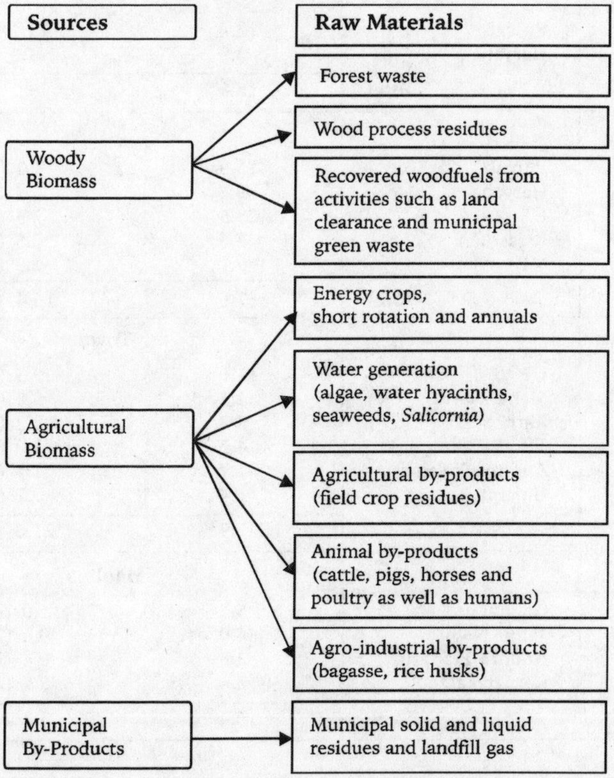

Crop residues (CR) are the most promising source of biomass for energy generation in India. With increasing production, the amount of crop residues generated each year has increased and a significant portion of this amount has become surplus to the conventional use of CR for animal feed, material of construction, industrial feed stock, etc. The surplus crop residues are generally burnt in the field for disposal resulting in loss of organic matter and creating a serious problem of air pollution. SPRERI's estimate of CR burnt in 2000-01 is presented in Table 8.5.

Table 8.5

Estimate of Crop Residues Burnt in 2000-01

Crop	*Major Producer States Having Surplus CR (MT)*	*Type and Amount of CR (MT)*	*Surplus CR*
Rice		**Straw**	
	Punjab	12.4	11.2 (90)
	Haryana	3.9	1.9 (50)
	Total	16.3	13.1
Wheat		**Straw**	
	Punjab	15.9	8.0 (5.0)
	Haryana	9.5	3.2 (33)
	UP	25.5	2.5 (10)
	Rajasthan	7.6	0.8 (10)
	MP	9.1	0.9 (10)
	Total	67.6	15.4
Sugarcane		**Trash**	
	UP	11.6	9.3 (80)
	Maharashtra	4.7	3.8 (80)
	Karnataka	2.8	2.2 (80)
	Tamil Nadu	4.7	3.8 (80)
	Andhra Pradesh	1.7	1.4 (80)
	Gujarat	1.4	1.1 (80)
	Total	26.9	21.6
Groundnut		**Haulms**	
	Gujarat	5.2	1.0 (20)
	Tamil Nadu	4.0	0.8 (20)
	Andhra Pradesh	3.8	0.8 (20)
	Karnataka	2.4	0.7 (2)
	Total	15.4	3.3

(contd...)

(...contd...)

Crop	*Major Producer States Having Surplus CR (MT)*	*Type and Amount of CR (MT)*	*Surplus CR*
Mustard		**Stalks**	
	Rajasthan	4.5	2.2 (50)
	UP	1.6	0.8 (50)
	MP	1.3	0.6 (50)
	Haryana	1.1	0.5 (50)
	Gujarat	0.9	0.4 (50)
	Total	9.4	4.5
Cotton		**Stalks**	
	Gujarat	11.7	4.7 (40)
	Maharashtra	7.8	3.1 (40)
	Haryana	2.7	1.1 (40)
	Punjab	1.8	0.7 (40)
	Rajasthan	2.7	1.1 (40)
	Karnataka	2.7	1.1 (40)
	Total	29.4	11.8
		Total Surplus	**69.7 MT**

Note: * Percentage given in parentheses.

In addition to CR, surplus agro-processing waste like bagasse (48 MT), rice husk (15 MT), groundnut shell (1.5 MT), press mud (9 MT) and food processing waste (4.5 MT) add to the amount of agricultural biomass available for power generation. Using a modest conversion efficiency figure of 20 per cent, half of the CR burnt in the field and the unused processing waste can sustain the generation of 6000 MW in the rural sector for 320 days in the year. A 50 per cent increase in agricultural production in the next 10 years will add about 160 MT of CR most of which will be surplus to its non-energy uses. The potential for sustainable agricultural biomass-based decentralised power generation in 2015 could be 15000–20000 MW. Extensive use of cogeneration will not only supply electric power but also huge quantities of process steam needed in most agro-processing operations.

It is worth examining as to what extent the potential output of biomass-based decentralised power generation can meet the needs of a programme to develop agro-industrial activities in the rural areas. Table 8.6 below gives the requirement of some primary processing industries for electro-mechanical energy and process steam.

Table 8.6

Energy Requirement of Some Agro-processing Industries

Industry	*Mechanical Energy/t of Raw Material (kWh)*	*Steam/t of Raw Material*
Flour Mill	20.0	-
Rice Mill (parboiled rice)	22.5	0.4
Dal Mill	20.0	-
Sugar Mill	36.0	0.4
Oil Mill (refined oil)	170.0	1.0
Oil Mill (filtered oil)	75.0	0.2
Milk Plant (mixed products)	464.0	1.6

Source: Souvenir-cum-Proceedings of the National Seminar on *Food Processing: Challenges and Opportunities*, 1999, Gujarat Agricultural University, pp.236.

The total energy need for primary processing of 100 per cent increase in crop production and 40 per cent increase in milk production will be of the order of 17 x 10^9 units requiring an installed capacity of 3000 MW. Food processing is more energy intensive than primary processing. An installed capacity of about 7500 MW with co-generation facility should meet the power and steam requirements of a major programme to develop food and agro-processing industries and allied activities like low temperature storage. Biomass-based decentralised power generation can not only meet this requirement but also supply reliable power to the rural population around such power plants and still have enough capacity to supply power for operations like micro and sprinkler irrigation and thrashing and promote the shift to precision agriculture.

The next figure (Figure 8.3) explains how raw biomass of different types can be converted into fuel forms which are commonly used in energy generation systems.

The range of biomass-derived fuels is vast, extending from solid fuels for combustion in boilers to liquid and gaseous fuels which can be used in most modern turbines. Biomass-based power generation is already used extensively in sugar mills (steam-turbine route). Technically sound biomass gasifier systems up to 100 kWe capacity and suitable for partial (70 per cent) replacement of diesel in CI engines are produced in India. The design and performance of larger gasifiers is being improved and reliable systems up to 500 to 1000 kW

Figure 8.3

Biomass to Solid, Liquid and Gaseous Fuels

(a)

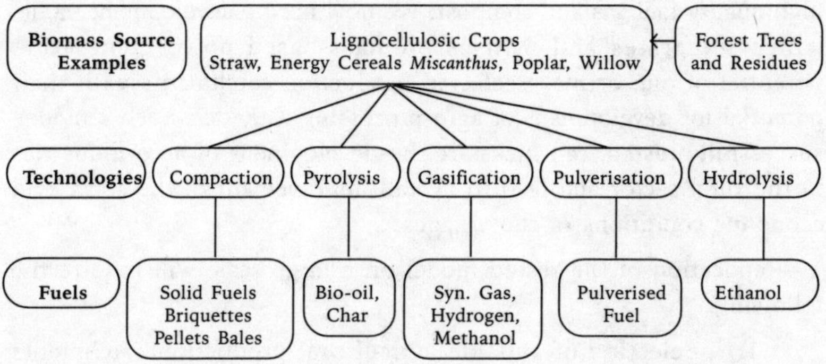

(b)

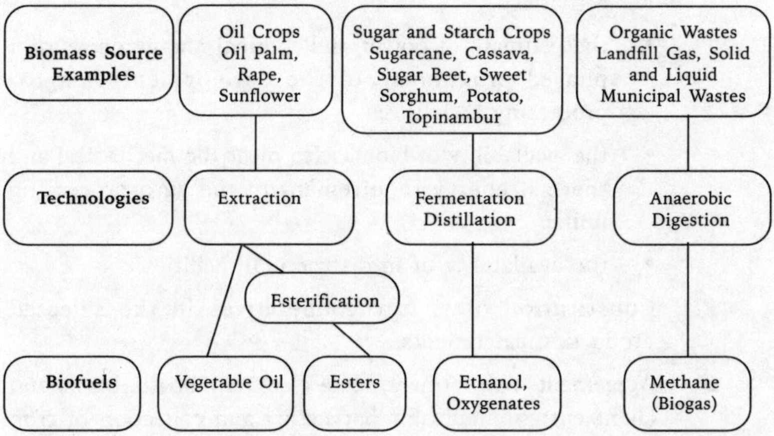

may soon be commercially produced. SPRERI has successfully tested its modular design of down draft throat type gasifier which can meet the fuel requirement of a 1.25 MW energy generation system. Engines capable of operating on producer gas alone obtained from biomass gasifers have been developed. Gasifier systems in megawatt range three MW and more) using integrated gasification combined cycle (IGCC) have performed well in Europe and USA. A remarkable progress has been made in Europe and USA in the production of bio-oil from biomass through fast pyrolysis technique. The conversion efficiency in this process can be as high as 75 per cent. SPRERI has developed the method for solid state conversion of crop residues into high quality fuel gas and compost. We now need a development model which integrates and utilises biomass-based power generation potential of one or more selected production catchments with their potential for development of agro-processing activities. Such a model, successfully tested, can kickstart the development of agro-industries in the rural sector and lead to overall improvement of the social and economic conditions of the villages.

Replication of the tested model on a large scale will require the following:

1. Selection of suitable agricultural production catchments based on
   - the potential for development of agro-processing activities;
   - the estimate of power and thermal energy needs of a phased programme of the development of agro-processing activities;
   - the availability of biomass to meet the mechanical and thermal energy requirement of the agro-processing units;
   - the availability of infrastructural facilities.
2. Constitution of energy cooperatives in the selected production catchments.
3. Agreement with farmers, state electricity board, banks and client entrepreneurs for harvesting and collection of crop residues, grid connectivity and sale of surplus power, project financing and sale of power and process steam respectively.
4. Availability of appropriate package of equipments and practices for harvesting, collection, densification, handling, transport, storage and pre-treatment of crop residues and other biomass.

5. Availability of biomass-based energy generation systems proven for their technical and economic performance for power generation or cogeneration.
6. Rural manpower trained in the operation, maintenance and management of systems for biomass recovery and supply, biomass-based power generation and processing of agro-products. They should also be trained in marketing and for maintenance of infrastructure.
7. Improved storage and transport facilities.
8. Adequate banking facilities.
9. Dependable quality control arrangements.
10. Reasonably assured market for processed products.
11. Efficient information dissemination system.
12. Continuing efforts through R&D to improve performance in all segments of the integrated programme of production, processing, marketing and energy generation.
13. In the absence of sufficient experience, it will be advisable to test the model of integrated energy supply and rural development with focus on biomass-based decentralised power generation and agro-processing on pilot scale in two or three selected agricultural production catchments. Issues relating to the pre-requisites listed above can be addressed while implementing the pilot projects. The goal should be to design, test and successfully demonstrate the integrated model for replication.

The high cost of renewable energy continues to dampen the enthusiasm of the decision makers to move from the hydrocarbons to renewable energy sources. SPRERI has worked out the following unit costs (Rs./kWh) for the renewable energy systems developed/installed by it:

1. 1.5 kW SPV, 2 kW inverter, 600 Ah battery bank and 48 V supply-Rs. 18.85 per kWh.
2. 25 kW biogas-diesel genset with matching biogas plant and accessories-Rs. 3.51 per kWh.
3. 100 kW producer gas genset with matching gasifier system and accessories-Rs. 3.17 per kWh.

None of these renewable energy technologies significantly add to the atmospheric CO_2. Taking the CO_2 trading price of US$ 9/tonne, these technologies get a benefit of about Re. 0.75 per kWh, which brings the energy cost to less than Rs. 3 per unit, which is still higher than the expectations of SEBs. However, if we take into account the fact that in 2001-02 only 10.10 per cent of the unit cost was recovered from agriculture, renewable energy could also be subsidised and supplied at Re. 0.30 per unit to the rural sector. The user, particularly the agro-industries will be willing to pay more, may be at a rate which is remunerative for the generating agency, and power supply will be assured and of good quality. Financial returns to the farmer for the crop residue not burnt or wasted, empowerment of the rural community to regulate generation and use of power, additional employment and development of services and infrastructure in rural areas will be the other advantages of biomass based decentralised power generation.

Recently SPRERI, along with an Austrian consultancy organisation carried out a feasibility study of a 10 MW CR based power generation plant using SPRERI process to convert biomass into fuel gas and compost. The results were exceptionally encouraging, showing that the investment could be recovered in four years.

Time has come to give a fair chance to biomass-based power generation and its limited distribution to create employment and non-land economic activities in the rural areas. The technology is available. Will, plan and strategy are needed to realise the establishment of a rural power generation system designed to meet the needs of the rural sector and free it from the constraints imposed on it by inadequate and poor power supply.

9

Rural Electricity Tariff

SUBHES C. BHATTACHARYYA

Introduction

Although a large section of Indian population lives in rural areas, and despite continued rural electrification efforts over decades, the progress in rural electrification remains poor. On the one hand, the access to electricity is limited to only 35 per cent of the rural population where 70 per cent of the Indians live and on the other, subsidised electricity supply for irrigation has played havoc to the financial conditions of utilities (where the industry is reformed, the distribution companies in particular, but others up the chain as well). In fact, rural electricity supply is often considered in India as synonymous to energising agricultural pump sets and hence, the official statistics focussed on number of villages connected to the grid, without paying attention to access issues.

India faces an important challenge in terms of providing electricity access to its population because of high concentration of population without energy access. In fact, data from IEA (2002), indicates that India houses the largest number of people in any country in the world without adequate energy access. While India has announced ambitious targets for providing electricity and energy access, one of the key concerns is to ensure the availability of reliable energy services at an affordable cost. There lies the challenge, for satisfying the above conditions is not an easy task.

The Electricity Act, 2003, opened the door for new opportunities and initiatives in the electricity industry and has the potential of revitalising the electricity supply in rural areas through private participation and relaxed regulation. As is well known, electricity tariffs will have an important role in all such endeavours. Unfortunately, rural electricity tariff in India has not received much attention either at the academic level or at the utility/regulatory level, although agricultural tariffs often receive a significant amount of attention (for example World Bank (2001) or ESMAP (2002)). Most of the electricity regulatory bodies have either ignored the issue or have taken an *ad hoc* position. This chapter attempts to bridge the gap by analysing the issues of rural electricity tariffs.

The chapter is organised as follows: the next section attempts a characterisation of rural electricity demand and supply; in the following section we present an overview of the existing rural tariffs and argue, why distinct rural electricity tariffs are required in India. The next section considers the tariff and cost allocation framework and considers the constraints to the implementation of rural electricity tariffs. Finally, we consider the issues related to subsidy and financial viability and present the conditions required to ensure a viable rural electricity supply industry. The last section provides some concluding remarks.

Characterisation of Electricity Use in Rural India

Access to Electricity

Access to electricity in India is not uniform geographically. State-level details provided by the Census 2001, indicate a wide disparity of access to energy among states. Electricity access to more than 95 per cent households is noticed only in union territories of Chandigarh, Daman & Diu and Lakshadweep. More than 90 per cent of the households in Punjab, Himachal, Goa and Delhi have access to electricity. It is observed that state-level GDP has a good correlation with the level of electricity access in a state (Figure 9.1). In general, higher the per capita GDP, higher is the access to electricity for lighting. The derived demand for electricity would manifest more clearly as the restrictions on movement and pricing of agriculture produce in India are lifted, allowing them to command international prices.

It is observed that the level of electricity access is less than 10 per cent for per capita income below 10,000 rupees per year. Rapid increases in the access level can be noticed for the income ranges between 10,000 and 20,000 rupees per year, and is followed by an asymptotic saturation as per capita GDP reaches around 40,000 rupees per year.

Figure 9.1

Relation between Electricity Access Rate and Per Capita State GDP

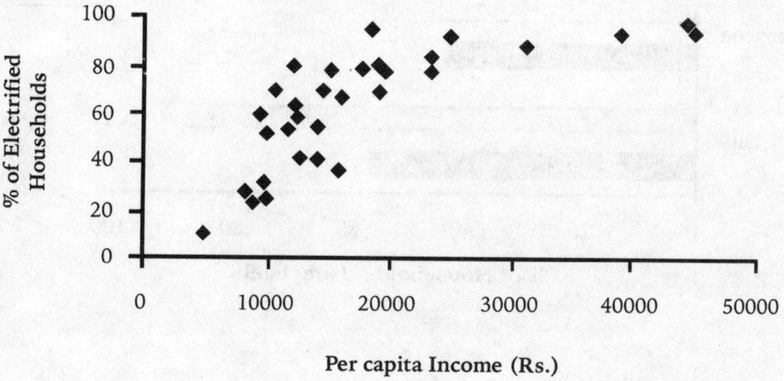

Source: Census 2001 and GoI (2003).

Electricity Usage

The choice of energy source for lighting is mostly between kerosene and electricity, both in rural and urban areas. Figure 9.2 indicates that 56 per cent of Indian households use electricity for lighting. However, there is wide disparity between urban and rural areas. About 43.5 per cent of rural households have access to electricity while the rest mostly rely on kerosene. The situation in urban areas changes dramatically: about 87.6 per cent of the households use electricity for lighting and about 11.6 per cent use kerosene.

For cooking purposes, electricity is rarely used in the rural areas. The main consumption of electricity in rural India is attributed to agriculture. The real consumption level in this case is hardly known due to lack of accurate data. The policy of non-metered electricity supply has led to a culture of estimation of consumption, based on number of pumps energised, the estimated load and assumed pump operation period. All the figures are inaccurate, which has resulted in significant overestimation of consumption.

Figure 9.2

Distribution of Indian Households by Source of Lighting

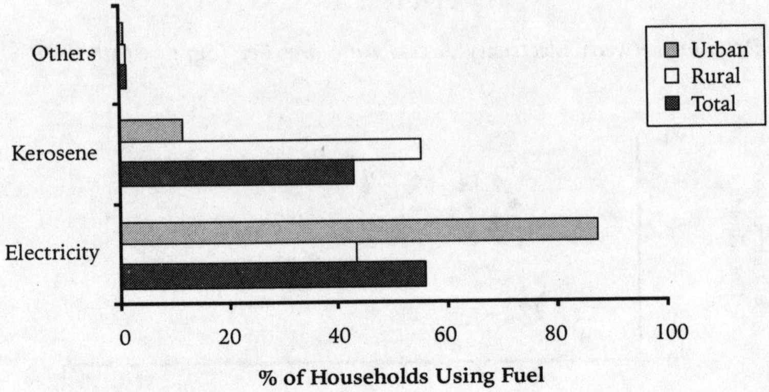

Source: Census 2001.

Rural Electricity Supply

Rural electrification programme in India was launched with emphasis on two areas: 1) village electrification and 2) electricity supply to irrigation pump sets. The former aims at enhancing consumer satisfaction, while the latter aims at increasing crop yield. The public sector entities, under the influence of the governments and bureaucracy, were engaged in elaborate programmes of rural electrification.

The area of focus was certainly maximising farm output, which did result in the Green Revolution in the mid-sixties through use of better seeds, water supply and fertilisers. This, though localised in a few states and focussed on few crops, transformed the country from an importer of foodgrains to a self-sufficient (even an exporter) country. Thus, from a macro point of view rural electrification was a success, the benefits having trickled down to the Indian farmers, probably with comparatively bigger farm holdings.

A number of schemes exist to facilitate electricity access to the poor. Government of India launched in 1988-89, a single point connection programme for the poor (called Kutir Jyoti, KJ for short, or Bright Home programme). Households below poverty line are eligible for this support and the central government bears the entire cost of service connection and internal wiring. According to Rural Electrification Corporation, more than 5.8 million households in the rural areas have benefited from this scheme at a cost of 4.5 billion rupees.[1] There are other programmes of similar nature for slums and disadvantaged sections of the population. More recently, some programmes have been launched with central government assistance that attempts to establish a link between rural development and rural electrification.

Yet, until recently, the indicator of electrification was not based on the percentage of households or population with access to electricity but merely extension of electricity lines to a particular area. Consequently, although many states have achieved full electrification more than a decade ago, they were unsuccessful in providing access to 100 per cent of their population.

The state objective of rural electricity supply had a disastrous effect on the finances of the electric utilities in the country. Electricity supply to pump sets and poor households imposed certain financial burden on the utilities, for the following reasons:

- Non-metered supply was a source of electricity leakage for the utilities[2] and the consumption estimated, based on arbitrary assumptions about usage and connected loads, was a source of dispute. It is often claimed that single point consumers are able to use higher loads than expected and is a major source of unaccounted for energy consumption. Similarly, farmers resort to under-declaration of pump loads and where they receive supply at minimal monetary cost, they tend to use irrationally. The non-metered supply also encouraged the practice of fudging electricity consumption statistics by the utilities.
- Growing number of consumers implied that new service connections were provided by extension of low voltage

1. See REC website: *http://recindia.nic.in/operkutir.htm* for the details.
2. It is also not clear whether the initial cost paid for by the central government included the cost of meter installation or not and whether there was any misappropriation of funds in this regard.

distribution lines, which exposed the system to theft and to higher losses. This also exposed the utility to higher financial risks, as the subsidy estimation became a matter of dispute.

- Non-compensation of subsidised social supply by the state governments affected the utilities, financially. Electricity rates are highly subsidised for these consumers and often, there is a flat monthly rate charged. State governments often did not accept the subsidy liability and when accepted, did not compensate the utilities in time or at all. With eroding cross-subsidy base, the subsidy burden affected the utilities financially.
- Discontinuation of low tariffs for these consumers became politically difficult in most cases. For example, in Karnataka, the nominal value of tariff did not change between 1987 and 2000, implying a fall in tariff in real terms (KERC, 2000). This made political acceptance of subsequent tariff changes difficult.
- There is high rate of default and poor revenue collection rate from these consumers. This is partly because of poor record keeping by the utilities and partly because of poor paying capacity of the consumers. Although, utilities were supposed to disconnect consumers for repeated default, this did not happen in most of the cases.

Due to the financial burden these programmes impose, utilities often showed less interest in promoting such schemes actively and even the targets set by the utilities were not met. There is now reluctance to promote rural electrification and similar programmes due to financial constraints of the state governments as well. Moreover, the quality of supply has remained poor with intermittent supply along with wide voltage variations and frequency excursions.

As discussed below, the onus now lies with the electricity regulatory commissions to mitigate cost-price (tariff) mismatch by formulating a rationale pricing policy for the agrarian segment. There is also a need to promote rural electrification with uninterrupted good quality power supply as business proposition. This will ensure 'demand pull' and an assessment of 'ability to pay' reflected through willingness to pay. This in turn, would make rationalisation of tariffs easier and address funding problems as well as viability issues related to decentralised power generation and distribution in India. In the absence of this we may face the fate of Andhra Pradesh, where the state, lead by the reform oriented chief minister, was voted out of power and the party that took over promptly made agriculture pump set supply free.

Rural Electricity Tariffs: Present Situation and Need for a Change

Tariff for Rural Areas Served by SEBs or Licencees

Like many countries around the world, most Indian states followed uniform tariff policy for the entire state, although it could be imagined that the cost of supply would vary depending on the geographical location. The consumers got accustomed to this tariff policy as well. However, there was no legal requirement for uniform tariffs under the Electricity (Supply) Act of 1948. The reform Acts of many reforming states did not explicitly prohibit geographically differentiated tariffs (as in Orissa or Haryana), but in some cases, the reform Acts did put some restrictions. For example, Section 26(8) of the Act requires the Commission "to fix tariff in such a manner that, as far as possible, similarly placed consumers in different areas pay similar tariff." A similar provision can be found in Karnataka Act as well. While different interpretations are possible, the provision appears to suggest uniform spatial tariffs. The underlying logic for ignoring the cost aspect could be administrative simplicity (and hence, less transaction costs). Low penetration of electricity in rural areas could also partly explain low importance attached to geographically differentiated tariffs.

We have compiled the following table (Table 9.1) based on the tariff orders of various state electricity regulatory commissions. It indicates that many states do not attach any special consideration for the tariff in rural areas. Where the distinction is made, there is no sound basis. In most cases, *ad hoc* discounts are allowed to rural consumers.

Table 9.1

Present Situation of Rural Electricity Tariff in India

Consumer Category	*States where Rural-Urban Differentiation in Tariff Exists*
Domestic–Lifeline	No separate rates
Domestic–Base Consumption	Karnataka, West Bengal, Rajasthan, UP
Commercial	West Bengal, UP
Industry–Small	Karnataka, West Bengal, UP
Industry–Big	UP
Public Water Works	Karnataka, Tamil Nadu
Street Lights	Karnataka, Tamil Nadu, Rajasthan, UP

Source: Various Tariff Orders of regulatory commissions.

Karnataka (KERC, 2000) BJ/KJ consumers throughout the state are charged at the same rate and no spatial consideration is given in setting the tariff. It appears that the majority of the consumers of this category live in rural areas. The tariff for lighting consumers is same irrespective of location. But for consumers in the AEH category (lighting and heating), the Commission has allowed a rebate in the fixed charge for rural consumers subjected to rostering. For commercial consumers, no distinction is made by geographic location but for industrial consumers, a lower fixed charge is imposed for rural areas subjected to rostering. A reduced tariff applies for street lighting and water pumping in rural areas (*panchayat*).

Rajasthan has allowed a 10 per cent rebate for domestic consumers in rural areas who do not receive electricity round the clock. For street lighting in rural areas, the energy charge is 8 per cent lower than the urban areas and the fixed charge is about 30 per cent less.

According to UPERC (2001), Uttar Pradesh charges reduced tariffs for rural areas depending on whether the supply is subjected to rostering or not and also, whether the connection is metered or not. This distinction applies to residential and commercial consumers. For street lights, Uttar Pradesh has reduced rates for rural areas. For industrial consumers in rural areas a 10 per cent discount is allowed, which applies to both small and big consumers.

West Bengal has established a set of differentiated tariffs for non-municipality, non-corporation areas and municipality, corporation areas. For the domestic consumers, the consumption slabs are different and the rates vary from Rs. 0.05 to 0.4 per unit but there is no apparent logic for such variations. A similar tariff structure is followed for the commercial consumers and small and medium industries. However, no differentiation is made in tariffs for public water works, street lights and bulk supply or large industries.[3]

Tariff for Rural Areas Served by Electricity Cooperatives

Rural electricity supply cooperatives (RESCO) are not very common in India, although a few cooperatives existed in Surat and other places (Panda and Mishra, 2004). In 1969, India with the technical support of NRECA of USA, initiated an experiment for co-operative rural electricity supply. Five cooperative societies were established on a pilot basis. A recent report indicates that 37 RESCOs existed in the country in 1998 (Coelho Committee, 1998), but some of them were merged with the SEBs in 2003, due to poor financial performance (CEA, 2004). The state governments decided their tariffs in the era of Electricity (Supply) Act and since the creation of regulatory commissions the task has been transferred to them.

A quick search of relevant orders of the regulatory commissions indicates that at least three commissions have set tariffs for rural co-operatives (Karnataka, Andhra Pradesh, and Maharashtra). The salient features of these tariffs are discussed below.[4]

In Andhra Pradesh, nine cooperatives were allowed temporary licences initially after the power sector restructuring in the state but due to high level of inefficiency, five of them were wound up in 2003. Only four cooperatives are operating now. These cooperatives purchase power from the Transco at a subsidised rate but charge the retail tariff as determined by the Commission (APERC) for their consumers.

In Karnataka, only one RESCO exists (Hukeri), which is one of the pilot cooperative societies set up in 1969-70. The Commission allowed lower rates for bulk electricity to the Society on poor 'capacity to pay' grounds and the subsidy for the below-cost supply came from the

3. This information is obtained from the West Bengal Electricity Board website: *http://www.wbseb.gov.in/condnofsupply13.htm*.

4. MERC (2004), discusses the relevant extracts from the orders.

government. The cooperative charged the same retail tariff as prevailed elsewhere in the state.

In Maharashtra, Mula Pravara Electric Cooperative Society (MPECS) is one the pilot cooperatives set up in 1969. It distributes electricity in 183 villages to 0.137 million consumers having a connected load of 207 MW. The Commission treated the RESCO as a licencee and the SEB charges the bulk supply rate applicable to licensees of the Society. The retail tariffs applicable to the Society consumers remain same as in the other parts of the state.

The above discussion indicates that the commissions have not evolved any specific tariff policy for the rural societies and did not consider tariff differentiation at the retail level to be appropriate.

Need for Distinct Rural Electricity Tariffs

The review of present status of tariffs leads us to inquire whether there is a case for distinct rural electricity tariffs. In the following paragraphs we analyse such a possibility.

Economic Justification

The cost of providing electricity need not be the same throughout the supply area of a licencee. If a utility charges a uniform tariff for a customer category in the entire area of service, consumers in the high cost area (i.e. tariff is below the cost) are encouraged to consume more power than they would if charged the full cost of power service. On the other hand, consumers in the low cost area (i.e. tariff is above the cost) may consume less than they would if the tariff was set at the cost. This spatial cross-subsidisation may be considered as a source of inefficiency as it does not provide the correct signal to consumers about their consumption and investment decisions.

The cost characteristics of rural electricity supply are significantly different from that of other areas. In many states, rural electrification is considered as synonymous to electricity supply to agricultural pumps for irrigation purposes. Electricity demand for agriculture is a seasonal demand that varies with the type of crop, climatic condition and other factors. Residential demand is mostly limited to lighting and occurs during the peak period. For most of the remaining time, the demand is practically non-existent, implying a low rate of capacity utilisation. There is little productive use of electricity, besides agriculture as industrial and commercial demand is relatively insignificant.

These features influence the cost of supply adversely for a number of reasons. Low and sparse demand leads to supply through long low-tension lines. It also causes poor capacity utilisation of assets and consequentially, high capital requirement for grid extension. Moreover, the distribution of agricultural load is not uniform in any state. For example, Figure 9.3 indicates the variation in agricultural load at the circle level of Maharashtra. Some circles do not have any agricultural load whereas in some other cases the share is as high as 65 per cent. Most of the circles with predominantly non-agricultural demand have higher electricity demand and accordingly, must account for a higher share of the supply infrastructure than the rest of the state. From the cost of supply point of view, these differences should be reflected in the costs and tariffs. This supports the case for distinct rural tariffs.

Supply Characteristics

The quality of electricity supplied to rural areas is much inferior to that supplied to the urban areas. It is well known that power availability is restricted through rostering and the quality of power—in terms of voltage fluctuations, frequency excursions and interruptions—is often poor. This is now a well-accepted fact (see World Bank, 2001) and is precisely the reason that prompted the KERC to offer some discounts to rural consumers in tariff (KERC, 2000). Figure 9.4 indicates the availability of electricity to agriculture in various circles of Maharashtra. It clearly indicates that the availability[5] is as low as 10 per cent and normally ranges between 15 and 20 per cent. Rural supply is often disconnected during peak hours, thus rendering it a largely off-peak supply wherein the opportunity cost of generation is just a small fraction of the on-peak cost of electricity generation. The tariff would also have to be adjusted for class peak component of rural consumers.[6]

5. Defined as the percentage of time out of the total hours available in a year (i.e. 8760 hours).

6. As the generation tariff is based on average costs as opposed to marginal costs, this distinction is normally not made in the tariff determination process. It is difficult even for the regulatory bodies to identify the cost difference and properly assign it to consumers.

Figure 9.3

Distribution of Electrical Load and Agricultural Share in Load in Maharashtra

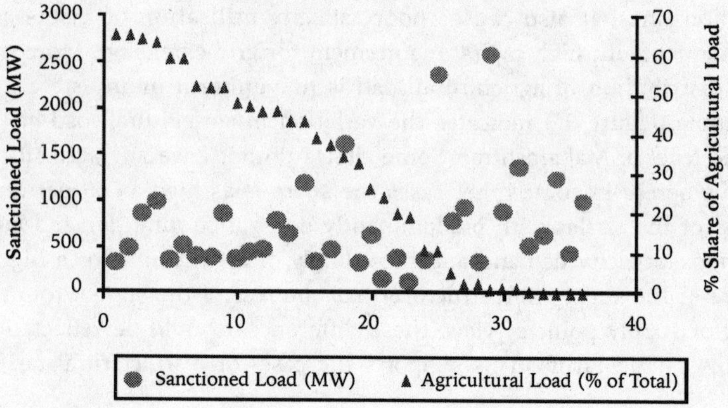

Source: MERC (2004).

Once again, averaging used for uniform tariffs hide these differences and can be a source of cross-subsidy that goes against the rural consumers.

Figure 9.4

Hours of Agricultural Supply in Various Circles of Maharashtra

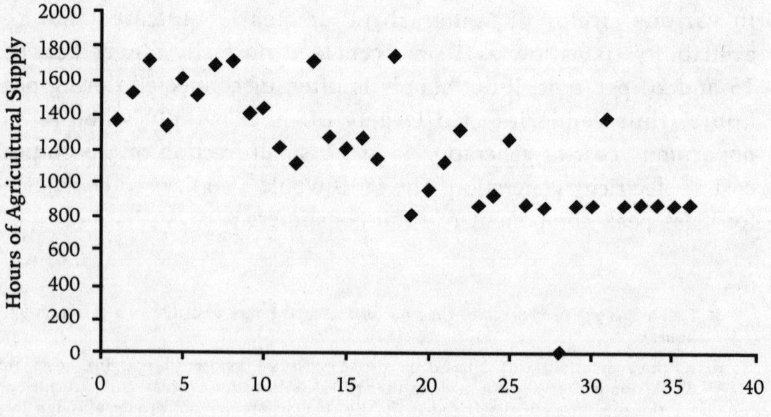

Source: MERC (2004).

Impact of Supply Technologies

The Electricity Act, 2003, has made a departure from the earlier Acts in promoting decentralised electric supply sources. These technologies are more likely to be embedded at the distribution level and provide an opportunity for the rural areas to set up their own local generating units based on locally available resources. The cost characteristics of these technologies would be significantly different from that of the central generating stations (See Banerjee (in press) for a cost comparison of different options.) Depending on the source of electricity used, the costs could be different and it would surely make sense to reflect these variations in the tariffs, rather than grossing them over.

Financial Justification

Rural electrification has been carried out in the country mostly through special financial resources either obtained from the Rural Electrification Corporation at special interest rates (1-3 per cent) or through funds obtained from various central government schemes (see GoI (2004) for a list of such schemes). For example, the central government accords 100 per cent funding for projects undertaken through the Pradhan Mantri Gramodaya Yojana (PMGY) as loan (90 per cent) and grant (10 per cent). Similarly, for Kutir Jyoti schemes, the cost of internal wiring and service connection charges are provided by the REC as a grant to the state government who is responsible for carrying out the work through the electricity board or licencee.

The determination of revenue requirements of a licencee or a board by the commissions at present does not take special care for the assets created specifically for rural supply. The commissions determine the overall financial cost to the utility in terms of interest charges for the debt component of the utility. As a result, the benefit of reduced-rate loans is distributed to all consumers instead of attributing to the rural consumers. This results in a cross-subsidy of interest charges from the rural areas to urban areas, which perhaps was never noticed so far. This is clearly an unintended result of the regulatory practice being followed in the country and needs to be rectified at the earliest. For correct attribution of costs and fair determination of tariffs, the rural-urban segregation of tariffs appears to be a necessity.

It is worthwhile to mention here that the present accounting practice of the utilities does not allow easy access to information on rural-urban basis. The accounting practice needs to be changed so that capital expenditure, interest charges and depreciation on assets can be easily extracted separately for rural and urban assets from the accounts of the utilities. To the best of the knowledge of the author such accounting information is not maintained so far, in Indian utility. Such accounting information will also help the regulators to ascertain whether low interest funds were either being siphoned off or diverted to some other use instead of developing a cost-effective management of rural electricity supply.

Administrative Justification

Differentiated tariffs for a vertically integrated utility serving the entire state could be thought to be somewhat difficult to implement from administrative point of view. Often the bills are printed at the head office and varying tariffs may be somewhat difficult to apply. In the present situation of reformed utilities, this argument does not appear to be so strong.

Moreover, the Electricity Act, 2003 (henceforth EA, 2003 for short) envisages unregulated rural electricity markets for promotion of rural electrification. The National Rural Electrification Policies (GoI, 2004) suggests that the supply can be undertaken by local bodies and where the power is procured from non-licencee sources, the tariff will be determined by the block level committee. The scope for different tariffs in different areas has become a distinct possibility in such a scenario. The more decentralised the supply becomes, the cost diversity of supply will increase and cost-based tariffs will lead to spatial tariff differentiation. Ignoring this basic reality can be damaging for the rural electricity supply industry, in particular and for the electricity industry, in general.

Social Justification

While considering rural electricity tariffs, the issues of affordability and equity cannot be ignored. Electricity access can be enhanced only if it is affordable to the household without electricity access but unless the demand is substantial the cost cannot be reduced. This leads to a chicken-or-egg-first dilemma and unless this is broken, no progress will be made. In this context, it is worthwhile to mention that as a traded commodity, electricity would figure fairly low in rural household's priority list—way below food, clothing, housing, health and drinking water. With high marginal propensity to consume (MPC), a significant share of the household income would be used for meeting the basic needs of life, leaving a small fraction of income for electricity bills. This situation is difficult to change in a condition when electricity use provides consumer satisfaction without necessarily providing additional income to the rural households in most cases.

Historically, the urban areas benefited from large public investment in electricity supply infrastructure and the society as a whole has borne the costs through general taxes, not the urban consumers alone. This is true even today in many places. It is no fault of the rural people that their electricity demand is low and that there is little productive use of electricity in rural areas. This situation has arisen because of urban-centric policies of the successive governments and the utilities, lack of integrated approach towards development and economic, regulatory and other barriers preventing proper utilisation of resources. Distinct tariffs for rural areas can be a means of addressing this imbalance.

Legal Justification

As mentioned earlier, there is no legal impediment to distinct rural tariffs. The reform Acts provide enough freedom to the commissions to justify separate rural tariffs. The EA, 2003 can be viewed as encouraging such a prospect.

Based on the above discussion, a case can be made for distinct rural electricity tariffs in India. In the next section, we consider how such a differentiated rural tariff scheme can be implemented in the Indian context.

Considerations for Rural Electricity Tariffs

In this section, we outline a framework for rural electricity tariffs based on a number of considerations. First, the theoretical aspects are presented, followed by modifications to the tariff based on other considerations.

Recapitulation of Theoretical Considerations

In a competitive market situation the interaction of supply and demand results in a market clearing price. This is the model of reference for any economic analysis. This price is equal to the short-run marginal cost of supply at the optimal output. For a fixed capacity plant, which is relevant for the electricity supply industry, the marginal price rule suggests that the price should be equal to the marginal variable cost or operating cost, unless there is excess demand at this price. In presence of excess demand, the price has to be raised to the appropriate level required to limit the output to the capacity of the plant (Rees, 1984). Similarly, in presence of distinct peak and off-peak demand situations, as is observed in the electric supply industry, the pricing rule changes: off-peak consumers will pay for the marginal operating costs and the on-peak consumers are required to pay both operating as well as capacity charges. Moreover, in the presence of indivisible capacity, the pricing tends to fluctuate with investment in capacity and the economic literature suggests that one way to overcome this problem is to use a long-term approach to tariff-setting, which is commonly known as long-run marginal cost pricing (LRMC). However, given the difficulties in estimating LRMC in practice, the advocates of this pricing principles ultimately settle for some kind of average pricing based on assumed future demand, future capacity expansion schedule and assumed costs for providing the supply. The main difference between such a futuristic price and the simple average price is the basis of cost: the former uses future cost estimates while the latter uses accounting costs.

A number of difficulties however, prevent direct application of this theoretical construct in practice. The first best conditions, assumed in the theoretical model, do not prevail in reality and the presence of natural monopoly features of some segments of the electricity supply industry imply that the marginal cost-based pricing may not be financially remunerative for the utilities. The marginal pricing rule has to be adjusted to Ramsey-Boiteux pricing to satisfy the budget requirement of the utility. This second-best pricing requires price discrimination by demand elasticity and the more inelastic the demand is, the higher the price would be. Inelastic demand goes with lack of substitutes and pricing based on elasticity principle can be regressive in nature.

While marginal cost-based pricing is the economic prescription, very few utilities in the world follow this principle for tariff setting. Often tariffs are set based on accounting costs as it is easier to reconcile with the revenue requirement of the utility in a regulated environment. In such cases, embedded cost methods of cost allocation are often used. In the Indian case where the tariffs are far removed from efficient levels, any of these methods is expected to provide a general signal in the same direction.

Cost Allocation Process[7]

For setting cost-based tariffs, the cost of providing a service needs to be estimated. Cost of service studies, as they are commonly known, help regulators to determine the costs of providing service to various areas and thereby, help tariff design. Such a study involves cost functionalisation, cost classification, and cost allocation among consumer classes.

Cost functionalisation implies separating costs according to function, typically into production or purchased power, transmission, distribution, customer service and other administrative costs. The degree of functionalisation depends on the type of utility (i.e. whether vertically integrated or not) and the regulatory environment (i.e. whether functional separation of tariff is required or not). Until the enactment of the Electricity Act, 2003, there was no formal requirement of complete functional separation of tariffs in India. The EA, 2003, has introduced a number of functional separations and separate tariffs will be required. However, in distribution and retail supply business, no functional separation has been envisaged in the EA, 2003. As the aim of the cost of service study is to identify the cost causation by the appropriate consumer classes, accurate cost functionalisation is important to avoid incorrect attribution of costs. However, information availability often poses constraints.

As rural electricity supply essentially relates to the distribution function, any analysis of rural cost of supply requires spatial disaggregation of distribution-related costs.

Cost classification involves categorisation of functionalised costs depending on the utility service being provided. Three principal cost

---

7. This section relies heavily on NARUC, 1992.

categories are demand costs (i.e. costs that vary with the demand imposed by the consumer), energy-related costs (i.e. costs that vary with the energy provided by the utility) and customer-related costs (i.e. costs that are related to the number of consumers served). Most of the distribution-related costs are demand- and consumer-related costs. Meters, poles, conductors, transformers and service lines are directly related to the number of consumers in an area (or on the distribution system). These are classified as consumer-related costs. Substations and related infrastructure (land and buildings, structures, etc.) are normally designed to serve a particular load and bear no direct relation to the number of consumers. These are considered as demand-related costs. There can however be some joint (i.e. when provision of one service automatically leads to production of a by-product) and common (i.e. when same facilities are used to provide more than one services) costs, which have to be allocated using some assumptions/basis.

Finally, the functionalised and classified costs are allocated among the consumer classes. As local area loads are the major factors in sizing distribution equipment, consumer-class non-coincident peak (NCP) demands and individual consumer maximum demands are normally used to allocate the demand component of distribution facilities. The facilities nearer the consumer are normally allocated according to individual consumer's maximum demand while other distribution facilities (such as substations) are allocated according to NCP. For allocation of consumer-related costs, the number of customers is used with appropriate weightings and adjustments to reflect differences in consumer characteristics.

Generally, three categories of data are required to arrive at the cost of delivered power: cost data, system data and customer data. Cost data includes cost of purchased power, cost of transmission and distribution system, break-up of costs as fixed, variable and customer-related costs, rural-urban difference in costs, voltage level-wise cost data, number of meters, meter rents, percentage of employees working in various functions, classification of assets by function, etc. System data is comprised of, energy sales to various consumer categories, peak demand (MW), peak responsibility of various consumer categories, energy losses at various voltage levels, total power input into the system, information on generation function, step-up function, backbone transformer system, radial facilities, information on distribution system as primary and secondary systems, etc. Consumer data is comprised of, number of consumers serviced under each category and percentage of employees to serve consumers.

To determine rural electricity supply costs, relevant distribution costs have to be identified on rural-urban basis. This presumes that generation and transmission costs are not affected by the rural-urban dichotomy. The level of disaggregation that can be afforded is often decided by the data availability and the administrative costs of implementing a tariff. In the Indian context, tariffs for each distribution zone (or distribution licencee) can be considered as the appropriate level of disaggregation (and averaging of costs) at the initial stage. However, if there is a significant disparity of electrification or access within any particular zone, a more detailed level of disaggregation may be required.[8] The level of disaggregation can be revised with time.

The distribution system starts at 33 kV level for most Indian distribution systems and continues through 11 kV to 400 V for supply at consumer premises. As the costs vary depending on the voltage level of supply, costing by voltage level is important. Such a cost exercise requires information on investments for the distribution system and information on operation and maintenance of those systems. Table 9.2, enlists typical information requirement for functionalisation of costs.

The classification of functionalised costs to demand- and consumer-related categories and the allocation of allocated costs will be as discussed before. The fully allocated costs can be used as the basis for tariff setting.

It needs to be highlighted that aggregated cost information does not reveal cost responsibility, on one hand and diverts some of the subsidies specific to rural area to urban consumers, on the other. The

8. In competitive electricity markets, nodal tariffs based on optimal load flow analysis are often used for transmission pricing. For distribution and retail supply, such an analysis could also provide short-run marginal costs of electricity supply at various distribution points (nodes) based on system configurations. However, such studies are less common for distribution networks as the modelling effort increases exponentially with the increase in size of the distribution system. Moreover, such nodal prices will not be able to recover full costs of supply of the licencee and have to be suitably adjusted to reflect the capacity component of the cost.

net effect of above juxtaposition is not always clear. If specific subsidies are available for rural infrastructure, they need to be accounted for separately and not in an aggregated manner.

Table 9.2

Information Requirement for Functionalisation of Costs for a Rural Electricity Supply Cost Study

Sl. No.	*Description*	*Urban*	*Rural*	*Mixed*
1.	Land	X	X	X
2.	Buildings	X	X	X
3.	Substation equipment by voltage level	X	X	X
4.	Poles, towers and fixtures (by voltage level and type, where possible)	X	X	X
5.	Conductors and devices (underground and overhead separately, and by voltage level, where possible)	X	X	X
6.	Line transformers (by size, type and capacity)	X	X	X
7.	Meters, service lines and installations at consumer premises (by type)	X	X	X
8.	Street light and signal systems (by type)	X	X	X
9.	Substation operating expenses (by voltage level)	X	X	X
10.	Street lighting and signal expenses	X	X	X
11.	Meter reading expenses	X	X	X
12.	Billing, bill collection expenses	X	X	X
13.	Other operating expenses	X	X	X
14.	Maintenance expenses for buildings and structures	X	X	X
15.	Maintenance of station equipment	X	X	X
16.	Maintenance of lines (overhead and underground separately)	X	X	X
17.	Maintenance of line transformers	X	X	X
18.	Maintenance of meters	X	X	X
19.	Other distribution system maintenance	X	X	X

Source: Adapted from NARUC (1992).

Constraints for Rural Tariffs

Although it is desirable to set up rural tariffs, a number of constraints need to be recognised for its implementation. We list below some of them, without attempting to cover the issue exhaustively.

Information Constraints

A number of information constraints are faced when a disaggregated approach is used for tariff setting. It appears that the Indian electric utilities do not report detailed segregated information based on rural-urban split. Total number of urban-rural consumers by category is normally reported but other information as detailed in Table 9.2, is often not available in the public domain. As the business is organised at different levels (sub-divisions, divisions, circles and zones), the required information is likely to be available in some form at the grassroots level but accessing such information may not always be easy.

In general, the aggregated information on the following will be available:

- cost of purchased power,
- overall investment in the transmission and distribution system,
- total power input into the system, and
- number of consumers serviced under each category.

However, information on energy consumption by non-metered consumers, energy losses at various voltage levels, especially at LT levels, peak responsibility of various consumer categories, urban-rural disaggregation of costs, etc., are difficult to obtain. The slow progress of consumption metering and poor record-keeping practices (mostly manual records at the lower levels) make the information flow difficult. The accounting system may not record all details at the required level of disaggregation. For the reformed utilities with re-valued assets, the reconciliation of historical costs with the revaluation at the disaggregated level has proven to be a Herculean task. In such a situation, the correct cost information may not be known at the grassroots level. Lack of such information makes cost allocation difficult. Moreover, the possibility of incorrect decisions based on faulty/partial information remains high as well.

Skill Constraints

Disaggregated tariff making demands skills that are not available in abundance in the country. The regulatory process of tariff-making is a relatively new experience for India and extending this at the block level (as is suggested in the national rural electrification policies) is not an easy task. Even the regulatory bodies with experienced staff and the possibility of hiring consultants find it not easy to manage the tariff exercise within the stipulated time, given the information and time constraints. Capacity building for disaggregated tariff making will be required to avoid a messy outcome.

Political Interference

The quasi-judicial status of the regulatory bodies, the transparent processes for tariff setting and well-argued orders, reduce the possibility of overt political interferences in the tariff. But this is not the case for the suggested block-level committees, who have no legal standing at this stage and their decisions are likely to be politically motivated. This can defeat the entire reform process and adequate care needs to be taken before adopting such a policy.

Issues of Viability and Affordability of Rural Electricity Supply

The issue of rural electricity tariffs inevitably leads to the issues of affordability of tariffs and viability of suppliers at any given tariffs. We look at these interrelated issues in the following paragraphs.

Prerequisites for Electricity Penetration in Rural Households

Energy demand in poor households normally arises from two major end-uses: lighting and cooking (including, preparation of hot water).[9] Cooking energy demand is predominant in most cases and often accounts for about 90 per cent of the energy demand by the poor. Such a high share of cooking energy demand arises partly from the low energy efficiency and partly, due to limited scope of other end-uses.

Any energy use, whether traditional or modern, involves costs and resource allocation problems. Both types of energies impose private

9. In some climatic conditions space heating may also be an important source of energy demand. However, for this discussion space heating demand is not considered.

and social costs. The decision process for use of electricity as opposed to any other form of traditional energies revolves around monetary transactions. Any commercial energy requires monetary exchanges and monetary factors, such as the amount and regularity of money income, alternative uses of money and willingness to spend part of the income to consume commercial energies as opposed to allocating the money to other competing needs, play an important role. The poor normally lack regular money income flows due to unemployment or part-employment, both of which sometimes produce in-kind payments as compensation. Moreover, they often participate in informal sector activities, where barter rather than monetised transactions prevail. It is rational for any household or individual to focus on private monetary costs rather than social and/or non-monetised costs due to the inherent subjectivity and complexity of the valuation problem. Moreover, any modern energy has to compete with other goods and services (including, savings for the future) procured by the household for an allocation of monetary resources. Given the above characteristics and constraints, it is quite logical for the poor to have a natural preference for the fuel that involves no or minimum money transactions. Reliance on firewood and other traditional energies used for cooking, which constitute the major source of energy demand by the poor, can be explained using this logic.

From the above discussion, it follows that if electricity has to successfully penetrate the energy demand of the poor it would then require satisfaction of the following economic factors:

- it should be suitable and perhaps versatile for satisfying the needs,
- it should have a competitive advantage that would place no or little demand for money transactions (in other words, the low-cost supplies) in the present circumstances, and/or
- electricity use must result in supply of adequate money flows to the poor so that they become willing to spend some part of the money on purchasing it.

Consider electricity in light of the above conditions. Electricity enters the poor household only for lighting purposes and is not versatile enough to meet the major demand for cooking and water heating. Lack of alternative lighting fuel, forces the poor to use some form of commercial energies, mostly in the form of kerosene or electricity. The cash-short poor choose an energy that economises cash outflow. Kerosene requiring minimal initial investment and low regular flow of income due to subsidised supply is a natural choice. Electricity where provided at a low price (as is the case in KJ programme) with no or minimum initial investment comes next, as electric lighting offers some added benefits for the family in the form of possibility for extra income generation, entertainment and education for the children. However, the demand for lighting in poor households is low and such a low demand for lighting alone does not justify the investment in electrification of an area.

For cooking energy needs, electricity has to compete with traditional energies that impose little monetary transactions. Moreover, the initial costs for electricity use in cooking acts as a barrier. This cost disadvantage limits the scope for electricity to play a bigger role in rural household energy demand. This implies that residential demand for electricity is unlikely to justify any rural electrification projects.

If electricity cannot compete with traditional energies on cost and hence, cannot penetrate the poor household, the only factor that can work to its advantage is generation of adequate money flows so that rural households can pay for the charges and benefit from better living conditions. This is only possible if electricity can be used for productive purposes. This calls for new strategies for rural electrification by integrating the overall rural development and not through promotion of isolated rural electrification programmes. The main objectives of the new strategy should be:

- To create opportunities for higher income generation in monetary terms, as opposed to in-kind income. Unless the cash flow increases to the poor, there is little chance of succeeding in promoting electricity use.
- To make electricity supply affordable through judicious use of alternative instruments, including subsidies, innovative financing, efficient system operation, etc.

Yet, Indian rural electrification experience shows that the programme has not succeeded in creating additional non-household demand for electricity, except for agricultural demand. While the agricultural demand has increased significantly, it has not resolved the viability problem because of political exploitation of the problem.

Subsidies

It is quite likely that tariffs based on fully allocated costs will find few users of electricity in rural areas. Lifeline consumers (such as KJ/BJ connection holders) and agricultural consumers receive enormous subsidy at present. It is estimated that the gross subsidy for electricity supply was Rs. 430 billion in 2001-02. The subvention component was Rs. 83 billion only, leaving uncovered subsidy to Rs. 290 billion (PC, 2002).[10] Since the beginning of the reform process, there was a shift towards subsidy reduction and transparent provision of subsidies through adequate budgetary allocations. The most important development in this regard was the stringent provision in the EA, 2003 for advance payment of subsidy amount to the utility. However, the situation has deteriorated since the parliamentary election in 2004, when the policy of free power to agriculture has made a strong comeback in many states. On 14th of May 2004, the newly elected Chief Minister (CM) of Andhra Pradesh has publicly signed the file to provide free electricity to agriculture just after swearing in as the CM. He also decided to waive the farmers' power dues amounting to Rs. 1100 crores. The decision clearly had a demonstration effect. The Tamil Nadu government announced free power to agriculture on May 18th. The states that are preparing for state assembly elections have also fallen in line and started to declare free power to agriculture including Maharashtra. The regulatory commissions as the tariff setting body in the country are now engaged in ensuring that the advance subsidy is paid to the utility. However, given the financial conditions of the state governments, the promise is unlikely to be honoured over a long period. More likely may be the amendment to the legal provision requiring advance subsidy payment. If and when this happens, the power sector reform will receive a severe blow.

The present system of subsidy for agricultural consumers is a general, blanket subsidy for all consumers. However, the benefit

10. The difference between the gross subsidy and the total of subvention and uncovered subsidy is due to cross-subsidy.

largely accrues to the large farmers as their irrigation needs are more and as they have better access to electricity than the poor farmers. Similarly, the benefits of subsidies go to the non-poor residential consumers (World Bank, 2002). This untargeted subsidy is mostly misused and sustained for non-economic reasons.

From the farmers' side, electricity is an input like other inputs for the production process and electricity is not the most important or costly input in agriculture. Land preparation, fertiliser, pesticides, cleaning/weeding, harvesting and processing before final sale contribute to the total cost of production. Some of these costs are significant compared to the electricity cost. Moreover, irrigation for agriculture has a time dimension and has to be provided irrespective of availability of electricity or not. This implies when electricity supply fails or is unavailable, alternative sources of energy are used for supplying water. In many cases, farmers who use electric pumps also use diesel-operated pumps as stand-by. There is less complaint about diesel price or other input costs. There is little justification for complaining about electricity rates. There are indications that farmers would not or do not desire for free power but they want regular, good quality power at the desired time.

For the farmers, minimisation of the cost of production is a rational objective but in the case of agricultural electricity consumption, more could perhaps be saved by changing the irrigation technology than by passing the costs to others. Unreasonable electricity or other input prices shift the burden onto others—to the public in general. As indirect taxes on goods and services generate most of the government revenue, the burden is ultimately borne by every common citizen. This does more harm to the poor although, it may not be transparent and hence, less likely to be understood by the common people. At the same time, it prevents the user to look for efficient alternatives to reduce costs. Moreover, the other side of the equation—the revenue side—is equally important for the farmers. There is a major problem in terms of agricultural product prices due to market barriers, information constraints, market imperfections, storage constraints, processing constraints, infrastructure constraints and other similar impediments. It is likely that the revenue a farmer gets is not enough to meet the cost and therefore, his investment earns a negative return.[11] The issue is to give him opportunity to earn a good return. Similarly, farmers are in distress at times of poor harvest due to natural calamity. Free power is not a solution to these issues and such a complex problem requires a holistic approach rather than an *ad hoc* treatment.

Despite doubts about statistical information, agricultural consumption is normally considered to constitute a significant share of the power sale in rural areas. Subsidised power to all farmers cannot be provided by any entity run on commercial principles unless there is timely adequate compensation for the loss through subvention. However, bankrupt state governments do not have funds to provide timely subvention and book adjustments are being resorted to. This is an unsustainable practice and cannot continue forever. Similar is the case for rural residential consumers.

As indicated earlier, the solution lies not in providing subsidy across the board but in liberating the economic environment so that enough income is generated in rural areas. Thus, rural electrification cannot be divorced from overall rural development. This is, however, not to deny that there may be need for financial assistance either through one-time payments or through regular payments. But, this needs to be properly targeted to reduce the financial burden and leakage.

Conclusion

We have considered the issue of rural electricity tariffs in India and observed that although most of the population resides in rural areas, neither the electricity suppliers nor the electricity regulatory bodies have attached much attention to rural electricity tariffs. Often rural electrification is considered as synonymous with agricultural consumption, which occupies a central position in any discussion on electricity tariffs in the country. Some states provide some discounts to rural consumers in general but such decisions are taken in an *ad hoc* manner, without following any logic or sound calculations. This

11. There is clearly a need for quantifying the effects of various barriers and subsidies on agriculture. This is beyond the scope of this chapter. The return a farmer gets will change as the subsidies (from electricity and other inputs) are removed. Similarly, removal of other regulatory barriers is expected to improve the condition.

chapter has strongly argued in favour of a distinct rural tariff to provide correct signals to consumers and to attribute specific subsidies provided to rural consumers. The present system of geographical averaging fails on both the counts. The chapter has outlined the process for such a spatial distinction in tariffs and discusses the constraints that are likely to be faced. Finally, the chapter also deals with the issue of subsidies and rural electricity provision. It is argued that electricity supply for lighting purposes in rural areas is unlikely to be a viable proposition. Similarly, non-remunerative supply of electricity for productive purposes cannot improve the situation either. We believe that the prerequisite for a viable supply is, adequate income generation in rural areas which will make rural consumers comfortable in spending a part of their monetary income for use of electricity. This requires a holistic approach towards rural electrification where rural development, income generation and electricity use will go hand in hand. Until that time, targeted subsidies will be required to ensure viable electricity supply in rural areas.

References

Banerjee, R. (in press). "Comparisons of Options for Distributed Generation in India", *Energy Policy.*

CEA (2004). *All India Electricity Statistics-General Review 2002/03*, Central Electricity Authority, India, *http://www.cea.nic.in/ge_re/2002-03/genrev01-08.pdf*

Census (2001). "Tables on Houses, Household Amenities and Assets", *Census of India, http://www.censusindia.net/2001housing/housing_tables_main.html*

Coelho Committee (1998). *Report of the Committee on Private Sector Participation in Power Distribution*, Ministry of Power, Government of India, New Delhi.

ESMAP (2002). *Energy Strategy for Rural India: Evidence from Six States*, ESMAP Report 258/02, World Bank, *http://www-wds.worldbank.org/servlet/WDSContentServer/WDSP/IB/2003/03/07/000094946_03012304145641/Rendered/PDF/multi0page.pdf*

GoI (2004). *National Rural Electrification Policies*, Ministry of Power, Government of India, *http://powermin.nic.in/re_policy.pdf*

———. (2003). *Economic Survey*, Ministry of Finance, Government of India, New Delhi, http:*//indiabudget.nic.in/es2002-03/esmain.htm*

IEA (2002). *World Energy Outlook*, International Energy Agency, Paris.

KERC (2000). *Tariff Order for 2000-01*, Karnataka Electricity Regulatory Commission, Bangalore, *http://www.kerc.org/TARRIF%20%20 ORDER% 20%202000*

MERC (2004). *Findings and Recommendations on Viability of MPECS*, etc., Maharashtra Electricity Regulatory Commission, Mumbai, *http://www.mercindia.com/pdf/Recommandations_GoM_Viability_ MPECS.pdf*

NARUC (1992). *Electric Utility Cost Allocation Manual*, National Association of Regulatory Utility Commissioners, Vermont, Washington DC.

Panda, H. and Mishra (2004). "Governance of Rural Electricity, Information and Communication Technology", *Background Paper* for the Conference, Anand, India, *http://www.irma.ac.in/silver/themepaper/PANDA.pdf*

PC (2002). *Annual Report (2001-02) on the Working of the SEBs*, Electricity Departments, Planning Commission, New Delhi, *http://planningcommission.nic.in/reports/genrep/seb/ar_seb02.pdf*

Rees, R. (1984). *Public Enterprise Economics*, Weidenfeld and Nicolson, London.

TNERC (2003). *Order for Fixation of Tariffs for Tamil Nadu Electricity Board from 16.3.2003*, Tamil Nadu Electricity Regulatory Commission, Chennai, *http://tnerc.tn.nic.in/tarorder.html*

UPERC (2001). Tariff order of UPPCL: 2001-02, Uttar Pradesh Electricity Regulatory Commission, Lucknow, *http://www.uperc.org/tar0102.zip*

World Bank (2001). *India: Power Supply to Agriculture*, Volume 1, Summary report, Report no. 22171-IN, Energy Sector Unit, South Asia Regional Office, World Bank *http://wwwwds.worldbank.org/servlet/WDSContentServer/WDSP/IB/2003/06/21/000094946_0306120400470/Rendered/PDF/multi0page.pdf*

———. (2002). *India - Power Sector Reform and the Poor, South Asia Energy and Infrastructure*, World Bank, http*://wwwwds.worldbank.org/servlet/WDSContentServer/WDSP/IB/2003/06/14/000094946_03060504020542/Rendered/PDF/multi0page.pdf*

Section V

Institutional Mechanisms for Rural Electricity in India

10

Institutional Framework for Effectively Meeting the Electricity Needs of Rural Population

R. REJIKUMAR

Introduction—Importance of Electricity in Rural Life

Electricity has transformed the face of earth and changed the way people lived and worked beyond imagination, in the past century—yet about one-third of the world population still has no access to electricity. Lenin's famous equation "Soviets (cooperative villages) + Electricity = Socialism"[1], underscored the importance of electricity in rural development and launched a massive electrification drive in Russia in 1920. About 90 per cent of Russian villages were electrified (though not in an efficient manner) in the next two decades. Similarly, the Rural Electrification Act, 1936, of USA (initially issued as a presidential order in 1935 by Franklin D. Roosevelt), initiated countrywide electrification that extended the coverage of electricity network to about five million rural farms during the period from 1935 to 1955. If the two superpowers and most West European countries could provide electricity to their entire rural population 50 years ago, why other countries failed so miserably? Poor infrastructure in Third World countries owing to colonialism alone cannot be held responsible for it; neither technological nor economic barriers can be blamed for such dismal rate of electricity coverage in the Third World. The distorted priorities of the political leadership in Third World countries failed to energise rural electrification drive the way Lenin or Roosevelt did. The rural poor in the Third World lack the power of collective bargaining, which their counterparts in developed nations enjoy.

---

1. See, Lenin, V.I. (1973). *Collected Works*, Vol. 33, Progress Publishers.

The average per capita income in the world in 2003 was US$ 8180 in purchasing power parity terms. World GNP-US$ 51.3 trillion for a population of 6.27 billion (World Bank, 2005). However, 1.3 billion people live with an income of less than one dollar per day and another 1.6 billion live with an income between one dollar and two dollars per day—which means nearly half the world population, live with income below 2 dollars per day! About same numbers (3 billion people) have no access to sanitation, 1.3 billion have no access to clean water and 2 billion have no access to electricity. In Kofi Annan's words, "...this statistics fails to capture the humiliation, powerlessness and brutal hardship that are faced by the daily lot of world's poor."

"With available resources on earth, science and technology can fulfill the basic needs of all humanity ...but in a world where the greed of few have strangled the needs of the larger humanity, science and technology have been turned into further means of concentrating power and wealth into a few hands; and are being abused as tools for wasteful consumption, hideous militarisation and gruesome wars... ," commented Brian Yanity.

Increased access to energy service for the rural poor is an integral part of rural development strategy in every developing country. However, the legal and institutional framework and delivery mechanisms to achieve this objective have been found weak in most places.

Review of Various Models of Rural Electrification

The poor often spend a significant proportion of their time or income collecting or purchasing energy for their household needs. The poor households cannot work their way out of poverty without utilising some form of modern energy such as electricity, liquefied petroleum gas (LPG), and kerosene. Electric lighting provides a strong foundation for improving literacy and children's education. LPG can eliminate problems of indoor air pollution. The supply of these fuels is often irregular, and policies on their use, range from taxation to subsidies in various countries. The ongoing energy sector reform efforts in most developing countries are focused on reducing costs, improving service, and reducing budgetary burden of utilities servicing predominantly urban areas. The reform programmes have failed to address the concerns of those without access to electricity, for which targeted and sustainable rural electrification programmes are required.

Different models being used for rural electrification around the world are:

- Central Grid based Rural Electricity Distribution Model,
- Off-Grid Centralised Rural Electricity Supply Model and
- Off-Grid Decentralised Rural Electricity Supply Model.

Basic features, examples, advantages and disadvantages of each of these models are explained below:

Central Grid Based Rural Electricity Distribution Model

Grid extension or extension of the existing electricity network to non-electrified regions is the traditional model that is pursued by all electric utilities. In this approach, technical and economic feasibility of connecting a new village (or group of villages) are assessed by the utility and subject to availability of fund. Where adequate capacity exists on the grid and the utility (or the government) is interested in extending service into rural areas, grid extension presents following advantages over other options:

- when power lines are extended to a village, all rural households—even those who do not have the financial resources to afford electricity in their own homes—can enjoy its benefits, such as pumped water, street lighting, improved educational and health services, agroprocessing, and increased employment opportunities;
- the grid provides enough electricity to permit broad economic development activities rather than simply lighting and entertainment;
- extending the grid into rural areas is a permanent community investment and creates a national infrastructure which facilitates future socioeconomic development;
- economies of scale, which accompany the generation of electricity by large, centralised generation plants, result in low-cost electricity;
- centralised generation of electricity facilitates the implementation and monitoring of pollution mitigation measures.

Although, the advantages of grid extension are numerous, the major hurdle is its cost. Most utilities, being large and bureaucratic follow their approved standards for transmission and distribution systems and are reluctant to adopt emerging technologies and appropriate methods. Cost reduction in grid extension is of utmost importance as this can reduce the lifeline cost of service drastically. Some of the options for reducing the cost of grid extension are:

- Using higher (appropriate) voltage.
- Wider use of single-phase distribution.
- Proper sizing and placing transformers and considering the life-cycle costs of transformers rather than simply the initial capital cost.
- Proper sizing and selection of power conductors.
- Considering alternative pole designs to decrease the number of poles per km and using higher quality poles to reduce life-cycle costs.
- Standardising materials and designs.
- Implementing quality assurance programmes.
- Developing manuals and specifications for design, construction, operation and maintenance.
- Using small transformers to serve small load centres adjacent to medium voltage lines.
- Using SWER (single wire earth return systems) whereever feasible—SWER is extensively used in Australia and New Zealand; been recently adopted in Laos, Tunisia, etc. It can save up to 30-40 per cent on cost of traditional single-phase distribution systems.

Another limitation with grid extension model of rural electrification is that due to geographical constraints certain areas in a country can never be connected to the central grid.

Though in theory, techno-economic considerations are the guiding principles while planning grid-extension, in practice, often political and regional influences determine the priority. Once a village is connected and declared electrified to meet the target, the utility does not take much interest in providing connections to individual households. This results in slow growth of load which in turn attracts even poorer response from the utility. The service gradually deteriorates while the system losses mounts and number of defaulters goes up. This is a usual scenario with rural electrification programmes of large utilities.

An alternative to the utilities model for delivery of centralised grid based rural electricity distribution systems is the electric cooperatives model that emerged in USA, in the 1930s. This format is being experimented in many countries around the world including India.

Electric Cooperatives in USA

No discussion on rural electrification is complete unless it touches upon the electric cooperatives in the US. In 1935, only 11 per cent of the population outside urban areas had access to electricity in the US. The Rural Electrification Administration (REA) formed under the Agricultural Department in 1935, spearheaded a rapid rural electrification drive through consumer cooperatives and electrified the entire nation in 20 years. Today, there are 871 electric distribution cooperatives which serve about 70 per cent of the land area of the US (total land area of USA is about three times that of India) and collectively own 2.3 million miles of distribution system and 35,000MW of generating capacity. Some of the basic features of the electric cooperatives in USA are:

- An electric cooperative is a consumer cooperative and runs as a private business owned by and operated for the benefit of the users of its electricity services.
- The cooperative's members contribute equity capital of the cooperative and democratically control it; individuals serving as elected representatives on the cooperative's board of directors are accountable to the members.
- Full ownership is vested with the users under a system of open and voluntary membership with democratic governance, whereby each member (consumer) has an equal voting right to elect directors irrespective of energy requirement or usage.
- Other benefits, such as the right to receive operating surpluses are distributed equitably on the basis of service

usage. A cooperative's return to member capital is limited, except to meet a prudent operating margin.

- Electricity service is provided at cost, where management's obligation is to achieve cost efficiency and service quality for the consumer (owners) in lieu of profit.

National Rural Electric Cooperative Association (NRECA) is an apex body of these rural cooperatives, which works to ensure the autonomy and independence of the cooperatives from political and other entities. NRECA also provides member education and operational transparency; facilitates cooperation among cooperatives through the development of local, national, regional, and international associations in order to achieve economies of scale through aggregation.

REA provided credit to the cooperatives and deployed large number of permanent representatives throughout the countryside to inform the communities on the REA programme, principles and procedure; to assist existing and new cooperatives in becoming eligible for REA assistance; and—after loan disbursement—to carry out a wide range of project supervision tasks and to provide advisory services to the cooperatives. Even REA representatives carried out inspection of line materials and wood poles purchased by cooperatives, to ensure quality. REA also collaborated with other rural development and farm agencies to educate farmers on ways of using electricity to increase crop production, incorporate value-adding post-harvest enterprises, and diversify economic activities. When new electric cooperatives were formed, rural electric organising committees were set up to prepare the necessary documentation and organise grassroots sign-up. Each consumer who wanted electricity service had to make an initial membership payment of five US dollars. One of the important tasks given to the new electric cooperatives in most states was to push through enabling legislation in the state legislatures based on a standard 'electric cooperative Act' drawn up by REA. The legislation established the legal operating basis for electric cooperatives as special-purpose vehicles. Cooperatives that were formed then came under the regulatory authority of state utility regulators, to differing degrees in different states. However, the REA under its own enabling legislation and rigorous set of design and operating standards and procedures, served as the virtual legal and regulatory authority for the cooperatives, exerted through the covenants of the loan agreements.

Electric Cooperatives in India

NRECA assisted several countries around the world to emulate their cooperative model for rural electrification. India also experimented with this model during the 1960s under assistance from USAID and NRECA: 41 cooperatives were formed of which 32 are still in operation—9 of them in Andhra Pradesh alone. The state electricity boards (SEBs) sell electricity at bulk rates to the RECS (rural electric cooperative societies). Usually, the SEBs like to keep control of the entire process of generation, transmission and distribution. Even where cooperatives have been formed, SEB support has been minimal, except in Andhra Pradesh, where it seems to be operating well. These RECSs are registered under their respective State Coöperative Societies Acts. They are mostly funded by the Rural Electrification Corporation.

The fact that only 32 RECSs are operative in a vast country like India, where the cooperative movement has been a tremendous success in several sectors is intriguing. Some of the problems identified with working of RECSs in India are:

- The RECSs have no authority to fix tariffs—they have to obey the decisions of state electricity boards.
- The fundamental cooperative principal is missing—as the RECSs were constituted in a top-down approach through departmental actions.
- The societies are formed under the Cooperative Societies Act and are regulated by the Registrar of Cooperative Societies. However, they are also regulated by the respective electricity regulatory commissions/ministries which issue conflicting instructions.

Electric Cooperatives in Bangladesh

The Government of Bangladesh established the Rural Electrification Board (REB) of Bangladesh in 1976, with support from USAID and appointed NRECA as the consultant from the concept stage. The project has created 67 rural electric cooperatives known as

Palli Bidyut Samities (PBS). These 67 PBS have made 3.8 million service connections giving electricity to 15 million people. A PBS is formed as a rural electric cooperative in a selected rural area (covering 4 to 6 sub-districts) by the REB under a set of strict rules and guidelines. The REB selects suitable people from the area to be a part of the voluntary Board of Directors and this establishes the foundation for the link between the community and the REB. The REB then invests in establishing the PBS utility with the necessary equipment (transformers, transmission and distribution lines) to link up the selected customers. These customers are the members of the PBS. The customer is treated as the most important stakeholder in the process. The success of this approach can be judged by the fact that the PBSs operate in a financially sustainable manner. The average system losses are reported to be around 16 per cent (technical plus commercial) with bill collection efficiency of 97 per cent and no reported thefts of electricity. There is a strict system of 'checks and balances' in the area of procurement and there is no apparent corruption in the system, despite the fact that Bangladesh is on top of the list of most corrupt countries in the world. The REB instills strict discipline into the process through comprehensive training in areas of management, rules and regulations. The REB also hires the executive management of the PBS and has the power to terminate their employment with the PBS board approval for non-performance. There is also a performance target agreement that is signed every year to improve on the previous year, based on criteria such as increasing revenue, decreasing system losses, increasing number of connections, etc.

The REB controls all the PBSs during its infancy and envisages providing autonomy as they become profitable and self-sufficient. As the customer base grows and commercial/industrial entities join the grid, PBSs are expected to become profitable.

The success of this programme in Bangladesh partly owes to the large amount of donor-led financial assistance. Some of the outstanding features of the Bangladesh model are the well-defined systems adopted for:

- organisational structure of PBS; appointment of Board of Directors and selection of staff;
- project initiation procedures;

- project implementation procedures;
- procurement procedures and standards;
- tariff setting procedures;
- meter reading and payment collection procedures;
- customer service norms;
- REB-PBS relationship; and
- annual performance target agreements.

The Bangladesh example illustrates that with proper management systems in place, good leadership and funding, rural cooperatives can operate effectively.

Off-Grid Centralised Rural Electricity Supply Model

Isolated load centres are generally served by a utility by setting up a small generating plant and creating a mini-grid in that area. The type of generating plant depends on the load size, fuel availability, water source, etc. There are also examples of successful mini-grid electricity programmes developed mostly by non-governmental and community based organisations in rural areas where there are close-knit communities. The technology most commonly utilised is micro hydro but other forms such as biomass and hybrid systems are also gaining popularity. Hybrid systems involving wind turbines and DG sets; wind turbines and biomass; solar PV systems and biomass, etc. are increasingly being used in many places.

Micro hydro-based developments in Nepal and Sri Lanka are considered successful programmes, which are run by the rural communities by using the locally available water source to meet their own energy needs.

Micro Hydro Developments in Sri Lanka and Nepal

The Intermediate Technology Development Group (ITDG), a UK based non-governmental organisation developed a new holistic concept in Sri Lanka, where the simple turbine and generation technology were matched with people's energy needs in a village community. Although, in many countries micro hydro turbines (below 100 kW) were available in the open market, it had poor safety record. ITDG improved this technology by incorporating new developments like electronic controls and improved safety features. They also trained a pool of people who could design, install and maintain these units. ITDG first analysed the financial viability and economic benefits of micro hydro for rural village applications and matched the unit size with genuine demand and the flow in the water source. Over the years, ITDG has developed over 60 village hydro projects with funding from various sources. Now there are over 100 village hydro projects operating successfully in a self-sustaining manner in Sri Lanka.

In Nepal, there are several village hydro plants in operation initiated by NGOS and run by community cooperatives. These have been funded by donor agencies, the government and the Agricultural Development Bank of Nepal (ADB/N). The government subsidises between 50 per cent and 75 per cent of the cost based on the location of the project, with remotest ones getting higher subsidies.

Biomass Power Projects in India

Similar community-based off-grid electrification model can be witnessed in the village-level biomass gasifier-powered systems in several parts of India. For biomass power the resources have to be grown and transported to keep the system going. A notable example is that of West Bengal Renewable Energy Development Authority (WBREDA) in Sundarbans, where several remote islands are powered by biomass-based electrification systems. Here, all activities are carried out by WBREDA (unlike in Sri Lanka or Nepal where the micro hydro units are set up and managed by the village communities with assistance from other agencies)—even the fuelwood is grown in government owned plantations to ensure consistent supply. There is no community involvement in the scheme except the *ad hoc* sale of fuelwood. The community benefits from a reliable source of electricity and has improved their standard of living and increased their income levels.

Comparison of Delivery Models

Both Sri Lankan and Nepali examples, demonstrate that people, good leadership and teamwork make these projects successful. The success is also a result of a combination of external interventions from technical, business and sociology experts who helped in creating the conditions that enable the community to participate in the process from the inception to project operation. It is a process of helping the community to help themselves.

It is found that the village hydro projects that are successful are demand driven, whether developed through private sector or NGO initiative. In Sri Lanka, ITDG first studied the electricity needs of a few off-grid communities with water sources. These villages already had a cooperative culture based on funeral benefit societies, which usually have a formal structure with a President, Secretary and Treasurer. These societies have been the foundation for many rural cooperative programmes for micro financing, agricultural development and other social development programmes. This model was extended to the electricity consumer societies (ECS) to run as a village-level utility. ITDG provided capacity building to establish the structure of ECS and trained them on technology, project management and operational management.

The success of off-grid community-based projects hinges on the cohesiveness of the community and the extent of assistance provided by outside agencies in training and capacity building. Here, good leadership is required to first interest the community on such a venture and then to commit it to developing the project. The benefits of electricity are a strong motivator for such collective action. Since these projects are mostly demand driven, community participation is the key to success. The community working for a common goal prevents problems such as right-of-way disputes for power lines, usage of the set limited amount of power, illegal connections, and ensures that everybody pays the membership fee to maintain the system. To be successful, most community-based projects need outside intervention by a project facilitator who provides the important service at technical, management, financing and project implementation levels. Here, another option is to establish an apex organisation with all community-based electricity consumer societies as members. This organisation would support the members to be sustainable over a long period of time by providing technical support for maintenance of equipment, proper guidance and advice to keep the project running. This apex body can also operate a revolving fund to provide loans for expansion of projects or even assist with the main grid connection at a later date.

Other Possible Models for Off-Grid Centralised Rural Electricity Systems

Latin American countries were the forerunners in unbundling and privatisation of the state-owned electric utilities in the 1980s. As a result, the overall sector efficiency and financial health of the electric companies have improved tremendously in those countries; but those who were not connected to the grid in rural areas were left out, which forced some of these countries to come out with new subsidies for rural electrification. The subsidy by bidding process in Argentina is very innovative. The government in Argentina provides subsidies for supplying electricity to remote areas not connected to the grid. These subsidies are through bidding—concessions are awarded to operators who seek the lowest subsidy. The operator has the freedom to choose the technology he finds most appropriate. The subsidy is given on the monthly energy consumed by the consumers and is based on certain agreed performance standards. In Chile, rural communities can apply for subsidies for both grid and renewable electricity access.

The Argentinean model is worth examining as it can be applied even for grid-based electrification. A private operator (or an NGO or a cooperative) can build a mini-grid in the village and construct a transmission interconnection to the nearest utility point enabling him to buy power in bulk and distribute in the village. Cost of grid development and interconnection can come through subsidies or long-term loans. Tariffs can be regulated and linked to performance standards. It is worth mentioning here that completely unregulated and free from all bureaucratic shackles, cable TV could reach even remote rural areas in India in less than 10 years. The same can happen to rural electrification if legal and regulatory frameworks facilitate enabling environment. This option assumes importance, particularly with the advent of new technologies such as fuel cells and micro turbines becoming more and more viable for several applications.

Another option is to permit industries and institutions in rural areas to generate and distribute electricity in their neighbourhood, with transparent norms for tariff-setting. Government subsidies can be given to create mini-grids and low interest loans can be given to set up generating plants.

As mentioned earlier, the poor often spend more money per unit of energy and may be willing to pay the true cost of electricity if they are made to realise the relative benefits and payment mechanisms are made flexible. While a weekly or monthly payment plan suits those engaged in service and industry, quarterly/half yearly plans suit most farmers. C.K Prahalad (*The Fortune at the Bottom of the Pyramid*) says, "The poverty penalty in Dharavi (a slum area in Bombay) can be as high as 5 to 25 times of what the rich pays for the same service. Poverty penalty is the result of local monopolies, inadequate access, poor distribution and strong traditional intermediaries. Large-scale private sector businesses can unlock this poverty penalty. For example, the poor in Dharavi pay 600 to 1000 per cent interest for credit from local moneylenders. A bank with access to this market can do well for itself by offering credit at 25 per cent." Access to a bank can reduce the cost of credit from 600 per cent to 25 per cent for the poor!

Off-Grid Decentralised Rural Electricity Supply Model

Main sources of decentralised electricity supply at individual user levels are DG set, solar PV system, biogas generator or even a small wind turbine. Areas that are still not connected to the grid are too far to transport fuel and have no other energy resources. Since most part of the land area in Third World countries has abundance of sunlight, decentralised solar PV systems is a viable alternative for rural electrification.

In the context of solar energy, Hermann Scheer wrote: "The Earth is rich, and it owes its wealth to the sun. That this wealth is today more often burnt than used and preserved for the future is the greatest economic nonsense imaginable. And then to call this destruction of resources 'economic growth' makes a mockery of the phrase. This is not economic growth, but economic destruction, and it leads not to Adam Smith's 'wealth of nations', but rather to Elmar Altvater's 'poverty of nations'."

The solar PV market consists of typical village households, that are dispersed in rural areas and may be using kerosene for lighting or a battery based system to operate a few lamps, television and a radio. The most successful method of disseminating solar PV systems is to sell the systems outright to customers. The main hurdle to reaching out to this market comes from the fact that these households are dispersed far and wide in remote areas. Hence, institutions promoting solar PV systems have to establish infrastructure close to the market. This requires a decentralised operation, which poses many challenges.

Different Models for Off-Grid Decentralised Rural Electricity Supply

The following options are being tried in different countries for off-grid decentralised rural electricity supply (mostly, solar PV systems):

- energy service company,
- leasing,
- consumer financing, and
- cash sales.

Features and service delivery mechanisms of each of the above models are described below.

Energy Service Company (ESCO) Model

An ESCO sells energy to consumers, but retains ownership of the infrastructure which is neither sold nor leased. An electric utility or a distribution company is a typical example of the ESCO. Cooperatives, NGOs or private operators can function as an ESCO.

Some notable advantages of the ESCO model are:

- Under this model, the monthly cost to consumers can be reduced by spreading the cost. Smaller monthly payments make the system more affordable, which will help create a critical mass of demand.
- By aggregating demand ESCO can obtain favourable financing terms, which can be passed on to consumers in the form of lower service fees.

However, the ESCO model has drawbacks like, a full cost recovery mechanism needs to be put in place to ensure its success; and it is difficult to set up a new organisation, which requires a broad range of technical and business capabilities within.

In order to be successful, an ESCO may adopt the following principles:

- ESCO may be operated as a business unit with gross income greater than gross expenses;

- the ESCO users should participate in capital formation (through cooperatives or through significant contributions to the initial cost of the systems), which will instill a sense of ownership in the participants;
- the ESCO staff must be trained in business management;
- ESCO must adopt proper technical standards and operating procedures that ensure good quality of products and services; and
- ESCO must be put to strict fiscal and technical audit to ensure financial discipline.

Leasing Model

Under this model, an intermediary organisation retains the ownership of major equipment until the cost is recovered. Intermediary serves as the manager and makes bulk procurement, provides installation and maintenance services, trains customers, collects fees and performs administrative tasks. Generally loans or grants are provided by donor agencies or governments for which the intermediary stands guarantee. Once the loan is paid back, the ownership is transferred to the consumer.

The success of the scheme depends on availability of lease finance or grants and institutional capabilities of the intermediary agencies.

Consumer Financing Model

Consumers can obtain loans for purchase of equipment by pledging the equipment as a security in addition to other forms of collateral securities. Credits arrangements in this case are similar to those for consumer goods (such as refrigerators, televisions, etc). Consumers obtain maintenance services directly from third party agencies.

However in practice, commercial banks rarely finance consumer goods in rural areas and many consumers may not be able to offer collaterals acceptable to the bank. These are the drawbacks of this model. In order to make this model viable, the following issues need to be addressed:

- equipments for rural electrification (solar PV systems, biomass systems, etc.) are made eligible for bank financing;

- loan procedures, collateral and security barriers are simplified; and
- repayment schedules are made flexible.

Consumer financing model relies on the private ownership and can be self-sustaining if there is sufficient market demand. A World Bank study reports, "this model is subject to chicken and egg problem common to development of all new markets: costs will not decline until there is sufficient demand to create economies of scale, but demand will not increase until costs decline."

Cash Sales Model

In countries with strong retail distribution network and low levels of grid electrification, cash sales of SPV systems have shown good results. Private vendors receive the products from wholesalers and regional distribution networks. Cash sales represent the simplest financial vehicle. This model builds on existing retailer networks in developing countries that service rural areas, which are typically weak, undercapitalised, and have limited service territories.

In Kenya, owing to very low grid-based rural electrification rate, the market for solar PV systems grew very fast when dealers began selling systems through small rural sales points such as general stores for cash. In few years, about 120,000 households bought solar PV systems—usually purchased piece by piece and in low watt increments. It is reported that as the market for solar PV systems began to grow, poor quality equipment penetrated the market and several people lost their life's savings. Absence of national standards for solar PV systems and lack of controls or quality checks on products sold through distributors resulted in such a scenario, which retarded the growth of the market.

Micro Financing

The up-front cost of the solar PV system is relatively high for most of the rural households. Some form of financing is required for solar PV systems, which is outside the core strength of a typical company marketing solar PV systems. The choice is limited as main financing institutions are urban based and are reluctant to venture into rural areas. Even where rural lending institutions exist, they refuse to lend for individual solar PV systems, as there is an issue of security.

This situation calls for micro financing at retailer levels in the villages itself, where vendors create partnerships with specialist micro financing institutions or banks that operate at a rural level. A good example is again in Bangladesh—Grameen Shakti provides credit for solar PV systems.

Subsidies for Rural Electrification

Since the up-front investments required to reach rural customers are very high and the ensuing revenue flows are small, not many service providers—whether public or private—come forward to service the rural areas. Hence, some form of subsidies may be required to assist poor households in obtaining access to electricity failing which the rural and the poor will be permanently precluded from the benefits of electricity.

Justification for Subsidies

Although, access costs and barriers are high for the poor to avail electricity services the social and economic benefits are very high. There are external benefits that rural populations derive from the introduction of electricity—such as, improved access to communication, education and economic opportunities, extended and more reliable health services, and improved security. Electricity provides high quality of light and extends the day as they can do work in the night. Children in the family also can study longer hours, which will raise educational levels. For a household lighting electricity is cheaper than kerosene while receiving more light than kerosene lamps (typically an electric light bulb gives off about 200 times more light than a kerosene lamp). Electricity subsidies and other interventions to stimulate rural electrification may be justified because the welfare gains are much higher than the long-term costs involved in providing the service.

Many governments have succeeded in bringing electricity to most of their populations in urban and rural areas and most successful rural electrification programmes involve some form of subsidy. Several developing countries have subsidised consumption of electricity in an effort to make it affordable to unserved households. But, many of these efforts have had the opposite effect preventing businesses from promoting access to rural electricity by the poor. Electricity subsidies should be directed at encouraging access to services rather than subsidising the operating costs of providing the services.

Targeting of Subsidies

Wrong targeting of subsidies makes it grow fast as different interest groups attempt to capture the benefits implicit in the programmes. India illustrates the difficulty of phasing-out subsidies after they have outlived their usefulness. In the early stages of the Green Revolution, the government heavily subsidised electricity prices to encourage irrigation. Since productivity gains paid off in the form of higher incomes, the subsidy is no longer justifiable. But the farmer lobby has been successful in keeping the subsidies intact and even persuaded politicians in some states to provide free electricity to farmers. This has severely decapitalised the state electricity boards that cannot finance the necessary investments to maintain reliability of service and extend service to the poor who still lack access.

Subsidies should be directed at those currently without access to electricity services, typically rural households and the poor. Households that already have service are generally the better off.

Subsidies should be applied to reduce access costs (connections), not operating costs (ongoing consumption). As mentioned earlier, the poor spend a significant amount of their income or their time on low-quality energy services. Subsidising some of the access barriers that they face can encourage the poor to climb the energy ladder to better services. For example, the electricity connection fee for poor households can be kept low by providing a partial subsidy for the capital costs of a connection, and perhaps, rolling the rest of the cost into monthly bills.

A World Bank report suggests, "in general, demand side subsidies work better than fuel or supply side subsidies because they have better targeting properties and provide stronger incentives for expanding coverage and sustaining services. Demand-side subsidies involve partial funding of connections or partial payment of regular energy bills. Supply-side or fuel subsidies are easier to implement but should generally be avoided because they are hard to target and often undermine efficient service delivery, raising costs above what they would otherwise be.

"There is a fine line between subsidies that encourage service provision and those that encourage only the purchase of equipment. This is an especially important problem for renewable energy, since most of the costs of service are the capital costs of the systems themselves. In Peru, for example, a village without electricity was selected to receive household photovoltaic systems. The systems involved 100 per cent subsidies. After several years, a return visit to the village revealed that many households had sold their systems. Similarly, many of the photovoltaic programs in India encouraged manufacturers to produce for the government subsidy rather than for the market."

Designing of Subsidies

The design and implementation of subsidy instruments depend on the service delivery mechanisms available in the country or state. The delivery model strongly determines the degrees to which potential service providers are able and willing to put their capital at stake and respond to local demand.

The basic principle in designing a subsidy programme is to ensure that subsidies will improve access to electricity for the poor while not seriously distorting energy markets. In many countries, subsidies have failed to meet this objective of providing services to those who are not connected and making it affordable to the poorest. In most cases, political compulsions channell subsidies to those already with access to modern services. A World Bank study indicates that in many developing countries "subsidies have often been implicit—such as default or nonpayment of electricity bills; untargeted—such as subsidy for energy used by all; indiscriminant—such as a subsidy for a quantity that is well above that needed by poor or rural populations; complex—difficult to administer to targeted groups; and overly restrictive with respect to end use or technology, depriving users of choice."

Subsidies can come in many different shapes and sizes depending on the country's institutional capabilities and on the government's policies:

- cross-subsidies between user groups,
- subsidised interest rates on loans,

equity investment by a government to promote service expansion,

- low bulk tariff rates for distribution companies expanding service,
- taxes/fees earmarked for a subsidy fund, and
- government's budgetary contributions.

Reducing Cost of Capital

The business of electricity has a higher perceived risk than the average and hence, attracts higher interest rates for capital. Cost of capital forms a significant part of the cost of electricity. The perceived risk in rural electrification projects being higher than that of a hydroelectric plant or urban distribution system, it is very difficult to source funds for rural electrification projects. If cheap capital is available for rural electrification projects, the cost of service can be considerably lower, making the service more sustainable.

Funding a large group of small electric companies or rural cooperatives rather than individual projects can spread the risk of lenders, which will lower the cost of capital. Options to channel funds to projects in such a fashion, merit attention.

Institutional Framework for Rural Electrification in India

While one-third of the population in the world has no electricity, when it comes to India, about two-thirds of the population have no electricity. Although, 87 per cent villages in the country are declared electrified, more than 60 per cent (estimates vary from 56 per cent to 69 per cent) of the households have no electricity. Though there is a multiplicity of organisations and programmes dealing with rural electrification in India, the ultimate responsibility for project implementation and service delivery in most cases is with the same over-burdened state electricity boards (SEBs)—and they continue to promote the grid extension model for rural electrification which they are comfortable with. Grid-based electrification of the entire country is not feasible due to geographical, demographical and economic limitations.

Legal Provisions

The above statistics of 87 per cent rural electrification is based on the prevailing definition for village electrification which says: "A village is classified as electrified if electricity is being used within its revenue area for any purpose what-so-ever."

National Rural Electrification Policy, 2004 (yet to be notified) has amended the definition of rural electrification as quoted below:

2.1 Henceforth, (and until a review of the same), the Government of India, shall classify a village as electrified, based on a Certificate issued by the *Gram Panchayat* and as collated/ compiled by State Nodal Agency using the machinery of the District Committee, certifying that:

a. Basic infrastructure such as Distribution Transformer and Distribution Lines are provided in the inhabited locality as well as a minimum of one Dalit *Basti*/hamlet where it exists; and

b. Electricity is provided to public places like Schools, *Panchayat* Offices, Health Centers etc; and

c. The number of households electrified are at least 10 per cent of the total number of households in the village; and

d. The electricity supply per day is at optimum voltage for lighting during the evening peak hours.

2.2 The *Gram Panchayat* shall issue the first Certificate at the time of the village becoming eligible for declaration as electrified. Subsequent to the village declared as 'Electrified', the *Gram Panchayat* shall certify and confirm the electrified status of the village as on 31st March each year.

2.3 The above definition would come into effect from the financial year 2004-05.

This is a major step forward in ensuring the sustainability of rural electrification process. Since the achievement of rural electrification is being measured in percentage of number of villages, certain amount of cherry picking was going on. As a result, villages easy to connect were connected first, irrespective of their population. The remaining

13 per cent or about 80,000 villages for electrification are relatively distant from existing grids and more difficult to electrify.

The model applied for rural electrification across the country, by and large remained the same despite large disparities in geographical and demographical patterns, infrastructure and income levels, between states and regions and within each state.

Ambitious Goals of Government of India

The Government of India is currently pursuing an ambitious programme called "Power for all by 2012". The programme has set the following rural electrification goals:

- rural (village) electrification should be completed by end of 2007;
- access to all households should be provided by the end of 2012;
- at least one unit of electricity per day be provided to all households below the poverty line.

The programme further envisages, empowering the rural population to choose and decide on their power supply options besides guaranteeing high quality power round the clock. This is still a dream even in urban areas in the country!

On the administrative front, state level nodal agencies and district committees are proposed to be set up by the central government in association with concerned state governments.

On the service delivery front, the new rural electrification policies envisage to, "encourage communities in areas lacking supply of electricity to take up management of local distribution by the community."

However when it comes to the implementation front, to achieve the above ambitious goals, the programmes being pursued are the same Prime Minister's Gramodyog Yojana (PMGY), Accelerated Rural Electrification Programme, Minimum Needs Programme, Kutir Jyoti Scheme, etc. These programmes are all heavily dependent on the state government's commitment and infrastructure, which varies considerably from state to state.

A countrywide effort can be witnessed at this point of time, that a massive electrification drive is being taken up by the government to provide electricity to every household by 2012. New and innovative project implementation and service delivery mechanisms need to be put in place to achieve the above targets.

Conclusions and Recommendations

Successful rural electrification programmes around the world have shown that they share a number of common features. An NRECA study summarises conditions that lead to the development of viable rural electrification programmes as below:

- Long-term financial and institutional support from government/donor agencies is required for an effective rural electrification programme.
- Utilities may be created to focus on meeting unique needs of electricity distribution in rural areas, subject to particular conditions and constraints found there.
- Electrification may be undertaken in a fashion that encourages its productive use and income generation.
- Development and adoption of cost-effective technical designs and standards are necessary.
- Load and load mix to ensure efficient use of distribution infrastructure and adequate revenue generation.
- Project design and programme planning based on transparent economic criteria, eschewing political interference.
- Assured reliability of power supply to ensure revenue stream.
- Design and implementation of tariff structure ensuring project viability, with carefully designed subsidies where necessary.
- Facilitating consumer connection to electric service.
- Active consumer participation in their own electrification.

As all developing countries go through the process of restructuring their electricity sectors, special consideration should be given to those people who do not have access to electricity service, who belong to mainly poor and rural households. The important lesson emerging from experiences in various countries is that the design of subsidies and the concomitant service delivery models need to be oriented toward providing business incentives to serve rural consumers who would not otherwise be served.

Lessons Learned in Rural Electrification (Summary of a World Bank Report)

- Criteria for selection and priority setting for rural electrification should be transparent and objective. Political interference in the implementation of rural electrification programmes can add considerably to the costs of system expansion.
- Pricing policies play an important role in determining project viability. A rational system of cost recovery (coupled with smarter ways of allocating subsidies where needed) is the most important factor determining the long-term sustainability of rural electrification programmes.
- Initial connection charges are a greater barrier to rural families than the monthly electricity bill. Extended financing arrangements are necessary to make connection more affordable.
- Subsidisation of operating costs has widely proved to be counter-productive and to undermine the utilities financial position, their ability to extend service, and ultimately, the rural electrification programmes itself.
- The private sector can be attracted to participate in rural electrification schemes, even in a poor country, if an appropriate legal framework and risk management options are in place, including the assurance of a level-playing field in terms of competition and the ability to charge full cost-recovery tariffs.
- Rural electrification programmes can benefit greatly from the involvement of local communities—or suffer because of its absence.

Involvement of Local Communities

Projects are more likely to be viable and sustainable if local stakeholders are involved in their design and implementation. One way to approach this is to set up a Rural Electrification Committee to help assess level of demand, educate consumers, and promote wider use of electricity. This may also help reduce potential problems over rights-of-way for the construction and maintenance of electric lines.

In some cases (e.g. Thailand), the community has made contributions of capital or labour, thereby helping to defray the costs of the programme. Labour-intensive activities in the distribution and customer services function may be contracted out to village-level organisations on a fee-for-service basis.

The establishment of appropriate institutional and organisational procedures for project planning, financing, procurement of goods and construction services is very important for the successful implementation of RE projects involving small communities.

Several studies conducted by World Bank, Asian Development Bank and other donor agencies on the effectiveness of developmental projects reiterate the following findings:

- programmes and investments prepared and managed under participatory approaches have higher rate of sustainability;
- use of participatory approaches costs less than two per cent of project outlays;
- time spent upfront for consultations and involvement of stakeholders provides insights, resolves issues and saves time lost in further stages of programme development and implementation;
- use of participatory approaches helps to build ownership and accountability;
- more demand responsive the programme, the more effectively used the services;
- higher levels of equitable participation in establishing a service result in more sustained service; and
- good governance at community level leads to a more sustained service.

Some Recommendations

- To be successful rural electrification programmes should develop their own—transparent—system for ranking or prioritising areas for electrification.
- Ensure commercial viability through rational system of cost recovery taking into account capital investment costs, level of local contribution, number and density of consumers, likely demand for electricity and the willingness and capability of the population to pay.
- Cost reduction of equipment and schemes through appropriate engineering practices and reducing cost of capital through innovative financial vehicles should assume high priority.
- The tariff regime should ensure that rural electrification programmes are financially sustainable and will not drain operational resources.
- End-user education and demand-side management programmes are to be incorporated in project design to shift some of the rural load to off-peak time periods.
- Project implementing agencies should be given a high degree of operating autonomy and made accountable through well-defined contractual arrangements with measurable targets between the government and implementing agencies.
- Establish a transparent regulatory framework with legal guarantees that utilities can operate with autonomy—e.g. through management/concession contracts.
- Separate responsibilities between regulating authorities and operating companies.
- Open the market to private investment and operators.

References

Cabraal, Anil, Mac Cosgrove-Davies, and Loretta Schaeffer (1996). "Best Practices for Photovoltaic Household Electrification Programs", *World Bank Technical Paper* 324, Asia Technical Department Series, The International Bank for Reconstruction/The World Bank, USA.

Dayal, Rekha (2002). "Framework for Design and Assessment of Social and Poverty impacts in the Energy Sector-Operational Experiences from Asia", Presentation at the Workshop *How Can Modern energy Services Contribute to Poverty Reduction?* Adis Ababa, Ethiopia, October 23-25.

Government of India (2004). *National Rural Electrification Policies 2004*, Ministry of Power.

———. *General Review 2002-03*, Central Electricity Authority.

———. *Draft National Electricity Policy 2004*, Ministry of Power.

NRECA International Ltd. (2000). *Reducing the Cost of Grid Extension for Rural Electrification*, February.

———. (2002). *Experiences in Cooperative Rural Electrification and Implications for India.*

Prahalad, C.K. (2004). *The Fortune at the Bottom of the Pyramid- Eradicating Poverty Through Profits.*

Sanghvi, Arun and Douglas Barnes (2001). *Rural Electrification: Lessons Learned*, World Bank Study Report.

Scheer, Herman (2004). *The Solar Economy–Renewable Energy for a Sustainable Global Future*, Earthscan Publications Ltd.

Shanker, A, L. Bertarelli, G. Collins (2003). *Institutional Framework and Financial Instruments in Developing Countries for PV Deployment in Developing Countries: IEA-PVPS Report*, September.

World Bank (2000). "Subsidies and Sustainable Rural Energy Services: Can We Create Incentives without Distorting Markets?", *ESMAP Technical Paper* 010.

———. (2005). *World Development Report 2005.*

Yanity, Brian (2004). *Socialism and the Energy Question*, The Upside Down World news.

11

Critical Review of Existing Institutions and Institutional Mechanisms for Rural Electricity and Possible Areas for Improvement

CHANDRASHEKAR IYER and MANISHA MISRI

Introduction

In the context of the ongoing electricity reforms in India, rural electrification (RE) has, for the first time, emerged as the most important priority for policy makers.[1] With the enactment of the new Electricity Act, 2003 (E Act) and the subsequent formulation of the draft National Rural Electrification Policies (Draft NREP) and the draft National Electricity Policy (Draft NEP), the rural electrification initiative has almost acquired the status of a 'mission' that needs to be accomplished in a dedicated and time-bound manner with certain predetermined milestones.

The resolution adopted in the National Common Minimum Programme of the central government is to augment and modernise the rural electricity infrastructure and to provide 'Power for All'. As per Census 2001, of the total rural population (which constitutes about 72 per cent of the all India population), only 42 per cent to 44 per cent of the rural households have access to electricity. The government's target is to cover all the remaining 1,25,000 villages, which are either not electrified or de-electrified as well as, achieve 100 per cent household electrification over the next eight years.

Governance and Energy Access

Given the enormity and spread of the areas to be covered, the targets are indeed tall and challenging. The task involves, covering remote locations with difficult terrain, where the implementation of

1. Statement made to the press by Shri P.M. Sayeed, Union Minister of Power, May 2004.

RE will need to overcome technical constraints as well as address the lack of demand for energy services due to poor economic conditions. Rural energy supply should be an instrument of sustainable rural development and therefore, the strategic objective should be to make rural energy supply a commercially viable proposition whether it is through on-grid electricity distribution or off-grid cooperatives/ franchisee models. In this approach to the RE initiative, good governance thus remains a very important factor for supporting and extending energy access and ensuring sustainability.

Good governance needs to be institutionalised through a number of measures right from the policy stage to designing RE programmes to supporting its implementation by clearly defined roles, responsibilities and accountability at all levels of government and supporting institutions to enable and ensure smooth execution of projects. It is also needed to facilitate a favourable investment climate for private investment as well as public-private partnerships and to provide other basic infrastructure that can be used in conjunction with energy services to improve rural livelihoods.

This chapter examines the role of various institutions in the realm of rural electricity supply and attempts to elucidate the roles that each of these institutions would be required to play for ensuring that the rural electrification initiative is progressing on the right track. There are several international as well as a few in-country examples of successful models for rural electrification, be it on-grid or off-grid, to learn from. We present the key learnings from some of these and their applicability to our institutions and local situations.

Requirements for RE and the Role of Institutions

Policy Framework

Traditionally, distribution has been state controlled and rural electrification programmes have been implemented by State Electricity Boards (SEBs) with the central and state governments providing the budgetary support for such programmes. The approach to rural electrification, for long, has been guided by the concept of 'village electrification', which entailed merely extending the wires to any point within the boundary of a village, without much regard for the access or spread of energy services to households within the village. The pace of rural electrification has suffered over the years without a focused policy direction, although widespread village electrification has been an important priority for the government and its availability has been recognised as a primary driver of growth, albeit this rather flawed and incomplete approach to electricity supply and its access.

The Enabling Environment

The Electricity Act, 2003, paved the way for the formulation of a national level policy on rural electrification (Draft NREP pursuant to Sections 4 & 5 of E Act) for local area management and standalone systems/distributed generation as well as the National Electricity Policy (Draft NEP pursuant to Section 3(1) of the E Act). These policies are currently in the draft stage, but are expected to be finalised soon. The objective of the policies is to provide access to electricity on a sustainable and economically viable basis. Development of infrastructure to cater to the requirements of agriculture and other economic activities including irrigation pump sets, small and medium industries, *khadi* and village industries, cold chain and social services like health and education, is envisaged.[2] Whenever it is not feasible, cost-effective and optimal solution to provide grid connectivity, decentralised distributed generation facilities together with local distribution network are envisaged so that every household gets access to electricity. The policies empower the local government bodies like district committees, *gram panchayats* and block committees, chalk out significant roles for the state governments and regulators and provide an enabling framework for village committees, franchisees and NGOs and user groups to play a proactive role in decisionmaking and ownership.

The policies have brought about a paradigm shift in the approach to RE through a change in definition—while the earlier definition acted as an enabler to undertake the first step for village electrification, it failed to ensure that electricity reached a larger section of the rural households. The new definition quantifies a minimum level of household electrification, requires a minimum level of infrastructure to be in place, and ensures coverage of public places. This in turn, implies that target setting and commensurate investment

2. Draft National Electricity Policy, MoP, GoI.

plans are to be based on the new definition. A salient feature of the policies is that the rural electrification mission and the corresponding targets have been defined in terms of the AARQA goals.

Box 11.1

AARQA Goals as Cornerstone of Rural Electrification Initiative

Accessibility to electricity: Increase from currently assessed levels to all households by 2012.

Availability of power: Increase from the current limited levels to demand matched by 2012.

Reliability of power supply: Increase from the currently low levels to 24 hours by 2012.

Quality of power supply: Increase from the currently poor levels to 100 per cent by 2012.

Affordability of power: Pricing based on the ability of the customer to pay.

Administrative Framework: New Institutions

The policies spell out a broad administrative framework by defining the roles of some new institutions as under:

- Nodal agency at the state level for RE initiatives.
    - For coordination and assistance in mapping of RE requirements.
    - Serving as a databank for RE opportunities.
    - Coordination with other state government departments.
    - Assistance to *gram panchayats*.
- Role of district committees (Section 166(5) of EA) in RE outlined in the policy.
    - Single point authority for registration of RE projects and schemes.
    - Assist the RE projects.
    - To be set up under chairmanship of district collector with representatives from statutory/regulatory bodies of the district/state.

- Block Committees: For tariff determination in case of local distribution systems where the power is procured from a source other than the distribution licencee of that area.

The National Electricity Plan envisages the setting up of a Rural Electrification Distribution Backbone (REDB) with at least one 33/11 kV substation in every block, networked and connected appropriately to state transmission system. Emanating from REDB would be supply feeders and one distribution transformer at least in every village settlement to provide household electrification.

While the above policy initiatives are indeed encouraging, the implementation could be strengthened by the involvement of the Ministry of Rural Development considering that rural electrification envisages a closely coordinated effort with all stakeholders. The nodal agency at the state level must draw upon the experiences of the Ministry of Rural Development for a more informed planning and implementation.

Regulatory Mechanism

Role of SERC

The Central and State Electricity Regulatory Commissions (CERC and SERC, respectively) were established with the enactment of the Electricity Regulatory Commissions Act, 1998. CERC's primary function was to regulate the tariffs of the central generating stations as well as for all interstate generation, transmission and supply of power, issuing licence for interstate transmission to private investors. The SERC's primary function was to determine bulk and retail tariffs to be charged to customers, regulate the operations of intrastate transmission, including those of the SLDC.

SERC's role in rural electrification has been limited to determining the bulk supply tariff for the rural electric cooperatives in those states where they operate as separate licencees and purchase power from the state utility, *viz.* in case of Andhra Pradesh, Karnataka, and Madhya Pradesh. While SERCs have made considerable efforts towards rationalisation of tariffs so that the utility does not suffer any revenue loss while considering the capacity to pay off the rural societies (mainly domestic and agriculture consumers), SERCs have faced limitations in facilitating the system improvement and enhancing access in rural areas.

The new policy framework envisages a very crucial role for the state commissions right at the initiation stage of any rural electrification initiative. As per Section 7.4 of the Draft NREP, state commissions have to obtain and approve rural electrification plans of the state governments within six months. State commissions shall have to determine the bulk supply tariff and retail supply tariff (Section 8.9, 8.11 of Draft NREP) for supply through the bulk power purchase (BPP) route. In doing so, the commission would have to consider the following:

- Set norms for BPP pricing keeping in mind the AARQA goals, consider the competitiveness, efficiency and accountability of service and quality.
- Encourage renewable sources of energy use (also defined as a function under Section 86(1)(e) of E Act).
- Encourage private entrepreneurs.
- The most feasible option to bridge the gap between retail supply tariff (RST) and bulk supply tariff (BST)—the element of cross-subsidy may not be sufficient and some amount of external subsidy from the government may be inevitable to bridge the gap.
- Advise the state government on the subsidy delivery mechanism—whether it should be routed through the bulk power supplier, or instead be directly provided to the rural supplier or to the consumers.
- Technical standards, safety measures, etc. (e.g. Sections 10, 53 of E Act) for standalone systems also to come under the purview of the state commission (Section 7.8 of NREP).

Regulatory Mechanisms Outside SERC Domain: Possible Role for Nodal Agency

In the case of distributed generation/standalone systems; the policies do not envisage a proactive role on part of the regulatory commissions. However, in the endeavour to provide affordable and universal electricity services to rural populations not connected through central electric power grids, there is a need to enter into contractual agreements to create a transparent and competitive environment and encourage accountability. Experience[3] (like the Chilean and Argentine models) has shown that rural electrification schemes run by high-cost centralised utilities have not been viable propositions. There is thus, a need to award smaller areas of operation to entrepreneurs. Several countries have successfully experimented with approaches such as output-based contracting wherein the focus is on the output produced and operators are given the flexibility and incentives to innovate and respond to consumer preferences. This results in a regulatory model, which does not require the conventional regulation by the regulatory commission; instead, contracts are drawn and concessions are awarded for a specific time period. The issues of tariff setting, service quality, technology options, bundling of one or more services is spelt out in the contract, which guides the functioning of such an arrangement.

The policies have envisaged the setting up of a nodal agency at the state level that ensures coordination, facilitation and monitoring of progress of rural electrification. In order to assume this role, the nodal agency would have to:

- Coordinate with local bodies and define the optimal size of area of operation.
- Build adequate capacity to draw tight contractual agreements keeping the objectives of competitiveness, transparency and accountability in mind.
- Implement and oversee the contracts and contractual performances.

A case in point is the Rural Electrification Supply Technology (REST) Mission that seeks to electrify one lakh villages and one crore households through distributed generation. The mission is to electrify using various cost-effective technology options. The institutional arrangements have to be viable for system operations and contracts would have to be drawn to ensure that the targets are achieved. The role of a state agency to overlook and regulate such decentralised operations can hardly be overemphasised. In the subsequent section, we discuss in the other roles envisaged for the state nodal agency as the apex body for coordination and implementation of RE programmes in the state.

3. See Box 11.2 on the Argentine experience.

Box 11.2

Argentine Experience: PAEPRA Program

The aim of the Argentine government was to supply off-grid electricity services to 1.4 million rural residents (300,000 households) and 6000 public facilities (e.g. schools and hospitals) through private rural energy-service concessions. This public-private partnership was considered as highly innovative for the provision of electricity service to a remote, low-income area. The salient features of this model were:

(a) Competitive bidding for 15-year monopoly concession contract—exclusive rights to service a specific geographical region for the lowest subsidy bidding.

(b) Obligation to service all households and public facilities within the province at predetermined tariffs, subsides to be received from provincial govts.

(c) Aimed at creating commercially sustainable businesses, attract larger, better organised private companies with independent source of financing, larger coverage, unit cost reduction, services over a longer time period (15-year contracts).

(d) World Bank/GEF gave financial assistance to implement PAEPRA Program in 1997. Aim to supply electricity to 66,000 households through individual solar home systems (50 W-400 W), 1,100 public facilities with SPV and 3,500 households with village-power systems (using mini-hydro or hybrids).

(e) The rural concession contracts are such that the concessions are free to select technology in any given situation, eligible for re-bid every 15 years up to 45 years, possibility of combined water and rural energy concessions.

(f) Eight out of 22 provincial governments in Argentina are eligible to participate by signing agreements with the central government and the World Bank. Each of these provinces has privatised or has made legal commitments to do so.

Financing

Rural Electrification Corporation

As a financial institution at the central level, the Rural Electrification Corporation's (REC) role is to supplement the resources of the SEBs/state utilities/state power deptt. by providing interest earning loans for schemes covering various components of rural electrification. As on the 31st March, 2002, REC has disbursed cumulative loan assistance of Rs. 24,687 crores to SEBs/state power utilities. As an outcome of REC's financial support over the last three decades, 87 per cent of the total villages in the country have accessed to electricity. Out of the total 5.09 lakh villages so far reported to be electrified in the country, about 3.05 lakh villages have been electrified under REC financed scheme. Similarly, out of the total 130 lakh pump sets in the country, 79.4 lakh have been energised under the scheme funded by REC.[4]

MNES/IREDA

In recognition of the enormous potential of renewable energy for national development, Government of India created a Commission for Additional Sources of Energy (CASE) in 1981, with the mandate of developing technology for use of alternative sources of energy. The Department for Non-Conventional Energy Sources (DNES) was formed in 1982, which was later converted into a Ministry of Non-Conventional Energy Sources (MNES) in 1992. The mandate of the Ministry covers the entire renewable energy sector, namely solar, wind, hydro, biomass, geothermal and tidal energy sources and various renewable energy projects and programmes are implemented through a country-wide implementation network, consisting of state nodal departments, state nodal agencies, autonomous organisations, NGOs, R&D institutions, financial institutions and private entrepreneurs.

In order to lend financial support to the renewable energy sector, the Ministry has set up a financial institution in 1987, *viz.*, Indian Renewable Energy Development Agency (IREDA). IREDA is a public limited government company under the administrative control of MNES for promoting, developing and extending financial assistance for renewable energy and energy efficiency/conservation projects with a motto of 'energy forever'.

---

4. Village electrification is the first stage of electrification in REC's three-distinct component programmes. This is done under the PMGY and under Minimum Needs Programme (MNP) in which funds flow directly from the central govt. to the state govt. as Central Planned Assistance, as 90 per cent grant and 10 per cent loan component for special category states and 30 per cent grant and 70 per cent loan component for other states. Funding for PMGY and MNP are being directly administered by Govt. of India. REC also funds intensive electrification of hamlets, hitherto not electrified, extension of distribution network for energisation of irrigation pump sets and system improvement programmes.

Emerging Role of Financial Institutions

As discussed above, traditionally REC and IREDA have been the funding arms of the Ministry of Power and Ministry of Non-Conventional Energy Sources. Though significant funding support has been made available from these institutions, they have been operating to meet the targets as per the earlier definition of village electrification. The newly spelt out national policies imply new challenges for rural electrification, especially household electrification. Funds are an essential requirement and the financing strategy has to be such that it aligns with the targets set out and facilitates the objective of implementing a robust framework for taking power to the rural areas and villages hitherto deprived of these benefits. It also clearly underlines the need and importance of close involvement of some primary lending institutions like the *grameen* banks, state finance corporations, NABARD, and regional rural banks, etc.

The funding strategy should consider the following:

- Take into account the inherent high-risk nature of financing in rural areas and low cash flows in the initial periods.
- Prioritisation of funds for projects with larger coverage and the evaluation criteria of projects for allocating funds should be based on:
  - extent of coverage and social benefit derived,
  - cost-effective technology,
  - compliance with environmental norms.
- The financing schemes could have a right mix of credit and subsidised schemes based on certain assessment criteria as discussed above.
- Financing needs to be based on clearly defined milestones and linked to performance of the project. e.g. the ongoing 'interest free scheme' of REC;[5] incentives/subsidies could be disbursed through various stages of the implementation of the project.

5. REC has introduced a new 'interest free' scheme—If schemes are fully and successfully implemented as sanctioned, the interest to be charged and received will be considered for waiver by REC and refunded to the borrower or adjusted against repayment of principal loan amount, which would make the schemes actually 'interest free'.

- The financing schemes could have an 'investment component' and an 'incentive component' like the APDRP scheme.[6] This would help achieve greater discipline and ensure implementation within budgeted costs and time.

One of the critical success factors of rural electrification cooperatives in US was the availability of long-term financing at low rates of interest for tenures of 30-35 years.[7] None of the existing schemes of REC have such long tenures. Given the constraints of affordability and paying capacity by consumers in rural areas, this alternative needs to be explored.

The task of electrifying more than 100,000 households in less than eight years time is enormous and mobilisation of additional resources through creation of a National Rural Electrification fund or RE cess on urban consumers, etc. as in the case of National Highways could be considered.

Cost of Electricity Supply Using Alternative Technologies

This brings us to the important issue of cost of providing electricity through alternative sources and technologies. Typically, there is a high capital cost involved and per unit costs of generation are also higher than the prevalent grid tariffs (domestic and agriculture sectors). However, experience has shown that people are willing to pay for at least a large part of the variable costs as long as there is a demonstrable economic benefit from electricity services. Innovative financing for making the overall costs affordable would, however, be required as discussed earlier.

6. The Tenth Plan envisaged an expenditure of Rs. 40,000 crores under APDRP scheme as under: a) Investment component: Rs. 20,000 crores for upgradation and modernisation (50 per cent of project cost met by GoI, 50 per cent by the states as counterpart funding from financial institutions. 100 per cent GoI assistance for special category states.) b) Incentive component: Rs. 20,000 crores for incentives for actual cash loss reduction. (Introduced to motivate the SEBs/utilities to reduce their financial losses. The cash losses are calculated net of subsidy and receivables.)
7. In the US cooperative programme, the REA Act provided loans to cooperatives to finance construction of lines and substations furnishing electricity to rural areas. Loans were on a 35-year basis at two per cent interest.

Table 11.1

Cost of Alternative Technologies

Source	*Capital Cost (Rs. Crores/MW)*	*Generation Costs (Rs./kWh)*
Wind Power	3.5-5.0	2.25
Small Hydro	3.5-6.0	1.50-3.50
Co-generation	2.0-2.5	2.00-2.50
Solar Photovoltaic	30.0	15.00-20.00
Sea Waves	9.0	5.8
Biomass Gasifier	2.4	1.1

Source: Urja Vikas Nigam Limited, MP; TN Electricity Board Website.

Design and Planning

Lack of an appropriate strategy for design and planning is one of the reasons for underutilisation of allocated resources. The involvement of local bodies to help in targeting the beneficiaries and prioritising the works is crucial.

Traditional Role of SEB

Experience of planning and investments by SEBs has shown that there was never a focused approach to investing in rural supply for achieving time-bound targets and this is evident in the slow pace of rural electrification over the years. One of the primary reasons for this slackened progress has been the deteriorating health of the SEBs; the declining outlay for rural electrification reflects the changing priorities of the electricity utilities. SEBs have to deal with the immediate priorities of meeting expenses on account of power purchase, salary payments, loan repayments rather than investing in system improvement and extending the infrastructure to the unelectrified or partially electrified rural areas.

Figure 11.1 shows the decline in the target number of villages to be electrified each year in the Plan periods; from about 25,000 villages per year in the Sixth Plan this has dropped to less than 3,000 villages per year in the Ninth Plan.

Figure 11.1

Slack in Pace of Rural Electrification

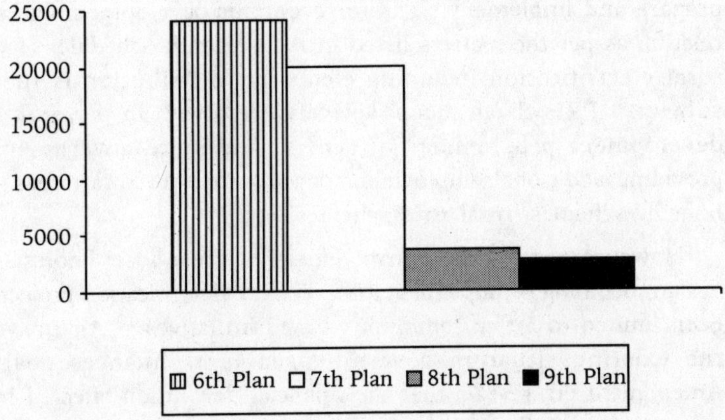

Source: GoI (2002). Planning Commission Report on the Working of SEBs.

Analysis of the allocations by SEBs and state energy departments shows stagnation in the relative share[8] of rural electrification expenditure over the Ninth Plan period. The allocation increased only towards the end of the Plan period.

Table 11.2

Relative Share of Rural Electricity in Total Power Sector Outlay

(in Per Cent)

FY98	*FY99*	*FY00*	*FY01*
5.66	5.21	5.83	10.06

Source: GoI (2002). *Planning Commission Report on the Working of SEBs.*

Traditional Role of Panchayati Raj Institutions

Panchayati Raj Institutions (PRIs) were set up as bodies for local self-governance with the objective of institutionalising democratic

8. The various components of the power sector outlay being generation, T&D, renovation & modernisation, rural electrification and miscellaneous expenses.

decisionmaking at the grassroots level in the country. Article 243G, (73rd Amendment) of the Constitution of India gave constitutional status and enabled the three-tiered *gram*, block and district *panchayats* to function as institutions of self-government by empowering them to prepare and implement plans for economic development and social relation as per the matters listed in the Eleventh Schedule, of which rural electrification including electricity distribution is the 14th subject.[9] PRIs have been actively involved in several rural development programmes of central and state governments in providing additional employment opportunities to rural areas, rural housing schemes, rural road schemes, etc.

However, the proactive involvement of these local bodies in the design, planning or implementation of rural electrification projects has been limited to a few community-based initiatives.[10] An analysis of the existing situation governing *panchayat* finances post-73rd Amendment era reveals that the financial devolution effected by the states so far, is still not in tune with the provisions of the Amendment Act.[11] While 29 subjects have been enumerated in the 73rd Amendment as falling under the purview of the PRIs, the resources for effective implementation are limited (refer to Annexure A-11.1 for details).

State Nodal Agency as the Apex State-Level Institution

It is well recognised that complete village and household electrification can be achieved in a cost-effective manner through decentralisation. The policies envisage the setting up of a state nodal agency as the highest institution in the administrative framework for RE. In countries where rural electrification efforts have succeeded, there is evidence of a strong agency at the state-level involved from the initiation of the projects to its implementation and monitoring. The example of Thailand's Provincial Electricity Authority (PEA) is a

9. The Eleventh Schedule of the 73rd Amendment specifies 29 areas of responsibility covering all key aspects of village life, which states may transfer to the *panchayats*, along with sufficient resources and decisionmaking ability. Rural electrification including electricity distribution is the 14th subject of the Eleventh Schedule.

10. For example, the Village Bidyut Sangh set up by WESCO for on-grid connectivity; Micro Hydro Project in Pustil village in Orissa; these are discussed in detail elsewhere in this chapter.

11. Ministry of Rural Development, GoI, *Report of the Working Group on Decentralised Planning and Panchayati Raj Institutions for the Tenth FYP*.

case in point. The authority formulated a master plan for increasing its low levels of rural electrification which addressed all aspects of electrification, including guidelines for area selection, technical standards, organisation and management requirements for programme implementation, and distribution system operation and maintenance.

Box 11.3

Thailand Rural Electrification Program: PEA-ARE

Thailand's rural electricity initiative has seen a two-pronged institutional restructuring to address the low levels of rural electrification. In 1969, the EGAT (Electricity Generating Authority of Thailand) was formed to rationalise and consolidate the functions and responsibilities of various organisations created to meet electricity demand. EGAT was made responsible for power generation and transmission, while distribution and retail service functions were under the responsibility of Metropolitan Electricity Authority (MEA) and Provincial Electricity Authority (PEA).

(a) Due to the continued low level of rural electrification, PEA in 1974 started the 25-year 'National Plan for Accelerated Rural Electrification', as the master plan for rural electrification. The master plan addressed all aspects of electrification, including guidelines for area selection, technical standards, organisation and management requirements for programme implementation, and distribution system operation and maintenance. This was the first institutional restructuring to effectively address rural electrification issues in the country. The strategy underlying the new approach was increased emphasis on grid rural electrification and restructuring of institutional structure.

(b) ARE (Accelerated Rural Electrification) programme for the whole of rural Thailand was initiated as the second set of institutional restructuring to address the low level of rural electrification, which was thought as an important tool for rural growth and poverty reduction. An Office of Rural Electrification (ORE) was established within PEA to carry out the electrification projects.

PEA also launched other programmes and projects to accelerate rural electrification: Village Electrification Projects, Volunteer Self-Development Village Electrification Project (villages located in sensitive areas), New Village Development Programme (aimed at encouraging local people to take active participation in the development process under the supervision of the government), and Normal Rural Electrification (NRE) programme. NRE was regarded as the best means to accelerate extension of electricity service as it allowed all unelectrified villages to provide either cash or in-kind

(contd...)

(...contd...)

contributions to accelerate their connection to the grid. ORE was responsible for planning and implementing the ARE programmes under single management. This organisational approach appeared to be successful because the PEA could focus *via* ORE, all its efforts on implementation of rural electrification programme and had complete control over the allocated budget. The rural electrification programme was successful because of the following:

- A firm overall national policy, government commitment, a careful plan for system expansion avoiding excessive financial burden and a dedicated distribution company with a special rural electrification office.
- A special billing programme to ensure revenue collection. Locally respected officials were hired to collect billed amounts from the customers.
- Cost consciousness and adequate control of the financial position of the Provincial Electricity Company.
- A lower rate from EGAT to PEA for bulk power purchases. This rate was 30 per cent below the rate paid by MEA and some 15 per cent below normal bulk prices. Also, cross-subsidisation from provincial urban to rural areas.
- Avoidance of political interference, particularly in village selection, and the development of a set of objective criteria.
- An adequate demand promotion strategy including market research, particularly in the area of productive use of electricity.

Local Bodies and Planning of RE Initiatives: Emerging Role

The PRIs are the most democratic representatives of the rural communities at the village, block and district level. As already discussed, their involvement in rural development works needs to be extended to rural electrification also in a transparent manner with minimum political intervention. While developing the overall framework for the institutions involved, the state government could consider the role of these institutions at various stages of projects that are envisaged. Panchayati Raj Institutions need to have a certain level of financial autonomy to ensure sustainability of operations.

PRI would play a crucial role in identifying and designing a strategy for various socioeconomic groups in a rural area—even within the rural poor there exists an "income pyramid"[12] where broad economic groups can be identified. Typically, at the top of this pyramid are those who can afford to pay for the services. The middle and larger chunk is of those who need temporary assistance for affording the services while the largest mass is of the poorest of poor who need long-term intervention to expand their capacity to pay. Different kinds of schemes would be required for each of these groups and this has to be kept in mind for viability of operations.

Figure 11.2

Rural Income Pyramid

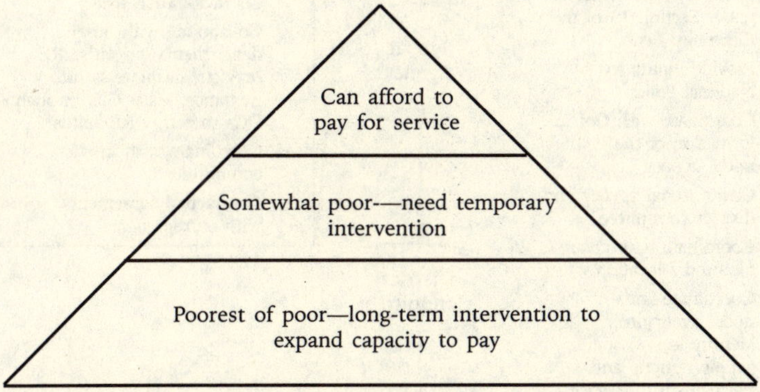

PRIs can help in development of a state RE plan by:

- Helping the funding agencies to asses the demand for energy services in a particular community, e.g. the demand for load intensification for pump set energisation in already electrified villages, electrification in schools, hospitals and community centres, etc.
- The PRI could play a proactive role in generating awareness about the need to have community based approach to usage of electricity and its conservation, environmental considerations.
- PRI could be involved in training and capacity building for maintenance of the assets created.

12. See, Rosario, Tony del (2002). *Energy Access, New Business Models, Local Governance*; World Energy Council.

The national RE policies envisage a role for these institutions. For example, the policies state that the *gram panchayat* has to issue the certificate that a village has been electrified as per new definition of electricity. Such certificates would then be collated/compiled by the state nodal agency using the machinery of the district committee (Section 2.1).

Figure 11.3

Role of State Government Bodies in Design and Planning

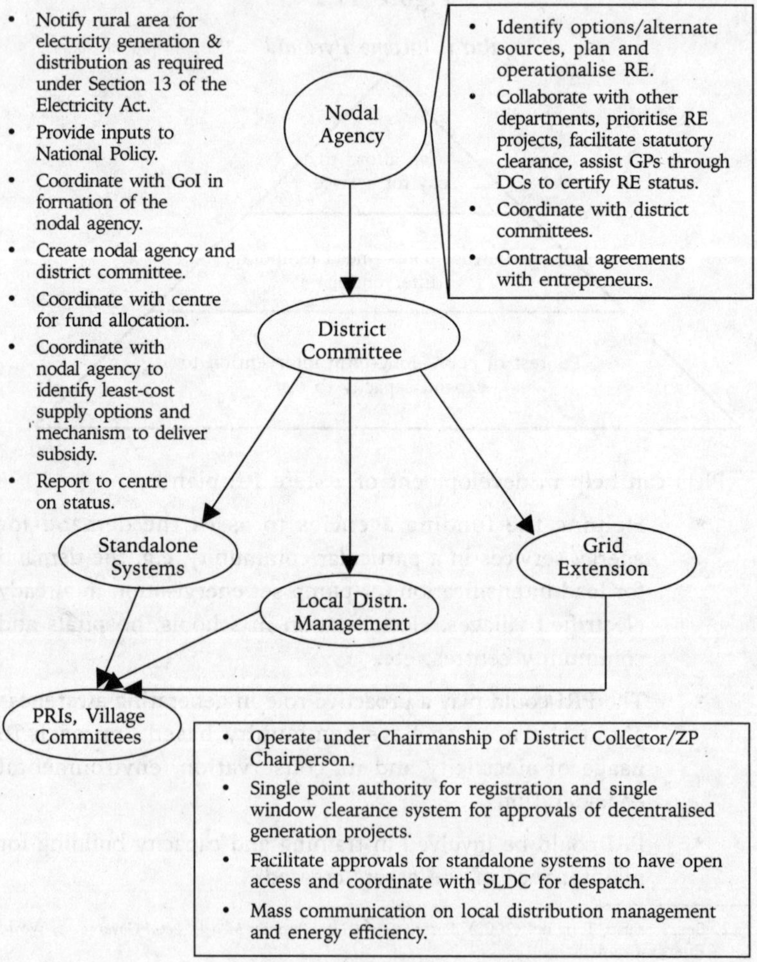

Implementation, Monitoring and Evaluation

The role of the central and state government in implementing has been limited to setting goals and providing resources through its financial arms like the Rural Electrification Corporation and IREDA. Implementation was left mostly to the state electricity utilities and the rural cooperative societies. The track record of utilisation of funds even when the resources were made available leaves much to be desired and is perhaps a pointer to the fact that unless the rural electrification programmes are implemented and monitored against measurable targets, the resources spent might not be optimally used and the desired goals might not be realised.

Table 11.3

Progress Against Allocation—Example of Madhya Pradesh

(Rs. Crores)

Actual Expenditure Incurred and Progress Made						
FY02						
	Allocation	*Expenditure*	*Target Villages (Nos.)*	*Target Dalit Bastis (Nos.)*	*Progress Villages (Nos.)*	*Progress Dalit Bastis (Nos.)*
		1.98	221	221	32	31
		8.19			123	123
PMGY	14.6	0.42			7	6
MNP	2.63	1.31	34	0	0	0
FY03						
	Allocation	*Expenditure*	*Target Villages (Nos.)*	*Target Dalit Bastis (Nos.)*	*Progress Villages (Nos.)*	*Progress Dalit Bastis (Nos.)*
PMGY	6.41	0.18	84	83	3	3
MNP	4	50	0	0	0	0

Source: Energy Department, Government of Madhya Pradesh.

Role of State Government/Local Bodies/User Groups in Implementation

As seen in the preceding sections, there needs to emerge a coordinated effort between the various agencies/institutions in the realm of rural electricity supply.

For efficient implementation, there has to be a sense of ownership among the community user groups and a certain level of autonomy in decisionmaking and management of financial resources. The Panchayati Raj Institutions/local bodies like the village electricity committees[13] can serve as an effective interface between the distribution company and the users facilitating:

- Active involvement of consumers in decisionmaking.
- Increasing the level of awareness on usage of energy services.
- Timely redressal of consumer complaints.
- Initiative in efficient metering, billing and collection activities.

The state government would have to strengthen capabilities within its various levels for embarking on a structured awareness campaign to promote awareness:

- For energy efficiency in order to reduce cost to consumers and subsidy burden to state government.
- For participation of women in meeting rural energy needs —essential for effective, efficient and sustainable implementation of rural electrification programmes.
- For widespread use of information technology for cost effectiveness and sustainable implementation.
- Mass media communication programme to encourage communities in areas lacking supply of electricity to take up management of local distribution by the community.

Thus, rural supply initiatives in any state shall require the broadening of the responsibilities of the government. State governments have to ensure that the willing *gram panchayats* are empowered and involved in the decisionmaking. Rural banks and cooperatives would have to be involved and a coordinated effort to draw up a rural electrification plan for the entire state would be required. The roles of various divisions (nodal agencies, sistrict committees, *zilla parishads,* etc.) within the state government would have to be clearly defined for identifying the target areas,

13. Example of 'Orissa Rural Community Electricity Supplies' project under WESCO area.

implementing programmes and bringing awareness among local communities for ownership of operations. A schematic figure of the emerging roles of various institutions is presented below.

Figure 11.4

Emerging Roles in Rural Electrification

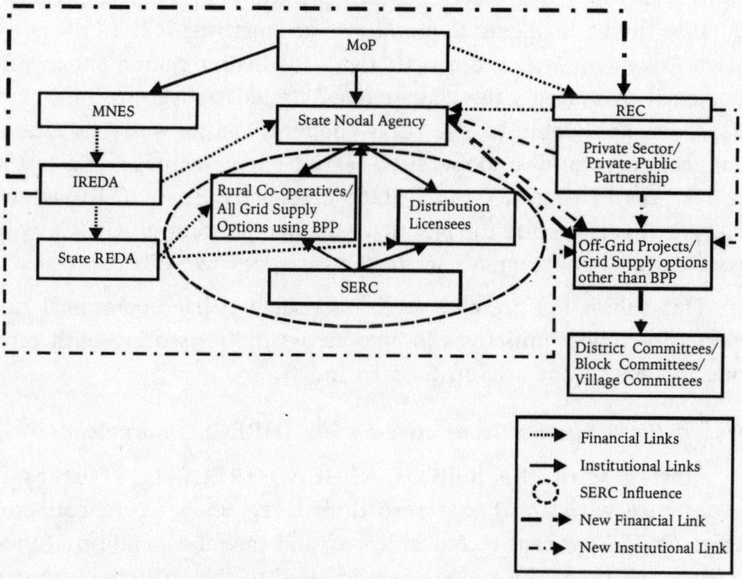

Indian Experience with Rural Electrification

Experience with Cooperative Societies

In an effort to promote rural electrification projects all over India, initiatives for setting up rural electric cooperatives for distribution of power in rural areas were taken for the first time only in the late 1960s when the Government of India sponsored an investigation by an expert team from the National Rural Electric Cooperatives Association (NRECA), USA for identifying a few areas with adequate potential for establishment of rural electric cooperatives. Pilot projects were started with USAID funding in some states wherein five areas were identified; one each in the states of Andhra Pradesh (Sircilla),

Gujarat (Kodinar), Karnataka (Hukeri), Maharashtra (Rahuri and Shrirampur) and Uttar Pradesh (Lucknow) and five pilot rural electric cooperatives were established during 1969. Over time, with funding from the Rural Electrification Corporation (REC), this number grew to 41, of which 14 are in operation at present, while 22 cooperatives have already been taken over/liquidated by respective state utilities/ governments. Studies[14] show that these cooperatives have done better than SEB-run rural electrification programme. This is primarily because the basic operating premise of cooperatives is the Principle of 'Area Coverage'—i.e. the cooperative's intrinsic requirement to offer universal coverage in the cooperatives' designated service territories, has been applicable to the rural cooperatives as well—household connection rate in a cooperative-served village across India is four times greater than a typical State Electricity Board (SEB)-served village. This is despite the fact that only one per cent of RECs funding goes to rural cooperatives while the rest goes to SEBs.

This subsection presents a critical review of five operational rural electricity supply initiatives located across India (two in South India, one in Central and two in Eastern India).

Hukeri Rural Electric Cooperative Society (HRECS), *Karnataka*

Started with the help of NRECA, HRECS is a successful experience with an almost zero theft level, 95 per cent collection efficiency, 17 per cent technical losses, and capital expenditure funded out of cash flows. Its success is attributed to the trust of customers, independence from government intervention or political interference, good management and a god-fearing psychology. The success of the society is evident from the way it has continuously improved its performance on various technical, operational and financial parameters.[15]

Operations

HRECS's area of operation expands over 992 sq. kms covering the Hukeri *taluk* and Sutagatti village in Belgaum *taluk* of Karnataka. The

14. *Experiences in Co-operative Rural Electrification and Implications for India*, NRECA International Limited, June 2002.

15. While analysing the performance of the Society, it is important to note that the sharp increase in power purchase cost in FY04 is because of revision in BST and transmission tariff from 74 paise/unit to Rs. 2.12/unit.

society is being managed on a cooperative society model in which all the consumers are members. There are about 76,200 consumers (including 16,562 IP sets spreading over 137 villages, hamlets, and rehabilitation centres), with a consumer mix of domestic, agriculture, commercial and industrial. The area of operation of the Society is divided into four administrative divisions, each headed by an engineer.

Table 11.4

Performance Report of the Hukeri Society, Karnataka

Particulars	*FY04 Approved*	*FY03*	*FY02*
Metered Sales as % of Energy Input	23.51%	NA	23%
Unmetered Sales as % of Energy Input	61.49%	NA	60%
Distribution Losses as % of Energy Input	15.00%	15.59%	16.49%
Transformer Failure Rate	NA	9.87%	12.0%
Collection Efficiency (%)	NA	84.7%	93.5%
Power Purchase (MU)	137.73	132.7	135
Energy Sales (MU)	117.07	112.01	113.1
Cost Coverage (%)	58%	105%	88%
Avg. Revenue Realisation (Rs./Unit)	1.50	1.26	1.03
Power Purchase Cost per Unit (Rs./Unit)	2.12	0.74	0.65
Costs (Other Than PP Cost) per Unit (Rs./Unit)	0.35	0.36	0.33

The Society as on date has an authorised share capital of Rs. 4 crores, which include the state government's contribution of Rs. 0.417 crores. The present working capital is to the tune of Rs. 3 Crores. Power is purchased from the KPTCL and supplied to consumers at a rate determined by the KERC.[16]

Achievements

In its determined attempt to become self-reliant as far as possible, the Society, which was initially carrying out only the repairs of its transformers, started a manufacturing unit in 1995. The special features of the Society are the transformer manufacturing/repair unit and the pole-manufacturing unit. The establishment of this unit has helped the Society to save at least Rs. 40,000 per 100 kV transformer.

16. The KERC has ruled that the KPTCL should recover Re. 1/unit from the Society and the balance from the Government for FY04.

While the market price of such transformer is around Rs. 90,000, its cost of production here is only around Rs. 48,000. HRECS also runs a unit, named after late Mr. Appanagouda Patil, a well-known leader in the cooperative movement in the North Karnataka region, for manufacturing cement poles to be used as alternatives to iron poles.

The other pointers towards success are:

- Although distribution loss reduction has not been at the projected rate of 1.5 per cent per year (as envisaged by the Commission), the gradual decline in losses is evident over the years.
- Average revenue realisation has increased by about 50 per cent over the last two years.
- Costs, other than the power purchase costs, have been kept stable. The Commission has largely agreed to these costs as filed by the licencee.

Issues

- High employee costs and low investment problems ailing most licences prevail.
- There is a high dependence on revenue subsidies from the state government. The bulk supply tariffs are adjusted by means of subsidies provided. The quantum of subsidy is to the extent of Rs. 2,000 per consumer (includes all consumer categories), which amounts to about Rs.15 crores.

Anakapalli Rural Electric Cooperative Society Limited (RESCO), Andhra Pradesh

Anakapalli is one of the four operational Rural Electric Cooperative Societies (RESCOs) in Andhra Pradesh. There were nine RESCOs in AP, out of which five RESCOs were wound up recently due to high levels of inefficiencies and poor quality of supply, while four RESCOs, which are efficient, were allowed to operate by the Commission.

Achievements

The following table illustrates the improving performance of the Society over the past two years:

Table 11.5

Performance Report of the Anakapalli RESCO, AP

Particulars	*FY04 Approved*	*FY02*
Metered Sales as % of Energy Input	NA	52%
Unmetered Sales as % of Energy Input	NA	31%
Distribution Losses as % of Energy Input	14%	18%
Transformer Failure Rate	8%	9%
Power Purchse (Lakh Units)	750.00	667.42
Energy Sales (Lakh Units)	645.00	549.29
Cost Coverage (%)	108%	99%
Avg. Revenue Realisation (Rs./Unit)	1.92	1.90
Power Purchase Cost per Unit (Rs./Unit)	0.97	0.81
Costs (Other Than PP Cost) per Unit (Rs./Unit)	0.78	0.78

- The average revenue realisation for the Society is increasing and the losses are going down.
- The Society is projected to be able to increase its cost coverage beyond 100 per cent.
- Costs, apart from that of power purchase, have been kept under check.
- The Commission has observed in the tariff order that the Society has been striving to follow the directives, which have been issued.
- The Commission and the Society have targeted to fix meters to all services including agricultural consumers by the end of FY04.

Mula Pravara Electric Cooperative Society Limited (MPECS), Shrirampur

Background

The Mula Pravara Electric Cooperative Society Limited (MPECS) in Shrirampur, Maharashtra, is one among the five pilot cooperative societies established in India through REC, in collaboration with USAID and NRECA. The Society was given a 20-year licence in January 1971, which was extended for another 20-year period by the

Government of Maharashtra (GoM), through its order dated May 21, 1999, to be effective from January 1991.

Operations

As on March 31, 2002, MPECS supplies electricity to 1.37 lakh consumers living in 183 villages spread over five *talukas* in Ahmednagar district of Maharashtra, having sanctioned load of around 207 MW. It purchases power from Maharashtra State Electricity Board (MSEB) at 11kV interface points.

Achievements

MPECS' performance is better than both the adjoining rural divisions, especially in terms of agriculture collection efficiency of 26 per cent as against 5 per cent in each of the divisions, while overall collection efficiency of MPECS is higher at 67 per cent as against 40 per cent and 26 per cent, in case of Sangamner and Ahmednagar rural divisions.

Releasing new connections, carrying out the load enhancements of the existing connections and others for non-agricultural consumers, is effected within 2-3 days of applying. There is no waitlist of consumers in MPECS area except in case of agricultural consumers where there is a government policy on release of new connections to agricultural consumers.

Billing process of MPECS is relatively efficient, ensuring proper billing of electricity consumption to its consumers at appropriate slabs with relatively lower concentration of consumers in the lower tariff slabs.

Issues

- With MERC approving a bulk tariff much higher than the 'viable tariff',[17] MPECS started accumulating arrears. MPECS has accumulated receivables of around one year of revenue over the years, of which around 78 per cent of receivables are from agricultural consumers, which requires improvement.

---

17. The government had introduced a viable tariff methodology for assessment of the applicable tariffs as directed in its Order of May 21, 1999. GoM ceased this through an Order dated January 6, 2003, in view of the formation of the Regulatory Commission.

- Total power purchase overdue of MPECS to MSEB as on March 31, 2003, including arrears, is estimated to be around Rs. 381.27 crores.
- Distribution losses under the MPECS' jurisdiction are about 23.64 per cent.

Gosaba Rural Energy Cooperative Society, West Bengal

Background

The Gosaba Rural Energy Cooperative Society is one of the several examples of rural isolated-grid (micro-grid) electric supply schemes set up with the support of the West Bengal Renewable Energy Development Agency (WBREDA).

The WBREDA provided most of the capital for the project and undertook the construction and provided the training for the operators for the biomass gasification plant and the electricity distribution micro-grid. The members provided some capital from the cooperative society membership fees and some construction labour.

Operations

The Society currently supplies electricity to about 1000 households and small businesses through 11 kV distribution systems in the Sunderbans.

The Society is responsible for the operation and maintenance of both the biomass generation plant and the distribution micro-grid. It is also responsible for consumer billing, collection, new connections and when required, disconnections for failure to pay.

Achievements

The revenue collected by the Society at present is sufficient to pay for all the fuel (including diesel which supplements the biomass) and operating costs including operator salaries.

The project has been a demand generating one—at the time of commissioning, the electricity demand was 60 kW but within a year it grew to 200 kW.

An interesting aspect of the Gosaba electricity supply scheme is that, initially while the plant operated only six hours a day, a number of connected consumers also used solar energy systems in the down period for fans and lighting. The plant has a capacity of 500 kW and operates for 16 hours a day (January 2003).

Issues

- Consumers are charged at a tariff of Rs. 5.50 per unit, while the state grid connected consumers are paying comparatively lesser charges.
- There is no provision of obtaining government subsidies for subsidising the tariffs. This may not be easily replicable in remote areas where the impact of energy services has not been demonstrated.

Solar Power Cooperatives of Sagardweep Island

Till the beginning of 1996, the Sagar Island, with a population of 1.6 lakh was plunged in total darkness. A few diesel generators used to supply power for about three hours per day to some shops in Rudranagar, which is in the block headquarters. WREDA initiated a village electrification plan on being approached by the people of this island who did not mind paying higher than the conventional power rate prevailing in other parts of the state as long as the supply was of grid quality. Today, nine SPV power plants of capacity ranging from 25 to 28.5 KW (peak) are functioning at Sagar Island. The number of household connected by electricity is 1162 and is expected to go up to 1762 out of the total 6000 families residing in the villages of Sagar Island. The annual revenue collection from these households is about Rs. 11.83 lakh.

The Institutional and Financing Mechanism

- Each of the mini-grids cost over 10 million of which Rs. 6 million consists of subsidy from MNES, Government of India and state government and about Rs. 4 million was a loan from the World Bank credit line through IREDA with one per cent interest.
- The systems were procured centrally by WBREDA from various PV manufacturers and contacts were awarded to install and operate the systems for a period of five years

- A cooperative society 'Sagardweep Rural Energy Development Cooperative Society Ltd.' was set up for collection of electricity service fee and sorting local problems like disconnections due to non-payment, reconnections and arrangements for tree-trimming along the distribution line routes, etc.
- The Society passes on the revenue to WBREDA for servicing of loan and for replacement of battery in the future.
- Power is provided through the mini-grids and tariffs are levied based on the connected land. Actual use is regulated through the use of load controller. Prepaid cards are being introduced.

The main features of this rural initiative has been:

- Close association of WBREDA with service providers like WEBEL, private agencies and local communities.
- Supply is only for 4-6 hours a day at Rs. 8 per unit.
- The success can be gauged by the fact that there is clamour for new connections and people are willing to pay even Rs. 10 per unit. This is because of the demonstrable benefits of electricity supply that has impacted the quality of life.
- As far the economics of power supply goes, the cost of solar PV to Sagar Island is about Rs. 20 per unit. With a small subsidy from the government, the cost comes down to Rs. 10 per unit and becomes commercially viable.

The main limitations are however:

- The high capital cost.
- Difficulty of providing power for energy intensive units.
- Twenty-four hours power supply possible only through hybrid units.

In spite of these limitations, village electrification through solar PV plants and mini-grids is being accepted as the only viable solution as opposed to living without the benefits of energy services.

Experience with Village Committees/NGOs

With the objective of management of electricity distribution by the village committees, WESCO in Orissa, first implemented this model. It was envisaged that each village would have a village electricity committee (VEC) which would act as an interface between the consumers and the distribution company. The VEC with appropriate power can provide a platform to the consumers to air their views regarding the services received and facilitate collection of revenues to the distribution company.

Some of the key activities that the VEC would engage in are:

- complaint redressal,
- revenue collection,
- regularisation of consumers,
- disconnections and reconnections,
- checking power theft, and
- taking stock of the system part.

The VEC represents all sections in the village and is constituted after careful consideration of the village dynamics. Typically, a VEC will have 5 to 10 members, including president, secretary, lineman of the area and a village contact person.

Village Bidyut Sangha (VBS), WESCO-Grid Connected, Orissa

Background

The 'Orissa Rural Community Electricity Supplies' (ORCES), a project funded by DFID, in the districts of Kalahandi and Nawapara under WESCO, is an initiation towards empowering the village-level leaders and organisation through improvement of electricity supply and distribution system. The process is facilitated through the institution of the Village Electricity Committee or the Village Bidyut Sangha (VBS) as it is called. This is a core representative body of the consumers. The officer bearers, namely President, Secretary and Village Contact Person (VCP) of this Committee were nominated through a general consensus. The local lineman is an ex-officio member.

Achievements

The new connection drive is one of the bigger success stories of the project. Consumers feel that over the last two years, it has become easier to get a new connection.

The VBS has facilitated regularisation of almost all the unauthorised connections. This has resulted in elimination of unauthorised access, and has also ensured regular payments of the bimonthly bills, thereby improving the revenue collections to a large extent.

Due to the efforts of the VBS, theft of electricity in the form of open hooking has reduced to almost zero, which has reduced the short circuit of conductors and has helped in enhancing the life of transformers.

With proper maintenance and interventions by the VBS, damages done to service wires have been checked to a large extent. Over the last two years, the VBS has undertaken major responsibility for system improvement work in villages.

Apart from the main task of improvement of electrification and distribution systems, the VBS has taken a lead in development activities like arranging health camps, maintenance of village roads, repairing of school roofs and other similar social activities. The Committee has also taken a lead in organising social functions and other sports and cultural functions, which is common in almost all the villages.

The VBS members are also helping in organising the farmers of the village to form *pani panchayats* and get the ownership of the lift irrigation points, since the Government of Orissa is in the process of handing over the lift irrigation points to *pani panchayats*.

Issues

- It has been observed that the distribution companies use the VBS more for revenue collection and theft curtailment than for improving service delivery.
- Developing a sustainable business model for VBS is a challenging task and they are presently faced with numerous difficulties, such as resistance from employees'

union, political parties and influential stakeholders, poor level of awareness and absence of well-functioning people's institutions in the village.

Putsil Village Micro Hydro Project-Off-Grid Supply

Background

Putsil is a small tribal village in Koraput district of Orissa, 8 kms away from the nearest electricity network. It houses about 80 Kond tribals, whose main occupation is agriculture and selling of minor forest produce in the weekly market. The utility was not in a position to extend the grid to this village and kerosene was the main fuel used for lighting. WIDA, an NGO working in the region started exploring various alternatives and found that there was enough water to generate power to supply lighting to the whole village.

The villagers formed a committee to work out the details of setting up a micro hydro scheme. Work started in late 1998 and the 13 kW power plant was commissioned on August 15, 1999. The total cost of the project was Rs. 1.6 million ($ 32,000). The main costs were that of a 450-metre long penstock and 1.5 km underground transmission line. The NGO raised the required capital cost from international funding agencies. The villagers provided labour—amounting to Rs. 300,000 ($ 6000)—in kind. Each family contributed one person to help the construction.

Operations

Lighting and milling/grinding were the two main demands of the people, which were met through this micro hydro scheme. Total nighttime power demand was of 6,200 W and daytime demand was 3,750 W.

The micro hydro committee has been collecting monthly tariff of Rs. 20 from each family since January 1999.

Achievements

- Provision of energy services for economic activity: In addition to the usual positive impacts like extended lighting hours for children to study and for women to work in the kitchen, a new flour mill has been installed where a rice huller, an oil expeller and a flour mill operate during the day hours.

- Improvement in quality of life: The village now has a dish antenna and a community TV, which connects them to the outside world. WIDA has also installed a computer in the community centre of the village where children are encouraged to learn computer. A database of village statistics is also maintained.
- The villagers have also realised the value of water management and hence, they have started taking up reforestation in the catchments. WIDA continues to provide technical support for all these activities.

Issues

- The sustainability of the project beyond the proactive role of the NGO is suspected. To add to this apprehension are issues like increased use of energy services like individual TV sets by some people while the tariffs remain the same for all. This led to resentment amongst non-TV owners and tariff system had to be reworked.
- Issues like bad precedence of non-payments have discouraged the funding of capital investments by financial institutions, as they are hesitant to lend to such projects.

Key Learnings from the Indian Experience

Achievements:

- Has provided access to energy services, leading to economic gains, especially in case of off-grid projects.
- Consumer owned and consumer focused.
- Increase in level of awareness on utility, usage, etc.
- Village committee as interface, provides a forum for redressal of consumer complaints in a timely manner.
- Increase in billing and collection.
- Persons taking the lead are already familiar with the process of collective interactions for community welfare.

- Likely to have areas of operational interest matching with the requirement of this programme.
- Higher probability of acceptance by all concerned.

Disadvantages:

- Commercial viability may pose problems—many takeovers/ liquidations of existing societies in MP, UP, AP.
- High tariffs of renewable technology options might not be easily replicated and sustainable.
- Lack of programme-specific skills—capacity building within the community required.
- Regulatory guidance needed for viable models.

International Experience in Rural Electrification

The international experience in rural electrification is mostly one of community intervention and the success of cooperative societies in countries as diverse as USA and Bangladesh, irrespective of the level of development and geographical and demographical characteristics. There is no single model or an institutional structure for successful implementation of rural electrification. The select experiences here refer to both grid-based and decentralised systems, and provide a cross section from which indicative conclusions can be drawn.

US Electric Cooperative Program

The seeds of the formation of the Rural Electricity Authority, REA (formed in 1935) can be found in the socially and economically poor situation of the rural communities, the problems caused by depression, and also, in the dissatisfaction of the rural population with the very slow electrification of the rural areas and the attitudes of the existing power utilities. The rural electrification model was not initially intended to be a cooperative movement but more of financial/ technical assistance. Only 11 per cent of the population outside urban area had electricity at that time and private utilities were averse to supplying electricity in rural areas.

Under the REA, fully-owned consumer cooperatives were formed and a lending programme under the following mechanism was devised

- Members contribute equitably to the capital of the Society.
- Open and voluntary membership was available with equal rights to all.
- Electricity provided at cost to serve. Any operating surplus was distributed on the basis of service usage.
- Autonomy from political and other entities.
- Cooperation among cooperatives was ensured by the formation of the National Rural Electrification Co-operative Association (NRECA), a common association to address their needs and to provide them strategic direction.
- REA loans were available only on the condition that the borrowers agree to provide service to any and all consumers within their designated service territories on the principle of area coverage.[18] Also, they had to adhere to the technical and engineering standards, which were based on the principle of least-cost design, system durability and reliability, uniform system of accounts, and standardised operational benchmarks.
- Cooperatives were under the state's regulatory authority.
- NRECA guided the cooperatives into formation of various business associations and gradually the government reduced its role.
- Alternative financing sources, like National Rural Utilities Cooperative Finance Corporation (CFC), a private funding agency, were formed.

The success of the US Electric Cooperative Program can be gauged by the fact that today there are around 900-electricity distribution cooperatives and about 60 generation and transmission cooperatives for power supply to 34 million residents in the USA.

- Nearly 45 per cent of power distribution networks are under the control of cooperatives in the USA.
- Cooperatives collectively own over $ 65 billion in assets.

18. Implies that any and all consumers in a rural electric service territory are eligible for electric service from the cooperative provided that extension of service meets a test of economic reasonability.

- These cooperatives come in various sizes. However, nearly three-fourths of them serve less than 20,000 consumers.
- One of the critical success factors has been the ability to charge tariffs at the cost to serve and hence, ensure sustainability of operations.
- The integration of cooperatives under NRECA has ensured adherence to the technical and commercial standards, leading to success and hence, has ensured apolitical nature of the cooperatives.

Bangladesh Electric Cooperative Program

Background

The Rural Electricity Board (REB) of Bangladesh, started its operation from 1 January 1978. The REB does not electrify rural areas by itself but through the Palli Bidyut Samitis (PBS), which are independent users' associations.[19] The REB supervises, manages, regulates and extends financial and other support including interaction with the nodal agencies to all the existing 67 PBS they have so far been approved to be set up in Bangladesh.

The Bangladesh rural electrification initiative does not have an objective of 100 per cent household electrification unlike what is envisaged in India.[20] All new PBS service areas must satisfy revenue requirement standards. Therefore, some communities may remain non-electrified for several years until the population and the associated potential for productive use of load grow to the point where they will qualify to be included in the PBS system. Customers must be prepared to spend the equivalent of US$ 6-7 (Indian Rs. 300-350) as an initial investment on lead-in wires and interior wiring. Only a household that can afford such initial cost and monthly electricity fees can be a PBS member.

Structure

The PBS is a cooperative organisation at the village level and is

---

19. The REB/PBS have jointly established 1,16,337 km of distribution lines, 195 substations and is estimated to supply power to 3.5 million residents in 29,684 villages.
20. In Bangladesh, only 15 per cent of all households have power supply on an average.

directly under the REB. The management process could be called 'martial' and CEOs of REB have generally been drawn from the army. It is organised and managed by the participants. Under the PBS system, several members form a community group within a co-operative. The PBS has a Board of Directors consisting of 12 to 15 elected members. Directors have a three-year term with one-third of the Directors retiring every year. The President is elected for a term of one year. There are stringent qualification criteria for Directors. Significantly, voting rights are confined to non-defaulting members. PBSs are not independent private business entities as are the US electric co-ops, and among other things, they do not retain or control their operating margins.

Unionisation among employees is not allowed. In fact, many employees and all meter readers are appointed on contract. Meter readers are frequently rotated to prevent them from developing relationships with the consumers. This is done to prevent collusion to promote power pilferage, incorrect reporting of consumption, etc. for the mutual benefit of the meter reader and the consumer at the expense of the society/electric company.

The REB has its own training facilities and provides extensive training for the PBS staff. It also has a special division for apprising beneficiaries of the rights and obligations of the cooperative members.

Financial Support

The REB and the Government of Bangladesh support PBS development and operations through two subsidy programmes.

First, through the REB, the government provides loans to the PBSs for 30 years at 3 per cent interest with a 5-year grace period for principal as well as interest payments. The interest during the grace period is assessed at 0.75 per cent (rather than the 3 per cent standard) and is capitalised.

Second, there is a policy to support PBS cash flows during its initial 5 or 6 years of operation subject to annual reviews.

The US Agency for International Development (USAID) has financially supported the rural electrification project from the very beginning (i.e., from 1978).[21] Of its own, the programme has today received sponsorship from 15 international donors who have contributed over US $ 1.1 billion.

Operations

REB purchases power in bulk from Bangladesh Power Development Board (BPDB) at a negotiated price, which is significantly below BPDB's price for sale of power to industrial consumers.

The retail tariff for each PBS is set by the REB in an attempt to balance the perceived ability of PBS customers to pay for electric service and the need for the programme to sustain itself economically. The PBS tariff is about 40 per cent to 60 per cent higher than normal average tariffs charged in urban areas.

Even so, only about 18 out of 54 PBS that are fully operational (as against 67 PBS which have been set up), have achieved financial viability.

Control and Regulatory Mechanism

The REB keeps a strict watch over all the activities of the PBSs. This strict vigil is maintained by having the budget of the PBS approved by the REB. Annual performance targets are set as an Annual Performance Target Agreement (PTA) for each PBS based on 20 parameters covering aspects like reduction of system losses, improving on accounts receivable, increasing the number of connections, etc. The REB enforces the PTA through an incentive-penalty mechanism.

If a member in the group taps electricity illegally, all the group members must pay for the cost. This means that an entire group is subject to a penalty if they cannot prevent stealing of electricity. This method of dealing with power theft brings to bear enormous peer pressures on potential power thieves. In case of default in payment of electricity dues after a 30-day period, a member will be removed from the society and his meters will be taken away.

---

21. Since the 1930s, USAID had carried out electrification in rural areas through a cooperative method and the National Rural Electrification Cooperative Association (NRECA), which is a central organisation of rural electrical cooperatives in the USA, was entrusted by USAID to extend technical assistance to REB.

The T&D losses in PBS areas are about half of what it is in other areas of the country. The PBS average tariff collection is also much higher at about 95 per cent.

Results of the Electric Cooperative Effort

The PBS in the rural areas have been by-and-large successful.[22]

While the PBSs are basically centralised grid-connected systems, of late the REB has started looking at off-grid technologies. The REB's renewable energy policy has selected household solar power systems as its preferred option for providing electricity to the regions of Bangladesh that will not be reached by the rural grid for at least five years. The REB would provide solar power systems to households on a monthly fee basis with the PBSs retaining ownership of the system.. The monthly user fee would be fixed by the REB taking into account the consumer's ability to pay. The maintenance of the system is the responsibility of the PBS.

Rural Energy Service Concessions:
Program for Rural Electrification (PER) in Chile

Rural electrification was traditionally in the domain of state-owned power companies, which followed centrally developed plans, and relied on subsidies from the central government or cross-subsidies from the tariffs set above costs in urban areas. The Chilean Government launched the Program for Rural Electrification (PER) in 1994. The design of the programme was in consonance with the overall electricity sector reforms—that is based on competition, private investment and decentralised decisionmaking. The goal was, with the help of subsidy, to turn rural electrification into an attractive business opportunity. The state, private investors and users would all contribute to funding.

Every year, the Regional Secretariat of Planning and Coordination (SERPLAC) announces the funding that is designated for rural electrification from the annual allocation from Ministry of Planning

22. The success of the PBSs in the rural areas prompted the Bangladesh government to attempt bringing some of the urban areas under the PBS Scheme. Six areas run by Bangladesh Power Development Board (BPDB) and Dhaka Electricity Services Authority (DESA) have been taken over by REB to establish PBSs. But here the success of PBSs has been patchy. While losses were brought down from 56 per cent to 18 per cent in three years in one of the areas (Narasingdi-1), in another area (Manikganj), the resistance from consumers and staff has stood in the way of much improvement.

(MIDEPLAN), and calls for project proposals, which state the levels of subsidy required to connect a group of households. It also decides the maximum amount of funding it will provide per 'solution' (that is, for each new connection) and seeks to maximise the number of solutions using the funding it receives. The winning bidder is awarded the project, is provided with the funding based upon the project design, and paid the agreed-upon cost, upon initiation of project construction.

Projects that provide new electric connections with the lowest demand for subsidy are funded progressively, until the subsidy funds for that year are exhausted.

The electric utilities have an obligation to provide service to the communities that are electrified under this programme for as long as they retain ownership to the distribution lines, so that even if the projects are not profitable, they must continue to serve these areas. But this helps the utilities lock in the service territories. Also, they earn tax credit from incurring the cost of construction.

Key Learnings from the International Experience

- In all countries with successful rural electrification experience, the implementing agencies had:
    - high degree of operating autonomy and were held accountable;
    - leadership tended to be dynamic and employees had job security and career prospects; and
    - clear contractual arrangements between the government and implementing agencies.
- Projects are more likely to be viable and sustainable if local stakeholders are involved in their design and implementation.
- In some cases (e.g. Thailand), the community made contributions of capital or labour, thereby helping to defray the costs of the programme.
- The establishment of appropriate institutional and organisational procedures necessary for successful implementation.

- Private sector can be attracted to participate in rural electrification schemes with appropriate legal framework and risk management options and assurance of level-playing field.

Conclusion

The Electricity Act and the subsequent polices for rural electrification have paved the way for a time-bound realisation of electricity supply across the length and breadth of India. The challenge is to cover 1,25,000 villages across different geographical terrains and at least 10 per cent of the households in each of these villages (as per the new definition of village electrification).

Traditionally, rural electrification has been implemented by the state electricity boards with budgetary support from the Central Ministry of Power and state governments. REC and IREDA have been funding grid-based extension of rural supply and use of renewable sources of energy for standalone systems, respectively. However, the pace of rural electrification over the Plan periods has slackened and has forced policy makers to look at a better design and delivery mechanism for facilitating the provision of this crucial infrastructure. India's experience with the rural electric cooperative societies has also not yielded the desired results; out of the 44 rural societies set up over a period of time in different parts of the country, only 14 still exist and only a few of them are showing any indications of efficiency. Similarly the distribution and management of electricity through local bodies has also not materialised, although the Panchayati Raj Institutions were empowered to do so by an amendment of the Constitution. The new policy framework has, for the first time, recognised the need to define roles of new institutions as well as empower existing institutions in the realm of rural electrification.

Experience has shown that whether rural electricity supply is through extension of the grid or through setting up distributed generation to cater to remote areas, the key to a sustainable effort is governance through democratic decentralisation, i.e. empowerment of the grassroots institutions and involvement of the community. This is essential for bringing in a sense of accountability and ownership, which in turn are crucial success factors for making rural electrification an instrument of sustainable economic development.

It can be seen that whether it is NRECA in the US or the Bangladesh experience with Palli Bidyut Samitis or even the off-grid projects in the Sunderbans, the day-to-day management has been with a set of trained locals who have a say in the decisionmaking process. Also, reduction of consumer-oriented service costs(e.g. grievance redressal, metering, billing and collections) is an important outcome of local involvement. The experiences also bring out the fact that the approach to rural electrification has to be a demand driven one rather than merely extending wires—people are willing to pay for energy services which improve their livelihoods. At the same time, the success of different institutional mechanisms is dependent on the local circumstances and the amount of political intervention that exists. For example, in the Tarapada village of NESCO, Orissa, an off-grid project using diesel for generating electricity (the use of a local oil called 'Karanja' is also being explored), initial involvement of *panchayats* did not lead to any satisfactory results. The executing agency helped set up a village electricity society which takes on the responsibility of day-to-day operations and is trained in elementary maintenance of the equipment, collection of the monthly consumer charges and crediting them into the Society's account, handling consumers' problems, purchasing and storing oilseeds and keeping proper accounts of all transactions.

In addition to the above, the core issue in implementing rural electricity supply programmes that remains is that of mobilising finance. Innovative financing and incentives to entrepreneurs keeping in mind the nature of risk of the investments and affordability would play an important role in the success. The policy makers need to step in to ensure that the public funds that are mobilised for subsidising/financing capital and operational costs are utilised optimally through the various levels of decentralised governance that are being envisaged.

References

Andhra Pradesh Electricity Regulatory Commission, various Tariff Orders.

Asian Institute of Technology (2004). *Institutional Reforms and Their Impact in Rural Electrification: South And Southeast Asia,* Sub Regional Technical Report, Thailand, May.

Government of India (2002). *Planning Commission Report on the Working of SEBs.*

———. (2003). *Electricity Act, 2003,* Ministry of Power.

———. *Draft National Rural Electrification Policies,* Ministry of Power.

———. *Draft National Electricity Policy,* Ministry of Power.

———. *Report of the Working Group on Decentralised Planning and Panchayati Raj Institutions for the 10th FYP,* Ministry of Rural Development.

Karnataka Electricity Regulatory Commission, various Tariff Orders.

NRECA International Limited *(2002). Experiences in Cooperative Rural Electrification and Implications for India,* June.

Rao, G.P. (2004). "Anomalies in the Electricity Act", *The Hindu,* December 6.

Rosario, Tony del (2002). *Energy Access, New Business Models, Local Governance,* World Energy Council.

Nexant (2002). *Rural Energy Services Best Practices,* May.

Official Websites of the following:

Ministry of Power, Government of India.

Rural Electrification Corporation, Government of India.

Ministry of Non-Conventional Energy Sources, Government of India.

Ministry of Rural Development, Government of India.

Statement made to the Press by Shri P.M. Sayeed, Union Minister of Power, May 2004.

Annexure A-11.1

Status of Devolution of Funds, Functions, Functionaries for Panchayati Raj Institutions

Sl. No.	States/UTs	No. of Departments/Subjects Transferred to Panchayats with			No. of Departments/Subjects Yet to be Transferred to Panchayats with		
		Funds	Functions	Functionaries	Funds	Functions	Functionaries
1.	Andhra Pradesh	05	13	02	24	16	27
2.	Arunachal Pradesh	-	-	-	29	29	29
3.	Assam	-	-	-	29	29	29
4.	Bihar	-	-	-	29	29	29
5.	Jharkhand	-	-	-	29	29	29
6.	Goa	-	-	-	29	29	29
7.	Gujarat	-	-	-	29	29	29
8.	Haryana	-	16	-	29	13	29
9.	Himachal Pradesh	02	23	07	27	06	22
10.	Karnataka	29	29	29	-	-	-
11.	Kerala	15	29	15	14	-	14
12.	Madhya Pradesh	10	23	09	19	06	20
13.	Chhattisgarh	10	23	09	19	06	20
14.	Maharashtra	18	18	18	11	11	11
15.	Manipur	-	22	04	29	07	25
16.	Orissa	05	25	03	24	04	26

(contd...)

(...contd...)

Sl. No.	States/UTs	No. of Departments/Subjects Transferred to Panchayats with			No. of Departments/Subjects Yet to be Transferred to Panchayats with		
		Funds	Functions	Functionaries	Funds	Functions	Functionaries
17.	Punjab	-	07	-	29	07	25
18.	Rajasthan	-	29	-	29	-	29
19.	Sikkim	29	29	29	-	-	29
20.	Tamil Nadu	-	29	-	29	-	29
21.	Tripura	-	12	-	29	17	29
22.	Uttar Pradesh	12	13	09	17	16	20
23.	Uttranchal	12	13	09	17	16	20
24.	West Bengal	12	29	12	17	-	17
25.	A&N Islands	-	-	-	29	29	29
26.	Chandigarh	-	-	-	29	29	29
27.	D&N Haveli	-	03	03	29	26	26
28.	Daman & Diu	-	29	-	29	-	29
29.	NCT Delhi	*Panchayati Raj* System is yet to be revived					
30.	Lakshadweep	-	06	-	29	23	29
31.	Pondicherry	-	-	-	29	29	29

Note: The provision of the 73rd Constitution Amendment Act, 1992, are not applicable to the states of Jammu & Kashmir, Meghalaya, Mizoram and Nagaland.

Source: *Report of Working Group on Decentralised Planning and Panchayati Raj Institutions for 10th FYP*, GoI.

Section VI

Rural Electrification: Experiences and Future Directions

12

Experiences of Power Sector Reform

Strategies for Including the Poor

ASHOK KUMAR SINGHA, N.V. RAMANA and VIJAY MAHAJAN

Introduction

Economic growth in a state depends among other factors, on good energy supply. Along with credit, skills and market linkages, power is a major constraint for rural livelihood. The economically active poor who make up the majority of the rural population often lack real access to modern energy and do not stand to benefit much from reforms. In order to improve access and to make the delivery sustainable, the state has a vital role to play in implementing reform.

The power supply industry in India is now over a century old and power sector reform more than a decade old. In 1991, India faced a major balance of payment crisis and huge fiscal deficit. Power sector with a combined loss of over Rs. 80,000 crores was a major contributor to the fiscal deficit. Systematic politicisation and commercially imprudent practices (e.g. free power to farmers in Punjab and Tamil Nadu and de-metering of the agricultural consumers in Karnataka, spread like wildfire to other states and even to other category of consumers) led to this grave negative fiscal consequence. Prices did not reflect costs and state electricity boards (SEBs) were dependent on allocations from the public budget. Therefore, India primarily under pressure from different multilateral agencies decided to liberalise the power sector. The main purpose was to meet the financing requirement of the sector from international capital market.

Independent power producers (IPPs) were allowed in 1991, marking a major shift from the state ownership, management and control of the sector. A fast track process was adopted to clear several generation projects (with sovereign counter guarantee) in the next five years. A multitrack reform process supported by the World Bank unfolded after the Group of Chief Ministers vetted the broad contours of the reform process (Common Minimum Action Plan envisaged (i) setting up of central and state regulatory commissions, (ii) rationalisation of retail tariffs, (iii) unbundling of the SEBs into more manageable entities with discrete functions, and (iv) private sector participation in distribution) in 1996. Orissa was the first state where the reform process was initiated as early as in 1995, with the passing of the 'Orissa Electricity Reform Act, 1995, allowing for unbundling of the monolithic Orissa State Electricity Board (OSEB). In 1998, a central ordinance cleared path for the creation of central and state electricity regulatory commissions. Between 1997 and 2001 several states (Haryana, Rajasthan, Uttar Pradesh and Andhra Pradesh) proceeded with their state-specific reform acts. After that, several states (15 states are now in different stages of unbundling, corporatisation, and privatisation) have either fully adopted the Orissa model or have adopted a variant. In 2004, with a decade of reform experience, the sector has not shown significant signs of revival and reforms have not inspired confidence.

Power sector reform envisaged some key benefits such as access, equity and efficiency that have strong influence on the poor. However, increasingly people are questioning the impact of the power sector reform on the poor. This chapter is not an attempt to comment on the impact of power sector reform on the poor. Rather, it is an attempt to understand the various energy issues that concern economically active poor households; understand how reform addresses these issues; finally suggesting approaches that can make reform more pro-poor and inclusive.

Dimensions of Power Sector Reform and Poverty

Both poverty and power sector reform are multidimensional in nature. Growth enhancing measures reduce poverty, but poverty alleviation also depends on various non-income dimensions, inequality and wider institutional and governance issues. The evidence suggests that not only is the rural power sector fairly diversified across activities, but also households and individuals use a range of energy services (fuel sources) for various activities as a part of a broader livelihood strategy. Energy usage varies as per the income level; as income rises people meet their needs with different energy sources and different conversion technologies. Some energy sources are also better suited for a particular use than others. Apart from that, the poor rely on multiple sources partly due to the unreliability of one source over the other (e.g. electricity and diesel) and partly to achieve optimal economic combinations through multiple sources based on the availability (e.g. fuel wood/agricultural residue for cooking but electricity for water pumping).

Firstly, the relationship between power sector development and poverty alleviation is not straightforward. The factors that affect efficiency are interconnected with those that affect equity and effectiveness (ESMAP, 2002). For example, benefits accruing out of power sector reform depend critically on usage of electricity. But electricity usage depends heavily on income and its distribution among households—an equity issue.

Secondly, it is proven that as and when there are more indications of development, there is more demand on energy services. Ideally, this should result in higher economic return to the sector. However, due to high inefficiency in the sector it creates a vicious cycle resulting in poor investment, poor service, default, corruption and collusion. Unfortunately, some of the reasons are well beyond the sectoral consideration and linked to the sociopolitical dimensions. Many of these inefficiencies have more adverse impact on the poor than the rich. Many political parties who adopted populist approach like free power for the agriculture sector in India have won the elections. In real terms it implies that, the power sector reform not only has to address the needs of the economically active poor but also do it at a much faster pace for sociopolitical buy-in.

Thirdly, creation of livelihood opportunities for economically active poor people, either in relation to the delivery of services or through productive enterprises, is an important part of the strategy to eliminate poverty (DFID, 2002). So too is establishing the necessary policy environment and institutional framework to encourage these opportunities. Last decade of power sector reform primarily focused on macro-level policy and environment issues without having adequate focus on the issues connecting the livelihood and equitable growth opportunity for the poor and left them for the market forces to decide. This disconnect alienated and left vast majority of the economically active poor disillusioned about the reform process. The table below shows what the stakeholders expect from reform and what they get.

Table 12.1
Expectations from Reform

Stakeholder	*Expectation Mismatch*
State	Seeks to free the resources for the poor out of the gain from the reform; credibility failure-debt trap.
Political Leadership	Promises access, better and cheaper power; fails to deliver—adopts populist track, promises freebies.
Industry	Requires quality power and un-interrupted supply; fails to get, goes captive or for cogeneration; creates further pressure on cross-subsidisation.
SEB Employee	Expects sector turnaround only through investment route; fears job-loss during restructuring; fails to deliver quality supply—face consumer wrath and turns accidental adversary.
Farmer	Expects quality and cheap power at appropriate time; fails to get the desired supply and agitates against upward revision of tariff; to reduce the cross-subsidy, reform addresses sector specific market mechanism but fails to address the commodity or water market dynamics (produces become non-competitive).
Economically Active Poor User	Wants quality power and without much interruption and at a reasonable price; resents paying for the inefficiencies of the sector, those who pay—pay more.

While many questions are raised about the agricultural subsidy, the experience of Orissa and Delhi does not conform to this argument. Both the states have very low agricultural consumption and different levels of development (Delhi has only 8.23 per cent of its people below poverty line while Orissa has about 47.15 per cent of its people below poverty line). In both the states the reform process is moving slowly even without having the generic problem of agricultural supply and rural electrification. So the causes are not rooted in agriculture segment but relates to both rural and urban consumer segments (Delhi is highly urbanised while Orissa has more rural consumers) and to the lack of stakeholder involvement in the reform process (Table 12.1).

Key Reform Components

Broadly, power sector reform has the following components:

- unbundling generation, transmission, and distribution;
- allowing for private participation in generation and transmission utilities;
- privatising existing generation and distribution utilities;
- establishing an autonomous regulatory agency; and
- reforming tariffs at the bulk electricity, transmission, and retail levels.

If we analyse the above process, barring the last point there is no direct linkage between the poor and the power sector reform. There is no space for his voice and choice. This reform made a fundamental assumption that gain from the reform process will address some of the immediate needs of the poor. Since there is no significant gain from the reform in terms of resource saving, there is no question of the poor getting any incremental benefit (average commercial loss has increased three-fold in post-reform period (1997-2002) as compared to the pre-reform[1] period; the rate of return which continues to be negative is increasing at a higher pace in post-reform period (14 per cent as compared to 12 per cent in pre-reform period annually; it was –12.4 per cent in 1995-96 and in 2001-02 it shot up to –44 per cent).

Unbundling is a slow process and accrual of its benefit in real terms is likely to come only at a much later date. Private participation in generation does not address the cost of supply and associated problems in distribution segment, especially when there is significant shift in consumer mix.

Even the performance of private companies in both Orissa and Delhi has not been very successful in loss reduction and improving the quality of supply. Independent regulators (ERCs) are hardly independent and are often guided by the directions of the state that is provided for in most of the reform acts. Being a quasi-judicial body, its well-intentioned orders are often contested and quashed in High Courts. Apart from that, the poor hardly have time or resource to reach the regulator and performance standards set by regulators are

---

1. In this chapter pre-reform period cut-off year is 1997.

hardly adhered to and the regulator does not have resources to monitor compliance. Thus in real terms, all the components of reform fail to protect the interest of the poor.

Issues and Impact of Reform

Electricity is an essential commodity and access to electricity is one of the key indicators of development. In India, poor households use electricity primarily for lighting, cooking, in agriculture and small own account enterprises. However, the user base for such services is very low. More than three-fourths of our people live in villages and majority of them are poor. If we take the international poverty line estimate of 2 dollars per day, about 86 per cent of the population in India would come under the poverty bracket. These are the people we term as the economically active poor.

The level of electrification is about 46 per cent (33 per cent for the rural areas) and the per capita consumption of electricity is one of the lowest in the world (355 kWh in 2001 as compared to the 334 kWh in 1996, comparable figure for China is 719 kWh). Out of 5,87,258 total inhabited villages in the country as per 1991 Census, about 86 per cent of the villages are declared as electrified by March 2001, on the basis of the existing definition.[2] As per the present estimates, around 80,000 villages in the country are yet to be electrified even on the basis of the current definition of village electrification (Planning Commission, 2002). Majority of these villages are located in North-Eastern states, Bihar, Jharkhand, Madhya Pradesh (MP), Orissa, Rajasthan, Uttar Pradesh (UP), Uttaranchal and West Bengal (WB). Out of these states reform process is fairly mature in Orissa, UP (including erstwhile Uttaranchal), MP and Rajasthan. This shows that access issue was not a key consideration in the reforming states. Power sector reform should address the issue of access upfront, but

2. Definition of electrified village: Henceforth, (and until a review of the same), the Government of India, shall classify a village as electrified, based on a certificate issued by the *gram panchayat* and as collated/compiled by the State Nodal Agency using the machinery of the district committee, certifying that—(a) basic infrastructure such as distribution transformers and distribution lines are provided in the inhabited locality as well as a minimum of one Dalit *Basti*/hamlet where it exists; and (b) Electricity is provided to public places like schools, panchayat offices, health centres, dispensaries, community centres etc.; and (c) The number of households electrified are at least 10 per cent of the total number of households in the village; and (d) the electricity supply per day is at optimum voltage for lighting during the evening peak hours.

this has not been part of the discourse on reform in India or elsewhere (Dubash and Rajan, 2001).

Subsidies given by the State Governments to partly compensate the subsidised sales to domestic and agricultural consumers is estimated at Rs. 8339.60 crore in 2001-02 as compared to Rs. 6630.60 crore in 1996-97 (Planning Commission, 2002). Since this subsidy is not targeted, it disproportionately benefits the rich as compared to the poorer sections of the society, thus widening the inequality.

There is no clear vision articulated in the reform process for the promotion of rural small and micro-enterprises. In fact, the number of rural establishments with power supply actually declined in 1990-1998 period as compared to the 1980-1990 decade. Table 12.2 below illustrates this.

Table 12.2

Power Supply to Rural Enterprises

Period	*Percentage of Enterprises with Power*	
	Rural	*Combined*
1980 to 1990	4.01	4.33
1990 to 1998	3.14	3.55
1980 to 1998	3.62	3.98

Source: Economic Census of Enterprises, 2000.

That leaves the issue of efficiency gain. Planning Commission report on the working of electricity boards observes the following: The cost of supply has increased from a level of 215.6 paise in 1996-97 to 349.85 paise in 2001-02. The gap between average cost of supply and average tariff has increased from a level of 50 paise/kWh in 1996-97 to 110 paise/kWh in 2001-02. The recovery of cost of supply through tariff has declined from 76.7 per cent in 1996-97 to 68.6 per cent in 2001-02. This also implies that the commercial performance of most of the SEBs have not been up to the mark even after a decade of reform programme. This also implies that the poor are suffering more in terms of disparity because of this inefficiency and moving to a collusion or collision course.

Power and Livelihoods

Livelihood Issues and Power Sector Issues are Entangled in a Complex Interplay of Various Factors

Poor people depend on a complex range of assets and activities to sustain their livelihood. They deal with the following issues:

- Access to natural capital like biomass (firewood, bio-residues, etc.).
- Access to social capital, like access to energy conversion technologies that is owned by others (grain mills, parboiling units, small kilns and small manufacturing units).
- Enhancement of human capital (knowledge and skills of electrical services relating to installation, operation, repair and maintenance at the local level).
- Physical capital includes access to both grid and off-grid services and options like renewables that enhance reliability and long-term security, it also includes end-use devices like supply points, stoves, heaters, etc.
- Access to financial capital: That includes cheaper electricity that helps in increase in labour productivity and decreases the costs of production and product prices. It also determines the choice of fuel options such as renewable that has high initial capital cost but low recurring costs.
- Livelihood strategies and outcomes are shaped (in relation to the power sector) based on access to various forms of capital and the exchanges between them and returns to these forms of capital (Barnett, 2001).

Basic consumptive needs for households in rural India include lighting, and cooking. The productive usage of electricity is mostly in agriculture and small agricultural and non-agricultural establishments in rural areas. As per Census of India, 2001, electricity is the predominant source of lighting in both rural and urban areas. Kerosene is the second important source in rural areas for lighting. Less than one per cent households depend on other sources.

Table 12.3

Sources of Lighting Energy

Sources	*Total*	*%*	*Rural*	*%*	*Urban*	*%*
Electricity	107,209,054	55.8	60,180,685	43.5	47,028,369	87.6
Kerosene	83,127,739	43.3	76,896,701	55.6	6,231,038	11.6
Solar Energy	522,561	0.3	394,425	0.3	128,136	0.2
Other Oil	184,424	0.1	146,165	0.1	38,259	0.1
Any Other	305,308	0.2	227,210	0.2	78,098	0.1
No Lighting	614,849	0.3	426,373	0.3	188,476	0.4
Total	**191,963,935**	**100**	**138,271,559**	**100**	**53,692,376**	**100**

Source: *Census of India, 2001.*

The scenario is completely different when we analyse electricity as a fuel for cooking. Still majority of the Indians do not rely on electricity as a medium for cooking. The poor in rural areas rely mostly on firewood and bioresidues. Power sector reform had promised access to modern fuel (switching to non-polluting fuels like LPG and electricity). However, the data shows that due to lack of access or cost (apart from availability of cheap substitutes), the desired fuel switching has not taken place in rural areas.

Table 12.4

Sources of Cooking Energy

Sources	*Total*	*%*	*Rural*	*%*	*Urban*	*%*
Firewood	100,842,651	53	88,635,032	64	12,207,619	23
Crop Residue	19,254,851	10	18,115,410	13	1,139,441	2.1
Cowdung Cake	18,758,885	9.8	17,694,317	13	1,064,568	2
Coal, Lignite, Charcoal	3,932,730	2	1,475,498	1.1	2,457,232	4.6
Kerosene	12,528,916	6.5	2,240,227	1.6	10,288,689	19
LPG	33,596,798	18	7,845,161	5.7	25,751,637	48
Electricity	338,054	0.2	173,042	0.1	165,012	0.3
Biogas	849,098	0.4	647,927	0.5	201,171	0.4
Any Other	1,231,727	0.6	1,135,083	0.8	96,644	0.2
No Cooking	630,225	0.3	309,862	0.2	320,363	0.6
Total	**191,963,935**	**100**	**138,271,559**	**100**	**53,692,376**	**100**

Source: *Census of India, 2001.*

Greater Access Enhances Choice for the Poor but it is also Linked to Affordability

Greater access of electricity is beneficial to the poor as it enhances their choices. However, the access is also intrinsically linked to affordability. Therefore, the tariff becomes crucial to enhance or restrict access. This in turn, is linked to the sector efficiency; structures and processes that try to correct these inefficiencies. However, the analysis shows that the average tariff has increased 165.30 paisa/kWh in 1996 to 239.92 paisa/kWh in 2002. Even if reform-led growth occurs, it may not lead to any improvement in the conditions of the poor if it is sufficiently unequal in its pattern. For example, on an average a poor household spends about 10-20 per cent of its income on energy and the corresponding figure for the rich is about 2 per cent (Albouy and Nadifi, 1999), therefore higher cost of supply disproportionately affects the poor and restricts their choice.

It has also been found that regulatory mechanisms may be inadequate to prevent established practices (Reform mandate requires reduction in T&D losses but does not specify the means for achieving this reduction. For example, the legislation does not mandate 100 per cent metering and curbing of thefts and pilferage), which effectively prevent the poor and disadvantaged from access to the use of electricity services—such as high prices, discontinuing services because of non-payment, etc. Since there are large positive externalities in such service provisions (and indeed many would argue that access to water and power are among the basic socioeconomic rights of all citizens, including the poor) there is a case for ensuring that such services remain available to all. One alternative, with private ownership, is a combination of tighter regulation and direct financial subsidies to private agents to ensure that the poor continue to have access (Ghosh, 2002).

Effect of Reform on the Poor and Equity Issues

It is clearly articulated in the previous sections that, the access issues have not been properly addressed during the reform process. This in turn raises the equity and exclusion concerns. Failure to extend access to the rural population and to provide reliable and good quality service prevent the benefits of power sector reform from reaching the poor, including benefits derived from indirect linkages such as employment opportunities created from economic growth (World Bank, 2002). Reform process also envisaged rationalisation of the tariff structure and thus, correcting the imperfections due to subsidy. This has failed because of the lack of political will. While there was no specific mention of service delivery agenda in the reform process it was envisaged that the process of corporatisation, privatisation and independent regulation would ensure lesser transaction cost and greater transparency.

Misdirected Subsidisation is a Prime Cause for Inequity

The economically active poor suffer under an unmetered flat rate tariff regime. Flat rate tariff structure favours the non-poor as they consume more while the poor consume less primarily due to lesser number of asset ownerships (e.g. if a poor farmer has a 5 hp pump he will pay a flat rate tariff of Rs. 75/HP and will irrigate say about 5 acres of land that he owns while a rich farmer will irrigate more land: as he is likely to own more than the poor farmer under the same tariff structure). However both parties pay the same flat rate tariff. Subsidised tariffs have a negative impact on the willingness of large farmers to pay for improving quality and reliability of supply, because these farmers can afford expensive backup arrangements (e.g., diesel) that make their incomes less vulnerable to supply fluctuations. Small and marginal farmers, on the other hand, cannot afford backup arrangements, so they bear significant direct and indirect costs from unreliable and poor quality supply.

In Madhya Pradesh during a survey of agricultural consumers, it was revealed that about 70 per cent of the farmers did not have any self-generating equipment as backup (BASIX-Verve, 2002). In Haryana, small and marginal farmers already pay up to 13 per cent of their constricted gross farm income[3] for electricity. Nevertheless, they are willing to pay about four times the present level of tariffs (up to half their income under present circumstances) for one additional hour per day of supply (World Bank, 2001). By contrast, medium and large farmers, pay only about 6 per cent of their income. In MP, farmers showed willingness to pay about Rs. 4-5 per unit provided the supply is reliable and quality of power is better.

3. Gross farm income means the summation of the price times the volume of all the crops produced in the reference year. Crop production is value as marketed surplus.

Legal Status and Procedures Deny the Benefit of Reform to the Poor

In some cases, the legal status of the poor might restrict their access to legitimate electricity connections. Kutir Jyoti customers[4] and the migrant labourers in slums are often denied electricity connection due to the lack of inadequate documentation (land title, caste certificate, BPL card, etc.). Therefore, they resort to unauthorised connections.

Upfront Capital Investment for Access Discourages the Poor

Electricity costs less than kerosene, provides 10 times more and better light and powers many laboursaving devices (World Bank, 2001). Many of the poor are willing to pay the price for quality. The main barrier is the upfront connection fee of Rs. 3000-4000 (including the official and unofficial rent but excluding the cost of delay). Several states that undertook reform show the exclusion of the poor. This is presented in Table 12.5 below:

Table 12.5

Exclusion of the Poor in Reforms

States	*Pre-Reform*		*Post-Reform*	
	Electrification	*Consumption*	*Electrification*	*Consumption*
Orissa	CAGR for poor: 1.6 %	513 units/annum	CAGR for poor: (-4.9 %)	299 units/annum
Karnataka	CAGR for poor: 6.4 %	216 units/annum	CAGR for poor: (-3.0 %)	216 units/annum
Himachal Pradesh	CAGR for poor: 6.8 %	CAGR for poor: 1.77%	CAGR for poor: 3.8 %	CAGR for poor: 0.8%

Source: Summarised from TERI, May 2004.

4. The KJ Programme was launched by the Government of India in 1988–89, for extending single-point light connections to the households of rural families BPL (below the poverty line) including *Harijan* and *Adivasi* families.

   Under this scheme, a one-time cost of internal wiring and service connection charges is provided by way of 100 per cent grants by REC to the states.

The overall pace of rural electrification as well as energisation of pump sets received a setback in the last reform decade. The poor financial health of the SEBs, increasing reluctance to move to rural areas because of high costs and low returns is largely responsible for this trend (GoI, 2002). The data below shows how there has been slow progress in energisation of pump sets in Orissa even after the reform was in full swing. Private companies do not invest in rural areas as the returns are not attractive and cost of collection is high. Unless they get upfront compensation or concession they do not honour the universal service obligation of the monopoly supply.

Corruption Not Only Makes a Utility Inefficient it Makes its Service Highly Inequitable for the Poor

Corruption is another factor that excludes the poor from the reform process. The low pay structure of linemen and helpers and intermediation by meter supply agents (who sell spurious meters) and collusion with independent billing contractors exacerbate the cost of corruption and inefficiency in the sector. Though no quantitative data is available on corruption *per se*; several studies in Orissa and other states, show high level of un-metered consumers, house lock cases that increases the commercial losses significantly. Since the poor have no recourse to avoid corruption, they also perceive the state as ineffective, irrelevant, and corrupt. While they appreciate the importance of government-provided services like electricity, poor people in every aspect of their transaction experience corruption. Lack of information and the need for documents, which the officials make difficult to obtain, limit poor people's access to such state-provided services. The local elite and local leaders act as effective gatekeepers to government-provided assistance, either diverting resources to their own use, or further deepening their power over the poor by becoming the resource distributors.

Poor Quality and Reliability of Supply Affects the Livelihood Choices and Outcomes

At the system level, to manage peak and load, utilities undertake single phasing, black out and brown out in their operational areas. Poor voltage coupled with high interruption, increases the cost of production for both agricultural and non-agricultural enterprises.

Table 12.6

Poor Supply Affecting Livelihood Outcomes

States	*Sector*	*Impact on Livelihood*
Orissa	Non-ferrous metal cluster	Small non-ferrous metal units in Orissa almost had to close down because of poor voltage conditions.
Madhya Pradesh	Agriculture	In a survey in Ujjain and Mandsaur region it was found out that the burnout rate of pumps are in the range 60-70 per cent and average cost of repair (excluding downtime costs) is about Rs. 1500 per season (BASIX-Verve, 2002).
Andhra Pradesh	Stone crushing and polishing clusters	Single phasing and poor voltage affect the production time and cost of slabs, and often forces its employees to work in unsuitable hours.
Many States	Tiny household enterprises	Applying high commercial tariffs to small own-account enterprises makes their business unviable (e.g. photocopying units, STD booths, small DTP units).

Source: BASIX-Verve, 2002.

Economic policies that support crucial but crisis-ridden sectors, such as agriculture and small industry...and those that address the employment and livelihood needs of the majority of the people are important not only for the continued coherence of the nation, but for the fulfilment of nationally strategic goals like food sovereignty and economic self-reliance in a global order (Palit, 2004). Therefore, exclusion of the poor from the process is counterproductive and the policy makers need to be aware of the social equity issues involved in the reform transition and make the right trade-offs. A slow reform favours existing users who benefit from subsidies at the expense of non-users who are 'rationed out' of energy and other services. Failure of policy and institutions to make the reform equitable and inclusive would result in credibility crisis and derail the entire reform structure as evident in recent electoral mandates in various Indian states.

Experience of Reform in Orissa

As a whole, the results of reform in power sector has been mixed. The desired commercial efficiency has not materialised so far in many states. Therefore, its impact on the poor has not been distinctly positive. This has been stated in various sections above. At aggregate level, average tariff has been increasing year after year, however, the rate of increase in tariff has been lower in post-reform period (CAGR of 8.7 per cent) as compared to the pre-reform period (CAGR 12.2 per cent).

Status of Reform in Various States

The status of reform in various states is summarised below.

Table 12.7

Status of Reform in Different States

Reform Components	*Status*	*Coverage*
Private Generation Capacity	11,000 MW	10 per cent of total only
Regulatory Commission	AP, Assam, Chhattisgarh, Delhi, Gujarat, Haryana, HP, Karnataka, Kerala, MP, Maharashtra, Orissa, Punjab, Rajasthan, TN, UP, Uttaranchal, WB, Central	18 out of 28 states
SEB Unbundling	AP, Delhi, Haryana, Karnataka, Orissa, Rajasthan, UP	7 states
Distribution Privatisation	Delhi, Orissa	2 out of 7 unbundled states

Source: India Power Reform Update, Issue VIII – May 2004, PRAYAS.

Orissa Reform Experience

Orissa was the Early Adopter of the Reform and Government was the Key Beneficiary

Sovan Kanungo Committee observed in its report that one of the reasons why Orissa reform process achieved poor results was due to the complete hands-off approach of the government during the transitional phase of reform. It needs to be stressed that there was no transitional support from the state government for the restructuring exercise that involved the transfer of all the liabilities of Orissa State Electricity Board (OSEB) to the newly formed corporate entities Orissa Hydropower Corporation (OHPC) and Grid Corporation of Orissa (GRIDCO). On the contrary, the state government used the upvaluation of assets as a convenient means of adjusting outstanding worth Rs. 3402 million that was payable to GRIDCO. This had a cascading effect on the performance of the newly formed entities, cash starved and with highly understated loss levels, the private companies learnt to their peril the high deficit in the system. The high tariff hike prior to privatisation (to the extent of 60 per cent), tied the hands of the regulatory commission for further hike and DISCOMs were given steep performance targets in the subsequent years that they failed to achieve. However, in an apparent sign of revival of the sector, GRIDCO recently prepaid its due to the financial institutions and NTPC under one time settlement saving about Rs. 271 crores. It also liquidated NTPC arrears silencing the critics of the reform (*Economic Times*, 13 October 2004).

Performance Below Par But Peaking Up, Both Under Private Management and State Ownership

The overall reduction in T&D loss achieved over the entire period under consideration (1996-97 to 2002-03) by the different DISCOMs has been far below the reform expectations, with the distribution segment as a whole recording a loss reduction of only about 11 percentage points in eight years. However, the performance of last two years has shown remarkable progress. While three DISCOMs under Reliance management showed a loss reduction in the range of 3-4 per cent, the state managed CESCO achieved a higher loss reduction of 5 percentage point.

Table 12.8

Performance of DISCOMs in Orissa

(Figures in percentage)

DISCOMs	*T&D Loss*		*AT&C Loss*		*Bill Collection Efficiency*	
	2002-03	*2003-04*	*2002-03*	*2003-04*	*2002-03*	*2003-04*
NESCO	41	44	52	47	82	94
WESCO	38	36	48	45	85	86
SOUTHCO	39	42	50	50	81	87
CESCO	43	39	55	51	79	81

Source: *Economic Times*, 13 October 2004.

Though, the performance of DISCOMs has improved, it is still sub-optimal. A recently concluded study commissioned by OERC covering 22371 consumers in four DISCOMs showed that about 5.2 per cent consumers came under house-locked category, 7.6 per cent did not have any meter, 4.5 per cent did not have working meters. On the whole, about 20 per cent of the consumers were billed on estimates (CMDR, 2004).

In terms of service delivery also another study by OERC showed that, though the long duration of power cuts have reduced, the short duration power cuts (<1 hr) have become more frequent. The household is pending more both on upfront connection charges and also, their monthly energy bills have increased.

The Poor Do Not Have Much to Cheer About

A recently concluded study supported by DFID that assessed the socioeconomic impact of power sector reform in Orissa observed, "The reduced financial commitment of the State government to the power sector occasioned by the reform programme has not automatically translated to greater investment on social services; rather, there is probably a tendency to utilise the imputed savings on maintaining the funds flow to other economic services in the face of a growing financial constraint." Village electrification levels are low (79 per cent of the villages are electrified and 17.5 per cent rural households have been electrified). The compound growth rate in the area coming under lift irrigation during the reform period 1996-97 to 2001-02 was only 1.25 per cent as compared to its corresponding pre-reform estimate of 3.4 per cent for the period 1985-86 to 1995-96.

Key Reform Lessons and Emerging Challenges

In this section, we have focused on the three basic issues that concern the economically active poor the most. These are: access to the electricity services, equity issues so that the poor are not excluded and efficiency in terms of service delivery and commercial performance that has direct bearing on the poor in terms of pricing. Though, an indirect goal, the allocations for social sector have to increase based on the proceeds from the sector reform. In some sense, in all these parameters, the experience of reform has been below par.

There is, however, light at the end of the tunnel. Reform has delivered in terms of higher capacity addition; even though tariff has increased it is now increasing at a slower pace and may reduce ultimately with the higher commercial prudence. Tricky issue of cross-subsidy is recognised and is getting tackled boldly by many regulatory commissions. Reform process has created structures and processes that are more transparent and independent regulators are ensuring some degree of accountability. Reform has ensured better clarity and understanding among many stakeholders, customers, utilities, investors and regulators. The politicians' engagement in the process is populist and not in the interest of any of the stakeholders including the poor, who cannot be taken for granted and reform must perform or perish (if recent elections are any indication, dragging the reform process in AP and MP has drawn the wrath of people while in Orissa despite heavy criticism of the reform process the incumbent government has returned to power).

Experience of Orissa shows that the reform process can be salvaged, however, it would take a long time. It also shows that some state has to bear the cost of innovation and experimentation and Orissa has been a test case on that count. Many states like Delhi have addressed some of the failures in reform process in Orissa such as having realistic loss projection, transitional support during the initial years of reform and incentivising the private companies for loss reduction. MPERC shows us that incentive performance mechanism that was left under wrap in reform components needs to be addressed and clearly integrated. Slow pace of reform in AP, Rajasthan and UP shows that a reform model cannot just be copied from one state to another and require high degree of contextualisation and understanding of the sociopolitical reality of the state. The most important part of reform is the issue of livelihood. This is the basic concern of the poor. Eighty-six per cent of our population, who are struggling for two dollars a day want reform process to create jobs and opportunities that would enhance the value of their produces or services. They need not only higher access to electricity services in the input chain but also access in the output chain (market access). Therefore, we argue that any sector reform will have to be holistic if it has to have a pro-poor outcome and inclusive. If left alone in the confines of the sector domain, the reform will be inequitable and will disproportionately affect the poor and exclude them from the process. The asymmetry in the reform process is the biggest challenge for poverty alleviation and reform implementation.

Inclusive Institutional Model

The question then is, "How do the poor manage to live and get included in the reform process?" Mainly by helping each other in community-based social networks. These networks are known as 'social capital'. Villages with higher social capital 'are better able to organise for collective action' and have better livelihood outcomes. Nevertheless, community-based organisations 'often serve only as coping mechanisms that substitute for the role of the state rather than as a complement to state efforts'. Therefore, inclusive institutional model is not about just creating another set of community-based organisations but ensuring that the model is complementary and has built-in incentives for all the stakeholders.

State support for the poor is not totally worthless. In India, policymaking is largely with the state. However, policy provides just a framework of action for state and non-state agencies and expects people to respond to such opportunities (e.g. how people respond to one time waiver: in AP, the new government announced free power to farmers. There was jubilation among farmers. But they did not regularise their connection or declared their loads. As a result, utility went on massive raids in Telengana and other parts and started large-scale regularisation). Even though there are several pro-poor policies in the reform plans, the implementation of these policies is a governance challenge. Institutions are the rules of the game that shape people's behaviours as well as the livelihood strategies and outcomes. In summary, policies, institutions and processes influence how people use assets to construct livelihood strategy and cope with various shocks (be it tariff shock, performance shock or shocks due to rent seeking). Therefore, before we venture to suggest model institutions that will have pro-poor focus, it is prudent to see some of the institutional models that are already available in the sector and their characteristics.

Figure 12.1

Institutional Space for Inclusive Reform

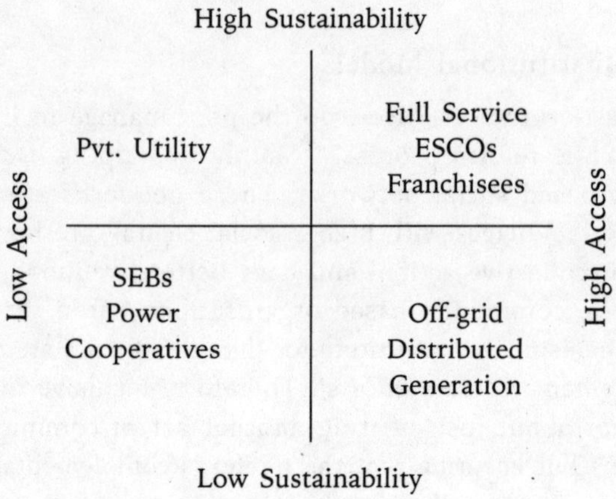

In the following sections we will deliberate on the key characteristics of some of these institutions.

Distributed Generation

Since access issues have not been adequately addressed in the reform process we start with an instructional alternative that provides higher access to the poor living in the remote areas. Section 5, Part II of the Electricity Act, (2001 and subsequently, 2003) views distributed generation as a possible alternative[5] to the current problem. It envisages standalone systems for generation and distribution of power and decentralised management of distribution through *panchayats*, users associations, and cooperatives or franchisees. Problem here is the cost effectiveness of the technology and its disruptive nature. First of all the technology is not yet fully mature. Therefore, it provides poor quality power at higher cost and for a few hours. Therefore, it is better suited to serve as a backup for grid failure than a full-scale solution.

---

5. The Electricity Act (2003) seeks to integrate efforts for rural electrification through notification of national policies *vide* Sections 4 and 5 of the Act. The Act envisages a: (a) national policy for standalone systems and (b) national policy for rural electrification. Pursuant to these developments, the Ministry of Power of India has recently come out with a discussion paper on rural electrification policies in India.

Biomass-based generation holds some prospects in areas where there is adequate supply of biomass either through crop residues or though plantations. The key issue here is to enable the poor to participate in all the key processes forms biomass generation, aggregation, operation and maintenance, investment and collection and management of user charges. This has not been easy so far.

Grid extension programmes in the past have, in some cases, been seen to be very costly and uneconomic. Standalone systems and mini-grids were for a long time seen as competition by the utilities. But they are now being recognised as complementary to the main grid, and can in many rural areas provide a cheaper and more reliable electricity supply (DFID, 2002).

Cooperatives

There have been few rural power cooperatives in India. However, their performance is not very encouraging. These institutions not only suffer from low access but also have management and governance problems and are worse off in terms of delivery under the current policy. During the first decade of their operation, the performance of the cooperatives was a tad better than that of state electricity boards (SEBs). The electricity cooperatives were operating in a very restricted environment. In most situations, there were nominated boards or administrators imposed by the government. Senior officers of SEBs were often sent on deputation to act as managing director of the cooperatives. It was also obligatory for the cooperative to accept all the line staff in the area in their pay-roll. The tariff for the consumers was fixed by government and the respective state electricity boards used to fix the bulk purchase price. Thus, there was very little space for cooperatives to make independent decision in such a crucial area. One can conclude that the performance of cooperatives could have been much better had the organisational design problems been addressed (Panda and Mishra, 2003). There is no power user mutually aided cooperative society (PUMACS) so far that has a better enabling framework.

Franchise Model

This model holds some promise for the future. This model if perfected can have high access and if structured with robust performance contract can also become highly sustainable. The franchise model also provides a route for partnership with the utility. This model and its variant that rest on a sound retailing principle have shown vibrant growth in the last decade in the commodity sector. With the inclusion of low cost MIS and technology, the model will probably address the myriad problems that affected power sector even now.

Village Bidyut Sanghs (VBS) in Orissa

A variant of the franchise model was piloted by Xavier Institute of Management in Orissa in partnership with WESCO in August 1999, in 100 villages. They formed 'Village Bidyut Sanghs' in pilot villages. The main motive of the villagers to participate in the programme was solely the improvement in the quality of power and service delivery. A parallel project support structure ran hand in hand with the utility staff. Role of the village bidyut sangh was to function as a customer care cum collection centre in the village, appoint a village contact person to take meter readings, distribute bills and exercise judgment on matters relating to new connections, part payment of arrears and regularisation of unauthorised consumers.

The benefits from the implementation were noteworthy, the collection rose by 107 per cent from the base Rs. 1.5 million, the metering exercise in villages led to conservation in energy and voltage improvement (from 40-60 volts to 180-200 volts), village committee tackled unauthorised usage through social sanction. However, the sustainability of these institutions is largely dependent on the quality and reliability of supply, which by and large is external to the community or VBS. This model proves that strategic engagement with the community can increase the likelihood of sustainability. For the VBS to be seen as a meaningful village institution greater emphasis needs to be placed on its role as a representative body of consumers. This includes, ensuring that complaint mechanisms are transparent and effective and, possibly, that pathways to influence macro policy debate are created (Rao and Govindrajan, 2000).

Sustainable Rural Power Distribution Model

This is a hybrid model piloted by BASIX-Verve in MP, that borrows the cooperative principles and operates on a market-determined public-private partnership mode with the utility. It also tries to integrate livelihood strategy and governance agenda (in terms of transparent descaled technology, inclusion of PRIs and other stakeholders) in the process.

The pilot was supported by Canadian International Development Agency (CIDA) and was implemented in partnership with MPSEB in Hosangabad circle. The objective of the 'Sustainable Rural Power Distribution (SRPD) Model' was as follows: To improve the design of rural energy services delivery through the involvement of user groups, community organisations and private sector so that it enhances access, sustainability of electricity distribution and usage in rural areas primarily through: (a) demand side management and (b) better customer relationship management.

The project had the following foci:

- Target agricultural customers mainly farmers with pump sets (this segment is most subsidised, most needy and most complex, involving rural farmers who are powerful stakeholders).
- Form power user groups across a 11 kV feeder around transformers for undertaking: demand side management and peer monitoring.

The underlying value propositions were as follows:

Firstly, there would be peer monitoring, so that the billing (unauthorised persons or those under-declaring the load will be regularised) would improve as well as the collection. Secondly, the pump monitoring through rectification would save energy and make the operation more efficient. The farmer would pay less energy bill. The utility would have reasonable billing and more collection. It will also forge a partnership with utility.

Key output of this pilot project was to produce a detailed project report highlighting the efficiency gains through agricultural demand side management (DSM) and community involvement in collection and billing so that the stakeholders (regulator, utility and consumers and political leadership) are adequately sensitised and engaged.

Through social mobilisation and better relation between MPSEB and consumers, net billing went up by 24 per cent (some due to regularisation), net arrears declined by 20 per cent and there was a 58 per cent increase in collections at the end of six billing cycles. Sixty-four transformer-level power user associations (t-PUAs) and a feeder-level mutually aided cooperative society were formed with members drawn from t-PUAs using detailed community mobilisation framework to manage the process (that included preparing the community to handle some of the retail level commercial functions—currently performed by the utility but has significant process level imperfections, some of the technical DSM interventions). Even though many issues raised during the pilot project implementation drew attention of the stakeholders, the large-scale replication has not been possible till date. This model again has a prospect for high access and high sustainability as it addresses key leftover issues such as DSM, water–energy market, local biomass-based off-grid issue as backup to grid supply and finally builds on livelihood strategy and market intervention to make it meaningful for the poor to participate in the programme and see the benefit.

Strategies that Include the Poor

An inclusive strategy for the poor should try to address some key concerns: Firstly, the right of the poor to the existing resources (be it power or water) must be defended and policy and institutions should ensure that the poor obtains appropriate level of access to new benefits streams emanating from ranges of services that move from basic consumption smoothening needs like lighting and cooking to livelihood diversification benefits.

Secondly, there exist important linkages between equity and sustainability both institutional and environmental. Therefore, if the reform process is restrictive for poor, they will have a tendency to overexploit the limited access unsustainably. This is very distinctly seen in case of water pumping through electrical pumps in flat rate tariff regime. The poor get 2-3 hrs. of electricity at an inconvenient hour, and most of them leave the pumps on for the limited period without looking at the water requirement of the crops and create systemic imbalance through multiple surges during the limited hours leading to transformer and pump burnouts. People do not feel incentivised to meter their connections and overuse the limited electricity available extending to households who lack access and resulting in more aggregate losses. Therefore, the poor should be engaged in understanding the need for managing resources and also exploring ways through consultation how the access and efficient management of such resources can benefit the poor (e.g. marketing environmental benefits like carbon trading through DSM).

Thirdly, the efficiency gains and their allocation in an equitable manner is a governance challenge; be it participation (people, market, government and civil society), decentralisation, information and legislation for ensuring rights and equity; better administration and anti-corruption measures to expedite service delivery. Reform may be important to improve power sector performance but the important factors, which may be realised through reform and are conducive to the promotion of public benefits, appear to be transparency, accountability, the definition of clear roles and an independent regulator, etc. The specific power sector structure and ownership may be secondary, although it provides the basis on which explicit policy and regulatory instruments can be applied (Nilsson *et al.*, 2003). Therefore, the cornerstone of a sustainable strategy that is inclusive in nature rests on access, equity and efficiency.

Capacity Building Strategy

A sustainable strategy for power sector development should be inclusive and consultative. So far, it has been limited mostly to the energy department in the government (even departments like agriculture, water resources and *panchayat raj* are hardly involved), private investors and donors. There is no systematic consultation to build the reform model based on the needs of the community. Therefore, a proper reform model should invest heavily on participatory planning from the bottom. It should integrate the livelihood needs of the poor. It should invest in various entry point activities like resolving outstanding disputes relating to arrears, engaging people in constructing livelihood models that enhance economic opportunity in sustainable manner. These livelihood models and their benefits should be visible and should as far as possible be immediate so that people start buying in.

In the same breath, the utility and the rural poor should be engaged to form a resource management agreement that is equitable and mutually beneficial. This may include service guarantee and performance guarantee (model contracts were developed in SRPD for

PUMACs and utility). Incentive and regulations are critical for these contracts. There should be an upfront support for innovation and technical assistance for action research through soft funds, however, the innovations should be on probation. People should participate in innovation if they realise their stake and contribute. This would build normative pressure and ensure accountability and efficiency. One effective strategy would be to build on the micro-finance linkage and principles that caters all the way from small subsistence workers and marginal farmers to commercial framers and enterprises. Micro-finance is one example in recent times where there is an attempt to achieve full cost recovery through full service provisions (loan, savings, insurance and market linkage).

Convergence Strategy

Convergence across sectors, actors and institutions is the key for resolving equity and efficiency challenges. Cross learning from the experience of private companies and entrepreneurs for e.g. Reliance experience in reducing upfront investment costs in handset through easy installments and packaging it as 'Rs. 500 a mobile' improved the access dramatically. Therefore, bonding of innovation and efficient procedures of private sector, intermediation and mobilisation by NGOs and CBOs, flexible financing through private and public finance institutions and soft fund for advocacy and research by donors should be followed through by the bundling of rural energy with other rural services like health, water and sanitation, education, communication, etc. This approach would be restorative and would have greater benefits than each service in isolation and it would also deepen the energy use (biomass, biofuel and other renewable; operation and maintenance of wires, appliances; etc.).

Risk Management Strategy

If powers sector has to run on commercial principle it should manage the risk and reward trade-off. Therefore, the formal and informal mechanisms should be explored to reduce the risk as well mitigating the risks. Risks should be mitigated at individual level through better quality of light, water and sanitation measures, at group level in managing the common resources like transformers and supply and reducing the loss and public system should create policies that allows for efficient investment in network, grid extension and ensures quality supply, and also creates enabling legislation for pro-poor growth. The risk mitigation strategy should try to diversify crops, businesses and services at individual level and full sub-sectoral linkage at a group level to improve market access through federation and associations, create market-based linkage with MFIs, insurance agencies and bring in hedging mechanism.

Vulnerability Stress and Coping Strategy

Any coping strategy to reduce various shocks (tariff shock, technology shock, political shock, etc.) should be very clearly researched to improve the understanding of social inequity, power relationships and political economy of the area and the sector. Direction and nature of subsidy should be crafted to make it equitable (upfront access subsidisation through one time grant *versus* recurrent subsidy on usage). If required, special funds for rural electrifications should be established to help in enhancing electrification level and improve the livelihood choices of the poor in remote areas. In some cases, there even should be a mechanism for direct cash transfers (using solar systems or buying meters or capacitors on pump sets). This should not be done in isolation as was done in the past but should be built as a package.

Conclusion

There is strong linkage between social exclusion and chronic poverty. Therefore, engaging stakeholders in policy debates on issues of governance, participation and advocating the integrated social objectives in the reform programmes would improve the inclusion of the poor and they will be real partners that will advance pro-poor growth agenda. There is a requirement for paradigm shift from sector reform to sustainable development; focus on utility performance to end-user needs and choices; movement from economic benefit alone to public benefit; cross-subsidy should reduce and subsidy should be properly targeted with a sunset clause and linked to end-use and energy conservation. There should be secondary unbundling with people managing micro-retailing at feeder level and transformer level. There should be performance contract and capacity building at all levels: utility staff, CBOs, even private producer and user associations and newly created partnerships among public and private institutions.

References

Albouy, Yves and Nadia Nadifi (1999). *Impact of Power Sector Reform on the Poor: A Review of Issues and the Literature*, Energy, Mining and Telecommunication Department, World Bank, Washington, DC.

Barnett, Andrew (2001). *The Role of Energy in the Development of Sustainable Livelihoods*, London.

BASIX-Verve (2002). *DSM for Climate Change-Survey of Agricultural Customers*, Draft Report submitted to EII in August.

———. (2003). *Sustainable Rural Power Distribution*, A case study submitted to CIDA.

Centre for Multi-disciplinary Development Research (CMDR) (2004). *Socio-economic and Environmental Assessment of Reforms in the Power Sector in Orissa*, Interim Report to OERC, Bhubaneswar, Orissa, India.

De Haan, A. (1999). *Social Exclusion: Towards a Holistic Understanding of Deprivation*, Social Development Department, DFID, London.

DFID/DS (2000). "Sustainable Livelihood Guidance Sheets", *www.livelihoods.org*, DFID, London.

———. (2002). *Energy for the Poor*, DFID, London.

Dubash, Navroj, K. and Sudhir Chella Rajan (2001). "Power Politics: Process of Power Sector Reform in India", *Economic and Political Weekly*, September 1, India.

ESMAP (Energy Sector Management Assistance Programme) (2002). *Rural Electrification and Development in the Philippines: Measuring the Social and Economic Benefits*, ESMAP, World Bank, Washington, DC.

———. (2002). *Energy Services for the World's Poor*, ESMAP, World Bank, Washington, D.C.

Ghosh, Jayati (2002). "Privatisation and Poverty Reduction: What are the Links?" in *MacroScan*, August 3.

Government of India (2002). *Report on Gokak Committee on Distributed Generation*, Ministry of Power, *http://powermin.nic.in/gokak_report.pdf*

———. (2003). *The Electricity Act*, Ministry of Power, *http://powermin.nic.in/Electricity per cent20Act, per cent202003.htm*

Nilsson, Lars J., Anders Arvidson and Anton Eberhard (2003). "Public Benefits and Power Sector Reform", Report from an International Workshop held in Stockholm 12–13 May.

———. (2001). *Report on Kanungo Committee on Power Sector Reforms in Orissa*, Ministry of Power, *http://powermin.nic.in*.

NRECA International, Ltd. (2002). *Experiences in Cooperative Rural Electrification and Implications for India*, Background Paper for Asian Development Bank, Manila.

Palit, Chitraroopa (2004). "Whose reforms are these anyway?" *Frontline*, Volume 21, Issue 12, Jun. 05-18, India.

Panda, H. and H. Mishra (2003). "Governance of Rural Electricity and Information and Communication Technology (ICT)", *Working Paper*, IRMA. Anand, Gujarat. India.

Planning Commission (2003). "The Working of State Electricity Boards and Electricity Departments", *Annual Report* (2001-02), Government of India, New Delhi.

Prayas (2004). "India Power Sector Reforms Update–Issue 8–May 04", *www.prayaspune.org*.

Rao, D.N and S. Govindrajan (2000). "Community Intermediation in Rural Power Distribution", http://www. *iwmi.org/iwmi-tata*.

TERI (2002). *TEDDY; TERI Energy Data Directory & Yearbook*, New Delhi.

World Bank (2002). *India: Power Sector Reforms and the Poor*, Washington DC.

———. (2001). *Power Supply to Agriculture*, Energy Sector Unit, South Asia Regional Office, Washington DC.

———. (2000). *Voices of the Poor*, Washington DC.

13

Rural Electrification

The Way Forward

SUDHIR VADEHRA

Introduction

Rural electrification is vital for social economic development of rural areas. A sustainable electrification process in rural areas is expected to trigger economic development, generate employment by providing electricity as an input for productive uses in agriculture and rural industries and improve the quality of life of the rural people through lighting of rural homes, shops, community centres and public places in the villages. Rural developments in general and rural electrification in particular, thus are important political issues that would concern any government.

Village electrification has been the primary goal of the government since the beginning of the First Plan. It picked up gradually over the years and improved from average rate of 1,800/year to as much as 22,000/year in the 1980s. However, the trend of electrification was dismal from 1990s. There are many reasons for it.

The definition of electrified village has undergone change over the years. Earlier, it was "A village is classified as electrified if electricity is being used within its revenue area for any purpose whatsoever." It got later revised to "A village will be deemed to be electrified if electricity is used in the inhabited locality within the revenue boundary of the village for any purpose whatsoever."

The statistics over the years, thus may not be absolutely comparable.

Figure 13.1

Average Yearly Rate of Village Electrification (No./Year)

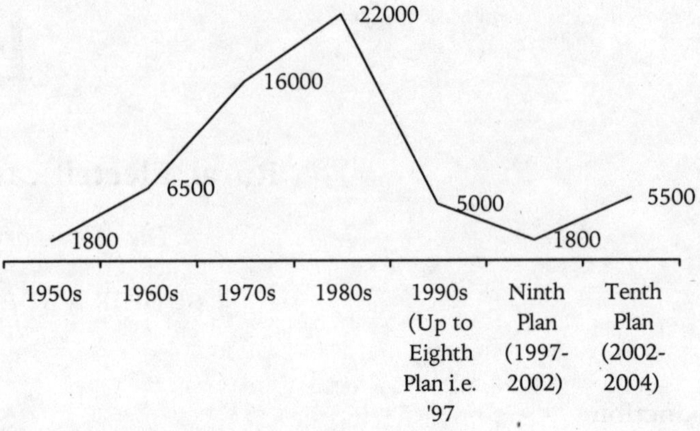

Source: Ministry of Power, Internal Document.

The number of electrified villages will be further modified from year 2003-04 with the following definitions:

"A village would be declared electrified if

- Basic infrastructure such as distribution transformer and distribution lines are provided in the inhabited locality as well as the Dalit *basti*/hamlet where it exists. (For electrification through non conventional energy sources a distribution transformer may not be necessary.)
- Electricity is provided to public places like schools, *panchayat* office, health centres, dispensaries, community centres etc.
- The number of households electrified should be at least 10 per cent of the total number of households in the village."

Achieving complete rural electrification in the stated time frame of year 2012, is a challenging task. It calls for a total overhaul of the present implementation and delivery mechanism. Adequate thought needs to be given to find out how the budgetary support can be leveraged through accessing market funds to expand the quantum of resources available. The state electricity boards cannot be expected to achieve the target as they are suffering from severe financial problems themselves. The only way in which commercial viability is ensured, would be by ensuring sustainable revenue models through appropriate franchise arrangements or other such measures. Decentralised distributed generation with local initiatives, wherever feasible, could also be an alternative worth pursuing. In this regard, rural franchisees could be the electricity providers much like the cable TV network operators. The institutional arrangement could provide for multiplicity of players as rural franchisees, including NGOs, *panchayats*, private entrepreneurs, corporate entities, etc.

In order to ensure a holistic and an integrated approach for rural electrification; to identify and adopt technological solutions and if necessary to change the legal and institutional framework and to promote, fund, finance and facilitate alternative approaches in rural electrification and finally, to coordinate with various ministries, apex institutions and research organisations, Rural Electricity Supply Technology (REST) Mission has been constituted in the Ministry of Power with representations from other ministries and institutions with objective of providing affordable solutions in making available electricity in rural areas.

It is mandated to evolve a national strategy and oversee the implementation of the programmes, schemes and initiatives to accelerate the completion of village and households electrification. The emphasis accordingly is to accelerate electrification to meet the goal of providing power access to all, in recognition of the fact that providing access to electricity is a basic minimum service and amenity. The accessibility and availability of electricity to the households is to be examined if it can be arranged through schemes integrated to allow for grid extension to adjacent settlements or standalone distributed generation systems, local distribution systems or decentralised generation in partial/weak/low density electricity grid conditions. The grid infrastructure by way of grid extension or distributed generation is to be funded by grants on lines similar to the provision for drinking water supply, construction of primary schools, rural roads and rural health. Electricity in the rural areas primarily in the villages, thus needs to be treated as a basic minimum service.

Strategy for Comprehensive Electrification of Villages

A proactive and systematic implementation strategy needs to be put in place to ensure sustainable results. The foremost consideration is to ensure that project management approach is inculcated in implementation of rural electrification schemes. The considerations of timely delivery and reach along with systems approach for all facets of the process has to be integrated, monitored and coordinated as in a project approach. The key activities under comprehensive rural electrification scheme are discussed below:

Need for Reliable Information

The first task is to revisit the entire information gamut on rural electrification *vis-à-vis* the data and coverage gathered through the Census 2001 and map the realistic position at state/district/block level. Summarising the exercise it should be possible to identify the target areas of, cluster of one or more villages, which need to be electrified with technologically feasible options to achieve the same, either with grid connected or on standalone basis.

To start off with the exercise, there is need for a complete database on rural infrastructure in the country, specifically at 33/11 KV network level, both on state-wise and district-wise maps. The state-wise GIS assisted database would depict the network indicating district-level information, while district-wise GIS assisted database would indicate block-level details including feeder lines to the individual villages.

The following deliverables need to be identified to enable preparation of block-wise detailed project reports for districts and states and arrive at district and state-level estimates of funds required to undertake rural electricity distribution backbone and village-level electricity infrastructure development:

- Formulation of state-wise maps showing district boundaries with 33/11 KV network.
- District-wise maps showing block-wise boundaries with 33/11 KV network superimposed upon them.
- Block-wise maps showing 33/11 KV network superimposed with inhabited village locations earmarked in the map.

Thus, comprehensive block-wise action plan on electricity infrastructure development have to be developed, which would provide the base information on situation at ground w.r.t. availability and potential.

Need for Inter-Ministerial Synergy

Considering that there are different ministries at national level which have their own programmes on infrastructure development, the electrification schemes cannot be taken in isolation. The need is thus, to ensure inter-ministerial synergy without sacrificing the momentum or pace of execution of individual programmes of each of the ministries. That all such efforts are loaded with financial commitments, even at the formulation stage, calls for a proactive institutionalised mechanism to ensure that all financial commitments are monitored *vis-à-vis* their value-added applications and results.

Need for Comprehensive Monitoring

There is also a need for a multi-tier monitoring mechanism at national, state, district, block and even village level. The integrated project management and control system need to be coordinated and synergised, if sustainable delivery is to be ensured.

Need for Sound Project Formulation

The next important aspect is project formulation for which it is assumed that for sustainable growth, grid connection is a preferred solution for the reasons attributable to viability of the supply. The mapping exercise would enable to determine the target villages, which can be served by grid wherever the coverage from the 33/11 KV substations is not more than the technically allowable limits, else the standalone systems that would operate on distributed generation would suffice for the need. These could be the general principles of project formulation. The following factors are summed up for the requisite for which the institutional considerations are put forth subsequently:

- viability for grid connected solutions;
- technology selection in case of distributed generation scheme;
- identification of supply provider;
- sourcing funds and financing; and
- selection of revenue model for successful operation.

The framework for implementing the new strategies is discussed below.

Administrative Framework

State governments are needed to set up nodal agency for rural electrification along with a committee at district level and create single window clearance system for decentralised electricity supply projects. The following are to be the functions of the nodal agency:

- Coordination and assistance in mapping of rural electrification requirement and identification of potentiai sources.
- Serve as a databank.
- Work out with other departments of state govt. and incumbent utilities for RE initiatives.
- The following are to be the responsibilities of the district committees:
  - May be constituted under chairmanship of district collector/chairperson of *zilla parishad* with representative from statutory and regulatory agencies of the district and state.
  - To function as single point authority for registration of RE schemes.
  - To assist RE projects, both through standalone systems and grid extensions and local management of the projects.

Financing of RE Schemes

- Least cost options taking into account full life cycle costs with suitable financing mechanism to offset high initial capital cost.
- Suitable system to be evolved providing financial support to standalone systems as well as grid extension and management of local distribution projects along with micro enterprise financing support from commercial banks and regional rural banks.

- In addition to eligible subsidies, the RE schemes to be provided with long-term debt at nominal rates.
- To evolve model schemes and related facilitative norms, guidelines and limits for eligible capital costs to encourage widespread partnership of leading institutions.
- With mass campaigning to promote energy efficiency and utilisation of energy efficient forming equipment for maximising the benefits of resources made available.

Legal and Regulatory Framework

There is need for a legal regime for decentralised power generation and distribution to:

- ensure tariff regulations, if to be enforced, are strictly justified;
- facilitate multiple technologies and multiple providers;
- provide for inter-connection between the main grid and the micro-grid—for any excess power generated by the decentralised generators or shortfall in supply to the micro-grid.

Identification of Rural Electricity Supply Provider (RESP)

A rural electricity supply provider (RESP) can be an entrepreneur/cooperative owned and operated by consumers/rural franchisee/NGO/*panchayat* or an independent power producer, be it a private entrepreneur or a corporate entity.

The local operations and maintenance of the electricity below the 11 KV line or the distribution transformer level can be managed by the local institutions or any other institution that has the authority. This would entail all aspects of retail supply and customer services.

The SEBs and the state governments could also develop rural franchisee institutions. Alternative delivery mechanisms could be examined for ensuring delivery in rural areas.

Sustainable operations being the key concern, the latest legislation initiative enables the willing bodies/individuals to embark on tasks of generation and distribution. However, institutional arrangements within local administrative purview need to be streamlined to address the following issues:

- infrastructure availability: land and access for pole fixing/ cabling;
- due diligence w.r.t. tariff fixation;
- dues collection;
- vigil against theft/illegal connection/non-payments;
- access to different segments and regulation in event of deficit.

Development of Institutional Framework at Delivery End

It is the key to implementation of RE schemes with more detrimental impact on implementation and long-term performance than the technical choices.

- Management at delivery ends i.e. that of distribution entity should be the responsibility of an agency with substantial degree of autonomy from the electricity utility.
- Exact structure and responsibility of the entity can vary according to local conditions.
- Regardless of the structure, the organisation to be accountable and have control over its manpower and resources.
- Distribution entity to have clear objectives, budget and performance targets.
- To be insulated from political interference in its normal management, operations and staff selection.
- Staff to be properly trained and motivated. (Task is not only to provide electricity but also to ensure that beneficiaries are involved in implementation of programmes and are encouraged and helped to use electricity.)
- Ability to communicate with beneficiaries is an important criterion.
- Local community management may offer opportunity for extending RE in additional areas.
- Development of cooperative entities.

- Development of private firms/entities for distribution of electricity/billing/revenue collection.
- In such arrangements, creation of institutional framework required to provide local communities the support they need on long-term basis.
- Provision for long-term repair and maintenance services is also of importance.
- The services in the local management system should not be free.

Community Participation in Rural Development

Rebound from disenchantment with erstwhile rural development efforts that shared the common perception of centralised governmental intervention and proclivity to the top-down style of decisionmaking. The new approach concentrates on management and delivery systems with stress on bottoms-up initiative.

The broad features of the bottoms-up approach are:

- Government continues to be accountable in both the concepts.
- Realisation of decentralised rural development involves breaking away from familiar, administrative hierarchies and increasing empowerment: shifting of power from colonies to blocks.
- Need for successful creation of more diversified set of institutions with new set of bindings and mutually complementary relationship amongst them.
- Delegation or devolution of power to local or micro level organisation does not always ensure freedom from politicisation (considerable empirical testing of alternate models needed).
- People's participation has inherent operational constraints.
- Persistent paternalistic outlook of planners.
- Local power structures locked to traditional values.
- Poor leadership.

- Ineffectiveness and inefficiency of local organisation.
- Resistance from segments of poor themselves.
- Decentralised approach does not necessarily means confining projects and activities to small scale.

Putting in Place Alternate Institutional Approaches for Delivery in Rural Areas

- Primarily, RE is conceived with supply of relatively small and dispersed loads.
- Cost tends to be high and returns comparatively low.
- Majority of RE programmes require at least an element of capital subsidy and in many cases are unable to even cover their operating and maintenance costs.
- RE programme puts heavy demand on technical and administrative staff relative to returns they yield.
- Most utilities find themselves under intense financial pressure. Expansion of loss-making rural electrification activities adds to their financial problems and introduces direct conflict of objectives.
- An optimum RE programme in this context is the one which connects minimum consumers who use minimum electricity.
- RE also brings problems of staff motivation particularly on technical side.
- Designing of low voltage rural distribution system offers no prestige or technical challenge *vis-à-vis* high voltage transmission grids and power stations. It also means working in countryside rather in urban areas.
- The existing power utilities in the State are the centralised agencies. A major argument against using such utilities as the implementing agency for rural electrification project is that they are often highly centralised which makes construction of a large number of small-scale projects in rural areas more difficult to implement and operation and maintenance more difficult to control. In addition, it is argued that central utilities will always give

priority to generation, transmission and urban projects because of the size of the projects and their greater technical complexity (not to mention the higher financial losses incurred from rural operations).

Resolving the Institutional Dilemma

Most effective way is to hive off responsibility of RE from the utilities. RE should be the task of a separate organisation wholly dedicated to its implementation.

- This facilitates no internal conflicts of interest over priorities of the main utility.
- Focus is dedicated on RE with full accountability of the separate organisation.
- Technical staff can be selected for their commitment to its objective and suitability for their role. Their task and responsibilities are clear from the beginning.
- The perennial problem of financial accountability and maintaining control over level of subsidy for RE becomes easier to resolve.
- Establishment of separate RE agency can help in obtaining additional foreign currency for RE. Often, conditionalities attached to these funds means they cannot be allocated to utilities with interests other than RE also.

Institutional Options

Possible institutional options for setting up of rural electrification entity can be within the utility or creating an autonomous RE agency outside the utility or devolving managerial responsibility to local cooperatives/agencies.

Some of the key requirements for an institutional buildup includes:

- Competent and committed staff.
- RE agency to have high degree of control over budgetary and implementation of its programme.
- Control over its staff and infrastructure.

- Exclusive access to material and equipment procured for its programme.
- Accountability for performance.
- Programme to be properly designed
- Budgets to be realistic, to start with and adhered to, in practice.
- Insulation from political interference.
- Setting up RE division within the Utility has the following implications:
  - The simplest of solution as it obviates need for new legislation and avoids many problems of setting up new organisation.
  - A separate RE dept. with clearly allocated funding and strong district-level organisation to carry operation and maintenance.
  - A separate RE agency will have higher degree of autonomy and eliminates problems of clarity of authority and responsibility with the utility.
  - Participative model can be managed by peoples' institutions and the same is discussed in the next section.

Participative Model

Rural Electricity Cooperatives

The idea of introducing cooperatives in distribution of electricity in rural areas was mooted in 1965. Consequently, the Government of India acted on the recommendations and sponsored investigations by NRECA of USA. On the basis of these investigations the Government of India approved in consultation with the concerned state governments, the setting up of five pilot rural electric co-ops, in Sircilla *taluk* of Karimnagar district in Andhra Pradesh, Kodinar *taluk* of Amreli district in Gujarat, Hukeri *taluk* of Belgaum district in Karnataka and Rahuri and Srirampur *taluks* of Ahmednagar district in Maharashtra and a part of Lucknow district comprising six blocks in Uttar Pradesh. These pilot cooperatives were registered in July-

October 1969, by the concerned state govts. under the respective Cooperative Societies Acts and became operational during 1970-71.

RE cooperatives were conceived because they were better suited to meet the special requirements of rural distribution for better consumer service, consumer's participation and better load development. Besides, as an institution with independent control on men, money and material it is specially equipped for spearheading area development and functions as an effective focal point for coordinating the activities of various rural development programmes operative in the area. To achieve these goals, the broad objectives assigned to these cooperatives were:

- to extend the electrical network in their areas quickly and economically;
- provide proper services to the consumers taking into account the local situations and conditions;
- support the wider programme of development of the area for increasing agricultural production and stipulating the growth of rural industries;
- to ensure local participation in the management in rural distribution of electricity.

Feedback from the Operations of RE Cooperatives

While only a few of the RE cooperatives are doing well, generally they are working under severe financial, institutional and organisational constraints and appear to be struggling for survival. Reasons for this state of affairs vary from society to society. It is observed that these arise primarily out of certain internal and environmental drawbacks that these societies are presently saddled with. These can be broadly classified as:

- Lack of freedom to fix tariff on commercial basis for different types of consumers in their area of operation.
- Unfavourable load mix that has been forced on these societies on account of SEBs proximity and influence with the state governments.
- The societies being created under the Cooperative Societies Act of the respective state governments, their management

is highly susceptible to fluctuations in fortunes of political parties operating in the area, affecting thereby objectivity and professionalism in their own decisionmaking.

- Regulatory power given to government under the Act for checking irresponsibility and delinquency in functioning of these bodies are often misused on account of state government's own political priorities and compulsions.
- The subjective and politically coloured functioning of their management generally permeates downwards resulting in inefficiency and corruption creeping in at the operational levels.

As a result, what one often sees is narrow political compulsions giving rise to subjectivity and irresponsibility within these organisations, very often matched only by similar subjectivity and irresponsibility by authorities overseeing and regulating functioning of these bodies.

With the changing economic scenario in the country and new Electricity Act, 2003 also in place, the entry of private sector in generation, transmission, distribution and trading of power is now inevitable. Insofar as rural power distribution is concerned, it is now increasingly being recognised that alternative form of decentralised distribution system including distributive generation and supply (grid and/or off-grid) through organisations like the rural electric cooperatives, in the present form or suitably modified form would need to be evolved.

Areas of Concern for RE Cooperatives

The weaknesses in the present working of RE cooperatives are inherent, given their present structure and the environment in which they function. However, it is also true such cooperatives have been functioning with much greater degree of success in some other countries. Bangladesh and Philippines are two such countries in Asia where this model for distribution of power in the rural areas has been tested and reportedly found successful. The question that, therefore, arises is, how these seemingly inherent difficulties and contradictions faced by RE cooperatives in India have been tackled in the models evolved elsewhere in the world? In what manner such bodies in those countries have been able to balance the compulsions arising out of fluctuating political situations with minimum acceptable levels of professionalism in functioning? Being grassroots level organisations, their susceptibility to local politics and rivalries in a democratic setup are difficult to avoid. However, the negative fallout of such external factors on these organisations can be checked and kept within certain acceptable limits. This can be done by the political functionaries and the state governments. themselves observing a self-imposed restraint or by insulating these bodies from such pressures by suitably restructuring them.

For organising RE cooperatives on a much wider scale in the country and evolving a suitable restructured workable model, it is necessary, first of all, to overcome the following major impediments:

- Lack of local leadership to educate and spread awareness among the masses on the need and advantage of decentralised distribution organisations like cooperatives for delivery of electricity services.
- Lack of enthusiasm on the part of the state governments to promote the new cooperative societies in their areas. In some cases, state governments have even taken over the existing societies by cancelling their electrical licence after the societies have been in operation for a considerable length of time. In still some other cases the state governments/SEBs did not comply with the requirements for making the societies operational even after their project reports had been sanctioned by the REC, thereby forcing the latter to withdraw the loan sanction already accorded.
- Operational bottlenecks listed below being faced by the existing RE cooperatives are also responsible in establishing new societies. Some of these are:
    - Dispute in fixation of cost of power to be charged by the concerned SEB from the societies with reference to the tariff and load mix obtained in the area of the society
    - Resistance of the concerned SEBs to transfer HT/semi-urban/urban loads to the societies.

- Lack of adequate backup system of sub-transmission level (under the control of the concerned SEB/elect. dept.), resulting in inadequate power supply to the area of the society.
- Restrictions on the societies to fix their own tariff and follow the SEB tariff including, free agricultural supply/flat rate tariff without adequate subsidy from the concerned state government to compensate them for the same.
- Multiplicity of controlling agencies resulting in confusion and lack of autonomy. Section 13 of the new Electricity Act, 2003, now facilitates establishment of decentralised distribution organisations like RE cooperatives and provides different treatment and even exempt them from the requirement of licensing as hereto before. RE cooperatives wherever organised for the purpose shall, however, have to abide by the conditions and restrictions as may be notified by the appropriate regulatory commissions on the recommendations of the appropriate governments, permitting them to operate as electricity providers in the area opened to them. This being so, even in the current liberalised dispensation and also the cooperative being a state subject, the willing support and intervention of the state governments in any such endeavour to organise and develop RE cooperatives as the new appropriate institutional model, would be of paramount importance. Hence, the promotion of RE cooperative organisations and the initiatives to evolve suitably restructured workable models is primarily dependent on the emphasis and attitude of the respective state governments to accelerate the programme of rural electrification and effective and efficient distribution of electricity in rural and semi-urban areas.

Local Community Management

Another approach to devolution is to encourage local community organisations to take responsibility for the supply system.

However, if the approach is to succeed, it is necessary to create permanent institutional system that will provide the participating local communities with the support they need on long-term basis.

Local Bodies

The 77th Amendment to the Constitution of India empowers the local bodies i.e. *zilla parishads, panchayat samitis* and *village panchayats* to undertake generation and distribution of electricity. Despite this constitutional amendment, the ground reality is far from encouraging. The state governments have yet to take the necessary steps for converting the objectives enshrined in the amendment into reality.

The participation of the local bodies in relation to rural electrification programme is seen in different forms.

- The National Project on Biogas Development is being implemented with active support and association of local bodies in several states. In Gujarat, *taluk panchayats* and *gram panchayats* are involved in implementing and monitoring. *Gram sabhas* motivates, the individual beneficiaries in Andhra Pradesh and Maharashtra. The *panchayat* functionaries through their respective *samitis* are involved in identifying individual beneficiaries in West Bengal.
- Fifty portable micro hydel projects have been taken up under a demonstration project. Micro hydel sets of 5-15 (kW) capacity have been provided to local bodies and local communities in 7 states through the state agencies in the North-Eastern region of the country and 41 sets have been installed and the response from the local communities is reported to be satisfactory.
- The local bodies are also involved in the distribution of solar lantern amongst the households in the villages.

There are only very rare examples in which the *zilla parishads, panchayat samitis* and *village panchayats* have directly participated in generation and distribution of electricity. For instance, the biomass gasifier plant at Gosaba in Sunderban Islands, is managed by a local cooperative and Chairman of the *panchayat samiti* is the Chairman of the cooperative.

Users' Associations

The village *panchayats* are perceived as being controlled by the village strong men with considerable influence which is used to the detriment of weaker sections. It is this perception, which is responsible for the formation of groups of beneficiaries for implementing programme of poverty alleviation. These are implemented through associations of beneficiaries or users' associations. The self-help groups which have been set up of late, under the poverty alleviation programmes, must be taken cognizance of in this context, as many of them have been successful in achieving their objectives. Village-level committees are another manifestation of users' associations.

Village-Level Committees

Insofar as the power sector is concerned, the concept of village committees which has been successfully tried out by WESCO and NESCO in Orissa, needs a special mention. Under these projects, the villagers are involved as partners in a programme that aims at ensuring better quality of supply and service in rural areas. They undertook pilot projects in Burger and Anandpur respectively, and the projects were executed by the Xavier Institute of Management. (The concept has now expanded to rural 67 feeders.)

The objective of the two projects was to form village committees (vidyut sangha) in order to ensure that the consumer gets the bills regularly and are not burdened with payment of bills for six months at a time and improve the quality and stability of power. The committees were accorded formal recognition and functioned as a customer care centre in villages. The committees appoint persons from the villages, designated as village contact persons for taking meter readings and distributing of bills in the villages.

The committee exercises its judgment on matters pertaining to sanction of new connections, installment agreements, disconnections, regularisation of unauthorised consumers, etc. The village level committees have succeeded in achieving a breakthrough in certain important areas.

Achievements of Village-Level Committees

- The consumers have started demanding meters and consequently, consumers have stopped using heaters in many villages. Voltage has therefore, shown a dramatic improvement.
- Since the villagers are educated about issues relating to tariff, they are able to plan their consumption of electricity in a much more rational manner.
- A sense of ownership has developed among the members of the committee and the villagers and the villagers themselves are curbing unauthorised usage of electricity.
- In some committees, all members are ladies, which is a very encouraging sign as problems of power and water supply have a major impact on the quality of life of women in the rural areas.
- Specific instructions were issued stipulating that disconnections would take place only if recommended by the village committees.
- In villages where the distribution transformer was metered, the village-level committee became a partner in identifying losses due to theft. In a cluster of 17 villages, it was observed that the input energy supplied to the village was reduced by more than 23 per cent over a 4-month period.

Self-Help Groups

Self-help groups have emerged as a force to reckon with, especially after they were given role in poverty alleviation programmes. The following are some of the examples of the role played by them in rural electrification.

The self-help groups played an important role in the villages of Karimnagar and Khammam districts of Andhra Pradesh where Project Chandiakanti was implemented. Nearly 10,000 lanterns were distributed under the World Bank programme of SPV market development routed through IREDA.

The Non-conventional Energy and Rural Development Society, a NGO, established about 450 self-help groups and installed about

6,500 biogas plants, 2,400 smokeless *chulhas* and a few solar cookers and water heaters to self-help groups. It conducted motivation camps, training programmes for masons on construction of biogas plants, potters on fabrication of improved *chulhas* and women beneficiaries on operation and maintenance of biogas plants and smokeless *chulhas*. Training of the potters in Kenya and stove makers in Sri Lanka also goes to show the importance of training.

Non-Government Organisations

Government personnel are viewed with suspicion by the rural community. They do not have the necessary rapport with the community. Moreover, the government alone cannot face the challenge of carrying out of community centred social development programme. NGO is an important resource to adopt innovative approaches and provide services to activators and good communicators. The workers of NGO have a sense of accomplishment and pride in their ability to do something significant to improve the lot of the community. Thus, the NGOs are better equipped to ensure community participation for providing sustainable benefits to the people than are possible in other setups. The NGOs are ideally suited to works as a link between the people's felt needs and the planning process. They can act as catalytic agents of social change in bringing about a harmonious interaction between technology and social engineering.

Role of NGOs

- The NGOs work to make the government supported programmes more responsive to the needs of the people and also make it aware of the felt needs of the community.
- To help in organising communities to influence government programmes that effects them because they are in greater proximity with the target beneficiaries leading to greater trust between the government and the people.
- Field workers of NGOs live and work with the people to gain the confidence to identify issues and areas where support is needed.
- They also encourage the people to consider their responsibilities in relation to their development.

- The NGOs work as a link between the people and the government They motivate, persuade and popularise programmes and projects by bringing about attitudinal change and involving people in community projects. Thus, the active participation of the people ensures greater chances of success and cost effectiveness than the total dependence on the government when people tend to become passive.
- The government machinery has larger resources but they are bound by rules, regulations and set of procedures which sometimes restrict their decisionmaking process. On the other hand, NGOs have greater flexibility in respect of taking quick decisions in all matters. They have greater scope to choose areas of work and can take on the spot decisions. Their methods of mobilisation, monitoring and supervision are more effective than those of the official agencies. Motivation, awareness, implementation and follow-up action in case of NGOs are faster than that of the official agencies. As a result, NGOs have been able to show results quicker than had been the case with official agencies.

Ensuring Sustainability of Community-Managed Systems

- Lack of sustainability has traditionally been a major weakness in community management programmes.
- Key consideration is whether the community is actually committed.
  - Best established by making it a condition of every project that community should make a substantial contribution to installation and management costs.
- In asking for such a local commitment of resources, it is essential not to overestimate the level of local technical and managerial capacities.
  - Whatever the technology used, the local communities tend to have necessary skills or resources required for operation, repairs and maintenance of electric supply system.

    - Village communities are also likely to need help in management of funds.

- Repairs and maintenance also needs to be adequately dealt with. Availability of spares and maintenance services is a principle factor determining whether particular community-managed scheme would succeed.
- Need for strong central coordinating organisation with necessary technical and managerial expertise.
    - It must have the ability to communicate with local communities.
    - It must have energy and dynamism to reach out to the community, encourage and help them to establish their own systems, support them in the long term and at the same time work to improve, simplify, standardise and reduce costs of technology being provided.

14

Lessons from the Experiences of Governance of Rural Electricity System and Future Directions

G. SUBBA RAO

Introduction

The question of rural electrification is admittedly vast and complex with no simple or easy solutions. Although, this theme is now sought to be given a new sharp focus by policy makers, in a way, it has been a part of the national plan since long. The current policy initiatives are at least partly based on the lessons drawn from the past efforts for rural electrification. It is not possible within the narrow compass of this chapter to cover all aspects of the power sector. Nor is it possible to discuss extensively the various detailed issues connected with rural electrification, many of which tend to be state specific. Further, it is not possible to address the technical, financial, commercial and organisational issues connected with rural electrification except within individual state or even local area context. Moreover, no readymade solutions covering the entire problem set are immediately available. In fact, a mixture of approaches, policies and programmes have to be tried out for achieving the goals set by the national planners. These sets of policies need to contain adequate feedback mechanisms for carrying out necessary revisions based on experience gained across different regions, states and local areas.

This chapter briefly covers, three areas in respect of rural electrification. Firstly, it gives a brief outline of the current status of rural electrification at the national and the state levels. Secondly, it briefly outlines the current policy objectives along with the broad modalities envisaged for their realisation. Thirdly, it flags various issues which will arise in the course of policy formulation and programme implementation.

Current Status

It has been estimated that 4,74,982 villages out of 5,87,556 inhabited Indian villages have been electrified leaving a balance of 1,12,574 villages. According to Census 2001, the total rural households in India number 138.27 million. So far, it is estimated that 60.55 million of these households or 43.8 per cent have been electrified. Thus, 77.72 million households constituting 56.2 per cent of the total households are yet to be electrified.

The following table shows the number and percentage of unelectrified villages and unelectrified households in Uttar Pradesh, Jharkhand, Bihar, Orissa, West Bengal and Assam. These states have the largest backlog of villages and rural households without access to electricity.

Table 14.1

Number and Percentage of Unelectrified Villages and Unelectrified Households in Various States

State	*Unelectrified Villages*	*Unelectrified Households*
Uttar Pradesh	40,080 (41%)	16,471,906 (80%)
Jharkhand	21,695 (74%)	3,417,541 (90%)
Bihar	19,224 (50%)	11,999,461 (95%)
Orissa	9,326 (20%)	5,457,799 (80%)
West Bengal	6,205 (16%)	8,883,291 (80%)
Assam	5,604 (23%)	3,518,447 (83%)

Source: Census 2001.

The magnitude of the task of rural electrification is thus huge. It is to be noted further that the number of unelectrified villages will go up substantially if the definition of rural electrification (as proposed) is made tighter.

Gujarat is one of the 10 states that have achieved 100 per cent rural electrification. It is also reported that 99 per cent of the state's population is in a position to access electricity. However, according to the precise estimate given by Gujarat Electricity Board, out of 18,028 inhabited villages in Gujarat, 17,940 have been electrified. Thus, about 88 villages are still unelectrified for reasons of non-feasibility.

The following table shows the total number of inhabited villages according to the range of population and the current number of villages electrified as on 31 March 2003.

Table 14.2

Statistics of Villages Electrified in Gujarat

Population Group	*Total No. of Inhabited Villages*	*No. of Villages Electrified (as on 31-3-2003)*
1-499	3890	3806
500-1999	10068	10065
2000-4999	3420	3419
5000-9999	575	575
10000-Above	75	75
Total	**18028**	**17940**

Source: Annual Report of the Gujarat Electricity Board (GEB) for different years.

Annexure A-14.1 shows the year-wise progress of rural electrification in Gujarat from 31/3/1961 to 31/3/2003. It may be seen that almost 100 per cent rural electrification was achieved in Gujarat by March 31, 1994. There is a slight decline in the absolute number of villages electrified probably on account of shifting or relocation of villages. Here, rural electrification refers to provision of electricity to village sites for residential, commercial and rural industrial use. According to one estimate, out of nearly 5.89 million rural households in Gujarat, nearly 4.24 million households (i.e. 72 per cent) have supply of electricity. Thus, the number of rural households without electricity is nearly 1.65 million and constitutes 27.9 per cent of total rural households.

As is well known, in terms of connected load, the major rural use of electricity is in agriculture. Starting from a low base of 5401 in 1961, the agricultural connections have increased to nearly 6,04,000, at present. The complex issues in rural electrification are connected with supply of power to agriculture.

Policy Objectives, Legal Provisions

Before proceeding further, two significant definitional issues have to be noted. Both these issues have been flagged in the paper on National Rural Electrification Policies brought out by the Ministry of

Power. The definition of rural electrification is proposed to be widened to include: (a) presence of distribution transformer and distribution lines in the inhabited locality including at least one Dalit *basti*; (b) coverage of public places like schools, *panchyat* offices, health centres, etc; (c) coverage of at least 10 per cent of households and (d) supply at optimum voltage for lighting during the evening peak hours. The second aspect concerns the definition of rural area which is to be based on the definition given in the 74th Amendment to the Constitution. The state governments have to notify the rural areas for purpose of rural electrification. However, one may note that in Gujarat, a definition of rural area based on the jurisdiction of the *gram panchayats* is likely to ensure sufficient coverage and also converge substantially with definition based on the 74th Amendment to the Constitution.

According to the draft policy paper brought out by the Ministry of Power, energy is seen as the key to alleviation of poverty, realisation of socioeconomic goals and overall human development. Electricity is also seen as a basic need along with housing, drinking water, health, nutrition and primary education. The Electricity Act, 2003, aims at provisions of electricity to all. This objective is contained in Section 6 of the Act, which reads: "The Appropriate Government shall endeavor to supply electricity to all areas including villages and hamlets." The Government of India has set out the Mission 2012, which aims to provide 'Power to All' by 2012. Accordingly, it is proposed to complete rural electrification by year 2007. The Mission also lays down that all households should have access to power by the year 2012 and that at least one unit of electricity per day should be provided to BPL households. The Mission lays down other ambitious goals such as 24-hour reliable supply and 100 per cent quality supply of power by 2012.

The above objectives pose massive financial, technical and organisational challenges. It is estimated that the above objectives (along with normal growth) will need capacity addition of 1,00,000 MW. It is expected that 24,000 MW capacities will be set up in the state sector, 64,000 MW in the central sector and the balance 12,000 MW in the private sector. A financial investment of the order of Rs. 9,00,000 crores will be needed: Rs. 5,50,000 crores in generation, Rs. 1,25,000 crores in transmission, Rs. 95, 000 crores in distribution and Rs. 1,30,000 crores in other areas including renovation and modernisation. Needless to say, such technical and financial targets appear to be beyond the available resources in sight.

Before looking at the other technological and organisational issues, the relevant provisions of the Electricity Act, 2003, need to be recalled. Under Sections 4 and 5 of the Electricity Act, the Government of India is required to formulate policies for supply of electricity in rural areas. The Act envisages a two pronged approach comprising encouragement to standalone local distribution systems while at the same time continuing to extend the reach of grid-connected supply together with enlistment of local initiatives in bulk purchase and distribution of electricity. Section 4 of the Act states: "The Central Government will in consultation with the State Governments, prepare and notify a National Policy permitting standalone systems (including those based on renewable sources of energy and non-conventional source of energy) for rural areas." Section 5 of the Act states: "The Central Government shall also formulate a national policy, in consultation with the State Governments and the State Commissions, for rural electrification and for bulk purchase of power and management of local distribution in rural areas through Panchayat Institutions, users' associations, cooperative societies, non-government organisations or franchisees."

It is to be noted that in the Indian context, extension of rural electrification will be largely based on grid-based systems. As envisaged in the Act, this model will largely be based on extension of grid and/or on bulk purchase and internal distribution by designated entities. Such identified entities comprise *panchayat* institutions, users' associations, cooperative societies, non-government organisations and franchisees. The role of standalone systems is likely to be much smaller. There is however, interesting possibilities of local generation–cum-distribution systems either based on traditional fuels or on non-conventional resources. As we shall observe shortly, the primary goals of rural electrification are likely to be achieved through local participation and management by enlightened rural communities.

Issues and Suggestions

Against the above background of law and the proposed policy, various issues that are likely to arise in the rural electrification programme can be considered.

1. The Government of India needs to finalise the national electricity and tariff policies and the Rural Electrification Policy.
2. The state government has to prepare a rural electrification plan, in consonance with the Mission 'Power to All' by 2012.
3. The rural electrification policy has to lay down guidelines and directions for formulation and implementation of grid-based and standalone systems for power distribution in rural areas.
4. As regards standalone systems based on non-conventional fuel resources, tested and cost-effective technologies have to be adopted. However, this scheme should not be put into any straightjacket, but should contain enough flexibility, permitting adaptation to specific local area environments.
5. It will be necessary to evolve a set of feasible models based on relevant technological, organisational and financial parameters. There will be need for long-term loans at nominal rates of interest. The need for capital subsidies and any further running subsidies for ensuring the viability of such models have to be considered. In working out these arrangements, experts from financial institutions should be involved, for properly structuring the arrangements.
6. Distributed rural energy systems should be encouraged *inter alia* through enlightened corporate institutions. The policy should also encourage bulk purchase and distribution within the areas of selected villages. Besides supply of power from the grid, emphasis should also be on locally available traditional and non-traditional energy resources.
7. The provisions contained in the Electricity Act, 2003, for exempting distributed local energy supply system from licensing should be used liberally on a large scale.
8. The necessary guidelines and criteria for such exemption to the entitled entities should be specified and widely publicised.

9. While exempting such a distributed local energy system from licensing, the necessary technical requirements and safety standards have to be specified.
10. As mentioned above, viable financial packages for creating and operating such distributed local energy systems have to be worked out. Financial subsidisation, both capital and revenue, may be generally unavoidable in most of the cases. Besides consideration of the scheme's financial viability, a gradual reduction in the existing levels of subsidies either explicit or implicit will be worthwhile.
11. As envisaged in the Rural Electrification Policy paper, persons exempt from licensing may procure power from the existing licencee of the area or from any other source. Where such persons purchase power from the licencee of the area, they would be treated as a separate category by the Appropriate Commission for the determination of the bulk purchase price ('BPP') to be paid by them to the licencees.
12. And while determining BPP, commissions should take into account the existing level of cross-subsidy to the class of consumers to be serviced by the persons so exempt. Such BPP has to be uniform, on a normative basis, and should not vary on a case-to-case basis for local supply by a licencee. The BPP and margins prescribed for the local distribution enterprise should be such that consumers' tariff is maintained at the same level. It is proposed that the state governments may also recommend the margins for each of the above functions to the appropriate commissions. The margins to be provided should ensure commercial viability of the micro enterprises/local management to be created.
13. Where the said persons purchase power from a source other than the distribution licencee of the area, the procurement price would be mutually agreed between such persons and the suppliers.
14. Similarly, in case of standalone systems for rural areas, the retail tariff should be based on agreement between the

generators and the consumers. Such standalone systems would be free from the licensing obligations and the purview of the appropriate commissions in matters pertaining to tariffs and universal supply obligations applicable to licencees.

15. As envisaged in the Rural Electrification Policy paper, the district-level committee under the collector can act as a nodal agency, besides clearing/recommending the distributed local power systems for approvals including payments of subsidy.

16. The entities undertaking the task of distributed energy supply in rural areas, may not, to start with, possess adequate technical, organisational or commercial skills. It is therefore, necessary to adopt a step by step approach starting perhaps with meter reading and bill collection. Subsequently, the entity can progressively engage in technical operations, maintenance and implementation of capital expenditure programmes. In this process, the geographical extent and consumer coverage of the successful operators should be progressively increased for upgrading their scale of the operations and the revenue flows.

17. The concept of universal service obligations should be understood as provision of supply primarily for residential use.

18. The state electricity boards are in dire financial straits. The restructuring of the boards is a much discussed and controversial issue. It will obviously be rash to make any sweeping generalisation or suggest surefire solutions. A few general observations can however be made. One is that improvements will probably have to come generally by means of reducing T&D losses and greater efficiency of operations. Further, energy audit and accounting by means of reliable metering will be extremely important. This is an area where considerable motivational efforts have to be made by voluntary groups to break the frozen mindsets. Another important consideration is that energy efficiency

needs to be significantly increased by promoting the use of appropriate appliances.

19. Power consumption in agricultural sector and T&D losses are closely interrelated. In Gujarat, out of nearly 6,04,000 agricultural connections, more then 1,00,000 connections are metered. In other categories, the metering and billing are almost at 100 per cent. In the absence of metering, the commissions have been forced to use estimates (rather than actual measurement) for T&D losses and agricultural consumption. GERC has proceeded on a norm of 1700 units per HP per annum for estimating the agricultural consumption.
20. As is well known, the Electricity Act, 2003, lays down that the level of cross-subsidisation should be progressively reduced. The issue of cross-subsidisation is also connected with that of open access which in turn is linked to competition and market development. GERC has initiated action in consultation with GEB for creating the technological prerequisites for introducing intrastate ABT within a short period.
21. As regards the issue of cross-subsidisation, it is hoped that there will be a material change in the environment in Gujarat in the medium term when the Narmada water will flow into North Gujarat. North Gujarat (North Zone of GEB covering four circles: Sabarmati, Mehsana, Palanpur, and Himatnagar) has the heaviest concentration of agricultural load. It has 1,99,724 pump sets with a connected load of 31,95,926 HP. Irrigation facilities in North Gujarat are also expected to increase in view of the Sujalam Sufalam project. It is hoped that the increase of irrigation facilities in North Gujarat will help in reducing the agricultural demand and the quantum of cross-subsidy. The farmers will get benefit through saving of 2694 MW of electricity consumed in the tube wells.
22. The state government has introduced the Jyoti Gram Yojana in the year 2003-04 for separating the agricultural and the residential feeders in the rural areas with a view to providing power supply round-the-clock to village sites.

The expenditure on the scheme is met from Government of Gujarat grant and people's participation. This Yojana would give a boost to education, health services, business and cottage industries in the rural areas. Nearly 4000 villages have so far benefited from the scheme.

23. As mentioned earlier, the rationale for creating distributed local energy supply systems is linked to efficiency gains. The efficiency gains in turn will emerge from complete metering, billing and prompt collection. They will also accrue from reduced leakages, higher efficiency in energy use and overall improvement in managerial efficiency. All these in turn, will call for professional and committed leadership from enlightened local communities. In a way, rural electrification policies will have to address this larger task by creating appropriate institutional mechanisms and incentive systems. Further, overall macro-level improvement in power sector through capacity addition (especially hydel) and augmentation of transmission and distribution systems will also be vital. Such initiatives will also call for massive public investments.

References

Government of India. *Draft National Rural Electrification Policies,* Ministry of Power.

Report of N.K. Singh Task Force.

Annual Administrative Report 2002-03, GEB.

Power India Year Book 2004-05.

Annexure A-14.1

Progress of Rural Electrification in Gujarat

Year (As at end of)	*Villages*
31.3.1961	823
31.3.1966	1844
31.3.1971	4087
31.3.1976	6307
31.3.1981	12515
31.3.1985	16042
31.3.1986	16957
31.3.1987	17651
31.3.1988	18049
31.3.1989	17892
31.3.1990	17897
31.3.1991	17919
31.3.1992	17985
31.3.1993	17985
31.3.1994	18240
31.3.1995	18240
31.3.1996	17985
31.3.1997	17987
31.3.1998	17936
31.3.1999	17940
31.3.2000	17940
31.3.2001	17940
31.3.2002	17940
31.3.2003	17940

Source: Annual Report of the Gujarat Electricity Board (GEB) for different years.

Index

D

E

H

I

K

L

M

N

S

T

U